Statistics Canada

Profile of Census Tracts in Abbotsford and Vancouver

Volume I

Statistique Canada

Profil des secteurs de recensement d'Abbotsford et Vancouver

Volume I

Published by authority of the Minister responsible for Statistics Canada

February 2004

Catalogue No. 95-247-XPB

ISBN 0-660-61912-1

Ottawa

Publication autorisée par le ministre responsable de Statistique Canada

Février 2004

N° 95-247-XPB au catalogue

ISBN 0-660-61912-1

Ottawa

Note of Appreciation

Canada owes the success of its statistical system to a long-standing partnership between Statistics Canada, the citizens of Canada, its businesses, governments and other institutions. Accurate and timely statistical information could not be produced without their continued co-operation and goodwill.

Note de reconnaissance

Le succès du système statistique du Canada repose sur un partenariat bien établi entre Statistique Canada et la population, les entreprises, les administrations et les autres organismes du Canada. Sans cette collaboration et cette bonne volonté, il serait impossible de produire des statistiques précises et actuelles.

National Library of Canada Cataloguing in Publication Data

Profile of census tracts in Abbotsford and Vancouver = Profil des secteurs de recensement d'Abbotsford et Vancouver

Published in 2 v.
Text in English and French.

ISBN 0-660-61912-1
CS95-247-XPB

1. Abbotsford (B.C.) - Population - Statistics. 2. Vancouver (B.C.) - Population - Statistics. 3. Census districts - British Columbia - Abbotsford - Statistics. 4. Census districts - British Columbia - Vancouver - Statistics. 5. Abbotsford (B.C.) - Census, 2001. 6. Vancouver (B.C.) - Census, 2001. 7. Canada - Census, 2001. I. Statistics Canada. II. Title: Profil des secteurs de recensement d'Abbotsford et Vancouver.

HA741.5.2001 304.6'09711'33021
C2003-988032-XE

Données de catalogage avant publication de la Bibliothèque nationale du Canada

Profile of census tracts in Abbotsford and Vancouver = Profil des secteurs de recensement d'Abbotsford et Vancouver

Publié en 2 v.
Texte en anglais et en français.

ISBN 0-660-61912-1
CS95-247-XPB

1. Abbotsford (C.-B.) - Population - Statistiques démographiques. 2. Vancouver (C.-B.) - Population - Statistiques démographiques. 3. Secteurs de recensement - Colombie-Britannique - Abbotsford - Statistiques. 4. Secteurs de recensement - Colombie-Britannique - Vancouver - Statistiques. 5. Abbotsford (C.-B.) - Recensement, 2001. 6. Vancouver (C.-B.) - Recensement, 2001. 7. Canada - Recensement, 2001. I. Statistique Canada. II. Titre : Profil des secteurs de recensement d'Abbotsford et Vancouver.

HA741.5.2001 304.6'09711'33021
C2003-988032-XF

How to Cite this Document

Statistics Canada. Profile of Census Tracts. Ottawa: Industry Canada, 2004. 2001 Census of Canada. Catalogue number 95-247-XPB.

Pour citer ce document

Statistique Canada. Profil des secteurs de recensement. Ottawa : Industrie Canada, 2004. Recensement du Canada de 2001. Numéro 95-247-XPB au catalogue.

The paper used in this publication meets the minimum requirements of American National Standard for Information Sciences – Permanence of Paper for Printed Library Materials, ANSI Z39.48-1984.

Le papier utilisé dans la présente publication répond aux exigences minimales de l'American National Standard for Information Sciences – Permanence of Paper for Printed Library Materials, ANSI Z39.48-1984.

Table of Contents

Table des matières

Introduction

The 2001 Census Area Profiles are designed to provide a statistical overview, or profile, for lower levels of geography. Each publication in this series provides a profile of census tracts (CTs) in a census metropolitan area (CMA) or a census agglomeration (CA). The Area Profiles are based on data collected by the 2001 Census of Canada from all households.

In response to client needs, variables from the 20% database are available sooner than ever before. The 2001 Census Area Profiles contain population counts for characteristics from both 100% data and 20% sample data, in each publication. New for 2001 are data on language used at work, generation status, and religion, the latter being reported every 10 years. This series also contains incidence reporting for single- or multiple-response variables. Incidence reporting will display specific categories based on the most frequently reported responses in a CMA or CA. The variables affected by incidence reporting are mother tongue, home language, knowledge of non-official languages, language used at work, and ethnic origin. On the whole, searching for 2001 Census information on your community can now be done sooner and at a greater level of detail.

Each publication in this series consists of a single table displaying the data for geographic areas in a columnar format. The data variables, also referred to as "stubs", are displayed in English on the left side of the table and in French on the right side. With the combination of variables from the 100% and 20% databases, the stubset covers 10 pages. Characteristics of the data have been grouped into blocks by theme, or universe (i.e. population, dwelling and household, family and income). Within each theme, the data are displayed showing different characteristics such as marital status, ethnic origin and census family structure and size.

The geographic headings run across the top of the page. The CTs are sequenced by numerical order within the CMAs and CAs. Reference maps showing CT boundaries are included at the back of each publication.

Definitions of the geographic areas and variables displayed in each publication can be found in the Reference Material section. Also provided at the end of each publication are data quality notes and special notes.

Introduction

Les Profils des secteurs du recensement de 2001 sont conçus de façon à fournir un aperçu statistique, ou profil, de petites régions géographiques. Chaque publication de cette série fournit un profil des secteurs de recensement (SR) d'une région métropolitaine de recensement (RMR) ou d'une agglomération de recensement (AR). Les Profils des secteurs sont fondés sur les données du Recensement du Canada de 2001 pour tous les ménages.

En réponse aux besoins des clients, les variables de la base de données-échantillon (20 %) sont disponibles plus tôt qu'elles ne l'ont jamais été. Les Profils des secteurs du recensement de 2001 contiennent les chiffres de la population selon des caractéristiques des données intégrales (100 %) et des données-échantillon (20 %), réunies dans chaque publication. Du nouveau pour 2001 : il y a des données portant sur la langue utilisée au travail, le statut des générations et la religion, cette dernière étant déclarée tous les 10 ans. Cette série comprend également des fréquences de déclaration pour les variables à réponses uniques et à réponses multiples. La fréquence de déclaration verra certaines catégories présentées selon les réponses le plus souvent déclarées dans une RMR ou une AR. Les variables touchées par la fréquence de déclaration sont la langue maternelle, la langue parlée à la maison, la connaissance des langues non officielles, la langue utilisée au travail et l'origine ethnique. En somme, vous pouvez dorénavant rechercher les informations du recensement de 2001 portant sur votre communauté plus tôt qu'auparavant, et à un niveau plus détaillé.

Chaque publication de cette série consiste en un seul tableau auquel figurent, sous forme de colonnes, les données pour les régions géographiques. Les variables de données, ou « titres », sont affichées en anglais du côté gauche du tableau et en français du côté droit. L'ensemble de titres résultant de la combinaison des variables provenant de la base de données intégrales (100 %) et de la base de données-échantillon (20 %) compte 10 pages. Les caractéristiques des données ont été regroupées en blocs, selon des thèmes ou univers (par exemple, la population, les logements et les ménages, les familles et le revenu). À partir de chacun de ces thèmes, les données sont affichées de façon à souligner les diverses caractéristiques telles l'état matrimonial, l'origine ethnique et la structure et la taille de la famille de recensement.

Les en-têtes géographiques figurent d'un côté à l'autre du haut de la page. Les SR s'enchaînent en suivant un ordre numérique à partir des RMR et des AR. Les cartes de référence démontrant les limites des SR figurent à la fin de chaque publication.

Les définitions des régions géographiques et des variables comprises dans chaque publication apparaissent dans la section sur les documents de référence. On retrouve aussi les notes sur la qualité des données et les notes spéciales à la fin de chaque publication.

Symbols

The following standard symbols are found in this publication.

...	Figures not appropriate or not applicable.
–	Nil or zero.
XXX	Figures suppressed to protect confidentiality.
A	1996 adjusted count; most of these are the result of boundary changes.
¶	Incompletely enumerated Indian reserve or Indian settlement (suppressed).
†	Excludes census data for one or more incompletely enumerated Indian reserves or Indian settlements.
◆	Data quality index showing, for the short census questionnaire (100% data), a global non-response rate higher than or equal to 5% but lower than 10%.
◆◆	Data quality index showing, for the short census questionnaire (100% data), a global non-response rate higher than or equal to 10% but lower than 25%.
◆◆◆	Data quality index showing, for the short census questionnaire (100% data), a global non-response rate higher than or equal to 25% (suppressed).
■	An error exists in the 2001 population and dwelling counts for this area. For further information, refer to the "Special Notes" section.
◇	Data quality index showing, for the long census questionnaire (20% sample data), a global non-response rate higher than or equal to 5% but lower than 10%.
◇◇	Data quality index showing, for the long census questionnaire (20% sample data), a global non-response rate higher than or equal to 10% but lower than 25%.
◇◇◇	Data quality index showing, for the long census questionnaire (20% sample data) or the short census questionnaire (100% data), a global non-response rate higher than or equal to 25% (suppressed).
•	Part of a census tract.

Signes conventionnels

Les signes conventionnels suivants sont retrouvés dans cette publication.

...	N'ayant pas lieu de figurer.
–	Néant ou zéro.
XXX	Nombres supprimés afin de protéger la confidentialité.
A	Chiffre de 1996 rajusté; la plupart de ces rajustements sont le résultat de modifications des limites.
¶	Réserve indienne ou établissement indien partiellement dénombré (supprimées).
†	Ne comprend pas les données du recensement pour une ou plusieurs réserves indiennes ou établissements indiens partiellement dénombrés.
◆	Indice de la qualité des données indiquant, pour le questionnaire de recensement abrégé (données intégrales [100 %]), un taux global de non-réponse supérieur ou égal à 5 %, mais inférieur à 10 %.
◆◆	Indice de la qualité des données indiquant, pour le questionnaire de recensement abrégé (données intégrales [100 %]), un taux global de non-réponse supérieur ou égal à 10 %, mais inférieur à 25 %.
◆◆◆	Indice de la qualité des données indiquant, pour le questionnaire de recensement abrégé (données intégrales [100 %]), un taux global de non-réponse supérieur ou égal à 25 % (supprimées).
■	Il y a une erreur dans les chiffres de population et des logements de 2001 pour cette région. Pour de plus amples renseignements, veuillez consulter la section « Notes spéciales ».
◇	Indice de la qualité des données indiquant, pour le questionnaire de recensement complet (données-échantillon [20 %]), un taux global de non-réponse supérieur ou égal à 5 %, mais inférieur à 10 %.
◇◇	Indice de la qualité des données indiquant, pour le questionnaire de recensement complet (données-échantillon [20 %]), un taux global de non-réponse supérieur ou égal à 10 %, mais inférieur à 25 %.
◇◇◇	Indice de la qualité des données indiquant, pour le questionnaire de recensement complet (données-échantillon [20 %]) ou pour le questionnaire de recensement abrégé (données intégrales [100 %]), un taux global de non-réponse supérieur ou égal à 25 % (supprimées).
•	Partie de secteur de recensement.

Abbreviations

1997 NAICS = 1997 North American Industry Classification System

2001 NOC–S = 2001 National Occupational Classification for Statistics

n.e.c. = not elsewhere classified

n.i.e. = not included elsewhere

n.o.s. = not otherwise specified

Abréviations

SCIAN de 1997 = Système de classification des industries de l'Amérique du Nord de 1997

CNP–S de 2001 = Classification nationale des professions pour statistiques de 2001

n.c.a. = non classé ailleurs

n.i.a = non inclus ailleurs

n.d.a. = non déclaré ailleurs

Census Subdivision Types – Genres de subdivisions de recensement

C	City – Cité
CC	Chartered Community
CM	County (Municipality)
COM	Community
CT	Canton (Municipalité de)
CU	Cantons unis (Municipalité de)
DM	District Municipality
HAM	Hamlet
ID	Improvement District
IGD	Indian Government District
IM	Island Municipality
LGD	Local Government District
LOT	Township and Royalty
M	Municipalité
MD	Municipal District
NH	Northern Hamlet
NL	Nisga'a Land
NV	Northern Village
NVL	Nisga'a Village
P	Paroisse (Municipalité de)
PAR	Parish
R	Indian Reserve – Réserve indienne
RC	Rural Community
RDA	Regional District Electoral Area
RG	Region
RGM	Regional Municipality
RM	Rural Municipality
RV	Resort Village
S–E	Indian Settlement – Établissement indien
SA	Special Area
SCM	Subdivision of County Municipality
SET	Settlement
SM	Specialized Municipality
SUN	Subdivision of Unorganized
SV	Summer Village
T	Town
TI	Terre inuite
TL	Teslin Land
TP	Township
TR	Terres réservées
UNO	Unorganized – Non organisé
V	Ville
VC	Village cri
VK	Village naskapi
VL	Village
VN	Village nordique

Geographic Index

Census Metropolitan Areas, Census Agglomerations and Census Tracts

Index géographique

Régions métropolitaines de recensement, agglomérations de recensement et secteurs de recensement

Abbotsford CMA/RMR - Vancouver CMA/RMR

Abbotsford CMA/RMR

Vancouver CMA/RMR

See reference material at the end of the publication. – Voir les documents de référence à la fin de la publication.

Geographic Index

Census Metropolitan Areas, Census Agglomerations and Census Tracts

Index géographique

Régions métropolitaines de recensement, agglomérations de recensement et secteurs de recensement

See reference material at the end of the publication. – Voir les documents de référence à la fin de la publication.

Geographic Index

Census Metropolitan Areas, Census Agglomerations and Census Tracts

Index géographique

Régions métropolitaines de recensement, agglomérations de recensement et secteurs de recensement

See reference material at the end of the publication. – Voir les documents de référence à la fin de la publication.

Geographic Index

Census Metropolitan Areas, Census Agglomerations and Census Tracts

Index géographique

Régions métropolitaines de recensement, agglomérations de recensement et secteurs de recensement

See reference material at the end of the publication. – Voir les documents de référence à la fin de la publication.

Geographic Index
Census Metropolitan Areas, Census Agglomerations and Census Tracts

Index géographique
Régions métropolitaines de recensement, agglomérations de recensement et secteurs de recensement

See reference material at the end of the publication. – Voir les documents de référence à la fin de la publication.

Constituent Census Tracts for Census Subdivisions

Secteurs de recensement constituant les subdivisions de recensement

Census Subdivisions Subdivisions de recensement	Census Tracts Secteurs de recensement
Abbotsford CMA/RMR	
Abbotsford, C	0001-0012, 0013•, 0014-0105, 0106.02
Fraser Valley H, RDA	0106.01
Matsqui Main 2, R	0013•
Mission, DM	0200-0207
Upper Sumas 6, R	0106.03
Vancouver CMA/RMR	
Anmore, VL	0250.02•
Barnston Island 3, R	0251•
Belcarra, VL	0250.02•
Bowen Island, IM	0250.01
Burnaby, C	0220-0243.02
Burrard Inlet 3, R	0111.01•
Capilano 5, R	0130.02•
Coquitlam, C	0270, 0280•, 0281.01-0287.07
Coquitlam 1, R	0280•
Coquitlam 2, R	0290.03•
Delta, DM	0160.01-0160.04, 0161.01•, 0161.02-0163.08
Greater Vancouver A, RDA	0069, 0250.02•, 0251•, 0260.02•
Katzie 1, R	0403.03•
Katzie 2, R	0504.02•
Langley, C	0503.01-0503.05
Langley, DM	0500•, 0501.01-0502.05, 0504.01, 0504.02•, 0504.03, 0504.04, 0505•, 0506.01, 0506.02
Langley 5, R	0400.02•
Lions Bay, VL	0250.02•
Maple Ridge, DM	0400.01, 0400.02•, 0401.01-0403.01, 0403.03•, 0403.04-0404
Matsqui 4, R	0500•
McMillan Island 6, R	0505•
Mission 1, R	0102•
Musqueam 2, R	0008•
Musqueam 4, R	0161.01•
New Westminster, C	0200-0210
North Vancouver, C	0100.01-0101.02, 0102•, 0103, 0104
North Vancouver, DM	0110.01, 0110.02, 0111.01•, 0111.02, 0111.03•, 0112-0122

See reference material at the end of the publication. – Voir les documents de référence à la fin de la publication.

Constituent Census Tracts for Census Subdivisions

Secteurs de recensement constituant les subdivisions de recensement

Census Subdivisions Subdivisions de recensement	Census Tracts Secteurs de recensement
Vancouver CMA/RMR	
Pitt Meadows, DM	0410.02-0410.04
Port Coquitlam, C	0290.02, 0290.03•, 0290.04-0292.02
Port Moody, C	0260.02•, 0260.04-0260.08
Richmond, C	0140.02-0151.04
Semiahmoo, R	0181.06•
Seymour Creek 2, R	0111.03•
Surrey, C	0180-0181.05, 0181.06•, 0181.07-0192
Tsawwassen, R	0161.01•
Vancouver, C	0001.01-0007.02, 0008•, 0009-0068
West Vancouver, DM	0130.01, 0130.02•, 0131-0135
White Rock, C	0170.03-0170.06
Whonnock 1, R	0400.02•

See reference material at the end of the publication. – Voir les documents de référence à la fin de la publication.

Conversion Table – Table de conversion

Census tract numbers in 2001 with numbers for corresponding census tracts in 1996.

Numéros des secteurs de recensement en 2001 et numéros des secteurs de recensement correspondants en 1996.

Abbotsford

2001	1996
0005.01	0005•
0005.02	0005•
0007.01	0007•
0007.02	0007•
0008.01	0008•
0008.02	0008•
0009.01	0009•
0009.02	0009•
0106.01	0106•
0106.02	0106•
0106.03	0106•

Vancouver

2001	1996
0003.01	0003•
0003.02	0003•
0004.01	0004•
0004.02	0004•
0006.01	0006•
0006.02	0006•
0007.01	0007•
0007.02	0007•
0016.03	0016.02•
0016.04	0016.02•
0037.01	0037•
0037.02	0037•
0040.01	0040•
0040.02	0040•
0041.01	0041•
0041.02	0041•
0043.01	0043•
0043.02	0043•
0047.01	0047•

See reference material at the end of the publication. – Voir les documents de référence à la fin de la publication.

Conversion Table – Table de conversion

Census tract numbers in 2001 with numbers for corresponding census tracts in 1996.

Numéros des secteurs de recensement en 2001 et numéros des secteurs de recensement correspondants en 1996.

Vancouver

2001	1996
0047.02	0047•
0050.03	0050.01•
0050.04	0050.01•
0053.01	0053•
0053.02	0053•
0054.01	0054•
0054.02	0054•
0056.01	0056•
0056.02	0056•
0057.01	0057•
0057.02	0057•
0059.03	0059.02•
0059.04	0059.02•
0059.05	0059.01•
0059.06	0059.01•
0060.01	0060•
0060.02	0060•
0110.01	0110•
0110.02	0110•
0118	0118•, 0130.02•
0130.02	0130.02•, 0118•
0133.01	0133•
0133.02	0133•
0140.03	0140.01•
0140.04	0140.01•
0144.03	0144.01•
0144.04	0144.01•
0144.05	0144.02•
0144.06	0144.02•
0147.04	0147.03•
0147.05	0147.03•
0147.06	0147.03•
0149.04	0149.01•
0149.05	0149.01•
0150	0150, 0250.02•
0151.03	0151.02•
0151.04	0151.02•
0160.01	0160.01•, 0160.04•
0160.02	0160.02•
0160.04	0160.04•
0161.01	0161.01•, 0160.01•, 0160.02•

See reference material at the end of the publication. – Voir les documents de référence à la fin de la publication.

Conversion Table – Table de conversion

Census tract numbers in 2001 with numbers for corresponding census tracts in 1996.

Numéros des secteurs de recensement en 2001 et numéros des secteurs de recensement correspondants en 1996.

Vancouver

2001	1996
0161.03	0161.03, 0161.01•
0161.05	0161.04•
0161.06	0161.04•
0163.05	0163.02•
0163.06	0163.02•
0163.07	0163.03•
0163.08	0163.03•
0170.03	0170.01•
0170.04	0170.01•
0170.05	0170.02•
0170.06	0170.02•
0181.08	0181.02•
0181.09	0181.02•
0182.01	0182•
0182.02	0182•
0182.03	0182•
0182.04	0182•
0182.05	0182•
0182.06	0182•
0183.04	0183.02•
0183.05	0183.02•
0183.06	0183.02•
0183.07	0183.02•
0184.06	0184.03•
0184.07	0184.03•
0184.08	0184.03•
0184.09	0184.04•
0184.10	0184.04•
0184.11	0184.04•
0185.06	0185.01•
0185.07	0185.01•
0185.08	0185.01•
0185.09	0185.02•
0185.10	0185.02•
0185.11	0185.02•
0185.12	0185.03•
0185.13	0185.03•
0185.14	0185.03•
0185.15	0185.04•
0185.16	0185.04•
0186.05	0186.03•

See reference material at the end of the publication. – Voir les documents de référence à la fin de la publication.

Conversion Table – Table de conversion

Census tract numbers in 2001 with numbers for corresponding census tracts in 1996.

Numéros des secteurs de recensement en 2001 et numéros des secteurs de recensement correspondants en 1996.

Vancouver

2001	1996
0186.06	0186.03•
0186.07	0186.04•
0186.08	0186.04•
0187.04	0187.01•
0187.05	0187.01•
0187.06	0187.02•
0187.07	0187.02•
0187.08	0187.02•
0187.09	0187.02•
0188.01	0188•
0188.02	0188•
0188.03	0188•
0188.04	0188•
0188.05	0188•
0188.06	0188•
0189.05	0189.01•
0189.06	0189.01•
0189.07	0189.02•
0189.08	0189.02•
0189.09	0189.04•
0189.10	0189.04•
0190.04	0190.02•
0190.05	0190.02•
0191.03	0191.01•
0191.04	0191.01•
0204.01	0204•
0204.02	0204•
0221.03	0221.02•
0221.04	0221.02•
0223.01	0223•
0223.02	0223•
0224.01	0224•
0224.02	0224•
0227.01	0227•
0227.02	0227•
0228.03	0228.01•
0228.04	0228.01•
0235.03	0235.01•
0235.04	0235.01•
0240.01	0240•
0240.02	0240•

See reference material at the end of the publication. – Voir les documents de référence à la fin de la publication.

Conversion Table – Table de conversion

Census tract numbers in 2001 with numbers for corresponding census tracts in 1996.

Numéros des secteurs de recensement en 2001 et numéros des secteurs de recensement correspondants en 1996.

Vancouver

2001	1996
0250.01	0250.01•
0250.02	0250.02•, 0250.01•
0251	0251•
0260.02	0260.02, 0250.02•
0260.04	0260.01•
0260.05	0260.01•
0260.06	0260.03•
0260.07	0260.03•
0260.08	0260.03•
0287.05	0287.03•
0287.06	0287.03•
0287.07	0287.03•
0290.02	0290.02•
0290.03	0290.03, 0290.02•
0290.04	0290.01•, 0251•
0290.05	0290.01•
0400.01	0400•
0400.02	0400•
0401.01	0401•
0401.02	0401•
0403.04	0403.02•
0403.05	0403.02•
0410.03	0410.01•, 0410.04•
0410.04	0410.01•, 0410.04•
0501.01	0501.01•
0502.01	0502.01, 0503.01•
0502.04	0502.04•
0503.01	0503.01•
0503.03	0503.03, 502.04•
0503.04	0503.02•, 0503.04•, 0501.01•
0503.05	0503.02•
0504.01	0504.01, 0503.04•

See reference material at the end of the publication. – Voir les documents de référence à la fin de la publication.

Table 1. Selected Characteristics for Census Tracts, 2001 Census – 100% Data and 20% Sample Data

No.	Characteristics	Abbotsford CMA/RMR	Abbotsford 0001 ◇	Abbotsford 0002	Abbotsford 0003	Abbotsford 0004 ◆	Abbotsford 0005.01 A
	POPULATION CHARACTERISTICS						
1	**Population, 1996 (1)**	**136,480**	**2,937**	**1,243**	**6,278**	**6,967**	**2,994**
2	**Population, 2001 (2)**	**147,370**	**3,030**	**1,264**	**6,483**	**6,897**	**2,862**
3	Population percentage change, 1996-2001	8.0	3.2	1.7	3.3	-1.0	-4.4
4	Land area in square kilometres, 2001	625.94	26.68	8.51	2.17	1.92	1.29
5	**Total population - 100% Data (3)**	**147,370**	**3,030**	**1,265**	**6,485**	**6,900**	**2,865**
	by sex and age groups						
6	Male	73,180	1,840	650	3,235	3,450	1,415
7	0-4 years	5,105	85	45	225	300	125
8	5-9 years	5,755	105	40	275	315	150
9	10-14 years	5,940	120	55	270	255	110
10	15-19 years	5,840	145	40	265	255	100
11	20-24 years	4,850	150	25	235	210	95
12	25-29 years	4,550	175	55	255	240	85
13	30-34 years	5,060	180	50	260	270	105
14	35-39 years	6,010	205	50	275	290	110
15	40-44 years	5,820	175	45	225	245	105
16	45-49 years	5,155	120	50	210	195	90
17	50-54 years	4,490	120	30	155	155	70
18	55-59 years	3,425	85	35	155	155	60
19	60-64 years	2,665	65	35	115	145	40
20	65-69 years	2,485	45	35	110	125	55
21	70-74 years	2,260	25	30	85	110	40
22	75-79 years	1,820	20	15	55	80	35
23	80-84 years	1,115	5	10	45	60	20
24	85 years and over	820	5	5	25	40	30
25	Female	74,190	1,190	610	3,250	3,450	1,450
26	0-4 years	4,750	80	60	245	280	115
27	5-9 years	5,415	110	50	240	315	90
28	10-14 years	5,650	115	45	245	260	115
29	15-19 years	5,355	95	40	200	205	90
30	20-24 years	4,780	80	25	250	255	100
31	25-29 years	4,565	70	45	240	245	90
32	30-34 years	5,220	90	35	250	270	120
33	35-39 years	5,835	105	55	265	255	105
34	40-44 years	5,840	85	40	235	210	90
35	45-49 years	5,095	80	35	210	190	80
36	50-54 years	4,580	65	35	190	210	75
37	55-59 years	3,405	55	35	145	145	50
38	60-64 years	2,885	45	40	125	150	55
39	65-69 years	2,620	45	25	110	120	55
40	70-74 years	2,620	35	20	80	115	55
41	75-79 years	2,395	20	25	95	110	50
42	80-84 years	1,675	20	5	65	70	45
43	85 years and over	1,500	10	5	60	55	55
44	**Total population 15 years and over**	**114,745**	**2,415**	**975**	**4,985**	**5,175**	**2,155**
	by legal marital status						
45	Never married (single)	32,015	985	265	1,495	1,360	565
46	Legally married (and not separated)	63,935	1,150	535	2,615	3,075	1,155
47	Separated, but still legally married	3,800	75	30	195	160	90
48	Divorced	8,255	125	100	395	290	145
49	Widowed	6,745	80	50	285	290	200
	by common-law status						
50	Not in a common-law relationship	108,375	2,350	890	4,685	4,975	2,065
51	In a common-law relationship	6,370	65	85	295	200	90
52	**Total population - 20% Sample Data (4)**	**144,990**	**2,505**	**1,265**	**6,375**	**6,830**	**2,785**
	by mother tongue						
53	Single responses	143,270	2,440	1,250	6,335	6,685	2,715
54	English	107,830	1,295	1,030	4,710	3,940	1,940
55	French	1,530	10	15	55	55	35
56	Non-official languages (5)	33,905	1,135	200	1,565	2,685	750
57	Punjabi	15,920	820	75	515	1,665	440
58	German	7,370	265	105	540	485	105
59	Dutch	2,175	35	15	55	95	20
60	Spanish	1,035	-	-	60	10	50
61	Korean	645	-	-	15	15	10
62	Other languages (6)	6,760	20	10	395	430	125
63	Multiple responses	1,720	60	10	40	145	65
64	English and French	205	-	-	-	15	10
65	English and non-official language	1,465	45	10	40	130	60
66	French and non-official language	35	15	-	10	-	-
67	English, French and non-official language	15	-	-	-	-	-

See reference material at the end of the publication. – Voir les documents de référence à la fin de la publication.

Tableau 1. Certaines caractéristiques des secteurs de recensement, recensement de 2001 – Données intégrales et données-échantillon (20 %)

Abbotsford 0005.02 A	Abbotsford 0006	Abbotsford 0007.01 A	Abbotsford 0007.02 A	Abbotsford 0008.01 A	Abbotsford 0008.02 A	Caractéristiques	N°
						CARACTÉRISTIQUES DE LA POPULATION	
6,011	**4,827**	**3,102**	**4,817**	**6,057**	**3,201**	**Population, 1996 (1)**	1
6,132	**5,223**	**3,502**	**4,943**	**6,585**	**7,683**	**Population, 2001 (2)**	2
2.0	8.2	12.9	2.6	8.7	140.0	Variation en pourcentage de la population, 1996-2001	3
1.74	2.19	0.68	0.88	1.87	4.38	Superficie des terres en kilomètres carrés, 2001	4
6,130	**5,225**	**3,505**	**4,945**	**6,580**	**7,680**	**Population totale – Données intégrales (3)**	5
						selon le sexe et les groupes d'âge	
2,680	2,360	1,615	2,160	3,260	3,820	Sexe masculin	6
150	160	120	115	275	425	0-4 ans	7
155	130	110	125	290	345	5-9 ans	8
145	110	85	85	315	280	10-14 ans	9
145	120	95	80	280	260	15-19 ans	10
185	180	130	115	220	300	20-24 ans	11
160	200	115	120	185	350	25-29 ans	12
160	175	135	145	240	370	30-34 ans	13
155	155	110	125	240	280	35-39 ans	14
175	145	90	100	250	210	40-44 ans	15
125	145	85	65	215	180	45-49 ans	16
120	120	65	100	200	185	50-54 ans	17
105	65	60	85	140	170	55-59 ans	18
105	105	60	105	115	150	60-64 ans	19
145	105	60	160	105	120	65-69 ans	20
145	120	85	195	95	110	70-74 ans	21
170	140	90	225	60	55	75-79 ans	22
165	85	55	145	15	20	80-84 ans	23
170	100	70	65	10	10	85 ans et plus	24
3,450	2,865	1,885	2,785	3,320	3,865	Sexe féminin	25
145	135	105	110	275	385	0-4 ans	26
150	105	90	125	275	310	5-9 ans	27
130	115	70	105	255	245	10-14 ans	28
140	120	100	95	260	255	15-19 ans	29
155	215	135	125	230	370	20-24 ans	30
185	185	130	145	255	390	25-29 ans	31
165	170	125	140	270	375	30-34 ans	32
180	150	100	140	250	250	35-39 ans	33
160	155	115	120	265	230	40-44 ans	34
150	130	95	100	215	160	45-49 ans	35
155	170	95	135	205	205	50-54 ans	36
140	105	90	130	145	190	55-59 ans	37
160	110	75	170	135	165	60-64 ans	38
160	160	85	205	115	155	65-69 ans	39
260	215	125	305	85	90	70-74 ans	40
265	210	155	340	55	60	75-79 ans	41
315	190	115	200	25	20	80-84 ans	42
450	230	90	95	15	10	85 ans et plus	43
5,260	**4,470**	**2,930**	**4,275**	**4,895**	**5,685**	**Population totale de 15 ans et plus**	44
						selon l'état matrimonial légal	
1,255	1,275	865	770	1,165	1,200	Célibataire (jamais marié(e))	45
2,260	1,865	1,310	2,430	3,245	3,935	Légalement marié(e) (et non séparé(e))	46
195	205	140	150	125	135	Séparé(e), mais toujours légalement marié(e)	47
565	505	325	360	205	195	Divorcé(e)	48
980	625	290	565	155	215	Veuf ou veuve	49
						selon l'union libre	
4,960	4,145	2,735	4,055	4,755	5,555	Ne vivant pas en union libre	50
300	325	190	220	140	135	Vivant en union libre	51
5,550	**5,055**	**3,495**	**4,935**	**6,580**	**7,685**	**Population totale – Données-échantillon (20 %) (4)**	52
						selon la langue maternelle	
5,470	5,015	3,465	4,895	6,505	7,470	Réponses uniques	53
4,225	3,945	2,385	3,530	3,545	2,675	Anglais	54
60	65	65	45	30	30	Français	55
1,180	1,010	1,015	1,320	2,920	4,760	Langues non officielles (5)	56
170	25	105	290	1,960	4,025	Pendjabi	57
450	605	565	460	265	220	Allemand	58
130	85	85	170	50	15	Néerlandais	59
25	30	10	70	110	120	Espagnol	60
10	20	80	60	65	80	Coréen	61
400	240	175	270	475	300	Autres langues (6)	62
85	40	30	40	75	215	Réponses multiples	63
15	10	10	-	-	10	Anglais et français	64
65	30	25	35	75	205	Anglais et langue non officielle	65
-	-	-	10	-	-	Français et langue non officielle	66
-	-	-	-	-	-	Anglais, français et langue non officielle	67

See reference material at the end of the publication. – Voir les documents de référence à la fin de la publication.

Table 1. Selected Characteristics for Census Tracts, 2001 Census – 100% Data and 20% Sample Data

No.	Characteristics	Abbotsford CMA/RMR	Abbotsford 0001 ◇	Abbotsford 0002	Abbotsford 0003	Abbotsford 0004 ◆	Abbotsford 0005.01 A
	POPULATION CHARACTERISTICS						
	by home language						
68	Single responses	129,495	2,045	1,110	5,525	5,735	2,490
69	English	117,110	1,535	1,055	5,115	4,355	2,085
70	French	100	-	-	-	-	-
71	Non-official languages (5)	12,285	500	40	410	1,380	405
72	Punjabi	9,550	440	20	245	1,150	270
73	German	510	60	30	35	45	-
74	Vietnamese	330	-	-	50	140	-
75	Korean	255	-	-	-	-	10
76	Spanish	240	-	-	-	-	45
77	Other languages (6)	1,405	-	-	80	45	85
78	Multiple responses	15,490	460	155	855	1,090	290
79	English and French	1,185	45	10	20	125	20
80	English and non-official language	14,000	410	140	815	960	275
81	French and non-official language	40	-	-	-	10	-
82	English, French and non-official language	270	10	-	15	-	-
	by knowledge of official languages						
83	English only	132,530	2,210	1,170	5,925	5,855	2,530
84	French only	30	-	-	-	-	-
85	English and French	8,005	160	85	275	465	105
86	Neither English nor French	4,420	130	10	180	505	155
	by knowledge of non-official languages (5) (7)						
87	Punjabi	17,565	905	80	615	1,840	550
88	German	8,865	310	115	555	515	115
89	Hindi	3,690	30	10	185	385	120
90	Dutch	2,635	45	30	85	105	35
91	Spanish	2,315	15	10	115	40	60
92	Korean	715	-	-	15	15	10
93	Chinese, n.o.s.	690	-	-	20	-	-
	by first official language spoken						
94	English	138,915	2,345	1,240	6,145	6,230	2,605
95	French	1,460	15	20	55	105	30
96	English and French	260	20	-	-	-	-
97	Neither English nor French	4,350	120	-	180	495	150
98	Official language minority - (number) (8)	1,595	25	20	55	105	30
99	Official language minority - (percentage) (8)	1.1	1.0	1.6	0.9	1.5	1.1
	by ethnic origin (9)						
100	English	40,535	235	405	1,640	1,325	850
101	Canadian	35,610	310	315	1,635	1,290	605
102	German	29,090	760	220	1,645	1,345	450
103	Scottish	26,985	315	200	870	885	575
104	Irish	19,845	115	265	715	685	470
105	East Indian	16,255	800	80	490	1,810	530
106	Dutch (Netherlands)	15,980	455	195	650	570	230
107	French	12,585	40	115	540	455	370
108	Ukrainian	6,960	55	140	145	400	80
109	Russian	5,170	150	50	345	250	80
110	Norwegian	4,640	65	45	120	80	55
111	North American Indian	4,410	10	50	230	215	135
112	Polish	4,160	55	10	155	120	-
113	Swedish	3,645	10	55	130	85	70
114	Italian	3,520	65	15	150	210	45
	by Aboriginal identity						
115	Total Aboriginal identity population (10)	4,210	20	20	235	150	140
116	Total non-Aboriginal population	140,775	2,490	1,245	6,140	6,675	2,645
	by Aboriginal origin						
117	Total Aboriginal origins population (11)	5,920	15	75	270	290	150
118	Total non-Aboriginal population	139,070	2,490	1,185	6,110	6,535	2,630
	by Registered Indian status						
119	Registered Indian (12)	1,765	10	-	85	60	50
120	Not a Registered Indian	143,220	2,495	1,265	6,290	6,765	2,735

Tableau 1. Certaines caractéristiques des secteurs de recensement, recensement de 2001 – Données intégrales et données-échantillon (20 %)

Abbotsford 0005.02 A	Abbotsford 0006	Abbotsford 0007.01 A	Abbotsford 0007.02 A	Abbotsford 0008.01 A	Abbotsford 0008.02 A	Caractéristiques	N°
						CARACTÉRISTIQUES DE LA POPULATION	
						selon la langue parlée à la maison	
5,010	4,695	3,075	4,400	5,250	5,900	Réponses uniques	68
4,875	4,580	2,820	4,105	3,915	2,970	Anglais	69
-	-	-	-	10	-	Français	70
135	115	250	295	1,325	2,925	Langues non officielles (5)	71
75	20	70	155	1,135	2,725	Pendjabi	72
20	55	85	45	10	10	Allemand	73
-	-	-	-	45	15	Vietnamien	74
-	20	10	35	10	50	Coréen	75
10	-	-	10	10	10	Espagnol	76
25	25	80	40	120	110	Autres langues (6)	77
540	360	420	535	1,325	1,780	Réponses multiples	78
50	15	45	15	20	30	Anglais et français	79
480	340	375	500	1,280	1,740	Anglais et langue non officielle	80
-	-	-	10	-	-	Français et langue non officielle	81
10	-	-	10	25	10	Anglais, français et langue non officielle	82
						selon la connaissance des langues officielles	
5,160	4,765	3,305	4,715	5,870	6,190	Anglais seulement	83
-	-	-	-	-	-	Français seulement	84
350	275	155	160	220	220	Anglais et français	85
40	15	30	65	495	1,275	Ni l'anglais ni le français	86
						selon la connaissance des langues non officielles (5) (7)	
175	35	145	330	2,065	4,340	Pendjabi	87
575	685	595	455	315	235	Allemand	88
90	-	55	90	405	795	Hindi	89
105	80	105	175	55	10	Néerlandais	90
110	75	65	165	145	145	Espagnol	91
15	25	80	60	70	85	Coréen	92
45	10	-	20	65	45	Chinois, n.d.a.	93
						selon la première langue officielle parlée	
5,470	4,985	3,390	4,835	6,035	6,360	Anglais	94
45	55	70	40	30	30	Français	95
-	-	-	-	25	30	Anglais et français	96
40	20	30	65	485	1,260	Ni l'anglais ni le français	97
45	55	70	40	40	45	Minorité de langue officielle - (nombre) (8)	98
0.8	1.1	2.0	0.8	0.6	0.6	Minorité de langue officielle - (pourcentage) (8)	99
						selon l'origine ethnique (9)	
1,730	1,405	970	1,315	1,205	885	Anglais	100
1,425	1,430	785	1,010	1,340	845	Canadien	101
1,420	1,315	1,145	870	920	880	Allemand	102
1,150	895	640	815	775	615	Écossais	103
725	645	525	730	525	445	Irlandais	104
130	70	160	275	2,005	3,685	Indien de l'Inde	105
480	630	580	595	510	270	Hollandais (Néerlandais)	106
535	665	395	270	380	155	Français	107
275	150	165	160	310	235	Ukrainien	108
215	165	180	115	225	110	Russe	109
135	110	95	170	80	165	Norvégien	110
315	155	50	110	100	30	Indien de l'Amérique du Nord	111
150	155	90	70	160	185	Polonais	112
100	130	30	120	110	55	Suédois	113
80	175	55	110	145	30	Italien	114
						selon l'identité autochtone	
255	170	60	110	80	10	Total de la population ayant une identité autochtone (10)	115
5,295	4,890	3,435	4,830	6,500	7,675	Total de la population non autochtone	116
						selon l'origine autochtone	
355	245	55	155	120	55	Total de la population ayant une origine autochtone (11)	117
5,200	4,810	3,440	4,785	6,460	7,625	Total de la population non autochtone	118
						selon le statut d'Indien inscrit	
65	85	30	50	35	-	Oui, Indien inscrit (12)	119
5,490	4,975	3,460	4,880	6,550	7,685	Non, pas un Indien inscrit	120

Table 1. Selected Characteristics for Census Tracts, 2001 Census – 100% Data and 20% Sample Data

No.	Characteristics	Abbotsford CMA/RMR	Abbotsford 0001 ◇	Abbotsford 0002	Abbotsford 0003	Abbotsford 0004 ◆	Abbotsford 0005.01 A
	POPULATION CHARACTERISTICS						
	by visible minority groups						
121	Total visible minority population	25,755	935	85	1,145	2,410	730
122	Chinese	1,610	10	-	35	20	-
123	South Asian	18,655	905	80	700	2,030	580
124	Black	600	-	-	60	-	80
125	Filipino	640	-	-	35	35	-
126	Latin American	995	-	-	60	-	45
127	Southeast Asian	1,185	20	-	165	260	15
128	Arab	65	-	-	-	-	-
129	West Asian	110	-	-	10	-	-
130	Korean	765	-	-	15	20	-
131	Japanese	540	-	-	35	25	-
132	Visible minority, n.i.e. (13)	205	-	-	10	-	-
133	Multiple visible minorities (14)	390	-	-	15	10	-
	by citizenship						
134	Canadian citizenship (15)	134,925	2,385	1,250	5,990	6,035	2,490
135	Citizenship other than Canadian	10,060	120	10	390	785	290
	by place of birth of respondent						
136	Non-immigrant population	112,570	1,780	1,090	4,845	4,650	2,060
137	Born in province of residence	77,665	1,410	780	3,365	3,350	1,490
138	Immigrant population (16)	31,660	720	175	1,505	2,180	695
139	United States	1,870	15	-	95	45	30
140	Central and South America	1,700	30	15	160	90	55
141	Caribbean and Bermuda	230	-	-	10	10	20
142	United Kingdom	4,280	45	15	230	145	55
143	Other Europe (17)	7,900	130	105	340	345	100
144	Africa	765	-	-	80	50	70
145	Asia and the Middle East	14,505	500	40	580	1,415	370
146	Oceania and other (18)	400	-	-	15	70	10
147	Non-permanent residents (19)	760	-	-	35	10	25
148	**Total immigrant population**	**31,655**	**720**	**180**	**1,500**	**2,175**	**695**
	by period of immigration						
149	Before 1961	6,870	150	70	285	325	120
150	1961-1970	3,755	120	40	160	125	25
151	1971-1980	5,520	240	30	320	350	115
152	1981-1990	5,250	85	20	285	480	140
153	1991-2001 (20)	10,250	125	15	445	890	295
154	1991-1995	5,150	70	-	245	440	135
155	1996-2001 (20)	5,100	55	15	200	450	165
	by age at immigration						
156	0-4 years	2,780	60	25	215	140	65
157	5-19 years	9,320	260	40	435	515	245
158	20 years and over	19,555	395	110	855	1,520	385
159	**Total population**	**144,990**	**2,500**	**1,260**	**6,380**	**6,825**	**2,785**
	by religion						
160	Catholic (21)	16,700	55	160	730	610	340
161	Protestant	56,255	1,020	540	2,600	2,100	920
162	Christian Orthodox	740	-	-	10	55	-
163	Christian, n.i.e. (22)	13,395	265	75	730	600	190
164	Muslim	440	-	-	15	15	-
165	Jewish	160	-	-	15	10	-
166	Buddhist	1,080	-	-	55	195	10
167	Hindu	935	-	-	15	130	30
168	Sikh	16,785	880	80	590	1,830	545
169	Eastern religions (23)	85	-	-	10	-	-
170	Other religions (24)	445	-	-	30	20	15
171	No religious affiliation (25)	37,975	280	405	1,575	1,265	720
172	**Total population 15 years and over**	**112,335**	**1,910**	**960**	**4,880**	**5,090**	**2,080**
	by generation status						
173	1st generation (26)	31,435	690	165	1,465	2,060	655
174	2nd generation (27)	28,835	670	280	1,285	1,140	410
175	3rd generation and over (28)	52,060	550	515	2,130	1,895	1,010
176	**Total population 1 year and over (29)**	**143,315**	**2,490**	**1,245**	**6,300**	**6,730**	**2,760**
	by place of residence 1 year ago (mobility)						
177	Non-movers	119,580	2,240	1,115	5,245	5,635	2,190
178	Movers	23,735	250	130	1,050	1,090	575
179	Non-migrants	14,245	175	85	485	595	445
180	Migrants	9,490	75	40	560	500	130
181	Internal migrants	8,245	65	40	515	395	110
182	Intraprovincial migrants	6,865	60	20	405	325	110
183	Interprovincial migrants	1,385	-	25	115	75	-
184	External migrants	1,245	10	-	45	100	20

Tableau 1. Certaines caractéristiques des secteurs de recensement, recensement de 2001 – Données intégrales et données-échantillon (20 %)

Abbotsford 0005.02 A	Abbotsford 0006	Abbotsford 0007.01 A	Abbotsford 0007.02 A	Abbotsford 0008.01 A	Abbotsford 0008.02 A	Caractéristiques	N°
						CARACTÉRISTIQUES DE LA POPULATION	
						selon les groupes de minorités visibles	
475	245	345	705	2,760	4,920	Total de la population des minorités visibles	121
55	-	15	50	210	40	Chinois	122
190	50	150	375	2,180	4,425	Sud-Asiatique	123
60	25	25	30	-	40	Noir	124
40	65	-	15	55	65	Philippin	125
30	20	-	55	65	130	Latino-Américain	126
10	10	45	45	80	75	Asiatique du Sud-Est	127
10	-	-	30	-	-	Arabe	128
10	35	-	-	-	-	Asiatique occidental	129
15	25	80	60	65	80	Coréen	130
25	10	25	25	30	20	Japonais	131
-	10	-	-	-	10	Minorité visible, n.i.a. (13)	132
35	10	-	25	65	35	Minorités visibles multiples (14)	133
						selon la citoyenneté	
5,255	4,880	3,265	4,600	5,805	6,080	Citoyenneté canadienne (15)	134
300	180	225	335	770	1,600	Citoyenneté autre que canadienne	135
						selon le lieu de naissance du répondant	
4,285	4,120	2,640	3,635	4,335	3,900	Population non immigrante	136
2,360	2,335	1,465	1,850	3,175	2,910	Née dans la province de résidence	137
1,240	930	755	1,260	2,215	3,695	Population immigrante (16)	138
100	95	55	105	40	25	États-Unis	139
60	35	55	95	105	130	Amérique centrale et du Sud	140
-	15	10	20	10	-	Caraïbes et Bermudes	141
230	155	75	255	100	85	Royaume-Uni	142
530	510	415	445	300	195	Autre Europe (17)	143
30	-	-	10	40	35	Afrique	144
250	110	130	325	1,630	3,215	Asie et Moyen-Orient	145
30	10	10	10	-	10	Océanie et autre (18)	146
30	10	105	45	30	85	Résidents non permanents (19)	147
1,235	**925**	**750**	**1,260**	**2,215**	**3,695**	**Population immigrante totale**	148
						selon la période d'immigration	
525	465	405	535	235	150	Avant 1961	149
195	145	100	125	115	140	1961-1970	150
155	105	55	130	380	395	1971-1980	151
135	45	70	190	485	605	1981-1990	152
225	170	120	280	1,005	2,410	1991-2001 (20)	153
115	85	65	115	450	1,210	1991-1995	154
100	85	55	160	555	1,200	1996-2001 (20)	155
						selon l'âge à l'immigration	
125	120	100	110	120	175	0-4 ans	156
330	360	255	345	565	1,005	5-19 ans	157
785	445	400	805	1,535	2,515	20 ans et plus	158
5,550	**5,060**	**3,495**	**4,940**	**6,580**	**7,685**	**Population totale**	159
						selon la religion	
550	765	295	590	655	385	Catholique (21)	160
2,595	2,395	1,680	2,510	2,070	1,570	Protestante	161
30	10	10	30	10	15	Orthodoxe chrétienne	162
660	500	445	350	530	450	Chrétiennes, n.i.a. (22)	163
35	40	-	25	-	40	Musulmane	164
-	-	-	10	10	-	Juive	165
50	15	25	55	150	80	Bouddhiste	166
40	-	40	40	20	200	Hindoue	167
125	25	105	280	2,040	4,175	Sikh	168
-	10	-	10	-	-	Religions orientales (23)	169
20	10	20	-	-	-	Autres religions (24)	170
1,440	1,295	885	1,040	1,090	770	Aucune appartenance religieuse (25)	171
4,680	**4,300**	**2,920**	**4,280**	**4,855**	**5,670**	**Population totale de 15 ans et plus**	172
						selon le statut des générations	
1,255	950	835	1,245	2,205	3,680	1re génération (26)	173
1,355	1,365	730	1,485	965	825	2e génération (27)	174
2,075	1,985	1,360	1,560	1,685	1,165	3e génération et plus (28)	175
5,510	**4,980**	**3,465**	**4,900**	**6,510**	**7,510**	**Population totale de 1 an et plus (29)**	176
						selon le lieu de résidence 1 an auparavant (mobilité)	
4,540	3,560	2,610	4,030	5,720	5,290	Personnes n'ayant pas déménagé	177
975	1,425	855	875	795	2,215	Personnes ayant déménagé	178
630	965	565	430	515	1,595	Non-migrants	179
345	460	295	445	280	615	Migrants	180
320	420	275	325	200	445	Migrants internes	181
245	340	260	300	190	370	Migrants infraprovinciaux	182
75	80	20	35	10	75	Migrants interprovinciaux	183
25	35	20	115	80	170	Migrants externes	184

Table 1. Selected Characteristics for Census Tracts, 2001 Census – 100% Data and 20% Sample Data

No.	Characteristics	Abbotsford CMA/RMR	Abbotsford 0001 ◇	Abbotsford 0002	Abbotsford 0003	Abbotsford 0004 ◆	Abbotsford 0005.01 A
	POPULATION CHARACTERISTICS						
185	**Total population 5 years and over (30)**	**135,100**	**2,315**	**1,170**	**5,895**	**6,250**	**2,540**
	by place of residence 5 years ago (mobility)						
186	Non-movers	71,085	1,495	650	3,150	3,525	1,390
187	Movers	64,015	820	515	2,740	2,725	1,150
188	Non-migrants	33,280	585	195	1,155	1,440	620
189	Migrants	30,735	230	320	1,585	1,285	530
190	Internal migrants	25,780	210	305	1,330	975	420
191	Intraprovincial migrants	21,330	185	295	1,040	795	400
192	Interprovincial migrants	4,450	30	10	295	175	20
193	External migrants	4,955	20	20	250	310	110
194	**Total population 15 to 24 years**	**20,665**	**380**	**155**	**945**	**910**	**370**
	by school attendance						
195	Not attending school	9,080	115	70	440	480	200
196	Attending school full time	9,690	240	80	430	375	155
197	Attending school part time	1,890	30	-	80	45	20
198	**Total population 15 years and over**	**112,335**	**1,905**	**960**	**4,885**	**5,085**	**2,080**
	by highest level of schooling						
199	Less than grade 9 (31)	9,355	215	95	515	765	250
200	Grades 9-13 without high school graduation certificate	28,925	560	315	1,175	1,340	660
201	Grades 9-13 with high school graduation certificate	15,390	240	145	725	725	185
202	Some postsecondary without degree, certificate or diploma (32)	14,740	330	105	620	600	295
203	Trades certificate or diploma (33)	13,660	155	90	635	610	230
204	College certificate or diploma (34)	16,060	255	150	660	540	285
205	University certificate below bachelor's degree	3,350	30	20	160	125	60
206	University with bachelor's degree or higher	10,855	125	45	400	380	105
	by combinations of unpaid work						
207	Males 15 years and over	54,975	985	510	2,430	2,550	1,025
208	Reported unpaid work (35)	48,640	755	470	2,045	2,225	920
209	Housework and child care and care or assistance to seniors	4,495	95	45	185	270	60
210	Housework and child care only	15,725	245	150	645	765	290
211	Housework and care or assistance to seniors only	3,390	40	20	125	115	70
212	Child care and care or assistance to seniors only	150	10	-	-	15	10
213	Housework only	24,065	335	235	1,045	995	485
214	Child care only	590	25	10	35	40	-
215	Care or assistance to seniors only	225	10	15	20	20	-
216	Females 15 years and over	57,360	925	445	2,455	2,535	1,050
217	Reported unpaid work (35)	53,595	865	430	2,265	2,370	955
218	Housework and child care and care or assistance to seniors	7,520	175	75	320	485	115
219	Housework and child care only	19,135	265	145	820	905	380
220	Housework and care or assistance to seniors only	4,615	35	25	240	130	110
221	Child care and care or assistance to seniors only	15	-	-	-	-	-
222	Housework only	21,790	370	180	870	800	340
223	Child care only	340	20	-	20	35	-
224	Care or assistance to seniors only	180	-	-	-	15	10
	by labour force activity						
225	Males 15 years and over	54,975	980	510	2,430	2,550	1,025
226	In the labour force	40,495	730	375	1,870	1,775	730
227	Employed	37,405	705	355	1,675	1,570	665
228	Unemployed	3,090	25	25	195	205	60
229	Not in the labour force	14,480	250	135	560	775	295
230	Participation rate	73.7	74.5	73.5	77.0	69.6	71.2
231	Employment rate	68.0	71.9	69.6	68.9	61.6	64.9
232	Unemployment rate	7.6	3.4	6.7	10.4	11.5	8.2
233	Females 15 years and over	57,360	925	445	2,450	2,535	1,055
234	In the labour force	34,610	575	320	1,470	1,490	645
235	Employed	31,520	520	295	1,315	1,305	590
236	Unemployed	3,085	55	25	160	185	55
237	Not in the labour force	22,750	350	125	985	1,045	410
238	Participation rate	60.3	62.2	71.9	60.0	58.8	61.1
239	Employment rate	55.0	56.2	66.3	53.7	51.5	55.9
240	Unemployment rate	8.9	9.6	7.8	10.9	12.4	8.5

Tableau 1. Certaines caractéristiques des secteurs de recensement, recensement de 2001 – Données intégrales et données-échantillon (20 %)

Abbotsford 0005.02 A	Abbotsford 0006	Abbotsford 0007.01 A	Abbotsford 0007.02 A	Abbotsford 0008.01 A	Abbotsford 0008.02 A	Caractéristiques	N°
						CARACTÉRISTIQUES DE LA POPULATION	
5,270	**4,760**	**3,270**	**4,725**	**6,020**	**6,865**	**Population totale de 5 ans et plus (30)**	185
						selon le lieu de résidence 5 ans auparavant (mobilité)	
2,545	1,805	1,270	2,470	3,335	1,645	Personnes n'ayant pas déménagé	186
2,725	2,955	2,000	2,255	2,685	5,220	Personnes ayant déménagé	187
1,395	1,760	915	1,170	1,230	2,875	Non-migrants	188
1,330	1,190	1,090	1,085	1,460	2,345	Migrants	189
1,210	1,110	910	855	1,020	1,205	Migrants internes	190
915	900	755	720	900	985	Migrants infraprovinciaux	191
290	210	150	135	120	220	Migrants interprovinciaux	192
125	85	185	235	435	1,140	Migrants externes	193
625	**620**	**460**	**420**	**960**	**1,165**	**Population totale de 15 à 24 ans**	194
						selon la fréquentation scolaire	
340	330	185	260	410	645	Ne fréquentant pas l'école	195
225	220	200	105	445	430	Fréquentant l'école à plein temps	196
65	65	75	50	110	90	Fréquentant l'école à temps partiel	197
4,680	**4,305**	**2,920**	**4,285**	**4,860**	**5,675**	**Population totale de 15 ans et plus**	198
						selon le plus haut niveau de scolarité atteint	
580	485	395	500	500	1,015	Niveau inférieur à la 9e année (31)	199
1,150	1,075	640	1,075	1,295	1,495	De la 9e à la 13e année sans certificat d'études secondaires	200
570	590	310	585	665	845	De la 9e à la 13e année avec certificat d'études secondaires	201
415	580	460	470	565	735	Études postsecondaires partielles sans grade, certificat ou diplôme (32)	202
580	535	370	485	475	390	Certificat ou diplôme d'une école de métiers (33)	203
865	650	410	640	615	470	Certificat ou diplôme collégial (34)	204
175	130	115	150	185	130	Certificat universitaire inférieur au baccalauréat	205
345	255	230	375	555	610	Études universitaires avec baccalauréat ou diplôme supérieur	206
						selon les combinaisons de travail non rémunéré	
2,080	1,920	1,300	1,835	2,340	2,765	Hommes de 15 ans et plus	207
1,790	1,670	1,100	1,515	2,070	2,405	Travail non rémunéré déclaré (35)	208
145	60	90	95	260	265	Travaux ménagers et soins aux enfants et soins ou aide aux personnes âgées	209
400	400	275	340	745	905	Travaux ménagers et soins aux enfants seulement	210
220	115	55	145	150	135	Travaux ménagers et soins ou aide aux personnes âgées seulement	211
-	-	10	-	-	10	Soins aux enfants et soins ou aide aux personnes âgées seulement	212
1,010	1,070	660	905	875	1,015	Travaux ménagers seulement	213
15	15	10	15	35	60	Soins aux enfants seulement	214
-	10	-	20	10	20	Soins ou aide aux personnes âgées seulement	215
2,600	2,380	1,620	2,450	2,520	2,910	Femmes de 15 ans et plus	216
2,315	2,165	1,465	2,245	2,305	2,610	Travail non rémunéré déclaré (35)	217
220	200	130	185	415	410	Travaux ménagers et soins aux enfants et soins ou aide aux personnes âgées	218
645	555	385	530	845	1,155	Travaux ménagers et soins aux enfants seulement	219
315	330	150	305	170	155	Travaux ménagers et soins ou aide aux personnes âgées seulement	220
-	-	-	-	-	-	Soins aux enfants et soins ou aide aux personnes âgées seulement	221
1,115	1,070	785	1,205	850	850	Travaux ménagers seulement	222
-	10	-	10	10	35	Soins aux enfants seulement	223
20	-	20	10	15	15	Soins ou aide aux personnes âgées seulement	224
						selon l'activité	
2,080	1,920	1,300	1,835	2,340	2,765	Hommes de 15 ans et plus	225
1,225	1,190	780	960	1,845	2,200	Population active	226
1,125	1,100	695	865	1,710	1,970	Personnes occupées	227
100	85	85	85	135	230	Chômeurs	228
855	735	520	880	490	560	Inactifs	229
58.9	62.0	60.0	52.3	78.8	79.6	Taux d'activité	230
54.1	57.3	53.5	47.1	73.1	71.2	Taux d'emploi	231
8.2	7.1	10.9	8.9	7.3	10.5	Taux de chômage	232
2,600	2,380	1,620	2,450	2,520	2,905	Femmes de 15 ans et plus	233
1,105	1,030	780	975	1,600	1,790	Population active	234
940	885	710	905	1,420	1,650	Personnes occupées	235
160	145	65	70	180	145	Chômeuses	236
1,495	1,350	845	1,470	915	1,115	Inactives	237
42.5	43.3	48.1	39.8	63.5	61.6	Taux d'activité	238
36.2	37.2	43.8	36.9	56.3	56.8	Taux d'emploi	239
14.5	14.1	8.3	7.2	11.2	8.1	Taux de chômage	240

Table 1. Selected Characteristics for Census Tracts, 2001 Census – 100% Data and 20% Sample Data

No.	Characteristics	Abbotsford CMA/RMR	Abbotsford 0001 ◇	Abbotsford 0002	Abbotsford 0003	Abbotsford 0004 ◆	Abbotsford 0005.01 A
	POPULATION CHARACTERISTICS						
	by labour force activity – concluded						
241	Both sexes - Participation rate	66.9	68.5	72.8	68.3	64.1	66.3
242	15-24 years	67.1	59.7	61.3	69.3	59.1	62.2
243	25 years and over	66.8	70.7	74.5	68.0	65.3	66.9
244	Both sexes - Employment rate	61.4	64.1	67.7	61.1	56.4	60.3
245	15-24 years	57.4	45.5	51.6	56.1	48.6	56.8
246	25 years and over	62.2	69.1	70.8	62.4	58.4	61.5
247	Both sexes - Unemployment rate	8.2	6.1	6.5	10.6	12.0	8.4
248	15-24 years	14.4	23.9	21.1	19.1	18.5	10.9
249	25 years and over	6.8	2.3	5.0	8.4	10.6	8.7
250	**Total labour force 15 years and over**	**75,100**	**1,310**	**700**	**3,335**	**3,265**	**1,375**
	by industry based on the 1997 NAICS						
251	Industry - Not applicable (36)	1,515	20	15	105	70	25
252	All industries (37)	73,585	1,285	685	3,225	3,190	1,345
253	11 Agriculture, forestry, fishing and hunting	6,735	370	25	235	455	155
254	21 Mining and oil and gas extraction	150	-	-	-	-	-
255	22 Utilities	355	-	-	10	15	10
256	23 Construction	5,610	95	95	215	225	120
257	31-33 Manufacturing	9,315	150	95	405	485	265
258	41 Wholesale trade	2,950	50	30	175	125	50
259	44-45 Retail trade	8,530	100	60	370	300	125
260	48-49 Transportation and warehousing	4,250	50	85	285	190	115
261	51 Information and cultural industries	1,260	20	45	85	30	15
262	52 Finance and insurance	2,065	20	15	85	70	40
263	53 Real estate and rental and leasing	1,220	20	10	60	45	10
264	54 Professional, scientific and technical services	3,155	35	25	125	65	35
265	55 Management of companies and enterprises	20	-	-	-	-	-
266	56 Administrative and support, waste management and remediation services	2,525	45	20	115	90	50
267	61 Educational services	4,685	60	25	200	150	50
268	62 Health care and social assistance	7,130	45	75	235	310	110
269	71 Arts, entertainment and recreation	1,020	20	-	50	45	-
270	72 Accommodation and food services	4,820	70	25	230	245	100
271	81 Other services (except public administration)	4,190	85	45	250	250	40
272	91 Public administration	3,595	45	20	90	85	55
	by class of worker						
273	Class of worker - Not applicable (36)	1,520	20	15	105	70	25
274	All classes of worker (37)	73,585	1,285	680	3,230	3,195	1,345
275	Paid workers	66,950	1,105	610	2,990	2,945	1,185
276	Employees	63,540	965	570	2,805	2,850	1,180
277	Self-employed (incorporated)	3,415	140	35	180	95	10
278	Self-employed (unincorporated)	6,320	165	70	240	245	165
279	Unpaid family workers	310	15	-	-	10	-
	by occupation based on the 2001 NOC-S						
280	Male labour force 15 years and over	40,495	735	375	1,865	1,775	725
281	Occupation - Not applicable (36)	555	15	-	50	25	10
282	All occupations (37)	39,940	720	380	1,820	1,745	725
283	A Management occupations	4,125	45	30	130	105	40
284	B Business, finance and administration occupations	2,775	50	35	105	80	45
285	C Natural and applied sciences and related occupations	2,215	20	-	80	85	45
286	D Health occupations	540	-	10	20	10	-
287	E Occupations in social science, education, government service and religion	2,025	10	20	90	55	10
288	F Occupations in art, culture, recreation and sport	530	-	-	25	15	-
289	G Sales and service occupations	7,445	75	40	290	340	130
290	H Trades, transport and equipment operators and related occupations	12,365	240	190	720	570	275
291	I Occupations unique to primary industry	3,895	205	20	135	230	80
292	J Occupations unique to processing, manufacturing and utilities	4,025	65	25	230	255	95
293	Female labour force 15 years and over	34,610	575	325	1,470	1,490	640
294	Occupation - Not applicable (36)	965	10	15	60	45	20
295	All occupations (37)	33,645	570	305	1,410	1,445	625
296	A Management occupations	2,185	45	15	100	60	45
297	B Business, finance and administration occupations	8,165	135	80	355	285	130
298	C Natural and applied sciences and related occupations	355	10	-	10	10	-
299	D Health occupations	2,775	35	15	70	105	45

Tableau 1. Certaines caractéristiques des secteurs de recensement, recensement de 2001 – Données intégrales et données-échantillon (20 %)

Abbotsford 0005.02 A	Abbotsford 0006	Abbotsford 0007.01 A	Abbotsford 0007.02 A	Abbotsford 0008.01 A	Abbotsford 0008.02 A	Caractéristiques	N°
						CARACTÉRISTIQUES DE LA POPULATION	
						selon l'activité – fin	
49.8	51.5	53.3	45.0	71.0	70.4	Les deux sexes - Taux d'activité	241
80.2	72.4	58.7	88.0	71.9	71.2	15-24 ans	242
45.1	48.0	52.1	40.5	70.8	70.3	25 ans et plus	243
44.2	46.1	48.2	41.4	64.4	63.8	Les deux sexes - Taux d'emploi	244
69.6	61.8	47.3	77.1	61.7	64.4	15-24 ans	245
40.3	43.6	48.3	37.6	65.0	63.7	25 ans et plus	246
11.2	10.4	9.6	8.3	9.1	9.3	Les deux sexes - Taux de chômage	247
13.9	14.4	21.8	13.7	13.8	9.6	15-24 ans	248
10.4	9.3	7.4	6.7	8.2	9.3	25 ans et plus	249
2,330	**2,215**	**1,555**	**1,930**	**3,450**	**3,990**	**Population active totale de 15 ans et plus**	250
						selon l'industrie basée sur le SCIAN de 1997	
110	40	15	45	75	30	Industrie - Sans objet (36)	251
2,220	2,170	1,540	1,890	3,375	3,960	Toutes les industries (37)	252
60	100	80	110	320	945	11 Agriculture, foresterie, pêche et chasse	253
-	10	-	-	-	-	21 Extraction minière et extraction de pétrole et de gaz	254
15	15	-	10	10	-	22 Services publics	255
155	195	120	120	195	245	23 Construction	256
210	255	180	210	485	570	31-33 Fabrication	257
115	85	80	65	115	105	41 Commerce de gros	258
370	240	180	275	430	345	44-45 Commerce de détail	259
95	115	85	60	245	290	48-49 Transport et entreposage	260
20	50	25	40	40	20	51 Industrie de l'information et industrie culturelle	261
80	90	55	55	85	120	52 Finance et assurances	262
25	65	55	25	80	40	53 Services immobiliers et services de location et de location à bail	263
110	80	60	45	180	125	54 Services professionnels, scientifiques et techniques	264
-	-	-	-	-	-	55 Gestion de sociétés et d'entreprises	265
70	135	40	125	100	160	56 Services administratifs, services de soutien, services de gestion des déchets et services d'assainissement	266
125	90	120	95	155	185	61 Services d'enseignement	267
265	215	185	190	300	235	62 Soins de santé et assistance sociale	268
55	35	15	30	35	-	71 Arts, spectacles et loisirs	269
165	210	120	120	275	250	72 Hébergement et services de restauration	270
140	140	90	200	150	190	81 Autres services, sauf les administrations publiques	271
145	55	45	105	160	125	91 Administrations publiques	272
						selon la catégorie de travailleurs	
105	45	15	45	80	30	Catégorie de travailleurs - Sans objet (36)	273
2,225	2,175	1,540	1,890	3,370	3,960	Toutes les catégories de travailleurs (37)	274
2,135	2,035	1,435	1,800	3,130	3,740	Travailleurs rémunérés	275
2,030	1,965	1,400	1,755	2,945	3,610	Employés	276
100	70	35	50	185	125	Travailleurs autonomes (entreprise constituée en société)	277
90	135	95	85	240	220	Travailleurs autonomes (entreprise non constituée en société)	278
-	-	-	-	-	-	Travailleurs familiaux non rémunérés	279
						selon la profession basée sur la CNP-S de 2001	
1,225	1,190	780	960	1,845	2,200	Hommes actifs de 15 ans et plus	280
45	10	-	20	15	10	Profession - Sans objet (36)	281
1,185	1,175	780	935	1,830	2,190	Toutes les professions (37)	282
120	120	45	50	140	215	A Gestion	283
115	75	50	75	150	125	B Affaires, finance et administration	284
70	50	35	65	115	100	C Sciences naturelles et appliquées et professions apparentées	285
15	10	10	20	15	-	D Secteur de la santé	286
85	45	30	80	80	85	E Sciences sociales, enseignement, administration publique et religion	287
25	20	15	10	15	-	F Arts, culture, sports et loisirs	288
320	245	170	225	445	440	G Ventes et services	289
280	415	265	225	485	525	H Métiers, transport et machinerie	290
45	55	75	60	160	430	I Professions propres au secteur primaire	291
100	135	95	135	220	260	J Transformation, fabrication et services d'utilité publique	292
1,105	1,030	775	975	1,600	1,790	Femmes actives de 15 ans et plus	293
65	30	15	20	60	25	Profession - Sans objet (36)	294
1,035	1,000	760	955	1,540	1,770	Toutes les professions (37)	295
125	50	45	40	60	105	A Gestion	296
270	270	225	245	345	260	B Affaires, finance et administration	297
20	10	10	-	15	10	C Sciences naturelles et appliquées et professions apparentées	298
90	65	50	155	135	90	D Secteur de la santé	299

Table 1. Selected Characteristics for Census Tracts, 2001 Census – 100% Data and 20% Sample Data

No.	Characteristics	Abbotsford CMA/RMR	Abbotsford 0001 ◇	Abbotsford 0002	Abbotsford 0003	Abbotsford 0004 ◆	Abbotsford 0005.01 A
	POPULATION CHARACTERISTICS						
	by occupation based on the 2001 NOC-S – concluded						
300	E Occupations in social science, education, government service and religion	3,615	40	45	140	110	65
301	F Occupations in art, culture, recreation and sport	940	25	10	40	50	10
302	G Sales and service occupations	10,890	135	115	560	500	205
303	H Trades, transport and equipment operators and related occupations	645	-	10	20	30	25
304	I Occupations unique to primary industry	3,045	115	10	105	225	100
305	J Occupations unique to processing, manufacturing and utilities	1,025	20	20	20	75	15
306	**Total employed labour force 15 years and over**	**68,930**	**1,225**	**650**	**2,985**	**2,875**	**1,255**
	by place of work						
307	Males	37,405	705	350	1,675	1,570	665
308	Usual place of work	27,170	410	220	1,275	1,230	470
309	At home	2,935	170	15	70	50	65
310	Outside Canada	190	10	-	10	10	-
311	No fixed workplace address	7,110	120	120	315	295	125
312	Females	31,520	525	295	1,310	1,305	590
313	Usual place of work	25,980	360	240	1,055	1,095	475
314	At home	3,830	135	50	175	155	70
315	Outside Canada	90	-	-	-	-	10
316	No fixed workplace address	1,620	30	-	85	55	30
317	**Total employed labour force 15 years and over with usual place of work or no fixed workplace address**	**61,880**	**915**	**590**	**2,730**	**2,670**	**1,100**
	by mode of transportation						
318	Males	34,280	525	335	1,595	1,520	590
319	Car, truck, van, as driver	29,510	455	260	1,360	1,280	500
320	Car, truck, van, as passenger	2,655	20	35	100	130	70
321	Public transit	380	-	15	-	10	-
322	Walked	1,060	30	25	60	40	-
323	Other method	675	25	-	65	55	15
324	Females	27,605	390	245	1,140	1,150	505
325	Car, truck, van, as driver	22,695	345	210	890	865	415
326	Car, truck, van, as passenger	2,750	-	35	130	155	55
327	Public transit	600	-	-	20	20	-
328	Walked	1,170	20	-	65	75	25
329	Other method	380	15	-	30	20	-
330	**Total population 15 years and over who worked since January 1, 2000**	**80,510**	**1,390**	**690**	**3,540**	**3,630**	**1,500**
	by language used at work						
331	Single responses	74,560	1,210	690	3,280	3,145	1,355
332	English	72,160	1,140	690	3,185	2,870	1,275
333	French	35	-	-	-	-	-
334	Non-official languages (5)	2,360	70	-	90	275	75
335	Punjabi	2,160	70	-	70	245	75
336	Vietnamese	60	-	-	-	30	-
337	Other languages (6)	135	-	-	15	-	-
338	Multiple responses	5,955	180	10	255	485	140
339	English and French	640	-	10	20	50	-
340	English and non-official language	5,290	180	-	235	440	140
341	French and non-official language	-	-	-	-	-	-
342	English, French and non-official language	20	-	-	-	-	-
	DWELLING AND HOUSEHOLD CHARACTERISTICS						
343	**Total number of occupied private dwellings**	**51,020**	**695**	**450**	**2,320**	**2,075**	**900**
	by tenure						
344	Owned	36,275	450	345	1,415	1,505	610
345	Rented	14,725	240	110	905	575	295
346	Band housing	25	-	-	-	-	-
	by structural type of dwelling						
347	Single-detached house	29,125	610	430	1,260	1,530	530
348	Semi-detached house	1,280	-	-	40	40	60
349	Row house	3,835	10	-	10	55	40
350	Apartment, detached duplex	4,325	40	15	90	285	195
351	Apartment, building that has five or more storeys	995	-	-	-	-	-
352	Apartment, building that has fewer than five storeys (38)	10,755	-	-	815	170	70
353	Other single-attached house	45	-	-	-	-	-
354	Movable dwelling (39)	665	30	-	90	-	-

Tableau 1. Certaines caractéristiques des secteurs de recensement, recensement de 2001 – Données intégrales et données-échantillon (20 %)

Abbotsford 0005.02 A	Abbotsford 0006	Abbotsford 0007.01 A	Abbotsford 0007.02 A	Abbotsford 0008.01 A	Abbotsford 0008.02 A	Caractéristiques	N°
						CARACTÉRISTIQUES DE LA POPULATION	
						selon la profession basée sur la CNP-S de 2001 – fin	
95	80	95	100	120	135	E Sciences sociales, enseignement, administration publique et religion	300
10	25	35	15	45	15	F Arts, culture, sports et loisirs	301
355	420	270	320	570	450	G Ventes et services	302
20	25	10	10	20	25	H Métiers, transport et machinerie	303
35	40	30	50	175	530	I Professions propres au secteur primaire	304
20	20	-	20	65	155	J Transformation, fabrication et services d'utilité publique	305
2,070	**1,990**	**1,405**	**1,775**	**3,130**	**3,620**	**Population active occupée totale de 15 ans et plus**	306
						selon le lieu de travail	
1,125	1,100	695	870	1,715	1,970	Hommes	307
845	785	500	685	1,295	1,515	Lieu habituel de travail	308
40	55	55	20	95	95	À domicile	309
-	10	-	-	-	-	En dehors du Canada	310
240	260	145	165	320	360	Sans adresse de travail fixe	311
945	885	710	905	1,420	1,650	Femmes	312
820	785	630	790	1,225	1,410	Lieu habituel de travail	313
50	60	50	45	125	135	À domicile	314
10	-	-	15	10	-	En dehors du Canada	315
65	35	30	55	60	110	Sans adresse de travail fixe	316
1,970	**1,865**	**1,300**	**1,695**	**2,905**	**3,390**	**Population active occupée totale de 15 ans et plus ayant un lieu habituel de travail ou sans adresse de travail fixe**	317
						selon le mode de transport	
1,085	1,040	640	850	1,620	1,870	Hommes	318
845	815	545	715	1,380	1,600	Automobile, camion ou fourgonnette, en tant que conducteur	319
115	105	50	70	175	215	Automobile, camion ou fourgonnette, en tant que passager	320
10	10	-	10	10	20	Transport en commun	321
80	70	45	30	45	20	À pied	322
30	40	10	30	10	25	Autre moyen	323
890	825	655	845	1,285	1,515	Femmes	324
685	605	485	645	1,065	1,175	Automobile, camion ou fourgonnette, en tant que conductrice	325
40	85	75	95	170	295	Automobile, camion ou fourgonnette, en tant que passagère	326
30	25	15	20	35	10	Transport en commun	327
105	80	65	75	10	15	À pied	328
20	30	15	15	10	15	Autre moyen	329
2,480	**2,425**	**1,685**	**2,115**	**3,655**	**4,280**	**Population totale de 15 ans et plus ayant travaillé depuis le 1er janvier 2000**	330
						selon la langue utilisée au travail	
2,405	2,380	1,590	1,940	3,060	3,485	Réponses uniques	331
2,375	2,370	1,580	1,925	2,830	2,770	Anglais	332
-	-	-	-	10	10	Français	333
25	10	10	20	225	710	Langues non officielles (5)	334
25	-	10	20	215	695	Pendjabi	335
-	-	-	-	10	-	Vietnamien	336
-	-	-	-	10	20	Autres langues (6)	337
75	45	95	175	595	790	Réponses multiples	338
15	15	20	-	30	15	Anglais et français	339
55	30	75	165	560	770	Anglais et langue non officielle	340
-	-	-	-	-	-	Français et langue non officielle	341
10	-	-	-	-	-	Anglais, français et langue non officielle	342
						CARACTÉRISTIQUES DES LOGEMENTS ET DES MÉNAGES	
2,790	**2,605**	**1,745**	**2,480**	**1,825**	**1,990**	**Nombre total de logements privés occupés**	343
						selon le mode d'occupation	
1,345	1,480	1,010	1,760	1,425	1,325	Possédé	344
1,440	1,125	735	720	410	665	Loué	345
-	-	-	-	-	-	Logement de bande	346
						selon le type de construction résidentielle	
405	360	210	105	1,095	990	Maison individuelle non attenante	347
40	25	-	10	200	125	Maison jumelée	348
445	125	190	665	115	100	Maison en rangée	349
45	10	-	-	405	745	Appartement, duplex non attenant	350
50	225	260	265	-	-	Appartement, immeuble de cinq étages ou plus	351
1,790	1,805	1,080	1,435	20	30	Appartement, immeuble de moins de cinq étages (38)	352
-	-	-	-	-	-	Autre maison individuelle attenante	353
10	60	-	-	-	-	Logement mobile (39)	354

Table 1. Selected Characteristics for Census Tracts, 2001 Census – 100% Data and 20% Sample Data

No.	Characteristics	**Abbotsford** CMA/RMR	Abbotsford 0001 ◇	Abbotsford 0002	Abbotsford 0003	Abbotsford 0004 ◆	Abbotsford 0005.01 A
	DWELLING AND HOUSEHOLD CHARACTERISTICS						
	by condition of dwelling						
355	Regular maintenance only	36,820	455	280	1,685	1,425	585
356	Minor repairs	10,760	165	120	500	500	235
357	Major repairs	3,440	70	50	135	150	85
	by period of construction						
358	Before 1946	1,720	75	35	20	20	20
359	1946-1960	3,390	115	40	210	105	65
360	1961-1970	5,065	120	35	435	425	245
361	1971-1980	12,425	160	230	925	1,065	290
362	1981-1990	14,500	105	95	355	370	275
363	1991-2001 (20)	13,920	115	15	370	90	10
364	Average number of rooms per dwelling	6.9	8.3	6.7	6.5	7.4	6.9
365	Average number of bedrooms per dwelling	2.9	3.7	2.9	2.7	3.4	3.1
366	Average value of dwelling $	195,437	345,985	144,393	159,796	172,330	163,191
367	**Total number of private households**	**51,025**	**690**	**455**	**2,320**	**2,075**	**900**
	by household size						
368	1 person	10,910	90	90	555	335	175
369	2 persons	16,350	210	130	730	550	255
370	3 persons	7,595	75	90	330	335	150
371	4-5 persons	12,705	195	120	565	610	210
372	6 or more persons	3,455	130	20	135	235	105
	by household type						
373	One-family households	36,435	485	340	1,625	1,505	640
374	Multiple-family households	2,010	80	10	75	165	40
375	Non-family households	12,580	135	110	620	405	210
376	Number of persons in private households	144,800	2,500	1,265	6,380	6,820	2,780
377	Average number of persons in private households	2.8	3.6	2.8	2.8	3.3	3.1
378	Average number of persons per room	0.4	0.4	0.4	0.4	0.4	0.4
379	Tenant households in non-farm, non-reserve private dwellings (40)	14,535	225	105	900	570	290
380	Average gross rent $ (40)	706	747	808	703	798	756
381	Tenant households spending 30% or more of household income on gross rent (40) (41)	6,080	85	25	420	270	85
382	Tenant households spending from 30% to 99% of household income on gross rent (40) (41)	4,990	60	20	310	240	70
383	Owner households in non-farm, non-reserve private dwellings (42)	35,270	265	345	1,415	1,495	600
384	Average owner's major payments $ (42)	976	1,061	809	871	927	917
385	Owner households spending 30% or more of household income on owner's major payments (41) (42)	8,380	55	130	295	365	125
386	Owner households spending from 30% to 99% of household income on owner's major payments (41) (42)	7,485	35	125	245	335	90
	CENSUS FAMILY CHARACTERISTICS						
387	**Total number of census families in private households**	**40,655**	**655**	**350**	**1,775**	**1,870**	**750**
	by census family structure and size						
388	Total couple families	34,615	580	315	1,435	1,570	620
389	Total families of married couples	31,345	555	245	1,285	1,480	580
390	Without children at home	12,945	210	95	485	545	220
391	With children at home	18,395	345	150	790	930	365
392	1 child	5,610	50	55	220	265	130
393	2 children	7,685	135	50	345	365	130
394	3 or more children	5,100	160	40	230	300	105
395	Total families of common-law couples	3,275	25	65	150	95	40
396	Without children at home	1,830	15	15	95	35	25
397	With children at home	1,445	15	55	60	60	15
398	1 child	645	-	25	25	40	-
399	2 children	510	10	30	25	15	-
400	3 or more children	290	15	-	-	-	10
401	Total lone-parent families	6,045	75	35	340	300	130
402	Female parent	4,880	50	25	285	255	90
403	1 child	2,755	25	15	155	130	45
404	2 children	1,535	20	10	105	80	20
405	3 or more children	595	-	-	25	40	25

Tableau 1. Certaines caractéristiques des secteurs de recensement, recensement de 2001 – Données intégrales et données-échantillon (20 %)

Abbotsford 0005.02 A	Abbotsford 0006	Abbotsford 0007.01 A	Abbotsford 0007.02 A	Abbotsford 0008.01 A	Abbotsford 0008.02 A	Caractéristiques	N°
						CARACTÉRISTIQUES DES LOGEMENTS ET DES MÉNAGES	
						selon l'état du logement	
2,225	1,930	1,320	1,980	1,540	1,860	Entretien régulier seulement	355
360	440	315	230	250	100	Réparations mineures	356
205	240	105	270	35	30	Réparations majeures	357
						selon la période de construction	
45	20	-	-	-	-	Avant 1946	358
180	170	55	10	-	-	1946-1960	359
415	285	120	40	-	10	1961-1970	360
710	375	715	270	30	20	1971-1980	361
965	1,030	570	1,465	695	135	1981-1990	362
475	720	290	695	1,100	1,810	1991-2001 (20)	363
5.2	5.0	5.2	5.2	7.7	7.0	Nombre moyen de pièces par logement	364
2.1	2.0	2.1	2.0	3.3	3.2	Nombre moyen de chambres à coucher par logement	365
119,486	117,908	104,833	115,715	205,305	239,747	Valeur moyenne du logement $	366
2,790	**2,605**	**1,745**	**2,480**	**1,830**	**1,995**	**Nombre total de logements privés**	367
						selon la taille du ménage	
1,185	1,075	730	875	160	145	1 personne	368
980	1,010	620	1,145	480	495	2 personnes	369
270	260	200	215	290	300	3 personnes	370
295	225	170	195	630	645	4-5 personnes	371
55	30	25	55	270	405	6 personnes ou plus	372
						selon le genre de ménage	
1,515	1,390	925	1,515	1,480	1,420	Ménages unifamiliaux	373
20	10	15	25	165	370	Ménages multifamiliaux	374
1,250	1,210	805	950	180	205	Ménages non familiaux	375
5,550	5,055	3,490	4,940	6,580	7,680	Nombre de personnes dans les ménages privés	376
2.0	1.9	2.0	2.0	3.6	3.9	Nombre moyen de personnes dans les ménages privés	377
0.4	0.4	0.4	0.4	0.5	0.6	Nombre moyen de personnes par pièce	378
1,435	1,120	730	715	405	665	Ménages locataires dans les logements privés non agricoles hors réserve (40)	379
630	684	673	695	718	657	Loyer brut moyen $ (40)	380
725	540	300	295	95	190	Ménages locataires consacrant 30 % ou plus du revenu du ménage au loyer brut (40) (41)	381
600	440	250	250	70	180	Ménages locataires consacrant de 30 % à 99 % du revenu du ménage au loyer brut (40) (41)	382
1,345	1,480	1,010	1,760	1,420	1,320	Ménages propriétaires dans les logements privés non agricoles hors réserve (42)	383
573	531	582	499	1,141	1,410	Principales dépenses de propriété moyennes $ (42)	384
215	255	185	225	295	555	Ménages propriétaires consacrant 30 % ou plus du revenu du ménage aux principales dépenses de propriété (41) (42)	385
185	220	175	215	255	510	Ménages propriétaires consacrant de 30 % à 99 % du revenu du ménage aux principales dépenses de propriété (41) (42)	386
						CARACTÉRISTIQUES DES FAMILLES DE RECENSEMENT	
1,560	**1,405**	**955**	**1,555**	**1,835**	**2,200**	**Total des familles de recensement dans les ménages privés**	387
						selon la structure et la taille de la famille de recensement	
1,285	1,080	730	1,305	1,635	1,965	Total des familles avec conjoints	388
1,065	915	635	1,195	1,565	1,915	Total des familles avec couples mariés	389
660	650	415	915	555	625	Sans enfants à la maison	390
405	265	225	280	1,015	1,290	Avec enfants à la maison	391
180	100	90	80	285	450	1 enfant	392
170	110	85	150	420	485	2 enfants	393
55	50	50	50	310	360	3 enfants ou plus	394
220	165	100	110	70	55	Total des familles en union libre	395
135	95	55	70	50	30	Sans enfants à la maison	396
85	70	40	40	20	20	Avec enfants à la maison	397
20	50	25	30	10	10	1 enfant	398
10	10	-	-	15	10	2 enfants	399
55	10	10	10	-	-	3 enfants ou plus	400
270	325	225	245	195	235	Total des familles monoparentales	401
255	275	155	230	160	205	Parent de sexe féminin	402
160	180	95	120	65	105	1 enfant	403
75	75	45	105	75	75	2 enfants	404
20	20	15	-	20	25	3 enfants ou plus	405

Table 1. Selected Characteristics for Census Tracts, 2001 Census – 100% Data and 20% Sample Data

No.	Characteristics	Abbotsford CMA/RMR	Abbotsford 0001 ◇	Abbotsford 0002	Abbotsford 0003	Abbotsford 0004 ◆	Abbotsford 0005.01 A
	CENSUS FAMILY CHARACTERISTICS						
	by census family structure and size – concluded						
406	Male parent	1,160	20	10	60	50	40
407	1 child	735	25	10	50	30	25
408	2 children	330	-	10	-	15	15
409	3 or more children	105	-	-	-	10	-
410	**Total number of children at home**	**50,635**	**1,015**	**450**	**2,290**	**2,635**	**1,030**
	by age groups						
411	Under 6 years	11,980	215	120	610	735	295
412	6-14 years	20,130	385	175	855	1,000	390
413	15-17 years	6,570	115	90	305	305	90
414	18-24 years	8,900	235	40	325	415	170
415	25 years and over	3,060	65	25	205	175	90
416	Average number of children at home per census family (43)	1.2	1.5	1.3	1.3	1.4	1.4
417	**Total number of persons in private households**	**144,800**	**2,505**	**1,265**	**6,375**	**6,820**	**2,785**
	by census family status and living arrangements						
418	Number of non-family persons	18,890	255	145	875	740	385
419	Living with relatives (44)	2,900	50	45	165	220	95
420	Living with non-relatives only	5,075	115	15	160	180	110
421	Living alone	10,915	90	90	555	335	175
422	Number of family persons	125,910	2,250	1,115	5,500	6,080	2,400
423	Average number of persons per census family	3.1	3.4	3.2	3.1	3.3	3.2
424	**Total number of persons 65 years and over**	**18,140**	**225**	**165**	**665**	**850**	**370**
425	Number of non-family persons 65 years and over	6,000	55	35	200	260	120
426	Living with relatives (44)	1,085	25	10	40	95	25
427	Living with non-relatives only	305	20	-	-	10	-
428	Living alone	4,610	10	25	160	160	85
429	Number of family persons 65 years and over	12,140	170	130	465	590	250
	ECONOMIC FAMILY CHARACTERISTICS						
430	**Total number of economic families in private households**	**38,865**	**565**	**365**	**1,735**	**1,705**	**695**
	by size of family						
431	2 persons	16,005	180	135	735	555	240
432	3 persons	7,300	70	95	330	325	155
433	4 persons	8,210	95	90	355	365	110
434	5 or more persons	7,350	220	45	320	460	190
435	Total number of persons in economic families	128,810	2,300	1,160	5,665	6,305	2,495
436	Average number of persons per economic family	3.3	4.1	3.2	3.3	3.7	3.6
437	Total number of unattached individuals	15,990	200	100	715	520	285
	2000 INCOME CHARACTERISTICS						
	Population 15 years and over by sex and total income groups in 2000						
438	Total - Both sexes	112,335	1,905	960	4,885	5,090	2,075
439	Without income	5,775	135	50	175	305	100
440	With income	106,565	1,775	905	4,715	4,780	1,975
441	Under $1,000 (45)	4,755	70	60	270	215	80
442	$ 1,000 - $ 2,999	4,610	85	45	220	170	90
443	$ 3,000 - $ 4,999	3,920	55	20	205	145	80
444	$ 5,000 - $ 6,999	5,105	90	50	320	215	50
445	$ 7,000 - $ 9,999	7,820	180	75	335	375	160
446	$10,000 - $11,999	5,515	105	55	350	280	165
447	$12,000 - $14,999	8,745	165	50	340	530	145
448	$15,000 - $19,999	11,085	180	105	430	610	275
449	$20,000 - $24,999	8,895	135	105	410	410	180
450	$25,000 - $29,999	7,295	90	85	290	360	100
451	$30,000 - $34,999	7,590	105	40	300	315	170
452	$35,000 - $39,999	6,380	85	80	330	255	95
453	$40,000 - $44,999	5,875	100	40	255	250	100
454	$45,000 - $49,999	4,195	70	50	165	150	40
455	$50,000 - $59,999	5,985	60	35	255	200	95
456	$60,000 and over	8,795	190	30	235	290	150
457	Average income $ (46)	27,011	26,957	23,178	23,618	23,889	24,596
458	Median income $ (46)	20,523	18,476	20,391	18,005	18,580	18,881
459	Standard error of average income $ (46)	193	1,292	1,226	613	572	957

Tableau 1. Certaines caractéristiques des secteurs de recensement, recensement de 2001 – Données intégrales et données-échantillon (20 %)

Abbotsford 0005.02 A	Abbotsford 0006	Abbotsford 0007.01 A	Abbotsford 0007.02 A	Abbotsford 0008.01 A	Abbotsford 0008.02 A	Caractéristiques	N°
						CARACTÉRISTIQUES DES FAMILLES DE RECENSEMENT	
						selon la structure et la taille de la famille de recensement – fin	
15	45	70	20	35	25	Parent de sexe masculin	406
15	30	45	15	20	25	1 enfant	407
-	-	25	-	-	-	2 enfants	408
-	15	-	-	-	-	3 enfants ou plus	409
1,290	**1,090**	**825**	**975**	**2,615**	**2,945**	**Nombre total d'enfants à la maison**	410
						selon les groupes d'âge	
330	350	260	255	600	1,005	Moins de 6 ans	411
535	410	315	400	1,080	990	6-14 ans	412
110	105	105	50	335	255	15-17 ans	413
235	160	95	180	415	545	18-24 ans	414
75	65	60	85	185	155	25 ans et plus	415
0.8	0.8	0.9	0.6	1.4	1.3	Nombre moyen d'enfants à la maison par famille de recensement (43)	416
5,555	**5,050**	**3,490**	**4,940**	**6,575**	**7,680**	**Nombre total de personnes dans les ménages privés**	417
						selon la situation des particuliers dans la famille de recensement et des particuliers dans le ménage	
1,425	1,480	980	1,105	490	570	Nombre de personnes hors famille de recensement	418
85	95	40	50	200	315	Vivant avec des personnes apparentées (44)	419
150	315	210	180	135	115	Vivant avec des personnes non apparentées uniquement	420
1,190	1,075	730	875	160	140	Vivant seules	421
4,135	3,575	2,515	3,830	6,090	7,110	Nombre de personnes membres d'une famille	422
2.7	2.5	2.6	2.5	3.3	3.2	Nombre moyen de personnes par famille de recensement	423
1,675	**1,420**	**910**	**1,940**	**580**	**635**	**Nombre total de personnes de 65 ans et plus**	424
795	575	370	660	150	150	Nombre de personnes hors famille de recensement de 65 ans et plus	425
15	15	10	15	120	125	Vivant avec des personnes apparentées (44)	426
25	15	-	35	-	-	Vivant avec des personnes non apparentées uniquement	427
760	540	355	610	30	20	Vivant seules	428
880	850	540	1,280	430	485	Nombre de personnes membres d'une famille de 65 ans et plus	429
						CARACTÉRISTIQUES DES FAMILLES ÉCONOMIQUES	
1,555	**1,425**	**950**	**1,530**	**1,650**	**1,820**	**Nombre total de familles économiques dans les ménages privés**	430
						selon la taille de la famille	
950	955	595	1,085	480	485	2 personnes	431
265	230	180	230	310	290	3 personnes	432
220	160	90	135	380	350	4 personnes	433
125	75	85	90	485	700	5 personnes ou plus	434
4,215	3,665	2,555	3,880	6,290	7,425	Nombre total de personnes dans les familles économiques	435
2.7	2.6	2.7	2.5	3.8	4.1	Nombre moyen de personnes par famille économique	436
1,335	1,385	940	1,055	290	260	Nombre total de personnes hors famille économique	437
						CARACTÉRISTIQUES DU REVENU DE 2000	
						Population de 15 ans et plus selon le sexe et les tranches de revenu total en 2000	
4,680	4,305	2,920	4,285	4,860	5,670	Total - Les deux sexes	438
120	90	165	95	275	340	Sans revenu	439
4,560	4,210	2,755	4,190	4,585	5,330	Avec un revenu	440
210	155	60	195	155	125	Moins de 1 000 $ (45)	441
110	140	75	85	235	330	1 000 $ - 2 999 $	442
155	145	80	115	145	195	3 000 $ - 4 999 $	443
270	180	125	165	235	195	5 000 $ - 6 999 $	444
390	345	190	335	310	490	7 000 $ - 9 999 $	445
220	285	145	280	285	335	10 000 $ - 11 999 $	446
595	490	350	420	375	490	12 000 $ - 14 999 $	447
635	645	385	575	490	820	15 000 $ - 19 999 $	448
455	345	330	515	375	590	20 000 $ - 24 999 $	449
320	315	215	315	270	295	25 000 $ - 29 999 $	450
290	285	225	290	315	315	30 000 $ - 34 999 $	451
230	275	170	235	260	280	35 000 $ - 39 999 $	452
220	175	145	220	275	195	40 000 $ - 44 999 $	453
140	100	75	100	230	165	45 000 $ - 49 999 $	454
160	160	85	200	245	145	50 000 $ - 59 999 $	455
170	175	100	145	380	385	60 000 $ et plus	456
22,084	22,850	23,085	23,319	27,551	23,630	Revenu moyen $ (46)	457
17,139	17,303	18,855	19,242	20,348	17,572	Revenu médian $ (46)	458
542	653	653	586	848	630	Erreur type de revenu moyen $ (46)	459

Table 1. Selected Characteristics for Census Tracts, 2001 Census – 100% Data and 20% Sample Data

No.	Characteristics	Abbotsford CMA/RMR	Abbotsford 0001 ◇	Abbotsford 0002	Abbotsford 0003	Abbotsford 0004 ◆	Abbotsford 0005.01 A
	2000 INCOME CHARACTERISTICS						
	Population 15 years and over by sex and total income groups in 2000 – concluded						
460	Total - Males	54,975	985	510	2,430	2,545	1,025
461	Without income	2,260	60	40	60	100	40
462	With income	52,710	920	475	2,370	2,450	980
463	Under $1,000 (45)	2,125	35	15	125	105	45
464	$ 1,000 - $ 2,999	1,710	30	10	65	70	40
465	$ 3,000 - $ 4,999	1,395	10	-	105	55	-
466	$ 5,000 - $ 6,999	1,770	40	30	110	80	15
467	$ 7,000 - $ 9,999	2,405	65	30	120	90	25
468	$10,000 - $11,999	2,110	50	-	125	135	65
469	$12,000 - $14,999	3,100	70	15	65	210	60
470	$15,000 - $19,999	4,760	95	50	190	245	130
471	$20,000 - $24,999	4,170	75	55	170	230	85
472	$25,000 - $29,999	3,595	40	50	160	170	50
473	$30,000 - $34,999	3,960	45	20	210	185	95
474	$35,000 - $39,999	3,765	55	80	240	185	75
475	$40,000 - $44,999	3,505	80	25	155	140	70
476	$45,000 - $49,999	2,895	40	40	130	125	25
477	$50,000 - $59,999	4,325	45	20	200	160	60
478	$60,000 and over	7,120	150	20	195	260	140
479	Average income $ (46)	33,584	33,889	28,332	29,641	29,505	31,473
480	Median income $ (46)	28,378	24,508	27,082	28,089	25,044	27,932
481	Standard error of average income $ (46)	333	2,161	1,708	961	899	1,554
482	Total - Females	57,360	925	445	2,455	2,535	1,055
483	Without income	3,510	75	15	110	200	55
484	With income	53,855	855	440	2,340	2,335	1,000
485	Under $1,000 (45)	2,630	40	35	145	110	40
486	$ 1,000 - $ 2,999	2,905	55	25	160	100	45
487	$ 3,000 - $ 4,999	2,525	55	15	100	95	80
488	$ 5,000 - $ 6,999	3,340	55	25	215	135	35
489	$ 7,000 - $ 9,999	5,405	115	45	210	285	140
490	$10,000 - $11,999	3,400	55	55	220	145	100
491	$12,000 - $14,999	5,645	90	35	275	325	85
492	$15,000 - $19,999	6,325	80	55	245	360	145
493	$20,000 - $24,999	4,725	60	45	240	185	90
494	$25,000 - $29,999	3,700	50	30	130	190	55
495	$30,000 - $34,999	3,625	55	20	90	135	70
496	$35,000 - $39,999	2,610	30	-	90	65	20
497	$40,000 - $44,999	2,375	25	15	90	105	35
498	$45,000 - $49,999	1,300	25	10	35	25	10
499	$50,000 - $59,999	1,655	15	15	55	40	35
500	$60,000 and over	1,675	45	10	45	30	10
501	Average income $ (46)	20,578	19,469	17,591	17,524	17,997	17,846
502	Median income $ (46)	15,661	13,037	14,498	12,839	14,836	14,285
503	Standard error of average income $ (46)	186	1,194	1,592	671	589	960
	by composition of total income						
504	Total - Composition of income in 2000 % (47)	100.0	100.0	100.0	100.0	100.0	100.0
505	Employment income %	77.0	78.7	73.7	74.9	75.4	72.4
506	Government transfer payments %	13.5	10.9	17.5	15.5	16.2	16.6
507	Other %	9.5	10.3	8.8	9.5	8.3	11.1
	Population 15 years and over with employment income in 2000 by sex and work activity						
508	Both sexes with employment income (48)	77,575	1,395	675	3,445	3,475	1,410
509	Average employment income $	28,567	27,005	22,999	24,237	24,812	24,979
510	Standard error of average employment income $	241	1,532	1,388	734	740	1,144
511	Worked full year, full time (49)	37,415	650	255	1,465	1,505	705
512	Average employment income $	39,975	38,948	38,443	35,129	33,885	35,314
513	Standard error of average employment income $	348	2,640	1,546	1,030	1,114	1,519
514	Worked part year or part time (50)	37,915	685	415	1,855	1,860	670
515	Average employment income $	18,278	16,248	13,997	16,831	18,452	14,786
516	Standard error of average employment income $	308	1,355	1,255	875	895	1,276
517	Males with employment income (48)	41,220	730	370	1,875	1,875	775
518	Average employment income $	34,947	35,574	28,601	30,400	31,064	30,458
519	Standard error of average employment income $	387	2,573	1,812	1,052	1,091	1,743
520	Worked full year, full time (49)	23,520	460	180	960	980	445
521	Average employment income $	44,801	44,383	38,555	38,609	39,545	40,473
522	Standard error of average employment income $	504	3,547	1,714	1,258	1,376	2,065
523	Worked part year or part time (50)	16,790	250	185	870	870	315
524	Average employment income $	22,398	20,578	18,907	22,337	22,136	17,558
525	Standard error of average employment income $	563	2,603	2,344	1,521	1,533	2,196

Tableau 1. Certaines caractéristiques des secteurs de recensement, recensement de 2001 – Données intégrales et données-échantillon (20 %)

Abbotsford 0005.02 A	Abbotsford 0006	Abbotsford 0007.01 A	Abbotsford 0007.02 A	Abbotsford 0008.01 A	Abbotsford 0008.02 A	Caractéristiques	N°
						CARACTÉRISTIQUES DU REVENU DE 2000	
						Population de 15 ans et plus selon le sexe et les tranches de revenu total en 2000 – fin	
2,080	1,920	1,300	1,835	2,340	2,765	Total - Hommes	460
35	25	40	20	115	115	Sans revenu	461
2,045	1,895	1,260	1,815	2,225	2,650	Avec un revenu	462
100	80	40	75	50	65	Moins de 1 000 $ (45)	463
40	45	10	55	95	70	1 000 $ - 2 999 $	464
70	50	20	15	30	75	3 000 $ - 4 999 $	465
80	60	55	40	60	70	5 000 $ - 6 999 $	466
115	65	50	95	75	200	7 000 $ - 9 999 $	467
70	105	45	105	100	145	10 000 $ - 11 999 $	468
195	130	90	130	140	210	12 000 $ - 14 999 $	469
275	305	185	185	200	410	15 000 $ - 19 999 $	470
250	175	175	260	210	255	20 000 $ - 24 999 $	471
180	175	140	190	105	100	25 000 $ - 29 999 $	472
150	140	110	165	105	225	30 000 $ - 34 999 $	473
140	160	90	120	170	170	35 000 $ - 39 999 $	474
110	120	95	105	195	100	40 000 $ - 44 999 $	475
75	55	30	55	125	130	45 000 $ - 49 999 $	476
80	110	50	130	215	105	50 000 $ - 59 999 $	477
115	120	70	85	340	315	60 000 $ et plus	478
25,170	27,629	26,591	27,196	36,652	28,698	Revenu moyen $ (46)	479
21,280	24,178	23,952	23,920	30,522	20,260	Revenu médian $ (46)	480
872	1,150	1,058	998	1,478	1,024	Erreur type de revenu moyen $ (46)	481
2,600	2,380	1,620	2,450	2,515	2,905	Total - Femmes	482
85	60	120	75	155	225	Sans revenu	483
2,510	2,320	1,500	2,375	2,360	2,680	Avec un revenu	484
105	75	25	120	110	55	Moins de 1 000 $ (45)	485
65	95	60	35	145	255	1 000 $ - 2 999 $	486
85	90	60	95	110	115	3 000 $ - 4 999 $	487
190	125	75	125	175	125	5 000 $ - 6 999 $	488
275	275	145	240	230	290	7 000 $ - 9 999 $	489
150	190	95	180	185	185	10 000 $ - 11 999 $	490
405	360	265	290	235	280	12 000 $ - 14 999 $	491
360	345	200	390	290	405	15 000 $ - 19 999 $	492
205	170	155	250	170	330	20 000 $ - 24 999 $	493
145	145	75	125	160	195	25 000 $ - 29 999 $	494
140	140	110	125	205	95	30 000 $ - 34 999 $	495
95	110	80	115	90	105	35 000 $ - 39 999 $	496
105	50	50	115	80	95	40 000 $ - 44 999 $	497
60	45	40	45	105	35	45 000 $ - 49 999 $	498
80	45	40	70	30	40	50 000 $ - 59 999 $	499
55	60	25	60	40	70	60 000 $ et plus	500
19,573	18,946	20,141	20,355	18,982	18,627	Revenu moyen $ (46)	501
14,838	14,250	15,506	16,129	14,886	15,343	Revenu médian $ (46)	502
659	683	783	679	679	686	Erreur type de revenu moyen $ (46)	503
						selon la composition du revenu total	
100.0	100.0	100.0	100.0	100.0	100.0	Total - Composition du revenu en 2000 % (47)	504
57.0	61.2	66.6	47.6	82.1	76.2	Revenu d'emploi %	505
27.2	25.0	22.4	28.6	11.3	14.1	Transferts gouvernementaux %	506
15.7	13.9	11.0	23.8	6.7	9.7	Autre %	507
						Population de 15 ans et plus ayant un revenu d'emploi en 2000 selon le sexe et le travail	
2,290	2,325	1,635	2,015	3,565	4,135	Les deux sexes ayant un revenu d'emploi (48)	508
25,081	25,302	25,807	23,046	29,069	23,215	Revenu moyen d'emploi $	509
889	1,007	926	924	1,043	707	Erreur type de revenu moyen d'emploi $	510
1,030	1,105	830	865	1,675	1,900	Ayant travaillé toute l'année à plein temps (49)	511
35,762	34,267	33,444	34,481	42,161	32,108	Revenu moyen d'emploi $	512
1,187	1,211	1,146	1,403	1,676	1,150	Erreur type de revenu moyen d'emploi $	513
1,225	1,155	755	1,080	1,715	2,105	Ayant travaillé une partie de l'année ou à temps partiel (50)	514
16,568	17,295	18,102	15,079	17,615	15,757	Revenu moyen d'emploi $	515
1,045	1,430	1,248	924	968	738	Erreur type de revenu moyen d'emploi $	516
1,205	1,220	820	980	1,875	2,180	Hommes ayant un revenu d'emploi (48)	517
27,838	29,427	29,656	25,433	38,026	28,476	Revenu moyen d'emploi $	518
1,266	1,567	1,363	1,415	1,713	1,114	Erreur type de revenu moyen d'emploi $	519
590	640	480	485	1,100	1,230	Ayant travaillé toute l'année à plein temps (49)	520
38,148	37,162	34,698	35,327	49,186	35,658	Revenu moyen d'emploi $	521
1,705	1,612	1,694	1,934	2,349	1,491	Erreur type de revenu moyen d'emploi $	522
595	540	305	460	735	935	Ayant travaillé une partie de l'année ou à temps partiel (50)	523
18,297	21,786	23,206	16,959	22,947	19,304	Revenu moyen d'emploi $	524
1,433	2,727	2,128	1,552	1,865	1,449	Erreur type de revenu moyen d'emploi $	525

Table 1. Selected Characteristics for Census Tracts, 2001 Census – 100% Data and 20% Sample Data

No.	Characteristics	Abbotsford CMA/RMR	Abbotsford 0001 ◇	Abbotsford 0002	Abbotsford 0003	Abbotsford 0004 ◆	Abbotsford 0005.01 A
	2000 INCOME CHARACTERISTICS						
	Population 15 years and over with employment income in 2000 by sex and work activity – concluded						
526	Females with employment income (48)	36,360	665	305	1,575	1,600	635
527	Average employment income $	21,334	17,582	16,227	16,896	17,494	18,299
528	Standard error of average employment income $	248	1,282	1,833	870	795	1,210
529	Worked full year, full time (49)	13,895	190	70	505	525	260
530	Average employment income $	31,806	25,847	38,151	28,531	23,391	26,489
531	Standard error of average employment income $	343	2,501	3,259	1,628	1,442	1,614
532	Worked part year or part time (50)	21,125	425	225	985	990	355
533	Average employment income $	15,003	13,683	9,964	11,968	15,229	12,352
534	Standard error of average employment income $	322	1,473	1,015	846	936	1,386
	Census families by structure and family income groups in 2000						
535	Total - All census families	40,660	655	350	1,775	1,870	750
536	Under $10,000	1,610	55	10	80	65	30
537	$ 10,000 - $19,999	2,940	20	40	180	165	55
538	$ 20,000 - $29,999	4,690	65	60	230	280	65
539	$ 30,000 - $39,999	5,110	85	60	220	245	155
540	$ 40,000 - $49,999	4,930	75	25	285	230	95
541	$ 50,000 - $59,999	5,125	120	75	235	260	75
542	$ 60,000 - $69,999	3,975	10	40	180	225	65
543	$ 70,000 - $79,999	3,220	45	20	95	120	80
544	$ 80,000 - $89,999	2,430	50	10	50	110	60
545	$ 90,000 - $99,999	1,840	25	10	80	60	10
546	$100,000 and over	4,795	115	30	135	115	55
547	Average family income $	58,958	64,339	49,200	50,972	50,948	53,074
548	Median family income $	51,788	51,586	42,549	46,102	46,487	47,930
549	Standard error of average family income $	502	3,750	3,220	1,566	1,475	2,331
550	Total - All couple census families (51)	34,615	580	315	1,435	1,570	620
551	Under $10,000	925	45	-	35	50	15
552	$ 10,000 - $19,999	1,575	15	25	75	75	40
553	$ 20,000 - $29,999	3,575	65	50	170	195	50
554	$ 30,000 - $39,999	4,090	60	40	170	240	120
555	$ 40,000 - $49,999	4,225	60	25	240	200	70
556	$ 50,000 - $59,999	4,630	110	70	215	230	65
557	$ 60,000 - $69,999	3,620	10	40	180	195	55
558	$ 70,000 - $79,999	3,090	35	15	90	110	70
559	$ 80,000 - $89,999	2,360	50	-	50	110	60
560	$ 90,000 - $99,999	1,790	15	10	75	50	10
561	$100,000 and over	4,730	115	30	135	115	55
562	Average family income $	63,573	66,710	51,821	56,929	54,386	56,667
563	Median family income $	56,006	52,362	51,081	51,178	50,802	51,533
564	Standard error of average family income $	565	4,110	3,609	1,763	1,610	2,658
	Incidence of low income in 2000						
565	Total - Economic families	38,805	565	360	1,735	1,705	695
566	Low income	4,335	35	40	245	200	80
567	Incidence of low income in 2000 % (52)	11.2	5.5	11.0	14.1	11.5	10.9
568	Total - Unattached individuals 15 years and over	15,515	200	95	695	515	265
569	Low income	5,665	50	25	285	235	90
570	Incidence of low income in 2000 % (52)	36.5	26.7	23.6	41.5	46.2	33.0
571	Total - Population in private households	144,110	2,505	1,255	6,360	6,815	2,765
572	Low income	19,445	175	135	975	955	340
573	Incidence of low income in 2000 % (52)	13.5	7.1	10.7	15.4	14.0	12.4
	Private households by household income groups in 2000						
574	Total - All private households	51,025	690	450	2,320	2,075	900
575	Under $10,000	2,600	45	10	210	75	60
576	$ 10,000 - $19,999	5,910	35	45	275	210	85
577	$ 20,000 - $29,999	5,940	85	75	300	245	65
578	$ 30,000 - $39,999	6,000	85	75	265	250	150
579	$ 40,000 - $49,999	5,810	65	65	360	190	115
580	$ 50,000 - $59,999	5,655	65	85	260	295	85
581	$ 60,000 - $69,999	4,540	40	45	195	275	75
582	$ 70,000 - $79,999	3,685	35	20	115	140	105
583	$ 80,000 - $89,999	2,745	40	-	75	110	55
584	$ 90,000 - $99,999	2,205	50	-	105	75	45
585	$100,000 and over	5,935	145	30	165	200	75
586	Average household income $	56,348	69,047	46,571	48,031	54,958	54,077
587	Median household income $	48,721	52,879	42,258	44,336	51,555	49,202
588	Standard error of average household income $	471	4,321	2,670	1,431	1,619	2,294

Tableau 1. Certaines caractéristiques des secteurs de recensement, recensement de 2001 – Données intégrales et données-échantillon (20 %)

Abbotsford 0005.02 A	Abbotsford 0006	Abbotsford 0007.01 A	Abbotsford 0007.02 A	Abbotsford 0008.01 A	Abbotsford 0008.02 A	Caractéristiques	N°
						CARACTÉRISTIQUES DU REVENU DE 2000	
						Population de 15 ans et plus ayant un revenu d'emploi en 2000 selon le sexe et le travail – fin	
1,085	1,105	825	1,035	1,690	1,955	Femmes ayant un revenu d'emploi (48)	526
22,013	20,743	21,968	20,793	19,120	17,342	Revenu moyen d'emploi $	527
1,210	1,157	1,198	1,196	829	751	Erreur type de revenu moyen d'emploi $	528
440	465	345	385	570	670	Ayant travaillé toute l'année à plein temps (49)	529
32,561	30,289	31,680	33,414	28,649	25,616	Revenu moyen d'emploi $	530
1,507	1,765	1,385	2,033	1,375	1,637	Erreur type de revenu moyen d'emploi $	531
630	610	455	620	980	1,175	Ayant travaillé une partie de l'année ou à temps partiel (50)	532
14,948	13,317	14,671	13,672	13,617	12,928	Revenu moyen d'emploi $	533
1,501	1,076	1,447	1,129	870	648	Erreur type de revenu moyen d'emploi $	534
						Familles de recensement selon la structure et les tranches de revenu de la famille en 2000	
1,555	1,405	950	1,550	1,835	2,195	Total - Toutes les familles de recensement	535
90	60	40	50	55	90	Moins de 10 000 $	536
190	175	75	165	105	240	10 000 $ - 19 999 $	537
255	295	190	320	220	300	20 000 $ - 29 999 $	538
305	260	195	285	240	325	30 000 $ - 39 999 $	539
165	190	175	195	195	240	40 000 $ - 49 999 $	540
165	145	110	190	210	275	50 000 $ - 59 999 $	541
90	125	60	125	140	195	60 000 $ - 69 999 $	542
130	70	30	70	225	160	70 000 $ - 79 999 $	543
40	30	35	65	85	90	80 000 $ - 89 999 $	544
45	10	10	15	100	110	90 000 $ - 99 999 $	545
75	50	25	70	260	170	100 000 $ et plus	546
44,453	42,757	43,059	44,388	62,681	51,761	Revenu moyen des familles $	547
37,436	37,070	39,277	38,481	55,189	46,497	Revenu médian des familles $	548
1,515	1,814	1,656	1,387	2,037	1,535	Erreur type de revenu moyen des familles $	549
1,285	1,080	730	1,305	1,635	1,970	Total - Toutes les familles de recensement comptant un couple (51)	550
50	30	10	40	30	75	Moins de 10 000 $	551
100	60	45	110	70	180	10 000 $ - 19 999 $	552
240	245	135	265	180	240	20 000 $ - 29 999 $	553
250	200	150	220	205	290	30 000 $ - 39 999 $	554
145	160	135	185	160	225	40 000 $ - 49 999 $	555
150	140	90	165	200	260	50 000 $ - 59 999 $	556
75	100	60	115	135	185	60 000 $ - 69 999 $	557
130	60	35	70	230	150	70 000 $ - 79 999 $	558
30	35	30	55	85	85	80 000 $ - 89 999 $	559
40	10	15	15	90	110	90 000 $ - 99 999 $	560
80	45	30	70	260	170	100 000 $ et plus	561
47,678	46,836	47,619	46,822	66,201	54,043	Revenu moyen des familles $	562
40,376	39,667	41,762	41,451	58,448	48,826	Revenu médian des familles $	563
1,660	2,163	1,896	1,525	2,197	1,656	Erreur type de revenu moyen des familles $	564
						Fréquence des unités à faible revenu en 2000	
1,555	1,425	950	1,530	1,645	1,825	Total - Familles économiques	565
310	290	130	195	130	225	Faible revenu	566
20.0	20.3	14.1	12.9	8.1	12.5	Fréquence des unités à faible revenu en 2000 % (52)	567
1,335	1,390	935	1,060	270	250	Total - Personnes hors famille économique de 15 ans et plus	568
530	535	380	300	110	105	Faible revenu	569
39.7	38.4	40.7	28.1	40.6	40.3	Fréquence des unités à faible revenu en 2000 % (52)	570
5,550	5,050	3,490	4,935	6,555	7,680	Total - Population dans les ménages privés	571
1,405	1,360	785	885	570	945	Faible revenu	572
25.3	26.9	22.5	17.9	8.7	12.3	Fréquence des unités à faible revenu en 2000 % (52)	573
						Ménages privés selon les tranches de revenu du ménage en 2000	
2,785	2,605	1,745	2,480	1,830	1,995	Total - Tous les ménages privés	574
220	195	110	115	70	60	Moins de 10 000 $	575
720	600	380	510	90	130	10 000 $ - 19 999 $	576
435	470	315	465	160	190	20 000 $ - 29 999 $	577
465	420	295	385	175	230	30 000 $ - 39 999 $	578
300	300	245	275	200	160	40 000 $ - 49 999 $	579
190	205	170	290	185	265	50 000 $ - 59 999 $	580
115	175	95	195	140	195	60 000 $ - 69 999 $	581
140	90	70	80	290	195	70 000 $ - 79 999 $	582
60	65	40	70	95	140	80 000 $ - 89 999 $	583
45	25	10	25	110	130	90 000 $ - 99 999 $	584
90	60	30	75	320	300	100 000 $ et plus	585
36,124	36,873	36,426	39,387	69,158	63,254	Revenu moyen des ménages $	586
30,177	31,149	32,554	34,471	62,667	59,212	Revenu médian des ménages $	587
1,059	1,190	1,217	1,079	2,317	1,782	Erreur type de revenu moyen des ménages $	588

Table 1. Selected Characteristics for Census Tracts, 2001 Census – 100% Data and 20% Sample Data

No.	Characteristics	Abbotsford 0009.01 A	Abbotsford 0009.02 A	Abbotsford 0010 ◆◇◇◇	Abbotsford 0011	Abbotsford 0012	Abbotsford 0013
	POPULATION CHARACTERISTICS						
1	**Population, 1996 (1)**	**6,423**	**5,702**	**64**	**6,169**	**5,989**	**3,155**
2	**Population, 2001 (2)**	**6,691**	**5,675**	**57**	**6,386**	**6,898**	**3,155**
3	Population percentage change, 1996-2001	4.2	-0.5	-10.9	3.5	15.2	-
4	Land area in square kilometres, 2001	2.51	4.55	1.54	4.79	6.86	56.87
5	**Total population - 100% Data (3)**	**6,695**	**5,680**	**55**	**6,385**	**6,900**	**3,160**
	by sex and age groups						
6	Male	3,360	2,815	35	3,165	3,460	1,605
7	0-4 years	275	220	-	250	230	100
8	5-9 years	295	245	5	305	320	130
9	10-14 years	270	250	-	310	405	155
10	15-19 years	300	220	-	305	375	150
11	20-24 years	280	150	-	180	210	105
12	25-29 years	210	170	5	160	145	75
13	30-34 years	220	180	-	210	230	90
14	35-39 years	230	220	5	305	330	140
15	40-44 years	225	185	5	305	355	130
16	45-49 years	255	195	-	265	275	125
17	50-54 years	200	180	5	185	230	110
18	55-59 years	165	130	-	125	135	75
19	60-64 years	135	100	-	70	70	55
20	65-69 years	100	95	-	55	55	55
21	70-74 years	95	95	-	65	45	45
22	75-79 years	65	85	-	55	35	35
23	80-84 years	30	55	-	20	5	15
24	85 years and over	10	25	-	10	5	5
25	Female	3,330	2,865	25	3,220	3,440	1,545
26	0-4 years	230	175	-	205	220	100
27	5-9 years	260	215	-	300	365	140
28	10-14 years	240	190	-	320	400	145
29	15-19 years	295	230	-	295	310	135
30	20-24 years	305	175	5	160	185	105
31	25-29 years	250	170	-	160	145	55
32	30-34 years	235	190	-	270	255	100
33	35-39 years	215	200	-	315	360	125
34	40-44 years	245	225	5	315	385	120
35	45-49 years	250	215	5	265	265	130
36	50-54 years	210	200	5	190	210	95
37	55-59 years	155	145	-	110	110	75
38	60-64 years	135	125	-	75	65	55
39	65-69 years	120	115	-	70	55	60
40	70-74 years	80	125	-	80	45	55
41	75-79 years	55	110	-	55	40	30
42	80-84 years	25	40	-	30	10	20
43	85 years and over	15	20	-	20	5	5
44	**Total population 15 years and over**	**5,125**	**4,380**	**45**	**4,695**	**4,960**	**2,390**
	by legal marital status						
45	Never married (single)	1,300	1,030	20	1,305	1,355	680
46	Legally married (and not separated)	3,370	2,795	20	2,755	3,185	1,445
47	Separated, but still legally married	105	95	5	185	115	55
48	Divorced	170	260	-	305	185	100
49	Widowed	175	200	-	155	115	100
	by common-law status						
50	Not in a common-law relationship	5,010	4,225	45	4,400	4,790	2,295
51	In a common-law relationship	110	155	-	295	170	95
52	**Total population - 20% Sample Data (4)**	**6,690**	**5,665**	...	**6,385**	**6,900**	**3,160**
	by mother tongue						
53	Single responses	6,540	5,610	...	6,335	6,825	3,105
54	English	3,320	3,740	...	5,655	5,890	2,340
55	French	60	40	...	80	100	105
56	Non-official languages (5)	3,170	1,830	...	605	835	660
57	Punjabi	2,285	1,055	...	-	50	295
58	German	345	350	...	140	235	120
59	Dutch	70	85	...	95	80	165
60	Spanish	75	20	...	45	15	10
61	Korean	35	-	...	30	120	-
62	Other languages (6)	355	325	...	290	335	80
63	Multiple responses	150	55	...	50	75	50
64	English and French	-	25	...	-	35	10
65	English and non-official language	145	20	...	50	45	40
66	French and non-official language	-	-	...	-	-	10
67	English, French and non-official language	-	10	...	-	-	-

See reference material at the end of the publication. – Voir les documents de référence à la fin de la publication.

Tableau 1. Certaines caractéristiques des secteurs de recensement, recensement de 2001 – Données intégrales et données-échantillon (20 %)

Abbotsford 0014	Abbotsford 0100	Abbotsford 0101	Abbotsford 0102	Abbotsford 0103 ◇	Abbotsford 0104	Caractéristiques	N°
						CARACTÉRISTIQUES DE LA POPULATION	
6,711	**2,891**	**1,749**	**4,318**	**1,175**	**4,387**	**Population, 1996 (1)**	1
6,468	**3,179**	**1,890**	**4,471**	**1,217**	**4,640**	**Population, 2001 (2)**	2
-3.6	10.0	8.1	3.5	3.6	5.8	Variation en pourcentage de la population, 1996-2001	3
98.18	94.99	7.77	1.36	0.80	2.25	Superficie des terres en kilomètres carrés, 2001	4
6,470	**3,180**	**1,885**	**4,470**	**1,220**	**4,640**	**Population totale – Données intégrales (3)**	5
						selon le sexe et les groupes d'âge	
3,295	1,655	930	2,240	635	2,335	Sexe masculin	6
155	130	60	180	25	155	0-4 ans	7
230	165	30	150	20	185	5-9 ans	8
280	165	50	150	20	195	10-14 ans	9
295	155	40	135	20	245	15-19 ans	10
240	90	85	180	45	165	20-24 ans	11
170	95	120	220	55	115	25-29 ans	12
180	115	80	185	55	155	30-34 ans	13
235	175	70	190	70	210	35-39 ans	14
280	145	50	175	80	205	40-44 ans	15
270	105	45	140	40	185	45-49 ans	16
265	75	45	115	70	180	50-54 ans	17
205	70	35	105	35	85	55-59 ans	18
175	65	45	65	25	80	60-64 ans	19
115	45	40	75	20	60	65-69 ans	20
100	30	55	65	15	55	70-74 ans	21
50	25	45	45	15	30	75-79 ans	22
25	10	30	45	15	20	80-84 ans	23
20	5	10	20	10	10	85 ans et plus	24
3,175	1,525	955	2,230	585	2,310	Sexe féminin	25
155	115	45	160	25	135	0-4 ans	26
245	160	40	130	30	165	5-9 ans	27
270	175	40	120	20	235	10-14 ans	28
290	140	50	130	30	190	15-19 ans	29
180	85	100	220	50	145	20-24 ans	30
140	80	110	200	60	120	25-29 ans	31
195	125	70	175	50	170	30-34 ans	32
215	140	45	185	40	210	35-39 ans	33
310	130	60	155	40	225	40-44 ans	34
265	85	40	150	45	200	45-49 ans	35
250	80	55	140	40	150	50-54 ans	36
220	60	40	95	30	105	55-59 ans	37
130	60	40	85	20	75	60-64 ans	38
100	35	60	60	15	55	65-69 ans	39
80	30	65	80	30	50	70-74 ans	40
65	15	60	85	30	40	75-79 ans	41
35	5	35	45	15	25	80-84 ans	42
40	5	5	25	15	15	85 ans et plus	43
5,140	**2,270**	**1,615**	**3,585**	**1,075**	**3,570**	**Population totale de 15 ans et plus**	44
						selon l'état matrimonial légal	
1,590	660	490	1,235	420	1,020	Célibataire (jamais marié(e))	45
2,945	1,405	865	1,455	355	2,125	Légalement marié(e) (et non séparé(e))	46
115	45	50	190	85	85	Séparé(e), mais toujours légalement marié(e)	47
295	100	100	500	150	220	Divorcé(e)	48
195	55	110	205	70	125	Veuf ou veuve	49
						selon l'union libre	
4,840	2,160	1,485	3,190	970	3,380	Ne vivant pas en union libre	50
295	110	130	390	95	190	Vivant en union libre	51
6,395	**3,155**	**1,890**	**4,465**	**1,190**	**4,635**	**Population totale – Données-échantillon (20 %) (4)**	52
						selon la langue maternelle	
6,305	3,110	1,875	4,440	1,185	4,565	Réponses uniques	53
5,200	2,450	1,645	3,855	1,045	3,920	Anglais	54
35	20	35	60	15	10	Français	55
1,075	640	200	525	130	630	Langues non officielles (5)	56
240	170	55	45	10	95	Pendjabi	57
360	200	70	205	25	135	Allemand	58
140	120	10	10	25	70	Néerlandais	59
10	-	-	60	10	30	Espagnol	60
-	-	-	10	-	60	Coréen	61
325	150	70	195	70	240	Autres langues (6)	62
90	40	15	30	10	75	Réponses multiples	63
-	-	-	10	-	-	Anglais et français	64
90	45	10	20	-	70	Anglais et langue non officielle	65
-	-	-	-	-	-	Français et langue non officielle	66
-	-	-	-	-	-	Anglais, français et langue non officielle	67

See reference material at the end of the publication. – Voir les documents de référence à la fin de la publication.

Table 1. Selected Characteristics for Census Tracts, 2001 Census – 100% Data and 20% Sample Data

No.	Characteristics	Abbotsford 0009.01 A	Abbotsford 0009.02 A	Abbotsford 0010 ◆◇◇◇	Abbotsford 0011	Abbotsford 0012	Abbotsford 0013
	POPULATION CHARACTERISTICS						
	by home language						
68	Single responses	5,260	5,040	...	6,050	6,310	2,715
69	English	3,680	4,240	...	5,930	6,180	2,600
70	French	-	-	...	-	15	-
71	Non-official languages (5)	1,580	805	...	115	110	115
72	Punjabi	1,380	725	...	-	10	105
73	German	40	10	...	-	-	-
74	Vietnamese	65	-	...	-	-	-
75	Korean	-	-	...	15	50	-
76	Spanish	25	-	...	10	-	-
77	Other languages (6)	70	65	...	100	55	10
78	Multiple responses	1,435	620	...	335	590	440
79	English and French	25	35	...	50	100	30
80	English and non-official language	1,400	550	...	285	465	350
81	French and non-official language	-	-	...	-	-	-
82	English, French and non-official language	15	30	...	-	15	60
	by knowledge of official languages						
83	English only	5,805	5,120	...	5,845	6,320	2,935
84	French only	-	-	...	-	20	-
85	English and French	310	235	...	485	530	175
86	Neither English nor French	575	305	...	55	30	45
	by knowledge of non-official languages (5) (7)						
87	Punjabi	2,515	1,105	...	45	55	325
88	German	400	420	...	195	315	250
89	Hindi	670	200	...	10	10	65
90	Dutch	65	95	...	130	100	210
91	Spanish	165	55	...	90	55	-
92	Korean	40	-	...	25	120	-
93	Chinese, n.o.s.	50	55	...	45	30	15
	by first official language spoken						
94	English	6,025	5,335	...	6,275	6,750	3,020
95	French	55	20	...	50	110	90
96	English and French	35	10	...	20	10	10
97	Neither English nor French	575	290	...	45	30	45
98	Official language minority - (number) (8)	75	30	...	60	115	95
99	Official language minority - (percentage) (8)	1.1	0.5	...	0.9	1.7	3.0
	by ethnic origin (9)						
100	English	1,270	1,345	...	2,285	2,140	825
101	Canadian	1,270	1,425	...	1,845	2,160	690
102	German	1,105	1,125	...	1,225	1,560	580
103	Scottish	815	870	...	1,550	1,365	545
104	Irish	670	595	...	1,255	930	270
105	East Indian	2,465	725	...	90	55	310
106	Dutch (Netherlands)	675	705	...	795	895	835
107	French	410	345	...	730	930	205
108	Ukrainian	130	320	...	310	505	140
109	Russian	105	250	...	175	350	90
110	Norwegian	135	165	...	410	370	85
111	North American Indian	130	130	...	180	35	120
112	Polish	105	185	...	170	290	100
113	Swedish	90	120	...	230	250	85
114	Italian	90	70	...	180	200	70
	by Aboriginal identity						
115	Total Aboriginal identity population (10)	100	130	...	195	65	130
116	Total non-Aboriginal population	6,590	5,535	...	6,190	6,835	3,025
	by Aboriginal origin						
117	Total Aboriginal origins population (11)	195	190	...	275	75	200
118	Total non-Aboriginal population	6,500	5,470	...	6,110	6,820	2,965
	by Registered Indian status						
119	Registered Indian (12)	40	35	...	90	20	70
120	Not a Registered Indian	6,655	5,630	...	6,300	6,875	3,085

Tableau 1. Certaines caractéristiques des secteurs de recensement, recensement de 2001 – Données intégrales et données-échantillon (20 %)

Abbotsford 0014	Abbotsford 0100	Abbotsford 0101	Abbotsford 0102	Abbotsford 0103 ◇	Abbotsford 0104	Caractéristiques	N°
						CARACTÉRISTIQUES DE LA POPULATION	
						selon la langue parlée à la maison	
5,970	2,840	1,785	4,150	1,160	4,335	Réponses uniques	68
5,755	2,725	1,750	4,100	1,135	4,180	Anglais	69
-	-	10	10	-	-	Français	70
210	115	30	40	30	165	Langues non officielles (5)	71
100	105	15	10	10	40	Pendjabi	72
-	-	-	-	-	10	Allemand	73
10	-	-	-	-	10	Vietnamien	74
-	-	-	-	-	30	Coréen	75
-	-	-	-	-	-	Espagnol	76
95	15	15	30	15	75	Autres langues (6)	77
425	315	105	320	30	300	Réponses multiples	78
25	-	-	25	-	10	Anglais et français	79
400	290	100	290	30	270	Anglais et langue non officielle	80
-	-	-	-	-	15	Français et langue non officielle	81
-	25	-	-	-	-	Anglais, français et langue non officielle	82
						selon la connaissance des langues officielles	
6,075	2,990	1,720	4,220	1,115	4,350	Anglais seulement	83
-	-	-	-	-	-	Français seulement	84
265	150	160	235	65	245	Anglais et français	85
50	15	10	10	10	35	Ni l'anglais ni le français	86
						selon la connaissance des langues non officielles (5) (7)	
290	220	60	45	10	105	Pendjabi	87
455	215	95	265	30	235	Allemand	88
35	30	-	25	10	20	Hindi	89
165	155	30	50	30	80	Néerlandais	90
75	10	-	150	10	80	Espagnol	91
-	-	-	10	-	90	Coréen	92
40	15	15	-	-	90	Chinois, n.d.a.	93
						selon la première langue officielle parlée	
6,310	3,110	1,850	4,395	1,170	4,585	Anglais	94
20	20	30	55	10	10	Français	95
15	15	-	-	-	10	Anglais et français	96
50	15	10	15	10	35	Ni l'anglais ni le français	97
30	30	30	60	10	15	Minorité de langue officielle - (nombre) (8)	98
0.5	1.0	1.6	1.3	0.8	0.3	Minorité de langue officielle - (pourcentage) (8)	99
						selon l'origine ethnique (9)	
1,805	655	615	1,440	450	1,540	Anglais	100
1,740	690	290	1,475	355	1,405	Canadien	101
1,545	795	325	965	175	950	Allemand	102
1,355	405	405	810	230	1,115	Écossais	103
975	200	350	705	180	720	Irlandais	104
315	190	60	85	30	115	Indien de l'Inde	105
1,060	1,015	170	315	110	470	Hollandais (Néerlandais)	106
325	240	195	485	85	315	Français	107
350	120	105	240	120	315	Ukrainien	108
230	120	155	230	30	250	Russe	109
215	95	80	155	-	210	Norvégien	110
80	20	70	175	45	125	Indien de l'Amérique du Nord	111
200	25	85	165	35	190	Polonais	112
185	75	70	130	25	65	Suédois	113
120	75	65	125	25	70	Italien	114
						selon l'identité autochtone	
110	75	80	90	75	115	Total de la population ayant une identité autochtone (10)	115
6,285	3,075	1,810	4,375	1,115	4,520	Total de la population non autochtone	116
						selon l'origine autochtone	
130	40	90	230	60	150	Total de la population ayant une origine autochtone (11)	117
6,265	3,110	1,795	4,240	1,125	4,480	Total de la population non autochtone	118
						selon le statut d'Indien inscrit	
25	55	30	55	10	55	Oui, Indien inscrit (12)	119
6,370	3,095	1,860	4,415	1,175	4,585	Non, pas un Indien inscrit	120

Table 1. Selected Characteristics for Census Tracts, 2001 Census – 100% Data and 20% Sample Data

No.	Characteristics	Abbotsford 0009.01 A	Abbotsford 0009.02 A	Abbotsford 0010 ◆◇◇◇	Abbotsford 0011	Abbotsford 0012	Abbotsford 0013
	POPULATION CHARACTERISTICS						
	by visible minority groups						
121	Total visible minority population	3,135	1,355	...	425	530	390
122	Chinese	105	105	...	155	100	45
123	South Asian	2,610	1,130	...	100	95	325
124	Black	10	10	...	40	-	10
125	Filipino	50	10	...	-	75	-
126	Latin American	60	40	...	40	10	-
127	Southeast Asian	100	20	...	-	45	10
128	Arab	-	-	...	-	-	-
129	West Asian	15	30	...	-	10	-
130	Korean	50	-	...	30	125	-
131	Japanese	10	10	...	50	50	10
132	Visible minority, n.i.e. (13)	100	-	...	10	-	-
133	Multiple visible minorities (14)	45	10	...	10	20	-
	by citizenship						
134	Canadian citizenship (15)	5,715	5,165	...	6,080	6,595	2,965
135	Citizenship other than Canadian	980	495	...	310	305	190
	by place of birth of respondent						
136	Non-immigrant population	4,055	4,200	...	5,490	5,770	2,590
137	Born in province of residence	2,955	2,890	...	3,645	3,805	1,980
138	Immigrant population (16)	2,590	1,440	...	855	1,125	570
139	United States	30	40	...	110	135	35
140	Central and South America	140	65	...	60	90	-
141	Caribbean and Bermuda	-	-	...	10	-	-
142	United Kingdom	240	175	...	165	190	70
143	Other Europe (17)	205	305	...	240	335	275
144	Africa	65	10	...	20	50	-
145	Asia and the Middle East	1,890	840	...	225	320	180
146	Oceania and other (18)	15	10	...	25	10	-
147	Non-permanent residents (19)	50	20	...	40	10	-
148	**Total immigrant population**	**2,585**	**1,440**	**...**	**855**	**1,120**	**565**
	by period of immigration						
149	Before 1961	155	305	...	170	165	170
150	1961-1970	165	100	...	130	215	70
151	1971-1980	455	125	...	165	235	120
152	1981-1990	585	315	...	105	155	150
153	1991-2001 (20)	1,225	595	...	285	350	60
154	1991-1995	745	215	...	105	220	30
155	1996-2001 (20)	480	380	...	170	130	30
	by age at immigration						
156	0-4 years	140	80	...	105	170	50
157	5-19 years	630	405	...	295	360	135
158	20 years and over	1,820	960	...	455	590	380
159	**Total population**	**6,690**	**5,665**	**...**	**6,385**	**6,900**	**3,155**
	by religion						
160	Catholic (21)	490	520	...	825	1,105	395
161	Protestant	2,080	2,055	...	2,825	3,240	1,530
162	Christian Orthodox	90	35	...	50	35	10
163	Christian, n.i.e. (22)	510	520	...	810	715	320
164	Muslim	-	25	...	30	20	-
165	Jewish	15	-	...	-	-	-
166	Buddhist	90	65	...	15	10	-
167	Hindu	235	100	...	-	-	-
168	Sikh	2,200	1,005	...	45	55	345
169	Eastern religions (23)	-	-	...	-	-	15
170	Other religions (24)	15	40	...	30	25	10
171	No religious affiliation (25)	975	1,295	...	1,760	1,695	540
172	**Total population 15 years and over**	**5,110**	**4,370**	**...**	**4,695**	**4,965**	**2,415**
	by generation status						
173	1st generation (26)	2,585	1,450	...	810	1,075	555
174	2nd generation (27)	935	1,120	...	1,240	1,265	820
175	3rd generation and over (28)	1,585	1,795	...	2,655	2,625	1,040
176	**Total population 1 year and over (29)**	**6,635**	**5,555**	**...**	**6,310**	**6,820**	**3,125**
	by place of residence 1 year ago (mobility)						
177	Non-movers	5,575	4,855	...	5,430	5,950	2,785
178	Movers	1,065	705	...	880	870	340
179	Non-migrants	705	395	...	495	465	145
180	Migrants	365	310	...	385	405	195
181	Internal migrants	285	195	...	355	385	160
182	Intraprovincial migrants	225	130	...	295	245	150
183	Interprovincial migrants	55	60	...	65	145	10
184	External migrants	80	115	...	25	15	35

Tableau 1. Certaines caractéristiques des secteurs de recensement, recensement de 2001 – Données intégrales et données-échantillon (20 %)

Abbotsford 0014	Abbotsford 0100	Abbotsford 0101	Abbotsford 0102	Abbotsford 0103 ◇	Abbotsford 0104	Caractéristiques	N°
						CARACTÉRISTIQUES DE LA POPULATION	
						selon les groupes de minorités visibles	
630	345	130	350	50	410	Total de la population des minorités visibles	121
85	40	20	25	10	85	Chinois	122
300	225	80	75	15	105	Sud-Asiatique	123
25	-	-	30	-	15	Noir	124
35	45	-	10	15	15	Philippin	125
-	-	-	125	-	25	Latino-Américain	126
80	-	-	35	10	25	Asiatique du Sud-Est	127
-	-	-	-	10	-	Arabe	128
-	-	-	-	-	10	Asiatique occidental	129
-	10	-	10	-	90	Coréen	130
90	30	10	10	-	15	Japonais	131
-	-	-	20	-	-	Minorité visible, n.i.a. (13)	132
-	-	20	15	-	30	Minorités visibles multiples (14)	133
						selon la citoyenneté	
6,130	3,040	1,825	4,345	1,155	4,465	Citoyenneté canadienne (15)	134
260	110	65	125	35	175	Citoyenneté autre que canadienne	135
						selon le lieu de naissance du répondant	
5,300	2,595	1,620	3,880	1,005	3,965	Population non immigrante	136
4,010	2,165	975	2,430	630	2,745	Née dans la province de résidence	137
1,095	555	265	550	180	655	Population immigrante (16)	138
90	30	60	40	25	50	États-Unis	139
25	35	10	80	10	45	Amérique centrale et du Sud	140
25	-	-	10	-	-	Caraïbes et Bermudes	141
140	50	70	110	55	130	Royaume-Uni	142
475	225	45	175	55	155	Autre Europe (17)	143
20	-	30	10	-	10	Afrique	144
300	195	40	115	35	255	Asie et Moyen-Orient	145
20	15	20	20	-	10	Océanie et autre (18)	146
-	-	-	35	-	15	Résidents non permanents (19)	147
1,090	**555**	**265**	**555**	**180**	**650**	**Population immigrante totale**	148
						selon la période d'immigration	
335	190	90	130	65	140	Avant 1961	149
225	85	65	115	45	45	1961-1970	150
305	105	45	125	25	165	1971-1980	151
145	80	30	90	30	110	1981-1990	152
90	90	35	95	20	195	1991-2001 (20)	153
45	30	15	60	10	95	1991-1995	154
40	60	20	30	-	100	1996-2001 (20)	155
						selon l'âge à l'immigration	
120	45	40	55	10	75	0-4 ans	156
385	185	80	175	60	215	5-19 ans	157
590	330	150	325	115	360	20 ans et plus	158
6,395	**3,155**	**1,885**	**4,470**	**1,185**	**4,640**	**Population totale**	159
						selon la religion	
740	235	225	600	170	535	Catholique (21)	160
2,590	1,470	905	1,905	430	2,215	Protestante	161
20	10	15	-	-	10	Orthodoxe chrétienne	162
500	575	250	425	150	450	Chrétiennes, n.i.a. (22)	163
-	10	-	45	10	-	Musulmane	164
20	-	15	10	10	10	Juive	165
95	20	-	50	-	35	Bouddhiste	166
-	-	-	-	-	-	Hindoue	167
290	205	50	45	10	105	Sikh	168
-	-	-	-	10	10	Religions orientales (23)	169
-	-	-	10	-	25	Autres religions (24)	170
2,140	640	420	1,375	405	1,250	Aucune appartenance religieuse (25)	171
5,065	**2,265**	**1,660**	**3,590**	**995**	**3,560**	**Population totale de 15 ans et plus**	172
						selon le statut des générations	
1,095	545	270	580	185	630	1re génération (26)	173
1,440	805	535	855	275	995	2e génération (27)	174
2,530	910	855	2,155	540	1,935	3e génération et plus (28)	175
6,360	**3,115**	**1,875**	**4,400**	**1,165**	**4,540**	**Population totale de 1 an et plus (29)**	176
						selon le lieu de résidence 1 an auparavant (mobilité)	
5,730	2,755	1,465	3,315	850	3,800	Personnes n'ayant pas déménagé	177
630	360	410	1,090	315	745	Personnes ayant déménagé	178
380	265	290	745	220	545	Non-migrants	179
250	100	120	345	95	200	Migrants	180
230	85	125	340	95	170	Migrants internes	181
155	70	90	300	60	165	Migrants infraprovinciaux	182
65	10	35	40	35	10	Migrants interprovinciaux	183
25	15	-	10	-	25	Migrants externes	184

Table 1. Selected Characteristics for Census Tracts, 2001 Census – 100% Data and 20% Sample Data

No.	Characteristics	Abbotsford 0009.01 A	Abbotsford 0009.02 A	Abbotsford 0010 ◆◇◇◇	Abbotsford 0011	Abbotsford 0012	Abbotsford 0013
	POPULATION CHARACTERISTICS						
185	**Total population 5 years and over (30) by place of residence 5 years ago (mobility)**	**6,185**	**5,265**	...	**5,925**	**6,455**	**2,965**
186	Non-movers	3,305	3,345	...	3,225	3,705	1,990
187	Movers	2,885	1,920	...	2,700	2,750	970
188	Non-migrants	1,510	1,025	...	1,350	1,475	470
189	Migrants	1,375	900	...	1,350	1,275	500
190	Internal migrants	920	595	...	1,175	1,095	475
191	Intraprovincial migrants	670	490	...	905	785	395
192	Interprovincial migrants	255	110	...	270	310	80
193	External migrants	450	300	...	175	180	30
194	**Total population 15 to 24 years by school attendance**	**1,190**	**765**	...	**930**	**1,080**	**495**
195	Not attending school	495	295	...	340	345	155
196	Attending school full time	590	420	...	480	655	290
197	Attending school part time	105	50	...	110	85	40
198	**Total population 15 years and over by highest level of schooling**	**5,105**	**4,370**	...	**4,695**	**4,965**	**2,415**
199	Less than grade 9 (31)	675	430	...	150	95	135
200	Grades 9-13 without high school graduation certificate	1,350	1,305	...	1,135	1,090	600
201	Grades 9-13 with high school graduation certificate	675	565	...	600	695	300
202	Some postsecondary without degree, certificate or diploma (32)	730	580	...	705	710	345
203	Trades certificate or diploma (33)	520	425	...	620	550	245
204	College certificate or diploma (34)	575	600	...	685	860	385
205	University certificate below bachelor's degree	95	130	...	140	200	80
206	University with bachelor's degree or higher	480	325	...	660	770	320
	by combinations of unpaid work						
207	Males 15 years and over	2,545	2,090	...	2,305	2,490	1,210
208	Reported unpaid work (35)	2,285	1,885	...	2,125	2,310	1,040
209	Housework and child care and care or assistance to seniors	275	230	...	185	185	125
210	Housework and child care only	815	500	...	860	940	295
211	Housework and care or assistance to seniors only	230	60	...	150	110	50
212	Child care and care or assistance to seniors only	30	-	...	-	15	-
213	Housework only	875	1,065	...	910	1,040	545
214	Child care only	50	25	...	10	20	10
215	Care or assistance to seniors only	10	-	...	10	-	10
216	Females 15 years and over	2,565	2,275	...	2,390	2,480	1,205
217	Reported unpaid work (35)	2,400	2,165	...	2,285	2,365	1,125
218	Housework and child care and care or assistance to seniors	490	325	...	320	340	170
219	Housework and child care only	920	690	...	1,030	1,015	410
220	Housework and care or assistance to seniors only	165	165	...	160	110	75
221	Child care and care or assistance to seniors only	-	-	...	-	-	10
222	Housework only	790	965	...	775	900	450
223	Child care only	35	-	...	-	-	10
224	Care or assistance to seniors only	-	15	...	10	-	-
	by labour force activity						
225	Males 15 years and over	2,545	2,090	...	2,305	2,490	1,210
226	In the labour force	1,935	1,505	...	1,855	2,075	940
227	Employed	1,650	1,355	...	1,785	1,985	895
228	Unemployed	290	145	...	70	90	45
229	Not in the labour force	605	585	...	450	410	265
230	Participation rate	76.0	72.0	...	80.5	83.3	77.7
231	Employment rate	64.8	64.8	...	77.4	79.7	74.0
232	Unemployment rate	15.0	9.6	...	3.8	4.3	4.8
233	Females 15 years and over	2,560	2,280	...	2,390	2,475	1,200
234	In the labour force	1,630	1,410	...	1,690	1,730	785
235	Employed	1,410	1,270	...	1,595	1,610	735
236	Unemployed	225	140	...	100	120	50
237	Not in the labour force	930	865	...	700	750	420
238	Participation rate	63.7	61.8	...	70.7	69.9	65.4
239	Employment rate	55.1	55.7	...	66.7	65.1	61.2
240	Unemployment rate	13.8	9.9	...	5.9	6.9	6.4

Tableau 1. Certaines caractéristiques des secteurs de recensement, recensement de 2001 – Données intégrales et données-échantillon (20 %)

Abbotsford 0014	Abbotsford 0100	Abbotsford 0101	Abbotsford 0102	Abbotsford 0103 ◇	Abbotsford 0104	Caractéristiques	N°
						CARACTÉRISTIQUES DE LA POPULATION	
6,090	**2,945**	**1,800**	**4,130**	**1,120**	**4,350**	**Population totale de 5 ans et plus (30)**	185
						selon le lieu de résidence 5 ans auparavant (mobilité)	
4,100	1,960	805	1,925	280	2,270	Personnes n'ayant pas déménagé	186
1,985	985	995	2,210	835	2,080	Personnes ayant déménagé	187
1,235	600	535	1,070	445	1,210	Non-migrants	188
750	385	460	1,140	390	870	Migrants	189
715	335	445	1,085	385	800	Migrants internes	190
625	310	370	825	325	605	Migrants infraprovinciaux	191
90	30	75	260	60	200	Migrants interprovinciaux	192
40	50	10	55	10	60	Migrants externes	193
1,005	**450**	**285**	**670**	**115**	**740**	**Population totale de 15 à 24 ans**	194
						selon la fréquentation scolaire	
420	175	155	355	90	230	Ne fréquentant pas l'école	195
520	235	110	225	20	465	Fréquentant l'école à plein temps	196
65	40	20	85	-	45	Fréquentant l'école à temps partiel	197
5,065	**2,260**	**1,655**	**3,585**	**995**	**3,560**	**Population totale de 15 ans et plus**	198
						selon le plus haut niveau de scolarité atteint	
260	150	60	240	95	175	Niveau inférieur à la 9e année (31)	199
1,260	600	305	865	195	760	De la 9e à la 13e année sans certificat d'études secondaires	200
615	455	260	520	145	450	De la 9e à la 13e année avec certificat d'études secondaires	201
675	255	230	515	135	600	Études postsecondaires partielles sans grade, certificat ou diplôme (32)	202
715	375	225	465	125	505	Certificat ou diplôme d'une école de métiers (33)	203
870	205	275	580	170	505	Certificat ou diplôme collégial (34)	204
165	30	45	115	40	100	Certificat universitaire inférieur au baccalauréat	205
500	190	250	295	85	445	Études universitaires avec baccalauréat ou diplôme supérieur	206
						selon les combinaisons de travail non rémunéré	
2,605	1,200	825	1,765	520	1,795	Hommes de 15 ans et plus	207
2,340	1,110	750	1,620	445	1,595	Travail non rémunéré déclaré (35)	208
200	95	40	170	40	130	Travaux ménagers et soins aux enfants et soins ou aide aux personnes âgées	209
630	420	200	375	95	600	Travaux ménagers et soins aux enfants seulement	210
175	130	30	170	20	105	Travaux ménagers et soins ou aide aux personnes âgées seulement	211
-	-	-	-	-	-	Soins aux enfants et soins ou aide aux personnes âgées seulement	212
1,300	460	460	880	275	755	Travaux ménagers seulement	213
10	10	10	25	-	-	Soins aux enfants seulement	214
15	-	15	10	-	-	Soins ou aide aux personnes âgées seulement	215
2,460	1,065	835	1,820	475	1,765	Femmes de 15 ans et plus	216
2,325	1,045	775	1,765	445	1,700	Travail non rémunéré déclaré (35)	217
405	170	55	225	65	185	Travaux ménagers et soins aux enfants et soins ou aide aux personnes âgées	218
750	375	215	540	95	670	Travaux ménagers et soins aux enfants seulement	219
235	100	65	180	60	150	Travaux ménagers et soins ou aide aux personnes âgées seulement	220
-	-	-	10	-	-	Soins aux enfants et soins ou aide aux personnes âgées seulement	221
915	390	430	795	225	680	Travaux ménagers seulement	222
10	-	10	-	-	-	Soins aux enfants seulement	223
15	10	-	10	-	10	Soins ou aide aux personnes âgées seulement	224
						selon l'activité	
2,605	1,195	825	1,770	515	1,795	Hommes de 15 ans et plus	225
2,080	1,025	580	1,380	375	1,340	Population active	226
1,990	1,000	560	1,270	320	1,245	Personnes occupées	227
85	30	25	110	55	95	Chômeurs	228
525	170	240	385	145	450	Inactifs	229
79.8	85.8	70.3	78.0	72.8	74.7	Taux d'activité	230
76.4	83.7	67.9	71.8	62.1	69.4	Taux d'emploi	231
4.1	2.9	4.3	8.0	14.7	7.1	Taux de chômage	232
2,460	1,065	835	1,820	480	1,765	Femmes de 15 ans et plus	233
1,630	770	495	1,175	310	1,180	Population active	234
1,565	730	475	1,095	270	1,105	Personnes occupées	235
65	40	20	80	40	75	Chômeuses	236
825	295	340	645	170	585	Inactives	237
66.3	72.3	59.3	64.6	64.6	66.9	Taux d'activité	238
63.6	68.5	56.9	60.2	56.2	62.6	Taux d'emploi	239
4.0	5.2	4.0	6.8	12.9	6.4	Taux de chômage	240

Table 1. Selected Characteristics for Census Tracts, 2001 Census – 100% Data and 20% Sample Data

No.	Characteristics	Abbotsford 0009.01 A	Abbotsford 0009.02 A	Abbotsford 0010 ◆◇◇	Abbotsford 0011	Abbotsford 0012	Abbotsford 0013
	POPULATION CHARACTERISTICS						
	by labour force activity – concluded						
241	Both sexes - Participation rate	69.9	66.7	...	75.5	76.6	71.4
242	15-24 years	68.5	68.0	...	66.5	61.8	69.4
243	25 years and over	70.5	66.5	...	77.7	80.6	72.1
244	Both sexes - Employment rate	59.9	60.2	...	72.0	72.4	67.6
245	15-24 years	55.0	60.8	...	58.4	53.0	63.6
246	25 years and over	61.6	60.1	...	75.4	77.7	68.2
247	Both sexes - Unemployment rate	14.3	9.8	...	4.7	5.5	5.8
248	15-24 years	20.2	10.7	...	12.2	14.8	8.8
249	25 years and over	12.5	9.4	...	3.2	3.5	5.1
250	**Total labour force 15 years and over**	**3,570**	**2,910**	...	**3,545**	**3,805**	**1,730**
	by industry based on the 1997 NAICS						
251	Industry - Not applicable (36)	80	50	...	40	50	15
252	All industries (37)	3,490	2,865	...	3,500	3,755	1,710
253	11 Agriculture, forestry, fishing and hunting	515	340	...	85	100	480
254	21 Mining and oil and gas extraction	-	-	...	-	-	10
255	22 Utilities	10	15	...	15	35	20
256	23 Construction	180	155	...	285	315	130
257	31-33 Manufacturing	550	375	...	410	355	180
258	41 Wholesale trade	140	105	...	180	150	35
259	44-45 Retail trade	355	415	...	460	460	125
260	48-49 Transportation and warehousing	240	145	...	135	150	65
261	51 Information and cultural industries	15	55	...	95	65	30
262	52 Finance and insurance	125	90	...	95	155	35
263	53 Real estate and rental and leasing	35	35	...	65	35	30
264	54 Professional, scientific and technical services	155	130	...	170	175	75
265	55 Management of companies and enterprises	-	10	...	-	-	10
266	56 Administrative and support, waste management and remediation services	95	115	...	105	110	15
267	61 Educational services	220	115	...	365	385	120
268	62 Health care and social assistance	265	300	...	385	445	170
269	71 Arts, entertainment and recreation	-	15	...	40	65	10
270	72 Accommodation and food services	265	250	...	190	215	25
271	81 Other services (except public administration)	220	105	...	255	200	70
272	91 Public administration	100	100	...	155	320	90
	by class of worker						
273	Class of worker - Not applicable (36)	75	45	...	40	50	20
274	All classes of worker (37)	3,490	2,865	...	3,500	3,755	1,710
275	Paid workers	3,265	2,625	...	3,105	3,440	1,495
276	Employees	3,140	2,490	...	2,990	3,295	1,250
277	Self-employed (incorporated)	120	135	...	110	145	245
278	Self-employed (unincorporated)	220	225	...	390	300	195
279	Unpaid family workers	10	15	...	10	15	20
	by occupation based on the 2001 NOC-S						
280	Male labour force 15 years and over	1,940	1,505	...	1,855	2,075	945
281	Occupation - Not applicable (36)	35	20	...	-	15	10
282	All occupations (37)	1,905	1,475	...	1,850	2,065	935
283	A Management occupations	215	190	...	240	300	95
284	B Business, finance and administration occupations	70	95	...	125	195	50
285	C Natural and applied sciences and related occupations	105	70	...	110	165	25
286	D Health occupations	35	10	...	35	55	35
287	E Occupations in social science, education, government service and religion	80	45	...	155	155	40
288	F Occupations in art, culture, recreation and sport	10	10	...	50	45	-
289	G Sales and service occupations	265	335	...	405	425	85
290	H Trades, transport and equipment operators and related occupations	540	425	...	600	495	210
291	I Occupations unique to primary industry	220	165	...	60	105	285
292	J Occupations unique to processing, manufacturing and utilities	360	140	...	70	130	100
293	Female labour force 15 years and over	1,630	1,415	...	1,690	1,725	780
294	Occupation - Not applicable (36)	45	25	...	35	35	10
295	All occupations (37)	1,585	1,385	...	1,655	1,695	775
296	A Management occupations	85	95	...	80	125	45
297	B Business, finance and administration occupations	305	325	...	490	440	195
298	C Natural and applied sciences and related occupations	15	10	...	15	20	10
299	D Health occupations	135	85	...	155	155	65

Tableau 1. Certaines caractéristiques des secteurs de recensement, recensement de 2001 – Données intégrales et données-échantillon (20 %)

Abbotsford 0014	Abbotsford 0100	Abbotsford 0101	Abbotsford 0102	Abbotsford 0103 ◇	Abbotsford 0104	Caractéristiques	N°
						CARACTÉRISTIQUES DE LA POPULATION	
						selon l'activité – fin	
73.2	79.2	65.0	71.4	68.0	70.9	Les deux sexes - Taux d'activité	241
65.2	72.2	80.7	71.6	82.6	63.5	15-24 ans	242
75.4	81.0	62.0	71.1	66.7	72.8	25 ans et plus	243
70.3	76.5	62.5	65.8	59.8	65.8	Les deux sexes - Taux d'emploi	244
60.7	66.7	73.7	62.7	69.6	54.7	15-24 ans	245
72.8	78.8	60.2	66.6	57.6	69.0	25 ans et plus	246
4.0	3.6	4.2	7.6	13.9	6.7	Les deux sexes - Taux de chômage	247
6.9	7.7	6.7	13.4	15.8	13.8	15-24 ans	248
3.4	2.7	2.9	6.3	12.7	5.4	25 ans et plus	249
3,715	**1,800**	**1,075**	**2,560**	**685**	**2,520**	**Population active totale de 15 ans et plus**	250
						selon l'industrie basée sur le SCIAN de 1997	
35	25	15	40	40	60	Industrie - Sans objet (36)	251
3,675	1,775	1,060	2,520	640	2,465	Toutes les industries (37)	252
660	570	30	110	10	35	11 Agriculture, foresterie, pêche et chasse	253
50	10	-	-	-	10	21 Extraction minière et extraction de pétrole et de gaz	254
30	-	-	-	-	20	22 Services publics	255
390	185	80	215	50	205	23 Construction	256
380	170	75	340	65	360	31-33 Fabrication	257
150	80	40	105	25	130	41 Commerce de gros	258
315	115	140	370	115	220	44-45 Commerce de détail	259
255	80	60	115	35	125	48-49 Transport et entreposage	260
55	20	-	35	15	80	51 Industrie de l'information et industrie culturelle	261
60	45	40	45	10	80	52 Finance et assurances	262
25	-	15	60	20	20	53 Services immobiliers et services de location et de location à bail	263
190	50	60	110	45	100	54 Services professionnels, scientifiques et techniques	264
-	-	-	-	-	-	55 Gestion de sociétés et d'entreprises	265
105	35	25	175	40	60	56 Services administratifs, services de soutien, services de gestion des déchets et services d'assainissement	266
205	60	115	165	35	170	61 Services d'enseignement	267
330	150	140	255	55	285	62 Soins de santé et assistance sociale	268
75	-	-	20	25	10	71 Arts, spectacles et loisirs	269
105	85	80	130	45	230	72 Hébergement et services de restauration	270
190	95	75	105	20	165	81 Autres services, sauf les administrations publiques	271
125	25	75	155	35	145	91 Administrations publiques	272
						selon la catégorie de travailleurs	
40	20	20	40	40	60	Catégorie de travailleurs - Sans objet (36)	273
3,680	1,775	1,060	2,520	645	2,465	Toutes les catégories de travailleurs (37)	274
3,075	1,540	980	2,300	600	2,235	Travailleurs rémunérés	275
2,755	1,350	920	2,275	575	2,165	Employés	276
320	195	60	25	25	70	Travailleurs autonomes (entreprise constituée en société)	277
540	200	75	215	45	230	Travailleurs autonomes (entreprise non constituée en société)	278
60	30	10	-	-	-	Travailleurs familiaux non rémunérés	279
						selon la profession basée sur la CNP-S de 2001	
2,080	1,025	585	1,380	370	1,340	Hommes actifs de 15 ans et plus	280
25	10	10	10	20	30	Profession - Sans objet (36)	281
2,060	1,010	570	1,365	355	1,310	Toutes les professions (37)	282
215	45	85	85	35	140	A Gestion	283
95	30	55	95	70	155	B Affaires, finance et administration	284
115	25	40	80	15	95	C Sciences naturelles et appliquées et professions apparentées	285
20	10	15	15	15	10	D Secteur de la santé	286
85	25	60	60	10	30	E Sciences sociales, enseignement, administration publique et religion	287
30	10	10	35	10	10	F Arts, culture, sports et loisirs	288
200	115	105	330	40	265	G Ventes et services	289
755	325	200	435	115	440	H Métiers, transport et machinerie	290
390	355	10	115	15	30	I Professions propres au secteur primaire	291
145	75	10	115	30	130	J Transformation, fabrication et services d'utilité publique	292
1,635	775	490	1,180	305	1,180	Femmes actives de 15 ans et plus	293
10	10	10	30	20	25	Profession - Sans objet (36)	294
1,620	760	485	1,150	290	1,155	Toutes les professions (37)	295
100	20	40	70	30	65	A Gestion	296
370	205	95	265	70	355	B Affaires, finance et administration	297
15	-	-	20	-	-	C Sciences naturelles et appliquées et professions apparentées	298
180	50	55	65	10	135	D Secteur de la santé	299

Table 1. Selected Characteristics for Census Tracts, 2001 Census – 100% Data and 20% Sample Data

No.	Characteristics	Abbotsford 0009.01 A	Abbotsford 0009.02 A	Abbotsford 0010 ◆◇◇◇	Abbotsford 0011	Abbotsford 0012	Abbotsford 0013
	POPULATION CHARACTERISTICS						
	by occupation based on the 2001 NOC-S – concluded						
300	E Occupations in social science, education, government service and religion	175	110	...	255	295	100
301	F Occupations in art, culture, recreation and sport	20	25	...	40	45	50
302	G Sales and service occupations	455	465	...	475	525	130
303	H Trades, transport and equipment operators and related occupations	40	15	...	55	20	15
304	I Occupations unique to primary industry	295	195	...	60	25	165
305	J Occupations unique to processing, manufacturing and utilities	65	65	...	35	35	10
306	**Total employed labour force 15 years and over**	**3,060**	**2,630**	**...**	**3,380**	**3,600**	**1,630**
	by place of work						
307	Males	1,650	1,360	...	1,785	1,990	895
308	Usual place of work	1,340	1,055	...	1,285	1,515	535
309	At home	75	50	...	130	115	250
310	Outside Canada	15	-	...	15	-	20
311	No fixed workplace address	220	245	...	360	345	90
312	Females	1,410	1,270	...	1,595	1,610	735
313	Usual place of work	1,255	1,030	...	1,350	1,410	500
314	At home	110	165	...	195	120	210
315	Outside Canada	-	-	...	-	-	-
316	No fixed workplace address	45	70	...	45	85	25
317	**Total employed labour force 15 years and over with usual place of work or no fixed workplace address**	**2,865**	**2,405**	**...**	**3,040**	**3,355**	**1,150**
	by mode of transportation						
318	Males	1,565	1,300	...	1,645	1,860	625
319	Car, truck, van, as driver	1,380	1,070	...	1,430	1,630	560
320	Car, truck, van, as passenger	155	180	...	105	145	25
321	Public transit	-	10	...	25	25	10
322	Walked	10	35	...	10	25	15
323	Other method	10	10	...	70	40	15
324	Females	1,300	1,100	...	1,395	1,490	525
325	Car, truck, van, as driver	1,070	895	...	1,230	1,300	440
326	Car, truck, van, as passenger	195	150	...	95	105	55
327	Public transit	-	20	...	35	45	10
328	Walked	25	30	...	30	35	10
329	Other method	10	10	...	-	10	20
330	**Total population 15 years and over who worked since January 1, 2000**	**3,910**	**3,125**	**...**	**3,745**	**4,065**	**1,905**
	by language used at work						
331	Single responses	3,040	2,835	...	3,640	3,940	1,750
332	English	2,735	2,620	...	3,615	3,930	1,715
333	French	-	-	...	-	-	-
334	Non-official languages (5)	300	210	...	25	10	30
335	Punjabi	295	210	...	10	-	10
336	Vietnamese	10	-	...	-	-	-
337	Other languages (6)	-	-	...	10	-	20
338	Multiple responses	865	290	...	100	125	160
339	English and French	15	15	...	40	60	25
340	English and non-official language	855	275	...	65	70	135
341	French and non-official language	-	-	...	-	-	-
342	English, French and non-official language	-	-	...	-	-	-
	DWELLING AND HOUSEHOLD CHARACTERISTICS						
343	**Total number of occupied private dwellings**	**1,810**	**1,840**	**...**	**2,070**	**2,070**	**1,000**
	by tenure						
344	Owned	1,370	1,445	...	1,725	1,840	775
345	Rented	440	390	...	345	235	215
346	Band housing	-	-	...	-	-	10
	by structural type of dwelling						
347	Single-detached house	1,375	1,020	...	1,415	1,700	815
348	Semi-detached house	55	70	...	65	-	65
349	Row house	-	335	...	385	70	15
350	Apartment, detached duplex	375	205	...	120	305	15
351	Apartment, building that has five or more storeys	-	-	...	-	-	-
352	Apartment, building that has fewer than five storeys (38)	-	70	...	85	-	80
353	Other single-attached house	-	-	...	-	-	-
354	Movable dwelling (39)	-	130	...	-	-	15

Tableau 1. Certaines caractéristiques des secteurs de recensement, recensement de 2001 – Données intégrales et données-échantillon (20 %)

Abbotsford 0014	Abbotsford 0100	Abbotsford 0101	Abbotsford 0102	Abbotsford 0103 ◇	Abbotsford 0104	Caractéristiques	N°
						CARACTÉRISTIQUES DE LA POPULATION	
						selon la profession basée sur la CNP-S de 2001 - fin	
125	55	80	150	40	125	E Sciences sociales, enseignement, administration publique et religion	300
60	-	-	20	-	25	F Arts, culture, sports et loisirs	301
420	195	195	455	80	420	G Ventes et services	302
10	25	-	40	15	-	H Métiers, transport et machinerie	303
315	195	-	25	10	15	I Professions propres au secteur primaire	304
15	15	15	40	25	15	J Transformation, fabrication et services d'utilité publique	305
3,560	**1,730**	**1,035**	**2,365**	**590**	**2,350**	**Population active occupée totale de 15 ans et plus**	306
						selon le lieu de travail	
1,995	995	560	1,270	320	1,245	Hommes	307
1,200	545	425	920	245	980	Lieu habituel de travail	308
360	245	30	40	35	40	À domicile	309
10	10	10	15	10	10	En dehors du Canada	310
420	200	95	290	40	220	Sans adresse de travail fixe	311
1,565	735	470	1,095	270	1,105	Femmes	312
995	475	410	915	240	935	Lieu habituel de travail	313
485	215	30	115	10	110	À domicile	314
-	-	-	-	-	-	En dehors du Canada	315
90	40	30	70	20	60	Sans adresse de travail fixe	316
2,700	**1,260**	**965**	**2,195**	**545**	**2,190**	**Population active occupée totale de 15 ans et plus ayant un lieu habituel de travail ou sans adresse de travail fixe**	317
						selon le mode de transport	
1,620	750	525	1,210	290	1,200	Hommes	318
1,510	680	465	980	210	1,050	Automobile, camion ou fourgonnette, en tant que conducteur	319
50	10	25	110	35	60	Automobile, camion ou fourgonnette, en tant que passager	320
-	-	10	-	-	25	Transport en commun	321
30	45	20	90	35	50	À pied	322
30	15	10	30	-	20	Autre moyen	323
1,075	510	445	985	260	985	Femmes	324
955	440	380	730	190	835	Automobile, camion ou fourgonnette, en tant que conductrice	325
75	30	35	65	30	115	Automobile, camion ou fourgonnette, en tant que passagère	326
-	-	10	35	10	-	Transport en commun	327
35	20	20	120	25	30	À pied	328
10	20	-	35	15	-	Autre moyen	329
4,020	**1,860**	**1,115**	**2,660**	**675**	**2,655**	**Population totale de 15 ans et plus ayant travaillé depuis le 1er janvier 2000**	330
						selon la langue utilisée au travail	
3,715	1,795	1,095	2,575	670	2,540	Réponses uniques	331
3,710	1,765	1,090	2,560	660	2,540	Anglais	332
-	-	10	-	10	-	Français	333
10	30	-	10	-	-	Langues non officielles (5)	334
-	15	-	15	-	-	Pendjabi	335
10	-	-	-	-	-	Vietnamien	336
-	20	-	-	-	-	Autres langues (6)	337
300	60	20	85	10	110	Réponses multiples	338
20	-	10	40	-	-	Anglais et français	339
280	55	10	50	-	115	Anglais et langue non officielle	340
-	-	-	-	-	-	Français et langue non officielle	341
-	-	-	-	-	-	Anglais, français et langue non officielle	342
						CARACTÉRISTIQUES DES LOGEMENTS ET DES MÉNAGES	
2,050	**925**	**875**	**2,020**	**665**	**1,505**	**Nombre total de logements privés occupés**	343
						selon le mode d'occupation	
1,665	630	540	970	165	1,340	Possédé	344
390	295	335	1,055	500	160	Loué	345
-	-	-	-	-	-	Logement de bande	346
						selon le type de construction résidentielle	
1,885	695	200	695	115	1,140	Maison individuelle non attenante	347
10	10	55	20	-	40	Maison jumelée	348
-	-	160	120	-	85	Maison en rangée	349
35	195	-	20	10	160	Appartement, duplex non attenant	350
-	-	-	-	-	55	Appartement, immeuble de cinq étages ou plus	351
-	10	445	1,065	540	15	Appartement, immeuble de moins de cinq étages (38)	352
-	-	10	10	-	-	Autre maison individuelle attenante	353
125	10	-	105	-	-	Logement mobile (39)	354

Table 1. Selected Characteristics for Census Tracts, 2001 Census – 100% Data and 20% Sample Data

No.	Characteristics	Abbotsford 0009.01 A	Abbotsford 0009.02 A	Abbotsford 0010 ◆◇◇◇	Abbotsford 0011	Abbotsford 0012	Abbotsford 0013
	DWELLING AND HOUSEHOLD CHARACTERISTICS						
	by condition of dwelling						
355	Regular maintenance only	1,390	1,360	...	1,370	1,525	665
356	Minor repairs	380	440	...	545	495	235
357	Major repairs	40	35	...	150	55	100
	by period of construction						
358	Before 1946	-	25	...	20	-	175
359	1946-1960	15	30	...	60	-	140
360	1961-1970	20	70	...	310	45	70
361	1971-1980	175	355	...	570	455	205
362	1981-1990	1,010	1,120	...	635	720	100
363	1991-2001 (20)	585	230	...	480	840	310
364	Average number of rooms per dwelling	7.7	7.2	...	7.8	8.3	8.0
365	Average number of bedrooms per dwelling	3.5	3.1	...	3.2	3.5	3.4
366	Average value of dwelling $	215,919	179,119	...	187,736	219,617	301,534
367	**Total number of private households**	**1,810**	**1,835**	...	**2,070**	**2,070**	**995**
	by household size						
368	1 person	130	230	...	315	195	145
369	2 persons	460	655	...	550	510	350
370	3 persons	275	290	...	375	360	135
371	4-5 persons	645	520	...	730	890	265
372	6 or more persons	305	145	...	100	120	95
	by household type						
373	One-family households	1,435	1,490	...	1,670	1,825	740
374	Multiple-family households	235	95	...	20	35	50
375	Non-family households	145	255	...	380	210	205
376	Number of persons in private households	6,690	5,665	...	6,380	6,900	3,155
377	Average number of persons in private households	3.7	3.1	...	3.1	3.3	3.2
378	Average number of persons per room	0.5	0.4	...	0.4	0.4	0.4
379	Tenant households in non-farm, non-reserve private dwellings (40)	430	390	...	345	235	175
380	Average gross rent $ (40)	732	681	...	883	820	843
381	Tenant households spending 30% or more of household income on gross rent (40) (41)	160	135	...	95	90	40
382	Tenant households spending from 30% to 99% of household income on gross rent (40) (41)	145	120	...	65	80	45
383	Owner households in non-farm, non-reserve private dwellings (42)	1,370	1,430	...	1,725	1,840	610
384	Average owner's major payments $ (42)	1,150	896	...	1,116	1,228	1,045
385	Owner households spending 30% or more of household income on owner's major payments (41) (42)	325	315	...	440	445	140
386	Owner households spending from 30% to 99% of household income on owner's major payments (41) (42)	315	270	...	410	410	125
	CENSUS FAMILY CHARACTERISTICS						
387	**Total number of census families in private households**	**1,930**	**1,695**	...	**1,710**	**1,900**	**850**
	by census family structure and size						
388	Total couple families	1,720	1,455	...	1,505	1,665	760
389	Total families of married couples	1,645	1,375	...	1,355	1,585	725
390	Without children at home	560	620	...	435	425	295
391	With children at home	1,090	755	...	920	1,155	430
392	1 child	295	205	...	265	270	130
393	2 children	490	345	...	440	525	120
394	3 or more children	300	205	...	215	365	180
395	Total families of common-law couples	70	80	...	155	85	35
396	Without children at home	25	35	...	35	40	30
397	With children at home	40	50	...	115	45	10
398	1 child	20	30	...	35	20	-
399	2 children	25	15	...	30	25	-
400	3 or more children	-	-	...	50	-	10
401	Total lone-parent families	210	240	...	200	235	90
402	Female parent	165	205	...	175	180	70
403	1 child	110	105	...	70	85	40
404	2 children	25	65	...	60	80	20
405	3 or more children	30	25	...	45	15	10

Tableau 1. Certaines caractéristiques des secteurs de recensement, recensement de 2001 – Données intégrales et données-échantillon (20 %)

Abbotsford 0014	Abbotsford 0100	Abbotsford 0101	Abbotsford 0102	Abbotsford 0103 ◇	Abbotsford 0104	Caractéristiques	N°
						CARACTÉRISTIQUES DES LOGEMENTS ET DES MÉNAGES	
						selon l'état du logement	
1,305	610	600	1,425	480	960	Entretien régulier seulement	355
575	255	80	440	135	410	Réparations mineures	356
175	65	195	155	50	135	Réparations majeures	357
						selon la période de construction	
190	125	25	65	105	10	Avant 1946	358
360	155	20	335	100	75	1946-1960	359
365	95	35	350	100	190	1961-1970	360
565	170	35	575	125	635	1971-1980	361
315	155	260	460	185	285	1981-1990	362
265	230	495	240	50	310	1991-2001 (20)	363
7.9	7.7	5.6	5.3	4.7	8.0	Nombre moyen de pièces par logement	364
3.3	3.4	2.3	2.2	1.6	3.5	Nombre moyen de chambres à coucher par logement	365
353,476	264,062	164,530	135,403	128,595	189,852	Valeur moyenne du logement $	366
2,050	**925**	**870**	**2,020**	**665**	**1,505**	**Nombre total de logements privés**	367
						selon la taille du ménage	
285	110	265	700	345	185	1 personne	368
665	295	405	725	225	455	2 personnes	369
340	115	90	265	45	265	3 personnes	370
585	280	85	290	55	510	4-5 personnes	371
185	125	20	45	-	80	6 personnes ou plus	372
						selon le genre de ménage	
1,660	755	525	1,140	275	1,250	Ménages unifamiliaux	373
55	25	15	35	10	40	Ménages multifamiliaux	374
340	145	325	845	390	210	Ménages non familiaux	375
6,370	3,155	1,880	4,465	1,155	4,635	Nombre de personnes dans les ménages privés	376
3.1	3.4	2.2	2.2	1.7	3.1	Nombre moyen de personnes dans les ménages privés	377
0.4	0.4	0.4	0.4	0.4	0.4	Nombre moyen de personnes par pièce	378
365	255	325	1,050	495	160	Ménages locataires dans les logements privés non agricoles hors réserve (40)	379
767	619	730	619	579	872	Loyer brut moyen $ (40)	380
130	70	140	455	250	50	Ménages locataires consacrant 30 % ou plus du revenu du ménage au loyer brut (40) (41)	381
110	70	120	395	205	45	Ménages locataires consacrant de 30 % à 99 % du revenu du ménage au loyer brut (40) (41)	382
1,345	475	535	965	165	1,340	Ménages propriétaires dans les logements privés non agricoles hors réserve (42)	383
1,010	1,103	738	973	841	1,107	Principales dépenses de propriété moyennes $ (42)	384
290	145	90	265	55	335	Ménages propriétaires consacrant 30 % ou plus du revenu du ménage aux principales dépenses de propriété (41) (42)	385
235	140	80	230	45	300	Ménages propriétaires consacrant de 30 % à 99 % du revenu du ménage aux principales dépenses de propriété (41) (42)	386
						CARACTÉRISTIQUES DES FAMILLES DE RECENSEMENT	
1,765	**805**	**560**	**1,210**	**275**	**1,335**	**Total des familles de recensement dans les ménages privés**	387
						selon la structure et la taille de la famille de recensement	
1,605	750	495	925	215	1,160	Total des familles avec conjoints	388
1,450	705	420	720	175	1,060	Total des familles avec couples mariés	389
540	230	305	350	110	380	Sans enfants à la maison	390
905	475	120	370	65	675	Avec enfants à la maison	391
255	105	45	140	20	215	1 enfant	392
365	165	50	155	15	300	2 enfants	393
290	210	20	75	25	170	3 enfants ou plus	394
155	45	70	205	35	100	Total des familles en union libre	395
105	30	55	155	30	80	Sans enfants à la maison	396
50	15	20	50	10	25	Avec enfants à la maison	397
30	-	10	20	10	15	1 enfant	398
20	10	10	30	-	-	2 enfants	399
10	10	-	-	-	-	3 enfants ou plus	400
160	55	70	285	65	170	Total des familles monoparentales	401
125	10	45	240	65	145	Parent de sexe féminin	402
75	10	20	155	60	85	1 enfant	403
40	-	10	50	-	40	2 enfants	404
15	-	10	35	-	20	3 enfants ou plus	405

Table 1. Selected Characteristics for Census Tracts, 2001 Census – 100% Data and 20% Sample Data

No.	Characteristics	Abbotsford 0009.01 A	Abbotsford 0009.02 A	Abbotsford 0010 ◆◇◇◇	Abbotsford 0011	Abbotsford 0012	Abbotsford 0013
	CENSUS FAMILY CHARACTERISTICS						
	by census family structure and size – concluded						
406	Male parent	40	40	...	30	55	20
407	1 child	10	30	...	25	30	15
408	2 children	30	-	...	10	15	-
409	3 or more children	-	10	...	-	10	10
410	**Total number of children at home**	**2,650**	**2,015**	...	**2,530**	**2,990**	**1,190**
	by age groups						
411	Under 6 years	625	500	...	540	570	230
412	6-14 years	960	745	...	1,135	1,360	485
413	15-17 years	315	270	...	360	465	165
414	18-24 years	615	380	...	435	475	235
415	25 years and over	145	120	...	55	125	75
416	Average number of children at home per census family (43)	1.4	1.2	...	1.5	1.6	1.4
417	**Total number of persons in private households**	**6,690**	**5,660**	...	**6,385**	**6,900**	**3,155**
	by census family status and living arrangements						
418	Number of non-family persons	385	495	...	635	345	355
419	Living with relatives (44)	150	105	...	110	75	80
420	Living with non-relatives only	100	160	...	215	75	130
421	Living alone	130	225	...	310	190	145
422	Number of family persons	6,300	5,170	...	5,745	6,555	2,800
423	Average number of persons per census family	3.3	3.0	...	3.4	3.5	3.3
424	**Total number of persons 65 years and over**	**595**	**760**	...	**450**	**315**	**330**
425	Number of non-family persons 65 years and over	95	135	...	155	55	110
426	Living with relatives (44)	55	25	...	45	30	20
427	Living with non-relatives only	-	20	...	-	-	15
428	Living alone	40	90	...	110	20	75
429	Number of family persons 65 years and over	500	620	...	295	260	225
	ECONOMIC FAMILY CHARACTERISTICS						
430	**Total number of economic families in private households**	**1,670**	**1,585**	...	**1,700**	**1,880**	**820**
	by size of family						
431	2 persons	470	670	...	515	530	340
432	3 persons	255	270	...	365	360	130
433	4 persons	425	350	...	530	605	115
434	5 or more persons	510	295	...	295	380	235
435	Total number of persons in economic families	6,455	5,275	...	5,850	6,630	2,880
436	Average number of persons per economic family	3.9	3.3	...	3.4	3.5	3.5
437	Total number of unattached individuals	235	385	...	530	270	275
	2000 INCOME CHARACTERISTICS						
	Population 15 years and over by sex and total income groups in 2000						
438	Total - Both sexes	5,110	4,365	...	4,700	4,965	2,415
439	Without income	295	285	...	245	325	105
440	With income	4,810	4,080	...	4,445	4,640	2,310
441	Under $1,000 (45)	215	175	...	210	265	115
442	$ 1,000 - $ 2,999	210	190	...	225	225	90
443	$ 3,000 - $ 4,999	185	205	...	160	150	60
444	$ 5,000 - $ 6,999	275	250	...	195	190	110
445	$ 7,000 - $ 9,999	405	310	...	215	270	195
446	$10,000 - $11,999	300	195	...	160	180	125
447	$12,000 - $14,999	370	300	...	320	240	130
448	$15,000 - $19,999	660	500	...	385	220	235
449	$20,000 - $24,999	485	250	...	240	345	165
450	$25,000 - $29,999	315	195	...	345	355	155
451	$30,000 - $34,999	305	315	...	395	295	155
452	$35,000 - $39,999	195	205	...	290	275	180
453	$40,000 - $44,999	145	280	...	195	340	95
454	$45,000 - $49,999	150	205	...	235	190	75
455	$50,000 - $59,999	240	205	...	405	445	150
456	$60,000 and over	365	315	...	475	655	260
457	Average income $ (46)	24,244	27,621	...	31,154	32,978	29,628
458	Median income $ (46)	18,037	18,790	...	27,009	27,461	22,438
459	Standard error of average income $ (46)	675	1,519	...	1,413	963	1,235

Tableau 1. Certaines caractéristiques des secteurs de recensement, recensement de 2001 – Données intégrales et données-échantillon (20 %)

Abbotsford 0014	Abbotsford 0100	Abbotsford 0101	Abbotsford 0102	Abbotsford 0103 ◇	Abbotsford 0104	Caractéristiques	N°
						CARACTÉRISTIQUES DES FAMILLES DE RECENSEMENT	
						selon la structure et la taille de la famille de recensement - fin	
40	40	30	45	-	20	Parent de sexe masculin	406
20	15	20	15	-	15	1 enfant	407
-	25	10	25	-	-	2 enfants	408
10	-	-	-	-	10	3 enfants ou plus	409
2,385	**1,365**	**350**	**1,235**	**210**	**1,710**	**Nombre total d'enfants à la maison**	410
						selon les groupes d'âge	
395	285	80	430	90	340	Moins de 6 ans	411
920	605	125	450	95	675	6-14 ans	412
335	195	70	115	-	270	15-17 ans	413
530	215	50	160	10	345	18-24 ans	414
200	65	20	75	15	75	25 ans et plus	415
1.4	1.7	0.6	1.0	0.8	1.3	Nombre moyen d'enfants à la maison par famille de recensement (43)	416
6,375	**3,155**	**1,885**	**4,470**	**1,160**	**4,635**	**Nombre total de personnes dans les ménages privés**	417
						selon la situation des particuliers dans la famille de recensement et des particuliers dans le ménage	
615	235	475	1,100	455	430	Nombre de personnes hors famille de recensement	418
105	45	30	125	10	45	Vivant avec des personnes apparentées (44)	419
225	80	175	280	100	195	Vivant avec des personnes non apparentées uniquement	420
285	110	270	700	345	190	Vivant seules	421
5,755	2,920	1,410	3,370	700	4,210	Nombre de personnes membres d'une famille	422
3.3	3.6	2.5	2.8	2.5	3.2	Nombre moyen de personnes par famille de recensement	423
595	**205**	**400**	**535**	**165**	**360**	**Nombre total de personnes de 65 ans et plus**	424
155	25	120	235	65	115	Nombre de personnes hors famille de recensement de 65 ans et plus	425
60	20	10	15	-	30	Vivant avec des personnes apparentées (44)	426
15	-	-	20	-	-	Vivant avec des personnes non apparentées uniquement	427
80	10	110	200	55	85	Vivant seules	428
440	175	280	305	100	245	Nombre de personnes membres d'une famille de 65 ans et plus	429
						CARACTÉRISTIQUES DES FAMILLES ÉCONOMIQUES	
1,720	**790**	**550**	**1,225**	**280**	**1,290**	**Nombre total de familles économiques dans les ménages privés**	430
						selon la taille de la famille	
670	270	385	650	195	490	2 personnes	431
320	105	75	255	30	245	3 personnes	432
370	170	55	200	25	345	4 personnes	433
365	235	35	120	30	205	5 personnes ou plus	434
5,865	2,965	1,440	3,495	710	4,250	Nombre total de personnes dans les familles économiques	435
3.4	3.8	2.6	2.9	2.6	3.3	Nombre moyen de personnes par famille économique	436
510	190	445	970	450	380	Nombre total de personnes hors famille économique	437
						CARACTÉRISTIQUES DU REVENU DE 2000	
						Population de 15 ans et plus selon le sexe et les tranches de revenu total en 2000	
5,065	2,265	1,655	3,590	995	3,565	Total - Les deux sexes	438
215	105	50	95	-	225	Sans revenu	439
4,855	2,155	1,605	3,490	995	3,335	Avec un revenu	440
240	100	45	125	55	160	Moins de 1 000 $ (45)	441
165	75	45	175	20	115	1 000 $ - 2 999 $	442
210	85	25	90	60	155	3 000 $ - 4 999 $	443
210	85	75	165	65	85	5 000 $ - 6 999 $	444
345	175	120	330	115	260	7 000 $ - 9 999 $	445
210	150	45	190	85	130	10 000 $ - 11 999 $	446
330	165	105	290	75	185	12 000 $ - 14 999 $	447
430	195	165	360	85	210	15 000 $ - 19 999 $	448
415	185	215	235	75	260	20 000 $ - 24 999 $	449
285	210	140	350	75	245	25 000 $ - 29 999 $	450
355	140	145	315	100	265	30 000 $ - 34 999 $	451
310	175	110	230	20	240	35 000 $ - 39 999 $	452
290	80	90	240	65	250	40 000 $ - 44 999 $	453
195	95	90	85	20	185	45 000 $ - 49 999 $	454
330	115	85	165	20	275	50 000 $ - 59 999 $	455
525	140	105	150	50	320	60 000 $ et plus	456
29,272	26,002	27,295	24,233	22,511	30,286	Revenu moyen $ (46)	457
23,588	21,320	24,209	20,073	16,446	27,665	Revenu médian $ (46)	458
783	1,009	1,002	724	2,074	936	Erreur type de revenu moyen $ (46)	459

Table 1. Selected Characteristics for Census Tracts, 2001 Census – 100% Data and 20% Sample Data

No.	Characteristics	Abbotsford 0009.01 A	Abbotsford 0009.02 A	Abbotsford 0010 ◆◇◇◇	Abbotsford 0011	Abbotsford 0012	Abbotsford 0013
	2000 INCOME CHARACTERISTICS						
	Population 15 years and over by sex and total income groups in 2000 – concluded						
460	Total - Males	2,545	2,090	...	2,305	2,490	1,210
461	Without income	105	130	...	120	100	30
462	With income	2,445	1,965	...	2,190	2,385	1,175
463	Under $1,000 (45)	100	90	...	85	105	45
464	$ 1,000 - $ 2,999	105	50	...	90	105	45
465	$ 3,000 - $ 4,999	75	65	...	50	50	55
466	$ 5,000 - $ 6,999	95	55	...	80	45	30
467	$ 7,000 - $ 9,999	125	75	...	55	100	60
468	$10,000 - $11,999	135	85	...	50	80	55
469	$12,000 - $14,999	150	110	...	120	75	55
470	$15,000 - $19,999	245	170	...	195	85	70
471	$20,000 - $24,999	210	130	...	75	130	45
472	$25,000 - $29,999	170	110	...	155	145	75
473	$30,000 - $34,999	190	165	...	200	150	125
474	$35,000 - $39,999	125	135	...	135	95	105
475	$40,000 - $44,999	100	170	...	95	170	60
476	$45,000 - $49,999	115	140	...	140	145	45
477	$50,000 - $59,999	180	165	...	245	315	110
478	$60,000 and over	310	255	...	425	600	205
479	Average income $ (46)	30,246	36,581	...	39,682	42,544	36,189
480	Median income $ (46)	24,027	30,625	...	33,902	40,122	30,490
481	Standard error of average income $ (46)	1,119	2,950	...	2,733	1,543	1,815
482	Total - Females	2,560	2,280	...	2,390	2,475	1,205
483	Without income	190	160	...	130	225	70
484	With income	2,375	2,115	...	2,265	2,250	1,135
485	Under $1,000 (45)	115	90	...	130	160	75
486	$ 1,000 - $ 2,999	100	140	...	130	120	50
487	$ 3,000 - $ 4,999	115	140	...	110	105	15
488	$ 5,000 - $ 6,999	180	190	...	115	140	80
489	$ 7,000 - $ 9,999	280	230	...	160	170	135
490	$10,000 - $11,999	160	115	...	110	105	75
491	$12,000 - $14,999	220	185	...	200	165	75
492	$15,000 - $19,999	410	330	...	190	140	160
493	$20,000 - $24,999	275	120	...	170	215	120
494	$25,000 - $29,999	150	85	...	190	205	75
495	$30,000 - $34,999	110	150	...	195	145	40
496	$35,000 - $39,999	65	70	...	160	175	70
497	$40,000 - $44,999	50	105	...	105	175	35
498	$45,000 - $49,999	35	65	...	90	40	35
499	$50,000 - $59,999	60	40	...	165	135	40
500	$60,000 and over	55	70	...	45	60	55
501	Average income $ (46)	18,062	19,315	...	22,904	22,835	22,818
502	Median income $ (46)	15,089	14,476	...	18,988	20,262	17,265
503	Standard error of average income $ (46)	644	917	...	767	911	1,570
	by composition of total income						
504	Total - Composition of income in 2000 % (47)	100.0	100.0	...	100.0	100.0	100.0
505	Employment income %	80.3	77.9	...	85.6	88.7	78.0
506	Government transfer payments %	12.6	12.5	...	8.1	5.7	10.5
507	Other %	7.0	9.8	...	6.3	5.7	11.6
	Population 15 years and over with employment income in 2000 by sex and work activity						
508	Both sexes with employment income (48)	3,790	2,970	...	3,675	4,020	1,810
509	Average employment income $	24,760	29,502	...	32,291	33,716	29,489
510	Standard error of average employment income $	788	1,974	...	1,610	1,055	1,498
511	Worked full year, full time (49)	1,530	1,430	...	2,035	2,130	860
512	Average employment income $	37,565	39,638	...	45,325	47,362	42,916
513	Standard error of average employment income $	1,219	1,208	...	2,705	1,540	2,361
514	Worked part year or part time (50)	2,160	1,490	...	1,555	1,770	885
515	Average employment income $	16,184	20,441	...	16,508	19,331	18,228
516	Standard error of average employment income $	829	3,601	...	963	1,023	1,564
517	Males with employment income (48)	2,030	1,495	...	1,920	2,180	955
518	Average employment income $	30,407	39,175	...	40,235	42,641	35,780
519	Standard error of average employment income $	1,245	3,752	...	2,937	1,630	2,059
520	Worked full year, full time (49)	980	905	...	1,240	1,395	560
521	Average employment income $	42,633	43,919	...	52,358	54,088	47,308
522	Standard error of average employment income $	1,596	1,623	...	4,340	2,038	2,529
523	Worked part year or part time (50)	1,025	555	...	635	735	380
524	Average employment income $	19,269	33,213	...	18,193	23,205	19,627
525	Standard error of average employment income $	1,553	9,221	...	1,715	2,012	2,779

Tableau 1. Certaines caractéristiques des secteurs de recensement, recensement de 2001 – Données intégrales et données-échantillon (20 %)

Abbotsford 0014	Abbotsford 0100	Abbotsford 0101	Abbotsford 0102	Abbotsford 0103 ◇	Abbotsford 0104	Caractéristiques	N°
						CARACTÉRISTIQUES DU REVENU DE 2000	
						Population de 15 ans et plus selon le sexe et les tranches de revenu total en 2000 – fin	
2,605	1,200	825	1,765	515	1,795	Total - Hommes	460
75	30	25	40	-	130	Sans revenu	461
2,530	1,170	800	1,725	520	1,665	Avec un revenu	462
100	50	15	55	45	75	Moins de 1 000 $ (45)	463
70	15	30	60	10	35	1 000 $ - 2 999 $	464
80	35	-	50	15	45	3 000 $ - 4 999 $	465
90	20	25	75	50	45	5 000 $ - 6 999 $	466
125	50	30	105	55	60	7 000 $ - 9 999 $	467
65	70	-	65	45	50	10 000 $ - 11 999 $	468
145	60	35	135	25	80	12 000 $ - 14 999 $	469
180	115	70	175	35	75	15 000 $ - 19 999 $	470
225	120	105	115	35	95	20 000 $ - 24 999 $	471
150	100	85	195	35	100	25 000 $ - 29 999 $	472
200	80	75	145	35	120	30 000 $ - 34 999 $	473
215	120	75	110	10	130	35 000 $ - 39 999 $	474
140	65	50	140	35	165	40 000 $ - 44 999 $	475
115	65	60	60	20	120	45 000 $ - 49 999 $	476
230	100	75	125	25	215	50 000 $ - 59 999 $	477
390	100	70	115	45	255	60 000 $ et plus	478
34,960	31,063	32,159	27,782	25,982	36,984	Revenu moyen $ (46)	479
30,053	26,735	29,967	25,478	18,355	36,521	Revenu médian $ (46)	480
1,204	1,496	1,464	1,176	3,579	1,309	Erreur type de revenu moyen $ (46)	481
2,460	1,065	835	1,825	475	1,770	Total - Femmes	482
140	80	30	60	10	95	Sans revenu	483
2,320	990	805	1,765	475	1,670	Avec un revenu	484
135	45	25	70	10	80	Moins de 1 000 $ (45)	485
95	60	10	115	15	80	1 000 $ - 2 999 $	486
130	45	25	40	45	105	3 000 $ - 4 999 $	487
120	65	45	90	15	40	5 000 $ - 6 999 $	488
220	125	90	230	60	200	7 000 $ - 9 999 $	489
145	75	35	125	45	80	10 000 $ - 11 999 $	490
185	100	75	150	50	105	12 000 $ - 14 999 $	491
250	80	95	185	50	140	15 000 $ - 19 999 $	492
195	65	115	125	45	165	20 000 $ - 24 999 $	493
130	115	60	150	35	140	25 000 $ - 29 999 $	494
155	65	75	170	65	150	30 000 $ - 34 999 $	495
95	60	30	120	10	110	35 000 $ - 39 999 $	496
150	10	45	100	25	90	40 000 $ - 44 999 $	497
85	30	30	20	-	65	45 000 $ - 49 999 $	498
95	15	10	40	-	60	50 000 $ - 59 999 $	499
135	35	35	30	10	65	60 000 $ et plus	500
23,061	19,990	22,461	20,762	18,729	23,613	Revenu moyen $ (46)	501
16,730	14,388	19,381	17,829	15,041	20,064	Revenu médian $ (46)	502
907	1,218	1,275	829	1,369	1,251	Erreur type de revenu moyen $ (46)	503
						selon la composition du revenu total	
100.0	100.0	100.0	100.0	100.0	100.0	Total - Composition du revenu en 2000 % (47)	504
81.7	83.2	68.5	78.3	75.9	80.3	Revenu d'emploi %	505
9.6	10.2	16.5	14.7	17.5	9.4	Transferts gouvernementaux %	506
8.7	6.4	14.9	7.0	6.4	10.3	Autre %	507
						Population de 15 ans et plus ayant un revenu d'emploi en 2000 selon le sexe et le travail	
3,930	1,775	1,060	2,600	655	2,595	Les deux sexes ayant un revenu d'emploi (48)	508
29,544	26,348	28,380	25,491	26,065	31,281	Revenu moyen d'emploi $	509
917	1,143	1,250	920	2,960	1,063	Erreur type de revenu moyen d'emploi $	510
1,960	835	615	1,350	330	1,465	Ayant travaillé toute l'année à plein temps (49)	511
38,747	36,313	34,904	34,326	34,640	41,998	Revenu moyen d'emploi $	512
1,173	1,721	1,418	1,333	5,362	1,482	Erreur type de revenu moyen d'emploi $	513
1,845	900	415	1,165	325	1,070	Ayant travaillé une partie de l'année ou à temps partiel (50)	514
20,959	17,977	19,550	16,260	17,317	17,391	Revenu moyen d'emploi $	515
1,344	1,286	2,017	1,017	1,874	1,040	Erreur type de revenu moyen d'emploi $	516
2,135	1,015	555	1,360	345	1,405	Hommes ayant un revenu d'emploi (48)	517
35,087	31,315	32,714	28,959	32,995	36,418	Revenu moyen d'emploi $	518
1,367	1,618	1,751	1,413	5,223	1,384	Erreur type de revenu moyen d'emploi $	519
1,320	615	355	815	190	925	Ayant travaillé toute l'année à plein temps (49)	520
41,525	38,213	37,971	35,311	42,046	45,242	Revenu moyen d'emploi $	521
1,547	2,071	1,865	1,903	8,291	1,592	Erreur type de revenu moyen d'emploi $	522
770	380	195	520	150	445	Ayant travaillé une partie de l'année ou à temps partiel (50)	523
25,556	21,095	22,906	20,198	21,437	19,914	Revenu moyen d'emploi $	524
2,472	2,221	3,123	1,811	3,383	1,876	Erreur type de revenu moyen d'emploi $	525

Table 1. Selected Characteristics for Census Tracts, 2001 Census – 100% Data and 20% Sample Data

No.	Characteristics	Abbotsford 0009.01 A	Abbotsford 0009.02 A	Abbotsford 0010 ◆◇◇◇	Abbotsford 0011	Abbotsford 0012	Abbotsford 0013
	2000 INCOME CHARACTERISTICS						
	Population 15 years and over with employment income in 2000 by sex and work activity – concluded						
526	Females with employment income (48)	1,755	1,480	...	1,760	1,840	855
527	Average employment income $	18,248	19,753	...	23,646	23,154	22,462
528	Standard error of average employment income $	795	995	...	897	1,023	2,069
529	Worked full year, full time (49)	555	530	...	790	735	300
530	Average employment income $	28,657	32,363	...	34,265	34,563	34,659
531	Standard error of average employment income $	1,530	1,541	...	1,092	1,822	4,732
532	Worked part year or part time (50)	1,140	935	...	920	1,030	505
533	Average employment income $	13,403	12,803	...	15,347	16,559	17,192
534	Standard error of average employment income $	745	1,067	...	1,106	957	1,753
	Census families by structure and family income groups in 2000						
535	Total - All census families	1,930	1,700	...	1,705	1,900	850
536	Under $10,000	75	95	...	50	30	30
537	$ 10,000 - $19,999	155	145	...	45	50	55
538	$ 20,000 - $29,999	215	215	...	155	120	70
539	$ 30,000 - $39,999	280	240	...	125	165	55
540	$ 40,000 - $49,999	210	225	...	210	165	105
541	$ 50,000 - $59,999	230	205	...	175	255	105
542	$ 60,000 - $69,999	165	115	...	285	215	95
543	$ 70,000 - $79,999	130	95	...	140	195	120
544	$ 80,000 - $89,999	150	100	...	175	185	40
545	$ 90,000 - $99,999	100	50	...	125	150	30
546	$100,000 and over	215	215	...	220	385	145
547	Average family income $	57,047	59,945	...	64,827	74,730	70,586
548	Median family income $	51,671	47,345	...	63,576	67,698	60,333
549	Standard error of average family income $	1,663	4,446	...	1,579	2,318	3,628
550	Total - All couple census families (51)	1,720	1,455	...	1,510	1,660	760
551	Under $10,000	50	45	...	15	15	20
552	$ 10,000 - $19,999	80	95	...	35	25	40
553	$ 20,000 - $29,999	185	195	...	110	65	55
554	$ 30,000 - $39,999	255	165	...	110	110	40
555	$ 40,000 - $49,999	170	190	...	185	135	95
556	$ 50,000 - $59,999	225	200	...	135	225	95
557	$ 60,000 - $69,999	160	100	...	260	190	90
558	$ 70,000 - $79,999	130	95	...	145	180	115
559	$ 80,000 - $89,999	150	100	...	175	180	35
560	$ 90,000 - $99,999	95	50	...	125	150	30
561	$100,000 and over	220	220	...	220	380	140
562	Average family income $	60,681	65,095	...	68,759	79,444	74,762
563	Median family income $	54,640	50,913	...	66,803	72,631	64,109
564	Standard error of average family income $	1,726	5,028	...	1,625	2,533	3,990
	Incidence of low income in 2000						
565	Total - Economic families	1,670	1,590	...	1,695	1,880	800
566	Low income	160	215	...	140	115	65
567	Incidence of low income in 2000 % (52)	9.6	13.6	...	8.3	6.0	8.4
568	Total - Unattached individuals 15 years and over	225	350	...	515	265	245
569	Low income	120	135	...	135	60	95
570	Incidence of low income in 2000 % (52)	52.0	40.1	...	25.2	21.4	38.6
571	Total - Population in private households	6,680	5,620	...	6,370	6,895	3,060
572	Low income	660	900	...	540	500	315
573	Incidence of low income in 2000 % (52)	9.9	16.0	...	8.5	7.2	10.3
	Private households by household income groups in 2000						
574	Total - All private households	1,810	1,835	...	2,065	2,070	1,000
575	Under $10,000	35	80	...	55	30	40
576	$ 10,000 - $19,999	145	185	...	140	70	70
577	$ 20,000 - $29,999	150	175	...	170	155	95
578	$ 30,000 - $39,999	225	250	...	180	165	70
579	$ 40,000 - $49,999	160	255	...	245	180	120
580	$ 50,000 - $59,999	210	240	...	240	245	125
581	$ 60,000 - $69,999	160	145	...	295	235	105
582	$ 70,000 - $79,999	140	95	...	135	215	125
583	$ 80,000 - $89,999	170	110	...	180	200	45
584	$ 90,000 - $99,999	95	45	...	145	155	50
585	$100,000 and over	315	255	...	285	425	160
586	Average household income $	64,434	61,322	...	67,030	73,885	68,576
587	Median household income $	58,433	48,950	...	60,095	67,825	58,345
588	Standard error of average household income $	1,820	4,279	...	3,005	2,231	3,231

Tableau 1. Certaines caractéristiques des secteurs de recensement, recensement de 2001 – Données intégrales et données-échantillon (20 %)

Abbotsford 0014	Abbotsford 0100	Abbotsford 0101	Abbotsford 0102	Abbotsford 0103 ◇	Abbotsford 0104	Caractéristiques	N°
						CARACTÉRISTIQUES DU REVENU DE 2000	
						Population de 15 ans et plus ayant un revenu d'emploi en 2000 selon le sexe et le travail – fin	
1,795	765	505	1,235	310	1,195	Femmes ayant un revenu d'emploi (48)	526
22,934	19,764	23,629	21,681	18,329	25,246	Revenu moyen d'emploi $	527
1,098	1,457	1,673	1,107	1,613	1,572	Erreur type de revenu moyen d'emploi $	528
640	225	255	535	135	545	Ayant travaillé toute l'année à plein temps (49)	529
33,046	31,044	30,609	32,838	24,165	36,497	Revenu moyen d'emploi $	530
1,589	2,933	2,036	1,713	2,476	2,903	Erreur type de revenu moyen d'emploi $	531
1,075	525	225	640	175	625	Ayant travaillé une partie de l'année ou à temps partiel (50)	532
17,668	15,730	16,636	13,054	13,693	15,605	Revenu moyen d'emploi $	533
1,433	1,519	2,551	1,036	1,854	1,158	Erreur type de revenu moyen d'emploi $	534
						Familles de recensement selon la structure et les tranches de revenu de la famille en 2000	
1,765	800	560	1,210	275	1,330	Total - Toutes les familles de recensement	535
35	-	10	85	30	30	Moins de 10 000 $	536
60	45	25	130	40	50	10 000 $ - 19 999 $	537
165	75	60	150	55	85	20 000 $ - 29 999 $	538
140	95	90	110	60	145	30 000 $ - 39 999 $	539
235	175	95	180	25	105	40 000 $ - 49 999 $	540
215	125	95	195	30	185	50 000 $ - 59 999 $	541
195	70	40	100	10	190	60 000 $ - 69 999 $	542
130	35	50	105	10	140	70 000 $ - 79 999 $	543
110	55	40	55	15	80	80 000 $ - 89 999 $	544
100	45	25	40	10	130	90 000 $ - 99 999 $	545
375	85	30	60	10	185	100 000 $ et plus	546
70,705	60,492	55,421	48,336	36,542	66,988	Revenu moyen des familles $	547
61,672	51,362	49,370	48,281	32,062	63,064	Revenu médian des familles $	548
2,105	2,785	2,996	1,709	3,424	2,190	Erreur type de revenu moyen des familles $	549
1,610	750	490	930	210	1,160	Total - Toutes les familles de recensement comptant un couple (51)	550
30	-	-	45	15	25	Moins de 10 000 $	551
35	40	15	75	20	30	10 000 $ - 19 999 $	552
130	65	45	75	40	45	20 000 $ - 29 999 $	553
115	95	65	85	55	105	30 000 $ - 39 999 $	554
220	155	95	120	20	90	40 000 $ - 49 999 $	555
190	115	100	180	25	170	50 000 $ - 59 999 $	556
185	75	35	90	-	185	60 000 $ - 69 999 $	557
130	35	45	105	10	130	70 000 $ - 79 999 $	558
110	50	40	50	15	75	80 000 $ - 89 999 $	559
100	45	30	40	-	125	90 000 $ - 99 999 $	560
360	75	30	60	10	185	100 000 $ et plus	561
73,292	61,482	58,986	54,183	39,592	71,445	Revenu moyen des familles $	562
64,556	52,344	52,771	52,177	35,802	65,550	Revenu médian des familles $	563
2,223	2,878	3,219	1,930	3,674	2,357	Erreur type de revenu moyen des familles $	564
						Fréquence des unités à faible revenu en 2000	
1,720	785	550	1,220	275	1,295	Total - Familles économiques	565
95	45	60	205	75	110	Faible revenu	566
5.3	5.7	10.9	16.7	28.3	8.6	Fréquence des unités à faible revenu en 2000 % (52)	567
495	190	425	970	440	330	Total - Personnes hors famille économique de 15 ans et plus	568
145	45	110	375	190	60	Faible revenu	569
29.1	21.9	26.1	38.4	42.7	17.7	Fréquence des unités à faible revenu en 2000 % (52)	570
6,360	3,155	1,860	4,470	1,150	4,580	Total - Population dans les ménages privés	571
425	175	285	980	365	460	Faible revenu	572
6.7	5.6	15.4	21.9	31.6	10.1	Fréquence des unités à faible revenu en 2000 % (52)	573
						Ménages privés selon les tranches de revenu du ménage en 2000	
2,055	925	870	2,025	665	1,505	Total - Tous les ménages privés	574
105	15	25	190	120	30	Moins de 10 000 $	575
100	45	95	345	130	60	10 000 $ - 19 999 $	576
165	115	110	290	140	140	20 000 $ - 29 999 $	577
150	95	125	250	100	125	30 000 $ - 39 999 $	578
275	175	165	260	55	150	40 000 $ - 49 999 $	579
200	135	110	250	45	175	50 000 $ - 59 999 $	580
205	80	60	105	35	195	60 000 $ - 69 999 $	581
155	60	65	120	10	165	70 000 $ - 79 999 $	582
120	55	25	65	15	95	80 000 $ - 89 999 $	583
130	45	25	55	-	140	90 000 $ - 99 999 $	584
450	105	60	85	20	225	100 000 $ et plus	585
69,003	60,562	50,175	41,862	32,803	67,232	Revenu moyen des ménages $	586
61,637	50,352	45,325	36,198	25,283	63,205	Revenu médian des ménages $	587
2,059	2,774	2,365	1,400	3,472	2,119	Erreur type de revenu moyen des ménages $	588

Table 1. Selected Characteristics for Census Tracts, 2001 Census – 100% Data and 20% Sample Data

No.	Characteristics	Abbotsford 0105	Abbotsford 0106.01 A	Abbotsford 0106.02 A	Abbotsford 0106.03 ◆◇◇ A	Abbotsford 0200	Abbotsford 0201
	POPULATION CHARACTERISTICS						
1	**Population, 1996 (1)**	**3,549**	**356**	**4,753**	**136**	**3,545**	**6,823**
2	**Population, 2001 (2)**	**3,815**	**387**	**6,390**	**175**	**3,709**	**7,577**
3	Population percentage change, 1996-2001	7.5	8.7	34.4	28.7	4.6	11.1
4	Land area in square kilometres, 2001	2.36	37.04	23.45	2.53	3.94	3.29
5	**Total population - 100% Data (3)**	**3,810**	**385**	**6,395**	**175**	**3,705**	**7,580**
	by sex and age groups						
6	Male	1,900	200	3,145	95	1,845	3,765
7	0-4 years	90	5	200	10	90	270
8	5-9 years	125	20	225	10	105	340
9	10-14 years	160	15	235	5	120	385
10	15-19 years	240	35	255	15	145	310
11	20-24 years	145	5	190	10	110	225
12	25-29 years	75	5	185	5	110	195
13	30-34 years	95	5	215	5	140	240
14	35-39 years	105	10	245	10	175	325
15	40-44 years	130	25	250	5	150	340
16	45-49 years	185	30	260	10	115	295
17	50-54 years	160	15	265	5	140	235
18	55-59 years	135	5	205	5	105	165
19	60-64 years	70	5	140	5	70	105
20	65-69 years	70	10	120	-	70	110
21	70-74 years	45	-	80	-	60	90
22	75-79 years	30	-	40	-	60	60
23	80-84 years	30	5	15	-	35	45
24	85 years and over	15	-	10	-	30	20
25	Female	1,910	190	3,245	80	1,865	3,810
26	0-4 years	110	5	195	5	95	285
27	5-9 years	125	15	215	10	80	310
28	10-14 years	160	25	265	-	125	340
29	15-19 years	225	25	240	10	130	335
30	20-24 years	110	5	190	5	105	200
31	25-29 years	70	5	235	5	110	200
32	30-34 years	90	10	225	5	130	320
33	35-39 years	130	15	255	10	175	355
34	40-44 years	175	30	285	5	155	315
35	45-49 years	195	20	300	5	125	320
36	50-54 years	170	10	275	-	130	210
37	55-59 years	105	10	200	5	95	155
38	60-64 years	65	10	140	-	90	120
39	65-69 years	55	5	105	-	75	110
40	70-74 years	45	-	60	5	75	75
41	75-79 years	40	-	30	-	70	70
42	80-84 years	25	-	25	-	50	45
43	85 years and over	15	-	15	-	50	35
44	**Total population 15 years and over**	**3,050**	**295**	**5,055**	**135**	**3,090**	**5,645**
	by legal marital status						
45	Never married (single)	895	90	1,260	75	1,085	1,685
46	Legally married (and not separated)	1,870	185	3,215	30	1,180	3,110
47	Separated, but still legally married	55	5	105	5	160	225
48	Divorced	140	10	335	15	420	385
49	Widowed	95	-	145	10	240	240
	by common-law status						
50	Not in a common-law relationship	2,970	285	4,805	100	2,810	5,260
51	In a common-law relationship	85	10	255	35	275	385
52	**Total population - 20% Sample Data (4)**	**3,815**	**385**	**6,390**	**170**	**3,665**	**7,510**
	by mother tongue						
53	Single responses	3,765	385	6,375	170	3,645	7,410
54	English	3,225	305	5,485	165	3,265	6,540
55	French	45	-	70	-	70	85
56	Non-official languages (5)	500	85	825	-	315	790
57	Punjabi	95	-	60	-	15	200
58	German	80	75	290	10	25	175
59	Dutch	95	-	160	-	40	40
60	Spanish	50	-	-	-	80	110
61	Korean	-	-	25	-	20	-
62	Other languages (6)	175	-	280	-	145	265
63	Multiple responses	50	-	10	-	20	100
64	English and French	10	-	10	-	15	-
65	English and non-official language	40	-	10	-	10	95
66	French and non-official language	-	-	-	-	-	-
67	English, French and non-official language	-	-	-	-	-	-

See reference material at the end of the publication. – Voir les documents de référence à la fin de la publication.

Tableau 1. Certaines caractéristiques des secteurs de recensement, recensement de 2001 – Données intégrales et données-échantillon (20 %)

Abbotsford 0202	Abbotsford 0203	Abbotsford 0204	Abbotsford 0205	Abbotsford 0206	Abbotsford 0207	Caractéristiques	N°
						CARACTÉRISTIQUES DE LA POPULATION	
6,747	**3,099**	**2,384**	**3,435**	**2,768**	**1,718**	**Population, 1996 (1)**	1
6,811	**2,815**	**2,466**	**3,359**	**2,822**	**1,713**	**Population, 2001 (2)**	2
0.9	-9.2	3.4	-2.2	2.0	-0.3	Variation en pourcentage de la population, 1996-2001	3
2.96	6.41	6.99	15.30	161.64	25.25	Superficie des terres en kilomètres carrés, 2001	4
6,815	**2,815**	**2,470**	**3,360**	**2,820**	**1,710**	**Population totale – Données intégrales (3)**	5
						selon le sexe et les groupes d'âge	
3,285	1,420	1,275	1,920	1,460	855	Sexe masculin	6
265	110	55	95	75	25	0-4 ans	7
305	135	110	110	90	55	5-9 ans	8
325	140	105	140	135	90	10-14 ans	9
275	85	115	135	135	70	15-19 ans	10
190	85	70	130	60	45	20-24 ans	11
165	95	50	105	60	25	25-29 ans	12
190	100	70	125	65	30	30-34 ans	13
345	125	75	200	135	80	35-39 ans	14
315	135	125	200	165	95	40-44 ans	15
220	95	115	200	155	90	45-49 ans	16
185	70	95	180	100	65	50-54 ans	17
130	55	90	90	90	55	55-59 ans	18
85	45	55	85	60	45	60-64 ans	19
75	45	60	60	50	25	65-69 ans	20
80	40	45	35	50	25	70-74 ans	21
65	20	30	30	30	10	75-79 ans	22
30	20	15	10	10	10	80-84 ans	23
35	15	5	10	-	5	85 ans et plus	24
3,525	1,390	1,190	1,445	1,355	855	Sexe féminin	25
215	100	50	65	80	40	0-4 ans	26
305	115	80	105	95	50	5-9 ans	27
335	130	100	125	125	85	10-14 ans	28
250	95	85	115	85	75	15-19 ans	29
190	75	60	70	60	45	20-24 ans	30
185	80	45	60	55	30	25-29 ans	31
225	120	75	70	75	40	30-34 ans	32
375	135	100	145	145	85	35-39 ans	33
320	120	130	170	145	95	40-44 ans	34
235	90	105	145	125	75	45-49 ans	35
200	55	85	100	115	75	50-54 ans	36
115	75	70	75	65	55	55-59 ans	37
110	60	55	50	50	35	60-64 ans	38
90	40	50	50	45	25	65-69 ans	39
95	35	35	40	45	25	70-74 ans	40
105	30	30	25	25	10	75-79 ans	41
90	20	15	15	10	5	80-84 ans	42
85	15	15	10	-	10	85 ans et plus	43
5,060	**2,085**	**1,965**	**2,715**	**2,220**	**1,365**	**Population totale de 15 ans et plus**	44
						selon l'état matrimonial légal	
1,485	610	560	895	690	385	Célibataire (jamais marié(e))	45
2,515	1,015	1,115	1,455	1,160	785	Légalement marié(e) (et non séparé(e))	46
230	105	65	80	85	45	Séparé(e), mais toujours légalement marié(e)	47
480	230	145	195	200	110	Divorcé(e)	48
350	120	75	90	80	40	Veuf ou veuve	49
						selon l'union libre	
4,685	1,855	1,830	2,550	1,995	1,270	Ne vivant pas en union libre	50
375	230	135	170	225	95	Vivant en union libre	51
6,690	**2,805**	**2,460**	**3,005**	**2,740**	**1,710**	**Population totale – Données-échantillon (20 %) (4)**	52
						selon la langue maternelle	
6,670	2,775	2,455	3,000	2,725	1,700	Réponses uniques	53
5,470	2,175	2,235	2,665	2,460	1,530	Anglais	54
95	45	40	10	50	15	Français	55
1,110	550	175	325	220	160	Langues non officielles (5)	56
690	425	-	35	-	-	Pendjabi	57
120	65	105	95	50	70	Allemand	58
35	25	10	55	75	25	Néerlandais	59
45	-	-	10	10	-	Espagnol	60
-	-	-	-	-	-	Coréen	61
225	40	70	130	95	65	Autres langues (6)	62
25	30	10	10	15	10	Réponses multiples	63
-	10	-	10	10	-	Anglais et français	64
15	25	-	-	10	-	Anglais et langue non officielle	65
-	-	10	-	-	-	Français et langue non officielle	66
-	-	-	-	-	-	Anglais, français et langue non officielle	67

See reference material at the end of the publication. – Voir les documents de référence à la fin de la publication.

Table 1. Selected Characteristics for Census Tracts, 2001 Census – 100% Data and 20% Sample Data

No.	Characteristics	Abbotsford 0105	Abbotsford 0106.01 A	Abbotsford 0106.02 A	Abbotsford 0106.03 ◆◇◇ A	Abbotsford 0200	Abbotsford 0201
	POPULATION CHARACTERISTICS						
	by home language						
68	Single responses	3,495	385	6,040	170	3,500	6,940
69	English	3,380	385	5,920	165	3,450	6,670
70	French	-	-	20	-	15	-
71	Non-official languages (5)	115	-	105	-	30	265
72	Punjabi	30	-	10	-	-	120
73	German	-	-	25	-	-	15
74	Vietnamese	-	-	-	-	-	-
75	Korean	-	-	15	-	-	-
76	Spanish	-	-	-	-	15	100
77	Other languages (6)	85	-	60	-	10	25
78	Multiple responses	320	10	350	-	170	575
79	English and French	50	-	85	-	40	145
80	English and non-official language	270	-	270	-	125	405
81	French and non-official language	-	-	-	-	-	-
82	English, French and non-official language	-	-	-	-	-	25
	by knowledge of official languages						
83	English only	3,505	385	5,970	165	3,330	6,950
84	French only	-	-	10	-	-	-
85	English and French	275	-	395	10	330	485
86	Neither English nor French	40	-	25	-	10	85
	by knowledge of non-official languages (5) (7)						
87	Punjabi	135	-	60	-	20	275
88	German	150	75	395	-	55	230
89	Hindi	60	-	20	-	10	10
90	Dutch	125	-	210	-	55	45
91	Spanish	70	-	60	-	115	230
92	Korean	-	-	20	-	15	15
93	Chinese, n.o.s.	40	-	-	-	10	65
	by first official language spoken						
94	English	3,740	385	6,290	170	3,590	7,340
95	French	35	-	70	-	55	85
96	English and French	-	-	15	-	-	15
97	Neither English nor French	35	-	15	-	10	75
98	Official language minority - (number) (8)	40	-	75	-	60	90
99	Official language minority - (percentage) (8)	1.0	-	1.2	-	1.6	1.2
	by ethnic origin (9)						
100	English	1,180	95	2,315	10	1,180	2,590
101	Canadian	1,065	120	1,530	20	1,065	2,025
102	German	800	195	1,390	-	510	1,615
103	Scottish	915	55	1,295	-	635	1,835
104	Irish	590	30	800	-	575	1,480
105	East Indian	190	-	110	-	45	345
106	Dutch (Netherlands)	390	10	1,155	10	245	485
107	French	245	35	495	-	415	690
108	Ukrainian	225	10	340	-	210	460
109	Russian	105	-	200	-	150	305
110	Norwegian	255	10	270	-	95	290
111	North American Indian	55	-	130	155	295	245
112	Polish	130	-	210	-	100	455
113	Swedish	140	-	185	-	105	185
114	Italian	145	-	135	-	145	355
	by Aboriginal identity						
115	Total Aboriginal identity population (10)	70	-	85	155	335	255
116	Total non-Aboriginal population	3,750	385	6,300	15	3,335	7,260
	by Aboriginal origin						
117	Total Aboriginal origins population (11)	95	-	200	155	400	355
118	Total non-Aboriginal population	3,720	385	6,195	20	3,265	7,155
	by Registered Indian status						
119	Registered Indian (12)	10	-	15	150	135	95
120	Not a Registered Indian	3,810	385	6,375	20	3,530	7,420

Tableau 1. Certaines caractéristiques des secteurs de recensement, recensement de 2001 – Données intégrales et données-échantillon (20 %)

Abbotsford 0202	Abbotsford 0203	Abbotsford 0204	Abbotsford 0205	Abbotsford 0206	Abbotsford 0207	Caractéristiques	N°
						CARACTÉRISTIQUES DE LA POPULATION	
						selon la langue parlée à la maison	
6,080	2,560	2,390	2,870	2,585	1,605	Réponses uniques	68
5,655	2,355	2,385	2,835	2,585	1,605	Anglais	69
-	-	-	-	-	-	Français	70
425	200	10	35	-	-	Langues non officielles (5)	71
405	140	-	35	-	-	Pendjabi	72
10	-	-	-	-	-	Allemand	73
-	-	-	-	-	-	Vietnamien	74
-	-	-	-	-	-	Coréen	75
-	-	-	-	-	-	Espagnol	76
15	60	10	-	-	-	Autres langues (6)	77
615	245	70	135	155	105	Réponses multiples	78
100	15	10	10	20	-	Anglais et français	79
505	225	60	130	130	110	Anglais et langue non officielle	80
-	-	-	-	10	-	Français et langue non officielle	81
-	-	-	-	-	-	Anglais, français et langue non officielle	82
						selon la connaissance des langues officielles	
6,120	2,595	2,295	2,820	2,505	1,655	Anglais seulement	83
-	-	-	-	-	-	Français seulement	84
380	175	160	170	240	55	Anglais et français	85
195	35	-	10	-	-	Ni l'anglais ni le français	86
						selon la connaissance des langues non officielles (5) (7)	
720	460	-	35	10	-	Pendjabi	87
145	70	120	105	70	90	Allemand	88
250	135	-	-	-	-	Hindi	89
55	45	-	65	85	25	Néerlandais	90
115	-	25	30	20	-	Espagnol	91
-	-	-	-	-	-	Coréen	92
-	-	20	10	-	-	Chinois, n.d.a.	93
						selon la première langue officielle parlée	
6,385	2,725	2,425	2,980	2,685	1,700	Anglais	94
105	45	30	10	50	10	Français	95
-	-	-	-	10	-	Anglais et français	96
190	35	10	15	-	-	Ni l'anglais ni le français	97
110	45	30	10	55	10	Minorité de langue officielle - (nombre) (8)	98
1.6	1.6	1.2	0.3	2.0	0.6	Minorité de langue officielle - (pourcentage) (8)	99
						selon l'origine ethnique (9)	
2,375	825	1,105	930	910	700	Anglais	100
1,775	715	820	725	970	430	Canadien	101
985	475	475	560	475	310	Allemand	102
1,750	570	790	885	675	380	Écossais	103
1,145	475	490	645	590	330	Irlandais	104
650	420	-	30	-	10	Indien de l'Inde	105
375	210	220	230	310	120	Hollandais (Néerlandais)	106
920	395	265	330	370	220	Français	107
325	125	105	180	105	100	Ukrainien	108
195	70	45	95	65	50	Russe	109
195	70	155	135	90	45	Norvégien	110
410	175	110	150	55	105	Indien de l'Amérique du Nord	111
215	85	100	60	70	30	Polonais	112
240	65	135	130	145	105	Suédois	113
150	30	105	175	55	60	Italien	114
						selon l'identité autochtone	
400	120	70	115	105	95	Total de la population ayant une identité autochtone (10)	115
6,295	2,685	2,390	2,885	2,640	1,620	Total de la population non autochtone	116
						selon l'origine autochtone	
510	195	150	175	160	110	Total de la population ayant une origine autochtone (11)	117
6,180	2,610	2,310	2,830	2,580	1,605	Total de la population non autochtone	118
						selon le statut d'Indien inscrit	
235	70	40	15	15	35	Oui, Indien inscrit (12)	119
6,455	2,735	2,420	2,985	2,730	1,675	Non, pas un Indien inscrit	120

Table 1. Selected Characteristics for Census Tracts, 2001 Census – 100% Data and 20% Sample Data

No.	Characteristics	Abbotsford 0105	Abbotsford 0106.01 A	Abbotsford 0106.02 A	Abbotsford 0106.03 ◆◇◇ A	Abbotsford 0200	Abbotsford 0201
	POPULATION CHARACTERISTICS						
	by visible minority groups						
121	Total visible minority population	375	10	325	-	160	685
122	Chinese	110	-	60	-	20	100
123	South Asian	175	-	115	-	35	365
124	Black	15	10	30	-	-	20
125	Filipino	-	-	35	-	-	-
126	Latin American	40	-	10	-	70	120
127	Southeast Asian	-	-	-	-	20	-
128	Arab	-	-	-	-	-	10
129	West Asian	-	-	-	-	-	15
130	Korean	-	-	25	-	20	20
131	Japanese	30	-	20	-	-	-
132	Visible minority, n.i.e. (13)	-	-	-	-	-	25
133	Multiple visible minorities (14)	-	-	30	-	-	15
	by citizenship						
134	Canadian citizenship (15)	3,665	380	6,025	...	3,490	7,080
135	Citizenship other than Canadian	150	10	360	...	180	435
	by place of birth of respondent						
136	Non-immigrant population	3,120	345	5,200	...	3,185	6,335
137	Born in province of residence	2,125	265	3,325	...	2,095	4,690
138	Immigrant population (16)	670	40	1,115	...	460	1,095
139	United States	35	-	140	...	90	100
140	Central and South America	25	-	30	...	55	125
141	Caribbean and Bermuda	10	10	15	...	-	-
142	United Kingdom	175	10	310	...	145	230
143	Other Europe (17)	215	20	380	...	110	315
144	Africa	45	10	90	...	15	30
145	Asia and the Middle East	160	-	135	...	50	260
146	Oceania and other (18)	10	-	20	...	-	25
147	Non-permanent residents (19)	25	-	75	...	15	85
148	**Total immigrant population**	**670**	**40**	**1,110**	**...**	**460**	**1,095**
	by period of immigration						
149	Before 1961	250	10	340	...	110	220
150	1961-1970	105	10	215	...	120	205
151	1971-1980	125	-	235	...	85	260
152	1981-1990	55	-	70	...	115	195
153	1991-2001 (20)	140	15	260	...	35	210
154	1991-1995	120	10	145	...	15	65
155	1996-2001 (20)	25	-	115	...	20	145
	by age at immigration						
156	0-4 years	65	10	95	...	60	120
157	5-19 years	215	15	420	...	95	395
158	20 years and over	390	15	605	...	310	575
159	**Total population**	**3,815**	**390**	**6,395**	**170**	**3,665**	**7,510**
	by religion						
160	Catholic (21)	430	20	645	80	580	1,245
161	Protestant	1,920	130	3,120	10	1,300	2,460
162	Christian Orthodox	20	-	10	-	10	50
163	Christian, n.i.e. (22)	270	95	815	-	295	670
164	Muslim	30	-	35	10	10	15
165	Jewish	10	-	20	-	-	-
166	Buddhist	10	-	15	-	20	-
167	Hindu	-	-	10	-	-	-
168	Sikh	130	-	75	-	20	325
169	Eastern religions (23)	10	-	-	-	-	-
170	Other religions (24)	-	-	-	15	35	30
171	No religious affiliation (25)	980	145	1,640	60	1,390	2,710
172	**Total population 15 years and over**	**3,030**	**320**	**5,050**	**130**	**3,040**	**5,570**
	by generation status						
173	1st generation (26)	680	35	1,110	-	470	1,110
174	2nd generation (27)	825	110	1,465	10	775	1,235
175	3rd generation and over (28)	1,530	175	2,475	120	1,795	3,230
176	**Total population 1 year and over (29)**	**3,775**	**390**	**6,335**	**165**	**3,625**	**7,445**
	by place of residence 1 year ago (mobility)						
177	Non-movers	3,365	370	5,030	145	2,885	6,145
178	Movers	410	15	1,300	25	740	1,305
179	Non-migrants	235	10	675	20	535	495
180	Migrants	170	-	630	10	205	810
181	Internal migrants	140	10	585	10	200	760
182	Intraprovincial migrants	120	10	480	-	160	690
183	Interprovincial migrants	20	-	105	-	35	65
184	External migrants	35	-	45	-	10	50

Tableau 1. Certaines caractéristiques des secteurs de recensement, recensement de 2001 – Données intégrales et données-échantillon (20 %)

Abbotsford 0202	Abbotsford 0203	Abbotsford 0204	Abbotsford 0205	Abbotsford 0206	Abbotsford 0207	Caractéristiques	N°
						CARACTÉRISTIQUES DE LA POPULATION	
						selon les groupes de minorités visibles	
1,025	480	65	90	35	15	Total de la population des minorités visibles	121
35	-	50	20	-	-	Chinois	122
740	475	-	40	-	10	Sud-Asiatique	123
50	-	-	15	10	-	Noir	124
30	-	-	-	-	-	Philippin	125
50	-	-	-	10	-	Latino-Américain	126
105	-	-	10	-	10	Asiatique du Sud-Est	127
-	-	-	-	10	-	Arabe	128
-	-	-	-	-	-	Asiatique occidental	129
-	-	-	10	-	-	Coréen	130
-	-	15	-	-	-	Japonais	131
-	10	-	-	-	-	Minorité visible, n.i.a. (13)	132
10	-	-	-	10	-	Minorités visibles multiples (14)	133
						selon la citoyenneté	
6,365	2,625	2,395	2,890	2,625	1,655	Citoyenneté canadienne (15)	134
330	180	65	110	115	60	Citoyenneté autre que canadienne	135
						selon le lieu de naissance du répondant	
5,435	2,345	2,140	2,565	2,365	1,505	Population non immigrante	136
3,935	1,765	1,615	1,980	1,780	1,185	Née dans la province de résidence	137
1,245	460	305	440	370	200	Population immigrante (16)	138
100	25	25	35	55	10	États-Unis	139
45	-	-	30	10	-	Amérique centrale et du Sud	140
35	-	-	-	20	-	Caraïbes et Bermudes	141
195	40	100	125	100	60	Royaume-Uni	142
285	75	125	165	180	120	Autre Europe (17)	143
-	-	10	35	-	-	Afrique	144
560	305	25	45	10	10	Asie et Moyen-Orient	145
20	10	20	10	-	-	Océanie et autre (18)	146
10	-	10	-	10	10	Résidents non permanents (19)	147
1,250	**460**	**305**	**440**	**370**	**200**	**Population immigrante totale**	148
						selon la période d'immigration	
230	75	145	130	110	80	Avant 1961	149
155	60	75	95	110	45	1961-1970	150
260	95	70	115	80	50	1971-1980	151
295	30	15	80	20	20	1981-1990	152
310	195	10	20	55	10	1991-2001 (20)	153
130	125	-	15	10	-	1991-1995	154
170	75	-	10	40	-	1996-2001 (20)	155
						selon l'âge à l'immigration	
140	40	15	50	15	-	0-4 ans	156
335	145	105	125	130	75	5-19 ans	157
770	270	180	270	230	120	20 ans et plus	158
6,690	**2,805**	**2,460**	**3,005**	**2,740**	**1,710**	**Population totale**	159
						selon la religion	
1,055	285	365	415	445	170	Catholique (21)	160
2,130	765	775	1,160	735	490	Protestante	161
50	-	10	40	40	75	Orthodoxe chrétienne	162
425	240	160	120	210	75	Chrétiennes, n.i.a. (22)	163
-	-	-	15	-	-	Musulmane	164
-	10	-	-	10	10	Juive	165
-	25	-	-	-	-	Bouddhiste	166
65	-	-	-	-	-	Hindoue	167
735	445	-	35	-	-	Sikh	168
-	-	-	-	-	-	Religions orientales (23)	169
35	10	15	15	10	-	Autres religions (24)	170
2,185	1,040	1,135	1,200	1,295	885	Aucune appartenance religieuse (25)	171
4,935	**2,060**	**1,965**	**2,360**	**2,125**	**1,395**	**Population totale de 15 ans et plus**	172
						selon le statut des générations	
1,220	465	315	445	380	215	1re génération (26)	173
1,200	585	480	525	495	335	2e génération (27)	174
2,520	1,010	1,170	1,395	1,245	840	3e génération et plus (28)	175
6,605	**2,770**	**2,450**	**2,975**	**2,700**	**1,710**	**Population totale de 1 an et plus (29)**	176
						selon le lieu de résidence 1 an auparavant (mobilité)	
5,745	2,340	2,170	2,780	2,410	1,510	Personnes n'ayant pas déménagé	177
860	430	280	200	290	200	Personnes ayant déménagé	178
355	255	110	140	145	130	Non-migrants	179
510	175	170	60	145	70	Migrants	180
395	155	165	60	135	60	Migrants internes	181
350	145	155	30	125	60	Migrants infraprovinciaux	182
45	10	10	30	10	-	Migrants interprovinciaux	183
115	15	-	-	10	-	Migrants externes	184

Table 1. Selected Characteristics for Census Tracts, 2001 Census – 100% Data and 20% Sample Data

No.	Characteristics	Abbotsford 0105	Abbotsford 0106.01 A	Abbotsford 0106.02 A	Abbotsford 0106.03 ◆◇◇ A	Abbotsford 0200	Abbotsford 0201
	POPULATION CHARACTERISTICS						
185	**Total population 5 years and over (30)**	**3,580**	**375**	**5,990**	**160**	**3,475**	**6,955**
	by place of residence 5 years ago (mobility)						
186	Non-movers	2,100	250	2,400	85	1,575	3,475
187	Movers	1,475	125	3,590	75	1,900	3,480
188	Non-migrants	945	115	2,020	40	1,030	1,670
189	Migrants	530	-	1,575	35	870	1,810
190	Internal migrants	470	10	1,380	35	865	1,635
191	Intraprovincial migrants	375	10	1,045	35	760	1,470
192	Interprovincial migrants	95	-	335	-	115	160
193	External migrants	60	-	195	-	-	175
194	**Total population 15 to 24 years**	**730**	**100**	**870**	**40**	**490**	**1,070**
	by school attendance						
195	Not attending school	275	15	440	20	230	380
196	Attending school full time	380	65	370	20	200	575
197	Attending school part time	70	20	65	-	60	115
198	**Total population 15 years and over**	**3,030**	**320**	**5,050**	**130**	**3,035**	**5,570**
	by highest level of schooling						
199	Less than grade 9 (31)	105	-	85	10	195	250
200	Grades 9-13 without high school graduation certificate	705	70	1,105	40	935	1,465
201	Grades 9-13 with high school graduation certificate	440	50	650	20	415	740
202	Some postsecondary without degree, certificate or diploma (32)	425	95	710	20	395	760
203	Trades certificate or diploma (33)	275	55	640	20	385	795
204	College certificate or diploma (34)	460	10	810	15	450	955
205	University certificate below bachelor's degree	140	25	160	-	65	160
206	University with bachelor's degree or higher	475	20	885	-	210	445
	by combinations of unpaid work						
207	Males 15 years and over	1,520	175	2,480	75	1,500	2,740
208	Reported unpaid work (35)	1,310	140	2,225	50	1,305	2,470
209	Housework and child care and care or assistance to seniors	135	25	235	10	40	205
210	Housework and child care only	425	45	685	20	385	965
211	Housework and care or assistance to seniors only	95	-	185	-	100	145
212	Child care and care or assistance to seniors only	-	-	10	-	-	10
213	Housework only	655	65	1,090	20	760	1,100
214	Child care only	-	-	25	-	-	45
215	Care or assistance to seniors only	-	-	-	-	10	10
216	Females 15 years and over	1,515	145	2,575	60	1,540	2,835
217	Reported unpaid work (35)	1,435	110	2,455	55	1,410	2,625
218	Housework and child care and care or assistance to seniors	200	30	340	15	115	405
219	Housework and child care only	535	40	775	25	495	1,065
220	Housework and care or assistance to seniors only	145	-	260	-	90	195
221	Child care and care or assistance to seniors only	-	-	-	-	-	-
222	Housework only	540	15	1,060	10	685	945
223	Child care only	15	20	-	-	20	15
224	Care or assistance to seniors only	-	-	10	-	-	-
	by labour force activity						
225	Males 15 years and over	1,515	175	2,480	70	1,500	2,740
226	In the labour force	1,210	145	1,910	45	960	2,035
227	Employed	1,060	140	1,825	30	840	1,945
228	Unemployed	150	-	90	15	120	95
229	Not in the labour force	310	30	570	30	535	700
230	Participation rate	79.9	82.9	77.0	64.3	64.0	74.3
231	Employment rate	70.0	80.0	73.6	42.9	56.0	71.0
232	Unemployment rate	12.4	-	4.7	33.3	12.5	4.7
233	Females 15 years and over	1,515	145	2,570	55	1,540	2,835
234	In the labour force	940	95	1,825	35	890	1,675
235	Employed	880	80	1,695	30	770	1,525
236	Unemployed	60	20	130	10	120	155
237	Not in the labour force	570	50	750	20	650	1,160
238	Participation rate	62.0	65.5	71.0	63.6	57.8	59.1
239	Employment rate	58.1	55.2	66.0	54.5	50.0	53.8
240	Unemployment rate	6.4	21.1	7.1	28.6	13.5	9.3

Tableau 1. Certaines caractéristiques des secteurs de recensement, recensement de 2001 – Données intégrales et données-échantillon (20 %)

Abbotsford 0202	Abbotsford 0203	Abbotsford 0204	Abbotsford 0205	Abbotsford 0206	Abbotsford 0207	Caractéristiques	N°
						CARACTÉRISTIQUES DE LA POPULATION	
6,210	**2,615**	**2,365**	**2,820**	**2,535**	**1,675**	**Population totale de 5 ans et plus (30)**	185
						selon le lieu de résidence 5 ans auparavant (mobilité)	
3,400	1,495	1,440	1,975	1,525	1,155	Personnes n'ayant pas déménagé	186
2,810	1,115	920	845	1,005	520	Personnes ayant déménagé	187
1,165	575	415	400	430	200	Non-migrants	188
1,645	545	500	450	575	320	Migrants	189
1,480	505	495	450	530	320	Migrants internes	190
1,300	495	455	355	515	310	Migrants infraprovinciaux	191
185	15	40	95	15	-	Migrants interprovinciaux	192
160	35	-	-	45	-	Migrants externes	193
910	**365**	**350**	**425**	**325**	**215**	**Population totale de 15 à 24 ans**	194
						selon la fréquentation scolaire	
475	205	120	170	85	105	Ne fréquentant pas l'école	195
355	100	170	210	205	100	Fréquentant l'école à plein temps	196
80	60	60	40	35	10	Fréquentant l'école à temps partiel	197
4,935	**2,060**	**1,960**	**2,360**	**2,120**	**1,390**	**Population totale de 15 ans et plus**	198
						selon le plus haut niveau de scolarité atteint	
340	145	120	110	85	85	Niveau inférieur à la 9e année (31)	199
1,495	735	440	625	610	425	De la 9e à la 13e année sans certificat d'études secondaires	200
780	320	255	335	325	180	De la 9e à la 13e année avec certificat d'études secondaires	201
585	310	205	230	170	170	Études postsecondaires partielles sans grade, certificat ou diplôme (32)	202
600	305	280	435	345	190	Certificat ou diplôme d'une école de métiers (33)	203
725	135	360	430	325	165	Certificat ou diplôme collégial (34)	204
140	30	45	80	45	45	Certificat universitaire inférieur au baccalauréat	205
265	85	255	115	215	135	Études universitaires avec baccalauréat ou diplôme supérieur	206
						selon les combinaisons de travail non rémunéré	
2,355	1,000	980	1,245	1,115	695	Hommes de 15 ans et plus	207
2,045	900	940	1,120	975	645	Travail non rémunéré déclaré (35)	208
215	95	105	75	55	50	Travaux ménagers et soins aux enfants et soins ou aide aux personnes âgées	209
740	300	255	410	355	235	Travaux ménagers et soins aux enfants seulement	210
110	60	65	100	40	35	Travaux ménagers et soins ou aide aux personnes âgées seulement	211
15	-	10	10	-	-	Soins aux enfants et soins ou aide aux personnes âgées seulement	212
910	425	495	490	525	325	Travaux ménagers seulement	213
35	15	-	25	-	15	Soins aux enfants seulement	214
20	-	-	-	-	-	Soins ou aide aux personnes âgées seulement	215
2,580	1,060	985	1,115	1,005	695	Femmes de 15 ans et plus	216
2,455	985	965	1,070	955	665	Travail non rémunéré déclaré (35)	217
360	95	150	170	75	105	Travaux ménagers et soins aux enfants et soins ou aide aux personnes âgées	218
1,060	445	325	395	435	180	Travaux ménagers et soins aux enfants seulement	219
185	60	70	65	55	50	Travaux ménagers et soins ou aide aux personnes âgées seulement	220
-	-	-	-	-	-	Soins aux enfants et soins ou aide aux personnes âgées seulement	221
850	370	410	425	385	325	Travaux ménagers seulement	222
10	15	-	15	-	-	Soins aux enfants seulement	223
-	-	-	-	10	-	Soins ou aide aux personnes âgées seulement	224
						selon l'activité	
2,355	1,000	975	1,245	1,115	700	Hommes de 15 ans et plus	225
1,715	700	700	980	780	525	Population active	226
1,585	600	675	925	750	510	Personnes occupées	227
135	95	25	55	30	15	Chômeurs	228
645	295	275	265	335	175	Inactifs	229
72.8	70.0	71.8	78.7	70.0	75.0	Taux d'activité	230
67.3	60.0	69.2	74.3	67.3	72.9	Taux d'emploi	231
7.9	13.6	3.6	5.6	3.8	2.9	Taux de chômage	232
2,580	1,060	985	1,115	1,010	690	Femmes de 15 ans et plus	233
1,495	600	620	700	650	490	Population active	234
1,310	530	580	635	630	460	Personnes occupées	235
190	70	45	65	20	35	Chômeuses	236
1,085	465	365	415	360	195	Inactives	237
57.9	56.6	62.9	62.8	64.4	71.0	Taux d'activité	238
50.8	50.0	58.9	57.0	62.4	66.7	Taux d'emploi	239
12.7	11.7	7.3	9.3	3.1	7.1	Taux de chômage	240

Table 1. Selected Characteristics for Census Tracts, 2001 Census – 100% Data and 20% Sample Data

No.	Characteristics	Abbotsford 0105	Abbotsford 0106.01 A	Abbotsford 0106.02 A	Abbotsford 0106.03 ◆◇◇ A	Abbotsford 0200	Abbotsford 0201
	POPULATION CHARACTERISTICS						
	by labour force activity – concluded						
241	Both sexes - Participation rate	70.8	75.0	73.9	61.5	61.0	66.6
242	15-24 years	69.2	60.0	69.5	37.5	65.3	61.2
243	25 years and over	71.6	81.8	74.8	73.7	60.0	67.8
244	Both sexes - Employment rate	63.9	68.8	69.7	48.1	53.2	62.2
245	15-24 years	52.1	40.0	59.2	25.0	52.0	52.3
246	25 years and over	67.5	81.8	71.8	55.6	53.5	64.5
247	Both sexes - Unemployment rate	9.8	8.5	5.8	25.0	12.7	6.6
248	15-24 years	23.8	25.0	14.0	-	21.9	15.2
249	25 years and over	5.5	-	4.2	30.8	10.8	4.9
250	**Total labour force 15 years and over**	**2,150**	**240**	**3,735**	**80**	**1,850**	**3,715**
	by industry based on the 1997 NAICS						
251	Industry - Not applicable (36)	55	15	50	10	70	90
252	All industries (37)	2,095	220	3,685	75	1,785	3,620
253	11 Agriculture, forestry, fishing and hunting	75	25	120	-	60	125
254	21 Mining and oil and gas extraction	-	-	-	-	10	-
255	22 Utilities	15	-	10	-	-	55
256	23 Construction	140	35	270	-	125	255
257	31-33 Manufacturing	225	20	365	15	195	485
258	41 Wholesale trade	105	-	180	-	55	120
259	44-45 Retail trade	295	10	485	10	310	375
260	48-49 Transportation and warehousing	60	-	265	10	125	215
261	51 Information and cultural industries	30	-	55	10	30	80
262	52 Finance and insurance	75	-	130	-	35	140
263	53 Real estate and rental and leasing	30	20	90	-	35	80
	54 Professional, scientific and						
264	technical services	145	-	210	-	55	280
265	55 Management of companies and enterprises	-	-	-	-	-	-
	56 Administrative and support, waste						
266	management and remediation services	35	10	120	10	120	60
267	61 Educational services	140	20	310	-	115	210
268	62 Health care and social assistance	210	10	410	10	155	370
269	71 Arts, entertainment and recreation	65	-	65	-	65	90
270	72 Accommodation and food services	190	-	255	10	110	235
271	81 Other services (except public administration)	140	30	145	-	95	145
272	91 Public administration	100	20	215	-	75	305
	by class of worker						
273	Class of worker - Not applicable (36)	55	20	45	-	70	90
274	All classes of worker (37)	2,090	220	3,685	70	1,780	3,620
275	Paid workers	1,800	200	3,395	70	1,635	3,370
276	Employees	1,615	195	3,110	70	1,630	3,240
277	Self-employed (incorporated)	175	10	285	-	-	125
278	Self-employed (unincorporated)	240	15	260	10	145	245
279	Unpaid family workers	60	10	25	-	-	-
	by occupation based on the 2001 NOC-S						
280	Male labour force 15 years and over	1,205	140	1,910	45	960	2,040
281	Occupation - Not applicable (36)	40	-	10	-	45	25
282	All occupations (37)	1,170	145	1,900	40	920	2,015
283	A Management occupations	200	45	335	-	70	210
284	B Business, finance and administration occupations	100	-	135	-	75	175
	C Natural and applied sciences and						
285	related occupations	100	-	135	-	20	160
286	D Health occupations	50	-	25	-	-	30
	E Occupations in social science, education,						
287	government service and religion	80	-	185	-	45	140
288	F Occupations in art, culture, recreation and sport	25	-	20	-	15	35
289	G Sales and service occupations	330	-	400	10	155	350
	H Trades, transport and equipment						
290	operators and related occupations	200	40	490	10	350	645
291	I Occupations unique to primary industry	35	25	95	10	85	55
	J Occupations unique to processing,						
292	manufacturing and utilities	50	15	90	10	100	220
293	Female labour force 15 years and over	940	95	1,820	35	890	1,675
294	Occupation - Not applicable (36)	20	15	35	-	25	70
295	All occupations (37)	920	75	1,785	35	865	1,605
296	A Management occupations	90	10	210	-	60	110
297	B Business, finance and administration occupations	280	35	500	-	225	490
	C Natural and applied sciences and						
298	related occupations	10	-	45	-	-	35
299	D Health occupations	70	-	200	10	65	110

Tableau 1. Certaines caractéristiques des secteurs de recensement, recensement de 2001 – Données intégrales et données-échantillon (20 %)

Abbotsford 0202	Abbotsford 0203	Abbotsford 0204	Abbotsford 0205	Abbotsford 0206	Abbotsford 0207	Caractéristiques	N°
						CARACTÉRISTIQUES DE LA POPULATION	
						selon l'activité – fin	
65.1	62.9	67.2	71.0	67.3	73.0	Les deux sexes - Taux d'activité	241
54.7	64.9	65.7	78.8	43.1	72.1	15-24 ans	242
67.6	62.2	68.0	69.1	71.9	72.9	25 ans et plus	243
58.7	54.9	64.0	66.1	64.9	69.4	Les deux sexes - Taux d'emploi	244
48.6	49.3	57.1	71.8	36.9	62.8	15-24 ans	245
60.8	56.0	65.5	64.7	69.9	71.1	25 ans et plus	246
10.0	12.7	4.9	7.2	3.5	4.9	Les deux sexes - Taux de chômage	247
10.1	27.1	11.1	10.4	10.7	15.6	15-24 ans	248
9.9	9.5	3.7	6.7	2.3	2.9	25 ans et plus	249
3,215	**1,300**	**1,320**	**1,675**	**1,425**	**1,020**	**Population active totale de 15 ans et plus**	250
						selon l'industrie basée sur le SCIAN de 1997	
135	35	15	20	-	15	Industrie - Sans objet (36)	251
3,080	1,260	1,310	1,655	1,420	1,005	Toutes les industries (37)	252
170	80	50	80	75	75	11 Agriculture, foresterie, pêche et chasse	253
10	-	-	10	15	-	21 Extraction minière et extraction de pétrole et de gaz	254
10	-	-	25	15	-	22 Services publics	255
220	105	100	155	155	65	23 Construction	256
500	225	170	210	190	125	31-33 Fabrication	257
90	60	35	90	50	35	41 Commerce de gros	258
315	170	265	200	105	100	44-45 Commerce de détail	259
205	70	35	115	80	50	48-49 Transport et entreposage	260
50	-	55	35	40	20	51 Industrie de l'information et industrie culturelle	261
25	-	25	30	70	35	52 Finance et assurances	262
45	45	30	35	35	15	53 Services immobiliers et services de location et de location à bail	263
85	50	50	55	25	35	54 Services professionnels, scientifiques et techniques	264
-	-	-	-	-	-	55 Gestion de sociétés et d'entreprises	265
165	45	15	25	60	55	56 Services administratifs, services de soutien, services de gestion des déchets et services d'assainissement	266
195	70	105	75	125	75	61 Services d'enseignement	267
345	100	145	180	175	90	62 Soins de santé et assistance sociale	268
70	15	-	25	20	45	71 Arts, spectacles et loisirs	269
160	85	75	120	50	85	72 Hébergement et services de restauration	270
210	100	40	65	80	60	81 Autres services, sauf les administrations publiques	271
220	55	120	120	50	40	91 Administrations publiques	272
						selon la catégorie de travailleurs	
135	35	15	20	10	15	Catégorie de travailleurs - Sans objet (36)	273
3,080	1,260	1,310	1,655	1,420	1,000	Toutes les catégories de travailleurs (37)	274
2,765	1,175	1,185	1,520	1,210	830	Travailleurs rémunérés	275
2,710	1,165	1,125	1,435	1,145	770	Employés	276
50	10	55	85	65	60	Travailleurs autonomes (entreprise constituée en société)	277
305	90	125	140	200	165	Travailleurs autonomes (entreprise non constituée en société)	278
10	-	-	-	15	10	Travailleurs familiaux non rémunérés	279
						selon la profession basée sur la CNP-S de 2001	
1,715	700	700	980	780	525	Hommes actifs de 15 ans et plus	280
15	20	-	10	-	-	Profession - Sans objet (36)	281
1,700	685	700	970	780	520	Toutes les professions (37)	282
130	40	60	105	130	85	A Gestion	283
90	40	55	75	25	45	B Affaires, finance et administration	284
85	15	70	35	45	35	C Sciences naturelles et appliquées et professions apparentées	285
10	15	10	15	10	-	D Secteur de la santé	286
105	30	60	15	25	-	E Sciences sociales, enseignement, administration publique et religion	287
45	10	10	10	-	25	F Arts, culture, sports et loisirs	288
295	95	145	200	75	100	G Ventes et services	289
585	275	190	360	360	125	H Métiers, transport et machinerie	290
105	45	40	65	65	55	I Professions propres au secteur primaire	291
260	115	65	75	50	40	J Transformation, fabrication et services d'utilité publique	292
1,495	595	620	700	650	495	Femmes actives de 15 ans et plus	293
115	20	10	10	10	10	Profession - Sans objet (36)	294
1,385	575	605	690	645	480	Toutes les professions (37)	295
90	-	70	40	40	30	A Gestion	296
310	50	155	160	150	105	B Affaires, finance et administration	297
10	15	-	-	10	-	C Sciences naturelles et appliquées et professions apparentées	298
105	10	65	80	60	55	D Secteur de la santé	299

Table 1. Selected Characteristics for Census Tracts, 2001 Census – 100% Data and 20% Sample Data

No.	Characteristics	Abbotsford 0105	Abbotsford 0106.01 A	Abbotsford 0106.02 A	Abbotsford 0106.03 ◆◇◇ A	Abbotsford 0200	Abbotsford 0201
	POPULATION CHARACTERISTICS						
	by occupation based on the 2001 NOC-S – concluded						
300	E Occupations in social science, education, government service and religion	140	-	225	-	90	160
301	F Occupations in art, culture, recreation and sport	35	20	45	-	35	70
302	G Sales and service occupations	250	15	495	15	315	460
303	H Trades, transport and equipment operators and related occupations	15	-	20	-	30	45
304	I Occupations unique to primary industry	40	-	15	-	15	50
305	J Occupations unique to processing, manufacturing and utilities	-	-	20	-	20	75
306	**Total employed labour force 15 years and over**	**1,940**	**220**	**3,520**	**65**	**1,615**	**3,465**
	by place of work						
307	Males	1,060	145	1,825	30	840	1,945
308	Usual place of work	775	100	1,325	25	595	1,455
309	At home	125	15	195	-	55	115
310	Outside Canada	10	-	10	-	-	-
311	No fixed workplace address	150	30	300	-	185	370
312	Females	875	80	1,690	35	775	1,525
313	Usual place of work	710	60	1,430	25	645	1,315
314	At home	130	10	195	-	75	145
315	Outside Canada	-	-	10	-	10	10
316	No fixed workplace address	40	10	55	-	45	55
317	**Total employed labour force 15 years and over with usual place of work or no fixed workplace address**	**1,670**	**200**	**3,110**	**55**	**1,480**	**3,195**
	by mode of transportation						
318	Males	920	130	1,620	25	785	1,830
319	Car, truck, van, as driver	835	130	1,495	15	565	1,565
320	Car, truck, van, as passenger	70	-	75	-	70	135
321	Public transit	-	-	-	-	50	65
322	Walked	10	-	30	10	90	40
323	Other method	-	-	20	-	15	20
324	Females	745	65	1,490	30	695	1,375
325	Car, truck, van, as driver	630	70	1,320	15	505	1,135
326	Car, truck, van, as passenger	90	-	130	10	65	125
327	Public transit	10	-	20	-	55	50
328	Walked	10	-	15	10	70	45
329	Other method	10	-	-	-	10	15
330	**Total population 15 years and over who worked since January 1, 2000**	**2,275**	**230**	**4,065**	**85**	**1,925**	**4,065**
	by language used at work						
331	Single responses	2,205	225	3,925	85	1,865	3,890
332	English	2,185	225	3,915	80	1,865	3,805
333	French	-	-	-	-	-	-
334	Non-official languages (5)	20	-	10	-	-	80
335	Punjabi	25	-	-	-	-	65
336	Vietnamese	-	-	-	-	-	-
337	Other languages (6)	-	-	-	-	10	20
338	Multiple responses	70	-	140	10	60	175
339	English and French	30	-	60	10	25	55
340	English and non-official language	40	-	80	-	30	120
341	French and non-official language	-	-	-	-	-	-
342	English, French and non-official language	10	-	-	-	-	-
	DWELLING AND HOUSEHOLD CHARACTERISTICS						
343	**Total number of occupied private dwellings**	**1,215**	**120**	**2,200**	**55**	**1,685**	**2,390**
	by tenure						
344	Owned	1,135	110	1,855	30	945	1,945
345	Rented	85	10	345	-	740	445
346	Band housing	-	-	-	20	-	-
	by structural type of dwelling						
347	Single-detached house	1,035	115	1,415	50	745	1,980
348	Semi-detached house	30	-	85	-	50	10
349	Row house	15	-	465	-	45	105
350	Apartment, detached duplex	65	-	95	-	100	165
351	Apartment, building that has five or more storeys	-	-	-	-	105	20
352	Apartment, building that has fewer than five storeys (38)	65	-	145	-	610	95
353	Other single-attached house	10	-	-	-	-	10
354	Movable dwelling (39)	-	-	-	-	25	-

Tableau 1. Certaines caractéristiques des secteurs de recensement, recensement de 2001 – Données intégrales et données-échantillon (20 %)

Abbotsford 0202	Abbotsford 0203	Abbotsford 0204	Abbotsford 0205	Abbotsford 0206	Abbotsford 0207	Caractéristiques	N°
						CARACTÉRISTIQUES DE LA POPULATION	
						selon la profession basée sur la CNP-S de 2001 - fin	
150	50	75	70	70	50	E Sciences sociales, enseignement, administration publique et religion	300
45	10	35	15	35	30	F Arts, culture, sports et loisirs	301
510	315	190	260	190	160	G Ventes et services	302
20	40	10	15	20	20	H Métiers, transport et machinerie	303
95	35	15	25	35	15	I Professions propres au secteur primaire	304
45	55	-	20	30	10	J Transformation, fabrication et services d'utilité publique	305
2,890	**1,130**	**1,255**	**1,555**	**1,380**	**965**	**Population active occupée totale de 15 ans et plus**	306
						selon le lieu de travail	
1,585	605	680	920	750	510	Hommes	307
1,175	445	525	610	500	355	Lieu habituel de travail	308
70	35	45	60	65	65	À domicile	309
-	-	-	-	-	-	En dehors du Canada	310
335	115	105	250	185	90	Sans adresse de travail fixe	311
1,310	525	580	635	630	455	Femmes	312
1,140	425	495	545	430	360	Lieu habituel de travail	313
110	30	55	75	120	70	À domicile	314
-	-	-	-	10	-	En dehors du Canada	315
60	65	25	15	70	25	Sans adresse de travail fixe	316
2,705	**1,055**	**1,160**	**1,425**	**1,185**	**830**	**Population active occupée totale de 15 ans et plus ayant un lieu habituel de travail ou sans adresse de travail fixe**	317
						selon le mode de transport	
1,505	560	635	860	685	445	Hommes	318
1,320	490	550	795	640	390	Automobile, camion ou fourgonnette, en tant que conducteur	319
105	55	50	45	10	35	Automobile, camion ou fourgonnette, en tant que passager	320
25	-	15	10	15	10	Transport en commun	321
25	15	10	-	10	-	À pied	322
30	-	10	10	-	15	Autre moyen	323
1,200	495	525	565	500	385	Femmes	324
985	420	465	530	435	325	Automobile, camion ou fourgonnette, en tant que conductrice	325
95	30	30	15	35	45	Automobile, camion ou fourgonnette, en tant que passagère	326
75	10	25	-	15	10	Transport en commun	327
30	25	-	15	10	-	À pied	328
15	-	10	-	-	-	Autre moyen	329
3,360	**1,420**	**1,430**	**1,805**	**1,580**	**1,130**	**Population totale de 15 ans et plus ayant travaillé depuis le 1er janvier 2000**	330
						selon la langue utilisée au travail	
3,100	1,280	1,405	1,780	1,530	1,100	Réponses uniques	331
3,005	1,285	1,410	1,780	1,520	1,100	Anglais	332
10	-	-	-	-	-	Français	333
90	-	-	-	10	-	Langues non officielles (5)	334
90	-	-	-	-	-	Pendjabi	335
-	-	-	-	-	-	Vietnamien	336
-	-	-	-	10	-	Autres langues (6)	337
260	140	25	30	50	25	Réponses multiples	338
55	-	10	10	15	-	Anglais et français	339
210	140	20	20	35	20	Anglais et langue non officielle	340
-	-	-	-	-	-	Français et langue non officielle	341
-	-	10	-	-	-	Anglais, français et langue non officielle	342
						CARACTÉRISTIQUES DES LOGEMENTS ET DES MÉNAGES	
2,275	**950**	**830**	**1,000**	**1,005**	**575**	**Nombre total de logements privés occupés**	343
						selon le mode d'occupation	
1,515	690	685	860	890	495	Possédé	344
760	260	145	140	120	75	Loué	345
-	-	-	-	-	-	Logement de bande	346
						selon le type de construction résidentielle	
1,310	680	745	975	935	560	Maison individuelle non attenante	347
135	10	15	10	-	-	Maison jumelée	348
245	15	-	-	-	-	Maison en rangée	349
305	235	35	20	35	-	Appartement, duplex non attenant	350
-	-	-	-	-	-	Appartement, immeuble de cinq étages ou plus	351
275	15	-	-	-	-	Appartement, immeuble de moins de cinq étages (38)	352
-	-	-	-	-	-	Autre maison individuelle attenante	353
-	-	35	-	40	10	Logement mobile (39)	354

Table 1. Selected Characteristics for Census Tracts, 2001 Census – 100% Data and 20% Sample Data

No.	Characteristics	Abbotsford 0105	Abbotsford 0106.01 A	Abbotsford 0106.02 A	Abbotsford 0106.03 ◆◇◇ A	Abbotsford 0200	Abbotsford 0201
	DWELLING AND HOUSEHOLD CHARACTERISTICS						
	by condition of dwelling						
355	Regular maintenance only	850	65	1,905	35	1,025	1,675
356	Minor repairs	325	45	245	10	430	605
357	Major repairs	40	-	45	10	225	110
	by period of construction						
358	Before 1946	15	-	10	-	320	50
359	1946-1960	40	-	20	-	380	150
360	1961-1970	75	15	35	10	230	165
361	1971-1980	305	-	185	10	285	795
362	1981-1990	450	45	590	20	200	515
363	1991-2001 (20)	340	45	1,360	25	260	720
364	Average number of rooms per dwelling	8.9	8.2	8.1	6.1	5.6	7.8
365	Average number of bedrooms per dwelling	3.5	3.2	3.3	3.0	2.2	3.4
366	Average value of dwelling $	250,944	373,838	244,962	-	140,102	192,635
367	**Total number of private households**	**1,220**	**115**	**2,200**	**55**	**1,685**	**2,390**
	by household size						
368	1 person	145	15	290	10	625	300
369	2 persons	345	30	810	15	560	660
370	3 persons	235	-	385	-	235	485
371	4-5 persons	425	65	600	15	230	805
372	6 or more persons	65	-	115	-	35	140
	by household type						
373	One-family households	1,040	90	1,795	35	955	1,970
374	Multiple-family households	15	10	50	-	20	60
375	Non-family households	165	15	355	10	705	355
376	Number of persons in private households	3,815	390	6,345	170	3,660	7,510
377	Average number of persons in private households	3.1	3.4	2.9	3.1	2.2	3.1
378	Average number of persons per room	0.4	0.4	0.4	0.5	0.4	0.4
379	Tenant households in non-farm, non-reserve private dwellings (40)	85	10	340	-	735	450
380	Average gross rent $ (40)	928	-	980	-	580	829
381	Tenant households spending 30% or more of household income on gross rent (40) (41)	25	-	125	-	345	230
382	Tenant households spending from 30% to 99% of household income on gross rent (40) (41)	20	-	90	-	285	160
383	Owner households in non-farm, non-reserve private dwellings (42)	1,135	100	1,845	-	945	1,940
384	Average owner's major payments $ (42)	1,081	1,039	1,261	-	891	1,106
385	Owner households spending 30% or more of household income on owner's major payments (41) (42)	210	40	480	-	260	505
386	Owner households spending from 30% to 99% of household income on owner's major payments (41) (42)	175	35	440	-	235	450
	CENSUS FAMILY CHARACTERISTICS						
387	**Total number of census families in private households**	**1,070**	**110**	**1,900**	**50**	**1,000**	**2,095**
	by census family structure and size						
388	Total couple families	965	100	1,700	35	725	1,740
389	Total families of married couples	905	95	1,590	15	585	1,540
390	Without children at home	275	40	720	10	285	510
391	With children at home	630	55	860	10	300	1,030
392	1 child	220	10	300	-	115	275
393	2 children	215	15	335	10	125	500
394	3 or more children	195	40	225	-	55	250
395	Total families of common-law couples	60	-	115	15	135	200
396	Without children at home	25	-	80	10	85	70
397	With children at home	35	-	35	10	55	125
398	1 child	15	-	20	10	30	45
399	2 children	20	-	10	-	15	60
400	3 or more children	-	-	-	-	10	25
401	Total lone-parent families	100	15	200	20	280	355
402	Female parent	80	-	165	15	220	265
403	1 child	40	-	95	10	140	160
404	2 children	25	-	50	-	65	60
405	3 or more children	20	-	20	10	10	40

Tableau 1. Certaines caractéristiques des secteurs de recensement, recensement de 2001 – Données intégrales et données-échantillon (20 %)

Abbotsford 0202	Abbotsford 0203	Abbotsford 0204	Abbotsford 0205	Abbotsford 0206	Abbotsford 0207	Caractéristiques	N°
						CARACTÉRISTIQUES DES LOGEMENTS ET DES MÉNAGES	
						selon l'état du logement	
1,585	570	495	650	590	380	Entretien régulier seulement	355
555	300	280	295	325	150	Réparations mineures	356
125	80	55	65	95	45	Réparations majeures	357
						selon la période de construction	
50	30	50	95	30	80	Avant 1946	358
100	130	90	105	65	75	1946-1960	359
235	165	120	65	90	85	1961-1970	360
790	505	310	155	280	155	1971-1980	361
460	85	130	275	335	75	1981-1990	362
645	30	135	300	210	110	1991-2001 (20)	363
6.8	6.8	8.0	7.8	6.8	8.0	Nombre moyen de pièces par logement	364
3.0	3.0	3.3	3.2	2.9	3.2	Nombre moyen de chambres à coucher par logement	365
171,532	167,064	209,423	257,683	230,931	307,189	Valeur moyenne du logement $	366
2,275	**950**	**835**	**1,000**	**1,010**	**575**	**Nombre total de logements privés**	367
						selon la taille du ménage	
485	170	100	140	220	85	1 personne	368
580	305	275	350	330	175	2 personnes	369
400	145	185	155	180	100	3 personnes	370
645	250	245	290	225	185	4-5 personnes	371
165	75	20	70	45	25	6 personnes ou plus	372
						selon le genre de ménage	
1,580	675	670	810	735	455	Ménages unifamiliaux	373
120	45	15	45	15	25	Ménages multifamiliaux	374
570	225	145	150	250	95	Ménages non familiaux	375
6,695	2,805	2,420	3,000	2,740	1,700	Nombre de personnes dans les ménages privés	376
2.9	3.0	2.9	3.0	2.7	3.0	Nombre moyen de personnes dans les ménages privés	377
0.4	0.4	0.4	0.4	0.4	0.4	Nombre moyen de personnes par pièce	378
760	260	145	145	120	75	Ménages locataires dans les logements privés non agricoles hors réserve (40)	379
628	736	857	885	917	899	Loyer brut moyen $ (40)	380
370	115	65	55	70	20	Ménages locataires consacrant 30 % ou plus du revenu du ménage au loyer brut (40) (41)	381
310	85	50	35	40	25	Ménages locataires consacrant de 30 % à 99 % du revenu du ménage au loyer brut (40) (41)	382
1,510	690	680	835	855	480	Ménages propriétaires dans les logements privés non agricoles hors réserve (42)	383
1,038	908	940	1,118	857	1,122	Principales dépenses de propriété moyennes $ (42)	384
495	190	110	225	225	110	Ménages propriétaires consacrant 30 % ou plus du revenu du ménage aux principales dépenses de propriété (41) (42)	385
445	140	95	215	200	90	Ménages propriétaires consacrant de 30 % à 99 % du revenu du ménage aux principales dépenses de propriété (41) (42)	386
						CARACTÉRISTIQUES DES FAMILLES DE RECENSEMENT	
1,840	**765**	**695**	**900**	**780**	**510**	**Total des familles de recensement dans les ménages privés**	387
						selon la structure et la taille de la famille de recensement	
1,420	625	625	770	675	450	Total des familles avec conjoints	388
1,230	515	555	695	565	395	Total des familles avec couples mariés	389
400	185	200	290	235	150	Sans enfants à la maison	390
835	325	355	400	330	250	Avec enfants à la maison	391
290	105	145	120	105	75	1 enfant	392
375	130	145	175	145	125	2 enfants	393
170	90	65	110	85	55	3 enfants ou plus	394
190	110	65	80	110	55	Total des familles en union libre	395
55	70	50	50	60	45	Sans enfants à la maison	396
135	40	15	30	45	15	Avec enfants à la maison	397
30	20	-	35	25	-	1 enfant	398
60	10	15	-	20	10	2 enfants	399
40	10	-	-	-	-	3 enfants ou plus	400
420	145	75	130	110	60	Total des familles monoparentales	401
365	115	60	105	70	35	Parent de sexe féminin	402
215	70	10	75	20	30	1 enfant	403
110	35	30	20	45	10	2 enfants	404
45	10	25	10	10	-	3 enfants ou plus	405

Table 1. Selected Characteristics for Census Tracts, 2001 Census – 100% Data and 20% Sample Data

No.	Characteristics	Abbotsford 0105	Abbotsford 0106.01 A	Abbotsford 0106.02 A	Abbotsford 0106.03 ◆◇◇ A	Abbotsford 0200	Abbotsford 0201
	CENSUS FAMILY CHARACTERISTICS						
	by census family structure and size – concluded						
406	Male parent	20	10	35	10	55	90
407	1 child	10	10	15	-	45	45
408	2 children	10	-	20	-	10	50
409	3 or more children	10	-	10	-	-	-
410	**Total number of children at home**	**1,530**	**165**	**2,110**	**70**	**1,050**	**2,960**
	by age groups						
411	Under 6 years	270	10	485	20	220	680
412	6-14 years	510	60	820	20	385	1,215
413	15-17 years	255	50	270	15	155	450
414	18-24 years	425	55	415	10	185	430
415	25 years and over	65	-	125	-	100	185
416	Average number of children at home per census family (43)	1.4	1.5	1.1	1.4	1.0	1.4
417	**Total number of persons in private households**	**3,815**	**390**	**6,340**	**175**	**3,660**	**7,510**
	by census family status and living arrangements						
418	Number of non-family persons	255	20	635	15	890	720
419	Living with relatives (44)	30	-	60	-	40	90
420	Living with non-relatives only	80	-	285	10	225	335
421	Living alone	145	15	290	10	625	300
422	Number of family persons	3,560	370	5,710	155	2,765	6,795
423	Average number of persons per census family	3.3	3.4	3.0	3.1	2.8	3.2
424	**Total number of persons 65 years and over**	**380**	**25**	**490**	**10**	**570**	**620**
425	Number of non-family persons 65 years and over	115	20	90	-	295	185
426	Living with relatives (44)	20	-	25	-	15	45
427	Living with non-relatives only	15	-	15	-	15	15
428	Living alone	80	20	50	-	265	125
429	Number of family persons 65 years and over	265	10	400	10	280	430
	ECONOMIC FAMILY CHARACTERISTICS						
430	**Total number of economic families in private households**	**1,060**	**100**	**1,855**	**45**	**990**	**2,035**
	by size of family						
431	2 persons	335	30	805	15	525	695
432	3 persons	245	-	395	-	225	420
433	4 persons	275	30	405	10	150	575
434	5 or more persons	205	35	250	10	85	345
435	Total number of persons in economic families	3,590	375	5,770	150	2,810	6,880
436	Average number of persons per economic family	3.4	3.7	3.1	3.4	2.8	3.4
437	Total number of unattached individuals	225	15	570	15	850	630
	2000 INCOME CHARACTERISTICS						
	Population 15 years and over by sex and total income groups in 2000						
438	Total - Both sexes	3,035	320	5,050	XXX	3,040	5,575
439	Without income	185	80	230		155	375
440	With income	2,850	235	4,820		2,880	5,200
441	Under $1,000 (45)	190	-	155		120	265
442	$ 1,000 - $ 2,999	160	35	235		65	295
443	$ 3,000 - $ 4,999	120	10	160		100	205
444	$ 5,000 - $ 6,999	95	-	200		145	330
445	$ 7,000 - $ 9,999	195	20	225		265	350
446	$10,000 - $11,999	95	10	175		160	220
447	$12,000 - $14,999	160	20	300		245	250
448	$15,000 - $19,999	230	10	330		315	345
449	$20,000 - $24,999	160	15	410		260	330
450	$25,000 - $29,999	190	10	345		215	365
451	$30,000 - $34,999	205	20	290		245	395
452	$35,000 - $39,999	125	-	340		185	325
453	$40,000 - $44,999	155	10	300		205	335
454	$45,000 - $49,999	100	15	215		95	240
455	$50,000 - $59,999	255	10	350		95	405
456	$60,000 and over	420	50	800		170	550
457	Average income $ (46)	34,199	31,492	34,261		24,967	30,934
458	Median income $ (46)	25,359	23,370	27,965		20,236	25,081
459	Standard error of average income $ (46)	1,806	4,049	836		770	1,522

Tableau 1. Certaines caractéristiques des secteurs de recensement, recensement de 2001 – Données intégrales et données-échantillon (20 %)

Abbotsford 0202	Abbotsford 0203	Abbotsford 0204	Abbotsford 0205	Abbotsford 0206	Abbotsford 0207	Caractéristiques	N°
						CARACTÉRISTIQUES DES FAMILLES DE RECENSEMENT	
						selon la structure et la taille de la famille de recensement - fin	
50	35	20	25	35	20	Parent de sexe masculin	406
25	25	-	10	30	20	1 enfant	407
15	10	15	-	10	-	2 enfants	408
15	-	-	10	-	-	3 enfants ou plus	409
2,560	**995**	**840**	**1,045**	**930**	**575**	**Nombre total d'enfants à la maison**	410
						selon les groupes d'âge	
625	220	135	185	240	40	Moins de 6 ans	411
1,095	530	360	405	365	275	6-14 ans	412
325	105	130	130	140	90	15-17 ans	413
350	120	175	250	120	100	18-24 ans	414
160	25	45	70	60	70	25 ans et plus	415
1.4	1.3	1.2	1.2	1.2	1.1	Nombre moyen d'enfants à la maison par famille de recensement (43)	416
6,690	**2,810**	**2,420**	**3,000**	**2,740**	**1,700**	**Nombre total de personnes dans les ménages privés**	417
						selon la situation des particuliers dans la famille de recensement et des particuliers dans le ménage	
875	420	260	285	355	165	Nombre de personnes hors famille de recensement	418
120	110	50	55	55	45	Vivant avec des personnes apparentées (44)	419
270	135	110	95	75	35	Vivant avec des personnes non apparentées uniquement	420
480	170	95	135	215	85	Vivant seules	421
5,815	2,385	2,160	2,720	2,390	1,535	Nombre de personnes membres d'une famille	422
3.2	3.1	3.1	3.0	3.1	3.0	Nombre moyen de personnes par famille de recensement	423
650	**295**	**275**	**270**	**245**	**155**	**Nombre total de personnes de 65 ans et plus**	424
300	95	90	50	90	35	Nombre de personnes hors famille de recensement de 65 ans et plus	425
55	25	30	25	25	15	Vivant avec des personnes apparentées (44)	426
35	10	10	-	-	-	Vivant avec des personnes non apparentées uniquement	427
215	65	50	30	70	20	Vivant seules	428
350	200	185	215	150	120	Nombre de personnes membres d'une famille de 65 ans et plus	429
						CARACTÉRISTIQUES DES FAMILLES ÉCONOMIQUES	
1,720	**745**	**695**	**855**	**775**	**495**	**Nombre total de familles économiques dans les ménages privés**	430
						selon la taille de la famille	
585	295	240	345	325	200	2 personnes	431
335	160	190	155	190	85	3 personnes	432
455	120	165	205	175	125	4 personnes	433
345	170	95	145	80	80	5 personnes ou plus	434
5,935	2,500	2,215	2,770	2,440	1,585	Nombre total de personnes dans les familles économiques	435
3.5	3.4	3.2	3.2	3.1	3.2	Nombre moyen de personnes par famille économique	436
755	310	210	230	295	120	Nombre total de personnes hors famille économique	437
						CARACTÉRISTIQUES DU REVENU DE 2000	
						Population de 15 ans et plus selon le sexe et les tranches de revenu total en 2000	
4,935	2,065	1,965	2,360	2,120	1,395	Total - Les deux sexes	438
425	145	105	70	155	40	Sans revenu	439
4,505	1,915	1,855	2,290	1,965	1,350	Avec un revenu	440
225	105	100	105	100	65	Moins de 1 000 $ (45)	441
285	115	65	65	70	75	1 000 $ - 2 999 $	442
205	70	95	85	90	45	3 000 $ - 4 999 $	443
200	100	110	100	150	50	5 000 $ - 6 999 $	444
335	150	60	105	120	70	7 000 $ - 9 999 $	445
190	110	75	85	60	65	10 000 $ - 11 999 $	446
500	190	140	220	150	105	12 000 $ - 14 999 $	447
435	205	185	190	150	70	15 000 $ - 19 999 $	448
305	185	85	190	110	120	20 000 $ - 24 999 $	449
275	115	135	135	130	70	25 000 $ - 29 999 $	450
335	145	125	150	110	135	30 000 $ - 34 999 $	451
235	65	165	155	150	90	35 000 $ - 39 999 $	452
220	100	105	165	150	75	40 000 $ - 44 999 $	453
270	45	110	150	100	55	45 000 $ - 49 999 $	454
225	125	80	175	105	75	50 000 $ - 59 999 $	455
265	100	220	205	215	185	60 000 $ et plus	456
24,127	23,283	32,250	29,634	27,697	32,638	Revenu moyen $ (46)	457
18,633	16,966	25,026	24,830	24,261	25,165	Revenu médian $ (46)	458
623	1,055	3,472	1,114	1,041	1,809	Erreur type de revenu moyen $ (46)	459

Table 1. Selected Characteristics for Census Tracts, 2001 Census – 100% Data and 20% Sample Data

No.	Characteristics	Abbotsford 0105	Abbotsford 0106.01 A	Abbotsford 0106.02 A	Abbotsford 0106.03 ◆◇◇ A	Abbotsford 0200	Abbotsford 0201
	2000 INCOME CHARACTERISTICS						
	Population 15 years and over by sex and total income groups in 2000 – concluded						
460	Total - Males	1,515	175	2,480	XXX	1,500	2,740
461	Without income	80	40	90		55	130
462	With income	1,435	130	2,395		1,440	2,610
463	Under $1,000 (45)	110	-	50		55	95
464	$ 1,000 - $ 2,999	75	-	95		20	85
465	$ 3,000 - $ 4,999	65	10	55		50	85
466	$ 5,000 - $ 6,999	25	-	80		60	120
467	$ 7,000 - $ 9,999	65	15	80		65	90
468	$10,000 - $11,999	60	10	50		75	65
469	$12,000 - $14,999	55	10	105		115	60
470	$15,000 - $19,999	80	-	130		165	150
471	$20,000 - $24,999	45	-	160		105	185
472	$25,000 - $29,999	80	10	170		85	175
473	$30,000 - $34,999	70	20	105		135	235
474	$35,000 - $39,999	65	10	150		85	165
475	$40,000 - $44,999	80	-	195		135	195
476	$45,000 - $49,999	65	-	115		70	185
477	$50,000 - $59,999	165	-	240		65	285
478	$60,000 and over	335	45	605		140	445
479	Average income $ (46)	43,939	43,076	42,001		29,531	38,708
480	Median income $ (46)	34,037	36,896	38,248		24,932	33,178
481	Standard error of average income $ (46)	3,324	6,014	1,258		1,302	2,226
482	Total - Females	1,515	145	2,570		1,545	2,835
483	Without income	100	35	145		100	245
484	With income	1,415	105	2,425		1,440	2,590
485	Under $1,000 (45)	80	-	100		65	175
486	$ 1,000 - $ 2,999	80	35	145		40	205
487	$ 3,000 - $ 4,999	50	10	105		50	110
488	$ 5,000 - $ 6,999	70	-	125		85	210
489	$ 7,000 - $ 9,999	130	-	145		195	260
490	$10,000 - $11,999	40	-	125		85	155
491	$12,000 - $14,999	110	15	200		125	185
492	$15,000 - $19,999	150	15	200		150	195
493	$20,000 - $24,999	115	15	245		155	150
494	$25,000 - $29,999	105	-	170		135	190
495	$30,000 - $34,999	135	10	180		110	160
496	$35,000 - $39,999	60	-	185		100	165
497	$40,000 - $44,999	75	10	105		70	140
498	$45,000 - $49,999	35	15	90		25	55
499	$50,000 - $59,999	90	-	105		30	120
500	$60,000 and over	85	-	200		30	110
501	Average income $ (46)	24,298	17,401	26,626		20,396	23,093
502	Median income $ (46)	19,396	13,966	21,241		17,151	14,812
503	Standard error of average income $ (46)	1,151	3,240	1,012		789	2,028
	by composition of total income						
504	Total - Composition of income in 2000 % (47)	100.0	100.0	100.0		100.0	100.0
505	Employment income %	81.1	89.8	83.0		68.6	83.1
506	Government transfer payments %	7.3	5.6	7.0		19.3	11.2
507	Other %	11.7	4.2	10.1		12.0	5.7
	Population 15 years and over with employment income in 2000 by sex and work activity						
508	Both sexes with employment income (48)	2,165	190	3,960		1,860	3,895
509	Average employment income $	36,435	35,165	34,569		26,641	34,313
510	Standard error of average employment income $	2,232	4,757	923		977	1,978
511	Worked full year, full time (49)	985	105	2,125		875	1,905
512	Average employment income $	56,898	51,278	44,974		36,262	47,129
513	Standard error of average employment income $	4,168	7,101	1,125		1,332	2,818
514	Worked part year or part time (50)	1,135	90	1,775		910	1,895
515	Average employment income $	18,716	17,485	22,916		18,476	22,471
516	Standard error of average employment income $	1,425	3,312	1,336		1,189	2,785
517	Males with employment income (48)	1,160	125	2,050		955	2,100
518	Average employment income $	46,378	43,180	40,897		31,206	41,777
519	Standard error of average employment income $	3,924	6,880	1,397		1,563	2,710
520	Worked full year, full time (49)	620	85	1,265		470	1,235
521	Average employment income $	68,935	54,853	50,794		41,821	52,686
522	Standard error of average employment income $	6,361	9,043	1,602		2,086	4,247
523	Worked part year or part time (50)	525	40	760		440	810
524	Average employment income $	20,813	20,009	25,478		21,845	27,201
525	Standard error of average employment income $	2,630	5,284	2,202		1,930	2,102

Tableau 1. Certaines caractéristiques des secteurs de recensement, recensement de 2001 – Données intégrales et données-échantillon (20 %)

Abbotsford 0202	Abbotsford 0203	Abbotsford 0204	Abbotsford 0205	Abbotsford 0206	Abbotsford 0207	Caractéristiques	N°
						CARACTÉRISTIQUES DU REVENU DE 2000	
						Population de 15 ans et plus selon le sexe et les tranches de revenu total en 2000 – fin	
2,355	1,000	980	1,250	1,115	700	Total - Hommes	460
225	60	30	20	85	20	Sans revenu	461
2,135	940	950	1,225	1,030	680	Avec un revenu	462
85	25	35	70	50	35	Moins de 1 000 $ (45)	463
80	45	30	35	10	45	1 000 $ - 2 999 $	464
60	30	35	20	-	15	3 000 $ - 4 999 $	465
65	30	35	35	50	25	5 000 $ - 6 999 $	466
140	30	25	40	30	50	7 000 $ - 9 999 $	467
50	45	25	35	35	10	10 000 $ - 11 999 $	468
140	45	65	90	80	45	12 000 $ - 14 999 $	469
160	90	90	75	90	30	15 000 $ - 19 999 $	470
155	110	20	65	60	50	20 000 $ - 24 999 $	471
140	60	25	75	70	15	25 000 $ - 29 999 $	472
155	80	50	80	50	35	30 000 $ - 34 999 $	473
135	35	115	80	105	70	35 000 $ - 39 999 $	474
160	75	65	100	70	20	40 000 $ - 44 999 $	475
230	40	85	105	80	25	45 000 $ - 49 999 $	476
180	110	65	140	70	50	50 000 $ - 59 999 $	477
195	85	175	175	180	165	60 000 $ et plus	478
30,878	31,186	42,689	35,680	34,941	41,118	Revenu moyen $ (46)	479
29,337	27,670	35,334	34,598	34,308	32,578	Revenu médian $ (46)	480
998	1,779	6,495	1,703	1,554	3,223	Erreur type de revenu moyen $ (46)	481
2,580	1,060	985	1,115	1,005	695	Total - Femmes	482
200	85	75	50	75	25	Sans revenu	483
2,375	980	905	1,065	935	670	Avec un revenu	484
145	80	65	35	55	30	Moins de 1 000 $ (45)	485
200	75	35	30	60	30	1 000 $ - 2 999 $	486
145	45	60	60	85	35	3 000 $ - 4 999 $	487
135	65	75	65	100	25	5 000 $ - 6 999 $	488
195	115	30	65	95	25	7 000 $ - 9 999 $	489
135	60	45	50	30	50	10 000 $ - 11 999 $	490
365	150	80	125	75	60	12 000 $ - 14 999 $	491
270	115	100	120	60	40	15 000 $ - 19 999 $	492
150	70	65	130	55	75	20 000 $ - 24 999 $	493
135	55	115	60	55	55	25 000 $ - 29 999 $	494
180	65	75	65	65	100	30 000 $ - 34 999 $	495
95	30	50	80	50	20	35 000 $ - 39 999 $	496
55	20	40	65	80	50	40 000 $ - 44 999 $	497
35	-	20	45	10	35	45 000 $ - 49 999 $	498
45	15	15	40	35	25	50 000 $ - 59 999 $	499
65	10	40	35	25	20	60 000 $ et plus	500
18,069	15,676	21,373	22,682	19,675	24,039	Revenu moyen $ (46)	501
13,362	13,113	18,095	18,369	13,153	22,350	Revenu médian $ (46)	502
682	899	1,205	1,244	1,156	1,297	Erreur type de revenu moyen $ (46)	503
						selon la composition du revenu total	
100.0	100.0	100.0	100.0	100.0	100.0	Total - Composition du revenu en 2000 % (47)	504
78.2	71.6	71.2	82.3	84.4	84.7	Revenu d'emploi %	505
16.9	18.9	11.3	10.1	10.7	7.6	Transferts gouvernementaux %	506
4.8	9.4	17.4	7.5	4.8	7.9	Autre %	507
						Population de 15 ans et plus ayant un revenu d'emploi en 2000 selon le sexe et le travail	
3,165	1,265	1,335	1,775	1,500	1,085	Les deux sexes ayant un revenu d'emploi (48)	508
26,885	25,198	31,931	31,558	30,664	34,186	Revenu moyen d'emploi $	509
790	1,267	3,454	1,302	1,205	2,107	Erreur type de revenu moyen d'emploi $	510
1,565	555	560	945	785	450	Ayant travaillé toute l'année à plein temps (49)	511
38,399	35,801	41,649	42,407	41,300	50,393	Revenu moyen d'emploi $	512
1,042	1,889	2,238	1,548	1,471	3,876	Erreur type de revenu moyen d'emploi $	513
1,470	690	730	780	680	580	Ayant travaillé une partie de l'année ou à temps partiel (50)	514
16,277	17,076	25,646	19,470	18,277	23,586	Revenu moyen d'emploi $	515
890	1,328	6,114	1,869	1,541	2,005	Erreur type de revenu moyen d'emploi $	516
1,710	665	675	1,005	850	570	Hommes ayant un revenu d'emploi (48)	517
32,697	34,603	41,574	37,458	37,066	42,471	Revenu moyen d'emploi $	518
1,137	1,848	6,582	1,884	1,699	3,625	Erreur type de revenu moyen d'emploi $	519
975	365	290	625	480	250	Ayant travaillé toute l'année à plein temps (49)	520
41,655	43,455	53,929	46,384	46,187	63,193	Revenu moyen d'emploi $	521
1,380	2,311	2,967	2,108	1,934	5,924	Erreur type de revenu moyen d'emploi $	522
675	290	365	350	345	290	Ayant travaillé une partie de l'année ou à temps partiel (50)	523
21,832	24,679	33,541	23,207	24,178	26,718	Revenu moyen d'emploi $	524
1,545	2,275	12,609	3,198	2,578	3,641	Erreur type de revenu moyen d'emploi $	525

Table 1. Selected Characteristics for Census Tracts, 2001 Census – 100% Data and 20% Sample Data

No.	Characteristics	Abbotsford 0105	Abbotsford 0106.01 A	Abbotsford 0106.02 A	Abbotsford 0106.03 ◆◇◇ A	Abbotsford 0200	Abbotsford 0201
	2000 INCOME CHARACTERISTICS						
	Population 15 years and over with employment income in 2000 by sex and work activity – concluded						
526	Females with employment income (48)	1,005	65	1,905	XXX	905	1,800
527	Average employment income $	25,006	20,872	27,752		21,827	25,588
528	Standard error of average employment income $	1,285	3,801	1,105		1,093	2,834
529	Worked full year, full time (49)	370	20	860		410	670
530	Average employment income $	36,824	36,269	36,394		29,872	36,895
531	Standard error of average employment income $	1,791	5,587	1,281		1,354	1,676
532	Worked part year or part time (50)	615	50	1,015		465	1,085
533	Average employment income $	16,931	15,304	20,990		15,307	18,942
534	Standard error of average employment income $	1,398	3,939	1,643		1,396	4,521
	Census families by structure and family income groups in 2000						
535	Total - All census families	1,070	110	1,900		1,000	2,095
536	Under $10,000	35	-	20		40	125
537	$ 10,000 - $19,999	35	10	60		85	130
538	$ 20,000 - $29,999	35	-	130		160	190
539	$ 30,000 - $39,999	80	10	195		125	175
540	$ 40,000 - $49,999	120	-	150		160	265
541	$ 50,000 - $59,999	90	30	240		110	235
542	$ 60,000 - $69,999	115	20	190		100	175
543	$ 70,000 - $79,999	125	10	225		60	165
544	$ 80,000 - $89,999	95	20	125		50	180
545	$ 90,000 - $99,999	65	-	95		40	100
546	$100,000 and over	275	10	465		65	350
547	Average family income $	85,117	66,744	75,317		50,873	68,425
548	Median family income $	72,266	64,069	67,401		44,210	56,687
549	Standard error of average family income $	4,506	5,535	2,087		1,984	4,991
550	Total - All couple census families (51)	965	95	1,700		725	1,740
551	Under $10,000	40	-	10		10	65
552	$ 10,000 - $19,999	15	10	35		40	65
553	$ 20,000 - $29,999	15	-	100		105	145
554	$ 30,000 - $39,999	75	10	135		80	135
555	$ 40,000 - $49,999	95	-	120		120	210
556	$ 50,000 - $59,999	80	30	225		80	190
557	$ 60,000 - $69,999	110	20	175		75	145
558	$ 70,000 - $79,999	115	-	220		55	160
559	$ 80,000 - $89,999	85	25	125		45	175
560	$ 90,000 - $99,999	65	-	95		45	90
561	$100,000 and over	270	10	460		65	350
562	Average family income $	89,261	72,879	79,396		57,530	75,234
563	Median family income $	75,932	64,175	71,141		51,709	62,498
564	Standard error of average family income $	4,876	5,128	2,153		2,425	6,052
	Incidence of low income in 2000						
565	Total - Economic families	1,060	100	1,855		990	2,035
566	Low income	80	-	80		125	240
567	Incidence of low income in 2000 % (52)	7.2	4.3	4.4		12.8	11.6
568	Total - Unattached individuals 15 years and over	225	15	540		830	590
569	Low income	105	15	110		325	230
570	Incidence of low income in 2000 % (52)	46.9	-	19.9		39.2	39.5
571	Total - Population in private households	3,815	385	6,310		3,640	7,470
572	Low income	340	25	355		660	970
573	Incidence of low income in 2000 % (52)	8.9	6.3	5.6		18.1	13.0
	Private households by household income groups in 2000						
574	Total - All private households	1,220	120	2,200		1,685	2,390
575	Under $10,000	35	-	40		105	140
576	$ 10,000 - $19,999	85	25	95		300	190
577	$ 20,000 - $29,999	75	-	140		315	215
578	$ 30,000 - $39,999	85	10	240		235	195
579	$ 40,000 - $49,999	110	-	190		195	250
580	$ 50,000 - $59,999	125	30	245		125	270
581	$ 60,000 - $69,999	125	15	225		110	220
582	$ 70,000 - $79,999	115	-	255		75	170
583	$ 80,000 - $89,999	100	20	135		85	220
584	$ 90,000 - $99,999	75	-	95		55	135
585	$100,000 and over	285	10	540		75	395
586	Average household income $	79,925	64,994	74,502		42,716	67,280
587	Median household income $	67,937	64,025	65,991		34,515	56,766
588	Standard error of average household income $	4,178	7,476	2,062		1,625	4,447

Tableau 1. Certaines caractéristiques des secteurs de recensement, recensement de 2001 – Données intégrales et données-échantillon (20 %)

Abbotsford 0202	Abbotsford 0203	Abbotsford 0204	Abbotsford 0205	Abbotsford 0206	Abbotsford 0207	Caractéristiques	N°
						CARACTÉRISTIQUES DU REVENU DE 2000	
						Population de 15 ans et plus ayant un revenu d'emploi en 2000 selon le sexe et le travail – fin	
1,450	600	660	770	655	520	Femmes ayant un revenu d'emploi (48)	526
20,031	14,767	21,994	23,839	22,346	25,199	Revenu moyen d'emploi $	527
958	1,083	1,549	1,547	1,448	1,515	Erreur type de revenu moyen d'emploi $	528
590	190	270	320	305	195	Ayant travaillé toute l'année à plein temps (49)	529
33,028	20,958	28,447	34,661	33,613	33,973	Revenu moyen d'emploi $	530
1,448	1,735	2,291	1,632	1,942	2,211	Erreur type de revenu moyen d'emploi $	531
795	405	365	430	335	290	Ayant travaillé une partie de l'année ou à temps partiel (50)	532
11,571	11,610	17,743	16,404	12,210	20,457	Revenu moyen d'emploi $	533
877	1,247	2,025	2,150	1,458	1,758	Erreur type de revenu moyen d'emploi $	534
						Familles de recensement selon la structure et les tranches de revenu de la famille en 2000	
1,840	765	700	900	780	510	Total - Toutes les familles de recensement	535
125	70	-	10	50	15	Moins de 10 000 $	536
180	75	10	35	75	30	10 000 $ - 19 999 $	537
205	125	40	65	65	35	20 000 $ - 29 999 $	538
255	45	140	90	65	40	30 000 $ - 39 999 $	539
250	80	60	90	100	45	40 000 $ - 49 999 $	540
255	170	85	110	85	40	50 000 $ - 59 999 $	541
195	80	100	135	55	55	60 000 $ - 69 999 $	542
105	40	55	95	80	50	70 000 $ - 79 999 $	543
105	50	45	60	50	35	80 000 $ - 89 999 $	544
40	15	35	90	45	40	90 000 $ - 99 999 $	545
120	15	120	130	115	115	100 000 $ et plus	546
49,350	46,576	67,909	67,917	59,134	75,974	Revenu moyen des familles $	547
46,708	48,374	60,237	62,566	53,300	67,185	Revenu médian des familles $	548
1,501	2,350	3,039	2,630	2,645	4,421	Erreur type de revenu moyen des familles $	549
1,420	625	620	770	675	450	Total - Toutes les familles de recensement comptant un couple (51)	550
65	45	10	10	10	-	Moins de 10 000 $	551
50	30	10	-	35	15	10 000 $ - 19 999 $	552
120	100	25	30	50	30	20 000 $ - 29 999 $	553
195	40	105	70	55	30	30 000 $ - 39 999 $	554
240	75	60	80	90	45	40 000 $ - 49 999 $	555
230	140	90	85	85	40	50 000 $ - 59 999 $	556
175	75	80	125	55	55	60 000 $ - 69 999 $	557
105	40	55	95	80	45	70 000 $ - 79 999 $	558
95	50	45	55	50	35	80 000 $ - 89 999 $	559
35	15	35	95	45	40	90 000 $ - 99 999 $	560
110	15	120	125	110	115	100 000 $ et plus	561
55,077	50,829	71,473	73,497	65,162	82,141	Revenu moyen des familles $	562
52,673	51,762	62,110	68,706	60,057	70,832	Revenu médian des familles $	563
1,625	2,638	3,200	2,783	2,704	4,667	Erreur type de revenu moyen des familles $	564
						Fréquence des unités à faible revenu en 2000	
1,720	745	695	860	780	490	Total - Familles économiques	565
315	125	40	25	105	35	Faible revenu	566
18.3	17.2	5.1	3.1	13.2	7.3	Fréquence des unités à faible revenu en 2000 % (52)	567
730	305	205	185	290	115	Total - Personnes hors famille économique de 15 ans et plus	568
345	155	110	55	85	15	Faible revenu	569
46.9	49.9	54.5	29.7	30.4	15.1	Fréquence des unités à faible revenu en 2000 % (52)	570
6,670	2,805	2,415	2,955	2,730	1,700	Total - Population dans les ménages privés	571
1,455	545	240	150	405	135	Faible revenu	572
21.8	19.5	9.9	5.1	14.9	8.1	Fréquence des unités à faible revenu en 2000 % (52)	573
						Ménages privés selon les tranches de revenu du ménage en 2000	
2,275	945	835	1,000	1,005	575	Total - Tous les ménages privés	574
135	95	20	40	65	20	Moins de 10 000 $	575
355	110	55	60	110	35	10 000 $ - 19 999 $	576
295	110	55	70	125	40	20 000 $ - 29 999 $	577
235	80	125	105	105	45	30 000 $ - 39 999 $	578
285	105	70	85	125	60	40 000 $ - 49 999 $	579
285	155	95	105	95	50	50 000 $ - 59 999 $	580
225	115	120	110	55	55	60 000 $ - 69 999 $	581
135	65	65	90	100	60	70 000 $ - 79 999 $	582
100	60	50	50	60	35	80 000 $ - 89 999 $	583
60	20	25	130	50	40	90 000 $ - 99 999 $	584
155	25	140	160	125	140	100 000 $ et plus	585
47,842	47,116	71,623	67,868	54,050	76,182	Revenu moyen des ménages $	586
45,107	45,686	59,204	61,171	47,566	67,326	Revenu médian des ménages $	587
1,387	2,180	7,888	2,751	2,282	4,407	Erreur type de revenu moyen des ménages $	588

Table 1. Selected Characteristics for Census Tracts, 2001 Census – 100% Data and 20% Sample Data

No.	Characteristics	Vancouver CMA/RMR	Vancouver 0001.01	Vancouver 0001.02 ◇	Vancouver 0002.01	Vancouver 0002.02	Vancouver 0003.01 A
	POPULATION CHARACTERISTICS						
1	**Population, 1996 (1)**	**1,831,665**	**6,420**	**3,844**	**4,874**	**7,206**	**3,340**
2	**Population, 2001 (2)**	**1,986,965**	**6,505**	**3,873**	**5,614**	**7,399**	**3,459**
3	Population percentage change, 1996-2001	8.5	1.3	0.8	15.2	2.7	3.6
4	Land area in square kilometres, 2001	2,878.52	1.04	1.91	1.96	1.58	0.54
5	**Total population – 100% Data (3)**	**1,986,965**	**6,510**	**3,875**	**5,615**	**7,400**	**3,460**
	by sex and age groups						
6	Male	972,725	2,955	1,735	2,710	3,525	1,750
7	0-4 years	53,850	135	110	135	150	135
8	5-9 years	60,795	200	155	135	205	145
9	10-14 years	62,805	235	120	170	250	100
10	15-19 years	67,605	305	130	180	265	120
11	20-24 years	67,475	235	95	195	260	140
12	25-29 years	67,690	125	80	230	215	130
13	30-34 years	77,565	150	115	245	225	165
14	35-39 years	85,775	215	150	255	250	145
15	40-44 years	85,105	255	175	230	300	160
16	45-49 years	79,025	275	145	225	305	110
17	50-54 years	71,405	230	115	200	315	105
18	55-59 years	50,425	165	75	125	185	60
19	60-64 years	38,925	130	65	90	160	75
20	65-69 years	33,425	90	65	115	125	45
21	70-74 years	28,120	85	60	75	120	40
22	75-79 years	21,160	55	30	50	90	45
23	80-84 years	12,585	40	30	40	60	20
24	85 years and over	8,990	25	35	15	50	10
25	Female	1,014,240	3,550	2,135	2,900	3,870	1,710
26	0-4 years	50,960	145	135	140	145	105
27	5-9 years	57,180	220	125	145	165	130
28	10-14 years	59,805	220	120	160	240	115
29	15-19 years	63,570	250	135	165	295	100
30	20-24 years	68,320	190	85	200	260	130
31	25-29 years	72,185	150	110	240	235	135
32	30-34 years	80,890	180	155	275	260	145
33	35-39 years	88,245	300	210	275	285	140
34	40-44 years	89,480	325	210	265	360	150
35	45-49 years	81,915	345	160	265	350	110
36	50-54 years	72,430	300	150	210	315	95
37	55-59 years	50,675	205	95	120	185	85
38	60-64 years	40,375	175	85	110	165	65
39	65-69 years	35,115	130	80	105	120	60
40	70-74 years	32,745	105	75	90	130	55
41	75-79 years	29,250	110	45	75	130	40
42	80-84 years	21,365	90	55	55	110	25
43	85 years and over	19,730	115	105	20	130	20
44	**Total population 15 years and over**	**1,641,570**	**5,350**	**3,115**	**4,730**	**6,245**	**2,735**
	by legal marital status						
45	Never married (single)	556,185	1,705	950	1,655	2,040	820
46	Legally married (and not separated)	822,390	2,610	1,570	2,385	3,185	1,590
47	Separated, but still legally married	50,120	155	85	140	160	65
48	Divorced	119,970	500	220	360	385	110
49	Widowed	92,910	385	285	200	475	150
	by common-law status						
50	Not in a common-law relationship	1,540,485	5,145	2,970	4,460	5,965	2,670
51	In a common-law relationship	101,085	205	140	270	285	65
52	**Total population – 20% Sample Data (4)**	**1,967,475**	**6,330**	**3,645**	**5,600**	**7,130**	**3,450**
	by mother tongue						
53	Single responses	1,934,610	6,195	3,535	5,435	6,975	3,320
54	English	1,184,500	3,305	1,520	2,415	2,310	685
55	French	24,745	100	40	55	50	-
56	Non-official languages (5)	725,370	2,790	1,975	2,965	4,615	2,630
57	Chinese, n.o.s.	122,390	405	510	660	1,405	330
58	Cantonese	121,910	780	570	960	1,440	455
59	Punjabi	87,760	50	25	105	385	1,110
60	Mandarin	47,165	30	55	195	155	-
61	Tagalog (Pilipino)	32,560	120	105	35	135	115
62	Other languages (6)	313,575	1,410	710	1,010	1,095	615
63	Multiple responses	32,865	135	115	170	155	135
64	English and French	3,430	-	15	10	-	30
65	English and non-official language	27,820	135	95	135	145	105
66	French and non-official language	1,105	-	-	-	10	-
67	English, French and non-official language	510	-	-	15	-	-

See reference material at the end of the publication. – Voir les documents de référence à la fin de la publication.

Tableau 1. Certaines caractéristiques des secteurs de recensement, recensement de 2001 – Données intégrales et données-échantillon (20 %)

Vancouver 0003.02 A	Vancouver 0004.01 A	Vancouver 0004.02 ◆◇ A	Vancouver 0005	Vancouver 0006.01 A	Vancouver 0006.02 A	Caractéristiques	N°
						CARACTÉRISTIQUES DE LA POPULATION	
4,230	**4,250**	**4,524**	**6,553**	**4,471**	**4,857**	**Population, 1996 (1)**	1
4,448	**4,117**	**5,179**	**6,848**	**4,490**	**5,048**	**Population, 2001 (2)**	2
5.2	-3.1	14.5	4.5	0.4	3.9	Variation en pourcentage de la population, 1996-2001	3
1.11	1.56	1.19	1.37	0.92	1.08	Superficie des terres en kilomètres carrés, 2001	4
4,450	**4,120**	**5,180**	**6,850**	**4,490**	**5,045**	**Population totale – Données intégrales (3)**	5
						selon le sexe et les groupes d'âge	
2,195	1,910	2,610	3,300	2,120	2,430	Sexe masculin	6
170	80	225	135	85	85	0-4 ans	7
165	90	185	120	100	100	5-9 ans	8
135	115	150	120	150	165	10-14 ans	9
145	150	145	100	195	235	15-19 ans	10
175	155	190	240	185	220	20-24 ans	11
170	115	190	425	145	145	25-29 ans	12
195	125	260	470	115	175	30-34 ans	13
190	155	240	485	160	160	35-39 ans	14
190	150	200	365	190	190	40-44 ans	15
130	130	185	310	180	245	45-49 ans	16
115	150	160	165	205	195	50-54 ans	17
90	80	115	105	105	130	55-59 ans	18
85	80	105	70	75	85	60-64 ans	19
85	75	100	55	75	90	65-69 ans	20
50	75	85	50	65	80	70-74 ans	21
45	70	50	45	45	50	75-79 ans	22
35	45	20	15	25	55	80-84 ans	23
25	60	15	20	20	35	85 ans et plus	24
2,250	2,210	2,570	3,550	2,365	2,620	Sexe féminin	25
160	75	175	135	75	70	0-4 ans	26
170	75	170	120	105	90	5-9 ans	27
105	105	130	115	145	165	10-14 ans	28
125	150	165	140	190	220	15-19 ans	29
170	130	180	300	205	225	20-24 ans	30
180	130	250	460	140	145	25-29 ans	31
195	130	240	505	160	150	30-34 ans	32
190	155	225	455	175	170	35-39 ans	33
150	185	185	380	255	245	40-44 ans	34
125	145	155	280	215	245	45-49 ans	35
115	160	160	205	195	205	50-54 ans	36
100	95	140	130	120	105	55-59 ans	37
100	100	105	75	75	100	60-64 ans	38
95	80	105	55	80	75	65-69 ans	39
70	90	80	60	75	110	70-74 ans	40
70	115	50	55	55	95	75-79 ans	41
60	105	30	45	55	70	80-84 ans	42
75	180	35	25	40	125	85 ans et plus	43
3,540	**3,575**	**4,150**	**6,100**	**3,835**	**4,370**	**Population totale de 15 ans et plus selon l'état matrimonial légal**	44
1,030	1,155	1,315	2,890	1,440	1,625	Célibataire (jamais marié(e))	45
1,940	1,725	2,360	2,145	1,965	2,135	Légalement marié(e) (et non séparé(e))	46
105	70	100	255	70	85	Séparé(e), mais toujours légalement marié(e)	47
160	195	145	640	165	200	Divorcé(e)	48
305	425	235	165	190	330	Veuf ou veuve	49
						selon l'union libre	
3,465	3,475	4,040	5,505	3,725	4,245	Ne vivant pas en union libre	50
75	100	115	595	105	120	Vivant en union libre	51
4,310	**3,850**	**5,175**	**6,850**	**4,470**	**4,725**	**Population totale – Données-échantillon (20 %) (4) selon la langue maternelle**	52
4,135	3,735	5,065	6,735	4,335	4,640	Réponses uniques	53
835	1,135	1,360	3,615	1,680	1,445	Anglais	54
20	30	30	125	-	30	Français	55
3,275	2,570	3,675	2,995	2,650	3,160	Langues non officielles (5)	56
235	670	480	720	765	1,110	Chinois, n.d.a.	57
240	765	690	200	960	1,090	Cantonais	58
1,625	255	1,650	-	90	45	Pendjabi	59
35	225	15	410	270	370	Mandarin	60
330	150	205	270	130	100	Tagalog (pilipino)	61
810	505	630	1,395	435	445	Autres langues (6)	62
180	115	115	120	135	90	Réponses multiples	63
15	20	10	35	10	-	Anglais et français	64
165	90	110	65	125	90	Anglais et langue non officielle	65
-	-	-	10	10	-	Français et langue non officielle	66
-	-	-	-	-	-	Anglais, français et langue non officielle	67

See reference material at the end of the publication. – Voir les documents de référence à la fin de la publication.

Table 1. Selected Characteristics for Census Tracts, 2001 Census – 100% Data and 20% Sample Data

No.	Characteristics	Vancouver CMA/RMR	Vancouver 0001.01	Vancouver 0001.02 ◇	Vancouver 0002.01	Vancouver 0002.02	Vancouver 0003.01 A
	POPULATION CHARACTERISTICS						
	by home language						
68	Single responses	1,587,675	4,675	2,535	4,085	4,865	2,290
69	English	1,285,000	3,600	1,745	2,765	2,650	700
70	French	3,330	10	-	-	-	-
71	Non-official languages (5)	299,340	1,070	780	1,320	2,215	1,595
72	Cantonese	73,175	370	310	630	800	255
73	Chinese, n.o.s.	55,750	170	205	235	740	240
74	Punjabi	42,970	25	-	30	135	590
75	Mandarin	26,665	10	-	115	105	-
76	Korean	14,745	135	95	75	-	10
77	Other languages (6)	86,035	360	160	245	440	495
78	Multiple responses	379,805	1,655	1,115	1,520	2,265	1,160
79	English and French	18,960	65	40	45	40	15
80	English and non-official language	353,615	1,585	1,070	1,455	2,190	1,140
81	French and non-official language	1,615	-	-	15	15	-
82	English, French and non-official language	5,615	-	-	10	15	-
	by knowledge of official languages						
83	English only	1,725,985	5,555	3,165	4,955	5,860	2,765
84	French only	1,215	-	-	-	-	-
85	English and French	147,775	455	205	325	405	75
86	Neither English nor French	92,500	330	275	315	860	615
	by knowledge of non-official languages (5) (7)						
87	Cantonese	149,445	900	685	1,155	1,760	515
88	Chinese, n.o.s.	110,065	390	440	675	1,290	315
89	Punjabi	104,280	95	25	155	450	1,235
90	Mandarin	96,095	205	275	450	785	70
91	Hindi	54,855	110	50	150	290	405
92	German	51,110	150	40	95	55	70
93	Spanish	50,945	245	155	290	245	20
	by first official language spoken						
94	English	1,839,880	5,850	3,290	5,205	6,175	2,830
95	French	24,795	100	40	65	55	-
96	English and French	12,070	65	45	30	45	35
97	Neither English nor French	90,730	310	270	300	855	590
98	Official language minority - (number) (8)	30,835	130	65	85	75	15
99	Official language minority - (percentage) (8)	1.6	2.1	1.8	1.5	1.1	0.4
	by ethnic origin (9)						
100	English	475,075	1,295	565	900	860	200
101	Canadian	378,545	890	480	705	790	110
102	Chinese	347,985	1,510	1,310	2,205	3,405	870
103	Scottish	311,940	985	350	535	445	60
104	Irish	234,675	795	335	580	355	20
105	German	187,410	610	200	380	315	90
106	East Indian	142,060	370	145	210	660	1,280
107	French	128,710	390	130	210	255	20
108	Ukrainian	76,525	235	130	190	150	35
109	Italian	69,000	170	60	240	55	35
110	Dutch (Netherlands)	67,160	90	15	90	85	10
111	Filipino	61,550	375	270	65	185	310
112	Polish	51,385	250	130	150	75	20
113	Norwegian	41,540	130	45	50	60	20
114	North American Indian	40,675	105	75	70	65	20
	by Aboriginal identity						
115	Total Aboriginal identity population (10)	36,855	20	15	55	30	20
116	Total non-Aboriginal population	1,930,620	6,315	3,630	5,550	7,105	3,435
	by Aboriginal origin						
117	Total Aboriginal origins population (11)	52,380	115	85	70	75	20
118	Total non-Aboriginal population	1,915,095	6,220	3,560	5,530	7,055	3,435
	by Registered Indian status						
119	Registered Indian (12)	17,480	10	15	35	20	15
120	Not a Registered Indian	1,950,000	6,330	3,630	5,570	7,105	3,435

Tableau 1. Certaines caractéristiques des secteurs de recensement, recensement de 2001 – Données intégrales et données-échantillon (20 %)

Vancouver 0003.02 A	Vancouver 0004.01 A	Vancouver 0004.02 ◆◇ A	Vancouver 0005	Vancouver 0006.01 A	Vancouver 0006.02 A	Caractéristiques	N°
						CARACTÉRISTIQUES DE LA POPULATION	
						selon la langue parlée à la maison	
2,435	2,380	3,330	5,505	3,065	3,300	Réponses uniques	68
850	1,305	1,415	4,065	1,815	1,610	Anglais	69
-	-	15	35	-	10	Français	70
1,580	1,075	1,900	1,405	1,255	1,680	Langues non officielles (5)	71
150	500	360	100	580	770	Cantonais	72
115	180	200	400	310	410	Chinois, n.d.a.	73
780	105	900	-	15	10	Pendjabi	74
25	135	35	275	190	165	Mandarin	75
-	10	-	-	50	30	Coréen	76
515	145	410	630	110	285	Autres langues (6)	77
1,880	1,470	1,850	1,345	1,400	1,430	Réponses multiples	78
20	55	15	80	10	-	Anglais et français	79
1,850	1,385	1,810	1,245	1,360	1,430	Anglais et langue non officielle	80
-	20	10	-	-	-	Français et langue non officielle	81
15	-	20	25	35	-	Anglais, français et langue non officielle	82
						selon la connaissance des langues officielles	
3,730	3,265	4,330	5,970	3,750	3,995	Anglais seulement	83
-	10	10	10	-	-	Français seulement	84
135	270	185	600	345	220	Anglais et français	85
455	310	660	280	380	515	Ni l'anglais ni le français	86
						selon la connaissance des langues non officielles (5) (7)	
285	940	695	230	1,225	1,360	Cantonais	87
270	615	530	665	545	845	Chinois, n.d.a.	88
1,960	360	1,845	20	105	55	Pendjabi	89
90	465	205	550	740	930	Mandarin	90
685	85	885	65	35	35	Hindi	91
15	35	75	220	60	60	Allemand	92
115	50	85	225	120	50	Espagnol	93
						selon la première langue officielle parlée	
3,780	3,440	4,440	6,375	4,050	4,150	Anglais	94
20	45	35	145	10	30	Français	95
60	65	55	60	30	55	Anglais et français	96
450	300	655	270	380	495	Ni l'anglais ni le français	97
50	80	60	175	25	55	Minorité de langue officielle - (nombre) (8)	98
1.2	2.1	1.2	2.6	0.6	1.2	Minorité de langue officielle - (pourcentage) (8)	99
						selon l'origine ethnique (9)	
265	365	200	1,515	580	495	Anglais	100
260	390	320	1,165	400	600	Canadien	101
620	1,980	1,365	1,475	2,435	2,900	Chinois	102
140	230	165	1,085	355	325	Écossais	103
75	125	110	795	300	205	Irlandais	104
55	95	195	650	175	225	Allemand	105
1,970	365	2,140	125	175	90	Indien de l'Inde	106
55	140	90	555	130	135	Français	107
30	30	45	295	50	95	Ukrainien	108
15	60	15	210	10	55	Italien	109
10	40	15	145	10	40	Hollandais (Néerlandais)	110
500	280	455	465	255	120	Philippin	111
20	45	10	150	55	40	Polonais	112
-	-	-	60	20	70	Norvégien	113
10	40	25	180	30	30	Indien de l'Amérique du Nord	114
						selon l'identité autochtone	
10	60	65	85	15	45	Total de la population ayant une identité autochtone (10)	115
4,305	3,790	5,110	6,770	4,455	4,685	Total de la population non autochtone	116
						selon l'origine autochtone	
10	50	50	200	65	45	Total de la population ayant une origine autochtone (11)	117
4,305	3,800	5,125	6,650	4,405	4,680	Total de la population non autochtone	118
						selon le statut d'Indien inscrit	
-	55	25	50	-	15	Oui, Indien inscrit (12)	119
4,310	3,795	5,155	6,800	4,470	4,715	Non, pas un Indien inscrit	120

Table 1. Selected Characteristics for Census Tracts, 2001 Census – 100% Data and 20% Sample Data

No.	Characteristics	Vancouver CMA/RMR	Vancouver 0001.01	Vancouver 0001.02 ◇	Vancouver 0002.01	Vancouver 0002.02	Vancouver 0003.01 A
	POPULATION CHARACTERISTICS						
	by visible minority groups						
121	Total visible minority population	725,660	2,895	2,215	3,155	4,925	3,015
122	Chinese	342,660	1,465	1,290	2,245	3,405	845
123	South Asian	164,365	395	145	250	730	1,400
124	Black	18,405	120	75	50	35	-
125	Filipino	57,025	300	275	70	145	285
126	Latin American	18,710	130	90	205	155	10
127	Southeast Asian	28,460	40	15	40	280	350
128	Arab	5,910	30	-	20	-	35
129	West Asian	21,430	-	60	70	30	-
130	Korean	28,850	270	175	115	-	15
131	Japanese	24,025	85	75	70	75	50
132	Visible minority, n.i.e. (13)	3,320	-	-	-	-	-
133	Multiple visible minorities (14)	12,490	55	15	15	65	40
	by citizenship						
134	Canadian citizenship (15)	1,734,425	5,590	3,270	4,850	6,355	2,650
135	Citizenship other than Canadian	233,050	745	375	755	775	800
	by place of birth of respondent						
136	Non-immigrant population	1,199,760	3,345	1,750	2,740	2,905	1,185
137	Born in province of residence	821,535	2,545	1,285	2,005	2,195	975
138	Immigrant population (16)	738,550	2,955	1,865	2,780	4,190	2,205
139	United States	23,070	85	25	50	50	25
140	Central and South America	20,585	145	70	195	150	10
141	Caribbean and Bermuda	5,960	20	15	20	-	-
142	United Kingdom	69,110	175	80	90	180	50
143	Other Europe (17)	117,535	520	170	305	300	100
144	Africa	24,700	225	40	40	50	15
145	Asia and the Middle East	455,110	1,745	1,425	2,010	3,310	1,945
146	Oceania and other (18)	22,490	45	45	65	145	65
147	Non-permanent residents (19)	29,165	40	35	85	30	60
148	**Total immigrant population**	**738,550**	**2,955**	**1,865**	**2,780**	**4,190**	**2,205**
	by period of immigration						
149	Before 1961	73,550	210	120	195	190	65
150	1961-1970	73,200	335	105	230	345	105
151	1971-1980	124,400	535	250	505	905	330
152	1981-1990	142,585	575	475	630	950	595
153	1991-2001 (20)	324,815	1,300	915	1,225	1,795	1,115
154	1991-1995	155,195	655	525	665	1,135	590
155	1996-2001 (20)	169,615	645	390	560	665	520
	by age at immigration						
156	0-4 years	58,985	230	115	200	280	110
157	5-19 years	198,510	775	545	925	1,110	525
158	20 years and over	481,050	1,945	1,205	1,655	2,795	1,575
159	**Total population**	**1,967,475**	**6,330**	**3,645**	**5,605**	**7,125**	**3,450**
	by religion						
160	Catholic (21)	364,785	1,445	785	1,140	1,015	535
161	Protestant	499,190	1,515	590	1,185	1,425	275
162	Christian Orthodox	26,520	95	85	230	10	60
163	Christian, n.i.e. (22)	101,620	500	355	365	365	95
164	Muslim	52,590	230	145	85	150	70
165	Jewish	17,275	50	20	40	55	-
166	Buddhist	74,550	175	155	250	395	250
167	Hindu	27,405	50	30	55	200	265
168	Sikh	99,005	65	25	120	405	1,095
169	Eastern religions (23)	5,580	-	15	10	20	10
170	Other religions (24)	6,195	10	-	10	-	-
171	No religious affiliation (25)	692,765	2,190	1,430	2,110	3,100	790
172	**Total population 15 years and over**	**1,620,915**	**5,175**	**2,885**	**4,720**	**5,975**	**2,680**
	by generation status						
173	1st generation (26)	721,170	2,765	1,725	2,670	4,000	2,115
174	2nd generation (27)	366,235	1,110	480	1,055	1,120	375
175	3rd generation and over (28)	533,515	1,305	675	990	855	185
176	**Total population 1 year and over (29)**	**1,946,955**	**6,270**	**3,610**	**5,525**	**7,055**	**3,410**
	by place of residence 1 year ago (mobility)						
177	Non-movers	1,628,945	5,700	3,110	4,730	6,190	2,945
178	Movers	318,015	570	500	795	870	465
179	Non-migrants	175,300	355	240	470	470	265
180	Migrants	142,720	220	265	325	395	205
181	Internal migrants	97,185	155	180	195	295	70
182	Intraprovincial migrants	77,835	130	155	170	225	30
183	Interprovincial migrants	19,350	25	25	25	70	45
184	External migrants	45,535	60	85	125	105	130

Tableau 1. Certaines caractéristiques des secteurs de recensement, recensement de 2001 – Données intégrales et données-échantillon (20 %)

Vancouver 0003.02 A	Vancouver 0004.01 A	Vancouver 0004.02 ◆◇ A	Vancouver 0005	Vancouver 0006.01 A	Vancouver 0006.02 A	Caractéristiques	N°
						CARACTÉRISTIQUES DE LA POPULATION	
						selon les groupes de minorités visibles	
3,735	2,935	4,435	2,570	3,125	3,395	Total de la population des minorités visibles	121
580	1,920	1,360	1,415	2,375	2,850	Chinois	122
2,275	465	2,390	180	290	105	Sud-Asiatique	123
25	-	15	75	15	15	Noir	124
490	275	460	465	225	110	Philippin	125
45	20	35	50	-	10	Latino-Américain	126
290	65	145	20	30	60	Asiatique du Sud-Est	127
-	-	10	-	15	-	Arabe	128
-	-	-	150	-	45	Asiatique occidental	129
-	40	-	30	35	55	Coréen	130
20	75	-	120	100	70	Japonais	131
-	-	-	35	10	10	Minorité visible, n.i.a. (13)	132
-	75	25	35	20	70	Minorités visibles multiples (14)	133
						selon la citoyenneté	
3,310	3,300	4,015	4,935	3,715	3,960	Citoyenneté canadienne (15)	134
1,000	550	1,160	1,920	755	770	Citoyenneté autre que canadienne	135
						selon le lieu de naissance du répondant	
1,445	1,505	1,915	3,510	1,675	1,640	Population non immigrante	136
1,205	1,075	1,640	1,985	1,250	1,160	Née dans la province de résidence	137
2,855	2,300	3,255	3,235	2,745	3,025	Population immigrante (16)	138
-	20	30	125	60	15	États-Unis	139
80	30	35	85	35	10	Amérique centrale et du Sud	140
-	-	-	10	-	10	Caraïbes et Bermudes	141
45	35	70	185	65	45	Royaume-Uni	142
45	165	65	665	130	160	Autre Europe (17)	143
20	45	15	25	50	45	Afrique	144
2,595	1,985	2,830	2,120	2,365	2,715	Asie et Moyen-Orient	145
70	25	205	20	40	25	Océanie et autre (18)	146
10	45	10	110	45	70	Résidents non permanents (19)	147
2,860	**2,295**	**3,255**	**3,235**	**2,745**	**3,025**	**Population immigrante totale**	148
						selon la période d'immigration	
50	115	170	195	195	90	Avant 1961	149
125	300	240	115	140	205	1961-1970	150
480	335	605	335	380	460	1971-1980	151
750	385	675	400	370	700	1981-1990	152
1,455	1,160	1,560	2,190	1,655	1,565	1991-2001 (20)	153
730	690	655	355	1,000	875	1991-1995	154
725	475	905	1,830	650	685	1996-2001 (20)	155
						selon l'âge à l'immigration	
145	110	160	280	155	185	0-4 ans	156
785	665	860	870	850	985	5-19 ans	157
1,935	1,530	2,240	2,085	1,740	1,845	20 ans et plus	158
4,315	**3,845**	**5,180**	**6,850**	**4,470**	**4,730**	**Population totale**	159
						selon la religion	
550	815	565	1,355	795	625	Catholique (21)	160
295	540	415	1,240	725	565	Protestante	161
-	60	10	290	25	105	Orthodoxe chrétienne	162
275	200	275	410	235	320	Chrétiennes, n.i.a. (22)	163
155	50	170	205	15	35	Musulmane	164
-	45	-	90	20	90	Juive	165
215	450	225	200	420	455	Bouddhiste	166
185	25	445	90	25	25	Hindoue	167
1,835	370	1,665	30	115	55	Sikh	168
-	-	-	-	-	-	Religions orientales (23)	169
-	-	-	45	15	10	Autres religions (24)	170
800	1,290	1,410	2,890	2,080	2,450	Aucune appartenance religieuse (25)	171
3,445	**3,305**	**4,140**	**6,100**	**3,820**	**4,045**	**Population totale de 15 ans et plus**	172
						selon le statut des générations	
2,760	2,245	3,145	2,940	2,610	2,860	1re génération (26)	173
440	660	665	1,235	660	570	2e génération (27)	174
245	395	330	1,920	555	610	3e génération et plus (28)	175
4,275	**3,835**	**5,065**	**6,760**	**4,440**	**4,665**	**Population totale de 1 an et plus (29)**	176
						selon le lieu de résidence 1 an auparavant (mobilité)	
3,455	3,215	4,105	4,800	3,905	3,885	Personnes n'ayant pas déménagé	177
820	625	960	1,960	535	785	Personnes ayant déménagé	178
465	360	710	1,040	285	420	Non-migrants	179
355	265	255	930	250	365	Migrants	180
150	60	125	530	80	160	Migrants internes	181
95	45	70	325	35	60	Migrants infraprovinciaux	182
50	10	55	210	45	95	Migrants interprovinciaux	183
210	205	135	395	165	200	Migrants externes	184

Table 1. Selected Characteristics for Census Tracts, 2001 Census – 100% Data and 20% Sample Data

No.	Characteristics	Vancouver CMA/RMR	Vancouver 0001.01	Vancouver 0001.02 ◇	Vancouver 0002.01	Vancouver 0002.02	Vancouver 0003.01 A
	POPULATION CHARACTERISTICS						
185	**Total population 5 years and over (30)**	**1,861,975**	**6,055**	**3,405**	**5,330**	**6,840**	**3,205**
	by place of residence 5 years ago (mobility)						
186	Non-movers	970,840	4,065	1,870	2,870	4,130	1,710
187	Movers	891,135	1,990	1,535	2,460	2,710	1,490
188	Non-migrants	432,820	1,035	795	1,290	1,520	835
189	Migrants	458,315	950	740	1,170	1,190	650
190	Internal migrants	290,195	365	385	585	635	190
191	Intraprovincial migrants	223,405	255	300	465	445	90
192	Interprovincial migrants	66,785	110	90	125	185	100
193	External migrants	168,120	585	350	585	555	465
194	**Total population 15 to 24 years**	**265,875**	**975**	**445**	**740**	**1,075**	**485**
	by school attendance						
195	Not attending school	87,675	285	95	180	205	170
196	Attending school full time	151,620	625	285	475	735	265
197	Attending school part time	26,575	60	60	90	140	55
198	**Total population 15 years and over**	**1,620,915**	**5,175**	**2,890**	**4,715**	**5,975**	**2,680**
	by highest level of schooling						
199	Less than grade 9 (31)	100,975	280	230	245	770	530
200	Grades 9-13 without high school graduation certificate	302,050	1,055	410	760	1,075	550
201	Grades 9-13 with high school graduation certificate	197,495	585	345	495	810	350
202	Some postsecondary without degree, certificate or diploma (32)	220,990	740	430	610	740	295
203	Trades certificate or diploma (33)	157,435	375	275	465	480	220
204	College certificate or diploma (34)	250,395	945	435	820	715	250
205	University certificate below bachelor's degree	55,870	150	105	155	240	95
206	University with bachelor's degree or higher	335,710	1,045	655	1,165	1,145	390
	by combinations of unpaid work						
207	Males 15 years and over	787,520	2,340	1,305	2,260	2,845	1,350
208	Reported unpaid work (35)	693,120	1,980	1,110	2,060	2,415	1,145
209	Housework and child care and care or assistance to seniors	59,635	250	135	130	375	130
210	Housework and child care only	186,845	615	370	490	520	390
211	Housework and care or assistance to seniors only	54,490	190	75	230	200	130
212	Child care and care or assistance to seniors only	1,435	-	-	-	10	15
213	Housework only	377,845	890	510	1,175	1,265	425
214	Child care only	8,635	15	25	35	25	55
215	Care or assistance to seniors only	4,230	15	-	-	30	-
216	Females 15 years and over	833,400	2,830	1,585	2,460	3,130	1,335
217	Reported unpaid work (35)	770,470	2,630	1,465	2,265	2,800	1,210
218	Housework and child care and care or assistance to seniors	91,875	435	255	205	400	180
219	Housework and child care only	229,500	815	490	665	710	490
220	Housework and care or assistance to seniors only	75,405	280	105	275	345	75
221	Child care and care or assistance to seniors only	860	10	10	-	10	-
222	Housework only	364,565	1,080	595	1,085	1,315	450
223	Child care only	5,195	20	-	15	15	15
224	Care or assistance to seniors only	3,065	-	10	20	-	-
	by labour force activity						
225	Males 15 years and over	787,520	2,340	1,300	2,255	2,840	1,350
226	In the labour force	563,750	1,645	845	1,540	1,840	900
227	Employed	522,775	1,515	775	1,435	1,700	815
228	Unemployed	40,980	135	65	105	135	85
229	Not in the labour force	223,765	700	460	715	1,005	445
230	Participation rate	71.6	70.3	65.0	68.3	64.8	66.7
231	Employment rate	66.4	64.7	59.6	63.6	59.9	60.4
232	Unemployment rate	7.3	8.2	7.7	6.8	7.3	9.4
233	Females 15 years and over	833,400	2,830	1,585	2,460	3,135	1,330
234	In the labour force	509,255	1,705	925	1,575	1,700	800
235	Employed	472,540	1,595	810	1,430	1,590	720
236	Unemployed	36,715	110	120	145	110	80
237	Not in the labour force	324,140	1,125	660	880	1,435	530
238	Participation rate	61.1	60.2	58.4	64.0	54.2	60.2
239	Employment rate	56.7	56.4	51.1	58.1	50.7	54.1
240	Unemployment rate	7.2	6.5	13.0	9.2	6.5	10.0

Tableau 1. Certaines caractéristiques des secteurs de recensement, recensement de 2001 – Données intégrales et données-échantillon (20 %)

Vancouver 0003.02 A	Vancouver 0004.01 A	Vancouver 0004.02 ◆◇ A	Vancouver 0005	Vancouver 0006.01 A	Vancouver 0006.02 A	Caractéristiques	N°
						CARACTÉRISTIQUES DE LA POPULATION	
3,985	**3,730**	**4,790**	**6,575**	**4,305**	**4,560**	**Population totale de 5 ans et plus (30)**	185
						selon le lieu de résidence 5 ans auparavant (mobilité)	
1,980	2,015	2,555	1,700	2,425	2,610	Personnes n'ayant pas déménagé	186
2,005	1,720	2,235	4,880	1,885	1,945	Personnes ayant déménagé	187
1,080	1,085	1,335	1,745	845	900	Non-migrants	188
920	635	905	3,130	1,040	1,045	Migrants	189
395	170	290	1,365	455	370	Migrants internes	190
180	110	225	845	330	170	Migrants infraprovinciaux	191
215	60	70	515	130	205	Migrants interprovinciaux	192
530	460	620	1,765	580	675	Migrants externes	193
645	**585**	**675**	**805**	**795**	**880**	**Population totale de 15 à 24 ans**	194
						selon la fréquentation scolaire	
270	130	270	290	175	95	Ne fréquentant pas l'école	195
285	430	325	425	575	715	Fréquentant l'école à plein temps	196
85	15	75	85	50	75	Fréquentant l'école à temps partiel	197
3,440	**3,305**	**4,140**	**6,100**	**3,820**	**4,045**	**Population totale de 15 ans et plus**	198
						selon le plus haut niveau de scolarité atteint	
610	275	740	100	255	320	Niveau inférieur à la 9e année (31)	199
660	740	845	715	550	640	De la 9e à la 13e année sans certificat d'études secondaires	200
590	425	570	505	480	495	De la 9e à la 13e année avec certificat d'études secondaires	201
390	450	545	800	575	665	Études postsecondaires partielles sans grade, certificat ou diplôme (32)	202
320	215	340	615	250	250	Certificat ou diplôme d'une école de métiers (33)	203
310	320	380	1,115	485	515	Certificat ou diplôme collégial (34)	204
80	95	65	275	165	150	Certificat universitaire inférieur au baccalauréat	205
485	780	655	1,980	1,060	1,005	Études universitaires avec baccalauréat ou diplôme supérieur	206
						selon les combinaisons de travail non rémunéré	
1,730	1,570	2,030	2,930	1,785	1,965	Hommes de 15 ans et plus	207
1,515	1,405	1,755	2,615	1,515	1,650	Travail non rémunéré déclaré (35)	208
185	155	250	180	120	210	Travaux ménagers et soins aux enfants et soins ou aide aux personnes âgées	209
545	300	545	440	455	420	Travaux ménagers et soins aux enfants seulement	210
135	125	115	175	100	160	Travaux ménagers et soins ou aide aux personnes âgées seulement	211
15	-	-	-	-	10	Soins aux enfants et soins ou aide aux personnes âgées seulement	212
610	760	815	1,775	780	780	Travaux ménagers seulement	213
10	50	25	25	35	55	Soins aux enfants seulement	214
10	15	10	10	20	15	Soins ou aide aux personnes âgées seulement	215
1,715	1,740	2,115	3,165	2,035	2,075	Femmes de 15 ans et plus	216
1,540	1,600	1,915	2,990	1,860	1,830	Travail non rémunéré déclaré (35)	217
250	235	365	230	185	300	Travaux ménagers et soins aux enfants et soins ou aide aux personnes âgées	218
545	370	655	625	545	605	Travaux ménagers et soins aux enfants seulement	219
105	150	110	265	150	180	Travaux ménagers et soins ou aide aux personnes âgées seulement	220
10	-	-	-	-	-	Soins aux enfants et soins ou aide aux personnes âgées seulement	221
595	815	755	1,850	915	730	Travaux ménagers seulement	222
30	30	30	20	50	-	Soins aux enfants seulement	223
10	-	-	-	10	10	Soins ou aide aux personnes âgées seulement	224
						selon l'activité	
1,730	1,565	2,030	2,930	1,785	1,970	Hommes de 15 ans et plus	225
1,235	870	1,295	2,270	1,185	1,215	Population active	226
1,130	795	1,170	2,075	1,120	1,070	Personnes occupées	227
105	75	125	195	70	145	Chômeurs	228
490	695	730	660	600	755	Inactifs	229
71.4	55.6	63.8	77.5	66.4	61.7	Taux d'activité	230
65.3	50.8	57.6	70.8	62.7	54.3	Taux d'emploi	231
8.5	8.6	9.7	8.6	5.9	11.9	Taux de chômage	232
1,715	1,740	2,110	3,170	2,035	2,075	Femmes de 15 ans et plus	233
1,005	835	1,200	2,325	990	1,020	Population active	234
890	755	1,050	2,130	940	915	Personnes occupées	235
115	80	145	195	45	105	Chômeuses	236
710	900	915	840	1,045	1,055	Inactives	237
58.6	48.0	56.9	73.3	48.6	49.2	Taux d'activité	238
51.9	43.4	49.8	67.2	46.2	44.1	Taux d'emploi	239
11.4	9.6	12.1	8.4	4.5	10.3	Taux de chômage	240

Table 1. Selected Characteristics for Census Tracts, 2001 Census – 100% Data and 20% Sample Data

No.	Characteristics	Vancouver CMA/RMR	Vancouver 0001.01	Vancouver 0001.02 ◇	Vancouver 0002.01	Vancouver 0002.02	Vancouver 0003.01 A
	POPULATION CHARACTERISTICS						
	by labour force activity – concluded						
241	Both sexes - Participation rate	66.2	64.7	61.4	66.1	59.2	63.6
242	15-24 years	59.2	55.9	40.9	46.6	41.9	59.8
243	25 years and over	67.6	66.6	65.2	69.7	63.1	64.5
244	Both sexes - Employment rate	61.4	60.0	55.0	60.7	55.1	57.5
245	15-24 years	51.0	47.4	29.5	41.2	34.9	54.6
246	25 years and over	63.4	62.9	59.5	64.4	59.7	58.2
247	Both sexes - Unemployment rate	7.2	7.3	10.5	8.0	7.1	9.4
248	15-24 years	13.8	16.5	25.0	11.4	17.8	8.8
249	25 years and over	6.1	5.5	8.5	7.6	5.3	9.9
250	**Total labour force 15 years and over**	**1,073,010**	**3,350**	**1,770**	**3,115**	**3,540**	**1,700**
	by industry based on the 1997 NAICS						
251	Industry - Not applicable (36)	23,100	75	70	65	85	35
252	All industries (37)	1,049,910	3,275	1,700	3,055	3,455	1,665
253	11 Agriculture, forestry, fishing and hunting	13,275	10	10	10	25	55
254	21 Mining and oil and gas extraction	2,250	10	-	10	-	-
255	22 Utilities	6,200	10	-	10	15	-
256	23 Construction	53,795	85	40	85	160	70
257	31-33 Manufacturing	99,055	240	215	220	380	270
258	41 Wholesale trade	56,025	115	85	130	210	65
259	44-45 Retail trade	116,520	400	170	375	425	250
260	48-49 Transportation and warehousing	65,700	145	85	185	140	135
261	51 Information and cultural industries	44,355	110	50	195	160	45
262	52 Finance and insurance	54,110	215	120	220	225	55
263	53 Real estate and rental and leasing	24,735	100	35	80	110	15
264	54 Professional, scientific and technical services	91,715	220	130	350	320	65
265	55 Management of companies and enterprises	970	-	-	-	-	-
266	56 Administrative and support, waste management and remediation services	45,530	160	85	120	115	135
267	61 Educational services	74,480	370	155	260	245	70
268	62 Health care and social assistance	99,350	400	230	340	300	95
269	71 Arts, entertainment and recreation	24,050	50	40	35	10	-
270	72 Accommodation and food services	81,555	310	115	215	330	200
271	81 Other services (except public administration)	51,610	130	55	100	175	115
272	91 Public administration	44,635	190	80	120	115	30
	by class of worker						
273	Class of worker - Not applicable (36)	23,100	75	75	65	85	35
274	All classes of worker (37)	1,049,910	3,270	1,695	3,055	3,455	1,665
275	Paid workers	956,210	3,005	1,560	2,805	3,205	1,620
276	Employees	904,735	2,915	1,530	2,700	3,055	1,545
277	Self-employed (incorporated)	51,470	85	35	105	150	75
278	Self-employed (unincorporated)	90,455	270	125	240	245	50
279	Unpaid family workers	3,245	-	10	15	10	-
	by occupation based on the 2001 NOC-S						
280	Male labour force 15 years and over	563,755	1,645	840	1,545	1,840	895
281	Occupation - Not applicable (36)	11,070	40	30	20	35	15
282	All occupations (37)	552,685	1,605	810	1,520	1,805	880
283	A Management occupations	82,510	195	105	170	320	60
284	B Business, finance and administration occupations	59,870	195	115	195	215	60
285	C Natural and applied sciences and related occupations	60,400	195	90	265	160	55
286	D Health occupations	13,415	40	20	40	25	30
287	E Occupations in social science, education, government service and religion	31,255	150	65	65	75	15
288	F Occupations in art, culture, recreation and sport	21,510	35	30	90	15	15
289	G Sales and service occupations	118,835	420	180	300	390	275
290	H Trades, transport and equipment operators and related occupations	121,700	290	125	305	380	205
291	I Occupations unique to primary industry	12,650	15	-	25	55	60
292	J Occupations unique to processing, manufacturing and utilities	30,540	75	75	60	170	105
293	Female labour force 15 years and over	509,260	1,705	925	1,580	1,700	805
294	Occupation - Not applicable (36)	12,030	35	40	40	50	20
295	All occupations (37)	497,225	1,670	890	1,535	1,650	780
296	A Management occupations	42,455	100	70	75	120	25
297	B Business, finance and administration occupations	148,020	475	265	520	485	200
298	C Natural and applied sciences and related occupations	14,750	35	30	55	40	15
299	D Health occupations	41,480	135	120	175	135	45

Tableau 1. Certaines caractéristiques des secteurs de recensement, recensement de 2001 – Données intégrales et données-échantillon (20 %)

Vancouver 0003.02 A	Vancouver 0004.01 A	Vancouver 0004.02 ◆◇ A	Vancouver 0005	Vancouver 0006.01 A	Vancouver 0006.02 A	Caractéristiques	N°
						CARACTÉRISTIQUES DE LA POPULATION	
						selon l'activité – fin	
65.2	51.6	60.3	75.4	56.9	55.3	Les deux sexes - Taux d'activité	241
63.3	46.2	56.3	72.5	45.3	39.0	15-24 ans	242
65.5	52.9	61.0	75.8	59.9	59.9	25 ans et plus	243
58.6	46.9	53.7	68.9	53.9	49.1	Les deux sexes - Taux d'emploi	244
58.1	41.0	44.4	63.4	40.0	31.1	15-24 ans	245
58.8	48.2	55.3	69.8	57.5	54.1	25 ans et plus	246
9.8	8.8	10.8	8.5	5.3	11.0	Les deux sexes - Taux de chômage	247
7.4	11.1	19.7	12.1	11.1	21.4	15-24 ans	248
10.3	8.7	9.0	8.1	4.4	9.3	25 ans et plus	249
2,245	**1,705**	**2,490**	**4,600**	**2,175**	**2,235**	**Population active totale de 15 ans et plus**	250
						selon l'industrie basée sur le SCIAN de 1997	
75	45	80	115	60	120	Industrie - Sans objet (36)	251
2,165	1,660	2,415	4,480	2,115	2,110	Toutes les industries (37)	252
60	-	50	25	-	-	11 Agriculture, foresterie, pêche et chasse	253
-	-	-	-	-	-	21 Extraction minière et extraction de pétrole et de gaz	254
-	-	10	15	10	-	22 Services publics	255
80	30	75	120	80	60	23 Construction	256
320	165	285	270	145	185	31-33 Fabrication	257
60	65	70	195	155	125	41 Commerce de gros	258
205	245	270	435	260	170	44-45 Commerce de détail	259
235	145	280	500	115	205	48-49 Transport et entreposage	260
40	50	80	190	90	90	51 Industrie de l'information et industrie culturelle	261
85	135	85	210	145	140	52 Finance et assurances	262
25	30	25	135	50	55	53 Services immobiliers et services de location et de location à bail	263
80	130	120	460	205	170	54 Services professionnels, scientifiques et techniques	264
-	-	-	-	-	-	55 Gestion de sociétés et d'entreprises	265
230	85	225	235	110	80	56 Services administratifs, services de soutien, services de gestion des déchets et services d'assainissement	266
25	75	75	325	195	200	61 Services d'enseignement	267
170	210	190	490	180	250	62 Soins de santé et assistance sociale	268
20	45	40	105	20	45	71 Arts, spectacles et loisirs	269
300	165	370	350	215	160	72 Hébergement et services de restauration	270
175	75	85	265	95	105	81 Autres services, sauf les administrations publiques	271
60	20	80	160	55	65	91 Administrations publiques	272
						selon la catégorie de travailleurs	
75	50	80	115	60	120	Catégorie de travailleurs - Sans objet (36)	273
2,165	1,655	2,410	4,480	2,120	2,115	Toutes les catégories de travailleurs (37)	274
2,045	1,535	2,295	4,220	1,970	1,905	Travailleurs rémunérés	275
1,980	1,435	2,275	4,145	1,865	1,785	Employés	276
70	90	20	80	100	120	Travailleurs autonomes (entreprise constituée en société)	277
120	110	115	255	150	200	Travailleurs autonomes (entreprise non constituée en société)	278
10	10	-	10	-	10	Travailleurs familiaux non rémunérés	279
						selon la profession basée sur la CNP-S de 2001	
1,235	870	1,295	2,270	1,180	1,215	Hommes actifs de 15 ans et plus	280
30	25	50	55	25	60	Profession - Sans objet (36)	281
1,205	845	1,250	2,215	1,160	1,155	Toutes les professions (37)	282
80	120	120	255	200	190	A Gestion	283
90	100	155	220	120	105	B Affaires, finance et administration	284
85	75	90	440	210	165	C Sciences naturelles et appliquées et professions apparentées	285
10	65	-	40	40	25	D Secteur de la santé	286
20	30	35	140	90	125	E Sciences sociales, enseignement, administration publique et religion	287
20	10	25	65	15	50	F Arts, culture, sports et loisirs	288
330	270	360	495	350	195	G Ventes et services	289
385	115	310	440	110	235	H Métiers, transport et machinerie	290
50	-	50	-	-	10	I Professions propres au secteur primaire	291
140	45	105	110	20	60	J Transformation, fabrication et services d'utilité publique	292
1,010	835	1,195	2,330	990	1,020	Femmes actives de 15 ans et plus	293
45	20	30	60	30	65	Profession - Sans objet (36)	294
965	810	1,170	2,265	960	960	Toutes les professions (37)	295
45	30	35	110	75	50	A Gestion	296
155	250	305	730	290	305	B Affaires, finance et administration	297
20	35	40	145	30	20	C Sciences naturelles et appliquées et professions apparentées	298
80	80	70	200	90	105	D Secteur de la santé	299

Table 1. Selected Characteristics for Census Tracts, 2001 Census – 100% Data and 20% Sample Data

No.	Characteristics	Vancouver CMA/RMR	Vancouver 0001.01	Vancouver 0001.02 ◇	Vancouver 0002.01	Vancouver 0002.02	Vancouver 0003.01 A
	POPULATION CHARACTERISTICS						
	by occupation based on the 2001 NOC-S – concluded						
	E Occupations in social science, education,						
300	government service and religion	54,720	240	90	195	180	15
301	F Occupations in art, culture, recreation and sport	21,085	70	40	75	90	25
302	G Sales and service occupations	144,930	510	225	380	510	315
	H Trades, transport and equipment						
303	operators and related occupations	8,415	40	-	10	25	25
304	I Occupations unique to primary industry	5,705	-	-	15	-	35
	J Occupations unique to processing,						
305	manufacturing and utilities	15,670	70	50	40	65	85
306	**Total employed labour force 15 years and over**	**995,320**	**3,105**	**1,590**	**2,865**	**3,290**	**1,540**
	by place of work						
307	Males	522,780	1,510	780	1,430	1,705	820
308	Usual place of work	401,510	1,285	640	1,115	1,345	620
309	At home	38,490	55	45	125	105	10
310	Outside Canada	6,355	25	15	25	45	10
311	No fixed workplace address	76,425	155	75	165	210	180
312	Females	472,540	1,590	810	1,430	1,595	720
313	Usual place of work	401,895	1,405	725	1,275	1,430	660
314	At home	41,790	80	45	80	110	30
315	Outside Canada	2,690	15	-	10	-	-
316	No fixed workplace address	26,165	95	35	70	55	30
	Total employed labour force 15 years and over with usual place of work or no fixed						
317	**workplace address**	**905,995**	**2,930**	**1,480**	**2,625**	**3,040**	**1,495**
	by mode of transportation						
318	Males	477,935	1,435	715	1,285	1,550	805
319	Car, truck, van, as driver	372,070	1,045	595	1,015	1,280	705
320	Car, truck, van, as passenger	22,965	70	30	85	45	40
321	Public transit	41,160	250	70	135	175	55
322	Walked	25,370	45	25	10	15	-
323	Other method	16,370	15	10	35	40	10
324	Females	428,065	1,495	765	1,345	1,490	690
325	Car, truck, van, as driver	281,985	990	450	985	1,060	400
326	Car, truck, van, as passenger	40,680	140	95	135	210	105
327	Public transit	62,855	315	190	195	180	145
328	Walked	33,335	45	10	-	20	15
329	Other method	9,200	10	20	20	15	25
	Total population 15 years and over who worked						
330	**since January 1, 2000**	**1,148,265**	**3,650**	**1,860**	**3,275**	**3,830**	**1,765**
	by language used at work						
331	Single responses	1,027,735	3,125	1,470	2,725	3,060	1,245
332	English	991,615	3,000	1,350	2,610	2,780	1,055
333	French	830	-	10	10	10	-
334	Non-official languages (5)	35,285	125	110	105	270	195
335	Chinese, n.o.s.	11,110	45	50	20	165	25
336	Cantonese	9,925	65	45	60	90	50
337	Other languages (6)	14,245	15	15	25	20	120
338	Multiple responses	120,535	520	390	545	765	515
339	English and French	13,780	95	20	20	25	-
340	English and non-official language	103,890	400	365	530	740	515
341	French and non-official language	145	-	-	-	-	-
342	English, French and non-official language	2,720	25	-	-	-	-
	DWELLING AND HOUSEHOLD CHARACTERISTICS						
343	**Total number of occupied private dwellings**	**758,715**	**2,260**	**1,300**	**2,225**	**2,335**	**930**
	by tenure						
344	Owned	462,645	1,155	755	1,345	1,555	560
345	Rented	295,740	1,105	545	880	780	370
346	Band housing	330	-	-	-	-	-
	by structural type of dwelling						
347	Single-detached house	330,745	220	190	770	1,245	580
348	Semi-detached house	19,180	35	10	10	-	-
349	Row house	56,265	1,700	900	250	290	-
350	Apartment, detached duplex	65,610	10	10	35	260	245
351	Apartment, building that has five or more storeys	89,515	-	-	485	-	-
	Apartment, building that has fewer than						
352	five storeys (38)	191,045	295	190	680	525	90
353	Other single-attached house	1,240	10	-	-	-	10
354	Movable dwelling (39)	5,110	-	-	-	-	-

Tableau 1. Certaines caractéristiques des secteurs de recensement, recensement de 2001 – Données intégrales et données-échantillon (20 %)

Vancouver 0003.02 A	Vancouver 0004.01 A	Vancouver 0004.02 ◆◇ A	Vancouver 0005	Vancouver 0006.01 A	Vancouver 0006.02 A	Caractéristiques	N°
						CARACTÉRISTIQUES DE LA POPULATION	
						selon la profession basée sur la CNP-S de 2001 - fin	
20	45	60	235	110	150	E Sciences sociales, enseignement, administration publique et religion	300
20	50	25	90	65	35	F Arts, culture, sports et loisirs	301
480	270	525	690	245	270	G Ventes et services	302
40	15	-	25	30	10	H Métiers, transport et machinerie	303
25	10	10	15	-	-	I Professions propres au secteur primaire	304
75	40	95	30	20	20	J Transformation, fabrication et services d'utilité publique	305
2,020	**1,550**	**2,220**	**4,205**	**2,060**	**1,985**	**Population active occupée totale de 15 ans et plus**	306
						selon le lieu de travail	
1,130	795	1,170	2,075	1,115	1,070	Hommes	307
840	640	945	1,695	785	790	Lieu habituel de travail	308
40	45	10	135	100	75	À domicile	309
-	10	-	30	100	75	En dehors du Canada	310
245	100	220	220	130	120	Sans adresse de travail fixe	311
890	755	1,050	2,130	945	915	Femmes	312
790	665	885	1,930	740	760	Lieu habituel de travail	313
35	50	35	85	120	105	À domicile	314
-	-	-	25	30	25	En dehors du Canada	315
70	30	130	95	50	35	Sans adresse de travail fixe	316
1,940	**1,440**	**2,180**	**3,935**	**1,715**	**1,710**	**Population active occupée totale de 15 ans et plus ayant un lieu habituel de travail ou sans adresse de travail fixe**	317
						selon le mode de transport	
1,085	740	1,165	1,910	915	915	Hommes	318
795	580	860	1,295	625	670	Automobile, camion ou fourgonnette, en tant que conducteur	319
110	35	100	65	80	40	Automobile, camion ou fourgonnette, en tant que passager	320
115	80	155	315	135	105	Transport en commun	321
35	35	45	160	40	40	À pied	322
25	10	10	75	35	55	Autre moyen	323
855	695	1,020	2,025	795	795	Femmes	324
545	420	545	1,085	500	530	Automobile, camion ou fourgonnette, en tant que conductrice	325
125	55	145	235	90	55	Automobile, camion ou fourgonnette, en tant que passagère	326
155	195	295	515	135	150	Transport en commun	327
25	20	20	115	30	35	À pied	328
10	10	10	75	30	25	Autre moyen	329
2,335	**1,975**	**2,640**	**4,890**	**2,360**	**2,350**	**Population totale de 15 ans et plus ayant travaillé depuis le 1er janvier 2000**	330
						selon la langue utilisée au travail	
1,965	1,435	2,235	4,245	1,855	1,800	Réponses uniques	331
1,810	1,310	2,015	4,095	1,690	1,595	Anglais	332
-	-	-	-	-	-	Français	333
155	125	220	150	165	210	Langues non officielles (5)	334
35	25	45	60	55	100	Chinois, n.d.a.	335
15	60	50	15	55	65	Cantonais	336
105	50	120	75	50	50	Autres langues (6)	337
370	540	405	645	510	545	Réponses multiples	338
10	20	15	120	25	10	Anglais et français	339
350	510	390	515	480	515	Anglais et langue non officielle	340
-	-	-	-	-	10	Français et langue non officielle	341
10	10	-	15	-	10	Anglais, français et langue non officielle	342
						CARACTÉRISTIQUES DES LOGEMENTS ET DES MÉNAGES	
1,185	**1,330**	**1,485**	**3,980**	**1,525**	**1,590**	**Nombre total de logements privés occupés**	343
						selon le mode d'occupation	
570	865	825	290	1,030	905	Possédé	344
615	465	660	3,690	495	685	Loué	345
-	-	-	-	-	-	Logement de bande	346
						selon le type de construction résidentielle	
275	670	555	40	1,025	1,015	Maison individuelle non attenante	347
-	40	45	-	245	200	Maison jumelée	348
20	110	-	150	10	90	Maison en rangée	349
705	235	740	35	-	20	Appartement, duplex non attenant	350
-	-	-	-	-	85	Appartement, immeuble de cinq étages ou plus	351
175	270	140	3,760	250	175	Appartement, immeuble de moins de cinq étages (38)	352
-	-	-	-	-	-	Autre maison individuelle attenante	353
10	-	-	-	-	-	Logement mobile (39)	354

Table 1. Selected Characteristics for Census Tracts, 2001 Census – 100% Data and 20% Sample Data

No.	Characteristics	Vancouver CMA/RMR	Vancouver 0001.01	Vancouver 0001.02 ◇	Vancouver 0002.01	Vancouver 0002.02	Vancouver 0003.01 A
	DWELLING AND HOUSEHOLD CHARACTERISTICS						
	by condition of dwelling						
355	Regular maintenance only	524,700	1,655	905	1,525	1,525	650
356	Minor repairs	170,685	495	290	370	415	240
357	Major repairs	63,330	115	100	330	400	40
	by period of construction						
358	Before 1946	72,360	-	-	35	60	55
359	1946-1960	91,060	30	10	160	370	270
360	1961-1970	111,400	140	60	615	220	220
361	1971-1980	152,465	1,080	460	120	165	95
362	1981-1990	159,145	955	395	305	610	130
363	1991-2001 (20)	172,280	45	375	1,000	900	165
364	Average number of rooms per dwelling	6.0	6.0	5.8	5.6	6.6	6.4
365	Average number of bedrooms per dwelling	2.5	2.7	2.6	2.4	3.2	3.2
366	Average value of dwelling $	294,847	229,369	255,120	285,466	360,839	321,752
367	**Total number of private households**	**758,710**	**2,255**	**1,300**	**2,230**	**2,335**	**930**
	by household size						
368	1 person	212,055	465	210	645	445	130
369	2 persons	228,230	610	415	695	645	155
370	3 persons	115,200	440	295	335	380	160
371	4-5 persons	170,360	655	330	460	670	335
372	6 or more persons	32,865	85	55	90	195	155
	by household type						
373	One-family households	483,330	1,705	1,015	1,460	1,620	625
374	Multiple-family households	24,755	60	40	50	150	155
375	Non-family households	250,630	495	250	715	570	145
376	Number of persons in private households	1,963,645	6,330	3,645	5,600	7,130	3,450
377	Average number of persons in private households	2.6	2.8	2.8	2.5	3.1	3.7
378	Average number of persons per room	0.4	0.5	0.5	0.5	0.5	0.6
379	Tenant households in non-farm, non-reserve private dwellings (40)	291,465	1,105	535	870	780	360
380	Average gross rent $ (40)	814	726	743	833	824	697
381	Tenant households spending 30% or more of household income on gross rent (40) (41)	125,945	365	205	295	285	140
382	Tenant households spending from 30% to 99% of household income on gross rent (40) (41)	99,260	315	140	200	235	85
383	Owner households in non-farm, non-reserve private dwellings (42)	458,780	1,155	755	1,340	1,555	560
384	Average owner's major payments $ (42)	1,057	903	931	976	1,072	1,009
385	Owner households spending 30% or more of household income on owner's major payments (41) (42)	109,900	250	140	315	440	165
386	Owner households spending from 30% to 99% of household income on owner's major payments (41) (42)	93,210	230	125	260	350	145
	CENSUS FAMILY CHARACTERISTICS						
387	**Total number of census families in private households**	**535,255**	**1,820**	**1,095**	**1,565**	**1,940**	**970**
	by census family structure and size						
388	Total couple families	453,395	1,390	815	1,325	1,680	775
389	Total families of married couples	401,385	1,285	750	1,180	1,545	755
390	Without children at home	152,540	335	250	430	495	250
391	With children at home	248,845	950	500	750	1,050	500
392	1 child	87,825	365	205	290	390	180
393	2 children	111,795	450	215	325	455	220
394	3 or more children	49,220	135	75	135	205	100
395	Total families of common-law couples	52,010	105	70	140	140	25
396	Without children at home	37,370	50	30	120	100	15
397	With children at home	14,635	55	40	25	40	10
398	1 child	7,945	25	25	20	15	-
399	2 children	4,755	30	15	-	10	-
400	3 or more children	1,935	-	-	-	10	-
401	Total lone-parent families	81,860	430	280	245	255	195
402	Female parent	67,055	385	225	235	230	140
403	1 child	40,440	250	140	140	135	55
404	2 children	19,310	90	60	50	70	50
405	3 or more children	7,300	40	30	45	30	40

Tableau 1. Certaines caractéristiques des secteurs de recensement, recensement de 2001 – Données intégrales et données-échantillon (20 %)

Vancouver 0003.02 A	Vancouver 0004.01 A	Vancouver 0004.02 ◆◇ A	Vancouver 0005	Vancouver 0006.01 A	Vancouver 0006.02 A	Caractéristiques	N°
						CARACTÉRISTIQUES DES LOGEMENTS ET DES MÉNAGES	
						selon l'état du logement	
930	935	985	2,775	1,010	1,010	Entretien régulier seulement	355
200	335	375	910	375	415	Réparations mineures	356
55	60	120	300	140	165	Réparations majeures	357
						selon la période de construction	
105	110	155	240	290	105	Avant 1946	358
280	315	335	820	250	360	1946-1960	359
220	220	260	1,235	165	230	1961-1970	360
205	195	230	915	75	260	1971-1980	361
145	265	260	520	340	375	1981-1990	362
225	235	245	260	410	260	1991-2001 (20)	363
5.7	6.1	6.1	3.3	6.4	5.9	Nombre moyen de pièces par logement	364
2.8	2.8	3.0	1.1	3.1	2.8	Nombre moyen de chambres à coucher par logement	365
303,023	348,224	314,316	145,917	443,838	413,828	Valeur moyenne du logement $	366
1,185	**1,330**	**1,485**	**3,985**	**1,525**	**1,590**	**Nombre total de logements privés**	367
						selon la taille du ménage	
170	325	250	2,100	325	315	1 personne	368
245	340	330	1,175	360	395	2 personnes	369
185	200	210	465	300	295	3 personnes	370
385	360	465	245	435	490	4-5 personnes	371
200	110	230	-	100	100	6 personnes ou plus	372
						selon le genre de ménage	
765	875	955	1,640	1,055	1,145	Ménages unifamiliaux	373
185	80	220	15	65	90	Ménages multifamiliaux	374
230	380	305	2,325	405	355	Ménages non familiaux	375
4,305	3,845	5,180	6,850	4,465	4,725	Nombre de personnes dans les ménages privés	376
3.6	2.9	3.5	1.7	2.9	3.0	Nombre moyen de personnes dans les ménages privés	377
0.6	0.5	0.6	0.5	0.5	0.5	Nombre moyen de personnes par pièce	378
605	445	655	3,625	475	675	Ménages locataires dans les logements privés non agricoles hors réserve (40)	379
714	816	734	686	912	898	Loyer brut moyen $ (40)	380
255	130	330	1,430	200	340	Ménages locataires consacrant 30 % ou plus du revenu du ménage au loyer brut (40) (41)	381
185	105	240	1,110	145	250	Ménages locataires consacrant de 30 % à 99 % du revenu du ménage au loyer brut (40) (41)	382
575	865	820	285	1,025	890	Ménages propriétaires dans les logements privés non agricoles hors réserve (42)	383
1,067	953	965	819	974	825	Principales dépenses de propriété moyennes $ (42)	384
195	230	245	80	255	200	Ménages propriétaires consacrant 30 % ou plus du revenu du ménage aux principales dépenses de propriété (41) (42)	385
150	165	210	70	160	130	Ménages propriétaires consacrant de 30 % à 99 % du revenu du ménage aux principales dépenses de propriété (41) (42)	386
						CARACTÉRISTIQUES DES FAMILLES DE RECENSEMENT	
1,170	**1,045**	**1,440**	**1,675**	**1,195**	**1,325**	**Total des familles de recensement dans les ménages privés**	387
						selon la structure et la taille de la famille de recensement	
960	900	1,195	1,395	1,025	1,125	Total des familles avec conjoints	388
905	810	1,135	1,055	960	1,010	Total des familles avec couples mariés	389
300	260	340	490	250	280	Sans enfants à la maison	390
605	550	800	565	710	735	Avec enfants à la maison	391
175	185	305	390	305	215	1 enfant	392
225	255	315	165	285	385	2 enfants	393
200	105	185	10	120	130	3 enfants ou plus	394
55	90	55	340	60	105	Total des familles en union libre	395
50	50	45	315	55	80	Sans enfants à la maison	396
10	40	10	25	-	25	Avec enfants à la maison	397
-	25	-	20	-	25	1 enfant	398
-	15	10	10	10	-	2 enfants	399
-	-	-	-	-	-	3 enfants ou plus	400
215	145	250	280	170	200	Total des familles monoparentales	401
160	105	210	240	160	175	Parent de sexe féminin	402
65	80	145	200	100	115	1 enfant	403
75	-	70	25	45	60	2 enfants	404
25	20	-	15	15	10	3 enfants ou plus	405

Table 1. Selected Characteristics for Census Tracts, 2001 Census – 100% Data and 20% Sample Data

No.	Characteristics	Vancouver CMA/RMR	Vancouver 0001.01	Vancouver 0001.02 ◇	Vancouver 0002.01	Vancouver 0002.02	Vancouver 0003.01 A
	CENSUS FAMILY CHARACTERISTICS						
	by census family structure and size – concluded						
406	Male parent	14,810	50	55	10	25	55
407	1 child	9,890	45	45	-	20	20
408	2 children	3,755	10	10	-	-	15
409	3 or more children	1,160	-	-	-	-	20
410	**Total number of children at home**	**620,755**	**2,440**	**1,350**	**1,775**	**2,480**	**1,385**
	by age groups						
411	Under 6 years	127,880	370	310	290	355	310
412	6-14 years	215,355	780	450	585	765	460
413	15-17 years	74,795	270	150	185	300	135
414	18-24 years	130,390	650	255	420	630	275
415	25 years and over	72,340	365	185	290	430	200
416	Average number of children at home per census family (43)	1.2	1.3	1.2	1.1	1.3	1.4
417	**Total number of persons in private households**	**1,963,645**	**6,335**	**3,645**	**5,600**	**7,125**	**3,450**
	by census family status and living arrangements						
418	Number of non-family persons	354,230	685	385	945	1,025	320
419	Living with relatives (44)	49,555	155	75	155	310	130
420	Living with non-relatives only	92,615	60	105	145	270	60
421	Living alone	212,055	465	210	645	445	135
422	Number of family persons	1,609,410	5,650	3,260	4,665	6,100	3,130
423	Average number of persons per census family	3.0	3.1	3.0	3.0	3.1	3.2
424	**Total number of persons 65 years and over**	**227,895**	**700**	**360**	**630**	**815**	**410**
425	Number of non-family persons 65 years and over	84,635	300	100	205	330	115
426	Living with relatives (44)	17,590	70	20	50	160	65
427	Living with non-relatives only	3,940	10	-	-	-	-
428	Living alone	63,105	225	70	150	165	50
429	Number of family persons 65 years and over	143,255	400	260	430	490	290
	ECONOMIC FAMILY CHARACTERISTICS						
430	**Total number of economic families in private households**	**517,625**	**1,780**	**1,055**	**1,545**	**1,800**	**795**
	by size of family						
431	2 persons	213,720	605	400	680	590	150
432	3 persons	108,945	445	290	330	370	170
433	4 persons	116,525	505	235	325	405	205
434	5 or more persons	78,435	225	130	210	435	260
435	Total number of persons in economic families	1,658,960	5,805	3,335	4,815	6,415	3,255
436	Average number of persons per economic family	3.2	3.3	3.2	3.1	3.6	4.1
437	Total number of unattached individuals	304,680	530	315	785	715	195
	2000 INCOME CHARACTERISTICS						
	Population 15 years and over by sex and total income groups in 2000						
438	Total - Both sexes	1,620,920	5,175	2,885	4,720	5,975	2,675
439	Without income	97,205	355	195	310	460	210
440	With income	1,523,715	4,820	2,695	4,405	5,515	2,470
441	Under $1,000 (45)	80,320	295	160	275	435	180
442	$ 1,000 - $ 2,999	68,190	240	100	225	270	85
443	$ 3,000 - $ 4,999	53,115	120	130	155	165	125
444	$ 5,000 - $ 6,999	66,555	240	135	175	240	210
445	$ 7,000 - $ 9,999	95,785	335	180	260	430	180
446	$10,000 - $11,999	66,535	260	145	170	290	145
447	$12,000 - $14,999	108,580	370	210	310	440	240
448	$15,000 - $19,999	139,105	485	280	385	480	240
449	$20,000 - $24,999	121,245	335	230	310	380	210
450	$25,000 - $29,999	102,205	335	145	265	325	200
451	$30,000 - $34,999	109,740	330	145	270	385	160
452	$35,000 - $39,999	89,535	270	170	250	305	165
453	$40,000 - $44,999	84,045	255	115	240	245	100
454	$45,000 - $49,999	63,445	185	110	245	165	70
455	$50,000 - $59,999	97,065	320	140	285	425	55
456	$60,000 and over	178,265	435	305	580	545	105
457	Average income $ (46)	31,421	26,996	27,674	29,846	27,980	21,546
458	Median income $ (46)	23,237	20,596	20,025	23,856	20,001	16,097
459	Standard error of average income $ (46)	81	695	1,025	820	867	1,023

Tableau 1. Certaines caractéristiques des secteurs de recensement, recensement de 2001 – Données intégrales et données-échantillon (20 %)

Vancouver 0003.02 A	Vancouver 0004.01 A	Vancouver 0004.02 ◆◇ A	Vancouver 0005	Vancouver 0006.01 A	Vancouver 0006.02 A	Caractéristiques	N°
						CARACTÉRISTIQUES DES FAMILLES DE RECENSEMENT	
						selon la structure et la taille de la famille de recensement – fin	
55	35	45	40	15	30	Parent de sexe masculin	406
40	30	25	35	15	25	1 enfant	407
10	10	20	-	-	-	2 enfants	408
15	-	-	-	-	-	3 enfants ou plus	409
1,685	**1,320**	**1,910**	**1,120**	**1,540**	**1,695**	**Nombre total d'enfants à la maison**	410
						selon les groupes d'âge	
415	135	450	315	185	205	Moins de 6 ans	411
445	410	585	440	450	465	6-14 ans	412
135	180	140	145	190	245	15-17 ans	413
370	340	375	145	465	505	18-24 ans	414
315	250	355	70	250	265	25 ans et plus	415
1.4	1.3	1.3	0.7	1.3	1.3	Nombre moyen d'enfants à la maison par famille de recensement (43)	416
4,305	**3,850**	**5,175**	**6,850**	**4,470**	**4,725**	**Nombre total de personnes dans les ménages privés**	417
						selon la situation des particuliers dans la famille de recensement et des particuliers dans le ménage	
490	585	630	2,660	705	595	Nombre de personnes hors famille de recensement	418
155	140	225	125	190	150	Vivant avec des personnes apparentées (44)	419
165	125	160	440	185	130	Vivant avec des personnes non apparentées uniquement	420
175	325	245	2,095	330	315	Vivant seules	421
3,815	3,265	4,550	4,185	3,760	4,135	Nombre de personnes membres d'une famille	422
3.2	3.1	3.1	2.5	3.1	3.1	Nombre moyen de personnes par famille de recensement	423
435	**635**	**565**	**450**	**530**	**570**	**Nombre total de personnes de 65 ans et plus**	424
100	245	160	265	200	200	Nombre de personnes hors famille de recensement de 65 ans et plus	425
70	60	90	10	100	80	Vivant avec des personnes apparentées (44)	426
-	15	10	15	-	-	Vivant avec des personnes non apparentées uniquement	427
35	170	70	245	100	125	Vivant seules	428
335	385	405	180	335	370	Nombre de personnes membres d'une famille de 65 ans et plus	429
						CARACTÉRISTIQUES DES FAMILLES ÉCONOMIQUES	
960	**980**	**1,225**	**1,705**	**1,150**	**1,255**	**Nombre total de familles économiques dans les ménages privés**	430
						selon la taille de la famille	
225	330	360	1,035	350	405	2 personnes	431
170	185	200	445	295	285	3 personnes	432
195	240	265	215	315	325	4 personnes	433
375	220	405	15	185	230	5 personnes ou plus	434
3,965	3,405	4,775	4,315	3,955	4,285	Nombre total de personnes dans les familles économiques	435
4.1	3.5	3.9	2.5	3.4	3.4	Nombre moyen de personnes par famille économique	436
335	445	410	2,535	515	445	Nombre total de personnes hors famille économique	437
						CARACTÉRISTIQUES DU REVENU DE 2000	
						Population de 15 ans et plus selon le sexe et les tranches de revenu total en 2000	
3,445	3,305	4,140	6,095	3,820	4,045	Total - Les deux sexes	438
330	325	420	385	430	510	Sans revenu	439
3,115	2,975	3,720	5,710	3,390	3,530	Avec un revenu	440
260	205	260	250	230	330	Moins de 1 000 $ (45)	441
175	115	265	295	140	275	1 000 $ - 2 999 $	442
115	140	145	190	160	215	3 000 $ - 4 999 $	443
145	150	225	210	250	150	5 000 $ - 6 999 $	444
390	255	185	375	145	250	7 000 $ - 9 999 $	445
190	145	265	190	130	110	10 000 $ - 11 999 $	446
255	265	365	420	335	280	12 000 $ - 14 999 $	447
435	325	550	605	305	415	15 000 $ - 19 999 $	448
320	205	360	455	235	285	20 000 $ - 24 999 $	449
180	260	235	605	175	245	25 000 $ - 29 999 $	450
205	225	270	585	290	155	30 000 $ - 34 999 $	451
100	135	180	475	180	125	35 000 $ - 39 999 $	452
100	105	75	265	115	145	40 000 $ - 44 999 $	453
60	90	70	260	95	125	45 000 $ - 49 999 $	454
100	105	155	280	200	155	50 000 $ - 59 999 $	455
85	240	105	240	425	280	60 000 $ et plus	456
18,868	24,166	20,046	25,109	28,098	24,609	Revenu moyen $ (46)	457
15,303	18,257	15,854	23,143	20,160	16,516	Revenu médian $ (46)	458
599	845	647	518	1,175	1,166	Erreur type de revenu moyen $ (46)	459

Table 1. Selected Characteristics for Census Tracts, 2001 Census – 100% Data and 20% Sample Data

No.	Characteristics	Vancouver CMA/RMR	Vancouver 0001.01	Vancouver 0001.02 ◇	Vancouver 0002.01	Vancouver 0002.02	Vancouver 0003.01 A
	2000 INCOME CHARACTERISTICS						
	Population 15 years and over by sex and total income groups in 2000 – concluded						
460	Total - Males	787,520	2,340	1,300	2,255	2,840	1,345
461	Without income	39,025	170	55	145	195	95
462	With income	748,500	2,170	1,240	2,115	2,645	1,250
463	Under $1,000 (45)	38,090	130	90	155	210	95
464	$ 1,000 - $ 2,999	27,250	120	55	115	115	60
465	$ 3,000 - $ 4,999	21,365	65	25	65	45	70
466	$ 5,000 - $ 6,999	27,445	95	55	80	110	60
467	$ 7,000 - $ 9,999	37,775	160	65	100	170	40
468	$10,000 - $11,999	28,620	105	85	70	155	90
469	$12,000 - $14,999	40,250	160	65	110	185	105
470	$15,000 - $19,999	59,240	140	145	140	240	145
471	$20,000 - $24,999	55,650	160	130	120	180	105
472	$25,000 - $29,999	47,460	140	30	120	105	140
473	$30,000 - $34,999	50,935	150	70	120	175	95
474	$35,000 - $39,999	43,640	140	65	130	130	70
475	$40,000 - $44,999	44,790	110	40	150	140	35
476	$45,000 - $49,999	36,150	65	45	95	65	35
477	$50,000 - $59,999	60,240	170	65	175	270	25
478	$60,000 and over	129,585	270	195	370	355	80
479	Average income $ (46)	38,151	30,225	31,193	33,467	32,170	23,806
480	Median income $ (46)	28,823	23,461	20,715	28,579	22,409	18,430
481	Standard error of average income $ (46)	150	1,229	1,785	1,298	1,470	1,728
482	Total - Females	833,400	2,830	1,585	2,460	3,130	1,330
483	Without income	58,175	185	135	170	265	120
484	With income	775,220	2,645	1,450	2,290	2,865	1,215
485	Under $1,000 (45)	42,230	165	70	120	220	90
486	$ 1,000 - $ 2,999	40,940	120	50	110	160	30
487	$ 3,000 - $ 4,999	31,750	55	105	90	125	55
488	$ 5,000 - $ 6,999	39,105	145	80	95	130	150
489	$ 7,000 - $ 9,999	58,010	180	115	165	260	140
490	$10,000 - $11,999	37,915	155	60	100	135	55
491	$12,000 - $14,999	68,330	215	140	200	255	140
492	$15,000 - $19,999	79,865	350	140	250	235	95
493	$20,000 - $24,999	65,595	180	100	185	200	110
494	$25,000 - $29,999	54,745	195	110	145	215	60
495	$30,000 - $34,999	58,800	180	75	145	210	65
496	$35,000 - $39,999	45,895	125	105	125	180	90
497	$40,000 - $44,999	39,250	140	70	90	105	65
498	$45,000 - $49,999	27,295	120	55	150	100	40
499	$50,000 - $59,999	36,825	150	70	110	150	25
500	$60,000 and over	48,680	170	110	215	190	30
501	Average income $ (46)	24,924	24,343	24,657	26,502	24,116	19,218
502	Median income $ (46)	19,076	18,597	19,152	20,196	17,772	13,165
503	Standard error of average income $ (46)	62	752	1,109	1,003	953	1,011
	by composition of total income						
504	Total - Composition of income in 2000 % (47)	100.0	100.0	100.0	100.0	100.0	100.0
505	Employment income %	78.7	81.1	75.8	82.0	79.6	74.2
506	Government transfer payments %	9.6	11.0	10.6	8.7	9.8	16.1
507	Other %	11.7	7.9	13.5	9.3	10.5	9.5
	Population 15 years and over with employment income in 2000 by sex and work activity						
508	Both sexes with employment income (48)	1,108,050	3,580	1,840	3,195	3,770	1,710
509	Average employment income $	34,007	29,478	30,748	33,747	32,600	23,095
510	Standard error of average employment income $	97	830	1,319	965	1,146	1,315
511	Worked full year, full time (49)	562,445	1,755	805	1,695	1,810	775
512	Average employment income $	46,806	41,849	43,534	46,637	44,410	31,157
513	Standard error of average employment income $	164	1,178	1,662	1,233	1,594	2,388
514	Worked part year or part time (50)	516,420	1,735	980	1,405	1,840	905
515	Average employment income $	21,244	18,000	21,509	19,468	22,594	16,658
516	Standard error of average employment income $	90	885	1,773	1,090	1,554	1,225
517	Males with employment income (48)	576,175	1,760	870	1,560	1,900	905
518	Average employment income $	40,665	31,825	35,123	38,203	37,189	25,731
519	Standard error of average employment income $	172	1,390	2,219	1,513	1,891	2,166
520	Worked full year, full time (49)	326,275	910	390	915	975	425
521	Average employment income $	53,095	45,059	44,065	51,578	49,512	33,294
522	Standard error of average employment income $	268	1,926	2,783	1,748	2,691	3,945
523	Worked part year or part time (50)	237,200	800	455	580	875	460
524	Average employment income $	24,976	17,919	29,121	19,487	25,047	19,152
525	Standard error of average employment income $	172	1,528	3,308	1,844	2,479	1,953

Tableau 1. Certaines caractéristiques des secteurs de recensement, recensement de 2001 – Données intégrales et données-échantillon (20 %)

Vancouver 0003.02 A	Vancouver 0004.01 A	Vancouver 0004.02 ◆◇ A	Vancouver 0005	Vancouver 0006.01 A	Vancouver 0006.02 A	Caractéristiques	N°
						CARACTÉRISTIQUES DU REVENU DE 2000	
						Population de 15 ans et plus selon le sexe et les tranches de revenu total en 2000 – fin	
1,725	1,565	2,030	2,930	1,785	1,970	Total - Hommes	460
115	145	130	145	190	255	Sans revenu	461
1,615	1,415	1,895	2,780	1,600	1,710	Avec un revenu	462
135	80	125	100	85	135	Moins de 1 000 $ (45)	463
65	70	130	120	45	115	1 000 $ - 2 999 $	464
45	55	60	105	65	95	3 000 $ - 4 999 $	465
50	65	95	120	120	50	5 000 $ - 6 999 $	466
185	100	90	180	65	95	7 000 $ - 9 999 $	467
100	75	120	85	40	50	10 000 $ - 11 999 $	468
125	70	180	140	140	90	12 000 $ - 14 999 $	469
210	180	300	290	110	210	15 000 $ - 19 999 $	470
160	100	150	185	95	145	20 000 $ - 24 999 $	471
90	105	135	265	80	100	25 000 $ - 29 999 $	472
160	95	135	345	105	120	30 000 $ - 34 999 $	473
30	95	90	200	100	45	35 000 $ - 39 999 $	474
60	60	55	145	60	55	40 000 $ - 44 999 $	475
35	30	55	165	65	90	45 000 $ - 49 999 $	476
95	95	100	185	115	100	50 000 $ - 59 999 $	477
65	140	70	150	300	205	60 000 $ et plus	478
21,285	27,091	21,542	27,229	34,239	30,521	Revenu moyen $ (46)	479
15,947	20,223	16,795	26,115	26,918	20,035	Revenu médian $ (46)	480
906	1,345	846	815	2,146	2,096	Erreur type de revenu moyen $ (46)	481
1,715	1,740	2,110	3,165	2,035	2,075	Total - Femmes	482
210	180	290	240	240	255	Sans revenu	483
1,500	1,555	1,825	2,930	1,795	1,820	Avec un revenu	484
125	125	140	150	140	195	Moins de 1 000 $ (45)	485
105	40	135	170	100	155	1 000 $ - 2 999 $	486
65	85	80	80	95	115	3 000 $ - 4 999 $	487
100	80	130	90	130	100	5 000 $ - 6 999 $	488
205	155	95	200	80	150	7 000 $ - 9 999 $	489
85	70	150	105	90	55	10 000 $ - 11 999 $	490
130	200	185	280	185	190	12 000 $ - 14 999 $	491
225	145	250	320	195	205	15 000 $ - 19 999 $	492
165	110	215	275	135	140	20 000 $ - 24 999 $	493
85	150	100	340	95	150	25 000 $ - 29 999 $	494
45	130	135	235	185	35	30 000 $ - 34 999 $	495
75	45	90	270	75	75	35 000 $ - 39 999 $	496
40	50	20	125	50	90	40 000 $ - 44 999 $	497
25	65	10	95	35	35	45 000 $ - 49 999 $	498
-	15	50	95	85	55	50 000 $ - 59 999 $	499
25	100	30	85	120	70	60 000 $ et plus	500
16,274	21,501	18,493	23,094	22,635	19,037	Revenu moyen $ (46)	501
12,458	16,199	14,811	20,849	16,829	12,917	Revenu médian $ (46)	502
748	1,025	982	647	1,089	1,025	Erreur type de revenu moyen $ (46)	503
						selon la composition du revenu total	
100.0	100.0	100.0	100.0	100.0	100.0	Total - Composition du revenu en 2000 % (47)	504
77.3	70.9	73.6	85.4	75.1	73.1	Revenu d'emploi %	505
16.7	15.1	16.1	9.2	8.2	12.1	Transferts gouvernementaux %	506
5.9	13.8	10.4	5.3	16.7	14.8	Autre %	507
						Population de 15 ans et plus ayant un revenu d'emploi en 2000 selon le sexe et le travail	
2,235	1,865	2,520	4,595	2,225	2,200	Les deux sexes ayant un revenu d'emploi (48)	508
20,330	27,328	21,780	26,677	32,163	28,849	Revenu moyen d'emploi $	509
738	1,131	824	591	1,566	1,483	Erreur type de revenu moyen d'emploi $	510
875	765	1,005	2,275	925	930	Ayant travaillé toute l'année à plein temps (49)	511
29,184	39,490	32,660	36,206	44,585	45,240	Revenu moyen d'emploi $	512
1,262	1,843	1,547	755	1,770	2,832	Erreur type de revenu moyen d'emploi $	513
1,295	1,035	1,390	2,200	1,235	1,185	Ayant travaillé une partie de l'année ou à temps partiel (50)	514
14,687	19,615	14,690	17,715	23,286	17,233	Revenu moyen d'emploi $	515
766	1,194	720	707	2,349	1,122	Erreur type de revenu moyen d'emploi $	516
1,205	960	1,290	2,245	1,170	1,185	Hommes ayant un revenu d'emploi (48)	517
23,105	30,665	23,262	29,374	38,455	34,319	Revenu moyen d'emploi $	518
1,080	1,725	1,000	905	2,618	2,370	Erreur type de revenu moyen d'emploi $	519
550	415	595	1,160	565	545	Ayant travaillé toute l'année à plein temps (49)	520
31,443	43,507	31,080	38,474	49,125	51,399	Revenu moyen d'emploi $	521
1,651	2,797	1,444	1,180	2,432	4,289	Erreur type de revenu moyen d'emploi $	522
630	495	640	1,065	580	615	Ayant travaillé une partie de l'année ou à temps partiel (50)	523
16,179	21,944	16,437	19,667	28,796	20,175	Revenu moyen d'emploi $	524
1,186	1,820	1,236	1,071	4,673	1,712	Erreur type de revenu moyen d'emploi $	525

Table 1. Selected Characteristics for Census Tracts, 2001 Census – 100% Data and 20% Sample Data

No.	Characteristics	Vancouver CMA/RMR	Vancouver 0001.01	Vancouver 0001.02 ◇	Vancouver 0002.01	Vancouver 0002.02	Vancouver 0003.01 A
	2000 INCOME CHARACTERISTICS						
	Population 15 years and over with employment income in 2000 by sex and work activity – concluded						
526	Females with employment income (48)	531,875	1,820	965	1,635	1,870	810
527	Average employment income $	26,793	27,204	26,790	29,509	27,931	20,150
528	Standard error of average employment income $	75	927	1,456	1,170	1,265	1,211
529	Worked full year, full time (49)	236,165	845	415	780	835	350
530	Average employment income $	38,118	38,380	43,032	40,833	38,450	28,543
531	Standard error of average employment income $	121	1,271	1,880	1,613	1,356	1,789
532	Worked part year or part time (50)	279,220	940	525	825	965	445
533	Average employment income $	18,074	18,068	14,969	19,454	20,371	14,086
534	Standard error of average employment income $	79	1,004	1,353	1,327	1,937	1,344
	Census families by structure and family income groups in 2000						
535	Total - All census families	535,255	1,820	1,095	1,565	1,940	970
536	Under $10,000	28,740	70	85	125	105	105
537	$ 10,000 - $19,999	38,115	155	85	90	175	120
538	$ 20,000 - $29,999	50,800	195	145	160	215	160
539	$ 30,000 - $39,999	55,435	215	90	185	205	175
540	$ 40,000 - $49,999	54,160	170	115	175	225	80
541	$ 50,000 - $59,999	49,520	215	125	90	135	55
542	$ 60,000 - $69,999	48,395	170	75	120	145	90
543	$ 70,000 - $79,999	42,105	105	65	125	165	45
544	$ 80,000 - $89,999	36,980	150	80	110	135	35
545	$ 90,000 - $99,999	28,700	75	60	80	105	15
546	$100,000 and over	102,315	305	170	295	345	95
547	Average family income $	70,196	61,983	58,004	63,085	65,132	47,926
548	Median family income $	57,926	52,709	51,888	55,249	53,214	36,000
549	Standard error of average family income $	224	1,921	2,490	2,351	2,659	2,975
550	Total - All couple census families (51)	453,395	1,385	815	1,325	1,680	775
551	Under $10,000	19,130	50	35	95	60	75
552	$ 10,000 - $19,999	23,495	115	45	65	150	90
553	$ 20,000 - $29,999	38,310	140	85	115	190	140
554	$ 30,000 - $39,999	43,530	125	70	135	140	135
555	$ 40,000 - $49,999	43,945	95	70	115	190	55
556	$ 50,000 - $59,999	42,705	155	125	85	125	55
557	$ 60,000 - $69,999	42,950	145	40	110	125	70
558	$ 70,000 - $79,999	38,835	95	55	120	160	45
559	$ 80,000 - $89,999	34,665	135	75	110	115	30
560	$ 90,000 - $99,999	27,285	55	55	85	105	15
561	$100,000 and over	98,545	275	150	295	335	75
562	Average family income $	75,585	66,589	65,081	68,552	69,319	48,772
563	Median family income $	63,146	61,040	57,045	63,225	59,375	37,576
564	Standard error of average family income $	257	2,233	2,966	2,609	2,977	3,347
	Incidence of low income in 2000						
565	Total - Economic families	515,845	1,780	1,055	1,545	1,805	795
566	Low income	88,045	355	275	305	390	240
567	Incidence of low income in 2000 % (52)	17.1	19.9	26.2	19.7	21.6	30.2
568	Total - Unattached individuals 15 years and over	301,305	525	315	775	700	195
569	Low income	120,030	255	125	235	310	105
570	Incidence of low income in 2000 % (52)	39.8	48.4	40.1	30.6	44.4	53.9
571	Total - Population in private households	1,955,020	6,330	3,645	5,590	7,115	3,450
572	Low income	407,135	1,460	1,005	1,270	1,815	1,005
573	Incidence of low income in 2000 % (52)	20.8	23.0	27.5	22.8	25.5	29.1
	Private households by household income groups in 2000						
574	Total - All private households	758,715	2,260	1,300	2,225	2,330	930
575	Under $10,000	54,525	105	125	165	150	95
576	$ 10,000 - $19,999	86,155	370	130	220	230	95
577	$ 20,000 - $29,999	77,280	225	150	190	215	105
578	$ 30,000 - $39,999	83,835	265	110	260	220	130
579	$ 40,000 - $49,999	77,540	145	120	260	275	85
580	$ 50,000 - $59,999	67,460	235	150	205	175	80
581	$ 60,000 - $69,999	59,960	190	85	165	170	100
582	$ 70,000 - $79,999	50,405	105	75	175	155	40
583	$ 80,000 - $89,999	43,290	190	95	130	165	45
584	$ 90,000 - $99,999	34,000	90	65	110	140	15
585	$100,000 and over	124,270	340	200	340	445	145
586	Average household income $	63,003	57,598	57,383	59,048	66,118	57,184
587	Median household income $	49,940	50,899	50,872	50,745	54,079	46,521
588	Standard error of average household income $	179	1,800	2,400	1,888	2,479	3,737

Tableau 1. Certaines caractéristiques des secteurs de recensement, recensement de 2001 – Données intégrales et données-échantillon (20 %)

Vancouver 0003.02 A	Vancouver 0004.01 A	Vancouver 0004.02 ◆◇ A	Vancouver 0005	Vancouver 0006.01 A	Vancouver 0006.02 A	Caractéristiques	N°
						CARACTÉRISTIQUES DU REVENU DE 2000	
						Population de 15 ans et plus ayant un revenu d'emploi en 2000 selon le sexe et le travail – fin	
1,030	905	1,230	2,345	1,055	1,020	Femmes ayant un revenu d'emploi (48)	526
17,067	23,772	20,224	24,091	25,179	22,516	Revenu moyen d'emploi $	527
939	1,375	1,323	752	1,452	1,570	Erreur type de revenu moyen d'emploi $	528
325	345	405	1,115	365	390	Ayant travaillé toute l'année à plein temps (49)	529
25,370	34,618	34,986	33,842	37,603	36,612	Revenu moyen d'emploi $	530
1,853	2,117	3,167	916	2,279	3,008	Erreur type de revenu moyen d'emploi $	531
665	540	755	1,135	655	570	Ayant travaillé une partie de l'année ou à temps partiel (50)	532
13,271	17,461	13,216	15,885	18,399	14,060	Revenu moyen d'emploi $	533
966	1,520	782	920	1,614	1,379	Erreur type de revenu moyen d'emploi $	534
						Familles de recensement selon la structure et les tranches de revenu de la famille en 2000	
1,170	1,040	1,445	1,670	1,195	1,325	Total - Toutes les familles de recensement	535
180	145	150	230	125	135	Moins de 10 000 $	536
170	85	220	190	50	125	10 000 $ - 19 999 $	537
140	110	185	225	90	205	20 000 $ - 29 999 $	538
150	85	185	280	140	170	30 000 $ - 39 999 $	539
135	100	195	190	130	105	40 000 $ - 49 999 $	540
100	105	125	150	60	150	50 000 $ - 59 999 $	541
90	85	135	195	120	80	60 000 $ - 69 999 $	542
55	65	90	80	115	80	70 000 $ - 79 999 $	543
60	65	30	75	85	45	80 000 $ - 89 999 $	544
20	60	30	25	45	45	90 000 $ - 99 999 $	545
75	135	90	40	240	185	100 000 $ et plus	546
43,013	55,154	43,784	40,324	63,643	56,704	Revenu moyen des familles $	547
36,500	49,098	38,813	36,550	61,423	41,559	Revenu médian des familles $	548
2,057	2,591	1,807	1,371	2,656	3,173	Erreur type de revenu moyen des familles $	549
955	900	1,190	1,395	1,025	1,120	Total - Toutes les familles de recensement comptant un couple (51)	550
145	110	100	190	95	125	Moins de 10 000 $	551
120	65	170	140	25	100	10 000 $ - 19 999 $	552
90	100	160	155	70	160	20 000 $ - 29 999 $	553
135	75	145	240	100	135	30 000 $ - 39 999 $	554
115	95	180	150	120	90	40 000 $ - 49 999 $	555
75	90	115	120	55	130	50 000 $ - 59 999 $	556
75	65	110	175	95	65	60 000 $ - 69 999 $	557
50	60	80	75	110	75	70 000 $ - 79 999 $	558
55	50	25	70	75	35	80 000 $ - 89 999 $	559
20	60	20	25	50	40	90 000 $ - 99 999 $	560
80	125	90	40	230	165	100 000 $ et plus	561
45,827	56,194	45,807	42,333	67,311	58,653	Revenu moyen des familles $	562
39,511	51,222	40,954	38,618	65,720	43,204	Revenu médian des familles $	563
2,412	2,817	2,003	1,580	2,929	3,647	Erreur type de revenu moyen des familles $	564
						Fréquence des unités à faible revenu en 2000	
960	980	1,225	1,700	1,150	1,250	Total - Familles économiques	565
295	265	350	585	230	345	Faible revenu	566
30.7	26.9	28.9	34.4	19.8	27.3	Fréquence des unités à faible revenu en 2000 % (52)	567
335	450	405	2,535	510	425	Total - Personnes hors famille économique de 15 ans et plus	568
190	210	250	890	200	230	Faible revenu	569
56.7	47.5	60.5	35.1	40.0	52.8	Fréquence des unités à faible revenu en 2000 % (52)	570
4,305	3,850	5,175	6,845	4,465	4,710	Total - Population dans les ménages privés	571
1,370	1,170	1,520	2,555	1,055	1,455	Faible revenu	572
31.8	30.4	29.4	37.4	23.7	30.9	Fréquence des unités à faible revenu en 2000 % (52)	573
						Ménages privés selon les tranches de revenu du ménage en 2000	
1,185	1,330	1,485	3,985	1,525	1,585	Total - Tous les ménages privés	574
145	125	205	485	150	185	Moins de 10 000 $	575
135	200	175	630	105	220	10 000 $ - 19 999 $	576
115	150	140	655	155	215	20 000 $ - 29 999 $	577
155	105	160	725	175	165	30 000 $ - 39 999 $	578
140	125	120	530	130	105	40 000 $ - 49 999 $	579
125	95	165	300	95	180	50 000 $ - 59 999 $	580
90	140	130	295	120	125	60 000 $ - 69 999 $	581
70	95	125	125	145	90	70 000 $ - 79 999 $	582
60	50	50	125	120	35	80 000 $ - 89 999 $	583
20	50	60	55	45	45	90 000 $ - 99 999 $	584
130	200	155	60	285	225	100 000 $ et plus	585
49,518	54,031	50,215	35,958	62,513	54,701	Revenu moyen des ménages $	586
43,672	46,992	45,240	32,077	52,647	40,164	Revenu médian des ménages $	587
2,177	2,258	2,136	803	2,848	2,939	Erreur type de revenu moyen des ménages $	588

Table 1. Selected Characteristics for Census Tracts, 2001 Census – 100% Data and 20% Sample Data

No.	Characteristics	Vancouver 0007.01 A	Vancouver 0007.02 A	Vancouver 0008 ◇	Vancouver 0009	Vancouver 0010.01	Vancouver 0010.02
	POPULATION CHARACTERISTICS						
1	**Population, 1996 (1)**	**5,181**	**3,378**	**5,454**	**6,463**	**4,408**	**4,339**
2	**Population, 2001 (2)**	**4,954**	**3,670**	**5,364**	**6,945**	**4,571**	**4,478**
3	Population percentage change, 1996-2001	-4.4	8.6	-1.7	7.5	3.7	3.2
4	Land area in square kilometres, 2001	2.63	1.43	5.45	1.67	1.39	1.37
5	**Total population - 100% Data (3)**	**4,950**	**3,670**	**5,365**	**6,945**	**4,570**	**4,480**
	by sex and age groups						
6	Male	2,335	1,710	2,585	3,135	2,075	2,095
7	0-4 years	100	70	105	100	50	60
8	5-9 years	120	90	130	130	95	80
9	10-14 years	170	130	240	185	140	140
10	15-19 years	195	175	250	250	205	190
11	20-24 years	180	145	190	260	195	200
12	25-29 years	120	95	110	230	125	120
13	30-34 years	135	70	110	225	80	85
14	35-39 years	130	85	130	235	125	100
15	40-44 years	165	100	185	225	125	150
16	45-49 years	215	150	180	280	165	205
17	50-54 years	245	190	245	265	175	200
18	55-59 years	115	135	190	195	115	115
19	60-64 years	125	80	155	135	105	80
20	65-69 years	80	65	125	115	85	90
21	70-74 years	90	45	100	105	80	80
22	75-79 years	65	35	60	75	80	90
23	80-84 years	40	30	45	55	65	60
24	85 years and over	25	20	30	65	60	50
25	Female	2,620	1,960	2,780	3,815	2,495	2,385
26	0-4 years	90	60	100	100	75	65
27	5-9 years	115	95	150	120	85	75
28	10-14 years	190	150	210	200	115	125
29	15-19 years	215	160	245	270	175	225
30	20-24 years	190	155	170	275	205	205
31	25-29 years	120	100	150	265	140	130
32	30-34 years	135	105	120	255	110	100
33	35-39 years	185	105	160	265	155	165
34	40-44 years	230	150	210	310	175	210
35	45-49 years	240	175	260	340	225	245
36	50-54 years	235	210	290	295	210	195
37	55-59 years	145	135	190	200	135	90
38	60-64 years	120	90	125	155	100	85
39	65-69 years	105	55	120	145	110	90
40	70-74 years	90	50	100	135	140	120
41	75-79 years	90	40	85	150	125	100
42	80-84 years	70	60	70	155	105	80
43	85 years and over	55	65	40	175	125	70
44	**Total population 15 years and over**	**4,165**	**3,075**	**4,430**	**6,105**	**4,005**	**3,925**
	by legal marital status						
45	Never married (single)	1,375	1,020	1,465	2,260	1,360	1,320
46	Legally married (and not separated)	2,195	1,680	2,490	2,795	2,040	2,125
47	Separated, but still legally married	85	55	85	135	60	70
48	Divorced	270	145	200	475	195	150
49	Widowed	230	170	190	440	350	265
	by common-law status						
50	Not in a common-law relationship	4,000	2,985	4,240	5,785	3,925	3,840
51	In a common-law relationship	160	90	190	320	80	85
52	**Total population - 20% Sample Data (4)**	**4,950**	**3,595**	**5,365**	**6,945**	**4,570**	**4,480**
	by mother tongue						
53	Single responses	4,855	3,560	5,325	6,880	4,515	4,360
54	English	2,765	1,690	3,820	3,975	1,470	1,520
55	French	25	25	20	75	15	35
56	Non-official languages (5)	2,070	1,845	1,485	2,835	3,035	2,810
57	Chinese, n.o.s.	560	610	420	890	1,120	930
58	Cantonese	570	645	320	735	620	855
59	Punjabi	45	30	-	-	10	20
60	Mandarin	135	230	170	440	580	450
61	Tagalog (Pilipino)	95	35	25	30	105	20
62	Other languages (6)	675	300	555	730	600	530
63	Multiple responses	95	35	40	65	55	120
64	English and French	-	-	-	10	10	-
65	English and non-official language	65	35	40	55	45	120
66	French and non-official language	20	-	-	10	10	-
67	English, French and non-official language	10	-	-	-	-	-

See reference material at the end of the publication. – Voir les documents de référence à la fin de la publication.

Tableau 1. Certaines caractéristiques des secteurs de recensement, recensement de 2001 – Données intégrales et données-échantillon (20 %)

Vancouver 0011	Vancouver 0012	Vancouver 0013.01	Vancouver 0013.02	Vancouver 0014	Vancouver 0015.01	Caractéristiques	N[o]
						CARACTÉRISTIQUES DE LA POPULATION	
5,737	**7,061**	**5,534**	**6,931**	**7,387**	**4,493**	**Population, 1996 (1)**	1
6,038	**7,482**	**5,927**	**7,555**	**8,138**	**4,588**	**Population, 2001 (2)**	2
5.2	6.0	7.1	9.0	10.2	2.1	Variation en pourcentage de la population, 1996-2001	3
1.63	1.55	1.15	1.11	1.32	0.94	Superficie des terres en kilomètres carrés, 2001	4
6,035	**7,480**	**5,925**	**7,555**	**8,140**	**4,590**	**Population totale - Données intégrales (3)**	5
						selon le sexe et les groupes d'âge	
2,890	3,620	2,880	3,720	3,895	2,245	Sexe masculin	6
180	220	155	230	210	75	0-4 ans	7
190	175	185	275	235	115	5-9 ans	8
200	205	170	265	270	150	10-14 ans	9
195	285	210	245	335	185	15-19 ans	10
230	300	215	295	315	200	20-24 ans	11
235	265	230	275	235	175	25-29 ans	12
220	285	235	320	270	130	30-34 ans	13
225	300	230	315	305	170	35-39 ans	14
215	275	235	290	295	150	40-44 ans	15
195	320	200	245	330	170	45-49 ans	16
175	255	180	220	255	190	50-54 ans	17
125	140	115	140	180	120	55-59 ans	18
100	130	115	150	150	100	60-64 ans	19
120	165	140	160	170	110	65-69 ans	20
100	115	125	120	135	80	70-74 ans	21
85	105	75	95	110	60	75-79 ans	22
60	45	30	35	55	40	80-84 ans	23
35	30	30	35	50	25	85 ans et plus	24
3,150	3,855	3,050	3,840	4,245	2,345	Sexe féminin	25
195	215	175	220	180	85	0-4 ans	26
180	175	160	230	210	95	5-9 ans	27
170	210	165	255	300	150	10-14 ans	28
190	250	170	230	265	195	15-19 ans	29
260	290	200	270	305	180	20-24 ans	30
230	275	255	340	290	165	25-29 ans	31
245	305	235	295	280	145	30-34 ans	32
205	335	245	295	365	155	35-39 ans	33
240	315	255	305	370	205	40-44 ans	34
200	350	210	265	335	220	45-49 ans	35
185	270	230	210	310	205	50-54 ans	36
145	155	130	185	170	110	55-59 ans	37
145	165	135	170	205	110	60-64 ans	38
130	150	125	185	185	85	65-69 ans	39
120	130	150	145	160	100	70-74 ans	40
120	140	110	105	150	65	75-79 ans	41
100	70	50	75	90	50	80-84 ans	42
85	60	40	55	60	30	85 ans et plus	43
4,915	**6,275**	**4,915**	**6,080**	**6,730**	**3,915**	**Population totale de 15 ans et plus**	44
						selon l'état matrimonial légal	
1,555	2,405	1,745	1,840	2,300	1,365	Célibataire (jamais marié(e))	45
2,670	3,085	2,525	3,485	3,520	2,125	Légalement marié(e) (et non séparé(e))	46
95	135	115	130	170	55	Séparé(e), mais toujours légalement marié(e)	47
205	295	225	250	320	140	Divorcé(e)	48
395	360	305	380	430	225	Veuf ou veuve	49
						selon l'union libre	
4,805	6,015	4,780	5,950	6,595	3,855	Ne vivant pas en union libre	50
115	265	135	130	135	60	Vivant en union libre	51
6,040	**7,470**	**5,915**	**7,550**	**8,125**	**4,575**	**Population totale - Données-échantillon (20 %) (4)**	52
						selon la langue maternelle	
5,900	7,220	5,725	7,315	7,935	4,490	Réponses uniques	53
1,635	2,655	1,360	1,770	1,600	1,345	Anglais	54
70	35	40	15	20	-	Français	55
4,200	4,530	4,325	5,530	6,310	3,140	Langues non officielles (5)	56
640	1,070	1,295	1,265	2,120	830	Chinois, n.d.a.	57
860	810	1,215	1,255	2,305	1,365	Cantonais	58
1,500	475	395	1,330	260	115	Pendjabi	59
100	365	170	125	255	175	Mandarin	60
160	425	300	230	295	10	Tagalog (pilipino)	61
945	1,395	945	1,325	1,075	640	Autres langues (6)	62
135	250	195	240	190	85	Réponses multiples	63
15	35	-	15	10	-	Anglais et français	64
115	215	195	220	190	70	Anglais et langue non officielle	65
10	-	-	-	-	-	Français et langue non officielle	66
-	-	-	-	-	15	Anglais, français et langue non officielle	67

See reference material at the end of the publication. – Voir les documents de référence à la fin de la publication.

Table 1. Selected Characteristics for Census Tracts, 2001 Census – 100% Data and 20% Sample Data

No.	Characteristics	Vancouver 0007.01 A	Vancouver 0007.02 A	Vancouver 0008 ◇	Vancouver 0009	Vancouver 0010.01	Vancouver 0010.02
	POPULATION CHARACTERISTICS						
	by home language						
68	Single responses	3,955	2,830	4,625	5,540	3,290	3,385
69	English	3,050	1,820	4,090	4,305	1,775	1,765
70	French	10	10	-	-	-	-
71	Non-official languages (5)	895	1,000	545	1,235	1,510	1,620
72	Cantonese	265	425	155	345	345	525
73	Chinese, n.o.s.	305	290	135	400	510	415
74	Punjabi	10	25	-	-	-	25
75	Mandarin	80	175	55	235	315	365
76	Korean	-	15	20	110	50	30
77	Other languages (6)	225	75	180	140	290	265
78	Multiple responses	995	765	740	1,410	1,280	1,095
79	English and French	10	20	65	65	20	45
80	English and non-official language	925	735	665	1,320	1,260	1,050
81	French and non-official language	20	-	-	-	-	-
82	English, French and non-official language	40	15	-	20	-	-
	by knowledge of official languages						
83	English only	4,355	3,030	4,730	5,810	3,805	3,700
84	French only	10	-	10	-	-	10
85	English and French	395	315	545	820	340	300
86	Neither English nor French	195	250	80	320	430	475
	by knowledge of non-official languages (5) (7)						
87	Cantonese	670	715	415	915	835	970
88	Chinese, n.o.s.	590	485	325	775	975	845
89	Punjabi	70	50	-	30	15	35
90	Mandarin	335	495	310	815	900	900
91	Hindi	70	25	15	40	15	25
92	German	65	125	200	165	50	80
93	Spanish	140	50	110	170	60	45
	by first official language spoken						
94	English	4,665	3,295	5,220	6,535	4,070	3,940
95	French	35	15	30	80	15	25
96	English and French	65	35	30	10	60	45
97	Neither English nor French	195	250	80	315	430	465
98	Official language minority - (number) (8)	70	30	50	90	45	50
99	Official language minority - (percentage) (8)	1.4	0.8	0.9	1.3	1.0	1.1
	by ethnic origin (9)						
100	English	1,170	795	1,725	1,830	585	465
101	Canadian	860	585	1,045	1,105	520	265
102	Chinese	1,530	1,570	1,040	2,285	2,585	2,705
103	Scottish	750	585	1,165	1,250	270	245
104	Irish	565	295	875	860	260	235
105	German	330	255	290	525	135	110
106	East Indian	105	90	105	60	55	85
107	French	250	120	310	335	105	85
108	Ukrainian	180	50	110	215	10	45
109	Italian	85	100	135	175	65	10
110	Dutch (Netherlands)	10	60	85	165	65	-
111	Filipino	175	70	55	100	135	25
112	Polish	145	25	150	145	55	75
113	Norwegian	50	25	100	95	10	20
114	North American Indian	50	10	535	20	15	20
	by Aboriginal identity						
115	Total Aboriginal identity population (10)	40	-	525	30	-	-
116	Total non-Aboriginal population	4,915	3,595	4,840	6,920	4,570	4,480
	by Aboriginal origin						
117	Total Aboriginal origins population (11)	50	10	540	70	10	30
118	Total non-Aboriginal population	4,900	3,585	4,825	6,875	4,560	4,455
	by Registered Indian status						
119	Registered Indian (12)	25	-	500	10	-	-
120	Not a Registered Indian	4,920	3,595	4,865	6,940	4,570	4,480

Tableau 1. Certaines caractéristiques des secteurs de recensement, recensement de 2001 – Données intégrales et données-échantillon (20 %)

Vancouver 0011	Vancouver 0012	Vancouver 0013.01	Vancouver 0013.02	Vancouver 0014	Vancouver 0015.01	Caractéristiques	N°
						CARACTÉRISTIQUES DE LA POPULATION	
						selon la langue parlée à la maison	
3,920	5,040	3,945	5,025	5,400	2,875	Réponses uniques	68
1,960	3,120	1,760	2,065	1,935	1,450	Anglais	69
-	10	-	-	-	-	Français	70
1,965	1,915	2,185	2,955	3,465	1,420	Langues non officielles (5)	71
525	505	660	770	1,425	820	Cantonais	72
145	525	795	670	1,280	230	Chinois, n.d.a.	73
800	160	140	775	100	45	Pendjabi	74
55	185	90	70	170	160	Mandarin	75
40	10	10	-	25	10	Coréen	76
395	525	490	665	470	160	Autres langues (6)	77
2,115	2,425	1,975	2,530	2,730	1,705	Réponses multiples	78
80	25	35	20	15	-	Anglais et français	79
2,010	2,360	1,930	2,485	2,700	1,660	Anglais et langue non officielle	80
-	25	10	-	-	-	Français et langue non officielle	81
15	20	-	20	15	35	Anglais, français et langue non officielle	82
						selon la connaissance des langues officielles	
4,985	6,485	4,895	6,365	6,525	3,850	Anglais seulement	83
10	-	-	-	-	-	Français seulement	84
300	365	180	320	230	245	Anglais et français	85
750	620	840	870	1,375	480	Ni l'anglais ni le français	86
						selon la connaissance des langues non officielles (5) (7)	
1,065	1,140	1,390	1,460	2,715	1,500	Cantonais	87
565	850	1,290	1,310	2,075	720	Chinois, n.d.a.	88
1,730	575	435	1,535	255	135	Pendjabi	89
350	895	440	395	865	770	Mandarin	90
875	345	235	530	190	170	Hindi	91
170	305	165	170	115	45	Allemand	92
150	240	165	250	185	80	Espagnol	93
						selon la première langue officielle parlée	
5,170	6,805	5,060	6,590	6,710	4,025	Anglais	94
85	35	30	10	20	10	Français	95
35	25	15	90	55	65	Anglais et français	96
745	605	820	860	1,350	475	Ni l'anglais ni le français	97
105	45	35	55	40	40	Minorité de langue officielle - (nombre) (8)	98
1.7	0.6	0.6	0.7	0.5	0.9	Minorité de langue officielle - (pourcentage) (8)	99
						selon l'origine ethnique (9)	
390	800	260	490	545	360	Anglais	100
570	730	425	450	640	350	Canadien	101
1,765	2,550	3,060	2,820	5,175	2,640	Chinois	102
265	645	230	180	265	310	Écossais	103
235	490	160	160	240	170	Irlandais	104
315	605	245	355	245	200	Allemand	105
1,885	815	545	1,805	390	290	Indien de l'Inde	106
170	225	90	45	140	145	Français	107
70	115	65	55	75	45	Ukrainien	108
65	75	30	90	155	110	Italien	109
55	155	40	70	60	45	Hollandais (Néerlandais)	110
225	905	475	410	575	60	Philippin	111
55	125	10	95	20	20	Polonais	112
30	40	10	10	15	25	Norvégien	113
25	95	65	75	95	15	Indien de l'Amérique du Nord	114
						selon l'identité autochtone	
25	65	35	70	80	25	Total de la population ayant une identité autochtone (10)	115
6,015	7,405	5,880	7,485	8,045	4,555	Total de la population non autochtone	116
						selon l'origine autochtone	
25	110	65	85	100	15	Total de la population ayant une origine autochtone (11)	117
6,010	7,360	5,855	7,465	8,030	4,560	Total de la population non autochtone	118
						selon le statut d'Indien inscrit	
15	45	30	40	55	20	Oui, Indien inscrit (12)	119
6,020	7,425	5,885	7,505	8,070	4,555	Non, pas un Indien inscrit	120

Table 1. Selected Characteristics for Census Tracts, 2001 Census – 100% Data and 20% Sample Data

No.	Characteristics	Vancouver 0007.01 A	Vancouver 0007.02 A	Vancouver 0008 ◇	Vancouver 0009	Vancouver 0010.01	Vancouver 0010.02
	POPULATION CHARACTERISTICS						
	by visible minority groups						
121	Total visible minority population	2,220	1,935	1,340	3,040	3,110	3,135
122	Chinese	1,585	1,615	995	2,475	2,595	2,700
123	South Asian	120	80	160	65	100	70
124	Black	60	25	15	40	-	20
125	Filipino	200	65	45	65	120	25
126	Latin American	65	10	-	-	-	-
127	Southeast Asian	30	-	15	10	-	30
128	Arab	-	10	-	10	25	55
129	West Asian	35	-	-	30	30	80
130	Korean	10	85	60	180	115	35
131	Japanese	75	30	45	120	95	75
132	Visible minority, n.i.e. (13)	15	-	-	-	-	-
133	Multiple visible minorities (14)	20	20	-	40	20	35
	by citizenship						
134	Canadian citizenship (15)	4,350	3,075	4,825	5,915	3,630	3,500
135	Citizenship other than Canadian	605	520	535	1,035	940	985
	by place of birth of respondent						
136	Non-immigrant population	2,650	1,685	3,460	3,605	1,720	1,590
137	Born in province of residence	1,890	1,270	2,620	2,160	1,130	1,145
138	Immigrant population (16)	2,245	1,865	1,825	3,160	2,685	2,755
139	United States	95	100	120	140	20	30
140	Central and South America	75	15	10	15	10	20
141	Caribbean and Bermuda	15	10	10	-	-	10
142	United Kingdom	190	80	350	375	95	70
143	Other Europe (17)	340	155	285	300	200	250
144	Africa	55	45	60	85	55	105
145	Asia and the Middle East	1,430	1,450	950	2,190	2,295	2,260
146	Oceania and other (18)	35	15	40	45	10	15
147	Non-permanent residents (19)	55	45	85	190	175	135
148	**Total immigrant population**	**2,245**	**1,870**	**1,820**	**3,155**	**2,685**	**2,755**
	by period of immigration						
149	Before 1961	180	220	355	315	245	205
150	1961-1970	180	120	350	345	260	225
151	1971-1980	445	225	230	415	320	410
152	1981-1990	390	460	275	465	400	450
153	1991-2001 (20)	1,045	840	625	1,615	1,460	1,470
154	1991-1995	555	445	370	830	635	515
155	1996-2001 (20)	490	395	250	785	820	950
	by age at immigration						
156	0-4 years	165	160	155	160	110	110
157	5-19 years	665	535	500	890	850	940
158	20 years and over	1,415	1,175	1,170	2,100	1,725	1,700
159	**Total population**	**4,950**	**3,595**	**5,365**	**6,945**	**4,570**	**4,480**
	by religion						
160	Catholic (21)	900	570	1,040	1,015	870	435
161	Protestant	1,350	1,060	1,870	2,015	810	645
162	Christian Orthodox	115	55	85	75	25	25
163	Christian, n.i.e. (22)	240	130	235	375	250	320
164	Muslim	45	10	15	55	100	180
165	Jewish	215	100	175	245	315	360
166	Buddhist	220	215	225	415	455	535
167	Hindu	60	-	10	15	10	-
168	Sikh	60	65	-	15	30	30
169	Eastern religions (23)	-	-	-	15	-	-
170	Other religions (24)	10	-	55	35	-	-
171	No religious affiliation (25)	1,740	1,390	1,655	2,675	1,695	1,950
172	**Total population 15 years and over**	**4,150**	**3,050**	**4,435**	**6,120**	**4,005**	**3,875**
	by generation status						
173	1st generation (26)	2,125	1,800	1,815	3,190	2,605	2,660
174	2nd generation (27)	1,000	645	1,100	1,295	810	795
175	3rd generation and over (28)	1,025	610	1,520	1,635	590	420
176	**Total population 1 year and over (29)**	**4,915**	**3,590**	**5,350**	**6,880**	**4,570**	**4,455**
	by place of residence 1 year ago (mobility)						
177	Non-movers	4,350	3,005	4,800	5,735	3,810	3,800
178	Movers	565	585	545	1,145	760	660
179	Non-migrants	395	340	295	610	470	420
180	Migrants	170	245	250	530	285	235
181	Internal migrants	85	140	120	300	120	110
182	Intraprovincial migrants	75	130	30	250	95	60
183	Interprovincial migrants	10	15	85	40	20	50
184	External migrants	85	105	135	235	175	130

Tableau 1. Certaines caractéristiques des secteurs de recensement, recensement de 2001 – Données intégrales et données-échantillon (20 %)

Vancouver 0011	Vancouver 0012	Vancouver 0013.01	Vancouver 0013.02	Vancouver 0014	Vancouver 0015.01	Caractéristiques	N°
						CARACTÉRISTIQUES DE LA POPULATION	
						selon les groupes de minorités visibles	
4,565	5,005	4,825	6,205	6,760	3,330	Total de la population des minorités visibles	121
1,775	2,600	3,060	2,915	5,160	2,710	Chinois	122
2,185	880	720	2,005	470	285	Sud-Asiatique	123
35	85	100	35	40	25	Noir	124
240	835	390	415	505	45	Philippin	125
75	95	70	190	100	15	Latino-Américain	126
80	340	285	480	290	100	Asiatique du Sud-Est	127
10	-	-	-	-	-	Arabe	128
25	20	50	-	-	-	Asiatique occidental	129
50	15	20	-	35	80	Coréen	130
55	40	20	15	40	50	Japonais	131
10	25	25	-	15	-	Minorité visible, n.i.a. (13)	132
35	65	65	155	95	15	Minorités visibles multiples (14)	133
						selon la citoyenneté	
5,125	6,175	4,990	6,345	6,950	4,110	Citoyenneté canadienne (15)	134
910	1,295	925	1,210	1,180	465	Citoyenneté autre que canadienne	135
						selon le lieu de naissance du répondant	
2,530	3,265	2,150	2,735	2,585	1,750	Population non immigrante	136
1,930	2,500	1,750	2,325	2,145	1,455	Née dans la province de résidence	137
3,360	4,090	3,655	4,750	5,455	2,790	Population immigrante (16)	138
30	35	20	50	25	15	États-Unis	139
105	110	75	190	120	25	Amérique centrale et du Sud	140
30	-	10	15	10	15	Caraïbes et Bermudes	141
85	115	40	80	65	75	Royaume-Uni	142
235	425	220	240	300	215	Autre Europe (17)	143
20	70	70	30	-	10	Afrique	144
2,795	3,265	3,130	4,035	4,825	2,365	Asie et Moyen-Orient	145
60	65	95	115	120	70	Océanie et autre (18)	146
145	110	110	65	85	35	Résidents non permanents (19)	147
3,360	**4,090**	**3,650**	**4,745**	**5,455**	**2,790**	**Population immigrante totale**	148
						selon la période d'immigration	
200	285	315	330	260	260	Avant 1961	149
325	355	225	320	505	230	1961-1970	150
780	745	780	810	920	430	1971-1980	151
830	860	795	1,215	1,345	630	1981-1990	152
1,220	1,840	1,540	2,075	2,420	1,240	1991-2001 (20)	153
675	715	895	1,150	1,355	760	1991-1995	154
540	1,120	650	925	1,065	480	1996-2001 (20)	155
						selon l'âge à l'immigration	
125	230	170	345	370	155	0-4 ans	156
955	1,035	955	1,275	1,395	850	5-19 ans	157
2,280	2,825	2,530	3,130	3,695	1,780	20 ans et plus	158
6,035	**7,470**	**5,920**	**7,550**	**8,130**	**4,575**	**Population totale**	159
						selon la religion	
720	1,625	915	1,260	1,315	690	Catholique (21)	160
725	1,275	640	820	945	680	Protestante	161
20	30	15	15	65	85	Orthodoxe chrétienne	162
355	255	385	260	315	245	Chrétiennes, n.i.a. (22)	163
300	185	205	185	90	45	Musulmane	164
165	95	10	-	10	25	Juive	165
375	550	650	690	1,135	455	Bouddhiste	166
370	225	100	335	130	105	Hindoue	167
1,505	480	435	1,425	250	140	Sikh	168
-	30	-	55	-	30	Religions orientales (23)	169
-	40	10	15	-	-	Autres religions (24)	170
1,500	2,685	2,555	2,485	3,870	2,065	Aucune appartenance religieuse (25)	171
4,905	**6,250**	**4,915**	**6,100**	**6,725**	**3,895**	**Population totale de 15 ans et plus**	172
						selon le statut des générations	
3,335	3,965	3,600	4,575	5,240	2,670	1re génération (26)	173
1,140	1,355	870	1,065	1,075	910	2e génération (27)	174
425	935	445	460	415	320	3e génération et plus (28)	175
5,945	**7,345**	**5,855**	**7,460**	**8,050**	**4,550**	**Population totale de 1 an et plus (29)**	176
						selon le lieu de résidence 1 an auparavant (mobilité)	
5,030	6,070	5,130	6,530	7,010	3,915	Personnes n'ayant pas déménagé	177
915	1,275	720	930	1,040	640	Personnes ayant déménagé	178
755	910	570	590	555	380	Non-migrants	179
155	365	155	335	480	255	Migrants	180
55	190	85	105	210	70	Migrants internes	181
40	135	70	50	135	60	Migrants infraprovinciaux	182
15	60	15	55	75	10	Migrants interprovinciaux	183
100	170	65	230	275	185	Migrants externes	184

Table 1. Selected Characteristics for Census Tracts, 2001 Census – 100% Data and 20% Sample Data

No.	Characteristics	Vancouver 0007.01 A	Vancouver 0007.02 A	Vancouver 0008 ◇	Vancouver 0009	Vancouver 0010.01	Vancouver 0010.02
	POPULATION CHARACTERISTICS						
185	**Total population 5 years and over (30)**	**4,760**	**3,485**	**5,155**	**6,760**	**4,455**	**4,325**
	by place of residence 5 years ago (mobility)						
186	Non-movers	2,940	1,895	3,350	3,235	2,420	2,315
187	Movers	1,825	1,590	1,810	3,525	2,030	2,010
188	Non-migrants	985	905	1,035	1,725	825	805
189	Migrants	840	685	775	1,800	1,205	1,210
190	Internal migrants	390	305	435	905	290	240
191	Intraprovincial migrants	335	230	330	705	205	155
192	Interprovincial migrants	50	75	105	205	85	90
193	External migrants	450	380	335	890	920	970
194	**Total population 15 to 24 years**	**775**	**675**	**860**	**1,065**	**780**	**770**
	by school attendance						
195	Not attending school	140	105	205	150	75	100
196	Attending school full time	565	540	605	870	660	635
197	Attending school part time	75	30	55	45	45	30
198	**Total population 15 years and over**	**4,150**	**3,050**	**4,430**	**6,115**	**4,005**	**3,875**
	by highest level of schooling						
199	Less than grade 9 (31)	170	140	170	165	250	215
200	Grades 9-13 without high school graduation certificate	555	440	510	680	690	635
201	Grades 9-13 with high school graduation certificate	485	280	335	565	435	455
202	Some postsecondary without degree, certificate or diploma (32)	525	400	665	970	560	560
203	Trades certificate or diploma (33)	230	90	200	310	245	135
204	College certificate or diploma (34)	535	270	485	930	485	355
205	University certificate below bachelor's degree	170	160	215	265	190	180
206	University with bachelor's degree or higher	1,485	1,265	1,845	2,240	1,145	1,345
	by combinations of unpaid work						
207	Males 15 years and over	1,920	1,410	2,105	2,695	1,785	1,815
208	Reported unpaid work (35)	1,655	1,150	1,670	2,380	1,435	1,495
209	Housework and child care and care or assistance to seniors	200	140	245	200	185	175
210	Housework and child care only	445	300	520	470	370	360
211	Housework and care or assistance to seniors only	160	90	95	250	160	175
212	Child care and care or assistance to seniors only	-	-	10	15	10	-
213	Housework only	835	580	760	1,375	675	730
214	Child care only	15	30	35	50	35	-
215	Care or assistance to seniors only	-	15	10	20	-	45
216	Females 15 years and over	2,230	1,640	2,330	3,420	2,215	2,060
217	Reported unpaid work (35)	2,020	1,425	2,145	3,050	2,010	1,775
218	Housework and child care and care or assistance to seniors	295	180	365	375	265	245
219	Housework and child care only	515	405	625	610	475	510
220	Housework and care or assistance to seniors only	230	155	245	390	290	225
221	Child care and care or assistance to seniors only	-	-	10	10	-	-
222	Housework only	950	670	875	1,595	975	760
223	Child care only	10	10	30	60	15	10
224	Care or assistance to seniors only	20	-	10	15	-	10
	by labour force activity						
225	Males 15 years and over	1,920	1,410	2,105	2,700	1,785	1,815
226	In the labour force	1,350	860	1,440	1,775	845	1,005
227	Employed	1,255	775	1,360	1,595	815	940
228	Unemployed	100	75	80	180	25	70
229	Not in the labour force	570	550	665	925	945	810
230	Participation rate	70.3	61.0	68.4	65.7	47.3	55.4
231	Employment rate	65.4	55.0	64.6	59.1	45.7	51.8
232	Unemployment rate	7.4	8.7	5.6	10.1	3.0	7.0
233	Females 15 years and over	2,225	1,645	2,330	3,420	2,220	2,060
234	In the labour force	1,290	820	1,330	1,835	830	875
235	Employed	1,170	775	1,240	1,675	730	830
236	Unemployed	120	50	90	160	100	55
237	Not in the labour force	935	820	1,000	1,585	1,385	1,180
238	Participation rate	58.0	49.8	57.1	53.7	37.4	42.5
239	Employment rate	52.6	47.1	53.2	49.0	32.9	40.3
240	Unemployment rate	9.3	6.1	6.8	8.7	12.0	6.3

Tableau 1. Certaines caractéristiques des secteurs de recensement, recensement de 2001 – Données intégrales et données-échantillon (20 %)

Vancouver 0011	Vancouver 0012	Vancouver 0013.01	Vancouver 0013.02	Vancouver 0014	Vancouver 0015.01	Caractéristiques	N°
						CARACTÉRISTIQUES DE LA POPULATION	
5,640	**7,030**	**5,600**	**7,100**	**7,745**	**4,420**	**Population totale de 5 ans et plus (30)**	185
						selon le lieu de résidence 5 ans auparavant (mobilité)	
3,335	3,630	3,085	4,130	4,725	2,995	Personnes n'ayant pas déménagé	186
2,305	3,400	2,515	2,975	3,025	1,425	Personnes ayant déménagé	187
1,425	1,890	1,640	1,930	1,645	815	Non-migrants	188
880	1,515	870	1,045	1,385	605	Migrants	189
350	605	300	320	515	200	Migrants internes	190
220	470	170	170	340	175	Migrants infraprovinciaux	191
135	140	130	145	175	25	Migrants interprovinciaux	192
530	905	575	720	870	410	Migrants externes	193
885	**1,130**	**780**	**1,065**	**1,205**	**755**	**Population totale de 15 à 24 ans**	194
						selon la fréquentation scolaire	
275	280	200	340	300	130	Ne fréquentant pas l'école	195
565	730	495	620	790	570	Fréquentant l'école à plein temps	196
50	115	80	100	115	50	Fréquentant l'école à temps partiel	197
4,900	**6,250**	**4,910**	**6,100**	**6,725**	**3,900**	**Population totale de 15 ans et plus**	198
						selon le plus haut niveau de scolarité atteint	
690	535	745	920	1,210	495	Niveau inférieur à la 9e année (31)	199
1,020	1,230	1,175	1,490	1,540	870	De la 9e à la 13e année sans certificat d'études secondaires	200
650	630	665	825	905	470	De la 9e à la 13e année avec certificat d'études secondaires	201
745	905	535	610	750	460	Études postsecondaires partielles sans grade, certificat ou diplôme (32)	202
340	460	350	415	415	275	Certificat ou diplôme d'une école de métiers (33)	203
560	760	540	630	740	480	Certificat ou diplôme collégial (34)	204
125	330	115	150	235	165	Certificat universitaire inférieur au baccalauréat	205
770	1,400	790	1,065	930	700	Études universitaires avec baccalauréat ou diplôme supérieur	206
						selon les combinaisons de travail non rémunéré	
2,305	2,995	2,370	2,955	3,175	1,895	Hommes de 15 ans et plus	207
1,980	2,685	2,000	2,485	2,750	1,555	Travail non rémunéré déclaré (35)	208
290	190	285	310	300	215	Travaux ménagers et soins aux enfants et soins ou aide aux personnes âgées	209
490	710	380	600	660	440	Travaux ménagers et soins aux enfants seulement	210
150	235	170	200	295	115	Travaux ménagers et soins ou aide aux personnes âgées seulement	211
10	10	15	30	-	10	Soins aux enfants et soins ou aide aux personnes âgées seulement	212
960	1,490	1,115	1,250	1,425	760	Travaux ménagers seulement	213
65	35	25	70	60	15	Soins aux enfants seulement	214
10	20	10	25	10	10	Soins ou aide aux personnes âgées seulement	215
2,595	3,255	2,545	3,150	3,550	2,005	Femmes de 15 ans et plus	216
2,425	3,000	2,320	2,845	3,160	1,855	Travail non rémunéré déclaré (35)	217
420	355	345	455	390	320	Travaux ménagers et soins aux enfants et soins ou aide aux personnes âgées	218
645	995	575	930	1,000	510	Travaux ménagers et soins aux enfants seulement	219
205	305	250	220	310	170	Travaux ménagers et soins ou aide aux personnes âgées seulement	220
-	-	10	10	10	-	Soins aux enfants et soins ou aide aux personnes âgées seulement	221
1,110	1,305	1,115	1,175	1,425	825	Travaux ménagers seulement	222
45	15	30	35	20	30	Soins aux enfants seulement	223
-	10	10	20	10	-	Soins ou aide aux personnes âgées seulement	224
						selon l'activité	
2,310	2,995	2,370	2,950	3,175	1,895	Hommes de 15 ans et plus	225
1,520	1,995	1,405	1,870	1,945	1,070	Population active	226
1,410	1,885	1,300	1,635	1,685	1,000	Personnes occupées	227
105	110	110	235	255	70	Chômeurs	228
790	1,005	965	1,085	1,235	830	Inactifs	229
65.8	66.6	59.3	63.4	61.3	56.5	Taux d'activité	230
61.0	62.9	54.9	55.4	53.1	52.8	Taux d'emploi	231
6.9	5.5	7.8	12.6	13.1	6.5	Taux de chômage	232
2,595	3,255	2,545	3,150	3,555	2,005	Femmes de 15 ans et plus	233
1,315	1,910	1,290	1,620	1,840	1,030	Population active	234
1,210	1,740	1,155	1,390	1,695	895	Personnes occupées	235
100	170	140	235	145	135	Chômeuses	236
1,280	1,345	1,250	1,520	1,710	980	Inactives	237
50.7	58.7	50.7	51.4	51.8	51.4	Taux d'activité	238
46.6	53.5	45.4	44.1	47.7	44.6	Taux d'emploi	239
7.6	8.9	10.9	14.5	7.9	13.1	Taux de chômage	240

Table 1. Selected Characteristics for Census Tracts, 2001 Census – 100% Data and 20% Sample Data

No.	Characteristics	Vancouver 0007.01 A	Vancouver 0007.02 A	Vancouver 0008 ◇	Vancouver 0009	Vancouver 0010.01	Vancouver 0010.02
	POPULATION CHARACTERISTICS						
	by labour force activity – concluded						
241	Both sexes - Participation rate	63.6	55.1	62.4	59.0	41.8	48.5
242	15-24 years	55.5	41.0	50.6	39.9	36.5	30.5
243	25 years and over	65.7	59.0	65.1	63.1	42.9	53.4
244	Both sexes - Employment rate	58.4	51.0	58.6	53.5	38.6	45.6
245	15-24 years	39.4	31.1	40.5	27.2	30.8	26.5
246	25 years and over	62.8	56.5	62.9	59.0	40.6	50.2
247	Both sexes - Unemployment rate	8.3	7.7	6.0	9.5	7.5	6.4
248	15-24 years	29.4	23.6	19.5	32.6	17.2	10.9
249	25 years and over	4.3	4.6	3.4	6.3	5.8	5.4
250	**Total labour force 15 years and over**	**2,640**	**1,680**	**2,765**	**3,610**	**1,675**	**1,885**
	by industry based on the 1997 NAICS						
251	Industry - Not applicable (36)	95	20	65	75	45	60
252	All industries (37)	2,550	1,660	2,700	3,540	1,625	1,830
253	11 Agriculture, forestry, fishing and hunting	10	-	45	20	-	10
254	21 Mining and oil and gas extraction	10	15	10	-	-	-
255	22 Utilities	10	10	-	35	10	10
256	23 Construction	70	60	70	125	40	40
257	31-33 Manufacturing	140	50	155	150	80	115
258	41 Wholesale trade	95	110	65	180	60	160
259	44-45 Retail trade	335	95	195	380	185	225
260	48-49 Transportation and warehousing	130	60	85	145	70	85
261	51 Information and cultural industries	95	55	65	160	60	75
262	52 Finance and insurance	185	160	220	210	135	90
263	53 Real estate and rental and leasing	110	115	160	165	125	155
264	54 Professional, scientific and technical services	320	245	305	510	255	195
265	55 Management of companies and enterprises	-	10	30	10	10	-
266	56 Administrative and support, waste management and remediation services	55	40	90	140	80	85
267	61 Educational services	285	145	250	395	135	145
268	62 Health care and social assistance	395	210	485	400	155	240
269	71 Arts, entertainment and recreation	30	90	115	85	30	15
270	72 Accommodation and food services	145	60	100	235	60	110
271	81 Other services (except public administration)	80	85	140	85	95	50
272	91 Public administration	60	40	120	115	45	30
	by class of worker						
273	Class of worker - Not applicable (36)	90	20	65	70	45	60
274	All classes of worker (37)	2,550	1,660	2,700	3,535	1,625	1,825
275	Paid workers	2,310	1,460	2,280	3,175	1,455	1,530
276	Employees	2,095	1,150	2,010	2,875	1,310	1,320
277	Self-employed (incorporated)	210	305	275	300	150	210
278	Self-employed (unincorporated)	230	190	390	340	170	265
279	Unpaid family workers	10	15	30	30	-	30
	by occupation based on the 2001 NOC-S						
280	Male labour force 15 years and over	1,355	855	1,440	1,780	845	1,005
281	Occupation - Not applicable (36)	40	15	40	25	-	40
282	All occupations (37)	1,315	845	1,400	1,750	835	970
283	A Management occupations	190	200	340	365	130	255
284	B Business, finance and administration occupations	170	165	230	275	170	125
285	C Natural and applied sciences and related occupations	185	40	125	285	110	90
286	D Health occupations	130	65	160	105	75	110
287	E Occupations in social science, education, government service and religion	145	120	95	175	80	105
288	F Occupations in art, culture, recreation and sport	55	30	105	90	40	35
289	G Sales and service occupations	220	155	195	295	145	190
290	H Trades, transport and equipment operators and related occupations	190	50	105	105	70	60
291	I Occupations unique to primary industry	20	-	35	10	10	-
292	J Occupations unique to processing, manufacturing and utilities	10	20	15	50	25	-
293	Female labour force 15 years and over	1,285	820	1,330	1,835	830	875
294	Occupation - Not applicable (36)	55	10	25	45	45	20
295	All occupations (37)	1,230	820	1,300	1,785	790	860
296	A Management occupations	130	100	145	205	40	110
297	B Business, finance and administration occupations	380	210	345	445	255	235
298	C Natural and applied sciences and related occupations	25	15	25	70	30	30
299	D Health occupations	115	80	110	195	50	105

Tableau 1. Certaines caractéristiques des secteurs de recensement, recensement de 2001 – Données intégrales et données-échantillon (20 %)

Vancouver 0011	Vancouver 0012	Vancouver 0013.01	Vancouver 0013.02	Vancouver 0014	Vancouver 0015.01	Caractéristiques	N°
						CARACTÉRISTIQUES DE LA POPULATION	
						selon l'activité – fin	
57.8	62.4	54.9	57.3	56.2	53.7	Les deux sexes - Taux d'activité	241
60.1	52.2	45.8	53.8	50.2	38.7	15-24 ans	242
57.2	64.7	56.6	57.9	57.5	57.5	25 ans et plus	243
53.5	58.0	50.0	49.6	50.3	48.6	Les deux sexes - Taux d'emploi	244
52.8	46.5	40.4	44.1	40.2	26.5	15-24 ans	245
53.5	60.4	51.6	50.7	52.4	53.8	25 ans et plus	246
7.4	7.2	9.2	13.4	10.6	9.5	Les deux sexes - Taux de chômage	247
12.1	11.0	11.1	18.3	19.8	29.3	15-24 ans	248
6.3	6.6	8.9	12.6	8.7	6.4	25 ans et plus	249
2,830	**3,900**	**2,700**	**3,495**	**3,780**	**2,095**	**Population active totale de 15 ans et plus**	250
						selon l'industrie basée sur le SCIAN de 1997	
70	110	115	190	155	65	Industrie - Sans objet (36)	251
2,765	3,785	2,590	3,305	3,630	2,030	Toutes les industries (37)	252
60	15	40	35	35	55	11 Agriculture, foresterie, pêche et chasse	253
10	-	-	10	10	-	21 Extraction minière et extraction de pétrole et de gaz	254
-	25	-	-	30	30	22 Services publics	255
130	140	105	160	135	65	23 Construction	256
355	380	310	405	585	240	31-33 Fabrication	257
145	185	75	65	180	95	41 Commerce de gros	258
360	450	250	390	355	260	44-45 Commerce de détail	259
175	210	155	205	165	95	48-49 Transport et entreposage	260
70	90	85	100	100	60	51 Industrie de l'information et industrie culturelle	261
145	190	190	155	165	160	52 Finance et assurances	262
85	85	50	70	25	45	53 Services immobiliers et services de location et de location à bail	263
155	275	180	220	255	215	54 Services professionnels, scientifiques et techniques	264
10	-	-	-	-	-	55 Gestion de sociétés et d'entreprises	265
100	180	100	230	180	80	56 Services administratifs, services de soutien, services de gestion des déchets et services d'assainissement	266
115	315	130	175	170	135	61 Services d'enseignement	267
235	500	240	285	270	205	62 Soins de santé et assistance sociale	268
10	45	30	25	90	20	71 Arts, spectacles et loisirs	269
415	390	395	440	515	165	72 Hébergement et services de restauration	270
115	190	205	260	235	70	81 Autres services, sauf les administrations publiques	271
95	130	60	75	130	45	91 Administrations publiques	272
						selon la catégorie de travailleurs	
65	115	115	190	155	65	Catégorie de travailleurs - Sans objet (36)	273
2,765	3,790	2,590	3,310	3,625	2,030	Toutes les catégories de travailleurs (37)	274
2,580	3,445	2,430	3,160	3,360	1,890	Travailleurs rémunérés	275
2,485	3,240	2,380	3,040	3,305	1,805	Employés	276
90	205	55	120	55	80	Travailleurs autonomes (entreprise constituée en société)	277
185	335	135	145	255	130	Travailleurs autonomes (entreprise non constituée en société)	278
-	10	20	-	10	10	Travailleurs familiaux non rémunérés	279
						selon la profession basée sur la CNP-S de 2001	
1,515	1,995	1,410	1,870	1,940	1,070	Hommes actifs de 15 ans et plus	280
30	40	50	90	75	30	Profession - Sans objet (36)	281
1,485	1,950	1,360	1,780	1,865	1,040	Toutes les professions (37)	282
175	240	80	155	190	120	A Gestion	283
185	270	170	175	175	145	B Affaires, finance et administration	284
85	195	115	110	165	120	C Sciences naturelles et appliquées et professions apparentées	285
45	45	25	30	35	40	D Secteur de la santé	286
60	125	30	100	65	60	E Sciences sociales, enseignement, administration publique et religion	287
40	85	40	25	40	10	F Arts, culture, sports et loisirs	288
405	585	500	505	575	300	G Ventes et services	289
310	260	285	460	400	150	H Métiers, transport et machinerie	290
40	15	40	55	45	15	I Professions propres au secteur primaire	291
150	135	75	165	165	75	J Transformation, fabrication et services d'utilité publique	292
1,315	1,910	1,290	1,625	1,845	1,030	Femmes actives de 15 ans et plus	293
35	75	65	100	85	40	Profession - Sans objet (36)	294
1,275	1,835	1,230	1,525	1,760	995	Toutes les professions (37)	295
90	135	40	90	55	40	A Gestion	296
295	430	300	385	530	305	B Affaires, finance et administration	297
25	65	25	40	30	55	C Sciences naturelles et appliquées et professions apparentées	298
95	225	80	110	95	105	D Secteur de la santé	299

Table 1. Selected Characteristics for Census Tracts, 2001 Census – 100% Data and 20% Sample Data

No.	Characteristics	Vancouver 0007.01 A	Vancouver 0007.02 A	Vancouver 0008 ◇	Vancouver 0009	Vancouver 0010.01	Vancouver 0010.02
	POPULATION CHARACTERISTICS						
	by occupation based on the 2001 NOC-S – concluded						
	E Occupations in social science, education,						
300	government service and religion	130	110	265	265	95	90
301	F Occupations in art, culture, recreation and sport ...	70	35	95	90	20	10
302	G Sales and service occupations	365	235	240	470	265	245
	H Trades, transport and equipment						
303	operators and related occupations	15	25	15	10	10	15
304	I Occupations unique to primary industry	-	-	40	15	-	-
	J Occupations unique to processing,						
305	manufacturing and utilities	10	15	20	20	15	15
306	**Total employed labour force 15 years and over ....**	**2,420**	**1,555**	**2,600**	**3,270**	**1,545**	**1,765**
	by place of work						
307	Males	1,250	775	1,360	1,600	815	935
308	Usual place of work	935	560	1,070	1,190	570	680
309	At home	95	130	125	260	95	120
310	Outside Canada	30	40	60	25	65	60
311	No fixed workplace address	195	40	105	135	90	75
312	Females	1,170	775	1,240	1,675	725	830
313	Usual place of work	950	545	940	1,310	590	595
314	At home	145	200	205	250	105	140
315	Outside Canada	10	10	35	-	-	30
316	No fixed workplace address	65	20	55	110	35	65
	Total employed labour force 15 years and over with usual place of work or no fixed						
317	**workplace address ....**	**2,145**	**1,170**	**2,170**	**2,740**	**1,285**	**1,420**
	by mode of transportation						
318	Males	1,130	605	1,170	1,320	655	760
319	Car, truck, van, as driver	965	510	970	945	535	630
320	Car, truck, van, as passenger	30	55	40	25	10	35
321	Public transit	65	15	75	170	40	70
322	Walked	20	10	60	90	60	25
323	Other method	55	20	30	85	15	-
324	Females	1,015	570	1,005	1,425	625	660
325	Car, truck, van, as driver	675	405	800	885	330	530
326	Car, truck, van, as passenger	95	90	75	120	85	50
327	Public transit	185	35	45	220	140	55
328	Walked	35	35	60	130	55	-
329	Other method	30	-	25	65	25	25
	Total population 15 years and over who worked						
330	**since January 1, 2000 ....**	**2,825**	**1,930**	**2,940**	**3,940**	**1,930**	**2,110**
	by language used at work						
331	Single responses	2,405	1,575	2,705	3,285	1,600	1,545
332	English	2,330	1,480	2,665	3,145	1,505	1,355
333	French	-	-	-	10	-	-
334	Non-official languages (5)	75	95	40	125	90	185
335	Chinese, n.o.s.	25	45	-	75	65	85
336	Cantonese	35	45	35	15	-	25
337	Other languages (6)	15	10	10	35	30	75
338	Multiple responses	420	350	235	660	325	565
339	English and French	35	15	10	70	15	30
340	English and non-official language	375	335	210	565	305	535
341	French and non-official language	10	-	-	-	-	-
342	English, French and non-official language	-	10	15	20	-	10
	DWELLING AND HOUSEHOLD CHARACTERISTICS						
343	**Total number of occupied private dwellings ....**	**1,795**	**1,140**	**1,755**	**3,100**	**1,750**	**1,550**
	by tenure						
344	Owned	1,240	895	1,405	1,485	1,025	860
345	Rented	555	250	265	1,615	730	690
346	Band housing	-	-	85	-	-	-
	by structural type of dwelling						
347	Single-detached house	1,235	965	1,625	1,180	800	920
348	Semi-detached house	10	-	-	15	45	-
349	Row house	25	15	60	15	40	45
350	Apartment, detached duplex	-	20	35	20	-	10
351	Apartment, building that has five or more storeys	-	-	-	535	355	315
	Apartment, building that has fewer than						
352	five storeys (38)	525	145	35	1,325	505	275
353	Other single-attached house	-	-	-	10	-	-
354	Movable dwelling (39)	-	-	-	-	-	-

Tableau 1. Certaines caractéristiques des secteurs de recensement, recensement de 2001 – Données intégrales et données-échantillon (20 %)

Vancouver 0011	Vancouver 0012	Vancouver 0013.01	Vancouver 0013.02	Vancouver 0014	Vancouver 0015.01	Caractéristiques	N°
						CARACTÉRISTIQUES DE LA POPULATION	
						selon la profession basée sur la CNP-S de 2001 - fin	
115	165	115	85	60	70	E Sciences sociales, enseignement, administration publique et religion	300
25	45	40	35	25	15	F Arts, culture, sports et loisirs	301
535	645	445	615	590	290	G Ventes et services	302
20	10	15	20	100	40	H Métiers, transport et machinerie	303
20	10	15	10	25	10	I Professions propres au secteur primaire	304
65	95	150	155	245	60	J Transformation, fabrication et services d'utilité publique	305
2,620	**3,625**	**2,450**	**3,025**	**3,380**	**1,895**	**Population active occupée totale de 15 ans et plus**	306
						selon le lieu de travail	
1,410	1,885	1,295	1,635	1,690	1,000	Hommes	307
1,170	1,480	1,025	1,250	1,415	730	Lieu habituel de travail	308
55	160	75	50	90	105	À domicile	309
10	35	10	20	45	45	En dehors du Canada	310
180	210	190	315	135	115	Sans adresse de travail fixe	311
1,210	1,740	1,150	1,390	1,695	895	Femmes	312
1,115	1,455	1,035	1,245	1,540	785	Lieu habituel de travail	313
50	125	65	60	55	75	À domicile	314
-	10	10	10	10	10	En dehors du Canada	315
40	150	50	80	90	25	Sans adresse de travail fixe	316
2,505	**3,295**	**2,300**	**2,890**	**3,180**	**1,660**	**Population active occupée totale de 15 ans et plus ayant un lieu habituel de travail ou sans adresse de travail fixe**	317
						selon le mode de transport	
1,345	1,685	1,215	1,565	1,550	845	Hommes	318
1,025	1,180	965	1,255	1,250	730	Automobile, camion ou fourgonnette, en tant que conducteur	319
100	100	60	155	60	-	Automobile, camion ou fourgonnette, en tant que passager	320
145	250	115	110	205	80	Transport en commun	321
60	80	40	10	20	10	À pied	322
25	80	35	35	15	30	Autre moyen	323
1,155	1,605	1,085	1,330	1,630	810	Femmes	324
625	890	655	715	835	535	Automobile, camion ou fourgonnette, en tant que conductrice	325
180	225	90	300	320	75	Automobile, camion ou fourgonnette, en tant que passagère	326
265	355	295	265	435	155	Transport en commun	327
85	115	55	40	20	35	À pied	328
10	20	-	10	20	10	Autre moyen	329
3,070	**4,145**	**2,865**	**3,740**	**4,150**	**2,275**	**Population totale de 15 ans et plus ayant travaillé depuis le 1er janvier 2000**	330
						selon la langue utilisée au travail	
2,410	3,360	2,315	2,875	3,140	1,765	Réponses uniques	331
2,160	3,140	2,020	2,580	2,485	1,585	Anglais	332
-	-	-	-	-	-	Français	333
245	215	305	295	655	180	Langues non officielles (5)	334
40	135	195	115	420	35	Chinois, n.d.a.	335
70	45	80	70	195	100	Cantonais	336
140	40	25	110	40	40	Autres langues (6)	337
655	780	545	865	1,010	510	Réponses multiples	338
25	30	15	10	10	15	Anglais et français	339
620	735	520	855	965	475	Anglais et langue non officielle	340
-	-	-	-	-	-	Français et langue non officielle	341
15	15	10	-	30	20	Anglais, français et langue non officielle	342
						CARACTÉRISTIQUES DES LOGEMENTS ET DES MÉNAGES	
1,915	**2,560**	**1,820**	**2,150**	**2,560**	**1,325**	**Nombre total de logements privés occupés**	343
						selon le mode d'occupation	
1,215	1,530	1,095	1,435	1,590	1,065	Possédé	344
695	1,035	720	710	965	255	Loué	345
-	-	-	-	-	-	Logement de bande	346
						selon le type de construction résidentielle	
995	1,410	1,060	1,205	1,305	1,195	Maison individuelle non attenante	347
-	85	-	30	35	-	Maison jumelée	348
50	25	70	45	75	-	Maison en rangée	349
490	635	515	720	645	115	Appartement, duplex non attenant	350
10	-	-	-	-	-	Appartement, immeuble de cinq étages ou plus	351
335	410	175	140	485	15	Appartement, immeuble de moins de cinq étages (38)	352
20	10	-	-	20	-	Autre maison individuelle attenante	353
-	-	-	10	-	-	Logement mobile (39)	354

Table 1. Selected Characteristics for Census Tracts, 2001 Census – 100% Data and 20% Sample Data

No.	Characteristics	Vancouver 0007.01 A	Vancouver 0007.02 A	Vancouver 0008 ◇	Vancouver 0009	Vancouver 0010.01	Vancouver 0010.02
	DWELLING AND HOUSEHOLD CHARACTERISTICS						
	by condition of dwelling						
355	Regular maintenance only	1,185	780	1,120	2,260	1,195	1,135
356	Minor repairs	435	290	480	585	380	335
357	Major repairs	180	75	155	255	175	85
	by period of construction						
358	Before 1946	415	420	485	705	180	85
359	1946-1960	310	165	215	740	340	360
360	1961-1970	85	65	295	685	530	375
361	1971-1980	95	120	310	215	175	185
362	1981-1990	555	195	175	250	230	315
363	1991-2001 (20)	335	190	280	490	290	235
364	Average number of rooms per dwelling	6.9	8.8	8.5	5.6	6.3	6.8
365	Average number of bedrooms per dwelling	3.0	3.8	3.6	2.2	2.7	3.1
366	Average value of dwelling $	542,296	712,785	697,264	567,839	531,672	603,986
367	**Total number of private households**	**1,795**	**1,145**	**1,755**	**3,095**	**1,750**	**1,550**
	by household size						
368	1 person	415	145	245	1,230	570	355
369	2 persons	515	340	545	900	455	365
370	3 persons	300	200	300	360	245	280
371	4-5 persons	490	375	555	525	395	460
372	6 or more persons	80	80	100	80	95	85
	by household type						
373	One-family households	1,220	935	1,350	1,660	1,015	1,060
374	Multiple-family households	60	35	70	55	70	75
375	Non-family households	515	170	335	1,385	665	415
376	Number of persons in private households	4,945	3,595	5,365	6,935	4,570	4,480
377	Average number of persons in private households	2.7	3.1	3.1	2.2	2.6	2.9
378	Average number of persons per room	0.4	0.4	0.4	0.4	0.4	0.4
379	Tenant households in non-farm, non-reserve private dwellings (40)	545	250	155	1,590	725	690
380	Average gross rent $ (40)	922	1,495	1,692	968	1,058	1,176
381	Tenant households spending 30% or more of household income on gross rent (40) (41)	215	100	45	770	390	425
382	Tenant households spending from 30% to 99% of household income on gross rent (40) (41)	185	65	45	625	270	270
383	Owner households in non-farm, non-reserve private dwellings (42)	1,245	885	1,180	1,480	1,020	865
384	Average owner's major payments $ (42)	1,226	1,356	1,188	1,079	1,030	1,147
385	Owner households spending 30% or more of household income on owner's major payments (41) (42)	275	200	165	270	295	260
386	Owner households spending from 30% to 99% of household income on owner's major payments (41) (42)	225	145	145	235	230	145
	CENSUS FAMILY CHARACTERISTICS						
387	**Total number of census families in private households**	**1,345**	**1,015**	**1,495**	**1,765**	**1,170**	**1,220**
	by census family structure and size						
388	Total couple families	1,155	840	1,305	1,535	1,035	1,090
389	Total families of married couples	1,080	805	1,205	1,370	995	1,055
390	Without children at home	345	230	420	615	345	325
391	With children at home	735	570	785	750	645	730
392	1 child	285	170	290	245	230	255
393	2 children	300	255	330	355	270	310
394	3 or more children	150	150	170	150	150	165
395	Total families of common-law couples	80	45	95	165	40	35
396	Without children at home	75	35	50	115	35	40
397	With children at home	10	-	40	55	10	-
398	1 child	-	-	10	45	-	-
399	2 children	-	-	10	-	-	-
400	3 or more children	10	10	20	-	-	-
401	Total lone-parent families	185	170	190	230	135	130
402	Female parent	160	120	155	185	130	105
403	1 child	120	90	75	95	80	65
404	2 children	30	30	25	65	35	25
405	3 or more children	10	-	50	25	15	-

Tableau 1. Certaines caractéristiques des secteurs de recensement, recensement de 2001 – Données intégrales et données-échantillon (20 %)

Vancouver 0011	Vancouver 0012	Vancouver 0013.01	Vancouver 0013.02	Vancouver 0014	Vancouver 0015.01	Caractéristiques	N°
						CARACTÉRISTIQUES DES LOGEMENTS ET DES MÉNAGES	
						selon l'état du logement	
1,385	1,700	1,340	1,580	1,830	925	Entretien régulier seulement	355
445	710	380	470	545	365	Réparations mineures	356
85	155	95	95	185	35	Réparations majeures	357
						selon la période de construction	
215	565	210	135	290	90	Avant 1946	358
400	600	260	475	495	415	1946-1960	359
245	295	390	320	360	185	1961-1970	360
355	225	345	380	430	155	1971-1980	361
370	450	285	395	340	215	1981-1990	362
320	430	330	450	645	270	1991-2001 (20)	363
6.2	6.4	6.5	6.5	6.0	7.4	Nombre moyen de pièces par logement	364
2.9	3.0	3.2	3.2	3.0	3.6	Nombre moyen de chambres à coucher par logement	365
330,088	381,240	330,306	331,118	328,382	369,377	Valeur moyenne du logement $	366
1,915	**2,560**	**1,820**	**2,145**	**2,560**	**1,325**	**Nombre total de logements privés**	367
						selon la taille du ménage	
420	575	325	275	460	145	1 personne	368
470	640	430	485	525	315	2 personnes	369
255	480	320	375	520	235	3 personnes	370
540	685	545	715	830	480	4-5 personnes	371
230	180	205	305	215	150	6 personnes ou plus	372
						selon le genre de ménage	
1,195	1,750	1,205	1,570	1,825	985	Ménages unifamiliaux	373
195	80	185	275	175	105	Ménages multifamiliaux	374
525	730	430	300	560	235	Ménages non familiaux	375
6,035	7,470	5,920	7,550	8,130	4,575	Nombre de personnes dans les ménages privés	376
3.2	2.9	3.3	3.5	3.2	3.5	Nombre moyen de personnes dans les ménages privés	377
0.5	0.5	0.5	0.5	0.5	0.5	Nombre moyen de personnes par pièce	378
695	1,030	710	695	960	255	Ménages locataires dans les logements privés non agricoles hors réserve (40)	379
797	803	755	739	702	877	Loyer brut moyen $ (40)	380
330	490	390	360	385	105	Ménages locataires consacrant 30 % ou plus du revenu du ménage au loyer brut (40) (41)	381
245	380	265	280	245	60	Ménages locataires consacrant de 30 % à 99 % du revenu du ménage au loyer brut (40) (41)	382
1,220	1,525	1,095	1,435	1,590	1,070	Ménages propriétaires dans les logements privés non agricoles hors réserve (42)	383
950	1,002	908	901	879	847	Principales dépenses de propriété moyennes $ (42)	384
225	390	260	370	455	245	Ménages propriétaires consacrant 30 % ou plus du revenu du ménage aux principales dépenses de propriété (41) (42)	385
180	340	210	305	385	220	Ménages propriétaires consacrant de 30 % à 99 % du revenu du ménage aux principales dépenses de propriété (41) (42)	386
						CARACTÉRISTIQUES DES FAMILLES DE RECENSEMENT	
1,585	**1,945**	**1,600**	**2,160**	**2,185**	**1,205**	**Total des familles de recensement dans les ménages privés**	387
						selon la structure et la taille de la famille de recensement	
1,335	1,645	1,300	1,760	1,755	1,070	Total des familles avec conjoints	388
1,285	1,510	1,230	1,685	1,680	1,040	Total des familles avec couples mariés	389
485	470	390	560	430	280	Sans enfants à la maison	390
800	1,040	845	1,125	1,250	755	Avec enfants à la maison	391
215	375	290	360	445	240	1 enfant	392
315	430	335	505	530	350	2 enfants	393
265	235	215	250	280	160	3 enfants ou plus	394
55	130	70	75	75	35	Total des familles en union libre	395
25	80	45	50	25	-	Sans enfants à la maison	396
35	50	25	20	45	30	Avec enfants à la maison	397
20	35	-	-	15	15	1 enfant	398
10	-	25	15	20	15	2 enfants	399
-	10	-	-	15	-	3 enfants ou plus	400
255	300	295	400	425	135	Total des familles monoparentales	401
215	275	240	330	380	85	Parent de sexe féminin	402
105	135	160	180	245	60	1 enfant	403
65	85	45	105	110	30	2 enfants	404
45	55	35	45	20	-	3 enfants ou plus	405

Table 1. Selected Characteristics for Census Tracts, 2001 Census – 100% Data and 20% Sample Data

No.	Characteristics	Vancouver 0007.01 A	Vancouver 0007.02 A	Vancouver 0008 ◇	Vancouver 0009	Vancouver 0010.01	Vancouver 0010.02
	CENSUS FAMILY CHARACTERISTICS						
	by census family structure and size – concluded						
406	Male parent	25	50	35	45	10	30
407	1 child	20	25	15	30	-	25
408	2 children	10	25	15	15	-	-
409	3 or more children	-	-	-	-	-	-
410	**Total number of children at home**	**1,605**	**1,415**	**1,985**	**1,840**	**1,490**	**1,560**
	by age groups						
411	Under 6 years	235	160	255	225	140	165
412	6-14 years	545	385	665	595	415	415
413	15-17 years	190	210	265	330	230	220
414	18-24 years	485	430	515	460	445	450
415	25 years and over	150	230	280	240	260	310
416	Average number of children at home per census family (43)	1.2	1.4	1.3	1.0	1.3	1.3
417	**Total number of persons in private households**	**4,945**	**3,595**	**5,360**	**6,935**	**4,570**	**4,480**
	by census family status and living arrangements						
418	Number of non-family persons	835	325	585	1,795	875	605
419	Living with relatives (44)	120	100	130	215	80	195
420	Living with non-relatives only	305	75	205	345	230	60
421	Living alone	415	150	245	1,230	570	355
422	Number of family persons	4,110	3,275	4,780	5,145	3,700	3,870
423	Average number of persons per census family	3.1	3.2	3.2	2.9	3.2	3.2
424	**Total number of persons 65 years and over**	**705**	**405**	**775**	**1,175**	**965**	**820**
425	Number of non-family persons 65 years and over	290	90	175	615	430	275
426	Living with relatives (44)	55	25	30	70	20	125
427	Living with non-relatives only	10	10	10	30	50	10
428	Living alone	215	55	135	510	365	140
429	Number of family persons 65 years and over	415	320	600	560	535	550
	ECONOMIC FAMILY CHARACTERISTICS						
430	**Total number of economic families in private households**	**1,310**	**990**	**1,465**	**1,745**	**1,115**	**1,185**
	by size of family						
431	2 persons	510	335	515	815	425	375
432	3 persons	295	210	310	360	220	270
433	4 persons	295	245	390	325	260	300
434	5 or more persons	215	195	245	245	205	235
435	Total number of persons in economic families	4,225	3,375	4,915	5,365	3,775	4,060
436	Average number of persons per economic family	3.2	3.4	3.4	3.1	3.4	3.4
437	Total number of unattached individuals	715	220	450	1,575	800	415
	2000 INCOME CHARACTERISTICS						
	Population 15 years and over by sex and total income groups in 2000						
438	Total - Both sexes	4,150	3,055	4,430	6,115	4,005	3,875
439	Without income	250	305	370	445	375	430
440	With income	3,900	2,750	4,060	5,670	3,630	3,445
441	Under $1,000 (45)	210	240	195	270	305	405
442	$ 1,000 - $ 2,999	145	140	180	245	185	225
443	$ 3,000 - $ 4,999	95	75	175	225	130	120
444	$ 5,000 - $ 6,999	160	130	200	160	150	160
445	$ 7,000 - $ 9,999	195	165	165	290	275	165
446	$10,000 - $11,999	165	105	125	145	90	135
447	$12,000 - $14,999	285	150	175	390	255	260
448	$15,000 - $19,999	385	170	245	535	345	240
449	$20,000 - $24,999	235	175	150	490	265	260
450	$25,000 - $29,999	305	135	150	310	250	95
451	$30,000 - $34,999	295	150	225	360	220	110
452	$35,000 - $39,999	190	155	185	375	170	105
453	$40,000 - $44,999	140	100	195	305	130	100
454	$45,000 - $49,999	140	115	220	255	125	150
455	$50,000 - $59,999	215	125	275	330	200	245
456	$60,000 and over	730	620	1,215	985	530	660
457	Average income $ (46)	40,558	48,960	76,133	41,376	35,274	36,779
458	Median income $ (46)	25,454	25,480	35,959	25,778	20,945	20,017
459	Standard error of average income $ (46)	1,987	4,148	6,632	1,992	1,996	1,824

Tableau 1. Certaines caractéristiques des secteurs de recensement, recensement de 2001 – Données intégrales et données-échantillon (20 %)

Vancouver 0011	Vancouver 0012	Vancouver 0013.01	Vancouver 0013.02	Vancouver 0014	Vancouver 0015.01	Caractéristiques	N°
						CARACTÉRISTIQUES DES FAMILLES DE RECENSEMENT	
						selon la structure et la taille de la famille de recensement – fin	
40	25	50	70	45	50	Parent de sexe masculin	406
20	15	30	40	20	20	1 enfant	407
10	15	20	10	15	20	2 enfants	408
15	-	-	20	15	10	3 enfants ou plus	409
2,195	**2,595**	**2,175**	**2,905**	**3,115**	**1,725**	**Nombre total d'enfants à la maison**	410
						selon les groupes d'âge	
480	505	370	560	420	180	Moins de 6 ans	411
645	710	605	880	950	465	6-14 ans	412
215	335	215	320	325	235	15-17 ans	413
455	600	440	580	725	435	18-24 ans	414
405	450	550	560	700	415	25 ans et plus	415
1.4	1.3	1.4	1.3	1.4	1.4	Nombre moyen d'enfants à la maison par famille de recensement (43)	416
6,035	**7,465**	**5,915**	**7,550**	**8,130**	**4,575**	**Nombre total de personnes dans les ménages privés**	417
						selon la situation des particuliers dans la famille de recensement et des particuliers dans le ménage	
915	1,280	840	735	1,070	570	Nombre de personnes hors famille de recensement	418
245	340	195	315	345	220	Vivant avec des personnes apparentées (44)	419
255	370	325	150	265	210	Vivant avec des personnes non apparentées uniquement	420
415	575	325	270	465	145	Vivant seules	421
5,115	6,185	5,075	6,820	7,055	4,010	Nombre de personnes membres d'une famille	422
3.2	3.2	3.2	3.2	3.2	3.3	Nombre moyen de personnes par famille de recensement	423
960	**1,005**	**880**	**1,005**	**1,175**	**615**	**Nombre total de personnes de 65 ans et plus**	424
345	335	245	270	345	185	Nombre de personnes hors famille de recensement de 65 ans et plus	425
115	135	85	140	100	85	Vivant avec des personnes apparentées (44)	426
-	10	20	-	-	20	Vivant avec des personnes non apparentées uniquement	427
230	195	135	130	240	80	Vivant seules	428
615	665	635	740	835	430	Nombre de personnes membres d'une famille de 65 ans et plus	429
						CARACTÉRISTIQUES DES FAMILLES ÉCONOMIQUES	
1,425	**1,890**	**1,420**	**1,885**	**2,055**	**1,120**	**Nombre total de familles économiques dans les ménages privés**	430
						selon la taille de la famille	
455	595	405	525	560	290	2 personnes	431
230	485	300	360	505	240	3 personnes	432
275	395	345	445	490	310	4 personnes	433
460	410	365	555	500	285	5 personnes ou plus	434
5,365	6,520	5,265	7,130	7,400	4,225	Nombre total de personnes dans les familles économiques	435
3.8	3.5	3.7	3.8	3.6	3.8	Nombre moyen de personnes par famille économique	436
670	945	650	425	725	350	Nombre total de personnes hors famille économique	437
						CARACTÉRISTIQUES DU REVENU DE 2000	
						Population de 15 ans et plus selon le sexe et les tranches de revenu total en 2000	
4,900	6,255	4,915	6,100	6,725	3,900	Total - Les deux sexes	438
335	375	420	580	560	325	Sans revenu	439
4,570	5,875	4,495	5,515	6,165	3,575	Avec un revenu	440
205	350	385	375	435	360	Moins de 1 000 $ (45)	441
240	340	265	260	330	145	1 000 $ - 2 999 $	442
160	225	195	260	215	285	3 000 $ - 4 999 $	443
270	270	170	320	395	175	5 000 $ - 6 999 $	444
350	415	445	565	445	315	7 000 $ - 9 999 $	445
345	385	295	325	365	130	10 000 $ - 11 999 $	446
395	475	430	465	685	335	12 000 $ - 14 999 $	447
480	665	520	555	660	295	15 000 $ - 19 999 $	448
500	590	410	650	575	335	20 000 $ - 24 999 $	449
225	380	340	330	500	105	25 000 $ - 29 999 $	450
350	470	295	315	465	235	30 000 $ - 34 999 $	451
215	295	155	295	280	190	35 000 $ - 39 999 $	452
160	240	145	205	195	145	40 000 $ - 44 999 $	453
95	170	75	165	165	105	45 000 $ - 49 999 $	454
260	280	150	225	250	165	50 000 $ - 59 999 $	455
320	325	215	195	205	255	60 000 $ et plus	456
24,378	23,799	20,526	20,715	21,195	23,154	Revenu moyen $ (46)	457
17,808	18,327	15,500	16,210	16,324	15,681	Revenu médian $ (46)	458
754	782	587	499	551	862	Erreur type de revenu moyen $ (46)	459

Table 1. Selected Characteristics for Census Tracts, 2001 Census – 100% Data and 20% Sample Data

No.	Characteristics	Vancouver 0007.01 A	Vancouver 0007.02 A	Vancouver 0008 ◇	Vancouver 0009	Vancouver 0010.01	Vancouver 0010.02
	2000 INCOME CHARACTERISTICS						
	Population 15 years and over by sex and total income groups in 2000 – concluded						
460	Total - Males	1,920	1,410	2,105	2,700	1,785	1,815
461	Without income	80	95	165	235	140	155
462	With income	1,845	1,310	1,940	2,460	1,645	1,660
463	Under $1,000 (45)	110	120	70	95	160	190
464	$ 1,000 - $ 2,999	35	55	80	85	70	75
465	$ 3,000 - $ 4,999	35	20	85	95	20	70
466	$ 5,000 - $ 6,999	55	70	80	75	50	60
467	$ 7,000 - $ 9,999	95	70	80	115	125	80
468	$10,000 - $11,999	80	50	80	55	30	55
469	$12,000 - $14,999	90	60	90	195	95	105
470	$15,000 - $19,999	155	65	90	155	125	115
471	$20,000 - $24,999	100	80	60	200	140	110
472	$25,000 - $29,999	145	70	45	130	105	40
473	$30,000 - $34,999	135	45	65	135	105	50
474	$35,000 - $39,999	95	25	130	155	75	85
475	$40,000 - $44,999	40	40	80	130	30	55
476	$45,000 - $49,999	70	55	80	125	70	25
477	$50,000 - $59,999	120	85	90	150	120	155
478	$60,000 and over	485	405	750	555	340	390
479	Average income $ (46)	53,758	65,612	113,745	53,309	42,180	42,025
480	Median income $ (46)	30,635	29,489	41,022	30,281	25,324	23,617
481	Standard error of average income $ (46)	3,853	8,193	13,218	4,100	3,269	2,852
482	Total - Females	2,225	1,640	2,330	3,420	2,220	2,060
483	Without income	170	210	205	210	235	270
484	With income	2,060	1,435	2,120	3,205	1,985	1,785
485	Under $1,000 (45)	105	115	125	175	140	215
486	$ 1,000 - $ 2,999	110	85	95	160	120	150
487	$ 3,000 - $ 4,999	60	55	90	130	110	45
488	$ 5,000 - $ 6,999	105	55	120	90	100	100
489	$ 7,000 - $ 9,999	100	95	85	175	150	90
490	$10,000 - $11,999	85	60	50	90	65	75
491	$12,000 - $14,999	200	95	90	195	165	160
492	$15,000 - $19,999	235	105	160	375	215	130
493	$20,000 - $24,999	140	95	85	295	125	150
494	$25,000 - $29,999	165	65	105	185	150	55
495	$30,000 - $34,999	165	100	160	225	115	60
496	$35,000 - $39,999	90	125	55	215	100	25
497	$40,000 - $44,999	105	55	115	170	100	50
498	$45,000 - $49,999	65	65	140	125	50	125
499	$50,000 - $59,999	90	45	180	175	85	95
500	$60,000 and over	240	215	465	425	190	270
501	Average income $ (46)	28,739	33,732	41,688	32,210	29,546	31,908
502	Median income $ (46)	22,047	22,313	30,310	23,634	17,792	17,964
503	Standard error of average income $ (46)	1,324	2,586	2,470	1,401	2,428	2,271
	by composition of total income						
504	Total - Composition of income in 2000 % (47)	100.0	100.0	100.0	100.0	100.0	100.0
505	Employment income %	74.3	73.0	65.5	65.9	62.1	58.9
506	Government transfer payments %	6.7	4.5	3.6	7.1	10.8	8.5
507	Other %	19.1	22.4	30.9	26.9	27.1	32.6
	Population 15 years and over with employment income in 2000 by sex and work activity						
508	Both sexes with employment income (48)	2,705	1,840	2,830	3,880	1,865	1,910
509	Average employment income $	43,400	53,433	71,549	39,884	42,513	38,986
510	Standard error of average employment income $	2,576	5,836	5,011	2,190	3,485	2,062
511	Worked full year, full time (49)	1,210	780	1,315	1,685	765	880
512	Average employment income $	59,516	83,355	104,487	57,261	52,696	58,984
513	Standard error of average employment income $	4,322	11,428	9,563	3,558	3,393	3,406
514	Worked part year or part time (50)	1,430	990	1,425	2,070	960	970
515	Average employment income $	30,916	32,169	44,192	26,212	38,267	22,361
516	Standard error of average employment income $	3,065	5,767	4,473	2,317	6,091	1,978
517	Males with employment income (48)	1,355	900	1,455	1,885	905	1,025
518	Average employment income $	56,287	73,949	101,398	49,443	52,123	44,282
519	Standard error of average employment income $	4,703	11,233	8,855	4,071	5,367	3,251
520	Worked full year, full time (49)	705	430	755	860	455	560
521	Average employment income $	68,938	108,517	146,876	70,710	59,149	62,928
522	Standard error of average employment income $	7,046	19,500	15,420	6,417	5,371	4,909
523	Worked part year or part time (50)	630	430	670	960	405	430
524	Average employment income $	43,199	45,363	53,415	31,168	46,466	21,882
525	Standard error of average employment income $	6,255	12,777	6,770	4,358	10,164	3,085

Tableau 1. Certaines caractéristiques des secteurs de recensement, recensement de 2001 – Données intégrales et données-échantillon (20 %)

Vancouver 0011	Vancouver 0012	Vancouver 0013.01	Vancouver 0013.02	Vancouver 0014	Vancouver 0015.01	Caractéristiques	N°
						CARACTÉRISTIQUES DU REVENU DE 2000	
						Population de 15 ans et plus selon le sexe et les tranches de revenu total en 2000 – fin	
2,310	3,000	2,370	2,950	3,175	1,890	Total - Hommes	460
155	195	160	250	230	165	Sans revenu	461
2,155	2,805	2,210	2,700	2,945	1,730	Avec un revenu	462
115	145	190	210	220	160	Moins de 1 000 $ (45)	463
100	110	110	90	135	90	1 000 $ - 2 999 $	464
50	95	75	135	75	155	3 000 $ - 4 999 $	465
140	135	55	150	180	55	5 000 $ - 6 999 $	466
110	220	205	245	150	125	7 000 $ - 9 999 $	467
155	155	200	150	180	65	10 000 $ - 11 999 $	468
150	160	145	155	285	115	12 000 $ - 14 999 $	469
165	330	235	235	335	130	15 000 $ - 19 999 $	470
190	305	210	325	290	190	20 000 $ - 24 999 $	471
135	200	180	145	230	45	25 000 $ - 29 999 $	472
200	230	150	160	185	95	30 000 $ - 34 999 $	473
115	135	85	165	115	70	35 000 $ - 39 999 $	474
115	105	95	95	80	80	40 000 $ - 44 999 $	475
55	105	55	110	140	50	45 000 $ - 49 999 $	476
155	140	85	175	180	130	50 000 $ - 59 999 $	477
215	235	140	160	155	190	60 000 $ et plus	478
28,545	26,565	22,818	23,385	24,072	26,832	Revenu moyen $ (46)	479
22,926	20,287	17,056	19,149	18,279	19,146	Revenu médian $ (46)	480
1,280	1,167	949	820	957	1,455	Erreur type de revenu moyen $ (46)	481
2,595	3,255	2,545	3,145	3,555	2,005	Total - Femmes	482
185	185	260	330	335	165	Sans revenu	483
2,410	3,070	2,285	2,815	3,220	1,840	Avec un revenu	484
95	205	190	160	215	200	Moins de 1 000 $ (45)	485
145	230	155	165	195	55	1 000 $ - 2 999 $	486
110	130	120	125	140	125	3 000 $ - 4 999 $	487
130	140	115	170	210	120	5 000 $ - 6 999 $	488
240	195	235	315	295	190	7 000 $ - 9 999 $	489
190	230	95	175	190	65	10 000 $ - 11 999 $	490
240	315	290	310	400	225	12 000 $ - 14 999 $	491
315	335	285	320	325	165	15 000 $ - 19 999 $	492
305	280	205	330	285	150	20 000 $ - 24 999 $	493
95	175	155	185	260	60	25 000 $ - 29 999 $	494
150	245	140	160	275	145	30 000 $ - 34 999 $	495
100	160	70	130	160	120	35 000 $ - 39 999 $	496
40	140	50	105	115	70	40 000 $ - 44 999 $	497
45	65	25	60	20	55	45 000 $ - 49 999 $	498
110	140	70	50	70	35	50 000 $ - 59 999 $	499
95	95	75	35	50	65	60 000 $ et plus	500
20,652	21,275	18,309	18,147	18,565	19,694	Revenu moyen $ (46)	501
15,356	16,031	13,952	14,639	14,752	14,274	Revenu médian $ (46)	502
830	1,042	696	570	566	939	Erreur type de revenu moyen $ (46)	503
						selon la composition du revenu total	
100.0	100.0	100.0	100.0	100.0	100.0	Total - Composition du revenu en 2000 % (47)	504
70.2	73.7	71.2	73.6	75.3	73.4	Revenu d'emploi %	505
15.6	13.2	16.2	17.2	15.7	12.3	Transferts gouvernementaux %	506
14.3	13.1	12.6	9.3	9.0	14.2	Autre %	507
						Population de 15 ans et plus ayant un revenu d'emploi en 2000 selon le sexe et le travail	
2,955	3,940	2,775	3,555	4,060	2,300	Les deux sexes ayant un revenu d'emploi (48)	508
26,413	26,188	23,649	23,653	24,224	26,443	Revenu moyen d'emploi $	509
973	1,084	735	636	733	1,076	Erreur type de revenu moyen d'emploi $	510
1,440	1,615	1,295	1,540	2,095	980	Ayant travaillé toute l'année à plein temps (49)	511
36,185	39,538	28,893	33,136	32,051	39,069	Revenu moyen d'emploi $	512
1,335	2,171	998	911	1,036	1,818	Erreur type de revenu moyen d'emploi $	513
1,425	2,205	1,390	1,925	1,800	1,170	Ayant travaillé une partie de l'année ou à temps partiel (50)	514
17,378	17,444	19,443	16,650	16,351	17,906	Revenu moyen d'emploi $	515
1,283	761	1,061	732	972	1,047	Erreur type de revenu moyen d'emploi $	516
1,560	2,020	1,440	1,870	2,070	1,220	Hommes ayant un revenu d'emploi (48)	517
30,035	28,052	26,055	26,123	27,401	28,802	Revenu moyen d'emploi $	518
1,529	1,460	1,135	985	1,230	1,674	Erreur type de revenu moyen d'emploi $	519
835	855	695	870	1,130	535	Ayant travaillé toute l'année à plein temps (49)	520
37,354	40,709	30,415	36,148	35,592	42,918	Revenu moyen d'emploi $	521
1,844	2,712	1,494	1,336	1,660	2,824	Erreur type de revenu moyen d'emploi $	522
700	1,100	710	965	835	580	Ayant travaillé une partie de l'année ou à temps partiel (50)	523
21,792	19,495	22,486	17,678	18,070	19,677	Revenu moyen d'emploi $	524
2,410	1,206	1,710	1,157	1,805	1,727	Erreur type de revenu moyen d'emploi $	525

Table 1. Selected Characteristics for Census Tracts, 2001 Census – 100% Data and 20% Sample Data

No.	Characteristics	Vancouver 0007.01 A	Vancouver 0007.02 A	Vancouver 0008 ◇	Vancouver 0009	Vancouver 0010.01	Vancouver 0010.02
	2000 INCOME CHARACTERISTICS						
	Population 15 years and over with employment income in 2000 by sex and work activity – concluded						
526	Females with employment income (48)	1,345	945	1,380	1,990	965	895
527	Average employment income $	30,415	33,857	40,023	30,815	33,475	32,902
528	Standard error of average employment income $	1,750	3,492	3,440	1,590	4,430	2,258
529	Worked full year, full time (49)	500	355	560	825	305	315
530	Average employment income $	46,312	53,208	47,100	43,204	43,095	51,987
531	Standard error of average employment income $	2,925	8,116	2,236	1,924	2,908	3,557
532	Worked part year or part time (50)	800	560	750	1,115	550	545
533	Average employment income $	21,272	22,011	35,979	21,952	32,293	22,739
534	Standard error of average employment income $	1,965	2,346	5,885	2,004	7,445	2,553
	Census families by structure and family income groups in 2000						
535	Total - All census families	1,345	1,015	1,495	1,765	1,175	1,220
536	Under $10,000	30	75	55	80	120	130
537	$ 10,000 - $19,999	65	30	70	100	90	160
538	$ 20,000 - $29,999	110	95	65	170	75	130
539	$ 30,000 - $39,999	110	70	80	125	95	125
540	$ 40,000 - $49,999	135	65	70	170	90	70
541	$ 50,000 - $59,999	90	50	90	180	115	45
542	$ 60,000 - $69,999	90	90	45	150	65	55
543	$ 70,000 - $79,999	100	80	110	140	45	50
544	$ 80,000 - $89,999	65	55	65	75	75	45
545	$ 90,000 - $99,999	70	45	30	95	65	50
546	$100,000 and over	475	370	825	485	335	365
547	Average family income $	100,611	119,367	162,977	97,862	88,498	86,505
548	Median family income $	75,173	73,976	112,042	62,468	59,037	49,138
549	Standard error of average family income $	5,768	11,106	8,737	6,393	7,800	5,752
550	Total - All couple census families (51)	1,155	845	1,305	1,540	1,035	1,090
551	Under $10,000	20	45	25	40	95	110
552	$ 10,000 - $19,999	45	15	35	80	70	130
553	$ 20,000 - $29,999	80	85	45	115	65	100
554	$ 30,000 - $39,999	85	55	55	95	85	125
555	$ 40,000 - $49,999	115	55	55	150	90	65
556	$ 50,000 - $59,999	85	35	90	175	105	30
557	$ 60,000 - $69,999	70	60	45	110	45	50
558	$ 70,000 - $79,999	85	65	95	140	50	45
559	$ 80,000 - $89,999	60	35	60	70	65	40
560	$ 90,000 - $99,999	70	40	10	85	55	50
561	$100,000 and over	435	355	790	475	310	340
562	Average family income $	107,143	133,241	178,959	106,471	91,575	90,350
563	Median family income $	77,787	84,550	123,309	70,374	61,026	56,426
564	Standard error of average family income $	6,659	13,021	10,342	7,178	8,638	6,105
	Incidence of low income in 2000						
565	Total - Economic families	1,310	990	1,100	1,750	1,115	1,185
566	Low income	170	155	75	250	255	355
567	Incidence of low income in 2000 % (52)	12.9	15.4	6.7	14.3	22.7	30.1
568	Total - Unattached individuals 15 years and over	695	220	365	1,575	790	415
569	Low income	330	90	85	555	325	195
570	Incidence of low income in 2000 % (52)	47.1	42.7	22.6	35.2	41.4	46.2
571	Total - Population in private households	4,925	3,595	4,085	6,935	4,565	4,480
572	Low income	855	640	315	1,320	1,240	1,515
573	Incidence of low income in 2000 % (52)	17.3	17.9	7.7	19.0	27.2	33.8
	Private households by household income groups in 2000						
574	Total - All private households	1,795	1,140	1,755	3,100	1,750	1,550
575	Under $10,000	90	85	60	215	150	190
576	$ 10,000 - $19,999	250	55	75	340	290	215
577	$ 20,000 - $29,999	130	85	75	400	150	155
578	$ 30,000 - $39,999	115	65	95	300	160	125
579	$ 40,000 - $49,999	165	70	120	340	170	90
580	$ 50,000 - $59,999	130	65	130	265	150	65
581	$ 60,000 - $69,999	105	85	85	225	80	80
582	$ 70,000 - $79,999	115	75	115	195	55	75
583	$ 80,000 - $89,999	105	65	95	130	75	45
584	$ 90,000 - $99,999	70	55	30	115	65	95
585	$100,000 and over	525	430	875	585	410	415
586	Average household income $	87,904	117,598	176,241	75,694	73,116	81,775
587	Median household income $	60,951	75,940	99,638	49,399	47,264	50,243
588	Standard error of average household income $	5,041	10,067	14,917	3,948	5,499	5,036

Tableau 1. Certaines caractéristiques des secteurs de recensement, recensement de 2001 – Données intégrales et données-échantillon (20 %)

Vancouver 0011	Vancouver 0012	Vancouver 0013.01	Vancouver 0013.02	Vancouver 0014	Vancouver 0015.01	Caractéristiques	N°
						CARACTÉRISTIQUES DU REVENU DE 2000	
						Population de 15 ans et plus ayant un revenu d'emploi en 2000 selon le sexe et le travail – fin	
1,400	1,915	1,335	1,680	1,995	1,085	Femmes ayant un revenu d'emploi (48)	526
22,372	24,218	21,059	20,905	20,923	23,789	Revenu moyen d'emploi $	527
1,114	1,605	900	763	726	1,298	Erreur type de revenu moyen d'emploi $	528
605	760	605	670	965	450	Ayant travaillé toute l'année à plein temps (49)	529
34,568	38,221	27,145	29,224	27,912	34,550	Revenu moyen d'emploi $	530
1,889	3,475	1,278	1,114	1,034	2,168	Erreur type de revenu moyen d'emploi $	531
720	1,105	685	960	960	590	Ayant travaillé une partie de l'année ou à temps partiel (50)	532
13,106	15,400	16,257	15,617	14,857	16,160	Revenu moyen d'emploi $	533
913	918	1,192	893	872	1,171	Erreur type de revenu moyen d'emploi $	534
						Familles de recensement selon la structure et les tranches de revenu de la famille en 2000	
1,590	1,945	1,600	2,160	2,185	1,205	Total - Toutes les familles de recensement	535
85	110	245	230	185	90	Moins de 10 000 $	536
160	140	155	280	250	125	10 000 $ - 19 999 $	537
260	295	215	325	265	140	20 000 $ - 29 999 $	538
220	235	235	200	305	120	30 000 $ - 39 999 $	539
160	275	155	280	310	95	40 000 $ - 49 999 $	540
125	175	95	170	210	110	50 000 $ - 59 999 $	541
100	135	95	160	170	160	60 000 $ - 69 999 $	542
85	125	60	125	135	65	70 000 $ - 79 999 $	543
125	115	70	135	80	65	80 000 $ - 89 999 $	544
50	60	100	90	85	75	90 000 $ - 99 999 $	545
220	290	165	165	195	170	100 000 $ et plus	546
55,585	57,939	48,548	47,144	50,930	60,967	Revenu moyen des familles $	547
43,135	46,103	38,331	40,394	42,469	54,234	Revenu médian des familles $	548
2,118	2,383	1,977	1,531	1,797	2,847	Erreur type de revenu moyen des familles $	549
1,335	1,640	1,300	1,755	1,755	1,070	Total - Toutes les familles de recensement comptant un couple (51)	550
55	80	180	155	80	60	Moins de 10 000 $	551
95	80	115	185	190	80	10 000 $ - 19 999 $	552
240	225	145	240	200	135	20 000 $ - 29 999 $	553
185	205	185	140	250	100	30 000 $ - 39 999 $	554
130	230	135	250	225	85	40 000 $ - 49 999 $	555
105	150	85	155	190	105	50 000 $ - 59 999 $	556
90	130	85	145	155	165	60 000 $ - 69 999 $	557
70	105	55	120	110	60	70 000 $ - 79 999 $	558
120	95	70	130	85	60	80 000 $ - 89 999 $	559
45	55	95	85	80	65	90 000 $ - 99 999 $	560
210	285	160	155	195	160	100 000 $ et plus	561
58,588	62,011	52,677	50,891	55,410	64,346	Revenu moyen des familles $	562
46,821	49,927	42,475	44,955	47,985	58,231	Revenu médian des familles $	563
2,357	2,701	2,282	1,662	2,017	3,040	Erreur type de revenu moyen des familles $	564
						Fréquence des unités à faible revenu en 2000	
1,425	1,885	1,420	1,885	2,055	1,120	Total - Familles économiques	565
370	410	445	565	570	240	Faible revenu	566
25.9	21.7	31.2	30.2	27.9	21.6	Fréquence des unités à faible revenu en 2000 % (52)	567
670	945	630	420	715	335	Total - Personnes hors famille économique de 15 ans et plus	568
350	485	415	225	420	180	Faible revenu	569
51.7	51.3	65.5	53.6	59.0	52.8	Fréquence des unités à faible revenu en 2000 % (52)	570
6,035	7,470	5,895	7,545	8,120	4,560	Total - Population dans les ménages privés	571
1,720	1,925	1,945	2,140	2,320	1,070	Faible revenu	572
28.6	25.8	32.9	28.3	28.6	23.5	Fréquence des unités à faible revenu en 2000 % (52)	573
						Ménages privés selon les tranches de revenu du ménage en 2000	
1,915	2,565	1,820	2,145	2,560	1,325	Total - Tous les ménages privés	574
160	185	250	190	245	95	Moins de 10 000 $	575
235	310	265	285	405	165	10 000 $ - 19 999 $	576
215	355	220	280	240	105	20 000 $ - 29 999 $	577
240	355	215	175	315	125	30 000 $ - 39 999 $	578
175	280	140	215	265	120	40 000 $ - 49 999 $	579
115	205	95	185	275	105	50 000 $ - 59 999 $	580
125	185	105	200	210	170	60 000 $ - 69 999 $	581
115	125	90	140	145	100	70 000 $ - 79 999 $	582
145	120	100	150	100	60	80 000 $ - 89 999 $	583
80	95	75	85	100	75	90 000 $ - 99 999 $	584
315	345	260	250	265	200	100 000 $ et plus	585
58,222	54,519	50,666	53,204	51,027	62,444	Revenu moyen des ménages $	586
45,343	42,235	38,348	46,541	43,884	57,224	Revenu médian des ménages $	587
2,260	2,095	1,963	1,779	1,708	2,811	Erreur type de revenu moyen des ménages $	588

Table 1. Selected Characteristics for Census Tracts, 2001 Census – 100% Data and 20% Sample Data

No.	Characteristics	Vancouver 0015.02	Vancouver 0016.01	Vancouver 0016.03 A	Vancouver 0016.04 A	Vancouver 0017.01	Vancouver 0017.02
	POPULATION CHARACTERISTICS						
1	**Population, 1996 (1)**	**5,143**	**4,258**	**5,110**	**6,867**	**5,747**	**5,495**
2	**Population, 2001 (2)**	**5,307**	**4,614**	**6,991**	**6,880**	**6,101**	**6,146**
3	Population percentage change, 1996-2001	3.2	8.4	36.8	0.2	6.2	11.8
4	Land area in square kilometres, 2001	1.34	0.69	0.67	0.95	1.16	0.85
5	**Total population - 100% Data (3)**	**5,305**	**4,615**	**6,990**	**6,880**	**6,105**	**6,145**
	by sex and age groups						
6	Male	2,580	2,185	3,420	3,395	2,970	3,060
7	0-4 years	90	125	230	220	170	175
8	5-9 years	130	170	220	245	205	235
9	10-14 years	200	165	175	220	200	195
10	15-19 years	220	175	225	225	190	215
11	20-24 years	215	150	365	280	220	235
12	25-29 years	125	155	360	250	200	215
13	30-34 years	140	150	325	300	245	265
14	35-39 years	185	155	370	320	260	315
15	40-44 years	195	185	275	310	280	235
16	45-49 years	200	205	200	240	185	200
17	50-54 years	200	135	155	210	200	195
18	55-59 years	130	90	100	135	115	105
19	60-64 years	120	85	115	120	125	140
20	65-69 years	115	85	110	110	135	125
21	70-74 years	115	60	90	100	100	100
22	75-79 years	90	55	50	65	75	60
23	80-84 years	55	25	30	40	35	35
24	85 years and over	45	15	20	10	30	25
25	Female	2,725	2,425	3,570	3,485	3,135	3,085
26	0-4 years	95	125	205	200	150	175
27	5-9 years	115	155	185	215	180	165
28	10-14 years	170	165	165	175	190	160
29	15-19 years	210	165	205	215	200	150
30	20-24 years	190	190	375	255	225	220
31	25-29 years	135	165	370	300	245	235
32	30-34 years	125	190	365	320	250	280
33	35-39 years	180	180	360	385	280	290
34	40-44 years	230	240	310	280	260	255
35	45-49 years	250	175	220	260	235	210
36	50-54 years	210	165	175	205	185	215
37	55-59 years	120	100	125	150	150	135
38	60-64 years	120	100	145	150	160	155
39	65-69 years	135	100	120	120	135	150
40	70-74 years	135	85	105	110	100	115
41	75-79 years	125	50	70	80	80	80
42	80-84 years	90	40	45	50	55	65
43	85 years and over	95	45	30	20	45	30
44	**Total population 15 years and over**	**4,510**	**3,720**	**5,805**	**5,610**	**5,010**	**5,040**
	by legal marital status						
45	Never married (single)	1,495	1,285	2,310	2,010	1,695	1,675
46	Legally married (and not separated)	2,320	1,870	2,725	2,940	2,745	2,690
47	Separated, but still legally married	90	105	160	155	95	120
48	Divorced	240	220	315	245	205	250
49	Widowed	365	240	290	270	275	310
	by common-law status						
50	Not in a common-law relationship	4,405	3,600	5,505	5,430	4,870	4,875
51	In a common-law relationship	110	115	300	185	145	160
52	**Total population - 20% Sample Data (4)**	**5,225**	**4,605**	**6,990**	**6,870**	**6,100**	**6,110**
	by mother tongue						
53	Single responses	5,075	4,410	6,725	6,680	5,985	5,960
54	English	1,720	1,130	1,865	1,965	1,620	1,270
55	French	10	20	30	35	10	50
56	Non-official languages (5)	3,345	3,260	4,830	4,680	4,355	4,635
57	Chinese, n.o.s.	840	810	990	1,220	1,240	1,670
58	Cantonese	1,290	935	975	1,130	1,345	1,225
59	Punjabi	150	145	585	405	295	220
60	Mandarin	225	205	355	205	185	290
61	Tagalog (Pilipino)	125	165	585	390	185	175
62	Other languages (6)	705	995	1,335	1,320	1,105	1,055
63	Multiple responses	145	200	265	195	115	150
64	English and French	-	10	15	-	-	-
65	English and non-official language	135	190	235	195	110	145
66	French and non-official language	-	-	15	-	10	-
67	English, French and non-official language	-	-	-	-	-	-

See reference material at the end of the publication. – Voir les documents de référence à la fin de la publication.

Tableau 1. Certaines caractéristiques des secteurs de recensement, recensement de 2001 – Données intégrales et données-échantillon (20 %)

Vancouver 0018.01	Vancouver 0018.02	Vancouver 0019	Vancouver 0020	Vancouver 0021	Vancouver 0022	Caractéristiques	N°
						CARACTÉRISTIQUES DE LA POPULATION	
5,857	**6,269**	**5,175**	**2,544**	**4,222**	**2,694**	**Population, 1996 (1)**	1
6,033	**6,405**	**5,358**	**2,582**	**4,156**	**2,898**	**Population, 2001 (2)**	2
3.0	2.2	3.5	1.5	-1.6	7.6	Variation en pourcentage de la population, 1996-2001	3
0.92	0.99	1.86	1.39	2.20	0.32	Superficie des terres en kilomètres carrés, 2001	4
6,030	**6,405**	**5,355**	**2,585**	**4,155**	**2,900**	**Population totale – Données intégrales (3)**	5
						selon le sexe et les groupes d'âge	
2,965	3,150	2,470	1,185	2,035	1,135	Sexe masculin	6
190	200	110	20	90	35	0-4 ans	7
190	245	130	40	90	25	5-9 ans	8
180	195	150	75	165	60	10-14 ans	9
210	180	165	95	245	95	15-19 ans	10
230	240	205	100	165	50	20-24 ans	11
185	230	185	70	100	75	25-29 ans	12
235	280	180	45	85	85	30-34 ans	13
285	290	180	45	90	70	35-39 ans	14
260	295	230	70	125	115	40-44 ans	15
205	240	185	85	160	90	45-49 ans	16
185	185	190	115	190	105	50-54 ans	17
95	120	120	55	160	40	55-59 ans	18
135	115	85	55	110	35	60-64 ans	19
140	110	95	50	90	60	65-69 ans	20
120	100	90	65	85	50	70-74 ans	21
75	65	70	70	40	45	75-79 ans	22
25	35	55	55	25	55	80-84 ans	23
25	25	45	75	15	55	85 ans et plus	24
3,070	3,260	2,890	1,400	2,120	1,765	Sexe féminin	25
180	200	130	30	70	30	0-4 ans	26
180	180	130	45	100	45	5-9 ans	27
175	160	135	40	155	75	10-14 ans	28
170	190	170	80	210	90	15-19 ans	29
185	230	195	95	175	90	20-24 ans	30
235	265	175	55	95	95	25-29 ans	31
270	290	205	60	100	90	30-34 ans	32
270	305	250	60	115	125	35-39 ans	33
280	285	235	75	160	135	40-44 ans	34
220	265	220	105	215	130	45-49 ans	35
190	200	210	105	225	125	50-54 ans	36
135	130	135	65	140	70	55-59 ans	37
140	125	125	50	115	75	60-64 ans	38
140	130	115	55	85	80	65-69 ans	39
110	125	130	100	80	85	70-74 ans	40
85	95	120	105	40	135	75-79 ans	41
45	55	100	85	35	140	80-84 ans	42
45	30	105	190	20	140	85 ans et plus	43
4,935	**5,225**	**4,570**	**2,350**	**3,495**	**2,625**	**Population totale de 15 ans et plus**	44
						selon l'état matrimonial légal	
1,640	1,865	1,705	735	1,245	815	Célibataire (jamais marié(e))	45
2,670	2,660	2,005	1,160	1,945	1,095	Légalement marié(e) (et non séparé(e))	46
120	145	150	35	55	70	Séparé(e), mais toujours légalement marié(e)	47
230	265	340	100	120	260	Divorcé(e)	48
280	290	365	320	130	375	Veuf ou veuve	49
						selon l'union libre	
4,790	4,980	4,340	2,295	3,395	2,510	Ne vivant pas en union libre	50
145	245	230	55	105	115	Vivant en union libre	51
6,025	**6,390**	**5,235**	**2,280**	**4,150**	**2,900**	**Population totale – Données-échantillon (20 %) (4)**	52
						selon la langue maternelle	
5,895	6,215	5,175	2,180	4,050	2,885	Réponses uniques	53
1,345	2,105	2,200	1,085	2,725	1,825	Anglais	54
15	40	40	30	45	30	Français	55
4,530	4,070	2,930	1,065	1,285	1,030	Langues non officielles (5)	56
1,080	875	710	355	470	200	Chinois, n.d.a.	57
1,710	945	755	355	145	130	Cantonais	58
250	550	85	-	-	-	Pendjabi	59
95	85	240	45	165	145	Mandarin	60
165	420	150	60	35	20	Tagalog (pilipino)	61
1,240	1,185	985	240	470	540	Autres langues (6)	62
130	185	65	105	100	15	Réponses multiples	63
-	-	-	-	-	-	Anglais et français	64
130	180	55	105	90	10	Anglais et langue non officielle	65
-	-	10	-	10	10	Français et langue non officielle	66
-	-	-	-	-	-	Anglais, français et langue non officielle	67

See reference material at the end of the publication. – Voir les documents de référence à la fin de la publication.

Table 1. Selected Characteristics for Census Tracts, 2001 Census – 100% Data and 20% Sample Data

No.	Characteristics	Vancouver 0015.02	Vancouver 0016.01	Vancouver 0016.03 A	Vancouver 0016.04 A	Vancouver 0017.01	Vancouver 0017.02
	POPULATION CHARACTERISTICS						
	by home language						
68	Single responses	3,805	3,065	4,425	4,550	4,045	4,190
69	English	2,160	1,375	2,105	2,340	1,845	1,445
70	French	10	-	-	-	-	-
71	Non-official languages (5)	1,640	1,695	2,320	2,205	2,200	2,745
72	Cantonese	795	585	675	645	855	1,005
73	Chinese, n.o.s.	390	465	670	705	700	995
74	Punjabi	55	95	120	120	140	140
75	Mandarin	170	115	180	135	130	70
76	Korean	-	30	50	-	10	70
77	Other languages (6)	230	405	615	605	365	475
78	Multiple responses	1,415	1,535	2,570	2,320	2,050	1,920
79	English and French	-	15	40	20	10	50
80	English and non-official language	1,395	1,515	2,490	2,280	2,015	1,840
81	French and non-official language	10	-	10	10	20	10
82	English, French and non-official language	10	-	35	10	15	20
	by knowledge of official languages						
83	English only	4,490	3,705	5,705	5,805	5,060	4,510
84	French only	-	-	25	-	10	15
85	English and French	180	175	335	225	160	200
86	Neither English nor French	550	720	930	840	875	1,385
	by knowledge of non-official languages (5) (7)						
87	Cantonese	1,525	1,100	1,210	1,390	1,675	1,705
88	Chinese, n.o.s.	765	665	980	1,240	1,150	1,340
89	Punjabi	225	240	690	495	335	335
90	Mandarin	540	465	615	640	610	645
91	Hindi	90	200	540	595	105	345
92	German	45	30	90	70	50	45
93	Spanish	45	235	190	185	95	150
	by first official language spoken						
94	English	4,615	3,815	5,980	5,975	5,165	4,620
95	French	20	20	65	35	20	70
96	English and French	35	50	45	15	45	40
97	Neither English nor French	545	720	900	840	870	1,375
98	Official language minority - (number) (8)	40	45	85	45	45	90
99	Official language minority - (percentage) (8)	0.8	1.0	1.2	0.7	0.7	1.5
	by ethnic origin (9)						
100	English	420	355	475	380	350	310
101	Canadian	425	405	535	635	505	305
102	Chinese	2,715	2,145	2,895	3,145	3,320	3,485
103	Scottish	395	170	250	230	275	185
104	Irish	230	190	170	150	225	160
105	German	210	175	210	215	115	90
106	East Indian	295	400	815	800	390	515
107	French	70	120	120	95	45	115
108	Ukrainian	75	100	75	75	55	50
109	Italian	90	120	70	185	110	195
110	Dutch (Netherlands)	45	15	50	85	40	55
111	Filipino	335	260	920	675	420	410
112	Polish	90	40	65	75	50	40
113	Norwegian	50	10	35	45	15	30
114	North American Indian	135	175	85	95	45	50
	by Aboriginal identity						
115	Total Aboriginal identity population (10)	135	190	75	80	40	50
116	Total non-Aboriginal population	5,085	4,420	6,915	6,790	6,065	6,060
	by Aboriginal origin						
117	Total Aboriginal origins population (11)	135	190	90	105	45	60
118	Total non-Aboriginal population	5,085	4,420	6,900	6,765	6,055	6,050
	by Registered Indian status						
119	Registered Indian (12)	125	145	45	65	-	20
120	Not a Registered Indian	5,095	4,470	6,945	6,810	6,100	6,085

Tableau 1. Certaines caractéristiques des secteurs de recensement, recensement de 2001 – Données intégrales et données-échantillon (20 %)

Vancouver 0018.01	Vancouver 0018.02	Vancouver 0019	Vancouver 0020	Vancouver 0021	Vancouver 0022	Caractéristiques	N°
						CARACTÉRISTIQUES DE LA POPULATION	
						selon la langue parlée à la maison	
3,950	4,275	3,785	1,775	3,520	2,385	Réponses uniques	68
1,585	2,350	2,465	1,185	3,000	1,955	Anglais	69
-	10	-	35	15	10	Français	70
2,360	1,915	1,315	555	505	425	Langues non officielles (5)	71
1,070	600	420	230	65	45	Cantonais	72
615	380	360	220	255	105	Chinois, n.d.a.	73
50	320	20	-	-	-	Pendjabi	74
15	30	115	25	65	70	Mandarin	75
-	-	-	-	25	95	Coréen	76
610	595	400	85	85	110	Autres langues (6)	77
2,075	2,115	1,455	510	630	515	Réponses multiples	78
15	20	40	15	50	30	Anglais et français	79
2,015	2,055	1,360	490	555	470	Anglais et langue non officielle	80
-	25	-	-	10	-	Français et langue non officielle	81
45	20	50	10	15	15	Anglais, français et langue non officielle	82
						selon la connaissance des langues officielles	
4,740	5,350	4,435	1,950	3,320	2,485	Anglais seulement	83
-	10	-	-	-	-	Français seulement	84
235	360	425	190	715	320	Anglais et français	85
1,045	680	380	145	105	95	Ni l'anglais ni le français	86
						selon la connaissance des langues non officielles (5) (7)	
1,885	1,200	910	390	175	140	Cantonais	87
905	870	625	440	445	195	Chinois, n.d.a.	88
330	650	95	-	-	-	Pendjabi	89
425	380	540	135	310	245	Mandarin	90
310	410	225	-	-	55	Hindi	91
55	140	160	20	85	80	Allemand	92
190	210	330	65	230	115	Espagnol	93
						selon la première langue officielle parlée	
4,935	5,630	4,775	2,090	3,975	2,740	Anglais	94
20	45	30	35	50	30	Français	95
25	80	50	10	20	35	Anglais et français	96
1,045	640	380	145	105	95	Ni l'anglais ni le français	97
35	85	55	40	60	45	Minorité de langue officielle - (nombre) (8)	98
0.6	1.3	1.0	1.8	1.4	1.6	Minorité de langue officielle - (pourcentage) (8)	99
						selon l'origine ethnique (9)	
320	625	635	325	1,365	850	Anglais	100
420	715	645	250	880	615	Canadien	101
3,170	2,495	1,935	870	870	490	Chinois	102
250	380	395	275	970	540	Écossais	103
175	300	345	170	780	375	Irlandais	104
120	275	320	95	245	195	Allemand	105
520	910	285	-	105	60	Indien de l'Inde	106
75	105	105	30	340	185	Français	107
30	80	140	70	75	85	Ukrainien	108
155	70	80	25	155	35	Italien	109
45	30	75	15	125	135	Hollandais (Néerlandais)	110
290	740	300	95	60	25	Philippin	111
35	30	120	75	200	55	Polonais	112
15	60	60	10	85	25	Norvégien	113
40	80	200	10	10	10	Indien de l'Amérique du Nord	114
						selon l'identité autochtone	
30	55	225	10	-	25	Total de la population ayant une identité autochtone (10)	115
5,990	6,335	5,010	2,275	4,150	2,875	Total de la population non autochtone	116
						selon l'origine autochtone	
50	95	215	10	20	10	Total de la population ayant une origine autochtone (11)	117
5,980	6,300	5,025	2,275	4,130	2,895	Total de la population non autochtone	118
						selon le statut d'Indien inscrit	
20	40	175	10	-	-	Oui, Indien inscrit (12)	119
6,005	6,350	5,065	2,270	4,150	2,900	Non, pas un Indien inscrit	120

Table 1. Selected Characteristics for Census Tracts, 2001 Census – 100% Data and 20% Sample Data

No.	Characteristics	Vancouver 0015.02	Vancouver 0016.01	Vancouver 0016.03 A	Vancouver 0016.04 A	Vancouver 0017.01	Vancouver 0017.02
	POPULATION CHARACTERISTICS						
	by visible minority groups						
121	Total visible minority population	3,710	3,410	5,550	5,420	4,700	5,075
122	Chinese	2,725	2,180	2,775	2,945	3,215	3,440
123	South Asian	290	470	1,010	950	415	640
124	Black	90	10	55	110	100	35
125	Filipino	315	225	905	695	380	355
126	Latin American	15	70	125	125	40	95
127	Southeast Asian	80	190	290	205	295	270
128	Arab	30	-	-	15	-	20
129	West Asian	15	-	40	15	10	-
130	Korean	40	80	160	25	10	70
131	Japanese	100	25	75	120	70	35
132	Visible minority, n.i.e. (13)	-	155	20	20	45	-
133	Multiple visible minorities (14)	-	15	90	195	110	110
	by citizenship						
134	Canadian citizenship (15)	4,580	3,610	5,485	5,895	5,190	5,090
135	Citizenship other than Canadian	640	995	1,500	980	910	1,020
	by place of birth of respondent						
136	Non-immigrant population	2,190	1,590	2,510	2,665	2,340	2,120
137	Born in province of residence	1,765	1,250	1,985	2,320	1,970	1,685
138	Immigrant population (16)	2,990	2,950	3,980	4,125	3,695	3,900
139	United States	50	30	20	35	10	20
140	Central and South America	25	190	90	100	60	65
141	Caribbean and Bermuda	25	-	20	20	-	-
142	United Kingdom	60	75	55	40	40	25
143	Other Europe (17)	290	180	190	355	400	205
144	Africa	30	15	60	115	45	40
145	Asia and the Middle East	2,500	2,335	3,385	3,255	3,085	3,385
146	Oceania and other (18)	10	120	170	210	45	165
147	Non-permanent residents (19)	35	70	495	85	65	90
148	**Total immigrant population**	**2,990**	**2,945**	**3,980**	**4,125**	**3,695**	**3,900**
	by period of immigration						
149	Before 1961	205	140	85	180	235	60
150	1961-1970	265	115	145	295	325	315
151	1971-1980	505	455	625	710	605	835
152	1981-1990	720	510	1,030	1,075	860	970
153	1991-2001 (20)	1,295	1,725	2,095	1,865	1,660	1,715
154	1991-1995	680	825	1,025	990	990	860
155	1996-2001 (20)	615	900	1,075	875	680	850
	by age at immigration						
156	0-4 years	155	165	270	325	145	185
157	5-19 years	885	825	885	1,015	920	920
158	20 years and over	1,945	1,955	2,825	2,780	2,635	2,795
159	**Total population**	**5,220**	**4,610**	**6,990**	**6,875**	**6,100**	**6,110**
	by religion						
160	Catholic (21)	1,085	745	1,830	1,235	1,215	1,015
161	Protestant	915	505	450	865	685	620
162	Christian Orthodox	85	50	55	45	95	15
163	Christian, n.i.e. (22)	220	300	305	415	275	235
164	Muslim	15	160	155	210	20	115
165	Jewish	-	25	10	-	35	15
166	Buddhist	485	410	570	560	690	730
167	Hindu	60	165	385	310	55	330
168	Sikh	175	185	445	440	315	230
169	Eastern religions (23)	10	15	-	10	20	30
170	Other religions (24)	30	30	-	15	10	-
171	No religious affiliation (25)	2,145	2,015	2,790	2,765	2,685	2,770
172	**Total population 15 years and over**	**4,415**	**3,715**	**5,805**	**5,605**	**5,015**	**5,000**
	by generation status						
173	1st generation (26)	2,855	2,770	4,235	3,910	3,585	3,825
174	2nd generation (27)	1,065	505	925	1,155	975	835
175	3rd generation and over (28)	495	450	645	540	460	345
176	**Total population 1 year and over (29)**	**5,205**	**4,580**	**6,920**	**6,820**	**6,050**	**6,065**
	by place of residence 1 year ago (mobility)						
177	Non-movers	4,490	3,660	5,035	5,910	5,170	5,290
178	Movers	720	925	1,890	900	875	775
179	Non-migrants	520	550	1,030	555	605	520
180	Migrants	200	375	860	345	275	255
181	Internal migrants	110	125	500	180	125	95
182	Intraprovincial migrants	80	110	430	170	105	85
183	Interprovincial migrants	30	10	70	15	15	10
184	External migrants	90	245	355	165	145	165

Tableau 1. Certaines caractéristiques des secteurs de recensement, recensement de 2001 – Données intégrales et données-échantillon (20 %)

Vancouver 0018.01	Vancouver 0018.02	Vancouver 0019	Vancouver 0020	Vancouver 0021	Vancouver 0022	Caractéristiques	N°
						CARACTÉRISTIQUES DE LA POPULATION	
						selon les groupes de minorités visibles	
4,730	4,790	3,140	1,175	1,255	915	Total de la population des minorités visibles	121
3,095	2,305	1,880	960	955	530	Chinois	122
720	935	320	-	105	65	Sud-Asiatique	123
15	15	90	15	-	25	Noir	124
280	735	315	100	45	25	Philippin	125
90	150	190	10	20	25	Latino-Américain	126
335	465	135	-	15	10	Asiatique du Sud-Est	127
-	20	65	10	-	-	Arabe	128
-	10	-	-	-	-	Asiatique occidental	129
-	25	15	35	40	170	Coréen	130
35	40	40	30	35	55	Japonais	131
45	10	20	10	-	-	Minorité visible, n.i.a. (13)	132
115	85	65	15	35	-	Minorités visibles multiples (14)	133
						selon la citoyenneté	
5,105	5,620	4,615	2,025	3,780	2,380	Citoyenneté canadienne (15)	134
920	770	620	255	365	520	Citoyenneté autre que canadienne	135
						selon le lieu de naissance du répondant	
2,210	2,780	2,455	1,210	2,580	1,560	Population non immigrante	136
1,820	2,230	1,875	775	1,955	865	Née dans la province de résidence	137
3,750	3,575	2,735	1,035	1,475	1,195	Population immigrante (16)	138
10	45	35	-	120	80	États-Unis	139
110	130	170	35	80	55	Amérique centrale et du Sud	140
10	10	10	10	15	10	Caraïbes et Bermudes	141
65	80	90	50	135	190	Royaume-Uni	142
270	175	275	50	215	155	Autre Europe (17)	143
10	10	35	25	40	20	Afrique	144
3,110	2,985	1,995	835	855	665	Asie et Moyen-Orient	145
160	160	130	35	20	25	Océanie et autre (18)	146
65	35	45	40	90	145	Résidents non permanents (19)	147
3,750	**3,580**	**2,740**	**1,040**	**1,475**	**1,195**	**Population immigrante totale**	148
						selon la période d'immigration	
300	110	290	115	170	255	Avant 1961	149
375	325	355	95	200	120	1961-1970	150
710	860	465	210	240	115	1971-1980	151
750	985	615	225	340	195	1981-1990	152
1,615	1,300	1,010	395	535	515	1991-2001 (20)	153
870	620	670	255	320	155	1991-1995	154
740	685	340	140	215	355	1996-2001 (20)	155
						selon l'âge à l'immigration	
290	210	215	50	95	95	0-4 ans	156
865	895	680	235	380	370	5-19 ans	157
2,595	2,475	1,845	755	1,000	730	20 ans et plus	158
6,025	**6,390**	**5,235**	**2,280**	**4,145**	**2,900**	**Population totale**	159
						selon la religion	
885	1,270	1,025	430	640	600	Catholique (21)	160
640	755	915	480	1,185	910	Protestante	161
30	35	90	30	80	50	Orthodoxe chrétienne	162
165	340	290	130	110	55	Chrétiennes, n.i.a. (22)	163
75	140	155	40	90	10	Musulmane	164
-	20	105	220	335	150	Juive	165
785	480	410	90	215	165	Bouddhiste	166
335	275	160	-	-	60	Hindoue	167
270	490	90	-	-	-	Sikh	168
10	-	10	-	-	-	Religions orientales (23)	169
20	15	25	-	15	15	Autres religions (24)	170
2,815	2,575	1,965	860	1,485	875	Aucune appartenance religieuse (25)	171
4,920	**5,205**	**4,445**	**2,010**	**3,485**	**2,620**	**Population totale de 15 ans et plus**	172
						selon le statut des générations	
3,550	3,520	2,675	1,035	1,505	1,205	1re génération (26)	173
875	1,020	960	630	885	665	2e génération (27)	174
495	660	810	345	1,100	755	3e génération et plus (28)	175
5,970	**6,325**	**5,165**	**2,265**	**4,120**	**2,885**	**Population totale de 1 an et plus (29)**	176
						selon le lieu de résidence 1 an auparavant (mobilité)	
4,985	5,470	4,540	2,030	3,625	2,340	Personnes n'ayant pas déménagé	177
985	860	625	240	490	545	Personnes ayant déménagé	178
635	600	400	185	285	230	Non-migrants	179
345	260	225	55	205	310	Migrants	180
145	150	100	15	95	120	Migrants internes	181
85	130	65	-	80	110	Migrants infraprovinciaux	182
60	20	40	15	20	15	Migrants interprovinciaux	183
200	110	120	35	110	185	Migrants externes	184

Table 1. Selected Characteristics for Census Tracts, 2001 Census – 100% Data and 20% Sample Data

No.	Characteristics	Vancouver 0015.02	Vancouver 0016.01	Vancouver 0016.03 A	Vancouver 0016.04 A	Vancouver 0017.01	Vancouver 0017.02
	POPULATION CHARACTERISTICS						
185	**Total population 5 years and over (30)**	**5,035**	**4,360**	**6,555**	**6,450**	**5,790**	**5,755**
	by place of residence 5 years ago (mobility)						
186	Non-movers	3,170	2,245	2,525	3,865	3,450	3,255
187	Movers	1,865	2,120	4,025	2,580	2,340	2,495
188	Non-migrants	1,120	1,090	1,910	1,575	1,640	1,505
189	Migrants	750	1,035	2,115	1,005	700	990
190	Internal migrants	265	220	870	365	155	225
191	Intraprovincial migrants	225	195	635	255	135	185
192	Interprovincial migrants	45	25	235	110	20	45
193	External migrants	485	810	1,250	645	540	765
194	**Total population 15 to 24 years**	**830**	**700**	**1,140**	**960**	**830**	**830**
	by school attendance						
195	Not attending school	130	220	260	300	230	305
196	Attending school full time	625	410	740	545	465	475
197	Attending school part time	80	65	135	115	135	55
198	**Total population 15 years and over**	**4,420**	**3,715**	**5,805**	**5,605**	**5,010**	**5,000**
	by highest level of schooling						
199	Less than grade 9 (31)	500	640	700	725	790	875
200	Grades 9-13 without high school graduation certificate	865	745	890	1,165	1,140	1,195
201	Grades 9-13 with high school graduation certificate	600	475	760	850	660	665
202	Some postsecondary without degree, certificate or diploma (32)	655	420	995	680	655	475
203	Trades certificate or diploma (33)	350	180	360	460	355	425
204	College certificate or diploma (34)	535	395	660	690	535	605
205	University certificate below bachelor's degree	105	155	280	155	150	120
206	University with bachelor's degree or higher	815	700	1,165	875	720	635
	by combinations of unpaid work						
207	Males 15 years and over	2,130	1,735	2,790	2,710	2,400	2,430
208	Reported unpaid work (35)	1,715	1,555	2,360	2,340	2,115	2,165
209	Housework and child care and care or assistance to seniors	220	235	200	335	285	345
210	Housework and child care only	355	435	570	510	605	515
211	Housework and care or assistance to seniors only	155	105	105	195	180	115
212	Child care and care or assistance to seniors only	-	-	10	20	10	20
213	Housework only	935	730	1,455	1,215	1,030	1,095
214	Child care only	40	35	20	45	15	35
215	Care or assistance to seniors only	-	15	10	10	-	30
216	Females 15 years and over	2,285	1,980	3,015	2,895	2,610	2,570
217	Reported unpaid work (35)	2,025	1,865	2,660	2,655	2,450	2,370
218	Housework and child care and care or assistance to seniors	350	280	295	520	395	425
219	Housework and child care only	455	630	800	705	755	675
220	Housework and care or assistance to seniors only	145	120	180	170	225	225
221	Child care and care or assistance to seniors only	-	-	10	10	10	10
222	Housework only	1,070	805	1,330	1,210	1,040	1,010
223	Child care only	-	35	35	40	25	15
224	Care or assistance to seniors only	-	-	10	10	15	15
	by labour force activity						
225	Males 15 years and over	2,125	1,735	2,790	2,710	2,405	2,435
226	In the labour force	1,220	1,135	1,805	1,925	1,555	1,595
227	Employed	1,090	985	1,625	1,750	1,430	1,460
228	Unemployed	130	150	180	180	125	130
229	Not in the labour force	910	595	990	785	850	840
230	Participation rate	57.4	65.4	64.7	71.0	64.7	65.5
231	Employment rate	51.3	56.8	58.2	64.6	59.5	60.0
232	Unemployment rate	10.7	13.2	10.0	9.4	8.0	8.2
233	Females 15 years and over	2,290	1,980	3,015	2,895	2,610	2,570
234	In the labour force	1,160	1,075	1,765	1,730	1,555	1,395
235	Employed	1,050	960	1,640	1,610	1,465	1,295
236	Unemployed	105	115	130	115	95	105
237	Not in the labour force	1,135	905	1,245	1,165	1,055	1,175
238	Participation rate	50.7	54.3	58.5	59.8	59.6	54.3
239	Employment rate	45.9	48.5	54.4	55.6	56.1	50.4
240	Unemployment rate	9.1	10.7	7.4	6.6	6.1	7.5

Tableau 1. Certaines caractéristiques des secteurs de recensement, recensement de 2001 – Données intégrales et données-échantillon (20 %)

Vancouver 0018.01	Vancouver 0018.02	Vancouver 0019	Vancouver 0020	Vancouver 0021	Vancouver 0022	Caractéristiques	Nº
						CARACTÉRISTIQUES DE LA POPULATION	
5,625	**5,995**	**4,980**	**2,220**	**3,990**	**2,830**	**Population totale de 5 ans et plus (30)**	185
						selon le lieu de résidence 5 ans auparavant (mobilité)	
3,295	3,515	2,960	1,465	2,415	1,225	Personnes n'ayant pas déménagé	186
2,330	2,475	2,020	755	1,575	1,605	Personnes ayant déménagé	187
1,475	1,575	1,235	430	910	705	Non-migrants	188
855	905	785	325	665	900	Migrants	189
400	375	345	170	360	440	Migrants internes	190
235	275	260	140	210	305	Migrants infraprovinciaux	191
160	100	85	30	155	140	Migrants interprovinciaux	192
455	525	445	155	305	455	Migrants externes	193
820	**845**	**735**	**315**	**810**	**320**	**Population totale de 15 à 24 ans**	194
						selon la fréquentation scolaire	
255	310	200	20	85	75	Ne fréquentant pas l'école	195
455	430	430	270	695	225	Fréquentant l'école à plein temps	196
105	100	100	20	25	20	Fréquentant l'école à temps partiel	197
4,920	**5,205**	**4,440**	**2,015**	**3,490**	**2,620**	**Population totale de 15 ans et plus**	198
						selon le plus haut niveau de scolarité atteint	
865	765	470	85	50	40	Niveau inférieur à la 9e année (31)	199
1,095	1,020	700	310	425	275	De la 9e à la 13e année sans certificat d'études secondaires	200
575	560	515	200	250	300	De la 9e à la 13e année avec certificat d'études secondaires	201
690	595	660	300	505	330	Études postsecondaires partielles sans grade, certificat ou diplôme (32)	202
330	565	305	60	100	160	Certificat ou diplôme d'une école de métiers (33)	203
585	555	535	165	295	335	Certificat ou diplôme collégial (34)	204
165	135	190	150	115	150	Certificat universitaire inférieur au baccalauréat	205
605	1,010	1,065	750	1,745	1,040	Études universitaires avec baccalauréat ou diplôme supérieur	206
						selon les combinaisons de travail non rémunéré	
2,395	2,490	2,035	980	1,690	1,025	Hommes de 15 ans et plus	207
2,045	2,200	1,740	845	1,415	905	Travail non rémunéré déclaré (35)	208
255	195	210	75	135	55	Travaux ménagers et soins aux enfants et soins ou aide aux personnes âgées	209
555	665	415	250	370	130	Travaux ménagers et soins aux enfants seulement	210
240	235	170	80	115	65	Travaux ménagers et soins ou aide aux personnes âgées seulement	211
15	-	10	-	-	-	Soins aux enfants et soins ou aide aux personnes âgées seulement	212
945	1,040	915	415	730	630	Travaux ménagers seulement	213
20	35	10	10	45	10	Soins aux enfants seulement	214
15	35	10	10	20	15	Soins ou aide aux personnes âgées seulement	215
2,525	2,715	2,410	1,035	1,795	1,595	Femmes de 15 ans et plus	216
2,370	2,560	2,245	930	1,570	1,455	Travail non rémunéré déclaré (35)	217
290	290	305	125	190	110	Travaux ménagers et soins aux enfants et soins ou aide aux personnes âgées	218
695	825	600	230	480	215	Travaux ménagers et soins aux enfants seulement	219
245	260	230	110	150	180	Travaux ménagers et soins ou aide aux personnes âgées seulement	220
10	-	10	-	-	-	Soins aux enfants et soins ou aide aux personnes âgées seulement	221
1,090	1,150	1,035	455	715	930	Travaux ménagers seulement	222
10	20	25	10	25	10	Soins aux enfants seulement	223
40	-	50	-	-	20	Soins ou aide aux personnes âgées seulement	224
						selon l'activité	
2,395	2,490	2,035	980	1,695	1,025	Hommes de 15 ans et plus	225
1,595	1,710	1,275	540	1,080	630	Population active	226
1,430	1,520	1,190	515	1,025	610	Personnes occupées	227
165	190	85	25	55	20	Chômeurs	228
805	780	760	440	615	395	Inactifs	229
66.6	68.7	62.7	55.1	63.7	61.5	Taux d'activité	230
59.7	61.0	58.5	52.6	60.5	59.5	Taux d'emploi	231
10.3	11.1	6.7	4.6	5.1	3.2	Taux de chômage	232
2,520	2,715	2,405	1,035	1,795	1,595	Femmes de 15 ans et plus	233
1,430	1,635	1,245	425	1,040	720	Population active	234
1,325	1,480	1,155	390	995	695	Personnes occupées	235
110	150	90	30	45	25	Chômeuses	236
1,095	1,080	1,165	610	755	880	Inactives	237
56.7	60.2	51.8	41.1	57.9	45.1	Taux d'activité	238
52.6	54.5	48.0	37.7	55.4	43.6	Taux d'emploi	239
7.7	9.2	7.2	7.1	4.3	3.5	Taux de chômage	240

Table 1. Selected Characteristics for Census Tracts, 2001 Census – 100% Data and 20% Sample Data

No.	Characteristics	Vancouver 0015.02	Vancouver 0016.01	Vancouver 0016.03 A	Vancouver 0016.04 A	Vancouver 0017.01	Vancouver 0017.02
	POPULATION CHARACTERISTICS						
	by labour force activity – concluded						
241	Both sexes - Participation rate	53.8	59.5	61.5	65.3	62.1	59.8
242	15-24 years	48.5	49.6	46.9	56.8	52.4	53.0
243	25 years and over	54.9	61.8	65.1	67.0	64.0	61.3
244	Both sexes - Employment rate	48.5	52.4	56.2	59.9	57.8	55.0
245	15-24 years	42.5	41.0	43.6	49.5	47.6	47.6
246	25 years and over	49.9	55.0	59.4	62.2	59.6	56.6
247	Both sexes - Unemployment rate	9.9	12.0	8.7	8.1	7.1	7.7
248	15-24 years	12.2	18.6	7.5	12.8	8.0	9.1
249	25 years and over	9.4	10.7	8.7	7.2	6.7	7.5
250	**Total labour force 15 years and over**	**2,375**	**2,210**	**3,570**	**3,655**	**3,110**	**2,995**
	by industry based on the 1997 NAICS						
251	Industry - Not applicable (36)	70	75	95	85	65	80
252	All industries (37)	2,315	2,135	3,475	3,570	3,045	2,910
253	11 Agriculture, forestry, fishing and hunting	25	25	30	10	25	20
254	21 Mining and oil and gas extraction	15	-	-	-	15	-
255	22 Utilities	10	-	-	20	10	-
256	23 Construction	105	70	140	180	145	170
257	31-33 Manufacturing	255	260	345	505	465	480
258	41 Wholesale trade	135	110	160	205	115	180
259	44-45 Retail trade	320	245	350	345	360	450
260	48-49 Transportation and warehousing	105	95	135	210	135	120
261	51 Information and cultural industries	55	70	190	120	70	75
262	52 Finance and insurance	90	80	210	155	185	65
263	53 Real estate and rental and leasing	50	45	120	65	50	35
264	54 Professional, scientific and technical services	225	150	315	160	240	115
265	55 Management of companies and enterprises	-	10	-	-	-	-
266	56 Administrative and support, waste management and remediation services	115	110	200	230	165	230
267	61 Educational services	105	140	140	105	105	90
268	62 Health care and social assistance	260	265	250	400	240	205
269	71 Arts, entertainment and recreation	30	10	45	65	45	55
270	72 Accommodation and food services	235	250	435	520	405	435
271	81 Other services (except public administration)	65	135	315	215	190	140
272	91 Public administration	110	60	90	80	90	30
	by class of worker						
273	Class of worker - Not applicable (36)	70	80	100	85	65	80
274	All classes of worker (37)	2,315	2,135	3,470	3,570	3,045	2,910
275	Paid workers	2,090	1,935	3,300	3,375	2,780	2,730
276	Employees	1,955	1,880	3,245	3,280	2,685	2,605
277	Self-employed (incorporated)	130	55	50	90	95	120
278	Self-employed (unincorporated)	205	195	160	200	255	180
279	Unpaid family workers	20	-	10	-	15	10
	by occupation based on the 2001 NOC-S						
280	Male labour force 15 years and over	1,220	1,135	1,805	1,930	1,555	1,595
281	Occupation - Not applicable (36)	35	40	45	45	40	30
282	All occupations (37)	1,185	1,095	1,755	1,885	1,515	1,560
283	A Management occupations	185	140	140	120	110	125
284	B Business, finance and administration occupations	165	85	285	185	220	95
285	C Natural and applied sciences and related occupations	135	80	205	200	135	140
286	D Health occupations	25	25	25	55	20	50
287	E Occupations in social science, education, government service and religion	30	45	45	45	55	35
288	F Occupations in art, culture, recreation and sport	15	40	45	55	25	25
289	G Sales and service occupations	265	350	530	520	400	555
290	H Trades, transport and equipment operators and related occupations	270	225	305	480	375	360
291	I Occupations unique to primary industry	45	20	30	15	25	25
292	J Occupations unique to processing, manufacturing and utilities	55	85	145	210	150	145
293	Female labour force 15 years and over	1,160	1,075	1,765	1,730	1,560	1,400
294	Occupation - Not applicable (36)	30	40	50	40	25	50
295	All occupations (37)	1,125	1,040	1,715	1,685	1,530	1,350
296	A Management occupations	115	50	70	80	105	90
297	B Business, finance and administration occupations	385	230	560	440	400	250
298	C Natural and applied sciences and related occupations	35	30	45	40	45	25
299	D Health occupations	105	75	115	140	80	110

Tableau 1. Certaines caractéristiques des secteurs de recensement, recensement de 2001 – Données intégrales et données-échantillon (20 %)

Vancouver 0018.01	Vancouver 0018.02	Vancouver 0019	Vancouver 0020	Vancouver 0021	Vancouver 0022	Caractéristiques	N°
						CARACTÉRISTIQUES DE LA POPULATION	
						selon l'activité – fin	
61.5	64.1	56.7	47.9	60.8	51.5	Les deux sexes - Taux d'activité	241
57.9	58.2	52.1	38.7	33.5	48.4	15-24 ans	242
62.2	65.4	57.8	49.7	69.0	52.0	25 ans et plus	243
55.9	57.7	52.8	44.9	58.1	50.0	Les deux sexes - Taux d'emploi	244
53.0	48.2	45.6	33.3	25.9	43.8	15-24 ans	245
56.5	59.5	54.2	46.9	67.7	50.9	25 ans et plus	246
8.9	10.3	6.9	5.7	4.7	3.0	Les deux sexes - Taux de chômage	247
7.4	16.2	11.8	8.7	22.2	9.7	15-24 ans	248
9.2	8.9	6.1	5.3	1.9	2.1	25 ans et plus	249
3,025	**3,345**	**2,520**	**965**	**2,120**	**1,350**	**Population active totale de 15 ans et plus**	250
						selon l'industrie basée sur le SCIAN de 1997	
80	100	65	15	35	25	Industrie - Sans objet (36)	251
2,950	3,240	2,455	950	2,085	1,325	Toutes les industries (37)	252
15	35	10	-	10	-	11 Agriculture, foresterie, pêche et chasse	253
-	-	-	-	20	-	21 Extraction minière et extraction de pétrole et de gaz	254
10	25	-	-	-	-	22 Services publics	255
135	125	95	25	50	30	23 Construction	256
425	415	155	25	55	30	31-33 Fabrication	257
90	175	135	55	60	25	41 Commerce de gros	258
455	350	225	60	130	195	44-45 Commerce de détail	259
125	155	90	35	30	65	48-49 Transport et entreposage	260
120	100	160	40	80	65	51 Industrie de l'information et industrie culturelle	261
105	175	60	65	200	75	52 Finance et assurances	262
30	65	80	90	135	85	53 Services immobiliers et services de location et de location à bail	263
225	255	315	120	465	180	54 Services professionnels, scientifiques et techniques	264
-	-	10	-	15	-	55 Gestion de sociétés et d'entreprises	265
150	150	45	80	40	45	56 Services administratifs, services de soutien, services de gestion des déchets et services d'assainissement	266
140	190	235	65	195	215	61 Services d'enseignement	267
240	395	260	90	270	130	62 Soins de santé et assistance sociale	268
10	85	35	40	30	25	71 Arts, spectacles et loisirs	269
455	310	200	75	145	55	72 Hébergement et services de restauration	270
145	185	210	40	100	70	81 Autres services, sauf les administrations publiques	271
70	50	125	35	50	25	91 Administrations publiques	272
						selon la catégorie de travailleurs	
80	100	70	15	35	30	Catégorie de travailleurs - Sans objet (36)	273
2,950	3,240	2,455	950	2,085	1,325	Toutes les catégories de travailleurs (37)	274
2,740	3,045	2,190	820	1,730	1,140	Travailleurs rémunérés	275
2,635	2,955	2,055	730	1,310	1,015	Employés	276
100	80	135	85	420	130	Travailleurs autonomes (entreprise constituée en société)	277
210	200	245	115	345	155	Travailleurs autonomes (entreprise non constituée en société)	278
-	-	15	10	10	20	Travailleurs familiaux non rémunérés	279
						selon la profession basée sur la CNP-S de 2001	
1,595	1,710	1,275	535	1,080	630	Hommes actifs de 15 ans et plus	280
50	45	35	10	25	10	Profession - Sans objet (36)	281
1,540	1,660	1,240	535	1,060	625	Toutes les professions (37)	282
145	175	205	80	305	125	A Gestion	283
120	195	180	115	125	80	B Affaires, finance et administration	284
110	190	180	45	110	85	C Sciences naturelles et appliquées et professions apparentées	285
60	60	25	35	90	40	D Secteur de la santé	286
75	60	65	60	210	105	E Sciences sociales, enseignement, administration publique et religion	287
40	40	90	65	40	35	F Arts, culture, sports et loisirs	288
480	430	230	110	115	110	G Ventes et services	289
360	365	200	15	25	45	H Métiers, transport et machinerie	290
30	30	25	10	20	-	I Professions propres au secteur primaire	291
125	130	40	-	10	-	J Transformation, fabrication et services d'utilité publique	292
1,430	1,635	1,245	420	1,040	720	Femmes actives de 15 ans et plus	293
25	50	30	10	10	20	Profession - Sans objet (36)	294
1,405	1,580	1,210	415	1,030	700	Toutes les professions (37)	295
75	135	100	80	175	95	A Gestion	296
310	405	330	135	305	200	B Affaires, finance et administration	297
25	20	25	10	10	35	C Sciences naturelles et appliquées et professions apparentées	298
115	185	165	45	110	70	D Secteur de la santé	299

Table 1. Selected Characteristics for Census Tracts, 2001 Census – 100% Data and 20% Sample Data

No.	Characteristics	Vancouver 0015.02	Vancouver 0016.01	Vancouver 0016.03 A	Vancouver 0016.04 A	Vancouver 0017.01	Vancouver 0017.02
	POPULATION CHARACTERISTICS						
	by occupation based on the 2001 NOC-S – concluded						
300	E Occupations in social science, education, government service and religion	55	125	120	65	120	80
301	F Occupations in art, culture, recreation and sport	20	25	35	20	20	35
302	G Sales and service occupations	345	395	595	655	505	505
303	H Trades, transport and equipment operators and related occupations	30	10	45	85	25	50
304	I Occupations unique to primary industry	-	10	-	10	10	-
305	J Occupations unique to processing, manufacturing and utilities	35	80	125	150	225	205
306	**Total employed labour force 15 years and over**	**2,140**	**1,950**	**3,265**	**3,360**	**2,890**	**2,760**
	by place of work						
307	Males	1,090	985	1,625	1,750	1,430	1,460
308	Usual place of work	850	765	1,410	1,410	1,125	1,265
309	At home	50	55	65	45	85	40
310	Outside Canada	10	10	25	-	15	-
311	No fixed workplace address	175	155	125	295	210	155
312	Females	1,055	960	1,640	1,610	1,460	1,295
313	Usual place of work	920	765	1,530	1,485	1,320	1,170
314	At home	65	100	60	25	80	45
315	Outside Canada	25	-	-	10	-	25
316	No fixed workplace address	40	90	40	100	65	60
317	**Total employed labour force 15 years and over with usual place of work or no fixed workplace address**	**1,990**	**1,780**	**3,105**	**3,285**	**2,725**	**2,655**
	by mode of transportation						
318	Males	1,025	920	1,535	1,705	1,335	1,420
319	Car, truck, van, as driver	770	700	990	1,340	1,060	1,060
320	Car, truck, van, as passenger	45	20	40	70	50	105
321	Public transit	125	180	435	265	190	190
322	Walked	30	20	65	15	25	15
323	Other method	55	10	15	10	10	55
324	Females	960	855	1,570	1,585	1,385	1,235
325	Car, truck, van, as driver	570	415	635	720	685	640
326	Car, truck, van, as passenger	115	120	120	150	205	145
327	Public transit	235	270	715	655	465	365
328	Walked	20	30	85	40	25	45
329	Other method	25	20	15	15	-	35
330	**Total population 15 years and over who worked since January 1, 2000**	**2,620**	**2,305**	**3,875**	**3,975**	**3,390**	**3,260**
	by language used at work						
331	Single responses	1,990	1,745	3,015	3,190	2,640	2,535
332	English	1,815	1,445	2,685	2,780	2,220	1,940
333	French	-	-	-	-	-	-
334	Non-official languages (5)	175	300	330	405	420	590
335	Chinese, n.o.s.	55	115	170	210	185	375
336	Cantonese	85	100	115	140	200	165
337	Other languages (6)	30	85	40	50	40	50
338	Multiple responses	635	560	865	785	750	730
339	English and French	10	25	30	10	-	15
340	English and non-official language	625	540	830	775	750	700
341	French and non-official language	-	-	-	-	-	-
342	English, French and non-official language	-	-	-	10	-	15
	DWELLING AND HOUSEHOLD CHARACTERISTICS						
343	**Total number of occupied private dwellings**	**1,750**	**1,505**	**2,710**	**2,235**	**1,780**	**1,830**
	by tenure						
344	Owned	1,160	700	1,195	1,560	1,180	1,150
345	Rented	585	800	1,515	675	600	680
346	Band housing	-	-	-	-	-	-
	by structural type of dwelling						
347	Single-detached house	1,240	530	380	1,055	1,155	790
348	Semi-detached house	-	10	-	15	-	30
349	Row house	10	135	35	20	90	50
350	Apartment, detached duplex	150	450	555	255	445	570
351	Apartment, building that has five or more storeys	-	80	1,265	275	-	-
352	Apartment, building that has fewer than five storeys (38)	350	315	465	615	85	380
353	Other single-attached house	-	-	10	-	-	10
354	Movable dwelling (39)	-	-	-	-	-	-

Tableau 1. Certaines caractéristiques des secteurs de recensement, recensement de 2001 – Données intégrales et données-échantillon (20 %)

Vancouver 0018.01	Vancouver 0018.02	Vancouver 0019	Vancouver 0020	Vancouver 0021	Vancouver 0022	Caractéristiques	N°
						CARACTÉRISTIQUES DE LA POPULATION	
						selon la profession basée sur la CNP-S de 2001 - fin	
75	90	150	25	170	120	E Sciences sociales, enseignement, administration publique et religion	300
10	50	50	25	75	50	F Arts, culture, sports et loisirs	301
575	570	350	95	190	115	G Ventes et services	302
40	20	25	10	-	10	H Métiers, transport et machinerie	303
10	10	-	-	-	-	I Professions propres au secteur primaire	304
170	100	25	-	-	15	J Transformation, fabrication et services d'utilité publique	305
2,755	**3,005**	**2,345**	**910**	**2,025**	**1,305**	**Population active occupée totale de 15 ans et plus**	306
						selon le lieu de travail	
1,435	1,520	1,195	510	1,025	615	Hommes	307
1,170	1,225	945	375	805	480	Lieu habituel de travail	308
65	70	125	45	145	80	À domicile	309
10	10	10	10	35	20	En dehors du Canada	310
185	220	110	80	40	35	Sans adresse de travail fixe	311
1,320	1,485	1,155	395	1,000	695	Femmes	312
1,175	1,325	1,005	315	695	570	Lieu habituel de travail	313
60	105	105	65	235	70	À domicile	314
10	-	10	-	40	10	En dehors du Canada	315
90	45	40	10	35	55	Sans adresse de travail fixe	316
2,610	**2,815**	**2,105**	**775**	**1,565**	**1,135**	**Population active occupée totale de 15 ans et plus ayant un lieu habituel de travail ou sans adresse de travail fixe**	317
						selon le mode de transport	
1,350	1,445	1,055	455	840	515	Hommes	318
1,055	1,130	820	345	710	360	Automobile, camion ou fourgonnette, en tant que conducteur	319
65	95	50	20	30	15	Automobile, camion ou fourgonnette, en tant que passager	320
180	150	115	55	40	70	Transport en commun	321
25	30	45	15	15	45	À pied	322
20	35	30	30	50	25	Autre moyen	323
1,265	1,370	1,045	325	725	620	Femmes	324
610	800	605	225	535	320	Automobile, camion ou fourgonnette, en tant que conductrice	325
195	160	135	30	75	30	Automobile, camion ou fourgonnette, en tant que passagère	326
345	320	205	30	25	155	Transport en commun	327
70	40	70	30	40	95	À pied	328
45	50	25	-	50	15	Autre moyen	329
3,175	**3,600**	**2,695**	**1,075**	**2,385**	**1,455**	**Population totale de 15 ans et plus ayant travaillé depuis le 1er janvier 2000**	330
						selon la langue utilisée au travail	
2,475	2,955	2,300	850	2,060	1,280	Réponses uniques	331
2,065	2,695	2,150	805	2,005	1,250	Anglais	332
30	-	-	-	-	-	Français	333
385	260	145	45	55	30	Langues non officielles (5)	334
145	95	45	15	-	10	Chinois, n.d.a.	335
210	120	60	30	15	10	Cantonais	336
30	50	35	-	35	15	Autres langues (6)	337
695	645	400	225	325	175	Réponses multiples	338
35	35	45	-	45	50	Anglais et français	339
660	600	355	220	260	120	Anglais et langue non officielle	340
-	-	-	-	-	-	Français et langue non officielle	341
-	15	-	-	20	10	Anglais, français et langue non officielle	342
						CARACTÉRISTIQUES DES LOGEMENTS ET DES MÉNAGES	
1,770	**2,000**	**2,000**	**805**	**1,265**	**1,630**	**Nombre total de logements privés occupés**	343
						selon le mode d'occupation	
1,120	1,455	1,160	675	985	555	Possédé	344
650	540	840	130	280	1,075	Loué	345
-	-	-	-	-	-	Logement de bande	346
						selon le type de construction résidentielle	
1,000	1,365	1,025	525	1,105	110	Maison individuelle non attenante	347
-	15	40	35	10	10	Maison jumelée	348
-	-	25	60	-	40	Maison en rangée	349
595	535	380	10	85	20	Appartement, duplex non attenant	350
10	-	160	70	-	950	Appartement, immeuble de cinq étages ou plus	351
165	85	370	90	65	505	Appartement, immeuble de moins de cinq étages (38)	352
-	-	-	-	-	-	Autre maison individuelle attenante	353
-	-	-	-	-	-	Logement mobile (39)	354

Table 1. Selected Characteristics for Census Tracts, 2001 Census – 100% Data and 20% Sample Data

No.	Characteristics	Vancouver 0015.02	Vancouver 0016.01	Vancouver 0016.03 A	Vancouver 0016.04 A	Vancouver 0017.01	Vancouver 0017.02
	DWELLING AND HOUSEHOLD CHARACTERISTICS						
	by condition of dwelling						
355	Regular maintenance only	1,200	1,095	2,165	1,480	1,250	1,215
356	Minor repairs	475	320	385	565	425	400
357	Major repairs	75	85	165	190	110	215
	by period of construction						
358	Before 1946	115	110	130	195	170	225
359	1946-1960	510	150	260	300	450	340
360	1961-1970	520	145	305	185	185	265
361	1971-1980	230	205	270	220	245	200
362	1981-1990	160	530	200	315	390	220
363	1991-2001 (20)	220	365	1,550	1,020	330	580
364	Average number of rooms per dwelling	6.3	5.6	4.4	5.7	7.0	6.2
365	Average number of bedrooms per dwelling	3.0	2.8	1.8	2.7	3.5	3.2
366	Average value of dwelling $	341,316	331,811	222,017	253,265	334,296	274,045
367	**Total number of private households**	**1,750**	**1,505**	**2,710**	**2,235**	**1,780**	**1,830**
	by household size						
368	1 person	400	325	790	420	205	300
369	2 persons	405	355	770	570	395	375
370	3 persons	285	250	495	440	370	350
371	4-5 persons	530	430	520	590	595	570
372	6 or more persons	130	145	135	210	215	230
	by household type						
373	One-family households	1,210	975	1,530	1,545	1,360	1,230
374	Multiple-family households	90	100	135	175	175	235
375	Non-family households	450	425	1,050	515	240	360
376	Number of persons in private households	5,215	4,605	6,980	6,875	6,100	6,110
377	Average number of persons in private households	3.0	3.1	2.6	3.1	3.4	3.3
378	Average number of persons per room	0.5	0.5	0.6	0.5	0.5	0.5
379	Tenant households in non-farm, non-reserve private dwellings (40)	580	785	1,465	665	575	670
380	Average gross rent $ (40)	807	684	774	809	820	768
381	Tenant households spending 30% or more of household income on gross rent (40) (41)	280	355	620	375	220	320
382	Tenant households spending from 30% to 99% of household income on gross rent (40) (41)	195	230	390	270	190	230
383	Owner households in non-farm, non-reserve private dwellings (42)	1,165	700	1,190	1,550	1,175	1,150
384	Average owner's major payments $ (42)	698	882	995	1,005	836	922
385	Owner households spending 30% or more of household income on owner's major payments (41) (42)	245	190	485	445	245	385
386	Owner households spending from 30% to 99% of household income on owner's major payments (41) (42)	205	155	430	375	215	310
	CENSUS FAMILY CHARACTERISTICS						
387	**Total number of census families in private households**	**1,390**	**1,195**	**1,815**	**1,900**	**1,715**	**1,750**
	by census family structure and size						
388	Total couple families	1,175	970	1,440	1,505	1,415	1,370
389	Total families of married couples	1,115	915	1,285	1,400	1,355	1,275
390	Without children at home	325	205	425	425	435	440
391	With children at home	790	710	855	975	915	840
392	1 child	280	280	380	360	325	310
393	2 children	375	265	315	435	400	355
394	3 or more children	130	160	155	185	190	170
395	Total families of common-law couples	55	55	160	105	60	90
396	Without children at home	25	45	115	70	55	60
397	With children at home	35	15	45	35	-	30
398	1 child	15	10	25	35	-	-
399	2 children	-	-	10	-	-	15
400	3 or more children	20	10	10	-	-	15
401	Total lone-parent families	215	225	370	400	305	380
402	Female parent	175	170	310	365	245	320
403	1 child	100	100	215	225	120	170
404	2 children	45	60	90	105	65	105
405	3 or more children	25	10	10	30	60	45

Tableau 1. Certaines caractéristiques des secteurs de recensement, recensement de 2001 – Données intégrales et données-échantillon (20 %)

Vancouver 0018.01	Vancouver 0018.02	Vancouver 0019	Vancouver 0020	Vancouver 0021	Vancouver 0022	Caractéristiques	N°
						CARACTÉRISTIQUES DES LOGEMENTS ET DES MÉNAGES	
						selon l'état du logement	
1,140	1,290	1,235	600	875	1,375	Entretien régulier seulement	355
505	535	545	160	320	190	Réparations mineures	356
125	180	220	45	75	65	Réparations majeures	357
						selon la période de construction	
295	380	355	95	870	120	Avant 1946	358
425	450	655	270	130	250	1946-1960	359
180	240	135	135	45	640	1961-1970	360
155	255	205	125	90	210	1971-1980	361
345	340	290	95	45	255	1981-1990	362
365	325	360	80	90	155	1991-2001 (20)	363
6.7	6.5	6.1	7.5	9.7	4.3	Nombre moyen de pièces par logement	364
3.3	3.1	2.7	3.2	4.1	1.6	Nombre moyen de chambres à coucher par logement	365
336,769	302,986	350,746	546,224	991,783	389,015	Valeur moyenne du logement $	366
1,770	**2,000**	**2,005**	**805**	**1,270**	**1,630**	**Nombre total de logements privés**	367
						selon la taille du ménage	
225	315	560	185	145	875	1 personne	368
425	475	580	260	360	445	2 personnes	369
350	400	330	110	220	140	3 personnes	370
570	605	435	200	435	165	4-5 personnes	371
205	200	105	55	115	-	6 personnes ou plus	372
						selon le genre de ménage	
1,240	1,360	1,275	520	1,075	710	Ménages unifamiliaux	373
180	180	55	45	15	-	Ménages multifamiliaux	374
340	455	670	245	180	920	Ménages non familiaux	375
6,025	6,390	5,235	2,270	4,140	2,900	Nombre de personnes dans les ménages privés	376
3.4	3.2	2.6	2.8	3.3	1.8	Nombre moyen de personnes dans les ménages privés	377
0.5	0.5	0.4	0.4	0.3	0.4	Nombre moyen de personnes par pièce	378
635	540	835	120	280	1,065	Ménages locataires dans les logements privés non agricoles hors réserve (40)	379
789	816	782	1,401	1,700	1,037	Loyer brut moyen $ (40)	380
295	230	395	60	130	505	Ménages locataires consacrant 30 % ou plus du revenu du ménage au loyer brut (40) (41)	381
195	200	280	60	110	430	Ménages locataires consacrant de 30 % à 99 % du revenu du ménage au loyer brut (40) (41)	382
1,120	1,455	1,160	675	985	550	Ménages propriétaires dans les logements privés non agricoles hors réserve (42)	383
808	998	971	993	1,748	791	Principales dépenses de propriété moyennes $ (42)	384
255	355	275	135	220	85	Ménages propriétaires consacrant 30 % ou plus du revenu du ménage aux principales dépenses de propriété (41) (42)	385
210	320	230	110	165	55	Ménages propriétaires consacrant de 30 % à 99 % du revenu du ménage aux principales dépenses de propriété (41) (42)	386
						CARACTÉRISTIQUES DES FAMILLES DE RECENSEMENT	
1,660	**1,765**	**1,405**	**615**	**1,105**	**710**	**Total des familles de recensement dans les ménages privés**	387
						selon la structure et la taille de la famille de recensement	
1,390	1,410	1,075	555	1,005	595	Total des familles avec conjoints	388
1,315	1,285	955	535	950	530	Total des familles avec couples mariés	389
410	400	335	245	285	300	Sans enfants à la maison	390
905	890	620	295	670	230	Avec enfants à la maison	391
330	350	220	100	180	90	1 enfant	392
405	360	270	130	235	115	2 enfants	393
170	180	125	65	250	30	3 enfants ou plus	394
75	125	125	10	50	60	Total des familles en union libre	395
60	70	75	-	45	60	Sans enfants à la maison	396
15	55	50	15	10	-	Avec enfants à la maison	397
-	40	25	-	-	-	1 enfant	398
10	-	20	-	10	-	2 enfants	399
-	15	10	-	-	-	3 enfants ou plus	400
270	355	325	65	100	120	Total des familles monoparentales	401
220	300	295	40	60	110	Parent de sexe féminin	402
125	175	165	15	40	65	1 enfant	403
70	90	80	-	15	30	2 enfants	404
25	30	45	10	-	15	3 enfants ou plus	405

Table 1. Selected Characteristics for Census Tracts, 2001 Census – 100% Data and 20% Sample Data

No.	Characteristics	Vancouver 0015.02	Vancouver 0016.01	Vancouver 0016.03 A	Vancouver 0016.04 A	Vancouver 0017.01	Vancouver 0017.02
	CENSUS FAMILY CHARACTERISTICS						
	by census family structure and size – concluded						
406	Male parent	40	55	55	35	60	60
407	1 child	30	20	35	35	35	25
408	2 children	-	35	20	-	15	35
409	3 or more children	10	10	-	-	10	-
410	**Total number of children at home**	**1,940**	**1,720**	**2,125**	**2,475**	**2,315**	**2,225**
	by age groups						
411	Under 6 years	225	320	525	500	425	435
412	6-14 years	560	550	660	755	665	670
413	15-17 years	230	195	220	200	235	205
414	18-24 years	545	380	415	525	480	465
415	25 years and over	375	285	310	490	515	450
416	Average number of children at home per census family (43)	1.4	1.4	1.2	1.3	1.3	1.3
417	**Total number of persons in private households**	**5,220**	**4,605**	**6,980**	**6,870**	**6,100**	**6,105**
	by census family status and living arrangements						
418	Number of non-family persons	710	730	1,605	995	655	770
419	Living with relatives (44)	145	190	235	310	280	190
420	Living with non-relatives only	170	210	575	260	170	280
421	Living alone	400	325	795	420	210	300
422	Number of family persons	4,505	3,880	5,375	5,880	5,445	5,340
423	Average number of persons per census family	3.2	3.3	3.0	3.1	3.2	3.1
424	**Total number of persons 65 years and over**	**940**	**555**	**695**	**715**	**830**	**785**
425	Number of non-family persons 65 years and over	325	215	225	200	190	225
426	Living with relatives (44)	75	90	50	85	110	95
427	Living with non-relatives only	35	15	15	-	-	10
428	Living alone	215	115	160	115	85	120
429	Number of family persons 65 years and over	620	340	470	515	635	565
	ECONOMIC FAMILY CHARACTERISTICS						
430	**Total number of economic families in private households**	**1,305**	**1,110**	**1,705**	**1,770**	**1,550**	**1,500**
	by size of family						
431	2 persons	375	310	640	570	415	400
432	3 persons	290	245	445	450	360	370
433	4 persons	350	275	295	380	375	335
434	5 or more persons	285	285	325	365	405	405
435	Total number of persons in economic families	4,645	4,070	5,610	6,190	5,725	5,525
436	Average number of persons per economic family	3.6	3.7	3.3	3.5	3.7	3.7
437	Total number of unattached individuals	575	530	1,365	680	380	580
	2000 INCOME CHARACTERISTICS						
	Population 15 years and over by sex and total income groups in 2000						
438	Total - Both sexes	4,415	3,715	5,805	5,605	5,010	5,005
439	Without income	320	360	475	380	320	420
440	With income	4,100	3,350	5,325	5,220	4,690	4,585
441	Under $1,000 (45)	350	265	380	365	275	330
442	$ 1,000 - $ 2,999	240	180	305	235	195	215
443	$ 3,000 - $ 4,999	210	180	205	250	120	235
444	$ 5,000 - $ 6,999	220	185	210	290	190	295
445	$ 7,000 - $ 9,999	340	265	410	405	400	415
446	$10,000 - $11,999	210	165	260	325	285	330
447	$12,000 - $14,999	370	355	475	440	425	480
448	$15,000 - $19,999	385	360	630	560	720	460
449	$20,000 - $24,999	365	380	630	440	425	485
450	$25,000 - $29,999	265	230	390	490	330	295
451	$30,000 - $34,999	250	210	380	320	465	335
452	$35,000 - $39,999	210	140	300	315	145	150
453	$40,000 - $44,999	205	145	315	250	265	160
454	$45,000 - $49,999	105	90	130	170	150	65
455	$50,000 - $59,999	175	115	170	130	140	190
456	$60,000 and over	200	90	135	245	155	150
457	Average income $ (46)	22,155	19,926	21,206	21,834	22,032	19,747
458	Median income $ (46)	16,307	15,849	18,117	17,223	17,409	14,975
459	Standard error of average income $ (46)	731	581	527	550	541	554

Tableau 1. Certaines caractéristiques des secteurs de recensement, recensement de 2001 – Données intégrales et données-échantillon (20 %)

Vancouver 0018.01	Vancouver 0018.02	Vancouver 0019	Vancouver 0020	Vancouver 0021	Vancouver 0022	Caractéristiques	N°
						CARACTÉRISTIQUES DES FAMILLES DE RECENSEMENT	
						selon la structure et la taille de la famille de recensement - fin	
50	55	35	25	40	10	Parent de sexe masculin	406
15	20	30	15	40	10	1 enfant	407
20	20	-	15	10	-	2 enfants	408
15	-	-	-	-	-	3 enfants ou plus	409
2,190	**2,295**	**1,795**	**690**	**1,615**	**585**	**Nombre total d'enfants à la maison**	410
						selon les groupes d'âge	
460	505	325	75	195	80	Moins de 6 ans	411
615	675	470	185	465	195	6-14 ans	412
225	195	180	75	305	100	15-17 ans	413
390	465	455	190	460	125	18-24 ans	414
495	460	365	160	190	85	25 ans et plus	415
1.3	1.3	1.3	1.1	1.5	0.8	Nombre moyen d'enfants à la maison par famille de recensement (43)	416
6,025	**6,395**	**5,235**	**2,270**	**4,140**	**2,900**	**Nombre total de personnes dans les ménages privés**	417
						selon la situation des particuliers dans la famille de recensement et des particuliers dans le ménage	
790	925	960	410	420	1,005	Nombre de personnes hors famille de recensement	418
195	280	110	85	95	30	Vivant avec des personnes apparentées (44)	419
375	330	285	150	180	100	Vivant avec des personnes non apparentées uniquement	420
225	315	560	185	145	875	Vivant seules	421
5,235	5,465	4,280	1,855	3,720	1,895	Nombre de personnes membres d'une famille	422
3.2	3.1	3.0	3.0	3.4	2.7	Nombre moyen de personnes par famille de recensement	423
805	**755**	**805**	**575**	**510**	**845**	**Nombre total de personnes de 65 ans et plus**	424
175	260	300	180	145	540	Nombre de personnes hors famille de recensement de 65 ans et plus	425
90	105	65	40	45	-	Vivant avec des personnes apparentées (44)	426
10	10	35	15	30	-	Vivant avec des personnes non apparentées uniquement	427
75	145	195	120	70	535	Vivant seules	428
630	500	500	395	365	300	Nombre de personnes membres d'une famille de 65 ans et plus	429
						CARACTÉRISTIQUES DES FAMILLES ÉCONOMIQUES	
1,460	**1,635**	**1,350**	**585**	**1,120**	**725**	**Nombre total de familles économiques dans les ménages privés**	430
						selon la taille de la famille	
420	500	520	260	395	430	2 personnes	431
310	380	325	90	215	135	3 personnes	432
355	405	290	115	250	125	4 personnes	433
375	350	220	120	260	30	5 personnes ou plus	434
5,430	5,750	4,390	1,940	3,815	1,925	Nombre total de personnes dans les familles économiques	435
3.7	3.5	3.3	3.3	3.4	2.7	Nombre moyen de personnes par famille économique	436
595	645	850	335	325	975	Nombre total de personnes hors famille économique	437
						CARACTÉRISTIQUES DU REVENU DE 2000	
						Population de 15 ans et plus selon le sexe et les tranches de revenu total en 2000	
4,920	5,205	4,445	2,015	3,490	2,625	Total - Les deux sexes	438
305	245	245	110	350	155	Sans revenu	439
4,615	4,960	4,200	1,905	3,135	2,470	Avec un revenu	440
355	315	295	85	180	100	Moins de 1 000 $ (45)	441
250	185	170	100	115	40	1 000 $ - 2 999 $	442
190	185	180	60	90	75	3 000 $ - 4 999 $	443
295	315	225	45	145	70	5 000 $ - 6 999 $	444
340	315	250	140	150	85	7 000 $ - 9 999 $	445
245	295	265	50	50	65	10 000 $ - 11 999 $	446
360	410	450	130	110	170	12 000 $ - 14 999 $	447
525	610	390	145	240	175	15 000 $ - 19 999 $	448
515	425	385	130	305	260	20 000 $ - 24 999 $	449
350	410	245	120	130	190	25 000 $ - 29 999 $	450
315	325	235	85	160	230	30 000 $ - 34 999 $	451
215	245	185	190	160	115	35 000 $ - 39 999 $	452
200	270	155	65	105	140	40 000 $ - 44 999 $	453
115	140	120	105	95	130	45 000 $ - 49 999 $	454
145	275	210	85	180	180	50 000 $ - 59 999 $	455
185	255	420	370	920	430	60 000 $ et plus	456
21,529	24,086	28,444	38,506	74,543	39,823	Revenu moyen $ (46)	457
17,593	18,411	17,953	26,758	30,274	29,860	Revenu médian $ (46)	458
614	789	2,149	2,120	5,648	1,812	Erreur type de revenu moyen $ (46)	459

Table 1. Selected Characteristics for Census Tracts, 2001 Census – 100% Data and 20% Sample Data

No.	Characteristics	Vancouver 0015.02	Vancouver 0016.01	Vancouver 0016.03 A	Vancouver 0016.04 A	Vancouver 0017.01	Vancouver 0017.02
	2000 INCOME CHARACTERISTICS						
	Population 15 years and over by sex and total income groups in 2000 – concluded						
460	Total - Males	2,130	1,735	2,790	2,705	2,405	2,430
461	Without income	155	180	220	175	160	145
462	With income	1,975	1,560	2,575	2,535	2,250	2,290
463	Under $1,000 (45)	150	120	215	185	160	150
464	$ 1,000 - $ 2,999	105	70	145	110	80	95
465	$ 3,000 - $ 4,999	75	115	75	105	70	105
466	$ 5,000 - $ 6,999	115	55	70	95	80	135
467	$ 7,000 - $ 9,999	125	95	170	210	140	130
468	$10,000 - $11,999	75	95	125	175	140	160
469	$12,000 - $14,999	150	130	180	165	155	210
470	$15,000 - $19,999	160	135	255	200	270	220
471	$20,000 - $24,999	170	205	365	180	210	240
472	$25,000 - $29,999	125	100	180	295	160	175
473	$30,000 - $34,999	155	90	150	145	245	190
474	$35,000 - $39,999	120	85	140	195	70	85
475	$40,000 - $44,999	85	75	195	120	110	100
476	$45,000 - $49,999	75	20	90	100	140	55
477	$50,000 - $59,999	125	95	120	80	90	110
478	$60,000 and over	160	75	95	180	130	115
479	Average income $ (46)	26,548	22,319	23,125	24,503	25,094	22,289
480	Median income $ (46)	20,296	18,763	20,251	20,357	20,551	18,225
481	Standard error of average income $ (46)	1,253	963	830	904	937	850
482	Total - Females	2,290	1,980	3,010	2,895	2,610	2,570
483	Without income	165	190	260	205	170	275
484	With income	2,125	1,795	2,755	2,685	2,445	2,300
485	Under $1,000 (45)	195	150	160	180	120	175
486	$ 1,000 - $ 2,999	135	110	165	125	110	120
487	$ 3,000 - $ 4,999	135	65	135	140	55	125
488	$ 5,000 - $ 6,999	105	125	140	190	110	160
489	$ 7,000 - $ 9,999	210	170	245	195	260	285
490	$10,000 - $11,999	135	70	130	155	145	165
491	$12,000 - $14,999	220	220	290	270	275	265
492	$15,000 - $19,999	230	225	375	355	450	240
493	$20,000 - $24,999	195	175	265	260	225	240
494	$25,000 - $29,999	135	130	210	195	175	115
495	$30,000 - $34,999	100	120	230	175	220	145
496	$35,000 - $39,999	95	55	160	120	80	65
497	$40,000 - $44,999	120	70	120	130	150	65
498	$45,000 - $49,999	35	70	35	65	10	15
499	$50,000 - $59,999	45	20	45	50	50	85
500	$60,000 and over	40	15	45	65	25	40
501	Average income $ (46)	18,075	17,849	19,411	19,317	19,218	17,215
502	Median income $ (46)	13,955	14,779	16,144	15,588	16,052	12,264
503	Standard error of average income $ (46)	740	673	655	626	569	693
	by composition of total income						
504	Total - Composition of income in 2000 % (47)	100.0	100.0	100.0	100.0	100.0	100.0
505	Employment income %	69.2	70.2	79.1	81.2	76.4	74.5
506	Government transfer payments %	16.8	17.4	14.0	13.5	15.4	17.3
507	Other %	14.0	12.3	7.0	5.3	8.2	8.2
	Population 15 years and over with employment income in 2000 by sex and work activity						
508	Both sexes with employment income (48)	2,495	2,170	3,780	3,775	3,280	3,100
509	Average employment income $	25,148	21,603	23,622	24,541	24,075	21,771
510	Standard error of average employment income $	1,074	747	665	688	662	721
511	Worked full year, full time (49)	1,190	945	1,915	1,690	1,630	1,405
512	Average employment income $	36,008	32,190	32,232	35,047	31,522	30,902
513	Standard error of average employment income $	1,777	1,115	935	1,066	921	1,094
514	Worked part year or part time (50)	1,240	1,140	1,780	1,970	1,515	1,545
515	Average employment income $	15,455	13,654	15,088	16,556	16,755	14,517
516	Standard error of average employment income $	980	757	731	706	773	823
517	Males with employment income (48)	1,265	1,065	1,905	1,930	1,590	1,705
518	Average employment income $	30,279	24,070	25,745	27,405	27,704	23,885
519	Standard error of average employment income $	1,754	1,178	989	1,083	1,126	1,038
520	Worked full year, full time (49)	640	510	955	885	900	825
521	Average employment income $	42,389	34,396	36,301	38,265	35,577	34,200
522	Standard error of average employment income $	2,776	1,683	1,438	1,739	1,375	1,517
523	Worked part year or part time (50)	610	515	895	1,005	650	780
524	Average employment income $	18,095	14,744	15,556	18,680	16,786	14,624
525	Standard error of average employment income $	1,633	1,271	901	1,065	1,409	1,103

Tableau 1. Certaines caractéristiques des secteurs de recensement, recensement de 2001 – Données intégrales et données-échantillon (20 %)

Vancouver 0018.01	Vancouver 0018.02	Vancouver 0019	Vancouver 0020	Vancouver 0021	Vancouver 0022	Caractéristiques	N°
						CARACTÉRISTIQUES DU REVENU DE 2000	
						Population de 15 ans et plus selon le sexe et les tranches de revenu total en 2000 – fin	
2,395	2,490	2,040	975	1,690	1,025	Total - Hommes	460
155	130	110	65	150	65	Sans revenu	461
2,240	2,360	1,930	915	1,540	960	Avec un revenu	462
155	105	120	45	115	50	Moins de 1 000 $ (45)	463
125	70	80	40	40	15	1 000 $ - 2 999 $	464
70	80	65	35	55	30	3 000 $ - 4 999 $	465
140	115	75	15	45	30	5 000 $ - 6 999 $	466
160	150	140	45	75	35	7 000 $ - 9 999 $	467
95	135	130	20	15	-	10 000 $ - 11 999 $	468
170	210	135	40	55	35	12 000 $ - 14 999 $	469
220	260	185	95	80	65	15 000 $ - 19 999 $	470
230	230	190	80	150	85	20 000 $ - 24 999 $	471
170	185	95	40	25	55	25 000 $ - 29 999 $	472
165	150	120	50	55	55	30 000 $ - 34 999 $	473
115	135	50	80	65	40	35 000 $ - 39 999 $	474
120	155	70	45	60	85	40 000 $ - 44 999 $	475
70	55	70	45	45	60	45 000 $ - 49 999 $	476
105	155	115	35	70	85	50 000 $ - 59 999 $	477
135	185	290	205	590	230	60 000 $ et plus	478
24,323	27,375	35,392	44,600	104,684	47,967	Revenu moyen $ (46)	479
19,880	21,579	20,665	26,750	39,959	37,971	Revenu médian $ (46)	480
995	1,430	4,387	3,739	10,522	3,361	Erreur type de revenu moyen $ (46)	481
2,525	2,715	2,410	1,035	1,795	1,595	Total - Femmes	482
145	120	140	50	200	90	Sans revenu	483
2,380	2,600	2,265	990	1,600	1,510	Avec un revenu	484
195	205	175	35	60	50	Moins de 1 000 $ (45)	485
135	120	90	60	75	30	1 000 $ - 2 999 $	486
120	105	120	25	35	45	3 000 $ - 4 999 $	487
155	195	155	30	100	40	5 000 $ - 6 999 $	488
175	165	115	100	80	50	7 000 $ - 9 999 $	489
150	160	135	30	30	60	10 000 $ - 11 999 $	490
190	195	310	85	60	140	12 000 $ - 14 999 $	491
305	355	210	55	160	105	15 000 $ - 19 999 $	492
290	195	195	45	155	175	20 000 $ - 24 999 $	493
180	230	145	80	110	140	25 000 $ - 29 999 $	494
155	175	110	40	110	170	30 000 $ - 34 999 $	495
100	105	135	110	95	80	35 000 $ - 39 999 $	496
80	110	90	20	45	50	40 000 $ - 44 999 $	497
45	85	50	60	45	75	45 000 $ - 49 999 $	498
40	115	90	50	115	90	50 000 $ - 59 999 $	499
50	75	130	165	330	200	60 000 $ et plus	500
18,899	21,100	22,527	32,845	45,501	34,639	Revenu moyen $ (46)	501
15,832	16,454	15,711	26,761	26,649	26,160	Revenu médian $ (46)	502
713	777	1,023	1,927	4,197	1,989	Erreur type de revenu moyen $ (46)	503
						selon la composition du revenu total	
100.0	100.0	100.0	100.0	100.0	100.0	Total - Composition du revenu en 2000 % (47)	504
74.1	79.4	78.3	51.9	70.3	55.7	Revenu d'emploi %	505
15.3	12.4	11.9	10.7	3.0	11.2	Transferts gouvernementaux %	506
10.5	8.1	9.8	37.4	26.6	33.1	Autre %	507
						Population de 15 ans et plus ayant un revenu d'emploi en 2000 selon le sexe et le travail	
3,045	3,510	2,715	1,100	2,240	1,410	Les deux sexes ayant un revenu d'emploi (48)	508
24,212	27,045	34,410	34,572	73,342	38,802	Revenu moyen d'emploi $	509
790	974	3,243	2,758	6,910	2,150	Erreur type de revenu moyen d'emploi $	510
1,535	1,590	1,360	445	880	680	Ayant travaillé toute l'année à plein temps (49)	511
31,665	35,623	45,130	47,274	117,335	53,606	Revenu moyen d'emploi $	512
1,129	1,121	2,157	4,241	14,810	3,015	Erreur type de revenu moyen d'emploi $	513
1,365	1,830	1,195	590	1,275	680	Ayant travaillé une partie de l'année ou à temps partiel (50)	514
16,275	20,325	25,798	26,582	45,376	24,966	Revenu moyen d'emploi $	515
766	1,506	6,856	3,894	5,583	2,781	Erreur type de revenu moyen d'emploi $	516
1,565	1,760	1,345	595	1,155	625	Hommes ayant un revenu d'emploi (48)	517
26,872	30,228	42,086	40,844	107,590	49,222	Revenu moyen d'emploi $	518
1,209	1,679	6,224	4,681	12,770	4,161	Erreur type de revenu moyen d'emploi $	519
880	845	725	250	535	315	Ayant travaillé toute l'année à plein temps (49)	520
35,326	38,626	51,483	56,830	158,553	65,492	Revenu moyen d'emploi $	521
1,718	1,774	3,580	6,657	23,779	5,418	Erreur type de revenu moyen d'emploi $	522
600	885	545	305	585	300	Ayant travaillé une partie de l'année ou à temps partiel (50)	523
16,801	22,405	34,375	30,484	64,788	33,676	Revenu moyen d'emploi $	524
1,231	2,760	14,266	6,995	11,069	5,829	Erreur type de revenu moyen d'emploi $	525

Table 1. Selected Characteristics for Census Tracts, 2001 Census – 100% Data and 20% Sample Data

No.	Characteristics	Vancouver 0015.02	Vancouver 0016.01	Vancouver 0016.03 A	Vancouver 0016.04 A	Vancouver 0017.01	Vancouver 0017.02
	2000 INCOME CHARACTERISTICS						
	Population 15 years and over with employment income in 2000 by sex and work activity - concluded						
526	Females with employment income (48)	1,230	1,105	1,870	1,840	1,695	1,395
527	Average employment income $	19,861	19,228	21,458	21,528	20,673	19,191
528	Standard error of average employment income $	1,080	905	873	808	690	962
529	Worked full year, full time (49)	550	435	955	810	735	580
530	Average employment income $	28,643	29,624	28,173	31,537	26,536	26,232
531	Standard error of average employment income $	1,787	1,371	1,134	1,114	1,055	1,447
532	Worked part year or part time (50)	635	625	885	960	865	760
533	Average employment income $	12,903	12,751	14,616	14,333	16,732	14,407
534	Standard error of average employment income $	1,011	887	1,156	894	853	1,224
	Census families by structure and family income groups in 2000						
535	Total - All census families	1,390	1,190	1,810	1,900	1,720	1,745
536	Under $10,000	100	85	135	175	80	215
537	$ 10,000 - $19,999	130	175	205	235	170	260
538	$ 20,000 - $29,999	155	160	215	245	255	230
539	$ 30,000 - $39,999	150	185	375	250	245	225
540	$ 40,000 - $49,999	190	140	220	195	215	210
541	$ 50,000 - $59,999	145	125	155	190	165	155
542	$ 60,000 - $69,999	120	75	165	140	110	120
543	$ 70,000 - $79,999	105	75	95	115	145	105
544	$ 80,000 - $89,999	110	60	100	170	95	70
545	$ 90,000 - $99,999	45	45	65	65	80	15
546	$100,000 and over	150	80	75	125	155	140
547	Average family income $	54,300	47,288	45,093	49,013	52,566	43,798
548	Median family income $	48,832	39,944	38,776	42,860	44,895	37,936
549	Standard error of average family income $	1,861	1,884	1,385	1,651	1,711	1,688
550	Total - All couple census families (51)	1,175	970	1,445	1,500	1,410	1,365
551	Under $10,000	80	70	85	110	50	140
552	$ 10,000 - $19,999	85	90	130	120	115	185
553	$ 20,000 - $29,999	125	125	155	190	200	185
554	$ 30,000 - $39,999	130	145	270	185	190	170
555	$ 40,000 - $49,999	140	110	200	175	155	180
556	$ 50,000 - $59,999	135	110	125	155	165	135
557	$ 60,000 - $69,999	115	70	150	120	95	105
558	$ 70,000 - $79,999	90	60	90	105	130	50
559	$ 80,000 - $89,999	105	60	95	165	90	65
560	$ 90,000 - $99,999	25	45	70	60	75	15
561	$100,000 and over	150	80	70	120	150	140
562	Average family income $	57,284	51,080	48,767	54,183	56,024	46,796
563	Median family income $	51,700	44,124	41,749	48,078	49,645	40,169
564	Standard error of average family income $	2,105	2,143	1,570	1,883	1,885	1,976
	Incidence of low income in 2000						
565	Total - Economic families	1,305	1,110	1,705	1,770	1,550	1,500
566	Low income	290	365	440	480	345	500
567	Incidence of low income in 2000 % (52)	22.1	32.7	25.8	27.3	22.5	33.1
568	Total - Unattached individuals 15 years and over	555	525	1,365	675	375	580
569	Low income	345	375	795	360	200	315
570	Incidence of low income in 2000 % (52)	62.7	71.3	58.2	53.5	53.3	54.2
571	Total - Population in private households	5,200	4,600	6,980	6,865	6,100	6,110
572	Low income	1,435	1,635	2,145	1,910	1,415	1,980
573	Incidence of low income in 2000 % (52)	27.6	35.5	30.8	27.8	23.2	32.4
	Private households by household income groups in 2000						
574	Total - All private households	1,750	1,505	2,710	2,235	1,780	1,830
575	Under $10,000	150	200	390	215	100	195
576	$ 10,000 - $19,999	295	285	380	285	180	270
577	$ 20,000 - $29,999	165	175	370	300	190	240
578	$ 30,000 - $39,999	200	170	375	245	210	220
579	$ 40,000 - $49,999	180	150	260	230	185	165
580	$ 50,000 - $59,999	155	135	255	235	205	130
581	$ 60,000 - $69,999	145	95	215	170	110	135
582	$ 70,000 - $79,999	95	70	95	120	160	125
583	$ 80,000 - $89,999	100	75	135	155	110	55
584	$ 90,000 - $99,999	70	45	80	45	70	65
585	$100,000 and over	205	115	145	235	250	230
586	Average household income $	51,879	44,330	41,622	50,990	58,101	49,507
587	Median household income $	44,862	34,688	35,223	44,062	51,006	39,550
588	Standard error of average household income $	1,988	1,989	1,330	1,748	1,947	1,877

Tableau 1. Certaines caractéristiques des secteurs de recensement, recensement de 2001 – Données intégrales et données-échantillon (20 %)

Vancouver 0018.01	Vancouver 0018.02	Vancouver 0019	Vancouver 0020	Vancouver 0021	Vancouver 0022	Caractéristiques	Nº
						CARACTÉRISTIQUES DU REVENU DE 2000	
						Population de 15 ans et plus ayant un revenu d'emploi en 2000 selon le sexe et le travail – fin	
1,475	1,755	1,370	500	1,090	785	Femmes ayant un revenu d'emploi (48)	526
21,385	23,854	26,872	27,145	36,961	30,545	Revenu moyen d'emploi $	527
973	1,008	1,446	1,975	2,989	1,755	Erreur type de revenu moyen d'emploi $	528
655	740	635	195	345	365	Ayant travaillé toute l'année à plein temps (49)	529
26,739	32,201	37,901	34,916	54,375	43,379	Revenu moyen d'emploi $	530
1,199	1,275	1,962	3,423	5,155	2,435	Erreur type de revenu moyen d'emploi $	531
765	940	650	280	690	385	Ayant travaillé une partie de l'année ou à temps partiel (50)	532
15,861	18,364	18,643	22,334	28,968	18,198	Revenu moyen d'emploi $	533
957	1,429	1,964	2,439	3,662	1,890	Erreur type de revenu moyen d'emploi $	534
						Familles de recensement selon la structure et les tranches de revenu de la famille en 2000	
1,655	1,760	1,405	615	1,105	715	Total - Toutes les familles de recensement	535
175	135	85	25	20	55	Moins de 10 000 $	536
150	120	175	45	40	30	10 000 $ - 19 999 $	537
240	235	200	30	75	75	20 000 $ - 29 999 $	538
200	235	115	55	60	50	30 000 $ - 39 999 $	539
190	240	165	45	45	50	40 000 $ - 49 999 $	540
170	220	100	50	40	105	50 000 $ - 59 999 $	541
125	130	90	35	60	40	60 000 $ - 69 999 $	542
100	125	120	50	40	90	70 000 $ - 79 999 $	543
120	85	50	45	30	70	80 000 $ - 89 999 $	544
55	55	70	20	55	25	90 000 $ - 99 999 $	545
140	190	240	215	640	125	100 000 $ et plus	546
50,761	53,924	65,158	93,439	195,527	73,984	Revenu moyen des familles $	547
42,263	45,669	48,712	74,958	113,496	56,601	Revenu médian des familles $	548
1,985	2,164	6,167	6,889	15,090	5,476	Erreur type de revenu moyen des familles $	549
1,390	1,410	1,075	550	1,000	595	Total - Toutes les familles de recensement comptant un couple (51)	550
145	80	35	15	15	25	Moins de 10 000 $	551
95	70	70	40	30	10	10 000 $ - 19 999 $	552
190	165	135	15	55	45	20 000 $ - 29 999 $	553
165	190	95	45	45	40	30 000 $ - 39 999 $	554
155	195	135	45	35	40	40 000 $ - 49 999 $	555
150	180	90	50	40	95	50 000 $ - 59 999 $	556
110	100	65	30	50	25	60 000 $ - 69 999 $	557
100	115	105	45	45	90	70 000 $ - 79 999 $	558
120	85	45	45	25	70	80 000 $ - 89 999 $	559
45	55	70	25	55	25	90 000 $ - 99 999 $	560
120	175	230	190	610	120	100 000 $ et plus	561
52,717	58,535	74,961	97,972	201,554	80,836	Revenu moyen des familles $	562
46,864	50,513	56,994	77,092	124,117	69,778	Revenu médian des familles $	563
2,192	2,607	7,800	7,424	15,669	5,882	Erreur type de revenu moyen des familles $	564
						Fréquence des unités à faible revenu en 2000	
1,460	1,630	1,350	580	1,120	725	Total - Familles économiques	565
395	335	365	90	125	145	Faible revenu	566
27.1	20.3	26.9	15.4	10.8	19.8	Fréquence des unités à faible revenu en 2000 % (52)	567
575	640	845	330	325	975	Total - Personnes hors famille économique de 15 ans et plus	568
300	235	415	100	85	215	Faible revenu	569
52.4	36.5	48.6	30.4	25.1	22.1	Fréquence des unités à faible revenu en 2000 % (52)	570
6,000	6,390	5,235	2,270	4,140	2,895	Total - Population dans les ménages privés	571
1,625	1,375	1,575	410	440	645	Faible revenu	572
27.0	21.5	30.1	17.9	10.6	22.4	Fréquence des unités à faible revenu en 2000 % (52)	573
						Ménages privés selon les tranches de revenu du ménage en 2000	
1,770	1,995	2,005	805	1,270	1,630	Total - Tous les ménages privés	574
130	110	170	20	30	115	Moins de 10 000 $	575
185	195	355	45	65	185	10 000 $ - 19 999 $	576
210	215	225	50	70	235	20 000 $ - 29 999 $	577
225	235	180	110	70	180	30 000 $ - 39 999 $	578
180	245	205	60	70	135	40 000 $ - 49 999 $	579
210	215	165	50	45	175	50 000 $ - 59 999 $	580
115	120	140	25	90	115	60 000 $ - 69 999 $	581
95	160	135	50	40	135	70 000 $ - 79 999 $	582
125	105	50	75	35	95	80 000 $ - 89 999 $	583
65	110	85	60	60	40	90 000 $ - 99 999 $	584
235	285	300	260	695	210	100 000 $ et plus	585
56,157	59,833	59,660	90,351	184,188	60,294	Revenu moyen des ménages $	586
46,018	49,384	44,836	79,406	108,113	48,212	Revenu médian des ménages $	587
2,078	2,204	4,620	5,922	13,307	3,052	Erreur type de revenu moyen des ménages $	588

Table 1. Selected Characteristics for Census Tracts, 2001 Census – 100% Data and 20% Sample Data

No.	Characteristics	Vancouver 0023	Vancouver 0024	Vancouver 0025	Vancouver 0026	Vancouver 0027	Vancouver 0028
	POPULATION CHARACTERISTICS						
1	**Population, 1996 (1)**	**4,435**	**6,051**	**7,219**	**4,843**	**6,841**	**3,224**
2	**Population, 2001 (2)**	**4,538**	**6,038**	**7,239**	**4,956**	**6,869**	**3,218**
3	Population percentage change, 1996-2001	2.3	-0.2	0.3	2.3	0.4	-0.2
4	Land area in square kilometres, 2001	1.20	1.71	2.01	1.27	2.33	1.46
5	**Total population – 100% Data (3)**	**4,535**	**6,040**	**7,240**	**4,955**	**6,870**	**3,220**
	by sex and age groups						
6	Male	2,170	2,970	3,525	2,380	3,190	1,515
7	0-4 years	95	150	175	100	85	55
8	5-9 years	125	200	215	135	135	65
9	10-14 years	180	260	255	190	230	100
10	15-19 years	220	275	310	225	300	125
11	20-24 years	200	210	275	180	305	155
12	25-29 years	110	160	220	155	175	115
13	30-34 years	110	130	220	120	140	105
14	35-39 years	125	180	245	140	135	90
15	40-44 years	140	210	255	165	195	105
16	45-49 years	195	285	290	230	275	110
17	50-54 years	205	280	315	220	305	135
18	55-59 years	140	205	205	140	195	95
19	60-64 years	70	110	165	90	145	65
20	65-69 years	70	100	115	85	110	75
21	70-74 years	45	80	95	75	130	45
22	75-79 years	40	55	80	70	120	35
23	80-84 years	30	30	55	30	105	25
24	85 years and over	55	45	40	25	110	20
25	Female	2,370	3,070	3,715	2,575	3,680	1,700
26	0-4 years	95	145	165	95	95	65
27	5-9 years	110	170	180	115	150	65
28	10-14 years	165	220	205	185	185	90
29	15-19 years	205	250	255	185	275	140
30	20-24 years	165	265	295	195	270	115
31	25-29 years	110	150	230	130	215	145
32	30-34 years	125	165	255	130	140	135
33	35-39 years	145	200	280	165	205	130
34	40-44 years	200	270	300	225	270	135
35	45-49 years	235	310	305	250	345	150
36	50-54 years	220	290	355	195	315	145
37	55-59 years	125	170	195	140	165	85
38	60-64 years	85	120	150	105	125	85
39	65-69 years	65	95	120	80	145	60
40	70-74 years	50	90	95	105	145	40
41	75-79 years	65	60	100	120	180	60
42	80-84 years	60	45	90	75	220	35
43	85 years and over	140	45	150	70	240	25
44	**Total population 15 years and over**	**3,770**	**4,885**	**6,050**	**4,125**	**5,985**	**2,780**
	by legal marital status						
45	Never married (single)	1,285	1,695	2,185	1,445	2,010	1,150
46	Legally married (and not separated)	2,005	2,735	3,070	2,135	2,980	1,350
47	Separated, but still legally married	55	80	100	75	95	50
48	Divorced	145	195	345	215	310	125
49	Widowed	275	190	350	255	595	115
	by common-law status						
50	Not in a common-law relationship	3,675	4,695	5,730	3,985	5,835	2,650
51	In a common-law relationship	90	190	320	140	155	130
52	**Total population – 20% Sample Data (4)**	**4,350**	**6,035**	**7,135**	**4,955**	**6,575**	**3,190**
	by mother tongue						
53	Single responses	4,335	6,020	7,080	4,825	6,490	3,150
54	English	2,735	4,395	4,935	2,675	3,160	1,580
55	French	50	130	80	65	20	40
56	Non-official languages (5)	1,555	1,495	2,060	2,085	3,315	1,535
57	Chinese, n.o.s.	605	380	570	550	930	650
58	Cantonese	445	270	395	745	755	360
59	Punjabi	-	30	10	-	-	-
60	Mandarin	300	185	355	330	615	250
61	Tagalog (Pilipino)	-	20	15	20	40	70
62	Other languages (6)	205	600	715	440	975	210
63	Multiple responses	10	15	55	130	85	40
64	English and French	-	-	10	55	10	20
65	English and non-official language	-	10	35	65	65	15
66	French and non-official language	10	-	-	10	10	-
67	English, French and non-official language	-	-	-	-	15	10

See reference material at the end of the publication. – Voir les documents de référence à la fin de la publication.

Tableau 1. Certaines caractéristiques des secteurs de recensement, recensement de 2001 – Données intégrales et données-échantillon (20 %)

Vancouver 0029	Vancouver 0030	Vancouver 0031.01	Vancouver 0031.02	Vancouver 0032	Vancouver 0033	Caractéristiques	Nº
						CARACTÉRISTIQUES DE LA POPULATION	
5,691	**6,606**	**5,460**	**4,468**	**6,987**	**7,166**	**Population, 1996 (1)**	1
5,901	**6,587**	**5,490**	**4,563**	**7,463**	**7,743**	**Population, 2001 (2)**	2
3.7	-0.3	0.5	2.1	6.8	8.1	Variation en pourcentage de la population, 1996-2001	3
1.48	1.49	0.87	0.68	1.23	1.15	Superficie des terres en kilomètres carrés, 2001	4
5,900	**6,590**	**5,485**	**4,560**	**7,460**	**7,740**	**Population totale - Données intégrales (3)**	5
						selon le sexe et les groupes d'âge	
2,800	3,195	2,570	2,235	3,700	3,870	Sexe masculin	6
150	190	170	135	210	250	0-4 ans	7
150	165	120	120	260	265	5-9 ans	8
140	165	120	100	225	260	10-14 ans	9
135	195	145	135	245	240	15-19 ans	10
235	245	170	195	275	255	20-24 ans	11
330	275	270	210	305	285	25-29 ans	12
325	280	330	205	330	360	30-34 ans	13
250	290	275	245	380	415	35-39 ans	14
195	285	205	175	360	315	40-44 ans	15
205	260	195	150	285	310	45-49 ans	16
195	215	180	160	225	225	50-54 ans	17
100	130	100	90	135	145	55-59 ans	18
90	120	75	80	120	145	60-64 ans	19
70	130	60	80	130	155	65-69 ans	20
65	110	75	80	90	115	70-74 ans	21
65	70	45	40	70	60	75-79 ans	22
50	40	20	20	30	35	80-84 ans	23
50	25	20	15	30	30	85 ans et plus	24
3,100	3,390	2,915	2,325	3,760	3,870	Sexe féminin	25
115	175	160	125	225	245	0-4 ans	26
130	190	110	115	210	210	5-9 ans	27
115	185	105	100	195	205	10-14 ans	28
140	195	115	125	205	225	15-19 ans	29
245	245	215	160	245	265	20-24 ans	30
365	250	335	215	310	300	25-29 ans	31
350	290	370	225	350	350	30-34 ans	32
290	320	295	245	405	400	35-39 ans	33
255	310	270	200	360	325	40-44 ans	34
225	290	215	205	300	325	45-49 ans	35
205	270	215	165	245	210	50-54 ans	36
115	165	115	85	145	165	55-59 ans	37
90	120	100	90	135	150	60-64 ans	38
75	115	85	90	135	145	65-69 ans	39
90	100	65	70	110	135	70-74 ans	40
95	80	55	55	75	105	75-79 ans	41
85	45	50	20	55	60	80-84 ans	42
115	45	45	30	45	60	85 ans et plus	43
5,100	**5,520**	**4,705**	**3,870**	**6,135**	**6,310**	**Population totale de 15 ans et plus**	44
						selon l'état matrimonial légal	
2,340	2,185	2,135	1,615	2,430	2,235	Célibataire (jamais marié(e))	45
2,010	2,565	1,930	1,730	2,805	3,180	Légalement marié(e) (et non séparé(e))	46
110	140	110	100	220	195	Séparé(e), mais toujours légalement marié(e)	47
340	385	340	245	380	355	Divorcé(e)	48
300	245	195	170	300	345	Veuf ou veuve	49
						selon l'union libre	
4,675	5,155	4,230	3,640	5,780	6,040	Ne vivant pas en union libre	50
425	365	475	230	350	270	Vivant en union libre	51
5,665	**6,565**	**5,460**	**4,560**	**7,435**	**7,715**	**Population totale - Données-échantillon (20 %) (4)**	52
						selon la langue maternelle	
5,540	6,415	5,370	4,420	7,225	7,555	Réponses uniques	53
3,310	2,845	3,550	1,805	2,575	2,320	Anglais	54
155	45	135	80	85	15	Français	55
2,075	3,530	1,685	2,530	4,565	5,225	Langues non officielles (5)	56
570	935	315	555	1,235	1,005	Chinois, n.d.a.	57
475	795	340	785	1,095	1,630	Cantonais	58
10	115	60	60	175	440	Pendjabi	59
250	380	175	35	140	210	Mandarin	60
35	205	95	370	590	465	Tagalog (pilipino)	61
725	1,090	695	725	1,325	1,475	Autres langues (6)	62
130	150	95	140	215	160	Réponses multiples	63
25	15	10	15	-	-	Anglais et français	64
95	135	85	130	195	155	Anglais et langue non officielle	65
10	-	-	-	-	-	Français et langue non officielle	66
-	-	-	-	15	-	Anglais, français et langue non officielle	67

See reference material at the end of the publication. – Voir les documents de référence à la fin de la publication.

Table 1. Selected Characteristics for Census Tracts, 2001 Census – 100% Data and 20% Sample Data

No.	Characteristics	Vancouver 0023	Vancouver 0024	Vancouver 0025	Vancouver 0026	Vancouver 0027	Vancouver 0028
	POPULATION CHARACTERISTICS						
	by home language						
68	Single responses	3,595	5,070	6,040	3,930	4,810	2,270
69	English	2,920	4,680	5,260	2,995	3,410	1,735
70	French	-	15	-	20	-	-
71	Non-official languages (5)	675	375	780	915	1,390	535
72	Cantonese	190	105	225	450	460	135
73	Chinese, n.o.s.	150	115	265	200	330	145
74	Punjabi	-	-	-	-	-	-
75	Mandarin	200	70	135	160	295	90
76	Korean	-	10	40	-	200	20
77	Other languages (6)	135	80	110	105	100	150
78	Multiple responses	755	965	1,095	1,030	1,765	920
79	English and French	50	135	125	100	35	75
80	English and non-official language	695	820	910	920	1,720	840
81	French and non-official language	-	10	20	-	10	-
82	English, French and non-official language	10	-	40	10	-	-
	by knowledge of official languages						
83	English only	3,655	4,940	5,970	4,150	5,650	2,685
84	French only	-	10	-	-	-	-
85	English and French	520	995	1,030	580	540	330
86	Neither English nor French	165	90	130	225	385	170
	by knowledge of non-official languages (5) (7)						
87	Cantonese	580	295	490	915	1,055	445
88	Chinese, n.o.s.	485	300	360	405	730	445
89	Punjabi	30	30	10	30	-	-
90	Mandarin	645	355	750	700	1,050	570
91	Hindi	-	50	25	15	10	-
92	German	85	220	255	145	115	50
93	Spanish	90	185	200	145	185	95
	by first official language spoken						
94	English	4,100	5,755	6,850	4,570	6,130	2,955
95	French	50	140	85	75	30	35
96	English and French	25	50	65	80	40	25
97	Neither English nor French	170	95	130	225	380	170
98	Official language minority - (number) (8)	65	165	115	120	45	45
99	Official language minority - (percentage) (8)	1.5	2.7	1.6	2.4	0.7	1.4
	by ethnic origin (9)						
100	English	1,210	2,155	2,475	1,355	1,360	585
101	Canadian	1,045	1,530	1,435	835	870	465
102	Chinese	1,375	1,025	1,395	1,795	2,635	1,370
103	Scottish	825	1,475	1,505	735	855	590
104	Irish	585	1,080	1,235	520	620	405
105	German	415	490	620	375	380	215
106	East Indian	100	115	65	55	10	10
107	French	195	645	550	250	300	230
108	Ukrainian	35	115	245	145	55	75
109	Italian	130	245	190	110	210	60
110	Dutch (Netherlands)	105	280	175	95	80	30
111	Filipino	20	35	35	55	45	115
112	Polish	50	105	150	90	150	45
113	Norwegian	40	125	140	80	35	30
114	North American Indian	20	40	40	25	65	-
	by Aboriginal identity						
115	Total Aboriginal identity population (10)	15	10	40	10	10	10
116	Total non-Aboriginal population	4,330	6,030	7,090	4,945	6,565	3,185
	by Aboriginal origin						
117	Total Aboriginal origins population (11)	25	40	60	30	70	-
118	Total non-Aboriginal population	4,320	5,995	7,075	4,925	6,510	3,185
	by Registered Indian status						
119	Registered Indian (12)	10	10	-	-	10	-
120	Not a Registered Indian	4,340	6,025	7,125	4,955	6,570	3,190

Tableau 1. Certaines caractéristiques des secteurs de recensement, recensement de 2001 – Données intégrales et données-échantillon (20 %)

Vancouver 0029	Vancouver 0030	Vancouver 0031.01	Vancouver 0031.02	Vancouver 0032	Vancouver 0033	Caractéristiques	Nº
						CARACTÉRISTIQUES DE LA POPULATION	
						selon la langue parlée à la maison	
4,470	4,865	4,480	3,095	5,100	5,200	Réponses uniques	68
3,645	3,120	3,925	2,050	2,870	2,945	Anglais	69
-	15	35	-	15	-	Français	70
830	1,725	515	1,045	2,210	2,250	Langues non officielles (5)	71
315	435	160	365	825	905	Cantonais	72
205	545	40	265	670	410	Chinois, n.d.a.	73
-	20	50	25	45	180	Pendjabi	74
140	255	90	10	75	65	Mandarin	75
15	-	20	-	15	-	Coréen	76
150	465	160	375	585	695	Autres langues (6)	77
1,200	1,700	985	1,465	2,340	2,515	Réponses multiples	78
175	20	85	65	80	25	Anglais et français	79
960	1,665	895	1,360	2,215	2,405	Anglais et langue non officielle	80
-	-	-	-	30	50	Français et langue non officielle	81
65	15	-	40	15	30	Anglais, français et langue non officielle	82
						selon la connaissance des langues officielles	
4,655	5,355	4,645	3,890	6,115	6,400	Anglais seulement	83
-	-	-	-	25	-	Français seulement	84
860	590	655	335	405	325	Anglais et français	85
155	625	155	330	880	990	Ni l'anglais ni le français	86
						selon la connaissance des langues non officielles (5) (7)	
660	940	405	870	1,315	1,835	Cantonais	87
430	880	300	635	1,270	920	Chinois, n.d.a.	88
-	125	55	85	180	465	Pendjabi	89
440	685	380	195	340	565	Mandarin	90
-	210	-	50	90	350	Hindi	91
110	110	160	70	50	130	Allemand	92
265	200	260	145	235	160	Espagnol	93
						selon la première langue officielle parlée	
5,315	5,860	5,175	4,120	6,455	6,700	Anglais	94
155	40	120	80	115	10	Français	95
40	45	10	30	-	15	Anglais et français	96
160	615	155	325	865	985	Ni l'anglais ni le français	97
180	65	125	100	120	20	Minorité de langue officielle - (nombre) (8)	98
3.2	1.0	2.3	2.2	1.6	0.3	Minorité de langue officielle - (pourcentage) (8)	99
						selon l'origine ethnique (9)	
1,245	1,135	1,370	515	920	670	Anglais	100
790	915	995	390	850	580	Canadien	101
1,570	2,395	1,125	1,790	2,680	3,240	Chinois	102
1,160	695	1,005	455	690	525	Écossais	103
800	515	860	350	510	450	Irlandais	104
625	340	555	230	275	295	Allemand	105
60	365	90	125	200	680	Indien de l'Inde	106
440	300	405	240	230	250	Français	107
255	155	335	125	250	105	Ukrainien	108
170	160	215	90	200	200	Italien	109
220	85	140	75	125	30	Hollandais (Néerlandais)	110
140	490	295	610	1,030	860	Philippin	111
270	120	150	145	125	80	Polonais	112
110	60	85	20	130	50	Norvégien	113
80	65	115	75	140	150	Indien de l'Amérique du Nord	114
						selon l'identité autochtone	
20	80	65	45	105	135	Total de la population ayant une identité autochtone (10)	115
5,650	6,480	5,400	4,515	7,330	7,585	Total de la population non autochtone	116
						selon l'origine autochtone	
85	95	140	75	160	155	Total de la population ayant une origine autochtone (11)	117
5,580	6,470	5,325	4,485	7,275	7,560	Total de la population non autochtone	118
						selon le statut d'Indien inscrit	
-	35	50	10	80	105	Oui, Indien inscrit (12)	119
5,665	6,530	5,420	4,550	7,360	7,605	Non, pas un Indien inscrit	120

Table 1. Selected Characteristics for Census Tracts, 2001 Census – 100% Data and 20% Sample Data

No.	Characteristics	Vancouver 0023	Vancouver 0024	Vancouver 0025	Vancouver 0026	Vancouver 0027	Vancouver 0028
	POPULATION CHARACTERISTICS						
	by visible minority groups						
121	Total visible minority population	1,675	1,490	1,985	2,095	3,325	1,645
122	Chinese	1,470	1,025	1,545	1,840	2,705	1,420
123	South Asian	105	130	60	70	25	30
124	Black	20	35	10	30	10	20
125	Filipino	10	25	30	30	35	85
126	Latin American	-	-	25	-	30	10
127	Southeast Asian	25	50	20	30	-	-
128	Arab	-	-	-	20	10	-
129	West Asian	-	-	10	-	40	-
130	Korean	-	50	135	15	335	20
131	Japanese	10	110	145	30	45	25
132	Visible minority, n.i.e. (13)	15	10	10	-	10	-
133	Multiple visible minorities (14)	20	65	-	30	75	40
	by citizenship						
134	Canadian citizenship (15)	3,920	5,595	6,460	4,290	5,505	2,870
135	Citizenship other than Canadian	420	440	670	665	1,070	320
	by place of birth of respondent						
136	Non-immigrant population	2,580	4,035	4,475	2,505	2,965	1,595
137	Born in province of residence	1,810	2,740	3,145	1,690	2,090	1,060
138	Immigrant population (16)	1,725	1,900	2,525	2,395	3,455	1,540
139	United States	95	135	205	120	160	60
140	Central and South America	35	65	20	25	35	-
141	Caribbean and Bermuda	-	10	20	15	10	-
142	United Kingdom	155	385	395	245	220	100
143	Other Europe (17)	100	280	345	255	370	140
144	Africa	65	35	90	50	105	20
145	Asia and the Middle East	1,250	965	1,410	1,670	2,535	1,225
146	Oceania and other (18)	25	25	40	15	20	-
147	Non-permanent residents (19)	40	100	135	60	165	55
148	**Total immigrant population**	**1,720**	**1,900**	**2,525**	**2,395**	**3,450**	**1,540**
	by period of immigration						
149	Before 1961	115	350	255	205	325	135
150	1961-1970	205	270	445	305	375	80
151	1971-1980	215	285	405	265	360	300
152	1981-1990	400	270	375	350	575	295
153	1991-2001 (20)	790	725	1,045	1,270	1,820	730
154	1991-1995	490	485	730	715	885	425
155	1996-2001 (20)	300	240	310	555	930	310
	by age at immigration						
156	0-4 years	100	235	190	135	265	135
157	5-19 years	580	455	815	750	1,065	485
158	20 years and over	1,040	1,210	1,520	1,510	2,125	920
159	**Total population**	**4,350**	**6,040**	**7,130**	**4,955**	**6,575**	**3,190**
	by religion						
160	Catholic (21)	695	1,155	1,180	640	1,010	415
161	Protestant	1,315	1,880	1,965	1,155	1,935	765
162	Christian Orthodox	15	75	145	130	340	15
163	Christian, n.i.e. (22)	210	280	390	340	240	150
164	Muslim	20	30	-	25	30	40
165	Jewish	130	265	200	135	135	235
166	Buddhist	345	285	405	410	485	320
167	Hindu	-	30	10	-	-	-
168	Sikh	35	55	10	30	-	-
169	Eastern religions (23)	-	-	20	-	-	10
170	Other religions (24)	30	10	10	10	10	10
171	No religious affiliation (25)	1,550	1,970	2,790	2,070	2,390	1,225
172	**Total population 15 years and over**	**3,580**	**4,910**	**5,935**	**4,125**	**5,690**	**2,780**
	by generation status						
173	1st generation (26)	1,660	1,910	2,525	2,250	3,230	1,500
174	2nd generation (27)	935	1,390	1,745	900	1,265	570
175	3rd generation and over (28)	985	1,610	1,665	975	1,195	705
176	**Total population 1 year and over (29)**	**4,310**	**5,990**	**7,060**	**4,910**	**6,560**	**3,175**
	by place of residence 1 year ago (mobility)						
177	Non-movers	3,770	5,145	6,080	4,085	5,540	2,880
178	Movers	545	840	980	825	1,020	295
179	Non-migrants	380	490	585	575	610	230
180	Migrants	165	350	400	250	410	65
181	Internal migrants	100	265	295	150	170	35
182	Intraprovincial migrants	75	195	155	125	105	15
183	Interprovincial migrants	25	70	140	30	65	20
184	External migrants	70	85	105	100	240	30

Tableau 1. Certaines caractéristiques des secteurs de recensement, recensement de 2001 – Données intégrales et données-échantillon (20 %)

Vancouver 0029	Vancouver 0030	Vancouver 0031.01	Vancouver 0031.02	Vancouver 0032	Vancouver 0033	Caractéristiques	N°
						CARACTÉRISTIQUES DE LA POPULATION	
						selon les groupes de minorités visibles	
2,045	3,745	1,765	2,815	4,830	5,640	Total de la population des minorités visibles	121
1,605	2,310	1,085	1,705	2,660	3,215	Chinois	122
70	375	150	140	285	825	Sud-Asiatique	123
60	55	35	10	55	45	Noir	124
130	455	290	570	955	840	Philippin	125
30	105	25	20	120	95	Latino-Américain	126
10	215	50	250	405	450	Asiatique du Sud-Est	127
20	10	-	-	40	50	Arabe	128
-	10	20	15	55	15	Asiatique occidental	129
20	40	50	10	45	-	Coréen	130
75	95	50	20	25	40	Japonais	131
10	-	-	-	20	-	Minorité visible, n.i.a. (13)	132
20	95	-	85	150	65	Minorités visibles multiples (14)	133
						selon la citoyenneté	
5,080	5,740	4,960	3,950	6,295	6,640	Citoyenneté canadienne (15)	134
590	825	500	610	1,140	1,080	Citoyenneté autre que canadienne	135
						selon le lieu de naissance du répondant	
3,245	3,250	3,555	2,170	3,215	3,195	Population non immigrante	136
2,005	2,390	2,265	1,425	2,330	2,550	Née dans la province de résidence	137
2,300	3,205	1,775	2,355	4,110	4,440	Population immigrante (16)	138
120	105	55	40	80	55	États-Unis	139
85	75	65	30	90	85	Amérique centrale et du Sud	140
45	15	20	-	10	25	Caraïbes et Bermudes	141
170	125	245	75	125	90	Royaume-Uni	142
335	335	285	230	380	380	Autre Europe (17)	143
85	70	30	20	30	30	Afrique	144
1,425	2,350	1,025	1,935	3,325	3,605	Asie et Moyen-Orient	145
40	130	50	20	65	170	Océanie et autre (18)	146
120	110	135	35	105	85	Résidents non permanents (19)	147
2,300	**3,210**	**1,775**	**2,355**	**4,110**	**4,440**	**Population immigrante totale**	148
						selon la période d'immigration	
200	180	165	185	210	290	Avant 1961	149
255	355	290	245	350	315	1961-1970	150
415	680	470	465	980	1,025	1971-1980	151
405	820	290	475	965	1,135	1981-1990	152
1,030	1,165	565	985	1,605	1,675	1991-2001 (20)	153
575	560	265	505	715	845	1991-1995	154
455	605	300	480	890	830	1996-2001 (20)	155
						selon l'âge à l'immigration	
230	215	155	145	285	390	0-4 ans	156
645	720	425	580	1,095	1,100	5-19 ans	157
1,425	2,265	1,195	1,630	2,730	2,955	20 ans et plus	158
5,665	**6,560**	**5,460**	**4,560**	**7,440**	**7,715**	**Population totale**	159
						selon la religion	
1,120	1,310	1,260	1,190	1,735	1,645	Catholique (21)	160
1,185	1,015	1,265	415	645	820	Protestante	161
155	95	50	35	155	35	Orthodoxe chrétienne	162
250	365	85	215	245	245	Chrétiennes, n.i.a. (22)	163
35	70	10	95	115	90	Musulmane	164
305	50	270	135	45	45	Juive	165
360	555	175	405	715	735	Bouddhiste	166
-	190	-	35	30	345	Hindoue	167
10	85	50	75	175	375	Sikh	168
10	50	-	-	45	-	Religions orientales (23)	169
75	25	80	-	25	30	Autres religions (24)	170
2,180	2,755	2,225	1,955	3,515	3,345	Aucune appartenance religieuse (25)	171
4,890	**5,490**	**4,695**	**3,855**	**6,100**	**6,275**	**Population totale de 15 ans et plus**	172
						selon le statut des générations	
2,260	3,225	1,870	2,330	3,985	4,315	1re génération (26)	173
1,220	1,095	1,240	850	995	1,170	2e génération (27)	174
1,410	1,175	1,580	680	1,120	790	3e génération et plus (28)	175
5,605	**6,490**	**5,385**	**4,465**	**7,370**	**7,565**	**Population totale de 1 an et plus (29)**	176
						selon le lieu de résidence 1 an auparavant (mobilité)	
4,445	5,495	4,240	3,695	6,295	6,280	Personnes n'ayant pas déménagé	177
1,160	990	1,150	765	1,075	1,285	Personnes ayant déménagé	178
795	555	820	510	650	955	Non-migrants	179
370	430	335	260	425	330	Migrants	180
210	205	215	145	215	155	Migrants internes	181
155	135	145	110	135	135	Migrants infraprovinciaux	182
55	70	70	40	75	15	Migrants interprovinciaux	183
160	230	120	115	215	180	Migrants externes	184

Table 1. Selected Characteristics for Census Tracts, 2001 Census – 100% Data and 20% Sample Data

No.	Characteristics	Vancouver 0023	Vancouver 0024	Vancouver 0025	Vancouver 0026	Vancouver 0027	Vancouver 0028
	POPULATION CHARACTERISTICS						
185	**Total population 5 years and over (30)**	**4,155**	**5,745**	**6,785**	**4,760**	**6,395**	**3,095**
	by place of residence 5 years ago (mobility)						
186	Non-movers	2,800	3,680	4,165	2,505	3,875	1,955
187	Movers	1,355	2,070	2,625	2,255	2,525	1,140
188	Non-migrants	785	1,140	1,440	1,140	1,115	520
189	Migrants	570	930	1,180	1,110	1,405	620
190	Internal migrants	305	610	705	510	445	310
191	Intraprovincial migrants	215	410	495	365	330	215
192	Interprovincial migrants	90	195	215	150	110	95
193	External migrants	275	320	475	595	965	310
194	**Total population 15 to 24 years**	**785**	**1,025**	**1,145**	**785**	**1,155**	**590**
	by school attendance						
195	Not attending school	165	220	230	110	225	125
196	Attending school full time	595	760	775	625	875	410
197	Attending school part time	35	45	140	50	55	50
198	**Total population 15 years and over**	**3,580**	**4,905**	**5,935**	**4,130**	**5,685**	**2,775**
	by highest level of schooling						
199	Less than grade 9 (31)	85	60	65	150	200	75
200	Grades 9-13 without high school graduation certificate	385	565	605	685	800	290
201	Grades 9-13 with high school graduation certificate	300	390	470	425	670	250
202	Some postsecondary without degree, certificate or diploma (32)	560	770	815	620	790	410
203	Trades certificate or diploma (33)	105	175	315	200	230	140
204	College certificate or diploma (34)	410	520	775	485	650	335
205	University certificate below bachelor's degree	120	195	170	140	250	130
206	University with bachelor's degree or higher	1,605	2,225	2,715	1,425	2,090	1,145
	by combinations of unpaid work						
207	Males 15 years and over	1,715	2,375	2,880	1,955	2,660	1,295
208	Reported unpaid work (35)	1,540	2,055	2,605	1,650	2,255	1,145
209	Housework and child care and care or assistance to seniors	170	185	295	170	180	130
210	Housework and child care only	390	615	665	480	505	230
211	Housework and care or assistance to seniors only	185	205	190	140	275	135
212	Child care and care or assistance to seniors only	10	-	-	-	10	-
213	Housework only	740	1,010	1,410	840	1,190	620
214	Child care only	40	30	30	25	55	15
215	Care or assistance to seniors only	10	10	10	-	40	10
216	Females 15 years and over	1,860	2,530	3,055	2,175	3,030	1,480
217	Reported unpaid work (35)	1,745	2,380	2,795	1,940	2,700	1,280
218	Housework and child care and care or assistance to seniors	285	255	410	210	305	195
219	Housework and child care only	435	675	720	575	680	280
220	Housework and care or assistance to seniors only	250	290	290	240	400	155
221	Child care and care or assistance to seniors only	-	-	10	-	30	-
222	Housework only	755	1,145	1,340	885	1,245	640
223	Child care only	10	10	15	15	10	-
224	Care or assistance to seniors only	10	-	15	20	25	10
	by labour force activity						
225	Males 15 years and over	1,715	2,380	2,880	1,955	2,660	1,300
226	In the labour force	1,210	1,585	2,045	1,170	1,575	845
227	Employed	1,150	1,495	1,890	1,100	1,460	795
228	Unemployed	60	90	160	65	115	50
229	Not in the labour force	505	790	835	790	1,080	455
230	Participation rate	70.6	66.6	71.0	59.8	59.2	65.0
231	Employment rate	67.1	62.8	65.6	56.3	54.9	61.2
232	Unemployment rate	5.0	5.7	7.8	5.6	7.3	5.9
233	Females 15 years and over	1,860	2,530	3,055	2,175	3,030	1,475
234	In the labour force	1,045	1,565	1,935	1,055	1,390	905
235	Employed	950	1,465	1,805	1,015	1,330	875
236	Unemployed	100	95	125	45	55	30
237	Not in the labour force	815	970	1,125	1,115	1,640	575
238	Participation rate	56.2	61.9	63.3	48.5	45.9	61.4
239	Employment rate	51.1	57.9	59.1	46.7	43.9	59.3
240	Unemployment rate	9.6	6.1	6.5	4.3	4.0	3.3

Tableau 1. Certaines caractéristiques des secteurs de recensement, recensement de 2001 – Données intégrales et données-échantillon (20 %)

Vancouver 0029	Vancouver 0030	Vancouver 0031.01	Vancouver 0031.02	Vancouver 0032	Vancouver 0033	Caractéristiques	N°
						CARACTÉRISTIQUES DE LA POPULATION	
5,395	**6,200**	**5,135**	**4,300**	**7,000**	**7,215**	**Population totale de 5 ans et plus (30)**	185
						selon le lieu de résidence 5 ans auparavant (mobilité)	
2,595	3,685	2,495	2,155	3,935	4,150	Personnes n'ayant pas déménagé	186
2,795	2,510	2,645	2,150	3,070	3,065	Personnes ayant déménagé	187
1,470	1,540	1,570	1,395	1,750	1,965	Non-migrants	188
1,325	975	1,080	750	1,315	1,100	Migrants	189
860	405	670	290	600	410	Migrants internes	190
555	255	330	185	400	300	Migrants infraprovinciaux	191
305	150	340	105	200	115	Migrants interprovinciaux	192
470	570	405	460	715	685	Migrants externes	193
775	**875**	**635**	**620**	**960**	**975**	**Population totale de 15 à 24 ans**	194
						selon la fréquentation scolaire	
220	225	245	265	340	405	Ne fréquentant pas l'école	195
465	565	345	275	515	450	Fréquentant l'école à plein temps	196
90	90	45	75	105	120	Fréquentant l'école à temps partiel	197
4,895	**5,490**	**4,690**	**3,860**	**6,100**	**6,275**	**Population totale de 15 ans et plus**	198
						selon le plus haut niveau de scolarité atteint	
165	575	265	415	1,015	955	Niveau inférieur à la 9e année (31)	199
400	770	515	505	1,115	1,385	De la 9e à la 13e année sans certificat d'études secondaires	200
380	520	335	430	655	685	De la 9e à la 13e année avec certificat d'études secondaires	201
710	880	685	545	760	720	Études postsecondaires partielles sans grade, certificat ou diplôme (32)	202
350	560	325	285	415	520	Certificat ou diplôme d'une école de métiers (33)	203
700	670	825	595	780	735	Certificat ou diplôme collégial (34)	204
165	185	130	175	295	210	Certificat universitaire inférieur au baccalauréat	205
2,010	1,325	1,615	925	1,070	1,065	Études universitaires avec baccalauréat ou diplôme supérieur	206
						selon les combinaisons de travail non rémunéré	
2,235	2,660	2,155	1,880	2,995	3,085	Hommes de 15 ans et plus	207
1,990	2,370	1,915	1,610	2,395	2,645	Travail non rémunéré déclaré (35)	208
170	230	120	120	230	320	Travaux ménagers et soins aux enfants et soins ou aide aux personnes âgées	209
435	480	455	455	650	735	Travaux ménagers et soins aux enfants seulement	210
205	230	225	120	135	150	Travaux ménagers et soins ou aide aux personnes âgées seulement	211
-	10	-	10	10	20	Soins aux enfants et soins ou aide aux personnes âgées seulement	212
1,155	1,380	1,075	890	1,330	1,355	Travaux ménagers seulement	213
-	20	15	20	25	65	Soins aux enfants seulement	214
30	15	25	-	15	-	Soins ou aide aux personnes âgées seulement	215
2,655	2,830	2,530	1,980	3,105	3,190	Femmes de 15 ans et plus	216
2,440	2,600	2,350	1,760	2,700	2,910	Travail non rémunéré déclaré (35)	217
245	395	200	175	275	510	Travaux ménagers et soins aux enfants et soins ou aide aux personnes âgées	218
595	680	545	595	895	900	Travaux ménagers et soins aux enfants seulement	219
250	305	375	145	205	245	Travaux ménagers et soins ou aide aux personnes âgées seulement	220
-	10	-	-	15	-	Soins aux enfants et soins ou aide aux personnes âgées seulement	221
1,355	1,175	1,185	820	1,270	1,235	Travaux ménagers seulement	222
-	25	10	30	30	15	Soins aux enfants seulement	223
-	15	35	10	20	-	Soins ou aide aux personnes âgées seulement	224
						selon l'activité	
2,240	2,665	2,160	1,880	2,995	3,085	Hommes de 15 ans et plus	225
1,695	1,840	1,660	1,345	2,015	2,195	Population active	226
1,625	1,700	1,570	1,240	1,800	1,935	Personnes occupées	227
70	145	90	110	215	260	Chômeurs	228
540	820	500	535	975	895	Inactifs	229
75.7	69.0	76.9	71.5	67.3	71.2	Taux d'activité	230
72.5	63.8	72.7	66.0	60.1	62.7	Taux d'emploi	231
4.1	7.9	5.4	8.2	10.7	11.8	Taux de chômage	232
2,655	2,830	2,535	1,980	3,110	3,190	Femmes de 15 ans et plus	233
1,825	1,765	1,765	1,325	1,925	1,925	Population active	234
1,750	1,655	1,675	1,235	1,695	1,735	Personnes occupées	235
75	105	95	90	230	190	Chômeuses	236
825	1,065	770	650	1,190	1,260	Inactives	237
68.7	62.4	69.6	66.9	61.9	60.3	Taux d'activité	238
65.9	58.5	66.1	62.4	54.5	54.4	Taux d'emploi	239
4.1	5.9	5.4	6.8	11.9	9.9	Taux de chômage	240

Table 1. Selected Characteristics for Census Tracts, 2001 Census – 100% Data and 20% Sample Data

No.	Characteristics	Vancouver 0023	Vancouver 0024	Vancouver 0025	Vancouver 0026	Vancouver 0027	Vancouver 0028
	POPULATION CHARACTERISTICS						
	by labour force activity – concluded						
241	Both sexes - Participation rate	63.2	64.1	67.1	53.9	52.1	63.1
242	15-24 years	51.3	50.2	54.1	36.3	42.0	38.1
243	25 years and over	66.5	67.8	70.2	57.8	54.7	69.6
244	Both sexes - Employment rate	58.6	60.3	62.3	51.2	49.1	60.0
245	15-24 years	41.1	43.4	45.0	31.2	37.2	34.7
246	25 years and over	63.4	64.7	66.6	55.9	52.2	66.9
247	Both sexes - Unemployment rate	7.3	6.0	7.2	5.0	5.7	4.6
248	15-24 years	19.8	14.4	17.1	13.8	10.4	8.9
249	25 years and over	4.6	4.2	5.2	3.4	4.8	4.3
250	**Total labour force 15 years and over**	**2,260**	**3,145**	**3,975**	**2,225**	**2,965**	**1,750**
	by industry based on the 1997 NAICS						
251	Industry - Not applicable (36)	65	45	50	20	50	25
252	All industries (37)	2,195	3,105	3,930	2,200	2,915	1,720
253	11 Agriculture, forestry, fishing and hunting	-	30	15	-	25	-
254	21 Mining and oil and gas extraction	15	-	40	-	-	10
255	22 Utilities	35	10	20	25	15	-
256	23 Construction	85	195	120	65	80	35
257	31-33 Manufacturing	120	115	120	95	120	75
258	41 Wholesale trade	130	105	145	140	170	75
259	44-45 Retail trade	160	180	360	225	245	110
260	48-49 Transportation and warehousing	50	100	90	65	75	45
261	51 Information and cultural industries	95	160	240	150	95	105
262	52 Finance and insurance	165	180	215	115	195	70
263	53 Real estate and rental and leasing	130	100	130	80	195	115
264	54 Professional, scientific and technical services	360	485	635	310	305	300
265	55 Management of companies and enterprises	10	10	-	10	-	-
266	56 Administrative and support, waste management and remediation services	30	115	110	40	130	50
267	61 Educational services	305	510	635	205	305	140
268	62 Health care and social assistance	235	405	425	245	350	270
269	71 Arts, entertainment and recreation	35	90	80	75	135	40
270	72 Accommodation and food services	110	115	195	155	220	120
271	81 Other services (except public administration)	60	105	185	115	135	105
272	91 Public administration	65	110	155	95	115	60
	by class of worker						
273	Class of worker - Not applicable (36)	65	45	45	20	50	30
274	All classes of worker (37)	2,195	3,105	3,930	2,200	2,915	1,720
275	Paid workers	1,935	2,660	3,460	1,855	2,490	1,480
276	Employees	1,715	2,385	3,155	1,585	2,195	1,260
277	Self-employed (incorporated)	220	280	305	270	295	225
278	Self-employed (unincorporated)	255	445	465	345	405	225
279	Unpaid family workers	10	-	-	-	20	15
	by occupation based on the 2001 NOC-S						
280	Male labour force 15 years and over	1,210	1,590	2,045	1,165	1,575	845
281	Occupation - Not applicable (36)	20	20	30	10	25	10
282	All occupations (37)	1,195	1,560	2,020	1,160	1,550	835
283	A Management occupations	270	340	315	320	410	180
284	B Business, finance and administration occupations	150	175	215	135	245	155
285	C Natural and applied sciences and related occupations	225	205	350	150	160	80
286	D Health occupations	80	115	120	90	90	110
287	E Occupations in social science, education, government service and religion	155	230	315	120	185	75
288	F Occupations in art, culture, recreation and sport	70	60	105	55	75	40
289	G Sales and service occupations	170	175	370	180	255	125
290	H Trades, transport and equipment operators and related occupations	65	210	165	95	90	65
291	I Occupations unique to primary industry	-	20	40	10	15	-
292	J Occupations unique to processing, manufacturing and utilities	10	25	25	10	30	10
293	Female labour force 15 years and over	1,045	1,560	1,930	1,060	1,390	905
294	Occupation - Not applicable (36)	45	20	20	15	25	15
295	All occupations (37)	1,005	1,545	1,910	1,040	1,365	885
296	A Management occupations	135	100	160	165	120	140
297	B Business, finance and administration occupations	305	445	425	325	385	220
298	C Natural and applied sciences and related occupations	45	75	95	45	45	45
299	D Health occupations	95	195	140	60	155	60

Tableau 1. Certaines caractéristiques des secteurs de recensement, recensement de 2001 – Données intégrales et données-échantillon (20 %)

Vancouver 0029	Vancouver 0030	Vancouver 0031.01	Vancouver 0031.02	Vancouver 0032	Vancouver 0033	Caractéristiques	N°
						CARACTÉRISTIQUES DE LA POPULATION	
						selon l'activité – fin	
72.1	65.7	72.8	69.3	64.6	65.7	Les deux sexes - Taux d'activité	241
60.6	61.4	62.2	61.0	54.2	62.6	15-24 ans	242
74.2	66.3	74.6	70.7	66.4	66.2	25 ans et plus	243
68.9	61.1	69.1	64.1	57.2	58.4	Les deux sexes - Taux d'emploi	244
53.8	52.8	55.9	55.3	42.7	53.1	15-24 ans	245
72.0	62.6	71.2	65.9	59.9	59.5	25 ans et plus	246
4.4	6.9	5.3	7.3	11.3	10.9	Les deux sexes - Taux de chômage	247
10.6	14.8	11.4	10.7	21.2	14.8	15-24 ans	248
3.1	5.4	4.6	7.0	9.9	10.1	25 ans et plus	249
3,525	**3,600**	**3,420**	**2,670**	**3,940**	**4,120**	**Population active totale de 15 ans et plus**	250
						selon l'industrie basée sur le SCIAN de 1997	
40	95	30	40	80	160	Industrie - Sans objet (36)	251
3,485	3,505	3,400	2,635	3,855	3,965	Toutes les industries (37)	252
10	25	15	25	-	30	11 Agriculture, foresterie, pêche et chasse	253
10	10	-	-	-	10	21 Extraction minière et extraction de pétrole et de gaz	254
20	10	10	-	-	10	22 Services publics	255
105	155	125	60	130	140	23 Construction	256
130	325	195	195	515	610	31-33 Fabrication	257
170	105	80	90	215	145	41 Commerce de gros	258
260	335	285	270	335	430	44-45 Commerce de détail	259
150	150	165	45	210	180	48-49 Transport et entreposage	260
215	170	275	165	160	155	51 Industrie de l'information et industrie culturelle	261
195	140	110	110	165	165	52 Finance et assurances	262
110	50	105	40	80	55	53 Services immobiliers et services de location et de location à bail	263
485	345	445	210	275	335	54 Services professionnels, scientifiques et techniques	264
-	-	15	-	-	10	55 Gestion de sociétés et d'entreprises	265
135	115	105	170	190	200	56 Services administratifs, services de soutien, services de gestion des déchets et services d'assainissement	266
415	285	395	205	265	200	61 Services d'enseignement	267
460	425	350	275	405	350	62 Soins de santé et assistance sociale	268
105	185	85	75	100	60	71 Arts, spectacles et loisirs	269
240	380	220	425	460	580	72 Hébergement et services de restauration	270
150	210	230	200	250	230	81 Autres services, sauf les administrations publiques	271
125	80	170	90	105	85	91 Administrations publiques	272
						selon la catégorie de travailleurs	
45	100	30	40	85	155	Catégorie de travailleurs - Sans objet (36)	273
3,480	3,505	3,400	2,635	3,855	3,965	Toutes les catégories de travailleurs (37)	274
3,160	3,105	3,035	2,455	3,590	3,705	Travailleurs rémunérés	275
2,955	2,985	2,815	2,345	3,445	3,625	Employés	276
205	115	220	105	145	80	Travailleurs autonomes (entreprise constituée en société)	277
320	405	360	175	250	255	Travailleurs autonomes (entreprise non constituée en société)	278
-	-	10	-	20	-	Travailleurs familiaux non rémunérés	279
						selon la profession basée sur la CNP-S de 2001	
1,695	1,840	1,660	1,345	2,015	2,195	Hommes actifs de 15 ans et plus	280
20	55	20	30	30	100	Profession - Sans objet (36)	281
1,675	1,785	1,640	1,320	1,985	2,095	Toutes les professions (37)	282
295	190	215	140	130	185	A Gestion	283
175	200	220	95	250	205	B Affaires, finance et administration	284
335	205	265	170	180	185	C Sciences naturelles et appliquées et professions apparentées	285
95	70	55	25	20	50	D Secteur de la santé	286
125	65	140	40	105	125	E Sciences sociales, enseignement, administration publique et religion	287
145	185	135	130	95	50	F Arts, culture, sports et loisirs	288
345	400	320	480	615	600	G Ventes et services	289
125	320	225	130	400	440	H Métiers, transport et machinerie	290
10	20	20	20	15	45	I Professions propres au secteur primaire	291
30	130	40	100	170	220	J Transformation, fabrication et services d'utilité publique	292
1,830	1,765	1,765	1,330	1,925	1,925	Femmes actives de 15 ans et plus	293
20	40	10	10	55	60	Profession - Sans objet (36)	294
1,805	1,725	1,760	1,315	1,870	1,870	Toutes les professions (37)	295
215	65	135	100	50	95	A Gestion	296
460	385	365	275	480	360	B Affaires, finance et administration	297
85	50	115	65	35	60	C Sciences naturelles et appliquées et professions apparentées	298
180	160	175	115	150	130	D Secteur de la santé	299

Table 1. Selected Characteristics for Census Tracts, 2001 Census – 100% Data and 20% Sample Data

No.	Characteristics	Vancouver 0023	Vancouver 0024	Vancouver 0025	Vancouver 0026	Vancouver 0027	Vancouver 0028
	POPULATION CHARACTERISTICS						
	by occupation based on the 2001 NOC-S – concluded						
300	E Occupations in social science, education, government service and religion	180	305	425	125	225	160
301	F Occupations in art, culture, recreation and sport	30	115	190	95	70	45
302	G Sales and service occupations	210	295	455	215	335	195
303	H Trades, transport and equipment operators and related occupations	10	-	-	10	-	10
304	I Occupations unique to primary industry	-	10	10	-	15	-
305	J Occupations unique to processing, manufacturing and utilities	-	-	10	10	15	10
306	**Total employed labour force 15 years and over**	**2,095**	**2,960**	**3,695**	**2,115**	**2,790**	**1,670**
	by place of work						
307	Males	1,150	1,490	1,890	1,105	1,460	795
308	Usual place of work	890	1,150	1,440	855	1,100	620
309	At home	110	140	220	125	175	110
310	Outside Canada	35	40	45	15	45	15
311	No fixed workplace address	110	165	175	110	140	50
312	Females	945	1,465	1,810	1,010	1,335	875
313	Usual place of work	700	1,080	1,380	790	1,030	640
314	At home	190	255	255	170	215	215
315	Outside Canada	20	20	15	-	40	-
316	No fixed workplace address	45	105	155	50	45	25
317	**Total employed labour force 15 years and over with usual place of work or no fixed workplace address**	**1,750**	**2,500**	**3,155**	**1,810**	**2,320**	**1,325**
	by mode of transportation						
318	Males	1,005	1,315	1,615	965	1,245	670
319	Car, truck, van, as driver	770	1,065	1,130	745	985	510
320	Car, truck, van, as passenger	70	85	80	45	65	40
321	Public transit	50	75	255	65	115	40
322	Walked	25	35	55	35	45	35
323	Other method	80	60	95	75	30	35
324	Females	740	1,185	1,535	845	1,075	660
325	Car, truck, van, as driver	540	935	1,015	560	785	400
326	Car, truck, van, as passenger	90	65	145	65	80	35
327	Public transit	60	85	240	95	140	75
328	Walked	30	65	85	75	55	55
329	Other method	30	35	50	45	20	90
330	**Total population 15 years and over who worked since January 1, 2000**	**2,475**	**3,525**	**4,325**	**2,435**	**3,320**	**1,940**
	by language used at work						
331	Single responses	2,155	3,240	3,855	2,035	2,700	1,570
332	English	2,030	3,175	3,755	1,945	2,570	1,495
333	French	-	15	-	-	-	-
334	Non-official languages (5)	120	55	100	85	125	75
335	Chinese, n.o.s.	45	25	35	10	20	40
336	Cantonese	15	15	10	40	35	10
337	Other languages (6)	60	15	50	35	70	20
338	Multiple responses	325	285	465	400	615	375
339	English and French	35	65	100	25	10	55
340	English and non-official language	290	210	365	375	600	305
341	French and non-official language	-	-	-	-	-	-
342	English, French and non-official language	-	15	-	10	10	20
	DWELLING AND HOUSEHOLD CHARACTERISTICS						
343	**Total number of occupied private dwellings**	**1,380**	**1,920**	**2,520**	**1,725**	**2,420**	**1,170**
	by tenure						
344	Owned	1,110	1,530	1,920	1,215	1,785	735
345	Rented	265	385	595	510	630	440
346	Band housing	-	-	-	-	-	-
	by structural type of dwelling						
347	Single-detached house	1,220	1,695	1,905	1,425	1,395	760
348	Semi-detached house	-	-	-	-	-	10
349	Row house	-	-	10	-	240	-
350	Apartment, detached duplex	140	175	405	120	200	55
351	Apartment, building that has five or more storeys	-	-	-	-	195	-
352	Apartment, building that has fewer than five storeys (38)	10	40	185	180	385	335
353	Other single-attached house	20	-	10	-	-	-
354	Movable dwelling (39)	-	-	-	-	-	-

Tableau 1. Certaines caractéristiques des secteurs de recensement, recensement de 2001 – Données intégrales et données-échantillon (20 %)

Vancouver 0029	Vancouver 0030	Vancouver 0031.01	Vancouver 0031.02	Vancouver 0032	Vancouver 0033	Caractéristiques	N°
						CARACTÉRISTIQUES DE LA POPULATION	
						selon la profession basée sur la CNP-S de 2001 - fin	
320	305	285	145	190	220	E Sciences sociales, enseignement, administration publique et religion	300
105	130	185	70	85	70	F Arts, culture, sports et loisirs	301
400	515	470	450	630	675	G Ventes et services	302
-	45	20	25	65	60	H Métiers, transport et machinerie	303
25	-	-	-	15	10	I Professions propres au secteur primaire	304
10	75	10	60	170	180	J Transformation, fabrication et services d'utilité publique	305
3,375	**3,355**	**3,245**	**2,480**	**3,490**	**3,670**	**Population active occupée totale de 15 ans et plus selon le lieu de travail**	306
1,625	1,695	1,565	1,240	1,800	1,935	Hommes	307
1,220	1,245	1,195	995	1,515	1,650	Lieu habituel de travail	308
195	165	150	125	70	55	À domicile	309
35	40	25	-	25	-	En dehors du Canada	310
180	245	205	115	195	225	Sans adresse de travail fixe	311
1,750	1,660	1,675	1,235	1,695	1,735	Femmes	312
1,455	1,410	1,350	1,080	1,490	1,620	Lieu habituel de travail	313
190	125	215	70	65	55	À domicile	314
25	20	-	-	-	10	En dehors du Canada	315
75	100	115	85	135	55	Sans adresse de travail fixe	316
2,935	**3,010**	**2,855**	**2,275**	**3,330**	**3,555**	**Population active occupée totale de 15 ans et plus ayant un lieu habituel de travail ou sans adresse de travail fixe selon le mode de transport**	317
1,395	1,495	1,395	1,115	1,705	1,880	Hommes	318
910	1,055	875	700	1,215	1,355	Automobile, camion ou fourgonnette, en tant que conducteur	319
60	80	55	40	105	85	Automobile, camion ou fourgonnette, en tant que passager	320
105	175	185	205	230	325	Transport en commun	321
190	70	105	45	65	20	À pied	322
135	110	180	120	95	95	Autre moyen	323
1,535	1,515	1,460	1,160	1,625	1,670	Femmes	324
925	790	790	600	870	895	Automobile, camion ou fourgonnette, en tant que conductrice	325
95	165	110	225	235	195	Automobile, camion ou fourgonnette, en tant que passagère	326
215	370	265	210	375	450	Transport en commun	327
205	105	185	90	85	65	À pied	328
100	75	110	35	55	65	Autre moyen	329
3,735	**3,740**	**3,665**	**2,835**	**4,295**	**4,285**	**Population totale de 15 ans et plus ayant travaillé depuis le 1er janvier 2000 selon la langue utilisée au travail**	330
3,225	3,175	3,325	2,390	3,635	3,540	Réponses uniques	331
3,170	2,970	3,280	2,245	3,230	3,195	Anglais	332
-	-	-	10	20	-	Français	333
60	210	45	135	390	340	Langues non officielles (5)	334
-	90	-	80	190	120	Chinois, n.d.a.	335
10	85	40	45	155	160	Cantonais	336
50	35	-	15	40	60	Autres langues (6)	337
510	560	345	450	655	745	Réponses multiples	338
110	25	85	75	40	20	Anglais et français	339
400	540	260	375	595	705	Anglais et langue non officielle	340
-	-	-	-	-	-	Français et langue non officielle	341
-	-	10	-	25	15	Anglais, français et langue non officielle	342
						CARACTÉRISTIQUES DES LOGEMENTS ET DES MÉNAGES	
2,350	**2,265**	**2,335**	**1,585**	**2,490**	**2,500**	**Nombre total de logements privés occupés selon le mode d'occupation**	343
1,190	1,375	1,095	860	1,315	1,455	Possédé	344
1,160	880	1,235	725	1,175	1,040	Loué	345
-	-	-	-	-	-	Logement de bande	346
						selon le type de construction résidentielle	
945	1,275	935	605	1,070	1,090	Maison individuelle non attenante	347
55	15	95	115	95	20	Maison jumelée	348
25	95	105	10	45	45	Maison en rangée	349
325	565	575	410	575	1,100	Appartement, duplex non attenant	350
80	-	-	-	50	-	Appartement, immeuble de cinq étages ou plus	351
920	305	625	445	660	230	Appartement, immeuble de moins de cinq étages (38)	352
-	-	-	-	-	10	Autre maison individuelle attenante	353
-	-	-	-	-	-	Logement mobile (39)	354

Table 1. Selected Characteristics for Census Tracts, 2001 Census – 100% Data and 20% Sample Data

No.	Characteristics	Vancouver 0023	Vancouver 0024	Vancouver 0025	Vancouver 0026	Vancouver 0027	Vancouver 0028
	DWELLING AND HOUSEHOLD CHARACTERISTICS						
	by condition of dwelling						
355	Regular maintenance only	845	1,330	1,615	1,215	1,640	650
356	Minor repairs	450	480	735	425	595	410
357	Major repairs	90	110	165	85	180	110
	by period of construction						
358	Before 1946	755	1,100	1,275	580	495	580
359	1946-1960	195	255	315	370	435	250
360	1961-1970	55	100	220	150	480	60
361	1971-1980	80	75	205	80	415	10
362	1981-1990	140	195	240	180	365	110
363	1991-2001 (20)	155	195	260	360	225	165
364	Average number of rooms per dwelling	8.2	8.4	7.5	7.2	7.0	7.7
365	Average number of bedrooms per dwelling	3.5	3.5	3.2	3.0	3.0	3.3
366	Average value of dwelling $	572,785	585,168	501,809	566,614	549,897	916,090
367	**Total number of private households**	**1,380**	**1,920**	**2,520**	**1,725**	**2,420**	**1,170**
	by household size						
368	1 person	180	265	485	395	630	305
369	2 persons	355	525	750	425	665	340
370	3 persons	250	315	470	275	340	160
371	4-5 persons	515	720	720	575	680	300
372	6 or more persons	80	95	95	60	105	65
	by household type						
373	One-family households	1,060	1,500	1,775	1,180	1,585	800
374	Multiple-family households	55	70	45	60	70	25
375	Non-family households	265	345	695	480	760	350
376	Number of persons in private households	4,345	6,030	7,060	4,955	6,575	3,185
377	Average number of persons in private households	3.2	3.1	2.8	2.9	2.7	2.7
378	Average number of persons per room	0.4	0.4	0.4	0.4	0.4	0.4
379	Tenant households in non-farm, non-reserve private dwellings (40)	265	390	600	505	630	440
380	Average gross rent $ (40)	1,390	1,309	1,254	1,148	1,286	945
381	Tenant households spending 30% or more of household income on gross rent (40) (41)	110	170	255	230	310	135
382	Tenant households spending from 30% to 99% of household income on gross rent (40) (41)	100	150	220	180	245	115
383	Owner households in non-farm, non-reserve private dwellings (42)	1,110	1,525	1,920	1,215	1,775	735
384	Average owner's major payments $ (42)	1,191	1,201	1,110	1,158	1,038	1,604
385	Owner households spending 30% or more of household income on owner's major payments (41) (42)	250	195	325	300	425	180
386	Owner households spending from 30% to 99% of household income on owner's major payments (41) (42)	210	155	245	250	340	155
	CENSUS FAMILY CHARACTERISTICS						
387	**Total number of census families in private households**	**1,165**	**1,650**	**1,875**	**1,310**	**1,735**	**850**
	by census family structure and size						
388	Total couple families	1,030	1,455	1,645	1,140	1,510	765
389	Total families of married couples	985	1,350	1,480	1,065	1,440	665
390	Without children at home	275	375	480	325	490	255
391	With children at home	710	975	1,000	740	950	405
392	1 child	230	290	310	305	285	75
393	2 children	325	460	480	285	445	200
394	3 or more children	160	225	210	145	215	135
395	Total families of common-law couples	40	100	165	70	75	100
396	Without children at home	35	80	120	55	50	90
397	With children at home	-	20	50	20	20	10
398	1 child	-	10	30	-	20	-
399	2 children	10	-	20	20	-	-
400	3 or more children	-	-	-	-	-	-
401	Total lone-parent families	135	195	225	170	220	80
402	Female parent	120	155	210	125	185	85
403	1 child	65	95	125	70	125	55
404	2 children	40	35	80	25	40	15
405	3 or more children	15	20	10	30	15	10

Tableau 1. Certaines caractéristiques des secteurs de recensement, recensement de 2001 – Données intégrales et données-échantillon (20 %)

Vancouver 0029	Vancouver 0030	Vancouver 0031.01	Vancouver 0031.02	Vancouver 0032	Vancouver 0033	Caractéristiques	N°
						CARACTÉRISTIQUES DES LOGEMENTS ET DES MÉNAGES	
						selon l'état du logement	
1,285	1,275	1,450	910	1,545	1,510	Entretien régulier seulement	355
705	725	640	390	705	735	Réparations mineures	356
355	260	240	280	245	250	Réparations majeures	357
						selon la période de construction	
815	795	1,075	540	870	535	Avant 1946	358
500	405	535	190	265	440	1946-1960	359
175	195	180	115	175	320	1961-1970	360
155	210	185	190	275	335	1971-1980	361
295	325	195	175	370	465	1981-1990	362
410	335	165	370	540	395	1991-2001 (20)	363
5.8	6.2	5.8	5.7	5.7	6.2	Nombre moyen de pièces par logement	364
2.4	2.8	2.4	2.6	2.7	3.0	Nombre moyen de chambres à coucher par logement	365
397,993	330,057	387,168	270,019	271,481	303,419	Valeur moyenne du logement $	366
2,350	**2,260**	**2,330**	**1,585**	**2,490**	**2,495**	**Nombre total de logements privés**	367
						selon la taille du ménage	
725	450	740	365	555	400	1 personne	368
790	675	780	425	630	660	2 personnes	369
305	420	355	295	440	490	3 personnes	370
470	565	405	370	640	720	4-5 personnes	371
65	155	50	125	220	225	6 personnes ou plus	372
						selon le genre de ménage	
1,330	1,455	1,295	960	1,550	1,750	Ménages unifamiliaux	373
30	145	65	115	155	155	Ménages multifamiliaux	374
990	665	975	505	780	590	Ménages non familiaux	375
5,650	6,545	5,460	4,555	7,430	7,715	Nombre de personnes dans les ménages privés	376
2.4	2.9	2.3	2.9	3.0	3.1	Nombre moyen de personnes dans les ménages privés	377
0.4	0.5	0.4	0.5	0.5	0.5	Nombre moyen de personnes par pièce	378
1,155	865	1,220	710	1,175	1,030	Ménages locataires dans les logements privés non agricoles hors réserve (40)	379
1,026	840	889	772	796	742	Loyer brut moyen $ (40)	380
390	400	445	285	465	480	Ménages locataires consacrant 30 % ou plus du revenu du ménage au loyer brut (40) (41)	381
295	320	370	215	380	345	Ménages locataires consacrant de 30 % à 99 % du revenu du ménage au loyer brut (40) (41)	382
1,185	1,375	1,095	860	1,315	1,455	Ménages propriétaires dans les logements privés non agricoles hors réserve (42)	383
1,153	988	1,098	968	933	1,039	Principales dépenses de propriété moyennes $ (42)	384
300	365	255	235	310	405	Ménages propriétaires consacrant 30 % ou plus du revenu du ménage aux principales dépenses de propriété (41) (42)	385
235	300	215	225	270	345	Ménages propriétaires consacrant de 30 % à 99 % du revenu du ménage aux principales dépenses de propriété (41) (42)	386
						CARACTÉRISTIQUES DES FAMILLES DE RECENSEMENT	
1,390	**1,760**	**1,425**	**1,210**	**1,890**	**2,075**	**Total des familles de recensement dans les ménages privés**	387
						selon la structure et la taille de la famille de recensement	
1,180	1,430	1,195	955	1,560	1,690	Total des familles avec conjoints	388
960	1,245	955	840	1,370	1,545	Total des familles avec couples mariés	389
340	415	335	270	395	470	Sans enfants à la maison	390
620	825	620	565	980	1,075	Avec enfants à la maison	391
190	310	290	245	310	435	1 enfant	392
310	370	240	245	465	405	2 enfants	393
120	150	90	80	200	240	3 enfants ou plus	394
220	185	245	115	185	145	Total des familles en union libre	395
180	130	205	85	140	80	Sans enfants à la maison	396
40	60	35	30	45	65	Avec enfants à la maison	397
15	35	35	10	35	15	1 enfant	398
15	15	-	15	10	45	2 enfants	399
10	-	-	10	-	-	3 enfants ou plus	400
205	330	230	260	335	380	Total des familles monoparentales	401
165	255	200	230	270	335	Parent de sexe féminin	402
120	170	130	135	135	195	1 enfant	403
35	70	50	60	95	115	2 enfants	404
10	10	15	30	40	20	3 enfants ou plus	405

Table 1. Selected Characteristics for Census Tracts, 2001 Census – 100% Data and 20% Sample Data

No.	Characteristics	Vancouver 0023	Vancouver 0024	Vancouver 0025	Vancouver 0026	Vancouver 0027	Vancouver 0028
	CENSUS FAMILY CHARACTERISTICS						
	by census family structure and size – concluded						
406	Male parent	15	40	10	45	40	-
407	1 child	10	30	-	30	15	-
408	2 children	-	-	15	15	20	-
409	3 or more children	-	-	-	-	-	-
410	**Total number of children at home**	**1,595**	**2,295**	**2,345**	**1,660**	**2,215**	**1,030**
	by age groups						
411	Under 6 years	225	380	400	245	260	110
412	6-14 years	535	730	775	565	620	300
413	15-17 years	235	320	285	260	305	150
414	18-24 years	425	575	575	380	690	350
415	25 years and over	170	285	305	205	340	115
416	Average number of children at home per census family (43)	1.4	1.4	1.3	1.3	1.3	1.2
417	**Total number of persons in private households**	**4,345**	**6,030**	**7,060**	**4,955**	**6,570**	**3,185**
	by census family status and living arrangements						
418	Number of non-family persons	555	640	1,190	850	1,115	545
419	Living with relatives (44)	70	100	205	100	240	45
420	Living with non-relatives only	300	275	500	355	240	195
421	Living alone	185	260	485	395	630	305
422	Number of family persons	3,790	5,390	5,865	4,105	5,460	2,640
423	Average number of persons per census family	3.2	3.3	3.1	3.1	3.2	3.1
424	**Total number of persons 65 years and over**	**450**	**645**	**815**	**765**	**1,205**	**385**
425	Number of non-family persons 65 years and over	125	150	325	270	420	85
426	Living with relatives (44)	20	45	115	35	60	20
427	Living with non-relatives only	30	15	10	10	30	-
428	Living alone	75	90	200	220	340	55
429	Number of family persons 65 years and over	320	495	490	495	785	295
	ECONOMIC FAMILY CHARACTERISTICS						
430	**Total number of economic families in private households**	**1,130**	**1,615**	**1,900**	**1,270**	**1,730**	**835**
	by size of family						
431	2 persons	350	530	695	440	645	375
432	3 persons	220	325	440	260	350	105
433	4 persons	360	475	525	350	415	180
434	5 or more persons	200	280	240	215	320	170
435	Total number of persons in economic families	3,860	5,495	6,070	4,200	5,705	2,680
436	Average number of persons per economic family	3.4	3.4	3.2	3.3	3.3	3.2
437	Total number of unattached individuals	485	535	980	750	870	500
	2000 INCOME CHARACTERISTICS						
	Population 15 years and over by sex and total income groups in 2000						
438	Total - Both sexes	3,580	4,910	5,935	4,125	5,685	2,775
439	Without income	315	290	385	295	500	175
440	With income	3,265	4,615	5,545	3,830	5,185	2,600
441	Under $1,000 (45)	180	200	330	295	260	250
442	$ 1,000 - $ 2,999	150	245	290	140	290	95
443	$ 3,000 - $ 4,999	110	260	190	155	135	65
444	$ 5,000 - $ 6,999	175	165	200	135	190	105
445	$ 7,000 - $ 9,999	170	245	255	190	380	95
446	$10,000 - $11,999	105	135	170	185	155	85
447	$12,000 - $14,999	215	225	270	290	370	140
448	$15,000 - $19,999	200	275	385	300	450	180
449	$20,000 - $24,999	215	265	355	310	390	220
450	$25,000 - $29,999	150	205	365	215	315	180
451	$30,000 - $34,999	180	295	435	195	270	160
452	$35,000 - $39,999	200	220	285	205	295	50
453	$40,000 - $44,999	190	150	275	105	225	125
454	$45,000 - $49,999	105	155	145	180	180	115
455	$50,000 - $59,999	190	370	330	210	360	205
456	$60,000 and over	745	1,215	1,260	730	905	530
457	Average income $ (46)	44,871	50,942	41,629	58,891	39,987	45,988
458	Median income $ (46)	29,463	31,027	29,494	23,427	24,033	27,056
459	Standard error of average income $ (46)	2,251	2,636	1,375	9,063	1,952	2,556

Tableau 1. Certaines caractéristiques des secteurs de recensement, recensement de 2001 – Données intégrales et données-échantillon (20 %)

Vancouver 0029	Vancouver 0030	Vancouver 0031.01	Vancouver 0031.02	Vancouver 0032	Vancouver 0033	Caractéristiques	N°
						CARACTÉRISTIQUES DES FAMILLES DE RECENSEMENT	
						selon la structure et la taille de la famille de recensement – fin	
45	75	30	30	65	50	Parent de sexe masculin	406
40	65	25	25	35	40	1 enfant	407
10	10	-	-	25	10	2 enfants	408
-	-	-	-	-	-	3 enfants ou plus	409
1,520	**2,055**	**1,410**	**1,460**	**2,510**	**2,670**	**Nombre total d'enfants à la maison**	410
						selon les groupes d'âge	
320	430	355	310	525	615	Moins de 6 ans	411
455	630	410	360	805	800	6-14 ans	412
130	185	150	125	230	225	15-17 ans	413
395	480	230	315	475	510	18-24 ans	414
220	325	270	350	475	520	25 ans et plus	415
1.1	1.2	1.0	1.2	1.3	1.3	Nombre moyen d'enfants à la maison par famille de recensement (43)	416
5,645	**6,545**	**5,460**	**4,555**	**7,430**	**7,715**	**Nombre total de personnes dans les ménages privés**	417
						selon la situation des particuliers dans la famille de recensement et des particuliers dans le ménage	
1,560	1,300	1,425	940	1,470	1,280	Nombre de personnes hors famille de recensement	418
95	290	155	195	265	365	Vivant avec des personnes apparentées (44)	419
745	560	530	375	655	510	Vivant avec des personnes non apparentées uniquement	420
720	450	740	370	555	405	Vivant seules	421
4,090	5,240	4,035	3,620	5,955	6,435	Nombre de personnes membres d'une famille	422
2.9	3.0	2.8	3.0	3.2	3.1	Nombre moyen de personnes par famille de recensement	423
565	**760**	**515**	**490**	**765**	**885**	**Nombre total de personnes de 65 ans et plus**	424
225	215	205	135	260	235	Nombre de personnes hors famille de recensement de 65 ans et plus	425
40	140	45	60	140	145	Vivant avec des personnes apparentées (44)	426
15	10	10	-	10	10	Vivant avec des personnes non apparentées uniquement	427
165	70	150	70	105	85	Vivant seules	428
335	545	310	355	505	655	Nombre de personnes membres d'une famille de 65 ans et plus	429
						CARACTÉRISTIQUES DES FAMILLES ÉCONOMIQUES	
1,380	**1,650**	**1,410**	**1,120**	**1,750**	**1,945**	**Nombre total de familles économiques dans les ménages privés**	430
						selon la taille de la famille	
650	625	660	400	555	630	2 personnes	431
250	345	340	275	385	405	3 personnes	432
305	380	265	235	420	455	4 personnes	433
175	295	140	215	390	445	5 personnes ou plus	434
4,180	5,535	4,190	3,810	6,225	6,800	Nombre total de personnes dans les familles économiques	435
3.0	3.4	3.0	3.4	3.6	3.5	Nombre moyen de personnes par famille économique	436
1,465	1,010	1,270	745	1,205	920	Nombre total de personnes hors famille économique	437
						CARACTÉRISTIQUES DU REVENU DE 2000	
						Population de 15 ans et plus selon le sexe et les tranches de revenu total en 2000	
4,895	5,495	4,695	3,860	6,105	6,280	Total - Les deux sexes	438
185	345	200	220	350	365	Sans revenu	439
4,705	5,145	4,495	3,635	5,750	5,910	Avec un revenu	440
190	335	170	190	280	370	Moins de 1 000 $ (45)	441
175	275	110	195	260	400	1 000 $ - 2 999 $	442
175	185	160	160	160	190	3 000 $ - 4 999 $	443
215	245	205	170	230	210	5 000 $ - 6 999 $	444
170	395	200	310	405	480	7 000 $ - 9 999 $	445
190	305	185	150	380	395	10 000 $ - 11 999 $	446
260	485	195	355	545	590	12 000 $ - 14 999 $	447
390	480	500	415	615	660	15 000 $ - 19 999 $	448
350	460	375	315	640	605	20 000 $ - 24 999 $	449
295	395	345	265	425	395	25 000 $ - 29 999 $	450
265	365	375	255	460	405	30 000 $ - 34 999 $	451
315	255	255	195	390	270	35 000 $ - 39 999 $	452
280	200	280	150	180	300	40 000 $ - 44 999 $	453
175	135	255	105	230	140	45 000 $ - 49 999 $	454
410	175	320	170	280	200	50 000 $ - 59 999 $	455
840	450	565	230	255	305	60 000 $ et plus	456
36,222	24,308	33,962	24,205	23,690	22,865	Revenu moyen $ (46)	457
28,373	18,376	25,969	17,931	19,678	17,175	Revenu médian $ (46)	458
1,084	656	1,480	824	522	657	Erreur type de revenu moyen $ (46)	459

Table 1. Selected Characteristics for Census Tracts, 2001 Census – 100% Data and 20% Sample Data

No.	Characteristics	Vancouver 0023	Vancouver 0024	Vancouver 0025	Vancouver 0026	Vancouver 0027	Vancouver 0028
	2000 INCOME CHARACTERISTICS						
	Population 15 years and over by sex and total income groups in 2000 – concluded						
460	Total - Males	1,715	2,375	2,880	1,955	2,660	1,300
461	Without income	130	145	185	145	225	85
462	With income	1,585	2,230	2,695	1,805	2,440	1,215
463	Under $1,000 (45)	85	125	135	135	135	95
464	$ 1,000 - $ 2,999	30	90	190	75	105	35
465	$ 3,000 - $ 4,999	50	90	75	45	40	20
466	$ 5,000 - $ 6,999	55	80	85	75	85	45
467	$ 7,000 - $ 9,999	55	90	90	35	180	30
468	$10,000 - $11,999	45	45	55	105	75	40
469	$12,000 - $14,999	60	60	80	90	115	50
470	$15,000 - $19,999	105	135	210	90	150	55
471	$20,000 - $24,999	60	80	125	160	175	105
472	$25,000 - $29,999	75	100	185	125	145	80
473	$30,000 - $34,999	80	100	185	85	150	50
474	$35,000 - $39,999	65	105	120	75	155	30
475	$40,000 - $44,999	120	70	110	40	90	35
476	$45,000 - $49,999	60	55	75	105	75	50
477	$50,000 - $59,999	85	205	145	75	175	135
478	$60,000 and over	545	805	830	495	585	365
479	Average income $ (46)	59,690	68,049	51,355	89,427	51,848	61,263
480	Median income $ (46)	40,021	40,432	33,510	27,987	30,217	35,254
481	Standard error of average income $ (46)	3,738	4,998	2,360	19,147	3,977	4,337
482	Total - Females	1,865	2,535	3,055	2,175	3,030	1,480
483	Without income	180	150	205	145	280	90
484	With income	1,680	2,385	2,850	2,030	2,745	1,385
485	Under $1,000 (45)	90	75	195	160	130	155
486	$ 1,000 - $ 2,999	120	155	105	65	185	60
487	$ 3,000 - $ 4,999	55	170	115	105	100	45
488	$ 5,000 - $ 6,999	115	85	115	65	100	65
489	$ 7,000 - $ 9,999	115	155	170	155	200	60
490	$10,000 - $11,999	55	95	115	80	85	45
491	$12,000 - $14,999	150	160	190	200	255	90
492	$15,000 - $19,999	100	140	175	205	305	120
493	$20,000 - $24,999	155	185	230	150	215	115
494	$25,000 - $29,999	75	105	180	90	165	100
495	$30,000 - $34,999	95	190	250	110	125	110
496	$35,000 - $39,999	140	115	160	125	145	20
497	$40,000 - $44,999	70	80	165	65	135	90
498	$45,000 - $49,999	50	100	70	80	105	65
499	$50,000 - $59,999	100	165	180	135	190	75
500	$60,000 and over	195	410	430	235	320	170
501	Average income $ (46)	30,883	34,904	32,447	31,713	29,464	32,646
502	Median income $ (46)	21,306	24,346	25,119	19,465	20,072	22,365
503	Standard error of average income $ (46)	2,338	1,628	1,374	2,239	1,157	2,628
	by composition of total income						
504	Total - Composition of income in 2000 % (47)	100.0	100.0	100.0	100.0	100.0	100.0
505	Employment income %	78.6	80.6	79.8	77.2	63.0	71.7
506	Government transfer payments %	4.5	4.5	5.6	5.2	8.1	3.8
507	Other %	16.9	14.8	14.6	17.5	28.9	24.6
	Population 15 years and over with employment income in 2000 by sex and work activity						
508	Both sexes with employment income (48)	2,385	3,445	4,180	2,375	3,175	1,885
509	Average employment income $	48,203	55,067	44,046	73,414	41,107	45,476
510	Standard error of average employment income $	2,655	3,365	1,675	13,689	2,509	2,908
511	Worked full year, full time (49)	1,030	1,565	1,890	1,045	1,350	890
512	Average employment income $	74,382	83,573	66,332	130,739	67,027	65,950
513	Standard error of average employment income $	4,847	6,223	2,833	30,380	5,315	4,856
514	Worked part year or part time (50)	1,300	1,785	2,245	1,235	1,630	890
515	Average employment income $	29,349	32,369	25,598	29,460	22,680	28,033
516	Standard error of average employment income $	2,535	3,090	1,587	3,087	1,442	2,787
517	Males with employment income (48)	1,290	1,735	2,125	1,215	1,665	935
518	Average employment income $	60,450	74,948	54,303	112,162	51,909	56,766
519	Standard error of average employment income $	3,956	6,111	2,767	26,198	4,615	4,650
520	Worked full year, full time (49)	640	980	1,130	640	795	515
521	Average employment income $	86,091	99,262	75,503	184,925	82,877	75,605
522	Standard error of average employment income $	5,895	9,303	3,990	48,885	8,678	6,785
523	Worked part year or part time (50)	625	695	970	530	800	360
524	Average employment income $	36,918	44,673	30,590	31,058	24,909	37,955
525	Standard error of average employment income $	4,789	6,929	3,173	3,412	2,462	5,642

Tableau 1. Certaines caractéristiques des secteurs de recensement, recensement de 2001 – Données intégrales et données-échantillon (20 %)

Vancouver 0029	Vancouver 0030	Vancouver 0031.01	Vancouver 0031.02	Vancouver 0032	Vancouver 0033	Caractéristiques	N°
						CARACTÉRISTIQUES DU REVENU DE 2000	
						Population de 15 ans et plus selon le sexe et les tranches de revenu total en 2000 – fin	
2,235	2,665	2,160	1,880	2,990	3,090	Total - Hommes	460
75	145	115	90	160	170	Sans revenu	461
2,165	2,515	2,040	1,795	2,830	2,915	Avec un revenu	462
90	180	70	105	145	230	Moins de 1 000 $ (45)	463
70	115	55	95	110	190	1 000 $ - 2 999 $	464
45	100	65	80	65	90	3 000 $ - 4 999 $	465
110	125	105	105	100	90	5 000 $ - 6 999 $	466
55	110	70	125	195	250	7 000 $ - 9 999 $	467
75	175	70	75	145	180	10 000 $ - 11 999 $	468
100	190	50	155	275	175	12 000 $ - 14 999 $	469
180	210	215	215	290	315	15 000 $ - 19 999 $	470
155	240	170	145	295	320	20 000 $ - 24 999 $	471
145	155	130	140	195	185	25 000 $ - 29 999 $	472
150	150	190	110	230	165	30 000 $ - 34 999 $	473
100	140	100	85	235	130	35 000 $ - 39 999 $	474
120	155	145	50	115	175	40 000 $ - 44 999 $	475
80	90	125	50	105	85	45 000 $ - 49 999 $	476
165	90	150	105	190	130	50 000 $ - 59 999 $	477
530	300	330	145	140	215	60 000 $ et plus	478
40,686	27,627	39,085	24,687	25,494	25,089	Revenu moyen $ (46)	479
32,006	20,407	30,020	18,223	20,803	18,696	Revenu médian $ (46)	480
1,734	1,094	2,942	1,198	772	1,107	Erreur type de revenu moyen $ (46)	481
2,650	2,830	2,535	1,980	3,105	3,190	Total - Femmes	482
115	200	80	135	195	200	Sans revenu	483
2,540	2,630	2,450	1,850	2,915	2,990	Avec un revenu	484
100	160	100	85	140	140	Moins de 1 000 $ (45)	485
100	160	50	90	150	205	1 000 $ - 2 999 $	486
135	85	100	80	95	100	3 000 $ - 4 999 $	487
105	120	105	70	130	115	5 000 $ - 6 999 $	488
115	285	130	185	210	225	7 000 $ - 9 999 $	489
115	130	120	75	235	215	10 000 $ - 11 999 $	490
160	295	140	205	270	420	12 000 $ - 14 999 $	491
215	270	290	210	320	345	15 000 $ - 19 999 $	492
195	220	200	170	350	285	20 000 $ - 24 999 $	493
150	245	215	120	235	210	25 000 $ - 29 999 $	494
115	220	185	145	225	240	30 000 $ - 34 999 $	495
215	115	150	105	155	145	35 000 $ - 39 999 $	496
160	45	140	95	65	125	40 000 $ - 44 999 $	497
100	50	130	65	125	55	45 000 $ - 49 999 $	498
250	85	170	65	90	65	50 000 $ - 59 999 $	499
310	150	235	80	110	90	60 000 $ et plus	500
32,415	21,132	29,699	23,737	21,937	20,696	Revenu moyen $ (46)	501
25,455	16,042	24,653	17,646	17,987	16,180	Revenu médian $ (46)	502
1,345	731	1,096	1,135	695	714	Erreur type de revenu moyen $ (46)	503
						selon la composition du revenu total	
100.0	100.0	100.0	100.0	100.0	100.0	Total - Composition du revenu en 2000 % (47)	504
83.2	79.1	84.6	83.4	80.7	79.4	Revenu d'emploi %	505
6.1	11.4	7.2	11.0	13.7	14.3	Transferts gouvernementaux %	506
10.6	9.5	8.3	5.7	5.6	6.3	Autre %	507
						Population de 15 ans et plus ayant un revenu d'emploi en 2000 selon le sexe et le travail	
3,640	3,640	3,590	2,735	4,245	4,150	Les deux sexes ayant un revenu d'emploi (48)	508
38,974	27,214	35,962	26,798	25,879	25,862	Revenu moyen d'emploi $	509
1,264	815	1,646	971	624	853	Erreur type de revenu moyen d'emploi $	510
1,820	1,565	1,790	1,280	1,990	1,915	Ayant travaillé toute l'année à plein temps (49)	511
52,324	37,309	47,194	36,976	32,827	32,889	Revenu moyen d'emploi $	512
1,916	1,242	1,863	1,634	848	1,113	Erreur type de revenu moyen d'emploi $	513
1,755	1,930	1,725	1,320	2,080	2,040	Ayant travaillé une partie de l'année ou à temps partiel (50)	514
25,981	20,130	25,407	18,403	20,525	19,834	Revenu moyen d'emploi $	515
1,398	984	2,699	945	866	1,285	Erreur type de revenu moyen d'emploi $	516
1,715	1,825	1,690	1,340	2,145	2,165	Hommes ayant un revenu d'emploi (48)	517
43,754	31,359	41,266	27,247	28,433	28,660	Revenu moyen d'emploi $	518
1,995	1,321	3,168	1,403	917	1,382	Erreur type de revenu moyen d'emploi $	519
930	885	995	655	1,030	1,035	Ayant travaillé toute l'année à plein temps (49)	520
57,902	41,891	48,085	39,035	35,658	36,012	Revenu moyen d'emploi $	521
2,745	1,902	2,876	2,130	1,297	1,672	Erreur type de revenu moyen d'emploi $	522
760	890	665	620	1,030	1,030	Ayant travaillé une partie de l'année ou à temps partiel (50)	523
27,301	22,452	32,169	16,166	22,552	22,002	Revenu moyen d'emploi $	524
2,411	1,590	6,691	1,340	1,217	2,230	Erreur type de revenu moyen d'emploi $	525

Table 1. Selected Characteristics for Census Tracts, 2001 Census – 100% Data and 20% Sample Data

No.	Characteristics	Vancouver 0023	Vancouver 0024	Vancouver 0025	Vancouver 0026	Vancouver 0027	Vancouver 0028
	2000 INCOME CHARACTERISTICS						
	Population 15 years and over with employment income in 2000 by sex and work activity – concluded						
526	Females with employment income (48)	1,100	1,710	2,060	1,160	1,505	945
527	Average employment income $	33,802	34,947	33,449	32,771	29,135	34,254
528	Standard error of average employment income $	3,195	1,900	1,710	3,160	1,521	3,245
529	Worked full year, full time (49)	390	585	765	400	560	375
530	Average employment income $	55,447	57,045	52,771	43,552	44,481	52,719
531	Standard error of average employment income $	8,020	3,435	3,519	3,349	2,817	6,281
532	Worked part year or part time (50)	675	1,085	1,275	705	830	525
533	Average employment income $	22,373	24,441	21,804	28,259	20,511	21,161
534	Standard error of average employment income $	1,873	1,995	1,387	4,801	1,602	2,318
	Census families by structure and family income groups in 2000						
535	Total - All census families	1,165	1,645	1,875	1,310	1,730	845
536	Under $10,000	40	35	50	75	125	15
537	$ 10,000 - $19,999	30	80	60	85	70	40
538	$ 20,000 - $29,999	50	85	55	50	130	75
539	$ 30,000 - $39,999	70	100	135	120	160	45
540	$ 40,000 - $49,999	110	135	140	170	210	95
541	$ 50,000 - $59,999	100	100	185	95	125	65
542	$ 60,000 - $69,999	75	115	170	80	135	45
543	$ 70,000 - $79,999	90	90	160	70	95	55
544	$ 80,000 - $89,999	70	80	135	50	95	75
545	$ 90,000 - $99,999	75	45	95	90	115	15
546	$100,000 and over	450	780	690	420	470	315
547	Average family income $	108,462	127,663	103,592	155,626	92,755	117,073
548	Median family income $	81,417	90,809	77,483	65,832	62,616	74,702
549	Standard error of average family income $	6,045	7,201	4,002	27,853	5,780	8,641
550	Total - All couple census families (51)	1,025	1,455	1,645	1,140	1,515	765
551	Under $10,000	40	35	40	35	85	-
552	$ 10,000 - $19,999	20	35	45	85	70	25
553	$ 20,000 - $29,999	35	65	50	50	105	60
554	$ 30,000 - $39,999	50	75	95	85	130	45
555	$ 40,000 - $49,999	95	105	110	170	180	85
556	$ 50,000 - $59,999	85	90	160	75	120	70
557	$ 60,000 - $69,999	65	105	125	65	105	40
558	$ 70,000 - $79,999	80	80	135	55	90	55
559	$ 80,000 - $89,999	65	55	125	45	75	55
560	$ 90,000 - $99,999	80	45	90	90	90	20
561	$100,000 and over	410	760	670	385	460	305
562	Average family income $	113,795	138,046	109,786	166,595	99,072	124,322
563	Median family income $	85,231	105,718	84,558	72,493	65,668	79,480
564	Standard error of average family income $	6,583	7,923	4,426	31,050	6,630	9,240
	Incidence of low income in 2000						
565	Total - Economic families	1,130	1,615	1,895	1,270	1,735	835
566	Low income	115	140	165	205	305	115
567	Incidence of low income in 2000 % (52)	10.1	8.7	8.6	16.4	17.5	13.6
568	Total - Unattached individuals 15 years and over	485	525	980	735	875	500
569	Low income	140	215	395	335	225	185
570	Incidence of low income in 2000 % (52)	29.2	41.1	40.2	45.8	25.9	37.3
571	Total - Population in private households	4,345	6,020	7,055	4,945	6,570	3,180
572	Low income	555	670	950	1,145	1,405	550
573	Incidence of low income in 2000 % (52)	12.8	11.2	13.5	23.2	21.4	17.3
	Private households by household income groups in 2000						
574	Total - All private households	1,380	1,920	2,520	1,725	2,415	1,170
575	Under $10,000	40	70	105	95	150	60
576	$ 10,000 - $19,999	60	115	210	235	145	70
577	$ 20,000 - $29,999	75	95	115	85	210	75
578	$ 30,000 - $39,999	95	165	240	155	255	75
579	$ 40,000 - $49,999	125	115	160	185	280	140
580	$ 50,000 - $59,999	110	130	210	120	185	105
581	$ 60,000 - $69,999	85	120	190	110	150	75
582	$ 70,000 - $79,999	100	105	170	95	110	60
583	$ 80,000 - $89,999	75	75	170	70	145	95
584	$ 90,000 - $99,999	80	50	125	105	160	35
585	$100,000 and over	530	865	830	480	625	380
586	Average household income $	106,217	122,484	91,362	130,879	85,667	102,027
587	Median household income $	79,303	86,523	72,319	58,805	59,195	67,085
588	Standard error of average household income $	5,521	6,645	3,298	20,580	4,253	6,801

Tableau 1. Certaines caractéristiques des secteurs de recensement, recensement de 2001 – Données intégrales et données-échantillon (20 %)

Vancouver 0029	Vancouver 0030	Vancouver 0031.01	Vancouver 0031.02	Vancouver 0032	Vancouver 0033	Caractéristiques	N°
						CARACTÉRISTIQUES DU REVENU DE 2000	
						Population de 15 ans et plus ayant un revenu d'emploi en 2000 selon le sexe et le travail – fin	
1,925	1,815	1,900	1,400	2,100	1,980	Femmes ayant un revenu d'emploi (48)	526
34,713	23,045	31,235	26,367	23,274	22,808	Revenu moyen d'emploi $	527
1,577	915	1,263	1,346	827	932	Erreur type de revenu moyen d'emploi $	528
895	685	790	625	960	880	Ayant travaillé toute l'année à plein temps (49)	529
46,534	31,396	46,078	34,833	29,787	29,224	Revenu moyen d'emploi $	530
2,613	1,319	2,146	2,483	1,037	1,357	Erreur type de revenu moyen d'emploi $	531
990	1,040	1,055	700	1,050	1,010	Ayant travaillé une partie de l'année ou à temps partiel (50)	532
24,969	18,144	21,164	20,384	18,535	17,618	Revenu moyen d'emploi $	533
1,640	1,208	1,143	1,304	1,218	1,244	Erreur type de revenu moyen d'emploi $	534
						Familles de recensement selon la structure et les tranches de revenu de la famille en 2000	
1,390	1,760	1,430	1,210	1,890	2,075	Total - Toutes les familles de recensement	535
55	95	55	105	75	200	Moins de 10 000 $	536
75	170	60	105	210	215	10 000 $ - 19 999 $	537
80	215	95	130	270	310	20 000 $ - 29 999 $	538
110	225	120	180	225	275	30 000 $ - 39 999 $	539
85	155	135	135	135	260	40 000 $ - 49 999 $	540
155	190	185	105	260	175	50 000 $ - 59 999 $	541
110	175	125	160	205	130	60 000 $ - 69 999 $	542
70	100	105	70	140	145	70 000 $ - 79 999 $	543
85	125	145	60	90	105	80 000 $ - 89 999 $	544
90	115	60	50	125	75	90 000 $ - 99 999 $	545
470	190	345	100	155	190	100 000 $ et plus	546
86,412	56,192	79,108	53,090	54,030	49,993	Revenu moyen des familles $	547
71,129	51,050	65,708	47,958	51,111	41,123	Revenu médian des familles $	548
3,703	1,815	4,481	2,336	1,679	1,914	Erreur type de revenu moyen des familles $	549
1,180	1,435	1,195	950	1,555	1,695	Total - Toutes les familles de recensement comptant un couple (51)	550
30	65	15	60	35	120	Moins de 10 000 $	551
60	110	20	55	110	110	10 000 $ - 19 999 $	552
45	145	55	105	205	245	20 000 $ - 29 999 $	553
100	170	110	125	185	230	30 000 $ - 39 999 $	554
60	120	110	125	125	240	40 000 $ - 49 999 $	555
130	160	170	80	235	150	50 000 $ - 59 999 $	556
75	160	85	125	190	125	60 000 $ - 69 999 $	557
50	90	105	70	125	125	70 000 $ - 79 999 $	558
85	120	145	55	85	100	80 000 $ - 89 999 $	559
80	115	55	50	110	70	90 000 $ - 99 999 $	560
460	175	325	100	145	175	100 000 $ et plus	561
93,719	61,128	86,140	58,657	58,194	54,434	Revenu moyen des familles $	562
84,383	57,085	71,615	51,729	55,458	44,247	Revenu médian des familles $	563
4,147	2,058	5,082	2,687	1,797	2,215	Erreur type de revenu moyen des familles $	564
						Fréquence des unités à faible revenu en 2000	
1,380	1,650	1,410	1,120	1,750	1,945	Total - Familles économiques	565
170	335	125	255	400	545	Faible revenu	566
12.2	20.5	8.9	22.9	22.7	28.2	Fréquence des unités à faible revenu en 2000 % (52)	567
1,465	1,010	1,270	725	1,200	915	Total - Personnes hors famille économique de 15 ans et plus	568
495	570	510	360	565	430	Faible revenu	569
33.8	56.4	40.3	49.2	47.0	47.1	Fréquence des unités à faible revenu en 2000 % (52)	570
5,645	6,545	5,460	4,540	7,420	7,710	Total - Population dans les ménages privés	571
1,075	1,665	855	1,220	1,865	2,090	Faible revenu	572
19.0	25.4	15.7	26.8	25.1	27.2	Fréquence des unités à faible revenu en 2000 % (52)	573
						Ménages privés selon les tranches de revenu du ménage en 2000	
2,350	2,260	2,330	1,580	2,490	2,495	Total - Tous les ménages privés	574
115	185	135	135	160	250	Moins de 10 000 $	575
195	235	205	185	300	350	10 000 $ - 19 999 $	576
165	275	230	155	340	245	20 000 $ - 29 999 $	577
270	250	275	170	285	270	30 000 $ - 39 999 $	578
225	220	205	195	180	265	40 000 $ - 49 999 $	579
225	195	290	145	230	195	50 000 $ - 59 999 $	580
265	225	230	150	235	180	60 000 $ - 69 999 $	581
100	160	160	105	200	155	70 000 $ - 79 999 $	582
125	95	160	70	110	205	80 000 $ - 89 999 $	583
130	145	65	70	175	105	90 000 $ - 99 999 $	584
540	275	380	195	265	280	100 000 $ et plus	585
72,181	55,206	65,375	55,583	54,578	54,135	Revenu moyen des ménages $	586
57,799	48,178	53,903	47,957	48,518	44,284	Revenu médian des ménages $	587
2,527	1,738	3,096	2,291	1,620	2,029	Erreur type de revenu moyen des ménages $	588

Table 1. Selected Characteristics for Census Tracts, 2001 Census – 100% Data and 20% Sample Data

No.	Characteristics	Vancouver 0034.01	Vancouver 0034.02	Vancouver 0035.01	Vancouver 0035.02	Vancouver 0036.01	Vancouver 0036.02
	POPULATION CHARACTERISTICS						
1	**Population, 1996 (1)**	**4,526**	**6,297**	**3,959**	**6,458**	**5,551**	**5,302**
2	**Population, 2001 (2)**	**4,852**	**6,575**	**3,923**	**7,182**	**5,654**	**5,185**
3	Population percentage change, 1996-2001	7.2	4.4	-0.9	11.2	1.9	-2.2
4	Land area in square kilometres, 2001	0.66	1.35	0.72	1.57	1.38	1.45
5	**Total population - 100% Data (3)**	**4,850**	**6,580**	**3,920**	**7,180**	**5,655**	**5,185**
	by sex and age groups						
6	Male	2,385	3,170	1,965	3,455	2,760	2,555
7	0-4 years	155	160	90	205	150	135
8	5-9 years	150	195	100	220	175	150
9	10-14 years	150	210	115	185	175	165
10	15-19 years	135	200	140	205	185	170
11	20-24 years	170	195	175	260	185	205
12	25-29 years	185	255	155	280	195	180
13	30-34 years	210	270	160	300	195	180
14	35-39 years	250	310	165	320	240	240
15	40-44 years	205	260	145	280	225	235
16	45-49 years	160	230	130	250	225	205
17	50-54 years	125	210	145	195	175	195
18	55-59 years	100	130	75	125	110	85
19	60-64 years	95	135	90	140	120	110
20	65-69 years	100	135	100	175	145	95
21	70-74 years	100	125	80	135	105	85
22	75-79 years	60	85	60	115	80	50
23	80-84 years	25	35	30	40	45	50
24	85 years and over	25	35	25	35	30	20
25	Female	2,465	3,405	1,955	3,730	2,895	2,625
26	0-4 years	170	195	100	195	125	125
27	5-9 years	145	205	75	225	175	150
28	10-14 years	115	205	105	200	185	160
29	15-19 years	125	245	120	200	165	190
30	20-24 years	180	220	135	255	190	160
31	25-29 years	215	265	165	295	195	185
32	30-34 years	225	285	150	320	205	195
33	35-39 years	215	310	190	330	245	225
34	40-44 years	180	260	155	320	230	245
35	45-49 years	185	225	155	275	230	200
36	50-54 years	135	200	120	235	200	175
37	55-59 years	105	165	75	140	125	115
38	60-64 years	125	150	105	175	125	125
39	65-69 years	125	135	95	150	150	110
40	70-74 years	70	100	85	140	125	95
41	75-79 years	70	95	55	110	90	80
42	80-84 years	40	75	35	85	60	55
43	85 years and over	35	90	35	75	75	35
44	**Total population 15 years and over**	**3,970**	**5,410**	**3,345**	**5,955**	**4,675**	**4,310**
	by legal marital status						
45	Never married (single)	1,360	2,025	1,255	2,185	1,570	1,460
46	Legally married (and not separated)	2,060	2,525	1,630	2,910	2,485	2,305
47	Separated, but still legally married	115	165	70	160	115	85
48	Divorced	190	315	175	335	195	180
49	Widowed	240	375	210	365	310	280
	by common-law status						
50	Not in a common-law relationship	3,850	5,205	3,200	5,685	4,545	4,160
51	In a common-law relationship	115	200	145	265	130	145
52	**Total population - 20% Sample Data (4)**	**4,825**	**6,395**	**3,925**	**7,085**	**5,550**	**5,170**
	by mother tongue						
53	Single responses	4,735	6,220	3,855	6,920	5,385	5,080
54	English	1,090	2,070	1,320	2,225	1,295	1,475
55	French	40	130	10	45	15	50
56	Non-official languages (5)	3,605	4,025	2,520	4,650	4,075	3,565
57	Chinese, n.o.s.	1,070	1,040	525	1,120	1,140	965
58	Cantonese	1,215	1,195	800	1,550	1,470	1,185
59	Punjabi	70	185	45	140	35	10
60	Mandarin	80	245	185	130	235	150
61	Tagalog (Pilipino)	155	165	100	305	90	80
62	Other languages (6)	1,015	1,200	860	1,410	1,105	1,180
63	Multiple responses	90	175	70	165	165	90
64	English and French	-	-	-	20	-	10
65	English and non-official language	85	165	60	130	160	70
66	French and non-official language	-	10	-	10	-	15
67	English, French and non-official language	-	-	10	10	-	-

See reference material at the end of the publication. – Voir les documents de référence à la fin de la publication.

Tableau 1. Certaines caractéristiques des secteurs de recensement, recensement de 2001 – Données intégrales et données-échantillon (20 %)

Vancouver 0037.01 A	Vancouver 0037.02 ◆◇ A	Vancouver 0038	Vancouver 0039.01	Vancouver 0039.02	Vancouver 0040.01 A	Caractéristiques	N°
						CARACTÉRISTIQUES DE LA POPULATION	
5,200	**3,570**	**4,628**	**5,205**	**4,970**	**3,539**	**Population, 1996 (1)**	1
5,256	**3,643**	**4,766**	**5,397**	**4,990**	**3,494**	**Population, 2001 (2)**	2
1.1	2.0	3.0	3.7	0.4	-1.3	Variation en pourcentage de la population, 1996-2001	3
0.62	0.54	0.59	0.72	0.61	0.28	Superficie des terres en kilomètres carrés, 2001	4
5,260	**3,645**	**4,760**	**5,395**	**4,990**	**3,490**	**Population totale – Données intégrales (3)**	5
						selon le sexe et les groupes d'âge	
2,665	1,855	2,240	2,575	2,100	1,535	Sexe masculin	6
170	90	120	125	90	25	0-4 ans	7
180	95	100	65	70	20	5-9 ans	8
130	70	70	50	45	5	10-14 ans	9
120	70	75	55	75	20	15-19 ans	10
200	175	180	200	140	140	20-24 ans	11
295	235	275	355	285	330	25-29 ans	12
300	200	295	440	310	350	30-34 ans	13
315	185	290	405	260	205	35-39 ans	14
275	180	215	270	175	125	40-44 ans	15
205	140	150	175	155	80	45-49 ans	16
155	110	140	150	120	85	50-54 ans	17
60	75	80	95	70	45	55-59 ans	18
85	55	55	65	65	25	60-64 ans	19
65	60	55	50	45	20	65-69 ans	20
50	50	55	35	50	25	70-74 ans	21
30	35	35	25	55	20	75-79 ans	22
15	20	30	15	35	15	80-84 ans	23
10	10	15	10	60	10	85 ans et plus	24
2,590	1,790	2,530	2,825	2,890	1,955	Sexe féminin	25
155	95	135	110	70	35	0-4 ans	26
170	90	115	60	50	5	5-9 ans	27
120	75	65	50	70	15	10-14 ans	28
125	80	90	60	75	30	15-19 ans	29
215	160	245	265	220	225	20-24 ans	30
280	215	255	465	360	475	25-29 ans	31
275	210	320	470	355	355	30-34 ans	32
285	150	285	355	270	215	35-39 ans	33
240	145	235	235	245	140	40-44 ans	34
190	125	170	195	240	100	45-49 ans	35
125	100	120	155	175	95	50-54 ans	36
80	65	95	95	115	70	55-59 ans	37
100	60	80	80	75	30	60-64 ans	38
75	50	75	45	80	40	65-69 ans	39
60	65	60	55	90	40	70-74 ans	40
45	55	60	65	105	30	75-79 ans	41
25	25	45	30	105	30	80-84 ans	42
30	10	70	35	200	25	85 ans et plus	43
4,335	**3,115**	**4,150**	**4,935**	**4,605**	**3,390**	**Population totale de 15 ans et plus**	44
						selon l'état matrimonial légal	
2,060	1,575	2,150	2,890	2,185	2,200	Célibataire (jamais marié(e))	45
1,550	1,050	1,240	1,240	1,430	650	Légalement marié(e) (et non séparé(e))	46
180	110	160	170	145	110	Séparé(e), mais toujours légalement marié(e)	47
340	240	365	480	450	340	Divorcé(e)	48
200	145	245	155	395	85	Veuf ou veuve	49
						selon l'union libre	
3,945	2,865	3,730	4,270	4,100	2,930	Ne vivant pas en union libre	50
395	250	420	665	500	460	Vivant en union libre	51
5,240	**3,640**	**4,625**	**5,370**	**4,615**	**3,490**	**Population totale – Données-échantillon (20 %) (4)**	52
						selon la langue maternelle	
5,050	3,590	4,390	5,300	4,495	3,455	Réponses uniques	53
2,195	1,785	2,115	4,145	2,560	2,540	Anglais	54
115	135	80	130	195	90	Français	55
2,740	1,670	2,200	1,025	1,740	825	Langues non officielles (5)	56
595	450	405	130	265	100	Chinois, n.d.a.	57
485	315	170	95	245	60	Cantonais	58
15	25	10	10	25	20	Pendjabi	59
80	30	45	45	340	20	Mandarin	60
375	150	575	155	155	30	Tagalog (pilipino)	61
1,195	695	995	605	715	585	Autres langues (6)	62
190	55	225	70	120	35	Réponses multiples	63
30	10	25	-	10	-	Anglais et français	64
150	50	185	65	105	25	Anglais et langue non officielle	65
10	-	15	-	15	10	Français et langue non officielle	66
-	-	-	-	-	-	Anglais, français et langue non officielle	67

See reference material at the end of the publication. – Voir les documents de référence à la fin de la publication.

Table 1. Selected Characteristics for Census Tracts, 2001 Census – 100% Data and 20% Sample Data

No.	Characteristics	Vancouver 0034.01	Vancouver 0034.02	Vancouver 0035.01	Vancouver 0035.02	Vancouver 0036.01	Vancouver 0036.02
	POPULATION CHARACTERISTICS						
	by home language						
68	Single responses	3,320	4,295	2,530	4,890	3,730	3,400
69	English	1,345	2,285	1,455	2,530	1,710	1,775
70	French	15	25	-	-	-	15
71	Non-official languages (5)	1,965	1,985	1,080	2,355	2,020	1,605
72	Cantonese	750	690	440	995	900	640
73	Chinese, n.o.s.	755	650	230	600	545	390
74	Punjabi	20	25	15	25	10	10
75	Mandarin	35	95	105	70	105	105
76	Korean	-	35	-	25	-	-
77	Other languages (6)	395	490	280	640	465	460
78	Multiple responses	1,505	2,100	1,390	2,190	1,815	1,775
79	English and French	40	65	10	50	35	35
80	English and non-official language	1,455	1,970	1,360	2,090	1,745	1,735
81	French and non-official language	-	30	-	15	-	-
82	English, French and non-official language	10	35	15	35	30	-
	by knowledge of official languages						
83	English only	3,615	5,030	3,290	5,710	4,495	4,445
84	French only	10	20	-	-	-	-
85	English and French	170	295	165	350	215	200
86	Neither English nor French	1,030	1,055	470	1,025	835	525
	by knowledge of non-official languages (5) (7)						
87	Cantonese	1,575	1,380	855	1,860	1,665	1,395
88	Chinese, n.o.s.	920	1,050	555	1,065	1,145	895
89	Punjabi	100	225	70	180	60	20
90	Mandarin	385	430	370	480	510	465
91	Hindi	315	190	105	100	175	130
92	German	70	100	45	45	15	60
93	Spanish	100	145	65	235	45	70
	by first official language spoken						
94	English	3,720	5,205	3,400	5,990	4,640	4,565
95	French	50	135	15	50	10	65
96	English and French	25	15	50	35	70	10
97	Neither English nor French	1,025	1,035	455	1,015	825	525
98	Official language minority - (number) (8)	60	145	45	65	50	75
99	Official language minority - (percentage) (8)	1.2	2.3	1.1	0.9	0.9	1.5
	by ethnic origin (9)						
100	English	310	560	400	725	365	500
101	Canadian	330	385	420	760	350	475
102	Chinese	2,660	3,065	1,675	3,325	3,280	2,645
103	Scottish	255	365	265	415	150	275
104	Irish	130	380	280	375	140	180
105	German	195	295	150	205	95	165
106	East Indian	360	315	280	210	190	230
107	French	125	135	145	180	85	175
108	Ukrainian	80	145	95	165	35	35
109	Italian	110	180	165	325	355	310
110	Dutch (Netherlands)	30	120	40	145	35	35
111	Filipino	205	375	150	515	155	195
112	Polish	35	80	75	60	25	55
113	Norwegian	15	30	30	55	55	30
114	North American Indian	100	100	55	115	115	60
	by Aboriginal identity						
115	Total Aboriginal identity population (10)	70	85	140	100	100	65
116	Total non-Aboriginal population	4,750	6,310	3,785	6,980	5,445	5,105
	by Aboriginal origin						
117	Total Aboriginal origins population (11)	100	115	80	125	125	70
118	Total non-Aboriginal population	4,730	6,280	3,840	6,960	5,425	5,105
	by Registered Indian status						
119	Registered Indian (12)	35	40	110	70	40	40
120	Not a Registered Indian	4,790	6,355	3,815	7,015	5,505	5,130

Tableau 1. Certaines caractéristiques des secteurs de recensement, recensement de 2001 – Données intégrales et données-échantillon (20 %)

Vancouver 0037.01 A	Vancouver 0037.02 ◆◇ A	Vancouver 0038	Vancouver 0039.01	Vancouver 0039.02	Vancouver 0040.01 A	Caractéristiques	N°
						CARACTÉRISTIQUES DE LA POPULATION	
						selon la langue parlée à la maison	
3,935	2,825	3,295	4,645	3,520	3,000	Réponses uniques	68
2,505	1,980	2,365	4,350	2,885	2,790	Anglais	69
40	15	-	15	50	10	Français	70
1,395	835	930	280	590	200	Langues non officielles (5)	71
295	300	110	45	135	35	Cantonais	72
340	240	250	65	135	35	Chinois, n.d.a.	73
10	-	-	10	-	-	Pendjabi	74
75	15	20	-	155	-	Mandarin	75
-	10	-	10	30	-	Coréen	76
670	260	545	155	125	125	Autres langues (6)	77
1,305	815	1,325	725	1,095	490	Réponses multiples	78
70	110	75	140	175	65	Anglais et français	79
1,215	685	1,235	560	850	405	Anglais et langue non officielle	80
10	-	10	-	20	-	Français et langue non officielle	81
10	10	10	20	45	25	Anglais, français et langue non officielle	82
						selon la connaissance des langues officielles	
4,225	2,860	3,875	4,345	3,670	2,865	Anglais seulement	83
10	-	-	10	15	-	Français seulement	84
455	475	455	970	755	575	Anglais et français	85
560	305	295	45	170	55	Ni l'anglais ni le français	86
						selon la connaissance des langues non officielles (5) (7)	
540	520	190	135	355	75	Cantonais	87
585	300	405	155	245	100	Chinois, n.d.a.	88
45	35	15	10	25	25	Pendjabi	89
175	95	120	80	480	45	Mandarin	90
50	65	35	30	15	-	Hindi	91
95	60	75	180	140	140	Allemand	92
220	250	210	210	190	200	Espagnol	93
						selon la première langue officielle parlée	
4,555	3,170	4,215	5,150	4,180	3,315	Anglais	94
115	120	80	145	200	100	Français	95
15	45	30	25	75	35	Anglais et français	96
555	305	285	50	160	45	Ni l'anglais ni le français	97
125	145	100	160	235	120	Minorité de langue officielle - (nombre) (8)	98
2.4	4.0	2.2	3.0	5.1	3.4	Minorité de langue officielle - (pourcentage) (8)	99
						selon l'origine ethnique (9)	
740	745	630	1,650	850	1,020	Anglais	100
710	650	740	1,285	765	650	Canadien	101
1,290	935	720	430	1,015	245	Chinois	102
435	420	475	1,305	600	840	Écossais	103
350	370	495	1,040	590	645	Irlandais	104
310	150	215	790	480	500	Allemand	105
105	90	50	80	70	35	Indien de l'Inde	106
295	195	285	585	455	345	Français	107
115	75	120	245	225	190	Ukrainien	108
70	50	75	185	135	130	Italien	109
110	40	75	180	120	135	Hollandais (Néerlandais)	110
580	245	985	310	255	55	Philippin	111
75	65	125	195	140	175	Polonais	112
50	60	75	180	55	55	Norvégien	113
285	115	145	195	45	70	Indien de l'Amérique du Nord	114
						selon l'identité autochtone	
265	110	160	130	30	40	Total de la population ayant une identité autochtone (10)	115
4,980	3,530	4,460	5,240	4,580	3,450	Total de la population non autochtone	116
						selon l'origine autochtone	
315	130	165	235	45	100	Total de la population ayant une origine autochtone (11)	117
4,925	3,510	4,455	5,140	4,565	3,390	Total de la population non autochtone	118
						selon le statut d'Indien inscrit	
180	85	115	40	10	20	Oui, Indien inscrit (12)	119
5,065	3,555	4,510	5,335	4,600	3,475	Non, pas un Indien inscrit	120

Table 1. Selected Characteristics for Census Tracts, 2001 Census – 100% Data and 20% Sample Data

No.	Characteristics	Vancouver 0034.01	Vancouver 0034.02	Vancouver 0035.01	Vancouver 0035.02	Vancouver 0036.01	Vancouver 0036.02
	POPULATION CHARACTERISTICS						
	by visible minority groups						
121	Total visible minority population	3,785	4,490	2,525	4,900	4,290	3,580
122	Chinese	2,660	2,875	1,650	3,230	3,335	2,455
123	South Asian	430	345	295	250	230	235
124	Black	25	30	15	115	-	25
125	Filipino	200	360	150	470	140	175
126	Latin American	85	130	25	160	10	10
127	Southeast Asian	280	385	170	385	385	410
128	Arab	40	70	-	10	-	-
129	West Asian	10	-	-	10	-	-
130	Korean	10	115	55	70	10	25
131	Japanese	15	15	90	70	140	40
132	Visible minority, n.i.e. (13)	10	-	-	25	-	-
133	Multiple visible minorities (14)	25	150	55	100	20	205
	by citizenship						
134	Canadian citizenship (15)	4,170	5,470	3,340	6,015	4,930	4,625
135	Citizenship other than Canadian	655	925	580	1,065	615	545
	by place of birth of respondent						
136	Non-immigrant population	1,880	2,660	1,760	2,920	2,050	2,170
137	Born in province of residence	1,480	2,010	1,415	2,185	1,660	1,835
138	Immigrant population (16)	2,850	3,620	2,060	4,050	3,470	2,965
139	United States	20	55	10	50	40	15
140	Central and South America	85	75	35	135	20	20
141	Caribbean and Bermuda	-	10	-	10	15	-
142	United Kingdom	15	70	35	100	60	45
143	Other Europe (17)	195	315	245	505	335	415
144	Africa	15	10	10	70	-	15
145	Asia and the Middle East	2,360	2,980	1,605	3,140	2,880	2,335
146	Oceania and other (18)	165	105	125	45	115	110
147	Non-permanent residents (19)	90	115	100	105	30	40
148	**Total immigrant population**	**2,850**	**3,620**	**2,060**	**4,050**	**3,470**	**2,965**
	by period of immigration						
149	Before 1961	195	255	195	455	295	205
150	1961-1970	225	295	245	310	290	350
151	1971-1980	500	725	510	695	720	580
152	1981-1990	840	1,020	240	885	1,005	875
153	1991-2001 (20)	1,100	1,320	870	1,705	1,160	960
154	1991-1995	535	655	460	895	760	540
155	1996-2001 (20)	565	660	405	810	395	420
	by age at immigration						
156	0-4 years	175	260	125	295	210	150
157	5-19 years	545	895	535	955	895	850
158	20 years and over	2,130	2,460	1,400	2,805	2,370	1,970
159	**Total population**	**4,825**	**6,395**	**3,925**	**7,080**	**5,550**	**5,170**
	by religion						
160	Catholic (21)	845	1,225	670	1,405	905	1,070
161	Protestant	375	700	330	645	570	530
162	Christian Orthodox	-	60	20	45	-	125
163	Christian, n.i.e. (22)	70	125	225	360	240	180
164	Muslim	125	165	125	35	15	60
165	Jewish	10	20	15	35	-	25
166	Buddhist	760	720	350	865	880	670
167	Hindu	255	65	125	70	170	125
168	Sikh	85	185	75	170	45	15
169	Eastern religions (23)	45	15	10	10	15	-
170	Other religions (24)	-	55	10	20	30	-
171	No religious affiliation (25)	2,255	3,065	1,965	3,425	2,675	2,370
172	**Total population 15 years and over**	**3,955**	**5,210**	**3,330**	**5,875**	**4,570**	**4,300**
	by generation status						
173	1st generation (26)	2,885	3,520	2,075	3,980	3,365	2,880
174	2nd generation (27)	640	1,035	775	1,120	885	920
175	3rd generation and over (28)	435	655	485	770	325	500
176	**Total population 1 year and over (29)**	**4,750**	**6,345**	**3,895**	**7,005**	**5,500**	**5,135**
	by place of residence 1 year ago (mobility)						
177	Non-movers	3,990	5,330	3,345	5,975	4,805	4,340
178	Movers	760	1,015	550	1,025	695	800
179	Non-migrants	525	730	390	655	420	640
180	Migrants	230	285	160	370	275	160
181	Internal migrants	95	95	55	135	115	100
182	Intraprovincial migrants	80	55	45	125	105	80
183	Interprovincial migrants	15	45	10	10	10	20
184	External migrants	135	190	105	240	160	60

Tableau 1. Certaines caractéristiques des secteurs de recensement, recensement de 2001 – Données intégrales et données-échantillon (20 %)

Vancouver 0037.01 A	Vancouver 0037.02 ◆◇ A	Vancouver 0038	Vancouver 0039.01	Vancouver 0039.02	Vancouver 0040.01 A	Caractéristiques	N°
						CARACTÉRISTIQUES DE LA POPULATION	
						selon les groupes de minorités visibles	
3,065	1,845	2,470	1,125	1,815	600	Total de la population des minorités visibles	121
1,190	905	645	370	1,000	240	Chinois	122
145	110	165	80	120	50	Sud-Asiatique	123
45	50	105	125	60	40	Noir	124
655	215	985	300	210	50	Philippin	125
95	150	95	35	50	60	Latino-Américain	126
725	285	270	45	55	10	Asiatique du Sud-Est	127
35	-	-	-	10	10	Arabe	128
25	15	80	15	30	10	Asiatique occidental	129
40	30	10	40	95	15	Coréen	130
90	40	25	50	150	125	Japonais	131
-	-	25	10	10	-	Minorité visible, n.i.a. (13)	132
20	45	65	45	30	-	Minorités visibles multiples (14)	133
						selon la citoyenneté	
4,470	3,200	3,805	4,915	3,880	3,085	Citoyenneté canadienne (15)	134
775	445	820	450	730	410	Citoyenneté autre que canadienne	135
						selon le lieu de naissance du répondant	
2,615	1,980	2,260	3,920	2,620	2,555	Population non immigrante	136
1,690	1,245	1,310	2,000	1,350	1,205	Née dans la province de résidence	137
2,505	1,595	2,290	1,405	1,920	825	Population immigrante (16)	138
50	20	40	145	85	40	États-Unis	139
70	125	70	25	55	55	Amérique centrale et du Sud	140
-	-	20	15	15	-	Caraïbes et Bermudes	141
40	75	75	165	130	135	Royaume-Uni	142
185	145	220	285	265	230	Autre Europe (17)	143
25	40	90	40	90	50	Afrique	144
2,090	1,145	1,755	670	1,265	285	Asie et Moyen-Orient	145
45	40	20	65	15	30	Océanie et autre (18)	146
125	70	70	50	75	115	Résidents non permanents (19)	147
2,510	**1,595**	**2,285**	**1,405**	**1,915**	**825**	**Population immigrante totale**	148
						selon la période d'immigration	
125	105	55	165	85	90	Avant 1961	149
70	60	90	155	210	105	1961-1970	150
425	215	310	250	305	130	1971-1980	151
770	540	525	220	285	135	1981-1990	152
1,115	680	1,310	610	1,045	365	1991-2001 (20)	153
590	410	655	230	540	135	1991-1995	154
530	270	650	380	505	230	1996-2001 (20)	155
						selon l'âge à l'immigration	
145	100	115	125	205	100	0-4 ans	156
525	360	490	390	490	180	5-19 ans	157
1,835	1,135	1,680	895	1,225	545	20 ans et plus	158
5,245	**3,640**	**4,620**	**5,375**	**4,610**	**3,495**	**Population totale**	159
						selon la religion	
1,205	810	1,445	1,205	1,005	665	Catholique (21)	160
635	600	405	1,130	875	795	Protestante	161
25	60	100	70	80	80	Orthodoxe chrétienne	162
220	115	290	250	190	185	Chrétiennes, n.i.a. (22)	163
105	50	80	20	55	60	Musulmane	164
20	55	15	80	210	105	Juive	165
540	290	380	130	255	65	Bouddhiste	166
50	50	70	15	20	-	Hindoue	167
20	25	-	10	25	20	Sikh	168
10	10	35	15	-	-	Religions orientales (23)	169
40	50	15	-	25	15	Autres religions (24)	170
2,380	1,525	1,775	2,445	1,860	1,505	Aucune appartenance religieuse (25)	171
4,320	**3,105**	**4,005**	**4,925**	**4,225**	**3,395**	**Population totale de 15 ans et plus**	172
						selon le statut des générations	
2,515	1,610	2,245	1,370	1,880	930	1re génération (26)	173
730	560	660	1,325	940	985	2e génération (27)	174
1,075	935	1,100	2,230	1,405	1,470	3e génération et plus (28)	175
5,195	**3,615**	**4,575**	**5,280**	**4,580**	**3,470**	**Population totale de 1 an et plus (29)**	176
						selon le lieu de résidence 1 an auparavant (mobilité)	
4,135	2,780	3,380	3,770	3,415	2,155	Personnes n'ayant pas déménagé	177
1,060	835	1,195	1,520	1,165	1,315	Personnes ayant déménagé	178
705	500	715	990	760	745	Non-migrants	179
355	335	480	525	405	570	Migrants	180
215	265	285	400	275	420	Migrants internes	181
120	205	170	260	175	280	Migrants infraprovinciaux	182
90	65	110	135	100	140	Migrants interprovinciaux	183
140	70	195	130	130	150	Migrants externes	184

Table 1. Selected Characteristics for Census Tracts, 2001 Census – 100% Data and 20% Sample Data

No.	Characteristics	Vancouver 0034.01	Vancouver 0034.02	Vancouver 0035.01	Vancouver 0035.02	Vancouver 0036.01	Vancouver 0036.02
	POPULATION CHARACTERISTICS						
185	**Total population 5 years and over (30)**	**4,495**	**6,045**	**3,735**	**6,685**	**5,275**	**4,920**
	by place of residence 5 years ago (mobility)						
186	Non-movers	2,440	3,290	2,085	3,390	3,325	3,100
187	Movers	2,060	2,755	1,650	3,300	1,945	1,820
188	Non-migrants	1,220	1,820	1,085	1,925	1,250	1,125
189	Migrants	845	935	570	1,370	700	695
190	Internal migrants	355	400	185	555	285	295
191	Intraprovincial migrants	230	230	115	420	170	230
192	Interprovincial migrants	130	170	65	125	115	65
193	External migrants	490	535	385	820	415	405
194	**Total population 15 to 24 years**	**590**	**845**	**575**	**940**	**710**	**735**
	by school attendance						
195	Not attending school	260	235	205	255	235	245
196	Attending school full time	260	490	300	605	405	400
197	Attending school part time	75	120	70	85	70	80
198	**Total population 15 years and over**	**3,955**	**5,210**	**3,335**	**5,875**	**4,570**	**4,300**
	by highest level of schooling						
199	Less than grade 9 (31)	870	955	375	840	815	605
200	Grades 9-13 without high school graduation certificate	800	1,230	740	1,290	975	965
201	Grades 9-13 with high school graduation certificate	630	455	375	690	490	515
202	Some postsecondary without degree, certificate or diploma (32)	490	745	460	735	465	615
203	Trades certificate or diploma (33)	255	295	245	505	365	420
204	College certificate or diploma (34)	330	615	430	790	540	545
205	University certificate below bachelor's degree	90	120	125	165	135	120
206	University with bachelor's degree or higher	490	800	580	855	780	515
	by combinations of unpaid work						
207	Males 15 years and over	1,905	2,535	1,660	2,825	2,220	2,095
208	Reported unpaid work (35)	1,690	2,210	1,460	2,400	1,935	1,755
209	Housework and child care and care or assistance to seniors	160	250	150	220	175	175
210	Housework and child care only	390	585	375	670	530	370
211	Housework and care or assistance to seniors only	115	175	160	190	140	105
212	Child care and care or assistance to seniors only	20	20	-	10	-	-
213	Housework only	960	1,125	735	1,275	995	1,085
214	Child care only	35	35	10	40	40	10
215	Care or assistance to seniors only	15	15	35	-	50	-
216	Females 15 years and over	2,050	2,680	1,675	3,050	2,350	2,210
217	Reported unpaid work (35)	1,885	2,490	1,465	2,775	2,150	1,985
218	Housework and child care and care or assistance to seniors	240	390	255	345	265	245
219	Housework and child care only	570	775	335	890	620	580
220	Housework and care or assistance to seniors only	120	255	245	300	200	185
221	Child care and care or assistance to seniors only	20	10	-	-	-	-
222	Housework only	895	1,025	610	1,225	1,015	970
223	Child care only	30	15	-	20	45	-
224	Care or assistance to seniors only	15	25	10	-	10	-
	by labour force activity						
225	Males 15 years and over	1,905	2,535	1,660	2,825	2,220	2,095
226	In the labour force	1,200	1,685	1,120	1,840	1,470	1,335
227	Employed	1,140	1,485	995	1,690	1,380	1,190
228	Unemployed	65	195	125	150	85	150
229	Not in the labour force	705	845	540	990	755	755
230	Participation rate	63.0	66.5	67.5	65.1	66.2	63.7
231	Employment rate	59.8	58.6	59.9	59.8	62.2	56.8
232	Unemployment rate	5.4	11.6	11.2	8.2	5.8	11.2
233	Females 15 years and over	2,050	2,680	1,675	3,050	2,350	2,210
234	In the labour force	1,165	1,500	885	1,700	1,215	1,290
235	Employed	1,085	1,385	795	1,570	1,130	1,205
236	Unemployed	80	120	90	130	85	80
237	Not in the labour force	885	1,180	785	1,350	1,135	925
238	Participation rate	56.8	56.0	52.8	55.7	51.7	58.4
239	Employment rate	52.9	51.7	47.5	51.5	48.1	54.5
240	Unemployment rate	6.9	8.0	10.2	7.6	7.0	6.2

Tableau 1. Certaines caractéristiques des secteurs de recensement, recensement de 2001 – Données intégrales et données-échantillon (20 %)

Vancouver 0037.01 A	Vancouver 0037.02 ◆◇ A	Vancouver 0038	Vancouver 0039.01	Vancouver 0039.02	Vancouver 0040.01 A	Caractéristiques	N°
						CARACTÉRISTIQUES DE LA POPULATION	
4,925	**3,495**	**4,355**	**5,150**	**4,445**	**3,435**	**Population totale de 5 ans et plus (30)**	185
						selon le lieu de résidence 5 ans auparavant (mobilité)	
2,000	1,520	1,595	1,715	1,505	845	Personnes n'ayant pas déménagé	186
2,925	1,975	2,760	3,435	2,945	2,585	Personnes ayant déménagé	187
1,835	1,075	1,550	1,835	1,435	1,255	Non-migrants	188
1,090	905	1,210	1,595	1,505	1,325	Migrants	189
580	610	700	1,200	930	1,005	Migrants internes	190
370	385	415	650	510	560	Migrants infraprovinciaux	191
210	230	285	550	420	445	Migrants interprovinciaux	192
510	295	515	395	575	325	Migrants externes	193
660	**475**	**575**	**580**	**505**	**410**	**Population totale de 15 à 24 ans**	194
						selon la fréquentation scolaire	
205	215	295	300	130	200	Ne fréquentant pas l'école	195
390	215	210	190	315	190	Fréquentant l'école à plein temps	196
70	45	75	80	55	20	Fréquentant l'école à temps partiel	197
4,320	**3,105**	**4,010**	**4,925**	**4,220**	**3,390**	**Population totale de 15 ans et plus**	198
						selon le plus haut niveau de scolarité atteint	
600	235	295	90	65	60	Niveau inférieur à la 9e année (31)	199
975	710	510	455	375	285	De la 9e à la 13e année sans certificat d'études secondaires	200
405	280	415	360	300	195	De la 9e à la 13e année avec certificat d'études secondaires	201
480	480	620	755	555	505	Études postsecondaires partielles sans grade, certificat ou diplôme (32)	202
325	255	345	370	280	235	Certificat ou diplôme d'une école de métiers (33)	203
550	405	570	820	755	675	Certificat ou diplôme collégial (34)	204
130	80	205	185	160	135	Certificat universitaire inférieur au baccalauréat	205
850	650	1,050	1,890	1,725	1,300	Études universitaires avec baccalauréat ou diplôme supérieur	206
						selon les combinaisons de travail non rémunéré	
2,190	1,595	1,880	2,315	1,795	1,490	Hommes de 15 ans et plus	207
1,875	1,250	1,595	2,170	1,570	1,340	Travail non rémunéré déclaré (35)	208
125	90	60	50	30	40	Travaux ménagers et soins aux enfants et soins ou aide aux personnes âgées	209
365	185	340	365	245	75	Travaux ménagers et soins aux enfants seulement	210
180	155	70	185	110	75	Travaux ménagers et soins ou aide aux personnes âgées seulement	211
-	-	-	-	-	-	Soins aux enfants et soins ou aide aux personnes âgées seulement	212
1,170	795	1,075	1,535	1,160	1,130	Travaux ménagers seulement	213
25	-	45	25	-	10	Soins aux enfants seulement	214
10	20	-	10	10	15	Soins ou aide aux personnes âgées seulement	215
2,130	1,510	2,130	2,610	2,430	1,900	Femmes de 15 ans et plus	216
1,925	1,340	1,860	2,435	2,225	1,790	Travail non rémunéré déclaré (35)	217
210	135	110	95	140	55	Travaux ménagers et soins aux enfants et soins ou aide aux personnes âgées	218
535	295	480	470	345	150	Travaux ménagers et soins aux enfants seulement	219
155	125	145	265	230	150	Travaux ménagers et soins ou aide aux personnes âgées seulement	220
10	-	-	-	-	-	Soins aux enfants et soins ou aide aux personnes âgées seulement	221
970	775	1,100	1,595	1,495	1,420	Travaux ménagers seulement	222
35	10	-	10	-	10	Soins aux enfants seulement	223
10	-	15	10	20	-	Soins ou aide aux personnes âgées seulement	224
						selon l'activité	
2,185	1,595	1,880	2,315	1,790	1,490	Hommes de 15 ans et plus	225
1,575	1,215	1,510	1,975	1,405	1,260	Population active	226
1,420	1,040	1,385	1,880	1,255	1,190	Personnes occupées	227
155	180	130	95	145	70	Chômeurs	228
610	375	370	340	390	235	Inactifs	229
72.1	76.2	80.3	85.3	78.5	84.6	Taux d'activité	230
65.0	65.2	73.7	81.2	70.1	79.9	Taux d'emploi	231
9.8	14.8	8.6	4.8	10.3	5.6	Taux de chômage	232
2,135	1,510	2,130	2,610	2,425	1,900	Femmes de 15 ans et plus	233
1,400	945	1,440	2,040	1,700	1,550	Population active	234
1,285	860	1,310	1,915	1,560	1,485	Personnes occupées	235
110	85	135	125	140	65	Chômeuses	236
735	565	690	575	725	345	Inactives	237
65.6	62.6	67.6	78.2	70.1	81.6	Taux d'activité	238
60.2	57.0	61.5	73.4	64.3	78.2	Taux d'emploi	239
7.9	9.0	9.4	6.1	8.2	4.2	Taux de chômage	240

Table 1. Selected Characteristics for Census Tracts, 2001 Census – 100% Data and 20% Sample Data

No.	Characteristics	Vancouver 0034.01	Vancouver 0034.02	Vancouver 0035.01	Vancouver 0035.02	Vancouver 0036.01	Vancouver 0036.02
	POPULATION CHARACTERISTICS						
	by labour force activity – concluded						
241	Both sexes - Participation rate	59.8	61.1	60.3	60.3	58.6	61.0
242	15-24 years	62.7	54.4	59.1	47.6	60.6	64.6
243	25 years and over	59.1	62.4	60.4	62.7	58.3	60.2
244	Both sexes - Employment rate	56.2	55.1	53.7	55.5	55.0	55.7
245	15-24 years	60.2	46.4	49.6	42.6	54.9	56.8
246	25 years and over	55.7	56.8	54.6	57.9	54.9	55.5
247	Both sexes - Unemployment rate	5.9	9.9	10.7	8.1	6.3	8.8
248	15-24 years	5.3	15.2	16.2	11.1	10.5	12.6
249	25 years and over	6.0	9.0	9.9	7.6	5.6	7.9
250	**Total labour force 15 years and over**	**2,365**	**3,180**	**2,005**	**3,535**	**2,680**	**2,625**
	by industry based on the 1997 NAICS						
251	Industry - Not applicable (36)	30	105	80	70	85	50
252	All industries (37)	2,335	3,075	1,935	3,465	2,590	2,570
253	11 Agriculture, forestry, fishing and hunting	15	25	10	20	30	10
254	21 Mining and oil and gas extraction	15	-	-	-	-	-
255	22 Utilities	20	10	10	10	-	-
256	23 Construction	80	100	75	155	90	140
257	31-33 Manufacturing	415	520	230	490	405	350
258	41 Wholesale trade	100	115	90	180	125	135
259	44-45 Retail trade	315	365	240	450	350	240
260	48-49 Transportation and warehousing	100	120	80	135	110	140
261	51 Information and cultural industries	40	120	95	160	70	85
262	52 Finance and insurance	80	155	95	55	145	230
263	53 Real estate and rental and leasing	40	65	15	75	65	40
264	54 Professional, scientific and technical services	185	195	170	240	155	160
265	55 Management of companies and enterprises	-	-	-	15	-	-
266	56 Administrative and support, waste management and remediation services	65	150	70	220	120	110
267	61 Educational services	60	150	100	80	130	80
268	62 Health care and social assistance	105	215	210	360	220	180
269	71 Arts, entertainment and recreation	35	105	25	65	65	45
270	72 Accommodation and food services	400	455	340	380	285	355
271	81 Other services (except public administration)	210	175	40	240	120	130
272	91 Public administration	55	45	30	135	105	145
	by class of worker						
273	Class of worker - Not applicable (36)	25	105	75	75	85	55
274	All classes of worker (37)	2,335	3,080	1,935	3,465	2,595	2,575
275	Paid workers	2,210	2,785	1,805	3,185	2,425	2,425
276	Employees	2,145	2,745	1,740	3,065	2,310	2,390
277	Self-employed (incorporated)	70	45	65	120	115	35
278	Self-employed (unincorporated)	120	265	120	275	170	140
279	Unpaid family workers	-	25	10	10	-	-
	by occupation based on the 2001 NOC-S						
280	Male labour force 15 years and over	1,200	1,685	1,120	1,840	1,465	1,340
281	Occupation - Not applicable (36)	-	70	40	25	45	40
282	All occupations (37)	1,195	1,610	1,080	1,820	1,420	1,300
283	A Management occupations	80	155	70	120	165	115
284	B Business, finance and administration occupations	70	125	135	200	140	180
285	C Natural and applied sciences and related occupations	175	125	95	230	160	165
286	D Health occupations	20	10	30	40	-	20
287	E Occupations in social science, education, government service and religion	40	45	40	55	65	45
288	F Occupations in art, culture, recreation and sport	35	100	65	55	65	35
289	G Sales and service occupations	380	510	325	455	400	320
290	H Trades, transport and equipment operators and related occupations	250	325	215	445	260	310
291	I Occupations unique to primary industry	35	50	15	55	30	40
292	J Occupations unique to processing, manufacturing and utilities	115	160	90	165	130	65
293	Female labour force 15 years and over	1,160	1,500	885	1,700	1,215	1,290
294	Occupation - Not applicable (36)	25	40	35	50	40	15
295	All occupations (37)	1,140	1,465	850	1,650	1,175	1,275
296	A Management occupations	95	65	40	85	75	80
297	B Business, finance and administration occupations	205	330	180	405	315	440
298	C Natural and applied sciences and related occupations	50	20	45	60	50	50
299	D Health occupations	45	70	80	95	80	75

Tableau 1. Certaines caractéristiques des secteurs de recensement, recensement de 2001 – Données intégrales et données-échantillon (20 %)

Vancouver 0037.01 A	Vancouver 0037.02 ◆◇ A	Vancouver 0038	Vancouver 0039.01	Vancouver 0039.02	Vancouver 0040.01 A	Caractéristiques	N°
						CARACTÉRISTIQUES DE LA POPULATION	
						selon l'activité – fin	
68.9	69.7	73.6	81.4	73.4	82.9	Les deux sexes - Taux d'activité	241
53.0	74.7	75.0	80.2	55.4	84.1	15-24 ans	242
71.7	68.8	73.5	81.6	75.9	82.6	25 ans et plus	243
62.6	61.2	67.1	77.0	66.6	78.8	Les deux sexes - Taux d'emploi	244
45.5	69.5	70.4	69.0	38.6	81.7	15-24 ans	245
65.8	59.8	66.6	77.8	70.4	78.5	25 ans et plus	246
9.1	12.2	8.8	5.6	9.3	4.8	Les deux sexes - Taux de chômage	247
14.3	7.0	6.9	13.0	28.6	2.9	15-24 ans	248
8.4	13.3	9.3	4.6	7.3	5.1	25 ans et plus	249
2,975	**2,165**	**2,950**	**4,010**	**3,105**	**2,810**	**Population active totale de 15 ans et plus**	250
						selon l'industrie basée sur le SCIAN de 1997	
125	45	45	35	85	10	Industrie - Sans objet (36)	251
2,850	2,120	2,905	3,975	3,020	2,805	Toutes les industries (37)	252
20	-	30	10	-	10	11 Agriculture, foresterie, pêche et chasse	253
10	-	10	10	-	15	21 Extraction minière et extraction de pétrole et de gaz	254
15	15	-	40	15	15	22 Services publics	255
140	90	145	170	80	65	23 Construction	256
300	160	240	235	180	110	31-33 Fabrication	257
145	125	65	120	115	70	41 Commerce de gros	258
250	185	295	330	230	260	44-45 Commerce de détail	259
95	95	110	140	150	145	48-49 Transport et entreposage	260
135	85	155	325	205	225	51 Industrie de l'information et industrie culturelle	261
95	65	90	180	230	175	52 Finance et assurances	262
50	40	60	50	80	70	53 Services immobiliers et services de location et de location à bail	263
190	230	220	470	360	415	54 Services professionnels, scientifiques et techniques	264
10	-	-	-	-	10	55 Gestion de sociétés et d'entreprises	265
150	120	155	150	105	125	56 Services administratifs, services de soutien, services de gestion des déchets et services d'assainissement	266
190	165	125	330	310	240	61 Services d'enseignement	267
285	140	410	575	625	310	62 Soins de santé et assistance sociale	268
65	80	165	165	40	50	71 Arts, spectacles et loisirs	269
500	280	405	350	125	245	72 Hébergement et services de restauration	270
155	175	195	170	85	130	81 Autres services, sauf les administrations publiques	271
55	60	40	160	75	125	91 Administrations publiques	272
						selon la catégorie de travailleurs	
130	40	45	35	80	10	Catégorie de travailleurs - Sans objet (36)	273
2,845	2,120	2,905	3,975	3,020	2,800	Toutes les catégories de travailleurs (37)	274
2,635	1,950	2,630	3,615	2,745	2,630	Travailleurs rémunérés	275
2,580	1,915	2,600	3,480	2,580	2,570	Employés	276
60	40	25	135	160	55	Travailleurs autonomes (entreprise constituée en société)	277
210	165	275	360	270	175	Travailleurs autonomes (entreprise non constituée en société)	278
-	-	-	-	-	-	Travailleurs familiaux non rémunérés	279
						selon la profession basée sur la CNP-S de 2001	
1,575	1,220	1,510	1,975	1,400	1,260	Hommes actifs de 15 ans et plus	280
90	35	30	10	60	10	Profession - Sans objet (36)	281
1,490	1,190	1,485	1,965	1,345	1,250	Toutes les professions (37)	282
145	65	100	255	220	205	A Gestion	283
110	150	195	255	160	155	B Affaires, finance et administration	284
160	125	110	280	160	205	C Sciences naturelles et appliquées et professions apparentées	285
50	45	40	85	120	50	D Secteur de la santé	286
75	70	105	180	150	95	E Sciences sociales, enseignement, administration publique et religion	287
90	70	90	200	110	130	F Arts, culture, sports et loisirs	288
415	335	450	405	255	245	G Ventes et services	289
340	280	255	240	105	105	H Métiers, transport et machinerie	290
35	10	50	15	25	20	I Professions propres au secteur primaire	291
80	45	95	60	35	45	J Transformation, fabrication et services d'utilité publique	292
1,395	945	1,445	2,040	1,700	1,550	Femmes actives de 15 ans et plus	293
40	10	20	25	25	-	Profession - Sans objet (36)	294
1,360	935	1,420	2,015	1,675	1,555	Toutes les professions (37)	295
80	65	60	195	155	120	A Gestion	296
255	235	275	530	510	570	B Affaires, finance et administration	297
15	40	35	100	100	85	C Sciences naturelles et appliquées et professions apparentées	298
120	30	160	210	295	150	D Secteur de la santé	299

Table 1. Selected Characteristics for Census Tracts, 2001 Census – 100% Data and 20% Sample Data

No.	Characteristics	Vancouver 0034.01	Vancouver 0034.02	Vancouver 0035.01	Vancouver 0035.02	Vancouver 0036.01	Vancouver 0036.02
	POPULATION CHARACTERISTICS						
	by occupation based on the 2001 NOC-S – concluded						
300	E Occupations in social science, education, government service and religion	65	120	25	110	65	85
301	F Occupations in art, culture, recreation and sport	10	60	35	60	55	30
302	G Sales and service occupations	415	535	335	630	380	380
303	H Trades, transport and equipment operators and related occupations	70	50	20	55	30	55
304	I Occupations unique to primary industry	10	25	10	10	-	-
305	J Occupations unique to processing, manufacturing and utilities	185	190	75	140	135	75
306	**Total employed labour force 15 years and over**	**2,225**	**2,870**	**1,790**	**3,255**	**2,510**	**2,395**
	by place of work						
307	Males	1,135	1,490	1,000	1,690	1,380	1,190
308	Usual place of work	955	1,225	825	1,410	1,135	975
309	At home	30	70	20	80	50	35
310	Outside Canada	20	15	10	15	35	-
311	No fixed workplace address	135	175	140	185	165	180
312	Females	1,085	1,380	800	1,570	1,125	1,210
313	Usual place of work	1,020	1,245	725	1,400	1,020	1,105
314	At home	20	65	30	60	55	40
315	Outside Canada	10	10	-	-	15	-
316	No fixed workplace address	30	65	45	105	30	65
317	**Total employed labour force 15 years and over with usual place of work or no fixed workplace address**	**2,140**	**2,715**	**1,740**	**3,105**	**2,355**	**2,320**
	by mode of transportation						
318	Males	1,090	1,405	970	1,600	1,300	1,150
319	Car, truck, van, as driver	890	1,015	710	1,085	1,040	910
320	Car, truck, van, as passenger	30	65	25	110	40	65
321	Public transit	125	230	200	295	175	110
322	Walked	30	60	10	45	25	10
323	Other method	15	30	25	55	30	50
324	Females	1,050	1,315	770	1,505	1,055	1,170
325	Car, truck, van, as driver	445	565	375	685	500	640
326	Car, truck, van, as passenger	170	235	100	255	155	190
327	Public transit	375	460	270	445	345	280
328	Walked	55	40	15	65	45	40
329	Other method	10	15	10	55	-	15
330	**Total population 15 years and over who worked since January 1, 2000**	**2,555**	**3,405**	**2,120**	**3,915**	**2,795**	**2,815**
	by language used at work						
331	Single responses	1,980	2,840	1,760	3,160	2,175	2,345
332	English	1,545	2,390	1,550	2,755	1,875	2,105
333	French	-	-	-	-	-	-
334	Non-official languages (5)	435	450	210	400	300	245
335	Chinese, n.o.s.	190	185	60	155	85	120
336	Cantonese	190	180	95	210	150	110
337	Other languages (6)	50	90	55	35	60	15
338	Multiple responses	575	565	360	755	625	465
339	English and French	20	20	10	10	-	20
340	English and non-official language	530	545	345	745	615	440
341	French and non-official language	10	-	-	-	-	-
342	English, French and non-official language	20	-	-	-	10	-
	DWELLING AND HOUSEHOLD CHARACTERISTICS						
343	**Total number of occupied private dwellings**	**1,505**	**2,040**	**1,320**	**2,485**	**1,730**	**1,605**
	by tenure						
344	Owned	905	1,030	695	1,240	1,185	1,210
345	Rented	605	1,005	625	1,240	550	400
346	Band housing	-	-	-	-	-	-
	by structural type of dwelling						
347	Single-detached house	705	980	730	1,145	1,070	1,260
348	Semi-detached house	-	60	-	20	-	-
349	Row house	-	120	15	30	-	-
350	Apartment, detached duplex	505	615	395	370	605	340
351	Apartment, building that has five or more storeys	-	-	-	110	-	-
352	Apartment, building that has fewer than five storeys (38)	285	250	175	805	50	10
353	Other single-attached house	10	15	-	-	10	-
354	Movable dwelling (39)	-	-	-	-	-	-

Tableau 1. Certaines caractéristiques des secteurs de recensement, recensement de 2001 – Données intégrales et données-échantillon (20 %)

Vancouver 0037.01 A	Vancouver 0037.02 ◆◇ A	Vancouver 0038	Vancouver 0039.01	Vancouver 0039.02	Vancouver 0040.01 A	Caractéristiques	N°
						CARACTÉRISTIQUES DE LA POPULATION	
						selon la profession basée sur la CNP-S de 2001 – fin	
135	105	135	305	200	180	E Sciences sociales, enseignement, administration publique et religion	300
70	75	105	230	115	95	F Arts, culture, sports et loisirs	301
545	285	590	405	290	320	G Ventes et services	302
10	25	15	15	-	10	H Métiers, transport et machinerie	303
15	-	-	10	-	-	I Professions propres au secteur primaire	304
115	65	35	10	10	10	J Transformation, fabrication et services d'utilité publique	305
2,705	**1,900**	**2,690**	**3,790**	**2,815**	**2,675**	**Population active occupée totale de 15 ans et plus**	306
						selon le lieu de travail	
1,420	1,040	1,385	1,880	1,260	1,190	Hommes	307
1,135	835	1,040	1,395	950	955	Lieu habituel de travail	308
70	35	140	160	125	90	À domicile	309
-	-	-	10	40	15	En dehors du Canada	310
210	170	210	305	145	130	Sans adresse de travail fixe	311
1,290	855	1,305	1,910	1,555	1,485	Femmes	312
1,120	765	1,165	1,650	1,360	1,355	Lieu habituel de travail	313
65	35	40	110	110	55	À domicile	314
-	-	10	15	10	15	En dehors du Canada	315
100	50	95	135	80	65	Sans adresse de travail fixe	316
2,565	**1,815**	**2,500**	**3,495**	**2,530**	**2,500**	**Population active occupée totale de 15 ans et plus ayant un lieu habituel de travail ou sans adresse de travail fixe**	317
						selon le mode de transport	
1,345	1,000	1,245	1,705	1,090	1,085	Hommes	318
815	510	725	880	715	500	Automobile, camion ou fourgonnette, en tant que conducteur	319
30	35	40	40	45	40	Automobile, camion ou fourgonnette, en tant que passager	320
295	345	225	275	40	180	Transport en commun	321
60	35	100	305	165	260	À pied	322
155	80	150	210	125	100	Autre moyen	323
1,225	815	1,260	1,790	1,440	1,415	Femmes	324
635	230	480	770	670	540	Automobile, camion ou fourgonnette, en tant que conductrice	325
105	55	105	80	80	65	Automobile, camion ou fourgonnette, en tant que passagère	326
335	345	365	365	245	330	Transport en commun	327
80	110	175	385	385	400	À pied	328
65	70	135	185	65	80	Autre moyen	329
3,125	**2,295**	**3,135**	**4,215**	**3,270**	**3,030**	**Population totale de 15 ans et plus ayant travaillé depuis le 1er janvier 2000**	330
						selon la langue utilisée au travail	
2,715	2,020	2,695	3,920	2,830	2,805	Réponses uniques	331
2,445	1,925	2,580	3,895	2,735	2,790	Anglais	332
-	-	20	10	20	-	Français	333
275	85	95	20	75	15	Langues non officielles (5)	334
120	25	65	10	10	-	Chinois, n.d.a.	335
105	50	10	10	25	-	Cantonais	336
55	10	20	-	45	15	Autres langues (6)	337
410	275	435	295	440	230	Réponses multiples	338
35	50	40	100	135	70	Anglais et français	339
365	210	380	185	290	135	Anglais et langue non officielle	340
10	-	-	-	-	-	Français et langue non officielle	341
-	10	10	10	15	20	Anglais, français et langue non officielle	342
						CARACTÉRISTIQUES DES LOGEMENTS ET DES MÉNAGES	
2,070	**1,605**	**2,255**	**3,145**	**2,660**	**2,420**	**Nombre total de logements privés occupés**	343
						selon le mode d'occupation	
765	490	555	670	965	330	Possédé	344
1,305	1,115	1,700	2,475	1,695	2,090	Loué	345
-	-	-	-	-	-	Logement de bande	346
						selon le type de construction résidentielle	
235	335	165	180	70	-	Maison individuelle non attenante	347
140	120	130	65	25	-	Maison jumelée	348
20	35	10	55	55	25	Maison en rangée	349
715	305	220	220	35	35	Appartement, duplex non attenant	350
-	10	-	135	525	265	Appartement, immeuble de cinq étages ou plus	351
960	760	1,695	2,460	1,940	2,080	Appartement, immeuble de moins de cinq étages (38)	352
-	45	30	20	15	10	Autre maison individuelle attenante	353
-	-	-	-	-	-	Logement mobile (39)	354

Table 1. Selected Characteristics for Census Tracts, 2001 Census – 100% Data and 20% Sample Data

No.	Characteristics	Vancouver 0034.01	Vancouver 0034.02	Vancouver 0035.01	Vancouver 0035.02	Vancouver 0036.01	Vancouver 0036.02
	DWELLING AND HOUSEHOLD CHARACTERISTICS						
	by condition of dwelling						
355	Regular maintenance only	980	1,260	900	1,810	1,100	1,070
356	Minor repairs	395	585	325	535	485	415
357	Major repairs	130	195	95	145	145	120
	by period of construction						
358	Before 1946	220	440	255	320	245	205
359	1946-1960	310	345	250	390	370	555
360	1961-1970	130	270	195	240	280	160
361	1971-1980	215	175	215	245	255	145
362	1981-1990	255	435	175	380	255	285
363	1991-2001 (20)	375	370	225	900	325	255
364	Average number of rooms per dwelling	6.1	5.9	6.2	5.6	6.7	6.9
365	Average number of bedrooms per dwelling	3.0	2.8	2.8	2.6	3.3	3.3
366	Average value of dwelling $	284,232	289,574	322,172	279,092	310,085	328,642
367	**Total number of private households**	**1,510**	**2,040**	**1,325**	**2,485**	**1,730**	**1,610**
	by household size						
368	1 person	250	385	270	560	240	245
369	2 persons	370	500	360	670	425	400
370	3 persons	310	370	250	475	350	290
371	4-5 persons	395	555	340	605	580	505
372	6 or more persons	180	230	110	175	135	165
	by household type						
373	One-family households	990	1,345	825	1,550	1,290	1,120
374	Multiple-family households	145	180	95	175	125	145
375	Non-family households	380	515	400	760	315	345
376	Number of persons in private households	4,825	6,395	3,920	7,080	5,545	5,165
377	Average number of persons in private households	3.2	3.1	3.0	2.9	3.2	3.2
378	Average number of persons per room	0.5	0.5	0.5	0.5	0.5	0.5
379	Tenant households in non-farm, non-reserve private dwellings (40)	605	1,000	615	1,205	545	390
380	Average gross rent $ (40)	795	722	717	692	829	836
381	Tenant households spending 30% or more of household income on gross rent (40) (41)	335	455	300	505	270	120
382	Tenant households spending from 30% to 99% of household income on gross rent (40) (41)	275	365	205	390	230	95
383	Owner households in non-farm, non-reserve private dwellings (42)	905	1,035	695	1,240	1,180	1,205
384	Average owner's major payments $ (42)	865	833	854	871	913	915
385	Owner households spending 30% or more of household income on owner's major payments (41) (42)	195	200	145	335	315	325
386	Owner households spending from 30% to 99% of household income on owner's major payments (41) (42)	170	180	135	295	230	290
	CENSUS FAMILY CHARACTERISTICS						
387	**Total number of census families in private households**	**1,280**	**1,725**	**1,020**	**1,915**	**1,545**	**1,420**
	by census family structure and size						
388	Total couple families	1,035	1,320	865	1,555	1,265	1,190
389	Total families of married couples	980	1,195	775	1,405	1,200	1,110
390	Without children at home	315	375	295	475	320	340
391	With children at home	665	815	485	930	875	770
392	1 child	255	285	150	385	355	260
393	2 children	265	345	230	390	380	375
394	3 or more children	140	185	105	155	145	135
395	Total families of common-law couples	55	125	85	150	70	80
396	Without children at home	45	90	55	100	30	60
397	With children at home	10	40	35	45	45	25
398	1 child	-	15	10	30	-	15
399	2 children	10	20	10	15	20	10
400	3 or more children	-	-	10	-	25	10
401	Total lone-parent families	240	400	150	360	280	225
402	Female parent	195	315	140	315	240	175
403	1 child	115	190	95	185	155	95
404	2 children	60	90	40	85	65	50
405	3 or more children	20	30	10	45	25	30

Tableau 1. Certaines caractéristiques des secteurs de recensement, recensement de 2001 – Données intégrales et données-échantillon (20 %)

Vancouver 0037.01 A	Vancouver 0037.02 ◆◇ A	Vancouver 0038	Vancouver 0039.01	Vancouver 0039.02	Vancouver 0040.01 A	Caractéristiques	N°
						CARACTÉRISTIQUES DES LOGEMENTS ET DES MÉNAGES	
						selon l'état du logement	
1,190	1,065	1,310	1,855	1,655	1,435	Entretien régulier seulement	355
670	430	645	950	580	680	Réparations mineures	356
215	115	295	340	425	300	Réparations majeures	357
						selon la période de construction	
845	450	475	1,050	165	445	Avant 1946	358
395	325	310	420	155	535	1946-1960	359
295	200	520	600	215	660	1961-1970	360
175	140	430	415	370	460	1971-1980	361
225	245	225	305	1,020	175	1981-1990	362
140	235	290	360	735	140	1991-2001 (20)	363
4.8	4.8	3.9	4.0	3.9	3.5	Nombre moyen de pièces par logement	364
2.2	2.0	1.4	1.4	1.4	1.1	Nombre moyen de chambres à coucher par logement	365
262,395	256,428	205,080	298,742	211,754	179,953	Valeur moyenne du logement $	366
2,075	**1,600**	**2,255**	**3,150**	**2,660**	**2,415**	**Nombre total de logements privés**	367
						selon la taille du ménage	
615	610	960	1,645	1,320	1,560	1 personne	368
630	480	710	1,045	930	725	2 personnes	369
350	225	280	295	265	105	3 personnes	370
370	240	255	155	145	35	4-5 personnes	371
110	50	45	10	10	-	6 personnes ou plus	372
						selon le genre de ménage	
1,015	740	985	1,125	1,110	620	Ménages unifamiliaux	373
115	25	30	-	-	-	Ménages multifamiliaux	374
940	840	1,240	2,020	1,540	1,795	Ménages non familiaux	375
5,235	3,625	4,600	5,350	4,605	3,440	Nombre de personnes dans les ménages privés	376
2.5	2.3	2.0	1.7	1.7	1.4	Nombre moyen de personnes dans les ménages privés	377
0.5	0.5	0.5	0.4	0.4	0.4	Nombre moyen de personnes par pièce	378
1,305	1,105	1,695	2,465	1,680	2,080	Ménages locataires dans les logements privés non agricoles hors réserve (40)	379
685	695	687	782	876	791	Loyer brut moyen $ (40)	380
635	500	790	905	640	690	Ménages locataires consacrant 30 % ou plus du revenu du ménage au loyer brut (40) (41)	381
495	410	605	785	510	580	Ménages locataires consacrant de 30 % à 99 % du revenu du ménage au loyer brut (40) (41)	382
765	490	555	675	960	325	Ménages propriétaires dans les logements privés non agricoles hors réserve (42)	383
1,004	1,008	994	1,252	1,033	942	Principales dépenses de propriété moyennes $ (42)	384
250	180	180	170	255	65	Ménages propriétaires consacrant 30 % ou plus du revenu du ménage aux principales dépenses de propriété (41) (42)	385
220	150	175	150	190	50	Ménages propriétaires consacrant de 30 % à 99 % du revenu du ménage aux principales dépenses de propriété (41) (42)	386
						CARACTÉRISTIQUES DES FAMILLES DE RECENSEMENT	
1,250	**790**	**1,045**	**1,130**	**1,120**	**625**	**Total des familles de recensement dans les ménages privés**	387
						selon la structure et la taille de la famille de recensement	
905	610	800	940	920	540	Total des familles avec conjoints	388
720	480	590	605	665	310	Total des familles avec couples mariés	389
265	205	255	340	370	245	Sans enfants à la maison	390
460	280	340	265	295	70	Avec enfants à la maison	391
165	100	170	180	185	45	1 enfant	392
190	110	135	70	75	25	2 enfants	393
100	70	35	15	35	-	3 enfants ou plus	394
180	125	205	330	255	225	Total des familles en union libre	395
135	100	180	305	250	230	Sans enfants à la maison	396
50	20	25	20	-	-	Avec enfants à la maison	397
30	10	10	-	-	-	1 enfant	398
10	10	15	20	-	-	2 enfants	399
10	-	10	-	-	-	3 enfants ou plus	400
345	185	245	190	205	80	Total des familles monoparentales	401
290	165	210	160	180	75	Parent de sexe féminin	402
170	80	160	115	140	75	1 enfant	403
75	45	40	40	40	-	2 enfants	404
45	40	15	-	-	-	3 enfants ou plus	405

Table 1. Selected Characteristics for Census Tracts, 2001 Census – 100% Data and 20% Sample Data

No.	Characteristics	Vancouver 0034.01	Vancouver 0034.02	Vancouver 0035.01	Vancouver 0035.02	Vancouver 0036.01	Vancouver 0036.02
	CENSUS FAMILY CHARACTERISTICS						
	by census family structure and size - concluded						
406	Male parent	45	85	15	45	35	55
407	1 child	20	35	-	35	25	45
408	2 children	10	50	15	-	10	15
409	3 or more children	10	-	-	10	-	-
410	**Total number of children at home**	**1,690**	**2,280**	**1,270**	**2,295**	**2,070**	**1,850**
	by age groups						
411	Under 6 years	380	475	185	430	330	305
412	6-14 years	495	695	390	760	620	545
413	15-17 years	105	285	130	200	190	150
414	18-24 years	340	415	320	480	465	445
415	25 years and over	380	415	245	415	465	405
416	Average number of children at home per census family (43)	1.3	1.3	1.2	1.2	1.3	1.3
417	**Total number of persons in private households**	**4,825**	**6,390**	**3,920**	**7,085**	**5,545**	**5,165**
	by census family status and living arrangements						
418	Number of non-family persons	820	1,070	770	1,315	665	705
419	Living with relatives (44)	155	300	145	350	200	180
420	Living with non-relatives only	415	385	345	400	225	275
421	Living alone	250	385	270	565	240	245
422	Number of family persons	4,005	5,325	3,160	5,765	4,885	4,460
423	Average number of persons per census family	3.1	3.1	3.1	3.0	3.2	3.1
424	**Total number of persons 65 years and over**	**645**	**745**	**595**	**985**	**830**	**700**
425	Number of non-family persons 65 years and over	205	235	155	355	225	195
426	Living with relatives (44)	120	130	70	125	125	65
427	Living with non-relatives only	15	10	10	25	10	-
428	Living alone	70	100	80	205	90	125
429	Number of family persons 65 years and over	450	510	435	630	605	500
	ECONOMIC FAMILY CHARACTERISTICS						
430	**Total number of economic families in private households**	**1,140**	**1,585**	**930**	**1,805**	**1,430**	**1,290**
	by size of family						
431	2 persons	330	515	295	650	415	360
432	3 persons	260	350	200	415	325	280
433	4 persons	240	360	225	390	355	345
434	5 or more persons	305	365	205	345	345	300
435	Total number of persons in economic families	4,155	5,625	3,305	6,120	5,085	4,640
436	Average number of persons per economic family	3.6	3.5	3.6	3.4	3.6	3.6
437	Total number of unattached individuals	665	770	620	965	465	525
	2000 INCOME CHARACTERISTICS						
	Population 15 years and over by sex and total income groups in 2000						
438	Total - Both sexes	3,955	5,210	3,335	5,875	4,570	4,305
439	Without income	285	400	245	410	295	220
440	With income	3,670	4,810	3,090	5,460	4,280	4,080
441	Under $1,000 (45)	185	330	210	285	270	265
442	$ 1,000 - $ 2,999	115	200	165	300	245	250
443	$ 3,000 - $ 4,999	125	235	150	100	210	145
444	$ 5,000 - $ 6,999	210	270	125	315	200	185
445	$ 7,000 - $ 9,999	275	420	245	400	365	310
446	$10,000 - $11,999	260	235	210	360	330	235
447	$12,000 - $14,999	440	435	400	580	305	325
448	$15,000 - $19,999	560	530	310	685	545	510
449	$20,000 - $24,999	425	450	285	540	395	410
450	$25,000 - $29,999	270	345	120	355	275	275
451	$30,000 - $34,999	180	365	195	405	290	235
452	$35,000 - $39,999	195	230	140	285	260	225
453	$40,000 - $44,999	120	260	110	220	160	175
454	$45,000 - $49,999	70	175	105	180	105	140
455	$50,000 - $59,999	95	205	185	190	125	185
456	$60,000 and over	140	130	135	275	205	195
457	Average income $ (46)	20,741	21,429	21,785	22,636	21,451	22,637
458	Median income $ (46)	16,893	17,432	15,595	17,422	16,358	17,972
459	Standard error of average income $ (46)	585	545	721	545	600	636

Tableau 1. Certaines caractéristiques des secteurs de recensement, recensement de 2001 – Données intégrales et données-échantillon (20 %)

Vancouver 0037.01 A	Vancouver 0037.02 ◆◇ A	Vancouver 0038	Vancouver 0039.01	Vancouver 0039.02	Vancouver 0040.01 A	Caractéristiques	N[o]
						CARACTÉRISTIQUES DES FAMILLES DE RECENSEMENT	
						selon la structure et la taille de la famille de recensement – fin	
55	15	40	30	20	10	Parent de sexe masculin	406
40	20	25	35	20	10	1 enfant	407
10	-	10	-	10	-	2 enfants	408
10	-	-	-	-	-	3 enfants ou plus	409
1,480	**900**	**945**	**650**	**705**	**175**	**Nombre total d'enfants à la maison**	410
						selon les groupes d'âge	
390	200	290	265	185	90	Moins de 6 ans	411
530	340	300	180	205	15	6-14 ans	412
140	80	65	30	105	10	15-17 ans	413
215	130	180	105	145	10	18-24 ans	414
205	150	105	70	70	60	25 ans et plus	415
1.2	1.1	0.9	0.6	0.6	0.3	Nombre moyen d'enfants à la maison par famille de recensement (43)	416
5,235	**3,625**	**4,600**	**5,350**	**4,600**	**3,440**	**Nombre total de personnes dans les ménages privés**	417
						selon la situation des particuliers dans la famille de recensement et des particuliers dans le ménage	
1,600	1,325	1,805	2,640	1,855	2,110	Nombre de personnes hors famille de recensement	418
235	150	155	200	150	40	Vivant avec des personnes apparentées (44)	419
745	565	690	795	390	510	Vivant avec des personnes non apparentées uniquement	420
620	610	960	1,640	1,320	1,560	Vivant seules	421
3,630	2,300	2,790	2,715	2,740	1,330	Nombre de personnes membres d'une famille	422
2.9	2.9	2.7	2.4	2.4	2.1	Nombre moyen de personnes par famille de recensement	423
390	**375**	**370**	**360**	**455**	**250**	**Nombre total de personnes de 65 ans et plus**	424
130	220	215	235	275	145	Nombre de personnes hors famille de recensement de 65 ans et plus	425
40	40	10	20	60	-	Vivant avec des personnes apparentées (44)	426
20	30	50	10	-	-	Vivant avec des personnes non apparentées uniquement	427
70	145	155	200	215	135	Vivant seules	428
260	155	160	125	180	100	Nombre de personnes membres d'une famille de 65 ans et plus	429
						CARACTÉRISTIQUES DES FAMILLES ÉCONOMIQUES	
1,195	**810**	**1,045**	**1,200**	**1,165**	**635**	**Nombre total de familles économiques dans les ménages privés**	430
						selon la taille de la famille	
510	415	560	840	795	560	2 personnes	431
260	150	230	235	220	55	3 personnes	432
230	130	180	100	105	20	4 personnes	433
195	115	75	25	45	-	5 personnes ou plus	434
3,870	2,450	2,950	2,915	2,890	1,370	Nombre total de personnes dans les familles économiques	435
3.2	3.0	2.8	2.4	2.5	2.1	Nombre moyen de personnes par famille économique	436
1,365	1,175	1,650	2,435	1,715	2,075	Nombre total de personnes hors famille économique	437
						CARACTÉRISTIQUES DU REVENU DE 2000	
						Population de 15 ans et plus selon le sexe et les tranches de revenu total en 2000	
4,320	3,105	4,005	4,925	4,220	3,390	Total - Les deux sexes	438
170	135	155	105	165	25	Sans revenu	439
4,145	2,975	3,855	4,820	4,060	3,365	Avec un revenu	440
225	160	225	165	170	55	Moins de 1 000 $ (45)	441
185	150	215	75	170	75	1 000 $ - 2 999 $	442
195	145	120	90	130	75	3 000 $ - 4 999 $	443
235	160	130	135	110	45	5 000 $ - 6 999 $	444
365	220	330	285	140	155	7 000 $ - 9 999 $	445
205	165	245	175	205	120	10 000 $ - 11 999 $	446
410	270	395	340	305	180	12 000 $ - 14 999 $	447
480	365	400	465	300	295	15 000 $ - 19 999 $	448
405	320	405	395	270	255	20 000 $ - 24 999 $	449
335	210	335	445	265	280	25 000 $ - 29 999 $	450
275	165	295	475	285	345	30 000 $ - 34 999 $	451
215	140	170	355	260	270	35 000 $ - 39 999 $	452
210	115	205	340	255	315	40 000 $ - 44 999 $	453
85	135	110	200	220	235	45 000 $ - 49 999 $	454
165	165	100	290	375	285	50 000 $ - 59 999 $	455
160	105	180	600	600	365	60 000 $ et plus	456
21,853	22,034	22,559	35,483	34,707	34,212	Revenu moyen $ (46)	457
17,228	17,650	18,464	28,247	29,467	32,004	Revenu médian $ (46)	458
607	696	651	1,474	1,025	878	Erreur type de revenu moyen $ (46)	459

Table 1. Selected Characteristics for Census Tracts, 2001 Census – 100% Data and 20% Sample Data

No.	Characteristics	Vancouver 0034.01	Vancouver 0034.02	Vancouver 0035.01	Vancouver 0035.02	Vancouver 0036.01	Vancouver 0036.02
	2000 INCOME CHARACTERISTICS						
	Population 15 years and over by sex and total income groups in 2000 – concluded						
460	Total - Males	1,905	2,530	1,660	2,825	2,220	2,090
461	Without income	130	175	115	160	110	105
462	With income	1,780	2,360	1,545	2,665	2,105	1,990
463	Under $1,000 (45)	95	200	90	155	155	150
464	$ 1,000 - $ 2,999	55	65	80	130	125	65
465	$ 3,000 - $ 4,999	35	115	60	45	65	30
466	$ 5,000 - $ 6,999	80	105	35	130	60	80
467	$ 7,000 - $ 9,999	125	200	120	165	105	105
468	$10,000 - $11,999	140	130	110	165	200	110
469	$12,000 - $14,999	140	135	130	240	80	135
470	$15,000 - $19,999	265	235	200	335	295	245
471	$20,000 - $24,999	235	230	180	260	220	200
472	$25,000 - $29,999	120	165	40	165	120	175
473	$30,000 - $34,999	105	170	75	175	130	145
474	$35,000 - $39,999	105	110	60	150	145	120
475	$40,000 - $44,999	70	170	60	110	100	70
476	$45,000 - $49,999	55	80	70	105	80	110
477	$50,000 - $59,999	55	150	145	105	85	115
478	$60,000 and over	95	100	95	210	145	135
479	Average income $ (46)	23,127	23,499	25,077	25,010	24,378	26,250
480	Median income $ (46)	18,991	19,894	19,141	18,899	18,840	20,809
481	Standard error of average income $ (46)	936	864	1,188	877	989	1,016
482	Total - Females	2,050	2,680	1,675	3,045	2,350	2,210
483	Without income	155	225	130	250	180	120
484	With income	1,895	2,450	1,545	2,795	2,170	2,090
485	Under $1,000 (45)	85	130	115	135	115	115
486	$ 1,000 - $ 2,999	60	135	85	170	115	185
487	$ 3,000 - $ 4,999	90	115	95	50	145	115
488	$ 5,000 - $ 6,999	130	160	90	180	145	110
489	$ 7,000 - $ 9,999	145	225	130	230	260	205
490	$10,000 - $11,999	125	100	95	185	125	130
491	$12,000 - $14,999	295	305	265	340	225	190
492	$15,000 - $19,999	295	295	115	350	250	265
493	$20,000 - $24,999	185	225	105	280	175	215
494	$25,000 - $29,999	150	180	85	185	150	100
495	$30,000 - $34,999	80	195	120	225	155	85
496	$35,000 - $39,999	95	125	85	135	115	105
497	$40,000 - $44,999	50	90	50	110	65	105
498	$45,000 - $49,999	15	95	35	75	25	30
499	$50,000 - $59,999	45	55	40	80	45	70
500	$60,000 and over	45	30	35	65	60	60
501	Average income $ (46)	18,500	19,441	18,493	20,376	18,608	19,203
502	Median income $ (46)	15,144	15,650	13,663	16,013	13,842	14,479
503	Standard error of average income $ (46)	690	666	795	648	690	752
	by composition of total income						
504	Total - Composition of income in 2000 % (47)	100.0	100.0	100.0	100.0	100.0	100.0
505	Employment income %	74.9	76.2	73.5	75.3	73.0	76.9
506	Government transfer payments %	18.7	15.8	16.0	15.2	16.3	14.3
507	Other %	6.5	8.0	10.5	9.5	10.8	8.9
	Population 15 years and over with employment income in 2000 by sex and work activity						
508	Both sexes with employment income (48)	2,500	3,305	2,025	3,825	2,745	2,775
509	Average employment income $	22,833	23,755	24,401	24,290	24,378	25,584
510	Standard error of average employment income $	766	655	883	667	769	796
511	Worked full year, full time (49)	1,180	1,635	865	1,730	1,445	1,445
512	Average employment income $	31,457	31,712	34,707	33,698	32,389	34,292
513	Standard error of average employment income $	1,141	911	1,306	958	1,079	1,106
514	Worked part year or part time (50)	1,200	1,540	1,065	1,920	1,190	1,190
515	Average employment income $	15,421	16,894	17,396	17,151	15,979	16,245
516	Standard error of average employment income $	842	770	1,020	809	883	952
517	Males with employment income (48)	1,280	1,730	1,150	1,990	1,485	1,380
518	Average employment income $	25,506	25,692	25,536	26,449	26,690	29,608
519	Standard error of average employment income $	1,171	973	1,323	1,040	1,156	1,246
520	Worked full year, full time (49)	660	880	505	965	850	805
521	Average employment income $	33,402	34,700	37,851	35,821	33,870	38,047
522	Standard error of average employment income $	1,642	1,249	1,952	1,438	1,575	1,576
523	Worked part year or part time (50)	555	760	595	960	565	510
524	Average employment income $	17,823	17,873	16,588	18,250	17,064	19,007
525	Standard error of average employment income $	1,475	1,189	1,400	1,319	1,377	1,660

Tableau 1. Certaines caractéristiques des secteurs de recensement, recensement de 2001 – Données intégrales et données-échantillon (20 %)

Vancouver 0037.01 A	Vancouver 0037.02 ◆◇ A	Vancouver 0038	Vancouver 0039.01	Vancouver 0039.02	Vancouver 0040.01 A	Caractéristiques	N°
						CARACTÉRISTIQUES DU REVENU DE 2000	
						Population de 15 ans et plus selon le sexe et les tranches de revenu total en 2000 – fin	
2,185	1,590	1,880	2,315	1,795	1,495	Total - Hommes	460
80	35	55	35	65	10	Sans revenu	461
2,105	1,555	1,825	2,285	1,730	1,490	Avec un revenu	462
140	70	95	70	75	35	Moins de 1 000 $ (45)	463
90	80	130	50	50	35	1 000 $ - 2 999 $	464
90	75	35	20	45	40	3 000 $ - 4 999 $	465
95	80	40	55	55	15	5 000 $ - 6 999 $	466
240	85	145	150	60	50	7 000 $ - 9 999 $	467
80	110	110	80	80	45	10 000 $ - 11 999 $	468
185	105	130	150	150	80	12 000 $ - 14 999 $	469
195	210	185	205	120	150	15 000 $ - 19 999 $	470
200	140	220	175	130	110	20 000 $ - 24 999 $	471
150	115	180	185	75	95	25 000 $ - 29 999 $	472
150	90	165	220	95	150	30 000 $ - 34 999 $	473
110	60	85	135	100	140	35 000 $ - 39 999 $	474
120	70	80	130	105	110	40 000 $ - 44 999 $	475
50	110	60	120	85	100	45 000 $ - 49 999 $	476
120	75	45	155	185	140	50 000 $ - 59 999 $	477
100	85	115	385	325	190	60 000 $ et plus	478
23,020	23,794	24,013	39,763	38,242	35,963	Revenu moyen $ (46)	479
17,980	18,929	20,482	29,761	30,066	32,216	Revenu médian $ (46)	480
952	1,057	987	2,856	1,766	1,520	Erreur type de revenu moyen $ (46)	481
2,130	1,510	2,130	2,605	2,430	1,900	Total - Femmes	482
90	90	100	75	95	20	Sans revenu	483
2,040	1,415	2,030	2,535	2,335	1,880	Avec un revenu	484
85	90	130	95	95	20	Moins de 1 000 $ (45)	485
95	70	85	25	115	40	1 000 $ - 2 999 $	486
105	75	85	60	80	30	3 000 $ - 4 999 $	487
135	85	90	75	60	35	5 000 $ - 6 999 $	488
130	130	180	135	80	100	7 000 $ - 9 999 $	489
125	60	135	95	130	70	10 000 $ - 11 999 $	490
225	165	265	195	155	100	12 000 $ - 14 999 $	491
285	160	210	260	185	150	15 000 $ - 19 999 $	492
205	175	180	215	135	150	20 000 $ - 24 999 $	493
180	95	150	255	190	185	25 000 $ - 29 999 $	494
125	70	135	255	190	195	30 000 $ - 34 999 $	495
110	80	85	220	160	130	35 000 $ - 39 999 $	496
90	50	120	215	150	205	40 000 $ - 44 999 $	497
35	25	50	85	135	135	45 000 $ - 49 999 $	498
45	90	55	135	190	145	50 000 $ - 59 999 $	499
65	25	70	215	275	180	60 000 $ et plus	500
20,650	20,104	21,253	31,622	32,090	32,827	Revenu moyen $ (46)	501
17,002	16,852	16,024	27,547	28,634	31,306	Revenu médian $ (46)	502
758	889	859	1,266	1,188	989	Erreur type de revenu moyen $ (46)	503
						selon la composition du revenu total	
100.0	100.0	100.0	100.0	100.0	100.0	Total - Composition du revenu en 2000 % (47)	504
80.9	77.4	80.0	85.0	85.2	87.2	Revenu d'emploi %	505
14.2	16.6	13.6	6.1	5.8	5.3	Transferts gouvernementaux %	506
4.9	6.1	6.5	8.9	9.1	7.6	Autre %	507
						Population de 15 ans et plus ayant un revenu d'emploi en 2000 selon le sexe et le travail	
3,025	2,185	2,905	4,105	3,190	2,980	Les deux sexes ayant un revenu d'emploi (48)	508
24,242	23,205	23,918	35,395	37,585	33,648	Revenu moyen d'emploi $	509
752	842	783	1,350	1,185	931	Erreur type de revenu moyen d'emploi $	510
1,355	1,025	1,235	1,970	1,760	1,525	Ayant travaillé toute l'année à plein temps (49)	511
32,953	31,615	31,028	45,522	48,398	41,914	Revenu moyen d'emploi $	512
1,058	1,295	1,152	2,396	1,453	1,328	Erreur type de revenu moyen d'emploi $	513
1,585	1,100	1,570	2,045	1,355	1,360	Ayant travaillé une partie de l'année ou à temps partiel (50)	514
17,674	16,364	18,808	26,483	25,099	25,229	Revenu moyen d'emploi $	515
949	900	1,029	1,261	1,743	1,144	Erreur type de revenu moyen d'emploi $	516
1,555	1,170	1,430	2,010	1,390	1,345	Hommes ayant un revenu d'emploi (48)	517
26,247	24,733	24,114	38,612	40,931	35,104	Revenu moyen d'emploi $	518
1,169	1,280	1,148	2,469	1,977	1,629	Erreur type de revenu moyen d'emploi $	519
685	595	625	1,000	780	645	Ayant travaillé toute l'année à plein temps (49)	520
34,730	31,927	31,723	50,583	51,136	44,906	Revenu moyen d'emploi $	521
1,530	1,836	1,661	4,538	2,087	2,557	Erreur type de revenu moyen d'emploi $	522
825	545	760	965	585	665	Ayant travaillé une partie de l'année ou à temps partiel (50)	523
20,020	17,725	18,455	27,548	28,443	25,423	Revenu moyen d'emploi $	524
1,604	1,522	1,497	1,791	3,454	1,814	Erreur type de revenu moyen d'emploi $	525

Table 1. Selected Characteristics for Census Tracts, 2001 Census – 100% Data and 20% Sample Data

No.	Characteristics	Vancouver 0034.01	Vancouver 0034.02	Vancouver 0035.01	Vancouver 0035.02	Vancouver 0036.01	Vancouver 0036.02
	2000 INCOME CHARACTERISTICS						
	Population 15 years and over with employment income in 2000 by sex and work activity – concluded						
526	Females with employment income (48)	1,215	1,580	875	1,835	1,265	1,395
527	Average employment income $	20,017	21,629	22,911	21,951	21,659	21,605
528	Standard error of average employment income $	933	857	1,095	797	976	936
529	Worked full year, full time (49)	520	760	365	770	590	640
530	Average employment income $	28,973	28,245	30,336	31,040	30,245	29,552
531	Standard error of average employment income $	1,491	1,277	1,444	1,162	1,373	1,393
532	Worked part year or part time (50)	645	775	470	960	620	675
533	Average employment income $	13,367	15,934	18,428	16,047	14,988	14,152
534	Standard error of average employment income $	856	988	1,485	931	1,134	1,076
	Census families by structure and family income groups in 2000						
535	Total - All census families	1,275	1,725	1,020	1,920	1,545	1,420
536	Under $10,000	70	140	60	145	140	65
537	$ 10,000 - $19,999	155	210	105	250	200	140
538	$ 20,000 - $29,999	185	215	125	240	185	185
539	$ 30,000 - $39,999	290	200	145	305	185	200
540	$ 40,000 - $49,999	155	250	130	195	155	185
541	$ 50,000 - $59,999	95	135	60	135	165	120
542	$ 60,000 - $69,999	75	195	90	225	155	170
543	$ 70,000 - $79,999	45	115	70	70	90	60
544	$ 80,000 - $89,999	45	120	70	100	65	100
545	$ 90,000 - $99,999	35	75	40	30	50	70
546	$100,000 and over	130	70	120	230	155	125
547	Average family income $	47,411	47,457	54,619	50,485	50,527	53,964
548	Median family income $	38,714	43,276	45,992	40,704	45,885	47,019
549	Standard error of average family income $	1,880	1,582	2,295	1,778	1,965	1,986
550	Total - All couple census families (51)	1,035	1,320	865	1,560	1,270	1,190
551	Under $10,000	35	55	45	115	90	45
552	$ 10,000 - $19,999	105	110	90	150	150	110
553	$ 20,000 - $29,999	135	165	110	180	145	115
554	$ 30,000 - $39,999	250	145	115	220	140	160
555	$ 40,000 - $49,999	140	210	100	190	120	155
556	$ 50,000 - $59,999	90	125	50	120	150	115
557	$ 60,000 - $69,999	50	170	70	215	150	145
558	$ 70,000 - $79,999	40	105	70	60	85	65
559	$ 80,000 - $89,999	40	110	55	80	55	90
560	$ 90,000 - $99,999	35	65	45	25	45	70
561	$100,000 and over	120	65	115	210	145	120
562	Average family income $	50,588	53,113	56,176	53,276	53,911	57,811
563	Median family income $	39,861	48,553	47,195	44,683	49,250	52,474
564	Standard error of average family income $	2,102	1,793	2,585	1,912	2,160	2,225
	Incidence of low income in 2000						
565	Total - Economic families	1,145	1,585	930	1,805	1,430	1,290
566	Low income	315	425	195	500	380	220
567	Incidence of low income in 2000 % (52)	27.7	26.8	21.1	27.7	26.3	17.3
568	Total - Unattached individuals 15 years and over	670	755	605	945	435	510
569	Low income	365	460	385	505	205	240
570	Incidence of low income in 2000 % (52)	55.3	60.8	63.0	53.3	46.6	46.2
571	Total - Population in private households	4,825	6,385	3,905	7,065	5,520	5,155
572	Low income	1,440	1,815	1,115	2,070	1,465	1,040
573	Incidence of low income in 2000 % (52)	29.8	28.4	28.6	29.3	26.6	20.2
	Private households by household income groups in 2000						
574	Total - All private households	1,505	2,040	1,325	2,485	1,735	1,605
575	Under $10,000	90	205	145	230	135	65
576	$ 10,000 - $19,999	190	285	190	430	235	170
577	$ 20,000 - $29,999	250	175	120	250	215	190
578	$ 30,000 - $39,999	225	270	160	325	200	195
579	$ 40,000 - $49,999	195	235	145	235	160	180
580	$ 50,000 - $59,999	135	115	125	230	135	155
581	$ 60,000 - $69,999	95	180	85	190	225	165
582	$ 70,000 - $79,999	60	165	85	120	95	110
583	$ 80,000 - $89,999	55	140	55	115	70	90
584	$ 90,000 - $99,999	50	105	65	50	55	90
585	$100,000 and over	175	170	150	315	210	195
586	Average household income $	50,480	50,437	50,854	49,761	52,939	57,338
587	Median household income $	40,457	43,887	43,039	40,004	46,101	51,450
588	Standard error of average household income $	2,047	1,699	2,210	1,654	1,965	1,972

Tableau 1. Certaines caractéristiques des secteurs de recensement, recensement de 2001 – Données intégrales et données-échantillon (20 %)

Vancouver 0037.01 A	Vancouver 0037.02 ◆◇ A	Vancouver 0038	Vancouver 0039.01	Vancouver 0039.02	Vancouver 0040.01 A	Caractéristiques	N°
						CARACTÉRISTIQUES DU REVENU DE 2000	
						Population de 15 ans et plus ayant un revenu d'emploi en 2000 selon le sexe et le travail – fin	
1,465	1,015	1,475	2,090	1,800	1,635	Femmes ayant un revenu d'emploi (48)	526
22,111	21,444	23,727	32,298	35,002	32,448	Revenu moyen d'emploi $	527
939	1,070	1,069	1,304	1,408	1,026	Erreur type de revenu moyen d'emploi $	528
670	425	610	965	980	880	Ayant travaillé toute l'année à plein temps (49)	529
31,128	31,179	30,318	40,290	46,213	39,713	Revenu moyen d'emploi $	530
1,447	1,775	1,594	1,868	2,005	1,292	Erreur type de revenu moyen d'emploi $	531
760	555	810	1,085	770	695	Ayant travaillé une partie de l'année ou à temps partiel (50)	532
15,145	15,028	19,140	25,537	22,580	25,044	Revenu moyen d'emploi $	533
994	1,009	1,416	1,762	1,443	1,403	Erreur type de revenu moyen d'emploi $	534
						Familles de recensement selon la structure et les tranches de revenu de la famille en 2000	
1,250	790	1,045	1,130	1,120	625	Total - Toutes les familles de recensement	535
100	55	120	45	95	15	Moins de 10 000 $	536
195	100	140	60	85	15	10 000 $ - 19 999 $	537
170	100	150	95	115	65	20 000 $ - 29 999 $	538
160	100	115	160	120	75	30 000 $ - 39 999 $	539
135	95	140	115	125	80	40 000 $ - 49 999 $	540
120	145	140	105	95	45	50 000 $ - 59 999 $	541
125	30	85	125	70	80	60 000 $ - 69 999 $	542
40	30	45	80	50	65	70 000 $ - 79 999 $	543
70	55	50	20	75	60	80 000 $ - 89 999 $	544
40	20	15	105	65	35	90 000 $ - 99 999 $	545
80	70	50	220	210	70	100 000 $ et plus	546
45,894	49,545	42,828	78,624	61,568	63,477	Revenu moyen des familles $	547
39,312	42,299	40,204	57,012	52,173	60,119	Revenu médian des familles $	548
1,984	2,513	1,896	6,418	2,749	3,251	Erreur type de revenu moyen des familles $	549
905	605	795	935	920	540	Total - Toutes les familles de recensement comptant un couple (51)	550
55	35	80	30	60	10	Moins de 10 000 $	551
75	45	75	35	30	20	10 000 $ - 19 999 $	552
115	70	100	50	75	45	20 000 $ - 29 999 $	553
125	80	90	145	105	40	30 000 $ - 39 999 $	554
110	65	105	85	110	60	40 000 $ - 49 999 $	555
90	130	110	100	75	45	50 000 $ - 59 999 $	556
115	25	85	85	60	70	60 000 $ - 69 999 $	557
40	15	45	75	45	60	70 000 $ - 79 999 $	558
70	55	40	20	80	65	80 000 $ - 89 999 $	559
45	15	15	100	65	35	90 000 $ - 99 999 $	560
80	65	50	215	215	75	100 000 $ et plus	561
53,728	54,740	47,080	86,683	69,227	67,409	Revenu moyen des familles $	562
45,712	50,726	44,185	62,106	59,991	64,312	Revenu médian des familles $	563
2,405	3,172	2,223	7,621	3,069	3,487	Erreur type de revenu moyen des familles $	564
						Fréquence des unités à faible revenu en 2000	
1,195	810	1,045	1,200	1,165	640	Total - Familles économiques	565
360	220	335	155	280	65	Faible revenu	566
30.0	27.2	31.9	13.1	24.1	9.8	Fréquence des unités à faible revenu en 2000 % (52)	567
1,365	1,175	1,650	2,435	1,710	2,070	Total - Personnes hors famille économique de 15 ans et plus	568
685	670	785	835	495	570	Faible revenu	569
50.4	57.4	47.4	34.5	29.1	27.5	Fréquence des unités à faible revenu en 2000 % (52)	570
5,235	3,625	4,595	5,345	4,605	3,440	Total - Population dans les ménages privés	571
1,770	1,300	1,710	1,260	1,270	710	Faible revenu	572
33.8	35.8	37.2	23.5	27.7	20.6	Fréquence des unités à faible revenu en 2000 % (52)	573
						Ménages privés selon les tranches de revenu du ménage en 2000	
2,075	1,605	2,255	3,150	2,660	2,420	Total - Tous les ménages privés	574
260	210	255	230	235	130	Moins de 10 000 $	575
295	345	405	450	380	305	10 000 $ - 19 999 $	576
290	195	370	390	270	265	20 000 $ - 29 999 $	577
320	145	320	580	335	445	30 000 $ - 39 999 $	578
205	215	305	335	335	375	40 000 $ - 49 999 $	579
170	165	195	250	230	265	50 000 $ - 59 999 $	580
165	65	135	210	165	210	60 000 $ - 69 999 $	581
75	70	75	150	140	110	70 000 $ - 79 999 $	582
100	65	60	70	120	120	80 000 $ - 89 999 $	583
45	30	25	125	135	50	90 000 $ - 99 999 $	584
145	110	100	355	325	150	100 000 $ et plus	585
43,674	40,692	38,362	54,165	52,912	46,983	Revenu moyen des ménages $	586
35,371	35,268	32,708	38,160	43,378	40,718	Revenu médian des ménages $	587
1,609	1,769	1,310	2,647	1,732	1,392	Erreur type de revenu moyen des ménages $	588

Table 1. Selected Characteristics for Census Tracts, 2001 Census – 100% Data and 20% Sample Data

No.	Characteristics	Vancouver 0040.02 A	Vancouver 0041.01 ◆ A	Vancouver 0041.02 A	Vancouver 0042	Vancouver 0043.01 A	Vancouver 0043.02 A
	POPULATION CHARACTERISTICS						
1	**Population, 1996 (1)**	**4,308**	**3,754**	**4,033**	**5,713**	**3,813**	**4,150**
2	**Population, 2001 (2)**	**4,308**	**4,276**	**5,719**	**5,881**	**3,743**	**4,180**
3	Population percentage change, 1996-2001	-	13.9	41.8	2.9	-1.8	0.7
4	Land area in square kilometres, 2001	0.31	0.37	1.00	1.09	0.71	1.00
5	**Total population - 100% Data (3)**	**4,310**	**4,275**	**5,720**	**5,880**	**3,740**	**4,185**
	by sex and age groups						
6	Male	1,745	1,835	2,650	2,845	1,800	1,975
7	0-4 years	60	40	110	140	95	70
8	5-9 years	25	20	100	115	80	80
9	10-14 years	10	30	100	155	115	150
10	15-19 years	15	55	125	165	105	170
11	20-24 years	110	135	185	240	210	160
12	25-29 years	340	280	330	315	160	140
13	30-34 years	330	325	415	315	135	135
14	35-39 years	245	245	305	295	140	110
15	40-44 years	170	140	225	220	130	125
16	45-49 years	105	120	190	200	155	170
17	50-54 years	75	110	175	215	145	195
18	55-59 years	70	75	135	130	110	145
19	60-64 years	40	60	60	85	65	95
20	65-69 years	35	50	70	100	45	75
21	70-74 years	45	30	65	60	45	50
22	75-79 years	30	45	30	55	30	60
23	80-84 years	20	40	15	30	25	25
24	85 years and over	25	30	20	15	20	10
25	Female	2,560	2,445	3,065	3,035	1,945	2,210
26	0-4 years	50	60	125	110	95	95
27	5-9 years	35	15	75	135	95	100
28	10-14 years	15	25	100	135	80	140
29	15-19 years	35	55	115	145	110	160
30	20-24 years	200	175	230	290	180	155
31	25-29 years	455	400	400	365	135	190
32	30-34 years	425	390	445	325	155	150
33	35-39 years	265	220	340	250	165	140
34	40-44 years	210	180	270	255	155	180
35	45-49 years	150	140	240	255	175	200
36	50-54 years	135	145	220	230	160	200
37	55-59 years	90	105	160	145	115	145
38	60-64 years	90	75	85	70	75	85
39	65-69 years	80	65	90	85	55	60
40	70-74 years	65	75	75	80	50	75
41	75-79 years	75	85	40	60	65	45
42	80-84 years	85	90	35	50	55	50
43	85 years and over	105	130	25	45	40	45
44	**Total population 15 years and over**	**4,120**	**4,090**	**5,115**	**5,095**	**3,180**	**3,545**
	by legal marital status						
45	Never married (single)	2,450	2,185	2,350	2,355	1,270	1,335
46	Legally married (and not separated)	920	1,130	1,985	2,060	1,450	1,775
47	Separated, but still legally married	115	120	130	135	65	60
48	Divorced	415	375	495	360	230	215
49	Widowed	215	275	150	180	155	160
	by common-law status						
50	Not in a common-law relationship	3,595	3,615	4,535	4,590	2,990	3,325
51	In a common-law relationship	520	480	580	500	185	225
52	**Total population - 20% Sample Data (4)**	**4,170**	**4,150**	**5,680**	**5,880**	**3,745**	**4,180**
	by mother tongue						
53	Single responses	4,120	4,105	5,635	5,845	3,720	4,110
54	English	3,140	3,150	4,250	4,320	2,615	3,085
55	French	195	100	105	195	105	75
56	Non-official languages (5)	785	855	1,280	1,330	1,000	950
57	Chinese, n.o.s.	155	80	220	265	115	150
58	Cantonese	75	100	115	150	245	180
59	Punjabi	15	-	15	10	-	-
60	Mandarin	30	115	100	80	110	110
61	Tagalog (Pilipino)	30	10	10	-	-	25
62	Other languages (6)	490	550	820	830	525	475
63	Multiple responses	50	45	45	30	25	70
64	English and French	15	15	20	15	15	20
65	English and non-official language	30	30	15	25	10	50
66	French and non-official language	10	-	-	-	-	-
67	English, French and non-official language	-	-	-	-	-	-

See reference material at the end of the publication. – Voir les documents de référence à la fin de la publication.

Tableau 1. Certaines caractéristiques des secteurs de recensement, recensement de 2001 – Données intégrales et données-échantillon (20 %)

Vancouver 0044	Vancouver 0045.01	Vancouver 0045.02	Vancouver 0046	Vancouver 0047.01 A	Vancouver 0047.02 ◆ A	Caractéristiques	Nº
						CARACTÉRISTIQUES DE LA POPULATION	
4,921	**4,191**	**5,081**	**4,793**	**3,381**	**4,250**	**Population, 1996 (1)**	1
4,753	**4,843**	**5,215**	**4,972**	**3,555**	**4,119**	**Population, 2001 (2)**	2
-3.4	15.6	2.6	3.7	5.1	-3.1	Variation en pourcentage de la population, 1996-2001	3
2.73	0.66	0.74	0.49	0.32	0.37	Superficie des terres en kilomètres carrés, 2001	4
4,750	**4,845**	**5,215**	**4,975**	**3,555**	**4,120**	**Population totale – Données intégrales (3)**	5
						selon le sexe et les groupes d'âge	
2,240	2,320	2,460	2,320	1,615	1,985	Sexe masculin	6
85	95	115	80	30	45	0-4 ans	7
110	60	80	60	30	20	5-9 ans	8
135	90	75	60	10	20	10-14 ans	9
150	80	85	65	35	25	15-19 ans	10
145	160	205	160	85	140	20-24 ans	11
145	310	400	390	245	405	25-29 ans	12
130	360	335	435	275	455	30-34 ans	13
165	270	260	280	200	285	35-39 ans	14
175	190	190	195	125	155	40-44 ans	15
160	150	215	160	130	135	45-49 ans	16
220	170	180	130	135	115	50-54 ans	17
150	130	120	95	85	60	55-59 ans	18
130	80	60	60	55	30	60-64 ans	19
95	60	35	50	55	30	65-69 ans	20
95	40	50	40	55	25	70-74 ans	21
70	30	30	45	40	20	75-79 ans	22
50	15	20	15	25	10	80-84 ans	23
30	20	10	15	15	10	85 ans et plus	24
2,510	2,520	2,755	2,650	1,940	2,135	Sexe féminin	25
80	95	115	60	40	50	0-4 ans	26
110	60	100	55	20	25	5-9 ans	27
110	55	80	35	20	25	10-14 ans	28
140	90	95	55	25	20	15-19 ans	29
130	240	290	225	110	205	20-24 ans	30
160	395	405	495	290	425	25-29 ans	31
160	350	370	430	290	410	30-34 ans	32
170	275	290	275	195	250	35-39 ans	33
180	215	220	205	140	180	40-44 ans	34
190	170	220	190	130	150	45-49 ans	35
235	175	195	170	135	130	50-54 ans	36
165	135	105	100	115	65	55-59 ans	37
140	70	65	90	80	55	60-64 ans	38
105	55	40	70	55	35	65-69 ans	39
125	40	55	65	80	35	70-74 ans	40
120	40	55	65	85	35	75-79 ans	41
105	35	30	35	65	25	80-84 ans	42
95	25	25	40	70	25	85 ans et plus	43
4,120	**4,385**	**4,660**	**4,630**	**3,410**	**3,940**	**Population totale de 15 ans et plus**	44
						selon l'état matrimonial légal	
1,415	2,245	2,490	2,705	1,830	2,490	Célibataire (jamais marié(e))	45
1,950	1,480	1,515	1,130	820	830	Légalement marié(e) (et non séparé(e))	46
110	120	130	145	105	110	Séparé(e), mais toujours légalement marié(e)	47
375	420	390	470	435	415	Divorcé(e)	48
270	125	135	175	215	90	Veuf ou veuve	49
						selon l'union libre	
3,850	3,800	4,030	4,040	2,925	3,255	Ne vivant pas en union libre	50
275	585	630	595	485	680	Vivant en union libre	51
4,750	**4,805**	**5,200**	**4,950**	**3,440**	**4,120**	**Population totale – Données-échantillon (20 %) (4)**	52
						selon la langue maternelle	
4,740	4,740	5,155	4,900	3,420	4,070	Réponses uniques	53
3,820	3,940	4,095	3,935	2,820	3,355	Anglais	54
105	110	180	100	120	110	Français	55
815	690	880	865	485	600	Langues non officielles (5)	56
175	55	60	50	55	15	Chinois, n.d.a.	57
95	30	45	110	40	-	Cantonais	58
-	-	15	-	-	-	Pendjabi	59
10	45	10	25	10	15	Mandarin	60
-	-	10	10	10	30	Tagalog (pilipino)	61
525	550	740	665	380	540	Autres langues (6)	62
10	60	45	50	15	50	Réponses multiples	63
10	10	-	10	-	-	Anglais et français	64
-	40	30	35	15	45	Anglais et langue non officielle	65
-	15	-	10	-	10	Français et langue non officielle	66
-	-	10	-	-	-	Anglais, français et langue non officielle	67

See reference material at the end of the publication. – Voir les documents de référence à la fin de la publication.

Table 1. Selected Characteristics for Census Tracts, 2001 Census – 100% Data and 20% Sample Data

No.	Characteristics	Vancouver 0040.02 A	Vancouver 0041.01 ◆ A	Vancouver 0041.02 A	Vancouver 0042	Vancouver 0043.01 A	Vancouver 0043.02 A
	POPULATION CHARACTERISTICS						
	by home language						
68	Single responses	3,620	3,585	4,815	5,050	3,170	3,660
69	English	3,390	3,355	4,485	4,655	2,865	3,280
70	French	30	10	-	25	10	40
71	Non-official languages (5)	200	220	330	365	295	340
72	Cantonese	20	10	40	55	95	95
73	Chinese, n.o.s.	110	45	60	30	20	20
74	Punjabi	-	-	-	-	-	-
75	Mandarin	15	75	45	55	65	80
76	Korean	-	10	10	10	55	-
77	Other languages (6)	55	80	175	220	70	150
78	Multiple responses	550	565	865	830	570	520
79	English and French	140	95	100	130	140	60
80	English and non-official language	400	445	745	660	410	450
81	French and non-official language	15	-	10	-	-	-
82	English, French and non-official language	-	20	10	40	15	15
	by knowledge of official languages						
83	English only	3,390	3,420	4,630	4,725	2,915	3,440
84	French only	15	-	-	10	-	-
85	English and French	720	680	970	1,125	780	700
86	Neither English nor French	45	45	85	20	50	40
	by knowledge of non-official languages (5) (7)						
87	Cantonese	110	135	155	190	250	200
88	Chinese, n.o.s.	140	80	215	140	115	60
89	Punjabi	10	-	85	35	-	10
90	Mandarin	70	135	185	240	215	320
91	Hindi	15	10	50	50	15	10
92	German	135	185	150	200	150	170
93	Spanish	190	245	155	340	150	140
	by first official language spoken						
94	English	3,895	3,930	5,390	5,605	3,575	4,050
95	French	205	90	110	200	105	70
96	English and French	30	80	90	60	10	20
97	Neither English nor French	45	45	85	20	50	45
98	Official language minority - (number) (8)	220	130	155	230	110	80
99	Official language minority - (percentage) (8)	5.3	3.1	2.7	3.9	2.9	1.9
	by ethnic origin (9)						
100	English	1,535	1,325	1,885	2,025	1,265	1,710
101	Canadian	930	995	1,095	1,410	790	775
102	Chinese	340	410	565	505	595	460
103	Scottish	915	1,050	1,250	1,265	825	1,100
104	Irish	780	855	1,010	985	620	870
105	German	485	510	565	600	405	495
106	East Indian	60	25	135	125	60	55
107	French	455	375	550	550	355	360
108	Ukrainian	310	175	245	225	165	180
109	Italian	85	115	255	165	85	80
110	Dutch (Netherlands)	140	175	140	185	115	145
111	Filipino	45	15	30	-	65	60
112	Polish	90	150	185	215	75	100
113	Norwegian	70	70	170	95	115	175
114	North American Indian	45	65	65	50	35	40
	by Aboriginal identity						
115	Total Aboriginal identity population (10)	25	50	55	20	25	15
116	Total non-Aboriginal population	4,145	4,100	5,620	5,860	3,715	4,165
	by Aboriginal origin						
117	Total Aboriginal origins population (11)	65	90	80	70	55	40
118	Total non-Aboriginal population	4,100	4,060	5,600	5,805	3,690	4,140
	by Registered Indian status						
119	Registered Indian (12)	10	10	40	15	10	15
120	Not a Registered Indian	4,165	4,140	5,640	5,860	3,730	4,170

Tableau 1. Certaines caractéristiques des secteurs de recensement, recensement de 2001 – Données intégrales et données-échantillon (20 %)

Vancouver 0044	Vancouver 0045.01	Vancouver 0045.02	Vancouver 0046	Vancouver 0047.01 A	Vancouver 0047.02 ◆ A	Caractéristiques	N°
						CARACTÉRISTIQUES DE LA POPULATION	
						selon la langue parlée à la maison	
4,355	4,280	4,375	4,365	3,140	3,730	Réponses uniques	68
4,145	4,125	4,275	4,150	3,045	3,630	Anglais	69
20	10	20	-	25	30	Français	70
190	145	80	210	70	65	Langues non officielles (5)	71
50	-	-	35	-	-	Cantonais	72
55	-	25	15	-	-	Chinois, n.d.a.	73
-	-	-	-	-	-	Pendjabi	74
-	25	10	15	-	10	Mandarin	75
10	15	-	-	-	-	Coréen	76
70	110	40	150	75	50	Autres langues (6)	77
395	525	825	585	300	390	Réponses multiples	78
85	130	150	120	90	85	Anglais et français	79
300	375	635	445	195	290	Anglais et langue non officielle	80
10	10	10	-	-	-	Français et langue non officielle	81
10	15	30	25	15	20	Anglais, français et langue non officielle	82
						selon la connaissance des langues officielles	
3,880	3,805	4,145	3,965	2,780	3,175	Anglais seulement	83
-	-	10	-	10	-	Français seulement	84
850	955	1,030	945	625	915	Anglais et français	85
20	45	15	35	30	35	Ni l'anglais ni le français	86
						selon la connaissance des langues non officielles (5) (7)	
160	75	60	140	60	25	Cantonais	87
90	60	60	45	15	10	Chinois, n.d.a.	88
-	35	30	15	10	10	Pendjabi	89
90	70	50	50	80	20	Mandarin	90
20	20	10	-	10	-	Hindi	91
235	270	205	280	190	205	Allemand	92
175	255	230	260	210	240	Espagnol	93
						selon la première langue officielle parlée	
4,590	4,610	4,985	4,795	3,285	3,965	Anglais	94
105	125	190	90	125	110	Français	95
35	30	10	40	-	15	Anglais et français	96
20	40	15	20	30	25	Ni l'anglais ni le français	97
125	140	200	115	125	120	Minorité de langue officielle - (nombre) (8)	98
2.6	2.9	3.8	2.3	3.6	2.9	Minorité de langue officielle - (pourcentage) (8)	99
						selon l'origine ethnique (9)	
1,900	1,540	1,750	1,655	1,365	1,435	Anglais	100
1,270	1,160	1,110	1,010	830	765	Canadien	101
395	275	210	325	145	150	Chinois	102
1,270	1,225	1,260	1,395	845	1,050	Écossais	103
900	930	1,145	800	705	885	Irlandais	104
360	715	685	685	400	710	Allemand	105
40	75	60	45	-	40	Indien de l'Inde	106
455	410	585	545	345	415	Français	107
125	225	265	310	125	265	Ukrainien	108
85	165	180	145	115	175	Italien	109
165	285	255	205	120	165	Hollandais (Néerlandais)	110
15	10	25	65	20	55	Philippin	111
130	225	160	140	130	190	Polonais	112
115	125	80	100	110	125	Norvégien	113
35	25	105	45	35	75	Indien de l'Amérique du Nord	114
						selon l'identité autochtone	
30	10	55	20	50	60	Total de la population ayant une identité autochtone (10)	115
4,720	4,800	5,145	4,930	3,390	4,060	Total de la population non autochtone	116
						selon l'origine autochtone	
45	35	150	80	45	95	Total de la population ayant une origine autochtone (11)	117
4,705	4,765	5,045	4,865	3,395	4,025	Total de la population non autochtone	118
						selon le statut d'Indien inscrit	
25	-	30	10	10	25	Oui, Indien inscrit (12)	119
4,725	4,805	5,170	4,945	3,430	4,090	Non, pas un Indien inscrit	120

Table 1. Selected Characteristics for Census Tracts, 2001 Census – 100% Data and 20% Sample Data

No.	Characteristics	Vancouver 0040.02 A	Vancouver 0041.01 ◆ A	Vancouver 0041.02 A	Vancouver 0042	Vancouver 0043.01 A	Vancouver 0043.02 A
	POPULATION CHARACTERISTICS						
	by visible minority groups						
121	Total visible minority population	690	715	1,080	1,050	965	765
122	Chinese	330	365	585	605	580	535
123	South Asian	70	20	120	145	50	45
124	Black	35	35	35	55	20	10
125	Filipino	45	10	30	-	45	45
126	Latin American	50	75	15	45	10	-
127	Southeast Asian	10	10	-	30	10	15
128	Arab	20	-	-	35	-	-
129	West Asian	25	40	45	20	15	-
130	Korean	10	35	95	45	90	15
131	Japanese	90	60	90	70	95	75
132	Visible minority, n.i.e. (13)	20	30	10	-	10	-
133	Multiple visible minorities (14)	10	25	40	10	35	15
	by citizenship						
134	Canadian citizenship (15)	3,850	3,785	4,990	5,395	3,195	3,730
135	Citizenship other than Canadian	325	365	690	485	550	455
	by place of birth of respondent						
136	Non-immigrant population	2,995	2,915	3,790	4,130	2,260	2,780
137	Born in province of residence	1,410	1,490	2,050	2,480	1,375	1,950
138	Immigrant population (16)	1,125	1,120	1,760	1,605	1,295	1,320
139	United States	105	125	195	130	115	180
140	Central and South America	30	20	45	85	25	25
141	Caribbean and Bermuda	40	30	20	20	-	-
142	United Kingdom	220	200	340	260	205	190
143	Other Europe (17)	280	265	415	435	275	245
144	Africa	65	30	60	30	35	15
145	Asia and the Middle East	350	425	640	620	630	640
146	Oceania and other (18)	30	25	45	20	15	20
147	Non-permanent residents (19)	50	115	130	150	190	80
148	**Total immigrant population**	**1,125**	**1,120**	**1,765**	**1,605**	**1,295**	**1,320**
	by period of immigration						
149	Before 1961	155	160	225	250	220	145
150	1961-1970	195	180	240	320	190	290
151	1971-1980	255	215	305	305	180	225
152	1981-1990	110	180	185	250	135	205
153	1991-2001 (20)	410	385	810	485	570	450
154	1991-1995	210	155	395	260	420	280
155	1996-2001 (20)	200	235	410	220	150	175
	by age at immigration						
156	0-4 years	155	95	175	195	105	125
157	5-19 years	260	370	480	435	435	305
158	20 years and over	710	655	1,105	970	760	885
159	**Total population**	**4,175**	**4,145**	**5,680**	**5,880**	**3,745**	**4,180**
	by religion						
160	Catholic (21)	825	700	1,110	930	660	725
161	Protestant	1,055	1,300	1,410	1,480	1,140	1,385
162	Christian Orthodox	110	60	165	245	50	135
163	Christian, n.i.e. (22)	145	115	135	155	160	95
164	Muslim	45	60	105	55	15	-
165	Jewish	115	160	225	265	135	145
166	Buddhist	60	135	120	145	225	215
167	Hindu	-	-	35	65	40	-
168	Sikh	10	-	20	20	-	10
169	Eastern religions (23)	-	-	10	-	-	15
170	Other religions (24)	15	10	40	30	10	-
171	No religious affiliation (25)	1,780	1,610	2,295	2,485	1,315	1,465
172	**Total population 15 years and over**	**3,980**	**3,975**	**5,070**	**5,090**	**3,175**	**3,540**
	by generation status						
173	1st generation (26)	1,170	1,205	1,785	1,725	1,415	1,360
174	2nd generation (27)	960	960	1,300	1,325	770	870
175	3rd generation and over (28)	1,850	1,815	1,990	2,045	995	1,305
176	**Total population 1 year and over (29)**	**4,110**	**4,120**	**5,610**	**5,825**	**3,725**	**4,145**
	by place of residence 1 year ago (mobility)						
177	Non-movers	2,945	2,995	4,160	4,585	2,980	3,480
178	Movers	1,160	1,125	1,450	1,240	745	665
179	Non-migrants	695	640	825	755	340	425
180	Migrants	465	485	630	480	405	235
181	Internal migrants	410	335	450	305	160	125
182	Intraprovincial migrants	275	170	325	245	55	75
183	Interprovincial migrants	135	170	125	60	100	45
184	External migrants	60	145	175	175	245	115

Tableau 1. Certaines caractéristiques des secteurs de recensement, recensement de 2001 – Données intégrales et données-échantillon (20 %)

Vancouver 0044	Vancouver 0045.01	Vancouver 0045.02	Vancouver 0046	Vancouver 0047.01 A	Vancouver 0047.02 ◆ A	Caractéristiques	N°
						CARACTÉRISTIQUES DE LA POPULATION	
						selon les groupes de minorités visibles	
545	610	475	680	310	545	Total de la population des minorités visibles	121
410	280	220	295	150	115	Chinois	122
40	65	60	55	30	65	Sud-Asiatique	123
10	15	25	45	20	15	Noir	124
10	-	20	45	15	45	Philippin	125
20	30	10	50	15	10	Latino-Américain	126
-	15	-	-	25	30	Asiatique du Sud-Est	127
-	10	20	-	-	15	Arabe	128
-	25	10	35	15	15	Asiatique occidental	129
10	15	-	30	10	10	Coréen	130
20	110	70	105	30	205	Japonais	131
-	15	25	10	-	15	Minorité visible, n.i.a. (13)	132
15	30	20	20	10	10	Minorités visibles multiples (14)	133
						selon la citoyenneté	
4,465	4,335	4,770	4,540	3,110	3,785	Citoyenneté canadienne (15)	134
285	470	435	410	335	340	Citoyenneté autre que canadienne	135
						selon le lieu de naissance du répondant	
3,500	3,510	3,745	3,635	2,425	3,250	Population non immigrante	136
1,960	1,760	2,085	1,800	1,175	1,600	Née dans la province de résidence	137
1,175	1,195	1,330	1,205	910	800	Population immigrante (16)	138
90	150	110	125	95	85	États-Unis	139
35	35	25	25	20	45	Amérique centrale et du Sud	140
10	20	15	15	-	-	Caraïbes et Bermudes	141
340	270	290	320	275	165	Royaume-Uni	142
310	300	500	345	225	250	Autre Europe (17)	143
30	100	80	35	50	35	Afrique	144
345	280	220	305	170	190	Asie et Moyen-Orient	145
25	35	75	35	65	25	Océanie et autre (18)	146
75	100	130	110	105	75	Résidents non permanents (19)	147
1,180	**1,190**	**1,330**	**1,200**	**910**	**795**	**Population immigrante totale**	148
						selon la période d'immigration	
330	150	175	250	220	120	Avant 1961	149
210	275	260	150	205	85	1961-1970	150
220	225	375	215	155	190	1971-1980	151
195	175	235	200	105	135	1981-1990	152
215	360	275	390	225	265	1991-2001 (20)	153
140	100	70	210	125	90	1991-1995	154
75	265	205	185	100	170	1996-2001 (20)	155
						selon l'âge à l'immigration	
110	135	145	145	90	105	0-4 ans	156
315	365	330	290	230	255	5-19 ans	157
750	690	850	770	595	440	20 ans et plus	158
4,755	**4,805**	**5,200**	**4,950**	**3,440**	**4,120**	**Population totale**	159
						selon la religion	
620	800	885	780	540	735	Catholique (21)	160
1,825	1,050	1,015	1,200	1,005	905	Protestante	161
100	80	375	200	80	60	Orthodoxe chrétienne	162
145	140	140	180	85	145	Chrétiennes, n.i.a. (22)	163
10	25	20	20	20	30	Musulmane	164
140	220	150	195	160	105	Juive	165
160	105	50	110	40	65	Bouddhiste	166
-	45	15	-	-	-	Hindoue	167
10	10	50	20	-	-	Sikh	168
10	15	30	-	-	-	Religions orientales (23)	169
20	15	35	20	10	15	Autres religions (24)	170
1,720	2,305	2,450	2,210	1,505	2,050	Aucune appartenance religieuse (25)	171
4,120	**4,355**	**4,640**	**4,605**	**3,305**	**3,940**	**Population totale de 15 ans et plus**	172
						selon le statut des générations	
1,270	1,275	1,445	1,320	1,055	885	1re génération (26)	173
1,095	1,130	1,225	1,285	840	1,155	2e génération (27)	174
1,750	1,950	1,970	2,005	1,415	1,895	3e génération et plus (28)	175
4,700	**4,730**	**5,160**	**4,900**	**3,415**	**4,105**	**Population totale de 1 an et plus (29)**	176
						selon le lieu de résidence 1 an auparavant (mobilité)	
4,060	3,430	3,790	3,745	2,635	2,855	Personnes n'ayant pas déménagé	177
645	1,305	1,370	1,150	775	1,245	Personnes ayant déménagé	178
315	810	770	625	480	765	Non-migrants	179
330	495	605	530	300	480	Migrants	180
245	315	440	410	190	370	Migrants internes	181
105	170	300	275	125	195	Migrants infraprovinciaux	182
140	150	140	135	70	175	Migrants interprovinciaux	183
80	175	165	120	105	110	Migrants externes	184

Table 1. Selected Characteristics for Census Tracts, 2001 Census – 100% Data and 20% Sample Data

No.	Characteristics	Vancouver 0040.02 A	Vancouver 0041.01 ◆ A	Vancouver 0041.02 A	Vancouver 0042	Vancouver 0043.01 A	Vancouver 0043.02 A
	POPULATION CHARACTERISTICS						
185	**Total population 5 years and over (30)**	**4,040**	**4,080**	**5,445**	**5,630**	**3,555**	**4,020**
	by place of residence 5 years ago (mobility)						
186	Non-movers	1,310	1,180	1,700	2,890	1,970	2,505
187	Movers	2,730	2,900	3,740	2,735	1,590	1,515
188	Non-migrants	1,345	1,485	1,865	1,315	700	845
189	Migrants	1,390	1,415	1,875	1,420	890	670
190	Internal migrants	1,120	1,040	1,265	965	485	365
191	Intraprovincial migrants	590	575	775	635	225	160
192	Interprovincial migrants	520	460	495	330	260	200
193	External migrants	270	375	610	460	405	305
194	**Total population 15 to 24 years**	**330**	**410**	**645**	**835**	**625**	**630**
	by school attendance						
195	Not attending school	200	155	200	270	85	155
196	Attending school full time	95	215	415	495	495	435
197	Attending school part time	35	40	30	70	45	40
198	**Total population 15 years and over**	**3,985**	**3,975**	**5,075**	**5,095**	**3,180**	**3,540**
	by highest level of schooling						
199	Less than grade 9 (31)	65	90	115	160	75	65
200	Grades 9-13 without high school graduation certificate	235	235	350	510	170	375
201	Grades 9-13 with high school graduation certificate	300	275	345	325	140	230
202	Some postsecondary without degree, certificate or diploma (32)	475	505	535	710	470	430
203	Trades certificate or diploma (33)	200	245	300	345	160	175
204	College certificate or diploma (34)	880	650	920	700	445	415
205	University certificate below bachelor's degree	150	145	140	200	70	70
206	University with bachelor's degree or higher	1,685	1,835	2,355	2,135	1,650	1,780
	by combinations of unpaid work						
207	Males 15 years and over	1,600	1,740	2,320	2,455	1,515	1,660
208	Reported unpaid work (35)	1,465	1,575	2,040	2,235	1,410	1,480
209	Housework and child care and care or assistance to seniors	45	55	105	165	85	105
210	Housework and child care only	170	150	475	475	310	370
211	Housework and care or assistance to seniors only	85	140	150	130	140	190
212	Child care and care or assistance to seniors only	-	-	-	-	-	-
213	Housework only	1,160	1,225	1,295	1,435	865	800
214	Child care only	10	-	10	10	10	10
215	Care or assistance to seniors only	-	-	-	25	-	-
216	Females 15 years and over	2,380	2,235	2,755	2,640	1,665	1,880
217	Reported unpaid work (35)	2,195	2,090	2,670	2,465	1,550	1,760
218	Housework and child care and care or assistance to seniors	50	100	205	210	200	185
219	Housework and child care only	245	195	650	605	315	445
220	Housework and care or assistance to seniors only	275	260	255	240	135	310
221	Child care and care or assistance to seniors only	-	-	10	-	-	-
222	Housework only	1,615	1,535	1,550	1,410	885	815
223	Child care only	10	-	-	-	10	-
224	Care or assistance to seniors only	-	-	-	-	15	-
	by labour force activity						
225	Males 15 years and over	1,605	1,740	2,315	2,455	1,515	1,660
226	In the labour force	1,350	1,420	1,855	1,840	1,165	1,100
227	Employed	1,260	1,335	1,755	1,740	1,050	1,030
228	Unemployed	90	85	100	110	115	70
229	Not in the labour force	255	325	465	610	350	555
230	Participation rate	84.1	81.6	80.1	74.9	76.9	66.3
231	Employment rate	78.5	76.7	75.8	70.9	69.3	62.0
232	Unemployment rate	6.7	6.0	5.4	6.0	9.9	6.4
233	Females 15 years and over	2,380	2,235	2,755	2,640	1,665	1,885
234	In the labour force	1,730	1,550	2,110	1,795	1,060	1,195
235	Employed	1,630	1,450	2,000	1,680	945	1,155
236	Unemployed	100	100	105	115	115	40
237	Not in the labour force	645	685	650	845	605	690
238	Participation rate	72.7	69.4	76.6	68.0	63.7	63.4
239	Employment rate	68.5	64.9	72.6	63.6	56.8	61.3
240	Unemployment rate	5.8	6.5	5.0	6.4	10.8	3.3

Tableau 1. Certaines caractéristiques des secteurs de recensement, recensement de 2001 – Données intégrales et données-échantillon (20 %)

Vancouver 0044	Vancouver 0045.01	Vancouver 0045.02	Vancouver 0046	Vancouver 0047.01 A	Vancouver 0047.02 ◆ A	Caractéristiques	N°
						CARACTÉRISTIQUES DE LA POPULATION	
4,580	**4,610**	**4,965**	**4,805**	**3,365**	**4,000**	**Population totale de 5 ans et plus (30)**	185
						selon le lieu de résidence 5 ans auparavant (mobilité)	
2,760	1,800	2,000	1,790	1,315	1,145	Personnes n'ayant pas déménagé	186
1,820	2,810	2,965	3,020	2,055	2,860	Personnes ayant déménagé	187
1,060	1,425	1,540	1,645	1,105	1,480	Non-migrants	188
760	1,385	1,425	1,370	940	1,380	Migrants	189
600	980	1,050	1,085	720	1,060	Migrants internes	190
340	535	580	605	400	530	Migrants infraprovinciaux	191
260	450	465	480	320	535	Migrants interprovinciaux	192
160	400	380	290	225	315	Migrants externes	193
570	**560**	**665**	**515**	**245**	**385**	**Population totale de 15 à 24 ans**	194
						selon la fréquentation scolaire	
105	230	190	235	90	220	Ne fréquentant pas l'école	195
410	240	400	230	110	125	Fréquentant l'école à plein temps	196
50	90	80	55	45	40	Fréquentant l'école à temps partiel	197
4,120	**4,355**	**4,640**	**4,605**	**3,305**	**3,935**	**Population totale de 15 ans et plus**	198
						selon le plus haut niveau de scolarité atteint	
80	50	160	95	65	10	Niveau inférieur à la 9e année (31)	199
395	290	300	395	195	200	De la 9e à la 13e année sans certificat d'études secondaires	200
260	220	235	270	190	245	De la 9e à la 13e année avec certificat d'études secondaires	201
625	540	690	580	405	515	Études postsecondaires partielles sans grade, certificat ou diplôme (32)	202
230	185	375	310	145	195	Certificat ou diplôme d'une école de métiers (33)	203
430	485	640	805	540	780	Certificat ou diplôme collégial (34)	204
130	120	130	95	125	160	Certificat universitaire inférieur au baccalauréat	205
1,965	2,470	2,105	2,060	1,650	1,835	Études universitaires avec baccalauréat ou diplôme supérieur	206
						selon les combinaisons de travail non rémunéré	
1,910	2,040	2,200	2,100	1,530	1,885	Hommes de 15 ans et plus	207
1,650	1,850	1,975	1,940	1,320	1,705	Travail non rémunéré déclaré (35)	208
70	80	105	90	15	45	Travaux ménagers et soins aux enfants et soins ou aide aux personnes âgées	209
395	330	475	205	130	120	Travaux ménagers et soins aux enfants seulement	210
180	130	115	120	125	145	Travaux ménagers et soins ou aide aux personnes âgées seulement	211
-	-	-	-	-	10	Soins aux enfants et soins ou aide aux personnes âgées seulement	212
980	1,305	1,280	1,490	1,000	1,385	Travaux ménagers seulement	213
15	10	-	-	25	-	Soins aux enfants seulement	214
15	-	-	15	25	-	Soins ou aide aux personnes âgées seulement	215
2,210	2,310	2,445	2,510	1,775	2,055	Femmes de 15 ans et plus	216
2,025	2,170	2,365	2,350	1,680	2,010	Travail non rémunéré déclaré (35)	217
130	95	135	120	50	60	Travaux ménagers et soins aux enfants et soins ou aide aux personnes âgées	218
440	405	520	285	205	155	Travaux ménagers et soins aux enfants seulement	219
265	240	230	275	185	220	Travaux ménagers et soins ou aide aux personnes âgées seulement	220
-	-	-	-	-	-	Soins aux enfants et soins ou aide aux personnes âgées seulement	221
1,185	1,410	1,485	1,660	1,230	1,570	Travaux ménagers seulement	222
-	20	-	10	-	-	Soins aux enfants seulement	223
-	-	-	-	-	-	Soins ou aide aux personnes âgées seulement	224
						selon l'activité	
1,910	2,040	2,195	2,100	1,530	1,885	Hommes de 15 ans et plus	225
1,335	1,745	1,785	1,725	1,270	1,685	Population active	226
1,295	1,680	1,710	1,645	1,170	1,565	Personnes occupées	227
40	65	70	75	95	120	Chômeurs	228
580	295	415	375	260	200	Inactifs	229
69.9	85.5	81.3	82.1	83.0	89.4	Taux d'activité	230
67.8	82.4	77.9	78.3	76.5	83.0	Taux d'emploi	231
3.0	3.7	3.9	4.3	7.5	7.1	Taux de chômage	232
2,210	2,315	2,445	2,510	1,775	2,050	Femmes de 15 ans et plus	233
1,275	1,865	1,840	1,890	1,285	1,575	Population active	234
1,220	1,770	1,725	1,805	1,210	1,500	Personnes occupées	235
55	90	110	90	80	75	Chômeuses	236
935	450	605	620	485	480	Inactives	237
57.7	80.6	75.3	75.3	72.4	76.8	Taux d'activité	238
55.2	76.5	70.6	71.9	68.2	73.2	Taux d'emploi	239
4.3	4.8	6.0	4.8	6.2	4.8	Taux de chômage	240

Table 1. Selected Characteristics for Census Tracts, 2001 Census – 100% Data and 20% Sample Data

No.	Characteristics	Vancouver 0040.02 A	Vancouver 0041.01 ◆ A	Vancouver 0041.02 A	Vancouver 0042	Vancouver 0043.01 A	Vancouver 0043.02 A
	POPULATION CHARACTERISTICS						
	by labour force activity – concluded						
241	Both sexes - Participation rate	77.3	74.7	78.1	71.4	70.1	65.0
242	15-24 years	78.8	77.1	58.1	63.5	62.4	52.0
243	25 years and over	77.3	74.4	81.0	73.0	71.8	67.6
244	Both sexes - Employment rate	72.5	69.9	74.2	67.1	62.6	61.7
245	15-24 years	70.1	71.1	41.1	59.6	47.2	45.7
246	25 years and over	72.7	69.8	79.0	68.7	66.5	65.1
247	Both sexes - Unemployment rate	6.3	6.4	5.2	6.2	10.3	5.0
248	15-24 years	9.4	7.8	30.7	7.5	24.4	13.6
249	25 years and over	5.9	6.0	2.5	5.9	7.4	3.8
250	**Total labour force 15 years and over**	**3,080**	**2,965**	**3,960**	**3,640**	**2,230**	**2,300**
	by industry based on the 1997 NAICS						
251	Industry - Not applicable (36)	30	10	60	35	100	40
252	All industries (37)	3,050	2,960	3,895	3,610	2,130	2,255
253	11 Agriculture, forestry, fishing and hunting	10	20	25	-	-	10
254	21 Mining and oil and gas extraction	10	10	-	-	-	15
255	22 Utilities	10	25	35	15	-	10
256	23 Construction	90	100	125	85	55	25
257	31-33 Manufacturing	115	80	155	175	60	105
258	41 Wholesale trade	115	115	190	95	40	70
259	44-45 Retail trade	195	215	210	210	140	155
260	48-49 Transportation and warehousing	235	110	130	145	40	95
261	51 Information and cultural industries	205	300	225	290	105	145
262	52 Finance and insurance	220	170	200	185	90	120
263	53 Real estate and rental and leasing	90	60	135	60	60	70
264	54 Professional, scientific and technical services	430	295	620	605	320	350
265	55 Management of companies and enterprises	-	-	10	10	-	15
266	56 Administrative and support, waste management and remediation services	75	80	160	120	55	20
267	61 Educational services	310	315	525	585	450	370
268	62 Health care and social assistance	430	360	380	310	240	345
269	71 Arts, entertainment and recreation	95	95	145	165	95	85
270	72 Accommodation and food services	215	355	215	275	125	115
271	81 Other services (except public administration)	80	50	215	160	95	75
272	91 Public administration	120	195	205	115	145	80
	by class of worker						
273	Class of worker - Not applicable (36)	35	10	65	35	95	40
274	All classes of worker (37)	3,045	2,960	3,900	3,605	2,130	2,255
275	Paid workers	2,785	2,745	3,485	3,185	1,805	2,010
276	Employees	2,720	2,630	3,235	2,940	1,695	1,815
277	Self-employed (incorporated)	70	115	255	245	110	195
278	Self-employed (unincorporated)	260	220	400	425	320	250
279	Unpaid family workers	-	-	10	-	10	-
	by occupation based on the 2001 NOC-S						
280	Male labour force 15 years and over	1,345	1,415	1,850	1,840	1,165	1,100
281	Occupation - Not applicable (36)	20	10	40	15	40	20
282	All occupations (37)	1,330	1,415	1,815	1,835	1,130	1,085
283	A Management occupations	235	290	375	310	235	215
284	B Business, finance and administration occupations	220	210	200	165	105	125
285	C Natural and applied sciences and related occupations	180	175	330	380	195	180
286	D Health occupations	50	55	45	45	70	50
287	E Occupations in social science, education, government service and religion	145	155	200	265	245	205
288	F Occupations in art, culture, recreation and sport	135	115	115	165	90	80
289	G Sales and service occupations	210	245	345	290	125	150
290	H Trades, transport and equipment operators and related occupations	85	150	135	175	40	55
291	I Occupations unique to primary industry	10	10	30	15	-	-
292	J Occupations unique to processing, manufacturing and utilities	50	-	35	20	10	20
293	Female labour force 15 years and over	1,730	1,550	2,110	1,795	1,060	1,195
294	Occupation - Not applicable (36)	15	-	20	20	60	20
295	All occupations (37)	1,720	1,550	2,085	1,775	1,000	1,180
296	A Management occupations	215	170	350	155	150	130
297	B Business, finance and administration occupations	460	450	490	445	210	245
298	C Natural and applied sciences and related occupations	55	60	100	110	80	55
299	D Health occupations	280	180	215	165	80	155

Tableau 1. Certaines caractéristiques des secteurs de recensement, recensement de 2001 – Données intégrales et données-échantillon (20 %)

Vancouver 0044	Vancouver 0045.01	Vancouver 0045.02	Vancouver 0046	Vancouver 0047.01 A	Vancouver 0047.02 ◆ A	Caractéristiques	N°
						CARACTÉRISTIQUES DE LA POPULATION	
						selon l'activité – fin	
63.3	82.9	78.1	78.4	77.2	82.8	Les deux sexes - Taux d'activité	241
47.4	70.5	75.9	78.6	85.7	84.2	15-24 ans	242
65.8	84.7	78.4	78.4	76.8	82.7	25 ans et plus	243
61.0	79.2	74.1	74.8	72.0	77.8	Les deux sexes - Taux d'emploi	244
40.4	62.2	66.9	76.7	73.5	77.6	15-24 ans	245
64.2	81.8	75.2	74.6	71.7	77.8	25 ans et plus	246
3.6	4.4	5.1	4.6	6.8	6.0	Les deux sexes - Taux de chômage	247
13.0	12.7	11.0	3.7	12.2	7.8	15-24 ans	248
2.8	3.4	4.2	4.8	6.2	6.0	25 ans et plus	249
2,610	**3,610**	**3,625**	**3,615**	**2,555**	**3,260**	**Population active totale de 15 ans et plus**	250
						selon l'industrie basée sur le SCIAN de 1997	
20	25	25	25	35	15	Industrie - Sans objet (36)	251
2,590	3,585	3,595	3,590	2,520	3,240	Toutes les industries (37)	252
40	20	15	10	15	15	11 Agriculture, foresterie, pêche et chasse	253
10	10	-	10	10	10	21 Extraction minière et extraction de pétrole et de gaz	254
10	10	20	25	15	10	22 Services publics	255
70	100	80	65	35	90	23 Construction	256
50	160	130	135	90	160	31-33 Fabrication	257
85	155	80	50	90	160	41 Commerce de gros	258
205	225	325	355	150	295	44-45 Commerce de détail	259
60	85	130	175	85	105	48-49 Transport et entreposage	260
110	330	250	305	165	225	51 Industrie de l'information et industrie culturelle	261
145	190	120	195	170	190	52 Finance et assurances	262
50	115	45	70	55	105	53 Services immobiliers et services de location et de location à bail	263
450	655	545	540	530	425	54 Services professionnels, scientifiques et techniques	264
10	-	-	-	-	-	55 Gestion de sociétés et d'entreprises	265
45	75	165	110	85	120	56 Services administratifs, services de soutien, services de gestion des déchets et services d'assainissement	266
315	500	530	475	345	415	61 Services d'enseignement	267
355	370	415	370	250	290	62 Soins de santé et assistance sociale	268
125	140	165	205	80	75	71 Arts, spectacles et loisirs	269
140	255	310	230	160	280	72 Hébergement et services de restauration	270
110	80	145	135	95	145	81 Autres services, sauf les administrations publiques	271
215	100	130	140	95	145	91 Administrations publiques	272
						selon la catégorie de travailleurs	
20	25	25	30	35	20	Catégorie de travailleurs - Sans objet (36)	273
2,590	3,585	3,595	3,585	2,520	3,240	Toutes les catégories de travailleurs (37)	274
2,150	3,085	3,140	3,290	2,200	2,845	Travailleurs rémunérés	275
1,860	2,850	2,895	3,145	2,070	2,735	Employés	276
290	240	240	145	130	115	Travailleurs autonomes (entreprise constituée en société)	277
430	490	455	295	320	390	Travailleurs autonomes (entreprise non constituée en société)	278
-	10	-	10	-	-	Travailleurs familiaux non rémunérés	279
						selon la profession basée sur la CNP-S de 2001	
1,330	1,745	1,785	1,720	1,265	1,680	Hommes actifs de 15 ans et plus	280
10	-	-	10	15	15	Profession - Sans objet (36)	281
1,330	1,745	1,785	1,710	1,250	1,670	Toutes les professions (37)	282
280	410	345	255	170	260	A Gestion	283
130	115	220	185	220	220	B Affaires, finance et administration	284
170	315	260	270	205	220	C Sciences naturelles et appliquées et professions apparentées	285
115	70	80	35	40	75	D Secteur de la santé	286
210	230	265	175	180	230	E Sciences sociales, enseignement, administration publique et religion	287
85	170	170	285	130	195	F Arts, culture, sports et loisirs	288
205	315	295	340	205	310	G Ventes et services	289
95	90	125	115	50	105	H Métiers, transport et machinerie	290
25	15	20	35	25	15	I Professions propres au secteur primaire	291
10	25	10	30	20	35	J Transformation, fabrication et services d'utilité publique	292
1,275	1,865	1,840	1,890	1,290	1,575	Femmes actives de 15 ans et plus	293
10	25	30	20	20	-	Profession - Sans objet (36)	294
1,265	1,835	1,810	1,875	1,270	1,570	Toutes les professions (37)	295
135	200	130	195	180	230	A Gestion	296
275	380	360	420	295	405	B Affaires, finance et administration	297
60	110	50	120	65	65	C Sciences naturelles et appliquées et professions apparentées	298
165	170	180	165	120	155	D Secteur de la santé	299

Table 1. Selected Characteristics for Census Tracts, 2001 Census – 100% Data and 20% Sample Data

No.	Characteristics	Vancouver 0040.02 A	Vancouver 0041.01 ◆ A	Vancouver 0041.02 A	Vancouver 0042	Vancouver 0043.01 A	Vancouver 0043.02 A
	POPULATION CHARACTERISTICS						
	by occupation based on the 2001 NOC-S – concluded						
300	E-Occupations in social science, education, government service and religion	200	245	320	355	175	300
301	F Occupations in art, culture, recreation and sport	145	135	215	155	120	105
302	G Sales and service occupations	315	320	380	375	145	170
303	H Trades, transport and equipment operators and related occupations	40	10	-	-	15	15
304	I Occupations unique to primary industry	-	-	-	10	10	-
305	J Occupations unique to processing, manufacturing and utilities	10	-	-	15	15	-
306	**Total employed labour force 15 years and over**	**2,890**	**2,780**	**3,760**	**3,420**	**1,995**	**2,185**
	by place of work						
307	Males	1,260	1,335	1,760	1,740	1,050	1,030
308	Usual place of work	985	1,070	1,365	1,360	835	875
309	At home	130	100	195	190	110	105
310	Outside Canada	30	20	40	25	10	15
311	No fixed workplace address	120	145	155	160	90	35
312	Females	1,630	1,450	2,000	1,680	945	1,155
313	Usual place of work	1,430	1,220	1,665	1,335	715	930
314	At home	55	120	215	245	170	115
315	Outside Canada	25	-	-	10	-	20
316	No fixed workplace address	120	105	115	95	60	95
317	**Total employed labour force 15 years and over with usual place of work or no fixed workplace address**	**2,650**	**2,535**	**3,295**	**2,950**	**1,700**	**1,930**
	by mode of transportation						
318	Males	1,100	1,210	1,515	1,520	925	910
319	Car, truck, van, as driver	580	665	1,140	1,000	580	625
320	Car, truck, van, as passenger	40	45	45	70	20	20
321	Public transit	240	185	100	135	95	100
322	Walked	165	200	125	75	60	40
323	Other method	75	120	105	245	175	115
324	Females	1,555	1,325	1,775	1,430	775	1,020
325	Car, truck, van, as driver	655	625	1,130	830	450	640
326	Car, truck, van, as passenger	110	85	150	85	55	60
327	Public transit	335	255	180	230	90	165
328	Walked	360	270	215	160	45	95
329	Other method	95	80	110	125	125	70
330	**Total population 15 years and over who worked since January 1, 2000**	**3,300**	**3,225**	**4,265**	**3,970**	**2,355**	**2,595**
	by language used at work						
331	Single responses	2,980	2,955	3,925	3,655	2,165	2,360
332	English	2,965	2,920	3,885	3,630	2,160	2,350
333	French	-	-	-	-	-	10
334	Non-official languages (5)	20	35	35	25	-	10
335	Chinese, n.o.s.	10	-	10	-	-	-
336	Cantonese	-	-	-	-	-	-
337	Other languages (6)	15	25	30	20	-	10
338	Multiple responses	320	275	335	320	195	230
339	English and French	165	125	75	140	95	100
340	English and non-official language	130	135	265	170	100	125
341	French and non-official language	-	-	-	-	-	-
342	English, French and non-official language	25	10	-	-	-	15
	DWELLING AND HOUSEHOLD CHARACTERISTICS						
343	**Total number of occupied private dwellings**	**2,885**	**2,720**	**2,885**	**2,540**	**1,510**	**1,565**
	by tenure						
344	Owned	600	760	1,615	1,380	835	1,140
345	Rented	2,285	1,960	1,275	1,165	675	425
346	Band housing	-	-	-	-	-	-
	by structural type of dwelling						
347	Single-detached house	20	15	320	1,065	845	1,085
348	Semi-detached house	45	65	155	55	-	-
349	Row house	15	10	55	20	-	-
350	Apartment, detached duplex	10	10	390	775	180	255
351	Apartment, building that has five or more storeys	650	660	275	-	270	-
352	Apartment, building that has fewer than five storeys (38)	2,150	1,955	1,685	625	205	225
353	Other single-attached house	-	10	10	10	10	-
354	Movable dwelling (39)	-	-	-	-	-	-

Tableau 1. Certaines caractéristiques des secteurs de recensement, recensement de 2001 – Données intégrales et données-échantillon (20 %)

Vancouver 0044	Vancouver 0045.01	Vancouver 0045.02	Vancouver 0046	Vancouver 0047.01 A	Vancouver 0047.02 ◆ A	Caractéristiques	N°
						CARACTÉRISTIQUES DE LA POPULATION	
						selon la profession basée sur la CNP-S de 2001 – fin	
275	440	325	405	275	245	E Sciences sociales, enseignement, administration publique et religion	300
145	190	230	190	95	155	F Arts, culture, sports et loisirs	301
190	325	500	365	240	290	G Ventes et services	302
-	-	20	10	-	10	H Métiers, transport et machinerie	303
20	-	-	-	-	-	I Professions propres au secteur primaire	304
10	15	10	10	-	20	J Transformation, fabrication et services d'utilité publique	305
2,515	**3,450**	**3,440**	**3,450**	**2,380**	**3,060**	**Population active occupée totale de 15 ans et plus selon le lieu de travail**	306
1,290	1,680	1,715	1,645	1,170	1,565	Hommes	307
995	1,350	1,385	1,340	960	1,180	Lieu habituel de travail	308
190	160	160	160	115	145	À domicile	309
10	30	10	10	10	10	En dehors du Canada	310
90	140	160	140	90	235	Sans adresse de travail fixe	311
1,220	1,770	1,730	1,800	1,205	1,500	Femmes	312
940	1,465	1,380	1,525	1,045	1,285	Lieu habituel de travail	313
190	200	180	150	75	100	À domicile	314
10	15	15	20	10	-	En dehors du Canada	315
85	95	145	110	75	110	Sans adresse de travail fixe	316
2,115	**3,050**	**3,070**	**3,110**	**2,170**	**2,810**	**Population active occupée totale de 15 ans et plus ayant un lieu habituel de travail ou sans adresse de travail fixe selon le mode de transport**	317
1,090	1,490	1,540	1,475	1,050	1,415	Hommes	318
740	1,095	870	830	695	850	Automobile, camion ou fourgonnette, en tant que conducteur	319
45	15	95	55	35	35	Automobile, camion ou fourgonnette, en tant que passager	320
110	145	215	125	100	210	Transport en commun	321
120	85	125	250	125	175	À pied	322
75	150	235	215	95	145	Autre moyen	323
1,020	1,555	1,530	1,635	1,125	1,390	Femmes	324
650	935	755	845	575	725	Automobile, camion ou fourgonnette, en tant que conductrice	325
95	100	115	185	95	95	Automobile, camion ou fourgonnette, en tant que passagère	326
125	175	300	285	225	235	Transport en commun	327
95	190	225	225	175	275	À pied	328
55	155	130	95	60	60	Autre moyen	329
2,945	**3,825**	**3,920**	**3,895**	**2,680**	**3,490**	**Population totale de 15 ans et plus ayant travaillé depuis le 1er janvier 2000 selon la langue utilisée au travail**	330
2,755	3,585	3,620	3,595	2,510	3,250	Réponses uniques	331
2,750	3,560	3,595	3,595	2,490	3,235	Anglais	332
-	20	10	-	10	10	Français	333
-	10	20	10	10	10	Langues non officielles (5)	334
-	-	-	-	-	-	Chinois, n.d.a.	335
-	-	-	-	-	-	Cantonais	336
-	10	10	10	10	10	Autres langues (6)	337
190	240	295	300	165	240	Réponses multiples	338
65	100	120	130	85	115	Anglais et français	339
115	110	155	150	75	115	Anglais et langue non officielle	340
-	10	-	-	-	-	Français et langue non officielle	341
10	25	15	20	-	10	Anglais, français et langue non officielle	342
						CARACTÉRISTIQUES DES LOGEMENTS ET DES MÉNAGES	
2,110	**2,480**	**2,590**	**3,025**	**2,305**	**2,710**	**Nombre total de logements privés occupés selon le mode d'occupation**	343
1,225	1,125	1,130	880	755	660	Possédé	344
885	1,360	1,465	2,140	1,555	2,050	Loué	345
-	-	-	-	-	-	Logement de bande	346
						selon le type de construction résidentielle	
1,030	290	295	95	55	45	Maison individuelle non attenante	347
20	190	380	100	80	20	Maison jumelée	348
60	85	15	105	45	55	Maison en rangée	349
110	360	640	140	25	10	Appartement, duplex non attenant	350
175	75	40	20	445	90	Appartement, immeuble de cinq étages ou plus	351
720	1,470	1,190	2,555	1,650	2,480	Appartement, immeuble de moins de cinq étages (38)	352
-	15	25	-	-	-	Autre maison individuelle attenante	353
-	-	-	-	-	10	Logement mobile (39)	354

Table 1. Selected Characteristics for Census Tracts, 2001 Census – 100% Data and 20% Sample Data

No.	Characteristics	Vancouver 0040.02 A	Vancouver 0041.01 ◆ A	Vancouver 0041.02 A	Vancouver 0042	Vancouver 0043.01 A	Vancouver 0043.02 A
	DWELLING AND HOUSEHOLD CHARACTERISTICS						
	by condition of dwelling						
355	Regular maintenance only	1,950	2,005	2,055	1,515	915	1,080
356	Minor repairs	605	500	610	745	470	395
357	Major repairs	330	215	220	280	125	95
	by period of construction						
358	Before 1946	460	550	700	1,230	525	895
359	1946-1960	710	475	325	475	230	130
360	1961-1970	710	535	135	140	240	55
361	1971-1980	720	625	125	100	130	65
362	1981-1990	185	220	350	230	195	135
363	1991-2001 (20)	90	310	1,260	360	190	285
364	Average number of rooms per dwelling	3.5	3.9	5.0	6.0	6.4	7.4
365	Average number of bedrooms per dwelling	1.1	1.3	1.9	2.5	2.7	3.0
366	Average value of dwelling $	231,916	253,231	361,543	451,839	522,228	567,093
367	**Total number of private households**	**2,880**	**2,720**	**2,885**	**2,540**	**1,510**	**1,565**
	by household size						
368	1 person	1,850	1,610	1,145	740	435	330
369	2 persons	840	890	1,075	925	460	525
370	3 persons	130	155	390	400	215	275
371	4-5 persons	60	65	245	445	390	405
372	6 or more persons	-	-	25	30	10	35
	by household type						
373	One-family households	790	845	1,445	1,450	910	1,110
374	Multiple-family households	-	-	15	20	10	35
375	Non-family households	2,080	1,875	1,425	1,075	590	420
376	Number of persons in private households	4,170	4,120	5,675	5,875	3,745	4,175
377	Average number of persons in private households	1.4	1.5	2.0	2.3	2.5	2.7
378	Average number of persons per room	0.4	0.4	0.4	0.4	0.4	0.4
379	Tenant households in non-farm, non-reserve private dwellings (40)	2,280	1,955	1,265	1,160	675	425
380	Average gross rent $ (40)	803	893	975	1,019	1,226	1,311
381	Tenant households spending 30% or more of household income on gross rent (40) (41)	790	665	430	480	345	140
382	Tenant households spending from 30% to 99% of household income on gross rent (40) (41)	620	540	360	410	275	105
383	Owner households in non-farm, non-reserve private dwellings (42)	600	755	1,595	1,380	835	1,135
384	Average owner's major payments $ (42)	792	897	1,302	1,157	1,263	1,111
385	Owner households spending 30% or more of household income on owner's major payments (41) (42)	135	150	400	360	185	165
386	Owner households spending from 30% to 99% of household income on owner's major payments (41) (42)	100	120	340	310	155	115
	CENSUS FAMILY CHARACTERISTICS						
387	**Total number of census families in private households**	**810**	**845**	**1,480**	**1,485**	**935**	**1,180**
	by census family structure and size						
388	Total couple families	715	790	1,265	1,275	805	995
389	Total families of married couples	455	555	975	1,020	710	875
390	Without children at home	310	415	480	450	250	310
391	With children at home	140	140	500	570	455	560
392	1 child	100	80	285	245	145	205
393	2 children	40	65	155	240	250	260
394	3 or more children	-	-	70	85	65	95
395	Total families of common-law couples	265	235	295	250	95	125
396	Without children at home	265	225	220	210	75	95
397	With children at home	-	10	75	40	20	30
398	1 child	-	10	70	30	-	20
399	2 children	-	-	-	10	20	10
400	3 or more children	-	-	-	-	-	-
401	Total lone-parent families	100	60	210	215	130	185
402	Female parent	100	55	185	180	80	155
403	1 child	80	40	150	110	60	125
404	2 children	15	10	30	60	25	10
405	3 or more children	-	-	-	-	-	20

Tableau 1. Certaines caractéristiques des secteurs de recensement, recensement de 2001 – Données intégrales et données-échantillon (20 %)

Vancouver 0044	Vancouver 0045.01	Vancouver 0045.02	Vancouver 0046	Vancouver 0047.01 A	Vancouver 0047.02 ◆ A	Caractéristiques	N°
						CARACTÉRISTIQUES DES LOGEMENTS ET DES MÉNAGES	
						selon l'état du logement	
1,380	1,535	1,675	1,775	1,620	1,750	Entretien régulier seulement	355
585	645	695	855	505	625	Réparations mineures	356
150	305	225	395	180	330	Réparations majeures	357
						selon la période de construction	
675	1,025	1,005	650	450	275	Avant 1946	358
345	355	355	365	380	515	1946-1960	359
265	115	220	605	530	755	1961-1970	360
415	155	185	610	500	615	1971-1980	361
270	220	330	455	225	385	1981-1990	362
140	610	490	340	225	165	1991-2001 (20)	363
6.4	4.9	5.0	3.9	3.8	3.6	Nombre moyen de pièces par logement	364
2.5	1.8	2.0	1.4	1.2	1.2	Nombre moyen de chambres à coucher par logement	365
802,298	503,003	394,129	267,383	339,940	211,536	Valeur moyenne du logement $	366
2,110	**2,480**	**2,595**	**3,025**	**2,305**	**2,710**	**Nombre total de logements privés**	367
						selon la taille du ménage	
830	955	955	1,660	1,410	1,565	1 personne	368
620	1,005	1,020	975	745	960	2 personnes	369
250	310	360	265	100	135	3 personnes	370
360	195	235	110	50	45	4-5 personnes	371
50	10	25	15	-	10	6 personnes ou plus	372
						selon le genre de ménage	
1,200	1,130	1,200	1,040	745	825	Ménages unifamiliaux	373
20	10	15	10	-	10	Ménages multifamiliaux	374
890	1,340	1,375	1,985	1,560	1,875	Ménages non familiaux	375
4,705	4,795	5,195	4,940	3,420	4,110	Nombre de personnes dans les ménages privés	376
2.2	1.9	2.0	1.6	1.5	1.5	Nombre moyen de personnes dans les ménages privés	377
0.3	0.4	0.4	0.4	0.4	0.4	Nombre moyen de personnes par pièce	378
880	1,355	1,445	2,130	1,545	2,040	Ménages locataires dans les logements privés non agricoles hors réserve (40)	379
845	1,076	945	823	840	876	Loyer brut moyen $ (40)	380
355	460	535	825	510	625	Ménages locataires consacrant 30 % ou plus du revenu du ménage au loyer brut (40) (41)	381
315	355	435	670	400	520	Ménages locataires consacrant de 30 % à 99 % du revenu du ménage au loyer brut (40) (41)	382
1,225	1,110	1,135	885	755	665	Ménages propriétaires dans les logements privés non agricoles hors réserve (42)	383
1,201	1,284	1,181	937	849	903	Principales dépenses de propriété moyennes $ (42)	384
185	205	250	195	185	150	Ménages propriétaires consacrant 30 % ou plus du revenu du ménage aux principales dépenses de propriété (41) (42)	385
155	180	190	155	140	155	Ménages propriétaires consacrant de 30 % à 99 % du revenu du ménage aux principales dépenses de propriété (41) (42)	386
						CARACTÉRISTIQUES DES FAMILLES DE RECENSEMENT	
1,240	**1,155**	**1,235**	**1,040**	**745**	**850**	**Total des familles de recensement dans les ménages privés**	387
						selon la structure et la taille de la famille de recensement	
1,100	1,025	1,060	850	640	750	Total des familles avec conjoints	388
960	735	750	560	400	405	Total des familles avec couples mariés	389
480	400	385	355	295	320	Sans enfants à la maison	390
480	335	365	210	105	90	Avec enfants à la maison	391
165	175	210	135	55	75	1 enfant	392
190	125	130	65	45	10	2 enfants	393
125	35	20	10	-	-	3 enfants ou plus	394
140	285	310	290	240	345	Total des familles en union libre	395
90	245	230	260	225	315	Sans enfants à la maison	396
50	40	80	25	15	30	Avec enfants à la maison	397
30	30	45	20	15	15	1 enfant	398
10	-	25	-	-	20	2 enfants	399
10	-	10	-	-	-	3 enfants ou plus	400
135	130	175	190	105	100	Total des familles monoparentales	401
115	100	140	165	95	90	Parent de sexe féminin	402
50	70	120	140	85	75	1 enfant	403
40	30	15	15	-	10	2 enfants	404
25	-	-	15	-	-	3 enfants ou plus	405

Table 1. Selected Characteristics for Census Tracts, 2001 Census – 100% Data and 20% Sample Data

No.	Characteristics	Vancouver 0040.02 A	Vancouver 0041.01 ◆ A	Vancouver 0041.02 A	Vancouver 0042	Vancouver 0043.01 A	Vancouver 0043.02 A
	CENSUS FAMILY CHARACTERISTICS						
	by census family structure and size – concluded						
406	Male parent	-	-	20	35	50	30
407	1 child	-	-	20	25	40	20
408	2 children	-	-	-	10	10	10
409	3 or more children	-	-	-	-	-	-
410	**Total number of children at home**	**300**	**285**	**1,125**	**1,370**	**1,050**	**1,345**
	by age groups						
411	Under 6 years	145	75	275	270	245	200
412	6-14 years	45	95	335	510	315	430
413	15-17 years	10	35	125	150	125	235
414	18-24 years	30	40	240	300	265	270
415	25 years and over	70	40	165	140	105	205
416	Average number of children at home per census family (43)	0.4	0.3	0.8	0.9	1.1	1.1
417	**Total number of persons in private households**	**4,165**	**4,120**	**5,675**	**5,880**	**3,745**	**4,170**
	by census family status and living arrangements						
418	Number of non-family persons	2,340	2,200	1,800	1,755	955	650
419	Living with relatives (44)	75	100	170	165	55	60
420	Living with non-relatives only	415	490	485	850	460	260
421	Living alone	1,850	1,610	1,150	740	435	330
422	Number of family persons	1,830	1,920	3,880	4,130	2,790	3,520
423	Average number of persons per census family	2.2	2.3	2.6	2.8	3.0	3.0
424	**Total number of persons 65 years and over**	**445**	**550**	**460**	**585**	**420**	**505**
425	Number of non-family persons 65 years and over	255	360	140	210	215	165
426	Living with relatives (44)	-	10	10	35	35	25
427	Living with non-relatives only	10	10	-	10	25	15
428	Living alone	250	340	130	165	155	125
429	Number of family persons 65 years and over	190	185	320	375	210	340
	ECONOMIC FAMILY CHARACTERISTICS						
430	**Total number of economic families in private households**	**835**	**880**	**1,540**	**1,515**	**925**	**1,160**
	by size of family						
431	2 persons	665	695	925	790	395	520
432	3 persons	120	120	365	350	180	230
433	4 persons	50	50	165	255	255	265
434	5 or more persons	-	10	90	120	95	140
435	Total number of persons in economic families	1,900	2,020	4,050	4,285	2,845	3,575
436	Average number of persons per economic family	2.3	2.3	2.6	2.8	3.1	3.1
437	Total number of unattached individuals	2,265	2,100	1,630	1,590	900	590
	2000 INCOME CHARACTERISTICS						
	Population 15 years and over by sex and total income groups in 2000						
438	Total - Both sexes	3,980	3,975	5,075	5,095	3,180	3,540
439	Without income	40	85	190	245	180	240
440	With income	3,945	3,890	4,880	4,850	2,995	3,295
441	Under $1,000 (45)	135	75	165	150	125	190
442	$ 1,000 - $ 2,999	90	85	145	145	160	130
443	$ 3,000 - $ 4,999	75	75	105	150	145	90
444	$ 5,000 - $ 6,999	80	105	80	150	170	85
445	$ 7,000 - $ 9,999	160	140	230	410	65	185
446	$10,000 - $11,999	180	145	140	195	95	70
447	$12,000 - $14,999	145	205	155	270	155	120
448	$15,000 - $19,999	260	345	440	420	260	210
449	$20,000 - $24,999	300	300	295	335	170	165
450	$25,000 - $29,999	335	170	325	385	165	130
451	$30,000 - $34,999	415	340	290	335	180	295
452	$35,000 - $39,999	400	305	285	315	130	240
453	$40,000 - $44,999	270	280	325	270	160	170
454	$45,000 - $49,999	235	260	275	235	110	165
455	$50,000 - $59,999	325	315	445	240	190	205
456	$60,000 and over	540	740	1,180	860	715	860
457	Average income $ (46)	35,415	40,810	44,662	37,370	41,574	50,266
458	Median income $ (46)	32,200	34,086	35,451	27,527	29,395	34,527
459	Standard error of average income $ (46)	858	1,338	1,550	1,462	1,831	2,255

Tableau 1. Certaines caractéristiques des secteurs de recensement, recensement de 2001 – Données intégrales et données-échantillon (20 %)

Vancouver 0044	Vancouver 0045.01	Vancouver 0045.02	Vancouver 0046	Vancouver 0047.01 A	Vancouver 0047.02 ◆ A	Caractéristiques	N°
						CARACTÉRISTIQUES DES FAMILLES DE RECENSEMENT	
						selon la structure et la taille de la famille de recensement – fin	
20	35	35	25	10	10	Parent de sexe masculin	406
15	30	35	15	10	10	1 enfant	407
-	-	-	10	-	-	2 enfants	408
-	-	-	-	-	-	3 enfants ou plus	409
1,250	**745**	**885**	**575**	**280**	**255**	**Nombre total d'enfants à la maison**	410
						selon les groupes d'âge	
185	230	260	160	75	130	Moins de 6 ans	411
440	220	300	180	55	55	6-14 ans	412
160	90	110	60	25	25	15-17 ans	413
315	150	120	85	65	20	18-24 ans	414
155	50	100	85	50	30	25 ans et plus	415
1.0	0.6	0.7	0.6	0.4	0.3	Nombre moyen d'enfants à la maison par famille de recensement (43)	416
4,700	**4,795**	**5,195**	**4,935**	**3,420**	**4,110**	**Nombre total de personnes dans les ménages privés**	417
						selon la situation des particuliers dans la famille de recensement et des particuliers dans le ménage	
1,110	1,875	2,015	2,470	1,760	2,250	Nombre de personnes hors famille de recensement	418
35	150	140	135	35	65	Vivant avec des personnes apparentées (44)	419
250	765	920	670	315	630	Vivant avec des personnes non apparentées uniquement	420
825	955	955	1,660	1,405	1,560	Vivant seules	421
3,585	2,925	3,180	2,465	1,665	1,860	Nombre de personnes membres d'une famille	422
2.9	2.5	2.6	2.4	2.2	2.2	Nombre moyen de personnes par famille de recensement	423
890	**350**	**360**	**420**	**440**	**245**	**Nombre total de personnes de 65 ans et plus**	424
390	150	165	255	240	145	Nombre de personnes hors famille de recensement de 65 ans et plus	425
30	15	25	10	-	10	Vivant avec des personnes apparentées (44)	426
10	-	-	-	10	-	Vivant avec des personnes non apparentées uniquement	427
350	130	130	245	220	140	Vivant seules	428
500	200	190	160	205	95	Nombre de personnes membres d'une famille de 65 ans et plus	429
						CARACTÉRISTIQUES DES FAMILLES ÉCONOMIQUES	
1,220	**1,205**	**1,260**	**1,095**	**760**	**865**	**Nombre total de familles économiques dans les ménages privés**	430
						selon la taille de la famille	
605	780	765	795	630	730	2 personnes	431
245	250	270	210	85	100	3 personnes	432
230	135	175	70	45	30	4 personnes	433
145	50	50	15	10	-	5 personnes ou plus	434
3,620	3,080	3,325	2,605	1,695	1,920	Nombre total de personnes dans les familles économiques	435
3.0	2.6	2.6	2.4	2.2	2.2	Nombre moyen de personnes par famille économique	436
1,075	1,720	1,875	2,330	1,720	2,190	Nombre total de personnes hors famille économique	437
						CARACTÉRISTIQUES DU REVENU DE 2000	
						Population de 15 ans et plus selon le sexe et les tranches de revenu total en 2000	
4,120	4,355	4,640	4,605	3,305	3,940	Total - Les deux sexes	438
165	115	105	100	65	65	Sans revenu	439
3,950	4,240	4,535	4,510	3,240	3,870	Avec un revenu	440
95	125	115	175	80	65	Moins de 1 000 $ (45)	441
195	85	125	85	100	45	1 000 $ - 2 999 $	442
115	115	120	90	45	100	3 000 $ - 4 999 $	443
95	120	160	120	90	145	5 000 $ - 6 999 $	444
200	165	310	330	130	105	7 000 $ - 9 999 $	445
145	110	185	160	80	100	10 000 $ - 11 999 $	446
265	185	275	315	215	185	12 000 $ - 14 999 $	447
280	280	345	355	185	315	15 000 $ - 19 999 $	448
245	265	345	375	280	300	20 000 $ - 24 999 $	449
220	245	365	305	155	235	25 000 $ - 29 999 $	450
235	305	320	390	235	335	30 000 $ - 34 999 $	451
225	275	235	335	220	390	35 000 $ - 39 999 $	452
155	205	240	255	210	295	40 000 $ - 44 999 $	453
110	255	200	275	155	250	45 000 $ - 49 999 $	454
210	370	380	350	260	360	50 000 $ - 59 999 $	455
1,165	1,125	820	610	805	645	60 000 $ et plus	456
65,173	57,354	37,090	34,225	46,392	38,919	Revenu moyen $ (46)	457
31,299	37,051	28,365	29,031	35,338	34,870	Revenu médian $ (46)	458
5,332	5,050	1,081	1,031	1,934	1,104	Erreur type de revenu moyen $ (46)	459

Table 1. Selected Characteristics for Census Tracts, 2001 Census – 100% Data and 20% Sample Data

No.	Characteristics	Vancouver 0040.02 A	Vancouver 0041.01 ◆ A	Vancouver 0041.02 A	Vancouver 0042	Vancouver 0043.01 A	Vancouver 0043.02 A
	2000 INCOME CHARACTERISTICS						
	Population 15 years and over by sex and total income groups in 2000 – concluded						
460	Total - Males	1,605	1,740	2,320	2,455	1,515	1,655
461	Without income	-	25	105	85	55	105
462	With income	1,600	1,715	2,215	2,365	1,465	1,550
463	Under $1,000 (45)	65	45	50	75	70	110
464	$ 1,000 - $ 2,999	30	50	50	60	80	50
465	$ 3,000 - $ 4,999	20	20	50	70	55	35
466	$ 5,000 - $ 6,999	30	50	45	60	110	35
467	$ 7,000 - $ 9,999	95	75	105	145	30	60
468	$10,000 - $11,999	75	55	55	105	55	20
469	$12,000 - $14,999	55	65	65	120	40	70
470	$15,000 - $19,999	85	160	175	140	115	70
471	$20,000 - $24,999	110	90	135	190	80	60
472	$25,000 - $29,999	145	60	105	120	30	35
473	$30,000 - $34,999	185	125	120	145	85	105
474	$35,000 - $39,999	135	155	100	135	75	90
475	$40,000 - $44,999	150	125	105	140	45	50
476	$45,000 - $49,999	85	95	135	100	35	65
477	$50,000 - $59,999	90	115	245	125	70	110
478	$60,000 and over	255	435	680	630	495	580
479	Average income $ (46)	36,753	46,401	53,416	44,379	51,400	68,052
480	Median income $ (46)	32,580	35,286	42,785	31,218	33,873	43,139
481	Standard error of average income $ (46)	1,507	2,655	3,001	1,990	3,402	4,329
482	Total - Females	2,380	2,235	2,755	2,640	1,665	1,885
483	Without income	35	65	90	155	125	135
484	With income	2,345	2,170	2,670	2,485	1,535	1,750
485	Under $1,000 (45)	75	30	115	70	55	85
486	$ 1,000 - $ 2,999	60	35	95	75	80	80
487	$ 3,000 - $ 4,999	50	55	50	80	90	55
488	$ 5,000 - $ 6,999	50	55	40	90	60	55
489	$ 7,000 - $ 9,999	65	65	125	260	40	125
490	$10,000 - $11,999	110	90	90	95	40	45
491	$12,000 - $14,999	90	140	90	145	105	50
492	$15,000 - $19,999	180	180	260	285	145	140
493	$20,000 - $24,999	190	210	160	140	95	105
494	$25,000 - $29,999	190	110	220	260	135	100
495	$30,000 - $34,999	225	215	170	190	95	190
496	$35,000 - $39,999	265	150	190	175	55	145
497	$40,000 - $44,999	125	155	220	135	115	120
498	$45,000 - $49,999	145	165	140	135	80	90
499	$50,000 - $59,999	240	200	200	115	120	95
500	$60,000 and over	285	305	500	235	220	280
501	Average income $ (46)	34,502	36,388	37,402	30,694	32,213	34,479
502	Median income $ (46)	31,296	32,113	32,330	24,976	27,429	30,308
503	Standard error of average income $ (46)	1,022	1,166	1,252	2,098	1,458	1,555
	by composition of total income						
504	Total - Composition of income in 2000 % (47)	100.0	100.0	100.0	100.0	100.0	100.0
505	Employment income %	84.6	82.1	86.2	78.4	75.7	76.2
506	Government transfer payments %	5.8	5.7	4.2	6.3	5.2	5.0
507	Other %	9.7	12.3	9.5	15.2	19.1	18.7
	Population 15 years and over with employment income in 2000 by sex and work activity						
508	Both sexes with employment income (48)	3,265	3,155	4,060	3,845	2,290	2,495
509	Average employment income $	36,192	41,263	46,330	36,951	41,173	50,755
510	Standard error of average employment income $	895	1,451	1,723	1,242	2,105	2,448
511	Worked full year, full time (49)	1,750	1,700	2,280	1,860	975	1,135
512	Average employment income $	45,277	52,911	60,433	50,947	63,825	73,681
513	Standard error of average employment income $	1,180	1,956	2,653	2,025	3,646	3,773
514	Worked part year or part time (50)	1,445	1,415	1,730	1,915	1,270	1,315
515	Average employment income $	25,792	27,780	28,609	24,457	24,931	32,300
516	Standard error of average employment income $	1,121	1,944	1,587	1,186	1,969	2,859
517	Males with employment income (48)	1,380	1,470	1,895	1,970	1,160	1,235
518	Average employment income $	37,224	47,066	55,222	45,056	53,922	66,629
519	Standard error of average employment income $	1,510	2,800	3,272	2,107	3,841	4,380
520	Worked full year, full time (49)	735	845	1,115	1,115	570	665
521	Average employment income $	46,531	58,354	72,680	58,372	80,521	90,766
522	Standard error of average employment income $	2,174	3,682	4,969	3,120	5,609	5,613
523	Worked part year or part time (50)	620	625	770	830	580	550
524	Average employment income $	26,177	32,078	30,684	28,299	28,109	39,403
525	Standard error of average employment income $	1,664	3,995	2,745	2,081	4,016	6,141

Tableau 1. Certaines caractéristiques des secteurs de recensement, recensement de 2001 – Données intégrales et données-échantillon (20 %)

Vancouver 0044	Vancouver 0045.01	Vancouver 0045.02	Vancouver 0046	Vancouver 0047.01 A	Vancouver 0047.02 ◆ A	Caractéristiques	N°
						CARACTÉRISTIQUES DU REVENU DE 2000	
						Population de 15 ans et plus selon le sexe et les tranches de revenu total en 2000 – fin	
1,915	2,045	2,200	2,100	1,530	1,885	Total - Hommes	460
70	60	40	25	30	10	Sans revenu	461
1,845	1,985	2,160	2,075	1,500	1,870	Avec un revenu	462
40	45	60	95	40	60	Moins de 1 000 $ (45)	463
80	35	35	25	45	25	1 000 $ - 2 999 $	464
70	30	30	30	10	45	3 000 $ - 4 999 $	465
50	40	70	45	40	80	5 000 $ - 6 999 $	466
50	75	95	165	35	30	7 000 $ - 9 999 $	467
90	40	55	80	40	40	10 000 $ - 11 999 $	468
75	45	110	95	70	85	12 000 $ - 14 999 $	469
55	115	150	155	90	135	15 000 $ - 19 999 $	470
90	90	180	160	95	145	20 000 $ - 24 999 $	471
115	115	165	110	70	105	25 000 $ - 29 999 $	472
105	140	125	180	90	145	30 000 $ - 34 999 $	473
70	135	115	105	90	145	35 000 $ - 39 999 $	474
70	95	110	120	80	100	40 000 $ - 44 999 $	475
35	65	105	150	80	105	45 000 $ - 49 999 $	476
145	170	195	180	140	225	50 000 $ - 59 999 $	477
715	755	555	370	490	400	60 000 $ et plus	478
86,640	78,917	45,781	38,518	55,001	41,308	Revenu moyen $ (46)	479
40,176	44,827	34,924	31,434	42,088	36,012	Revenu médian $ (46)	480
10,038	10,541	1,934	1,891	3,489	1,625	Erreur type de revenu moyen $ (46)	481
2,205	2,315	2,440	2,510	1,775	2,055	Total - Femmes	482
100	60	60	70	35	50	Sans revenu	483
2,110	2,250	2,375	2,435	1,740	2,005	Avec un revenu	484
55	80	55	75	35	10	Moins de 1 000 $ (45)	485
110	55	90	60	60	25	1 000 $ - 2 999 $	486
45	80	90	55	35	60	3 000 $ - 4 999 $	487
50	80	90	70	45	70	5 000 $ - 6 999 $	488
145	95	215	170	95	80	7 000 $ - 9 999 $	489
55	70	130	85	40	65	10 000 $ - 11 999 $	490
195	140	170	220	140	95	12 000 $ - 14 999 $	491
220	165	195	200	100	180	15 000 $ - 19 999 $	492
155	175	165	210	185	150	20 000 $ - 24 999 $	493
110	135	195	195	85	125	25 000 $ - 29 999 $	494
130	170	195	210	145	190	30 000 $ - 34 999 $	495
150	140	120	230	135	250	35 000 $ - 39 999 $	496
90	115	130	130	130	190	40 000 $ - 44 999 $	497
80	190	90	130	70	140	45 000 $ - 49 999 $	498
70	200	185	160	120	135	50 000 $ - 59 999 $	499
450	370	265	235	315	245	60 000 $ et plus	500
46,356	38,364	29,212	30,567	38,965	36,688	Revenu moyen $ (46)	501
25,304	31,355	24,388	26,422	31,424	33,740	Revenu médian $ (46)	502
4,163	1,715	1,009	1,019	1,940	1,495	Erreur type de revenu moyen $ (46)	503
						selon la composition du revenu total	
100.0	100.0	100.0	100.0	100.0	100.0	Total - Composition du revenu en 2000 % (47)	504
70.1	83.9	85.2	87.7	79.3	88.5	Revenu d'emploi %	505
4.5	3.0	4.7	6.6	5.5	4.3	Transferts gouvernementaux %	506
25.3	13.1	10.0	5.7	15.1	7.1	Autre %	507
						Population de 15 ans et plus ayant un revenu d'emploi en 2000 selon le sexe et le travail	
2,835	3,715	3,800	3,725	2,560	3,410	Les deux sexes ayant un revenu d'emploi (48)	508
63,782	54,900	37,724	36,330	46,577	39,189	Revenu moyen d'emploi $	509
6,144	5,159	1,148	1,183	2,131	1,219	Erreur type de revenu moyen d'emploi $	510
1,195	1,945	1,700	1,905	1,275	1,800	Ayant travaillé toute l'année à plein temps (49)	511
103,525	78,332	51,952	48,138	61,231	47,963	Revenu moyen d'emploi $	512
13,515	9,627	1,774	1,973	3,330	1,568	Erreur type de revenu moyen d'emploi $	513
1,590	1,715	2,070	1,725	1,240	1,580	Ayant travaillé une partie de l'année ou à temps partiel (50)	514
35,263	29,711	26,474	24,513	32,188	29,714	Revenu moyen d'emploi $	515
2,743	1,714	1,285	1,038	2,444	1,795	Erreur type de revenu moyen d'emploi $	516
1,445	1,800	1,875	1,755	1,255	1,670	Hommes ayant un revenu d'emploi (48)	517
85,818	73,503	46,258	41,168	53,511	42,533	Revenu moyen d'emploi $	518
11,264	10,388	2,009	2,132	3,748	1,764	Erreur type de revenu moyen d'emploi $	519
735	1,055	955	925	670	925	Ayant travaillé toute l'année à plein temps (49)	520
125,956	101,587	59,951	54,161	67,847	52,280	Revenu moyen d'emploi $	521
21,070	17,422	2,884	3,634	5,589	2,552	Erreur type de revenu moyen d'emploi $	522
685	715	905	795	570	740	Ayant travaillé une partie de l'année ou à temps partiel (50)	523
45,428	35,170	32,255	26,669	37,138	30,591	Revenu moyen d'emploi $	524
5,227	3,139	2,404	1,656	4,542	2,029	Erreur type de revenu moyen d'emploi $	525

Table 1. Selected Characteristics for Census Tracts, 2001 Census – 100% Data and 20% Sample Data

No.	Characteristics	Vancouver 0040.02 A	Vancouver 0041.01 ◆ A	Vancouver 0041.02 A	Vancouver 0042	Vancouver 0043.01 A	Vancouver 0043.02 A
	2000 INCOME CHARACTERISTICS						
	Population 15 years and over with employment income in 2000 by sex and work activity – concluded						
526	Females with employment income (48)	1,885	1,680	2,165	1,880	1,135	1,260
527	Average employment income $	35,437	36,174	38,565	28,448	28,149	35,267
528	Standard error of average employment income $	1,095	1,189	1,374	1,118	1,445	1,943
529	Worked full year, full time (49)	1,010	860	1,170	750	405	475
530	Average employment income $	44,363	47,573	48,787	39,865	40,094	49,617
531	Standard error of average employment income $	1,340	1,496	1,834	1,699	2,470	3,368
532	Worked part year or part time (50)	835	795	960	1,080	690	765
533	Average employment income $	25,505	24,388	26,946	21,493	22,264	27,173
534	Standard error of average employment income $	1,513	1,451	1,796	1,321	1,603	2,199
	Census families by structure and family income groups in 2000						
535	Total - All census families	810	845	1,480	1,490	935	1,180
536	Under $10,000	25	25	20	10	55	80
537	$ 10,000 - $19,999	25	20	85	115	35	20
538	$ 20,000 - $29,999	75	60	95	135	45	50
539	$ 30,000 - $39,999	40	80	115	75	40	55
540	$ 40,000 - $49,999	155	65	120	115	50	60
541	$ 50,000 - $59,999	70	80	135	170	55	50
542	$ 60,000 - $69,999	105	65	65	150	75	75
543	$ 70,000 - $79,999	85	75	145	115	110	65
544	$ 80,000 - $89,999	45	60	80	55	55	90
545	$ 90,000 - $99,999	45	35	65	100	45	105
546	$100,000 and over	135	275	560	450	370	530
547	Average family income $	67,019	85,373	92,711	81,998	98,369	119,002
548	Median family income $	60,139	72,323	78,016	67,764	80,234	94,064
549	Standard error of average family income $	2,981	4,134	4,513	3,076	5,109	6,031
550	Total - All couple census families (51)	715	790	1,270	1,275	805	995
551	Under $10,000	25	25	15	10	45	50
552	$ 10,000 - $19,999	15	15	30	85	35	20
553	$ 20,000 - $29,999	60	45	80	100	25	25
554	$ 30,000 - $39,999	35	80	70	50	30	40
555	$ 40,000 - $49,999	130	55	70	75	50	50
556	$ 50,000 - $59,999	55	75	120	145	35	40
557	$ 60,000 - $69,999	95	65	60	130	65	60
558	$ 70,000 - $79,999	80	70	125	100	90	55
559	$ 80,000 - $89,999	35	60	75	50	45	75
560	$ 90,000 - $99,999	45	35	65	95	45	100
561	$100,000 and over	140	260	550	430	355	490
562	Average family income $	70,136	86,565	101,164	87,960	104,874	128,673
563	Median family income $	62,586	73,553	87,051	72,847	87,839	98,678
564	Standard error of average family income $	3,222	4,279	5,150	3,370	5,764	6,758
	Incidence of low income in 2000						
565	Total - Economic families	840	875	1,540	1,515	925	1,160
566	Low income	85	100	195	190	100	90
567	Incidence of low income in 2000 % (52)	10.0	11.3	12.5	12.7	11.2	8.1
568	Total - Unattached individuals 15 years and over	2,265	2,100	1,630	1,585	890	585
569	Low income	525	590	375	595	335	145
570	Incidence of low income in 2000 % (52)	23.3	28.1	23.3	37.6	37.8	24.6
571	Total - Population in private households	4,170	4,120	5,680	5,870	3,735	4,165
572	Low income	725	870	1,000	1,135	705	445
573	Incidence of low income in 2000 % (52)	17.4	21.1	17.6	19.4	18.8	10.6
	Private households by household income groups in 2000						
574	Total - All private households	2,880	2,720	2,885	2,540	1,510	1,565
575	Under $10,000	255	185	100	105	90	85
576	$ 10,000 - $19,999	210	260	260	335	135	70
577	$ 20,000 - $29,999	410	275	250	265	95	80
578	$ 30,000 - $39,999	470	395	240	230	105	135
579	$ 40,000 - $49,999	385	450	320	195	95	90
580	$ 50,000 - $59,999	375	200	295	245	110	85
581	$ 60,000 - $69,999	205	180	190	190	150	95
582	$ 70,000 - $79,999	165	190	240	150	130	95
583	$ 80,000 - $89,999	110	130	170	80	65	95
584	$ 90,000 - $99,999	90	65	90	115	95	150
585	$100,000 and over	215	385	720	635	445	585
586	Average household income $	48,420	58,336	75,538	71,318	82,502	105,832
587	Median household income $	42,570	44,251	58,866	54,760	69,640	85,310
588	Standard error of average household income $	1,376	2,133	2,850	2,968	3,577	4,955

Tableau 1. Certaines caractéristiques des secteurs de recensement, recensement de 2001 – Données intégrales et données-échantillon (20 %)

Vancouver 0044	Vancouver 0045.01	Vancouver 0045.02	Vancouver 0046	Vancouver 0047.01 A	Vancouver 0047.02 ◆ A	Caractéristiques	N°
						CARACTÉRISTIQUES DU REVENU DE 2000	
						Population de 15 ans et plus ayant un revenu d'emploi en 2000 selon le sexe et le travail – fin	
1,390	1,910	1,925	1,975	1,305	1,740	Femmes ayant un revenu d'emploi (48)	526
40,934	37,346	29,443	32,037	39,922	35,976	Revenu moyen d'emploi $	527
2,776	1,728	1,048	1,175	2,122	1,671	Erreur type de revenu moyen d'emploi $	528
465	895	740	985	605	870	Ayant travaillé toute l'année à plein temps (49)	529
68,000	50,892	41,617	42,484	53,886	43,378	Revenu moyen d'emploi $	530
5,918	2,750	1,434	1,751	3,420	1,736	Erreur type de revenu moyen d'emploi $	531
900	1,000	1,165	935	670	840	Ayant travaillé une partie de l'année ou à temps partiel (50)	532
27,522	25,820	21,983	22,685	27,963	28,948	Revenu moyen d'emploi $	533
2,437	1,862	1,273	1,294	2,299	2,857	Erreur type de revenu moyen d'emploi $	534
						Familles de recensement selon la structure et les tranches de revenu de la famille en 2000	
1,235	1,155	1,235	1,045	745	850	Total - Toutes les familles de recensement	535
15	10	35	45	35	30	Moins de 10 000 $	536
35	60	50	60	25	55	10 000 $ - 19 999 $	537
30	50	125	105	60	110	20 000 $ - 29 999 $	538
125	75	75	125	40	90	30 000 $ - 39 999 $	539
55	50	125	85	100	115	40 000 $ - 49 999 $	540
110	95	90	75	40	95	50 000 $ - 59 999 $	541
85	110	85	160	40	70	60 000 $ - 69 999 $	542
80	80	125	85	50	55	70 000 $ - 79 999 $	543
70	65	70	55	50	65	80 000 $ - 89 999 $	544
75	70	75	40	65	30	90 000 $ - 99 999 $	545
555	490	375	200	245	135	100 000 $ et plus	546
160,541	139,167	82,163	68,401	98,049	63,119	Revenu moyen des familles $	547
91,551	85,993	72,457	60,497	76,868	51,593	Revenu médian des familles $	548
14,277	17,637	3,336	3,323	7,692	3,033	Erreur type de revenu moyen des familles $	549
1,100	1,025	1,060	850	640	750	Total - Toutes les familles de recensement comptant un couple (51)	550
15	-	20	20	30	25	Moins de 10 000 $	551
30	20	15	35	15	35	10 000 $ - 19 999 $	552
15	40	90	90	30	85	20 000 $ - 29 999 $	553
85	70	70	85	40	80	30 000 $ - 39 999 $	554
50	40	90	70	75	90	40 000 $ - 49 999 $	555
100	90	80	50	30	80	50 000 $ - 59 999 $	556
70	100	80	145	30	70	60 000 $ - 69 999 $	557
70	80	125	75	45	55	70 000 $ - 79 999 $	558
65	60	75	55	50	60	80 000 $ - 89 999 $	559
65	65	70	30	65	30	90 000 $ - 99 999 $	560
525	455	360	195	235	140	100 000 $ et plus	561
170,871	147,929	88,270	74,473	106,524	66,107	Revenu moyen des familles $	562
96,275	90,011	77,402	65,831	86,277	56,989	Revenu médian des familles $	563
15,861	19,398	3,548	3,801	8,551	3,233	Erreur type de revenu moyen des familles $	564
						Fréquence des unités à faible revenu en 2000	
1,225	1,210	1,260	1,095	760	865	Total - Familles économiques	565
80	100	135	165	90	105	Faible revenu	566
6.6	8.3	11.0	14.8	11.6	12.5	Fréquence des unités à faible revenu en 2000 % (52)	567
1,070	1,720	1,870	2,330	1,720	2,190	Total - Personnes hors famille économique de 15 ans et plus	568
420	475	645	825	410	450	Faible revenu	569
38.8	27.6	34.4	35.4	23.8	20.7	Fréquence des unités à faible revenu en 2000 % (52)	570
4,700	4,795	5,195	4,935	3,420	4,110	Total - Population dans les ménages privés	571
670	750	960	1,265	615	715	Faible revenu	572
14.2	15.6	18.4	25.5	18.0	17.4	Fréquence des unités à faible revenu en 2000 % (52)	573
						Ménages privés selon les tranches de revenu du ménage en 2000	
2,110	2,485	2,595	3,020	2,310	2,710	Total - Tous les ménages privés	574
130	140	170	275	190	100	Moins de 10 000 $	575
255	165	210	380	225	240	10 000 $ - 19 999 $	576
125	155	275	390	270	265	20 000 $ - 29 999 $	577
235	260	250	395	255	450	30 000 $ - 39 999 $	578
110	220	280	365	290	405	40 000 $ - 49 999 $	579
145	235	275	260	200	325	50 000 $ - 59 999 $	580
145	215	240	300	205	160	60 000 $ - 69 999 $	581
115	165	185	160	115	190	70 000 $ - 79 999 $	582
110	130	105	115	100	170	80 000 $ - 89 999 $	583
90	110	120	70	90	85	90 000 $ - 99 999 $	584
650	690	490	320	370	305	100 000 $ et plus	585
121,444	97,695	64,861	51,008	65,052	55,537	Revenu moyen des ménages $	586
61,264	63,027	53,793	42,164	46,975	47,364	Revenu médian des ménages $	587
11,341	8,766	2,112	1,722	3,243	1,633	Erreur type de revenu moyen des ménages $	588

Table 1. Selected Characteristics for Census Tracts, 2001 Census – 100% Data and 20% Sample Data

No.	Characteristics	Vancouver 0048	Vancouver 0049.01	Vancouver 0049.02	Vancouver 0050.02	Vancouver 0050.03 A	Vancouver 0050.04 A
	POPULATION CHARACTERISTICS						
1	**Population, 1996 (1)**	**5,873**	**4,410**	**5,550**	**6,335**	**4,442**	**3,802**
2	**Population, 2001 (2)**	**6,323**	**5,251**	**5,909**	**6,286**	**4,859**	**3,702**
3	Population percentage change, 1996-2001	7.7	19.1	6.5	-0.8	9.4	-2.6
4	Land area in square kilometres, 2001	1.20	1.55	0.82	0.69	1.29	0.31
5	**Total population – 100% Data (3)**	**6,325**	**5,250**	**5,910**	**6,290**	**4,855**	**3,700**
	by sex and age groups						
6	Male	3,035	2,535	2,640	3,105	2,565	1,890
7	0-4 years	80	120	100	165	105	115
8	5-9 years	50	50	90	140	90	100
9	10-14 years	50	50	85	100	65	65
10	15-19 years	75	55	120	115	70	65
11	20-24 years	195	120	120	240	150	145
12	25-29 years	470	315	160	320	290	165
13	30-34 years	555	440	250	350	355	210
14	35-39 years	380	325	255	365	340	250
15	40-44 years	280	265	200	300	280	205
16	45-49 years	225	245	235	250	235	165
17	50-54 years	220	220	255	205	195	110
18	55-59 years	165	130	220	135	125	90
19	60-64 years	90	90	160	110	90	65
20	65-69 years	70	45	120	120	65	70
21	70-74 years	65	45	120	85	55	30
22	75-79 years	40	20	70	55	35	25
23	80-84 years	25	5	40	25	25	10
24	85 years and over	10	-	35	20	15	5
25	Female	3,285	2,710	3,270	3,180	2,295	1,810
26	0-4 years	80	115	105	145	115	110
27	5-9 years	50	50	90	150	75	100
28	10-14 years	35	55	65	115	80	75
29	15-19 years	65	65	120	110	65	65
30	20-24 years	230	150	150	280	155	135
31	25-29 years	545	370	210	365	270	160
32	30-34 years	545	495	230	335	305	215
33	35-39 years	365	345	265	300	280	215
34	40-44 years	300	245	270	310	240	180
35	45-49 years	265	225	310	260	195	175
36	50-54 years	205	205	365	185	155	105
37	55-59 years	170	140	265	120	105	80
38	60-64 years	105	95	190	110	70	60
39	65-69 years	80	60	155	105	55	35
40	70-74 years	85	40	155	115	55	45
41	75-79 years	60	25	135	85	35	20
42	80-84 years	60	10	95	50	20	20
43	85 years and over	45	15	105	35	15	20
44	**Total population 15 years and over**	**5,985**	**4,805**	**5,370**	**5,465**	**4,335**	**3,145**
	by legal marital status						
45	Never married (single)	3,270	2,345	1,820	2,885	2,270	1,495
46	Legally married (and not separated)	1,585	1,655	2,115	1,370	1,165	1,030
47	Separated, but still legally married	215	135	220	305	210	165
48	Divorced	700	580	845	620	530	325
49	Widowed	220	85	370	295	160	130
	by common-law status						
50	Not in a common-law relationship	5,115	4,050	4,755	4,845	3,830	2,890
51	In a common-law relationship	875	750	620	625	500	250
52	**Total population – 20% Sample Data (4)**	**6,320**	**5,235**	**5,795**	**6,270**	**4,855**	**3,680**
	by mother tongue						
53	Single responses	6,230	5,145	5,710	6,125	4,680	3,610
54	English	4,820	3,745	4,195	3,615	2,700	1,560
55	French	150	175	145	150	120	135
56	Non-official languages (5)	1,260	1,225	1,365	2,355	1,860	1,920
57	Chinese, n.o.s.	135	145	165	315	240	375
58	Cantonese	130	110	115	190	185	220
59	Punjabi	10	25	10	30	20	-
60	Mandarin	100	50	45	60	50	150
61	Tagalog (Pilipino)	15	65	50	265	270	195
62	Other languages (6)	870	825	975	1,490	1,095	980
63	Multiple responses	85	90	85	150	175	65
64	English and French	25	25	20	35	10	25
65	English and non-official language	50	65	55	110	140	40
66	French and non-official language	15	-	10	10	10	10
67	English, French and non-official language	-	-	10	10	15	-

See reference material at the end of the publication. – Voir les documents de référence à la fin de la publication.

Tableau 1. Certaines caractéristiques des secteurs de recensement, recensement de 2001 – Données intégrales et données-échantillon (20 %)

Vancouver 0051	Vancouver 0052.01	Vancouver 0052.02	Vancouver 0053.01 A	Vancouver 0053.02 A	Vancouver 0054.01 A	Caractéristiques	N°
						CARACTÉRISTIQUES DE LA POPULATION	
7,344	**5,559**	**5,499**	**5,938**	**3,135**	**4,044**	**Population, 1996 (1)**	1
7,596	**5,678**	**6,244**	**6,346**	**3,087**	**3,984**	**Population, 2001 (2)**	2
3.4	2.1	13.5	6.9	-1.5	-1.5	Variation en pourcentage de la population, 1996-2001	3
1.28	1.24	1.30	2.58	0.79	0.58	Superficie des terres en kilomètres carrés, 2001	4
7,600	**5,675**	**6,245**	**6,345**	**3,085**	**3,985**	**Population totale – Données intégrales (3)**	5
						selon le sexe et les groupes d'âge	
3,645	2,765	3,070	3,200	1,535	1,925	Sexe masculin	6
240	150	205	185	80	90	0-4 ans	7
210	185	195	195	80	115	5-9 ans	8
210	180	190	160	80	85	10-14 ans	9
190	195	175	180	80	100	15-19 ans	10
230	170	220	225	105	105	20-24 ans	11
330	200	225	260	135	190	25-29 ans	12
325	205	260	270	135	220	30-34 ans	13
345	230	300	345	145	205	35-39 ans	14
330	230	275	285	145	200	40-44 ans	15
255	165	210	210	105	140	45-49 ans	16
235	145	200	195	130	130	50-54 ans	17
115	130	115	130	70	65	55-59 ans	18
125	135	120	140	70	55	60-64 ans	19
180	165	140	165	50	60	65-69 ans	20
145	100	115	130	55	70	70-74 ans	21
95	85	85	75	30	50	75-79 ans	22
60	60	25	30	20	20	80-84 ans	23
30	35	25	20	25	15	85 ans et plus	24
3,955	2,910	3,175	3,145	1,545	2,065	Sexe féminin	25
215	150	190	165	80	100	0-4 ans	26
195	175	205	185	65	90	5-9 ans	27
205	180	195	155	75	90	10-14 ans	28
195	180	170	170	70	110	15-19 ans	29
270	200	200	190	115	170	20-24 ans	30
295	210	230	265	135	180	25-29 ans	31
405	205	270	310	150	240	30-34 ans	32
390	220	290	290	145	225	35-39 ans	33
340	240	265	265	105	170	40-44 ans	34
250	205	250	200	125	150	45-49 ans	35
255	140	195	195	120	120	50-54 ans	36
150	140	140	140	75	75	55-59 ans	37
170	140	145	150	60	65	60-64 ans	38
215	145	145	155	50	80	65-69 ans	39
145	125	120	130	55	70	70-74 ans	40
110	110	80	95	60	65	75-79 ans	41
60	80	55	45	35	40	80-84 ans	42
90	65	40	40	25	35	85 ans et plus	43
6,320	**4,655**	**5,070**	**5,305**	**2,620**	**3,415**	**Population totale de 15 ans et plus**	44
						selon l'état matrimonial légal	
2,345	1,685	1,700	1,955	990	1,595	Célibataire (jamais marié(e))	45
3,045	2,160	2,660	2,605	1,275	1,285	Légalement marié(e) (et non séparé(e))	46
180	150	125	110	55	85	Séparé(e), mais toujours légalement marié(e)	47
355	285	290	320	155	255	Divorcé(e)	48
395	370	295	310	150	185	Veuf ou veuve	49
						selon l'union libre	
5,940	4,520	4,880	5,010	2,450	3,030	Ne vivant pas en union libre	50
380	135	195	295	170	390	Vivant en union libre	51
7,515	**5,590**	**6,240**	**6,315**	**3,075**	**3,930**	**Population totale – Données-échantillon (20 %) (4)**	52
						selon la langue maternelle	
7,390	5,405	6,115	6,205	2,950	3,855	Réponses uniques	53
2,705	1,790	2,220	2,250	1,475	1,895	Anglais	54
45	20	30	60	-	65	Français	55
4,635	3,595	3,870	3,895	1,475	1,895	Langues non officielles (5)	56
1,300	845	1,485	1,090	345	550	Chinois, n.d.a.	57
1,570	1,255	1,290	1,265	445	605	Cantonais	58
50	55	55	10	95	-	Pendjabi	59
110	140	150	130	40	15	Mandarin	60
65	50	95	75	30	25	Tagalog (pilipino)	61
1,545	1,245	795	1,335	510	705	Autres langues (6)	62
130	180	125	110	125	70	Réponses multiples	63
10	15	-	15	25	-	Anglais et français	64
115	150	110	90	100	70	Anglais et langue non officielle	65
-	-	10	-	-	-	Français et langue non officielle	66
10	10	-	-	-	-	Anglais, français et langue non officielle	67

See reference material at the end of the publication. – Voir les documents de référence à la fin de la publication.

Table 1. Selected Characteristics for Census Tracts, 2001 Census – 100% Data and 20% Sample Data

No.	Characteristics	Vancouver 0048	Vancouver 0049.01	Vancouver 0049.02	Vancouver 0050.02	Vancouver 0050.03 A	Vancouver 0050.04 A
	POPULATION CHARACTERISTICS						
	by home language						
68	Single responses	5,490	4,555	4,940	4,925	3,770	2,655
69	English	5,215	4,220	4,580	3,960	3,075	1,785
70	French	35	70	40	20	25	15
71	Non-official languages (5)	250	265	320	945	665	855
72	Cantonese	30	80	25	175	100	180
73	Chinese, n.o.s.	15	35	75	165	115	310
74	Punjabi	-	-	-	10	20	-
75	Mandarin	45	10	10	30	10	90
76	Korean	-	-	10	70	55	15
77	Other languages (6)	150	135	195	505	360	275
78	Multiple responses	825	680	855	1,350	1,090	1,030
79	English and French	145	75	60	150	110	105
80	English and non-official language	640	605	735	1,165	945	845
81	French and non-official language	10	-	25	-	20	10
82	English, French and non-official language	40	-	35	40	10	75
	by knowledge of official languages						
83	English only	5,130	4,270	4,710	5,140	4,120	2,920
84	French only	-	20	10	10	10	-
85	English and French	1,115	875	1,025	770	570	420
86	Neither English nor French	65	70	55	365	160	340
	by knowledge of non-official languages (5) (7)						
87	Cantonese	180	180	155	270	270	295
88	Chinese, n.o.s.	115	115	185	295	225	420
89	Punjabi	20	10	20	40	35	-
90	Mandarin	145	105	125	135	215	200
91	Hindi	40	15	35	95	70	30
92	German	260	170	245	200	195	50
93	Spanish	355	155	315	360	230	205
	by first official language spoken						
94	English	6,080	4,930	5,515	5,695	4,505	3,200
95	French	165	185	165	145	130	115
96	English and French	10	60	60	85	60	35
97	Neither English nor French	65	65	55	350	160	330
98	Official language minority - (number) (8)	165	215	195	190	160	135
99	Official language minority - (percentage) (8)	2.6	4.1	3.4	3.0	3.3	3.7
	by ethnic origin (9)						
100	English	2,255	1,650	1,970	1,150	760	405
101	Canadian	1,335	995	1,090	940	770	435
102	Chinese	495	420	480	670	620	875
103	Scottish	1,465	1,050	1,280	975	620	315
104	Irish	1,155	865	1,105	1,030	570	220
105	German	705	625	635	640	515	225
106	East Indian	50	85	100	115	120	35
107	French	525	670	510	555	400	250
108	Ukrainian	315	200	190	205	230	145
109	Italian	240	330	205	270	90	45
110	Dutch (Netherlands)	195	240	190	225	155	80
111	Filipino	35	105	75	375	460	350
112	Polish	255	185	145	220	135	70
113	Norwegian	235	160	95	75	60	35
114	North American Indian	140	135	85	645	165	290
	by Aboriginal identity						
115	Total Aboriginal identity population (10)	75	65	90	635	180	280
116	Total non-Aboriginal population	6,240	5,170	5,705	5,640	4,675	3,400
	by Aboriginal origin						
117	Total Aboriginal origins population (11)	155	160	140	710	190	300
118	Total non-Aboriginal population	6,165	5,075	5,660	5,565	4,670	3,385
	by Registered Indian status						
119	Registered Indian (12)	30	35	10	425	120	235
120	Not a Registered Indian	6,290	5,195	5,795	5,850	4,740	3,445

Tableau 1. Certaines caractéristiques des secteurs de recensement, recensement de 2001 – Données intégrales et données-échantillon (20 %)

Vancouver 0051	Vancouver 0052.01	Vancouver 0052.02	Vancouver 0053.01 A	Vancouver 0053.02 A	Vancouver 0054.01 A	Caractéristiques	N°
						CARACTÉRISTIQUES DE LA POPULATION	
						selon la langue parlée à la maison	
5,345	3,775	4,510	4,595	2,255	3,070	Réponses uniques	68
3,115	2,015	2,400	2,585	1,570	2,135	Anglais	69
20	-	-	15	-	-	Français	70
2,205	1,760	2,100	1,990	680	930	Langues non officielles (5)	71
925	865	840	800	275	325	Cantonais	72
680	395	880	530	200	330	Chinois, n.d.a.	73
20	10	25	-	35	-	Pendjabi	74
65	105	85	110	55	15	Mandarin	75
-	-	-	-	-	-	Coréen	76
520	390	260	545	115	265	Autres langues (6)	77
2,175	1,815	1,730	1,720	820	860	Réponses multiples	78
25	15	10	95	-	80	Anglais et français	79
2,115	1,770	1,680	1,615	800	785	Anglais et langue non officielle	80
10	-	-	-	-	-	Français et langue non officielle	81
25	25	50	10	15	10	Anglais, français et langue non officielle	82
						selon la connaissance des langues officielles	
5,885	4,580	5,115	4,935	2,610	3,060	Anglais seulement	83
-	-	10	10	-	-	Français seulement	84
405	145	210	410	140	420	Anglais et français	85
1,230	860	905	955	330	445	Ni l'anglais ni le français	86
						selon la connaissance des langues non officielles (5) (7)	
1,605	1,435	1,515	1,535	555	715	Cantonais	87
1,305	780	1,460	960	360	460	Chinois, n.d.a.	88
50	60	65	-	135	-	Pendjabi	89
465	455	455	470	185	90	Mandarin	90
75	145	100	25	70	15	Hindi	91
135	50	75	65	90	95	Allemand	92
220	245	80	190	140	135	Espagnol	93
						selon la première langue officielle parlée	
6,225	4,705	5,355	5,225	2,750	3,415	Anglais	94
45	15	20	70	-	65	Français	95
25	25	15	70	-	-	Anglais et français	96
1,220	840	850	955	325	445	Ni l'anglais ni le français	97
60	30	25	105	-	65	Minorité de langue officielle - (nombre) (8)	98
0.8	0.5	0.4	1.7	-	1.7	Minorité de langue officielle - (pourcentage) (8)	99
						selon l'origine ethnique (9)	
715	475	635	615	500	835	Anglais	100
890	360	885	890	365	475	Canadien	101
3,550	2,635	3,335	2,865	1,135	1,315	Chinois	102
535	365	440	540	285	670	Écossais	103
460	265	415	445	390	460	Irlandais	104
315	190	230	275	225	235	Allemand	105
130	130	160	50	210	15	Indien de l'Inde	106
265	130	220	255	155	350	Français	107
150	120	135	105	65	195	Ukrainien	108
970	480	590	735	195	325	Italien	109
145	45	70	70	45	80	Hollandais (Néerlandais)	110
225	145	175	80	80	30	Philippin	111
90	90	60	45	40	80	Polonais	112
75	30	50	35	55	80	Norvégien	113
110	45	165	160	90	70	Indien de l'Amérique du Nord	114
						selon l'identité autochtone	
95	95	195	130	110	40	Total de la population ayant une identité autochtone (10)	115
7,425	5,490	6,045	6,185	2,965	3,890	Total de la population non autochtone	116
						selon l'origine autochtone	
135	95	190	175	160	80	Total de la population ayant une origine autochtone (11)	117
7,380	5,485	6,050	6,145	2,920	3,845	Total de la population non autochtone	118
						selon le statut d'Indien inscrit	
50	20	155	90	60	25	Oui, Indien inscrit (12)	119
7,470	5,570	6,085	6,230	3,015	3,900	Non, pas un Indien inscrit	120

Table 1. Selected Characteristics for Census Tracts, 2001 Census – 100% Data and 20% Sample Data

No.	Characteristics	Vancouver 0048	Vancouver 0049.01	Vancouver 0049.02	Vancouver 0050.02	Vancouver 0050.03 A	Vancouver 0050.04 A
	POPULATION CHARACTERISTICS						
	by visible minority groups						
121	Total visible minority population	1,055	845	990	2,110	1,895	1,915
122	Chinese	480	430	410	630	555	835
123	South Asian	60	85	95	185	225	125
124	Black	40	25	55	130	200	135
125	Filipino	35	100	85	365	440	340
126	Latin American	95	15	40	110	20	80
127	Southeast Asian	30	-	65	425	140	210
128	Arab	20	10	40	15	10	20
129	West Asian	100	30	55	20	40	85
130	Korean	35	10	10	110	75	25
131	Japanese	110	125	105	85	70	35
132	Visible minority, n.i.e. (13)	15	-	-	-	55	10
133	Multiple visible minorities (14)	40	-	20	30	55	15
	by citizenship						
134	Canadian citizenship (15)	5,670	4,845	5,280	5,500	4,110	2,845
135	Citizenship other than Canadian	645	390	515	775	745	840
	by place of birth of respondent						
136	Non-immigrant population	4,460	3,660	3,615	3,890	2,650	1,755
137	Born in province of residence	2,160	1,885	1,885	2,115	1,350	1,000
138	Immigrant population (16)	1,695	1,475	2,075	2,285	2,120	1,835
139	United States	120	115	225	75	105	20
140	Central and South America	125	30	70	85	55	90
141	Caribbean and Bermuda	35	-	20	50	45	15
142	United Kingdom	305	225	350	100	140	90
143	Other Europe (17)	340	430	660	560	380	180
144	Africa	50	75	85	70	75	100
145	Asia and the Middle East	635	575	635	1,305	1,280	1,315
146	Oceania and other (18)	90	20	30	30	45	15
147	Non-permanent residents (19)	160	105	105	100	85	90
148	**Total immigrant population**	**1,700**	**1,475**	**2,075**	**2,285**	**2,120**	**1,835**
	by period of immigration						
149	Before 1961	200	115	320	265	140	70
150	1961-1970	280	175	365	195	130	105
151	1971-1980	355	320	420	320	350	200
152	1981-1990	245	215	370	625	500	260
153	1991-2001 (20)	625	655	605	880	1,000	1,190
154	1991-1995	280	395	340	460	350	400
155	1996-2001 (20)	350	255	260	415	655	790
	by age at immigration						
156	0-4 years	170	180	140	195	195	155
157	5-19 years	430	370	415	455	505	365
158	20 years and over	1,105	920	1,520	1,630	1,425	1,315
159	**Total population**	**6,315**	**5,235**	**5,795**	**6,275**	**4,855**	**3,685**
	by religion						
160	Catholic (21)	1,235	1,110	1,120	1,570	1,150	815
161	Protestant	1,545	1,070	1,710	810	695	595
162	Christian Orthodox	80	115	90	110	140	30
163	Christian, n.i.e. (22)	255	320	125	255	225	175
164	Muslim	130	105	85	50	210	115
165	Jewish	250	240	165	40	50	15
166	Buddhist	120	65	160	440	215	235
167	Hindu	10	-	25	105	75	25
168	Sikh	10	25	20	25	45	10
169	Eastern religions (23)	20	-	55	-	10	60
170	Other religions (24)	45	10	15	105	60	110
171	No religious affiliation (25)	2,615	2,165	2,225	2,765	1,975	1,490
172	**Total population 15 years and over**	**5,965**	**4,785**	**5,250**	**5,455**	**4,335**	**3,120**
	by generation status						
173	1st generation (26)	1,865	1,480	2,115	2,265	2,095	1,740
174	2nd generation (27)	1,505	1,155	1,355	1,085	795	375
175	3rd generation and over (28)	2,600	2,150	1,775	2,100	1,450	1,005
176	**Total population 1 year and over (29)**	**6,245**	**5,150**	**5,750**	**6,205**	**4,785**	**3,620**
	by place of residence 1 year ago (mobility)						
177	Non-movers	4,500	3,880	4,630	4,345	3,660	2,565
178	Movers	1,745	1,270	1,120	1,860	1,125	1,050
179	Non-migrants	940	870	680	1,245	730	645
180	Migrants	805	400	435	615	395	410
181	Internal migrants	520	280	315	445	240	175
182	Intraprovincial migrants	355	185	185	265	95	90
183	Interprovincial migrants	165	90	130	180	145	80
184	External migrants	290	120	125	170	150	230

Tableau 1. Certaines caractéristiques des secteurs de recensement, recensement de 2001 – Données intégrales et données-échantillon (20 %)

Vancouver 0051	Vancouver 0052.01	Vancouver 0052.02	Vancouver 0053.01 A	Vancouver 0053.02 A	Vancouver 0054.01 A	Caractéristiques	N°
						CARACTÉRISTIQUES DE LA POPULATION	
						selon les groupes de minorités visibles	
4,580	3,760	3,970	3,620	1,600	1,625	Total de la population des minorités visibles	121
3,510	2,595	3,335	2,870	1,085	1,310	Chinois	122
125	190	145	45	225	20	Sud-Asiatique	123
45	35	25	75	10	10	Noir	124
205	125	160	65	70	30	Philippin	125
110	140	20	100	30	-	Latino-Américain	126
325	435	90	370	60	200	Asiatique du Sud-Est	127
-	-	-	-	-	-	Arabe	128
30	55	15	10	10	-	Asiatique occidental	129
10	10	25	-	-	15	Coréen	130
130	60	85	30	65	25	Japonais	131
-	35	-	10	-	-	Minorité visible, n.i.a. (13)	132
85	75	75	40	40	20	Minorités visibles multiples (14)	133
						selon la citoyenneté	
6,685	5,050	5,440	5,530	2,785	3,585	Citoyenneté canadienne (15)	134
835	540	800	785	290	335	Citoyenneté autre que canadienne	135
						selon le lieu de naissance du répondant	
3,520	2,425	2,890	2,915	1,700	2,320	Population non immigrante	136
2,710	1,965	2,345	2,210	1,285	1,470	Née dans la province de résidence	137
3,915	3,090	3,185	3,350	1,330	1,575	Population immigrante (16)	138
55	45	60	80	15	60	États-Unis	139
100	110	45	105	65	10	Amérique centrale et du Sud	140
-	-	-	45	-	-	Caraïbes et Bermudes	141
80	30	70	45	55	110	Royaume-Uni	142
675	395	430	600	220	380	Autre Europe (17)	143
15	10	10	25	10	15	Afrique	144
2,955	2,415	2,520	2,425	925	985	Asie et Moyen-Orient	145
25	85	60	15	50	25	Océanie et autre (18)	146
80	75	165	50	40	35	Résidents non permanents (19)	147
3,915	**3,085**	**3,185**	**3,350**	**1,335**	**1,580**	**Population immigrante totale**	148
						selon la période d'immigration	
480	310	320	440	170	240	Avant 1961	149
375	260	270	440	175	180	1961-1970	150
740	520	660	730	370	425	1971-1980	151
750	905	700	550	260	370	1981-1990	152
1,570	1,090	1,235	1,190	355	360	1991-2001 (20)	153
1,035	625	595	645	190	210	1991-1995	154
530	470	645	540	165	150	1996-2001 (20)	155
						selon l'âge à l'immigration	
325	240	180	260	105	145	0-4 ans	156
925	575	755	750	375	385	5-19 ans	157
2,665	2,270	2,250	2,335	850	1,040	20 ans et plus	158
7,515	**5,590**	**6,240**	**6,315**	**3,075**	**3,925**	**Population totale**	159
						selon la religion	
1,735	1,385	1,300	1,305	735	755	Catholique (21)	160
715	545	610	640	335	355	Protestante	161
50	-	25	85	40	15	Orthodoxe chrétienne	162
340	275	240	235	100	115	Chrétiennes, n.i.a. (22)	163
10	55	40	10	90	50	Musulmane	164
40	-	15	-	15	25	Juive	165
645	680	540	705	240	280	Bouddhiste	166
60	75	120	50	30	10	Hindoue	167
65	65	-	-	120	-	Sikh	168
10	10	-	-	10	-	Religions orientales (23)	169
55	-	50	20	-	30	Autres religions (24)	170
3,785	2,495	3,305	3,260	1,360	2,290	Aucune appartenance religieuse (25)	171
6,220	**4,565**	**5,105**	**5,280**	**2,575**	**3,360**	**Population totale de 15 ans et plus**	172
						selon le statut des générations	
3,800	3,005	3,195	3,265	1,320	1,575	1re génération (26)	173
1,485	965	1,000	1,185	690	825	2e génération (27)	174
940	595	910	830	570	960	3e génération et plus (28)	175
7,450	**5,525**	**6,185**	**6,200**	**3,055**	**3,895**	**Population totale de 1 an et plus (29)**	176
						selon le lieu de résidence 1 an auparavant (mobilité)	
6,530	4,900	5,300	5,285	2,695	3,175	Personnes n'ayant pas déménagé	177
925	630	880	915	360	725	Personnes ayant déménagé	178
630	390	530	655	165	540	Non-migrants	179
295	245	355	260	195	185	Migrants	180
195	150	170	140	140	115	Migrants internes	181
135	120	100	110	95	75	Migrants infraprovinciaux	182
60	30	70	25	40	40	Migrants interprovinciaux	183
95	95	185	120	60	70	Migrants externes	184

Table 1. Selected Characteristics for Census Tracts, 2001 Census – 100% Data and 20% Sample Data

No.	Characteristics	Vancouver 0048	Vancouver 0049.01	Vancouver 0049.02	Vancouver 0050.02	Vancouver 0050.03 A	Vancouver 0050.04 A
	POPULATION CHARACTERISTICS						
185	**Total population 5 years and over (30)**	**6,155**	**4,945**	**5,585**	**5,960**	**4,640**	**3,460**
	by place of residence 5 years ago (mobility)						
186	Non-movers	2,200	1,690	2,725	2,255	1,660	1,130
187	Movers	3,960	3,255	2,860	3,710	2,985	2,330
188	Non-migrants	1,990	1,880	1,625	2,085	1,665	1,055
189	Migrants	1,970	1,375	1,235	1,625	1,315	1,275
190	Internal migrants	1,385	1,030	915	1,180	675	570
191	Intraprovincial migrants	805	625	575	655	310	260
192	Interprovincial migrants	580	410	340	520	365	310
193	External migrants	585	345	315	445	640	700
194	**Total population 15 to 24 years**	**525**	**400**	**505**	**735**	**420**	**425**
	by school attendance						
195	Not attending school	245	200	120	355	180	150
196	Attending school full time	265	150	330	270	160	220
197	Attending school part time	20	50	60	110	85	55
198	**Total population 15 years and over**	**5,965**	**4,785**	**5,245**	**5,455**	**4,335**	**3,120**
	by highest level of schooling						
199	Less than grade 9 (31)	75	60	95	565	260	315
200	Grades 9-13 without high school graduation certificate	425	365	435	790	620	585
201	Grades 9-13 with high school graduation certificate	425	280	385	470	385	320
202	Some postsecondary without degree, certificate or diploma (32)	730	645	610	795	635	425
203	Trades certificate or diploma (33)	475	290	250	555	370	245
204	College certificate or diploma (34)	1,075	900	950	880	775	465
205	University certificate below bachelor's degree	215	155	260	230	155	130
206	University with bachelor's degree or higher	2,545	2,090	2,270	1,165	1,130	640
	by combinations of unpaid work						
207	Males 15 years and over	2,855	2,310	2,350	2,675	2,320	1,605
208	Reported unpaid work (35)	2,625	2,110	2,115	2,345	1,975	1,340
209	Housework and child care and care or assistance to seniors	90	80	85	130	50	55
210	Housework and child care only	280	355	350	395	270	310
211	Housework and care or assistance to seniors only	250	105	200	115	90	80
212	Child care and care or assistance to seniors only	10	10	-	-	-	-
213	Housework only	1,990	1,555	1,460	1,685	1,530	880
214	Child care only	10	10	10	10	20	-
215	Care or assistance to seniors only	-	10	10	15	20	-
216	Females 15 years and over	3,110	2,480	2,900	2,775	2,010	1,525
217	Reported unpaid work (35)	2,960	2,345	2,700	2,525	1,830	1,395
218	Housework and child care and care or assistance to seniors	105	115	210	220	130	75
219	Housework and child care only	430	480	460	585	380	370
220	Housework and care or assistance to seniors only	415	260	440	220	165	130
221	Child care and care or assistance to seniors only	-	10	-	10	-	10
222	Housework only	1,990	1,480	1,535	1,480	1,145	780
223	Child care only	10	10	40	10	-	20
224	Care or assistance to seniors only	-	-	10	10	-	10
	by labour force activity						
225	Males 15 years and over	2,855	2,305	2,345	2,680	2,325	1,600
226	In the labour force	2,255	1,915	1,785	1,930	1,790	1,085
227	Employed	2,090	1,820	1,710	1,660	1,640	905
228	Unemployed	165	90	75	270	150	175
229	Not in the labour force	600	395	565	745	535	515
230	Participation rate	79.0	83.1	76.1	72.0	77.0	67.8
231	Employment rate	73.2	79.0	72.9	61.9	70.5	56.6
232	Unemployment rate	7.3	4.7	4.2	14.0	8.4	16.1
233	Females 15 years and over	3,110	2,480	2,900	2,775	2,010	1,520
234	In the labour force	2,295	1,990	1,960	1,720	1,400	905
235	Employed	2,110	1,885	1,905	1,515	1,255	830
236	Unemployed	185	105	60	205	145	80
237	Not in the labour force	820	490	935	1,050	615	615
238	Participation rate	73.8	80.2	67.6	62.0	69.7	59.5
239	Employment rate	67.8	76.0	65.7	54.6	62.4	54.6
240	Unemployment rate	8.1	5.3	3.1	11.9	10.4	8.8

Tableau 1. Certaines caractéristiques des secteurs de recensement, recensement de 2001 – Données intégrales et données-échantillon (20 %)

Vancouver 0051	Vancouver 0052.01	Vancouver 0052.02	Vancouver 0053.01 A	Vancouver 0053.02 A	Vancouver 0054.01 A	Caractéristiques	N°
						CARACTÉRISTIQUES DE LA POPULATION	
7,050	**5,285**	**5,865**	**5,970**	**2,895**	**3,705**	**Population totale de 5 ans et plus (30)**	185
						selon le lieu de résidence 5 ans auparavant (mobilité)	
4,330	3,225	3,395	3,470	1,850	2,070	Personnes n'ayant pas déménagé	186
2,720	2,055	2,470	2,495	1,045	1,635	Personnes ayant déménagé	187
1,755	1,225	1,450	1,525	560	1,145	Non-migrants	188
965	830	1,015	975	480	485	Migrants	189
425	365	460	465	310	325	Migrants internes	190
275	240	315	395	215	215	Migrants infraprovinciaux	191
155	130	150	75	90	105	Migrants interprovinciaux	192
535	465	555	510	175	160	Migrants externes	193
880	**760**	**775**	**735**	**355**	**485**	**Population totale de 15 à 24 ans**	194
						selon la fréquentation scolaire	
280	175	185	245	230	160	Ne fréquentant pas l'école	195
495	505	445	380	95	270	Fréquentant l'école à plein temps	196
105	80	145	110	30	45	Fréquentant l'école à temps partiel	197
6,225	**4,560**	**5,110**	**5,280**	**2,575**	**3,360**	**Population totale de 15 ans et plus**	198
						selon le plus haut niveau de scolarité atteint	
1,120	820	715	855	365	570	Niveau inférieur à la 9e année (31)	199
1,190	1,210	1,135	1,275	395	465	De la 9e à la 13e année sans certificat d'études secondaires	200
765	655	715	735	305	325	De la 9e à la 13e année avec certificat d'études secondaires	201
775	520	670	580	380	430	Études postsecondaires partielles sans grade, certificat ou diplôme (32)	202
445	395	380	470	215	290	Certificat ou diplôme d'une école de métiers (33)	203
725	345	600	540	345	410	Certificat ou diplôme collégial (34)	204
185	95	115	130	85	95	Certificat universitaire inférieur au baccalauréat	205
1,015	520	780	700	480	770	Études universitaires avec baccalauréat ou diplôme supérieur	206
						selon les combinaisons de travail non rémunéré	
2,960	2,210	2,490	2,640	1,285	1,610	Hommes de 15 ans et plus	207
2,515	1,795	2,160	2,290	1,100	1,480	Travail non rémunéré déclaré (35)	208
190	195	270	175	115	150	Travaux ménagers et soins aux enfants et soins ou aide aux personnes âgées	209
800	430	485	710	250	315	Travaux ménagers et soins aux enfants seulement	210
230	140	240	165	110	80	Travaux ménagers et soins ou aide aux personnes âgées seulement	211
-	15	-	15	-	-	Soins aux enfants et soins ou aide aux personnes âgées seulement	212
1,265	980	1,105	1,205	555	925	Travaux ménagers seulement	213
35	25	40	15	60	15	Soins aux enfants seulement	214
-	10	25	15	10	-	Soins ou aide aux personnes âgées seulement	215
3,260	2,355	2,615	2,640	1,290	1,755	Femmes de 15 ans et plus	216
2,790	2,135	2,410	2,475	1,210	1,615	Travail non rémunéré déclaré (35)	217
325	315	380	290	130	180	Travaux ménagers et soins aux enfants et soins ou aide aux personnes âgées	218
930	640	715	840	405	430	Travaux ménagers et soins aux enfants seulement	219
365	210	240	240	105	140	Travaux ménagers et soins ou aide aux personnes âgées seulement	220
-	-	-	-	-	-	Soins aux enfants et soins ou aide aux personnes âgées seulement	221
1,125	910	1,060	1,085	540	850	Travaux ménagers seulement	222
25	35	10	20	20	10	Soins aux enfants seulement	223
15	10	-	10	15	-	Soins ou aide aux personnes âgées seulement	224
						selon l'activité	
2,965	2,210	2,495	2,640	1,280	1,610	Hommes de 15 ans et plus	225
1,885	1,290	1,635	1,820	985	1,190	Population active	226
1,750	1,185	1,500	1,680	935	1,050	Personnes occupées	227
135	105	130	140	50	140	Chômeurs	228
1,080	915	860	815	295	415	Inactifs	229
63.6	58.4	65.5	68.9	77.0	73.9	Taux d'activité	230
59.0	53.6	60.1	63.6	73.0	65.2	Taux d'emploi	231
7.2	8.1	8.0	7.7	5.1	11.8	Taux de chômage	232
3,260	2,355	2,615	2,645	1,290	1,750	Femmes de 15 ans et plus	233
1,840	1,210	1,585	1,590	810	1,210	Population active	234
1,690	1,085	1,460	1,435	770	1,115	Personnes occupées	235
150	125	125	155	40	90	Chômeuses	236
1,420	1,145	1,030	1,050	480	545	Inactives	237
56.4	51.4	60.6	60.1	62.8	69.1	Taux d'activité	238
51.8	46.1	55.8	54.3	59.7	63.7	Taux d'emploi	239
8.2	10.3	7.9	9.7	4.9	7.4	Taux de chômage	240

Table 1. Selected Characteristics for Census Tracts, 2001 Census – 100% Data and 20% Sample Data

No.	Characteristics	Vancouver 0048	Vancouver 0049.01	Vancouver 0049.02	Vancouver 0050.02	Vancouver 0050.03 A	Vancouver 0050.04 A
	POPULATION CHARACTERISTICS						
	by labour force activity - concluded						
241	Both sexes - Participation rate	76.3	81.5	71.3	67.0	73.5	63.5
242	15-24 years	70.8	73.8	54.5	70.9	68.2	41.7
243	25 years and over	76.7	82.2	73.0	66.3	74.2	67.2
244	Both sexes - Employment rate	70.3	77.5	68.8	58.3	66.7	55.6
245	15-24 years	60.0	68.8	47.5	53.1	55.3	33.3
246	25 years and over	71.3	78.2	70.9	59.1	67.9	59.1
247	Both sexes - Unemployment rate	7.8	4.9	3.6	13.2	9.3	12.8
248	15-24 years	16.2	8.5	12.5	25.7	19.3	17.1
249	25 years and over	7.1	4.7	2.9	10.9	8.4	12.1
250	**Total labour force 15 years and over**	**4,550**	**3,900**	**3,745**	**3,650**	**3,185**	**1,990**
	by industry based on the 1997 NAICS						
251	Industry - Not applicable (36)	50	50	40	140	75	80
252	All industries (37)	4,500	3,855	3,705	3,510	3,115	1,905
253	11 Agriculture, forestry, fishing and hunting	15	-	10	15	-	10
254	21 Mining and oil and gas extraction	20	10	20	-	10	-
255	22 Utilities	20	30	-	10	20	-
256	23 Construction	115	65	150	190	100	80
257	31-33 Manufacturing	275	235	170	310	235	215
258	41 Wholesale trade	155	135	175	70	80	110
259	44-45 Retail trade	225	340	215	320	330	175
260	48-49 Transportation and warehousing	215	140	170	115	175	95
261	51 Information and cultural industries	330	320	305	250	250	80
262	52 Finance and insurance	295	220	230	100	60	75
263	53 Real estate and rental and leasing	115	140	140	10	45	40
264	54 Professional, scientific and technical services	855	635	570	240	250	155
265	55 Management of companies and enterprises	-	-	10	-	-	-
266	56 Administrative and support, waste management and remediation services	155	145	110	175	195	85
267	61 Educational services	385	325	335	305	215	110
268	62 Health care and social assistance	515	470	490	390	345	210
269	71 Arts, entertainment and recreation	130	120	165	110	140	45
270	72 Accommodation and food services	335	255	170	425	385	265
271	81 Other services (except public administration)	180	115	100	300	175	120
272	91 Public administration	150	155	175	165	100	30
	by class of worker						
273	Class of worker - Not applicable (36)	45	50	40	140	75	80
274	All classes of worker (37)	4,500	3,855	3,710	3,510	3,110	1,910
275	Paid workers	3,970	3,490	3,200	3,230	2,670	1,805
276	Employees	3,720	3,295	2,970	3,185	2,565	1,735
277	Self-employed (incorporated)	245	200	230	45	105	65
278	Self-employed (unincorporated)	535	350	500	280	430	100
279	Unpaid family workers	-	10	10	-	10	-
	by occupation based on the 2001 NOC-S						
280	Male labour force 15 years and over	2,255	1,910	1,785	1,930	1,790	1,085
281	Occupation - Not applicable (36)	10	20	30	85	45	60
282	All occupations (37)	2,245	1,895	1,755	1,845	1,745	1,025
283	A Management occupations	355	350	390	130	155	45
284	B Business, finance and administration occupations	255	215	295	180	110	125
285	C Natural and applied sciences and related occupations	465	260	245	165	145	145
286	D Health occupations	95	115	85	45	60	10
287	E Occupations in social science, education, government service and religion	200	175	145	240	90	35
288	F Occupations in art, culture, recreation and sport	220	200	110	150	225	70
289	G Sales and service occupations	450	370	320	445	540	260
290	H Trades, transport and equipment operators and related occupations	180	145	135	340	295	250
291	I Occupations unique to primary industry	10	-	10	25	55	15
292	J Occupations unique to processing, manufacturing and utilities	25	55	25	120	65	70
293	Female labour force 15 years and over	2,295	1,990	1,965	1,720	1,400	905
294	Occupation - Not applicable (36)	35	30	10	55	25	25
295	All occupations (37)	2,260	1,960	1,955	1,665	1,370	885
296	A Management occupations	275	365	285	105	110	55
297	B Business, finance and administration occupations	590	435	555	355	305	200
298	C Natural and applied sciences and related occupations	145	90	55	80	65	20
299	D Health occupations	240	240	150	115	110	70

Tableau 1. Certaines caractéristiques des secteurs de recensement, recensement de 2001 – Données intégrales et données-échantillon (20 %)

Vancouver 0051	Vancouver 0052.01	Vancouver 0052.02	Vancouver 0053.01 A	Vancouver 0053.02 A	Vancouver 0054.01 A	Caractéristiques	N°
						CARACTÉRISTIQUES DE LA POPULATION	
						selon l'activité – fin	
59.8	54.8	63.1	64.7	70.0	71.6	Les deux sexes - Taux d'activité	241
52.8	55.3	54.8	70.1	76.1	68.8	15-24 ans	242
61.0	54.7	64.7	63.7	68.7	72.0	25 ans et plus	243
55.2	49.8	58.1	59.1	66.2	64.6	Les deux sexes - Taux d'emploi	244
47.4	46.7	45.2	59.2	67.6	53.6	15-24 ans	245
56.5	50.2	60.3	59.1	65.9	66.3	25 ans et plus	246
7.7	9.2	7.9	8.7	5.0	9.8	Les deux sexes - Taux de chômage	247
9.6	15.5	16.5	16.5	11.1	22.4	15-24 ans	248
7.4	7.9	6.6	7.3	4.6	7.5	25 ans et plus	249
3,725	**2,500**	**3,220**	**3,410**	**1,800**	**2,400**	**Population active totale de 15 ans et plus**	250
						selon l'industrie basée sur le SCIAN de 1997	
85	90	85	100	55	85	Industrie - Sans objet (36)	251
3,640	2,415	3,135	3,310	1,745	2,320	Toutes les industries (37)	252
20	10	20	55	-	30	11 Agriculture, foresterie, pêche et chasse	253
-	10	-	10	-	10	21 Extraction minière et extraction de pétrole et de gaz	254
-	10	-	20	15	10	22 Services publics	255
135	90	185	145	95	135	23 Construction	256
440	405	460	480	195	240	31-33 Fabrication	257
135	90	170	145	45	75	41 Commerce de gros	258
395	330	430	345	200	205	44-45 Commerce de détail	259
200	115	215	175	130	60	48-49 Transport et entreposage	260
205	100	120	165	100	160	51 Industrie de l'information et industrie culturelle	261
180	135	160	150	110	85	52 Finance et assurances	262
105	35	45	25	40	25	53 Services immobiliers et services de location et de location à bail	263
270	145	135	250	140	165	54 Services professionnels, scientifiques et techniques	264
-	-	-	-	-	-	55 Gestion de sociétés et d'entreprises	265
195	90	140	140	60	105	56 Services administratifs, services de soutien, services de gestion des déchets et services d'assainissement	266
265	125	125	135	120	210	61 Services d'enseignement	267
320	155	215	225	80	240	62 Soins de santé et assistance sociale	268
70	55	70	85	65	185	71 Arts, spectacles et loisirs	269
455	315	365	410	245	140	72 Hébergement et services de restauration	270
180	160	185	205	65	155	81 Autres services, sauf les administrations publiques	271
60	35	90	160	40	90	91 Administrations publiques	272
						selon la catégorie de travailleurs	
80	90	85	100	50	85	Catégorie de travailleurs - Sans objet (36)	273
3,640	2,410	3,130	3,315	1,740	2,320	Toutes les catégories de travailleurs (37)	274
3,335	2,220	2,885	3,075	1,560	2,015	Travailleurs rémunérés	275
3,260	2,100	2,795	2,945	1,505	1,920	Employés	276
80	120	90	125	55	90	Travailleurs autonomes (entreprise constituée en société)	277
300	160	245	240	180	305	Travailleurs autonomes (entreprise non constituée en société)	278
10	35	-	-	-	-	Travailleurs familiaux non rémunérés	279
						selon la profession basée sur la CNP-S de 2001	
1,885	1,290	1,635	1,825	985	1,195	Hommes actifs de 15 ans et plus	280
65	30	40	55	20	60	Profession - Sans objet (36)	281
1,825	1,260	1,595	1,765	965	1,135	Toutes les professions (37)	282
160	125	185	185	125	120	A Gestion	283
220	125	235	135	130	105	B Affaires, finance et administration	284
180	115	160	135	80	130	C Sciences naturelles et appliquées et professions apparentées	285
30	-	35	20	25	35	D Secteur de la santé	286
85	45	10	80	60	105	E Sciences sociales, enseignement, administration publique et religion	287
90	70	60	95	70	155	F Arts, culture, sports et loisirs	288
515	365	420	475	210	210	G Ventes et services	289
405	270	330	435	200	165	H Métiers, transport et machinerie	290
25	15	40	60	-	20	I Professions propres au secteur primaire	291
120	120	120	140	55	80	J Transformation, fabrication et services d'utilité publique	292
1,840	1,210	1,590	1,590	810	1,210	Femmes actives de 15 ans et plus	293
20	60	50	45	30	25	Profession - Sans objet (36)	294
1,815	1,155	1,540	1,545	780	1,185	Toutes les professions (37)	295
100	95	80	90	45	110	A Gestion	296
435	235	420	290	180	170	B Affaires, finance et administration	297
30	30	70	55	30	45	C Sciences naturelles et appliquées et professions apparentées	298
80	60	70	100	40	110	D Secteur de la santé	299

Table 1. Selected Characteristics for Census Tracts, 2001 Census – 100% Data and 20% Sample Data

No.	Characteristics	Vancouver 0048	Vancouver 0049.01	Vancouver 0049.02	Vancouver 0050.02	Vancouver 0050.03 A	Vancouver 0050.04 A
	POPULATION CHARACTERISTICS						
	by occupation based on the 2001 NOC-S – concluded						
300	E Occupations in social science, education, government service and religion	355	225	365	215	145	90
301	F Occupations in art, culture, recreation and sport	245	175	225	135	140	30
302	G Sales and service occupations	380	405	305	555	440	345
303	H Trades, transport and equipment operators and related occupations	-	20	15	25	40	-
304	I Occupations unique to primary industry	10	-	-	15	10	-
305	J Occupations unique to processing, manufacturing and utilities	35	-	10	75	20	70
306	**Total employed labour force 15 years and over**	**4,195**	**3,710**	**3,610**	**3,175**	**2,895**	**1,735**
	by place of work						
307	Males	2,085	1,825	1,705	1,660	1,640	910
308	Usual place of work	1,575	1,480	1,270	1,295	1,225	725
309	At home	255	200	215	85	135	65
310	Outside Canada	15	10	40	25	25	10
311	No fixed workplace address	240	135	185	265	255	100
312	Females	2,110	1,885	1,905	1,515	1,255	825
313	Usual place of work	1,795	1,570	1,535	1,265	1,085	730
314	At home	175	165	200	110	65	45
315	Outside Canada	25	20	15	-	15	-
316	No fixed workplace address	120	135	160	135	85	55
317	**Total employed labour force 15 years and over with usual place of work or no fixed workplace address**	**3,730**	**3,315**	**3,145**	**2,955**	**2,655**	**1,610**
	by mode of transportation						
318	Males	1,815	1,610	1,450	1,555	1,480	830
319	Car, truck, van, as driver	1,060	970	905	690	815	405
320	Car, truck, van, as passenger	65	35	35	100	55	35
321	Public transit	215	155	135	510	320	235
322	Walked	265	310	315	80	145	75
323	Other method	210	135	65	175	150	85
324	Females	1,915	1,705	1,690	1,400	1,175	780
325	Car, truck, van, as driver	875	885	930	500	555	330
326	Car, truck, van, as passenger	140	100	90	90	115	55
327	Public transit	370	265	260	585	305	265
328	Walked	405	360	360	100	120	55
329	Other method	125	90	55	120	80	75
330	**Total population 15 years and over who worked since January 1, 2000**	**4,900**	**4,160**	**4,040**	**3,800**	**3,335**	**2,155**
	by language used at work						
331	Single responses	4,415	3,865	3,770	3,415	2,950	1,760
332	English	4,395	3,825	3,740	3,325	2,900	1,675
333	French	-	-	10	-	10	-
334	Non-official languages (5)	20	35	20	85	50	85
335	Chinese, n.o.s.	-	-	-	30	25	55
336	Cantonese	-	-	-	15	15	30
337	Other languages (6)	20	30	15	35	10	10
338	Multiple responses	485	300	270	390	385	400
339	English and French	200	110	70	105	70	90
340	English and non-official language	270	165	180	275	310	285
341	French and non-official language	-	-	-	-	-	-
342	English, French and non-official language	10	25	20	15	-	25
	DWELLING AND HOUSEHOLD CHARACTERISTICS						
343	**Total number of occupied private dwellings**	**3,995**	**2,980**	**3,180**	**3,345**	**2,870**	**1,930**
	by tenure						
344	Owned	1,440	1,490	1,440	695	990	550
345	Rented	2,555	1,485	1,740	2,650	1,885	1,375
346	Band housing	-	-	-	-	-	-
	by structural type of dwelling						
347	Single-detached house	175	90	-	230	45	35
348	Semi-detached house	225	15	-	35	15	15
349	Row house	110	310	110	40	95	20
350	Apartment, detached duplex	140	35	-	290	35	35
351	Apartment, building that has five or more storeys	740	190	1,560	250	405	200
352	Apartment, building that has fewer than five storeys (38)	2,590	2,315	1,375	2,500	2,275	1,620
353	Other single-attached house	20	25	10	-	-	-
354	Movable dwelling (39)	-	-	125	-	-	-

Tableau 1. Certaines caractéristiques des secteurs de recensement, recensement de 2001 – Données intégrales et données-échantillon (20 %)

Vancouver 0051	Vancouver 0052.01	Vancouver 0052.02	Vancouver 0053.01 A	Vancouver 0053.02 A	Vancouver 0054.01 A	Caractéristiques	N°
						CARACTÉRISTIQUES DE LA POPULATION	
						selon la profession basée sur la CNP-S de 2001 - fin	
210	85	145	145	100	135	E Sciences sociales, enseignement, administration publique et religion	300
80	15	45	70	30	165	F Arts, culture, sports et loisirs	301
630	450	510	550	310	335	G Ventes et services	302
35	35	25	55	30	25	H Métiers, transport et machinerie	303
25	-	-	15	-	10	I Professions propres au secteur primaire	304
190	160	170	190	25	70	J Transformation, fabrication et services d'utilité publique	305
3,440	**2,270**	**2,965**	**3,120**	**1,705**	**2,175**	**Population active occupée totale de 15 ans et plus .....**	306
						selon le lieu de travail	
1,750	1,185	1,500	1,680	935	1,055	Hommes	307
1,440	925	1,210	1,355	695	750	Lieu habituel de travail	308
95	30	40	70	85	80	À domicile	309
-	25	20	10	10	10	En dehors du Canada	310
215	205	230	245	150	225	Sans adresse de travail fixe	311
1,695	1,085	1,460	1,435	770	1,120	Femmes	312
1,395	945	1,275	1,280	670	865	Lieu habituel de travail	313
145	65	95	45	45	90	À domicile	314
-	15	-	20	-	10	En dehors du Canada	315
150	55	90	90	60	160	Sans adresse de travail fixe	316
3,200	**2,135**	**2,815**	**2,975**	**1,570**	**2,000**	**Population active occupée totale de 15 ans et plus ayant un lieu habituel de travail ou sans adresse de travail fixe ....**	317
						selon le mode de transport	
1,655	1,135	1,440	1,600	845	975	Hommes	318
1,230	780	1,075	1,175	680	605	Automobile, camion ou fourgonnette, en tant que conducteur	319
55	85	70	90	25	15	Automobile, camion ou fourgonnette, en tant que passager	320
250	175	165	230	105	195	Transport en commun	321
40	40	70	50	10	35	À pied	322
75	45	60	55	15	125	Autre moyen	323
1,540	1,005	1,370	1,370	720	1,020	Femmes	324
800	585	795	675	425	555	Automobile, camion ou fourgonnette, en tant que conductrice	325
140	115	150	245	110	120	Automobile, camion ou fourgonnette, en tant que passagère	326
380	190	325	315	165	175	Transport en commun	327
125	70	75	85	25	85	À pied	328
95	45	25	50	10	90	Autre moyen	329
4,030	**2,625**	**3,495**	**3,650**	**1,855**	**2,525**	**Population totale de 15 ans et plus ayant travaillé depuis le 1er janvier 2000 ....**	330
						selon la langue utilisée au travail	
3,340	2,135	2,695	3,030	1,705	2,220	Réponses uniques	331
2,895	1,920	2,335	2,630	1,530	2,110	Anglais	332
-	-	-	-	10	-	Français	333
450	220	365	400	170	110	Langues non officielles (5)	334
190	135	210	145	65	60	Chinois, n.d.a.	335
195	75	130	140	95	45	Cantonais	336
55	10	25	115	15	-	Autres langues (6)	337
690	490	800	620	150	305	Réponses multiples	338
30	15	-	35	-	60	Anglais et français	339
645	465	790	580	140	245	Anglais et langue non officielle	340
-	-	-	-	-	-	Français et langue non officielle	341
15	10	-	-	-	10	Anglais, français et langue non officielle	342
						CARACTÉRISTIQUES DES LOGEMENTS ET DES MÉNAGES	
2,615	**1,905**	**2,000**	**2,065**	**1,100**	**1,545**	**Nombre total de logements privés occupés ....**	343
						selon le mode d'occupation	
1,625	1,035	1,190	1,255	710	815	Possédé	344
990	865	805	815	390	730	Loué	345
-	-	-	-	-	-	Logement de bande	346
						selon le type de construction résidentielle	
1,870	975	1,000	1,305	650	620	Maison individuelle non attenante	347
135	10	-	-	-	60	Maison jumelée	348
10	135	220	-	-	-	Maison en rangée	349
245	420	625	650	385	545	Appartement, duplex non attenant	350
145	70	-	-	-	10	Appartement, immeuble de cinq étages ou plus	351
210	290	145	115	65	295	Appartement, immeuble de moins de cinq étages (38) ...	352
10	-	-	-	-	10	Autre maison individuelle attenante	353
-	-	-	-	-	-	Logement mobile (39)	354

Table 1. Selected Characteristics for Census Tracts, 2001 Census – 100% Data and 20% Sample Data

No.	Characteristics	Vancouver 0048	Vancouver 0049.01	Vancouver 0049.02	Vancouver 0050.02	Vancouver 0050.03 A	Vancouver 0050.04 A
	DWELLING AND HOUSEHOLD CHARACTERISTICS						
	by condition of dwelling						
355	Regular maintenance only	2,460	1,635	1,940	1,795	1,850	1,135
356	Minor repairs	880	720	535	925	605	440
357	Major repairs	650	620	710	625	410	355
	by period of construction						
358	Before 1946	555	370	10	535	340	75
359	1946-1960	495	100	15	470	205	170
360	1961-1970	630	50	100	450	375	460
361	1971-1980	780	320	820	855	810	705
362	1981-1990	665	1,340	1,940	695	445	415
363	1991-2001 (20)	860	795	305	340	690	105
364	Average number of rooms per dwelling	4.0	4.3	4.3	3.9	3.4	3.2
365	Average number of bedrooms per dwelling	1.4	1.6	1.7	1.4	1.1	1.0
366	Average value of dwelling $	298,973	219,988	268,677	193,618	126,698	99,776
367	**Total number of private households**	**3,995**	**2,980**	**3,185**	**3,345**	**2,870**	**1,925**
	by household size						
368	1 person	2,225	1,380	1,390	1,615	1,570	910
369	2 persons	1,380	1,150	1,250	1,035	865	575
370	3 persons	265	300	315	380	270	250
371	4-5 persons	120	145	225	280	160	170
372	6 or more persons	10	10	-	35	15	25
	by household type						
373	One-family households	1,465	1,315	1,670	1,290	1,050	830
374	Multiple-family households	-	25	-	30	-	30
375	Non-family households	2,530	1,640	1,510	2,025	1,825	1,070
376	Number of persons in private households	6,310	5,215	5,795	6,240	4,860	3,680
377	Average number of persons in private households	1.6	1.7	1.8	1.9	1.7	1.9
378	Average number of persons per room	0.4	0.4	0.4	0.5	0.5	0.6
379	Tenant households in non-farm, non-reserve private dwellings (40)	2,510	1,480	1,740	2,650	1,855	1,355
380	Average gross rent $ (40)	848	951	987	605	654	628
381	Tenant households spending 30% or more of household income on gross rent (40) (41)	900	480	605	1,240	915	705
382	Tenant households spending from 30% to 99% of household income on gross rent (40) (41)	720	430	525	1,025	725	525
383	Owner households in non-farm, non-reserve private dwellings (42)	1,430	1,495	1,430	685	980	550
384	Average owner's major payments $ (42)	1,022	1,123	1,008	860	763	720
385	Owner households spending 30% or more of household income on owner's major payments (41) (42)	340	390	300	175	255	150
386	Owner households spending from 30% to 99% of household income on owner's major payments (41) (42)	305	315	275	155	220	115
	CENSUS FAMILY CHARACTERISTICS						
387	**Total number of census families in private households**	**1,470**	**1,370**	**1,680**	**1,350**	**1,050**	**905**
	by census family structure and size						
388	Total couple families	1,215	1,195	1,350	980	815	610
389	Total families of married couples	775	820	1,045	655	560	480
390	Without children at home	550	505	630	310	260	195
391	With children at home	225	315	420	350	300	285
392	1 child	145	215	220	170	185	170
393	2 children	65	95	180	125	100	90
394	3 or more children	15	10	20	55	15	30
395	Total families of common-law couples	440	375	305	320	250	125
396	Without children at home	420	350	265	250	240	125
397	With children at home	20	25	40	75	10	10
398	1 child	10	25	25	40	10	-
399	2 children	10	-	10	20	-	-
400	3 or more children	-	-	10	10	-	-
401	Total lone-parent families	250	180	330	370	235	300
402	Female parent	190	140	295	320	210	260
403	1 child	135	110	265	230	120	200
404	2 children	45	30	25	55	75	50
405	3 or more children	-	-	10	30	20	10

Tableau 1. Certaines caractéristiques des secteurs de recensement, recensement de 2001 – Données intégrales et données-échantillon (20 %)

Vancouver 0051	Vancouver 0052.01	Vancouver 0052.02	Vancouver 0053.01 A	Vancouver 0053.02 A	Vancouver 0054.01 A	Caractéristiques	N°
						CARACTÉRISTIQUES DES LOGEMENTS ET DES MÉNAGES	
						selon l'état du logement	
1,630	1,285	1,355	1,190	715	840	Entretien régulier seulement	355
750	520	485	670	240	540	Réparations mineures	356
235	105	160	205	140	160	Réparations majeures	357
						selon la période de construction	
720	225	340	720	440	840	Avant 1946	358
505	470	405	475	220	310	1946-1960	359
320	360	205	220	125	130	1961-1970	360
240	310	340	200	90	110	1971-1980	361
370	305	285	205	140	50	1981-1990	362
460	230	420	245	90	100	1991-2001 (20)	363
6.4	5.8	6.4	6.3	6.5	5.6	Nombre moyen de pièces par logement	364
2.9	2.8	3.1	2.9	2.9	2.5	Nombre moyen de chambres à coucher par logement	365
309,632	316,825	290,802	299,927	309,878	299,305	Valeur moyenne du logement $	366
2,610	**1,905**	**1,995**	**2,065**	**1,105**	**1,540**	**Nombre total de logements privés**	367
						selon la taille du ménage	
550	470	340	370	255	435	1 personne	368
735	445	495	560	320	500	2 personnes	369
510	330	415	410	190	220	3 personnes	370
670	485	570	550	270	300	4-5 personnes	371
150	165	180	175	65	85	6 personnes ou plus	372
						selon le genre de ménage	
1,705	1,140	1,385	1,410	695	850	Ménages unifamiliaux	373
155	150	185	140	80	80	Ménages multifamiliaux	374
755	615	435	520	330	610	Ménages non familiaux	375
7,510	5,585	6,240	6,305	3,075	3,930	Nombre de personnes dans les ménages privés	376
2.9	2.9	3.1	3.1	2.8	2.6	Nombre moyen de personnes dans les ménages privés	377
0.4	0.5	0.5	0.5	0.4	0.5	Nombre moyen de personnes par pièce	378
975	865	810	805	380	725	Ménages locataires dans les logements privés non agricoles hors réserve (40)	379
724	629	840	871	805	749	Loyer brut moyen $ (40)	380
410	370	375	350	150	315	Ménages locataires consacrant 30 % ou plus du revenu du ménage au loyer brut (40) (41)	381
335	330	315	300	135	280	Ménages locataires consacrant de 30 % à 99 % du revenu du ménage au loyer brut (40) (41)	382
1,625	1,035	1,190	1,255	695	815	Ménages propriétaires dans les logements privés non agricoles hors réserve (42)	383
863	720	925	826	1,054	998	Principales dépenses de propriété moyennes $ (42)	384
385	205	300	295	170	230	Ménages propriétaires consacrant 30 % ou plus du revenu du ménage aux principales dépenses de propriété (41) (42)	385
350	160	255	240	140	200	Ménages propriétaires consacrant de 30 % à 99 % du revenu du ménage aux principales dépenses de propriété (41) (42)	386
						CARACTÉRISTIQUES DES FAMILLES DE RECENSEMENT	
2,025	**1,465**	**1,765**	**1,725**	**850**	**1,010**	**Total des familles de recensement dans les ménages privés**	387
						selon la structure et la taille de la famille de recensement	
1,635	1,125	1,375	1,425	715	815	Total des familles avec conjoints	388
1,435	1,045	1,285	1,255	620	615	Total des familles avec couples mariés	389
440	355	440	440	260	220	Sans enfants à la maison	390
1,000	685	840	815	365	395	Avec enfants à la maison	391
390	255	340	305	150	170	1 enfant	392
400	255	340	330	150	160	2 enfants	393
205	175	165	180	70	70	3 enfants ou plus	394
195	80	95	165	95	200	Total des familles en union libre	395
115	40	55	115	75	140	Sans enfants à la maison	396
80	40	40	55	15	60	Avec enfants à la maison	397
70	25	20	15	10	35	1 enfant	398
10	15	10	40	10	25	2 enfants	399
10	-	15	-	-	-	3 enfants ou plus	400
385	345	390	305	135	195	Total des familles monoparentales	401
325	275	295	225	115	170	Parent de sexe féminin	402
210	155	175	130	75	120	1 enfant	403
65	85	65	75	35	35	2 enfants	404
50	30	60	25	-	15	3 enfants ou plus	405

Table 1. Selected Characteristics for Census Tracts, 2001 Census – 100% Data and 20% Sample Data

No.	Characteristics	Vancouver 0048	Vancouver 0049.01	Vancouver 0049.02	Vancouver 0050.02	Vancouver 0050.03 A	Vancouver 0050.04 A
	CENSUS FAMILY CHARACTERISTICS						
	by census family structure and size – concluded						
406	Male parent	60	35	35	50	25	40
407	1 child	35	25	25	35	25	40
408	2 children	30	10	10	20	-	-
409	3 or more children	-	-	-	-	-	-
410	**Total number of children at home**	**680**	**665**	**1,075**	**1,225**	**815**	**810**
	by age groups						
411	Under 6 years	195	305	225	425	275	275
412	6-14 years	155	140	320	400	245	270
413	15-17 years	60	60	155	90	70	85
414	18-24 years	150	95	210	180	120	100
415	25 years and over	120	65	160	135	105	80
416	Average number of children at home per census family (43)	0.5	0.5	0.6	0.9	0.8	0.9
417	**Total number of persons in private households**	**6,310**	**5,215**	**5,795**	**6,235**	**4,855**	**3,680**
	by census family status and living arrangements						
418	Number of non-family persons	2,945	1,985	1,690	2,680	2,185	1,355
419	Living with relatives (44)	105	110	50	165	160	75
420	Living with non-relatives only	615	495	255	895	455	370
421	Living alone	2,220	1,380	1,390	1,615	1,570	910
422	Number of family persons	3,370	3,230	4,105	3,560	2,675	2,325
423	Average number of persons per census family	2.3	2.4	2.4	2.6	2.5	2.6
424	**Total number of persons 65 years and over**	**545**	**255**	**905**	**720**	**375**	**275**
425	Number of non-family persons 65 years and over	255	105	410	440	180	140
426	Living with relatives (44)	20	15	10	30	10	25
427	Living with non-relatives only	-	-	15	30	10	-
428	Living alone	235	85	385	380	165	110
429	Number of family persons 65 years and over	290	150	495	280	195	135
	ECONOMIC FAMILY CHARACTERISTICS						
430	**Total number of economic families in private households**	**1,510**	**1,400**	**1,690**	**1,370**	**1,105**	**885**
	by size of family						
431	2 persons	1,185	1,015	1,190	815	695	500
432	3 persons	205	265	280	275	265	225
433	4 persons	110	85	200	175	105	100
434	5 or more persons	10	35	30	105	45	55
435	Total number of persons in economic families	3,470	3,340	4,155	3,725	2,830	2,400
436	Average number of persons per economic family	2.3	2.4	2.5	2.7	2.6	2.7
437	Total number of unattached individuals	2,835	1,880	1,645	2,510	2,030	1,285
	2000 INCOME CHARACTERISTICS						
	Population 15 years and over by sex and total income groups in 2000						
438	Total - Both sexes	5,965	4,785	5,250	5,450	4,335	3,120
439	Without income	180	125	145	190	175	215
440	With income	5,780	4,660	5,095	5,260	4,160	2,905
441	Under $1,000 (45)	155	145	220	220	205	170
442	$ 1,000 - $ 2,999	110	110	100	215	165	155
443	$ 3,000 - $ 4,999	100	120	120	215	135	85
444	$ 5,000 - $ 6,999	165	110	130	315	260	165
445	$ 7,000 - $ 9,999	365	240	195	540	270	295
446	$10,000 - $11,999	170	125	75	305	210	195
447	$12,000 - $14,999	230	160	205	520	410	310
448	$15,000 - $19,999	420	275	455	760	400	340
449	$20,000 - $24,999	470	285	345	440	415	255
450	$25,000 - $29,999	230	180	360	470	250	305
451	$30,000 - $34,999	530	385	310	270	390	180
452	$35,000 - $39,999	475	335	340	215	200	110
453	$40,000 - $44,999	395	335	295	240	220	80
454	$45,000 - $49,999	380	250	285	100	165	90
455	$50,000 - $59,999	485	500	495	180	200	90
456	$60,000 and over	1,105	1,110	1,175	260	275	85
457	Average income $ (46)	38,721	45,970	46,196	21,616	24,799	20,168
458	Median income $ (46)	34,234	38,085	35,434	16,783	20,236	15,821
459	Standard error of average income $ (46)	915	1,769	1,778	551	638	634

Tableau 1. Certaines caractéristiques des secteurs de recensement, recensement de 2001 – Données intégrales et données-échantillon (20 %)

Vancouver 0051	Vancouver 0052.01	Vancouver 0052.02	Vancouver 0053.01 A	Vancouver 0053.02 A	Vancouver 0054.01 A	Caractéristiques	N°
						CARACTÉRISTIQUES DES FAMILLES DE RECENSEMENT	
						selon la structure et la taille de la famille de recensement - fin	
60	75	90	80	25	30	Parent de sexe masculin	406
45	45	55	55	20	15	1 enfant	407
10	20	15	30	10	-	2 enfants	408
-	-	15	-	-	10	3 enfants ou plus	409
2,595	**1,945**	**2,280**	**2,100**	**885**	**1,090**	**Nombre total d'enfants à la maison**	410
						selon les groupes d'âge	
530	375	470	410	205	260	Moins de 6 ans	411
750	635	665	600	285	310	6-14 ans	412
190	285	190	190	55	120	15-17 ans	413
470	370	485	395	195	155	18-24 ans	414
655	270	470	505	150	250	25 ans et plus	415
1.3	1.3	1.3	1.2	1.0	1.1	Nombre moyen d'enfants à la maison par famille de recensement (43)	416
7,515	**5,590**	**6,240**	**6,305**	**3,075**	**3,925**	**Nombre total de personnes dans les ménages privés**	417
						selon la situation des particuliers dans la famille de recensement et des particuliers dans le ménage	
1,260	1,055	810	1,055	620	1,015	Nombre de personnes hors famille de recensement	418
200	260	175	235	180	140	Vivant avec des personnes apparentées (44)	419
510	325	300	450	180	430	Vivant avec des personnes non apparentées uniquement	420
555	475	340	370	255	435	Vivant seules	421
6,255	4,530	5,425	5,250	2,455	2,915	Nombre de personnes membres d'une famille	422
3.1	3.1	3.1	3.0	2.9	2.9	Nombre moyen de personnes par famille de recensement	423
1,045	**890**	**830**	**890**	**395**	**485**	**Nombre total de personnes de 65 ans et plus**	424
260	390	235	255	125	130	Nombre de personnes hors famille de recensement de 65 ans et plus	425
120	55	110	130	85	40	Vivant avec des personnes apparentées (44)	426
-	45	10	20	-	-	Vivant avec des personnes non apparentées uniquement	427
135	290	110	105	40	80	Vivant seules	428
785	505	600	635	270	355	Nombre de personnes membres d'une famille de 65 ans et plus	429
						CARACTÉRISTIQUES DES FAMILLES ÉCONOMIQUES	
1,925	**1,330**	**1,575**	**1,590**	**795**	**960**	**Nombre total de familles économiques dans les ménages privés**	430
						selon la taille de la famille	
705	395	475	565	310	425	2 personnes	431
480	320	390	355	175	195	3 personnes	432
390	305	355	350	180	175	4 personnes	433
360	310	360	320	130	160	5 personnes ou plus	434
6,455	4,790	5,605	5,485	2,640	3,060	Nombre total de personnes dans les familles économiques	435
3.4	3.6	3.5	3.4	3.3	3.2	Nombre moyen de personnes par famille économique	436
1,060	795	640	820	435	870	Nombre total de personnes hors famille économique	437
						CARACTÉRISTIQUES DU REVENU DE 2000	
						Population de 15 ans et plus selon le sexe et les tranches de revenu total en 2000	
6,225	4,565	5,105	5,280	2,575	3,360	Total - Les deux sexes	438
345	335	270	240	135	105	Sans revenu	439
5,880	4,230	4,840	5,040	2,440	3,255	Avec un revenu	440
400	185	315	290	110	130	Moins de 1 000 $ (45)	441
210	225	265	260	85	145	1 000 $ - 2 999 $	442
180	190	215	205	60	135	3 000 $ - 4 999 $	443
365	220	190	240	95	190	5 000 $ - 6 999 $	444
460	375	350	395	180	185	7 000 $ - 9 999 $	445
355	290	395	320	160	215	10 000 $ - 11 999 $	446
630	440	510	520	195	360	12 000 $ - 14 999 $	447
620	675	545	525	265	320	15 000 $ - 19 999 $	448
570	460	520	425	200	255	20 000 $ - 24 999 $	449
485	310	285	405	200	235	25 000 $ - 29 999 $	450
385	240	270	275	165	280	30 000 $ - 34 999 $	451
195	145	285	260	125	215	35 000 $ - 39 999 $	452
275	145	180	325	115	130	40 000 $ - 44 999 $	453
190	105	140	120	65	80	45 000 $ - 49 999 $	454
230	120	140	195	145	210	50 000 $ - 59 999 $	455
340	105	235	280	275	180	60 000 $ et plus	456
23,048	19,780	23,935	23,218	28,652	24,561	Revenu moyen $ (46)	457
17,742	16,028	16,160	17,049	20,775	18,889	Revenu médian $ (46)	458
581	564	2,141	673	1,135	747	Erreur type de revenu moyen $ (46)	459

Table 1. Selected Characteristics for Census Tracts, 2001 Census – 100% Data and 20% Sample Data

No.	Characteristics	Vancouver 0048	Vancouver 0049.01	Vancouver 0049.02	Vancouver 0050.02	Vancouver 0050.03 A	Vancouver 0050.04 A
	2000 INCOME CHARACTERISTICS						
	Population 15 years and over by sex and total income groups in 2000 – concluded						
460	Total - Males	2,855	2,310	2,345	2,680	2,320	1,600
461	Without income	65	35	65	40	80	105
462	With income	2,790	2,270	2,285	2,635	2,240	1,495
463	Under $1,000 (45)	95	70	120	145	110	95
464	$ 1,000 - $ 2,999	35	50	55	75	50	50
465	$ 3,000 - $ 4,999	35	45	35	100	50	30
466	$ 5,000 - $ 6,999	95	55	45	130	150	95
467	$ 7,000 - $ 9,999	145	145	70	235	145	170
468	$10,000 - $11,999	90	55	40	165	105	90
469	$12,000 - $14,999	95	55	65	215	210	170
470	$15,000 - $19,999	190	115	170	375	220	150
471	$20,000 - $24,999	155	130	130	240	225	105
472	$25,000 - $29,999	105	85	165	180	115	230
473	$30,000 - $34,999	285	130	145	125	230	65
474	$35,000 - $39,999	190	180	130	150	100	45
475	$40,000 - $44,999	210	105	100	145	95	55
476	$45,000 - $49,999	150	105	130	35	85	55
477	$50,000 - $59,999	245	240	185	120	135	45
478	$60,000 and over	665	710	705	200	215	40
479	Average income $ (46)	42,955	55,289	53,598	23,924	27,123	20,865
480	Median income $ (46)	37,201	40,079	38,617	17,719	22,419	16,398
481	Standard error of average income $ (46)	1,600	3,433	2,985	897	976	913
482	Total - Females	3,115	2,475	2,900	2,775	2,015	1,520
483	Without income	120	90	85	155	90	115
484	With income	2,990	2,390	2,815	2,620	1,920	1,405
485	Under $1,000 (45)	65	75	100	75	95	80
486	$ 1,000 - $ 2,999	70	60	45	140	115	110
487	$ 3,000 - $ 4,999	65	75	90	115	80	60
488	$ 5,000 - $ 6,999	70	50	85	185	115	70
489	$ 7,000 - $ 9,999	220	90	120	300	125	120
490	$10,000 - $11,999	80	70	40	145	105	100
491	$12,000 - $14,999	135	105	135	300	200	145
492	$15,000 - $19,999	230	160	285	385	175	190
493	$20,000 - $24,999	310	155	215	205	195	150
494	$25,000 - $29,999	125	100	190	295	135	75
495	$30,000 - $34,999	240	260	165	140	160	110
496	$35,000 - $39,999	280	150	215	65	95	60
497	$40,000 - $44,999	185	230	195	95	125	25
498	$45,000 - $49,999	235	145	155	65	80	35
499	$50,000 - $59,999	240	255	315	60	65	50
500	$60,000 and over	440	410	470	60	60	40
501	Average income $ (46)	34,773	37,102	40,194	19,291	22,084	19,428
502	Median income $ (46)	30,667	34,885	32,959	15,475	18,941	15,665
503	Standard error of average income $ (46)	970	1,098	2,102	627	785	876
	by composition of total income						
504	Total - Composition of income in 2000 % (47)	100.0	100.0	100.0	100.0	100.0	100.0
505	Employment income %	83.3	88.3	78.5	76.8	83.1	76.7
506	Government transfer payments %	6.2	3.4	6.3	18.6	12.4	18.4
507	Other %	10.5	8.3	15.3	4.6	4.6	4.9
	Population 15 years and over with employment income in 2000 by sex and work activity						
508	Both sexes with employment income (48)	4,745	4,045	3,885	3,635	3,185	2,035
509	Average employment income $	39,251	46,713	47,514	24,016	26,925	22,051
510	Standard error of average employment income $	954	1,921	1,917	728	749	793
511	Worked full year, full time (49)	2,530	2,495	2,140	1,405	1,615	895
512	Average employment income $	50,388	56,207	60,515	34,741	32,897	32,147
513	Standard error of average employment income $	1,250	1,842	2,763	1,270	957	1,207
514	Worked part year or part time (50)	2,140	1,465	1,660	2,130	1,480	1,070
515	Average employment income $	27,015	32,784	32,723	17,593	21,307	14,400
516	Standard error of average employment income $	1,261	4,090	2,502	761	1,122	810
517	Males with employment income (48)	2,315	1,985	1,830	1,885	1,735	1,050
518	Average employment income $	43,716	56,212	53,939	26,397	29,225	23,202
519	Standard error of average employment income $	1,638	3,701	2,776	1,162	1,129	1,113
520	Worked full year, full time (49)	1,325	1,275	1,105	775	875	480
521	Average employment income $	56,149	65,185	60,537	37,787	34,064	31,916
522	Standard error of average employment income $	2,131	3,255	2,894	2,040	1,404	1,653
523	Worked part year or part time (50)	960	660	660	1,045	810	535
524	Average employment income $	27,699	42,218	46,620	19,104	24,757	15,896
525	Standard error of average employment income $	2,086	8,899	5,702	1,165	1,794	1,239

Tableau 1. Certaines caractéristiques des secteurs de recensement, recensement de 2001 – Données intégrales et données-échantillon (20 %)

Vancouver 0051	Vancouver 0052.01	Vancouver 0052.02	Vancouver 0053.01 A	Vancouver 0053.02 A	Vancouver 0054.01 A	Caractéristiques	Nº
						CARACTÉRISTIQUES DU REVENU DE 2000	
						Population de 15 ans et plus selon le sexe et les tranches de revenu total en 2000 – fin	
2,965	2,205	2,490	2,635	1,280	1,605	Total - Hommes	460
140	155	115	110	40	45	Sans revenu	461
2,825	2,055	2,375	2,525	1,240	1,560	Avec un revenu	462
265	125	150	115	60	65	Moins de 1 000 $ (45)	463
75	80	120	120	15	55	1 000 $ - 2 999 $	464
55	65	105	110	25	55	3 000 $ - 4 999 $	465
155	105	50	100	20	85	5 000 $ - 6 999 $	466
160	170	110	160	55	90	7 000 $ - 9 999 $	467
140	120	195	135	55	70	10 000 $ - 11 999 $	468
185	200	180	205	65	140	12 000 $ - 14 999 $	469
290	310	280	265	155	175	15 000 $ - 19 999 $	470
280	200	295	200	120	130	20 000 $ - 24 999 $	471
285	140	125	210	105	90	25 000 $ - 29 999 $	472
215	125	145	175	100	160	30 000 $ - 34 999 $	473
85	80	140	150	70	110	35 000 $ - 39 999 $	474
170	75	125	225	70	75	40 000 $ - 44 999 $	475
140	90	95	65	45	45	45 000 $ - 49 999 $	476
100	85	95	115	95	115	50 000 $ - 59 999 $	477
225	80	160	175	185	110	60 000 $ et plus	478
25,950	22,135	29,147	26,079	34,264	26,898	Revenu moyen $ (46)	479
20,698	18,029	19,732	21,283	27,112	21,992	Revenu médian $ (46)	480
966	978	4,263	1,136	1,723	1,156	Erreur type de revenu moyen $ (46)	481
3,260	2,355	2,615	2,645	1,295	1,755	Total - Femmes	482
205	180	150	130	100	55	Sans revenu	483
3,060	2,175	2,465	2,515	1,195	1,700	Avec un revenu	484
130	60	165	175	55	65	Moins de 1 000 $ (45)	485
130	145	145	135	70	90	1 000 $ - 2 999 $	486
130	125	110	100	40	80	3 000 $ - 4 999 $	487
205	115	145	140	75	105	5 000 $ - 6 999 $	488
310	210	235	235	130	100	7 000 $ - 9 999 $	489
210	170	200	180	105	150	10 000 $ - 11 999 $	490
445	235	330	320	125	220	12 000 $ - 14 999 $	491
330	365	270	255	110	145	15 000 $ - 19 999 $	492
290	265	225	225	80	125	20 000 $ - 24 999 $	493
200	170	160	190	95	145	25 000 $ - 29 999 $	494
175	115	125	95	60	115	30 000 $ - 34 999 $	495
105	65	145	115	50	105	35 000 $ - 39 999 $	496
105	70	60	105	40	55	40 000 $ - 44 999 $	497
50	20	40	55	20	35	45 000 $ - 49 999 $	498
125	35	45	80	50	90	50 000 $ - 59 999 $	499
115	20	70	105	90	70	60 000 $ et plus	500
20,367	17,559	18,911	20,346	22,809	22,411	Revenu moyen $ (46)	501
14,515	15,262	14,202	14,688	15,562	16,427	Revenu médian $ (46)	502
668	579	744	735	1,375	955	Erreur type de revenu moyen $ (46)	503
						selon la composition du revenu total	
100.0	100.0	100.0	100.0	100.0	100.0	Total - Composition du revenu en 2000 % (47)	504
76.0	66.8	77.0	77.1	79.3	82.8	Revenu d'emploi %	505
14.9	22.2	16.2	14.7	11.1	11.7	Transferts gouvernementaux %	506
9.1	11.2	6.8	8.3	9.6	5.5	Autre %	507
						Population de 15 ans et plus ayant un revenu d'emploi en 2000 selon le sexe et le travail	
3,895	2,585	3,270	3,550	1,815	2,445	Les deux sexes ayant un revenu d'emploi (48)	508
26,444	21,609	27,295	25,406	30,498	27,089	Revenu moyen d'emploi $	509
762	816	3,150	859	1,380	902	Erreur type de revenu moyen d'emploi $	510
1,765	1,085	1,450	1,660	945	1,055	Ayant travaillé toute l'année à plein temps (49)	511
35,788	31,659	41,809	34,334	41,851	36,091	Revenu moyen d'emploi $	512
1,169	1,454	6,730	1,455	2,109	1,249	Erreur type de revenu moyen d'emploi $	513
1,980	1,325	1,765	1,770	855	1,380	Ayant travaillé une partie de l'année ou à temps partiel (50)	514
19,115	14,992	16,016	18,115	18,423	20,355	Revenu moyen d'emploi $	515
888	781	839	853	1,314	1,140	Erreur type de revenu moyen d'emploi $	516
1,920	1,345	1,680	1,920	990	1,200	Hommes ayant un revenu d'emploi (48)	517
30,631	24,279	33,640	27,914	35,517	29,582	Revenu moyen d'emploi $	518
1,214	1,333	5,999	1,386	1,995	1,315	Erreur type de revenu moyen d'emploi $	519
955	625	830	955	580	620	Ayant travaillé toute l'année à plein temps (49)	520
38,719	34,045	50,063	36,663	43,293	37,684	Revenu moyen d'emploi $	521
1,777	2,312	11,600	2,308	2,853	1,680	Erreur type de revenu moyen d'emploi $	522
910	635	815	895	410	580	Ayant travaillé une partie de l'année ou à temps partiel (50)	523
22,963	16,806	18,320	19,806	24,817	20,912	Revenu moyen d'emploi $	524
1,514	1,272	1,449	1,283	2,264	1,749	Erreur type de revenu moyen d'emploi $	525

Table 1. Selected Characteristics for Census Tracts, 2001 Census – 100% Data and 20% Sample Data

No.	Characteristics	Vancouver 0048	Vancouver 0049.01	Vancouver 0049.02	Vancouver 0050.02	Vancouver 0050.03 A	Vancouver 0050.04 A
	2000 INCOME CHARACTERISTICS						
	Population 15 years and over with employment income in 2000 by sex and work activity - concluded						
526	Females with employment income (48)	2,430	2,065	2,055	1,755	1,450	990
527	Average employment income $	34,997	37,595	41,801	21,460	24,183	20,831
528	Standard error of average employment income $	1,037	1,183	2,624	849	939	1,124
529	Worked full year, full time (49)	1,205	1,225	1,030	635	740	415
530	Average employment income $	44,046	46,847	60,491	31,032	31,509	32,415
531	Standard error of average employment income $	1,206	1,427	4,772	1,322	1,272	1,765
532	Worked part year or part time (50)	1,180	800	1,000	1,085	670	535
533	Average employment income $	26,459	24,966	23,542	16,139	17,143	12,895
534	Standard error of average employment income $	1,548	1,648	1,434	982	1,198	1,029
	Census families by structure and family income groups in 2000						
535	Total - All census families	1,470	1,370	1,680	1,350	1,045	905
536	Under $10,000	55	40	30	130	110	120
537	$ 10,000 - $19,999	70	60	50	265	150	200
538	$ 20,000 - $29,999	90	95	155	225	175	145
539	$ 30,000 - $39,999	120	80	130	220	145	185
540	$ 40,000 - $49,999	115	90	120	165	125	75
541	$ 50,000 - $59,999	115	115	165	105	110	45
542	$ 60,000 - $69,999	160	110	105	70	40	45
543	$ 70,000 - $79,999	175	115	145	45	55	25
544	$ 80,000 - $89,999	105	85	105	55	50	15
545	$ 90,000 - $99,999	130	85	110	30	40	20
546	$100,000 and over	330	490	560	55	45	20
547	Average family income $	76,548	95,389	93,932	39,682	42,106	33,104
548	Median family income $	70,241	75,135	74,057	32,911	36,938	29,017
549	Standard error of average family income $	2,961	5,540	4,982	1,772	1,847	1,726
550	Total - All couple census families (51)	1,215	1,195	1,350	980	815	605
551	Under $10,000	50	25	25	40	80	65
552	$ 10,000 - $19,999	50	25	-	155	80	110
553	$ 20,000 - $29,999	45	60	90	135	135	95
554	$ 30,000 - $39,999	50	55	85	200	115	135
555	$ 40,000 - $49,999	100	80	70	130	90	50
556	$ 50,000 - $59,999	110	95	105	70	100	40
557	$ 60,000 - $69,999	145	100	85	70	35	35
558	$ 70,000 - $79,999	140	105	125	45	40	20
559	$ 80,000 - $89,999	95	85	100	55	45	15
560	$ 90,000 - $99,999	115	90	105	30	40	20
561	$100,000 and over	315	475	550	55	45	20
562	Average family income $	82,079	103,274	105,782	46,249	45,972	37,074
563	Median family income $	72,520	82,763	87,063	38,180	39,218	32,661
564	Standard error of average family income $	3,363	6,269	5,887	2,192	2,204	2,266
	Incidence of low income in 2000						
565	Total - Economic families	1,505	1,400	1,695	1,370	1,105	880
566	Low income	185	130	145	515	380	390
567	Incidence of low income in 2000 % (52)	12.0	9.3	8.6	37.5	34.8	44.0
568	Total - Unattached individuals 15 years and over	2,840	1,880	1,640	2,510	2,030	1,270
569	Low income	765	480	420	1,275	840	650
570	Incidence of low income in 2000 % (52)	27.0	25.5	25.7	50.9	41.4	51.0
571	Total - Population in private households	6,315	5,215	5,790	6,235	4,855	3,670
572	Low income	1,245	815	800	2,700	1,930	1,755
573	Incidence of low income in 2000 % (52)	19.7	15.6	13.8	43.4	39.7	47.8
	Private households by household income groups in 2000						
574	Total - All private households	3,995	2,980	3,185	3,345	2,870	1,930
575	Under $10,000	355	210	115	475	430	340
576	$ 10,000 - $19,999	400	160	375	785	525	415
577	$ 20,000 - $29,999	390	260	390	535	440	355
578	$ 30,000 - $39,999	510	300	295	440	370	310
579	$ 40,000 - $49,999	445	350	280	410	330	200
580	$ 50,000 - $59,999	380	310	325	245	295	130
581	$ 60,000 - $69,999	330	290	195	155	175	55
582	$ 70,000 - $79,999	280	240	240	105	85	25
583	$ 80,000 - $89,999	165	160	125	65	65	35
584	$ 90,000 - $99,999	220	125	150	35	65	30
585	$100,000 and over	515	580	710	90	90	35
586	Average household income $	56,078	71,797	73,997	33,879	35,977	30,355
587	Median household income $	48,004	57,161	52,641	27,601	30,277	25,765
588	Standard error of average household income $	1,496	2,896	3,191	1,020	1,076	1,117

Tableau 1. Certaines caractéristiques des secteurs de recensement, recensement de 2001 – Données intégrales et données-échantillon (20 %)

Vancouver 0051	Vancouver 0052.01	Vancouver 0052.02	Vancouver 0053.01 A	Vancouver 0053.02 A	Vancouver 0054.01 A	Caractéristiques	Nº
						CARACTÉRISTIQUES DU REVENU DE 2000	
						Population de 15 ans et plus ayant un revenu d'emploi en 2000 selon le sexe et le travail – fin	
1,975	1,240	1,590	1,635	820	1,245	Femmes ayant un revenu d'emploi (48)	526
22,364	18,707	20,575	22,464	24,443	24,684	Revenu moyen d'emploi $	527
887	863	981	963	1,759	1,224	Erreur type de revenu moyen d'emploi $	528
810	460	625	700	365	430	Ayant travaillé toute l'année à plein temps (49)	529
32,336	28,384	30,890	31,148	39,552	33,809	Revenu moyen d'emploi $	530
1,406	1,394	1,703	1,502	3,003	1,835	Erreur type de revenu moyen d'emploi $	531
						Ayant travaillé une partie de l'année ou	
1,070	695	950	880	445	805	à temps partiel (50)	532
15,847	13,332	14,040	16,393	12,624	19,952	Revenu moyen d'emploi $	533
983	911	920	1,126	1,153	1,502	Erreur type de revenu moyen d'emploi $	534
						Familles de recensement selon la structure et les tranches de revenu de la famille en 2000	
2,025	1,465	1,765	1,725	850	1,005	Total - Toutes les familles de recensement	535
100	100	100	120	45	25	Moins de 10 000 $	536
165	210	215	145	55	75	10 000 $ - 19 999 $	537
335	290	255	230	100	180	20 000 $ - 29 999 $	538
365	240	295	265	70	115	30 000 $ - 39 999 $	539
205	160	225	195	140	125	40 000 $ - 49 999 $	540
185	125	120	145	65	110	50 000 $ - 59 999 $	541
155	95	145	155	55	80	60 000 $ - 69 999 $	542
100	90	115	105	75	70	70 000 $ - 79 999 $	543
115	25	95	115	60	65	80 000 $ - 89 999 $	544
75	25	75	75	45	50	90 000 $ - 99 999 $	545
220	110	125	180	140	120	100 000 $ et plus	546
52,938	43,507	55,599	54,507	63,045	54,960	Revenu moyen des familles $	547
42,400	36,022	40,397	46,227	52,972	48,075	Revenu médian des familles $	548
1,752	1,767	5,983	2,087	3,161	2,175	Erreur type de revenu moyen des familles $	549
						Total - Toutes les familles de recensement comptant	
1,635	1,120	1,375	1,425	715	815	un couple (51)	550
60	70	65	100	30	20	Moins de 10 000 $	551
145	110	150	85	30	30	10 000 $ - 19 999 $	552
235	190	190	160	90	160	20 000 $ - 29 999 $	553
290	220	240	210	40	105	30 000 $ - 39 999 $	554
140	125	135	160	120	85	40 000 $ - 49 999 $	555
155	115	100	130	50	85	50 000 $ - 59 999 $	556
140	70	145	135	40	70	60 000 $ - 69 999 $	557
85	80	85	110	75	60	70 000 $ - 79 999 $	558
105	25	95	90	55	60	80 000 $ - 89 999 $	559
75	20	50	75	40	35	90 000 $ - 99 999 $	560
205	100	115	170	140	105	100 000 $ et plus	561
55,936	47,274	60,321	58,259	68,413	57,983	Revenu moyen des familles $	562
45,708	39,053	41,323	49,892	58,780	53,068	Revenu médian des familles $	563
2,043	2,082	7,501	2,410	3,511	2,447	Erreur type de revenu moyen des familles $	564
						Fréquence des unités à faible revenu en 2000	
1,925	1,330	1,575	1,585	795	960	Total - Familles économiques	565
410	390	345	340	130	180	Faible revenu	566
21.2	29.4	22.1	21.5	16.7	18.8	Fréquence des unités à faible revenu en 2000 % (52)	567
						Total - Personnes hors famille économique de	
1,050	785	635	800	430	870	15 ans et plus	568
510	475	300	405	190	425	Faible revenu	569
48.8	60.8	46.9	50.5	43.9	48.9	Fréquence des unités à faible revenu en 2000 % (52)	570
7,500	5,575	6,240	6,285	3,065	3,930	Total - Population dans les ménages privés	571
1,815	1,800	1,640	1,530	590	990	Faible revenu	572
24.2	32.4	26.3	24.4	19.1	25.2	Fréquence des unités à faible revenu en 2000 % (52)	573
						Ménages privés selon les tranches de revenu du ménage en 2000	
2,615	1,905	1,995	2,070	1,105	1,545	Total - Tous les ménages privés	574
210	165	95	130	70	110	Moins de 10 000 $	575
330	385	250	225	100	205	10 000 $ - 19 999 $	576
330	275	250	230	105	205	20 000 $ - 29 999 $	577
370	255	300	300	110	160	30 000 $ - 39 999 $	578
260	165	235	245	120	165	40 000 $ - 49 999 $	579
230	170	170	165	130	180	50 000 $ - 59 999 $	580
185	100	145	150	90	95	60 000 $ - 69 999 $	581
150	115	170	130	95	100	70 000 $ - 79 999 $	582
105	55	120	130	50	85	80 000 $ - 89 999 $	583
130	80	75	100	45	50	90 000 $ - 99 999 $	584
305	140	195	260	185	190	100 000 $ et plus	585
51,826	43,923	57,968	56,498	63,343	51,921	Revenu moyen des ménages $	586
42,364	34,745	42,872	45,941	53,872	45,755	Revenu médian des ménages $	587
1,647	1,678	5,333	2,066	3,081	1,966	Erreur type de revenu moyen des ménages $	588

Table 1. Selected Characteristics for Census Tracts, 2001 Census – 100% Data and 20% Sample Data

No.	Characteristics	Vancouver 0054.02 A	Vancouver 0055.01 ◆	Vancouver 0055.02	Vancouver 0056.01 A	Vancouver 0056.02 ◆ A	Vancouver 0057.01 ◇ A
	POPULATION CHARACTERISTICS						
1	**Population, 1996 (1)**	**4,155**	**5,349**	**4,492**	**4,365**	**4,345**	**2,633**
2	**Population, 2001 (2)**	**4,246**	**5,299**	**4,615**	**4,290**	**4,469**	**2,854**
3	Population percentage change, 1996-2001	2.2	-0.9	2.7	-1.7	2.9	8.4
4	Land area in square kilometres, 2001	0.80	0.81	0.66	1.13	0.67	0.24
5	**Total population - 100% Data (3)**	**4,245**	**5,295**	**4,615**	**4,290**	**4,470**	**2,855**
	by sex and age groups						
6	Male	2,065	2,675	2,325	2,175	2,145	1,455
7	0-4 years	95	140	140	100	85	45
8	5-9 years	130	120	115	135	90	65
9	10-14 years	135	120	75	95	100	55
10	15-19 years	115	135	70	95	75	65
11	20-24 years	120	185	150	125	140	80
12	25-29 years	160	220	165	210	270	75
13	30-34 years	180	265	245	245	315	85
14	35-39 years	200	315	275	270	275	130
15	40-44 years	175	275	255	260	200	135
16	45-49 years	135	240	210	180	165	105
17	50-54 years	125	195	180	160	145	105
18	55-59 years	75	100	125	70	90	65
19	60-64 years	95	100	85	55	55	70
20	65-69 years	115	100	90	65	55	85
21	70-74 years	90	75	75	55	45	110
22	75-79 years	70	50	35	25	30	85
23	80-84 years	35	30	15	15	15	55
24	85 years and over	20	20	15	10	15	45
25	Female	2,180	2,620	2,290	2,115	2,320	1,400
26	0-4 years	115	145	120	125	105	35
27	5-9 years	125	135	105	105	80	60
28	10-14 years	110	120	85	105	95	55
29	15-19 years	100	120	80	85	85	65
30	20-24 years	135	185	165	165	210	60
31	25-29 years	160	235	190	230	290	50
32	30-34 years	200	245	250	235	310	65
33	35-39 years	200	275	260	200	265	75
34	40-44 years	185	255	250	190	230	80
35	45-49 years	140	245	210	165	175	65
36	50-54 years	140	145	150	135	165	75
37	55-59 years	95	110	110	85	90	35
38	60-64 years	85	80	105	70	65	65
39	65-69 years	115	90	65	60	50	95
40	70-74 years	110	85	55	55	40	115
41	75-79 years	80	60	50	50	30	135
42	80-84 years	50	50	35	40	20	130
43	85 years and over	35	35	30	20	25	130
44	**Total population 15 years and over**	**3,535**	**4,520**	**3,985**	**3,625**	**3,915**	**2,540**
	by legal marital status						
45	Never married (single)	1,230	2,130	1,930	2,015	2,310	860
46	Legally married (and not separated)	1,795	1,515	1,230	785	850	850
47	Separated, but still legally married	75	225	185	205	180	115
48	Divorced	180	405	450	435	435	195
49	Widowed	255	250	190	185	140	515
	by common-law status						
50	Not in a common-law relationship	3,360	4,105	3,530	3,210	3,280	2,500
51	In a common-law relationship	180	415	455	420	635	35
52	**Total population - 20% Sample Data (4)**	**4,235**	**5,280**	**4,615**	**4,290**	**4,430**	**2,815**
	by mother tongue						
53	Single responses	4,200	5,240	4,580	4,190	4,300	2,725
54	English	1,400	2,550	2,765	2,560	3,080	645
55	French	45	125	70	85	110	25
56	Non-official languages (5)	2,755	2,570	1,745	1,540	1,105	2,060
57	Chinese, n.o.s.	825	675	200	255	150	255
58	Cantonese	700	725	495	355	145	1,290
59	Punjabi	15	-	-	10	10	10
60	Mandarin	100	55	100	50	-	170
61	Tagalog (Pilipino)	30	75	165	50	35	-
62	Other languages (6)	1,095	1,040	780	825	770	345
63	Multiple responses	40	35	35	100	125	85
64	English and French	-	15	10	20	45	-
65	English and non-official language	35	25	25	70	70	85
66	French and non-official language	-	-	10	-	10	-
67	English, French and non-official language	-	-	10	10	-	-

See reference material at the end of the publication. – Voir les documents de référence à la fin de la publication.

Tableau 1. Certaines caractéristiques des secteurs de recensement, recensement de 2001 – Données intégrales et données-échantillon (20 %)

Vancouver 0057.02 A	Vancouver 0058 ◆◇◇	Vancouver 0059.03 A	Vancouver 0059.04 ◆◇ A	Vancouver 0059.05 ◆◇ A	Vancouver 0059.06 ◆ A	Caractéristiques	N°
						CARACTÉRISTIQUES DE LA POPULATION	
5,470	**3,412**	**3,005**	**5,060**	**3,845**	**4,454**	**Population, 1996 (1)**	1
5,065	**3,535**	**7,210**	**6,118**	**6,653**	**4,993**	**Population, 2001 (2)**	2
-7.4	3.6	139.9	20.9	73.0	12.1	Variation en pourcentage de la population, 1996-2001	3
1.63	1.13	0.58	0.41	1.65	0.59	Superficie des terres en kilomètres carrés, 2001	4
5,065	**3,540**	**7,210**	**6,115**	**6,655**	**4,990**	**Population totale – Données intégrales (3)**	5
						selon le sexe et les groupes d'âge	
2,530	2,475	3,670	3,720	3,845	3,630	Sexe masculin	6
90	30	150	70	80	20	0-4 ans	7
110	30	95	15	50	20	5-9 ans	8
120	20	90	10	30	10	10-14 ans	9
135	20	125	30	80	20	15-19 ans	10
125	45	240	260	330	125	20-24 ans	11
165	85	530	625	635	255	25-29 ans	12
225	180	590	685	605	375	30-34 ans	13
225	245	450	495	430	510	35-39 ans	14
255	290	310	345	340	530	40-44 ans	15
200	280	230	280	305	450	45-49 ans	16
195	305	245	290	300	415	50-54 ans	17
100	230	160	220	200	265	55-59 ans	18
140	210	165	145	140	195	60-64 ans	19
165	155	100	95	135	160	65-69 ans	20
120	155	85	80	80	115	70-74 ans	21
85	105	50	55	55	90	75-79 ans	22
55	55	30	15	30	45	80-84 ans	23
40	35	15	15	10	35	85 ans et plus	24
2,530	1,060	3,540	2,400	2,810	1,360	Sexe féminin	25
85	25	150	70	80	10	0-4 ans	26
100	30	85	20	35	10	5-9 ans	27
120	25	80	5	35	10	10-14 ans	28
110	20	110	50	85	30	15-19 ans	29
130	30	245	315	335	100	20-24 ans	30
170	75	515	535	540	115	25-29 ans	31
180	80	525	415	425	170	30-34 ans	32
195	95	355	255	285	180	35-39 ans	33
180	105	265	130	195	150	40-44 ans	34
175	95	245	145	190	120	45-49 ans	35
130	80	240	150	185	75	50-54 ans	36
90	55	205	85	110	70	55-59 ans	37
115	50	135	65	110	50	60-64 ans	38
140	75	120	30	85	40	65-69 ans	39
160	55	95	40	45	70	70-74 ans	40
135	45	65	35	35	55	75-79 ans	41
130	50	40	20	20	50	80-84 ans	42
195	60	60	20	15	45	85 ans et plus	43
4,445	**3,375**	**6,555**	**5,935**	**6,340**	**4,905**	**Population totale de 15 ans et plus**	44
						selon l'état matrimonial légal	
1,860	1,940	2,735	3,740	3,445	3,195	Célibataire (jamais marié(e))	45
1,465	435	2,735	1,140	1,925	460	Légalement marié(e) (et non séparé(e))	46
170	195	210	230	215	250	Séparé(e), mais toujours légalement marié(e)	47
315	490	650	660	600	715	Divorcé(e)	48
625	315	230	165	155	280	Veuf ou veuve	49
						selon l'union libre	
4,225	3,250	5,755	5,105	5,620	4,555	Ne vivant pas en union libre	50
220	130	805	820	720	350	Vivant en union libre	51
4,890	**3,255**	**7,085**	**6,105**	**6,655**	**4,890**	**Population totale – Données-échantillon (20 %) (4)**	52
						selon la langue maternelle	
4,845	3,170	7,000	5,970	6,560	4,820	Réponses uniques	53
1,580	1,885	3,680	4,070	3,710	3,470	Anglais	54
75	150	160	195	200	260	Français	55
3,185	1,135	3,160	1,710	2,650	1,095	Langues non officielles (5)	56
905	120	575	315	585	190	Chinois, n.d.a.	57
1,440	325	630	150	430	245	Cantonais	58
10	15	-	10	15	-	Pendjabi	59
190	80	215	120	175	15	Mandarin	60
15	100	25	45	45	70	Tagalog (pilipino)	61
620	505	1,710	1,065	1,400	575	Autres langues (6)	62
45	80	80	135	95	70	Réponses multiples	63
-	35	10	35	-	35	Anglais et français	64
40	45	70	100	60	30	Anglais et langue non officielle	65
-	10	-	-	20	-	Français et langue non officielle	66
-	-	-	-	15	-	Anglais, français et langue non officielle	67

See reference material at the end of the publication. – Voir les documents de référence à la fin de la publication.

Table 1. Selected Characteristics for Census Tracts, 2001 Census – 100% Data and 20% Sample Data

No.	Characteristics	Vancouver 0054.02 A	Vancouver 0055.01 ◆	Vancouver 0055.02	Vancouver 0056.01 A	Vancouver 0056.02 ◆ A	Vancouver 0057.01 ◇ A
	POPULATION CHARACTERISTICS						
	by home language						
68	Single responses	2,860	4,180	3,790	3,585	3,865	2,545
69	English	1,605	2,840	2,975	2,770	3,400	715
70	French	10	20	15	30	10	-
71	Non-official languages (5)	1,245	1,325	805	785	460	1,830
72	Cantonese	350	460	275	285	115	1,250
73	Chinese, n.o.s.	430	375	155	165	75	190
74	Punjabi	-	-	-	10	-	-
75	Mandarin	55	30	75	40	-	155
76	Korean	-	-	10	10	15	-
77	Other languages (6)	405	465	290	280	250	230
78	Multiple responses	1,375	1,100	825	700	560	270
79	English and French	15	80	60	60	160	-
80	English and non-official language	1,360	1,000	745	630	375	255
81	French and non-official language	-	-	-	-	10	10
82	English, French and non-official language	-	25	25	15	15	-
	by knowledge of official languages						
83	English only	3,520	4,120	3,750	3,465	3,580	1,475
84	French only	-	-	-	10	10	-
85	English and French	225	470	475	430	655	155
86	Neither English nor French	490	680	385	385	185	1,180
	by knowledge of non-official languages (5) (7)						
87	Cantonese	745	855	540	410	170	1,455
88	Chinese, n.o.s.	845	590	240	230	135	180
89	Punjabi	15	-	10	20	15	10
90	Mandarin	295	240	150	180	25	325
91	Hindi	25	15	30	25	15	-
92	German	45	80	155	170	135	10
93	Spanish	130	165	195	205	245	115
	by first official language spoken						
94	English	3,670	4,440	4,140	3,760	4,100	1,580
95	French	50	120	65	90	115	35
96	English and French	35	40	25	55	25	35
97	Neither English nor French	490	680	390	385	185	1,160
98	Official language minority - (number) (8)	60	135	75	115	130	55
99	Official language minority - (percentage) (8)	1.4	2.6	1.6	2.7	2.9	2.0
	by ethnic origin (9)						
100	English	455	710	900	790	1,145	90
101	Canadian	475	1,080	730	665	820	215
102	Chinese	1,850	1,605	940	715	390	1,870
103	Scottish	270	515	645	535	890	35
104	Irish	220	500	600	590	825	70
105	German	195	265	345	355	480	30
106	East Indian	20	45	55	25	20	30
107	French	165	390	315	430	530	35
108	Ukrainian	60	145	150	135	225	30
109	Italian	940	365	160	140	310	10
110	Dutch (Netherlands)	40	80	80	75	140	20
111	Filipino	115	170	230	110	170	-
112	Polish	55	170	70	100	95	10
113	Norwegian	80	65	70	50	100	10
114	North American Indian	55	390	340	755	350	115
	by Aboriginal identity						
115	Total Aboriginal identity population (10)	20	390	340	755	415	140
116	Total non-Aboriginal population	4,215	4,885	4,275	3,535	4,005	2,675
	by Aboriginal origin						
117	Total Aboriginal origins population (11)	65	420	405	805	495	120
118	Total non-Aboriginal population	4,175	4,855	4,210	3,480	3,935	2,690
	by Registered Indian status						
119	Registered Indian (12)	-	245	295	580	240	95
120	Not a Registered Indian	4,235	5,030	4,320	3,710	4,185	2,720

Tableau 1. Certaines caractéristiques des secteurs de recensement, recensement de 2001 – Données intégrales et données-échantillon (20 %)

Vancouver 0057.02 A	Vancouver 0058 ◆◇◇	Vancouver 0059.03 A	Vancouver 0059.04 ◆◇ A	Vancouver 0059.05 ◆◇ A	Vancouver 0059.06 ◆ A	Caractéristiques	N°
						CARACTÉRISTIQUES DE LA POPULATION	
						selon la langue parlée à la maison	
3,905	2,930	5,455	5,070	5,445	4,325	Réponses uniques	68
1,680	2,290	4,275	4,555	4,285	3,865	Anglais	69
-	15	15	15	40	30	Français	70
2,230	625	1,165	500	1,125	430	Langues non officielles (5)	71
980	320	315	50	340	220	Cantonais	72
790	85	215	180	260	110	Chinois, n.d.a.	73
10	-	-	-	-	-	Pendjabi	74
120	70	85	35	120	20	Mandarin	75
-	10	40	20	45	-	Coréen	76
330	155	510	210	365	75	Autres langues (6)	77
985	325	1,625	1,030	1,210	565	Réponses multiples	78
105	100	110	115	90	215	Anglais et français	79
875	215	1,480	890	1,085	305	Anglais et langue non officielle	80
-	-	-	20	10	10	Français et langue non officielle	81
10	-	30	10	30	30	Anglais, français et langue non officielle	82
						selon la connaissance des langues officielles	
3,165	2,445	5,865	5,170	5,495	3,895	Anglais seulement	83
-	10	-	-	10	20	Français seulement	84
435	440	1,030	785	760	665	Anglais et français	85
1,295	365	190	140	390	315	Ni l'anglais ni le français	86
						selon la connaissance des langues non officielles (5) (7)	
1,585	345	775	255	575	325	Cantonais	87
920	125	530	305	515	150	Chinois, n.d.a.	88
10	10	40	35	35	-	Pendjabi	89
405	130	520	220	430	100	Mandarin	90
40	10	75	40	15	15	Hindi	91
70	155	210	265	230	150	Allemand	92
260	130	345	270	490	150	Espagnol	93
						selon la première langue officielle parlée	
3,480	2,735	6,585	5,755	6,045	4,305	Anglais	94
75	150	170	185	225	250	Français	95
45	10	135	35	10	25	Anglais et français	96
1,290	360	190	130	370	315	Ni l'anglais ni le français	97
100	155	240	205	230	260	Minorité de langue officielle - (nombre) (8)	98
2.0	4.8	3.4	3.4	3.5	5.3	Minorité de langue officielle - (pourcentage) (8)	99
						selon l'origine ethnique (9)	
415	450	1,425	1,560	1,340	715	Anglais	100
455	480	1,230	1,230	1,075	1,140	Canadien	101
2,700	570	1,890	735	1,485	550	Chinois	102
315	380	790	875	1,005	570	Écossais	103
295	375	655	770	780	540	Irlandais	104
205	195	495	550	510	325	Allemand	105
45	15	220	145	95	45	Indien de l'Inde	106
165	245	335	705	385	505	Français	107
45	115	225	340	280	165	Ukrainien	108
65	85	175	210	220	85	Italien	109
50	70	290	170	150	65	Hollandais (Néerlandais)	110
20	110	125	85	100	130	Philippin	111
50	60	110	205	155	80	Polonais	112
50	15	110	85	155	65	Norvégien	113
155	280	45	175	195	715	Indien de l'Amérique du Nord	114
						selon l'identité autochtone	
140	355	45	155	190	735	Total de la population ayant une identité autochtone (10)	115
4,750	2,895	7,040	5,950	6,460	4,155	Total de la population non autochtone	116
						selon l'origine autochtone	
180	325	60	205	240	785	Total de la population ayant une origine autochtone (11)	117
4,715	2,925	7,025	5,900	6,415	4,110	Total de la population non autochtone	118
						selon le statut d'Indien inscrit	
75	205	25	55	50	500	Oui, Indien inscrit (12)	119
4,820	3,050	7,055	6,050	6,600	4,390	Non, pas un Indien inscrit	120

Table 1. Selected Characteristics for Census Tracts, 2001 Census – 100% Data and 20% Sample Data

No.	Characteristics	Vancouver 0054.02 A	Vancouver 0055.01 ◆	Vancouver 0055.02	Vancouver 0056.01 A	Vancouver 0056.02 ◆ A	Vancouver 0057.01 ◇ A
	POPULATION CHARACTERISTICS						
	by visible minority groups						
121	Total visible minority population	2,270	2,455	1,695	1,415	995	2,260
122	Chinese	1,825	1,555	890	705	375	1,870
123	South Asian	15	55	115	65	95	65
124	Black	30	125	60	85	75	25
125	Filipino	110	175	225	80	135	-
126	Latin American	50	60	75	145	85	100
127	Southeast Asian	145	290	180	180	110	170
128	Arab	-	-	35	10	10	-
129	West Asian	-	45	20	10	20	-
130	Korean	15	35	-	25	15	-
131	Japanese	35	75	35	55	35	-
132	Visible minority, n.i.e. (13)	-	-	15	10	25	-
133	Multiple visible minorities (14)	50	55	45	50	15	25
	by citizenship						
134	Canadian citizenship (15)	3,815	4,675	4,120	3,895	4,130	2,330
135	Citizenship other than Canadian	420	605	495	390	295	485
	by place of birth of respondent						
136	Non-immigrant population	2,055	3,000	2,970	2,900	3,160	900
137	Born in province of residence	1,665	1,800	1,775	1,580	1,755	615
138	Immigrant population (16)	2,130	2,165	1,545	1,320	1,180	1,860
139	United States	35	25	50	35	60	20
140	Central and South America	60	45	40	125	70	60
141	Caribbean and Bermuda	-	10	-	-	20	-
142	United Kingdom	30	75	110	65	155	15
143	Other Europe (17)	595	420	255	205	350	80
144	Africa	20	25	25	50	25	-
145	Asia and the Middle East	1,375	1,535	1,045	830	490	1,660
146	Oceania and other (18)	15	30	25	-	10	35
147	Non-permanent residents (19)	50	115	105	65	85	50
148	**Total immigrant population**	**2,130**	**2,160**	**1,545**	**1,320**	**1,180**	**1,865**
	by period of immigration						
149	Before 1961	330	245	140	100	120	120
150	1961-1970	270	285	165	130	220	145
151	1971-1980	535	340	330	200	270	470
152	1981-1990	325	495	345	455	255	485
153	1991-2001 (20)	665	800	565	430	315	645
154	1991-1995	405	355	250	190	155	365
155	1996-2001 (20)	265	440	310	240	160	275
	by age at immigration						
156	0-4 years	120	145	130	130	110	75
157	5-19 years	520	485	415	265	395	175
158	20 years and over	1,495	1,530	1,005	925	675	1,610
159	**Total population**	**4,240**	**5,275**	**4,615**	**4,285**	**4,425**	**2,815**
	by religion						
160	Catholic (21)	1,380	1,030	1,175	770	860	345
161	Protestant	430	525	720	380	720	200
162	Christian Orthodox	35	75	105	90	10	10
163	Christian, n.i.e. (22)	195	190	220	225	110	265
164	Muslim	10	75	90	50	20	-
165	Jewish	15	40	10	30	65	-
166	Buddhist	425	490	220	310	200	505
167	Hindu	-	15	-	20	15	-
168	Sikh	15	-	-	-	-	-
169	Eastern religions (23)	-	45	15	10	20	15
170	Other religions (24)	-	90	80	80	65	35
171	No religious affiliation (25)	1,740	2,705	1,995	2,335	2,335	1,435
172	**Total population 15 years and over**	**3,530**	**4,505**	**3,995**	**3,615**	**3,870**	**2,495**
	by generation status						
173	1st generation (26)	2,105	2,220	1,595	1,340	1,280	1,885
174	2nd generation (27)	875	925	735	715	910	310
175	3rd generation and over (28)	550	1,365	1,660	1,560	1,680	300
176	**Total population 1 year and over (29)**	**4,200**	**5,215**	**4,560**	**4,205**	**4,385**	**2,785**
	by place of residence 1 year ago (mobility)						
177	Non-movers	3,860	4,130	3,580	3,100	3,310	2,285
178	Movers	340	1,080	980	1,105	1,080	500
179	Non-migrants	190	715	725	735	765	335
180	Migrants	145	365	255	380	315	165
181	Internal migrants	105	220	140	290	215	70
182	Intraprovincial migrants	95	100	100	130	140	20
183	Interprovincial migrants	10	115	35	155	80	45
184	External migrants	40	150	115	90	100	95

Tableau 1. Certaines caractéristiques des secteurs de recensement, recensement de 2001 – Données intégrales et données-échantillon (20 %)

Vancouver 0057.02 A	Vancouver 0058 ◆◇◇	Vancouver 0059.03 A	Vancouver 0059.04 ◆◇ A	Vancouver 0059.05 ◆◇ A	Vancouver 0059.06 ◆ A	Caractéristiques	N°
						CARACTÉRISTIQUES DE LA POPULATION	
						selon les groupes de minorités visibles	
3,315	975	3,120	1,610	2,610	950	Total de la population des minorités visibles	121
2,655	555	1,815	715	1,420	540	Chinois	122
40	40	305	165	110	35	Sud-Asiatique	123
45	40	35	110	30	95	Noir	124
20	115	80	65	100	130	Philippin	125
120	20	120	60	265	25	Latino-Américain	126
290	80	70	50	60	50	Asiatique du Sud-Est	127
55	30	50	55	50	25	Arabe	128
15	10	275	35	60	-	Asiatique occidental	129
10	45	155	70	225	-	Coréen	130
20	20	160	215	225	35	Japonais	131
35	10	-	15	30	10	Minorité visible, n.i.a. (13)	132
15	15	50	45	40	-	Minorités visibles multiples (14)	133
						selon la citoyenneté	
4,270	2,945	6,100	5,085	5,475	4,595	Citoyenneté canadienne (15)	134
620	310	980	1,015	1,180	295	Citoyenneté autre que canadienne	135
						selon le lieu de naissance du répondant	
2,010	2,170	3,550	3,795	3,605	3,725	Population non immigrante	136
1,260	770	2,020	1,695	1,855	1,405	Née dans la province de résidence	137
2,810	1,060	3,410	1,985	2,645	1,110	Population immigrante (16)	138
85	45	70	115	140	60	États-Unis	139
120	40	170	70	230	40	Amérique centrale et du Sud	140
25	10	10	55	15	20	Caraïbes et Bermudes	141
50	40	245	155	170	75	Royaume-Uni	142
115	160	690	520	355	225	Autre Europe (17)	143
10	25	150	110	60	55	Afrique	144
2,360	740	2,060	925	1,645	605	Asie et Moyen-Orient	145
45	10	20	40	25	30	Océanie et autre (18)	146
65	25	120	325	410	60	Résidents non permanents (19)	147
2,810	**1,060**	**3,410**	**1,990**	**2,645**	**1,115**	**Population immigrante totale**	148
						selon la période d'immigration	
235	185	130	120	220	155	Avant 1961	149
235	140	230	200	185	175	1961-1970	150
555	190	525	385	405	255	1971-1980	151
800	155	705	335	420	245	1981-1990	152
995	400	1,825	950	1,410	285	1991-2001 (20)	153
480	160	785	335	730	200	1991-1995	154
515	240	1,045	615	680	85	1996-2001 (20)	155
						selon l'âge à l'immigration	
150	45	275	150	270	95	0-4 ans	156
540	195	935	520	570	220	5-19 ans	157
2,125	825	2,205	1,315	1,810	805	20 ans et plus	158
4,895	**3,255**	**7,080**	**6,105**	**6,655**	**4,890**	**Population totale**	159
						selon la religion	
445	820	1,265	1,200	1,310	1,250	Catholique (21)	160
410	595	1,245	1,110	1,030	860	Protestante	161
10	10	325	120	110	55	Orthodoxe chrétienne	162
240	160	220	270	330	330	Chrétiennes, n.i.a. (22)	163
115	40	470	155	150	40	Musulmane	164
25	10	105	105	115	55	Juive	165
895	200	280	260	385	190	Bouddhiste	166
30	10	25	30	20	10	Hindoue	167
10	10	30	25	35	-	Sikh	168
10	10	-	30	20	30	Religions orientales (23)	169
20	50	15	10	20	60	Autres religions (24)	170
2,675	1,350	3,100	2,800	3,135	2,035	Aucune appartenance religieuse (25)	171
4,260	**3,090**	**6,425**	**5,920**	**6,340**	**4,810**	**Population totale de 15 ans et plus**	172
						selon le statut des générations	
2,775	1,035	3,355	2,280	2,950	1,185	1re génération (26)	173
705	650	1,340	1,345	1,355	895	2e génération (27)	174
780	1,415	1,730	2,295	2,035	2,725	3e génération et plus (28)	175
4,870	**3,245**	**7,000**	**6,075**	**6,585**	**4,870**	**Population totale de 1 an et plus (29)**	176
						selon le lieu de résidence 1 an auparavant (mobilité)	
4,045	2,305	4,905	4,165	4,500	3,095	Personnes n'ayant pas déménagé	177
820	935	2,100	1,910	2,090	1,775	Personnes ayant déménagé	178
580	610	1,480	1,180	1,150	1,325	Non-migrants	179
245	325	615	735	940	450	Migrants	180
105	275	440	465	560	370	Migrants internes	181
65	100	355	330	370	210	Migrants infraprovinciaux	182
40	180	85	140	185	165	Migrants interprovinciaux	183
140	45	180	265	375	75	Migrants externes	184

Table 1. Selected Characteristics for Census Tracts, 2001 Census – 100% Data and 20% Sample Data

No.	Characteristics	Vancouver 0054.02 A	Vancouver 0055.01 ◆	Vancouver 0055.02	Vancouver 0056.01 A	Vancouver 0056.02 ◆ A	Vancouver 0057.01 ◇ A
	POPULATION CHARACTERISTICS						
185	**Total population 5 years and over (30)**	**3,990**	**4,995**	**4,360**	**4,055**	**4,240**	**2,705**
	by place of residence 5 years ago (mobility)						
186	Non-movers	2,675	2,300	1,965	1,710	1,665	1,420
187	Movers	1,315	2,695	2,395	2,345	2,570	1,285
188	Non-migrants	775	1,515	1,380	1,365	1,570	810
189	Migrants	535	1,180	1,015	980	1,000	475
190	Internal migrants	300	750	660	665	760	190
191	Intraprovincial migrants	180	400	425	285	360	85
192	Interprovincial migrants	125	355	235	385	400	105
193	External migrants	235	435	355	315	240	285
194	**Total population 15 to 24 years**	**470**	**625**	**460**	**465**	**505**	**260**
	by school attendance						
195	Not attending school	130	250	230	230	245	80
196	Attending school full time	280	290	180	155	210	160
197	Attending school part time	55	85	50	75	50	20
198	**Total population 15 years and over**	**3,525**	**4,505**	**3,990**	**3,620**	**3,870**	**2,500**
	by highest level of schooling						
199	Less than grade 9 (31)	655	625	405	465	225	1,030
200	Grades 9-13 without high school graduation certificate	640	975	830	785	430	625
201	Grades 9-13 with high school graduation certificate	415	515	405	335	270	155
202	Some postsecondary without degree, certificate or diploma (32)	505	645	615	440	665	175
203	Trades certificate or diploma (33)	285	435	255	385	310	140
204	College certificate or diploma (34)	380	555	650	575	675	90
205	University certificate below bachelor's degree	130	100	140	100	150	60
206	University with bachelor's degree or higher	510	650	675	525	1,150	230
	by combinations of unpaid work						
207	Males 15 years and over	1,710	2,285	2,005	1,845	1,865	1,255
208	Reported unpaid work (35)	1,490	1,975	1,770	1,570	1,695	1,025
209	Housework and child care and care or assistance to seniors	105	150	100	100	100	15
210	Housework and child care only	425	370	300	275	330	105
211	Housework and care or assistance to seniors only	160	195	95	100	90	25
212	Child care and care or assistance to seniors only	-	20	10	10	-	-
213	Housework only	760	1,210	1,245	1,070	1,135	870
214	Child care only	35	20	15	25	15	-
215	Care or assistance to seniors only	-	10	10	-	20	10
216	Females 15 years and over	1,815	2,220	1,985	1,775	2,005	1,245
217	Reported unpaid work (35)	1,680	1,975	1,865	1,650	1,910	1,030
218	Housework and child care and care or assistance to seniors	230	230	105	115	200	15
219	Housework and child care only	570	540	395	475	440	180
220	Housework and care or assistance to seniors only	170	135	160	85	155	25
221	Child care and care or assistance to seniors only	-	10	10	-	-	-
222	Housework only	695	1,045	1,170	965	1,100	795
223	Child care only	15	10	25	-	10	-
224	Care or assistance to seniors only	-	-	-	10	10	10
	by labour force activity						
225	Males 15 years and over	1,715	2,290	2,005	1,840	1,865	1,260
226	In the labour force	1,090	1,505	1,440	1,400	1,480	585
227	Employed	1,010	1,330	1,245	1,195	1,285	375
228	Unemployed	80	175	190	205	195	210
229	Not in the labour force	625	780	570	445	390	675
230	Participation rate	63.6	65.7	71.8	76.1	79.4	46.4
231	Employment rate	58.9	58.1	62.1	64.9	68.9	29.8
232	Unemployment rate	7.3	11.6	13.2	14.6	13.2	35.9
233	Females 15 years and over	1,815	2,220	1,985	1,775	2,010	1,245
234	In the labour force	1,050	1,360	1,360	1,090	1,510	320
235	Employed	935	1,180	1,235	915	1,410	265
236	Unemployed	115	185	130	175	100	50
237	Not in the labour force	765	855	620	680	495	925
238	Participation rate	57.9	61.3	68.5	61.4	75.1	25.7
239	Employment rate	51.5	53.2	62.2	51.5	70.1	21.3
240	Unemployment rate	11.0	13.6	9.6	16.1	6.6	15.6

Tableau 1. Certaines caractéristiques des secteurs de recensement, recensement de 2001 – Données intégrales et données-échantillon (20 %)

Vancouver 0057.02 A	Vancouver 0058 ◆◇◇	Vancouver 0059.03 A	Vancouver 0059.04 ◆◇ A	Vancouver 0059.05 ◆◇ A	Vancouver 0059.06 ◆ A	Caractéristiques	N°
						CARACTÉRISTIQUES DE LA POPULATION	
4,715	**3,200**	**6,800**	**5,970**	**6,490**	**4,845**	**Population totale de 5 ans et plus (30)**	185
						selon le lieu de résidence 5 ans auparavant (mobilité)	
2,440	1,040	975	1,270	1,185	1,245	Personnes n'ayant pas déménagé	186
2,280	2,165	5,825	4,695	5,305	3,600	Personnes ayant déménagé	187
1,335	1,410	3,325	2,445	2,735	2,320	Non-migrants	188
945	750	2,500	2,255	2,575	1,275	Migrants	189
470	555	1,440	1,335	1,550	1,070	Migrants internes	190
240	220	915	730	1,070	575	Migrants infraprovinciaux	191
225	340	525	605	475	500	Migrants interprovinciaux	192
480	195	1,060	920	1,020	205	Migrants externes	193
495	**110**	**715**	**645**	**845**	**270**	**Population totale de 15 à 24 ans**	194
						selon la fréquentation scolaire	
155	80	215	345	295	150	Ne fréquentant pas l'école	195
300	35	440	220	390	60	Fréquentant l'école à plein temps	196
45	-	65	80	155	55	Fréquentant l'école à temps partiel	197
4,265	**3,095**	**6,425**	**5,920**	**6,340**	**4,810**	**Population totale de 15 ans et plus**	198
						selon le plus haut niveau de scolarité atteint	
1,060	785	170	235	230	755	Niveau inférieur à la 9e année (31)	199
885	805	380	585	655	1,255	De la 9e à la 13e année sans certificat d'études secondaires	200
460	180	435	385	595	365	De la 9e à la 13e année avec certificat d'études secondaires	201
390	440	830	915	850	780	Études postsecondaires partielles sans grade, certificat ou diplôme (32)	202
255	390	355	585	505	560	Certificat ou diplôme d'une école de métiers (33)	203
455	180	1,025	1,120	1,130	455	Certificat ou diplôme collégial (34)	204
85	-	405	215	360	85	Certificat universitaire inférieur au baccalauréat	205
670	310	2,830	1,880	2,020	555	Études universitaires avec baccalauréat ou diplôme supérieur	206
						selon les combinaisons de travail non rémunéré	
2,185	2,175	3,290	3,640	3,695	3,500	Hommes de 15 ans et plus	207
1,935	1,635	2,975	2,975	3,120	2,480	Travail non rémunéré déclaré (35)	208
70	20	85	60	85	35	Travaux ménagers et soins aux enfants et soins ou aide aux personnes âgées	209
345	110	445	225	275	130	Travaux ménagers et soins aux enfants seulement	210
145	230	225	280	225	245	Travaux ménagers et soins ou aide aux personnes âgées seulement	211
-	-	-	-	10	10	Soins aux enfants et soins ou aide aux personnes âgées seulement	212
1,355	1,235	2,170	2,390	2,495	2,045	Travaux ménagers seulement	213
15	10	25	10	15	-	Soins aux enfants seulement	214
-	40	25	15	15	20	Soins ou aide aux personnes âgées seulement	215
2,080	920	3,135	2,280	2,655	1,305	Femmes de 15 ans et plus	216
1,965	790	2,835	2,100	2,355	1,125	Travail non rémunéré déclaré (35)	217
115	10	145	60	135	55	Travaux ménagers et soins aux enfants et soins ou aide aux personnes âgées	218
470	125	615	255	365	130	Travaux ménagers et soins aux enfants seulement	219
160	85	290	145	230	115	Travaux ménagers et soins ou aide aux personnes âgées seulement	220
-	-	-	-	10	20	Soins aux enfants et soins ou aide aux personnes âgées seulement	221
1,185	565	1,765	1,635	1,615	805	Travaux ménagers seulement	222
20	-	10	10	-	-	Soins aux enfants seulement	223
15	-	10	-	-	-	Soins ou aide aux personnes âgées seulement	224
						selon l'activité	
2,185	2,170	3,295	3,640	3,690	3,500	Hommes de 15 ans et plus	225
1,325	760	2,610	2,650	2,670	1,630	Population active	226
1,105	560	2,515	2,360	2,280	1,175	Personnes occupées	227
220	195	95	285	390	455	Chômeurs	228
860	1,415	680	990	1,025	1,870	Inactifs	229
60.6	35.0	79.2	72.8	72.4	46.6	Taux d'activité	230
50.6	25.8	76.3	64.8	61.8	33.6	Taux d'emploi	231
16.6	25.7	3.6	10.8	14.6	27.9	Taux de chômage	232
2,075	920	3,135	2,280	2,650	1,305	Femmes de 15 ans et plus	233
975	305	2,100	1,705	1,780	540	Population active	234
810	235	1,965	1,560	1,640	470	Personnes occupées	235
160	70	135	140	140	70	Chômeuses	236
1,105	615	1,035	580	870	770	Inactives	237
47.0	33.2	67.0	74.8	67.2	41.4	Taux d'activité	238
39.0	25.5	62.7	68.4	61.9	36.0	Taux d'emploi	239
16.4	23.0	6.4	8.2	7.9	13.0	Taux de chômage	240

Table 1. Selected Characteristics for Census Tracts, 2001 Census – 100% Data and 20% Sample Data

No.	Characteristics	Vancouver 0054.02 A	Vancouver 0055.01 ◆	Vancouver 0055.02	Vancouver 0056.01 A	Vancouver 0056.02 ◆ A	Vancouver 0057.01 ◇ A
	POPULATION CHARACTERISTICS						
	by labour force activity – concluded						
241	Both sexes - Participation rate	60.6	63.7	70.2	68.8	77.0	36.3
242	15-24 years	51.6	59.7	67.4	64.5	70.6	34.6
243	25 years and over	61.8	64.6	70.6	69.5	78.0	36.4
244	Both sexes - Employment rate	55.0	55.8	62.0	58.4	69.5	25.7
245	15-24 years	45.2	51.6	50.0	57.0	61.8	23.1
246	25 years and over	56.5	56.4	63.6	58.7	70.6	26.1
247	Both sexes - Unemployment rate	8.9	12.5	11.4	15.2	9.9	28.7
248	15-24 years	14.3	12.3	25.8	13.3	12.5	35.3
249	25 years and over	8.2	12.6	9.8	15.6	9.7	28.2
250	**Total labour force 15 years and over**	**2,135**	**2,870**	**2,800**	**2,490**	**2,985**	**900**
	by industry based on the 1997 NAICS						
251	Industry - Not applicable (36)	65	110	125	180	95	100
252	All industries (37)	2,070	2,760	2,670	2,315	2,890	805
253	11 Agriculture, forestry, fishing and hunting	15	25	-	15	10	25
254	21 Mining and oil and gas extraction	-	-	-	10	35	-
255	22 Utilities	25	10	-	15	20	-
256	23 Construction	125	145	125	100	105	75
257	31-33 Manufacturing	210	375	300	185	175	195
258	41 Wholesale trade	100	190	120	110	70	20
259	44-45 Retail trade	265	380	245	230	245	65
260	48-49 Transportation and warehousing	115	140	235	115	120	25
261	51 Information and cultural industries	95	165	165	115	250	10
262	52 Finance and insurance	120	50	100	40	60	10
263	53 Real estate and rental and leasing	45	70	60	65	50	-
264	54 Professional, scientific and technical services	95	140	210	95	275	50
265	55 Management of companies and enterprises	-	15	10	-	-	-
266	56 Administrative and support, waste management and remediation services	120	100	95	160	105	45
267	61 Educational services	120	160	120	100	235	-
268	62 Health care and social assistance	165	240	275	265	320	55
269	71 Arts, entertainment and recreation	60	100	95	140	215	20
270	72 Accommodation and food services	180	255	280	305	265	160
271	81 Other services (except public administration)	145	130	100	165	185	45
272	91 Public administration	80	55	140	90	155	10
	by class of worker						
273	Class of worker - Not applicable (36)	60	115	125	175	95	95
274	All classes of worker (37)	2,075	2,755	2,670	2,310	2,890	805
275	Paid workers	1,880	2,545	2,455	2,115	2,610	765
276	Employees	1,795	2,445	2,335	2,045	2,505	735
277	Self-employed (incorporated)	80	100	120	65	105	30
278	Self-employed (unincorporated)	195	210	210	200	275	35
279	Unpaid family workers	-	10	15	-	-	-
	by occupation based on the 2001 NOC-S						
280	Male labour force 15 years and over	1,090	1,505	1,435	1,395	1,475	585
281	Occupation - Not applicable (36)	25	60	100	90	70	75
282	All occupations (37)	1,070	1,445	1,340	1,305	1,410	510
283	A Management occupations	110	100	115	100	110	25
284	B Business, finance and administration occupations	115	110	185	110	175	25
285	C Natural and applied sciences and related occupations	80	105	105	120	110	20
286	D Health occupations	-	30	25	10	-	-
287	E Occupations in social science, education, government service and religion	75	60	95	80	160	15
288	F Occupations in art, culture, recreation and sport	40	125	100	155	255	35
289	G Sales and service occupations	285	360	320	445	250	210
290	H Trades, transport and equipment operators and related occupations	275	385	325	215	245	105
291	I Occupations unique to primary industry	30	20	-	10	10	20
292	J Occupations unique to processing, manufacturing and utilities	50	140	60	75	105	65
293	Female labour force 15 years and over	1,045	1,365	1,365	1,090	1,510	320
294	Occupation - Not applicable (36)	40	50	30	85	30	25
295	All occupations (37)	1,010	1,310	1,335	1,005	1,480	290
296	A Management occupations	75	85	105	35	120	30
297	B Business, finance and administration occupations	290	295	335	185	305	40
298	C Natural and applied sciences and related occupations	10	40	40	30	60	10
299	D Health occupations	85	40	110	70	100	-

Tableau 1. Certaines caractéristiques des secteurs de recensement, recensement de 2001 – Données intégrales et données-échantillon (20 %)

Vancouver 0057.02 A	Vancouver 0058 ◆◇◇	Vancouver 0059.03 A	Vancouver 0059.04 ◆◇ A	Vancouver 0059.05 ◆◇ A	Vancouver 0059.06 ◆ A	Caractéristiques	N°
						CARACTÉRISTIQUES DE LA POPULATION	
						selon l'activité – fin	
53.8	34.2	73.3	73.4	70.1	45.1	Les deux sexes - Taux d'activité	241
66.7	47.8	51.4	70.0	56.0	68.5	15-24 ans	242
52.2	33.7	76.1	73.9	72.4	43.7	25 ans et plus	243
44.8	25.7	69.7	66.1	61.8	34.2	Les deux sexes - Taux d'emploi	244
49.5	30.4	45.5	64.6	48.2	63.0	15-24 ans	245
44.3	25.5	72.7	66.4	63.9	32.5	25 ans et plus	246
16.7	24.9	4.9	9.9	11.9	24.2	Les deux sexes - Taux de chômage	247
26.9	36.4	11.1	7.8	14.9	10.5	15-24 ans	248
15.1	24.4	4.5	10.1	11.6	25.8	25 ans et plus	249
2,300	**1,060**	**4,710**	**4,350**	**4,445**	**2,170**	**Population active totale de 15 ans et plus**	250
						selon l'industrie basée sur le SCIAN de 1997	
135	150	115	130	235	245	Industrie - Sans objet (36)	251
2,160	915	4,600	4,220	4,210	1,925	Toutes les industries (37)	252
20	10	10	10	20	10	11 Agriculture, foresterie, pêche et chasse	253
-	-	10	35	15	10	21 Extraction minière et extraction de pétrole et de gaz	254
-	-	15	35	50	-	22 Services publics	255
115	50	110	180	90	145	23 Construction	256
300	65	265	160	215	85	31-33 Fabrication	257
50	50	225	110	225	60	41 Commerce de gros	258
195	60	395	275	315	170	44-45 Commerce de détail	259
65	30	135	160	155	140	48-49 Transport et entreposage	260
95	65	385	270	350	125	51 Industrie de l'information et industrie culturelle	261
25	10	405	315	325	55	52 Finance et assurances	262
35	35	165	110	90	15	53 Services immobiliers et services de location et de location à bail	263
145	90	960	770	785	180	54 Services professionnels, scientifiques et techniques	264
-	-	25	-	15	10	55 Gestion de sociétés et d'entreprises	265
105	105	170	220	250	220	56 Services administratifs, services de soutien, services de gestion des déchets et services d'assainissement	266
155	25	310	230	235	65	61 Services d'enseignement	267
145	45	315	305	275	135	62 Soins de santé et assistance sociale	268
90	55	85	180	165	85	71 Arts, spectacles et loisirs	269
420	150	320	450	360	295	72 Hébergement et services de restauration	270
125	45	115	210	125	65	81 Autres services, sauf les administrations publiques	271
65	20	175	195	145	50	91 Administrations publiques	272
						selon la catégorie de travailleurs	
135	150	115	130	235	245	Catégorie de travailleurs - Sans objet (36)	273
2,165	915	4,600	4,220	4,210	1,920	Toutes les catégories de travailleurs (37)	274
1,980	830	4,010	3,800	3,840	1,680	Travailleurs rémunérés	275
1,915	790	3,610	3,650	3,600	1,600	Employés	276
70	45	400	150	240	90	Travailleurs autonomes (entreprise constituée en société)	277
180	85	560	405	350	240	Travailleurs autonomes (entreprise non constituée en société)	278
-	-	30	10	20	-	Travailleurs familiaux non rémunérés	279
						selon la profession basée sur la CNP-S de 2001	
1,325	755	2,610	2,650	2,670	1,630	Hommes actifs de 15 ans et plus	280
85	100	35	90	190	205	Profession - Sans objet (36)	281
1,240	660	2,580	2,560	2,475	1,420	Toutes les professions (37)	282
55	55	700	390	500	150	A Gestion	283
120	60	350	455	340	175	B Affaires, finance et administration	284
95	35	520	395	410	65	C Sciences naturelles et appliquées et professions apparentées	285
10	-	135	65	60	10	D Secteur de la santé	286
120	25	195	200	185	65	E Sciences sociales, enseignement, administration publique et religion	287
105	100	175	215	175	100	F Arts, culture, sports et loisirs	288
445	235	345	530	565	450	G Ventes et services	289
230	105	125	240	195	295	H Métiers, transport et machinerie	290
10	20	-	40	20	45	I Professions propres au secteur primaire	291
45	30	35	35	30	75	J Transformation, fabrication et services d'utilité publique	292
970	300	2,100	1,700	1,780	540	Femmes actives de 15 ans et plus	293
50	45	80	40	45	45	Profession - Sans objet (36)	294
920	255	2,015	1,665	1,735	500	Toutes les professions (37)	295
65	30	350	235	300	45	A Gestion	296
100	30	565	525	495	105	B Affaires, finance et administration	297
15	10	120	75	95	15	C Sciences naturelles et appliquées et professions apparentées	298
45	10	110	130	110	40	D Secteur de la santé	299

Table 1. Selected Characteristics for Census Tracts, 2001 Census – 100% Data and 20% Sample Data

No.	Characteristics	Vancouver 0054.02 A	Vancouver 0055.01 ◆	Vancouver 0055.02	Vancouver 0056.01 A	Vancouver 0056.02 ◆ A	Vancouver 0057.01 ◇ A
	POPULATION CHARACTERISTICS						
	by occupation based on the 2001 NOC-S – concluded						
300	E Occupations in social science, education, government service and religion	80	115	130	130	310	45
301	F Occupations in art, culture, recreation and sport	50	75	90	55	125	-
302	G Sales and service occupations	320	415	405	385	360	100
303	H Trades, transport and equipment operators and related occupations	25	50	20	20	40	10
304	I Occupations unique to primary industry	15	15	-	10	20	-
305	J Occupations unique to processing, manufacturing and utilities	70	190	90	80	45	65
306	**Total employed labour force 15 years and over**	**1,945**	**2,510**	**2,475**	**2,110**	**2,685**	**640**
	by place of work						
307	Males	1,010	1,330	1,245	1,195	1,285	375
308	Usual place of work	730	985	975	895	830	295
309	At home	25	55	55	90	135	30
310	Outside Canada	10	-	-	10	20	-
311	No fixed workplace address	260	295	215	200	300	50
312	Females	935	1,180	1,230	915	1,405	270
313	Usual place of work	830	990	1,045	790	1,235	250
314	At home	35	65	95	50	75	-
315	Outside Canada	-	10	10	10	10	-
316	No fixed workplace address	70	120	90	65	85	15
317	**Total employed labour force 15 years and over with usual place of work or no fixed workplace address**	**1,885**	**2,390**	**2,320**	**1,950**	**2,450**	**610**
	by mode of transportation						
318	Males	985	1,275	1,190	1,095	1,125	340
319	Car, truck, van, as driver	800	815	860	545	595	80
320	Car, truck, van, as passenger	40	50	30	20	70	40
321	Public transit	100	195	130	255	235	75
322	Walked	15	85	95	145	65	125
323	Other method	25	125	75	130	160	15
324	Females	895	1,115	1,130	860	1,320	270
325	Car, truck, van, as driver	455	420	595	215	635	45
326	Car, truck, van, as passenger	105	110	80	90	55	15
327	Public transit	245	380	315	265	320	95
328	Walked	45	130	105	230	165	115
329	Other method	40	65	35	65	140	-
330	**Total population 15 years and over who worked since January 1, 2000**	**2,305**	**3,065**	**2,870**	**2,455**	**3,180**	**900**
	by language used at work						
331	Single responses	1,945	2,640	2,605	2,150	2,875	705
332	English	1,745	2,380	2,430	1,970	2,815	470
333	French	-	-	-	-	-	-
334	Non-official languages (5)	195	260	165	175	60	230
335	Chinese, n.o.s.	85	130	65	85	25	35
336	Cantonese	90	110	75	70	25	150
337	Other languages (6)	15	15	25	25	15	45
338	Multiple responses	365	420	265	310	300	195
339	English and French	10	60	55	55	80	-
340	English and non-official language	340	345	210	245	215	195
341	French and non-official language	-	-	-	-	-	-
342	English, French and non-official language	10	20	-	10	10	-
	DWELLING AND HOUSEHOLD CHARACTERISTICS						
343	**Total number of occupied private dwellings**	**1,420**	**2,355**	**2,430**	**2,340**	**2,290**	**1,655**
	by tenure						
344	Owned	1,020	805	850	320	540	75
345	Rented	400	1,550	1,585	2,020	1,745	1,580
346	Band housing	-	-	-	-	-	-
	by structural type of dwelling						
347	Single-detached house	945	470	270	160	200	40
348	Semi-detached house	25	30	10	20	70	15
349	Row house	10	70	20	10	95	150
350	Apartment, detached duplex	415	325	195	95	300	50
351	Apartment, building that has five or more storeys	-	25	-	270	95	650
352	Apartment, building that has fewer than five storeys (38)	25	1,430	1,930	1,790	1,485	735
353	Other single-attached house	-	10	-	-	45	20
354	Movable dwelling (39)	-	-	10	-	-	-

Tableau 1. Certaines caractéristiques des secteurs de recensement, recensement de 2001 – Données intégrales et données-échantillon (20 %)

Vancouver 0057.02 A	Vancouver 0058 ◆◇◇	Vancouver 0059.03 A	Vancouver 0059.04 ◆◇ A	Vancouver 0059.05 ◆◇ A	Vancouver 0059.06 ◆ A	Caractéristiques	N°
						CARACTÉRISTIQUES DE LA POPULATION	
						selon la profession basée sur la CNP-S de 2001 – fin	
70	20	235	160	175	65	E Sciences sociales, enseignement, administration publique et religion	300
85	30	190	120	190	80	F Arts, culture, sports et loisirs	301
290	95	420	355	340	145	G Ventes et services	302
40	15	15	25	15	-	H Métiers, transport et machinerie	303
-	-	-	-	-	-	I Professions propres au secteur primaire	304
195	30	-	25	20	-	J Transformation, fabrication et services d'utilité publique	305
1,910	**800**	**4,480**	**3,920**	**3,915**	**1,645**	**Population active occupée totale de 15 ans et plus**	306
						selon le lieu de travail	
1,105	560	2,515	2,360	2,275	1,175	Hommes	307
850	375	1,980	1,750	1,765	930	Lieu habituel de travail	308
90	75	240	290	270	90	À domicile	309
10	-	70	15	20	-	En dehors du Canada	310
155	110	230	310	220	155	Sans adresse de travail fixe	311
810	235	1,970	1,560	1,640	470	Femmes	312
705	210	1,550	1,330	1,385	375	Lieu habituel de travail	313
35	25	225	135	155	35	À domicile	314
-	-	25	10	15	-	En dehors du Canada	315
65	-	165	85	90	60	Sans adresse de travail fixe	316
1,775	**695**	**3,930**	**3,470**	**3,465**	**1,515**	**Population active occupée totale de 15 ans et plus ayant un lieu habituel de travail ou sans adresse de travail fixe**	317
						selon le mode de transport	
1,005	485	2,210	2,060	1,990	1,085	Hommes	318
470	110	1,350	795	800	190	Automobile, camion ou fourgonnette, en tant que conducteur	319
55	15	55	50	25	35	Automobile, camion ou fourgonnette, en tant que passager	320
170	45	160	275	255	240	Transport en commun	321
180	260	545	795	770	470	À pied	322
130	55	105	145	140	140	Autre moyen	323
765	210	1,720	1,415	1,470	440	Femmes	324
170	15	885	355	525	155	Automobile, camion ou fourgonnette, en tant que conductrice	325
95	20	165	65	65	20	Automobile, camion ou fourgonnette, en tant que passagère	326
215	30	125	175	170	70	Transport en commun	327
215	130	485	770	645	155	À pied	328
75	15	55	55	75	35	Autre moyen	329
2,335	**1,050**	**5,015**	**4,500**	**4,545**	**2,185**	**Population totale de 15 ans et plus ayant travaillé depuis le 1er janvier 2000**	330
						selon la langue utilisée au travail	
1,975	985	4,225	4,000	3,950	1,990	Réponses uniques	331
1,545	890	4,155	3,945	3,820	1,945	Anglais	332
-	10	-	-	20	15	Français	333
430	90	75	55	120	30	Langues non officielles (5)	334
170	30	25	10	35	10	Chinois, n.d.a.	335
195	40	10	20	25	25	Cantonais	336
65	25	35	35	55	-	Autres langues (6)	337
360	65	785	495	595	190	Réponses multiples	338
35	-	120	170	70	70	Anglais et français	339
325	60	650	310	500	115	Anglais et langue non officielle	340
-	-	-	-	-	-	Français et langue non officielle	341
-	-	20	15	20	-	Anglais, français et langue non officielle	342
						CARACTÉRISTIQUES DES LOGEMENTS ET DES MÉNAGES	
2,405	**2,675**	**3,660**	**4,300**	**3,955**	**4,245**	**Nombre total de logements privés occupés**	343
						selon le mode d'occupation	
530	120	1,745	1,240	1,705	325	Possédé	344
1,870	2,555	1,915	3,060	2,245	3,920	Loué	345
-	-	-	-	-	-	Logement de bande	346
						selon le type de construction résidentielle	
405	35	-	25	-	-	Maison individuelle non attenante	347
100	-	-	10	-	-	Maison jumelée	348
160	-	105	30	15	-	Maison en rangée	349
260	-	-	10	15	60	Appartement, duplex non attenant	350
520	1,150	3,425	3,690	3,345	2,655	Appartement, immeuble de cinq étages ou plus	351
890	1,480	100	535	565	1,520	Appartement, immeuble de moins de cinq étages (38)	352
50	-	10	10	-	10	Autre maison individuelle attenante	353
15	-	20	-	-	-	Logement mobile (39)	354

Table 1. Selected Characteristics for Census Tracts, 2001 Census – 100% Data and 20% Sample Data

No.	Characteristics	Vancouver 0054.02 A	Vancouver 0055.01 ◆	Vancouver 0055.02	Vancouver 0056.01 A	Vancouver 0056.02 ◆ A	Vancouver 0057.01 ◇ A
	DWELLING AND HOUSEHOLD CHARACTERISTICS						
	by condition of dwelling						
355	Regular maintenance only	980	1,330	1,460	1,255	1,205	1,035
356	Minor repairs	350	640	660	650	700	490
357	Major repairs	95	380	310	430	380	130
	by period of construction						
358	Before 1946	465	590	340	455	785	635
359	1946-1960	375	550	430	385	270	30
360	1961-1970	85	350	555	325	325	250
361	1971-1980	145	385	550	375	350	295
362	1981-1990	165	295	305	460	320	225
363	1991-2001 (20)	195	190	260	340	240	220
364	Average number of rooms per dwelling	6.7	4.4	3.9	3.5	4.4	3.1
365	Average number of bedrooms per dwelling	3.1	1.8	1.5	1.3	1.6	1.1
366	Average value of dwelling $	303,108	224,260	200,518	145,440	229,725	249,513
367	**Total number of private households**	**1,420**	**2,355**	**2,430**	**2,335**	**2,290**	**1,650**
	by household size						
368	1 person	260	900	1,205	1,230	1,030	1,050
369	2 persons	405	735	740	655	755	345
370	3 persons	265	305	235	230	250	85
371	4-5 persons	385	330	200	180	230	155
372	6 or more persons	100	85	55	40	20	20
	by household type						
373	One-family households	995	1,155	970	875	930	510
374	Multiple-family households	80	50	65	35	25	15
375	Non-family households	345	1,155	1,395	1,425	1,340	1,130
376	Number of persons in private households	4,230	5,260	4,600	4,280	4,420	2,790
377	Average number of persons in private households	3.0	2.2	1.9	1.8	1.9	1.7
378	Average number of persons per room	0.4	0.5	0.5	0.5	0.4	0.5
379	Tenant households in non-farm, non-reserve private dwellings (40)	395	1,550	1,555	2,015	1,740	1,555
380	Average gross rent $ (40)	820	661	637	568	695	446
381	Tenant households spending 30% or more of household income on gross rent (40) (41)	165	830	695	1,060	790	785
382	Tenant households spending from 30% to 99% of household income on gross rent (40) (41)	130	600	585	835	630	680
383	Owner households in non-farm, non-reserve private dwellings (42)	1,020	800	850	315	540	75
384	Average owner's major payments $ (42)	803	855	868	884	972	820
385	Owner households spending 30% or more of household income on owner's major payments (41) (42)	230	210	240	90	135	35
386	Owner households spending from 30% to 99% of household income on owner's major payments (41) (42)	205	165	185	65	115	30
	CENSUS FAMILY CHARACTERISTICS						
387	**Total number of census families in private households**	**1,155**	**1,260**	**1,100**	**950**	**985**	**540**
	by census family structure and size						
388	Total couple families	965	935	850	590	745	395
389	Total families of married couples	880	715	605	380	410	390
390	Without children at home	250	230	300	130	195	220
391	With children at home	630	490	305	245	215	165
392	1 child	245	210	145	95	95	55
393	2 children	280	200	120	105	105	55
394	3 or more children	105	80	40	55	20	55
395	Total families of common-law couples	90	215	250	215	330	-
396	Without children at home	60	170	230	160	265	10
397	With children at home	25	40	15	50	65	-
398	1 child	10	30	15	35	40	-
399	2 children	15	15	-	10	20	-
400	3 or more children	-	-	-	-	-	-
401	Total lone-parent families	190	330	245	360	245	145
402	Female parent	140	270	215	290	215	115
403	1 child	95	190	160	235	115	50
404	2 children	30	45	35	55	65	20
405	3 or more children	20	35	30	-	35	40

Tableau 1. Certaines caractéristiques des secteurs de recensement, recensement de 2001 – Données intégrales et données-échantillon (20 %)

Vancouver 0057.02 A	Vancouver 0058 ◆◇◇	Vancouver 0059.03 A	Vancouver 0059.04 ◆◇ A	Vancouver 0059.05 ◆◇ A	Vancouver 0059.06 ◆ A	Caractéristiques	N°
						CARACTÉRISTIQUES DES LOGEMENTS ET DES MÉNAGES	
						selon l'état du logement	
1,460	1,940	3,390	3,140	3,340	2,870	Entretien régulier seulement	355
605	495	215	620	445	820	Réparations mineures	356
340	240	55	545	170	555	Réparations majeures	357
						selon la période de construction	
1,225	1,000	130	690	730	2,915	Avant 1946	358
125	125	10	35	140	65	1946-1960	359
215	105	-	90	50	50	1961-1970	360
210	420	15	360	25	85	1971-1980	361
510	565	385	855	185	470	1981-1990	362
115	460	3,120	2,270	2,835	660	1991-2001 (20)	363
4.0	2.3	4.5	3.1	3.8	2.3	Nombre moyen de pièces par logement	364
1.6	0.6	1.6	0.9	1.3	0.6	Nombre moyen de chambres à coucher par logement	365
225,726	190,406	333,723	200,381	229,157	177,233	Valeur moyenne du logement $	366
2,405	**2,675**	**3,660**	**4,305**	**3,955**	**4,250**	**Nombre total de logements privés**	367
						selon la taille du ménage	
1,270	2,340	1,420	2,890	2,090	3,760	1 personne	368
515	230	1,485	1,135	1,385	390	2 personnes	369
245	60	420	235	290	55	3 personnes	370
300	40	320	50	185	40	4-5 personnes	371
80	10	10	-	10	-	6 personnes ou plus	372
						selon le genre de ménage	
885	250	1,925	1,055	1,410	380	Ménages unifamiliaux	373
80	-	30	-	30	-	Ménages multifamiliaux	374
1,440	2,415	1,710	3,250	2,515	3,865	Ménages non familiaux	375
4,890	3,195	7,080	6,045	6,550	4,860	Nombre de personnes dans les ménages privés	376
2.0	1.2	1.9	1.4	1.7	1.1	Nombre moyen de personnes dans les ménages privés	377
0.5	0.5	0.4	0.5	0.4	0.5	Nombre moyen de personnes par pièce	378
1,855	2,550	1,895	2,990	2,190	3,915	Ménages locataires dans les logements privés non agricoles hors réserve (40)	379
474	360	1,193	699	846	394	Loyer brut moyen $ (40)	380
920	1,655	605	1,465	1,045	2,575	Ménages locataires consacrant 30 % ou plus du revenu du ménage au loyer brut (40) (41)	381
845	1,435	475	1,090	765	2,320	Ménages locataires consacrant de 30 % à 99 % du revenu du ménage au loyer brut (40) (41)	382
535	120	1,725	1,240	1,710	330	Ménages propriétaires dans les logements privés non agricoles hors réserve (42)	383
731	1,177	1,363	1,128	1,105	1,096	Principales dépenses de propriété moyennes $ (42)	384
155	60	600	565	615	110	Ménages propriétaires consacrant 30 % ou plus du revenu du ménage aux principales dépenses de propriété (41) (42)	385
145	50	410	445	495	95	Ménages propriétaires consacrant de 30 % à 99 % du revenu du ménage aux principales dépenses de propriété (41) (42)	386
						CARACTÉRISTIQUES DES FAMILLES DE RECENSEMENT	
1,050	**260**	**1,980**	**1,050**	**1,470**	**380**	**Total des familles de recensement dans les ménages privés**	387
						selon la structure et la taille de la famille de recensement	
770	230	1,745	975	1,295	330	Total des familles avec conjoints	388
660	170	1,345	555	925	155	Total des familles avec couples mariés	389
235	90	775	355	655	120	Sans enfants à la maison	390
425	85	575	200	275	35	Avec enfants à la maison	391
185	40	305	180	165	20	1 enfant	392
145	35	225	20	90	10	2 enfants	393
95	15	40	-	15	-	3 enfants ou plus	394
115	60	395	420	365	175	Total des familles en union libre	395
75	60	370	415	345	165	Sans enfants à la maison	396
40	-	25	-	20	15	Avec enfants à la maison	397
25	-	20	10	10	15	1 enfant	398
-	-	10	-	15	-	2 enfants	399
10	-	-	-	-	-	3 enfants ou plus	400
280	25	240	75	175	50	Total des familles monoparentales	401
230	25	205	70	155	45	Parent de sexe féminin	402
135	10	160	70	115	15	1 enfant	403
60	15	35	-	40	-	2 enfants	404
30	-	10	-	-	25	3 enfants ou plus	405

Table 1. Selected Characteristics for Census Tracts, 2001 Census – 100% Data and 20% Sample Data

No.	Characteristics	Vancouver 0054.02 A	Vancouver 0055.01 ◆	Vancouver 0055.02	Vancouver 0056.01 A	Vancouver 0056.02 ◆ A	Vancouver 0057.01 ◇ A
	CENSUS FAMILY CHARACTERISTICS						
	by census family structure and size – concluded						
406	Male parent	45	60	30	70	30	30
407	1 child	30	45	-	50	10	25
408	2 children	10	15	25	15	-	-
409	3 or more children	10	-	-	-	10	10
410	**Total number of children at home**	**1,495**	**1,410**	**905**	**995**	**865**	**630**
	by age groups						
411	Under 6 years	280	360	320	265	245	115
412	6-14 years	430	410	305	385	305	190
413	15-17 years	135	145	75	95	75	70
414	18-24 years	290	190	105	130	150	150
415	25 years and over	365	305	100	115	95	115
416	Average number of children at home per census family (43)	1.3	1.1	0.8	1.0	0.9	1.2
417	**Total number of persons in private households**	**4,225**	**5,260**	**4,600**	**4,280**	**4,420**	**2,795**
	by census family status and living arrangements						
418	Number of non-family persons	610	1,655	1,745	1,745	1,825	1,225
419	Living with relatives (44)	155	180	155	175	145	30
420	Living with non-relatives only	195	570	385	340	650	145
421	Living alone	255	905	1,210	1,230	1,035	1,050
422	Number of family persons	3,615	3,605	2,855	2,535	2,595	1,565
423	Average number of persons per census family	3.1	2.9	2.6	2.7	2.6	2.9
424	**Total number of persons 65 years and over**	**710**	**590**	**460**	**410**	**255**	**990**
425	Number of non-family persons 65 years and over	210	230	230	250	170	560
426	Living with relatives (44)	75	75	35	10	40	10
427	Living with non-relatives only	10	-	35	10	20	30
428	Living alone	130	150	155	225	110	525
429	Number of family persons 65 years and over	505	355	230	160	85	425
	ECONOMIC FAMILY CHARACTERISTICS						
430	**Total number of economic families in private households**	**1,095**	**1,240**	**1,085**	**975**	**995**	**535**
	by size of family						
431	2 persons	385	600	660	555	575	295
432	3 persons	230	260	195	225	200	70
433	4 persons	255	200	130	120	145	95
434	5 or more persons	220	175	105	80	75	80
435	Total number of persons in economic families	3,775	3,785	3,010	2,710	2,740	1,595
436	Average number of persons per economic family	3.4	3.1	2.8	2.8	2.8	3.0
437	Total number of unattached individuals	455	1,475	1,590	1,570	1,680	1,195
	2000 INCOME CHARACTERISTICS						
	Population 15 years and over by sex and total income groups in 2000						
438	Total - Both sexes	3,530	4,505	3,990	3,620	3,870	2,500
439	Without income	225	235	160	120	120	95
440	With income	3,305	4,265	3,830	3,495	3,750	2,400
441	Under $1,000 (45)	235	250	170	235	135	165
442	$ 1,000 - $ 2,999	125	225	130	150	190	90
443	$ 3,000 - $ 4,999	120	125	105	135	140	100
444	$ 5,000 - $ 6,999	140	280	210	260	165	160
445	$ 7,000 - $ 9,999	160	420	305	330	250	365
446	$10,000 - $11,999	160	220	170	225	185	280
447	$12,000 - $14,999	325	415	340	285	370	520
448	$15,000 - $19,999	440	570	455	520	375	315
449	$20,000 - $24,999	310	495	275	390	335	200
450	$25,000 - $29,999	305	280	265	260	250	60
451	$30,000 - $34,999	320	255	235	180	330	50
452	$35,000 - $39,999	155	185	360	140	205	20
453	$40,000 - $44,999	135	130	200	95	205	20
454	$45,000 - $49,999	65	105	100	95	145	30
455	$50,000 - $59,999	120	95	195	105	145	10
456	$60,000 and over	195	220	305	80	325	10
457	Average income $ (46)	23,657	21,563	27,383	19,269	26,296	13,348
458	Median income $ (46)	19,475	16,795	20,154	15,883	20,351	12,039
459	Standard error of average income $ (46)	735	745	1,152	572	825	489

Tableau 1. Certaines caractéristiques des secteurs de recensement, recensement de 2001 – Données intégrales et données-échantillon (20 %)

Vancouver 0057.02 A	Vancouver 0058 ◆◇◇	Vancouver 0059.03 A	Vancouver 0059.04 ◆◇ A	Vancouver 0059.05 ◆◇ A	Vancouver 0059.06 ◆ A	Caractéristiques	N°
						CARACTÉRISTIQUES DES FAMILLES DE RECENSEMENT	
						selon la structure et la taille de la famille de recensement – fin	
45	-	30	-	20	10	Parent de sexe masculin	406
45	-	15	10	15	-	1 enfant	407
-	-	20	-	10	-	2 enfants	408
-	-	-	-	-	-	3 enfants ou plus	409
1,280	**190**	**1,230**	**300**	**665**	**160**	**Nombre total d'enfants à la maison**	410
						selon les groupes d'âge	
210	55	315	150	180	50	Moins de 6 ans	411
415	100	335	35	135	30	6-14 ans	412
140	25	100	45	85	-	15-17 ans	413
225	10	280	25	135	65	18-24 ans	414
295	-	195	55	130	15	25 ans et plus	415
1.2	0.8	0.6	0.3	0.5	0.4	Nombre moyen d'enfants à la maison par famille de recensement (43)	416
4,890	**3,200**	**7,075**	**6,045**	**6,555**	**4,860**	**Nombre total de personnes dans les ménages privés**	417
						selon la situation des particuliers dans la famille de recensement et des particuliers dans le ménage	
1,790	2,515	2,125	3,710	3,130	3,995	Nombre de personnes hors famille de recensement	418
100	25	235	140	190	35	Vivant avec des personnes apparentées (44)	419
420	155	465	685	850	195	Vivant avec des personnes non apparentées uniquement	420
1,265	2,335	1,420	2,890	2,090	3,765	Vivant seules	421
3,105	685	4,955	2,330	3,430	875	Nombre de personnes membres d'une famille	422
3.0	2.6	2.5	2.2	2.3	2.3	Nombre moyen de personnes par famille de recensement	423
1,040	**695**	**555**	**395**	**525**	**630**	**Nombre total de personnes de 65 ans et plus**	424
545	625	220	260	250	530	Nombre de personnes hors famille de recensement de 65 ans et plus	425
45	-	25	10	30	-	Vivant avec des personnes apparentées (44)	426
55	10	-	15	-	-	Vivant avec des personnes non apparentées uniquement	427
445	615	195	235	225	530	Vivant seules	428
495	65	335	135	270	95	Nombre de personnes membres d'une famille de 65 ans et plus	429
						CARACTÉRISTIQUES DES FAMILLES ÉCONOMIQUES	
985	**270**	**2,040**	**1,115**	**1,525**	**395**	**Nombre total de familles économiques dans les ménages privés**	430
						selon la taille de la famille	
425	165	1,335	900	1,150	310	2 personnes	431
215	55	380	180	220	45	3 personnes	432
150	30	255	30	110	35	4 personnes	433
190	20	65	-	40	-	5 personnes ou plus	434
3,205	710	5,195	2,470	3,615	905	Nombre total de personnes dans les familles économiques	435
3.3	2.7	2.5	2.2	2.4	2.3	Nombre moyen de personnes par famille économique	436
1,690	2,490	1,885	3,575	2,940	3,960	Nombre total de personnes hors famille économique	437
						CARACTÉRISTIQUES DU REVENU DE 2000	
						Population de 15 ans et plus selon le sexe et les tranches de revenu total en 2000	
4,260	3,090	6,430	5,920	6,345	4,805	Total - Les deux sexes	438
170	25	280	185	360	50	Sans revenu	439
4,090	3,065	6,145	5,740	5,980	4,755	Avec un revenu	440
145	145	375	360	405	170	Moins de 1 000 $ (45)	441
170	105	220	150	200	80	1 000 $ - 2 999 $	442
105	80	185	145	165	150	3 000 $ - 4 999 $	443
280	495	215	235	365	830	5 000 $ - 6 999 $	444
545	615	195	445	370	1,180	7 000 $ - 9 999 $	445
495	275	175	265	190	330	10 000 $ - 11 999 $	446
715	565	355	470	350	445	12 000 $ - 14 999 $	447
525	295	340	390	440	465	15 000 $ - 19 999 $	448
270	145	395	425	440	245	20 000 $ - 24 999 $	449
185	90	260	285	345	175	25 000 $ - 29 999 $	450
170	35	435	495	350	140	30 000 $ - 34 999 $	451
60	85	280	490	225	100	35 000 $ - 39 999 $	452
145	35	430	295	370	40	40 000 $ - 44 999 $	453
75	10	275	225	290	80	45 000 $ - 49 999 $	454
100	40	440	325	500	100	50 000 $ - 59 999 $	455
95	65	1,580	730	985	225	60 000 $ et plus	456
17,432	13,819	49,309	32,173	33,504	17,639	Revenu moyen $ (46)	457
12,287	10,204	33,686	24,711	25,338	9,886	Revenu médian $ (46)	458
507	514	2,329	986	848	798	Erreur type de revenu moyen $ (46)	459

Table 1. Selected Characteristics for Census Tracts, 2001 Census – 100% Data and 20% Sample Data

No.	Characteristics	Vancouver 0054.02 A	Vancouver 0055.01 ◆	Vancouver 0055.02	Vancouver 0056.01 A	Vancouver 0056.02 ◆ A	Vancouver 0057.01 ◇ A
	2000 INCOME CHARACTERISTICS						
	Population 15 years and over by sex and total income groups in 2000 – concluded						
460	Total - Males	1,715	2,285	2,005	1,845	1,865	1,260
461	Without income	100	85	80	70	70	60
462	With income	1,615	2,200	1,925	1,775	1,795	1,200
463	Under $1,000 (45)	110	135	80	140	60	85
464	$ 1,000 - $ 2,999	30	120	45	80	100	40
465	$ 3,000 - $ 4,999	85	60	30	55	90	55
466	$ 5,000 - $ 6,999	65	135	75	105	70	120
467	$ 7,000 - $ 9,999	70	150	150	140	120	195
468	$10,000 - $11,999	75	115	100	110	115	175
469	$12,000 - $14,999	135	205	195	95	155	105
470	$15,000 - $19,999	200	235	215	270	175	190
471	$20,000 - $24,999	105	245	150	215	110	145
472	$25,000 - $29,999	180	165	140	125	100	50
473	$30,000 - $34,999	170	135	130	130	155	25
474	$35,000 - $39,999	85	115	150	60	100	10
475	$40,000 - $44,999	90	85	105	60	100	-
476	$45,000 - $49,999	25	60	60	70	80	10
477	$50,000 - $59,999	60	65	110	55	85	-
478	$60,000 and over	120	185	190	70	175	10
479	Average income $ (46)	25,836	24,860	30,437	21,079	26,545	13,432
480	Median income $ (46)	21,495	18,513	22,464	18,319	20,447	10,586
481	Standard error of average income $ (46)	1,188	1,260	2,119	871	1,131	767
482	Total - Females	1,815	2,220	1,985	1,770	2,005	1,240
483	Without income	120	150	80	55	55	40
484	With income	1,695	2,060	1,905	1,720	1,950	1,205
485	Under $1,000 (45)	125	115	90	100	75	80
486	$ 1,000 - $ 2,999	95	105	85	70	90	55
487	$ 3,000 - $ 4,999	35	60	70	80	50	45
488	$ 5,000 - $ 6,999	70	150	135	155	100	45
489	$ 7,000 - $ 9,999	95	265	165	190	130	170
490	$10,000 - $11,999	85	100	70	115	80	105
491	$12,000 - $14,999	190	210	145	185	220	420
492	$15,000 - $19,999	235	335	245	250	200	125
493	$20,000 - $24,999	205	260	125	175	220	55
494	$25,000 - $29,999	125	120	130	135	145	15
495	$30,000 - $34,999	150	125	110	60	175	20
496	$35,000 - $39,999	70	70	210	80	100	15
497	$40,000 - $44,999	45	45	95	35	105	20
498	$45,000 - $49,999	35	45	40	30	65	25
499	$50,000 - $59,999	55	30	85	50	60	10
500	$60,000 and over	75	40	110	15	150	10
501	Average income $ (46)	21,582	18,043	24,298	17,401	26,067	13,263
502	Median income $ (46)	18,346	15,400	19,060	14,440	20,337	12,058
503	Standard error of average income $ (46)	872	734	931	712	1,195	599
	by composition of total income						
504	Total - Composition of income in 2000 % (47)	100.0	100.0	100.0	100.0	100.0	100.0
505	Employment income %	75.6	76.7	81.8	73.7	85.6	41.0
506	Government transfer payments %	16.1	17.9	12.4	20.4	9.8	53.4
507	Other %	8.2	5.5	5.7	5.8	4.6	5.6
	Population 15 years and over with employment income in 2000 by sex and work activity						
508	Both sexes with employment income (48)	2,245	2,860	2,770	2,305	3,050	860
509	Average employment income $	26,373	24,653	31,036	21,566	27,679	15,309
510	Standard error of average employment income $	918	985	1,513	717	952	1,203
511	Worked full year, full time (49)	1,120	1,235	1,355	955	1,240	365
512	Average employment income $	33,301	31,831	42,847	29,880	39,112	24,733
513	Standard error of average employment income $	1,202	1,267	2,761	1,167	1,459	2,277
514	Worked part year or part time (50)	1,065	1,560	1,320	1,285	1,695	395
515	Average employment income $	20,073	19,800	20,444	16,097	20,461	10,319
516	Standard error of average employment income $	1,298	1,422	1,060	756	1,113	871
517	Males with employment income (48)	1,165	1,555	1,410	1,270	1,460	510
518	Average employment income $	27,711	28,534	34,116	23,704	28,561	15,206
519	Standard error of average employment income $	1,387	1,570	2,773	1,025	1,270	1,668
520	Worked full year, full time (49)	655	800	670	580	640	220
521	Average employment income $	33,888	33,609	50,050	31,946	39,081	24,318
522	Standard error of average employment income $	1,722	1,806	5,320	1,627	1,756	3,286
523	Worked part year or part time (50)	485	735	695	655	795	235
524	Average employment income $	20,354	23,705	20,146	17,070	20,153	10,057
525	Standard error of average employment income $	2,137	2,609	1,329	1,058	1,516	1,028

Tableau 1. Certaines caractéristiques des secteurs de recensement, recensement de 2001 – Données intégrales et données-échantillon (20 %)

Vancouver 0057.02 A	Vancouver 0058 ◆◇◇	Vancouver 0059.03 A	Vancouver 0059.04 ◆◇ A	Vancouver 0059.05 ◆◇ A	Vancouver 0059.06 ◆ A	Caractéristiques	N°
						CARACTÉRISTIQUES DU REVENU DE 2000	
						Population de 15 ans et plus selon le sexe et les tranches de revenu total en 2000 – fin	
2,185	2,175	3,290	3,640	3,690	3,500	Total - Hommes	460
65	25	85	80	130	15	Sans revenu	461
2,120	2,145	3,210	3,560	3,565	3,485	Avec un revenu	462
95	115	165	215	230	115	Moins de 1 000 $ (45)	463
90	45	55	55	110	45	1 000 $ - 2 999 $	464
50	45	105	80	135	100	3 000 $ - 4 999 $	465
145	405	95	175	280	655	5 000 $ - 6 999 $	466
305	475	105	330	220	890	7 000 $ - 9 999 $	467
245	185	80	135	115	245	10 000 $ - 11 999 $	468
265	330	120	300	185	325	12 000 $ - 14 999 $	469
225	185	130	215	230	340	15 000 $ - 19 999 $	470
160	105	205	245	180	180	20 000 $ - 24 999 $	471
130	85	115	180	155	105	25 000 $ - 29 999 $	472
115	20	200	315	245	90	30 000 $ - 34 999 $	473
40	75	150	255	150	50	35 000 $ - 39 999 $	474
95	15	180	175	200	35	40 000 $ - 44 999 $	475
20	-	175	170	100	40	45 000 $ - 49 999 $	476
65	25	205	195	320	65	50 000 $ - 59 999 $	477
75	40	1,105	525	705	195	60 000 $ et plus	478
18,683	13,788	61,721	33,645	35,700	17,108	Revenu moyen $ (46)	479
12,727	9,861	40,290	25,412	27,495	9,744	Revenu médian $ (46)	480
795	629	4,166	1,315	1,212	734	Erreur type de revenu moyen $ (46)	481
2,075	920	3,135	2,280	2,650	1,305	Total - Femmes	482
110	-	195	105	230	30	Sans revenu	483
1,965	915	2,940	2,180	2,415	1,275	Avec un revenu	484
50	25	200	150	175	50	Moins de 1 000 $ (45)	485
80	60	160	95	90	35	1 000 $ - 2 999 $	486
55	40	80	65	30	45	3 000 $ - 4 999 $	487
130	95	115	65	85	170	5 000 $ - 6 999 $	488
235	140	90	115	145	290	7 000 $ - 9 999 $	489
250	90	95	140	80	85	10 000 $ - 11 999 $	490
445	235	230	165	160	125	12 000 $ - 14 999 $	491
305	110	210	175	210	125	15 000 $ - 19 999 $	492
110	40	190	180	255	70	20 000 $ - 24 999 $	493
60	10	150	100	190	70	25 000 $ - 29 999 $	494
50	10	230	175	105	45	30 000 $ - 34 999 $	495
20	10	130	235	75	45	35 000 $ - 39 999 $	496
60	20	255	120	170	10	40 000 $ - 44 999 $	497
50	-	100	50	185	40	45 000 $ - 49 999 $	498
35	10	235	135	185	35	50 000 $ - 59 999 $	499
20	25	465	205	280	30	60 000 $ et plus	500
16,081	13,891	35,768	29,767	30,266	19,089	Revenu moyen $ (46)	501
12,095	12,040	26,986	23,575	24,549	11,219	Revenu médian $ (46)	502
609	881	1,540	1,417	1,039	2,217	Erreur type de revenu moyen $ (46)	503
						selon la composition du revenu total	
100.0	100.0	100.0	100.0	100.0	100.0	Total - Composition du revenu en 2000 % (47)	504
66.5	46.3	85.2	87.4	84.8	64.3	Revenu d'emploi %	505
30.5	49.6	3.4	7.7	6.5	32.1	Transferts gouvernementaux %	506
3.0	4.1	11.4	4.9	8.7	3.6	Autre %	507
						Population de 15 ans et plus ayant un revenu d'emploi en 2000 selon le sexe et le travail	
2,250	955	4,885	4,305	4,335	2,035	Les deux sexes ayant un revenu d'emploi (48)	508
21,062	20,572	52,893	37,436	39,183	26,504	Revenu moyen d'emploi $	509
827	1,355	2,469	1,101	985	1,682	Erreur type de revenu moyen d'emploi $	510
985	405	2,670	2,395	2,440	760	Ayant travaillé toute l'année à plein temps (49)	511
29,429	29,165	66,095	46,135	50,695	38,311	Revenu moyen d'emploi $	512
1,314	2,352	2,289	1,504	1,377	1,861	Erreur type de revenu moyen d'emploi $	513
1,185	505	2,115	1,835	1,805	1,215	Ayant travaillé une partie de l'année ou à temps partiel (50)	514
14,616	14,238	38,331	27,404	24,213	20,060	Revenu moyen d'emploi $	515
917	1,521	4,841	1,486	1,091	2,477	Erreur type de revenu moyen d'emploi $	516
1,270	690	2,685	2,545	2,495	1,505	Hommes ayant un revenu d'emploi (48)	517
22,299	20,372	63,836	40,088	42,539	25,219	Revenu moyen d'emploi $	518
1,200	1,670	4,211	1,455	1,432	1,457	Erreur type de revenu moyen d'emploi $	519
565	275	1,600	1,455	1,460	510	Ayant travaillé toute l'année à plein temps (49)	520
31,420	28,973	76,023	48,060	54,411	39,985	Revenu moyen d'emploi $	521
1,876	3,065	3,450	1,915	1,973	2,203	Erreur type de revenu moyen d'emploi $	522
665	395	1,050	1,075	1,030	945	Ayant travaillé une partie de l'année ou à temps partiel (50)	523
15,341	14,686	47,454	29,890	26,127	18,162	Revenu moyen d'emploi $	524
1,323	1,760	9,365	2,095	1,603	1,786	Erreur type de revenu moyen d'emploi $	525

Table 1. Selected Characteristics for Census Tracts, 2001 Census – 100% Data and 20% Sample Data

No.	Characteristics	Vancouver 0054.02 A	Vancouver 0055.01 ◆	Vancouver 0055.02	Vancouver 0056.01 A	Vancouver 0056.02 ◆ A	Vancouver 0057.01 ◇ A
	2000 INCOME CHARACTERISTICS						
	Population 15 years and over with employment income in 2000 by sex and work activity – concluded						
526	Females with employment income (48)	1,080	1,305	1,360	1,035	1,590	345
527	Average employment income $	24,933	20,032	27,842	18,948	26,868	15,461
528	Standard error of average employment income $	1,173	1,033	1,170	946	1,402	1,633
529	Worked full year, full time (49)	470	435	685	375	600	145
530	Average employment income $	32,482	28,576	35,771	26,668	39,145	25,375
531	Standard error of average employment income $	1,600	1,343	1,501	1,498	2,352	2,578
532	Worked part year or part time (50)	585	820	625	630	900	160
533	Average employment income $	19,840	16,301	20,778	15,090	20,732	10,706
534	Standard error of average employment income $	1,558	1,343	1,670	1,073	1,607	1,551
	Census families by structure and family income groups in 2000						
535	Total - All census families	1,155	1,260	1,100	945	985	540
536	Under $10,000	40	140	105	85	90	15
537	$ 10,000 - $19,999	65	210	115	180	115	205
538	$ 20,000 - $29,999	170	155	180	250	115	150
539	$ 30,000 - $39,999	140	160	115	135	130	90
540	$ 40,000 - $49,999	200	145	90	100	95	45
541	$ 50,000 - $59,999	110	110	75	40	100	10
542	$ 60,000 - $69,999	95	135	95	45	95	25
543	$ 70,000 - $79,999	25	50	65	50	55	10
544	$ 80,000 - $89,999	120	55	100	25	45	10
545	$ 90,000 - $99,999	60	15	20	10	20	-
546	$100,000 and over	120	95	130	30	130	-
547	Average family income $	57,118	45,061	54,846	36,334	52,881	27,799
548	Median family income $	48,870	36,800	41,891	27,945	45,469	21,899
549	Standard error of average family income $	2,347	2,532	4,075	1,828	2,924	1,307
550	Total - All couple census families (51)	970	935	855	590	740	395
551	Under $10,000	35	60	45	40	45	-
552	$ 10,000 - $19,999	30	105	85	75	70	135
553	$ 20,000 - $29,999	120	130	130	120	55	120
554	$ 30,000 - $39,999	95	130	95	90	90	70
555	$ 40,000 - $49,999	185	115	65	95	90	40
556	$ 50,000 - $59,999	95	95	60	35	95	10
557	$ 60,000 - $69,999	95	105	95	35	70	-
558	$ 70,000 - $79,999	30	45	60	40	45	-
559	$ 80,000 - $89,999	110	45	90	20	35	10
560	$ 90,000 - $99,999	60	15	25	15	15	-
561	$100,000 and over	120	80	110	30	130	-
562	Average family income $	61,122	50,062	59,888	43,580	60,813	28,286
563	Median family income $	50,407	42,555	51,173	36,017	53,775	24,443
564	Standard error of average family income $	2,658	3,224	4,910	2,531	3,568	1,377
	Incidence of low income in 2000						
565	Total - Economic families	1,095	1,235	1,085	975	995	535
566	Low income	195	445	300	395	275	335
567	Incidence of low income in 2000 % (52)	17.7	35.9	27.6	40.4	27.8	62.6
568	Total - Unattached individuals 15 years and over	460	1,475	1,590	1,555	1,680	1,180
569	Low income	265	780	745	910	790	1,005
570	Incidence of low income in 2000 % (52)	58.3	52.6	46.8	58.6	47.0	84.8
571	Total - Population in private households	4,225	5,260	4,600	4,270	4,425	2,780
572	Low income	845	2,085	1,650	2,015	1,580	1,995
573	Incidence of low income in 2000 % (52)	19.9	39.7	35.9	47.1	35.8	71.7
	Private households by household income groups in 2000						
574	Total - All private households	1,415	2,355	2,430	2,340	2,290	1,650
575	Under $10,000	85	395	280	510	280	350
576	$ 10,000 - $19,999	175	445	510	555	425	815
577	$ 20,000 - $29,999	205	340	385	425	310	230
578	$ 30,000 - $39,999	135	280	300	270	255	135
579	$ 40,000 - $49,999	170	245	205	255	280	55
580	$ 50,000 - $59,999	125	125	205	105	175	15
581	$ 60,000 - $69,999	135	175	115	55	185	30
582	$ 70,000 - $79,999	35	80	110	70	120	-
583	$ 80,000 - $89,999	105	90	100	35	60	20
584	$ 90,000 - $99,999	80	25	25	20	25	-
585	$100,000 and over	175	145	195	50	180	10
586	Average household income $	55,083	39,012	42,936	28,557	43,063	19,198
587	Median household income $	47,123	29,975	32,810	21,714	34,063	13,753
588	Standard error of average household income $	2,242	1,734	2,083	1,104	1,711	847

Tableau 1. Certaines caractéristiques des secteurs de recensement, recensement de 2001 – Données intégrales et données-échantillon (20 %)

Vancouver 0057.02 A	Vancouver 0058 ◆◇◇	Vancouver 0059.03 A	Vancouver 0059.04 ◆◇ A	Vancouver 0059.05 ◆◇ A	Vancouver 0059.06 ◆ A	Caractéristiques	Nº
						CARACTÉRISTIQUES DU REVENU DE 2000	
						Population de 15 ans et plus ayant un revenu d'emploi en 2000 selon le sexe et le travail – fin	
985	265	2,195	1,760	1,835	525	Femmes ayant un revenu d'emploi (48)	526
19,461	21,095	39,507	33,598	34,614	30,179	Revenu moyen d'emploi $	527
1,084	2,250	1,658	1,643	1,168	5,000	Erreur type de revenu moyen d'emploi $	528
420	135	1,070	940	985	250	Ayant travaillé toute l'année à plein temps (49)	529
26,779	29,566	51,263	43,154	45,201	34,901	Revenu moyen d'emploi $	530
1,728	3,359	2,109	2,411	1,558	3,411	Erreur type de revenu moyen d'emploi $	531
520	110	1,060	770	775	270	Ayant travaillé une partie de l'année ou à temps partiel (50)	532
13,682	12,693	29,323	23,933	21,670	26,797	Revenu moyen d'emploi $	533
1,230	2,993	2,427	1,922	1,322	9,309	Erreur type de revenu moyen d'emploi $	534
						Familles de recensement selon la structure et les tranches de revenu de la famille en 2000	
1,050	255	1,985	1,050	1,475	380	Total - Toutes les familles de recensement	535
90	20	125	60	140	40	Moins de 10 000 $	536
190	85	90	70	100	65	10 000 $ - 19 999 $	537
240	35	135	85	120	50	20 000 $ - 29 999 $	538
120	50	115	130	110	45	30 000 $ - 39 999 $	539
115	35	165	80	110	20	40 000 $ - 49 999 $	540
70	15	130	110	145	35	50 000 $ - 59 999 $	541
60	-	200	120	95	30	60 000 $ - 69 999 $	542
35	-	120	80	90	25	70 000 $ - 79 999 $	543
65	-	95	60	110	10	80 000 $ - 89 999 $	544
20	-	90	85	100	10	90 000 $ - 99 999 $	545
55	20	710	180	350	60	100 000 $ et plus	546
40,286	34,148	97,048	73,076	70,504	57,374	Revenu moyen des familles $	547
30,298	28,085	72,551	59,016	60,026	35,508	Revenu médian des familles $	548
2,025	3,559	6,453	4,909	2,921	9,104	Erreur type de revenu moyen des familles $	549
775	235	1,745	975	1,295	330	Total - Toutes les familles de recensement comptant un couple (51)	550
50	15	100	60	100	40	Moins de 10 000 $	551
90	60	50	60	70	55	10 000 $ - 19 999 $	552
185	35	105	85	85	50	20 000 $ - 29 999 $	553
110	55	95	105	90	20	30 000 $ - 39 999 $	554
105	35	115	70	105	20	40 000 $ - 49 999 $	555
55	15	95	90	145	30	50 000 $ - 59 999 $	556
50	-	180	115	95	20	60 000 $ - 69 999 $	557
15	-	120	70	85	20	70 000 $ - 79 999 $	558
45	10	90	60	90	-	80 000 $ - 89 999 $	559
10	-	90	85	90	-	90 000 $ - 99 999 $	560
60	20	695	175	335	60	100 000 $ et plus	561
43,774	36,725	104,270	75,123	74,967	60,687	Revenu moyen des familles $	562
33,851	30,492	79,677	61,554	65,614	43,123	Revenu médian des familles $	563
2,435	3,812	7,182	5,246	3,139	10,118	Erreur type de revenu moyen des familles $	564
						Fréquence des unités à faible revenu en 2000	
980	265	2,040	1,115	1,520	395	Total - Familles économiques	565
410	135	330	175	310	155	Faible revenu	566
41.9	51.1	16.2	16.0	20.4	39.0	Fréquence des unités à faible revenu en 2000 % (52)	567
1,690	2,490	1,885	3,575	2,935	3,955	Total - Personnes hors famille économique de 15 ans et plus	568
1,260	2,135	525	1,730	1,325	3,140	Faible revenu	569
74.6	85.8	28.0	48.4	45.1	79.2	Fréquence des unités à faible revenu en 2000 % (52)	570
4,895	3,200	7,075	6,045	6,555	4,860	Total - Population dans les ménages privés	571
2,525	2,560	1,425	2,130	2,075	3,460	Faible revenu	572
51.6	79.9	20.1	35.3	31.7	71.1	Fréquence des unités à faible revenu en 2000 % (52)	573
						Ménages privés selon les tranches de revenu du ménage en 2000	
2,405	2,675	3,665	4,300	3,955	4,250	Total - Tous les ménages privés	574
445	1,190	325	960	755	2,105	Moins de 10 000 $	575
795	965	345	700	475	1,115	10 000 $ - 19 999 $	576
330	190	220	430	330	345	20 000 $ - 29 999 $	577
205	135	270	540	345	225	30 000 $ - 39 999 $	578
135	70	305	310	340	95	40 000 $ - 49 999 $	579
185	55	285	305	425	85	50 000 $ - 59 999 $	580
70	10	295	250	235	65	60 000 $ - 69 999 $	581
35	-	260	220	195	65	70 000 $ - 79 999 $	582
95	15	185	115	225	10	80 000 $ - 89 999 $	583
25	10	180	150	175	10	90 000 $ - 99 999 $	584
80	35	990	320	455	125	100 000 $ et plus	585
29,660	15,647	82,744	42,426	50,240	19,603	Revenu moyen des ménages $	586
18,428	10,814	61,107	30,385	40,753	10,032	Revenu médian des ménages $	587
1,198	700	4,056	1,593	1,589	1,079	Erreur type de revenu moyen des ménages $	588

Table 1. Selected Characteristics for Census Tracts, 2001 Census – 100% Data and 20% Sample Data

No.	Characteristics	Vancouver 0060.01 A	Vancouver 0060.02 ◆ A	Vancouver 0061 ◆	Vancouver 0062 ◆	Vancouver 0063	Vancouver 0064
	POPULATION CHARACTERISTICS						
1	**Population, 1996 (1)**	**3,147**	**5,203**	**4,731**	**3,281**	**3,585**	**4,034**
2	**Population, 2001 (2)**	**2,982**	**5,753**	**4,696**	**3,225**	**3,398**	**3,917**
3	Population percentage change, 1996-2001	-5.2	10.6	-0.7	-1.7	-5.2	-2.9
4	Land area in square kilometres, 2001	0.14	0.22	0.20	0.16	0.18	0.23
5	**Total population – 100% Data (3)**	**2,985**	**5,755**	**4,695**	**3,230**	**3,400**	**3,920**
	by sex and age groups						
6	Male	1,555	3,140	2,445	1,580	1,760	2,100
7	0-4 years	30	65	40	20	40	35
8	5-9 years	10	45	25	10	30	10
9	10-14 years	15	30	20	10	20	10
10	15-19 years	35	45	30	10	30	35
11	20-24 years	145	210	210	45	110	215
12	25-29 years	260	445	340	140	235	365
13	30-34 years	265	480	405	160	235	335
14	35-39 years	200	470	355	215	295	315
15	40-44 years	150	295	225	145	180	190
16	45-49 years	120	255	185	150	160	170
17	50-54 years	105	245	195	135	120	140
18	55-59 years	90	185	120	105	105	80
19	60-64 years	45	115	75	90	65	60
20	65-69 years	35	95	55	80	30	45
21	70-74 years	20	55	75	95	40	25
22	75-79 years	20	55	55	70	35	25
23	80-84 years	15	20	20	45	15	20
24	85 years and over	5	15	30	40	10	10
25	Female	1,430	2,615	2,250	1,650	1,635	1,820
26	0-4 years	35	55	35	20	35	35
27	5-9 years	15	40	15	15	25	10
28	10-14 years	15	25	20	5	25	20
29	15-19 years	30	55	45	15	30	35
30	20-24 years	185	280	250	65	130	235
31	25-29 years	290	425	400	135	245	330
32	30-34 years	215	400	295	160	230	285
33	35-39 years	145	255	240	130	180	200
34	40-44 years	95	190	180	110	135	135
35	45-49 years	65	205	125	125	110	120
36	50-54 years	95	170	135	125	135	100
37	55-59 years	75	130	115	115	95	75
38	60-64 years	45	100	80	105	50	60
39	65-69 years	30	80	60	80	60	40
40	70-74 years	25	80	75	110	40	40
41	75-79 years	35	50	70	110	55	40
42	80-84 years	15	45	65	120	30	35
43	85 years and over	20	25	45	100	30	25
44	**Total population 15 years and over**	**2,870**	**5,495**	**4,550**	**3,145**	**3,215**	**3,795**
	by legal marital status						
45	Never married (single)	1,845	3,260	2,755	1,445	1,855	2,485
46	Legally married (and not separated)	565	1,200	925	810	695	670
47	Separated, but still legally married	95	215	155	115	110	115
48	Divorced	270	655	550	485	420	420
49	Widowed	90	165	155	295	135	115
	by common-law status						
50	Not in a common-law relationship	2,410	4,690	3,925	2,690	2,755	3,210
51	In a common-law relationship	460	805	620	460	460	590
52	**Total population – 20% Sample Data (4)**	**2,985**	**5,755**	**4,695**	**3,230**	**3,400**	**3,910**
	by mother tongue						
53	Single responses	2,965	5,655	4,645	3,180	3,350	3,820
54	English	2,005	3,675	2,820	2,410	2,245	2,685
55	French	90	200	245	95	135	105
56	Non-official languages (5)	870	1,780	1,580	675	965	1,025
57	Chinese, n.o.s.	60	200	125	50	75	-
58	Cantonese	45	100	40	10	85	20
59	Punjabi	-	-	-	-	10	15
60	Mandarin	-	20	50	10	25	-
61	Tagalog (Pilipino)	10	90	45	-	-	45
62	Other languages (6)	760	1,370	1,320	610	770	940
63	Multiple responses	20	100	50	50	50	90
64	English and French	10	15	10	10	10	10
65	English and non-official language	10	60	40	35	30	75
66	French and non-official language	-	20	-	-	10	10
67	English, French and non-official language	-	-	10	-	-	-

See reference material at the end of the publication. – Voir les documents de référence à la fin de la publication.

Tableau 1. Certaines caractéristiques des secteurs de recensement, recensement de 2001 – Données intégrales et données-échantillon (20 %)

Vancouver 0065	Vancouver 0066 ◆	Vancouver 0067	Vancouver 0068 ◆◇	Vancouver 0069 ◆◇	Vancouver 0100.01	Caractéristiques	N°
						CARACTÉRISTIQUES DE LA POPULATION	
6,417	**1,513**	**5,340**	**4,733**	**6,833**	**3,452**	**Population, 1996 (1)**	1
6,476	**3,777**	**6,214**	**4,679**	**7,816**	**3,576**	**Population, 2001 (2)**	2
0.9	149.6	16.4	-1.1	14.4	3.6	Variation en pourcentage de la population, 1996-2001	3
0.23	0.49	0.41	3.99	14.30	0.97	Superficie des terres en kilomètres carrés, 2001	4
6,480	**3,775**	**6,210**	**4,680**	**7,815**	**3,575**	**Population totale - Données intégrales (3) selon le sexe et les groupes d'âge**	5
3,345	1,985	3,245	2,405	3,780	1,705	Sexe masculin	6
45	55	75	30	235	105	0-4 ans	7
40	30	60	15	210	85	5-9 ans	8
25	20	40	15	225	90	10-14 ans	9
60	55	80	35	205	100	15-19 ans	10
370	195	265	115	440	115	20-24 ans	11
635	345	425	290	405	105	25-29 ans	12
530	355	390	380	455	160	30-34 ans	13
390	255	360	360	370	150	35-39 ans	14
250	115	290	260	255	170	40-44 ans	15
230	125	245	215	210	130	45-49 ans	16
190	155	235	195	190	125	50-54 ans	17
140	95	225	115	135	80	55-59 ans	18
105	60	190	120	110	60	60-64 ans	19
110	40	110	75	90	60	65-69 ans	20
75	35	125	70	85	45	70-74 ans	21
75	15	85	55	55	40	75-79 ans	22
35	5	35	40	55	30	80-84 ans	23
35	10	30	20	50	50	85 ans et plus	24
3,130	1,795	2,965	2,275	4,035	1,875	Sexe féminin	25
60	50	90	30	250	90	0-4 ans	26
15	25	55	25	215	90	5-9 ans	27
25	10	35	15	180	75	10-14 ans	28
65	50	90	35	215	85	15-19 ans	29
500	225	270	135	430	110	20-24 ans	30
605	340	400	300	455	125	25-29 ans	31
430	310	330	305	460	170	30-34 ans	32
280	190	265	240	400	160	35-39 ans	33
190	115	210	210	275	155	40-44 ans	34
165	125	210	190	220	135	45-49 ans	35
150	125	220	200	215	115	50-54 ans	36
110	65	190	120	150	75	55-59 ans	37
105	60	130	95	110	65	60-64 ans	38
80	40	140	85	85	60	65-69 ans	39
70	20	115	80	85	50	70-74 ans	40
90	15	100	80	85	70	75-79 ans	41
75	5	65	70	75	100	80-84 ans	42
105	10	55	60	130	135	85 ans et plus	43
6,270	**3,575**	**5,860**	**4,550**	**6,510**	**3,040**	**Population totale de 15 ans et plus selon l'état matrimonial légal**	44
3,930	1,830	3,040	2,585	2,375	1,055	Célibataire (jamais marié(e))	45
1,270	1,265	1,575	1,030	3,370	1,290	Légalement marié(e) (et non séparé(e))	46
185	120	235	165	165	130	Séparé(e), mais toujours légalement marié(e)	47
620	295	700	570	310	275	Divorcé(e)	48
260	55	310	200	280	290	Veuf ou veuve	49
						selon l'union libre	
5,530	3,120	5,155	3,885	6,240	2,785	Ne vivant pas en union libre	50
735	455	710	660	275	255	Vivant en union libre	51
6,260	**3,780**	**6,215**	**4,680**	**7,610**	**3,280**	**Population totale - Données-échantillon (20 %) (4) selon la langue maternelle**	52
6,165	3,710	6,155	4,625	7,515	3,270	Réponses uniques	53
3,405	1,800	3,640	3,325	3,815	2,555	Anglais	54
285	85	190	165	100	50	Français	55
2,475	1,825	2,325	1,135	3,595	665	Langues non officielles (5)	56
95	365	215	115	955	15	Chinois, n.d.a.	57
80	360	110	40	120	25	Cantonais	58
10	10	10	-	25	-	Pendjabi	59
135	310	110	15	380	-	Mandarin	60
145	30	75	45	35	60	Tagalog (pilipino)	61
2,010	755	1,805	915	2,085	565	Autres langues (6)	62
95	65	60	55	95	10	Réponses multiples	63
-	30	10	35	-	-	Anglais et français	64
75	30	45	20	90	-	Anglais et langue non officielle	65
10	10	10	-	10	-	Français et langue non officielle	66
-	-	-	-	-	-	Anglais, français et langue non officielle	67

See reference material at the end of the publication. – Voir les documents de référence à la fin de la publication.

Table 1. Selected Characteristics for Census Tracts, 2001 Census – 100% Data and 20% Sample Data

No.	Characteristics	Vancouver 0060.01 A	Vancouver 0060.02 ◆ A	Vancouver 0061 ◆	Vancouver 0062 ◆	Vancouver 0063	Vancouver 0064
	POPULATION CHARACTERISTICS						
	by home language						
68	Single responses	2,550	4,575	3,795	2,845	2,895	3,290
69	English	2,210	4,070	3,210	2,685	2,630	3,030
70	French	15	15	20	25	20	10
71	Non-official languages (5)	325	485	565	130	240	250
72	Cantonese	10	40	-	-	55	-
73	Chinese, n.o.s.	20	20	100	25	15	-
74	Punjabi	-	-	-	-	-	-
75	Mandarin	-	20	30	-	-	10
76	Korean	10	35	75	-	45	50
77	Other languages (6)	285	370	360	100	125	195
78	Multiple responses	435	1,180	905	385	500	620
79	English and French	75	230	195	80	105	80
80	English and non-official language	355	920	710	280	395	535
81	French and non-official language	-	-	-	-	-	-
82	English, French and non-official language	10	20	10	30	-	10
	by knowledge of official languages						
83	English only	2,510	4,705	3,800	2,755	2,845	3,220
84	French only	-	-	-	10	-	-
85	English and French	400	980	845	460	495	600
86	Neither English nor French	70	70	55	-	55	90
	by knowledge of non-official languages (5) (7)						
87	Cantonese	55	125	90	35	125	20
88	Chinese, n.o.s.	55	180	135	50	60	10
89	Punjabi	10	10	-	10	15	15
90	Mandarin	35	105	70	25	65	20
91	Hindi	10	35	10	10	-	20
92	German	120	315	190	295	235	195
93	Spanish	225	335	320	230	165	245
	by first official language spoken						
94	English	2,795	5,430	4,330	3,090	3,195	3,705
95	French	95	205	225	95	140	115
96	English and French	25	45	85	40	10	15
97	Neither English nor French	75	70	55	-	55	75
98	Official language minority - (number) (8)	105	230	270	115	145	125
99	Official language minority - (percentage) (8)	3.5	4.0	5.8	3.6	4.3	3.2
	by ethnic origin (9)						
100	English	915	1,455	1,135	1,305	925	1,195
101	Canadian	480	990	775	590	625	645
102	Chinese	110	395	345	120	240	95
103	Scottish	635	1,015	825	795	670	775
104	Irish	520	860	660	660	625	675
105	German	310	540	460	490	400	515
106	East Indian	25	125	30	10	45	105
107	French	270	555	475	315	385	410
108	Ukrainian	190	305	215	145	155	180
109	Italian	80	175	170	100	90	155
110	Dutch (Netherlands)	115	170	125	135	115	95
111	Filipino	15	140	65	10	30	85
112	Polish	100	245	135	90	70	180
113	Norwegian	70	145	100	85	105	125
114	North American Indian	60	215	140	35	95	140
	by Aboriginal identity						
115	Total Aboriginal identity population (10)	50	150	85	20	65	80
116	Total non-Aboriginal population	2,930	5,600	4,610	3,210	3,330	3,830
	by Aboriginal origin						
117	Total Aboriginal origins population (11)	80	265	170	45	130	145
118	Total non-Aboriginal population	2,905	5,490	4,530	3,185	3,270	3,765
	by Registered Indian status						
119	Registered Indian (12)	15	80	45	10	25	40
120	Not a Registered Indian	2,965	5,680	4,650	3,220	3,370	3,875

Tableau 1. Certaines caractéristiques des secteurs de recensement, recensement de 2001 – Données intégrales et données-échantillon (20 %)

Vancouver 0065	Vancouver 0066 ◆	Vancouver 0067	Vancouver 0068 ◆◇	Vancouver 0069 ◆◇	Vancouver 0100.01	Caractéristiques	N°
						CARACTÉRISTIQUES DE LA POPULATION	
						selon la langue parlée à la maison	
4,985	2,905	4,975	3,990	5,515	3,000	Réponses uniques	68
4,040	2,160	4,060	3,725	4,285	2,805	Anglais	69
40	-	45	10	10	-	Français	70
905	745	870	255	1,220	200	Langues non officielles (5)	71
30	90	25	20	70	-	Cantonais	72
10	165	150	35	335	-	Chinois, n.d.a.	73
-	-	-	-	10	-	Pendjabi	74
90	120	40	10	145	-	Mandarin	75
235	60	110	10	200	-	Coréen	76
540	310	545	180	455	195	Autres langues (6)	77
1,275	870	1,240	690	2,090	280	Réponses multiples	78
210	85	125	130	110	40	Anglais et français	79
1,025	760	1,080	550	1,925	240	Anglais et langue non officielle	80
20	-	10	10	-	-	Français et langue non officielle	81
20	20	30	-	55	-	Anglais, français et langue non officielle	82
						selon la connaissance des langues officielles	
5,290	3,105	5,170	3,905	6,175	2,950	Anglais seulement	83
15	-	10	-	-	-	Français seulement	84
750	535	870	750	1,200	295	Anglais et français	85
195	135	160	30	235	40	Ni l'anglais ni le français	86
						selon la connaissance des langues non officielles (5) (7)	
110	470	140	70	205	50	Cantonais	87
85	325	205	100	965	-	Chinois, n.d.a.	88
40	30	10	15	50	-	Pendjabi	89
175	425	135	55	455	20	Mandarin	90
45	25	40	-	80	20	Hindi	91
165	165	280	270	270	95	Allemand	92
315	130	400	160	395	80	Espagnol	93
						selon la première langue officielle parlée	
5,775	3,475	5,760	4,450	7,150	3,180	Anglais	94
275	95	200	165	95	45	Français	95
10	70	100	35	135	15	Anglais et français	96
200	135	160	30	235	40	Ni l'anglais ni le français	97
285	135	245	185	165	55	Minorité de langue officielle - (nombre) (8)	98
4.6	3.6	3.9	4.0	2.2	1.7	Minorité de langue officielle - (pourcentage) (8)	99
						selon l'origine ethnique (9)	
1,285	640	1,530	1,345	1,710	1,215	Anglais	100
1,135	615	1,190	885	1,225	775	Canadien	101
430	1,260	505	260	1,685	75	Chinois	102
865	395	1,165	960	1,330	805	Écossais	103
790	365	915	760	840	705	Irlandais	104
435	260	590	580	650	285	Allemand	105
105	105	135	65	300	40	Indien de l'Inde	106
680	225	505	500	330	315	Français	107
330	130	210	195	225	165	Ukrainien	108
175	105	185	155	150	245	Italien	109
125	95	210	190	230	90	Hollandais (Néerlandais)	110
185	55	90	75	70	75	Philippin	111
190	80	230	225	140	60	Polonais	112
85	55	115	145	195	120	Norvégien	113
150	25	115	115	170	70	Indien de l'Amérique du Nord	114
						selon l'identité autochtone	
135	40	90	110	135	60	Total de la population ayant une identité autochtone (10)	115
6,120	3,735	6,120	4,565	7,475	3,215	Total de la population non autochtone	116
						selon l'origine autochtone	
190	45	130	155	190	115	Total de la population ayant une origine autochtone (11)	117
6,070	3,730	6,085	4,530	7,420	3,170	Total de la population non autochtone	118
						selon le statut d'Indien inscrit	
55	20	35	50	75	20	Oui, Indien inscrit (12)	119
6,210	3,755	6,180	4,630	7,535	3,260	Non, pas un Indien inscrit	120

Table 1. Selected Characteristics for Census Tracts, 2001 Census – 100% Data and 20% Sample Data

No.	Characteristics	Vancouver 0060.01 A	Vancouver 0060.02 ◆ A	Vancouver 0061 ◆	Vancouver 0062 ◆	Vancouver 0063	Vancouver 0064
	POPULATION CHARACTERISTICS						
	by visible minority groups						
121	Total visible minority population	505	1,170	1,110	330	700	900
122	Chinese	130	395	325	95	215	75
123	South Asian	35	130	55	15	60	125
124	Black	40	40	80	10	45	25
125	Filipino	15	140	50	15	25	85
126	Latin American	80	70	80	20	25	65
127	Southeast Asian	10	20	20	10	15	45
128	Arab	10	20	10	-	-	20
129	West Asian	35	80	25	85	20	60
130	Korean	60	120	180	40	95	130
131	Japanese	80	140	260	25	170	255
132	Visible minority, n.i.e. (13)	-	-	20	-	15	10
133	Multiple visible minorities (14)	-	15	10	10	20	20
	by citizenship						
134	Canadian citizenship (15)	2,385	4,775	3,570	2,800	2,815	3,175
135	Citizenship other than Canadian	600	980	1,125	430	585	735
	by place of birth of respondent						
136	Non-immigrant population	1,870	3,430	2,690	2,130	2,110	2,445
137	Born in province of residence	835	1,485	1,005	790	855	1,065
138	Immigrant population (16)	910	2,060	1,505	1,010	1,020	1,120
139	United States	10	130	70	105	65	70
140	Central and South America	75	50	95	60	20	60
141	Caribbean and Bermuda	10	10	20	10	25	15
142	United Kingdom	145	240	205	300	210	175
143	Other Europe (17)	395	710	645	285	325	360
144	Africa	50	145	65	35	70	45
145	Asia and the Middle East	195	750	365	200	285	360
146	Oceania and other (18)	40	30	35	10	30	30
147	Non-permanent residents (19)	205	265	500	85	265	345
148	**Total immigrant population**	**910**	**2,065**	**1,505**	**1,010**	**1,020**	**1,120**
	by period of immigration						
149	Before 1961	85	220	170	230	185	135
150	1961-1970	105	225	155	200	165	205
151	1971-1980	130	460	195	85	180	175
152	1981-1990	135	285	225	165	100	180
153	1991-2001 (20)	460	880	760	325	390	415
154	1991-1995	130	280	170	55	155	175
155	1996-2001 (20)	325	595	590	270	240	245
	by age at immigration						
156	0-4 years	55	180	120	40	90	115
157	5-19 years	235	510	320	140	230	275
158	20 years and over	620	1,375	1,060	825	705	730
159	**Total population**	**2,985**	**5,755**	**4,695**	**3,225**	**3,400**	**3,910**
	by religion						
160	Catholic (21)	515	1,155	975	440	600	700
161	Protestant	605	1,115	870	1,155	675	750
162	Christian Orthodox	215	220	210	75	75	80
163	Christian, n.i.e. (22)	95	215	160	85	95	115
164	Muslim	50	145	55	70	45	95
165	Jewish	70	145	70	25	45	20
166	Buddhist	65	70	105	15	75	135
167	Hindu	-	20	15	-	-	40
168	Sikh	-	20	10	-	15	10
169	Eastern religions (23)	10	30	10	40	-	25
170	Other religions (24)	15	60	10	15	20	-
171	No religious affiliation (25)	1,345	2,565	2,210	1,320	1,750	1,920
172	**Total population 15 years and over**	**2,870**	**5,490**	**4,545**	**3,145**	**3,215**	**3,785**
	by generation status						
173	1st generation (26)	1,100	2,280	1,970	1,080	1,265	1,480
174	2nd generation (27)	595	1,020	1,005	830	685	735
175	3rd generation and over (28)	1,175	2,195	1,570	1,235	1,265	1,565
176	**Total population 1 year and over (29)**	**2,980**	**5,700**	**4,670**	**3,200**	**3,390**	**3,885**
	by place of residence 1 year ago (mobility)						
177	Non-movers	2,015	4,100	3,310	2,510	2,510	2,660
178	Movers	970	1,595	1,355	690	875	1,220
179	Non-migrants	570	930	520	385	465	630
180	Migrants	395	665	835	305	410	590
181	Internal migrants	210	305	355	145	190	230
182	Intraprovincial migrants	80	180	170	95	110	130
183	Interprovincial migrants	130	130	190	50	80	100
184	External migrants	185	360	480	160	220	360

Tableau 1. Certaines caractéristiques des secteurs de recensement, recensement de 2001 – Données intégrales et données-échantillon (20 %)

Vancouver 0065	Vancouver 0066 ◆	Vancouver 0067	Vancouver 0068 ◆◇	Vancouver 0069 ◆◇	Vancouver 0100.01	Caractéristiques	N^o
						CARACTÉRISTIQUES DE LA POPULATION	
						selon les groupes de minorités visibles	
2,155	1,935	1,770	740	3,400	410	Total de la population des minorités visibles	121
415	1,220	520	240	1,630	55	Chinois	122
140	115	150	75	435	40	Sud-Asiatique	123
75	25	100	35	70	-	Noir	124
165	50	80	65	70	85	Philippin	125
115	15	115	30	150	30	Latino-Américain	126
35	55	15	45	30	-	Asiatique du Sud-Est	127
85	10	40	35	105	10	Arabe	128
90	185	245	60	195	110	Asiatique occidental	129
530	140	250	40	360	10	Coréen	130
475	90	245	105	265	45	Japonais	131
15	-	10	10	10	-	Minorité visible, n.i.a. (13)	132
30	35	10	-	65	20	Minorités visibles multiples (14)	133
						selon la citoyenneté	
4,495	2,915	5,055	4,130	5,135	2,995	Citoyenneté canadienne (15)	134
1,765	860	1,160	555	2,475	285	Citoyenneté autre que canadienne	135
						selon le lieu de naissance du répondant	
3,265	1,740	3,410	3,065	3,465	2,395	Population non immigrante	136
1,285	830	1,530	1,125	2,050	1,620	Née dans la province de résidence	137
2,010	1,920	2,320	1,430	3,345	850	Population immigrante (16)	138
65	95	100	60	215	35	États-Unis	139
85	20	95	25	140	25	Amérique centrale et du Sud	140
30	-	50	10	10	10	Caraïbes et Bermudes	141
220	110	210	275	280	210	Royaume-Uni	142
680	170	725	540	485	275	Autre Europe (17)	143
135	75	105	50	100	30	Afrique	144
750	1,425	995	445	2,075	250	Asie et Moyen-Orient	145
45	15	50	15	40	25	Océanie et autre (18)	146
980	120	480	180	800	35	Résidents non permanents (19)	147
2,015	**1,920**	**2,325**	**1,430**	**3,345**	**850**	**Population immigrante totale**	148
						selon la période d'immigration	
170	45	240	205	185	175	Avant 1961	149
245	90	190	260	175	95	1961-1970	150
325	330	345	250	385	160	1971-1980	151
295	415	485	265	390	105	1981-1990	152
980	1,035	1,065	455	2,205	315	1991-2001 (20)	153
380	380	425	170	445	165	1991-1995	154
600	655	645	280	1,760	155	1996-2001 (20)	155
						selon l'âge à l'immigration	
185	110	170	115	330	100	0-4 ans	156
410	530	450	315	885	230	5-19 ans	157
1,415	1,275	1,705	1,000	2,125	520	20 ans et plus	158
6,265	**3,775**	**6,215**	**4,675**	**7,610**	**3,280**	**Population totale**	159
						selon la religion	
1,275	720	1,255	945	1,025	720	Catholique (21)	160
1,025	560	1,330	1,185	2,065	800	Protestante	161
235	45	300	100	150	45	Orthodoxe chrétienne	162
230	190	230	140	570	70	Chrétiennes, n.i.a. (22)	163
225	240	410	85	495	95	Musulmane	164
105	15	65	85	155	20	Juive	165
205	265	150	125	145	20	Bouddhiste	166
10	20	20	30	50	25	Hindoue	167
35	-	15	20	20	-	Sikh	168
25	25	10	-	30	30	Religions orientales (23)	169
40	20	20	10	30	-	Autres religions (24)	170
2,850	1,680	2,420	1,955	2,880	1,445	Aucune appartenance religieuse (25)	171
6,050	**3,575**	**5,860**	**4,550**	**6,265**	**2,745**	**Population totale de 15 ans et plus**	172
						selon le statut des générations	
2,945	2,030	2,730	1,585	3,590	855	1re génération (26)	173
1,005	645	1,140	930	975	730	2e génération (27)	174
2,100	900	1,990	2,030	1,705	1,155	3e génération et plus (28)	175
6,230	**3,725**	**6,170**	**4,660**	**7,505**	**3,255**	**Population totale de 1 an et plus (29)**	176
						selon le lieu de résidence 1 an auparavant (mobilité)	
3,970	2,585	4,440	3,550	4,810	2,705	Personnes n'ayant pas déménagé	177
2,265	1,135	1,725	1,115	2,695	540	Personnes ayant déménagé	178
1,100	595	825	575	1,350	345	Non-migrants	179
1,165	535	900	535	1,350	195	Migrants	180
350	395	430	380	540	155	Migrants internes	181
225	280	240	190	400	115	Migrants infraprovinciaux	182
130	120	190	185	140	35	Migrants interprovinciaux	183
810	140	475	155	805	40	Migrants externes	184

Table 1. Selected Characteristics for Census Tracts, 2001 Census – 100% Data and 20% Sample Data

No.	Characteristics	Vancouver 0060.01 A	Vancouver 0060.02 ◆ A	Vancouver 0061 ◆	Vancouver 0062 ◆	Vancouver 0063	Vancouver 0064
	POPULATION CHARACTERISTICS						
185	**Total population 5 years and over (30) by place of residence 5 years ago (mobility)**	**2,915**	**5,635**	**4,620**	**3,190**	**3,320**	**3,855**
186	Non-movers	875	1,685	1,500	1,430	1,205	1,160
187	Movers	2,045	3,950	3,120	1,760	2,120	2,690
188	Non-migrants	875	1,860	1,120	805	925	1,300
189	Migrants	1,165	2,090	2,005	950	1,200	1,390
190	Internal migrants	690	1,225	980	555	675	785
191	Intraprovincial migrants	310	700	475	295	370	470
192	Interprovincial migrants	380	525	510	255	300	315
193	External migrants	475	865	1,020	400	525	600
194	**Total population 15 to 24 years by school attendance**	**400**	**590**	**540**	**135**	**305**	**515**
195	Not attending school	230	310	235	50	140	245
196	Attending school full time	115	220	265	60	105	195
197	Attending school part time	55	70	40	35	60	80
198	**Total population 15 years and over by highest level of schooling**	**2,870**	**5,490**	**4,550**	**3,145**	**3,215**	**3,785**
199	Less than grade 9 (31)	15	85	60	55	55	50
200	Grades 9-13 without high school graduation certificate	245	520	485	265	325	330
201	Grades 9-13 with high school graduation certificate	270	505	255	325	370	305
202	Some postsecondary without degree, certificate or diploma (32)	485	835	785	360	445	640
203	Trades certificate or diploma (33)	110	415	300	200	300	305
204	College certificate or diploma (34)	620	1,075	920	545	615	840
205	University certificate below bachelor's degree	120	240	160	145	115	195
206	University with bachelor's degree or higher	1,005	1,805	1,590	1,250	990	1,120
	by combinations of unpaid work						
207	Males 15 years and over	1,500	2,995	2,365	1,530	1,680	2,030
208	Reported unpaid work (35)	1,370	2,675	2,130	1,350	1,470	1,830
209	Housework and child care and care or assistance to seniors	20	50	25	50	10	10
210	Housework and child care only	90	275	160	90	105	165
211	Housework and care or assistance to seniors only	140	170	170	160	85	145
212	Child care and care or assistance to seniors only	-	10	-	-	-	-
213	Housework only	1,110	2,140	1,765	1,020	1,265	1,465
214	Child care only	-	10	10	-	10	20
215	Care or assistance to seniors only	10	25	10	25	-	25
216	Females 15 years and over	1,370	2,500	2,185	1,615	1,540	1,760
217	Reported unpaid work (35)	1,280	2,390	1,990	1,500	1,440	1,605
218	Housework and child care and care or assistance to seniors	15	90	60	55	15	40
219	Housework and child care only	125	310	185	135	160	155
220	Housework and care or assistance to seniors only	170	195	200	210	165	110
221	Child care and care or assistance to seniors only	-	-	-	-	10	-
222	Housework only	960	1,785	1,535	1,075	1,080	1,290
223	Child care only	-	-	-	10	10	-
224	Care or assistance to seniors only	10	-	10	15	-	-
	by labour force activity						
225	Males 15 years and over	1,505	2,995	2,365	1,525	1,680	2,030
226	In the labour force	1,165	2,420	1,760	1,125	1,270	1,430
227	Employed	1,115	2,245	1,670	1,020	1,185	1,295
228	Unemployed	45	175	100	110	85	135
229	Not in the labour force	335	575	605	400	410	595
230	Participation rate	77.4	80.8	74.4	73.8	75.6	70.4
231	Employment rate	74.1	75.0	70.6	66.9	70.5	63.8
232	Unemployment rate	3.9	7.2	5.7	9.8	6.7	9.4
233	Females 15 years and over	1,365	2,500	2,185	1,620	1,535	1,755
234	In the labour force	1,075	1,810	1,480	850	1,065	1,260
235	Employed	975	1,655	1,380	820	985	1,205
236	Unemployed	95	155	100	35	80	60
237	Not in the labour force	295	690	700	760	470	500
238	Participation rate	78.8	72.4	67.7	52.5	69.4	71.8
239	Employment rate	71.4	66.2	63.2	50.6	64.2	68.7
240	Unemployment rate	8.8	8.6	6.8	4.1	7.5	4.8

Tableau 1. Certaines caractéristiques des secteurs de recensement, recensement de 2001 – Données intégrales et données-échantillon (20 %)

Vancouver 0065	Vancouver 0066 ◆	Vancouver 0067	Vancouver 0068 ◆◇	Vancouver 0069 ◆◇	Vancouver 0100.01	Caractéristiques	N°
						CARACTÉRISTIQUES DE LA POPULATION	
6,160	**3,660**	**6,055**	**4,610**	**7,095**	**3,085**	**Population totale de 5 ans et plus (30)**	185
						selon le lieu de résidence 5 ans auparavant (mobilité)	
1,550	445	1,910	1,680	1,820	1,570	Personnes n'ayant pas déménagé	186
4,605	3,210	4,145	2,925	5,280	1,520	Personnes ayant déménagé	187
1,835	1,595	1,850	1,450	1,555	925	Non-migrants	188
2,770	1,620	2,295	1,480	3,725	595	Migrants	189
1,255	970	1,240	1,035	1,425	450	Migrants internes	190
700	660	660	630	915	305	Migrants infraprovinciaux	191
550	310	580	410	510	140	Migrants interprovinciaux	192
1,515	650	1,055	435	2,300	150	Migrants externes	193
1,040	**535**	**740**	**325**	**1,205**	**420**	**Population totale de 15 à 24 ans**	194
						selon la fréquentation scolaire	
450	185	265	150	115	170	Ne fréquentant pas l'école	195
460	250	420	145	1,055	190	Fréquentant l'école à plein temps	196
135	100	50	30	30	60	Fréquentant l'école à temps partiel	197
6,055	**3,575**	**5,860**	**4,550**	**6,265**	**2,745**	**Population totale de 15 ans et plus**	198
						selon le plus haut niveau de scolarité atteint	
125	50	235	65	15	95	Niveau inférieur à la 9e année (31)	199
525	155	575	385	350	385	De la 9e à la 13e année sans certificat d'études secondaires	200
565	240	540	425	195	380	De la 9e à la 13e année avec certificat d'études secondaires	201
1,020	670	790	580	890	385	Études postsecondaires partielles sans grade, certificat ou diplôme (32)	202
390	150	415	445	145	350	Certificat ou diplôme d'une école de métiers (33)	203
1,215	500	1,040	910	360	570	Certificat ou diplôme collégial (34)	204
295	170	285	165	190	50	Certificat universitaire inférieur au baccalauréat	205
1,920	1,640	1,980	1,570	4,120	530	Études universitaires avec baccalauréat ou diplôme supérieur	206
						selon les combinaisons de travail non rémunéré	
3,190	1,870	3,065	2,335	3,110	1,340	Hommes de 15 ans et plus	207
2,735	1,640	2,645	1,995	2,755	1,205	Travail non rémunéré déclaré (35)	208
30	40	75	15	180	80	Travaux ménagers et soins aux enfants et soins ou aide aux personnes âgées	209
250	180	275	135	805	305	Travaux ménagers et soins aux enfants seulement	210
210	120	180	220	140	105	Travaux ménagers et soins ou aide aux personnes âgées seulement	211
-	15	-	10	-	-	Soins aux enfants et soins ou aide aux personnes âgées seulement	212
2,245	1,250	2,080	1,595	1,605	695	Travaux ménagers seulement	213
-	35	10	15	20	15	Soins aux enfants seulement	214
-	-	20	10	-	-	Soins ou aide aux personnes âgées seulement	215
2,855	1,705	2,795	2,215	3,155	1,405	Femmes de 15 ans et plus	216
2,595	1,510	2,570	2,045	2,965	1,290	Travail non rémunéré déclaré (35)	217
60	95	130	30	255	105	Travaux ménagers et soins aux enfants et soins ou aide aux personnes âgées	218
245	170	340	165	950	375	Travaux ménagers et soins aux enfants seulement	219
160	110	185	295	250	135	Travaux ménagers et soins ou aide aux personnes âgées seulement	220
-	-	-	-	-	-	Soins aux enfants et soins ou aide aux personnes âgées seulement	221
2,090	1,115	1,880	1,550	1,500	670	Travaux ménagers seulement	222
20	10	-	-	10	10	Soins aux enfants seulement	223
10	-	40	-	-	-	Soins ou aide aux personnes âgées seulement	224
						selon l'activité	
3,190	1,870	3,065	2,335	3,110	1,340	Hommes de 15 ans et plus	225
2,295	1,495	2,120	1,695	2,180	960	Population active	226
2,055	1,395	1,900	1,585	1,915	920	Personnes occupées	227
245	95	220	110	270	40	Chômeurs	228
900	380	950	640	930	380	Inactifs	229
71.9	79.9	69.2	72.6	70.1	71.6	Taux d'activité	230
64.4	74.6	62.0	67.9	61.6	68.7	Taux d'emploi	231
10.7	6.4	10.4	6.5	12.4	4.2	Taux de chômage	232
2,860	1,705	2,800	2,215	3,155	1,400	Femmes de 15 ans et plus	233
1,825	1,155	1,660	1,580	1,830	925	Population active	234
1,695	1,060	1,500	1,450	1,650	865	Personnes occupées	235
130	95	155	130	180	65	Chômeuses	236
1,035	555	1,140	640	1,325	475	Inactives	237
63.8	67.7	59.3	71.3	58.0	66.1	Taux d'activité	238
59.3	62.2	53.6	65.5	52.3	61.8	Taux d'emploi	239
7.1	8.2	9.3	8.2	9.8	7.0	Taux de chômage	240

Table 1. Selected Characteristics for Census Tracts, 2001 Census – 100% Data and 20% Sample Data

No.	Characteristics	Vancouver 0060.01 A	Vancouver 0060.02 ◆ A	Vancouver 0061 ◆	Vancouver 0062 ◆	Vancouver 0063	Vancouver 0064
	POPULATION CHARACTERISTICS						
	by labour force activity – concluded						
241	Both sexes - Participation rate	78.0	77.0	71.3	63.0	72.6	71.1
242	15-24 years	75.0	67.8	57.4	71.4	52.5	65.0
243	25 years and over	78.4	78.0	73.3	62.5	74.7	72.0
244	Both sexes - Employment rate	73.0	70.9	67.0	58.3	67.7	65.9
245	15-24 years	72.2	59.7	53.7	70.4	49.2	61.2
246	25 years and over	73.3	72.3	69.0	58.1	69.6	66.8
247	Both sexes - Unemployment rate	6.5	7.8	6.0	7.3	7.1	7.2
248	15-24 years	5.0	12.5	7.9	-	6.2	6.0
249	25 years and over	6.4	7.5	5.6	7.2	7.1	7.4
250	**Total labour force 15 years and over**	**2,240**	**4,230**	**3,245**	**1,985**	**2,335**	**2,690**
	by industry based on the 1997 NAICS						
251	Industry - Not applicable (36)	40	120	40	40	40	20
252	All industries (37)	2,205	4,105	3,210	1,945	2,295	2,665
253	11 Agriculture, forestry, fishing and hunting	10	-	10	-	15	20
254	21 Mining and oil and gas extraction	25	-	20	10	10	10
255	22 Utilities	10	40	10	10	-	40
256	23 Construction	40	90	70	25	50	55
257	31-33 Manufacturing	85	215	130	70	125	140
258	41 Wholesale trade	65	140	90	100	55	60
259	44-45 Retail trade	235	410	320	100	185	225
260	48-49 Transportation and warehousing	85	245	210	100	110	175
261	51 Information and cultural industries	185	235	195	155	160	100
262	52 Finance and insurance	115	220	115	125	150	125
263	53 Real estate and rental and leasing	55	185	155	110	90	60
264	54 Professional, scientific and technical services	250	565	520	280	355	420
265	55 Management of companies and enterprises	10	-	-	-	-	-
266	56 Administrative and support, waste management and remediation services	75	215	210	80	100	115
267	61 Educational services	150	255	205	190	205	215
268	62 Health care and social assistance	235	260	240	185	175	190
269	71 Arts, entertainment and recreation	95	105	85	80	95	110
270	72 Accommodation and food services	255	515	360	145	245	295
271	81 Other services (except public administration)	135	190	175	80	55	150
272	91 Public administration	100	205	105	95	125	165
	by class of worker						
273	Class of worker - Not applicable (36)	35	125	35	35	40	20
274	All classes of worker (37)	2,205	4,105	3,210	1,945	2,300	2,670
275	Paid workers	2,050	3,730	2,930	1,785	2,050	2,480
276	Employees	1,970	3,585	2,810	1,590	1,975	2,415
277	Self-employed (incorporated)	75	150	120	190	75	70
278	Self-employed (unincorporated)	160	370	280	160	235	190
279	Unpaid family workers	-	-	-	10	15	-
	by occupation based on the 2001 NOC-S						
280	Male labour force 15 years and over	1,165	2,420	1,765	1,125	1,270	1,435
281	Occupation - Not applicable (36)	10	45	25	30	-	15
282	All occupations (37)	1,155	2,370	1,740	1,100	1,260	1,410
283	A Management occupations	135	370	240	170	165	165
284	B Business, finance and administration occupations	205	365	195	225	255	220
285	C Natural and applied sciences and related occupations	130	280	285	165	155	160
286	D Health occupations	30	40	70	15	30	50
287	E Occupations in social science, education, government service and religion	120	200	165	150	125	120
288	F Occupations in art, culture, recreation and sport	135	145	125	130	140	135
289	G Sales and service occupations	275	660	430	175	250	375
290	H Trades, transport and equipment operators and related occupations	90	230	145	70	90	145
291	I Occupations unique to primary industry	10	-	30	-	25	20
292	J Occupations unique to processing, manufacturing and utilities	35	75	55	-	10	20
293	Female labour force 15 years and over	1,070	1,810	1,480	855	1,070	1,260
294	Occupation - Not applicable (36)	25	80	15	-	30	10
295	All occupations (37)	1,045	1,730	1,470	845	1,035	1,255
296	A Management occupations	85	165	195	110	95	115
297	B Business, finance and administration occupations	295	540	390	245	325	390
298	C Natural and applied sciences and related occupations	45	100	130	35	25	50
299	D Health occupations	65	75	95	65	55	80

Tableau 1. Certaines caractéristiques des secteurs de recensement, recensement de 2001 – Données intégrales et données-échantillon (20 %)

Vancouver 0065	Vancouver 0066 ◆	Vancouver 0067	Vancouver 0068 ◆◇	Vancouver 0069 ◆◇	Vancouver 0100.01	Caractéristiques	N°
						CARACTÉRISTIQUES DE LA POPULATION	
						selon l'activité – fin	
68.1	74.0	64.4	71.9	64.0	68.9	Les deux sexes - Taux d'activité	241
49.3	55.1	60.1	67.2	55.8	64.7	15-24 ans	242
72.0	77.3	64.9	72.2	65.8	69.6	25 ans et plus	243
62.1	68.7	58.0	66.6	56.8	65.2	Les deux sexes - Taux d'emploi	244
43.3	52.3	49.3	53.1	45.9	58.3	15-24 ans	245
65.9	71.5	59.3	67.6	59.4	66.4	25 ans et plus	246
9.0	7.4	9.9	7.3	11.1	5.6	Les deux sexes - Taux de chômage	247
12.6	5.1	18.0	20.9	18.5	10.9	15-24 ans	248
8.5	7.7	8.7	6.4	9.8	4.7	25 ans et plus	249
4,120	**2,645**	**3,775**	**3,270**	**4,010**	**1,895**	**Population active totale de 15 ans et plus**	250
						selon l'industrie basée sur le SCIAN de 1997	
95	60	90	35	125	30	Industrie - Sans objet (36)	251
4,025	2,590	3,685	3,240	3,890	1,860	Toutes les industries (37)	252
15	-	-	-	10	-	11 Agriculture, foresterie, pêche et chasse	253
15	10	15	10	30	10	21 Extraction minière et extraction de pétrole et de gaz	254
15	-	15	30	15	-	22 Services publics	255
90	65	90	50	45	80	23 Construction	256
145	80	150	120	150	140	31-33 Fabrication	257
170	120	140	90	85	80	41 Commerce de gros	258
345	230	375	260	190	195	44-45 Commerce de détail	259
175	135	235	150	50	135	48-49 Transport et entreposage	260
370	250	265	230	185	120	51 Industrie de l'information et industrie culturelle	261
240	180	220	185	95	110	52 Finance et assurances	262
130	80	140	140	125	30	53 Services immobiliers et services de location et de location à bail	263
690	575	520	505	490	220	54 Services professionnels, scientifiques et techniques	264
-	15	10	10	-	10	55 Gestion de sociétés et d'entreprises	265
195	160	190	165	70	90	56 Services administratifs, services de soutien, services de gestion des déchets et services d'assainissement	266
240	55	245	180	1,490	145	61 Services d'enseignement	267
230	150	205	325	375	170	62 Soins de santé et assistance sociale	268
95	110	80	90	50	45	71 Arts, spectacles et loisirs	269
540	220	440	365	200	120	72 Hébergement et services de restauration	270
170	65	185	125	145	70	81 Autres services, sauf les administrations publiques	271
150	85	165	210	95	100	91 Administrations publiques	272
						selon la catégorie de travailleurs	
95	55	90	35	120	35	Catégorie de travailleurs - Sans objet (36)	273
4,025	2,595	3,685	3,240	3,890	1,860	Toutes les catégories de travailleurs (37)	274
3,700	2,360	3,340	2,895	3,640	1,690	Travailleurs rémunérés	275
3,585	2,195	3,215	2,760	3,445	1,620	Employés	276
110	160	120	135	190	70	Travailleurs autonomes (entreprise constituée en société)	277
320	220	345	340	245	165	Travailleurs autonomes (entreprise non constituée en société)	278
10	15	-	-	-	-	Travailleurs familiaux non rémunérés	279
						selon la profession basée sur la CNP-S de 2001	
2,300	1,495	2,115	1,695	2,180	960	Hommes actifs de 15 ans et plus	280
80	10	40	15	65	10	Profession - Sans objet (36)	281
2,215	1,485	2,080	1,675	2,115	955	Toutes les professions (37)	282
335	405	395	255	305	135	A Gestion	283
275	220	300	215	195	125	B Affaires, finance et administration	284
400	310	285	270	400	135	C Sciences naturelles et appliquées et professions apparentées	285
55	55	65	65	105	-	D Secteur de la santé	286
190	75	185	150	695	75	E Sciences sociales, enseignement, administration publique et religion	287
235	90	170	145	105	40	F Arts, culture, sports et loisirs	288
570	230	505	430	200	230	G Ventes et services	289
105	70	150	120	75	200	H Métiers, transport et machinerie	290
20	-	-	10	15	10	I Professions propres au secteur primaire	291
35	30	15	15	25	-	J Transformation, fabrication et services d'utilité publique	292
1,825	1,155	1,660	1,575	1,830	925	Femmes actives de 15 ans et plus	293
15	50	50	15	55	25	Profession - Sans objet (36)	294
1,805	1,105	1,605	1,560	1,775	900	Toutes les professions (37)	295
190	175	205	210	145	105	A Gestion	296
540	395	435	465	350	285	B Affaires, finance et administration	297
120	85	45	85	140	30	C Sciences naturelles et appliquées et professions apparentées	298
50	25	65	125	135	100	D Secteur de la santé	299

Table 1. Selected Characteristics for Census Tracts, 2001 Census – 100% Data and 20% Sample Data

No.	Characteristics	Vancouver 0060.01 A	Vancouver 0060.02 ◆ A	Vancouver 0061 ◆	Vancouver 0062 ◆	Vancouver 0063	Vancouver 0064
	POPULATION CHARACTERISTICS						
	by occupation based on the 2001 NOC-S – concluded						
300	E Occupations in social science, education, government service and religion	130	155	165	120	95	200
301	F Occupations in art, culture, recreation and sport	120	110	80	95	110	110
302	G Sales and service occupations	295	565	400	160	310	295
303	H Trades, transport and equipment operators and related occupations	10	10	-	-	20	-
304	I Occupations unique to primary industry	-	-	-	-	-	-
305	J Occupations unique to processing, manufacturing and utilities	10	15	10	10	-	15
306	**Total employed labour force 15 years and over**	**2,095**	**3,895**	**3,055**	**1,840**	**2,175**	**2,495**
	by place of work						
307	Males	1,120	2,240	1,670	1,015	1,185	1,295
308	Usual place of work	930	1,650	1,355	780	910	1,050
309	At home	60	290	120	100	140	100
310	Outside Canada	10	35	-	25	10	10
311	No fixed workplace address	120	265	190	110	130	135
312	Females	980	1,655	1,385	820	990	1,205
313	Usual place of work	845	1,465	1,215	700	865	1,030
314	At home	75	100	75	85	75	70
315	Outside Canada	10	-	20	-	-	30
316	No fixed workplace address	50	90	75	35	45	70
317	**Total employed labour force 15 years and over with usual place of work or no fixed workplace address**	**1,945**	**3,470**	**2,835**	**1,620**	**1,950**	**2,285**
	by mode of transportation						
318	Males	1,050	1,915	1,550	890	1,040	1,185
319	Car, truck, van, as driver	435	810	630	405	435	450
320	Car, truck, van, as passenger	45	50	35	55	20	40
321	Public transit	70	245	270	115	130	170
322	Walked	390	750	530	230	380	445
323	Other method	115	65	80	80	75	80
324	Females	895	1,555	1,290	730	910	1,100
325	Car, truck, van, as driver	215	415	380	295	240	240
326	Car, truck, van, as passenger	25	70	55	20	40	65
327	Public transit	200	200	190	105	170	265
328	Walked	385	755	605	285	385	495
329	Other method	70	110	55	20	65	40
330	**Total population 15 years and over who worked since January 1, 2000**	**2,340**	**4,370**	**3,415**	**2,145**	**2,515**	**2,985**
	by language used at work						
331	Single responses	2,130	3,860	3,075	1,930	2,245	2,675
332	English	2,115	3,825	3,030	1,900	2,195	2,600
333	French	-	-	-	-	-	-
334	Non-official languages (5)	15	35	45	30	45	75
335	Chinese, n.o.s.	-	-	15	-	-	-
336	Cantonese	-	10	-	-	-	-
337	Other languages (6)	15	30	35	30	50	75
338	Multiple responses	210	510	340	220	275	315
339	English and French	90	170	135	75	140	100
340	English and non-official language	110	300	175	130	125	200
341	French and non-official language	-	-	-	-	-	-
342	English, French and non-official language	-	40	25	15	10	15
	DWELLING AND HOUSEHOLD CHARACTERISTICS						
343	**Total number of occupied private dwellings**	**1,995**	**3,790**	**3,235**	**2,290**	**2,255**	**2,645**
	by tenure						
344	Owned	285	685	320	685	560	350
345	Rented	1,710	3,105	2,910	1,610	1,695	2,295
346	Band housing	-	-	-	-	-	-
	by structural type of dwelling						
347	Single-detached house	-	40	-	-	55	-
348	Semi-detached house	-	10	-	-	10	-
349	Row house	-	-	-	-	30	15
350	Apartment, detached duplex	-	-	-	-	40	-
351	Apartment, building that has five or more storeys	1,650	2,900	2,770	1,945	1,355	1,790
352	Apartment, building that has fewer than five storeys (38)	345	845	455	345	770	835
353	Other single-attached house	-	-	10	-	-	10
354	Movable dwelling (39)	-	-	-	-	-	-

Tableau 1. Certaines caractéristiques des secteurs de recensement, recensement de 2001 – Données intégrales et données-échantillon (20 %)

Vancouver 0065	Vancouver 0066 ◆	Vancouver 0067	Vancouver 0068 ◆◇	Vancouver 0069 ◆◇	Vancouver 0100.01	Caractéristiques	N°
						CARACTÉRISTIQUES DE LA POPULATION	
						selon la profession basée sur la CNP-S de 2001 - fin	
165	80	160	200	565	60	E Sciences sociales, enseignement, administration publique et religion	300
135	145	95	125	115	40	F Arts, culture, sports et loisirs	301
570	200	575	310	280	265	G Ventes et services	302
35	-	10	10	10	-	H Métiers, transport et machinerie	303
-	-	-	10	15	-	I Professions propres au secteur primaire	304
10	-	10	15	20	10	J Transformation, fabrication et services d'utilité publique	305
3,750	**2,450**	**3,405**	**3,030**	**3,565**	**1,790**	**Population active occupée totale de 15 ans et plus**	306
						selon le lieu de travail	
2,055	1,395	1,895	1,585	1,910	925	Hommes	307
1,630	1,100	1,500	1,225	1,560	705	Lieu habituel de travail	308
155	135	210	175	180	60	À domicile	309
10	35	15	-	65	15	En dehors du Canada	310
255	120	175	175	110	145	Sans adresse de travail fixe	311
1,695	1,055	1,500	1,450	1,650	865	Femmes	312
1,520	850	1,305	1,300	1,310	745	Lieu habituel de travail	313
100	125	140	80	210	70	À domicile	314
15	15	20	15	40	10	En dehors du Canada	315
70	70	35	60	90	45	Sans adresse de travail fixe	316
3,470	**2,145**	**3,010**	**2,755**	**3,075**	**1,640**	**Population active occupée totale de 15 ans et plus ayant un lieu habituel de travail ou sans adresse de travail fixe**	317
						selon le mode de transport	
1,890	1,225	1,675	1,400	1,670	850	Hommes	318
580	540	670	530	725	595	Automobile, camion ou fourgonnette, en tant que conducteur	319
30	15	30	40	35	30	Automobile, camion ou fourgonnette, en tant que passager	320
255	105	225	200	130	90	Transport en commun	321
910	550	645	495	485	90	À pied	322
105	20	100	140	300	45	Autre moyen	323
1,585	920	1,340	1,355	1,405	790	Femmes	324
375	230	330	440	550	505	Automobile, camion ou fourgonnette, en tant que conductrice	325
35	50	60	60	100	45	Automobile, camion ou fourgonnette, en tant que passagère	326
210	120	210	285	195	100	Transport en commun	327
925	500	700	540	405	110	À pied	328
45	20	40	30	150	30	Autre moyen	329
4,345	**2,765**	**4,125**	**3,560**	**4,555**	**2,055**	**Population totale de 15 ans et plus ayant travaillé depuis le 1er janvier 2000**	330
						selon la langue utilisée au travail	
3,785	2,310	3,590	3,285	4,085	1,950	Réponses uniques	331
3,690	2,270	3,520	3,265	3,960	1,930	Anglais	332
10	10	-	-	-	-	Français	333
95	45	70	20	125	20	Langues non officielles (5)	334
-	10	10	10	75	-	Chinois, n.d.a.	335
10	-	-	-	-	-	Cantonais	336
95	35	65	10	45	25	Autres langues (6)	337
555	450	535	270	465	105	Réponses multiples	338
145	95	180	125	90	15	Anglais et français	339
390	325	335	130	370	85	Anglais et langue non officielle	340
-	-	-	-	-	-	Français et langue non officielle	341
20	25	20	15	10	-	Anglais, français et langue non officielle	342
						CARACTÉRISTIQUES DES LOGEMENTS ET DES MÉNAGES	
4,005	**2,180**	**3,910**	**3,280**	**2,630**	**1,405**	**Nombre total de logements privés occupés**	343
						selon le mode d'occupation	
690	860	755	515	1,150	730	Possédé	344
3,310	1,320	3,165	2,770	1,480	670	Loué	345
-	-	-	-	-	-	Logement de bande	346
						selon le type de construction résidentielle	
10	-	20	-	435	545	Maison individuelle non attenante	347
10	-	-	-	20	165	Maison jumelée	348
20	15	20	-	700	165	Maison en rangée	349
10	-	-	-	15	120	Appartement, duplex non attenant	350
3,100	2,080	3,080	2,435	620	-	Appartement, immeuble de cinq étages ou plus	351
845	85	785	835	835	410	Appartement, immeuble de moins de cinq étages (38)	352
-	-	-	-	10	-	Autre maison individuelle attenante	353
-	-	10	-	-	-	Logement mobile (39)	354

Table 1. Selected Characteristics for Census Tracts, 2001 Census – 100% Data and 20% Sample Data

No.	Characteristics	Vancouver 0060.01 A	Vancouver 0060.02 ◆ A	Vancouver 0061 ◆	Vancouver 0062 ◆	Vancouver 0063	Vancouver 0064
	DWELLING AND HOUSEHOLD CHARACTERISTICS						
	by condition of dwelling						
355	Regular maintenance only	1,450	2,675	2,335	1,780	1,510	1,855
356	Minor repairs	410	655	675	340	495	520
357	Major repairs	130	460	225	175	250	270
	by period of construction						
358	Before 1946	195	255	210	170	370	430
359	1946-1960	305	430	935	645	240	265
360	1961-1970	815	995	1,435	1,020	605	695
361	1971-1980	500	1,085	395	215	700	760
362	1981-1990	125	640	185	175	300	320
363	1991-2001 (20)	55	395	70	65	40	170
364	Average number of rooms per dwelling	3.3	3.3	3.2	3.4	3.5	3.2
365	Average number of bedrooms per dwelling	1.0	1.0	0.9	1.1	1.1	1.0
366	Average value of dwelling $	184,968	198,125	204,331	237,745	189,767	154,577
367	**Total number of private households**	**1,995**	**3,790**	**3,235**	**2,290**	**2,255**	**2,645**
	by household size						
368	1 person	1,190	2,255	2,030	1,495	1,340	1,605
369	2 persons	670	1,230	1,010	705	755	880
370	3 persons	100	210	150	70	130	130
371	4-5 persons	40	95	50	25	25	35
372	6 or more persons	-	-	-	10	-	-
	by household type						
373	One-family households	570	1,125	835	690	680	690
374	Multiple-family households	10	-	10	-	-	-
375	Non-family households	1,420	2,665	2,395	1,600	1,570	1,955
376	Number of persons in private households	2,985	5,740	4,695	3,220	3,390	3,890
377	Average number of persons in private households	1.5	1.5	1.5	1.4	1.5	1.5
378	Average number of persons per room	0.5	0.5	0.5	0.4	0.4	0.5
379	Tenant households in non-farm, non-reserve private dwellings (40)	1,695	3,040	2,865	1,610	1,670	2,290
380	Average gross rent $ (40)	834	808	791	922	831	775
381	Tenant households spending 30% or more of household income on gross rent (40) (41)	785	1,370	1,235	610	700	1,000
382	Tenant households spending from 30% to 99% of household income on gross rent (40) (41)	610	1,105	890	520	490	785
383	Owner households in non-farm, non-reserve private dwellings (42)	290	680	320	685	560	350
384	Average owner's major payments $ (42)	901	940	848	666	784	954
385	Owner households spending 30% or more of household income on owner's major payments (41) (42)	85	170	65	140	115	110
386	Owner households spending from 30% to 99% of household income on owner's major payments (41) (42)	75	125	55	115	95	80
	CENSUS FAMILY CHARACTERISTICS						
387	**Total number of census families in private households**	**580**	**1,125**	**850**	**690**	**680**	**690**
	by census family structure and size						
388	Total couple families	505	990	750	610	555	615
389	Total families of married couples	275	585	435	385	330	320
390	Without children at home	200	395	320	335	235	260
391	With children at home	75	185	115	50	95	60
392	1 child	40	105	90	35	80	45
393	2 children	30	80	20	-	-	10
394	3 or more children	-	-	-	-	15	-
395	Total families of common-law couples	230	405	320	225	230	295
396	Without children at home	220	380	315	205	220	270
397	With children at home	10	20	-	15	10	20
398	1 child	10	15	-	20	-	20
399	2 children	-	10	-	-	-	-
400	3 or more children	-	-	-	-	10	-
401	Total lone-parent families	75	135	95	80	125	75
402	Female parent	65	120	85	65	120	55
403	1 child	45	105	65	45	100	55
404	2 children	20	20	10	20	20	10
405	3 or more children	-	-	10	-	-	-

Tableau 1. Certaines caractéristiques des secteurs de recensement, recensement de 2001 – Données intégrales et données-échantillon (20 %)

Vancouver 0065	Vancouver 0066 ◆	Vancouver 0067	Vancouver 0068 ◆◇	Vancouver 0069 ◆◇	Vancouver 0100.01	Caractéristiques	N°
						CARACTÉRISTIQUES DES LOGEMENTS ET DES MÉNAGES	
						selon l'état du logement	
2,855	1,855	2,920	2,450	1,980	975	Entretien régulier seulement	355
800	175	645	610	385	280	Réparations mineures	356
350	150	350	225	265	140	Réparations majeures	357
						selon la période de construction	
460	185	315	470	185	315	Avant 1946	358
520	-	345	930	360	410	1946-1960	359
935	10	825	1,025	210	210	1961-1970	360
865	30	1,370	455	265	155	1971-1980	361
815	170	400	310	420	200	1981-1990	362
405	1,780	660	95	1,195	115	1991-2001 (20)	363
3.3	3.9	3.3	3.3	5.2	6.0	Nombre moyen de pièces par logement	364
1.0	1.3	1.0	1.0	2.1	2.4	Nombre moyen de chambres à coucher par logement	365
210,297	230,501	290,102	242,445	491,068	328,791	Valeur moyenne du logement $	366
4,005	**2,180**	**3,915**	**3,285**	**2,630**	**1,405**	**Nombre total de logements privés**	367
						selon la taille du ménage	
2,145	1,060	2,235	2,140	645	425	1 personne	368
1,560	815	1,250	985	840	500	2 personnes	369
240	185	280	125	600	205	3 personnes	370
60	110	145	35	505	245	4-5 personnes	371
-	10	-	-	35	30	6 personnes ou plus	372
						selon le genre de ménage	
1,080	905	1,300	860	1,795	850	Ménages unifamiliaux	373
-	10	-	10	15	15	Ménages multifamiliaux	374
2,925	1,265	2,610	2,420	830	540	Ménages non familiaux	375
6,230	3,765	6,200	4,625	6,525	3,270	Nombre de personnes dans les ménages privés	376
1.6	1.7	1.6	1.4	2.5	2.3	Nombre moyen de personnes dans les ménages privés	377
0.5	0.4	0.5	0.4	0.5	0.4	Nombre moyen de personnes par pièce	378
3,220	1,300	3,125	2,765	1,450	665	Ménages locataires dans les logements privés non agricoles hors réserve (40)	379
785	1,139	768	820	1,022	943	Loyer brut moyen $ (40)	380
1,635	505	1,470	1,200	775	210	Ménages locataires consacrant 30 % ou plus du revenu du ménage au loyer brut (40) (41)	381
1,045	375	1,125	1,015	515	185	Ménages locataires consacrant de 30 % à 99 % du revenu du ménage au loyer brut (40) (41)	382
690	855	750	515	1,150	735	Ménages propriétaires dans les logements privés non agricoles hors réserve (42)	383
953	1,083	1,143	785	1,071	1,176	Principales dépenses de propriété moyennes $ (42)	384
240	415	240	120	300	175	Ménages propriétaires consacrant 30 % ou plus du revenu du ménage aux principales dépenses de propriété (41) (42)	385
195	320	195	100	215	140	Ménages propriétaires consacrant de 30 % à 99 % du revenu du ménage aux principales dépenses de propriété (41) (42)	386
						CARACTÉRISTIQUES DES FAMILLES DE RECENSEMENT	
1,080	**920**	**1,305**	**870**	**1,815**	**880**	**Total des familles de recensement dans les ménages privés**	387
						selon la structure et la taille de la famille de recensement	
970	830	1,105	810	1,570	715	Total des familles avec conjoints	388
600	605	735	480	1,460	590	Total des familles avec couples mariés	389
435	390	485	380	570	280	Sans enfants à la maison	390
160	215	255	100	890	305	Avec enfants à la maison	391
110	150	145	75	430	105	1 enfant	392
50	40	85	20	315	135	2 enfants	393
10	30	25	-	140	70	3 enfants ou plus	394
370	230	365	325	110	130	Total des familles en union libre	395
365	225	335	315	65	80	Sans enfants à la maison	396
10	-	35	15	45	45	Avec enfants à la maison	397
10	10	30	15	35	10	1 enfant	398
-	-	10	-	10	35	2 enfants	399
-	-	-	-	-	-	3 enfants ou plus	400
115	85	200	65	245	165	Total des familles monoparentales	401
95	45	190	65	215	120	Parent de sexe féminin	402
90	20	120	60	130	60	1 enfant	403
-	10	75	10	85	50	2 enfants	404
-	10	-	-	10	10	3 enfants ou plus	405

Table 1. Selected Characteristics for Census Tracts, 2001 Census – 100% Data and 20% Sample Data

No.	Characteristics	Vancouver 0060.01 A	Vancouver 0060.02 ◆ A	Vancouver 0061 ◆	Vancouver 0062 ◆	Vancouver 0063	Vancouver 0064
	CENSUS FAMILY CHARACTERISTICS						
	by census family structure and size – concluded						
406	Male parent	15	20	15	20	-	15
407	1 child	10	10	10	20	-	15
408	2 children	-	-	-	-	-	-
409	3 or more children	-	-	-	-	-	-
410	**Total number of children at home**	**220**	**470**	**275**	**185**	**290**	**180**
	by age groups						
411	Under 6 years	65	125	85	55	95	70
412	6-14 years	45	130	70	25	90	55
413	15-17 years	-	65	30	-	20	10
414	18-24 years	60	75	55	40	55	15
415	25 years and over	45	70	40	60	35	35
416	Average number of children at home per census family (43)	0.4	0.4	0.3	0.3	0.4	0.3
417	**Total number of persons in private households**	**2,985**	**5,740**	**4,695**	**3,225**	**3,385**	**3,890**
	by census family status and living arrangements						
418	Number of non-family persons	1,680	3,155	2,815	1,740	1,850	2,405
419	Living with relatives (44)	25	110	95	35	20	95
420	Living with non-relatives only	470	790	700	205	495	705
421	Living alone	1,190	2,255	2,030	1,495	1,335	1,605
422	Number of family persons	1,300	2,585	1,875	1,480	1,535	1,480
423	Average number of persons per census family	2.2	2.3	2.2	2.1	2.3	2.2
424	**Total number of persons 65 years and over**	**220**	**525**	**530**	**850**	**330**	**320**
425	Number of non-family persons 65 years and over	145	365	355	540	240	215
426	Living with relatives (44)	10	-	-	10	-	10
427	Living with non-relatives only	20	40	20	10	10	20
428	Living alone	125	325	335	525	230	200
429	Number of family persons 65 years and over	75	160	180	315	90	100
	ECONOMIC FAMILY CHARACTERISTICS						
430	**Total number of economic families in private households**	**585**	**1,175**	**880**	**695**	**695**	**730**
	by size of family						
431	2 persons	465	915	725	610	565	630
432	3 persons	80	165	120	60	105	80
433	4 persons	30	80	30	20	-	15
434	5 or more persons	-	-	10	10	20	-
435	Total number of persons in economic families	1,320	2,695	1,965	1,525	1,555	1,575
436	Average number of persons per economic family	2.3	2.3	2.2	2.2	2.3	2.2
437	Total number of unattached individuals	1,660	3,040	2,730	1,700	1,835	2,310
	2000 INCOME CHARACTERISTICS						
	Population 15 years and over by sex and total income groups in 2000						
438	Total - Both sexes	2,870	5,495	4,545	3,145	3,215	3,785
439	Without income	75	200	210	70	90	115
440	With income	2,790	5,295	4,330	3,075	3,130	3,670
441	Under $1,000 (45)	140	290	360	60	165	220
442	$ 1,000 - $ 2,999	25	165	105	25	80	95
443	$ 3,000 - $ 4,999	65	75	85	45	40	65
444	$ 5,000 - $ 6,999	110	170	140	70	115	120
445	$ 7,000 - $ 9,999	180	260	140	170	175	220
446	$10,000 - $11,999	75	225	135	40	80	155
447	$12,000 - $14,999	160	350	295	215	185	250
448	$15,000 - $19,999	325	480	360	250	235	270
449	$20,000 - $24,999	250	490	360	225	330	345
450	$25,000 - $29,999	255	460	360	215	190	345
451	$30,000 - $34,999	230	480	380	315	305	290
452	$35,000 - $39,999	195	410	360	310	205	280
453	$40,000 - $44,999	85	235	270	210	240	230
454	$45,000 - $49,999	160	270	255	120	170	190
455	$50,000 - $59,999	225	410	285	205	270	270
456	$60,000 and over	320	515	440	595	345	315
457	Average income $ (46)	31,545	31,442	31,442	41,096	31,341	29,299
458	Median income $ (46)	26,170	25,835	28,162	33,470	29,451	25,338
459	Standard error of average income $ (46)	1,120	1,097	919	1,443	961	802

Tableau 1. Certaines caractéristiques des secteurs de recensement, recensement de 2001 – Données intégrales et données-échantillon (20 %)

Vancouver 0065	Vancouver 0066 ◆	Vancouver 0067	Vancouver 0068 ◆◇	Vancouver 0069 ◆◇	Vancouver 0100.01	Caractéristiques	N°
						CARACTÉRISTIQUES DES FAMILLES DE RECENSEMENT	
						selon la structure et la taille de la famille de recensement – fin	
15	40	10	-	30	50	Parent de sexe masculin	406
15	25	10	-	20	35	1 enfant	407
-	10	-	-	-	15	2 enfants	408
-	-	-	-	10	-	3 enfants ou plus	409
340	**450**	**700**	**210**	**1,960**	**920**	**Nombre total d'enfants à la maison**	410
						selon les groupes d'âge	
120	120	200	90	550	225	Moins de 6 ans	411
70	70	155	35	725	300	6-14 ans	412
30	25	80	10	225	85	15-17 ans	413
55	130	150	50	325	220	18-24 ans	414
75	100	110	25	135	80	25 ans et plus	415
0.3	0.5	0.5	0.2	1.1	1.1	Nombre moyen d'enfants à la maison par famille de recensement (43)	416
6,230	**3,765**	**6,200**	**4,630**	**6,525**	**3,275**	**Nombre total de personnes dans les ménages privés**	417
						selon la situation des particuliers dans la famille de recensement et des particuliers dans le ménage	
3,835	1,560	3,100	2,735	1,180	765	Nombre de personnes hors famille de recensement	418
145	175	125	50	105	85	Vivant avec des personnes apparentées (44)	419
1,545	315	735	550	430	250	Vivant avec des personnes non apparentées uniquement	420
2,145	1,065	2,240	2,140	650	420	Vivant seules	421
2,395	2,205	3,100	1,885	5,345	2,510	Nombre de personnes membres d'une famille	422
2.2	2.4	2.4	2.2	2.9	2.9	Nombre moyen de personnes par famille de recensement	423
515	**215**	**865**	**630**	**600**	**375**	**Nombre total de personnes de 65 ans et plus**	424
325	75	560	425	155	165	Nombre de personnes hors famille de recensement de 65 ans et plus	425
15	35	30	-	10	40	Vivant avec des personnes apparentées (44)	426
10	-	10	15	10	10	Vivant avec des personnes non apparentées uniquement	427
290	40	520	405	145	115	Vivant seules	428
190	145	305	210	445	205	Nombre de personnes membres d'une famille de 65 ans et plus	429
						CARACTÉRISTIQUES DES FAMILLES ÉCONOMIQUES	
1,150	**965**	**1,340**	**890**	**1,840**	**870**	**Nombre total de familles économiques dans les ménages privés**	430
						selon la taille de la famille	
965	670	960	760	795	415	2 personnes	431
135	185	235	90	540	185	3 personnes	432
55	85	105	30	340	175	4 personnes	433
-	30	35	10	160	95	5 personnes ou plus	434
2,545	2,385	3,230	1,940	5,445	2,595	Nombre total de personnes dans les familles économiques	435
2.2	2.5	2.4	2.2	3.0	3.0	Nombre moyen de personnes par famille économique	436
3,685	1,385	2,975	2,685	1,075	680	Nombre total de personnes hors famille économique	437
						CARACTÉRISTIQUES DU REVENU DE 2000	
						Population de 15 ans et plus selon le sexe et les tranches de revenu total en 2000	
6,050	3,575	5,860	4,545	6,265	2,745	Total - Les deux sexes	438
310	255	160	65	455	135	Sans revenu	439
5,745	3,320	5,705	4,485	5,805	2,610	Avec un revenu	440
740	255	415	150	450	75	Moins de 1 000 $ (45)	441
205	150	190	55	365	90	1 000 $ - 2 999 $	442
130	85	125	70	320	95	3 000 $ - 4 999 $	443
190	85	255	100	320	70	5 000 $ - 6 999 $	444
240	115	350	200	325	135	7 000 $ - 9 999 $	445
210	140	305	165	240	100	10 000 $ - 11 999 $	446
420	160	580	380	265	175	12 000 $ - 14 999 $	447
600	195	535	520	535	210	15 000 $ - 19 999 $	448
495	225	505	305	425	280	20 000 $ - 24 999 $	449
340	210	355	370	340	145	25 000 $ - 29 999 $	450
410	250	330	340	355	175	30 000 $ - 34 999 $	451
405	170	310	325	225	205	35 000 $ - 39 999 $	452
355	175	230	240	180	150	40 000 $ - 44 999 $	453
190	165	235	250	215	95	45 000 $ - 49 999 $	454
310	265	350	415	270	260	50 000 $ - 59 999 $	455
510	675	640	610	980	340	60 000 $ et plus	456
27,008	40,360	30,348	38,056	36,871	35,389	Revenu moyen $ (46)	457
21,029	30,280	20,420	29,017	20,399	26,419	Revenu médian $ (46)	458
784	1,833	1,045	2,635	1,191	1,564	Erreur type de revenu moyen $ (46)	459

Table 1. Selected Characteristics for Census Tracts, 2001 Census – 100% Data and 20% Sample Data

No.	Characteristics	Vancouver 0060.01 A	Vancouver 0060.02 ◆ A	Vancouver 0061 ◆	Vancouver 0062 ◆	Vancouver 0063	Vancouver 0064
	2000 INCOME CHARACTERISTICS						
	Population 15 years and over by sex and total income groups in 2000 – concluded						
460	Total - Males	1,500	2,990	2,365	1,530	1,680	2,030
461	Without income	25	75	75	25	30	35
462	With income	1,475	2,915	2,285	1,505	1,650	1,990
463	Under $1,000 (45)	120	135	155	40	75	90
464	$ 1,000 - $ 2,999	15	60	40	15	30	70
465	$ 3,000 - $ 4,999	20	35	40	10	30	30
466	$ 5,000 - $ 6,999	25	65	85	35	50	35
467	$ 7,000 - $ 9,999	125	155	80	80	65	145
468	$10,000 - $11,999	25	120	70	25	45	90
469	$12,000 - $14,999	90	160	135	65	85	150
470	$15,000 - $19,999	110	230	155	95	140	160
471	$20,000 - $24,999	135	295	245	115	175	145
472	$25,000 - $29,999	100	275	215	110	115	185
473	$30,000 - $34,999	115	265	190	100	150	160
474	$35,000 - $39,999	100	200	180	120	90	145
475	$40,000 - $44,999	30	105	130	125	125	125
476	$45,000 - $49,999	70	175	115	70	85	85
477	$50,000 - $59,999	150	285	145	105	165	165
478	$60,000 and over	240	360	300	400	215	210
479	Average income $ (46)	34,342	34,707	33,886	48,626	33,323	30,638
480	Median income $ (46)	27,413	28,436	28,494	37,465	30,241	25,344
481	Standard error of average income $ (46)	1,746	1,733	1,442	2,564	1,426	1,194
482	Total - Females	1,365	2,505	2,185	1,615	1,535	1,755
483	Without income	55	120	135	55	60	80
484	With income	1,315	2,380	2,045	1,565	1,475	1,675
485	Under $1,000 (45)	20	160	210	15	85	130
486	$ 1,000 - $ 2,999	10	105	65	-	50	30
487	$ 3,000 - $ 4,999	50	35	45	30	15	40
488	$ 5,000 - $ 6,999	90	100	60	35	60	85
489	$ 7,000 - $ 9,999	55	110	55	85	110	70
490	$10,000 - $11,999	50	110	65	20	35	65
491	$12,000 - $14,999	70	190	155	150	100	95
492	$15,000 - $19,999	215	250	200	160	95	105
493	$20,000 - $24,999	115	195	120	110	150	200
494	$25,000 - $29,999	150	190	145	110	75	160
495	$30,000 - $34,999	110	215	185	220	155	140
496	$35,000 - $39,999	95	215	185	190	115	135
497	$40,000 - $44,999	55	130	140	90	110	105
498	$45,000 - $49,999	85	95	135	45	80	105
499	$50,000 - $59,999	75	120	140	100	100	110
500	$60,000 and over	80	155	145	200	130	105
501	Average income $ (46)	28,402	27,445	28,714	33,855	29,127	27,707
502	Median income $ (46)	24,286	22,974	27,407	31,072	26,049	25,279
503	Standard error of average income $ (46)	1,327	1,204	1,081	1,267	1,246	1,054
	by composition of total income						
504	Total - Composition of income in 2000 % (47)	100.0	100.0	100.0	100.0	100.0	100.0
505	Employment income %	84.6	84.4	80.0	68.0	80.9	85.8
506	Government transfer payments %	7.6	8.2	8.5	9.7	7.6	8.4
507	Other %	7.8	7.4	11.5	22.4	11.4	5.8
	Population 15 years and over with employment income in 2000 by sex and work activity						
508	Both sexes with employment income (48)	2,230	4,155	3,220	2,055	2,405	2,875
509	Average employment income $	33,397	33,828	33,842	41,687	33,030	32,041
510	Standard error of average employment income $	1,226	1,340	1,004	1,592	1,129	922
511	Worked full year, full time (49)	1,200	2,290	1,615	1,115	1,275	1,585
512	Average employment income $	42,223	42,523	42,947	49,361	43,120	40,719
513	Standard error of average employment income $	1,644	2,126	1,403	2,106	1,566	1,188
514	Worked part year or part time (50)	1,005	1,790	1,560	890	1,085	1,245
515	Average employment income $	23,194	23,471	25,227	33,089	22,269	21,768
516	Standard error of average employment income $	1,612	1,283	1,287	2,386	1,267	1,180
517	Males with employment income (48)	1,150	2,360	1,745	1,105	1,320	1,555
518	Average employment income $	38,396	36,732	36,239	47,135	35,540	33,613
519	Standard error of average employment income $	1,983	2,058	1,527	2,633	1,681	1,397
520	Worked full year, full time (49)	680	1,380	920	575	730	920
521	Average employment income $	45,216	44,447	44,971	56,819	44,543	42,173
522	Standard error of average employment income $	2,571	3,194	2,200	3,707	2,362	1,744
523	Worked part year or part time (50)	460	960	805	510	565	615
524	Average employment income $	28,636	26,316	26,701	37,494	25,308	21,890
525	Standard error of average employment income $	2,914	1,901	1,876	3,658	1,947	1,852

Tableau 1. Certaines caractéristiques des secteurs de recensement, recensement de 2001 – Données intégrales et données-échantillon (20 %)

Vancouver 0065	Vancouver 0066 ◆	Vancouver 0067	Vancouver 0068 ◆◇	Vancouver 0069 ◆◇	Vancouver 0100.01	Caractéristiques	N°
						CARACTÉRISTIQUES DU REVENU DE 2000	
						Population de 15 ans et plus selon le sexe et les tranches de revenu total en 2000 – fin	
3,195	1,870	3,065	2,335	3,110	1,340	Total - Hommes	460
95	60	40	20	160	50	Sans revenu	461
3,100	1,810	3,025	2,315	2,950	1,290	Avec un revenu	462
365	105	235	85	175	35	Moins de 1 000 $ (45)	463
95	50	60	30	165	45	1 000 $ - 2 999 $	464
70	35	65	40	185	40	3 000 $ - 4 999 $	465
95	50	100	60	120	20	5 000 $ - 6 999 $	466
125	55	180	115	165	50	7 000 $ - 9 999 $	467
105	65	145	90	85	45	10 000 $ - 11 999 $	468
250	50	285	155	85	45	12 000 $ - 14 999 $	469
280	95	245	270	300	115	15 000 $ - 19 999 $	470
305	100	260	125	235	135	20 000 $ - 24 999 $	471
165	50	195	180	155	75	25 000 $ - 29 999 $	472
200	145	165	190	120	50	30 000 $ - 34 999 $	473
210	105	160	170	130	80	35 000 $ - 39 999 $	474
230	120	120	95	85	75	40 000 $ - 44 999 $	475
120	100	130	140	155	75	45 000 $ - 49 999 $	476
145	175	200	195	150	135	50 000 $ - 59 999 $	477
320	500	475	370	655	265	60 000 $ et plus	478
28,684	50,496	35,424	43,188	46,539	42,773	Revenu moyen $ (46)	479
21,819	38,788	23,369	30,123	24,206	33,588	Revenu médian $ (46)	480
1,168	2,936	1,739	5,092	1,996	2,604	Erreur type de revenu moyen $ (46)	481
2,855	1,705	2,795	2,215	3,150	1,405	Total - Femmes	482
215	195	120	45	295	80	Sans revenu	483
2,645	1,515	2,675	2,170	2,855	1,325	Avec un revenu	484
370	150	180	60	275	40	Moins de 1 000 $ (45)	485
115	95	125	30	200	50	1 000 $ - 2 999 $	486
60	45	60	35	135	55	3 000 $ - 4 999 $	487
95	35	155	35	200	55	5 000 $ - 6 999 $	488
120	65	170	90	155	90	7 000 $ - 9 999 $	489
100	70	160	80	150	60	10 000 $ - 11 999 $	490
165	110	290	220	185	125	12 000 $ - 14 999 $	491
315	100	290	250	235	95	15 000 $ - 19 999 $	492
190	130	240	180	190	145	20 000 $ - 24 999 $	493
175	160	165	190	190	70	25 000 $ - 29 999 $	494
210	105	165	150	240	125	30 000 $ - 34 999 $	495
195	65	155	150	100	120	35 000 $ - 39 999 $	496
125	55	110	150	90	70	40 000 $ - 44 999 $	497
70	65	105	110	65	20	45 000 $ - 49 999 $	498
165	90	150	220	120	125	50 000 $ - 59 999 $	499
180	175	165	235	325	75	60 000 $ et plus	500
25,045	28,247	24,607	32,580	26,884	28,180	Revenu moyen $ (46)	501
19,916	24,074	18,226	28,321	17,513	21,613	Revenu médian $ (46)	502
994	1,656	982	1,035	963	1,643	Erreur type de revenu moyen $ (46)	503
						selon la composition du revenu total	
100.0	100.0	100.0	100.0	100.0	100.0	Total - Composition du revenu en 2000 % (47)	504
84.8	86.3	77.8	80.0	70.7	83.9	Revenu d'emploi %	505
7.8	3.3	11.1	8.0	5.5	7.8	Transferts gouvernementaux %	506
7.4	10.3	11.0	11.9	23.8	8.3	Autre %	507
						Population de 15 ans et plus ayant un revenu d'emploi en 2000 selon le sexe et le travail	
4,130	2,670	3,860	3,415	4,280	1,995	Les deux sexes ayant un revenu d'emploi (48)	508
31,833	43,378	34,916	40,020	35,379	38,886	Revenu moyen d'emploi $	509
891	1,795	1,305	3,406	1,381	1,940	Erreur type de revenu moyen d'emploi $	510
2,205	1,675	1,860	1,935	1,545	1,120	Ayant travaillé toute l'année à plein temps (49)	511
40,861	51,552	47,490	51,967	63,439	50,316	Revenu moyen d'emploi $	512
1,339	2,132	2,105	5,995	3,452	2,820	Erreur type de revenu moyen d'emploi $	513
1,845	945	1,930	1,465	2,550	830	Ayant travaillé une partie de l'année ou à temps partiel (50)	514
21,471	29,352	22,849	24,701	20,099	24,383	Revenu moyen d'emploi $	515
887	2,948	1,287	1,293	1,138	2,273	Erreur type de revenu moyen d'emploi $	516
2,260	1,530	2,095	1,745	2,345	1,025	Hommes ayant un revenu d'emploi (48)	517
33,806	51,736	41,432	46,693	44,041	46,255	Revenu moyen d'emploi $	518
1,333	2,681	2,151	6,660	2,213	3,112	Erreur type de revenu moyen d'emploi $	519
1,235	1,050	1,110	1,030	960	610	Ayant travaillé toute l'année à plein temps (49)	520
42,502	57,328	52,593	61,467	73,398	57,032	Revenu moyen d'emploi $	521
2,002	2,989	3,330	11,369	5,182	4,121	Erreur type de revenu moyen d'emploi $	522
975	465	970	700	1,285	385	Ayant travaillé une partie de l'année ou à temps partiel (50)	523
22,945	40,634	28,816	25,710	24,464	30,865	Revenu moyen d'emploi $	524
1,312	5,452	2,257	2,083	1,897	4,530	Erreur type de revenu moyen d'emploi $	525

Table 1. Selected Characteristics for Census Tracts, 2001 Census – 100% Data and 20% Sample Data

No.	Characteristics	Vancouver 0060.01 A	Vancouver 0060.02 ◆ A	Vancouver 0061 ◆	Vancouver 0062 ◆	Vancouver 0063	Vancouver 0064
	2000 INCOME CHARACTERISTICS						
	Population 15 years and over with employment income in 2000 by sex and work activity – concluded						
526	Females with employment income (48)	1,075	1,795	1,480	950	1,085	1,325
527	Average employment income $	28,027	30,004	31,010	35,328	29,972	30,187
528	Standard error of average employment income $	1,307	1,514	1,226	1,454	1,398	1,180
529	Worked full year, full time (49)	520	910	690	545	550	665
530	Average employment income $	38,316	39,609	40,261	41,467	41,218	38,714
531	Standard error of average employment income $	1,731	2,345	1,412	1,505	1,803	1,558
532	Worked part year or part time (50)	540	830	755	380	520	635
533	Average employment income $	18,551	20,188	23,650	27,162	18,972	21,650
534	Standard error of average employment income $	1,526	1,651	1,749	2,582	1,497	1,496
	Census families by structure and family income groups in 2000						
535	Total - All census families	580	1,125	850	690	680	690
536	Under $10,000	35	95	55	-	45	25
537	$ 10,000 - $19,999	50	80	55	10	50	50
538	$ 20,000 - $29,999	55	125	90	105	65	70
539	$ 30,000 - $39,999	95	130	60	50	90	20
540	$ 40,000 - $49,999	50	145	135	60	55	75
541	$ 50,000 - $59,999	70	70	100	45	75	95
542	$ 60,000 - $69,999	60	85	80	70	70	115
543	$ 70,000 - $79,999	40	125	45	85	50	75
544	$ 80,000 - $89,999	40	60	65	35	90	55
545	$ 90,000 - $99,999	20	55	45	40	25	35
546	$100,000 and over	65	160	125	175	80	60
547	Average family income $	54,703	62,280	62,682	82,049	59,657	60,289
548	Median family income $	50,157	46,938	53,879	68,212	54,392	60,104
549	Standard error of average family income $	3,338	4,509	3,192	5,364	3,440	2,533
550	Total - All couple census families (51)	500	990	755	610	560	615
551	Under $10,000	25	70	40	-	35	25
552	$ 10,000 - $19,999	35	55	50	10	25	40
553	$ 20,000 - $29,999	55	90	75	75	55	50
554	$ 30,000 - $39,999	70	100	45	35	60	15
555	$ 40,000 - $49,999	30	135	125	65	45	55
556	$ 50,000 - $59,999	60	65	90	45	70	80
557	$ 60,000 - $69,999	55	75	55	75	50	110
558	$ 70,000 - $79,999	45	120	40	75	40	75
559	$ 80,000 - $89,999	40	60	60	40	90	60
560	$ 90,000 - $99,999	20	55	40	40	30	40
561	$100,000 and over	65	160	130	155	60	65
562	Average family income $	58,086	66,445	65,298	86,417	61,529	63,027
563	Median family income $	53,953	55,075	54,900	70,116	58,248	62,205
564	Standard error of average family income $	3,665	5,001	3,512	5,830	3,716	2,724
	Incidence of low income in 2000						
565	Total - Economic families	580	1,170	880	695	690	730
566	Low income	120	260	135	45	110	100
567	Incidence of low income in 2000 % (52)	21.1	22.1	15.7	6.4	15.6	13.7
568	Total - Unattached individuals 15 years and over	1,655	3,045	2,725	1,700	1,835	2,310
569	Low income	535	1,075	1,040	460	620	950
570	Incidence of low income in 2000 % (52)	32.3	35.2	38.2	27.1	34.0	40.9
571	Total - Population in private households	2,980	5,740	4,695	3,220	3,390	3,885
572	Low income	840	1,745	1,370	565	875	1,180
573	Incidence of low income in 2000 % (52)	28.2	30.4	29.2	17.4	25.9	30.3
	Private households by household income groups in 2000						
574	Total - All private households	1,995	3,795	3,235	2,295	2,255	2,650
575	Under $10,000	200	420	415	150	280	290
576	$ 10,000 - $19,999	220	555	460	300	230	460
577	$ 20,000 - $29,999	340	530	510	260	320	410
578	$ 30,000 - $39,999	325	675	450	340	350	315
579	$ 40,000 - $49,999	225	435	440	270	275	300
580	$ 50,000 - $59,999	215	350	285	185	220	255
581	$ 60,000 - $69,999	120	175	160	185	175	230
582	$ 70,000 - $79,999	100	185	130	145	130	150
583	$ 80,000 - $89,999	105	130	115	115	140	80
584	$ 90,000 - $99,999	30	95	70	85	30	60
585	$100,000 and over	105	235	200	260	95	90
586	Average household income $	44,150	43,826	42,141	55,036	43,341	40,430
587	Median household income $	37,104	35,283	35,305	42,442	38,381	36,099
588	Standard error of average household income $	1,647	1,706	1,381	2,133	1,534	1,250

Tableau 1. Certaines caractéristiques des secteurs de recensement, recensement de 2001 – Données intégrales et données-échantillon (20 %)

Vancouver 0065	Vancouver 0066 ◆	Vancouver 0067	Vancouver 0068 ◆◇	Vancouver 0069 ◆◇	Vancouver 0100.01	Caractéristiques	N°
						CARACTÉRISTIQUES DU REVENU DE 2000	
						Population de 15 ans et plus ayant un revenu d'emploi en 2000 selon le sexe et le travail – fin	
1,875	1,135	1,765	1,670	1,935	965	Femmes ayant un revenu d'emploi (48)	526
29,456	32,095	27,182	33,057	24,862	31,037	Revenu moyen d'emploi $	527
1,110	1,872	1,170	1,183	1,004	2,097	Erreur type de revenu moyen d'emploi $	528
970	625	755	905	585	510	Ayant travaillé toute l'année à plein temps (49)	529
38,765	41,903	39,966	41,102	47,137	42,278	Revenu moyen d'emploi $	530
1,623	2,438	1,660	1,525	2,310	3,506	Erreur type de revenu moyen d'emploi $	531
875	480	960	765	1,265	445	Ayant travaillé une partie de l'année ou à temps partiel (50)	532
19,830	18,395	16,842	23,782	15,651	18,737	Revenu moyen d'emploi $	533
1,158	1,774	1,093	1,583	851	1,595	Erreur type de revenu moyen d'emploi $	534
						Familles de recensement selon la structure et les tranches de revenu de la famille en 2000	
1,085	920	1,300	875	1,815	880	Total - Toutes les familles de recensement	535
80	65	90	20	185	35	Moins de 10 000 $	536
105	85	125	25	115	40	10 000 $ - 19 999 $	537
140	85	155	80	155	55	20 000 $ - 29 999 $	538
100	85	175	100	180	80	30 000 $ - 39 999 $	539
110	65	160	100	140	100	40 000 $ - 49 999 $	540
90	45	95	125	130	95	50 000 $ - 59 999 $	541
120	80	60	70	160	75	60 000 $ - 69 999 $	542
75	60	65	30	100	75	70 000 $ - 79 999 $	543
50	40	85	60	105	85	80 000 $ - 89 999 $	544
20	35	45	60	85	80	90 000 $ - 99 999 $	545
190	280	250	205	465	155	100 000 $ et plus	546
59,993	77,284	67,768	74,585	85,756	72,510	Revenu moyen des familles $	547
50,317	64,340	47,531	55,802	60,755	64,844	Revenu médian des familles $	548
3,064	5,116	4,293	4,066	5,249	3,506	Erreur type de revenu moyen des familles $	549
970	835	1,105	810	1,570	710	Total - Toutes les familles de recensement comptant un couple (51)	550
65	65	90	15	145	15	Moins de 10 000 $	551
70	50	80	20	95	25	10 000 $ - 19 999 $	552
110	80	130	75	140	50	20 000 $ - 29 999 $	553
90	85	130	80	140	60	30 000 $ - 39 999 $	554
95	60	135	85	120	75	40 000 $ - 49 999 $	555
85	45	60	120	120	70	50 000 $ - 59 999 $	556
120	80	60	75	150	50	60 000 $ - 69 999 $	557
80	60	55	30	70	70	70 000 $ - 79 999 $	558
55	35	75	60	100	70	80 000 $ - 89 999 $	559
25	30	40	55	65	80	90 000 $ - 99 999 $	560
190	245	245	185	430	155	100 000 $ et plus	561
63,923	77,602	72,698	76,007	90,263	78,994	Revenu moyen des familles $	562
56,406	64,374	49,732	60,442	62,319	73,268	Revenu médian des familles $	563
3,332	5,366	4,969	4,265	5,976	4,026	Erreur type de revenu moyen des familles $	564
						Fréquence des unités à faible revenu en 2000	
1,150	970	1,335	890	1,840	870	Total - Familles économiques	565
265	210	340	90	445	85	Faible revenu	566
22.9	22.0	25.2	10.0	24.1	10.1	Fréquence des unités à faible revenu en 2000 % (52)	567
3,665	1,380	2,970	2,685	1,080	670	Total - Personnes hors famille économique de 15 ans et plus	568
1,760	340	1,420	930	505	210	Faible revenu	569
48.0	24.8	47.9	34.7	46.8	31.7	Fréquence des unités à faible revenu en 2000 % (52)	570
6,205	3,765	6,205	4,630	6,525	3,270	Total - Population dans les ménages privés	571
2,365	930	2,280	1,150	1,945	490	Faible revenu	572
38.1	24.6	36.8	24.9	29.8	15.0	Fréquence des unités à faible revenu en 2000 % (52)	573
						Ménages privés selon les tranches de revenu du ménage en 2000	
4,005	2,180	3,915	3,280	2,635	1,405	Total - Tous les ménages privés	574
830	250	585	220	290	50	Moins de 10 000 $	575
590	185	740	540	250	125	10 000 $ - 19 999 $	576
500	165	565	435	270	95	20 000 $ - 29 999 $	577
580	290	495	520	295	190	30 000 $ - 39 999 $	578
405	275	410	425	225	175	40 000 $ - 49 999 $	579
265	145	280	365	155	125	50 000 $ - 59 999 $	580
245	185	145	205	210	125	60 000 $ - 69 999 $	581
160	140	155	55	125	120	70 000 $ - 79 999 $	582
130	110	125	140	130	100	80 000 $ - 89 999 $	583
65	55	80	90	120	115	90 000 $ - 99 999 $	584
240	365	335	290	565	180	100 000 $ et plus	585
38,498	61,298	44,069	51,631	75,160	65,661	Revenu moyen des ménages $	586
32,308	46,696	30,589	37,961	49,349	55,569	Revenu médian des ménages $	587
1,295	2,784	1,828	3,740	3,992	3,004	Erreur type de revenu moyen des ménages $	588

Table 1. Selected Characteristics for Census Tracts, 2001 Census – 100% Data and 20% Sample Data

No.	Characteristics	Vancouver 0100.02	Vancouver 0101.01	Vancouver 0101.02	Vancouver 0102 ◇	Vancouver 0103	Vancouver 0104
	POPULATION CHARACTERISTICS						
1	**Population, 1996 (1)**	**6,490**	**7,056**	**6,394**	**4,805**	**6,362**	**7,237**
2	**Population, 2001 (2)**	**6,876**	**8,167**	**6,990**	**4,944**	**6,778**	**7,311**
3	Population percentage change, 1996-2001	5.9	15.7	9.3	2.9	6.5	1.0
4	Land area in square kilometres, 2001	2.92	0.65	1.08	2.76	1.35	2.37
5	**Total population - 100% Data (3)**	**6,880**	**8,165**	**6,990**	**4,945**	**6,775**	**7,315**
	by sex and age groups						
6	Male	3,405	3,850	3,255	2,350	3,085	3,580
7	0-4 years	215	125	165	160	180	215
8	5-9 years	170	95	150	175	140	250
9	10-14 years	130	100	140	170	135	230
10	15-19 years	155	155	165	200	185	280
11	20-24 years	225	310	200	155	195	235
12	25-29 years	325	410	260	105	220	225
13	30-34 years	325	505	380	160	290	255
14	35-39 years	365	435	360	235	330	320
15	40-44 years	350	370	295	235	310	330
16	45-49 years	285	330	270	200	235	355
17	50-54 years	250	250	200	180	190	250
18	55-59 years	140	205	160	115	160	180
19	60-64 years	150	135	130	65	130	110
20	65-69 years	110	120	115	60	100	115
21	70-74 years	75	100	120	60	105	105
22	75-79 years	65	115	85	30	85	65
23	80-84 years	40	55	35	25	50	45
24	85 years and over	20	45	30	20	45	15
25	Female	3,475	4,315	3,735	2,595	3,685	3,730
26	0-4 years	180	140	175	140	170	195
27	5-9 years	175	90	135	170	140	235
28	10-14 years	145	75	95	200	140	265
29	15-19 years	165	160	130	190	165	270
30	20-24 years	260	345	230	145	200	225
31	25-29 years	305	470	315	105	295	210
32	30-34 years	355	495	390	190	335	270
33	35-39 years	380	385	405	275	330	355
34	40-44 years	310	365	330	265	355	405
35	45-49 years	295	315	290	250	255	330
36	50-54 years	260	295	280	195	245	260
37	55-59 years	165	215	220	115	175	160
38	60-64 years	140	205	175	85	165	135
39	65-69 years	95	170	150	75	150	145
40	70-74 years	85	175	115	75	170	105
41	75-79 years	75	180	125	50	175	85
42	80-84 years	65	130	95	40	125	55
43	85 years and over	30	115	75	30	95	25
44	**Total population 15 years and over**	**5,865**	**7,545**	**6,130**	**3,930**	**5,870**	**5,915**
	by legal marital status						
45	Never married (single)	2,230	3,105	2,355	1,340	2,055	1,925
46	Legally married (and not separated)	2,490	2,525	2,330	1,890	2,435	3,185
47	Separated, but still legally married	240	310	285	145	240	170
48	Divorced	630	1,030	780	365	670	425
49	Widowed	280	575	380	185	470	210
	by common-law status						
50	Not in a common-law relationship	5,180	6,675	5,425	3,655	5,440	5,535
51	In a common-law relationship	685	870	705	275	425	385
52	**Total population - 20% Sample Data (4)**	**6,870**	**8,165**	**6,990**	**4,935**	**6,735**	**7,295**
	by mother tongue						
53	Single responses	6,770	8,060	6,890	4,865	6,630	7,245
54	English	5,120	5,185	4,750	3,155	4,785	5,215
55	French	125	190	110	95	75	70
56	Non-official languages (5)	1,525	2,680	2,025	1,610	1,770	1,965
57	Chinese, n.o.s.	70	105	115	60	65	175
58	Cantonese	45	55	25	60	80	200
59	Punjabi	135	-	80	-	-	35
60	Mandarin	45	35	40	40	40	25
61	Tagalog (Pilipino)	105	150	155	160	125	50
62	Other languages (6)	1,125	2,325	1,610	1,285	1,460	1,470
63	Multiple responses	105	110	105	70	100	55
64	English and French	-	25	15	10	20	-
65	English and non-official language	100	70	90	65	75	55
66	French and non-official language	-	10	-	-	10	-
67	English, French and non-official language	-	-	-	-	-	-

See reference material at the end of the publication. – Voir les documents de référence à la fin de la publication.

Tableau 1. Certaines caractéristiques des secteurs de recensement, recensement de 2001 – Données intégrales et données-échantillon (20 %)

Vancouver 0110.01 A	Vancouver 0110.02 A	Vancouver 0111.01	Vancouver 0111.02	Vancouver 0111.03	Vancouver 0112	Caractéristiques	N°
						CARACTÉRISTIQUES DE LA POPULATION	
7,411	**2,725**	**5,003**	**7,550**	**3,924**	**2,592**	**Population, 1996 (1)**	1
7,442	**2,790**	**5,902**	**7,433**	**3,967**	**2,603**	**Population, 2001 (2)**	2
0.4	2.4	18.0	-1.5	1.1	0.4	Variation en pourcentage de la population, 1996-2001	3
40.29	2.23	4.23	32.17	24.21	1.05	Superficie des terres en kilomètres carrés, 2001	4
7,440	**2,790**	**5,900**	**7,435**	**3,970**	**2,605**	**Population totale – Données intégrales (3)**	5
						selon le sexe et les groupes d'âge	
3,660	1,400	2,780	3,665	1,970	1,265	Sexe masculin	6
230	60	175	180	135	90	0-4 ans	7
310	120	200	255	150	90	5-9 ans	8
340	130	205	310	140	75	10-14 ans	9
285	100	230	335	135	70	15-19 ans	10
210	75	180	210	130	45	20-24 ans	11
130	50	170	155	125	55	25-29 ans	12
175	55	215	155	160	95	30-34 ans	13
240	100	240	215	195	130	35-39 ans	14
410	130	280	320	215	120	40-44 ans	15
400	125	230	340	170	80	45-49 ans	16
315	120	180	295	120	110	50-54 ans	17
225	95	130	290	110	75	55-59 ans	18
150	65	85	185	70	65	60-64 ans	19
105	55	90	155	45	60	65-69 ans	20
70	55	65	130	30	60	70-74 ans	21
40	40	45	75	20	35	75-79 ans	22
30	20	30	40	15	20	80-84 ans	23
5	5	25	15	-	10	85 ans et plus	24
3,780	1,390	3,125	3,770	2,000	1,335	Sexe féminin	25
235	65	170	180	140	70	0-4 ans	26
305	100	185	235	130	70	5-9 ans	27
295	110	220	265	120	75	10-14 ans	28
255	100	240	265	120	65	15-19 ans	29
170	65	190	210	115	60	20-24 ans	30
125	70	185	165	140	65	25-29 ans	31
210	50	250	185	200	105	30-34 ans	32
370	115	295	270	205	130	35-39 ans	33
455	130	285	390	220	115	40-44 ans	34
405	135	245	335	160	95	45-49 ans	35
285	125	205	335	135	105	50-54 ans	36
230	105	150	270	105	85	55-59 ans	37
140	65	125	200	75	75	60-64 ans	38
110	50	95	155	40	65	65-69 ans	39
70	55	70	130	45	55	70-74 ans	40
55	30	70	90	25	50	75-79 ans	41
40	20	40	55	15	25	80-84 ans	42
25	5	100	30	10	20	85 ans et plus	43
5,730	**2,210**	**4,745**	**6,005**	**3,145**	**2,135**	**Population totale de 15 ans et plus**	44
						selon l'état matrimonial légal	
1,595	580	1,535	1,620	1,090	550	Célibataire (jamais marié(e))	45
3,435	1,395	2,380	3,665	1,530	1,195	Légalement marié(e) (et non séparé(e))	46
140	40	135	115	135	55	Séparé(e), mais toujours légalement marié(e)	47
385	115	420	345	310	205	Divorcé(e)	48
170	75	270	260	85	130	Veuf ou veuve	49
						selon l'union libre	
5,360	2,120	4,390	5,745	2,885	2,000	Ne vivant pas en union libre	50
365	90	360	265	270	140	Vivant en union libre	51
7,435	**2,790**	**5,705**	**7,420**	**3,965**	**2,595**	**Population totale – Données-échantillon (20 %) (4)**	52
						selon la langue maternelle	
7,305	2,790	5,595	7,370	3,875	2,585	Réponses uniques	53
6,200	2,345	4,260	5,745	2,810	1,930	Anglais	54
100	35	50	15	55	30	Français	55
1,005	410	1,285	1,605	1,005	625	Langues non officielles (5)	56
95	10	40	195	70	120	Chinois, n.d.a.	57
130	30	85	45	40	15	Cantonais	58
-	-	-	20	140	10	Pendjabi	59
50	10	25	115	15	10	Mandarin	60
15	-	95	15	105	35	Tagalog (pilipino)	61
715	360	1,035	1,215	630	430	Autres langues (6)	62
130	-	110	50	95	10	Réponses multiples	63
40	-	40	10	15	-	Anglais et français	64
80	-	65	45	70	10	Anglais et langue non officielle	65
10	-	-	-	-	-	Français et langue non officielle	66
-	-	-	-	-	-	Anglais, français et langue non officielle	67

See reference material at the end of the publication. – Voir les documents de référence à la fin de la publication.

Table 1. Selected Characteristics for Census Tracts, 2001 Census – 100% Data and 20% Sample Data

No.	Characteristics	Vancouver 0100.02	Vancouver 0101.01	Vancouver 0101.02	Vancouver 0102 ◇	Vancouver 0103	Vancouver 0104
	POPULATION CHARACTERISTICS						
	by home language						
68	Single responses	5,795	6,680	5,805	3,810	5,805	6,165
69	English	5,460	5,765	5,280	3,355	5,170	5,525
70	French	-	25	-	-	35	25
71	Non-official languages (5)	330	890	525	450	600	620
72	Cantonese	10	20	10	15	35	50
73	Chinese, n.o.s.	25	25	65	10	30	55
74	Punjabi	40	-	-	-	-	20
75	Mandarin	30	20	-	-	30	10
76	Korean	-	55	60	75	10	50
77	Other languages (6)	220	770	390	355	485	435
78	Multiple responses	1,075	1,485	1,185	1,125	930	1,130
79	English and French	65	135	90	70	25	45
80	English and non-official language	1,005	1,350	1,090	1,045	865	1,075
81	French and non-official language	-	-	-	-	15	-
82	English, French and non-official language	-	10	-	10	25	15
	by knowledge of official languages						
83	English only	6,240	7,295	6,160	4,435	5,975	6,735
84	French only	-	10	-	-	10	-
85	English and French	545	760	705	460	635	485
86	Neither English nor French	80	105	125	40	115	80
	by knowledge of non-official languages (5) (7)						
87	Cantonese	55	65	75	50	95	235
88	Chinese, n.o.s.	45	70	160	80	110	145
89	Punjabi	135	10	80	-	-	45
90	Mandarin	110	60	65	75	65	125
91	Hindi	40	65	20	30	45	115
92	German	275	370	300	185	235	205
93	Spanish	210	320	175	255	180	140
	by first official language spoken						
94	English	6,600	7,810	6,695	4,745	6,460	7,065
95	French	125	190	110	80	90	70
96	English and French	55	70	70	75	60	85
97	Neither English nor French	85	100	115	40	110	80
98	Official language minority - (number) (8)	155	225	145	115	120	110
99	Official language minority - (percentage) (8)	2.3	2.8	2.1	2.3	1.8	1.5
	by ethnic origin (9)						
100	English	2,140	2,365	2,150	1,395	2,045	2,340
101	Canadian	1,695	1,295	1,345	960	1,365	1,570
102	Chinese	175	265	375	230	445	545
103	Scottish	1,415	1,450	1,380	810	1,430	1,465
104	Irish	1,295	1,200	835	520	1,020	1,045
105	German	745	735	635	450	625	785
106	East Indian	180	130	195	40	115	90
107	French	565	725	610	280	520	510
108	Ukrainian	280	460	245	120	225	310
109	Italian	365	240	130	160	255	555
110	Dutch (Netherlands)	215	260	180	155	205	315
111	Filipino	240	305	320	295	210	80
112	Polish	195	195	205	170	195	130
113	Norwegian	195	165	165	110	130	75
114	North American Indian	210	245	500	345	95	130
	by Aboriginal identity						
115	Total Aboriginal identity population (10)	210	140	370	335	125	95
116	Total non-Aboriginal population	6,665	8,025	6,620	4,595	6,610	7,205
	by Aboriginal origin						
117	Total Aboriginal origins population (11)	250	255	505	355	140	165
118	Total non-Aboriginal population	6,625	7,910	6,485	4,575	6,590	7,135
	by Registered Indian status						
119	Registered Indian (12)	95	80	320	320	60	45
120	Not a Registered Indian	6,770	8,085	6,670	4,615	6,670	7,250

Tableau 1. Certaines caractéristiques des secteurs de recensement, recensement de 2001 – Données intégrales et données-échantillon (20 %)

Vancouver 0110.01 A	Vancouver 0110.02 A	Vancouver 0111.01	Vancouver 0111.02	Vancouver 0111.03	Vancouver 0112	Caractéristiques	N°
						CARACTÉRISTIQUES DE LA POPULATION	
						selon la langue parlée à la maison	
6,785	2,445	5,030	6,620	3,300	2,115	Réponses uniques	68
6,555	2,425	4,480	6,195	3,070	2,060	Anglais	69
20	-	-	-	15	10	Français	70
215	20	550	425	215	55	Langues non officielles (5)	71
45	15	50	-	10	-	Cantonais	72
10	-	20	70	55	20	Chinois, n.d.a.	73
-	-	-	-	40	-	Pendjabi	74
-	-	20	80	-	10	Mandarin	75
55	-	65	-	30	-	Coréen	76
110	10	390	275	85	25	Autres langues (6)	77
650	345	675	800	665	480	Réponses multiples	78
115	50	95	30	35	30	Anglais et français	79
510	270	575	745	620	435	Anglais et langue non officielle	80
-	-	-	-	-	-	Français et langue non officielle	81
20	25	10	15	-	15	Anglais, français et langue non officielle	82
						selon la connaissance des langues officielles	
6,670	2,425	5,175	6,615	3,515	2,315	Anglais seulement	83
-	-	-	-	15	-	Français seulement	84
730	350	445	760	375	245	Anglais et français	85
30	10	90	40	65	35	Ni l'anglais ni le français	86
						selon la connaissance des langues non officielles (5) (7)	
220	35	105	65	60	25	Cantonais	87
25	10	25	150	80	85	Chinois, n.d.a.	88
-	-	-	35	155	10	Pendjabi	89
130	20	45	165	55	55	Mandarin	90
20	-	60	20	120	-	Hindi	91
305	115	160	400	105	115	Allemand	92
110	50	155	470	155	70	Espagnol	93
						selon la première langue officielle parlée	
7,255	2,735	5,565	7,320	3,810	2,500	Anglais	94
105	35	40	10	55	35	Français	95
40	10	20	45	30	30	Anglais et français	96
30	10	80	40	65	30	Ni l'anglais ni le français	97
125	40	50	40	70	50	Minorité de langue officielle - (nombre) (8)	98
1.7	1.4	0.9	0.5	1.8	1.9	Minorité de langue officielle - (pourcentage) (8)	99
						selon l'origine ethnique (9)	
2,890	1,235	1,935	2,620	1,130	1,150	Anglais	100
2,365	815	1,360	2,010	850	665	Canadien	101
380	110	230	500	235	170	Chinois	102
2,215	620	1,295	1,970	840	535	Écossais	103
1,250	550	1,090	1,290	635	315	Irlandais	104
995	360	595	825	395	215	Allemand	105
80	-	105	95	435	20	Indien de l'Inde	106
590	240	385	465	270	175	Français	107
230	165	200	410	85	75	Ukrainien	108
220	115	260	350	155	255	Italien	109
215	90	175	175	100	105	Hollandais (Néerlandais)	110
40	10	150	55	140	65	Philippin	111
295	75	165	225	105	50	Polonais	112
305	115	140	225	30	60	Norvégien	113
115	30	380	90	175	20	Indien de l'Amérique du Nord	114
						selon l'identité autochtone	
100	30	350	50	175	35	Total de la population ayant une identité autochtone (10)	115
7,335	2,760	5,350	7,370	3,790	2,560	Total de la population non autochtone	116
						selon l'origine autochtone	
120	40	415	90	185	40	Total de la population ayant une origine autochtone (11)	117
7,310	2,755	5,290	7,325	3,775	2,555	Total de la population non autochtone	118
						selon le statut d'Indien inscrit	
25	20	295	10	105	10	Oui, Indien inscrit (12)	119
7,410	2,775	5,405	7,410	3,855	2,585	Non, pas un Indien inscrit	120

Table 1. Selected Characteristics for Census Tracts, 2001 Census – 100% Data and 20% Sample Data

No.	Characteristics	Vancouver 0100.02	Vancouver 0101.01	Vancouver 0101.02	Vancouver 0102 ◇	Vancouver 0103	Vancouver 0104
	POPULATION CHARACTERISTICS						
	by visible minority groups						
121	Total visible minority population	1,120	2,095	1,690	1,350	1,675	1,615
122	Chinese	185	235	300	190	425	505
123	South Asian	245	145	210	45	160	115
124	Black	40	25	135	70	30	10
125	Filipino	230	305	305	285	205	70
126	Latin American	110	145	85	30	30	40
127	Southeast Asian	20	10	35	45	55	-
128	Arab	25	35	25	10	55	30
129	West Asian	155	780	335	415	465	560
130	Korean	35	130	135	155	95	115
131	Japanese	55	230	75	85	95	80
132	Visible minority, n.i.e. (13)	15	10	15	-	10	-
133	Multiple visible minorities (14)	-	40	25	10	55	75
	by citizenship						
134	Canadian citizenship (15)	6,065	6,580	6,200	4,320	6,005	6,530
135	Citizenship other than Canadian	805	1,585	790	620	725	765
	by place of birth of respondent						
136	Non-immigrant population	4,790	4,675	4,445	3,000	4,360	4,805
137	Born in province of residence	3,130	2,590	2,700	2,085	2,900	3,440
138	Immigrant population (16)	1,965	3,155	2,470	1,810	2,255	2,450
139	United States	85	125	135	40	120	105
140	Central and South America	165	165	65	50	55	35
141	Caribbean and Bermuda	-	10	40	-	15	10
142	United Kingdom	340	520	340	270	395	395
143	Other Europe (17)	660	740	705	415	530	550
144	Africa	55	155	165	100	65	135
145	Asia and the Middle East	615	1,425	975	920	1,020	1,215
146	Oceania and other (18)	55	10	40	15	50	15
147	Non-permanent residents (19)	110	335	70	120	115	45
148	**Total immigrant population**	**1,965**	**3,155**	**2,470**	**1,815**	**2,255**	**2,450**
	by period of immigration						
149	Before 1961	270	375	300	130	350	285
150	1961-1970	205	280	270	205	255	335
151	1971-1980	315	385	410	210	345	360
152	1981-1990	330	375	380	365	455	540
153	1991-2001 (20)	855	1,745	1,105	890	850	925
154	1991-1995	415	515	465	455	400	295
155	1996-2001 (20)	435	1,230	640	435	450	625
	by age at immigration						
156	0-4 years	180	215	195	145	230	235
157	5-19 years	480	810	530	500	470	700
158	20 years and over	1,305	2,130	1,745	1,160	1,550	1,520
159	**Total population**	**6,865**	**8,165**	**6,990**	**4,935**	**6,735**	**7,295**
	by religion						
160	Catholic (21)	1,425	1,660	1,625	1,345	1,410	1,445
161	Protestant	1,680	2,200	1,825	1,150	1,805	2,250
162	Christian Orthodox	135	210	205	110	80	155
163	Christian, n.i.e. (22)	370	305	335	205	220	330
164	Muslim	265	765	480	415	500	460
165	Jewish	20	30	75	20	50	20
166	Buddhist	120	80	55	45	75	145
167	Hindu	45	40	10	10	-	-
168	Sikh	100	-	100	-	-	60
169	Eastern religions (23)	35	75	10	-	110	115
170	Other religions (24)	35	20	10	25	20	15
171	No religious affiliation (25)	2,645	2,785	2,260	1,615	2,460	2,295
172	**Total population 15 years and over**	**5,845**	**7,545**	**6,105**	**3,915**	**5,810**	**5,900**
	by generation status						
173	1st generation (26)	2,000	3,265	2,400	1,795	2,260	2,300
174	2nd generation (27)	1,390	1,810	1,415	770	1,495	1,480
175	3rd generation and over (28)	2,465	2,475	2,290	1,350	2,055	2,120
176	**Total population 1 year and over (29)**	**6,760**	**8,115**	**6,925**	**4,885**	**6,655**	**7,230**
	by place of residence 1 year ago (mobility)						
177	Non-movers	5,425	5,995	5,585	4,185	5,360	6,065
178	Movers	1,335	2,115	1,345	700	1,295	1,160
179	Non-migrants	845	1,090	820	485	635	740
180	Migrants	495	1,025	525	215	665	425
181	Internal migrants	345	665	415	110	485	190
182	Intraprovincial migrants	265	490	345	110	360	170
183	Interprovincial migrants	85	175	75	-	120	20
184	External migrants	145	360	110	105	175	235

Tableau 1. Certaines caractéristiques des secteurs de recensement, recensement de 2001 – Données intégrales et données-échantillon (20 %)

Vancouver 0110.01 A	Vancouver 0110.02 A	Vancouver 0111.01	Vancouver 0111.02	Vancouver 0111.03	Vancouver 0112	Caractéristiques	N°
						CARACTÉRISTIQUES DE LA POPULATION	
						selon les groupes de minorités visibles	
825	300	1,165	1,330	1,135	350	Total de la population des minorités visibles	121
365	50	235	510	215	180	Chinois	122
85	10	130	105	480	20	Sud-Asiatique	123
45	10	-	50	50	-	Noir	124
30	10	150	30	120	65	Philippin	125
20	15	70	220	50	15	Latino-Américain	126
45	-	10	-	-	10	Asiatique du Sud-Est	127
10	60	-	-	-	-	Arabe	128
25	20	215	215	90	15	Asiatique occidental	129
80	15	85	10	35	-	Coréen	130
105	60	260	155	90	30	Japonais	131
-	-	-	-	-	-	Minorité visible, n.i.a. (13)	132
25	55	-	35	15	20	Minorités visibles multiples (14)	133
						selon la citoyenneté	
6,930	2,580	4,945	6,675	3,470	2,430	Citoyenneté canadienne (15)	134
510	210	755	740	495	160	Citoyenneté autre que canadienne	135
						selon le lieu de naissance du répondant	
5,520	2,020	3,950	5,375	2,575	1,850	Population non immigrante	136
3,865	1,475	2,755	3,880	1,895	1,330	Née dans la province de résidence	137
1,880	720	1,495	1,955	1,315	735	Population immigrante (16)	138
125	30	55	120	85	20	États-Unis	139
40	10	85	255	30	35	Amérique centrale et du Sud	140
15	-	-	10	15	10	Caraïbes et Bermudes	141
605	210	230	345	170	225	Royaume-Uni	142
415	195	345	480	205	235	Autre Europe (17)	143
235	125	135	105	265	25	Afrique	144
435	105	605	620	545	180	Asie et Moyen-Orient	145
20	45	35	25	10	10	Océanie et autre (18)	146
35	50	260	85	65	10	Résidents non permanents (19)	147
1,880	**715**	**1,495**	**1,955**	**1,315**	**735**	**Population immigrante totale**	148
						selon la période d'immigration	
320	190	225	390	85	150	Avant 1961	149
350	165	170	385	105	175	1961-1970	150
320	80	210	220	410	180	1971-1980	151
230	145	210	220	280	135	1981-1990	152
655	145	685	740	440	95	1991-2001 (20)	153
300	80	265	245	230	45	1991-1995	154
350	65	420	495	210	55	1996-2001 (20)	155
						selon l'âge à l'immigration	
185	70	115	165	160	65	0-4 ans	156
525	200	460	625	310	160	5-19 ans	157
1,170	445	920	1,165	850	510	20 ans et plus	158
7,435	**2,790**	**5,705**	**7,415**	**3,965**	**2,595**	**Population totale**	159
						selon la religion	
1,260	470	1,275	1,360	810	625	Catholique (21)	160
2,560	1,010	1,790	2,920	1,150	835	Protestante	161
65	15	10	50	30	55	Orthodoxe chrétienne	162
305	105	310	230	125	95	Chrétiennes, n.i.a. (22)	163
90	60	260	185	360	25	Musulmane	164
55	10	30	105	25	-	Juive	165
70	10	50	100	60	55	Bouddhiste	166
10	-	35	10	35	-	Hindoue	167
-	-	-	30	90	10	Sikh	168
10	25	90	40	-	20	Religions orientales (23)	169
40	-	30	10	35	-	Autres religions (24)	170
2,975	1,085	1,825	2,375	1,255	870	Aucune appartenance religieuse (25)	171
5,715	**2,205**	**4,555**	**5,995**	**3,150**	**2,095**	**Population totale de 15 ans et plus**	172
						selon le statut des générations	
1,790	745	1,630	1,865	1,280	740	1re génération (26)	173
1,375	550	1,090	1,695	740	610	2e génération (27)	174
2,545	920	1,835	2,430	1,130	740	3e génération et plus (28)	175
7,320	**2,765**	**5,655**	**7,355**	**3,950**	**2,570**	**Population totale de 1 an et plus (29)**	176
						selon le lieu de résidence 1 an auparavant (mobilité)	
6,505	2,440	4,760	6,535	3,485	2,350	Personnes n'ayant pas déménagé	177
815	330	900	825	460	220	Personnes ayant déménagé	178
465	235	555	615	230	125	Non-migrants	179
350	95	345	210	225	95	Migrants	180
260	25	190	105	140	70	Migrants internes	181
200	30	150	85	110	50	Migrants infraprovinciaux	182
60	-	40	20	30	15	Migrants interprovinciaux	183
90	65	150	105	90	20	Migrants externes	184

Table 1. Selected Characteristics for Census Tracts, 2001 Census – 100% Data and 20% Sample Data

No.	Characteristics	Vancouver 0100.02	Vancouver 0101.01	Vancouver 0101.02	Vancouver 0102 ◇	Vancouver 0103	Vancouver 0104
	POPULATION CHARACTERISTICS						
185	**Total population 5 years and over (30)**	**6,470**	**7,895**	**6,650**	**4,625**	**6,385**	**6,885**
	by place of residence 5 years ago (mobility)						
186	Non-movers	2,925	2,130	2,795	2,600	2,980	3,895
187	Movers	3,545	5,770	3,850	2,030	3,405	2,990
188	Non-migrants	1,895	2,720	2,150	1,060	1,615	1,655
189	Migrants	1,645	3,050	1,705	965	1,790	1,330
190	Internal migrants	1,085	1,745	1,140	490	1,250	735
191	Intraprovincial migrants	820	1,335	865	380	945	590
192	Interprovincial migrants	260	410	270	110	305	150
193	External migrants	565	1,305	565	480	540	590
194	**Total population 15 to 24 years**	**795**	**970**	**730**	**680**	**745**	**950**
	by school attendance						
195	Not attending school	310	435	345	250	285	310
196	Attending school full time	405	460	285	365	350	560
197	Attending school part time	75	85	95	70	105	75
198	**Total population 15 years and over**	**5,850**	**7,550**	**6,105**	**3,915**	**5,810**	**5,900**
	by highest level of schooling						
199	Less than grade 9 (31)	215	200	180	105	165	205
200	Grades 9-13 without high school graduation certificate	985	1,040	985	625	995	1,030
201	Grades 9-13 with high school graduation certificate	660	780	590	440	605	810
202	Some postsecondary without degree, certificate or diploma (32)	855	1,045	845	520	715	750
203	Trades certificate or diploma (33)	690	840	695	440	700	575
204	College certificate or diploma (34)	1,140	1,665	1,270	655	1,130	1,025
205	University certificate below bachelor's degree	135	295	240	175	235	220
206	University with bachelor's degree or higher	1,165	1,685	1,295	965	1,275	1,280
	by combinations of unpaid work						
207	Males 15 years and over	2,860	3,535	2,780	1,865	2,630	2,875
208	Reported unpaid work (35)	2,620	3,075	2,440	1,670	2,335	2,585
209	Housework and child care and care or assistance to seniors	115	140	115	105	140	205
210	Housework and child care only	725	455	465	570	655	915
211	Housework and care or assistance to seniors only	165	280	230	100	220	190
212	Child care and care or assistance to seniors only	-	10	-	-	10	-
213	Housework only	1,595	2,160	1,590	820	1,270	1,255
214	Child care only	10	25	20	45	40	20
215	Care or assistance to seniors only	10	10	20	30	10	10
216	Females 15 years and over	2,990	4,010	3,325	2,045	3,180	3,025
217	Reported unpaid work (35)	2,805	3,685	3,085	1,900	2,935	2,795
218	Housework and child care and care or assistance to seniors	225	205	135	165	240	375
219	Housework and child care only	805	645	740	735	745	1,000
220	Housework and care or assistance to seniors only	235	495	415	195	375	260
221	Child care and care or assistance to seniors only	-	-	-	-	-	-
222	Housework only	1,515	2,290	1,780	800	1,545	1,135
223	Child care only	-	10	10	-	15	10
224	Care or assistance to seniors only	25	35	15	10	20	10
	by labour force activity						
225	Males 15 years and over	2,860	3,535	2,780	1,865	2,635	2,875
226	In the labour force	2,250	2,705	2,140	1,310	1,990	2,175
227	Employed	2,040	2,505	1,905	1,220	1,840	2,055
228	Unemployed	215	200	235	90	150	120
229	Not in the labour force	610	835	640	560	645	700
230	Participation rate	78.7	76.5	77.0	70.2	75.5	75.7
231	Employment rate	71.3	70.9	68.5	65.4	69.8	71.5
232	Unemployment rate	9.6	7.4	11.0	6.9	7.5	5.5
233	Females 15 years and over	2,985	4,010	3,320	2,050	3,180	3,025
234	In the labour force	2,205	2,590	2,270	1,410	2,045	1,950
235	Employed	2,085	2,390	2,130	1,300	1,895	1,880
236	Unemployed	115	200	145	105	150	70
237	Not in the labour force	785	1,420	1,055	640	1,135	1,075
238	Participation rate	73.9	64.6	68.4	68.8	64.3	64.5
239	Employment rate	69.8	59.6	64.2	63.4	59.6	62.1
240	Unemployment rate	5.2	7.7	6.4	7.4	7.3	3.6

Tableau 1. Certaines caractéristiques des secteurs de recensement, recensement de 2001 – Données intégrales et données-échantillon (20 %)

Vancouver 0110.01 A	Vancouver 0110.02 A	Vancouver 0111.01	Vancouver 0111.02	Vancouver 0111.03	Vancouver 0112	Caractéristiques	N°
						CARACTÉRISTIQUES DE LA POPULATION	
6,970	**2,650**	**5,380**	**7,060**	**3,730**	**2,385**	**Population totale de 5 ans et plus (30)**	185
						selon le lieu de résidence 5 ans auparavant (mobilité)	
4,635	1,820	2,540	4,625	1,910	1,570	Personnes n'ayant pas déménagé	186
2,335	830	2,835	2,435	1,825	810	Personnes ayant déménagé	187
1,360	525	1,515	1,300	1,260	530	Non-migrants	188
975	305	1,325	1,140	565	280	Migrants	189
565	190	735	600	345	240	Migrants internes	190
430	145	445	525	275	195	Migrants infraprovinciaux	191
130	45	285	80	70	45	Migrants interprovinciaux	192
415	115	590	535	215	40	Migrants externes	193
915	**365**	**830**	**1,010**	**495**	**215**	**Population totale de 15 à 24 ans**	194
						selon la fréquentation scolaire	
315	75	225	205	165	65	Ne fréquentant pas l'école	195
490	235	525	670	290	130	Fréquentant l'école à plein temps	196
105	55	80	135	40	20	Fréquentant l'école à temps partiel	197
5,710	**2,205**	**4,555**	**5,990**	**3,155**	**2,095**	**Population totale de 15 ans et plus**	198
						selon le plus haut niveau de scolarité atteint	
80	50	90	100	100	80	Niveau inférieur à la 9e année (31)	199
880	345	615	780	480	335	De la 9e à la 13e année sans certificat d'études secondaires	200
540	235	605	580	355	200	De la 9e à la 13e année avec certificat d'études secondaires	201
730	315	730	835	300	270	Études postsecondaires partielles sans grade, certificat ou diplôme (32)	202
410	185	475	450	400	255	Certificat ou diplôme d'une école de métiers (33)	203
1,090	470	900	1,060	770	450	Certificat ou diplôme collégial (34)	204
190	75	165	245	70	40	Certificat universitaire inférieur au baccalauréat	205
1,795	535	975	1,935	675	465	Études universitaires avec baccalauréat ou diplôme supérieur	206
						selon les combinaisons de travail non rémunéré	
2,785	1,075	2,175	2,915	1,565	960	Hommes de 15 ans et plus	207
2,460	965	1,905	2,590	1,435	865	Travail non rémunéré déclaré (35)	208
200	155	110	245	115	105	Travaux ménagers et soins aux enfants et soins ou aide aux personnes âgées	209
920	325	595	775	390	300	Travaux ménagers et soins aux enfants seulement	210
175	55	135	260	130	85	Travaux ménagers et soins ou aide aux personnes âgées seulement	211
-	10	-	-	-	-	Soins aux enfants et soins ou aide aux personnes âgées seulement	212
1,120	395	1,060	1,275	785	365	Travaux ménagers seulement	213
30	20	-	20	15	10	Soins aux enfants seulement	214
20	10	-	15	-	-	Soins ou aide aux personnes âgées seulement	215
2,930	1,135	2,380	3,075	1,585	1,130	Femmes de 15 ans et plus	216
2,730	1,045	2,170	2,870	1,475	1,070	Travail non rémunéré déclaré (35)	217
315	195	165	410	210	165	Travaux ménagers et soins aux enfants et soins ou aide aux personnes âgées	218
1,055	340	880	850	505	355	Travaux ménagers et soins aux enfants seulement	219
325	95	210	310	145	110	Travaux ménagers et soins ou aide aux personnes âgées seulement	220
10	-	-	-	-	-	Soins aux enfants et soins ou aide aux personnes âgées seulement	221
1,010	395	890	1,275	610	445	Travaux ménagers seulement	222
-	15	10	10	-	-	Soins aux enfants seulement	223
15	10	15	10	-	-	Soins ou aide aux personnes âgées seulement	224
						selon l'activité	
2,785	1,070	2,170	2,915	1,565	960	Hommes de 15 ans et plus	225
2,160	770	1,740	2,225	1,290	735	Population active	226
2,015	730	1,695	2,145	1,225	705	Personnes occupées	227
145	45	50	80	65	30	Chômeurs	228
620	300	425	690	275	230	Inactifs	229
77.6	72.0	80.2	76.3	82.4	76.6	Taux d'activité	230
72.4	68.2	78.1	73.6	78.3	73.4	Taux d'emploi	231
6.7	5.8	2.9	3.6	5.0	4.1	Taux de chômage	232
2,930	1,135	2,380	3,075	1,585	1,135	Femmes de 15 ans et plus	233
2,045	670	1,670	1,910	1,180	720	Population active	234
1,970	635	1,560	1,810	1,145	685	Personnes occupées	235
75	40	110	100	40	35	Chômeuses	236
890	460	710	1,170	405	410	Inactives	237
69.8	59.0	70.2	62.1	74.4	63.4	Taux d'activité	238
67.2	55.9	65.5	58.9	72.2	60.4	Taux d'emploi	239
3.7	6.0	6.6	5.2	3.4	4.9	Taux de chômage	240

Table 1. Selected Characteristics for Census Tracts, 2001 Census – 100% Data and 20% Sample Data

No.	Characteristics	Vancouver 0100.02	Vancouver 0101.01	Vancouver 0101.02	Vancouver 0102 ◇	Vancouver 0103	Vancouver 0104
	POPULATION CHARACTERISTICS						
	by labour force activity – concluded						
241	Both sexes - Participation rate	76.1	70.1	72.3	69.5	69.4	69.9
242	15-24 years	76.6	61.0	74.5	61.8	71.1	65.8
243	25 years and over	76.1	71.5	71.9	71.2	69.1	70.7
244	Both sexes - Employment rate	70.6	64.9	66.0	64.3	64.2	66.6
245	15-24 years	66.5	53.8	58.6	50.4	63.1	60.5
246	25 years and over	71.1	66.5	67.1	67.3	64.4	67.8
247	Both sexes - Unemployment rate	7.3	7.5	8.5	7.4	7.4	4.7
248	15-24 years	13.2	10.9	19.6	18.1	11.3	7.3
249	25 years and over	6.4	6.9	7.0	5.4	6.9	4.3
250	**Total labour force 15 years and over**	**4,450**	**5,290**	**4,410**	**2,715**	**4,035**	**4,125**
	by industry based on the 1997 NAICS						
251	Industry - Not applicable (36)	75	120	95	55	45	60
252	All industries (37)	4,380	5,170	4,315	2,655	3,985	4,065
253	11 Agriculture, forestry, fishing and hunting	10	10	30	20	-	15
254	21 Mining and oil and gas extraction	50	10	10	10	10	10
255	22 Utilities	10	25	45	10	30	55
256	23 Construction	210	200	240	115	225	235
257	31-33 Manufacturing	325	300	255	230	210	225
258	41 Wholesale trade	130	235	140	110	120	175
259	44-45 Retail trade	540	600	525	350	515	635
260	48-49 Transportation and warehousing	205	350	180	115	195	165
261	51 Information and cultural industries	235	335	200	125	170	185
262	52 Finance and insurance	350	305	310	155	195	300
263	53 Real estate and rental and leasing	125	140	55	60	120	90
264	54 Professional, scientific and technical services	460	615	510	265	455	440
265	55 Management of companies and enterprises	-	10	-	-	10	-
266	56 Administrative and support, waste management and remediation services	285	265	205	85	215	100
267	61 Educational services	190	330	225	115	315	330
268	62 Health care and social assistance	390	500	430	260	380	400
269	71 Arts, entertainment and recreation	100	150	200	95	95	115
270	72 Accommodation and food services	350	370	310	275	320	310
271	81 Other services (except public administration)	225	205	255	145	255	150
272	91 Public administration	190	220	185	120	155	140
	by class of worker						
273	Class of worker - Not applicable (36)	75	125	90	60	50	60
274	All classes of worker (37)	4,380	5,175	4,315	2,660	3,985	4,070
275	Paid workers	4,020	4,660	3,900	2,385	3,585	3,590
276	Employees	3,860	4,535	3,675	2,255	3,415	3,405
277	Self-employed (incorporated)	155	120	225	130	175	185
278	Self-employed (unincorporated)	340	510	400	270	370	460
279	Unpaid family workers	20	-	15	-	25	15
	by occupation based on the 2001 NOC-S						
280	Male labour force 15 years and over	2,250	2,700	2,140	1,310	1,990	2,170
281	Occupation - Not applicable (36)	35	35	55	25	10	30
282	All occupations (37)	2,210	2,665	2,085	1,280	1,980	2,145
283	A Management occupations	300	375	350	185	290	380
284	B Business, finance and administration occupations	285	320	235	150	215	230
285	C Natural and applied sciences and related occupations	300	395	200	165	295	215
286	D Health occupations	15	40	45	25	40	45
287	E Occupations in social science, education, government service and religion	85	100	85	60	105	120
288	F Occupations in art, culture, recreation and sport	135	180	160	65	80	120
289	G Sales and service occupations	585	550	515	335	480	475
290	H Trades, transport and equipment operators and related occupations	390	505	400	225	370	415
291	I Occupations unique to primary industry	45	55	50	20	60	45
292	J Occupations unique to processing, manufacturing and utilities	75	140	55	45	50	95
293	Female labour force 15 years and over	2,200	2,585	2,270	1,405	2,045	1,955
294	Occupation - Not applicable (36)	35	80	35	30	45	25
295	All occupations (37)	2,170	2,505	2,235	1,375	2,000	1,925
296	A Management occupations	215	200	220	150	145	220
297	B Business, finance and administration occupations	750	860	770	400	625	450
298	C Natural and applied sciences and related occupations	75	115	90	35	120	60
299	D Health occupations	190	215	170	95	140	235

Tableau 1. Certaines caractéristiques des secteurs de recensement, recensement de 2001 – Données intégrales et données-échantillon (20 %)

Vancouver 0110.01 A	Vancouver 0110.02 A	Vancouver 0111.01	Vancouver 0111.02	Vancouver 0111.03	Vancouver 0112	Caractéristiques	N°
						CARACTÉRISTIQUES DE LA POPULATION	
						selon l'activité – fin	
73.5	65.4	75.0	68.9	78.4	69.0	Les deux sexes - Taux d'activité	241
59.3	65.8	57.2	53.5	61.6	75.0	15-24 ans	242
76.3	65.8	78.8	72.0	81.7	68.4	25 ans et plus	243
69.7	61.9	71.4	66.0	75.2	66.1	Les deux sexes - Taux d'emploi	244
52.2	61.6	52.4	47.5	52.0	67.4	15-24 ans	245
73.0	61.5	75.6	69.7	79.3	66.2	25 ans et plus	246
5.2	5.9	4.8	4.2	4.3	4.8	Les deux sexes - Taux de chômage	247
11.1	4.2	8.4	11.1	16.4	11.8	15-24 ans	248
4.4	5.8	4.2	3.2	2.8	3.5	25 ans et plus	249
4,200	**1,450**	**3,415**	**4,135**	**2,470**	**1,455**	**Population active totale de 15 ans et plus**	250
						selon l'industrie basée sur le SCIAN de 1997	
85	15	40	20	30	10	Industrie - Sans objet (36)	251
4,120	1,430	3,375	4,110	2,440	1,445	Toutes les industries (37)	252
10	10	-	35	10	10	11 Agriculture, foresterie, pêche et chasse	253
-	10	10	30	-	-	21 Extraction minière et extraction de pétrole et de gaz	254
40	-	30	40	-	20	22 Services publics	255
235	95	160	170	120	105	23 Construction	256
195	95	245	265	155	85	31-33 Fabrication	257
175	65	190	260	60	70	41 Commerce de gros	258
365	115	345	345	220	105	44-45 Commerce de détail	259
170	75	150	145	115	55	48-49 Transport et entreposage	260
235	100	195	220	100	70	51 Industrie de l'information et industrie culturelle	261
245	85	190	225	195	80	52 Finance et assurances	262
60	45	70	85	60	45	53 Services immobiliers et services de location et de location à bail	263
605	165	375	640	265	135	54 Services professionnels, scientifiques et techniques	264
-	10	10	15	10	-	55 Gestion de sociétés et d'entreprises	265
95	25	135	95	135	65	56 Services administratifs, services de soutien, services de gestion des déchets et services d'assainissement	266
465	140	300	385	190	105	61 Services d'enseignement	267
370	135	265	385	250	185	62 Soins de santé et assistance sociale	268
225	45	115	85	75	35	71 Arts, spectacles et loisirs	269
230	85	200	275	140	55	72 Hébergement et services de restauration	270
230	35	170	170	225	115	81 Autres services, sauf les administrations publiques	271
165	100	200	235	105	95	91 Administrations publiques	272
						selon la catégorie de travailleurs	
85	15	40	25	30	10	Catégorie de travailleurs - Sans objet (36)	273
4,115	1,435	3,375	4,110	2,440	1,445	Toutes les catégories de travailleurs (37)	274
3,685	1,305	3,025	3,735	2,080	1,300	Travailleurs rémunérés	275
3,350	1,140	2,840	3,325	1,975	1,250	Employés	276
335	165	185	410	105	55	Travailleurs autonomes (entreprise constituée en société)	277
410	135	335	365	330	140	Travailleurs autonomes (entreprise non constituée en société)	278
15	-	10	10	35	-	Travailleurs familiaux non rémunérés	279
						selon la profession basée sur la CNP-S de 2001	
2,160	770	1,740	2,225	1,290	730	Hommes actifs de 15 ans et plus	280
50	-	-	10	25	10	Profession - Sans objet (36)	281
2,115	770	1,740	2,210	1,265	725	Toutes les professions (37)	282
475	215	285	495	155	85	A Gestion	283
220	80	175	280	120	95	B Affaires, finance et administration	284
255	90	235	325	175	70	C Sciences naturelles et appliquées et professions apparentées	285
55	15	15	40	10	30	D Secteur de la santé	286
190	40	115	195	45	50	E Sciences sociales, enseignement, administration publique et religion	287
145	55	145	140	90	55	F Arts, culture, sports et loisirs	288
380	115	350	395	300	135	G Ventes et services	289
330	155	340	240	320	150	H Métiers, transport et machinerie	290
35	-	20	40	20	10	I Professions propres au secteur primaire	291
20	10	55	65	30	45	J Transformation, fabrication et services d'utilité publique	292
2,040	675	1,675	1,905	1,185	725	Femmes actives de 15 ans et plus	293
40	10	40	10	10	-	Profession - Sans objet (36)	294
2,000	660	1,635	1,900	1,175	720	Toutes les professions (37)	295
245	65	175	280	125	80	A Gestion	296
615	185	470	550	340	225	B Affaires, finance et administration	297
45	25	50	75	15	40	C Sciences naturelles et appliquées et professions apparentées	298
165	70	100	235	100	75	D Secteur de la santé	299

Table 1. Selected Characteristics for Census Tracts, 2001 Census – 100% Data and 20% Sample Data

No.	Characteristics	Vancouver 0100.02	Vancouver 0101.01	Vancouver 0101.02	Vancouver 0102 ◇	Vancouver 0103	Vancouver 0104
	POPULATION CHARACTERISTICS						
	by occupation based on the 2001 NOC-S – concluded						
300	E Occupations in social science, education, government service and religion	170	235	195	150	215	245
301	F Occupations in art, culture, recreation and sport	35	125	125	75	90	90
302	G Sales and service occupations	635	700	590	435	610	580
303	H Trades, transport and equipment operators and related occupations	40	25	30	10	30	25
304	I Occupations unique to primary industry	10	10	10	10	-	-
305	J Occupations unique to processing, manufacturing and utilities	40	35	35	15	15	25
306	**Total employed labour force 15 years and over**	**4,130**	**4,895**	**4,030**	**2,515**	**3,735**	**3,930**
	by place of work						
307	Males	2,040	2,505	1,905	1,220	1,840	2,055
308	Usual place of work	1,535	1,890	1,470	870	1,420	1,540
309	At home	120	185	90	145	105	175
310	Outside Canada	15	50	20	20	25	30
311	No fixed workplace address	365	380	325	180	290	305
312	Females	2,085	2,390	2,125	1,295	1,895	1,880
313	Usual place of work	1,860	2,110	1,880	1,055	1,590	1,565
314	At home	130	145	115	170	170	225
315	Outside Canada	-	-	15	-	-	10
316	No fixed workplace address	100	130	120	75	135	80
317	**Total employed labour force 15 years and over with usual place of work or no fixed workplace address**	**3,865**	**4,515**	**3,795**	**2,175**	**3,440**	**3,500**
	by mode of transportation						
318	Males	1,905	2,270	1,795	1,050	1,715	1,850
319	Car, truck, van, as driver	1,315	1,635	1,265	780	1,295	1,390
320	Car, truck, van, as passenger	65	40	105	75	65	90
321	Public transit	240	310	220	115	195	210
322	Walked	185	200	160	65	110	105
323	Other method	95	85	45	15	50	55
324	Females	1,960	2,245	2,000	1,125	1,720	1,645
325	Car, truck, van, as driver	1,200	990	980	675	1,035	1,160
326	Car, truck, van, as passenger	120	190	125	70	165	150
327	Public transit	340	545	585	250	315	155
328	Walked	215	505	270	105	195	180
329	Other method	85	10	45	25	10	10
330	**Total population 15 years and over who worked since January 1, 2000**	**4,640**	**5,580**	**4,580**	**2,920**	**4,310**	**4,425**
	by language used at work						
331	Single responses	4,380	5,075	4,175	2,720	4,000	4,095
332	English	4,355	5,045	4,150	2,680	3,940	4,055
333	French	-	-	-	-	15	-
334	Non-official languages (5)	30	25	25	35	40	45
335	Chinese, n.o.s.	-	-	-	-	-	-
336	Cantonese	-	-	-	-	-	-
337	Other languages (6)	30	30	25	35	30	30
338	Multiple responses	260	505	405	200	305	330
339	English and French	40	135	125	40	50	75
340	English and non-official language	215	360	265	145	240	245
341	French and non-official language	-	-	-	-	-	-
342	English, French and non-official language	-	15	10	-	15	10
	DWELLING AND HOUSEHOLD CHARACTERISTICS						
343	**Total number of occupied private dwellings**	**3,120**	**4,920**	**3,660**	**1,790**	**3,265**	**2,655**
	by tenure						
344	Owned	1,580	1,640	1,760	1,080	1,560	1,635
345	Rented	1,540	3,275	1,855	660	1,705	1,020
346	Band housing	-	-	50	45	-	-
	by structural type of dwelling						
347	Single-detached house	720	-	235	670	750	1,320
348	Semi-detached house	220	-	175	45	55	150
349	Row house	320	30	345	565	185	240
350	Apartment, detached duplex	575	10	60	105	320	545
351	Apartment, building that has five or more storeys	-	2,005	860	-	190	-
352	Apartment, building that has fewer than five storeys (38)	1,285	2,865	1,980	405	1,760	390
353	Other single-attached house	-	-	-	-	-	-
354	Movable dwelling (39)	-	-	10	-	-	-

Tableau 1. Certaines caractéristiques des secteurs de recensement, recensement de 2001 – Données intégrales et données-échantillon (20 %)

Vancouver 0110.01 A	Vancouver 0110.02 A	Vancouver 0111.01	Vancouver 0111.02	Vancouver 0111.03	Vancouver 0112	Caractéristiques	N°
						CARACTÉRISTIQUES DE LA POPULATION	
						selon la profession basée sur la CNP-S de 2001 – fin	
400	115	175	290	165	90	E Sciences sociales, enseignement, administration publique et religion	300
180	50	115	75	70	25	F Arts, culture, sports et loisirs	301
335	150	465	375	350	155	G Ventes et services	302
15	-	20	-	10	20	H Métiers, transport et machinerie	303
-	-	10	-	-	10	I Professions propres au secteur primaire	304
10	-	40	10	10	10	J Transformation, fabrication et services d'utilité publique	305
3,985	**1,365**	**3,250**	**3,950**	**2,370**	**1,390**	**Population active occupée totale de 15 ans et plus**	306
						selon le lieu de travail	
2,015	730	1,695	2,140	1,225	700	Hommes	307
1,580	535	1,260	1,660	930	480	Lieu habituel de travail	308
220	85	130	210	100	40	À domicile	309
15	10	10	10	-	-	En dehors du Canada	310
205	100	295	255	190	185	Sans adresse de travail fixe	311
1,965	635	1,560	1,810	1,145	690	Femmes	312
1,530	525	1,260	1,540	905	550	Lieu habituel de travail	313
320	75	250	195	105	100	À domicile	314
-	-	10	10	15	-	En dehors du Canada	315
115	40	50	70	125	30	Sans adresse de travail fixe	316
3,435	**1,195**	**2,870**	**3,530**	**2,150**	**1,245**	**Population active occupée totale de 15 ans et plus ayant un lieu habituel de travail ou sans adresse de travail fixe**	317
						selon le mode de transport	
1,785	635	1,560	1,920	1,120	660	Hommes	318
1,580	540	1,270	1,685	860	545	Automobile, camion ou fourgonnette, en tant que conducteur	319
40	15	75	45	45	30	Automobile, camion ou fourgonnette, en tant que passager	320
90	50	90	100	60	20	Transport en commun	321
55	15	60	35	50	25	À pied	322
25	15	60	55	100	40	Autre moyen	323
1,645	560	1,310	1,605	1,030	585	Femmes	324
1,300	440	985	1,335	800	435	Automobile, camion ou fourgonnette, en tant que conductrice	325
130	60	125	120	50	65	Automobile, camion ou fourgonnette, en tant que passagère	326
90	35	140	70	115	40	Transport en commun	327
115	20	45	55	45	35	À pied	328
10	-	10	20	20	20	Autre moyen	329
4,495	**1,610**	**3,635**	**4,445**	**2,625**	**1,545**	**Population totale de 15 ans et plus ayant travaillé depuis le 1er janvier 2000**	330
						selon la langue utilisée au travail	
4,265	1,545	3,460	4,170	2,450	1,480	Réponses uniques	331
4,250	1,520	3,425	4,150	2,400	1,475	Anglais	332
-	-	-	10	15	-	Français	333
15	20	30	15	40	-	Langues non officielles (5)	334
-	-	-	-	30	-	Chinois, n.d.a.	335
10	-	-	10	-	-	Cantonais	336
-	20	15	10	10	-	Autres langues (6)	337
230	70	175	280	175	65	Réponses multiples	338
90	15	40	45	40	20	Anglais et français	339
135	45	145	230	135	45	Anglais et langue non officielle	340
-	-	-	-	-	-	Français et langue non officielle	341
10	10	-	10	-	-	Anglais, français et langue non officielle	342
						CARACTÉRISTIQUES DES LOGEMENTS ET DES MÉNAGES	
2,610	**935**	**2,070**	**2,565**	**1,475**	**1,030**	**Nombre total de logements privés occupés**	343
						selon le mode d'occupation	
2,020	800	1,420	2,285	1,115	845	Possédé	344
595	135	645	285	345	185	Loué	345
-	-	-	-	15	-	Logement de bande	346
						selon le type de construction résidentielle	
1,755	690	775	1,635	275	630	Maison individuelle non attenante	347
60	-	65	100	145	10	Maison jumelée	348
415	90	330	130	455	-	Maison en rangée	349
170	150	115	145	175	225	Appartement, duplex non attenant	350
60	-	420	-	-	165	Appartement, immeuble de cinq étages ou plus	351
150	-	365	555	400	-	Appartement, immeuble de moins de cinq étages (38)	352
-	10	-	-	-	-	Autre maison individuelle attenante	353
-	-	-	-	15	-	Logement mobile (39)	354

Table 1. Selected Characteristics for Census Tracts, 2001 Census – 100% Data and 20% Sample Data

No.	Characteristics	Vancouver 0100.02	Vancouver 0101.01	Vancouver 0101.02	Vancouver 0102 ◇	Vancouver 0103	Vancouver 0104
	DWELLING AND HOUSEHOLD CHARACTERISTICS						
	by condition of dwelling						
355	Regular maintenance only	2,120	3,600	2,510	1,035	2,105	1,895
356	Minor repairs	745	810	810	600	750	630
357	Major repairs	250	510	345	155	410	130
	by period of construction						
358	Before 1946	455	50	240	160	250	390
359	1946-1960	595	395	290	310	750	650
360	1961-1970	730	1,260	540	240	805	465
361	1971-1980	680	1,480	1,310	310	635	405
362	1981-1990	205	830	685	580	445	540
363	1991-2001 (20)	460	890	600	195	375	200
364	Average number of rooms per dwelling	5.3	3.7	4.2	6.0	5.0	7.0
365	Average number of bedrooms per dwelling	2.2	1.3	1.6	2.7	2.0	2.9
366	Average value of dwelling $	280,724	186,689	207,588	279,703	259,910	372,626
367	**Total number of private households**	**3,120**	**4,915**	**3,660**	**1,785**	**3,265**	**2,655**
	by household size						
368	1 person	1,040	2,575	1,615	365	1,305	500
369	2 persons	1,130	1,700	1,285	525	1,095	875
370	3 persons	460	410	405	350	410	460
371	4-5 persons	415	225	330	500	420	730
372	6 or more persons	70	-	30	45	40	90
	by household type						
373	One-family households	1,815	1,995	1,815	1,325	1,685	1,965
374	Multiple-family households	20	10	30	40	25	50
375	Non-family households	1,280	2,920	1,815	425	1,555	645
376	Number of persons in private households	6,865	8,165	6,975	4,915	6,730	7,290
377	Average number of persons in private households	2.2	1.7	1.9	2.8	2.1	2.7
378	Average number of persons per room	0.4	0.5	0.5	0.5	0.4	0.4
379	Tenant households in non-farm, non-reserve private dwellings (40)	1,525	3,225	1,850	655	1,700	1,010
380	Average gross rent $ (40)	840	792	700	1,041	808	997
381	Tenant households spending 30% or more of household income on gross rent (40) (41)	550	1,410	690	250	725	410
382	Tenant households spending from 30% to 99% of household income on gross rent (40) (41)	350	1,140	540	175	590	320
383	Owner households in non-farm, non-reserve private dwellings (42)	1,575	1,640	1,760	1,010	1,555	1,635
384	Average owner's major payments $ (42)	1,157	879	1,003	1,220	942	1,105
385	Owner households spending 30% or more of household income on owner's major payments (41) (42)	395	445	505	320	370	330
386	Owner households spending from 30% to 99% of household income on owner's major payments (41) (42)	340	395	410	285	295	305
	CENSUS FAMILY CHARACTERISTICS						
387	**Total number of census families in private households**	**1,860**	**2,005**	**1,880**	**1,410**	**1,735**	**2,055**
	by census family structure and size						
388	Total couple families	1,570	1,665	1,500	1,055	1,415	1,785
389	Total families of married couples	1,225	1,225	1,140	910	1,200	1,580
390	Without children at home	585	740	640	285	535	555
391	With children at home	635	480	500	630	665	1,025
392	1 child	285	310	250	205	290	355
393	2 children	250	160	210	325	305	485
394	3 or more children	100	20	40	95	75	185
395	Total families of common-law couples	350	435	360	140	215	205
396	Without children at home	250	420	300	90	175	130
397	With children at home	100	20	60	50	35	70
398	1 child	45	10	35	35	25	40
399	2 children	25	10	10	10	15	35
400	3 or more children	30	-	15	-	-	-
401	Total lone-parent families	290	340	380	350	315	270
402	Female parent	280	275	325	280	270	215
403	1 child	225	215	215	135	195	135
404	2 children	50	45	90	100	70	65
405	3 or more children	10	15	20	40	-	15

Tableau 1. Certaines caractéristiques des secteurs de recensement, recensement de 2001 – Données intégrales et données-échantillon (20 %)

Vancouver 0110.01 A	Vancouver 0110.02 A	Vancouver 0111.01	Vancouver 0111.02	Vancouver 0111.03	Vancouver 0112	Caractéristiques	N°
						CARACTÉRISTIQUES DES LOGEMENTS ET DES MÉNAGES	
						selon l'état du logement	
1,740	655	1,565	1,920	870	670	Entretien régulier seulement	355
580	220	380	550	455	290	Réparations mineures	356
285	60	125	95	150	65	Réparations majeures	357
						selon la période de construction	
255	55	35	30	50	140	Avant 1946	358
210	250	120	215	75	405	1946-1960	359
265	190	410	650	240	155	1961-1970	360
430	265	240	615	695	65	1971-1980	361
1,085	135	720	270	225	65	1981-1990	362
365	40	540	780	185	190	1991-2001 (20)	363
7.4	8.2	6.2	7.8	6.2	7.0	Nombre moyen de pièces par logement	364
2.9	3.3	2.6	3.2	2.7	2.9	Nombre moyen de chambres à coucher par logement	365
417,521	449,548	325,498	381,199	243,336	338,826	Valeur moyenne du logement $	366
2,610	**935**	**2,070**	**2,565**	**1,470**	**1,030**	**Nombre total de logements privés**	367
						selon la taille du ménage	
420	145	360	375	275	280	1 personne	368
825	270	740	830	495	320	2 personnes	369
440	165	395	450	325	150	3 personnes	370
875	300	545	825	335	270	4-5 personnes	371
55	50	35	80	50	15	6 personnes ou plus	372
						selon le genre de ménage	
2,095	730	1,575	2,110	1,060	690	Ménages unifamiliaux	373
25	40	20	35	35	30	Ménages multifamiliaux	374
485	170	470	420	380	310	Ménages non familiaux	375
7,430	2,790	5,545	7,420	3,960	2,595	Nombre de personnes dans les ménages privés	376
2.8	3.0	2.7	2.9	2.7	2.5	Nombre moyen de personnes dans les ménages privés	377
0.4	0.4	0.4	0.4	0.4	0.4	Nombre moyen de personnes par pièce	378
585	135	540	280	345	180	Ménages locataires dans les logements privés non agricoles hors réserve (40)	379
849	1,125	1,033	1,252	995	1,157	Loyer brut moyen $ (40)	380
195	40	195	130	160	70	Ménages locataires consacrant 30 % ou plus du revenu du ménage au loyer brut (40) (41)	381
165	40	165	105	150	70	Ménages locataires consacrant de 30 % à 99 % du revenu du ménage au loyer brut (40) (41)	382
2,015	800	980	2,280	1,095	840	Ménages propriétaires dans les logements privés non agricoles hors réserve (42)	383
1,266	1,286	1,242	1,221	1,277	1,055	Principales dépenses de propriété moyennes $ (42)	384
355	140	245	440	305	185	Ménages propriétaires consacrant 30 % ou plus du revenu du ménage aux principales dépenses de propriété (41) (42)	385
330	135	225	405	270	165	Ménages propriétaires consacrant de 30 % à 99 % du revenu du ménage aux principales dépenses de propriété (41) (42)	386
						CARACTÉRISTIQUES DES FAMILLES DE RECENSEMENT	
2,150	**805**	**1,615**	**2,180**	**1,130**	**755**	**Total des familles de recensement dans les ménages privés**	387
						selon la structure et la taille de la famille de recensement	
1,895	735	1,335	1,970	865	665	Total des familles avec conjoints	388
1,705	675	1,165	1,830	755	585	Total des familles avec couples mariés	389
605	230	450	690	240	270	Sans enfants à la maison	390
1,105	450	715	1,135	510	315	Avec enfants à la maison	391
285	125	260	285	210	90	1 enfant	392
605	255	325	640	255	175	2 enfants	393
215	65	135	210	50	45	3 enfants ou plus	394
185	55	175	145	115	85	Total des familles en union libre	395
135	30	80	115	70	55	Sans enfants à la maison	396
50	25	90	35	40	20	Avec enfants à la maison	397
20	10	35	25	30	20	1 enfant	398
25	15	45	10	-	-	2 enfants	399
10	-	15	-	-	-	3 enfants ou plus	400
255	75	280	210	270	85	Total des familles monoparentales	401
195	50	235	165	215	80	Parent de sexe féminin	402
90	30	130	95	130	45	1 enfant	403
80	20	85	70	60	30	2 enfants	404
25	-	25	10	30	-	3 enfants ou plus	405

Table 1. Selected Characteristics for Census Tracts, 2001 Census – 100% Data and 20% Sample Data

No.	Characteristics	Vancouver 0100.02	Vancouver 0101.01	Vancouver 0101.02	Vancouver 0102 ◇	Vancouver 0103	Vancouver 0104
	CENSUS FAMILY CHARACTERISTICS						
	by census family structure and size – concluded						
406	Male parent	10	65	50	75	50	60
407	1 child	-	55	45	50	30	35
408	2 children	-	15	10	20	10	15
409	3 or more children	-	-	10	10	10	10
410	**Total number of children at home**	**1,675**	**1,135**	**1,430**	**1,810**	**1,600**	**2,435**
	by age groups						
411	Under 6 years	475	295	415	350	405	515
412	6-14 years	540	315	455	660	520	855
413	15-17 years	200	80	150	220	155	285
414	18-24 years	280	285	270	330	315	505
415	25 years and over	185	160	140	255	205	265
416	Average number of children at home per census family (43)	0.9	0.6	0.8	1.3	0.9	1.2
417	**Total number of persons in private households**	**6,865**	**8,165**	**6,975**	**4,915**	**6,735**	**7,290**
	by census family status and living arrangements						
418	Number of non-family persons	1,755	3,365	2,170	650	1,990	1,020
419	Living with relatives (44)	190	255	125	140	200	155
420	Living with non-relatives only	525	530	425	150	485	365
421	Living alone	1,040	2,575	1,620	360	1,305	500
422	Number of family persons	5,115	4,800	4,805	4,270	4,745	6,275
423	Average number of persons per census family	2.8	2.4	2.6	3.0	2.7	3.1
424	**Total number of persons 65 years and over**	**655**	**1,195**	**945**	**460**	**1,090**	**760**
425	Number of non-family persons 65 years and over	265	700	485	160	560	195
426	Living with relatives (44)	40	10	10	55	35	45
427	Living with non-relatives only	15	15	20	-	10	15
428	Living alone	215	675	455	105	510	140
429	Number of family persons 65 years and over	395	500	455	300	530	560
	ECONOMIC FAMILY CHARACTERISTICS						
430	**Total number of economic families in private households**	**1,900**	**2,095**	**1,890**	**1,375**	**1,775**	**2,035**
	by size of family						
431	2 persons	1,055	1,485	1,185	495	955	815
432	3 persons	390	405	375	350	385	440
433	4 persons	310	175	235	360	310	520
434	5 or more persons	150	35	100	165	115	260
435	Total number of persons in economic families	5,300	5,055	4,935	4,405	4,945	6,425
436	Average number of persons per economic family	2.8	2.4	2.6	3.2	2.8	3.2
437	Total number of unattached individuals	1,565	3,105	2,040	510	1,785	860
	2000 INCOME CHARACTERISTICS						
	Population 15 years and over by sex and total income groups in 2000						
438	Total - Both sexes	5,850	7,550	6,100	3,915	5,815	5,900
439	Without income	205	265	240	205	195	260
440	With income	5,645	7,285	5,865	3,710	5,620	5,640
441	Under $1,000 (45)	250	340	195	160	225	360
442	$ 1,000 - $ 2,999	290	265	370	175	245	280
443	$ 3,000 - $ 4,999	180	185	155	155	165	185
444	$ 5,000 - $ 6,999	200	265	180	160	210	185
445	$ 7,000 - $ 9,999	280	440	275	220	290	325
446	$10,000 - $11,999	240	320	255	195	205	255
447	$12,000 - $14,999	365	540	390	230	425	300
448	$15,000 - $19,999	490	675	530	290	650	390
449	$20,000 - $24,999	370	635	575	360	350	345
450	$25,000 - $29,999	425	500	430	215	475	345
451	$30,000 - $34,999	380	625	480	240	475	415
452	$35,000 - $39,999	455	515	345	230	365	425
453	$40,000 - $44,999	380	475	415	255	275	420
454	$45,000 - $49,999	245	420	305	105	290	260
455	$50,000 - $59,999	335	510	330	260	405	415
456	$60,000 and over	760	575	630	450	575	725
457	Average income $ (46)	31,006	29,696	30,606	30,964	29,987	32,353
458	Median income $ (46)	27,000	24,695	24,993	23,965	25,220	27,360
459	Standard error of average income $ (46)	727	727	707	975	841	1,014

Tableau 1. Certaines caractéristiques des secteurs de recensement, recensement de 2001 – Données intégrales et données-échantillon (20 %)

Vancouver 0110.01 A	Vancouver 0110.02 A	Vancouver 0111.01	Vancouver 0111.02	Vancouver 0111.03	Vancouver 0112	Caractéristiques	N°
						CARACTÉRISTIQUES DES FAMILLES DE RECENSEMENT	
						selon la structure et la taille de la famille de recensement – fin	
60	25	45	45	50	10	Parent de sexe masculin	406
40	25	40	20	45	-	1 enfant	407
15	-	-	25	-	-	2 enfants	408
-	-	-	-	10	-	3 enfants ou plus	409
2,675	**990**	**1,905**	**2,625**	**1,325**	**735**	**Nombre total d'enfants à la maison**	410
						selon les groupes d'âge	
595	185	395	435	325	230	Moins de 6 ans	411
1,130	395	740	985	485	255	6-14 ans	412
385	110	200	365	160	75	15-17 ans	413
455	225	390	575	235	95	18-24 ans	414
110	75	185	255	120	80	25 ans et plus	415
1.2	1.2	1.2	1.2	1.2	1.0	Nombre moyen d'enfants à la maison par famille de recensement (43)	416
7,435	**2,790**	**5,540**	**7,415**	**3,960**	**2,595**	**Nombre total de personnes dans les ménages privés**	417
						selon la situation des particuliers dans la famille de recensement et des particuliers dans le ménage	
715	260	685	645	635	440	Nombre de personnes hors famille de recensement	418
80	20	105	115	80	40	Vivant avec des personnes apparentées (44)	419
220	100	220	145	285	120	Vivant avec des personnes non apparentées uniquement	420
415	145	360	375	270	280	Vivant seules	421
6,715	2,525	4,860	6,775	3,330	2,150	Nombre de personnes membres d'une famille	422
3.1	3.1	3.0	3.1	2.9	2.9	Nombre moyen de personnes par famille de recensement	423
540	**380**	**405**	**885**	**230**	**395**	**Nombre total de personnes de 65 ans et plus**	424
225	70	80	205	65	150	Nombre de personnes hors famille de recensement de 65 ans et plus	425
55	15	20	55	10	20	Vivant avec des personnes apparentées (44)	426
-	10	10	-	10	-	Vivant avec des personnes non apparentées uniquement	427
170	45	55	150	50	130	Vivant seules	428
315	305	330	680	160	245	Nombre de personnes membres d'une famille de 65 ans et plus	429
						CARACTÉRISTIQUES DES FAMILLES ÉCONOMIQUES	
2,130	**770**	**1,625**	**2,170**	**1,100**	**720**	**Nombre total de familles économiques dans les ménages privés**	430
						selon la taille de la famille	
810	275	685	840	445	320	2 personnes	431
410	155	375	435	290	145	3 personnes	432
650	245	405	630	265	180	4 personnes	433
260	100	165	260	100	75	5 personnes ou plus	434
6,800	2,545	4,965	6,895	3,410	2,195	Nombre total de personnes dans les familles économiques	435
3.2	3.3	3.0	3.2	3.1	3.0	Nombre moyen de personnes par famille économique	436
640	245	575	520	555	405	Nombre total de personnes hors famille économique	437
						CARACTÉRISTIQUES DU REVENU DE 2000	
						Population de 15 ans et plus selon le sexe et les tranches de revenu total en 2000	
5,710	2,210	4,550	5,990	3,150	2,095	Total - Les deux sexes	438
310	100	285	355	100	60	Sans revenu	439
5,405	2,105	4,270	5,630	3,050	2,040	Avec un revenu	440
265	65	225	215	185	40	Moins de 1 000 $ (45)	441
180	80	225	225	145	55	1 000 $ - 2 999 $	442
170	75	120	140	80	60	3 000 $ - 4 999 $	443
165	70	150	215	110	95	5 000 $ - 6 999 $	444
295	165	170	210	170	90	7 000 $ - 9 999 $	445
200	110	150	135	125	70	10 000 $ - 11 999 $	446
260	110	170	310	95	115	12 000 $ - 14 999 $	447
315	140	395	410	230	200	15 000 $ - 19 999 $	448
325	115	225	305	245	195	20 000 $ - 24 999 $	449
250	90	245	340	200	160	25 000 $ - 29 999 $	450
340	130	355	395	300	140	30 000 $ - 34 999 $	451
250	75	300	250	185	155	35 000 $ - 39 999 $	452
355	125	300	265	200	115	40 000 $ - 44 999 $	453
220	75	155	350	150	75	45 000 $ - 49 999 $	454
480	200	445	600	200	150	50 000 $ - 59 999 $	455
1,335	470	655	1,275	425	310	60 000 $ et plus	456
48,732	43,614	34,537	43,186	32,021	35,441	Revenu moyen $ (46)	457
33,463	30,062	30,042	32,973	28,407	27,185	Revenu médian $ (46)	458
2,850	3,028	857	1,246	993	1,434	Erreur type de revenu moyen $ (46)	459

Table 1. Selected Characteristics for Census Tracts, 2001 Census – 100% Data and 20% Sample Data

No.	Characteristics	Vancouver 0100.02	Vancouver 0101.01	Vancouver 0101.02	Vancouver 0102 ◇	Vancouver 0103	Vancouver 0104
	2000 INCOME CHARACTERISTICS						
	Population 15 years and over by sex and total income groups in 2000 – concluded						
460	Total - Males	2,860	3,540	2,780	1,865	2,635	2,875
461	Without income	95	80	110	65	70	80
462	With income	2,765	3,455	2,670	1,800	2,560	2,790
463	Under $1,000 (45)	150	180	70	65	105	185
464	$ 1,000 - $ 2,999	140	135	160	80	100	100
465	$ 3,000 - $ 4,999	75	40	55	75	90	100
466	$ 5,000 - $ 6,999	105	135	80	70	95	70
467	$ 7,000 - $ 9,999	105	120	85	105	120	125
468	$10,000 - $11,999	105	140	115	95	105	95
469	$12,000 - $14,999	140	205	150	100	135	125
470	$15,000 - $19,999	185	250	215	135	235	165
471	$20,000 - $24,999	145	275	290	135	125	105
472	$25,000 - $29,999	185	225	190	110	225	190
473	$30,000 - $34,999	145	340	190	90	210	175
474	$35,000 - $39,999	205	270	130	85	135	240
475	$40,000 - $44,999	190	245	185	145	130	210
476	$45,000 - $49,999	145	205	180	40	130	140
477	$50,000 - $59,999	175	285	155	150	180	275
478	$60,000 and over	565	410	435	325	430	485
479	Average income $ (46)	35,883	34,586	35,448	36,558	34,240	37,924
480	Median income $ (46)	30,332	30,045	27,789	25,896	28,329	33,433
481	Standard error of average income $ (46)	1,237	1,307	1,241	1,740	1,564	1,801
482	Total - Females	2,990	4,010	3,325	2,050	3,175	3,025
483	Without income	110	185	135	140	120	180
484	With income	2,880	3,820	3,190	1,910	3,055	2,845
485	Under $1,000 (45)	100	155	120	95	115	175
486	$ 1,000 - $ 2,999	150	130	215	95	145	180
487	$ 3,000 - $ 4,999	110	140	100	80	75	85
488	$ 5,000 - $ 6,999	95	130	100	90	115	115
489	$ 7,000 - $ 9,999	175	320	190	115	170	195
490	$10,000 - $11,999	125	180	140	100	100	160
491	$12,000 - $14,999	220	335	240	130	290	175
492	$15,000 - $19,999	300	430	315	155	420	225
493	$20,000 - $24,999	225	360	285	225	225	240
494	$25,000 - $29,999	240	275	245	105	250	155
495	$30,000 - $34,999	235	285	290	150	265	235
496	$35,000 - $39,999	255	250	210	145	225	185
497	$40,000 - $44,999	195	225	230	110	140	210
498	$45,000 - $49,999	100	215	130	70	160	120
499	$50,000 - $59,999	165	225	180	115	225	140
500	$60,000 and over	195	165	190	125	140	240
501	Average income $ (46)	26,327	25,273	26,550	25,687	26,427	26,890
502	Median income $ (46)	23,431	20,808	22,088	21,090	22,695	22,163
503	Standard error of average income $ (46)	762	673	765	875	795	892
	by composition of total income						
504	Total - Composition of income in 2000 % (47)	100.0	100.0	100.0	100.0	100.0	100.0
505	Employment income %	83.9	80.3	80.5	82.2	78.2	81.6
506	Government transfer payments %	7.9	10.5	10.7	9.6	11.1	7.9
507	Other %	8.3	9.3	8.8	8.2	10.8	10.5
	Population 15 years and over with employment income in 2000 by sex and work activity						
508	Both sexes with employment income (48)	4,455	5,475	4,375	2,785	4,195	4,310
509	Average employment income $	32,957	31,693	33,011	33,884	31,342	34,556
510	Standard error of average employment income $	798	895	857	1,250	1,052	1,141
511	Worked full year, full time (49)	2,460	2,985	2,285	1,505	2,075	2,220
512	Average employment income $	44,564	42,108	43,830	47,291	43,329	48,797
513	Standard error of average employment income $	1,029	1,393	1,132	1,959	1,750	1,464
514	Worked part year or part time (50)	1,970	2,370	1,975	1,215	2,000	2,030
515	Average employment income $	18,779	19,588	21,765	18,659	20,128	19,779
516	Standard error of average employment income $	867	780	1,126	1,162	960	1,536
517	Males with employment income (48)	2,250	2,785	2,085	1,390	2,085	2,265
518	Average employment income $	38,187	36,397	37,457	40,065	35,925	39,525
519	Standard error of average employment income $	1,326	1,549	1,471	2,214	1,855	1,919
520	Worked full year, full time (49)	1,295	1,630	1,145	815	1,115	1,295
521	Average employment income $	51,301	46,386	47,756	53,924	48,617	52,326
522	Standard error of average employment income $	1,614	2,387	1,853	3,279	2,971	2,225
523	Worked part year or part time (50)	940	1,100	895	555	935	940
524	Average employment income $	20,509	23,005	25,592	20,819	21,629	22,829
525	Standard error of average employment income $	1,492	1,222	2,157	2,213	1,567	3,111

Tableau 1. Certaines caractéristiques des secteurs de recensement, recensement de 2001 – Données intégrales et données-échantillon (20 %)

Vancouver 0110.01 A	Vancouver 0110.02 A	Vancouver 0111.01	Vancouver 0111.02	Vancouver 0111.03	Vancouver 0112	Caractéristiques	Nº
						CARACTÉRISTIQUES DU REVENU DE 2000	
						Population de 15 ans et plus selon le sexe et les tranches de revenu total en 2000 – fin	
2,780	1,070	2,170	2,915	1,565	960	Total - Hommes	460
110	35	110	130	40	25	Sans revenu	461
2,670	1,035	2,055	2,780	1,520	940	Avec un revenu	462
125	25	75	65	80	15	Moins de 1 000 $ (45)	463
65	15	70	65	60	20	1 000 $ - 2 999 $	464
65	30	75	60	50	30	3 000 $ - 4 999 $	465
55	25	65	65	55	40	5 000 $ - 6 999 $	466
130	55	60	90	90	10	7 000 $ - 9 999 $	467
110	65	65	55	55	15	10 000 $ - 11 999 $	468
95	60	75	105	40	50	12 000 $ - 14 999 $	469
130	50	130	120	85	55	15 000 $ - 19 999 $	470
130	25	90	110	80	105	20 000 $ - 24 999 $	471
75	35	75	125	110	75	25 000 $ - 29 999 $	472
115	75	155	180	115	60	30 000 $ - 34 999 $	473
115	40	145	95	75	60	35 000 $ - 39 999 $	474
160	40	135	115	85	60	40 000 $ - 44 999 $	475
115	40	100	225	85	45	45 000 $ - 49 999 $	476
220	105	260	360	135	65	50 000 $ - 59 999 $	477
960	355	490	935	330	230	60 000 $ et plus	478
62,024	56,267	42,703	55,808	37,929	43,559	Revenu moyen $ (46)	479
43,824	41,102	37,176	47,203	32,288	34,752	Revenu médian $ (46)	480
5,200	4,921	1,412	2,148	1,668	2,440	Erreur type de revenu moyen $ (46)	481
2,930	1,135	2,385	3,075	1,585	1,135	Total - Femmes	482
200	65	165	220	60	35	Sans revenu	483
2,735	1,070	2,215	2,850	1,525	1,095	Avec un revenu	484
135	40	150	145	100	25	Moins de 1 000 $ (45)	485
115	65	150	165	85	40	1 000 $ - 2 999 $	486
105	45	50	80	30	30	3 000 $ - 4 999 $	487
105	50	85	145	50	60	5 000 $ - 6 999 $	488
160	115	110	125	85	75	7 000 $ - 9 999 $	489
95	50	85	85	65	50	10 000 $ - 11 999 $	490
170	50	90	200	60	70	12 000 $ - 14 999 $	491
185	95	270	290	145	145	15 000 $ - 19 999 $	492
190	95	135	185	165	95	20 000 $ - 24 999 $	493
180	55	175	215	95	85	25 000 $ - 29 999 $	494
225	55	205	210	190	80	30 000 $ - 34 999 $	495
135	35	155	155	110	90	35 000 $ - 39 999 $	496
190	90	160	155	110	60	40 000 $ - 44 999 $	497
110	35	55	125	70	35	45 000 $ - 49 999 $	498
260	95	185	240	65	80	50 000 $ - 59 999 $	499
370	115	170	340	100	80	60 000 $ et plus	500
35,738	31,344	26,954	30,882	26,117	28,484	Revenu moyen $ (46)	501
27,936	22,541	24,462	25,062	23,865	22,294	Revenu médian $ (46)	502
2,353	3,458	869	1,112	979	1,519	Erreur type de revenu moyen $ (46)	503
						selon la composition du revenu total	
100.0	100.0	100.0	100.0	100.0	100.0	Total - Composition du revenu en 2000 % (47)	504
87.2	81.2	85.7	80.6	85.9	81.3	Revenu d'emploi %	505
4.0	6.5	6.1	6.0	5.9	8.9	Transferts gouvernementaux %	506
8.8	12.6	8.3	13.5	8.2	10.1	Autre %	507
						Population de 15 ans et plus ayant un revenu d'emploi en 2000 selon le sexe et le travail	
4,410	1,570	3,530	4,310	2,585	1,490	Les deux sexes ayant un revenu d'emploi (48)	508
52,037	47,280	35,784	45,489	32,373	39,211	Revenu moyen d'emploi $	509
3,323	3,576	987	1,507	1,110	1,802	Erreur type de revenu moyen d'emploi $	510
2,255	690	1,955	2,210	1,315	770	Ayant travaillé toute l'année à plein temps (49)	511
69,033	76,132	47,706	64,781	44,603	50,890	Revenu moyen d'emploi $	512
3,402	7,284	1,351	2,437	1,593	2,663	Erreur type de revenu moyen d'emploi $	513
2,055	845	1,520	1,960	1,205	715	Ayant travaillé une partie de l'année ou à temps partiel (50)	514
35,142	24,829	21,402	25,858	20,541	26,483	Revenu moyen d'emploi $	515
5,982	1,900	1,108	1,200	1,172	2,030	Erreur type de revenu moyen d'emploi $	516
2,265	830	1,810	2,300	1,320	735	Hommes ayant un revenu d'emploi (48)	517
64,726	59,312	42,944	56,786	39,127	46,095	Revenu moyen d'emploi $	518
5,812	5,204	1,573	2,483	1,846	2,926	Erreur type de revenu moyen d'emploi $	519
1,340	440	1,095	1,335	755	415	Ayant travaillé toute l'année à plein temps (49)	520
74,920	83,929	54,417	76,092	51,813	56,697	Revenu moyen d'emploi $	521
3,757	8,686	2,093	3,665	2,430	4,050	Erreur type de revenu moyen d'emploi $	522
880	365	685	895	535	320	Ayant travaillé une partie de l'année ou à temps partiel (50)	523
52,422	31,724	25,989	30,717	23,060	32,264	Revenu moyen d'emploi $	524
13,936	3,728	1,880	2,094	2,077	3,586	Erreur type de revenu moyen d'emploi $	525

Table 1. Selected Characteristics for Census Tracts, 2001 Census – 100% Data and 20% Sample Data

No.	Characteristics	Vancouver 0100.02	Vancouver 0101.01	Vancouver 0101.02	Vancouver 0102 ◇	Vancouver 0103	Vancouver 0104
	2000 INCOME CHARACTERISTICS						
	Population 15 years and over with employment income in 2000 by sex and work activity – concluded						
526	Females with employment income (48)	2,205	2,685	2,285	1,395	2,110	2,045
527	Average employment income $	27,624	26,814	28,948	27,723	26,814	29,053
528	Standard error of average employment income $	841	811	932	1,012	986	1,084
529	Worked full year, full time (49)	1,160	1,350	1,145	690	960	920
530	Average employment income $	37,043	36,947	39,907	39,478	37,178	43,821
531	Standard error of average employment income $	1,047	1,000	1,294	1,433	1,414	1,528
532	Worked part year or part time (50)	1,035	1,275	1,080	655	1,070	1,095
533	Average employment income $	17,206	16,626	18,586	16,814	18,820	17,158
534	Standard error of average employment income $	987	965	1,022	977	1,171	1,087
	Census families by structure and family income groups in 2000						
535	Total - All census families	1,865	2,005	1,875	1,405	1,735	2,055
536	Under $10,000	70	145	105	55	100	60
537	$ 10,000 - $19,999	70	165	145	80	80	110
538	$ 20,000 - $29,999	185	235	165	175	200	105
539	$ 30,000 - $39,999	205	260	240	155	190	210
540	$ 40,000 - $49,999	190	225	225	160	235	235
541	$ 50,000 - $59,999	180	230	170	125	125	270
542	$ 60,000 - $69,999	195	230	165	95	140	135
543	$ 70,000 - $79,999	180	155	165	100	150	190
544	$ 80,000 - $89,999	135	115	120	145	175	185
545	$ 90,000 - $99,999	140	80	105	110	110	140
546	$100,000 and over	320	160	275	220	245	420
547	Average family income $	67,040	54,115	62,059	67,789	63,732	73,669
548	Median family income $	60,938	48,351	52,422	56,381	54,571	61,922
549	Standard error of average family income $	1,968	2,092	1,985	2,480	2,813	2,796
550	Total - All couple census families (51)	1,570	1,665	1,500	1,055	1,415	1,780
551	Under $10,000	65	120	40	25	70	50
552	$ 10,000 - $19,999	50	120	100	25	55	85
553	$ 20,000 - $29,999	130	160	110	95	110	85
554	$ 30,000 - $39,999	130	210	155	95	155	180
555	$ 40,000 - $49,999	150	175	170	140	165	170
556	$ 50,000 - $59,999	125	215	145	95	115	220
557	$ 60,000 - $69,999	180	185	160	80	120	120
558	$ 70,000 - $79,999	155	150	145	70	120	175
559	$ 80,000 - $89,999	135	115	100	110	165	160
560	$ 90,000 - $99,999	135	75	100	110	100	135
561	$100,000 and over	320	140	275	210	245	405
562	Average family income $	71,800	54,104	68,965	76,807	69,416	77,382
563	Median family income $	68,002	52,028	62,078	69,118	62,546	69,660
564	Standard error of average family income $	2,228	1,707	2,337	3,093	3,248	3,134
	Incidence of low income in 2000						
565	Total - Economic families	1,900	2,100	1,890	1,295	1,770	2,040
566	Low income	295	450	330	195	290	250
567	Incidence of low income in 2000 % (52)	15.5	21.6	17.6	15.2	16.2	12.1
568	Total - Unattached individuals 15 years and over	1,555	3,110	2,035	480	1,790	835
569	Low income	605	1,030	820	160	625	245
570	Incidence of low income in 2000 % (52)	38.7	33.2	40.3	33.4	34.8	29.1
571	Total - Population in private households	6,860	8,165	6,970	4,580	6,730	7,260
572	Low income	1,490	2,225	1,755	765	1,445	1,130
573	Incidence of low income in 2000 % (52)	21.7	27.2	25.2	16.7	21.5	15.6
	Private households by household income groups in 2000						
574	Total - All private households	3,120	4,915	3,660	1,790	3,265	2,655
575	Under $10,000	240	410	295	110	220	95
576	$ 10,000 - $19,999	315	760	640	100	425	220
577	$ 20,000 - $29,999	355	690	405	220	435	170
578	$ 30,000 - $39,999	400	695	465	200	500	335
579	$ 40,000 - $49,999	335	705	465	210	420	310
580	$ 50,000 - $59,999	240	490	305	160	245	300
581	$ 60,000 - $69,999	270	365	230	130	210	155
582	$ 70,000 - $79,999	215	265	220	120	180	235
583	$ 80,000 - $89,999	150	155	150	145	205	180
584	$ 90,000 - $99,999	165	135	135	110	110	150
585	$100,000 and over	430	230	340	280	315	505
586	Average household income $	56,103	43,971	48,874	63,877	51,617	68,694
587	Median household income $	47,445	38,720	40,020	52,668	41,297	55,812
588	Standard error of average household income $	1,551	1,088	1,356	2,206	1,735	2,394

Tableau 1. Certaines caractéristiques des secteurs de recensement, recensement de 2001 – Données intégrales et données-échantillon (20 %)

Vancouver 0110.01 A	Vancouver 0110.02 A	Vancouver 0111.01	Vancouver 0111.02	Vancouver 0111.03	Vancouver 0112	Caractéristiques	N°
						CARACTÉRISTIQUES DU REVENU DE 2000	
						Population de 15 ans et plus ayant un revenu d'emploi en 2000 selon le sexe et le travail – fin	
2,145	740	1,720	2,010	1,265	750	Femmes ayant un revenu d'emploi (48)	526
38,628	33,738	28,258	32,553	25,332	32,453	Revenu moyen d'emploi $	527
2,917	4,660	1,012	1,319	1,045	2,013	Erreur type de revenu moyen d'emploi $	528
915	245	860	880	555	350	Ayant travaillé toute l'année à plein temps (49)	529
60,463	61,959	39,179	47,571	34,803	43,986	Revenu moyen d'emploi $	530
6,260	12,843	1,287	2,143	1,361	3,101	Erreur type de revenu moyen d'emploi $	531
1,175	485	830	1,065	675	395	Ayant travaillé une partie de l'année ou à temps partiel (50)	532
22,154	19,694	17,624	21,766	18,550	21,762	Revenu moyen d'emploi $	533
1,129	1,637	1,175	1,276	1,287	2,176	Erreur type de revenu moyen d'emploi $	534
						Familles de recensement selon la structure et les tranches de revenu de la famille en 2000	
2,150	805	1,620	2,180	1,130	755	Total - Toutes les familles de recensement	535
70	-	50	25	15	20	Moins de 10 000 $	536
50	30	50	50	55	15	10 000 $ - 19 999 $	537
105	75	85	85	135	40	20 000 $ - 29 999 $	538
120	35	135	90	100	90	30 000 $ - 39 999 $	539
180	50	140	145	115	95	40 000 $ - 49 999 $	540
155	30	175	190	65	95	50 000 $ - 59 999 $	541
165	90	160	125	140	80	60 000 $ - 69 999 $	542
180	60	180	215	135	60	70 000 $ - 79 999 $	543
155	100	160	225	80	70	80 000 $ - 89 999 $	544
180	80	85	170	70	35	90 000 $ - 99 999 $	545
805	245	405	865	215	150	100 000 $ et plus	546
106,730	101,748	76,032	98,613	67,616	73,916	Revenu moyen des familles $	547
82,022	85,361	70,239	87,858	64,766	60,914	Revenu médian des familles $	548
6,485	8,407	2,085	2,740	2,386	3,690	Erreur type de revenu moyen des familles $	549
1,895	730	1,335	1,970	870	665	Total - Toutes les familles de recensement comptant un couple (51)	550
35	-	20	20	15	10	Moins de 10 000 $	551
35	25	30	40	20	10	10 000 $ - 19 999 $	552
80	75	75	70	95	35	20 000 $ - 29 999 $	553
85	35	90	65	45	70	30 000 $ - 39 999 $	554
135	30	100	100	75	65	40 000 $ - 49 999 $	555
110	25	120	150	55	95	50 000 $ - 59 999 $	556
135	80	145	95	135	85	60 000 $ - 69 999 $	557
175	60	160	205	135	45	70 000 $ - 79 999 $	558
145	80	145	225	60	60	80 000 $ - 89 999 $	559
165	80	75	165	55	35	90 000 $ - 99 999 $	560
795	240	380	830	185	155	100 000 $ et plus	561
115,033	105,278	81,101	102,529	73,539	77,800	Revenu moyen des familles $	562
90,701	86,790	75,925	89,769	69,828	63,786	Revenu médian des familles $	563
7,187	9,255	2,315	2,931	2,808	3,994	Erreur type de revenu moyen des familles $	564
						Fréquence des unités à faible revenu en 2000	
2,130	770	1,260	2,170	1,085	720	Total - Familles économiques	565
145	50	135	125	145	75	Faible revenu	566
6.8	6.1	10.7	5.7	13.0	10.2	Fréquence des unités à faible revenu en 2000 % (52)	567
635	240	375	525	550	390	Total - Personnes hors famille économique de 15 ans et plus	568
205	75	140	165	140	105	Faible revenu	569
32.1	30.2	37.5	32.2	25.7	27.7	Fréquence des unités à faible revenu en 2000 % (52)	570
7,430	2,790	4,325	7,415	3,905	2,580	Total - Population dans les ménages privés	571
680	210	570	595	545	380	Faible revenu	572
9.1	7.5	13.2	8.0	14.0	14.6	Fréquence des unités à faible revenu en 2000 % (52)	573
						Ménages privés selon les tranches de revenu du ménage en 2000	
2,610	935	2,070	2,565	1,475	1,030	Total - Tous les ménages privés	574
60	-	85	45	30	15	Moins de 10 000 $	575
180	55	100	135	80	75	10 000 $ - 19 999 $	576
160	100	145	130	145	105	20 000 $ - 29 999 $	577
215	55	160	115	160	120	30 000 $ - 39 999 $	578
175	40	195	175	180	135	40 000 $ - 49 999 $	579
215	45	225	245	110	100	50 000 $ - 59 999 $	580
180	75	170	135	145	70	60 000 $ - 69 999 $	581
180	75	240	210	145	80	70 000 $ - 79 999 $	582
165	120	195	235	105	85	80 000 $ - 89 999 $	583
210	100	105	150	90	45	90 000 $ - 99 999 $	584
880	275	440	990	280	195	100 000 $ et plus	585
100,845	98,141	70,842	94,864	66,235	70,233	Revenu moyen des ménages $	586
77,976	84,561	67,154	84,097	61,680	56,085	Revenu médian des ménages $	587
5,889	7,532	1,853	2,673	2,054	3,266	Erreur type de revenu moyen des ménages $	588

Table 1. Selected Characteristics for Census Tracts, 2001 Census – 100% Data and 20% Sample Data

No.	Characteristics	Vancouver 0113	Vancouver 0114	Vancouver 0115	Vancouver 0116	Vancouver 0117	Vancouver 0118 A
	POPULATION CHARACTERISTICS						
1	**Population, 1996 (1)**	**6,898**	**8,002**	**4,921**	**4,816**	**5,716**	**7,012**
2	**Population, 2001 (2)**	**7,045**	**8,181**	**5,173**	**5,240**	**5,819**	**7,373**
3	Population percentage change, 1996-2001	2.1	2.2	5.1	8.8	1.8	5.1
4	Land area in square kilometres, 2001	2.95	3.70	4.92	15.94	2.45	3.53
5	**Total population - 100% Data (3)**	**7,045**	**8,185**	**5,175**	**5,240**	**5,820**	**7,375**
	by sex and age groups						
6	Male	3,285	4,050	2,530	2,615	2,830	3,530
7	0-4 years	175	260	140	135	150	205
8	5-9 years	250	350	180	175	190	230
9	10-14 years	235	335	175	200	180	190
10	15-19 years	260	330	230	205	210	220
11	20-24 years	205	215	190	175	160	205
12	25-29 years	145	190	145	120	115	175
13	30-34 years	175	220	155	130	150	260
14	35-39 years	275	360	185	175	205	340
15	40-44 years	310	420	250	255	245	315
16	45-49 years	275	360	225	205	215	310
17	50-54 years	225	315	185	240	230	285
18	55-59 years	195	230	145	190	215	215
19	60-64 years	135	180	100	130	160	130
20	65-69 years	130	105	80	100	135	130
21	70-74 years	105	85	60	85	110	100
22	75-79 years	90	40	45	50	90	90
23	80-84 years	55	25	25	25	40	75
24	85 years and over	40	15	20	15	20	50
25	Female	3,765	4,130	2,640	2,625	2,990	3,845
26	0-4 years	170	225	130	120	145	165
27	5-9 years	255	310	160	170	170	205
28	10-14 years	275	300	190	190	200	205
29	15-19 years	260	345	195	175	210	210
30	20-24 years	185	270	155	175	170	160
31	25-29 years	140	205	130	120	105	230
32	30-34 years	230	270	150	160	160	280
33	35-39 years	310	400	240	195	225	330
34	40-44 years	350	435	280	280	275	390
35	45-49 years	285	350	230	235	265	315
36	50-54 years	245	315	200	230	255	270
37	55-59 years	210	235	145	195	180	230
38	60-64 years	150	155	95	100	195	185
39	65-69 years	160	115	90	100	130	145
40	70-74 years	140	80	60	80	125	145
41	75-79 years	135	55	80	50	100	155
42	80-84 years	110	35	40	35	50	125
43	85 years and over	160	25	75	20	35	90
44	**Total population 15 years and over**	**5,695**	**6,395**	**4,200**	**4,245**	**4,780**	**6,170**
	by legal marital status						
45	Never married (single)	1,575	1,990	1,290	1,240	1,305	1,790
46	Legally married (and not separated)	2,985	3,670	2,290	2,555	2,860	3,105
47	Separated, but still legally married	200	160	100	90	95	215
48	Divorced	430	370	260	210	270	640
49	Widowed	500	205	260	155	240	425
	by common-law status						
50	Not in a common-law relationship	5,390	6,035	3,965	4,005	4,560	5,755
51	In a common-law relationship	300	365	235	245	220	415
52	**Total population - 20% Sample Data (4)**	**6,890**	**8,125**	**5,020**	**5,240**	**5,815**	**7,365**
	by mother tongue						
53	Single responses	6,830	8,020	4,990	5,155	5,745	7,265
54	English	4,815	6,405	3,790	4,025	4,325	4,595
55	French	90	55	35	10	85	35
56	Non-official languages (5)	1,920	1,555	1,170	1,125	1,340	2,640
57	Chinese, n.o.s.	90	170	70	185	135	110
58	Cantonese	125	80	185	40	115	60
59	Punjabi	-	35	30	50	55	-
60	Mandarin	65	95	50	75	60	10
61	Tagalog (Pilipino)	60	45	15	15	20	130
62	Other languages (6)	1,585	1,135	820	750	955	2,330
63	Multiple responses	55	110	25	85	70	105
64	English and French	35	20	10	25	20	15
65	English and non-official language	25	85	15	60	55	70
66	French and non-official language	-	-	-	-	-	15
67	English, French and non-official language	-	-	-	-	-	-

See reference material at the end of the publication. – Voir les documents de référence à la fin de la publication.

Tableau 1. Certaines caractéristiques des secteurs de recensement, recensement de 2001 – Données intégrales et données-échantillon (20 %)

Vancouver 0119	Vancouver 0120	Vancouver 0121	Vancouver 0122	Vancouver 0130.01	Vancouver 0130.02 ◇ A	Caractéristiques	N°
						CARACTÉRISTIQUES DE LA POPULATION	
2,055	**3,801**	**4,331**	**4,156**	**4,575**	**6,305**	**Population, 1996 (1)**	1
2,118	**3,870**	**4,403**	**4,208**	**4,727**	**6,626**	**Population, 2001 (2)**	2
3.1	1.8	1.7	1.3	3.3	5.1	Variation en pourcentage de la population, 1996-2001	3
1.30	2.25	1.84	19.17	0.87	3.16	Superficie des terres en kilomètres carrés, 2001	4
2,115	**3,870**	**4,400**	**4,205**	**4,730**	**6,625**	**Population totale – Données intégrales (3)**	5
						selon le sexe et les groupes d'âge	
1,000	1,830	2,165	2,070	1,900	2,875	Sexe masculin	6
60	80	135	85	35	80	0-4 ans	7
70	110	170	130	50	95	5-9 ans	8
70	145	185	185	75	135	10-14 ans	9
80	180	185	200	100	225	15-19 ans	10
45	120	110	135	65	135	20-24 ans	11
35	50	70	65	70	145	25-29 ans	12
50	50	80	95	65	185	30-34 ans	13
70	95	140	110	75	195	35-39 ans	14
80	155	185	155	110	205	40-44 ans	15
100	195	195	190	125	240	45-49 ans	16
95	160	185	210	170	225	50-54 ans	17
55	110	155	160	145	165	55-59 ans	18
50	90	80	105	140	160	60-64 ans	19
35	85	80	85	130	145	65-69 ans	20
45	85	85	65	130	145	70-74 ans	21
35	60	70	55	175	140	75-79 ans	22
30	40	40	20	120	130	80-84 ans	23
10	15	15	5	125	120	85 ans et plus	24
1,115	2,045	2,235	2,140	2,830	3,755	Sexe féminin	25
60	70	115	80	40	90	0-4 ans	26
70	110	135	140	50	105	5-9 ans	27
60	175	170	170	70	130	10-14 ans	28
75	200	205	180	115	205	15-19 ans	29
50	125	105	130	85	160	20-24 ans	30
35	50	65	75	80	165	25-29 ans	31
55	65	105	90	95	180	30-34 ans	32
90	125	165	145	125	220	35-39 ans	33
105	205	240	185	160	295	40-44 ans	34
90	215	220	225	205	235	45-49 ans	35
90	170	165	225	205	245	50-54 ans	36
65	115	120	145	185	205	55-59 ans	37
45	85	85	95	150	210	60-64 ans	38
50	95	85	90	165	195	65-69 ans	39
55	110	90	75	245	250	70-74 ans	40
50	65	95	45	315	290	75-79 ans	41
45	40	60	25	265	270	80-84 ans	42
15	25	30	15	270	305	85 ans et plus	43
1,730	**3,185**	**3,500**	**3,415**	**4,415**	**5,995**	**Population totale de 15 ans et plus**	44
						selon l'état matrimonial légal	
435	870	860	950	945	1,725	Célibataire (jamais marié(e))	45
1,015	1,950	2,255	2,180	2,030	2,375	Légalement marié(e) (et non séparé(e))	46
50	50	55	55	140	230	Séparé(e), mais toujours légalement marié(e)	47
105	155	155	120	495	800	Divorcé(e)	48
125	165	165	115	800	860	Veuf ou veuve	49
						selon l'union libre	
1,635	3,105	3,395	3,350	4,200	5,645	Ne vivant pas en union libre	50
90	80	105	65	210	345	Vivant en union libre	51
2,115	**3,855**	**4,400**	**4,200**	**4,680**	**6,420**	**Population totale – Données-échantillon (20 %) (4)**	52
						selon la langue maternelle	
2,100	3,830	4,370	4,155	4,605	6,355	Réponses uniques	53
1,670	2,870	3,735	2,870	3,440	4,190	Anglais	54
35	10	45	70	25	155	Français	55
395	950	590	1,215	1,140	2,010	Langues non officielles (5)	56
20	135	-	80	60	130	Chinois, n.d.a.	57
10	90	135	140	-	35	Cantonais	58
-	-	-	-	-	10	Pendjabi	59
55	60	40	60	85	135	Mandarin	60
-	20	10	15	30	10	Tagalog (pilipino)	61
320	645	415	920	965	1,700	Autres langues (6)	62
10	20	30	45	75	65	Réponses multiples	63
-	-	-	-	15	-	Anglais et français	64
10	15	30	30	60	50	Anglais et langue non officielle	65
-	-	-	-	-	10	Français et langue non officielle	66
-	-	-	15	-	10	Anglais, français et langue non officielle	67

See reference material at the end of the publication. – Voir les documents de référence à la fin de la publication.

Table 1. Selected Characteristics for Census Tracts, 2001 Census – 100% Data and 20% Sample Data

No.	Characteristics	Vancouver 0113	Vancouver 0114	Vancouver 0115	Vancouver 0116	Vancouver 0117	Vancouver 0118 A
	POPULATION CHARACTERISTICS						
	by home language						
68	Single responses	5,850	7,250	4,395	4,500	5,010	5,900
69	English	5,360	6,870	4,080	4,200	4,630	4,955
70	French	15	-	-	-	15	10
71	Non-official languages (5)	475	375	310	300	365	935
72	Cantonese	15	30	85	15	50	45
73	Chinese, n.o.s.	-	115	10	75	60	40
74	Punjabi	-	10	20	10	15	-
75	Mandarin	80	35	35	30	45	-
76	Korean	100	65	30	10	50	-
77	Other languages (6)	285	125	140	165	140	840
78	Multiple responses	1,035	880	625	735	810	1,470
79	English and French	75	45	35	15	120	60
80	English and non-official language	910	825	590	720	690	1,380
81	French and non-official language	-	-	-	-	-	10
82	English, French and non-official language	45	10	-	-	-	20
	by knowledge of official languages						
83	English only	6,135	7,400	4,495	4,630	5,025	6,485
84	French only	-	-	-	-	10	30
85	English and French	640	670	445	540	690	695
86	Neither English nor French	115	55	75	65	95	160
	by knowledge of non-official languages (5) (7)						
87	Cantonese	130	75	200	25	160	70
88	Chinese, n.o.s.	75	175	60	230	90	50
89	Punjabi	10	35	45	85	65	-
90	Mandarin	170	135	110	80	150	90
91	Hindi	20	75	15	35	45	55
92	German	255	370	205	260	245	255
93	Spanish	290	170	115	115	200	220
	by first official language spoken						
94	English	6,610	7,995	4,895	5,140	5,635	6,975
95	French	85	55	35	10	85	90
96	English and French	70	25	20	25	-	155
97	Neither English nor French	115	55	65	65	95	160
98	Official language minority - (number) (8)	125	70	45	20	85	160
99	Official language minority - (percentage) (8)	1.8	0.9	0.9	0.4	1.5	2.2
	by ethnic origin (9)						
100	English	2,400	3,105	1,630	1,935	2,080	2,200
101	Canadian	1,505	2,085	970	1,505	1,330	1,695
102	Chinese	350	570	380	420	360	245
103	Scottish	1,755	2,160	1,175	1,330	1,235	1,405
104	Irish	950	1,720	880	1,040	980	1,015
105	German	950	1,050	605	630	665	535
106	East Indian	130	240	160	205	235	215
107	French	360	625	225	275	495	435
108	Ukrainian	235	370	280	260	235	160
109	Italian	190	265	170	205	395	225
110	Dutch (Netherlands)	365	240	225	180	225	215
111	Filipino	75	95	80	30	65	250
112	Polish	175	340	135	120	140	215
113	Norwegian	145	180	155	140	195	125
114	North American Indian	115	120	50	40	70	60
	by Aboriginal identity						
115	Total Aboriginal identity population (10)	40	60	50	30	90	65
116	Total non-Aboriginal population	6,850	8,065	4,970	5,210	5,730	7,305
	by Aboriginal origin						
117	Total Aboriginal origins population (11)	135	125	50	100	180	75
118	Total non-Aboriginal population	6,750	8,005	4,965	5,140	5,635	7,295
	by Registered Indian status						
119	Registered Indian (12)	10	15	20	10	10	15
120	Not a Registered Indian	6,880	8,105	4,995	5,225	5,810	7,355

Tableau 1. Certaines caractéristiques des secteurs de recensement, recensement de 2001 – Données intégrales et données-échantillon (20 %)

Vancouver 0119	Vancouver 0120	Vancouver 0121	Vancouver 0122	Vancouver 0130.01	Vancouver 0130.02 ◇ A	Caractéristiques	N°
						CARACTÉRISTIQUES DE LA POPULATION	
						selon la langue parlée à la maison	
1,855	3,340	4,050	3,455	4,250	5,475	Réponses uniques	68
1,760	3,025	3,920	3,075	3,690	4,670	Anglais	69
-	-	10	-	-	15	Français	70
100	315	120	370	560	790	Langues non officielles (5)	71
-	65	35	50	-	15	Cantonais	72
-	25	-	30	40	55	Chinois, n.d.a.	73
-	-	-	-	-	-	Pendjabi	74
15	45	-	35	35	80	Mandarin	75
-	85	35	35	55	105	Coréen	76
85	90	50	230	425	540	Autres langues (6)	77
255	510	350	745	430	945	Réponses multiples	78
20	15	55	60	15	80	Anglais et français	79
215	495	290	625	405	850	Anglais et langue non officielle	80
-	-	-	-	-	-	Français et langue non officielle	81
20	-	-	55	10	15	Anglais, français et langue non officielle	82
						selon la connaissance des langues officielles	
1,770	3,325	3,925	3,605	4,065	5,640	Anglais seulement	83
15	-	-	-	-	10	Français seulement	84
325	490	420	525	545	700	Anglais et français	85
10	45	55	65	75	65	Ni l'anglais ni le français	86
						selon la connaissance des langues non officielles (5) (7)	
15	125	125	150	20	55	Cantonais	87
45	80	15	75	55	110	Chinois, n.d.a.	88
-	-	-	-	-	10	Pendjabi	89
25	130	90	155	95	185	Mandarin	90
15	-	-	10	30	15	Hindi	91
65	190	170	315	230	300	Allemand	92
105	115	45	170	180	205	Espagnol	93
						selon la première langue officielle parlée	
2,050	3,770	4,295	4,025	4,530	6,075	Anglais	94
50	15	45	70	25	160	Français	95
15	30	10	45	55	125	Anglais et français	96
10	40	55	65	75	65	Ni l'anglais ni le français	97
55	30	50	90	50	225	Minorité de langue officielle - (nombre) (8)	98
2.6	0.8	1.1	2.1	1.1	3.5	Minorité de langue officielle - (pourcentage) (8)	99
						selon l'origine ethnique (9)	
900	1,640	1,970	1,390	1,785	1,890	Anglais	100
590	830	1,420	930	825	995	Canadien	101
105	295	215	405	175	345	Chinois	102
505	1,015	1,175	975	1,130	1,140	Écossais	103
340	595	800	640	775	675	Irlandais	104
185	370	705	650	385	540	Allemand	105
130	40	10	85	75	70	Indien de l'Inde	106
105	245	295	265	195	365	Français	107
35	165	195	150	135	135	Ukrainien	108
25	105	130	85	80	90	Italien	109
135	125	100	230	115	150	Hollandais (Néerlandais)	110
-	30	20	35	35	40	Philippin	111
105	75	185	215	60	105	Polonais	112
65	70	130	75	120	120	Norvégien	113
15	10	40	20	10	635	Indien de l'Amérique du Nord	114
						selon l'identité autochtone	
-	10	15	-	10	545	Total de la population ayant une identité autochtone (10)	115
2,115	3,850	4,380	4,195	4,675	5,875	Total de la population non autochtone	116
						selon l'origine autochtone	
25	15	40	20	20	640	Total de la population ayant une origine autochtone (11)	117
2,090	3,835	4,360	4,180	4,660	5,780	Total de la population non autochtone	118
						selon le statut d'Indien inscrit	
-	-	10	10	-	515	Oui, Indien inscrit (12)	119
2,120	3,850	4,395	4,195	4,680	5,905	Non, pas un Indien inscrit	120

Table 1. Selected Characteristics for Census Tracts, 2001 Census – 100% Data and 20% Sample Data

No.	Characteristics	Vancouver 0113	Vancouver 0114	Vancouver 0115	Vancouver 0116	Vancouver 0117	Vancouver 0118 A
	POPULATION CHARACTERISTICS						
	by visible minority groups						
121	Total visible minority population	1,395	1,305	1,005	1,005	1,070	2,235
122	Chinese	320	580	400	420	360	265
123	South Asian	115	245	165	205	215	210
124	Black	45	20	10	20	10	20
125	Filipino	80	95	30	20	60	250
126	Latin American	70	50	40	20	20	50
127	Southeast Asian	15	-	-	40	10	-
128	Arab	10	10	-	-	-	35
129	West Asian	395	45	150	155	115	1,260
130	Korean	185	85	45	55	105	45
131	Japanese	135	155	110	40	155	60
132	Visible minority, n.i.e. (13)	-	10	10	-	-	10
133	Multiple visible minorities (14)	15	25	55	10	15	35
	by citizenship						
134	Canadian citizenship (15)	5,875	7,465	4,460	4,760	5,330	6,450
135	Citizenship other than Canadian	1,015	660	565	485	485	920
	by place of birth of respondent						
136	Non-immigrant population	4,425	5,975	3,400	3,515	4,080	4,220
137	Born in province of residence	2,965	4,190	2,395	2,450	2,780	2,805
138	Immigrant population (16)	2,305	2,055	1,530	1,650	1,650	3,060
139	United States	60	125	120	70	120	95
140	Central and South America	165	55	70	40	40	65
141	Caribbean and Bermuda	10	15	20	15	-	10
142	United Kingdom	400	380	235	395	305	425
143	Other Europe (17)	570	540	290	355	360	475
144	Africa	130	305	145	160	95	225
145	Asia and the Middle East	925	600	565	595	695	1,735
146	Oceania and other (18)	40	35	85	15	35	35
147	Non-permanent residents (19)	160	95	90	70	85	85
148	**Total immigrant population**	**2,300**	**2,055**	**1,530**	**1,655**	**1,650**	**3,060**
	by period of immigration						
149	Before 1961	340	255	125	265	280	320
150	1961-1970	285	315	255	370	280	220
151	1971-1980	320	480	225	285	315	395
152	1981-1990	270	350	255	195	320	605
153	1991-2001 (20)	1,090	660	680	535	460	1,525
154	1991-1995	355	240	280	220	280	590
155	1996-2001 (20)	735	415	395	320	175	930
	by age at immigration						
156	0-4 years	155	195	155	145	115	165
157	5-19 years	770	535	420	370	420	840
158	20 years and over	1,380	1,325	955	1,135	1,115	2,055
159	**Total population**	**6,885**	**8,125**	**5,020**	**5,240**	**5,815**	**7,370**
	by religion						
160	Catholic (21)	1,315	1,470	750	875	1,130	1,195
161	Protestant	2,240	3,065	1,665	1,960	2,115	2,255
162	Christian Orthodox	185	95	10	25	25	130
163	Christian, n.i.e. (22)	310	450	280	270	145	345
164	Muslim	420	175	155	155	180	1,375
165	Jewish	65	80	50	30	70	30
166	Buddhist	90	120	85	150	100	45
167	Hindu	35	75	35	10	30	30
168	Sikh	-	35	50	90	85	-
169	Eastern religions (23)	55	20	95	40	30	95
170	Other religions (24)	25	15	-	10	25	-
171	No religious affiliation (25)	2,145	2,535	1,845	1,615	1,875	1,860
172	**Total population 15 years and over**	**5,535**	**6,350**	**4,055**	**4,255**	**4,775**	**6,170**
	by generation status						
173	1st generation (26)	2,265	2,030	1,500	1,645	1,675	2,975
174	2nd generation (27)	1,315	1,580	1,000	1,085	1,325	1,380
175	3rd generation and over (28)	1,955	2,740	1,550	1,530	1,780	1,815
176	**Total population 1 year and over (29)**	**6,825**	**8,045**	**4,965**	**5,205**	**5,760**	**7,280**
	by place of residence 1 year ago (mobility)						
177	Non-movers	6,040	7,260	4,350	4,495	5,035	6,240
178	Movers	780	785	620	710	720	1,040
179	Non-migrants	335	440	365	365	325	640
180	Migrants	450	340	250	340	400	400
181	Internal migrants	230	225	155	205	260	275
182	Intraprovincial migrants	160	195	135	165	170	260
183	Interprovincial migrants	65	30	20	40	95	15
184	External migrants	220	120	100	140	135	125

Tableau 1. Certaines caractéristiques des secteurs de recensement, recensement de 2001 – Données intégrales et données-échantillon (20 %)

Vancouver 0119	Vancouver 0120	Vancouver 0121	Vancouver 0122	Vancouver 0130.01	Vancouver 0130.02 ◇ A	Caractéristiques	N°
						CARACTÉRISTIQUES DE LA POPULATION	
						selon les groupes de minorités visibles	
320	750	505	1,105	875	1,625	Total de la population des minorités visibles	121
105	315	230	425	160	345	Chinois	122
135	40	15	135	70	65	Sud-Asiatique	123
-	-	-	15	-	10	Noir	124
-	30	15	40	35	45	Philippin	125
-	25	10	20	45	40	Latino-Américain	126
-	-	15	-	15	15	Asiatique du Sud-Est	127
-	-	-	-	10	-	Arabe	128
80	185	90	365	375	815	Asiatique occidental	129
-	125	35	30	85	170	Coréen	130
-	35	105	60	65	105	Japonais	131
-	-	-	-	-	10	Minorité visible, n.i.a. (13)	132
-	-	-	10	-	-	Minorités visibles multiples (14)	133
						selon la citoyenneté	
1,960	3,430	4,150	3,640	4,025	5,200	Citoyenneté canadienne (15)	134
160	425	245	560	655	1,220	Citoyenneté autre que canadienne	135
						selon le lieu de naissance du répondant	
1,310	2,525	3,440	2,500	2,655	3,320	Population non immigrante	136
875	1,635	2,255	1,635	1,425	2,030	Née dans la province de résidence	137
795	1,275	900	1,635	1,965	2,895	Population immigrante (16)	138
60	50	85	80	115	165	États-Unis	139
15	60	10	60	90	55	Amérique centrale et du Sud	140
10	-	-	10	10	10	Caraïbes et Bermudes	141
235	235	285	230	595	690	Royaume-Uni	142
140	215	140	300	320	465	Autre Europe (17)	143
140	85	30	125	95	80	Afrique	144
180	610	335	825	720	1,370	Asie et Moyen-Orient	145
15	15	15	10	15	70	Océanie et autre (18)	146
15	55	55	65	65	205	Résidents non permanents (19)	147
790	**1,275**	**900**	**1,635**	**1,970**	**2,895**	**Population immigrante totale**	148
						selon la période d'immigration	
150	195	185	135	640	625	Avant 1961	149
85	125	150	245	210	355	1961-1970	150
225	200	165	265	330	220	1971-1980	151
135	150	185	345	215	375	1981-1990	152
190	600	220	640	570	1,325	1991-2001 (20)	153
70	375	85	255	150	350	1991-1995	154
120	225	130	385	420	970	1996-2001 (20)	155
						selon l'âge à l'immigration	
110	80	85	135	130	205	0-4 ans	156
205	335	200	450	385	720	5-19 ans	157
470	855	620	1,055	1,455	1,970	20 ans et plus	158
2,115	**3,855**	**4,400**	**4,200**	**4,685**	**6,420**	**Population totale**	159
						selon la religion	
275	530	680	815	635	1,125	Catholique (21)	160
905	1,415	1,850	1,365	2,260	2,230	Protestante	161
30	40	-	45	10	55	Orthodoxe chrétienne	162
10	195	135	140	165	160	Chrétiennes, n.i.a. (22)	163
175	200	80	450	420	880	Musulmane	164
15	95	30	35	95	50	Juive	165
20	45	40	40	95	160	Bouddhiste	166
-	-	-	-	-	10	Hindoue	167
-	-	-	-	-	15	Sikh	168
45	-	-	20	25	-	Religions orientales (23)	169
10	-	25	10	10	105	Autres religions (24)	170
640	1,330	1,560	1,285	970	1,635	Aucune appartenance religieuse (25)	171
1,730	**3,165**	**3,495**	**3,410**	**4,390**	**5,770**	**Population totale de 15 ans et plus**	172
						selon le statut des générations	
745	1,200	910	1,605	1,965	2,865	1re génération (26)	173
440	825	1,035	780	1,235	1,160	2e génération (27)	174
540	1,145	1,550	1,025	1,190	1,745	3e génération et plus (28)	175
2,110	**3,850**	**4,360**	**4,190**	**4,660**	**6,395**	**Population totale de 1 an et plus (29)**	176
						selon le lieu de résidence 1 an auparavant (mobilité)	
1,820	3,470	4,020	3,780	3,735	5,090	Personnes n'ayant pas déménagé	177
295	380	340	405	925	1,300	Personnes ayant déménagé	178
165	245	140	290	550	685	Non-migrants	179
125	135	195	115	370	610	Migrants	180
110	40	125	90	235	315	Migrants internes	181
100	25	100	60	190	275	Migrants infraprovinciaux	182
10	15	25	25	45	35	Migrants interprovinciaux	183
15	100	75	30	140	295	Migrants externes	184

Table 1. Selected Characteristics for Census Tracts, 2001 Census – 100% Data and 20% Sample Data

No.	Characteristics	Vancouver 0113	Vancouver 0114	Vancouver 0115	Vancouver 0116	Vancouver 0117	Vancouver 0118 A
	POPULATION CHARACTERISTICS						
185	**Total population 5 years and over (30)**	**6,540**	**7,640**	**4,750**	**4,985**	**5,510**	**6,985**
	by place of residence 5 years ago (mobility)						
186	Non-movers	3,565	5,115	2,830	3,070	3,605	3,630
187	Movers	2,980	2,525	1,920	1,910	1,900	3,355
188	Non-migrants	1,485	1,345	1,120	1,060	1,165	1,690
189	Migrants	1,495	1,180	800	850	735	1,660
190	Internal migrants	665	660	420	450	470	830
191	Intraprovincial migrants	460	425	320	305	335	600
192	Interprovincial migrants	210	230	100	140	140	230
193	External migrants	825	515	380	400	265	830
194	**Total population 15 to 24 years**	**915**	**1,155**	**775**	**730**	**745**	**790**
	by school attendance						
195	Not attending school	330	340	210	165	200	215
196	Attending school full time	450	740	490	485	450	495
197	Attending school part time	135	80	85	85	90	75
198	**Total population 15 years and over**	**5,535**	**6,345**	**4,055**	**4,255**	**4,775**	**6,170**
	by highest level of schooling						
199	Less than grade 9 (31)	170	85	75	50	120	120
200	Grades 9-13 without high school graduation certificate	935	895	695	540	530	850
201	Grades 9-13 with high school graduation certificate	690	820	475	410	580	785
202	Some postsecondary without degree, certificate or diploma (32)	720	890	590	685	655	860
203	Trades certificate or diploma (33)	610	695	360	300	335	625
204	College certificate or diploma (34)	930	1,165	755	700	605	1,120
205	University certificate below bachelor's degree	255	200	230	155	225	250
206	University with bachelor's degree or higher	1,230	1,585	870	1,410	1,740	1,565
	by combinations of unpaid work						
207	Males 15 years and over	2,595	3,075	1,995	2,115	2,300	2,905
208	Reported unpaid work (35)	2,360	2,800	1,745	1,900	2,080	2,525
209	Housework and child care and care or assistance to seniors	240	225	145	175	200	155
210	Housework and child care only	710	960	540	515	555	635
211	Housework and care or assistance to seniors only	175	230	140	160	215	235
212	Child care and care or assistance to seniors only	10	-	10	-	-	-
213	Housework only	1,200	1,340	880	995	1,070	1,445
214	Child care only	25	30	20	50	25	30
215	Care or assistance to seniors only	10	10	15	-	15	25
216	Females 15 years and over	2,940	3,270	2,060	2,135	2,480	3,265
217	Reported unpaid work (35)	2,710	3,105	1,860	1,970	2,270	3,045
218	Housework and child care and care or assistance to seniors	365	430	210	250	310	295
219	Housework and child care only	810	1,025	610	645	640	800
220	Housework and care or assistance to seniors only	235	335	225	200	235	390
221	Child care and care or assistance to seniors only	-	-	10	-	10	-
222	Housework only	1,275	1,295	785	880	1,055	1,540
223	Child care only	-	-	15	-	15	10
224	Care or assistance to seniors only	20	10	15	-	15	10
	by labour force activity						
225	Males 15 years and over	2,590	3,080	1,990	2,115	2,300	2,905
226	In the labour force	1,855	2,355	1,610	1,570	1,760	2,145
227	Employed	1,720	2,240	1,495	1,510	1,675	2,020
228	Unemployed	135	115	120	60	85	125
229	Not in the labour force	740	725	385	550	535	765
230	Participation rate	71.6	76.5	80.9	74.2	76.5	73.8
231	Employment rate	66.4	72.7	75.1	71.4	72.8	69.5
232	Unemployment rate	7.3	4.9	7.5	3.8	4.8	5.8
233	Females 15 years and over	2,940	3,270	2,060	2,135	2,480	3,260
234	In the labour force	1,835	2,350	1,400	1,460	1,545	1,990
235	Employed	1,750	2,245	1,320	1,365	1,470	1,845
236	Unemployed	90	105	85	90	75	150
237	Not in the labour force	1,105	925	660	680	935	1,270
238	Participation rate	62.4	71.9	68.0	68.4	62.3	61.0
239	Employment rate	59.5	68.7	64.1	63.9	59.3	56.6
240	Unemployment rate	4.9	4.5	6.1	6.2	4.9	7.5

Tableau 1. Certaines caractéristiques des secteurs de recensement, recensement de 2001 – Données intégrales et données-échantillon (20 %)

Vancouver 0119	Vancouver 0120	Vancouver 0121	Vancouver 0122	Vancouver 0130.01	Vancouver 0130.02 ◇ A	Caractéristiques	N°
						CARACTÉRISTIQUES DE LA POPULATION	
2,015	**3,685**	**4,150**	**4,040**	**4,605**	**6,245**	**Population totale de 5 ans et plus (30)**	185
						selon le lieu de résidence 5 ans auparavant (mobilité)	
1,380	2,500	2,900	2,385	2,215	2,955	Personnes n'ayant pas déménagé	186
635	1,185	1,245	1,655	2,390	3,285	Personnes ayant déménagé	187
375	730	740	835	1,270	1,415	Non-migrants	188
260	450	505	820	1,115	1,870	Migrants	189
190	175	320	350	555	900	Migrants internes	190
180	120	275	205	415	630	Migrants infraprovinciaux	191
10	55	45	150	140	275	Migrants interprovinciaux	192
70	280	185	465	565	975	Migrants externes	193
245	**615**	**600**	**665**	**375**	**710**	**Population totale de 15 à 24 ans**	194
						selon la fréquentation scolaire	
45	125	130	155	85	225	Ne fréquentant pas l'école	195
190	460	410	455	255	415	Fréquentant l'école à plein temps	196
15	35	65	50	30	65	Fréquentant l'école à temps partiel	197
1,725	**3,170**	**3,495**	**3,410**	**4,390**	**5,770**	**Population totale de 15 ans et plus**	198
						selon le plus haut niveau de scolarité atteint	
30	15	35	65	90	130	Niveau inférieur à la 9e année (31)	199
225	460	475	435	675	1,115	De la 9e à la 13e année sans certificat d'études secondaires	200
215	200	260	345	495	595	De la 9e à la 13e année avec certificat d'études secondaires	201
260	535	585	535	650	760	Études postsecondaires partielles sans grade, certificat ou diplôme (32)	202
135	240	245	195	275	525	Certificat ou diplôme d'une école de métiers (33)	203
330	485	545	395	725	865	Certificat ou diplôme collégial (34)	204
45	195	125	175	195	265	Certificat universitaire inférieur au baccalauréat	205
485	1,030	1,225	1,275	1,285	1,520	Études universitaires avec baccalauréat ou diplôme supérieur	206
						selon les combinaisons de travail non rémunéré	
790	1,510	1,680	1,665	1,740	2,485	Hommes de 15 ans et plus	207
685	1,340	1,560	1,525	1,430	2,115	Travail non rémunéré déclaré (35)	208
75	165	150	140	70	130	Travaux ménagers et soins aux enfants et soins ou aide aux personnes âgées	209
215	425	560	550	250	415	Travaux ménagers et soins aux enfants seulement	210
85	125	105	105	200	215	Travaux ménagers et soins ou aide aux personnes âgées seulement	211
-	-	-	-	-	-	Soins aux enfants et soins ou aide aux personnes âgées seulement	212
300	600	740	670	895	1,315	Travaux ménagers seulement	213
10	15	-	45	10	30	Soins aux enfants seulement	214
10	10	10	10	15	-	Soins ou aide aux personnes âgées seulement	215
940	1,660	1,815	1,740	2,655	3,285	Femmes de 15 ans et plus	216
885	1,525	1,680	1,585	2,305	2,945	Travail non rémunéré déclaré (35)	217
110	205	230	230	165	260	Travaux ménagers et soins aux enfants et soins ou aide aux personnes âgées	218
245	520	635	540	395	580	Travaux ménagers et soins aux enfants seulement	219
140	205	170	160	395	455	Travaux ménagers et soins ou aide aux personnes âgées seulement	220
-	20	-	-	-	10	Soins aux enfants et soins ou aide aux personnes âgées seulement	221
385	580	645	645	1,355	1,610	Travaux ménagers seulement	222
10	-	-	-	-	20	Soins aux enfants seulement	223
-	-	-	-	-	20	Soins ou aide aux personnes âgées seulement	224
						selon l'activité	
790	1,505	1,675	1,665	1,740	2,485	Hommes de 15 ans et plus	225
550	1,070	1,240	1,210	965	1,460	Population active	226
535	1,005	1,190	1,180	920	1,325	Personnes occupées	227
15	65	50	20	45	140	Chômeurs	228
240	440	435	465	775	1,020	Inactifs	229
69.6	71.1	74.0	72.7	55.5	58.8	Taux d'activité	230
67.7	66.8	71.0	70.9	52.9	53.3	Taux d'emploi	231
2.7	6.1	4.0	1.7	4.7	9.6	Taux de chômage	232
935	1,660	1,815	1,745	2,655	3,285	Femmes de 15 ans et plus	233
580	960	1,050	1,010	1,050	1,395	Population active	234
535	930	980	955	950	1,320	Personnes occupées	235
45	40	70	50	105	80	Chômeuses	236
355	695	765	730	1,600	1,880	Inactives	237
62.0	57.8	57.9	57.9	39.5	42.5	Taux d'activité	238
57.2	56.0	54.0	54.7	35.8	40.2	Taux d'emploi	239
7.8	4.2	6.7	5.0	10.0	5.7	Taux de chômage	240

Table 1. Selected Characteristics for Census Tracts, 2001 Census – 100% Data and 20% Sample Data

No.	Characteristics	Vancouver 0113	Vancouver 0114	Vancouver 0115	Vancouver 0116	Vancouver 0117	Vancouver 0118 A
	POPULATION CHARACTERISTICS						
	by labour force activity – concluded						
241	Both sexes - Participation rate	66.7	74.0	74.4	71.2	69.2	67.0
242	15-24 years	64.8	59.5	67.7	61.6	71.8	51.3
243	25 years and over	67.0	77.3	75.9	73.2	68.9	69.3
244	Both sexes - Employment rate	62.7	70.6	69.3	67.6	65.9	62.6
245	15-24 years	57.7	53.9	58.3	54.1	61.1	43.7
246	25 years and over	63.6	74.1	72.1	70.2	66.7	65.3
247	Both sexes - Unemployment rate	6.1	4.7	6.6	4.8	5.0	6.5
248	15-24 years	11.0	8.6	14.2	11.2	14.0	13.6
249	25 years and over	5.2	4.0	5.0	3.7	3.1	5.8
250	**Total labour force 15 years and over**	**3,690**	**4,700**	**3,015**	**3,025**	**3,310**	**4,135**
	by industry based on the 1997 NAICS						
251	Industry - Not applicable (36)	55	25	45	60	30	90
252	All industries (37)	3,635	4,675	2,965	2,965	3,275	4,045
253	11 Agriculture, forestry, fishing and hunting	10	30	20	30	10	40
254	21 Mining and oil and gas extraction	15	20	-	10	20	10
255	22 Utilities	25	60	25	50	40	-
256	23 Construction	165	230	215	100	105	195
257	31-33 Manufacturing	205	200	155	135	105	205
258	41 Wholesale trade	160	230	125	150	120	250
259	44-45 Retail trade	390	560	375	295	415	580
260	48-49 Transportation and warehousing	145	265	110	135	175	235
261	51 Information and cultural industries	170	165	145	125	170	125
262	52 Finance and insurance	205	305	175	180	230	225
263	53 Real estate and rental and leasing	55	120	60	135	170	115
264	54 Professional, scientific and technical services	415	495	325	395	480	330
265	55 Management of companies and enterprises	-	10	-	10	-	-
266	56 Administrative and support, waste management and remediation services	140	230	80	125	125	220
267	61 Educational services	295	290	280	245	310	295
268	62 Health care and social assistance	385	500	265	315	290	440
269	71 Arts, entertainment and recreation	110	110	110	60	115	125
270	72 Accommodation and food services	290	350	205	175	115	265
271	81 Other services (except public administration)	235	235	175	155	140	245
272	91 Public administration	240	280	110	140	145	135
	by class of worker						
273	Class of worker - Not applicable (36)	55	25	45	55	30	95
274	All classes of worker (37)	3,635	4,670	2,970	2,965	3,270	4,045
275	Paid workers	3,155	4,200	2,635	2,595	2,790	3,565
276	Employees	2,950	3,925	2,460	2,320	2,485	3,335
277	Self-employed (incorporated)	205	270	170	275	305	230
278	Self-employed (unincorporated)	445	470	325	370	460	465
279	Unpaid family workers	30	10	10	-	20	10
	by occupation based on the 2001 NOC-S						
280	Male labour force 15 years and over	1,855	2,350	1,615	1,565	1,760	2,140
281	Occupation - Not applicable (36)	20	20	20	20	10	50
282	All occupations (37)	1,835	2,330	1,590	1,545	1,750	2,100
283	A Management occupations	265	475	290	345	420	395
284	B Business, finance and administration occupations	215	250	150	210	240	225
285	C Natural and applied sciences and related occupations	335	280	220	195	245	220
286	D Health occupations	60	45	50	20	65	25
287	E Occupations in social science, education, government service and religion	130	120	100	130	155	155
288	F Occupations in art, culture, recreation and sport	65	75	115	65	70	120
289	G Sales and service occupations	405	555	305	335	335	500
290	H Trades, transport and equipment operators and related occupations	290	430	300	205	175	390
291	I Occupations unique to primary industry	-	70	35	40	45	30
292	J Occupations unique to processing, manufacturing and utilities	65	35	30	-	-	35
293	Female labour force 15 years and over	1,835	2,345	1,400	1,460	1,545	1,995
294	Occupation - Not applicable (36)	35	10	25	40	25	45
295	All occupations (37)	1,800	2,340	1,375	1,420	1,520	1,945
296	A Management occupations	175	250	145	160	190	230
297	B Business, finance and administration occupations	530	735	330	420	410	630
298	C Natural and applied sciences and related occupations	85	65	50	45	45	65
299	D Health occupations	145	250	90	140	165	180

Tableau 1. Certaines caractéristiques des secteurs de recensement, recensement de 2001 – Données intégrales et données-échantillon (20 %)

Vancouver 0119	Vancouver 0120	Vancouver 0121	Vancouver 0122	Vancouver 0130.01	Vancouver 0130.02 ◇ A	Caractéristiques	N°
						CARACTÉRISTIQUES DE LA POPULATION	
						selon l'activité – fin	
65.5	64.0	65.6	65.0	45.9	49.6	Les deux sexes - Taux d'activité	241
67.3	64.5	58.7	45.9	54.7	38.7	15-24 ans	242
65.9	63.9	67.0	69.5	45.1	51.1	25 ans et plus	243
62.0	61.1	62.1	62.8	42.5	45.8	Les deux sexes - Taux d'emploi	244
55.1	55.6	49.6	39.8	41.9	30.1	15-24 ans	245
62.8	62.2	64.7	68.3	42.7	48.0	25 ans et plus	246
5.7	4.9	5.2	3.6	7.2	7.5	Les deux sexes - Taux de chômage	247
15.6	13.8	16.7	14.5	22.0	21.4	15-24 ans	248
4.1	2.8	3.4	1.6	5.2	6.0	25 ans et plus	249
1,135	**2,030**	**2,290**	**2,215**	**2,015**	**2,860**	**Population active totale de 15 ans et plus**	250
						selon l'industrie basée sur le SCIAN de 1997	
20	25	30	35	60	75	Industrie - Sans objet (36)	251
1,115	2,010	2,265	2,185	1,955	2,785	Toutes les industries (37)	252
-	10	-	20	30	15	11 Agriculture, foresterie, pêche et chasse	253
-	10	10	20	-	20	21 Extraction minière et extraction de pétrole et de gaz	254
10	-	25	15	45	10	22 Services publics	255
45	80	120	65	35	110	23 Construction	256
70	90	65	120	90	120	31-33 Fabrication	257
70	65	85	65	85	90	41 Commerce de gros	258
95	165	260	275	220	395	44-45 Commerce de détail	259
15	35	85	40	90	105	48-49 Transport et entreposage	260
50	70	65	100	55	125	51 Industrie de l'information et industrie culturelle	261
85	180	230	220	245	170	52 Finance et assurances	262
25	95	65	85	95	115	53 Services immobiliers et services de location et de location à bail	263
195	365	365	390	250	360	54 Services professionnels, scientifiques et techniques	264
-	20	-	10	-	10	55 Gestion de sociétés et d'entreprises	265
30	55	45	70	95	110	56 Services administratifs, services de soutien, services de gestion des déchets et services d'assainissement	266
110	165	145	145	165	190	61 Services d'enseignement	267
70	150	255	185	120	290	62 Soins de santé et assistance sociale	268
20	130	80	75	80	110	71 Arts, spectacles et loisirs	269
95	140	155	165	125	195	72 Hébergement et services de restauration	270
65	100	65	45	70	135	81 Autres services, sauf les administrations publiques	271
65	75	135	85	55	130	91 Administrations publiques	272
						selon la catégorie de travailleurs	
25	25	30	35	55	75	Catégorie de travailleurs - Sans objet (36)	273
1,115	2,010	2,265	2,185	1,960	2,785	Toutes les catégories de travailleurs (37)	274
1,030	1,755	2,015	1,825	1,635	2,460	Travailleurs rémunérés	275
875	1,555	1,815	1,605	1,350	2,135	Employés	276
160	200	200	215	285	320	Travailleurs autonomes (entreprise constituée en société)	277
85	235	245	355	320	320	Travailleurs autonomes (entreprise non constituée en société)	278
-	15	-	10	-	15	Travailleurs familiaux non rémunérés	279
						selon la profession basée sur la CNP-S de 2001	
555	1,065	1,240	1,205	965	1,465	Hommes actifs de 15 ans et plus	280
15	20	25	10	-	30	Profession - Sans objet (36)	281
540	1,050	1,220	1,195	955	1,430	Toutes les professions (37)	282
120	275	390	315	295	360	A Gestion	283
100	110	210	210	160	155	B Affaires, finance et administration	284
85	130	135	175	100	145	C Sciences naturelles et appliquées et professions apparentées	285
15	10	20	45	20	50	D Secteur de la santé	286
50	95	100	120	75	95	E Sciences sociales, enseignement, administration publique et religion	287
-	30	60	25	75	100	F Arts, culture, sports et loisirs	288
95	250	205	210	150	300	G Ventes et services	289
60	125	80	60	50	165	H Métiers, transport et machinerie	290
-	10	15	30	25	35	I Professions propres au secteur primaire	291
15	-	10	-	10	30	J Transformation, fabrication et services d'utilité publique	292
580	960	1,050	1,010	1,055	1,395	Femmes actives de 15 ans et plus	293
10	10	-	25	50	45	Profession - Sans objet (36)	294
570	960	1,045	985	1,000	1,355	Toutes les professions (37)	295
40	95	165	145	145	170	A Gestion	296
165	320	260	280	295	355	B Affaires, finance et administration	297
-	40	45	40	30	25	C Sciences naturelles et appliquées et professions apparentées	298
60	65	155	95	75	125	D Secteur de la santé	299

Table 1. Selected Characteristics for Census Tracts, 2001 Census – 100% Data and 20% Sample Data

No.	Characteristics	Vancouver 0113	Vancouver 0114	Vancouver 0115	Vancouver 0116	Vancouver 0117	Vancouver 0118 A
	POPULATION CHARACTERISTICS						
	by occupation based on the 2001 NOC-S – concluded						
	E Occupations in social science, education,						
300	government service and religion	225	240	245	200	185	230
301	F Occupations in art, culture, recreation and sport	100	100	100	90	95	85
302	G Sales and service occupations	505	640	405	360	420	520
	H Trades, transport and equipment						
303	operators and related occupations	25	30	10	10	10	-
304	I Occupations unique to primary industry	-	20	-	10	-	-
	J Occupations unique to processing,						
305	manufacturing and utilities	15	20	10	-	10	-
306	**Total employed labour force 15 years and over**	**3,470**	**4,480**	**2,810**	**2,875**	**3,145**	**3,865**
	by place of work						
307	Males	1,720	2,235	1,495	1,510	1,670	2,025
308	Usual place of work	1,380	1,750	1,055	1,125	1,275	1,525
309	At home	125	130	175	195	190	150
310	Outside Canada	10	10	10	35	20	35
311	No fixed workplace address	205	340	255	155	185	310
312	Females	1,745	2,240	1,320	1,370	1,470	1,845
313	Usual place of work	1,400	1,835	1,055	1,070	1,170	1,565
314	At home	240	285	170	215	175	145
315	Outside Canada	10	10	-	15	15	-
316	No fixed workplace address	90	120	85	65	110	135
	Total employed labour force 15 years and over with usual place of work or no fixed						
317	**workplace address**	**3,075**	**4,045**	**2,455**	**2,420**	**2,745**	**3,535**
	by mode of transportation						
318	Males	1,585	2,090	1,310	1,280	1,465	1,835
319	Car, truck, van, as driver	1,295	1,760	1,075	1,030	1,190	1,400
320	Car, truck, van, as passenger	60	85	70	85	75	85
321	Public transit	150	185	90	80	115	185
322	Walked	60	10	40	40	20	90
323	Other method	20	55	40	45	65	75
324	Females	1,495	1,955	1,145	1,135	1,285	1,695
325	Car, truck, van, as driver	945	1,515	785	895	975	1,190
326	Car, truck, van, as passenger	145	190	120	80	140	110
327	Public transit	275	170	115	125	100	225
328	Walked	105	65	110	35	55	155
329	Other method	25	10	20	-	15	15
	Total population 15 years and over who worked						
330	**since January 1, 2000**	**3,960**	**5,100**	**3,150**	**3,285**	**3,590**	**4,405**
	by language used at work						
331	Single responses	3,780	4,855	2,965	3,065	3,280	3,905
332	English	3,740	4,835	2,930	3,050	3,220	3,875
333	French	10	-	-	-	-	15
334	Non-official languages (5)	35	20	40	10	60	25
335	Chinese, n.o.s.	-	-	10	-	20	-
336	Cantonese	-	-	10	-	-	-
337	Other languages (6)	35	10	20	15	50	20
338	Multiple responses	180	245	185	220	315	500
339	English and French	55	50	35	30	95	80
340	English and non-official language	120	185	145	175	210	380
341	French and non-official language	-	-	-	-	-	10
342	English, French and non-official language	10	10	-	15	10	30
	DWELLING AND HOUSEHOLD CHARACTERISTICS						
343	**Total number of occupied private dwellings**	**2,595**	**2,655**	**1,705**	**1,795**	**2,095**	**3,165**
	by tenure						
344	Owned	1,575	2,255	1,415	1,415	1,710	2,205
345	Rented	1,025	405	295	380	390	960
346	Band housing	-	-	-	-	-	-
	by structural type of dwelling						
347	Single-detached house	1,345	1,955	1,100	1,270	1,675	1,415
348	Semi-detached house	-	-	-	-	10	15
349	Row house	285	85	170	80	30	35
350	Apartment, detached duplex	170	505	250	340	200	275
351	Apartment, building that has five or more storeys	210	-	-	-	-	1,165
	Apartment, building that has fewer than						
352	five storeys (38)	590	110	180	110	185	270
353	Other single-attached house	-	-	-	-	-	-
354	Movable dwelling (39)	-	-	-	-	-	-

Tableau 1. Certaines caractéristiques des secteurs de recensement, recensement de 2001 – Données intégrales et données-échantillon (20 %)

Vancouver 0119	Vancouver 0120	Vancouver 0121	Vancouver 0122	Vancouver 0130.01	Vancouver 0130.02 ◇ A	Caractéristiques	N°
						CARACTÉRISTIQUES DE LA POPULATION	
						selon la profession basée sur la CNP-S de 2001 - fin	
70	125	90	115	125	250	E Sciences sociales, enseignement, administration publique et religion	300
65	85	35	70	60	65	F Arts, culture, sports et loisirs	301
140	225	285	230	260	355	G Ventes et services	302
15	10	-	15	-	-	H Métiers, transport et machinerie	303
15	-	-	-	-	-	I Professions propres au secteur primaire	304
10	-	10	10	10	10	J Transformation, fabrication et services d'utilité publique	305
1,070	**1,930**	**2,165**	**2,140**	**1,870**	**2,645**	**Population active occupée totale de 15 ans et plus**	306
						selon le lieu de travail	
535	1,005	1,190	1,185	920	1,325	Hommes	307
400	765	885	890	595	965	Lieu habituel de travail	308
55	150	135	165	210	155	À domicile	309
10	10	35	35	35	45	En dehors du Canada	310
75	80	140	90	75	165	Sans adresse de travail fixe	311
535	930	980	955	950	1,320	Femmes	312
425	705	835	770	730	1,120	Lieu habituel de travail	313
80	175	115	145	140	130	À domicile	314
-	-	-	10	10	10	En dehors du Canada	315
30	45	35	35	65	60	Sans adresse de travail fixe	316
920	**1,600**	**1,895**	**1,785**	**1,465**	**2,310**	**Population active occupée totale de 15 ans et plus ayant un lieu habituel de travail ou sans adresse de travail fixe**	317
						selon le mode de transport	
470	850	1,025	985	665	1,125	Hommes	318
395	705	820	820	510	820	Automobile, camion ou fourgonnette, en tant que conducteur	319
10	30	55	45	10	40	Automobile, camion ou fourgonnette, en tant que passager	320
45	40	80	70	90	135	Transport en commun	321
15	20	30	10	45	100	À pied	322
10	55	40	45	15	30	Autre moyen	323
450	750	870	800	800	1,185	Femmes	324
345	535	710	615	485	655	Automobile, camion ou fourgonnette, en tant que conductrice	325
35	75	75	100	70	70	Automobile, camion ou fourgonnette, en tant que passagère	326
25	100	65	75	150	280	Transport en commun	327
40	25	15	10	90	150	À pied	328
-	15	-	10	10	35	Autre moyen	329
1,260	**2,260**	**2,455**	**2,415**	**2,145**	**3,220**	**Population totale de 15 ans et plus ayant travaillé depuis le 1er janvier 2000**	330
						selon la langue utilisée au travail	
1,190	2,090	2,330	2,190	1,980	2,890	Réponses uniques	331
1,185	2,085	2,330	2,160	1,955	2,790	Anglais	332
-	-	-	-	-	-	Français	333
10	10	-	25	30	105	Langues non officielles (5)	334
-	-	-	-	-	15	Chinois, n.d.a.	335
-	-	-	-	-	-	Cantonais	336
10	10	-	30	30	85	Autres langues (6)	337
65	165	125	230	160	325	Réponses multiples	338
35	30	40	30	15	30	Anglais et français	339
15	135	80	185	130	280	Anglais et langue non officielle	340
-	-	-	-	-	-	Français et langue non officielle	341
15	-	-	-	10	20	Anglais, français et langue non officielle	342
						CARACTÉRISTIQUES DES LOGEMENTS ET DES MÉNAGES	
805	**1,335**	**1,475**	**1,340**	**2,730**	**3,520**	**Nombre total de logements privés occupés**	343
						selon le mode d'occupation	
665	1,130	1,315	1,245	1,390	1,360	Possédé	344
130	205	155	95	1,340	2,085	Loué	345
-	-	-	-	-	70	Logement de bande	346
						selon le type de construction résidentielle	
605	1,025	1,400	1,190	275	725	Maison individuelle non attenante	347
10	80	-	-	120	25	Maison jumelée	348
35	120	-	55	30	50	Maison en rangée	349
60	-	70	90	40	55	Appartement, duplex non attenant	350
-	-	-	-	1,835	2,270	Appartement, immeuble de cinq étages ou plus	351
80	105	-	-	430	290	Appartement, immeuble de moins de cinq étages (38)	352
15	-	-	-	-	-	Autre maison individuelle attenante	353
-	-	-	-	-	100	Logement mobile (39)	354

Table 1. Selected Characteristics for Census Tracts, 2001 Census – 100% Data and 20% Sample Data

No.	Characteristics	Vancouver 0113	Vancouver 0114	Vancouver 0115	Vancouver 0116	Vancouver 0117	Vancouver 0118 A
	DWELLING AND HOUSEHOLD CHARACTERISTICS						
	by condition of dwelling						
355	Regular maintenance only	1,840	1,780	1,035	1,305	1,400	2,210
356	Minor repairs	605	720	525	365	535	645
357	Major repairs	155	160	140	120	170	315
	by period of construction						
358	Before 1946	40	175	100	210	170	235
359	1946-1960	710	420	265	370	900	890
360	1961-1970	820	630	350	385	440	305
361	1971-1980	695	900	425	420	235	1,055
362	1981-1990	225	365	340	145	205	410
363	1991-2001 (20)	105	155	225	265	155	275
364	Average number of rooms per dwelling	6.5	7.5	7.4	8.0	7.8	5.5
365	Average number of bedrooms per dwelling	2.7	3.3	3.3	3.3	3.3	2.3
366	Average value of dwelling $	332,098	355,220	330,282	465,110	444,906	282,919
367	**Total number of private households**	**2,595**	**2,655**	**1,705**	**1,795**	**2,100**	**3,165**
	by household size						
368	1 person	680	340	260	275	340	1,035
369	2 persons	720	730	500	565	760	1,010
370	3 persons	395	525	315	330	350	455
371	4-5 persons	715	960	550	560	585	600
372	6 or more persons	85	100	70	65	60	60
	by household type						
373	One-family households	1,800	2,185	1,335	1,435	1,650	2,040
374	Multiple-family households	45	65	45	55	35	30
375	Non-family households	750	405	325	300	415	1,100
376	Number of persons in private households	6,885	8,110	5,020	5,230	5,805	7,355
377	Average number of persons in private households	2.6	3.1	3.0	2.9	2.8	2.3
378	Average number of persons per room	0.4	0.4	0.4	0.4	0.4	0.4
379	Tenant households in non-farm, non-reserve private dwellings (40)	1,015	405	295	380	395	960
380	Average gross rent $ (40)	861	1,008	1,116	1,078	1,218	873
381	Tenant households spending 30% or more of household income on gross rent (40) (41)	405	135	115	180	160	455
382	Tenant households spending from 30% to 99% of household income on gross rent (40) (41)	340	105	85	150	130	335
383	Owner households in non-farm, non-reserve private dwellings (42)	1,575	2,250	1,415	1,415	1,700	2,190
384	Average owner's major payments $ (42)	1,188	1,208	1,220	1,435	1,162	1,083
385	Owner households spending 30% or more of household income on owner's major payments (41) (42)	345	500	370	270	245	595
386	Owner households spending from 30% to 99% of household income on owner's major payments (41) (42)	290	460	320	220	195	510
	CENSUS FAMILY CHARACTERISTICS						
387	**Total number of census families in private households**	**1,895**	**2,325**	**1,415**	**1,550**	**1,715**	**2,105**
	by census family structure and size						
388	Total couple families	1,625	2,015	1,250	1,385	1,525	1,725
389	Total families of married couples	1,460	1,820	1,130	1,260	1,415	1,520
390	Without children at home	520	500	345	465	575	630
391	With children at home	945	1,320	785	795	840	885
392	1 child	300	435	235	280	250	310
393	2 children	480	635	435	370	405	435
394	3 or more children	170	245	120	140	180	140
395	Total families of common-law couples	160	190	115	125	110	205
396	Without children at home	125	170	65	90	95	190
397	With children at home	35	20	50	30	15	20
398	1 child	20	20	40	15	15	10
399	2 children	15	-	10	10	10	10
400	3 or more children	10	-	-	10	-	-
401	Total lone-parent families	270	315	170	170	190	380
402	Female parent	255	245	130	140	160	290
403	1 child	150	135	85	70	100	180
404	2 children	65	95	40	35	55	105
405	3 or more children	35	15	10	35	10	15

Tableau 1. Certaines caractéristiques des secteurs de recensement, recensement de 2001 – Données intégrales et données-échantillon (20 %)

Vancouver 0119	Vancouver 0120	Vancouver 0121	Vancouver 0122	Vancouver 0130.01	Vancouver 0130.02 ◇ A	Caractéristiques	N°
						CARACTÉRISTIQUES DES LOGEMENTS ET DES MÉNAGES	
						selon l'état du logement	
560	925	950	905	2,280	2,685	Entretien régulier seulement	355
175	320	425	370	270	565	Réparations mineures	356
65	85	100	70	175	265	Réparations majeures	357
						selon la période de construction	
75	60	65	10	210	340	Avant 1946	358
440	620	1,110	275	280	385	1946-1960	359
55	320	160	280	800	1,025	1961-1970	360
85	125	60	255	575	1,010	1971-1980	361
95	145	30	450	575	365	1981-1990	362
50	65	40	75	295	395	1991-2001 (20)	363
7.4	7.8	8.1	8.7	4.6	4.5	Nombre moyen de pièces par logement	364
3.1	3.1	3.4	3.7	1.7	1.7	Nombre moyen de chambres à coucher par logement	365
398,080	449,549	434,947	482,300	487,707	395,745	Valeur moyenne du logement $	366
800	**1,335**	**1,470**	**1,340**	**2,730**	**3,515**	**Nombre total de logements privés**	367
						selon la taille du ménage	
150	215	195	130	1,415	1,845	1 personne	368
295	425	450	400	935	1,000	2 personnes	369
130	205	255	240	180	300	3 personnes	370
215	460	530	505	205	335	4-5 personnes	371
15	40	45	60	-	40	6 personnes ou plus	372
						selon le genre de ménage	
590	1,065	1,205	1,160	1,290	1,510	Ménages unifamiliaux	373
20	40	35	30	15	35	Ménages multifamiliaux	374
185	225	235	145	1,430	1,975	Ménages non familiaux	375
2,120	3,850	4,400	4,195	4,680	6,410	Nombre de personnes dans les ménages privés	376
2.6	2.9	3.0	3.1	1.7	1.8	Nombre moyen de personnes dans les ménages privés	377
0.4	0.4	0.4	0.4	0.4	0.4	Nombre moyen de personnes par pièce	378
130	205	155	95	1,330	1,120	Ménages locataires dans les logements privés non agricoles hors réserve (40)	379
1,148	1,607	1,376	1,268	1,245	852	Loyer brut moyen $ (40)	380
50	130	45	50	710	575	Ménages locataires consacrant 30 % ou plus du revenu du ménage au loyer brut (40) (41)	381
50	115	40	45	580	460	Ménages locataires consacrant de 30 % à 99 % du revenu du ménage au loyer brut (40) (41)	382
670	1,130	1,320	1,245	1,385	1,190	Ménages propriétaires dans les logements privés non agricoles hors réserve (42)	383
1,219	1,181	1,140	1,462	859	938	Principales dépenses de propriété moyennes $ (42)	384
145	185	150	215	300	270	Ménages propriétaires consacrant 30 % ou plus du revenu du ménage aux principales dépenses de propriété (41) (42)	385
130	135	135	195	265	190	Ménages propriétaires consacrant de 30 % à 99 % du revenu du ménage aux principales dépenses de propriété (41) (42)	386
						CARACTÉRISTIQUES DES FAMILLES DE RECENSEMENT	
630	**1,150**	**1,275**	**1,220**	**1,320**	**1,585**	**Total des familles de recensement dans les ménages privés**	387
						selon la structure et la taille de la famille de recensement	
520	1,035	1,165	1,100	1,100	1,300	Total des familles avec conjoints	388
495	975	1,115	1,075	990	1,125	Total des familles avec couples mariés	389
240	395	370	375	720	610	Sans enfants à la maison	390
260	575	745	710	270	515	Avec enfants à la maison	391
80	125	220	240	110	210	1 enfant	392
120	330	420	345	125	245	2 enfants	393
55	120	105	125	30	60	3 enfants ou plus	394
25	65	50	20	110	175	Total des familles en union libre	395
10	45	20	10	95	160	Sans enfants à la maison	396
10	20	30	15	10	20	Avec enfants à la maison	397
10	10	15	-	10	10	1 enfant	398
-	10	10	10	-	10	2 enfants	399
-	-	-	10	-	10	3 enfants ou plus	400
115	110	105	120	220	285	Total des familles monoparentales	401
90	100	90	95	185	225	Parent de sexe féminin	402
50	65	50	45	135	165	1 enfant	403
20	35	30	30	55	45	2 enfants	404
20	-	10	20	-	10	3 enfants ou plus	405

Table 1. Selected Characteristics for Census Tracts, 2001 Census – 100% Data and 20% Sample Data

No.	Characteristics	Vancouver 0113	Vancouver 0114	Vancouver 0115	Vancouver 0116	Vancouver 0117	Vancouver 0118 A
	CENSUS FAMILY CHARACTERISTICS						
	by census family structure and size – concluded						
406	Male parent	20	70	45	30	35	90
407	1 child	15	25	40	15	25	70
408	2 children	10	40	-	15	10	15
409	3 or more children	-	10	10	-	-	-
410	**Total number of children at home**	**2,280**	**3,050**	**1,790**	**1,820**	**1,940**	**2,200**
	by age groups						
411	Under 6 years	420	620	360	325	365	495
412	6-14 years	920	1,150	605	665	675	705
413	15-17 years	290	415	245	195	250	220
414	18-24 years	450	595	410	455	420	500
415	25 years and over	200	270	175	185	230	280
416	Average number of children at home per census family (43)	1.2	1.3	1.3	1.2	1.1	1.0
417	**Total number of persons in private households**	**6,885**	**8,105**	**5,020**	**5,225**	**5,805**	**7,355**
	by census family status and living arrangements						
418	Number of non-family persons	1,080	720	565	470	620	1,330
419	Living with relatives (44)	165	150	75	45	125	90
420	Living with non-relatives only	230	230	225	150	160	205
421	Living alone	685	340	260	275	340	1,035
422	Number of family persons	5,810	7,390	4,455	4,755	5,180	6,030
423	Average number of persons per census family	3.1	3.2	3.1	3.1	3.0	2.9
424	**Total number of persons 65 years and over**	**975**	**585**	**445**	**555**	**840**	**1,115**
425	Number of non-family persons 65 years and over	455	165	145	135	235	465
426	Living with relatives (44)	25	80	40	30	70	35
427	Living with non-relatives only	15	10	10	10	15	10
428	Living alone	410	75	90	100	155	420
429	Number of family persons 65 years and over	525	420	300	420	610	650
	ECONOMIC FAMILY CHARACTERISTICS						
430	**Total number of economic families in private households**	**1,875**	**2,285**	**1,395**	**1,500**	**1,710**	**2,070**
	by size of family						
431	2 persons	740	735	500	580	735	1,000
432	3 persons	385	545	300	310	335	440
433	4 persons	485	700	425	410	430	445
434	5 or more persons	260	315	180	200	210	190
435	Total number of persons in economic families	5,975	7,540	4,535	4,805	5,305	6,120
436	Average number of persons per economic family	3.2	3.3	3.3	3.2	3.1	2.9
437	Total number of unattached individuals	910	565	485	420	500	1,235
	2000 INCOME CHARACTERISTICS						
	Population 15 years and over by sex and total income groups in 2000						
438	Total - Both sexes	5,535	6,350	4,055	4,250	4,775	6,165
439	Without income	305	320	200	160	195	310
440	With income	5,230	6,030	3,850	4,095	4,580	5,865
441	Under $1,000 (45)	240	245	330	210	175	210
442	$ 1,000 - $ 2,999	180	215	165	200	220	240
443	$ 3,000 - $ 4,999	240	245	70	165	110	140
444	$ 5,000 - $ 6,999	265	195	120	165	130	280
445	$ 7,000 - $ 9,999	320	285	195	250	165	430
446	$10,000 - $11,999	215	255	165	120	210	245
447	$12,000 - $14,999	335	320	205	245	240	485
448	$15,000 - $19,999	505	340	335	275	415	540
449	$20,000 - $24,999	360	490	220	250	340	565
450	$25,000 - $29,999	340	325	185	200	220	310
451	$30,000 - $34,999	420	550	260	245	280	340
452	$35,000 - $39,999	245	380	235	190	205	330
453	$40,000 - $44,999	335	340	225	200	205	335
454	$45,000 - $49,999	150	320	185	150	235	285
455	$50,000 - $59,999	315	465	290	230	405	410
456	$60,000 and over	765	1,065	655	990	1,035	720
457	Average income $ (46)	32,245	37,671	33,975	46,213	45,168	31,491
458	Median income $ (46)	24,010	30,270	28,346	28,963	30,929	23,792
459	Standard error of average income $ (46)	984	1,012	1,110	2,973	2,660	859

Tableau 1. Certaines caractéristiques des secteurs de recensement, recensement de 2001 – Données intégrales et données-échantillon (20 %)

Vancouver 0119	Vancouver 0120	Vancouver 0121	Vancouver 0122	Vancouver 0130.01	Vancouver 0130.02 ◇ A	Caractéristiques	N°
						CARACTÉRISTIQUES DES FAMILLES DE RECENSEMENT	
						selon la structure et la taille de la famille de recensement - fin	
30	10	15	25	35	55	Parent de sexe masculin	406
-	-	10	10	35	35	1 enfant	407
30	-	15	10	-	15	2 enfants	408
-	-	-	-	10	10	3 enfants ou plus	409
725	**1,345**	**1,600**	**1,565**	**760**	**1,300**	**Nombre total d'enfants à la maison**	410
						selon les groupes d'âge	
140	190	300	210	105	235	Moins de 6 ans	411
250	485	605	580	185	400	6-14 ans	412
65	240	235	205	120	270	15-17 ans	413
180	350	345	420	230	255	18-24 ans	414
90	85	120	145	115	135	25 ans et plus	415
1.1	1.2	1.3	1.3	0.6	0.8	Nombre moyen d'enfants à la maison par famille de recensement (43)	416
2,115	**3,845**	**4,400**	**4,200**	**4,685**	**6,405**	**Nombre total de personnes dans les ménages privés**	417
						selon la situation des particuliers dans la famille de recensement et des particuliers dans le ménage	
235	315	360	310	1,505	2,225	Nombre de personnes hors famille de recensement	418
40	35	40	85	25	130	Vivant avec des personnes apparentées (44)	419
45	65	130	95	70	250	Vivant avec des personnes non apparentées uniquement	420
155	210	195	125	1,410	1,845	Vivant seules	421
1,880	3,530	4,035	3,885	3,175	4,185	Nombre de personnes membres d'une famille	422
3.0	3.1	3.2	3.2	2.4	2.6	Nombre moyen de personnes par famille de recensement	423
390	**605**	**650**	**480**	**1,920**	**1,785**	**Nombre total de personnes de 65 ans et plus**	424
90	155	170	70	970	1,000	Nombre de personnes hors famille de recensement de 65 ans et plus	425
15	10	35	25	25	10	Vivant avec des personnes apparentées (44)	426
-	15	20	10	15	70	Vivant avec des personnes non apparentées uniquement	427
75	130	120	35	935	920	Vivant seules	428
295	455	475	415	950	785	Nombre de personnes membres d'une famille de 65 ans et plus	429
						CARACTÉRISTIQUES DES FAMILLES ÉCONOMIQUES	
630	**1,110**	**1,240**	**1,195**	**1,305**	**1,580**	**Nombre total de familles économiques dans les ménages privés**	430
						selon la taille de la famille	
285	440	415	395	940	940	2 personnes	431
125	180	260	245	175	275	3 personnes	432
145	345	410	385	150	255	4 personnes	433
75	155	160	170	40	110	5 personnes ou plus	434
1,920	3,570	4,075	3,975	3,200	4,310	Nombre total de personnes dans les familles économiques	435
3.0	3.2	3.3	3.3	2.5	2.7	Nombre moyen de personnes par famille économique	436
195	280	320	220	1,480	2,095	Nombre total de personnes hors famille économique	437
						CARACTÉRISTIQUES DU REVENU DE 2000	
						Population de 15 ans et plus selon le sexe et les tranches de revenu total en 2000	
1,725	3,170	3,495	3,410	4,390	5,770	Total - Les deux sexes	438
60	165	210	270	180	380	Sans revenu	439
1,665	3,000	3,285	3,140	4,215	5,385	Avec un revenu	440
45	140	135	220	115	170	Moins de 1 000 $ (45)	441
45	165	135	135	135	235	1 000 $ - 2 999 $	442
50	90	150	50	125	170	3 000 $ - 4 999 $	443
55	185	145	120	100	195	5 000 $ - 6 999 $	444
70	125	135	100	180	390	7 000 $ - 9 999 $	445
75	125	90	110	190	255	10 000 $ - 11 999 $	446
135	200	135	165	295	420	12 000 $ - 14 999 $	447
105	235	210	270	335	670	15 000 $ - 19 999 $	448
95	175	215	160	300	300	20 000 $ - 24 999 $	449
115	195	145	115	245	340	25 000 $ - 29 999 $	450
165	145	240	200	220	350	30 000 $ - 34 999 $	451
90	130	105	155	320	295	35 000 $ - 39 999 $	452
60	160	190	125	145	310	40 000 $ - 44 999 $	453
50	100	95	95	215	220	45 000 $ - 49 999 $	454
130	170	275	235	305	285	50 000 $ - 59 999 $	455
400	670	885	895	970	780	60 000 $ et plus	456
42,918	43,323	54,852	49,691	48,835	33,379	Revenu moyen $ (46)	457
30,286	26,904	32,025	32,540	31,191	22,923	Revenu médian $ (46)	458
2,547	2,448	5,473	2,251	2,280	987	Erreur type de revenu moyen $ (46)	459

Table 1. Selected Characteristics for Census Tracts, 2001 Census – 100% Data and 20% Sample Data

No.	Characteristics	Vancouver 0113	Vancouver 0114	Vancouver 0115	Vancouver 0116	Vancouver 0117	Vancouver 0118 A
	2000 INCOME CHARACTERISTICS						
	Population 15 years and over by sex and total income groups in 2000 – concluded						
460	Total - Males	2,590	3,075	1,995	2,115	2,295	2,905
461	Without income	140	170	90	70	75	100
462	With income	2,450	2,910	1,905	2,040	2,225	2,810
463	Under $1,000 (45)	115	120	150	100	90	125
464	$ 1,000 - $ 2,999	60	95	55	65	110	110
465	$ 3,000 - $ 4,999	80	65	25	55	55	60
466	$ 5,000 - $ 6,999	95	70	40	70	35	90
467	$ 7,000 - $ 9,999	90	130	65	110	40	160
468	$10,000 - $11,999	100	40	55	30	70	90
469	$12,000 - $14,999	105	115	80	55	70	200
470	$15,000 - $19,999	180	120	170	110	145	225
471	$20,000 - $24,999	135	155	105	130	125	260
472	$25,000 - $29,999	155	135	85	75	100	170
473	$30,000 - $34,999	170	230	130	135	135	140
474	$35,000 - $39,999	155	170	75	80	90	150
475	$40,000 - $44,999	160	125	150	115	80	195
476	$45,000 - $49,999	90	195	70	65	100	115
477	$50,000 - $59,999	185	340	180	150	225	215
478	$60,000 and over	590	785	480	695	750	510
479	Average income $ (46)	41,630	46,851	40,841	60,767	61,296	36,356
480	Median income $ (46)	32,431	39,987	34,972	39,144	40,648	28,194
481	Standard error of average income $ (46)	1,803	1,593	1,804	5,486	5,200	1,387
482	Total - Females	2,940	3,270	2,060	2,140	2,480	3,265
483	Without income	165	150	120	90	125	210
484	With income	2,780	3,120	1,940	2,050	2,350	3,050
485	Under $1,000 (45)	130	125	180	110	80	85
486	$ 1,000 - $ 2,999	115	120	110	140	115	125
487	$ 3,000 - $ 4,999	165	180	50	110	55	80
488	$ 5,000 - $ 6,999	175	125	75	90	95	195
489	$ 7,000 - $ 9,999	230	155	135	140	125	270
490	$10,000 - $11,999	120	210	115	85	135	160
491	$12,000 - $14,999	230	205	125	195	170	285
492	$15,000 - $19,999	330	215	170	170	265	310
493	$20,000 - $24,999	225	335	115	120	210	305
494	$25,000 - $29,999	185	190	100	125	120	145
495	$30,000 - $34,999	255	315	130	110	150	205
496	$35,000 - $39,999	90	210	155	105	110	180
497	$40,000 - $44,999	175	215	75	80	125	140
498	$45,000 - $49,999	60	120	115	90	135	170
499	$50,000 - $59,999	130	125	115	80	180	195
500	$60,000 and over	175	275	180	295	285	205
501	Average income $ (46)	23,969	29,115	27,233	31,702	29,935	27,013
502	Median income $ (46)	18,544	22,209	20,965	19,261	22,500	20,193
503	Standard error of average income $ (46)	837	1,181	1,198	1,948	1,047	1,016
	by composition of total income						
504	Total - Composition of income in 2000 % (47)	100.0	100.0	100.0	100.0	100.0	100.0
505	Employment income %	77.4	83.2	83.5	83.2	78.0	76.9
506	Government transfer payments %	10.6	6.2	6.9	5.2	5.9	10.8
507	Other %	12.0	10.6	9.6	11.5	16.1	12.2
	Population 15 years and over with employment income in 2000 by sex and work activity						
508	Both sexes with employment income (48)	3,795	5,060	3,070	3,265	3,540	4,305
509	Average employment income $	34,372	37,382	35,594	48,251	45,516	32,969
510	Standard error of average employment income $	1,211	1,103	1,269	3,610	3,073	1,082
511	Worked full year, full time (49)	1,970	2,515	1,490	1,610	1,750	2,185
512	Average employment income $	49,821	55,810	48,033	76,576	66,535	45,411
513	Standard error of average employment income $	1,845	1,691	1,263	6,846	5,793	1,698
514	Worked part year or part time (50)	1,755	2,450	1,530	1,560	1,720	2,005
515	Average employment income $	18,189	19,407	24,501	21,339	25,376	20,779
516	Standard error of average employment income $	1,017	953	2,041	1,887	1,812	1,075
517	Males with employment income (48)	1,895	2,510	1,600	1,685	1,830	2,230
518	Average employment income $	43,619	46,306	42,554	64,281	60,238	37,443
519	Standard error of average employment income $	2,069	1,643	2,078	6,448	5,678	1,614
520	Worked full year, full time (49)	1,130	1,510	885	1,020	1,040	1,220
521	Average employment income $	59,474	61,871	52,989	87,632	81,834	49,394
522	Standard error of average employment income $	2,835	2,167	1,804	10,106	9,464	2,291
523	Worked part year or part time (50)	750	965	705	620	750	960
524	Average employment income $	20,783	23,205	29,462	29,139	32,306	24,122
525	Standard error of average employment income $	1,807	1,620	3,857	4,229	3,684	1,836

Tableau 1. Certaines caractéristiques des secteurs de recensement, recensement de 2001 – Données intégrales et données-échantillon (20 %)

Vancouver 0119	Vancouver 0120	Vancouver 0121	Vancouver 0122	Vancouver 0130.01	Vancouver 0130.02 ◇ A	Caractéristiques	N°
						CARACTÉRISTIQUES DU REVENU DE 2000	
						Population de 15 ans et plus selon le sexe et les tranches de revenu total en 2000 – fin	
790	1,505	1,680	1,670	1,740	2,485	Total - Hommes	460
20	65	80	120	75	205	Sans revenu	461
770	1,440	1,600	1,545	1,665	2,285	Avec un revenu	462
10	60	65	85	35	65	Moins de 1 000 $ (45)	463
20	85	40	25	40	80	1 000 $ - 2 999 $	464
20	45	45	20	30	95	3 000 $ - 4 999 $	465
10	55	45	55	25	60	5 000 $ - 6 999 $	466
-	45	40	30	40	125	7 000 $ - 9 999 $	467
30	65	50	35	90	120	10 000 $ - 11 999 $	468
50	65	35	40	70	120	12 000 $ - 14 999 $	469
40	110	80	90	75	240	15 000 $ - 19 999 $	470
55	90	75	65	110	95	20 000 $ - 24 999 $	471
45	65	65	55	75	135	25 000 $ - 29 999 $	472
50	60	85	50	105	110	30 000 $ - 34 999 $	473
50	40	60	80	145	125	35 000 $ - 39 999 $	474
20	50	95	65	45	135	40 000 $ - 44 999 $	475
20	25	25	65	75	115	45 000 $ - 49 999 $	476
75	90	100	110	180	135	50 000 $ - 59 999 $	477
290	495	695	675	520	530	60 000 $ et plus	478
56,618	58,755	76,214	67,710	65,485	43,247	Revenu moyen $ (46)	479
44,870	32,311	48,857	50,058	38,780	30,090	Revenu médian $ (46)	480
4,657	4,677	10,816	3,876	5,145	1,995	Erreur type de revenu moyen $ (46)	481
935	1,655	1,815	1,740	2,650	3,280	Total - Femmes	482
40	100	130	145	105	175	Sans revenu	483
900	1,560	1,685	1,595	2,550	3,105	Avec un revenu	484
40	80	75	135	85	105	Moins de 1 000 $ (45)	485
30	80	90	110	90	155	1 000 $ - 2 999 $	486
25	45	100	30	90	70	3 000 $ - 4 999 $	487
50	130	100	65	75	135	5 000 $ - 6 999 $	488
65	80	90	65	140	265	7 000 $ - 9 999 $	489
45	60	40	70	105	135	10 000 $ - 11 999 $	490
80	135	100	120	225	305	12 000 $ - 14 999 $	491
60	125	130	185	260	435	15 000 $ - 19 999 $	492
40	90	145	100	195	210	20 000 $ - 24 999 $	493
70	130	85	65	175	210	25 000 $ - 29 999 $	494
115	85	155	150	115	240	30 000 $ - 34 999 $	495
40	90	50	70	175	165	35 000 $ - 39 999 $	496
40	110	95	50	100	175	40 000 $ - 44 999 $	497
25	75	70	30	140	105	45 000 $ - 49 999 $	498
50	85	175	125	125	150	50 000 $ - 59 999 $	499
105	170	190	220	450	250	60 000 $ et plus	500
31,133	29,048	34,545	32,256	37,946	26,125	Revenu moyen $ (46)	501
25,026	22,266	23,938	20,405	25,071	19,113	Revenu médian $ (46)	502
2,344	1,478	2,555	1,929	1,798	712	Erreur type de revenu moyen $ (46)	503
						selon la composition du revenu total	
100.0	100.0	100.0	100.0	100.0	100.0	Total - Composition du revenu en 2000 % (47)	504
76.4	75.2	79.0	77.9	54.2	61.2	Revenu d'emploi %	505
9.3	7.1	5.2	4.4	11.4	15.3	Transferts gouvernementaux %	506
14.2	17.7	15.8	17.7	34.3	23.5	Autre %	507
						Population de 15 ans et plus ayant un revenu d'emploi en 2000 selon le sexe et le travail	
1,255	2,215	2,445	2,315	2,030	3,020	Les deux sexes ayant un revenu d'emploi (48)	508
43,526	44,135	58,280	52,566	54,999	36,490	Revenu moyen d'emploi $	509
3,336	3,180	7,168	2,585	3,993	1,545	Erreur type de revenu moyen d'emploi $	510
640	1,030	1,145	1,255	950	1,335	Ayant travaillé toute l'année à plein temps (49)	511
62,659	68,362	96,613	77,978	69,896	52,350	Revenu moyen d'emploi $	512
5,633	3,827	14,673	3,991	6,046	3,030	Erreur type de revenu moyen d'emploi $	513
560	1,085	1,220	1,005	1,015	1,605	Ayant travaillé une partie de l'année ou à temps partiel (50)	514
25,440	24,532	25,068	23,129	40,205	23,964	Revenu moyen d'emploi $	515
2,751	4,960	1,962	2,025	5,205	1,261	Erreur type de revenu moyen d'emploi $	516
600	1,145	1,255	1,235	990	1,495	Hommes ayant un revenu d'emploi (48)	517
58,345	59,922	82,337	67,998	69,382	46,066	Revenu moyen d'emploi $	518
6,073	5,723	13,567	4,118	7,467	2,781	Erreur type de revenu moyen d'emploi $	519
390	615	730	805	505	740	Ayant travaillé toute l'année à plein temps (49)	520
72,049	81,547	119,723	89,798	76,545	64,155	Revenu moyen d'emploi $	521
8,497	5,602	22,467	5,557	10,448	5,135	Erreur type de revenu moyen d'emploi $	522
200	500	505	415	465	740	Ayant travaillé une partie de l'année ou à temps partiel (50)	523
34,860	36,492	30,923	27,627	62,737	28,252	Revenu moyen d'emploi $	524
6,263	10,752	4,117	3,355	10,977	2,206	Erreur type de revenu moyen d'emploi $	525

Table 1. Selected Characteristics for Census Tracts, 2001 Census – 100% Data and 20% Sample Data

No.	Characteristics	Vancouver 0113	Vancouver 0114	Vancouver 0115	Vancouver 0116	Vancouver 0117	Vancouver 0118 A
	2000 INCOME CHARACTERISTICS						
	Population 15 years and over with employment income in 2000 by sex and work activity – concluded						
526	Females with employment income (48)	1,905	2,540	1,475	1,575	1,710	2,075
527	Average employment income $	25,163	28,553	28,036	31,126	29,772	28,161
528	Standard error of average employment income $	1,095	1,377	1,223	2,342	1,258	1,386
529	Worked full year, full time (49)	845	1,005	600	590	715	965
530	Average employment income $	36,933	46,722	40,702	57,359	44,238	40,385
531	Standard error of average employment income $	1,681	2,596	1,433	5,379	1,966	2,473
532	Worked part year or part time (50)	1,010	1,485	825	940	965	1,050
533	Average employment income $	16,262	16,934	20,262	16,234	20,004	17,727
534	Standard error of average employment income $	1,141	1,146	1,622	1,186	1,294	1,181
	Census families by structure and family income groups in 2000						
535	Total - All census families	1,895	2,320	1,420	1,550	1,715	2,100
536	Under $10,000	65	35	45	55	35	75
537	$ 10,000 - $19,999	100	85	50	50	50	170
538	$ 20,000 - $29,999	165	100	75	70	85	215
539	$ 30,000 - $39,999	195	190	120	120	90	180
540	$ 40,000 - $49,999	165	220	175	75	115	200
541	$ 50,000 - $59,999	185	195	55	110	135	270
542	$ 60,000 - $69,999	190	190	115	100	135	225
543	$ 70,000 - $79,999	185	205	125	180	120	130
544	$ 80,000 - $89,999	190	210	150	135	125	140
545	$ 90,000 - $99,999	95	160	115	80	150	115
546	$100,000 and over	365	735	385	560	680	385
547	Average family income $	73,167	87,566	80,318	110,828	107,779	67,527
548	Median family income $	63,280	75,373	73,156	79,971	88,589	57,153
549	Standard error of average family income $	2,569	2,542	2,886	7,767	6,946	2,272
550	Total - All couple census families (51)	1,625	2,010	1,250	1,380	1,525	1,725
551	Under $10,000	30	30	30	35	30	50
552	$ 10,000 - $19,999	65	30	40	25	30	95
553	$ 20,000 - $29,999	105	75	55	50	50	160
554	$ 30,000 - $39,999	160	140	95	115	85	150
555	$ 40,000 - $49,999	140	165	130	65	85	140
556	$ 50,000 - $59,999	160	160	50	100	120	245
557	$ 60,000 - $69,999	175	180	110	80	100	180
558	$ 70,000 - $79,999	175	185	95	165	100	100
559	$ 80,000 - $89,999	185	205	140	130	120	135
560	$ 90,000 - $99,999	85	155	120	75	145	105
561	$100,000 and over	350	680	375	535	665	370
562	Average family income $	79,120	91,545	84,817	116,313	114,602	72,947
563	Median family income $	68,891	81,056	81,945	84,032	93,735	61,913
564	Standard error of average family income $	2,821	2,676	3,110	8,543	7,748	2,578
	Incidence of low income in 2000						
565	Total - Economic families	1,875	2,285	1,395	1,500	1,710	2,075
566	Low income	220	165	140	135	115	370
567	Incidence of low income in 2000 % (52)	12.0	7.2	10.3	8.8	6.8	17.7
568	Total - Unattached individuals 15 years and over	915	560	485	420	500	1,240
569	Low income	410	120	200	155	165	470
570	Incidence of low income in 2000 % (52)	44.8	22.2	41.0	36.8	33.3	38.0
571	Total - Population in private households	6,885	8,100	5,020	5,230	5,800	7,355
572	Low income	1,200	655	685	595	500	1,620
573	Incidence of low income in 2000 % (52)	17.4	8.1	13.6	11.3	8.6	22.0
	Private households by household income groups in 2000						
574	Total - All private households	2,600	2,655	1,705	1,790	2,095	3,170
575	Under $10,000	100	45	45	55	75	185
576	$ 10,000 - $19,999	345	105	120	95	130	420
577	$ 20,000 - $29,999	250	115	85	110	120	415
578	$ 30,000 - $39,999	250	290	195	135	130	285
579	$ 40,000 - $49,999	240	275	200	130	190	325
580	$ 50,000 - $59,999	220	205	75	120	155	335
581	$ 60,000 - $69,999	230	190	130	135	140	280
582	$ 70,000 - $79,999	200	195	145	155	115	155
583	$ 80,000 - $89,999	210	195	145	125	130	175
584	$ 90,000 - $99,999	115	215	110	75	150	140
585	$100,000 and over	430	835	445	650	755	455
586	Average household income $	64,918	85,395	76,770	105,287	98,487	58,189
587	Median household income $	55,032	74,760	69,794	76,738	77,837	47,769
588	Standard error of average household income $	2,139	2,351	2,713	6,770	5,999	1,753

Tableau 1. Certaines caractéristiques des secteurs de recensement, recensement de 2001 – Données intégrales et données-échantillon (20 %)

Vancouver 0119	Vancouver 0120	Vancouver 0121	Vancouver 0122	Vancouver 0130.01	Vancouver 0130.02 ◇ A	Caractéristiques	N°
						CARACTÉRISTIQUES DU REVENU DE 2000	
						Population de 15 ans et plus ayant un revenu d'emploi en 2000 selon le sexe et le travail – fin	
655	1,075	1,185	1,080	1,045	1,520	Femmes ayant un revenu d'emploi (48)	526
29,952	27,345	32,923	34,965	41,335	27,062	Revenu moyen d'emploi $	527
2,820	1,909	2,577	2,492	3,453	1,048	Erreur type de revenu moyen d'emploi $	528
255	415	415	450	440	600	Ayant travaillé toute l'année à plein temps (49)	529
48,312	48,948	56,142	56,965	62,302	37,698	Revenu moyen d'emploi $	530
5,618	3,647	6,128	4,240	5,715	1,677	Erreur type de revenu moyen d'emploi $	531
360	590	710	585	545	865	Ayant travaillé une partie de l'année ou à temps partiel (50)	532
20,169	14,414	20,910	19,944	20,782	20,302	Revenu moyen d'emploi $	533
2,304	1,237	1,614	2,464	2,202	1,217	Erreur type de revenu moyen d'emploi $	534
						Familles de recensement selon la structure et les tranches de revenu de la famille en 2000	
630	1,145	1,275	1,225	1,320	1,585	Total - Toutes les familles de recensement	535
-	20	20	40	60	145	Moins de 10 000 $	536
-	55	30	25	95	155	10 000 $ - 19 999 $	537
60	90	50	55	80	165	20 000 $ - 29 999 $	538
50	115	75	50	120	190	30 000 $ - 39 999 $	539
50	85	95	25	155	130	40 000 $ - 49 999 $	540
40	60	105	60	95	105	50 000 $ - 59 999 $	541
55	80	55	105	105	160	60 000 $ - 69 999 $	542
65	50	65	105	70	90	70 000 $ - 79 999 $	543
55	65	50	95	55	105	80 000 $ - 89 999 $	544
40	50	95	120	75	65	90 000 $ - 99 999 $	545
220	485	625	550	400	275	100 000 $ et plus	546
97,722	102,326	130,212	114,780	95,549	67,024	Revenu moyen des familles $	547
79,237	82,307	99,798	94,629	65,716	49,979	Revenu médian des familles $	548
7,146	6,622	14,225	5,175	5,820	2,971	Erreur type de revenu moyen des familles $	549
515	1,040	1,160	1,105	1,100	1,300	Total - Toutes les familles de recensement comptant un couple (51)	550
-	15	10	15	25	85	Moins de 10 000 $	551
-	55	15	15	65	115	10 000 $ - 19 999 $	552
30	85	55	40	75	135	20 000 $ - 29 999 $	553
25	75	70	45	95	155	30 000 $ - 39 999 $	554
35	70	75	10	125	100	40 000 $ - 49 999 $	555
35	60	95	40	75	85	50 000 $ - 59 999 $	556
45	70	50	100	110	140	60 000 $ - 69 999 $	557
65	50	60	100	70	70	70 000 $ - 79 999 $	558
50	45	40	90	55	105	80 000 $ - 89 999 $	559
35	50	90	105	75	55	90 000 $ - 99 999 $	560
200	475	610	545	340	255	100 000 $ et plus	561
107,190	107,416	136,555	122,438	97,711	71,820	Revenu moyen des familles $	562
84,806	85,455	105,360	99,367	69,425	57,402	Revenu médian des familles $	563
8,227	7,079	15,650	5,496	6,314	3,655	Erreur type de revenu moyen des familles $	564
						Fréquence des unités à faible revenu en 2000	
630	1,115	1,240	1,195	1,305	1,045	Total - Familles économiques	565
35	130	40	90	205	205	Faible revenu	566
6.0	11.9	3.3	7.6	15.8	19.5	Fréquence des unités à faible revenu en 2000 % (52)	567
195	270	325	225	1,485	1,345	Total - Personnes hors famille économique de 15 ans et plus	568
30	85	80	75	375	520	Faible revenu	569
15.8	30.9	24.6	34.5	25.3	38.6	Fréquence des unités à faible revenu en 2000 % (52)	570
2,115	3,840	4,400	4,200	4,680	4,190	Total - Population dans les ménages privés	571
120	560	205	405	955	1,100	Faible revenu	572
5.8	14.6	4.7	9.6	20.5	26.4	Fréquence des unités à faible revenu en 2000 % (52)	573
						Ménages privés selon les tranches de revenu du ménage en 2000	
800	1,340	1,475	1,335	2,730	3,515	Total - Tous les ménages privés	574
10	-	15	15	130	290	Moins de 10 000 $	575
40	90	40	55	405	710	10 000 $ - 19 999 $	576
75	120	60	70	300	445	20 000 $ - 29 999 $	577
55	105	90	55	315	470	30 000 $ - 39 999 $	578
65	155	135	35	270	305	40 000 $ - 49 999 $	579
85	85	135	50	190	280	50 000 $ - 59 999 $	580
75	75	80	105	230	265	60 000 $ - 69 999 $	581
55	55	95	105	115	145	70 000 $ - 79 999 $	582
65	90	70	105	95	170	80 000 $ - 89 999 $	583
45	55	100	125	135	80	90 000 $ - 99 999 $	584
245	515	650	615	545	360	100 000 $ et plus	585
89,225	97,195	122,134	116,655	75,379	50,999	Revenu moyen des ménages $	586
71,196	76,657	90,851	95,288	48,695	36,145	Revenu médian des ménages $	587
5,989	5,861	12,480	5,089	3,697	1,792	Erreur type de revenu moyen des ménages $	588

Table 1. Selected Characteristics for Census Tracts, 2001 Census – 100% Data and 20% Sample Data

No.	Characteristics	Vancouver 0131	Vancouver 0132	Vancouver 0133.01 A	Vancouver 0133.02 A	Vancouver 0134	Vancouver 0135
	POPULATION CHARACTERISTICS						
1	**Population, 1996 (1)**	**6,929**	**3,841**	**3,666**	**5,521**	**6,563**	**5,623**
2	**Population, 2001 (2)**	**6,924**	**3,728**	**3,653**	**5,717**	**6,878**	**5,398**
3	Population percentage change, 1996-2001	-0.1	-2.9	-0.4	3.6	4.8	-4.0
4	Land area in square kilometres, 2001	3.36	3.27	3.78	36.69	15.26	22.43
5	**Total population – 100% Data (3)**	**6,925**	**3,730**	**3,655**	**5,715**	**6,880**	**5,395**
	by sex and age groups						
6	Male	3,195	1,795	1,820	2,795	3,315	2,630
7	0-4 years	140	65	80	120	100	90
8	5-9 years	205	135	125	185	130	155
9	10-14 years	275	155	125	255	270	200
10	15-19 years	280	135	125	185	310	245
11	20-24 years	170	90	90	150	255	190
12	25-29 years	100	40	50	75	130	105
13	30-34 years	90	50	65	80	100	90
14	35-39 years	150	70	95	120	130	125
15	40-44 years	225	125	125	190	210	165
16	45-49 years	305	160	175	245	285	215
17	50-54 years	300	175	185	275	315	225
18	55-59 years	240	155	155	280	265	215
19	60-64 years	160	125	130	200	205	165
20	65-69 years	145	95	105	160	180	130
21	70-74 years	140	105	95	160	155	135
22	75-79 years	125	65	60	70	145	110
23	80-84 years	70	40	35	45	80	50
24	85 years and over	65	25	10	10	45	30
25	Female	3,725	1,935	1,835	2,920	3,560	2,765
26	0-4 years	135	80	65	110	110	85
27	5-9 years	230	100	90	200	165	125
28	10-14 years	265	165	130	250	240	180
29	15-19 years	260	140	100	205	275	245
30	20-24 years	175	85	95	135	250	185
31	25-29 years	105	65	45	85	145	105
32	30-34 years	125	75	70	100	125	115
33	35-39 years	190	115	140	170	175	160
34	40-44 years	305	155	160	265	270	225
35	45-49 years	365	170	175	275	320	265
36	50-54 years	330	190	190	300	330	270
37	55-59 years	220	160	185	255	275	185
38	60-64 years	155	105	115	195	210	155
39	65-69 years	150	95	95	140	170	120
40	70-74 years	170	95	75	125	195	135
41	75-79 years	180	70	50	55	130	115
42	80-84 years	150	40	40	30	90	65
43	85 years and over	220	20	15	25	75	30
44	**Total population 15 years and over**	**5,665**	**3,025**	**3,035**	**4,590**	**5,870**	**4,560**
	by legal marital status						
45	Never married (single)	1,420	730	740	1,025	1,690	1,305
46	Legally married (and not separated)	3,160	1,980	1,885	3,150	3,475	2,790
47	Separated, but still legally married	125	45	70	70	95	70
48	Divorced	425	155	215	210	295	190
49	Widowed	530	110	120	140	315	210
	by common-law status						
50	Not in a common-law relationship	5,425	2,905	2,845	4,425	5,690	4,430
51	In a common-law relationship	240	120	195	170	185	135
52	**Total population – 20% Sample Data (4)**	**6,685**	**3,730**	**3,655**	**5,715**	**6,805**	**5,395**
	by mother tongue						
53	Single responses	6,670	3,705	3,620	5,655	6,710	5,350
54	English	5,550	3,285	3,155	4,845	4,210	3,175
55	French	55	25	25	75	55	10
56	Non-official languages (5)	1,065	405	445	745	2,450	2,160
57	Chinese, n.o.s.	55	10	-	25	530	465
58	Cantonese	50	-	10	80	485	265
59	Punjabi	-	-	-	-	-	65
60	Mandarin	30	-	-	50	215	210
61	Tagalog (Pilipino)	10	10	20	25	45	55
62	Other languages (6)	915	380	405	560	1,170	1,100
63	Multiple responses	20	20	35	55	90	45
64	English and French	-	-	-	-	-	-
65	English and non-official language	15	20	30	55	75	40
66	French and non-official language	-	-	-	-	10	-
67	English, French and non-official language	-	-	-	-	-	-

See reference material at the end of the publication. – Voir les documents de référence à la fin de la publication.

Tableau 1. Certaines caractéristiques des secteurs de recensement, recensement de 2001 – Données intégrales et données-échantillon (20 %)

Vancouver 0140.02	Vancouver 0140.03 A	Vancouver 0140.04 A	Vancouver 0141	Vancouver 0142.01	Vancouver 0142.02	Caractéristiques	Nº
						CARACTÉRISTIQUES DE LA POPULATION	
4,610	**4,047**	**3,466**	**7,442**	**6,281**	**4,775**	**Population, 1996 (1)**	1
5,526	**4,148**	**4,146**	**7,942**	**6,255**	**4,859**	**Population, 2001 (2)**	2
19.9	2.5	19.6	6.7	-0.4	1.8	Variation en pourcentage de la population, 1996-2001	3
15.85	42.40	2.49	2.37	1.48	1.46	Superficie des terres en kilomètres carrés, 2001	4
5,525	**4,150**	**4,145**	**7,940**	**6,250**	**4,855**	**Population totale – Données intégrales (3) selon le sexe et les groupes d'âge**	5
2,660	2,085	2,100	3,775	3,045	2,365	Sexe masculin	6
130	120	180	200	145	120	0-4 ans	7
165	170	180	285	190	145	5-9 ans	8
180	180	135	280	255	170	10-14 ans	9
250	185	130	295	325	185	15-19 ans	10
185	125	120	195	215	175	20-24 ans	11
135	95	125	175	145	115	25-29 ans	12
135	145	195	230	145	115	30-34 ans	13
180	180	240	310	185	180	35-39 ans	14
230	205	205	335	280	215	40-44 ans	15
255	165	170	400	320	265	45-49 ans	16
265	130	150	315	300	225	50-54 ans	17
185	115	60	225	170	120	55-59 ans	18
125	75	70	145	145	80	60-64 ans	19
75	75	65	120	90	85	65-69 ans	20
50	45	45	95	60	70	70-74 ans	21
50	40	15	75	55	50	75-79 ans	22
35	15	10	70	30	30	80-84 ans	23
20	10	5	25	10	10	85 ans et plus	24
2,865	2,065	2,045	4,170	3,210	2,495	Sexe féminin	25
125	120	170	220	140	110	0-4 ans	26
145	165	165	265	175	150	5-9 ans	27
175	165	135	285	260	175	10-14 ans	28
220	155	115	275	265	190	15-19 ans	29
190	145	105	215	225	160	20-24 ans	30
140	110	120	180	140	115	25-29 ans	31
180	155	230	240	175	145	30-34 ans	32
235	190	240	355	235	195	35-39 ans	33
275	180	225	425	345	240	40-44 ans	34
320	165	150	390	345	270	45-49 ans	35
275	145	125	345	305	225	50-54 ans	36
165	100	65	235	185	130	55-59 ans	37
100	65	65	160	125	90	60-64 ans	38
90	50	60	145	100	90	65-69 ans	39
80	55	45	160	80	90	70-74 ans	40
70	50	15	135	65	50	75-79 ans	41
50	25	10	80	30	40	80-84 ans	42
25	15	5	45	20	15	85 ans et plus	43
4,610	**3,230**	**3,180**	**6,410**	**5,095**	**3,985**	**Population totale de 15 ans et plus selon l'état matrimonial légal**	44
1,425	1,005	860	1,825	1,555	1,205	Célibataire (jamais marié(e))	45
2,525	1,760	2,040	3,400	2,940	2,220	Légalement marié(e) (et non séparé(e))	46
120	100	70	200	110	100	Séparé(e), mais toujours légalement marié(e)	47
315	225	120	630	300	255	Divorcé(e)	48
220	135	95	355	190	200	Veuf ou veuve	49
						selon l'union libre	
4,340	3,085	3,035	6,070	4,950	3,795	Ne vivant pas en union libre	50
270	145	145	330	145	190	Vivant en union libre	51
5,525	**4,145**	**4,145**	**7,930**	**6,245**	**4,860**	**Population totale – Données-échantillon (20 %) (4) selon la langue maternelle**	52
5,470	4,105	4,000	7,750	6,115	4,750	Réponses uniques	53
4,055	2,265	1,755	5,570	3,575	3,035	Anglais	54
50	20	55	205	95	60	Français	55
1,365	1,825	2,195	1,985	2,440	1,660	Langues non officielles (5)	56
330	295	465	500	600	260	Chinois, n.d.a.	57
395	290	820	370	955	535	Cantonais	58
-	265	300	25	35	-	Pendjabi	59
80	30	130	80	135	185	Mandarin	60
75	175	125	110	155	95	Tagalog (pilipino)	61
475	775	350	905	560	580	Autres langues (6)	62
55	40	145	180	135	105	Réponses multiples	63
10	-	-	-	10	15	Anglais et français	64
45	35	120	175	125	90	Anglais et langue non officielle	65
-	-	-	-	-	-	Français et langue non officielle	66
-	10	20	-	-	-	Anglais, français et langue non officielle	67

See reference material at the end of the publication. – Voir les documents de référence à la fin de la publication.

Table 1. Selected Characteristics for Census Tracts, 2001 Census – 100% Data and 20% Sample Data

No.	Characteristics	Vancouver 0131	Vancouver 0132	Vancouver 0133.01 A	Vancouver 0133.02 A	Vancouver 0134	Vancouver 0135
	POPULATION CHARACTERISTICS						
	by home language						
68	Single responses	6,005	3,505	3,445	5,375	5,190	4,225
69	English	5,740	3,465	3,395	5,205	4,525	3,610
70	French	-	-	-	10	10	-
71	Non-official languages (5)	265	40	45	155	650	610
72	Cantonese	-	-	-	35	145	130
73	Chinese, n.o.s.	10	-	-	-	135	110
74	Punjabi	-	-	-	-	-	25
75	Mandarin	-	-	-	25	100	105
76	Korean	85	-	-	10	70	45
77	Other languages (6)	170	40	45	90	200	200
78	Multiple responses	685	225	215	340	1,615	1,170
79	English and French	80	-	35	55	55	30
80	English and non-official language	580	225	175	280	1,540	1,135
81	French and non-official language	20	-	-	-	-	-
82	English, French and non-official language	10	-	-	-	20	-
	by knowledge of official languages						
83	English only	5,730	3,270	3,140	5,005	5,625	4,560
84	French only	15	-	-	-	-	-
85	English and French	905	455	515	700	1,030	755
86	Neither English nor French	35	-	-	-	150	80
	by knowledge of non-official languages (5) (7)						
87	Cantonese	75	10	10	75	495	510
88	Chinese, n.o.s.	50	10	10	25	380	395
89	Punjabi	-	-	-	-	-	90
90	Mandarin	60	-	10	70	515	345
91	Hindi	55	10	-	10	35	60
92	German	230	175	205	320	300	330
93	Spanish	190	165	170	210	315	160
	by first official language spoken						
94	English	6,520	3,685	3,620	5,605	6,415	5,230
95	French	70	25	25	70	65	15
96	English and French	60	25	15	35	175	80
97	Neither English nor French	30	-	-	-	145	75
98	Official language minority - (number) (8)	100	35	30	90	150	55
99	Official language minority - (percentage) (8)	1.5	0.9	0.8	1.6	2.2	1.0
	by ethnic origin (9)						
100	English	2,980	1,720	1,490	2,590	1,950	1,250
101	Canadian	1,775	915	915	1,430	1,175	1,110
102	Chinese	205	35	65	205	1,425	1,260
103	Scottish	2,065	1,245	1,080	1,605	1,290	635
104	Irish	1,500	855	590	965	840	610
105	German	630	420	580	895	585	390
106	East Indian	130	30	45	85	220	270
107	French	390	265	230	455	295	235
108	Ukrainian	280	105	110	185	150	95
109	Italian	260	150	105	185	185	130
110	Dutch (Netherlands)	185	100	115	190	130	105
111	Filipino	20	10	25	35	65	80
112	Polish	105	190	110	160	150	245
113	Norwegian	140	235	70	115	95	-
114	North American Indian	15	35	-	20	20	10
	by Aboriginal identity						
115	Total Aboriginal identity population (10)	20	35	10	-	20	-
116	Total non-Aboriginal population	6,670	3,695	3,640	5,715	6,785	5,395
	by Aboriginal origin						
117	Total Aboriginal origins population (11)	20	50	25	35	35	15
118	Total non-Aboriginal population	6,665	3,675	3,635	5,680	6,770	5,385
	by Registered Indian status						
119	Registered Indian (12)	-	-	-	-	-	-
120	Not a Registered Indian	6,685	3,715	3,655	5,715	6,805	5,400

Tableau 1. Certaines caractéristiques des secteurs de recensement, recensement de 2001 – Données intégrales et données-échantillon (20 %)

Vancouver 0140.02	Vancouver 0140.03 A	Vancouver 0140.04 A	Vancouver 0141	Vancouver 0142.01	Vancouver 0142.02	Caractéristiques	N°
						CARACTÉRISTIQUES DE LA POPULATION	
						selon la langue parlée à la maison	
4,715	3,000	2,810	6,615	4,550	3,970	Réponses uniques	68
4,285	2,450	1,960	6,030	3,695	3,245	Anglais	69
10	10	-	30	-	-	Français	70
420	540	845	555	855	720	Langues non officielles (5)	71
240	185	515	215	470	320	Cantonais	72
65	125	220	170	155	115	Chinois, n.d.a.	73
-	40	35	-	-	-	Pendjabi	74
20	15	55	30	65	125	Mandarin	75
-	15	-	15	-	-	Coréen	76
100	165	20	125	155	155	Autres langues (6)	77
810	1,145	1,335	1,315	1,695	885	Réponses multiples	78
30	-	45	180	130	30	Anglais et français	79
755	1,145	1,275	1,130	1,550	810	Anglais et langue non officielle	80
15	-	-	-	-	-	Français et langue non officielle	81
15	-	15	10	15	45	Anglais, français et langue non officielle	82
						selon la connaissance des langues officielles	
4,950	3,885	3,750	7,050	5,520	4,205	Anglais seulement	83
-	-	10	-	10	-	Français seulement	84
440	185	190	700	515	490	Anglais et français	85
130	80	200	190	200	165	Ni l'anglais ni le français	86
						selon la connaissance des langues non officielles (5) (7)	
485	315	980	420	1,220	620	Cantonais	87
285	295	465	475	440	215	Chinois, n.d.a.	88
-	310	355	25	45	-	Pendjabi	89
245	135	340	185	640	455	Mandarin	90
10	135	195	45	60	60	Hindi	91
150	85	55	160	120	110	Allemand	92
95	180	25	195	145	95	Espagnol	93
						selon la première langue officielle parlée	
5,310	4,035	3,895	7,510	5,910	4,585	Anglais	94
75	20	45	200	105	55	Français	95
15	10	-	25	35	50	Anglais et français	96
125	80	200	185	195	160	Ni l'anglais ni le français	97
80	25	50	220	125	85	Minorité de langue officielle - (nombre) (8)	98
1.4	0.6	1.2	2.8	2.0	1.7	Minorité de langue officielle - (pourcentage) (8)	99
						selon l'origine ethnique (9)	
1,715	640	505	2,320	1,525	1,110	Anglais	100
1,220	810	500	1,880	1,095	1,295	Canadien	101
1,130	685	1,715	1,170	2,175	1,150	Chinois	102
1,190	530	300	1,640	750	870	Écossais	103
790	205	155	1,155	445	630	Irlandais	104
630	360	235	735	475	310	Allemand	105
75	530	700	180	210	120	Indien de l'Inde	106
380	210	130	625	425	240	Français	107
250	155	130	455	150	135	Ukrainien	108
200	105	75	240	115	185	Italien	109
210	175	155	230	250	105	Hollandais (Néerlandais)	110
140	310	235	275	385	125	Philippin	111
80	165	60	305	110	115	Polonais	112
215	65	10	250	65	50	Norvégien	113
70	45	25	210	95	50	Indien de l'Amérique du Nord	114
						selon l'identité autochtone	
75	25	30	110	75	75	Total de la population ayant une identité autochtone (10)	115
5,450	4,120	4,115	7,825	6,165	4,780	Total de la population non autochtone	116
						selon l'origine autochtone	
110	50	35	210	105	110	Total de la population ayant une origine autochtone (11)	117
5,420	4,100	4,110	7,725	6,140	4,755	Total de la population non autochtone	118
						selon le statut d'Indien inscrit	
25	15	-	70	45	30	Oui, Indien inscrit (12)	119
5,500	4,130	4,140	7,855	6,200	4,830	Non, pas un Indien inscrit	120

Table 1. Selected Characteristics for Census Tracts, 2001 Census – 100% Data and 20% Sample Data

No.	Characteristics	Vancouver 0131	Vancouver 0132	Vancouver 0133.01 A	Vancouver 0133.02 A	Vancouver 0134	Vancouver 0135
	POPULATION CHARACTERISTICS						
	by visible minority groups						
121	Total visible minority population	870	195	280	475	2,405	2,090
122	Chinese	205	30	60	215	1,485	1,285
123	South Asian	120	20	40	75	200	260
124	Black	-	10	35	-	10	20
125	Filipino	20	10	25	25	65	70
126	Latin American	20	-	10	-	45	-
127	Southeast Asian	10	-	-	-	10	-
128	Arab	-	15	-	-	30	-
129	West Asian	270	35	15	90	340	335
130	Korean	150	25	35	15	120	45
131	Japanese	70	60	50	35	75	40
132	Visible minority, n.i.e. (13)	-	-	-	10	-	15
133	Multiple visible minorities (14)	-	-	10	10	25	15
	by citizenship						
134	Canadian citizenship (15)	6,165	3,340	3,385	5,105	6,130	4,950
135	Citizenship other than Canadian	520	390	270	610	675	450
	by place of birth of respondent						
136	Non-immigrant population	4,750	2,735	2,630	3,960	3,710	2,865
137	Born in province of residence	3,015	1,895	1,730	2,490	2,550	1,880
138	Immigrant population (16)	1,865	945	995	1,555	3,015	2,415
139	United States	205	165	75	110	150	100
140	Central and South America	20	-	20	20	105	30
141	Caribbean and Bermuda	15	-	-	35	-	35
142	United Kingdom	555	335	410	540	315	200
143	Other Europe (17)	310	170	275	325	470	445
144	Africa	50	55	60	155	210	125
145	Asia and the Middle East	635	85	100	340	1,720	1,450
146	Oceania and other (18)	70	115	60	35	45	40
147	Non-permanent residents (19)	70	50	25	200	80	120
148	**Total immigrant population**	**1,865**	**945**	**995**	**1,555**	**3,015**	**2,415**
	by period of immigration						
149	Before 1961	390	280	285	335	405	315
150	1961-1970	350	200	265	360	315	285
151	1971-1980	325	135	190	245	460	410
152	1981-1990	170	105	100	175	655	640
153	1991-2001 (20)	630	225	155	440	1,185	770
154	1991-1995	340	85	65	215	790	500
155	1996-2001 (20)	285	140	95	220	395	265
	by age at immigration						
156	0-4 years	140	40	110	120	245	265
157	5-19 years	470	260	190	355	890	545
158	20 years and over	1,255	650	700	1,085	1,880	1,605
159	**Total population**	**6,685**	**3,725**	**3,655**	**5,715**	**6,805**	**5,395**
	by religion						
160	Catholic (21)	910	490	375	860	910	945
161	Protestant	2,960	1,735	1,580	2,695	2,565	1,630
162	Christian Orthodox	75	30	15	-	20	50
163	Christian, n.i.e. (22)	225	60	120	85	250	185
164	Muslim	325	40	45	120	550	345
165	Jewish	100	85	40	215	100	100
166	Buddhist	25	15	35	40	290	200
167	Hindu	50	10	15	10	15	-
168	Sikh	-	-	-	-	-	110
169	Eastern religions (23)	30	-	10	-	70	15
170	Other religions (24)	-	-	-	15	-	-
171	No religious affiliation (25)	2,005	1,260	1,415	1,680	2,030	1,820
172	**Total population 15 years and over**	**5,420**	**3,025**	**3,025**	**4,595**	**5,800**	**4,555**
	by generation status						
173	1st generation (26)	1,795	965	975	1,625	2,890	2,350
174	2nd generation (27)	1,495	850	960	1,290	1,325	1,120
175	3rd generation and over (28)	2,135	1,215	1,090	1,680	1,585	1,085
176	**Total population 1 year and over (29)**	**6,650**	**3,705**	**3,645**	**5,665**	**6,775**	**5,370**
	by place of residence 1 year ago (mobility)						
177	Non-movers	5,700	3,435	3,315	4,870	5,915	4,830
178	Movers	950	270	330	795	855	545
179	Non-migrants	490	160	110	475	385	220
180	Migrants	460	115	225	320	480	325
181	Internal migrants	300	80	200	155	245	235
182	Intraprovincial migrants	170	55	125	105	155	120
183	Interprovincial migrants	130	25	75	55	85	110
184	External migrants	165	35	15	165	235	95

Tableau 1. Certaines caractéristiques des secteurs de recensement, recensement de 2001 – Données intégrales et données-échantillon (20 %)

Vancouver 0140.02	Vancouver 0140.03 A	Vancouver 0140.04 A	Vancouver 0141	Vancouver 0142.01	Vancouver 0142.02	Caractéristiques	N°
						CARACTÉRISTIQUES DE LA POPULATION	
						selon les groupes de minorités visibles	
1,725	2,045	2,905	2,650	3,110	1,850	Total de la population des minorités visibles	121
1,105	705	1,665	1,120	2,025	1,165	Chinois	122
90	550	730	210	245	140	Sud-Asiatique	123
15	105	30	215	35	55	Noir	124
120	285	175	285	340	120	Philippin	125
45	115	10	75	30	15	Latino-Américain	126
-	10	15	-	30	30	Asiatique du Sud-Est	127
25	130	-	-	-	65	Arabe	128
10	25	-	25	30	-	Asiatique occidental	129
-	20	10	20	-	35	Coréen	130
280	40	120	620	270	200	Japonais	131
-	-	45	40	10	-	Minorité visible, n.i.a. (13)	132
30	60	100	35	95	25	Minorités visibles multiples (14)	133
						selon la citoyenneté	
5,070	3,695	3,795	7,425	5,550	4,470	Citoyenneté canadienne (15)	134
455	450	350	505	695	390	Citoyenneté autre que canadienne	135
						selon le lieu de naissance du répondant	
3,755	2,390	1,865	5,270	3,305	3,115	Population non immigrante	136
2,615	1,775	1,405	3,645	2,370	2,150	Née dans la province de résidence	137
1,750	1,670	2,265	2,625	2,925	1,720	Population immigrante (16)	138
90	40	15	75	125	25	États-Unis	139
50	140	15	80	60	35	Amérique centrale et du Sud	140
15	15	35	175	35	30	Caraïbes et Bermudes	141
300	115	110	510	270	115	Royaume-Uni	142
200	210	105	400	230	230	Autre Europe (17)	143
75	175	135	105	65	45	Afrique	144
940	925	1,765	1,225	2,115	1,195	Asie et Moyen-Orient	145
75	45	75	55	30	45	Océanie et autre (18)	146
20	90	25	40	15	20	Résidents non permanents (19)	147
1,750	**1,670**	**2,260**	**2,625**	**2,925**	**1,720**	**Population immigrante totale**	148
						selon la période d'immigration	
165	95	60	285	185	160	Avant 1961	149
245	210	185	310	255	140	1961-1970	150
300	360	360	520	530	205	1971-1980	151
380	340	535	525	745	435	1981-1990	152
665	660	1,120	980	1,215	790	1991-2001 (20)	153
315	350	660	600	630	395	1991-1995	154
355	315	465	380	585	395	1996-2001 (20)	155
						selon l'âge à l'immigration	
205	100	145	250	255	150	0-4 ans	156
455	495	630	745	805	380	5-19 ans	157
1,085	1,075	1,485	1,635	1,865	1,190	20 ans et plus	158
5,525	**4,150**	**4,150**	**7,930**	**6,245**	**4,860**	**Population totale**	159
						selon la religion	
1,065	780	880	1,500	1,335	925	Catholique (21)	160
1,875	845	580	2,365	1,505	1,240	Protestante	161
15	45	15	75	40	90	Orthodoxe chrétienne	162
205	275	310	260	315	305	Chrétiennes, n.i.a. (22)	163
65	410	225	100	180	60	Musulmane	164
120	-	15	160	120	65	Juive	165
150	120	205	435	315	365	Bouddhiste	166
-	85	65	10	35	40	Hindoue	167
-	275	425	30	30	-	Sikh	168
-	40	-	25	25	-	Religions orientales (23)	169
10	-	10	15	30	-	Autres religions (24)	170
2,015	1,265	1,415	2,950	2,320	1,770	Aucune appartenance religieuse (25)	171
4,605	**3,240**	**3,175**	**6,395**	**5,105**	**3,980**	**Population totale de 15 ans et plus**	172
						selon le statut des générations	
1,660	1,640	2,155	2,495	2,685	1,610	1re génération (26)	173
990	765	450	1,525	1,090	940	2e génération (27)	174
1,950	835	565	2,380	1,330	1,435	3e génération et plus (28)	175
5,470	**4,120**	**4,075**	**7,880**	**6,175**	**4,835**	**Population totale de 1 an et plus (29)**	176
						selon le lieu de résidence 1 an auparavant (mobilité)	
4,765	3,550	3,595	6,980	5,440	4,130	Personnes n'ayant pas déménagé	177
700	565	480	890	735	705	Personnes ayant déménagé	178
355	265	255	605	420	545	Non-migrants	179
350	300	225	285	315	160	Migrants	180
300	245	180	200	220	95	Migrants internes	181
235	225	155	155	195	80	Migrants infraprovinciaux	182
70	20	30	45	25	15	Migrants interprovinciaux	183
45	55	45	85	95	60	Migrants externes	184

Table 1. Selected Characteristics for Census Tracts, 2001 Census – 100% Data and 20% Sample Data

No.	Characteristics	Vancouver 0131	Vancouver 0132	Vancouver 0133.01 A	Vancouver 0133.02 A	Vancouver 0134	Vancouver 0135
	POPULATION CHARACTERISTICS						
185	**Total population 5 years and over (30)**	**6,405**	**3,580**	**3,500**	**5,480**	**6,605**	**5,185**
	by place of residence 5 years ago (mobility)						
186	Non-movers	4,070	2,635	2,385	3,165	4,255	3,550
187	Movers	2,335	950	1,115	2,315	2,355	1,635
188	Non-migrants	1,270	360	585	1,185	1,050	830
189	Migrants	1,065	585	530	1,135	1,305	805
190	Internal migrants	775	380	385	760	740	385
191	Intraprovincial migrants	590	315	280	415	590	210
192	Interprovincial migrants	190	65	100	340	155	175
193	External migrants	290	205	150	380	565	420
194	**Total population 15 to 24 years**	**885**	**445**	**405**	**665**	**1,095**	**845**
	by school attendance						
195	Not attending school	220	110	135	150	160	160
196	Attending school full time	600	310	220	445	865	640
197	Attending school part time	65	35	50	70	70	45
198	**Total population 15 years and over**	**5,425**	**3,025**	**3,025**	**4,595**	**5,800**	**4,550**
	by highest level of schooling						
199	Less than grade 9 (31)	85	10	30	40	90	65
200	Grades 9-13 without high school graduation certificate	680	340	335	410	780	610
201	Grades 9-13 with high school graduation certificate	565	220	280	400	575	290
202	Some postsecondary without degree, certificate or diploma (32)	785	420	355	680	885	625
203	Trades certificate or diploma (33)	335	145	225	295	315	190
204	College certificate or diploma (34)	920	445	545	630	610	460
205	University certificate below bachelor's degree	165	75	160	270	240	185
206	University with bachelor's degree or higher	1,875	1,370	1,100	1,870	2,315	2,130
	by combinations of unpaid work						
207	Males 15 years and over	2,510	1,440	1,475	2,235	2,800	2,185
208	Reported unpaid work (35)	2,125	1,265	1,275	1,995	2,300	1,790
209	Housework and child care and care or assistance to seniors	205	115	60	195	235	245
210	Housework and child care only	680	365	360	480	550	425
211	Housework and care or assistance to seniors only	235	155	140	170	245	140
212	Child care and care or assistance to seniors only	-	10	10	10	10	-
213	Housework only	980	595	695	1,105	1,235	935
214	Child care only	15	25	15	30	25	40
215	Care or assistance to seniors only	-	10	-	10	-	15
216	Females 15 years and over	2,915	1,585	1,550	2,355	2,995	2,365
217	Reported unpaid work (35)	2,640	1,465	1,455	2,190	2,680	2,080
218	Housework and child care and care or assistance to seniors	355	195	140	360	455	330
219	Housework and child care only	800	450	420	595	715	500
220	Housework and care or assistance to seniors only	370	240	135	205	340	145
221	Child care and care or assistance to seniors only	-	-	-	-	-	-
222	Housework only	1,075	580	760	1,015	1,135	1,055
223	Child care only	15	-	-	-	20	50
224	Care or assistance to seniors only	30	-	-	10	15	-
	by labour force activity						
225	Males 15 years and over	2,510	1,445	1,475	2,235	2,805	2,185
226	In the labour force	1,685	1,040	1,090	1,620	1,800	1,425
227	Employed	1,620	1,015	1,055	1,530	1,715	1,345
228	Unemployed	70	25	35	85	90	85
229	Not in the labour force	825	400	380	615	1,000	760
230	Participation rate	67.1	72.0	73.9	72.5	64.2	65.2
231	Employment rate	64.5	70.2	71.5	68.5	61.1	61.6
232	Unemployment rate	4.2	2.4	3.2	5.2	5.0	6.0
233	Females 15 years and over	2,910	1,585	1,545	2,360	2,995	2,370
234	In the labour force	1,595	835	1,005	1,260	1,540	1,240
235	Employed	1,490	780	955	1,205	1,445	1,165
236	Unemployed	105	55	50	55	95	75
237	Not in the labour force	1,320	750	545	1,090	1,460	1,125
238	Participation rate	54.8	52.7	65.0	53.4	51.4	52.3
239	Employment rate	51.2	49.2	61.8	51.1	48.2	49.2
240	Unemployment rate	6.6	6.6	5.0	4.4	6.2	6.0

Tableau 1. Certaines caractéristiques des secteurs de recensement, recensement de 2001 – Données intégrales et données-échantillon (20 %)

Vancouver 0140.02	Vancouver 0140.03 A	Vancouver 0140.04 A	Vancouver 0141	Vancouver 0142.01	Vancouver 0142.02	Caractéristiques	N^{o}
						CARACTÉRISTIQUES DE LA POPULATION	
5,275	**3,910**	**3,800**	**7,505**	**5,965**	**4,625**	**Population totale de 5 ans et plus (30)**	185
						selon le lieu de résidence 5 ans auparavant (mobilité)	
3,015	2,305	2,125	4,420	3,965	2,620	Personnes n'ayant pas déménagé	186
2,260	1,610	1,680	3,085	2,000	2,010	Personnes ayant déménagé	187
1,325	785	675	1,785	925	1,165	Non-migrants	188
930	825	1,005	1,300	1,075	840	Migrants	189
705	525	705	930	545	415	Migrants internes	190
525	385	445	600	425	290	Migrants infraprovinciaux	191
180	140	260	335	115	130	Migrants interprovinciaux	192
230	300	300	375	530	430	Migrants externes	193
850	**645**	**480**	**990**	**1,055**	**710**	**Population totale de 15 à 24 ans**	194
						selon la fréquentation scolaire	
225	215	110	345	295	185	Ne fréquentant pas l'école	195
545	405	325	535	690	425	Fréquentant l'école à plein temps	196
80	25	45	115	75	95	Fréquentant l'école à temps partiel	197
4,605	**3,240**	**3,175**	**6,395**	**5,110**	**3,980**	**Population totale de 15 ans et plus**	198
						selon le plus haut niveau de scolarité atteint	
150	190	220	375	210	170	Niveau inférieur à la 9e année (31)	199
820	710	530	1,235	840	620	De la 9e à la 13e année sans certificat d'études secondaires	200
520	420	445	905	700	670	De la 9e à la 13e année avec certificat d'études secondaires	201
535	415	425	945	760	610	Études postsecondaires partielles sans grade, certificat ou diplôme (32)	202
460	370	335	520	385	295	Certificat ou diplôme d'une école de métiers (33)	203
760	435	445	1,085	745	715	Certificat ou diplôme collégial (34)	204
155	115	165	200	280	145	Certificat universitaire inférieur au baccalauréat	205
1,200	595	610	1,135	1,200	760	Études universitaires avec baccalauréat ou diplôme supérieur	206
						selon les combinaisons de travail non rémunéré	
2,180	1,620	1,600	3,010	2,465	1,925	Hommes de 15 ans et plus	207
2,005	1,440	1,380	2,600	2,180	1,730	Travail non rémunéré déclaré (35)	208
160	170	135	315	300	140	Travaux ménagers et soins aux enfants et soins ou aide aux personnes âgées	209
475	435	485	840	580	495	Travaux ménagers et soins aux enfants seulement	210
190	65	110	170	200	160	Travaux ménagers et soins ou aide aux personnes âgées seulement	211
-	-	-	-	10	10	Soins aux enfants et soins ou aide aux personnes âgées seulement	212
1,125	725	610	1,215	1,050	920	Travaux ménagers seulement	213
25	40	15	30	15	10	Soins aux enfants seulement	214
25	-	20	30	25	-	Soins ou aide aux personnes âgées seulement	215
2,425	1,620	1,575	3,390	2,640	2,050	Femmes de 15 ans et plus	216
2,245	1,540	1,460	3,200	2,415	1,920	Travail non rémunéré déclaré (35)	217
255	210	190	480	470	230	Travaux ménagers et soins aux enfants et soins ou aide aux personnes âgées	218
555	580	565	990	690	565	Travaux ménagers et soins aux enfants seulement	219
235	85	95	270	235	150	Travaux ménagers et soins ou aide aux personnes âgées seulement	220
-	10	-	-	-	-	Soins aux enfants et soins ou aide aux personnes âgées seulement	221
1,180	640	590	1,420	990	940	Travaux ménagers seulement	222
10	25	20	30	-	15	Soins aux enfants seulement	223
10	-	-	10	15	10	Soins ou aide aux personnes âgées seulement	224
						selon l'activité	
2,180	1,620	1,600	3,005	2,470	1,930	Hommes de 15 ans et plus	225
1,655	1,185	1,260	2,235	1,855	1,425	Population active	226
1,575	1,085	1,180	2,090	1,720	1,360	Personnes occupées	227
80	100	70	140	135	70	Chômeurs	228
525	435	340	770	615	500	Inactifs	229
75.9	73.1	78.8	74.4	75.1	73.8	Taux d'activité	230
72.2	67.0	73.8	69.6	69.6	70.5	Taux d'emploi	231
4.8	8.4	5.6	6.3	7.3	4.9	Taux de chômage	232
2,425	1,620	1,575	3,390	2,640	2,050	Femmes de 15 ans et plus	233
1,665	1,055	1,040	2,145	1,700	1,320	Population active	234
1,575	975	1,000	2,040	1,585	1,245	Personnes occupées	235
90	80	40	100	115	70	Chômeuses	236
755	565	535	1,245	940	730	Inactives	237
68.7	65.1	66.0	63.3	64.4	64.4	Taux d'activité	238
64.9	60.2	63.5	60.2	60.0	60.7	Taux d'emploi	239
5.4	7.6	3.8	4.7	6.8	5.3	Taux de chômage	240

Table 1. Selected Characteristics for Census Tracts, 2001 Census – 100% Data and 20% Sample Data

No.	Characteristics	Vancouver 0131	Vancouver 0132	Vancouver 0133.01 A	Vancouver 0133.02 A	Vancouver 0134	Vancouver 0135
	POPULATION CHARACTERISTICS						
	by labour force activity – concluded						
241	Both sexes - Participation rate	60.5	61.9	69.3	62.8	57.6	58.6
242	15-24 years	59.6	46.7	67.9	63.9	42.9	38.5
243	25 years and over	60.6	64.7	69.5	62.6	60.9	63.2
244	Both sexes - Employment rate	57.4	59.3	66.4	59.6	54.4	55.1
245	15-24 years	50.6	40.0	58.0	52.6	35.3	27.8
246	25 years and over	58.5	62.6	68.1	60.8	59.0	61.5
247	Both sexes - Unemployment rate	5.2	4.3	4.1	5.0	5.4	6.0
248	15-24 years	14.2	12.2	14.8	17.6	18.9	27.3
249	25 years and over	3.3	3.0	2.5	3.0	3.1	2.8
250	**Total labour force 15 years and over**	**3,280**	**1,875**	**2,095**	**2,880**	**3,335**	**2,670**
	by industry based on the 1997 NAICS						
251	Industry - Not applicable (36)	35	10	35	25	60	60
252	All industries (37)	3,240	1,865	2,060	2,855	3,280	2,610
253	11 Agriculture, forestry, fishing and hunting	25	10	-	15	10	-
254	21 Mining and oil and gas extraction	25	20	-	25	30	20
255	22 Utilities	20	10	10	20	15	15
256	23 Construction	130	40	65	110	110	65
257	31-33 Manufacturing	105	170	70	110	210	95
258	41 Wholesale trade	120	80	100	195	195	110
259	44-45 Retail trade	380	140	185	230	435	205
260	48-49 Transportation and warehousing	95	25	45	65	100	80
261	51 Information and cultural industries	190	90	100	155	70	105
262	52 Finance and insurance	260	180	100	285	230	285
263	53 Real estate and rental and leasing	105	100	105	145	180	140
264	54 Professional, scientific and technical services	490	350	480	600	545	495
265	55 Management of companies and enterprises	20	15	-	25	10	25
266	56 Administrative and support, waste management and remediation services	170	45	65	115	90	85
267	61 Educational services	195	110	190	150	250	215
268	62 Health care and social assistance	395	195	195	195	305	355
269	71 Arts, entertainment and recreation	125	60	100	100	105	65
270	72 Accommodation and food services	180	70	110	100	200	85
271	81 Other services (except public administration)	115	110	65	155	120	90
272	91 Public administration	110	45	65	70	60	60
	by class of worker						
273	Class of worker - Not applicable (36)	35	10	35	30	65	55
274	All classes of worker (37)	3,240	1,865	2,060	2,855	3,275	2,610
275	Paid workers	2,845	1,520	1,810	2,465	2,710	2,190
276	Employees	2,465	1,145	1,460	1,945	2,135	1,750
277	Self-employed (incorporated)	380	380	355	520	575	440
278	Self-employed (unincorporated)	395	320	250	385	560	395
279	Unpaid family workers	10	25	-	-	10	30
	by occupation based on the 2001 NOC-S						
280	Male labour force 15 years and over	1,685	1,040	1,095	1,620	1,800	1,425
281	Occupation - Not applicable (36)	10	-	15	10	25	25
282	All occupations (37)	1,670	1,040	1,075	1,610	1,775	1,400
283	A Management occupations	460	345	235	515	590	410
284	B Business, finance and administration occupations	190	145	155	295	285	290
285	C Natural and applied sciences and related occupations	180	105	205	180	250	155
286	D Health occupations	105	80	35	55	125	120
287	E Occupations in social science, education, government service and religion	140	115	115	135	95	165
288	F Occupations in art, culture, recreation and sport	115	35	45	120	75	60
289	G Sales and service occupations	305	130	190	195	225	120
290	H Trades, transport and equipment operators and related occupations	130	40	75	70	70	45
291	I Occupations unique to primary industry	35	25	20	35	30	35
292	J Occupations unique to processing, manufacturing and utilities	10	25	10	10	35	10
293	Female labour force 15 years and over	1,595	835	1,005	1,265	1,535	1,245
294	Occupation - Not applicable (36)	25	10	15	15	40	35
295	All occupations (37)	1,565	825	985	1,250	1,500	1,210
296	A Management occupations	180	130	135	175	235	150
297	B Business, finance and administration occupations	355	220	245	295	375	360
298	C Natural and applied sciences and related occupations	60	15	40	45	60	40
299	D Health occupations	190	90	75	85	150	120

Tableau 1. Certaines caractéristiques des secteurs de recensement, recensement de 2001 – Données intégrales et données-échantillon (20 %)

Vancouver 0140.02	Vancouver 0140.03 A	Vancouver 0140.04 A	Vancouver 0141	Vancouver 0142.01	Vancouver 0142.02	Caractéristiques	N°
						CARACTÉRISTIQUES DE LA POPULATION	
						selon l'activité – fin	
72.1	69.0	72.4	68.4	69.5	69.0	Les deux sexes - Taux d'activité	241
61.2	51.2	64.6	56.3	60.8	59.9	15-24 ans	242
74.8	73.4	73.8	70.7	71.7	71.0	25 ans et plus	243
68.4	63.4	68.9	64.6	64.6	65.6	Les deux sexes - Taux d'emploi	244
54.1	47.3	62.5	49.2	50.2	51.4	15-24 ans	245
71.8	67.4	69.9	67.3	68.2	68.7	25 ans et plus	246
5.1	8.1	5.0	5.6	7.0	4.9	Les deux sexes - Taux de chômage	247
12.6	9.0	3.2	12.6	18.0	14.3	15-24 ans	248
3.9	7.9	5.0	4.6	4.6	3.2	25 ans et plus	249
3,320	**2,240**	**2,295**	**4,375**	**3,555**	**2,745**	**Population active totale de 15 ans et plus**	250
						selon l'industrie basée sur le SCIAN de 1997	
55	35	50	60	85	55	Industrie - Sans objet (36)	251
3,270	2,200	2,245	4,315	3,465	2,695	Toutes les industries (37)	252
30	130	25	50	20	10	11 Agriculture, foresterie, pêche et chasse	253
-	-	10	-	15	-	21 Extraction minière et extraction de pétrole et de gaz	254
35	-	-	10	15	25	22 Services publics	255
90	60	90	120	75	175	23 Construction	256
275	290	215	345	300	205	31-33 Fabrication	257
135	165	125	220	235	135	41 Commerce de gros	258
340	280	310	440	420	330	44-45 Commerce de détail	259
245	170	170	515	385	250	48-49 Transport et entreposage	260
155	80	75	145	90	60	51 Industrie de l'information et industrie culturelle	261
245	100	215	230	250	210	52 Finance et assurances	262
110	35	30	100	65	40	53 Services immobiliers et services de location et de location à bail	263
440	130	230	385	330	205	54 Services professionnels, scientifiques et techniques	264
-	-	-	-	-	-	55 Gestion de sociétés et d'entreprises	265
80	80	105	205	90	135	56 Services administratifs, services de soutien, services de gestion des déchets et services d'assainissement	266
280	115	150	380	285	235	61 Services d'enseignement	267
305	220	160	400	305	235	62 Soins de santé et assistance sociale	268
55	15	40	95	20	60	71 Arts, spectacles et loisirs	269
215	180	125	300	320	200	72 Hébergement et services de restauration	270
100	90	95	170	140	85	81 Autres services, sauf les administrations publiques	271
130	65	80	220	105	90	91 Administrations publiques	272
						selon la catégorie de travailleurs	
55	40	50	60	90	55	Catégorie de travailleurs - Sans objet (36)	273
3,265	2,205	2,250	4,315	3,465	2,690	Toutes les catégories de travailleurs (37)	274
3,005	1,960	2,040	4,005	3,130	2,490	Travailleurs rémunérés	275
2,850	1,840	1,940	3,830	3,000	2,365	Employés	276
155	115	105	175	130	120	Travailleurs autonomes (entreprise constituée en société)	277
260	215	205	300	295	190	Travailleurs autonomes (entreprise non constituée en société)	278
-	20	-	10	35	10	Travailleurs familiaux non rémunérés	279
						selon la profession basée sur la CNP-S de 2001	
1,655	1,185	1,260	2,235	1,855	1,425	Hommes actifs de 15 ans et plus	280
15	30	25	20	40	25	Profession - Sans objet (36)	281
1,635	1,155	1,230	2,210	1,815	1,400	Toutes les professions (37)	282
370	120	230	375	310	240	A Gestion	283
200	135	145	280	250	140	B Affaires, finance et administration	284
225	90	180	355	265	160	C Sciences naturelles et appliquées et professions apparentées	285
45	35	15	15	50	40	D Secteur de la santé	286
100	45	75	140	90	70	E Sciences sociales, enseignement, administration publique et religion	287
75	30	55	60	35	45	F Arts, culture, sports et loisirs	288
270	220	200	485	390	330	G Ventes et services	289
240	300	270	360	335	330	H Métiers, transport et machinerie	290
35	85	10	40	25	15	I Professions propres au secteur primaire	291
75	95	55	100	60	35	J Transformation, fabrication et services d'utilité publique	292
1,670	1,055	1,040	2,145	1,695	1,315	Femmes actives de 15 ans et plus	293
40	10	20	40	50	30	Profession - Sans objet (36)	294
1,630	1,045	1,020	2,105	1,645	1,285	Toutes les professions (37)	295
180	85	105	185	165	110	A Gestion	296
515	310	390	705	500	395	B Affaires, finance et administration	297
65	35	25	70	60	35	C Sciences naturelles et appliquées et professions apparentées	298
150	75	60	135	85	115	D Secteur de la santé	299

Table 1. Selected Characteristics for Census Tracts, 2001 Census – 100% Data and 20% Sample Data

No.	Characteristics	Vancouver 0131	Vancouver 0132	Vancouver 0133.01 A	Vancouver 0133.02 A	Vancouver 0134	Vancouver 0135
	POPULATION CHARACTERISTICS						
	by occupation based on the 2001 NOC-S – concluded						
	E Occupations in social science, education,						
300	government service and religion	255	145	185	155	200	195
301	F Occupations in art, culture, recreation and sport	115	80	60	85	80	55
302	G Sales and service occupations	380	130	215	360	390	295
	H Trades, transport and equipment						
303	operators and related occupations	15	20	10	20	10	-
304	I Occupations unique to primary industry	-	-	20	15	-	-
	J Occupations unique to processing,						
305	manufacturing and utilities	15	-	-	10	-	-
306	**Total employed labour force 15 years and over**	**3,110**	**1,795**	**2,010**	**2,740**	**3,155**	**2,510**
	by place of work						
307	Males	1,620	1,015	1,050	1,530	1,715	1,340
308	Usual place of work	1,185	790	805	1,120	1,165	955
309	At home	260	160	150	215	300	205
310	Outside Canada	-	15	10	40	40	30
311	No fixed workplace address	165	50	85	155	205	155
312	Females	1,495	780	955	1,210	1,450	1,165
313	Usual place of work	1,195	625	705	880	945	830
314	At home	210	120	175	275	375	260
315	Outside Canada	20	10	10	10	40	20
316	No fixed workplace address	60	35	65	50	85	55
	Total employed labour force 15 years and over with usual place of work or no fixed						
317	**workplace address**	**2,610**	**1,495**	**1,670**	**2,205**	**2,400**	**2,000**
	by mode of transportation						
318	Males	1,350	845	895	1,275	1,370	1,110
319	Car, truck, van, as driver	1,090	705	735	1,150	1,180	975
320	Car, truck, van, as passenger	40	40	35	30	60	55
321	Public transit	110	45	75	65	70	45
322	Walked	55	30	50	20	45	25
323	Other method	60	15	-	-	15	15
324	Females	1,260	655	770	930	1,025	885
325	Car, truck, van, as driver	840	555	630	755	790	735
326	Car, truck, van, as passenger	135	45	35	45	100	40
327	Public transit	165	30	75	65	65	45
328	Walked	65	25	35	35	65	40
329	Other method	45	-	-	25	10	25
	Total population 15 years and over who worked						
330	**since January 1, 2000**	**3,650**	**2,110**	**2,280**	**3,170**	**3,765**	**3,040**
	by language used at work						
331	Single responses	3,460	1,995	2,195	3,000	3,265	2,680
332	English	3,420	1,980	2,195	3,000	3,225	2,610
333	French	15	-	-	-	-	-
334	Non-official languages (5)	25	15	-	-	45	65
335	Chinese, n.o.s.	-	-	-	-	25	20
336	Cantonese	-	-	-	-	-	10
337	Other languages (6)	25	15	-	-	15	30
338	Multiple responses	190	115	75	175	495	360
339	English and French	35	15	15	45	40	40
340	English and non-official language	140	95	60	105	435	315
341	French and non-official language	-	-	-	-	10	-
342	English, French and non-official language	10	10	10	20	10	10
	DWELLING AND HOUSEHOLD CHARACTERISTICS						
343	**Total number of occupied private dwellings**	**2,500**	**1,315**	**1,400**	**1,940**	**2,370**	**1,760**
	by tenure						
344	Owned	2,060	1,220	1,210	1,820	2,010	1,585
345	Rented	445	95	185	120	360	175
346	Band housing	-	-	-	-	-	-
	by structural type of dwelling						
347	Single-detached house	1,995	1,280	1,145	1,655	1,915	1,700
348	Semi-detached house	-	-	85	80	10	20
349	Row house	155	-	10	95	45	10
350	Apartment, detached duplex	135	25	60	45	80	30
351	Apartment, building that has five or more storeys	-	-	30	45	-	-
	Apartment, building that has fewer than						
352	five storeys (38)	215	15	70	-	320	-
353	Other single-attached house	-	-	-	15	-	-
354	Movable dwelling (39)	-	-	-	-	-	-

Tableau 1. Certaines caractéristiques des secteurs de recensement, recensement de 2001 – Données intégrales et données-échantillon (20 %)

Vancouver 0140.02	Vancouver 0140.03 A	Vancouver 0140.04 A	Vancouver 0141	Vancouver 0142.01	Vancouver 0142.02	Caractéristiques	N°
						CARACTÉRISTIQUES DE LA POPULATION	
						selon la profession basée sur la CNP-S de 2001 – fin	
170	105	105	245	185	120	E Sciences sociales, enseignement, administration publique et religion	300
55	15	15	90	70	25	F Arts, culture, sports et loisirs	301
450	330	245	610	495	435	G Ventes et services	302
15	15	20	10	65	15	H Métiers, transport et machinerie	303
10	40	15	15	-	-	I Professions propres au secteur primaire	304
15	45	35	40	25	30	J Transformation, fabrication et services d'utilité publique	305
3,150	**2,055**	**2,185**	**4,130**	**3,300**	**2,610**	**Population active occupée totale de 15 ans et plus**	306
						selon le lieu de travail	
1,570	1,085	1,185	2,090	1,720	1,365	Hommes	307
1,315	790	985	1,735	1,400	1,080	Lieu habituel de travail	308
95	170	75	115	125	100	À domicile	309
30	10	15	50	30	15	En dehors du Canada	310
130	120	110	195	160	160	Sans adresse de travail fixe	311
1,575	970	995	2,040	1,585	1,245	Femmes	312
1,380	755	840	1,850	1,385	1,070	Lieu habituel de travail	313
130	175	105	115	140	115	À domicile	314
-	-	-	20	10	-	En dehors du Canada	315
60	40	60	55	45	60	Sans adresse de travail fixe	316
2,890	**1,705**	**1,995**	**3,830**	**2,995**	**2,375**	**Population active occupée totale de 15 ans et plus ayant un lieu habituel de travail ou sans adresse de travail fixe**	317
						selon le mode de transport	
1,450	910	1,095	1,925	1,560	1,245	Hommes	318
1,200	775	950	1,625	1,320	1,050	Automobile, camion ou fourgonnette, en tant que conducteur	319
110	35	35	85	85	50	Automobile, camion ou fourgonnette, en tant que passager	320
55	30	80	120	80	45	Transport en commun	321
35	50	20	45	20	45	À pied	322
50	20	20	50	60	50	Autre moyen	323
1,445	795	900	1,900	1,435	1,130	Femmes	324
1,150	545	715	1,540	1,070	875	Automobile, camion ou fourgonnette, en tant que conductrice	325
160	125	90	100	190	165	Automobile, camion ou fourgonnette, en tant que passagère	326
110	65	75	125	140	50	Transport en commun	327
15	45	-	100	35	35	À pied	328
10	15	10	35	-	10	Autre moyen	329
3,535	**2,385**	**2,425**	**4,600**	**3,775**	**2,945**	**Population totale de 15 ans et plus ayant travaillé depuis le 1er janvier 2000**	330
						selon la langue utilisée au travail	
3,190	2,115	1,905	4,200	3,250	2,625	Réponses uniques	331
3,110	2,060	1,760	4,130	3,165	2,555	Anglais	332
-	-	-	-	-	-	Français	333
80	60	140	65	80	65	Langues non officielles (5)	334
10	15	30	10	30	15	Chinois, n.d.a.	335
55	30	85	35	35	25	Cantonais	336
15	10	20	30	15	25	Autres langues (6)	337
345	265	520	400	525	315	Réponses multiples	338
30	10	30	90	50	35	Anglais et français	339
315	240	490	310	465	265	Anglais et langue non officielle	340
-	10	-	-	-	-	Français et langue non officielle	341
10	10	-	-	10	15	Anglais, français et langue non officielle	342
						CARACTÉRISTIQUES DES LOGEMENTS ET DES MÉNAGES	
2,065	**1,360**	**1,280**	**3,080**	**2,010**	**1,665**	**Nombre total de logements privés occupés**	343
						selon le mode d'occupation	
1,695	695	1,090	1,885	1,700	1,305	Possédé	344
370	665	190	1,195	310	360	Loué	345
-	-	-	-	-	-	Logement de bande	346
						selon le type de construction résidentielle	
1,095	690	730	1,445	1,360	1,075	Maison individuelle non attenante	347
100	50	95	35	30	15	Maison jumelée	348
260	405	335	750	335	385	Maison en rangée	349
15	10	65	40	55	45	Appartement, duplex non attenant	350
-	-	-	15	-	135	Appartement, immeuble de cinq étages ou plus	351
600	130	10	790	225	-	Appartement, immeuble de moins de cinq étages (38)	352
-	10	-	-	-	-	Autre maison individuelle attenante	353
-	75	50	10	10	-	Logement mobile (39)	354

Table 1. Selected Characteristics for Census Tracts, 2001 Census – 100% Data and 20% Sample Data

No.	Characteristics	Vancouver 0131	Vancouver 0132	Vancouver 0133.01 A	Vancouver 0133.02 A	Vancouver 0134	Vancouver 0135
	DWELLING AND HOUSEHOLD CHARACTERISTICS						
	by condition of dwelling						
355	Regular maintenance only	1,830	890	925	1,425	1,685	1,085
356	Minor repairs	510	305	385	385	590	525
357	Major repairs	170	120	90	130	90	155
	by period of construction						
358	Before 1946	600	270	205	105	240	95
359	1946-1960	775	360	260	205	555	800
360	1961-1970	425	260	300	315	345	470
361	1971-1980	205	110	255	330	480	215
362	1981-1990	275	180	265	645	385	60
363	1991-2001 (20)	220	140	115	340	370	120
364	Average number of rooms per dwelling	7.8	9.2	7.5	9.0	8.4	8.9
365	Average number of bedrooms per dwelling	3.1	3.5	3.0	3.6	3.5	3.7
366	Average value of dwelling $	537,852	775,950	597,377	713,303	746,798	681,349
367	**Total number of private households**	**2,500**	**1,320**	**1,400**	**1,940**	**2,370**	**1,760**
	by household size						
368	1 person	610	175	235	190	435	190
369	2 persons	745	500	575	755	770	575
370	3 persons	385	225	215	335	355	335
371	4-5 persons	670	375	370	585	690	555
372	6 or more persons	90	40	-	75	120	105
	by household type						
373	One-family households	1,855	1,095	1,130	1,695	1,820	1,500
374	Multiple-family households	15	15	10	40	70	50
375	Non-family households	630	210	260	205	480	210
376	Number of persons in private households	6,685	3,730	3,655	5,715	6,805	5,400
377	Average number of persons in private households	2.7	2.8	2.6	2.9	2.9	3.1
378	Average number of persons per room	0.3	0.3	0.3	0.3	0.3	0.3
379	Tenant households in non-farm, non-reserve private dwellings (40)	440	100	185	120	360	175
380	Average gross rent $ (40)	1,309	1,154	1,132	2,515	1,723	2,087
381	Tenant households spending 30% or more of household income on gross rent (40) (41)	270	20	90	45	175	100
382	Tenant households spending from 30% to 99% of household income on gross rent (40) (41)	235	20	65	40	125	70
383	Owner households in non-farm, non-reserve private dwellings (42)	2,055	1,205	1,215	1,820	2,010	1,580
384	Average owner's major payments $ (42)	1,226	1,534	1,520	1,614	1,364	1,499
385	Owner households spending 30% or more of household income on owner's major payments (41) (42)	395	230	270	300	405	315
386	Owner households spending from 30% to 99% of household income on owner's major payments (41) (42)	350	225	255	245	345	265
	CENSUS FAMILY CHARACTERISTICS						
387	**Total number of census families in private households**	**1,885**	**1,125**	**1,155**	**1,770**	**1,960**	**1,600**
	by census family structure and size						
388	Total couple families	1,665	1,070	1,035	1,640	1,790	1,450
389	Total families of married couples	1,535	985	935	1,565	1,690	1,370
390	Without children at home	650	415	455	700	665	555
391	With children at home	885	570	485	855	1,025	810
392	1 child	245	185	165	285	295	265
393	2 children	415	240	265	370	485	390
394	3 or more children	225	145	60	210	245	155
395	Total families of common-law couples	130	85	95	80	95	80
396	Without children at home	60	70	65	75	100	35
397	With children at home	65	10	30	10	-	45
398	1 child	25	-	-	-	-	40
399	2 children	25	10	10	10	-	-
400	3 or more children	20	-	15	10	-	-
401	Total lone-parent families	220	55	115	130	170	150
402	Female parent	180	35	115	110	135	120
403	1 child	75	-	65	60	75	45
404	2 children	70	30	50	35	40	40
405	3 or more children	35	-	-	15	20	35

Tableau 1. Certaines caractéristiques des secteurs de recensement, recensement de 2001 – Données intégrales et données-échantillon (20 %)

Vancouver 0140.02	Vancouver 0140.03 A	Vancouver 0140.04 A	Vancouver 0141	Vancouver 0142.01	Vancouver 0142.02	Caractéristiques	N°
						CARACTÉRISTIQUES DES LOGEMENTS ET DES MÉNAGES	
						selon l'état du logement	
1,620	955	915	2,275	1,285	1,045	Entretien régulier seulement	355
290	335	280	655	590	520	Réparations mineures	356
155	75	85	150	140	95	Réparations majeures	357
						selon la période de construction	
80	55	25	55	-	25	Avant 1946	358
75	215	55	100	30	355	1946-1960	359
100	75	50	320	275	260	1961-1970	360
580	200	70	925	1,140	640	1971-1980	361
490	675	130	1,055	455	280	1981-1990	362
745	140	950	625	100	110	1991-2001 (20)	363
6.6	6.5	6.8	6.1	7.0	6.8	Nombre moyen de pièces par logement	364
2.7	2.9	3.3	2.7	3.2	3.1	Nombre moyen de chambres à coucher par logement	365
303,090	354,008	251,435	279,410	249,054	264,121	Valeur moyenne du logement $	366
2,065	**1,360**	**1,285**	**3,080**	**2,010**	**1,665**	**Nombre total de logements privés**	367
						selon la taille du ménage	
475	220	130	785	270	275	1 personne	368
655	360	330	895	500	480	2 personnes	369
325	270	270	540	420	330	3 personnes	370
555	415	465	795	730	510	4-5 personnes	371
60	95	85	65	85	70	6 personnes ou plus	372
						selon le genre de ménage	
1,485	1,055	1,055	2,140	1,640	1,270	Ménages unifamiliaux	373
45	45	65	60	80	55	Ménages multifamiliaux	374
540	260	160	885	295	345	Ménages non familiaux	375
5,525	4,150	4,145	7,930	6,245	4,860	Nombre de personnes dans les ménages privés	376
2.7	3.1	3.2	2.6	3.1	2.9	Nombre moyen de personnes dans les ménages privés	377
0.4	0.5	0.5	0.4	0.4	0.4	Nombre moyen de personnes par pièce	378
370	655	185	1,185	310	345	Ménages locataires dans les logements privés non agricoles hors réserve (40)	379
856	927	968	763	1,078	1,079	Loyer brut moyen $ (40)	380
65	175	80	415	140	140	Ménages locataires consacrant 30 % ou plus du revenu du ménage au loyer brut (40) (41)	381
60	150	60	345	125	125	Ménages locataires consacrant de 30 % à 99 % du revenu du ménage au loyer brut (40) (41)	382
1,690	625	1,095	1,885	1,690	1,305	Ménages propriétaires dans les logements privés non agricoles hors réserve (42)	383
1,025	837	1,190	1,050	1,015	902	Principales dépenses de propriété moyennes $ (42)	384
235	175	385	325	385	210	Ménages propriétaires consacrant 30 % ou plus du revenu du ménage aux principales dépenses de propriété (41) (42)	385
205	140	325	310	295	170	Ménages propriétaires consacrant de 30 % à 99 % du revenu du ménage aux principales dépenses de propriété (41) (42)	386
						CARACTÉRISTIQUES DES FAMILLES DE RECENSEMENT	
1,575	**1,155**	**1,195**	**2,260**	**1,795**	**1,375**	**Total des familles de recensement dans les ménages privés**	387
						selon la structure et la taille de la famille de recensement	
1,365	950	1,085	1,865	1,540	1,210	Total des familles avec conjoints	388
1,225	870	1,010	1,695	1,465	1,095	Total des familles avec couples mariés	389
475	250	315	565	395	355	Sans enfants à la maison	390
750	620	695	1,130	1,070	740	Avec enfants à la maison	391
235	200	225	390	345	230	1 enfant	392
365	250	350	595	545	395	2 enfants	393
145	165	120	145	180	115	3 enfants ou plus	394
140	80	75	170	80	115	Total des familles en union libre	395
105	65	45	70	65	70	Sans enfants à la maison	396
35	15	25	100	15	40	Avec enfants à la maison	397
30	10	15	50	10	-	1 enfant	398
-	-	10	50	-	40	2 enfants	399
-	10	-	-	-	-	3 enfants ou plus	400
210	205	115	390	250	170	Total des familles monoparentales	401
180	170	105	320	220	160	Parent de sexe féminin	402
85	85	50	200	115	95	1 enfant	403
80	65	50	110	85	60	2 enfants	404
20	15	10	10	15	10	3 enfants ou plus	405

Table 1. Selected Characteristics for Census Tracts, 2001 Census – 100% Data and 20% Sample Data

No.	Characteristics	Vancouver 0131	Vancouver 0132	Vancouver 0133.01 A	Vancouver 0133.02 A	Vancouver 0134	Vancouver 0135
	CENSUS FAMILY CHARACTERISTICS						
	by census family structure and size – concluded						
406	Male parent	40	15	-	20	35	30
407	1 child	10	10	10	15	35	10
408	2 children	20	-	-	-	10	10
409	3 or more children	-	-	-	-	-	10
410	**Total number of children at home**	**2,310**	**1,245**	**1,100**	**1,920**	**2,315**	**1,915**
	by age groups						
411	Under 6 years	375	190	160	295	270	265
412	6-14 years	890	515	450	825	730	580
413	15-17 years	340	160	115	230	305	315
414	18-24 years	510	260	255	410	740	490
415	25 years and over	200	125	115	165	265	275
416	Average number of children at home per census family (43)	1.2	1.1	1.0	1.1	1.2	1.2
417	**Total number of persons in private households**	**6,685**	**3,725**	**3,650**	**5,715**	**6,805**	**5,395**
	by census family status and living arrangements						
418	Number of non-family persons	820	280	365	375	735	440
419	Living with relatives (44)	80	25	15	55	145	140
420	Living with non-relatives only	130	85	115	130	160	105
421	Living alone	610	175	235	190	430	195
422	Number of family persons	5,865	3,450	3,290	5,340	6,065	4,960
423	Average number of persons per census family	3.1	3.1	2.8	3.0	3.1	3.1
424	**Total number of persons 65 years and over**	**1,185**	**645**	**575**	**820**	**1,205**	**930**
425	Number of non-family persons 65 years and over	430	85	105	160	335	165
426	Living with relatives (44)	55	10	-	35	80	75
427	Living with non-relatives only	10	20	10	30	35	-
428	Living alone	365	50	90	95	220	85
429	Number of family persons 65 years and over	755	560	475	660	875	760
	ECONOMIC FAMILY CHARACTERISTICS						
430	**Total number of economic families in private households**	**1,870**	**1,115**	**1,145**	**1,735**	**1,910**	**1,565**
	by size of family						
431	2 persons	765	485	575	775	770	590
432	3 persons	365	215	210	310	355	330
433	4 persons	475	260	285	415	450	410
434	5 or more persons	275	155	80	245	340	225
435	Total number of persons in economic families	5,945	3,470	3,305	5,395	6,210	5,105
436	Average number of persons per economic family	3.2	3.1	2.9	3.1	3.3	3.3
437	Total number of unattached individuals	740	260	345	315	590	295
	2000 INCOME CHARACTERISTICS						
	Population 15 years and over by sex and total income groups in 2000						
438	Total - Both sexes	5,420	3,025	3,025	4,595	5,795	4,550
439	Without income	220	160	115	260	360	405
440	With income	5,200	2,870	2,910	4,330	5,435	4,150
441	Under $1,000 (45)	160	100	85	170	295	350
442	$ 1,000 - $ 2,999	300	85	130	150	225	155
443	$ 3,000 - $ 4,999	110	105	40	40	135	85
444	$ 5,000 - $ 6,999	145	85	80	75	215	135
445	$ 7,000 - $ 9,999	300	135	130	185	285	135
446	$10,000 - $11,999	140	80	80	160	175	185
447	$12,000 - $14,999	310	150	120	230	250	185
448	$15,000 - $19,999	405	180	155	365	375	265
449	$20,000 - $24,999	355	165	230	195	380	230
450	$25,000 - $29,999	220	100	190	210	250	220
451	$30,000 - $34,999	305	145	195	155	415	150
452	$35,000 - $39,999	260	90	135	145	190	180
453	$40,000 - $44,999	255	105	115	210	180	205
454	$45,000 - $49,999	175	145	120	145	230	140
455	$50,000 - $59,999	435	165	195	235	365	330
456	$60,000 and over	1,335	1,045	905	1,665	1,490	1,205
457	Average income $ (46)	49,713	93,379	53,519	81,197	59,206	65,587
458	Median income $ (46)	32,067	40,076	35,064	40,377	30,442	32,988
459	Standard error of average income $ (46)	1,896	7,432	2,647	3,850	3,342	5,740

Tableau 1. Certaines caractéristiques des secteurs de recensement, recensement de 2001 – Données intégrales et données-échantillon (20 %)

Vancouver 0140.02	Vancouver 0140.03 A	Vancouver 0140.04 A	Vancouver 0141	Vancouver 0142.01	Vancouver 0142.02	Caractéristiques	N°
						CARACTÉRISTIQUES DES FAMILLES DE RECENSEMENT	
						selon la structure et la taille de la famille de recensement - fin	
35	40	10	70	35	15	Parent de sexe masculin	406
20	25	10	55	15	15	1 enfant	407
15	15	-	10	10	-	2 enfants	408
-	-	-	-	10	-	3 enfants ou plus	409
1,825	**1,620**	**1,530**	**2,715**	**2,410**	**1,705**	**Nombre total d'enfants à la maison**	410
						selon les groupes d'âge	
310	305	410	520	365	295	Moins de 6 ans	411
605	605	565	1,015	770	580	6-14 ans	412
320	205	140	370	380	220	15-17 ans	413
425	365	255	505	625	420	18-24 ans	414
170	145	165	305	275	190	25 ans et plus	415
1.2	1.4	1.3	1.2	1.3	1.2	Nombre moyen d'enfants à la maison par famille de recensement (43)	416
5,520	**4,150**	**4,145**	**7,930**	**6,245**	**4,860**	**Nombre total de personnes dans les ménages privés**	417
						selon la situation des particuliers dans la famille de recensement et des particuliers dans le ménage	
760	420	335	1,095	500	565	Nombre de personnes hors famille de recensement	418
175	70	85	160	125	120	Vivant avec des personnes apparentées (44)	419
110	135	125	145	105	170	Vivant avec des personnes non apparentées uniquement	420
475	215	130	790	270	280	Vivant seules	421
4,765	3,730	3,810	6,840	5,745	4,295	Nombre de personnes membres d'une famille	422
3.0	3.2	3.2	3.0	3.2	3.1	Nombre moyen de personnes par famille de recensement	423
555	**380**	**285**	**960**	**535**	**550**	**Nombre total de personnes de 65 ans et plus**	424
180	100	60	405	185	155	Nombre de personnes hors famille de recensement de 65 ans et plus	425
55	30	45	50	75	25	Vivant avec des personnes apparentées (44)	426
40	15	-	25	10	-	Vivant avec des personnes non apparentées uniquement	427
90	50	10	325	110	130	Vivant seules	428
375	275	220	560	350	385	Nombre de personnes membres d'une famille de 65 ans et plus	429
						CARACTÉRISTIQUES DES FAMILLES ÉCONOMIQUES	
1,560	**1,110**	**1,115**	**2,230**	**1,720**	**1,355**	**Nombre total de familles économiques dans les ménages privés**	430
						selon la taille de la famille	
630	360	310	840	510	500	2 personnes	431
335	255	275	540	415	280	3 personnes	432
405	275	335	635	505	395	4 personnes	433
195	225	195	215	295	175	5 personnes ou plus	434
4,940	3,795	3,890	6,995	5,875	4,415	Nombre total de personnes dans les familles économiques	435
3.2	3.4	3.5	3.1	3.4	3.3	Nombre moyen de personnes par famille économique	436
585	355	255	935	375	445	Nombre total de personnes hors famille économique	437
						CARACTÉRISTIQUES DU REVENU DE 2000	
						Population de 15 ans et plus selon le sexe et les tranches de revenu total en 2000	
4,605	3,240	3,170	6,400	5,105	3,980	Total - Les deux sexes	438
260	265	200	410	395	220	Sans revenu	439
4,350	2,975	2,975	5,990	4,710	3,760	Avec un revenu	440
210	135	165	175	225	220	Moins de 1 000 $ (45)	441
185	105	140	255	225	180	1 000 $ - 2 999 $	442
65	130	120	225	185	95	3 000 $ - 4 999 $	443
140	175	135	325	275	125	5 000 $ - 6 999 $	444
220	180	235	260	230	210	7 000 $ - 9 999 $	445
215	160	140	225	185	145	10 000 $ - 11 999 $	446
190	235	215	380	215	155	12 000 $ - 14 999 $	447
320	235	185	520	445	350	15 000 $ - 19 999 $	448
370	290	200	470	385	425	20 000 $ - 24 999 $	449
330	200	210	360	235	260	25 000 $ - 29 999 $	450
275	210	225	330	325	225	30 000 $ - 34 999 $	451
255	215	175	430	335	280	35 000 $ - 39 999 $	452
230	205	215	380	295	180	40 000 $ - 44 999 $	453
200	115	165	320	210	190	45 000 $ - 49 999 $	454
380	150	160	505	330	180	50 000 $ - 59 999 $	455
775	245	290	825	595	530	60 000 $ et plus	456
39,617	29,919	27,600	33,957	31,366	31,230	Revenu moyen $ (46)	457
29,017	21,695	22,501	27,501	24,307	24,490	Revenu médian $ (46)	458
1,658	2,696	880	965	899	915	Erreur type de revenu moyen $ (46)	459

Table 1. Selected Characteristics for Census Tracts, 2001 Census – 100% Data and 20% Sample Data

No.	Characteristics	Vancouver 0131	Vancouver 0132	Vancouver 0133.01 A	Vancouver 0133.02 A	Vancouver 0134	Vancouver 0135
	2000 INCOME CHARACTERISTICS						
	Population 15 years and over by sex and total income groups in 2000 – concluded						
460	Total - Males	2,510	1,440	1,475	2,235	2,800	2,185
461	Without income	85	40	55	30	120	145
462	With income	2,430	1,400	1,420	2,205	2,680	2,040
463	Under $1,000 (45)	60	45	25	80	150	180
464	$ 1,000 - $ 2,999	120	40	45	50	80	60
465	$ 3,000 - $ 4,999	50	15	15	10	45	35
466	$ 5,000 - $ 6,999	65	35	45	15	105	35
467	$ 7,000 - $ 9,999	150	55	50	60	80	35
468	$10,000 - $11,999	60	30	30	55	80	90
469	$12,000 - $14,999	90	45	55	90	95	80
470	$15,000 - $19,999	130	50	55	100	160	70
471	$20,000 - $24,999	90	75	70	100	115	65
472	$25,000 - $29,999	65	40	70	85	110	75
473	$30,000 - $34,999	140	45	105	95	170	95
474	$35,000 - $39,999	115	20	75	65	65	75
475	$40,000 - $44,999	100	60	50	80	80	105
476	$45,000 - $49,999	85	50	45	65	115	85
477	$50,000 - $59,999	220	70	75	90	170	165
478	$60,000 and over	895	730	605	1,165	1,055	790
479	Average income $ (46)	67,682	142,546	66,245	115,391	84,933	96,317
480	Median income $ (46)	43,020	61,646	45,712	64,867	44,839	45,131
481	Standard error of average income $ (46)	3,605	13,558	4,633	6,863	6,459	11,143
482	Total - Females	2,915	1,585	1,550	2,355	2,995	2,370
483	Without income	135	115	60	230	245	260
484	With income	2,775	1,465	1,490	2,130	2,755	2,105
485	Under $1,000 (45)	95	60	55	85	145	170
486	$ 1,000 - $ 2,999	180	50	80	100	150	95
487	$ 3,000 - $ 4,999	60	90	25	30	85	45
488	$ 5,000 - $ 6,999	75	45	40	60	105	100
489	$ 7,000 - $ 9,999	150	75	80	125	200	100
490	$10,000 - $11,999	80	50	50	105	90	100
491	$12,000 - $14,999	220	100	65	140	155	100
492	$15,000 - $19,999	270	130	100	270	215	195
493	$20,000 - $24,999	265	95	160	100	260	165
494	$25,000 - $29,999	155	60	125	125	135	145
495	$30,000 - $34,999	165	100	85	60	240	55
496	$35,000 - $39,999	145	65	65	75	125	105
497	$40,000 - $44,999	155	45	65	125	100	105
498	$45,000 - $49,999	95	95	75	80	110	55
499	$50,000 - $59,999	215	90	120	145	190	165
500	$60,000 and over	440	315	305	500	435	415
501	Average income $ (46)	33,982	46,359	41,367	45,792	34,151	35,865
502	Median income $ (46)	24,615	29,597	27,585	26,162	24,367	24,395
503	Standard error of average income $ (46)	1,341	5,838	2,577	2,747	1,568	1,822
	by composition of total income						
504	Total - Composition of income in 2000 % (47)	100.0	100.0	100.0	100.0	100.0	100.0
505	Employment income %	72.2	74.4	76.4	74.8	69.6	76.4
506	Government transfer payments %	6.3	3.3	5.4	3.2	4.9	4.6
507	Other %	21.4	22.3	18.2	22.0	25.5	19.1
	Population 15 years and over with employment income in 2000 by sex and work activity						
508	Both sexes with employment income (48)	3,620	2,000	2,215	3,160	3,630	2,890
509	Average employment income $	51,622	99,729	53,759	83,325	61,708	71,812
510	Standard error of average employment income $	2,299	9,000	3,146	4,548	4,371	7,957
511	Worked full year, full time (49)	1,635	940	990	1,430	1,400	1,335
512	Average employment income $	76,722	156,638	78,234	125,774	108,400	111,209
513	Standard error of average employment income $	3,918	16,017	5,592	8,282	10,337	16,363
514	Worked part year or part time (50)	1,900	1,005	1,185	1,560	2,115	1,455
515	Average employment income $	30,725	50,328	34,238	47,692	33,430	40,096
516	Standard error of average employment income $	2,386	8,259	2,901	4,025	2,162	4,234
517	Males with employment income (48)	1,895	1,035	1,140	1,705	1,885	1,505
518	Average employment income $	67,928	147,716	66,027	118,448	91,691	106,384
519	Standard error of average employment income $	3,968	14,740	5,286	7,655	8,107	14,603
520	Worked full year, full time (49)	955	610	625	930	875	800
521	Average employment income $	94,029	191,920	86,078	161,913	145,640	150,991
522	Standard error of average employment income $	6,006	20,154	8,157	11,622	15,868	26,141
523	Worked part year or part time (50)	885	405	490	705	980	675
524	Average employment income $	40,833	88,952	42,291	68,593	45,984	57,757
525	Standard error of average employment income $	4,769	20,148	5,426	8,195	4,247	8,492

Tableau 1. Certaines caractéristiques des secteurs de recensement, recensement de 2001 – Données intégrales et données-échantillon (20 %)

Vancouver 0140.02	Vancouver 0140.03 A	Vancouver 0140.04 A	Vancouver 0141	Vancouver 0142.01	Vancouver 0142.02	Caractéristiques	N°
						CARACTÉRISTIQUES DU REVENU DE 2000	
						Population de 15 ans et plus selon le sexe et les tranches de revenu total en 2000 – fin	
2,180	1,620	1,595	3,005	2,470	1,930	Total - Hommes	460
140	115	95	180	160	95	Sans revenu	461
2,040	1,505	1,505	2,825	2,310	1,835	Avec un revenu	462
75	90	60	90	110	85	Moins de 1 000 $ (45)	463
90	45	55	80	95	65	1 000 $ - 2 999 $	464
15	30	45	60	90	30	3 000 $ - 4 999 $	465
55	75	45	115	115	60	5 000 $ - 6 999 $	466
50	60	55	100	75	70	7 000 $ - 9 999 $	467
65	50	70	85	80	60	10 000 $ - 11 999 $	468
45	105	120	160	85	65	12 000 $ - 14 999 $	469
105	65	70	265	190	160	15 000 $ - 19 999 $	470
140	155	100	205	185	160	20 000 $ - 24 999 $	471
190	125	115	135	75	125	25 000 $ - 29 999 $	472
105	130	90	125	155	110	30 000 $ - 34 999 $	473
110	145	105	135	125	145	35 000 $ - 39 999 $	474
125	90	125	170	165	125	40 000 $ - 44 999 $	475
85	70	85	170	115	100	45 000 $ - 49 999 $	476
205	100	105	320	195	105	50 000 $ - 59 999 $	477
575	160	250	610	455	380	60 000 $ et plus	478
52,557	36,777	33,449	42,131	38,005	38,314	Revenu moyen $ (46)	479
38,968	28,493	30,334	34,859	30,328	31,330	Revenu médian $ (46)	480
3,237	5,179	1,337	1,786	1,549	1,552	Erreur type de revenu moyen $ (46)	481
2,425	1,620	1,575	3,390	2,640	2,050	Total - Femmes	482
115	150	105	225	235	130	Sans revenu	483
2,310	1,475	1,470	3,165	2,405	1,920	Avec un revenu	484
130	45	110	85	115	135	Moins de 1 000 $ (45)	485
100	60	85	175	130	115	1 000 $ - 2 999 $	486
55	95	75	165	95	65	3 000 $ - 4 999 $	487
80	95	90	210	165	70	5 000 $ - 6 999 $	488
170	120	180	165	155	140	7 000 $ - 9 999 $	489
155	110	70	140	110	85	10 000 $ - 11 999 $	490
140	125	95	220	130	90	12 000 $ - 14 999 $	491
215	170	110	255	260	190	15 000 $ - 19 999 $	492
225	135	100	270	200	265	20 000 $ - 24 999 $	493
140	70	95	225	160	135	25 000 $ - 29 999 $	494
170	85	140	205	170	110	30 000 $ - 34 999 $	495
145	70	65	295	210	135	35 000 $ - 39 999 $	496
105	110	85	205	135	55	40 000 $ - 44 999 $	497
110	50	75	150	95	85	45 000 $ - 49 999 $	498
175	45	55	185	135	75	50 000 $ - 59 999 $	499
200	80	40	220	135	155	60 000 $ et plus	500
28,190	22,930	21,609	26,660	24,992	24,461	Revenu moyen $ (46)	501
22,733	17,248	15,664	22,646	20,465	20,527	Revenu médian $ (46)	502
1,046	1,097	1,035	793	846	892	Erreur type de revenu moyen $ (46)	503
						selon la composition du revenu total	
100.0	100.0	100.0	100.0	100.0	100.0	Total - Composition du revenu en 2000 % (47)	504
83.6	80.7	87.5	81.9	81.4	82.0	Revenu d'emploi %	505
5.9	9.1	7.1	8.6	7.6	8.1	Transferts gouvernementaux %	506
10.5	10.2	5.4	9.4	11.0	9.9	Autre %	507
						Population de 15 ans et plus ayant un revenu d'emploi en 2000 selon le sexe et le travail	
3,465	2,275	2,330	4,460	3,735	2,870	Les deux sexes ayant un revenu d'emploi (48)	508
41,534	31,622	30,869	37,338	32,209	33,559	Revenu moyen d'emploi $	509
1,765	3,423	1,007	1,077	1,045	1,089	Erreur type de revenu moyen d'emploi $	510
1,940	1,060	1,320	2,455	1,750	1,525	Ayant travaillé toute l'année à plein temps (49)	511
53,962	46,749	40,673	49,228	48,381	47,243	Revenu moyen d'emploi $	512
2,381	7,016	1,309	1,547	1,659	1,565	Erreur type de revenu moyen d'emploi $	513
1,475	1,165	980	1,950	1,855	1,290	Ayant travaillé une partie de l'année ou à temps partiel (50)	514
26,500	18,978	18,315	23,098	18,342	18,471	Revenu moyen d'emploi $	515
2,437	1,127	1,147	1,212	957	1,038	Erreur type de revenu moyen d'emploi $	516
1,700	1,175	1,260	2,245	1,960	1,495	Hommes ayant un revenu d'emploi (48)	517
53,939	39,536	35,781	46,036	38,308	39,978	Revenu moyen d'emploi $	518
3,272	6,499	1,448	1,854	1,743	1,775	Erreur type de revenu moyen d'emploi $	519
1,115	630	815	1,365	1,065	880	Ayant travaillé toute l'année à plein temps (49)	520
61,931	54,680	43,753	57,358	55,821	53,702	Revenu moyen d'emploi $	521
3,878	11,752	1,705	2,477	2,513	2,420	Erreur type de revenu moyen d'emploi $	522
565	535	425	865	840	605	Ayant travaillé une partie de l'année ou à temps partiel (50)	523
39,776	22,077	21,505	28,546	18,130	20,634	Revenu moyen d'emploi $	524
5,920	1,818	2,051	2,311	1,590	1,763	Erreur type de revenu moyen d'emploi $	525

Table 1. Selected Characteristics for Census Tracts, 2001 Census – 100% Data and 20% Sample Data

No.	Characteristics	Vancouver 0131	Vancouver 0132	Vancouver 0133.01 A	Vancouver 0133.02 A	Vancouver 0134	Vancouver 0135
	2000 INCOME CHARACTERISTICS						
	Population 15 years and over with employment income in 2000 by sex and work activity – concluded						
526	Females with employment income (48)	1,725	965	1,075	1,455	1,745	1,385
527	Average employment income $	33,674	48,086	40,684	42,043	29,300	34,184
528	Standard error of average employment income $	1,600	8,627	3,073	3,135	1,526	1,784
529	Worked full year, full time (49)	680	335	365	500	520	535
530	Average employment income $	52,250	93,066	64,694	58,799	45,864	51,391
531	Standard error of average employment income $	2,955	24,376	5,998	6,332	3,519	2,945
532	Worked part year or part time (50)	1,015	600	695	855	1,135	780
533	Average employment income $	21,928	24,192	28,556	30,406	22,643	24,876
534	Standard error of average employment income $	1,414	2,349	3,058	2,582	1,465	1,947
	Census families by structure and family income groups in 2000						
535	Total - All census families	1,890	1,125	1,155	1,770	1,960	1,600
536	Under $10,000	15	15	10	25	35	40
537	$ 10,000 - $19,999	40	-	15	20	95	75
538	$ 20,000 - $29,999	80	75	25	65	80	75
539	$ 30,000 - $39,999	100	35	45	70	125	115
540	$ 40,000 - $49,999	115	60	75	60	100	105
541	$ 50,000 - $59,999	175	50	130	75	100	75
542	$ 60,000 - $69,999	110	35	85	35	125	60
543	$ 70,000 - $79,999	190	35	80	95	115	75
544	$ 80,000 - $89,999	95	85	50	85	150	90
545	$ 90,000 - $99,999	115	25	60	80	90	85
546	$100,000 and over	860	705	580	1,155	940	805
547	Average family income $	120,265	207,050	122,395	187,386	148,310	157,495
548	Median family income $	90,327	124,661	100,197	129,590	95,236	99,918
549	Standard error of average family income $	5,005	15,799	6,222	9,024	9,135	14,401
550	Total - All couple census families (51)	1,665	1,075	1,035	1,645	1,790	1,445
551	Under $10,000	15	10	-	25	40	30
552	$ 10,000 - $19,999	35	-	10	10	70	55
553	$ 20,000 - $29,999	55	65	20	55	65	65
554	$ 30,000 - $39,999	90	35	35	55	115	90
555	$ 40,000 - $49,999	95	55	60	45	90	95
556	$ 50,000 - $59,999	140	50	110	70	95	70
557	$ 60,000 - $69,999	55	35	70	35	95	40
558	$ 70,000 - $79,999	170	30	70	85	110	70
559	$ 80,000 - $89,999	90	80	45	80	135	95
560	$ 90,000 - $99,999	95	25	50	75	85	80
561	$100,000 and over	830	680	555	1,100	900	760
562	Average family income $	126,276	212,826	128,342	195,052	152,943	164,075
563	Median family income $	99,568	128,455	106,033	131,378	99,989	102,295
564	Standard error of average family income $	5,393	16,368	6,866	9,709	9,704	15,677
	Incidence of low income in 2000						
565	Total - Economic families	1,875	1,110	1,145	1,735	1,910	1,565
566	Low income	90	30	25	70	175	170
567	Incidence of low income in 2000 % (52)	4.8	2.8	2.1	3.9	9.0	10.7
568	Total - Unattached individuals 15 years and over	740	260	335	320	590	295
569	Low income	275	60	160	125	170	80
570	Incidence of low income in 2000 % (52)	36.7	23.4	48.1	39.2	29.2	26.6
571	Total - Population in private households	6,690	3,730	3,635	5,710	6,805	5,395
572	Low income	570	175	225	320	770	640
573	Incidence of low income in 2000 % (52)	8.6	4.7	6.2	5.6	11.3	11.9
	Private households by household income groups in 2000						
574	Total - All private households	2,500	1,315	1,400	1,940	2,370	1,765
575	Under $10,000	50	25	25	35	60	45
576	$ 10,000 - $19,999	225	25	80	45	140	75
577	$ 20,000 - $29,999	170	70	60	70	120	90
578	$ 30,000 - $39,999	170	45	55	85	155	115
579	$ 40,000 - $49,999	155	105	90	70	135	120
580	$ 50,000 - $59,999	220	50	135	90	125	75
581	$ 60,000 - $69,999	125	55	100	65	200	80
582	$ 70,000 - $79,999	195	40	100	95	155	90
583	$ 80,000 - $89,999	75	90	70	65	155	85
584	$ 90,000 - $99,999	150	25	75	105	95	115
585	$100,000 and over	960	785	610	1,225	1,035	870
586	Average household income $	103,453	203,140	111,187	181,297	135,804	154,356
587	Median household income $	76,958	120,145	85,332	124,508	84,318	98,477
588	Standard error of average household income $	4,182	14,795	5,513	8,593	7,709	13,206

Tableau 1. Certaines caractéristiques des secteurs de recensement, recensement de 2001 – Données intégrales et données-échantillon (20 %)

Vancouver 0140.02	Vancouver 0140.03 A	Vancouver 0140.04 A	Vancouver 0141	Vancouver 0142.01	Vancouver 0142.02	Caractéristiques	N°
						CARACTÉRISTIQUES DU REVENU DE 2000	
						Population de 15 ans et plus ayant un revenu d'emploi en 2000 selon le sexe et le travail – fin	
1,765	1,100	1,070	2,220	1,775	1,370	Femmes ayant un revenu d'emploi (48)	526
29,597	23,200	25,084	28,553	25,450	26,557	Revenu moyen d'emploi $	527
1,169	1,150	1,276	938	928	1,063	Erreur type de revenu moyen d'emploi $	528
825	430	505	1,085	690	645	Ayant travaillé toute l'année à plein temps (49)	529
43,189	35,059	35,699	38,993	36,935	38,474	Revenu moyen d'emploi $	530
1,705	1,493	1,934	1,299	1,218	1,388	Erreur type de revenu moyen d'emploi $	531
910	630	550	1,085	1,015	680	Ayant travaillé une partie de l'année ou à temps partiel (50)	532
18,214	16,376	15,835	18,747	18,519	16,557	Revenu moyen d'emploi $	533
1,097	1,360	1,219	1,079	1,146	1,143	Erreur type de revenu moyen d'emploi $	534
						Familles de recensement selon la structure et les tranches de revenu de la famille en 2000	
1,575	1,155	1,195	2,260	1,790	1,380	Total - Toutes les familles de recensement	535
20	30	75	95	80	50	Moins de 10 000 $	536
55	70	65	95	80	45	10 000 $ - 19 999 $	537
105	120	135	175	120	125	20 000 $ - 29 999 $	538
135	135	85	250	175	95	30 000 $ - 39 999 $	539
165	225	170	185	155	190	40 000 $ - 49 999 $	540
75	100	115	170	165	115	50 000 $ - 59 999 $	541
160	90	110	210	155	140	60 000 $ - 69 999 $	542
150	120	110	255	150	115	70 000 $ - 79 999 $	543
120	65	85	200	180	160	80 000 $ - 89 999 $	544
125	65	60	115	110	75	90 000 $ - 99 999 $	545
455	135	185	510	435	275	100 000 $ et plus	546
91,824	68,569	60,528	72,705	73,831	72,613	Revenu moyen des familles $	547
74,225	49,399	54,857	67,385	68,851	66,319	Revenu médian des familles $	548
4,525	6,950	2,144	2,083	2,162	2,465	Erreur type de revenu moyen des familles $	549
1,365	950	1,085	1,870	1,545	1,205	Total - Toutes les familles de recensement comptant un couple (51)	550
-	20	45	55	40	35	Moins de 10 000 $	551
30	35	60	60	45	35	10 000 $ - 19 999 $	552
75	90	105	125	85	85	20 000 $ - 29 999 $	553
105	115	70	170	135	85	30 000 $ - 39 999 $	554
140	175	165	125	130	155	40 000 $ - 49 999 $	555
65	85	95	125	135	85	50 000 $ - 59 999 $	556
140	70	105	180	135	135	60 000 $ - 69 999 $	557
140	110	105	230	145	110	70 000 $ - 79 999 $	558
110	55	90	175	165	150	80 000 $ - 89 999 $	559
115	60	60	115	105	65	90 000 $ - 99 999 $	560
445	135	180	510	420	270	100 000 $ et plus	561
98,562	74,805	63,448	79,313	78,773	76,111	Revenu moyen des familles $	562
77,725	53,607	59,330	73,149	73,666	69,507	Revenu médian des familles $	563
5,111	8,337	2,216	2,314	2,337	2,673	Erreur type de revenu moyen des familles $	564
						Fréquence des unités à faible revenu en 2000	
1,565	1,110	1,120	2,230	1,720	1,355	Total - Familles économiques	565
135	190	220	295	245	155	Faible revenu	566
8.6	17.2	19.4	13.3	14.1	11.6	Fréquence des unités à faible revenu en 2000 % (52)	567
585	350	250	935	370	440	Total - Personnes hors famille économique de 15 ans et plus	568
90	160	75	305	105	110	Faible revenu	569
15.0	44.3	29.0	32.4	28.7	24.6	Fréquence des unités à faible revenu en 2000 % (52)	570
5,520	4,150	4,140	7,930	6,240	4,855	Total - Population dans les ménages privés	571
605	835	720	1,205	865	630	Faible revenu	572
10.9	20.1	17.4	15.2	13.9	13.0	Fréquence des unités à faible revenu en 2000 % (52)	573
						Ménages privés selon les tranches de revenu du ménage en 2000	
2,065	1,365	1,280	3,080	2,010	1,665	Total - Tous les ménages privés	574
25	70	70	135	70	55	Moins de 10 000 $	575
85	100	45	325	105	80	10 000 $ - 19 999 $	576
175	135	120	280	170	150	20 000 $ - 29 999 $	577
230	170	55	315	230	120	30 000 $ - 39 999 $	578
260	255	210	245	170	220	40 000 $ - 49 999 $	579
155	115	130	295	155	135	50 000 $ - 59 999 $	580
195	90	150	270	175	160	60 000 $ - 69 999 $	581
130	115	110	295	165	145	70 000 $ - 79 999 $	582
130	65	95	215	180	175	80 000 $ - 89 999 $	583
130	75	75	130	105	100	90 000 $ - 99 999 $	584
550	175	215	570	495	320	100 000 $ et plus	585
83,340	65,412	64,039	66,058	73,524	70,486	Revenu moyen des ménages $	586
65,140	47,778	60,204	58,164	66,078	63,081	Revenu médian des ménages $	587
3,620	6,390	2,135	1,990	2,237	2,258	Erreur type de revenu moyen des ménages $	588

Table 1. Selected Characteristics for Census Tracts, 2001 Census – 100% Data and 20% Sample Data

No.	Characteristics	Vancouver 0142.03	Vancouver 0143.01	Vancouver 0143.02	Vancouver 0143.03	Vancouver 0143.04	Vancouver 0144.03 A
	POPULATION CHARACTERISTICS						
1	**Population, 1996 (1)**	**6,250**	**5,645**	**4,460**	**4,526**	**5,414**	**2,176**
2	**Population, 2001 (2)**	**6,369**	**5,595**	**4,518**	**4,616**	**5,609**	**2,276**
3	Population percentage change, 1996-2001	1.9	-0.9	1.3	2.0	3.6	4.6
4	Land area in square kilometres, 2001	1.55	1.32	1.29	1.34	1.30	0.70
5	**Total population – 100% Data (3)**	**6,370**	**5,595**	**4,515**	**4,615**	**5,610**	**2,275**
	by sex and age groups						
6	Male	3,050	2,760	2,145	2,250	2,715	1,125
7	0-4 years	130	100	100	95	110	65
8	5-9 years	205	150	120	115	135	75
9	10-14 years	245	230	135	170	235	85
10	15-19 years	260	320	215	230	280	90
11	20-24 years	250	265	175	185	270	90
12	25-29 years	150	115	140	125	110	65
13	30-34 years	145	130	105	115	90	70
14	35-39 years	225	135	135	135	135	80
15	40-44 years	240	215	140	170	210	85
16	45-49 years	265	305	160	210	280	90
17	50-54 years	260	310	200	200	315	100
18	55-59 years	155	185	125	145	160	80
19	60-64 years	135	90	105	95	110	55
20	65-69 years	115	75	80	85	85	30
21	70-74 years	110	45	65	75	75	35
22	75-79 years	90	55	60	45	50	15
23	80-84 years	45	25	45	35	35	5
24	85 years and over	30	10	35	20	20	-
25	Female	3,320	2,835	2,375	2,370	2,890	1,150
26	0-4 years	105	105	80	85	90	50
27	5-9 years	190	130	105	110	140	65
28	10-14 years	265	205	135	160	210	65
29	15-19 years	225	290	165	195	255	95
30	20-24 years	205	250	200	200	240	100
31	25-29 years	130	125	115	115	130	85
32	30-34 years	165	145	140	120	115	70
33	35-39 years	260	180	145	150	205	95
34	40-44 years	290	285	155	225	275	105
35	45-49 years	310	360	200	225	355	90
36	50-54 years	250	285	195	215	300	105
37	55-59 years	185	140	155	145	150	75
38	60-64 years	130	95	105	95	120	50
39	65-69 years	130	65	100	80	80	30
40	70-74 years	120	60	95	90	85	30
41	75-79 years	130	55	105	75	70	20
42	80-84 years	120	25	75	50	35	15
43	85 years and over	110	25	105	35	35	5
44	**Total population 15 years and over**	**5,230**	**4,670**	**3,845**	**3,885**	**4,695**	**1,865**
	by legal marital status						
45	Never married (single)	1,565	1,560	1,220	1,235	1,515	600
46	Legally married (and not separated)	2,875	2,710	1,965	2,130	2,795	1,015
47	Separated, but still legally married	125	75	80	90	70	45
48	Divorced	295	185	250	215	125	120
49	Widowed	370	145	335	205	190	80
	by common-law status						
50	Not in a common-law relationship	5,030	4,550	3,730	3,725	4,595	1,770
51	In a common-law relationship	195	120	115	160	100	100
52	**Total population – 20% Sample Data (4)**	**6,265**	**5,590**	**4,425**	**4,615**	**5,605**	**2,270**
	by mother tongue						
53	Single responses	6,170	5,520	4,340	4,585	5,410	2,230
54	English	3,570	2,450	2,055	1,995	1,740	1,365
55	French	45	15	20	60	35	15
56	Non-official languages (5)	2,550	3,060	2,265	2,530	3,630	855
57	Chinese, n.o.s.	735	835	650	690	1,310	95
58	Cantonese	525	1,115	895	660	1,330	210
59	Punjabi	15	20	-	90	20	190
60	Mandarin	255	360	220	520	390	45
61	Tagalog (Pilipino)	130	140	50	105	130	40
62	Other languages (6)	890	580	445	470	455	275
63	Multiple responses	95	70	90	35	200	40
64	English and French	-	20	10	-	10	-
65	English and non-official language	90	40	65	35	190	40
66	French and non-official language	-	15	20	-	-	-
67	English, French and non-official language	-	-	-	-	-	-

See reference material at the end of the publication. – Voir les documents de référence à la fin de la publication.

Tableau 1. Certaines caractéristiques des secteurs de recensement, recensement de 2001 – Données intégrales et données-échantillon (20 %)

Vancouver 0144.04 A	Vancouver 0144.05 A	Vancouver 0144.06 A	Vancouver 0145	Vancouver 0146	Vancouver 0147.01 ◇	Caractéristiques	N°
						CARACTÉRISTIQUES DE LA POPULATION	
5,531	**2,321**	**5,199**	**7,240**	**6,117**	**2,252**	**Population, 1996 (1)**	1
5,659	**2,279**	**5,247**	**7,727**	**6,272**	**2,273**	**Population, 2001 (2)**	2
2.3	-1.8	0.9	6.7	2.5	0.9	Variation en pourcentage de la population, 1996-2001	3
1.31	0.66	1.33	2.71	4.76	2.71	Superficie des terres en kilomètres carrés, 2001	4
5,660	**2,280**	**5,245**	**7,730**	**6,270**	**2,270**	**Population totale – Données intégrales (3)**	5
						selon le sexe et les groupes d'âge	
2,745	1,105	2,545	3,770	3,135	1,135	Sexe masculin	6
125	45	130	170	185	40	0-4 ans	7
165	60	185	210	215	60	5-9 ans	8
190	55	200	255	220	65	10-14 ans	9
240	75	205	375	220	85	15-19 ans	10
215	105	200	380	240	125	20-24 ans	11
160	85	170	190	215	65	25-29 ans	12
180	55	160	200	250	75	30-34 ans	13
210	70	190	215	275	85	35-39 ans	14
210	85	205	285	265	80	40-44 ans	15
225	70	215	345	240	90	45-49 ans	16
195	115	190	355	220	105	50-54 ans	17
185	80	145	200	190	85	55-59 ans	18
115	60	115	150	145	60	60-64 ans	19
95	60	100	165	110	40	65-69 ans	20
85	30	60	110	65	30	70-74 ans	21
60	25	45	75	45	15	75-79 ans	22
50	15	25	60	20	10	80-84 ans	23
35	10	5	30	5	10	85 ans et plus	24
2,915	1,175	2,700	3,955	3,140	1,140	Sexe féminin	25
120	35	135	135	190	40	0-4 ans	26
135	40	160	175	220	55	5-9 ans	27
175	70	195	240	180	75	10-14 ans	28
200	75	215	355	200	85	15-19 ans	29
195	110	230	325	225	100	20-24 ans	30
165	70	160	210	185	80	25-29 ans	31
160	60	170	245	265	75	30-34 ans	32
220	75	220	270	305	75	35-39 ans	33
250	80	245	380	270	95	40-44 ans	34
255	100	235	400	240	90	45-49 ans	35
260	115	215	365	240	120	50-54 ans	36
170	90	150	215	180	80	55-59 ans	37
130	60	115	175	140	50	60-64 ans	38
115	50	95	135	125	40	65-69 ans	39
90	45	75	130	75	25	70-74 ans	40
100	50	40	115	45	20	75-79 ans	41
75	25	25	65	35	25	80-84 ans	42
90	15	15	35	20	15	85 ans et plus	43
4,750	**1,975**	**4,240**	**6,535**	**5,065**	**1,940**	**Population totale de 15 ans et plus**	44
						selon l'état matrimonial légal	
1,460	625	1,360	2,170	1,570	690	Célibataire (jamais marié(e))	45
2,445	1,095	2,410	3,695	2,865	1,020	Légalement marié(e) (et non séparé(e))	46
130	40	100	130	135	40	Séparé(e), mais toujours légalement marié(e)	47
365	95	230	250	295	90	Divorcé(e)	48
345	110	140	285	210	95	Veuf ou veuve	49
						selon l'union libre	
4,550	1,915	4,105	6,360	4,850	1,845	Ne vivant pas en union libre	50
200	60	140	180	220	95	Vivant en union libre	51
5,535	**2,275**	**5,245**	**7,710**	**6,260**	**2,265**	**Population totale – Données-échantillon (20 %) (4)**	52
						selon la langue maternelle	
5,420	2,255	5,155	7,495	6,115	2,220	Réponses uniques	53
2,785	1,070	2,315	2,780	3,365	1,085	Anglais	54
40	10	15	45	75	10	Français	55
2,595	1,180	2,835	4,665	2,675	1,125	Langues non officielles (5)	56
585	340	425	1,560	460	295	Chinois, n.d.a.	57
470	225	845	1,440	240	135	Cantonais	58
185	115	310	120	700	155	Pendjabi	59
420	215	140	570	295	155	Mandarin	60
155	85	190	195	85	50	Tagalog (pilipino)	61
780	205	920	785	900	330	Autres langues (6)	62
120	25	85	220	145	40	Réponses multiples	63
10	-	-	-	-	-	Anglais et français	64
95	25	80	200	135	45	Anglais et langue non officielle	65
15	-	-	-	-	-	Français et langue non officielle	66
-	-	-	15	10	-	Anglais, français et langue non officielle	67

See reference material at the end of the publication. – Voir les documents de référence à la fin de la publication.

Table 1. Selected Characteristics for Census Tracts, 2001 Census – 100% Data and 20% Sample Data

No.	Characteristics	Vancouver 0142.03	Vancouver 0143.01	Vancouver 0143.02	Vancouver 0143.03	Vancouver 0143.04	Vancouver 0144.03 A
	POPULATION CHARACTERISTICS						
	by home language						
68	Single responses	5,040	4,070	3,205	3,515	3,940	1,695
69	English	3,920	2,705	2,255	2,290	2,065	1,410
70	French	15	-	-	10	-	-
71	Non-official languages (5)	1,105	1,365	945	1,220	1,875	285
72	Cantonese	370	610	325	430	915	90
73	Chinese, n.o.s.	355	300	230	290	525	60
74	Punjabi	-	20	-	20	-	50
75	Mandarin	140	200	120	245	220	25
76	Korean	15	10	-	-	-	-
77	Other languages (6)	230	230	270	235	215	55
78	Multiple responses	1,220	1,525	1,225	1,105	1,665	570
79	English and French	45	-	20	35	30	10
80	English and non-official language	1,175	1,490	1,180	1,065	1,595	560
81	French and non-official language	-	-	10	-	-	-
82	English, French and non-official language	-	30	15	10	35	-
	by knowledge of official languages						
83	English only	5,455	4,835	3,870	4,105	4,775	2,015
84	French only	10	-	-	10	-	-
85	English and French	480	355	240	240	315	135
86	Neither English nor French	330	400	320	275	520	115
	by knowledge of non-official languages (5) (7)						
87	Cantonese	625	1,275	1,115	865	1,755	245
88	Chinese, n.o.s.	760	725	375	405	1,010	115
89	Punjabi	60	30	35	105	20	270
90	Mandarin	570	710	795	965	1,080	80
91	Hindi	55	135	50	65	40	135
92	German	135	130	50	55	60	20
93	Spanish	210	120	80	70	45	15
	by first official language spoken						
94	English	5,915	5,155	4,080	4,275	5,020	2,125
95	French	45	15	30	45	40	10
96	English and French	30	25	15	20	45	15
97	Neither English nor French	280	400	300	275	510	120
98	Official language minority - (number) (8)	60	25	40	55	60	20
99	Official language minority - (percentage) (8)	1.0	0.4	0.9	1.2	1.1	0.9
	by ethnic origin (9)						
100	English	1,385	820	705	845	630	510
101	Canadian	1,260	825	710	790	480	405
102	Chinese	1,805	2,545	1,990	2,035	3,625	510
103	Scottish	935	400	425	415	340	395
104	Irish	640	380	380	300	290	230
105	German	425	310	320	220	265	185
106	East Indian	175	365	115	165	115	400
107	French	375	275	210	220	105	110
108	Ukrainian	190	110	160	170	85	35
109	Italian	100	80	40	45	40	25
110	Dutch (Netherlands)	165	150	65	35	70	110
111	Filipino	145	220	85	150	315	85
112	Polish	165	115	85	85	45	30
113	Norwegian	70	25	25	35	10	45
114	North American Indian	90	40	10	45	30	10
	by Aboriginal identity						
115	Total Aboriginal identity population (10)	45	20	15	45	20	10
116	Total non-Aboriginal population	6,220	5,565	4,415	4,575	5,590	2,260
	by Aboriginal origin						
117	Total Aboriginal origins population (11)	95	55	20	80	35	70
118	Total non-Aboriginal population	6,165	5,535	4,405	4,535	5,575	2,195
	by Registered Indian status						
119	Registered Indian (12)	30	15	-	30	10	-
120	Not a Registered Indian	6,235	5,575	4,425	4,590	5,600	2,265

Tableau 1. Certaines caractéristiques des secteurs de recensement, recensement de 2001 – Données intégrales et données-échantillon (20 %)

Vancouver 0144.04 A	Vancouver 0144.05 A	Vancouver 0144.06 A	Vancouver 0145	Vancouver 0146	Vancouver 0147.01 ◇	Caractéristiques	N°
						CARACTÉRISTIQUES DE LA POPULATION	
						selon la langue parlée à la maison	
4,260	1,745	3,405	5,385	5,005	1,615	Réponses uniques	68
3,030	1,175	2,405	3,000	3,770	1,190	Anglais	69
10	-	-	10	-	-	Français	70
1,220	570	1,000	2,380	1,230	430	Langues non officielles (5)	71
270	210	345	905	155	85	Cantonais	72
345	125	205	815	180	95	Chinois, n.d.a.	73
40	30	95	15	365	25	Pendjabi	74
255	105	45	325	245	80	Mandarin	75
45	-	30	30	-	-	Coréen	76
265	105	280	285	285	140	Autres langues (6)	77
1,280	535	1,840	2,325	1,255	645	Réponses multiples	78
40	-	35	45	65	-	Anglais et français	79
1,200	515	1,800	2,170	1,175	630	Anglais et langue non officielle	80
10	10	-	35	-	-	Français et langue non officielle	81
25	10	10	80	10	20	Anglais, français et langue non officielle	82
						selon la connaissance des langues officielles	
4,755	2,045	4,605	6,610	5,590	2,000	Anglais seulement	83
-	-	-	15	-	-	Français seulement	84
490	85	395	395	310	140	Anglais et français	85
300	150	245	690	355	115	Ni l'anglais ni le français	86
						selon la connaissance des langues non officielles (5) (7)	
590	275	1,055	1,835	405	260	Cantonais	87
525	330	255	1,415	435	205	Chinois, n.d.a.	88
235	120	355	130	810	200	Pendjabi	89
725	330	475	1,270	440	295	Mandarin	90
150	45	395	100	385	120	Hindi	91
145	70	35	120	150	65	Allemand	92
145	25	180	85	45	55	Espagnol	93
						selon la première langue officielle parlée	
5,185	2,125	4,900	6,870	5,785	2,105	Anglais	94
45	10	10	70	75	-	Français	95
25	-	85	95	40	35	Anglais et français	96
285	150	240	685	355	115	Ni l'anglais ni le français	97
55	-	55	110	100	25	Minorité de langue officielle - (nombre) (8)	98
1.0	-	1.0	1.4	1.6	1.1	Minorité de langue officielle - (pourcentage) (8)	99
						selon l'origine ethnique (9)	
1,025	395	855	910	1,340	285	Anglais	100
1,060	385	640	785	1,110	400	Canadien	101
1,625	855	1,600	3,925	1,295	710	Chinois	102
540	270	545	585	660	245	Écossais	103
395	115	485	455	620	155	Irlandais	104
360	150	405	265	650	265	Allemand	105
445	130	785	425	1,115	210	Indien de l'Inde	106
185	110	225	110	335	50	Français	107
175	40	70	115	250	85	Ukrainien	108
130	20	115	65	120	15	Italien	109
155	75	65	110	195	35	Hollandais (Néerlandais)	110
305	130	310	285	220	75	Philippin	111
140	25	20	75	190	25	Polonais	112
65	15	40	110	105	60	Norvégien	113
105	30	25	20	80	-	Indien de l'Amérique du Nord	114
						selon l'identité autochtone	
75	10	35	45	75	15	Total de la population ayant une identité autochtone (10)	115
5,460	2,270	5,210	7,665	6,185	2,245	Total de la population non autochtone	116
						selon l'origine autochtone	
105	30	60	60	85	-	Total de la population ayant une origine autochtone (11)	117
5,435	2,250	5,185	7,650	6,175	2,260	Total de la population non autochtone	118
						selon le statut d'Indien inscrit	
15	10	35	-	35	-	Oui, Indien inscrit (12)	119
5,525	2,270	5,210	7,705	6,225	2,265	Non, pas un Indien inscrit	120

Table 1. Selected Characteristics for Census Tracts, 2001 Census – 100% Data and 20% Sample Data

No.	Characteristics	Vancouver 0142.03	Vancouver 0143.01	Vancouver 0143.02	Vancouver 0143.03	Vancouver 0143.04	Vancouver 0144.03 A
	POPULATION CHARACTERISTICS						
	by visible minority groups						
121	Total visible minority population	2,630	3,375	2,605	2,645	4,140	1,095
122	Chinese	1,820	2,475	2,040	2,065	3,525	475
123	South Asian	185	325	125	170	115	400
124	Black	15	25	85	35	20	15
125	Filipino	135	195	75	95	125	80
126	Latin American	115	10	20	10	10	10
127	Southeast Asian	105	45	-	25	25	25
128	Arab	15	35	55	-	20	20
129	West Asian	35	-	90	40	-	-
130	Korean	30	55	-	10	65	-
131	Japanese	125	135	70	100	20	45
132	Visible minority, n.i.e. (13)	20	40	-	25	-	-
133	Multiple visible minorities (14)	35	60	45	65	215	20
	by citizenship						
134	Canadian citizenship (15)	5,560	4,845	3,785	3,960	4,405	2,100
135	Citizenship other than Canadian	705	750	645	660	1,200	165
	by place of birth of respondent						
136	Non-immigrant population	3,485	2,475	1,985	2,015	1,715	1,375
137	Born in province of residence	2,375	1,920	1,425	1,265	1,245	1,140
138	Immigrant population (16)	2,740	3,070	2,405	2,580	3,850	890
139	United States	75	50	60	65	55	20
140	Central and South America	115	35	60	25	10	10
141	Caribbean and Bermuda	20	10	40	25	10	10
142	United Kingdom	300	140	180	95	145	105
143	Other Europe (17)	330	230	170	190	170	75
144	Africa	45	115	25	55	65	25
145	Asia and the Middle East	1,820	2,440	1,840	2,115	3,330	615
146	Oceania and other (18)	40	65	20	10	70	45
147	Non-permanent residents (19)	40	45	45	30	35	-
148	**Total immigrant population**	**2,740**	**3,075**	**2,405**	**2,575**	**3,850**	**890**
	by period of immigration						
149	Before 1961	235	105	135	125	160	80
150	1961-1970	260	180	175	150	140	135
151	1971-1980	305	590	375	325	325	240
152	1981-1990	515	545	550	495	765	155
153	1991-2001 (20)	1,420	1,650	1,165	1,480	2,465	275
154	1991-1995	660	875	695	795	1,110	135
155	1996-2001 (20)	760	780	470	685	1,355	145
	by age at immigration						
156	0-4 years	265	250	165	175	285	50
157	5-19 years	745	825	680	820	1,200	260
158	20 years and over	1,730	1,995	1,560	1,580	2,365	575
159	**Total population**	**6,265**	**5,590**	**4,430**	**4,615**	**5,605**	**2,270**
	by religion						
160	Catholic (21)	1,095	995	870	775	955	335
161	Protestant	1,705	1,055	820	850	1,050	620
162	Christian Orthodox	140	35	45	25	30	-
163	Christian, n.i.e. (22)	410	190	265	220	295	125
164	Muslim	85	195	150	95	70	80
165	Jewish	235	210	110	175	140	-
166	Buddhist	290	500	305	390	365	75
167	Hindu	20	75	30	20	25	110
168	Sikh	60	60	50	100	20	230
169	Eastern religions (23)	-	-	-	25	-	-
170	Other religions (24)	-	-	10	25	10	-
171	No religious affiliation (25)	2,230	2,265	1,780	1,925	2,650	675
172	**Total population 15 years and over**	**5,120**	**4,655**	**3,710**	**3,890**	**4,690**	**1,835**
	by generation status						
173	1st generation (26)	2,405	2,795	2,310	2,385	3,425	880
174	2nd generation (27)	1,170	895	690	705	610	470
175	3rd generation and over (28)	1,550	960	705	800	650	485
176	**Total population 1 year and over (29)**	**6,230**	**5,535**	**4,395**	**4,570**	**5,575**	**2,250**
	by place of residence 1 year ago (mobility)						
177	Non-movers	5,445	4,940	3,785	4,015	5,070	2,025
178	Movers	785	595	610	555	505	225
179	Non-migrants	405	350	275	365	275	150
180	Migrants	375	245	335	195	230	75
181	Internal migrants	180	90	195	120	110	55
182	Intraprovincial migrants	120	80	195	115	85	45
183	Interprovincial migrants	65	15	-	10	25	10
184	External migrants	195	150	140	75	125	20

Tableau 1. Certaines caractéristiques des secteurs de recensement, recensement de 2001 – Données intégrales et données-échantillon (20 %)

Vancouver 0144.04 A	Vancouver 0144.05 A	Vancouver 0144.06 A	Vancouver 0145	Vancouver 0146	Vancouver 0147.01 ◇	Caractéristiques	N°
						CARACTÉRISTIQUES DE LA POPULATION	
						selon les groupes de minorités visibles	
3,015	1,235	3,170	5,260	3,170	1,125	Total de la population des minorités visibles	121
1,660	850	1,530	4,035	1,250	705	Chinois	122
490	155	835	555	1,295	265	Sud-Asiatique	123
35	-	75	40	80	-	Noir	124
290	120	295	225	200	55	Philippin	125
60	-	20	10	20	20	Latino-Américain	126
115	15	-	25	80	10	Asiatique du Sud-Est	127
15	-	55	-	-	15	Arabe	128
75	-	95	65	15	-	Asiatique occidental	129
55	-	50	85	30	-	Coréen	130
170	85	170	80	105	15	Japonais	131
25	-	-	-	40	-	Minorité visible, n.i.a. (13)	132
30	-	55	130	55	45	Minorités visibles multiples (14)	133
						selon la citoyenneté	
4,715	1,985	4,695	6,365	5,425	2,045	Citoyenneté canadienne (15)	134
825	290	550	1,350	830	215	Citoyenneté autre que canadienne	135
						selon le lieu de naissance du répondant	
2,655	1,135	2,545	3,000	3,610	1,165	Population non immigrante	136
1,755	790	1,915	2,305	2,680	895	Née dans la province de résidence	137
2,815	1,130	2,670	4,620	2,610	1,095	Population immigrante (16)	138
65	30	60	100	60	30	États-Unis	139
80	20	90	55	60	25	Amérique centrale et du Sud	140
15	-	10	20	25	-	Caraïbes et Bermudes	141
210	70	135	115	180	55	Royaume-Uni	142
310	90	180	250	215	155	Autre Europe (17)	143
70	-	120	150	125	35	Afrique	144
1,980	910	1,870	3,880	1,765	770	Asie et Moyen-Orient	145
95	10	205	50	180	30	Océanie et autre (18)	146
65	20	30	95	40	-	Résidents non permanents (19)	147
2,820	**1,130**	**2,665**	**4,620**	**2,605**	**1,095**	**Population immigrante totale**	148
						selon la période d'immigration	
200	125	120	190	145	95	Avant 1961	149
210	45	195	175	325	160	1961-1970	150
520	195	535	640	565	205	1971-1980	151
360	200	690	910	550	370	1981-1990	152
1,525	565	1,125	2,705	1,020	260	1991-2001 (20)	153
670	365	735	1,500	390	105	1991-1995	154
855	205	395	1,210	625	155	1996-2001 (20)	155
						selon l'âge à l'immigration	
245	60	235	305	235	70	0-4 ans	156
680	320	695	1,260	675	280	5-19 ans	157
1,895	755	1,745	3,050	1,695	750	20 ans et plus	158
5,535	**2,280**	**5,245**	**7,715**	**6,260**	**2,260**	**Population totale**	159
						selon la religion	
1,095	310	1,070	1,375	900	400	Catholique (21)	160
1,155	590	1,030	1,210	1,440	550	Protestante	161
20	40	45	20	20	40	Orthodoxe chrétienne	162
390	150	290	415	300	150	Chrétiennes, n.i.a. (22)	163
140	10	320	175	225	10	Musulmane	164
40	55	120	215	165	10	Juive	165
365	125	455	735	205	190	Bouddhiste	166
85	-	215	40	190	20	Hindoue	167
195	130	375	270	860	195	Sikh	168
10	-	25	65	-	20	Religions orientales (23)	169
-	-	-	-	25	-	Autres religions (24)	170
2,035	875	1,295	3,185	1,920	675	Aucune appartenance religieuse (25)	171
4,625	**1,950**	**4,220**	**6,515**	**5,070**	**1,940**	**Population totale de 15 ans et plus**	172
						selon le statut des générations	
2,600	1,085	2,440	4,350	2,500	1,055	1re génération (26)	173
905	420	945	1,045	1,160	455	2e génération (27)	174
1,115	450	835	1,120	1,410	430	3e génération et plus (28)	175
5,500	**2,275**	**5,220**	**7,650**	**6,185**	**2,245**	**Population totale de 1 an et plus (29)**	176
						selon le lieu de résidence 1 an auparavant (mobilité)	
4,650	1,805	4,735	6,895	5,230	1,965	Personnes n'ayant pas déménagé	177
845	470	480	755	950	290	Personnes ayant déménagé	178
420	215	275	450	665	135	Non-migrants	179
430	255	205	310	290	155	Migrants	180
265	170	160	125	235	110	Migrants internes	181
175	160	110	105	225	80	Migrants infraprovinciaux	182
90	15	45	20	10	35	Migrants interprovinciaux	183
165	75	45	185	50	40	Migrants externes	184

Table 1. Selected Characteristics for Census Tracts, 2001 Census – 100% Data and 20% Sample Data

No.	Characteristics	Vancouver 0142.03	Vancouver 0143.01	Vancouver 0143.02	Vancouver 0143.03	Vancouver 0143.04	Vancouver 0144.03 A
	POPULATION CHARACTERISTICS						
185	**Total population 5 years and over (30)**	**6,030**	**5,385**	**4,240**	**4,440**	**5,405**	**2,090**
	by place of residence 5 years ago (mobility)						
186	Non-movers	3,575	3,255	2,715	2,520	3,355	1,395
187	Movers	2,450	2,130	1,525	1,920	2,055	695
188	Non-migrants	1,135	940	780	1,085	755	420
189	Migrants	1,310	1,185	745	830	1,300	275
190	Internal migrants	600	425	365	275	250	190
191	Intraprovincial migrants	440	310	325	240	200	180
192	Interprovincial migrants	165	110	35	30	50	-
193	External migrants	710	765	380	560	1,045	85
194	**Total population 15 to 24 years**	**930**	**1,120**	**760**	**800**	**1,035**	**355**
	by school attendance						
195	Not attending school	340	225	175	110	120	120
196	Attending school full time	510	815	530	625	825	210
197	Attending school part time	80	80	55	65	85	25
198	**Total population 15 years and over**	**5,120**	**4,655**	**3,705**	**3,890**	**4,690**	**1,835**
	by highest level of schooling						
199	Less than grade 9 (31)	130	245	170	190	255	115
200	Grades 9-13 without high school graduation certificate	1,110	890	905	665	955	420
201	Grades 9-13 with high school graduation certificate	715	545	590	480	565	320
202	Some postsecondary without degree, certificate or diploma (32)	700	700	550	595	760	200
203	Trades certificate or diploma (33)	435	325	215	335	270	155
204	College certificate or diploma (34)	875	700	425	520	540	275
205	University certificate below bachelor's degree	215	215	170	185	220	65
206	University with bachelor's degree or higher	945	1,040	690	920	1,125	285
	by combinations of unpaid work						
207	Males 15 years and over	2,440	2,270	1,780	1,880	2,245	875
208	Reported unpaid work (35)	2,170	1,980	1,420	1,615	1,945	785
209	Housework and child care and care or assistance to seniors	175	275	160	190	255	115
210	Housework and child care only	640	610	440	410	500	225
211	Housework and care or assistance to seniors only	130	235	150	95	140	50
212	Child care and care or assistance to seniors only	-	-	-	10	-	-
213	Housework only	1,185	845	665	885	1,000	375
214	Child care only	20	10	-	15	25	10
215	Care or assistance to seniors only	20	-	-	15	10	10
216	Females 15 years and over	2,680	2,385	1,930	2,015	2,450	955
217	Reported unpaid work (35)	2,450	2,170	1,670	1,840	2,225	895
218	Housework and child care and care or assistance to seniors	345	430	250	220	340	150
219	Housework and child care only	675	690	450	590	615	290
220	Housework and care or assistance to seniors only	270	255	245	175	245	100
221	Child care and care or assistance to seniors only	-	-	-	10	-	-
222	Housework only	1,125	770	710	840	1,000	340
223	Child care only	25	10	10	10	20	10
224	Care or assistance to seniors only	15	20	10	-	10	10
	by labour force activity						
225	Males 15 years and over	2,440	2,270	1,780	1,875	2,240	875
226	In the labour force	1,660	1,610	1,125	1,165	1,335	715
227	Employed	1,545	1,485	1,035	1,060	1,210	665
228	Unemployed	115	125	90	105	125	55
229	Not in the labour force	780	660	655	710	910	160
230	Participation rate	68.0	70.9	63.2	62.1	59.6	81.7
231	Employment rate	63.3	65.4	58.1	56.5	54.0	76.0
232	Unemployment rate	6.9	7.8	8.0	9.0	9.4	7.7
233	Females 15 years and over	2,675	2,390	1,930	2,015	2,450	960
234	In the labour force	1,475	1,625	930	965	1,245	615
235	Employed	1,395	1,555	835	880	1,120	585
236	Unemployed	80	65	95	85	130	30
237	Not in the labour force	1,200	765	1,000	1,050	1,200	340
238	Participation rate	55.1	68.0	48.2	47.9	50.8	64.1
239	Employment rate	52.1	65.1	43.3	43.7	45.7	60.9
240	Unemployment rate	5.4	4.0	10.2	8.8	10.4	4.9

Tableau 1. Certaines caractéristiques des secteurs de recensement, recensement de 2001 – Données intégrales et données-échantillon (20 %)

Vancouver 0144.04 A	Vancouver 0144.05 A	Vancouver 0144.06 A	Vancouver 0145	Vancouver 0146	Vancouver 0147.01 ◇	Caractéristiques	N°
						CARACTÉRISTIQUES DE LA POPULATION	
5,290	**2,195**	**5,030**	**7,400**	**5,875**	**2,200**	**Population totale de 5 ans et plus (30)**	185
						selon le lieu de résidence 5 ans auparavant (mobilité)	
2,865	1,275	3,305	4,665	3,655	1,355	Personnes n'ayant pas déménagé	186
2,430	920	1,725	2,730	2,225	840	Personnes ayant déménagé	187
1,070	430	1,040	1,300	1,065	465	Non-migrants	188
1,355	485	680	1,430	1,160	375	Migrants	189
600	250	445	415	655	265	Migrants internes	190
460	190	350	280	490	225	Migrants infraprovinciaux	191
140	60	100	130	165	40	Migrants interprovinciaux	192
755	235	235	1,015	505	110	Migrants externes	193
840	**360**	**835**	**1,425**	**930**	**365**	**Population totale de 15 à 24 ans**	194
						selon la fréquentation scolaire	
255	70	185	335	315	140	Ne fréquentant pas l'école	195
515	235	565	925	525	170	Fréquentant l'école à plein temps	196
70	50	85	170	90	60	Fréquentant l'école à temps partiel	197
4,625	**1,955**	**4,220**	**6,515**	**5,065**	**1,940**	**Population totale de 15 ans et plus**	198
						selon le plus haut niveau de scolarité atteint	
240	95	275	455	315	80	Niveau inférieur à la 9e année (31)	199
835	320	825	1,115	1,040	380	De la 9e à la 13e année sans certificat d'études secondaires	200
680	300	745	870	755	260	De la 9e à la 13e année avec certificat d'études secondaires	201
575	285	505	955	740	260	Études postsecondaires partielles sans grade, certificat ou diplôme (32)	202
370	165	350	415	575	150	Certificat ou diplôme d'une école de métiers (33)	203
745	230	645	835	690	280	Certificat ou diplôme collégial (34)	204
190	180	170	370	170	95	Certificat universitaire inférieur au baccalauréat	205
990	390	705	1,495	780	430	Études universitaires avec baccalauréat ou diplôme supérieur	206
						selon les combinaisons de travail non rémunéré	
2,210	925	2,030	3,110	2,535	960	Hommes de 15 ans et plus	207
1,805	790	1,745	2,720	2,275	815	Travail non rémunéré déclaré (35)	208
165	115	185	265	230	75	Travaux ménagers et soins aux enfants et soins ou aide aux personnes âgées	209
525	165	430	735	705	180	Travaux ménagers et soins aux enfants seulement	210
115	80	120	230	170	140	Travaux ménagers et soins ou aide aux personnes âgées seulement	211
-	-	15	25	-	10	Soins aux enfants et soins ou aide aux personnes âgées seulement	212
965	430	935	1,390	1,145	375	Travaux ménagers seulement	213
10	-	40	40	20	10	Soins aux enfants seulement	214
25	-	20	40	-	15	Soins ou aide aux personnes âgées seulement	215
2,410	1,025	2,190	3,405	2,535	980	Femmes de 15 ans et plus	216
2,145	945	1,975	3,095	2,330	870	Travail non rémunéré déclaré (35)	217
250	145	275	450	320	165	Travaux ménagers et soins aux enfants et soins ou aide aux personnes âgées	218
605	220	635	865	845	225	Travaux ménagers et soins aux enfants seulement	219
230	105	200	325	165	180	Travaux ménagers et soins ou aide aux personnes âgées seulement	220
-	-	-	-	10	-	Soins aux enfants et soins ou aide aux personnes âgées seulement	221
1,020	470	820	1,405	980	300	Travaux ménagers seulement	222
15	-	35	25	10	-	Soins aux enfants seulement	223
10	-	-	20	-	-	Soins ou aide aux personnes âgées seulement	224
						selon l'activité	
2,210	930	2,030	3,110	2,530	960	Hommes de 15 ans et plus	225
1,515	545	1,475	1,960	1,895	685	Population active	226
1,400	485	1,385	1,735	1,795	635	Personnes occupées	227
120	65	90	230	100	50	Chômeurs	228
695	380	555	1,145	635	270	Inactifs	229
68.6	58.6	72.7	63.0	74.9	71.4	Taux d'activité	230
63.3	52.2	68.2	55.8	70.9	66.1	Taux d'emploi	231
7.9	11.9	6.1	11.7	5.3	7.3	Taux de chômage	232
2,410	1,020	2,185	3,400	2,535	980	Femmes de 15 ans et plus	233
1,465	540	1,430	1,905	1,585	630	Population active	234
1,370	520	1,310	1,790	1,435	550	Personnes occupées	235
100	20	120	120	150	75	Chômeuses	236
945	485	755	1,495	955	350	Inactives	237
60.8	52.9	65.4	56.0	62.5	64.3	Taux d'activité	238
56.8	51.0	60.0	52.6	56.6	56.1	Taux d'emploi	239
6.8	3.7	8.4	6.3	9.5	11.9	Taux de chômage	240

Table 1. Selected Characteristics for Census Tracts, 2001 Census – 100% Data and 20% Sample Data

No.	Characteristics	Vancouver 0142.03	Vancouver 0143.01	Vancouver 0143.02	Vancouver 0143.03	Vancouver 0143.04	Vancouver 0144.03 A
	POPULATION CHARACTERISTICS						
	by labour force activity - concluded						
241	Both sexes - Participation rate	61.2	69.4	55.3	54.6	55.0	72.8
242	15-24 years	59.1	58.0	45.4	42.5	44.4	67.6
243	25 years and over	61.7	73.0	58.0	57.8	57.9	74.3
244	Both sexes - Employment rate	57.4	65.3	50.5	50.0	49.6	68.1
245	15-24 years	49.2	52.2	38.6	34.2	37.2	57.7
246	25 years and over	59.2	69.6	53.6	54.0	53.1	70.3
247	Both sexes - Unemployment rate	6.2	5.9	8.8	8.9	9.9	6.7
248	15-24 years	15.5	10.0	14.5	19.1	16.3	14.9
249	25 years and over	4.1	4.8	7.6	6.7	8.5	5.0
250	**Total labour force 15 years and over**	**3,135**	**3,235**	**2,050**	**2,125**	**2,580**	**1,335**
	by industry based on the 1997 NAICS						
251	Industry - Not applicable (36)	65	75	65	45	95	30
252	All industries (37)	3,070	3,160	1,980	2,080	2,485	1,305
253	11 Agriculture, forestry, fishing and hunting	20	15	-	20	35	20
254	21 Mining and oil and gas extraction	-	10	-	-	-	-
255	22 Utilities	15	15	-	15	-	-
256	23 Construction	125	100	40	85	75	35
257	31-33 Manufacturing	215	220	180	145	210	130
258	41 Wholesale trade	175	145	130	185	140	90
259	44-45 Retail trade	385	430	185	265	330	170
260	48-49 Transportation and warehousing	295	235	195	155	170	130
261	51 Information and cultural industries	90	95	20	50	55	35
262	52 Finance and insurance	185	305	120	155	185	80
263	53 Real estate and rental and leasing	120	110	110	60	110	35
264	54 Professional, scientific and technical services	220	300	145	150	310	70
265	55 Management of companies and enterprises	-	-	-	10	10	-
266	56 Administrative and support, waste management and remediation services	155	100	95	80	105	65
267	61 Educational services	190	205	115	150	180	75
268	62 Health care and social assistance	285	335	150	130	195	85
269	71 Arts, entertainment and recreation	55	60	30	60	15	45
270	72 Accommodation and food services	320	235	310	215	200	95
271	81 Other services (except public administration)	115	135	110	90	85	80
272	91 Public administration	110	125	50	80	75	65
	by class of worker						
273	Class of worker - Not applicable (36)	65	75	70	45	95	25
274	All classes of worker (37)	3,075	3,160	1,980	2,085	2,485	1,305
275	Paid workers	2,845	2,925	1,830	1,845	2,175	1,185
276	Employees	2,610	2,775	1,660	1,715	1,970	1,145
277	Self-employed (incorporated)	235	150	170	140	210	40
278	Self-employed (unincorporated)	215	235	150	215	295	120
279	Unpaid family workers	-	-	10	15	10	-
	by occupation based on the 2001 NOC-S						
280	Male labour force 15 years and over	1,660	1,610	1,120	1,160	1,335	715
281	Occupation - Not applicable (36)	40	55	20	15	45	25
282	All occupations (37)	1,620	1,555	1,110	1,150	1,285	690
283	A Management occupations	315	235	210	175	320	100
284	B Business, finance and administration occupations	240	230	150	150	255	85
285	C Natural and applied sciences and related occupations	170	225	120	125	160	45
286	D Health occupations	35	50	10	25	30	-
287	E Occupations in social science, education, government service and religion	65	80	95	80	80	35
288	F Occupations in art, culture, recreation and sport	45	40	30	25	35	35
289	G Sales and service occupations	355	380	245	270	250	185
290	H Trades, transport and equipment operators and related occupations	310	250	190	210	105	165
291	I Occupations unique to primary industry	40	25	15	45	-	10
292	J Occupations unique to processing, manufacturing and utilities	50	40	45	50	45	35
293	Female labour force 15 years and over	1,475	1,625	930	965	1,245	615
294	Occupation - Not applicable (36)	25	20	50	30	50	-
295	All occupations (37)	1,450	1,605	875	935	1,200	615
296	A Management occupations	90	100	60	70	165	45
297	B Business, finance and administration occupations	490	535	210	295	440	205
298	C Natural and applied sciences and related occupations	30	70	35	20	40	15
299	D Health occupations	115	130	100	45	140	50

Tableau 1. Certaines caractéristiques des secteurs de recensement, recensement de 2001 – Données intégrales et données-échantillon (20 %)

Vancouver 0144.04 A	Vancouver 0144.05 A	Vancouver 0144.06 A	Vancouver 0145	Vancouver 0146	Vancouver 0147.01 ◇	Caractéristiques	N°
						CARACTÉRISTIQUES DE LA POPULATION	
						selon l'activité – fin	
64.5	55.9	69.0	59.4	68.7	67.8	Les deux sexes - Taux d'activité	241
57.7	59.2	62.3	50.9	55.9	72.6	15-24 ans	242
66.1	55.2	70.5	61.8	71.4	66.6	25 ans et plus	243
60.0	51.5	63.9	54.0	63.7	61.2	Les deux sexes - Taux d'emploi	244
53.0	50.0	53.3	40.5	45.9	58.9	15-24 ans	245
61.5	51.7	66.6	57.9	67.8	61.6	25 ans et plus	246
7.0	7.8	7.4	9.2	7.1	9.5	Les deux sexes - Taux de chômage	247
8.2	16.3	15.2	20.7	19.2	20.8	15-24 ans	248
7.0	6.2	5.5	6.5	5.1	7.2	25 ans et plus	249
2,985	**1,090**	**2,910**	**3,875**	**3,480**	**1,310**	**Population active totale de 15 ans et plus**	250
						selon l'industrie basée sur le SCIAN de 1997	
70	50	50	155	95	55	Industrie - Sans objet (36)	251
2,915	1,045	2,855	3,720	3,385	1,260	Toutes les industries (37)	252
15	20	-	-	60	15	11 Agriculture, foresterie, pêche et chasse	253
-	-	10	-	10	-	21 Extraction minière et extraction de pétrole et de gaz	254
-	-	-	-	30	-	22 Services publics	255
120	25	120	100	165	30	23 Construction	256
220	55	220	255	370	105	31-33 Fabrication	257
140	60	130	305	230	95	41 Commerce de gros	258
375	185	375	475	420	150	44-45 Commerce de détail	259
240	90	290	285	255	70	48-49 Transport et entreposage	260
65	20	75	85	135	70	51 Industrie de l'information et industrie culturelle	261
150	65	260	260	190	80	52 Finance et assurances	262
80	35	50	175	95	35	53 Services immobiliers et services de location et de location à bail	263
200	35	220	285	195	70	54 Services professionnels, scientifiques et techniques	264
-	-	20	10	-	-	55 Gestion de sociétés et d'entreprises	265
145	35	85	200	150	60	56 Services administratifs, services de soutien, services de gestion des déchets et services d'assainissement	266
225	110	200	280	240	115	61 Services d'enseignement	267
315	140	250	290	255	105	62 Soins de santé et assistance sociale	268
85	10	35	90	70	-	71 Arts, spectacles et loisirs	269
300	70	280	285	270	100	72 Hébergement et services de restauration	270
125	40	145	185	135	75	81 Autres services, sauf les administrations publiques	271
110	55	90	145	110	80	91 Administrations publiques	272
						selon la catégorie de travailleurs	
70	50	50	155	95	55	Catégorie de travailleurs - Sans objet (36)	273
2,915	1,040	2,855	3,720	3,385	1,260	Toutes les catégories de travailleurs (37)	274
2,650	985	2,615	3,335	3,155	1,185	Travailleurs rémunérés	275
2,550	935	2,495	3,030	3,010	1,115	Employés	276
100	50	115	310	135	65	Travailleurs autonomes (entreprise constituée en société)	277
265	40	215	355	220	75	Travailleurs autonomes (entreprise non constituée en société)	278
-	15	30	25	10	-	Travailleurs familiaux non rémunérés	279
						selon la profession basée sur la CNP-S de 2001	
1,515	550	1,480	1,960	1,890	685	Hommes actifs de 15 ans et plus	280
25	25	25	100	15	15	Profession - Sans objet (36)	281
1,490	520	1,450	1,860	1,885	675	Toutes les professions (37)	282
230	75	165	395	250	105	A Gestion	283
140	45	175	270	175	90	B Affaires, finance et administration	284
160	35	190	285	210	70	C Sciences naturelles et appliquées et professions apparentées	285
35	-	50	35	20	20	D Secteur de la santé	286
75	35	115	90	85	45	E Sciences sociales, enseignement, administration publique et religion	287
25	15	35	60	55	20	F Arts, culture, sports et loisirs	288
400	170	320	420	415	125	G Ventes et services	289
305	105	335	215	455	145	H Métiers, transport et machinerie	290
40	15	15	50	75	25	I Professions propres au secteur primaire	291
80	10	55	50	145	30	J Transformation, fabrication et services d'utilité publique	292
1,470	540	1,435	1,910	1,585	630	Femmes actives de 15 ans et plus	293
45	20	25	50	85	40	Profession - Sans objet (36)	294
1,425	520	1,405	1,860	1,500	590	Toutes les professions (37)	295
90	40	115	170	85	35	A Gestion	296
400	115	450	600	490	225	B Affaires, finance et administration	297
20	10	35	10	35	10	C Sciences naturelles et appliquées et professions apparentées	298
135	60	130	140	120	20	D Secteur de la santé	299

Table 1. Selected Characteristics for Census Tracts, 2001 Census – 100% Data and 20% Sample Data

No.	Characteristics	Vancouver 0142.03	Vancouver 0143.01	Vancouver 0143.02	Vancouver 0143.03	Vancouver 0143.04	Vancouver 0144.03 A
	POPULATION CHARACTERISTICS						
	by occupation based on the 2001 NOC-S – concluded						
300	E Occupations in social science, education, government service and religion	110	115	50	75	120	45
301	F Occupations in art, culture, recreation and sport	35	75	15	-	35	15
302	G Sales and service occupations	525	520	350	355	250	205
303	H Trades, transport and equipment operators and related occupations	30	20	10	10	-	-
304	I Occupations unique to primary industry	10	10	-	25	10	10
305	J Occupations unique to processing, manufacturing and utilities	15	35	50	45	10	20
306	**Total employed labour force 15 years and over**	**2,940**	**3,045**	**1,870**	**1,945**	**2,325**	**1,250**
	by place of work						
307	Males	1,545	1,485	1,035	1,060	1,205	660
308	Usual place of work	1,235	1,180	815	830	915	545
309	At home	125	125	95	90	125	-
310	Outside Canada	25	40	15	25	75	10
311	No fixed workplace address	170	135	110	115	95	95
312	Females	1,400	1,560	835	885	1,115	585
313	Usual place of work	1,180	1,350	710	735	945	485
314	At home	100	150	85	85	120	50
315	Outside Canada	-	10	10	10	35	10
316	No fixed workplace address	110	55	25	60	20	35
317	**Total employed labour force 15 years and over with usual place of work or no fixed workplace address**	**2,695**	**2,720**	**1,670**	**1,740**	**1,970**	**1,165**
	by mode of transportation						
318	Males	1,400	1,320	930	945	1,005	645
319	Car, truck, van, as driver	1,220	1,185	835	770	845	550
320	Car, truck, van, as passenger	65	60	15	80	65	40
321	Public transit	55	30	35	40	55	20
322	Walked	10	10	15	40	25	25
323	Other method	45	30	25	20	20	10
324	Females	1,295	1,400	740	795	965	520
325	Car, truck, van, as driver	980	1,150	545	590	700	405
326	Car, truck, van, as passenger	130	140	90	115	125	95
327	Public transit	150	75	55	85	105	10
328	Walked	15	20	40	-	15	10
329	Other method	20	15	15	15	15	-
330	**Total population 15 years and over who worked since January 1, 2000**	**3,405**	**3,450**	**2,210**	**2,345**	**2,695**	**1,415**
	by language used at work						
331	Single responses	2,995	2,850	1,795	1,900	2,010	1,280
332	English	2,885	2,705	1,670	1,750	1,795	1,235
333	French	-	-	-	-	-	-
334	Non-official languages (5)	105	145	120	150	210	40
335	Chinese, n.o.s.	35	20	25	25	80	-
336	Cantonese	40	100	55	75	115	25
337	Other languages (6)	25	25	35	50	15	20
338	Multiple responses	410	600	420	440	685	135
339	English and French	15	-	15	20	15	10
340	English and non-official language	380	600	410	420	655	130
341	French and non-official language	-	-	-	-	-	-
342	English, French and non-official language	15	-	-	-	10	-
	DWELLING AND HOUSEHOLD CHARACTERISTICS						
343	**Total number of occupied private dwellings**	**2,225**	**1,605**	**1,540**	**1,555**	**1,675**	**675**
	by tenure						
344	Owned	1,680	1,350	975	1,190	1,455	540
345	Rented	550	255	570	365	220	140
346	Band housing	-	-	-	-	-	-
	by structural type of dwelling						
347	Single-detached house	1,250	1,360	890	1,000	1,425	585
348	Semi-detached house	65	90	70	45	75	-
349	Row house	25	120	330	180	130	80
350	Apartment, detached duplex	15	35	30	35	10	10
351	Apartment, building that has five or more storeys	10	-	170	-	-	-
352	Apartment, building that has fewer than five storeys (38)	865	-	45	300	30	-
353	Other single-attached house	-	-	-	-	-	-
354	Movable dwelling (39)	-	-	-	10	-	-

Tableau 1. Certaines caractéristiques des secteurs de recensement, recensement de 2001 – Données intégrales et données-échantillon (20 %)

Vancouver 0144.04 A	Vancouver 0144.05 A	Vancouver 0144.06 A	Vancouver 0145	Vancouver 0146	Vancouver 0147.01 ◇	Caractéristiques	N°
						CARACTÉRISTIQUES DE LA POPULATION	
						selon la profession basée sur la CNP-S de 2001 – fin	
110	70	95	235	145	100	E Sciences sociales, enseignement, administration publique et religion	300
80	-	25	65	40	25	F Arts, culture, sports et loisirs	301
525	175	505	570	510	140	G Ventes et services	302
25	15	10	15	25	15	H Métiers, transport et machinerie	303
-	10	-	15	25	-	I Professions propres au secteur primaire	304
45	15	40	35	25	-	J Transformation, fabrication et services d'utilité publique	305
2,770	**1,005**	**2,695**	**3,520**	**3,230**	**1,185**	**Population active occupée totale de 15 ans et plus**	306
						selon le lieu de travail	
1,400	485	1,380	1,735	1,795	630	Hommes	307
1,110	365	1,080	1,345	1,320	510	Lieu habituel de travail	308
100	30	120	190	110	40	À domicile	309
10	20	25	30	30	20	En dehors du Canada	310
185	70	160	165	335	70	Sans adresse de travail fixe	311
1,370	520	1,310	1,785	1,435	550	Femmes	312
1,205	430	1,115	1,480	1,250	500	Lieu habituel de travail	313
75	55	140	230	95	25	À domicile	314
-	10	10	10	10	-	En dehors du Canada	315
80	35	45	65	80	25	Sans adresse de travail fixe	316
2,575	**895**	**2,400**	**3,055**	**2,980**	**1,095**	**Population active occupée totale de 15 ans et plus ayant un lieu habituel de travail ou sans adresse de travail fixe**	317
						selon le mode de transport	
1,295	435	1,240	1,510	1,655	575	Hommes	318
1,095	385	1,045	1,340	1,480	480	Automobile, camion ou fourgonnette, en tant que conducteur	319
65	25	50	75	100	20	Automobile, camion ou fourgonnette, en tant que passager	320
70	30	85	60	35	25	Transport en commun	321
20	-	15	10	35	15	À pied	322
40	-	40	30	10	40	Autre moyen	323
1,285	460	1,160	1,545	1,330	520	Femmes	324
890	330	845	1,155	1,080	400	Automobile, camion ou fourgonnette, en tant que conductrice	325
175	75	180	210	120	45	Automobile, camion ou fourgonnette, en tant que passagère	326
180	45	95	135	95	55	Transport en commun	327
20	10	25	30	30	10	À pied	328
25	10	15	15	-	10	Autre moyen	329
3,305	**1,225**	**3,180**	**4,070**	**3,770**	**1,350**	**Population totale de 15 ans et plus ayant travaillé depuis le 1er janvier 2000**	330
						selon la langue utilisée au travail	
2,855	1,045	2,590	3,190	3,335	1,145	Réponses uniques	331
2,715	945	2,485	2,860	3,160	1,075	Anglais	332
-	-	-	-	-	-	Français	333
140	95	105	320	175	70	Langues non officielles (5)	334
50	40	10	165	40	20	Chinois, n.d.a.	335
30	20	65	70	25	10	Cantonais	336
55	35	25	85	110	45	Autres langues (6)	337
455	180	585	880	435	200	Réponses multiples	338
20	-	20	45	20	10	Anglais et français	339
425	180	560	810	410	180	Anglais et langue non officielle	340
-	-	-	-	-	-	Français et langue non officielle	341
-	-	-	30	-	20	Anglais, français et langue non officielle	342
						CARACTÉRISTIQUES DES LOGEMENTS ET DES MÉNAGES	
2,020	**760**	**1,600**	**2,315**	**2,005**	**715**	**Nombre total de logements privés occupés**	343
						selon le mode d'occupation	
1,180	570	1,270	1,910	1,420	485	Possédé	344
835	190	330	400	585	230	Loué	345
-	-	-	-	-	-	Logement de bande	346
						selon le type de construction résidentielle	
820	580	1,095	1,670	1,270	585	Maison individuelle non attenante	347
95	15	75	190	55	30	Maison jumelée	348
250	115	275	360	340	90	Maison en rangée	349
15	25	85	20	145	10	Appartement, duplex non attenant	350
-	-	-	-	-	-	Appartement, immeuble de cinq étages ou plus	351
830	20	65	65	185	-	Appartement, immeuble de moins de cinq étages (38)	352
-	10	-	-	-	-	Autre maison individuelle attenante	353
-	-	-	-	10	-	Logement mobile (39)	354

Table 1. Selected Characteristics for Census Tracts, 2001 Census – 100% Data and 20% Sample Data

No.	Characteristics	Vancouver 0142.03	Vancouver 0143.01	Vancouver 0143.02	Vancouver 0143.03	Vancouver 0143.04	Vancouver 0144.03 A
	DWELLING AND HOUSEHOLD CHARACTERISTICS						
	by condition of dwelling						
355	Regular maintenance only	1,570	1,075	1,005	1,090	1,165	365
356	Minor repairs	535	410	375	380	395	250
357	Major repairs	125	120	155	85	120	60
	by period of construction						
358	Before 1946	15	25	-	35	10	30
359	1946-1960	310	25	130	170	105	115
360	1961-1970	585	110	165	225	55	205
361	1971-1980	865	875	720	555	310	215
362	1981-1990	265	450	325	265	795	60
363	1991-2001 (20)	190	115	195	305	395	50
364	Average number of rooms per dwelling	6.4	7.2	6.7	6.7	7.4	7.6
365	Average number of bedrooms per dwelling	2.8	3.4	3.0	3.0	3.4	3.6
366	Average value of dwelling $	261,312	300,846	332,336	331,097	355,473	268,618
367	**Total number of private households**	**2,230**	**1,605**	**1,540**	**1,555**	**1,675**	**675**
	by household size						
368	1 person	485	85	365	275	150	70
369	2 persons	615	335	355	455	425	165
370	3 persons	390	370	245	250	320	160
371	4-5 persons	645	710	505	500	665	215
372	6 or more persons	90	110	65	85	115	70
	by household type						
373	One-family households	1,575	1,420	1,075	1,205	1,390	545
374	Multiple-family households	85	80	55	40	85	50
375	Non-family households	565	110	410	310	200	80
376	Number of persons in private households	6,265	5,590	4,425	4,620	5,605	2,265
377	Average number of persons in private households	2.8	3.5	2.9	3.0	3.3	3.3
378	Average number of persons per room	0.4	0.5	0.4	0.4	0.5	0.4
379	Tenant households in non-farm, non-reserve private dwellings (40)	540	255	570	370	220	140
380	Average gross rent $ (40)	905	1,166	674	964	1,106	1,151
381	Tenant households spending 30% or more of household income on gross rent (40) (41)	240	110	220	215	90	60
382	Tenant households spending from 30% to 99% of household income on gross rent (40) (41)	170	75	180	170	60	55
383	Owner households in non-farm, non-reserve private dwellings (42)	1,680	1,350	960	1,190	1,440	540
384	Average owner's major payments $ (42)	826	1,016	1,025	949	1,060	1,050
385	Owner households spending 30% or more of household income on owner's major payments (41) (42)	260	285	235	290	400	130
386	Owner households spending from 30% to 99% of household income on owner's major payments (41) (42)	200	265	185	230	325	125
	CENSUS FAMILY CHARACTERISTICS						
387	**Total number of census families in private households**	**1,755**	**1,575**	**1,185**	**1,285**	**1,580**	**645**
	by census family structure and size						
388	Total couple families	1,495	1,395	1,005	1,130	1,415	570
389	Total families of married couples	1,400	1,335	950	1,040	1,360	510
390	Without children at home	495	290	295	325	395	175
391	With children at home	910	1,050	655	710	965	335
392	1 child	320	335	170	210	300	105
393	2 children	420	560	350	340	475	155
394	3 or more children	175	160	130	155	195	75
395	Total families of common-law couples	95	55	55	95	50	55
396	Without children at home	45	35	30	80	25	35
397	With children at home	50	25	25	15	25	25
398	1 child	20	10	25	-	10	20
399	2 children	15	10	-	10	15	10
400	3 or more children	15	-	-	10	10	-
401	Total lone-parent families	260	185	180	155	170	85
402	Female parent	205	155	150	125	155	65
403	1 child	110	80	65	60	90	30
404	2 children	70	70	60	45	35	30
405	3 or more children	25	-	30	25	30	10

Tableau 1. Certaines caractéristiques des secteurs de recensement, recensement de 2001 – Données intégrales et données-échantillon (20 %)

Vancouver 0144.04 A	Vancouver 0144.05 A	Vancouver 0144.06 A	Vancouver 0145	Vancouver 0146	Vancouver 0147.01 ◇	Caractéristiques	Nº
						CARACTÉRISTIQUES DES LOGEMENTS ET DES MÉNAGES	
						selon l'état du logement	
1,395	545	1,135	1,740	1,290	420	Entretien régulier seulement	355
450	190	340	455	580	230	Réparations mineures	356
175	25	125	120	140	60	Réparations majeures	357
						selon la période de construction	
25	10	10	45	20	90	Avant 1946	358
165	100	185	120	210	80	1946-1960	359
635	80	310	230	345	105	1961-1970	360
930	420	650	530	950	190	1971-1980	361
190	85	325	910	240	115	1981-1990	362
65	70	120	480	235	135	1991-2001 (20)	363
6.0	6.9	6.9	7.1	6.6	7.4	Nombre moyen de pièces par logement	364
2.7	3.2	3.2	3.3	3.0	3.2	Nombre moyen de chambres à coucher par logement	365
226,825	299,610	261,063	343,777	273,937	375,360	Valeur moyenne du logement $	366
2,020	**760**	**1,600**	**2,310**	**2,005**	**715**	**Nombre total de logements privés**	367
						selon la taille du ménage	
505	150	190	250	285	105	1 personne	368
535	215	415	605	560	190	2 personnes	369
370	115	300	420	390	135	3 personnes	370
510	215	555	830	630	205	4-5 personnes	371
100	65	140	205	140	75	6 personnes ou plus	372
						selon le genre de ménage	
1,345	545	1,280	1,870	1,490	510	Ménages unifamiliaux	373
85	40	95	145	140	55	Ménages multifamiliaux	374
585	175	225	300	380	145	Ménages non familiaux	375
5,535	2,280	5,235	7,700	6,245	2,260	Nombre de personnes dans les ménages privés	376
2.7	3.0	3.3	3.3	3.1	3.2	Nombre moyen de personnes dans les ménages privés	377
0.5	0.4	0.5	0.5	0.5	0.4	Nombre moyen de personnes par pièce	378
835	190	325	400	585	220	Ménages locataires dans les logements privés non agricoles hors réserve (40)	379
899	1,076	945	1,235	987	1,026	Loyer brut moyen $ (40)	380
415	95	145	195	240	65	Ménages locataires consacrant 30 % ou plus du revenu du ménage au loyer brut (40) (41)	381
330	65	90	105	185	60	Ménages locataires consacrant de 30 % à 99 % du revenu du ménage au loyer brut (40) (41)	382
1,180	560	1,270	1,900	1,420	485	Ménages propriétaires dans les logements privés non agricoles hors réserve (42)	383
923	865	1,028	961	905	966	Principales dépenses de propriété moyennes $ (42)	384
285	170	305	570	215	130	Ménages propriétaires consacrant 30 % ou plus du revenu du ménage aux principales dépenses de propriété (41) (42)	385
270	125	290	440	185	105	Ménages propriétaires consacrant de 30 % à 99 % du revenu du ménage aux principales dépenses de propriété (41) (42)	386
						CARACTÉRISTIQUES DES FAMILLES DE RECENSEMENT	
1,520	**635**	**1,475**	**2,170**	**1,780**	**625**	**Total des familles de recensement dans les ménages privés**	387
						selon la structure et la taille de la famille de recensement	
1,285	560	1,260	1,895	1,510	560	Total des familles avec conjoints	388
1,175	545	1,200	1,800	1,405	500	Total des familles avec couples mariés	389
415	180	400	525	415	185	Sans enfants à la maison	390
760	365	795	1,275	990	320	Avec enfants à la maison	391
290	120	225	380	380	100	1 enfant	392
310	155	410	585	450	140	2 enfants	393
155	90	165	310	165	75	3 enfants ou plus	394
110	20	60	90	95	60	Total des familles en union libre	395
60	20	35	75	60	25	Sans enfants à la maison	396
55	-	30	20	40	30	Avec enfants à la maison	397
35	-	30	25	30	25	1 enfant	398
20	-	-	-	-	10	2 enfants	399
-	-	-	-	10	-	3 enfants ou plus	400
230	70	220	270	270	70	Total des familles monoparentales	401
220	55	150	240	220	55	Parent de sexe féminin	402
85	35	60	125	120	15	1 enfant	403
90	15	60	95	75	30	2 enfants	404
35	10	30	20	25	10	3 enfants ou plus	405

Table 1. Selected Characteristics for Census Tracts, 2001 Census – 100% Data and 20% Sample Data

No.	Characteristics	Vancouver 0142.03	Vancouver 0143.01	Vancouver 0143.02	Vancouver 0143.03	Vancouver 0143.04	Vancouver 0144.03 A
	CENSUS FAMILY CHARACTERISTICS						
	by census family structure and size – concluded						
406	Male parent	55	30	30	30	10	15
407	1 child	20	-	30	20	10	-
408	2 children	30	20	-	-	-	10
409	3 or more children	-	10	-	-	-	-
410	**Total number of children at home**	**2,240**	**2,255**	**1,635**	**1,690**	**2,235**	**835**
	by age groups						
411	Under 6 years	335	275	235	230	245	195
412	6-14 years	805	655	485	490	665	240
413	15-17 years	300	370	235	255	320	95
414	18-24 years	535	695	450	465	665	230
415	25 years and over	260	270	235	250	345	80
416	Average number of children at home per census family (43)	1.3	1.4	1.4	1.3	1.4	1.3
417	**Total number of persons in private households**	**6,265**	**5,590**	**4,430**	**4,620**	**5,605**	**2,270**
	by census family status and living arrangements						
418	Number of non-family persons	780	355	605	510	375	210
419	Living with relatives (44)	105	125	130	140	105	85
420	Living with non-relatives only	190	140	105	105	120	60
421	Living alone	485	85	370	275	150	65
422	Number of family persons	5,485	5,235	3,825	4,100	5,235	2,055
423	Average number of persons per census family	3.1	3.3	3.2	3.2	3.3	3.2
424	**Total number of persons 65 years and over**	**900**	**440**	**645**	**565**	**580**	**205**
425	Number of non-family persons 65 years and over	300	120	270	190	110	80
426	Living with relatives (44)	20	75	65	55	40	35
427	Living with non-relatives only	25	10	-	-	15	-
428	Living alone	260	30	205	135	65	40
429	Number of family persons 65 years and over	600	320	375	380	470	125
	ECONOMIC FAMILY CHARACTERISTICS						
430	**Total number of economic families in private households**	**1,690**	**1,500**	**1,140**	**1,255**	**1,495**	**595**
	by size of family						
431	2 persons	600	340	345	445	440	170
432	3 persons	385	370	240	255	280	160
433	4 persons	415	515	300	310	485	125
434	5 or more persons	290	280	250	255	290	150
435	Total number of persons in economic families	5,590	5,360	3,955	4,240	5,335	2,140
436	Average number of persons per economic family	3.3	3.6	3.5	3.4	3.6	3.6
437	Total number of unattached individuals	675	225	470	375	265	125
	2000 INCOME CHARACTERISTICS						
	Population 15 years and over by sex and total income groups in 2000						
438	Total - Both sexes	5,125	4,660	3,705	3,890	4,690	1,835
439	Without income	275	420	395	395	560	90
440	With income	4,845	4,240	3,315	3,495	4,130	1,750
441	Under $1,000 (45)	260	260	140	165	420	95
442	$ 1,000 - $ 2,999	250	235	160	220	220	65
443	$ 3,000 - $ 4,999	210	210	120	245	195	80
444	$ 5,000 - $ 6,999	235	195	195	215	255	130
445	$ 7,000 - $ 9,999	375	325	235	265	335	85
446	$10,000 - $11,999	155	135	235	180	165	70
447	$12,000 - $14,999	295	255	260	150	250	65
448	$15,000 - $19,999	455	330	410	420	340	105
449	$20,000 - $24,999	390	405	220	225	300	145
450	$25,000 - $29,999	365	235	200	255	255	110
451	$30,000 - $34,999	310	235	190	190	240	175
452	$35,000 - $39,999	235	240	185	120	205	120
453	$40,000 - $44,999	285	210	135	170	115	165
454	$45,000 - $49,999	190	125	160	120	155	110
455	$50,000 - $59,999	315	305	165	195	205	90
456	$60,000 and over	525	525	305	365	480	145
457	Average income $ (46)	28,892	29,382	26,508	28,522	28,670	27,629
458	Median income $ (46)	22,307	21,528	18,478	18,517	18,646	26,255
459	Standard error of average income $ (46)	856	928	907	1,484	1,588	1,027

Tableau 1. Certaines caractéristiques des secteurs de recensement, recensement de 2001 – Données intégrales et données-échantillon (20 %)

Vancouver 0144.04 A	Vancouver 0144.05 A	Vancouver 0144.06 A	Vancouver 0145	Vancouver 0146	Vancouver 0147.01 ◇	Caractéristiques	N°
						CARACTÉRISTIQUES DES FAMILLES DE RECENSEMENT	
						selon la structure et la taille de la famille de recensement – fin	
15	15	70	35	55	10	Parent de sexe masculin	406
-	15	45	15	55	-	1 enfant	407
15	-	10	10	-	10	2 enfants	408
-	-	10	-	-	-	3 enfants ou plus	409
1,895	**815**	**2,015**	**3,015**	**2,280**	**800**	**Nombre total d'enfants à la maison**	410
						selon les groupes d'âge	
270	105	270	340	455	90	Moins de 6 ans	411
635	225	740	845	725	235	6-14 ans	412
240	55	260	375	235	85	15-17 ans	413
475	280	475	1,000	575	220	18-24 ans	414
275	155	280	450	300	175	25 ans et plus	415
1.2	1.3	1.4	1.4	1.3	1.3	Nombre moyen d'enfants à la maison par famille de recensement (43)	416
5,535	**2,280**	**5,235**	**7,700**	**6,250**	**2,260**	**Nombre total de personnes dans les ménages privés**	417
						selon la situation des particuliers dans la famille de recensement et des particuliers dans le ménage	
835	270	490	625	680	270	Nombre de personnes hors famille de recensement	418
95	55	150	200	195	75	Vivant avec des personnes apparentées (44)	419
240	55	145	180	200	90	Vivant avec des personnes non apparentées uniquement	420
505	155	190	250	285	110	Vivant seules	421
4,700	2,010	4,745	7,075	5,570	1,990	Nombre de personnes membres d'une famille	422
3.1	3.2	3.2	3.3	3.1	3.2	Nombre moyen de personnes par famille de recensement	423
695	**345**	**485**	**915**	**510**	**275**	**Nombre total de personnes de 65 ans et plus**	424
270	125	100	235	155	100	Nombre de personnes hors famille de recensement de 65 ans et plus	425
55	35	40	125	85	60	Vivant avec des personnes apparentées (44)	426
15	-	25	-	-	-	Vivant avec des personnes non apparentées uniquement	427
200	85	40	110	70	35	Vivant seules	428
425	225	390	675	360	180	Nombre de personnes membres d'une famille de 65 ans et plus	429
						CARACTÉRISTIQUES DES FAMILLES ÉCONOMIQUES	
1,435	**595**	**1,390**	**2,025**	**1,670**	**580**	**Nombre total de familles économiques dans les ménages privés**	430
						selon la taille de la famille	
490	215	420	590	545	175	2 personnes	431
375	95	295	415	375	145	3 personnes	432
320	155	380	570	420	140	4 personnes	433
250	115	295	450	335	130	5 personnes ou plus	434
4,795	2,065	4,900	7,280	5,765	2,070	Nombre total de personnes dans les familles économiques	435
3.3	3.5	3.5	3.6	3.5	3.5	Nombre moyen de personnes par famille économique	436
740	210	335	425	485	195	Nombre total de personnes hors famille économique	437
						CARACTÉRISTIQUES DU REVENU DE 2000	
						Population de 15 ans et plus selon le sexe et les tranches de revenu total en 2000	
4,625	1,950	4,220	6,515	5,070	1,935	Total - Les deux sexes	438
285	140	300	620	370	70	Sans revenu	439
4,335	1,815	3,915	5,895	4,700	1,865	Avec un revenu	440
270	190	305	580	210	130	Moins de 1 000 $ (45)	441
215	145	185	350	255	80	1 000 $ - 2 999 $	442
185	65	120	145	155	95	3 000 $ - 4 999 $	443
205	105	210	405	160	80	5 000 $ - 6 999 $	444
350	140	275	445	285	110	7 000 $ - 9 999 $	445
160	105	195	410	255	120	10 000 $ - 11 999 $	446
300	120	210	410	310	90	12 000 $ - 14 999 $	447
440	205	345	505	270	205	15 000 $ - 19 999 $	448
395	125	350	440	425	155	20 000 $ - 24 999 $	449
300	75	225	305	425	125	25 000 $ - 29 999 $	450
300	90	305	300	395	125	30 000 $ - 34 999 $	451
235	65	175	305	315	115	35 000 $ - 39 999 $	452
195	115	200	195	300	100	40 000 $ - 44 999 $	453
155	95	250	195	200	80	45 000 $ - 49 999 $	454
295	55	260	295	260	130	50 000 $ - 59 999 $	455
340	115	310	615	485	130	60 000 $ et plus	456
26,782	21,985	27,132	26,846	28,219	26,668	Revenu moyen $ (46)	457
20,591	15,526	21,522	16,636	25,259	20,267	Revenu médian $ (46)	458
1,132	1,009	848	973	673	1,560	Erreur type de revenu moyen $ (46)	459

Table 1. Selected Characteristics for Census Tracts, 2001 Census – 100% Data and 20% Sample Data

No.	Characteristics	Vancouver 0142.03	Vancouver 0143.01	Vancouver 0143.02	Vancouver 0143.03	Vancouver 0143.04	Vancouver 0144.03 A
	2000 INCOME CHARACTERISTICS						
	Population 15 years and over by sex and total income groups in 2000 – concluded						
460	Total - Males	2,445	2,270	1,780	1,880	2,245	880
461	Without income	105	210	185	160	200	30
462	With income	2,335	2,060	1,595	1,715	2,040	850
463	Under $1,000 (45)	150	130	40	100	225	40
464	$ 1,000 - $ 2,999	50	80	60	75	70	30
465	$ 3,000 - $ 4,999	90	105	45	95	85	25
466	$ 5,000 - $ 6,999	50	95	55	100	115	40
467	$ 7,000 - $ 9,999	145	160	130	110	125	35
468	$10,000 - $11,999	85	50	125	60	90	20
469	$12,000 - $14,999	145	85	115	55	115	35
470	$15,000 - $19,999	150	115	185	160	140	25
471	$20,000 - $24,999	180	180	105	115	200	90
472	$25,000 - $29,999	175	115	60	130	130	45
473	$30,000 - $34,999	150	120	75	80	120	95
474	$35,000 - $39,999	135	110	125	40	80	45
475	$40,000 - $44,999	140	100	75	125	65	90
476	$45,000 - $49,999	110	95	90	85	55	50
477	$50,000 - $59,999	225	140	110	135	95	55
478	$60,000 and over	370	385	205	245	335	125
479	Average income $ (46)	34,393	34,850	31,011	35,525	34,346	32,938
480	Median income $ (46)	28,124	26,765	20,670	24,514	21,296	32,687
481	Standard error of average income $ (46)	1,314	1,578	1,483	2,786	3,070	1,655
482	Total - Females	2,680	2,385	1,930	2,010	2,445	955
483	Without income	165	210	205	230	355	60
484	With income	2,510	2,180	1,720	1,780	2,090	895
485	Under $1,000 (45)	110	135	100	70	195	55
486	$ 1,000 - $ 2,999	205	155	100	145	150	30
487	$ 3,000 - $ 4,999	120	110	80	145	105	55
488	$ 5,000 - $ 6,999	190	100	140	110	135	95
489	$ 7,000 - $ 9,999	230	155	100	155	210	45
490	$10,000 - $11,999	70	90	110	125	75	50
491	$12,000 - $14,999	150	175	145	90	140	30
492	$15,000 - $19,999	310	215	220	265	195	80
493	$20,000 - $24,999	205	225	120	110	100	55
494	$25,000 - $29,999	185	125	145	125	125	70
495	$30,000 - $34,999	165	110	115	115	120	75
496	$35,000 - $39,999	105	130	60	70	125	70
497	$40,000 - $44,999	145	110	55	45	50	75
498	$45,000 - $49,999	85	30	70	40	100	55
499	$50,000 - $59,999	90	165	60	60	110	30
500	$60,000 and over	155	145	100	110	145	20
501	Average income $ (46)	23,784	24,203	22,337	21,779	23,129	22,598
502	Median income $ (46)	17,313	18,062	17,010	15,321	15,854	19,970
503	Standard error of average income $ (46)	1,070	956	1,062	1,163	1,004	1,156
	by composition of total income						
504	Total - Composition of income in 2000 % (47)	100.0	100.0	100.0	100.0	100.0	100.0
505	Employment income %	74.5	82.0	72.8	70.4	75.5	83.4
506	Government transfer payments %	11.7	7.1	12.9	9.9	9.0	8.6
507	Other %	13.8	11.0	14.3	19.7	15.5	8.0
	Population 15 years and over with employment income in 2000 by sex and work activity						
508	Both sexes with employment income (48)	3,235	3,310	2,165	2,210	2,595	1,370
509	Average employment income $	32,294	30,847	29,593	31,758	34,439	29,388
510	Standard error of average employment income $	1,070	1,032	1,169	1,799	2,345	1,156
511	Worked full year, full time (49)	1,610	1,560	1,090	1,050	1,195	675
512	Average employment income $	46,116	45,277	41,916	46,556	51,958	40,776
513	Standard error of average employment income $	1,626	1,563	1,777	3,196	4,657	1,499
514	Worked part year or part time (50)	1,550	1,685	1,025	1,125	1,325	650
515	Average employment income $	18,960	18,189	17,466	18,525	19,886	18,665
516	Standard error of average employment income $	997	1,030	1,015	1,458	1,467	1,317
517	Males with employment income (48)	1,695	1,645	1,200	1,205	1,345	705
518	Average employment income $	36,955	36,724	32,196	38,423	40,717	34,915
519	Standard error of average employment income $	1,521	1,728	1,710	3,001	4,343	1,814
520	Worked full year, full time (49)	955	880	680	705	625	390
521	Average employment income $	49,023	50,571	43,618	51,868	62,929	46,250
522	Standard error of average employment income $	2,071	2,449	2,355	4,626	8,642	2,253
523	Worked part year or part time (50)	715	755	500	490	670	280
524	Average employment income $	21,727	20,649	17,451	19,309	22,013	22,045
525	Standard error of average employment income $	1,601	1,846	1,463	2,211	2,475	2,089

Tableau 1. Certaines caractéristiques des secteurs de recensement, recensement de 2001 – Données intégrales et données-échantillon (20 %)

Vancouver 0144.04 A	Vancouver 0144.05 A	Vancouver 0144.06 A	Vancouver 0145	Vancouver 0146	Vancouver 0147.01 ◇	Caractéristiques	N°
						CARACTÉRISTIQUES DU REVENU DE 2000	
						Population de 15 ans et plus selon le sexe et les tranches de revenu total en 2000 – fin	
2,210	930	2,035	3,110	2,530	955	Total - Hommes	460
95	70	105	280	140	35	Sans revenu	461
2,110	860	1,930	2,835	2,390	920	Avec un revenu	462
130	90	135	295	85	55	Moins de 1 000 $ (45)	463
90	85	60	125	60	10	1 000 $ - 2 999 $	464
95	15	70	45	75	30	3 000 $ - 4 999 $	465
125	35	45	180	65	45	5 000 $ - 6 999 $	466
170	65	95	165	125	55	7 000 $ - 9 999 $	467
50	50	85	240	120	40	10 000 $ - 11 999 $	468
120	65	80	150	130	20	12 000 $ - 14 999 $	469
175	95	190	250	80	90	15 000 $ - 19 999 $	470
125	70	190	195	230	80	20 000 $ - 24 999 $	471
145	30	110	160	135	70	25 000 $ - 29 999 $	472
125	35	140	85	250	65	30 000 $ - 34 999 $	473
170	35	75	140	210	55	35 000 $ - 39 999 $	474
80	50	110	90	180	65	40 000 $ - 44 999 $	475
75	50	150	115	120	50	45 000 $ - 49 999 $	476
180	15	155	155	175	100	50 000 $ - 59 999 $	477
260	85	240	450	350	90	60 000 $ et plus	478
30,796	23,841	31,943	32,883	33,092	33,427	Revenu moyen $ (46)	479
24,536	16,560	25,238	18,923	30,752	26,470	Revenu médian $ (46)	480
1,781	1,631	1,394	1,837	1,024	2,853	Erreur type de revenu moyen $ (46)	481
2,415	1,025	2,190	3,405	2,535	980	Total - Femmes	482
185	70	200	340	230	35	Sans revenu	483
2,225	950	1,990	3,060	2,305	945	Avec un revenu	484
135	100	165	290	130	75	Moins de 1 000 $ (45)	485
120	65	125	225	195	65	1 000 $ - 2 999 $	486
90	50	45	95	80	70	3 000 $ - 4 999 $	487
85	70	165	225	95	35	5 000 $ - 6 999 $	488
180	75	175	280	155	55	7 000 $ - 9 999 $	489
105	60	110	175	125	80	10 000 $ - 11 999 $	490
185	60	130	260	180	65	12 000 $ - 14 999 $	491
265	110	150	255	190	110	15 000 $ - 19 999 $	492
270	55	160	245	195	70	20 000 $ - 24 999 $	493
155	45	115	140	290	50	25 000 $ - 29 999 $	494
175	50	165	215	150	70	30 000 $ - 34 999 $	495
65	30	100	160	105	60	35 000 $ - 39 999 $	496
115	70	95	110	120	40	40 000 $ - 44 999 $	497
80	45	105	80	85	25	45 000 $ - 49 999 $	498
115	40	110	145	85	30	50 000 $ - 59 999 $	499
80	35	75	165	135	40	60 000 $ et plus	500
22,975	20,311	22,456	21,260	23,167	20,071	Revenu moyen $ (46)	501
18,306	14,711	16,811	14,925	19,998	15,615	Revenu médian $ (46)	502
1,401	1,224	933	741	815	1,217	Erreur type de revenu moyen $ (46)	503
						selon la composition du revenu total	
100.0	100.0	100.0	100.0	100.0	100.0	Total - Composition du revenu en 2000 % (47)	504
78.0	68.7	81.4	75.4	85.4	80.8	Revenu d'emploi %	505
12.4	14.5	8.8	10.3	7.7	10.0	Transferts gouvernementaux %	506
9.7	16.8	9.9	14.2	6.8	9.0	Autre %	507
						Population de 15 ans et plus ayant un revenu d'emploi en 2000 selon le sexe et le travail	
3,180	1,145	2,985	3,845	3,710	1,370	Les deux sexes ayant un revenu d'emploi (48)	508
28,462	23,926	28,961	31,047	30,508	29,473	Revenu moyen d'emploi $	509
1,430	1,352	1,003	1,356	755	2,000	Erreur type de revenu moyen d'emploi $	510
1,615	480	1,450	1,750	1,730	715	Ayant travaillé toute l'année à plein temps (49)	511
40,155	36,989	41,096	47,509	40,592	39,254	Revenu moyen d'emploi $	512
2,521	2,236	1,524	2,524	1,062	1,907	Erreur type de revenu moyen d'emploi $	513
1,480	615	1,485	1,970	1,875	585	Ayant travaillé une partie de l'année ou à temps partiel (50)	514
16,826	15,410	17,788	17,879	21,757	20,438	Revenu moyen d'emploi $	515
1,135	1,322	991	904	896	3,776	Erreur type de revenu moyen d'emploi $	516
1,610	590	1,555	1,895	2,015	720	Hommes ayant un revenu d'emploi (48)	517
32,547	26,086	32,987	38,420	35,170	36,009	Revenu moyen d'emploi $	518
2,147	2,125	1,605	2,550	1,106	3,503	Erreur type de revenu moyen d'emploi $	519
905	225	830	920	1,055	430	Ayant travaillé toute l'année à plein temps (49)	520
43,594	43,697	44,213	58,910	44,066	43,106	Revenu moyen d'emploi $	521
3,280	3,727	2,317	4,444	1,421	2,812	Erreur type de revenu moyen d'emploi $	522
665	340	695	920	920	265	Ayant travaillé une partie de l'année ou à temps partiel (50)	523
18,751	15,303	20,408	19,674	25,354	27,277	Revenu moyen d'emploi $	524
2,212	1,652	1,697	1,573	1,480	8,092	Erreur type de revenu moyen d'emploi $	525

Table 1. Selected Characteristics for Census Tracts, 2001 Census – 100% Data and 20% Sample Data

No.	Characteristics	Vancouver 0142.03	Vancouver 0143.01	Vancouver 0143.02	Vancouver 0143.03	Vancouver 0143.04	Vancouver 0144.03 A
	2000 INCOME CHARACTERISTICS						
	Population 15 years and over with employment income in 2000 by sex and work activity – concluded						
526	Females with employment income (48)	1,535	1,660	960	1,010	1,250	660
527	Average employment income $	27,145	25,021	26,354	23,786	27,660	23,471
528	Standard error of average employment income $	1,452	1,057	1,540	1,657	1,424	1,277
529	Worked full year, full time (49)	650	680	410	350	575	290
530	Average employment income $	41,865	38,419	39,082	35,755	40,044	33,299
531	Standard error of average employment income $	2,577	1,556	2,658	2,758	2,134	1,406
532	Worked part year or part time (50)	835	935	520	640	650	365
533	Average employment income $	16,590	16,208	17,480	17,930	17,691	16,047
534	Standard error of average employment income $	1,216	1,090	1,409	1,936	1,565	1,640
	Census families by structure and family income groups in 2000						
535	Total - All census families	1,750	1,580	1,190	1,285	1,585	650
536	Under $10,000	135	85	50	70	145	10
537	$ 10,000 - $19,999	90	85	140	145	130	35
538	$ 20,000 - $29,999	210	115	125	185	180	40
539	$ 30,000 - $39,999	160	135	180	135	200	95
540	$ 40,000 - $49,999	155	195	55	100	130	55
541	$ 50,000 - $59,999	165	125	100	80	110	85
542	$ 60,000 - $69,999	125	125	100	120	140	100
543	$ 70,000 - $79,999	180	110	100	105	90	40
544	$ 80,000 - $89,999	90	115	90	70	40	45
545	$ 90,000 - $99,999	110	80	65	45	55	35
546	$100,000 and over	330	410	195	235	360	115
547	Average family income $	66,932	72,586	62,216	67,269	68,341	66,544
548	Median family income $	56,966	63,745	55,165	50,858	50,995	60,909
549	Standard error of average family income $	2,571	2,496	2,648	4,386	4,231	2,806
550	Total - All couple census families (51)	1,495	1,400	1,005	1,125	1,415	565
551	Under $10,000	95	65	40	50	120	-
552	$ 10,000 - $19,999	75	50	100	95	90	25
553	$ 20,000 - $29,999	155	95	110	170	155	25
554	$ 30,000 - $39,999	120	100	110	130	190	80
555	$ 40,000 - $49,999	125	165	50	85	125	45
556	$ 50,000 - $59,999	135	115	75	75	100	80
557	$ 60,000 - $69,999	105	115	95	90	120	85
558	$ 70,000 - $79,999	160	90	105	105	85	45
559	$ 80,000 - $89,999	90	110	90	70	40	40
560	$ 90,000 - $99,999	105	75	55	45	45	25
561	$100,000 and over	330	415	185	220	350	120
562	Average family income $	71,980	77,262	66,781	71,187	71,338	69,114
563	Median family income $	64,317	68,953	63,163	55,161	51,870	62,257
564	Standard error of average family income $	2,898	2,693	2,996	4,891	4,707	3,108
	Incidence of low income in 2000						
565	Total - Economic families	1,690	1,505	1,145	1,260	1,495	595
566	Low income	335	245	255	345	420	50
567	Incidence of low income in 2000 % (52)	19.8	16.1	22.2	27.6	28.0	8.8
568	Total - Unattached individuals 15 years and over	670	225	470	370	270	130
569	Low income	200	95	265	150	45	35
570	Incidence of low income in 2000 % (52)	29.4	42.0	56.5	40.6	18.3	26.0
571	Total - Population in private households	6,265	5,590	4,425	4,610	5,605	2,265
572	Low income	1,410	1,030	1,165	1,355	1,760	240
573	Incidence of low income in 2000 % (52)	22.5	18.4	26.3	29.4	31.3	10.6
	Private households by household income groups in 2000						
574	Total - All private households	2,230	1,605	1,540	1,560	1,675	675
575	Under $10,000	110	65	100	100	110	15
576	$ 10,000 - $19,999	225	80	275	195	125	40
577	$ 20,000 - $29,999	320	90	150	215	185	30
578	$ 30,000 - $39,999	260	110	180	160	230	70
579	$ 40,000 - $49,999	175	170	110	120	145	75
580	$ 50,000 - $59,999	190	170	90	115	140	95
581	$ 60,000 - $69,999	160	125	100	145	145	70
582	$ 70,000 - $79,999	180	115	115	105	95	35
583	$ 80,000 - $89,999	115	105	110	95	45	40
584	$ 90,000 - $99,999	120	110	85	40	70	30
585	$100,000 and over	375	470	235	265	400	180
586	Average household income $	62,751	77,480	57,043	64,031	70,730	71,088
587	Median household income $	52,043	69,273	48,002	49,036	54,398	62,167
588	Standard error of average household income $	2,212	2,481	2,329	3,750	4,079	3,057

Tableau 1. Certaines caractéristiques des secteurs de recensement, recensement de 2001 – Données intégrales et données-échantillon (20 %)

Vancouver 0144.04 A	Vancouver 0144.05 A	Vancouver 0144.06 A	Vancouver 0145	Vancouver 0146	Vancouver 0147.01 ◇	Caractéristiques	N°
						CARACTÉRISTIQUES DU REVENU DE 2000	
						Population de 15 ans et plus ayant un revenu d'emploi en 2000 selon le sexe et le travail – fin	
1,570	555	1,430	1,955	1,695	650	Femmes ayant un revenu d'emploi (48)	526
24,280	21,642	24,598	23,892	24,964	22,284	Revenu moyen d'emploi $	527
1,860	1,631	1,124	912	925	1,510	Erreur type de revenu moyen d'emploi $	528
715	245	620	830	680	285	Ayant travaillé toute l'année à plein temps (49)	529
35,779	30,765	36,921	34,822	35,201	33,511	Revenu moyen d'emploi $	530
3,900	2,293	1,677	1,368	1,461	2,017	Erreur type de revenu moyen d'emploi $	531
810	275	790	1,055	950	320	Ayant travaillé une partie de l'année ou à temps partiel (50)	532
15,242	15,540	15,501	16,310	18,258	14,619	Revenu moyen d'emploi $	533
972	2,117	1,118	998	985	1,696	Erreur type de revenu moyen d'emploi $	534
						Familles de recensement selon la structure et les tranches de revenu de la famille en 2000	
1,520	630	1,475	2,165	1,780	625	Total - Toutes les familles de recensement	535
90	70	75	210	55	15	Moins de 10 000 $	536
130	35	85	180	105	25	10 000 $ - 19 999 $	537
145	115	135	240	110	70	20 000 $ - 29 999 $	538
180	70	190	250	200	70	30 000 $ - 39 999 $	539
130	60	110	170	240	100	40 000 $ - 49 999 $	540
135	60	165	210	225	35	50 000 $ - 59 999 $	541
185	30	140	150	165	55	60 000 $ - 69 999 $	542
160	10	125	125	145	55	70 000 $ - 79 999 $	543
95	65	125	135	170	40	80 000 $ - 89 999 $	544
95	30	55	100	80	45	90 000 $ - 99 999 $	545
175	80	270	390	280	110	100 000 $ et plus	546
61,801	52,290	64,566	66,124	63,941	68,982	Revenu moyen des familles $	547
54,748	45,173	57,211	50,755	58,218	59,003	Revenu médian des familles $	548
3,939	2,990	2,273	2,915	1,777	4,342	Erreur type de revenu moyen des familles $	549
1,290	565	1,260	1,895	1,510	560	Total - Toutes les familles de recensement comptant un couple (51)	550
90	55	50	140	35	10	Moins de 10 000 $	551
85	35	50	140	80	20	10 000 $ - 19 999 $	552
120	110	115	215	75	70	20 000 $ - 29 999 $	553
155	50	175	220	155	55	30 000 $ - 39 999 $	554
105	50	85	125	200	95	40 000 $ - 49 999 $	555
105	50	135	195	200	25	50 000 $ - 59 999 $	556
145	25	140	135	135	50	60 000 $ - 69 999 $	557
150	10	120	120	135	55	70 000 $ - 79 999 $	558
90	55	100	125	160	35	80 000 $ - 89 999 $	559
90	35	50	100	70	40	90 000 $ - 99 999 $	560
155	80	240	380	265	105	100 000 $ et plus	561
64,512	54,489	66,628	70,447	67,316	67,167	Revenu moyen des familles $	562
58,744	47,449	61,180	54,828	60,394	61,216	Revenu médian des familles $	563
4,497	3,224	2,474	3,195	1,929	3,724	Erreur type de revenu moyen des familles $	564
						Fréquence des unités à faible revenu en 2000	
1,435	595	1,395	2,030	1,675	585	Total - Familles économiques	565
280	200	230	500	190	80	Faible revenu	566
19.7	33.7	16.7	24.7	11.5	14.0	Fréquence des unités à faible revenu en 2000 % (52)	567
735	210	340	420	475	195	Total - Personnes hors famille économique de 15 ans et plus	568
295	85	165	180	115	85	Faible revenu	569
40.3	39.0	49.3	42.8	24.1	45.1	Fréquence des unités à faible revenu en 2000 % (52)	570
5,530	2,280	5,235	7,700	6,240	2,260	Total - Population dans les ménages privés	571
1,285	775	950	2,055	770	405	Faible revenu	572
23.3	33.9	18.2	26.7	12.3	18.0	Fréquence des unités à faible revenu en 2000 % (52)	573
						Ménages privés selon les tranches de revenu du ménage en 2000	
2,020	760	1,600	2,315	2,005	710	Total - Tous les ménages privés	574
120	75	65	200	70	20	Moins de 10 000 $	575
245	85	105	200	115	60	10 000 $ - 19 999 $	576
215	110	160	240	120	65	20 000 $ - 29 999 $	577
250	85	150	220	190	90	30 000 $ - 39 999 $	578
155	60	155	165	260	115	40 000 $ - 49 999 $	579
245	75	170	270	240	45	50 000 $ - 59 999 $	580
185	40	155	170	205	60	60 000 $ - 69 999 $	581
160	15	115	165	170	50	70 000 $ - 79 999 $	582
110	65	155	135	175	40	80 000 $ - 89 999 $	583
110	40	45	110	90	30	90 000 $ - 99 999 $	584
230	100	330	430	360	140	100 000 $ et plus	585
57,552	52,570	66,381	68,369	66,046	69,728	Revenu moyen des ménages $	586
50,257	43,714	59,310	54,953	59,800	50,985	Revenu médian des ménages $	587
3,189	2,848	2,261	2,933	1,765	4,418	Erreur type de revenu moyen des ménages $	588

Table 1. Selected Characteristics for Census Tracts, 2001 Census – 100% Data and 20% Sample Data

No.	Characteristics	Vancouver 0147.02	Vancouver 0147.04 A	Vancouver 0147.05 A	Vancouver 0147.06 A	Vancouver 0148	Vancouver 0149.02
	POPULATION CHARACTERISTICS						
1	**Population, 1996 (1)**	**7,445**	**4,392**	**3,131**	**6,780**	**4,640**	**4,881**
2	**Population, 2001 (2)**	**9,683**	**4,814**	**3,708**	**7,576**	**5,955**	**4,863**
3	Population percentage change, 1996-2001	30.1	9.6	18.4	11.7	28.3	-0.4
4	Land area in square kilometres, 2001	1.06	0.31	0.33	0.66	2.85	1.49
5	**Total population - 100% Data (3)**	**9,685**	**4,815**	**3,705**	**7,575**	**5,960**	**4,860**
	by sex and age groups						
6	Male	4,520	2,190	1,775	3,390	2,705	2,410
7	0-4 years	270	115	90	195	125	120
8	5-9 years	230	125	115	165	140	160
9	10-14 years	185	110	100	150	140	190
10	15-19 years	245	150	140	185	170	200
11	20-24 years	330	145	125	175	180	235
12	25-29 years	335	140	95	235	150	130
13	30-34 years	410	180	145	315	205	135
14	35-39 years	485	215	175	365	250	160
15	40-44 years	495	210	180	330	225	215
16	45-49 years	345	185	160	275	205	235
17	50-54 years	320	160	140	220	165	200
18	55-59 years	180	95	75	145	115	150
19	60-64 years	145	70	55	115	110	95
20	65-69 years	140	85	45	145	120	80
21	70-74 years	150	95	50	120	125	55
22	75-79 years	115	60	40	110	120	25
23	80-84 years	95	35	25	80	90	15
24	85 years and over	45	15	10	80	65	10
25	Female	5,155	2,625	1,940	4,180	3,255	2,455
26	0-4 years	265	105	90	175	105	95
27	5-9 years	240	115	110	175	165	150
28	10-14 years	195	110	85	135	135	140
29	15-19 years	195	130	105	190	160	205
30	20-24 years	395	130	110	230	195	185
31	25-29 years	425	165	135	270	185	120
32	30-34 years	540	225	180	330	225	160
33	35-39 years	565	295	250	375	275	225
34	40-44 years	455	265	195	375	245	225
35	45-49 years	365	225	165	340	210	240
36	50-54 years	305	185	145	270	200	220
37	55-59 years	210	130	80	205	135	140
38	60-64 years	205	130	85	180	150	120
39	65-69 years	220	110	55	175	160	60
40	70-74 years	205	120	60	185	160	55
41	75-79 years	175	90	45	200	200	55
42	80-84 years	120	65	15	190	165	30
43	85 years and over	75	30	15	160	185	20
44	**Total population 15 years and over**	**8,295**	**4,140**	**3,110**	**6,580**	**5,150**	**4,010**
	by legal marital status						
45	Never married (single)	2,675	1,250	935	1,910	1,460	1,325
46	Legally married (and not separated)	4,150	2,100	1,780	3,265	2,605	2,260
47	Separated, but still legally married	265	115	70	180	115	80
48	Divorced	680	395	170	595	360	180
49	Widowed	525	275	150	625	610	165
	by common-law status						
50	Not in a common-law relationship	7,850	3,915	3,000	6,220	4,990	3,885
51	In a common-law relationship	445	225	110	355	160	125
52	**Total population - 20% Sample Data (4)**	**9,660**	**4,815**	**3,710**	**7,430**	**5,700**	**4,860**
	by mother tongue						
53	Single responses	9,450	4,750	3,645	7,270	5,605	4,790
54	English	2,925	1,800	1,015	3,410	2,235	1,965
55	French	95	25	55	55	105	55
56	Non-official languages (5)	6,425	2,925	2,570	3,795	3,270	2,775
57	Chinese, n.o.s.	1,670	840	745	930	890	765
58	Cantonese	2,020	1,165	835	895	580	1,050
59	Punjabi	-	-	15	15	10	20
60	Mandarin	830	200	355	545	610	185
61	Tagalog (Pilipino)	560	90	270	300	255	125
62	Other languages (6)	1,345	635	355	1,115	925	630
63	Multiple responses	205	65	65	165	90	70
64	English and French	30	10	10	-	-	-
65	English and non-official language	180	55	60	155	75	70
66	French and non-official language	-	-	-	-	15	-
67	English, French and non-official language	-	-	-	-	-	-

See reference material at the end of the publication. – Voir les documents de référence à la fin de la publication.

Tableau 1. Certaines caractéristiques des secteurs de recensement, recensement de 2001 – Données intégrales et données-échantillon (20 %)

Vancouver 0149.03	Vancouver 0149.04 A	Vancouver 0149.05 A	Vancouver 0150	Vancouver 0151.01	Vancouver 0151.03 A	Caractéristiques	N°
						CARACTÉRISTIQUES DE LA POPULATION	
4,560	**6,186**	**1,871**	**706**	**6,977**	**2,152**	**Population, 1996 (1)**	1
7,350	**7,529**	**2,121**	**736**	**7,666**	**2,361**	**Population, 2001 (2)**	2
61.2	21.7	13.4	4.2	9.9	9.7	Variation en pourcentage de la population, 1996-2001	3
2.60	1.62	0.64	17.60	6.23	3.05	Superficie des terres en kilomètres carrés, 2001	4
7,350	**7,525**	**2,120**	**735**	**7,670**	**2,360**	**Population totale – Données intégrales (3)**	5
						selon le sexe et les groupes d'âge	
3,565	3,605	1,050	355	3,820	1,165	Sexe masculin	6
240	180	35	20	170	65	0-4 ans	7
245	235	55	35	215	80	5-9 ans	8
250	270	70	25	260	95	10-14 ans	9
255	280	100	20	295	80	15-19 ans	10
240	270	130	5	305	95	20-24 ans	11
185	220	70	20	310	85	25-29 ans	12
235	235	55	25	275	65	30-34 ans	13
290	285	70	35	335	90	35-39 ans	14
325	325	75	65	320	110	40-44 ans	15
320	315	100	30	330	100	45-49 ans	16
295	295	110	20	310	105	50-54 ans	17
200	220	55	15	165	45	55-59 ans	18
160	135	40	10	160	45	60-64 ans	19
135	115	25	15	145	45	65-69 ans	20
95	90	25	10	120	25	70-74 ans	21
65	80	20	5	65	25	75-79 ans	22
25	40	10	5	35	10	80-84 ans	23
10	20	5	10	15	5	85 ans et plus	24
3,785	3,925	1,070	380	3,845	1,195	Sexe féminin	25
180	170	40	30	190	65	0-4 ans	26
225	200	40	25	215	70	5-9 ans	27
250	255	50	25	205	90	10-14 ans	28
275	275	105	20	240	85	15-19 ans	29
245	250	95	15	280	100	20-24 ans	30
215	255	75	15	295	80	25-29 ans	31
315	310	70	30	345	80	30-34 ans	32
335	345	85	55	345	120	35-39 ans	33
385	420	95	40	345	95	40-44 ans	34
360	365	130	35	375	100	45-49 ans	35
310	330	95	20	290	75	50-54 ans	36
205	200	45	10	165	60	55-59 ans	37
150	160	20	15	145	45	60-64 ans	38
120	115	30	10	155	35	65-69 ans	39
95	95	30	5	110	30	70-74 ans	40
65	85	35	10	75	25	75-79 ans	41
30	60	25	5	40	15	80-84 ans	42
20	45	10	5	25	10	85 ans et plus	43
5,965	**6,225**	**1,830**	**570**	**6,415**	**1,885**	**Population totale de 15 ans et plus**	44
						selon l'état matrimonial légal	
1,690	1,910	695	140	2,075	560	Célibataire (jamais marié(e))	45
3,715	3,510	970	325	3,605	1,125	Légalement marié(e) (et non séparé(e))	46
95	145	25	25	135	40	Séparé(e), mais toujours légalement marié(e)	47
260	370	65	55	330	90	Divorcé(e)	48
205	295	80	25	270	75	Veuf ou veuve	49
						selon l'union libre	
5,815	5,975	1,780	525	6,225	1,850	Ne vivant pas en union libre	50
155	250	50	45	190	40	Vivant en union libre	51
7,350	**7,520**	**2,075**	**740**	**7,665**	**2,360**	**Population totale – Données-échantillon (20 %) (4)**	52
						selon la langue maternelle	
7,220	7,340	2,025	715	7,535	2,325	Réponses uniques	53
2,850	3,005	600	610	2,050	790	Anglais	54
90	20	20	15	40	-	Français	55
4,285	4,310	1,415	85	5,445	1,535	Langues non officielles (5)	56
1,315	1,145	270	-	1,265	275	Chinois, n.d.a.	57
1,395	1,550	475	20	2,240	380	Cantonais	58
40	140	45	-	210	320	Pendjabi	59
550	515	380	-	605	165	Mandarin	60
115	210	55	-	210	45	Tagalog (pilipino)	61
875	755	185	60	920	350	Autres langues (6)	62
130	185	50	20	130	35	Réponses multiples	63
-	10	15	10	-	-	Anglais et français	64
115	180	30	10	125	35	Anglais et langue non officielle	65
15	-	-	-	-	-	Français et langue non officielle	66
10	-	-	-	10	-	Anglais, français et langue non officielle	67

See reference material at the end of the publication. – Voir les documents de référence à la fin de la publication.

Table 1. Selected Characteristics for Census Tracts, 2001 Census – 100% Data and 20% Sample Data

No.	Characteristics	Vancouver 0147.02	Vancouver 0147.04 A	Vancouver 0147.05 A	Vancouver 0147.06 A	Vancouver 0148	Vancouver 0149.02
	POPULATION CHARACTERISTICS						
	by home language						
68	Single responses	6,840	3,600	2,760	5,525	4,185	3,440
69	English	3,305	2,165	1,150	3,680	2,325	2,180
70	French	15	-	35	20	20	-
71	Non-official languages (5)	3,525	1,435	1,580	1,830	1,830	1,260
72	Cantonese	1,480	685	690	750	415	610
73	Chinese, n.o.s.	950	350	485	370	430	420
74	Punjabi	-	-	-	-	-	10
75	Mandarin	500	105	240	325	465	80
76	Korean	15	15	25	25	-	-
77	Other languages (6)	585	280	155	360	525	135
78	Multiple responses	2,820	1,215	945	1,900	1,515	1,425
79	English and French	65	10	20	40	65	45
80	English and non-official language	2,695	1,180	900	1,850	1,435	1,350
81	French and non-official language	10	20	20	-	10	-
82	English, French and non-official language	50	-	-	10	-	30
	by knowledge of official languages						
83	English only	7,955	4,180	3,080	6,345	4,825	4,280
84	French only	10	-	30	-	-	-
85	English and French	430	210	125	470	300	290
86	Neither English nor French	1,260	430	465	610	575	295
	by knowledge of non-official languages (5) (7)						
87	Cantonese	2,430	1,305	1,000	1,205	760	1,245
88	Chinese, n.o.s.	1,575	730	730	805	855	720
89	Punjabi	25	-	15	45	20	25
90	Mandarin	1,515	710	685	1,010	890	525
91	Hindi	90	10	50	155	250	100
92	German	100	75	25	155	120	85
93	Spanish	120	65	70	290	65	105
	by first official language spoken						
94	English	8,215	4,330	3,170	6,705	5,020	4,510
95	French	110	15	70	65	105	50
96	English and French	95	40	15	60	15	10
97	Neither English nor French	1,240	430	450	595	555	295
98	Official language minority - (number) (8)	155	40	80	95	115	55
99	Official language minority - (percentage) (8)	1.6	0.8	2.2	1.3	2.0	1.1
	by ethnic origin (9)						
100	English	900	650	360	1,400	730	710
101	Canadian	875	430	270	965	605	515
102	Chinese	4,975	2,390	2,150	2,610	2,345	2,420
103	Scottish	705	425	250	835	415	465
104	Irish	525	325	115	645	335	330
105	German	370	220	60	400	230	250
106	East Indian	355	45	100	265	300	215
107	French	340	240	115	300	185	235
108	Ukrainian	240	125	120	275	90	80
109	Italian	60	100	30	75	30	70
110	Dutch (Netherlands)	180	90	35	155	120	170
111	Filipino	850	175	485	480	405	255
112	Polish	75	125	30	140	55	15
113	Norwegian	60	75	10	105	50	30
114	North American Indian	80	10	45	75	25	50
	by Aboriginal identity						
115	Total Aboriginal identity population (10)	65	15	50	70	10	30
116	Total non-Aboriginal population	9,595	4,795	3,660	7,355	5,690	4,830
	by Aboriginal origin						
117	Total Aboriginal origins population (11)	125	15	45	95	25	60
118	Total non-Aboriginal population	9,535	4,800	3,660	7,335	5,670	4,805
	by Registered Indian status						
119	Registered Indian (12)	20	-	-	20	10	10
120	Not a Registered Indian	9,635	4,805	3,705	7,410	5,695	4,855

Tableau 1. Certaines caractéristiques des secteurs de recensement, recensement de 2001 – Données intégrales et données-échantillon (20 %)

Vancouver 0149.03	Vancouver 0149.04 A	Vancouver 0149.05 A	Vancouver 0150	Vancouver 0151.01	Vancouver 0151.03 A	Caractéristiques	N°
						CARACTÉRISTIQUES DE LA POPULATION	
						selon la langue parlée à la maison	
5,310	5,170	1,525	640	5,175	1,625	Réponses uniques	68
3,225	3,250	670	635	2,225	785	Anglais	69
10	-	10	-	-	-	Français	70
2,080	1,915	850	-	2,955	835	Langues non officielles (5)	71
875	870	375	-	1,530	330	Cantonais	72
575	405	120	-	570	125	Chinois, n.d.a.	73
-	50	-	-	45	190	Pendjabi	74
265	300	280	-	325	75	Mandarin	75
10	20	-	-	85	-	Coréen	76
350	280	75	-	400	125	Autres langues (6)	77
2,040	2,355	545	100	2,490	740	Réponses multiples	78
95	15	-	40	30	-	Anglais et français	79
1,905	2,325	545	60	2,365	695	Anglais et langue non officielle	80
35	15	-	-	-	-	Français et langue non officielle	81
-	-	-	-	95	40	Anglais, français et langue non officielle	82
						selon la connaissance des langues officielles	
6,255	6,685	1,725	630	6,595	2,010	Anglais seulement	83
-	10	-	-	-	-	Français seulement	84
485	365	115	105	295	65	Anglais et français	85
610	460	235	-	775	290	Ni l'anglais ni le français	86
						selon la connaissance des langues non officielles (5) (7)	
1,770	1,805	645	-	2,670	465	Cantonais	87
1,130	980	200	-	1,050	255	Chinois, n.d.a.	88
55	210	55	20	275	420	Pendjabi	89
1,045	1,225	655	-	1,460	260	Mandarin	90
160	170	-	15	185	185	Hindi	91
80	130	35	15	75	100	Allemand	92
270	200	30	-	110	-	Espagnol	93
						selon la première langue officielle parlée	
6,620	6,980	1,810	720	6,800	2,065	Anglais	94
100	25	15	20	45	-	Français	95
45	70	10	-	65	10	Anglais et français	96
590	445	240	-	760	280	Ni l'anglais ni le français	97
125	65	20	15	75	-	Minorité de langue officielle - (nombre) (8)	98
1.7	0.9	1.0	2.0	1.0	-	Minorité de langue officielle - (pourcentage) (8)	99
						selon l'origine ethnique (9)	
925	1,010	210	275	465	150	Anglais	100
950	805	135	235	590	245	Canadien	101
3,595	3,735	1,250	20	4,505	955	Chinois	102
715	715	145	270	390	75	Écossais	103
530	495	95	190	260	105	Irlandais	104
335	355	65	125	220	200	Allemand	105
245	385	35	15	475	505	Indien de l'Inde	106
255	195	30	105	120	80	Français	107
130	180	10	60	165	75	Ukrainien	108
150	85	25	-	105	25	Italien	109
140	70	15	40	40	55	Hollandais (Néerlandais)	110
265	455	105	40	330	85	Philippin	111
90	80	25	30	120	10	Polonais	112
35	50	15	20	35	10	Norvégien	113
40	20	-	15	70	70	Indien de l'Amérique du Nord	114
						selon l'identité autochtone	
50	10	-	-	40	20	Total de la population ayant une identité autochtone (10)	115
7,300	7,520	2,075	735	7,625	2,340	Total de la population non autochtone	116
						selon l'origine autochtone	
65	15	10	25	80	70	Total de la population ayant une origine autochtone (11)	117
7,290	7,505	2,075	715	7,585	2,290	Total de la population non autochtone	118
						selon le statut d'Indien inscrit	
30	-	-	-	25	10	Oui, Indien inscrit (12)	119
7,320	7,525	2,075	740	7,640	2,355	Non, pas un Indien inscrit	120

Table 1. Selected Characteristics for Census Tracts, 2001 Census – 100% Data and 20% Sample Data

No.	Characteristics	Vancouver 0147.02	Vancouver 0147.04 A	Vancouver 0147.05 A	Vancouver 0147.06 A	Vancouver 0148	Vancouver 0149.02
	POPULATION CHARACTERISTICS						
	by visible minority groups						
121	Total visible minority population	6,630	2,875	2,820	3,935	3,580	3,035
122	Chinese	4,845	2,300	2,080	2,650	2,345	2,310
123	South Asian	350	40	90	350	375	180
124	Black	45	55	-	40	40	45
125	Filipino	775	130	470	465	375	270
126	Latin American	20	35	15	155	25	15
127	Southeast Asian	60	-	25	30	50	105
128	Arab	40	40	-	50	40	-
129	West Asian	210	35	15	55	150	20
130	Korean	55	60	30	65	10	-
131	Japanese	130	80	30	60	105	35
132	Visible minority, n.i.e. (13)	-	10	-	-	20	-
133	Multiple visible minorities (14)	95	90	65	20	50	50
	by citizenship						
134	Canadian citizenship (15)	7,205	4,065	2,730	6,150	4,240	4,285
135	Citizenship other than Canadian	2,455	750	975	1,275	1,455	585
	by place of birth of respondent						
136	Non-immigrant population	3,070	1,820	955	3,185	1,905	2,050
137	Born in province of residence	1,940	1,135	635	1,930	1,070	1,510
138	Immigrant population (16)	6,360	2,915	2,675	4,160	3,690	2,745
139	United States	90	25	10	75	55	65
140	Central and South America	65	35	50	170	45	25
141	Caribbean and Bermuda	35	15	-	15	35	20
142	United Kingdom	200	135	75	310	185	125
143	Other Europe (17)	490	310	115	345	410	225
144	Africa	65	30	35	60	90	70
145	Asia and the Middle East	5,375	2,325	2,365	3,110	2,815	2,175
146	Oceania and other (18)	40	40	25	75	55	35
147	Non-permanent residents (19)	225	75	75	80	100	75
148	**Total immigrant population**	**6,360**	**2,920**	**2,680**	**4,160**	**3,685**	**2,745**
	by period of immigration						
149	Before 1961	270	75	35	325	260	145
150	1961-1970	225	180	80	285	200	165
151	1971-1980	435	270	250	360	405	475
152	1981-1990	870	580	345	790	510	620
153	1991-2001 (20)	4,560	1,810	1,965	2,400	2,325	1,345
154	1991-1995	1,850	1,080	930	1,135	975	620
155	1996-2001 (20)	2,710	735	1,030	1,265	1,350	720
	by age at immigration						
156	0-4 years	290	160	170	335	325	190
157	5-19 years	1,475	740	655	915	785	795
158	20 years and over	4,600	2,010	1,850	2,910	2,575	1,755
159	**Total population**	**9,655**	**4,815**	**3,705**	**7,425**	**5,695**	**4,865**
	by religion						
160	Catholic (21)	1,630	930	920	1,455	1,290	925
161	Protestant	1,470	865	475	1,750	1,180	940
162	Christian Orthodox	210	85	85	125	110	65
163	Christian, n.i.e. (22)	600	300	125	590	335	245
164	Muslim	320	100	35	245	290	140
165	Jewish	100	115	65	155	45	-
166	Buddhist	805	310	305	420	330	360
167	Hindu	95	-	25	60	150	90
168	Sikh	20	-	15	30	10	15
169	Eastern religions (23)	45	-	-	20	15	15
170	Other religions (24)	-	-	15	15	-	15
171	No religious affiliation (25)	4,355	2,105	1,645	2,560	1,950	2,050
172	**Total population 15 years and over**	**8,270**	**4,130**	**3,115**	**6,430**	**4,870**	**3,995**
	by generation status						
173	1st generation (26)	6,055	2,785	2,475	3,930	3,365	2,575
174	2nd generation (27)	960	590	320	1,080	840	590
175	3rd generation and over (28)	1,250	750	320	1,415	665	835
176	**Total population 1 year and over (29)**	**9,535**	**4,785**	**3,630**	**7,310**	**5,655**	**4,815**
	by place of residence 1 year ago (mobility)						
177	Non-movers	7,420	4,145	2,860	6,110	4,690	4,380
178	Movers	2,120	635	775	1,200	970	435
179	Non-migrants	1,150	280	485	630	425	210
180	Migrants	965	360	285	575	540	225
181	Internal migrants	445	195	145	295	290	150
182	Intraprovincial migrants	240	140	130	265	235	125
183	Interprovincial migrants	210	55	15	35	55	25
184	External migrants	520	155	140	280	250	75

Tableau 1. Certaines caractéristiques des secteurs de recensement, recensement de 2001 – Données intégrales et données-échantillon (20 %)

Vancouver 0149.03	Vancouver 0149.04 A	Vancouver 0149.05 A	Vancouver 0150	Vancouver 0151.01	Vancouver 0151.03 A	Caractéristiques	N°
						CARACTÉRISTIQUES DE LA POPULATION	
						selon les groupes de minorités visibles	
4,660	4,975	1,560	95	6,020	1,770	Total de la population des minorités visibles	121
3,525	3,555	1,250	20	4,470	925	Chinois	122
290	435	90	20	560	510	Sud-Asiatique	123
120	40	10	-	65	65	Noir	124
170	400	90	40	280	80	Philippin	125
105	55	15	-	60	-	Latino-Américain	126
100	15	25	-	145	90	Asiatique du Sud-Est	127
15	30	-	-	95	-	Arabe	128
70	45	20	-	10	25	Asiatique occidental	129
15	50	-	-	100	-	Coréen	130
180	190	45	15	25	40	Japonais	131
-	15	-	-	15	-	Minorité visible, n.i.a. (13)	132
70	135	20	-	190	40	Minorités visibles multiples (14)	133
						selon la citoyenneté	
5,915	6,230	1,670	695	6,485	1,995	Citoyenneté canadienne (15)	134
1,435	1,290	405	40	1,180	365	Citoyenneté autre que canadienne	135
						selon le lieu de naissance du répondant	
3,020	2,935	635	595	2,325	975	Population non immigrante	136
2,040	2,080	470	435	1,695	755	Née dans la province de résidence	137
4,205	4,490	1,420	135	5,280	1,365	Population immigrante (16)	138
35	55	25	10	30	10	États-Unis	139
95	70	15	-	75	10	Amérique centrale et du Sud	140
25	35	10	-	15	-	Caraïbes et Bermudes	141
125	195	70	20	105	50	Royaume-Uni	142
235	270	55	30	200	100	Autre Europe (17)	143
135	95	15	10	205	50	Afrique	144
3,415	3,760	1,225	60	4,560	1,150	Asie et Moyen-Orient	145
140	20	10	-	90	-	Océanie et autre (18)	146
125	100	20	10	60	25	Résidents non permanents (19)	147
4,210	**4,490**	**1,420**	**130**	**5,280**	**1,365**	**Population immigrante totale**	148
						selon la période d'immigration	
95	170	60	-	160	95	Avant 1961	149
210	270	50	20	140	115	1961-1970	150
520	485	155	45	765	245	1971-1980	151
620	1,055	325	35	870	220	1981-1990	152
2,765	2,505	835	25	3,335	685	1991-2001 (20)	153
1,305	1,330	460	-	1,915	445	1991-1995	154
1,450	1,170	370	20	1,420	240	1996-2001 (20)	155
						selon l'âge à l'immigration	
340	385	85	45	275	65	0-4 ans	156
960	1,180	435	10	1,545	405	5-19 ans	157
2,905	2,925	895	80	3,455	895	20 ans et plus	158
7,350	**7,525**	**2,080**	**735**	**7,670**	**2,360**	**Population totale**	159
						selon la religion	
1,395	1,300	340	120	1,345	255	Catholique (21)	160
1,145	1,395	300	290	1,050	420	Protestante	161
20	65	-	25	40	25	Orthodoxe chrétienne	162
415	470	65	50	335	105	Chrétiennes, n.i.a. (22)	163
160	170	40	-	320	110	Musulmane	164
285	140	10	-	65	15	Juive	165
460	645	250	-	795	195	Bouddhiste	166
140	45	-	10	135	30	Hindoue	167
85	185	95	10	260	455	Sikh	168
20	20	10	-	10	-	Religions orientales (23)	169
-	10	-	10	-	-	Autres religions (24)	170
3,225	3,085	975	225	3,310	740	Aucune appartenance religieuse (25)	171
5,950	**6,220**	**1,825**	**580**	**6,415**	**1,870**	**Population totale de 15 ans et plus**	172
						selon le statut des générations	
3,865	4,155	1,335	130	4,940	1,300	1re génération (26)	173
950	1,025	340	180	740	365	2e génération (27)	174
1,140	1,050	155	270	740	210	3e génération et plus (28)	175
7,290	**7,485**	**2,055**	**725**	**7,595**	**2,320**	**Population totale de 1 an et plus (29)**	176
						selon le lieu de résidence 1 an auparavant (mobilité)	
5,970	6,285	1,760	690	6,350	1,950	Personnes n'ayant pas déménagé	177
1,320	1,200	300	40	1,245	370	Personnes ayant déménagé	178
680	740	95	35	595	230	Non-migrants	179
645	455	200	-	650	140	Migrants	180
315	255	115	-	445	45	Migrants internes	181
260	180	115	-	355	35	Migrants infraprovinciaux	182
50	70	-	-	90	10	Migrants interprovinciaux	183
330	200	85	-	200	100	Migrants externes	184

Table 1. Selected Characteristics for Census Tracts, 2001 Census – 100% Data and 20% Sample Data

No.	Characteristics	Vancouver 0147.02	Vancouver 0147.04 A	Vancouver 0147.05 A	Vancouver 0147.06 A	Vancouver 0148	Vancouver 0149.02
	POPULATION CHARACTERISTICS						
185	**Total population 5 years and over (30)**	**9,120**	**4,595**	**3,525**	**7,055**	**5,460**	**4,640**
	by place of residence 5 years ago (mobility)						
186	Non-movers	3,350	2,100	1,410	3,390	2,515	2,840
187	Movers	5,770	2,490	2,115	3,665	2,945	1,800
188	Non-migrants	1,875	1,315	855	1,530	1,275	830
189	Migrants	3,900	1,175	1,255	2,135	1,665	965
190	Internal migrants	1,520	565	335	1,085	540	320
191	Intraprovincial migrants	1,000	385	250	790	310	205
192	Interprovincial migrants	520	185	85	295	230	120
193	External migrants	2,380	610	925	1,050	1,125	645
194	**Total population 15 to 24 years**	**1,150**	**560**	**495**	**790**	**660**	**800**
	by school attendance						
195	Not attending school	395	195	120	195	195	200
196	Attending school full time	630	355	320	565	405	550
197	Attending school part time	125	10	50	30	65	50
198	**Total population 15 years and over**	**8,270**	**4,130**	**3,115**	**6,430**	**4,870**	**3,995**
	by highest level of schooling						
199	Less than grade 9 (31)	605	245	195	290	365	205
200	Grades 9-13 without high school graduation certificate	1,460	710	600	1,090	860	655
201	Grades 9-13 with high school graduation certificate	1,000	690	375	670	535	565
202	Some postsecondary without degree, certificate or diploma (32)	1,155	600	435	845	610	575
203	Trades certificate or diploma (33)	735	235	240	415	480	305
204	College certificate or diploma (34)	1,085	655	435	1,160	660	615
205	University certificate below bachelor's degree	415	205	150	275	220	150
206	University with bachelor's degree or higher	1,820	795	680	1,680	1,140	925
	by combinations of unpaid work						
207	Males 15 years and over	3,800	1,840	1,470	2,870	2,205	1,935
208	Reported unpaid work (35)	3,365	1,480	1,265	2,515	1,905	1,695
209	Housework and child care and care or assistance to seniors	305	175	135	165	125	160
210	Housework and child care only	735	305	310	605	480	485
211	Housework and care or assistance to seniors only	260	135	105	205	150	125
212	Child care and care or assistance to seniors only	10	-	-	20	10	-
213	Housework only	1,990	820	705	1,485	1,090	890
214	Child care only	60	40	-	40	35	30
215	Care or assistance to seniors only	10	-	-	-	10	-
216	Females 15 years and over	4,465	2,290	1,645	3,560	2,665	2,065
217	Reported unpaid work (35)	4,025	2,055	1,520	3,275	2,400	1,900
218	Housework and child care and care or assistance to seniors	385	225	160	305	240	190
219	Housework and child care only	970	510	415	825	525	650
220	Housework and care or assistance to seniors only	340	180	160	365	250	210
221	Child care and care or assistance to seniors only	10	-	-	15	-	-
222	Housework only	2,295	1,090	765	1,720	1,355	845
223	Child care only	15	40	-	25	10	15
224	Care or assistance to seniors only	15	15	10	10	20	-
	by labour force activity						
225	Males 15 years and over	3,800	1,840	1,465	2,870	2,200	1,935
226	In the labour force	2,495	1,260	955	1,965	1,305	1,330
227	Employed	2,285	1,170	875	1,830	1,250	1,220
228	Unemployed	215	95	80	140	60	110
229	Not in the labour force	1,305	580	510	905	895	605
230	Participation rate	65.7	68.5	65.2	68.5	59.3	68.7
231	Employment rate	60.1	63.6	59.7	63.8	56.8	63.0
232	Unemployment rate	8.6	7.5	8.4	7.1	4.6	8.3
233	Females 15 years and over	4,465	2,290	1,640	3,560	2,665	2,060
234	In the labour force	2,510	1,205	945	2,055	1,280	1,195
235	Employed	2,370	1,130	845	1,890	1,115	1,140
236	Unemployed	135	75	95	170	165	60
237	Not in the labour force	1,955	1,090	700	1,505	1,385	860
238	Participation rate	56.2	52.6	57.6	57.7	48.0	58.0
239	Employment rate	53.1	49.3	51.5	53.1	41.8	55.3
240	Unemployment rate	5.4	6.2	10.1	8.3	12.9	5.0

Tableau 1. Certaines caractéristiques des secteurs de recensement, recensement de 2001 – Données intégrales et données-échantillon (20 %)

Vancouver 0149.03	Vancouver 0149.04 A	Vancouver 0149.05 A	Vancouver 0150	Vancouver 0151.01	Vancouver 0151.03 A	Caractéristiques	N°
						CARACTÉRISTIQUES DE LA POPULATION	
6,935	**7,175**	**2,000**	**690**	**7,310**	**2,225**	**Population totale de 5 ans et plus (30)**	185
						selon le lieu de résidence 5 ans auparavant (mobilité)	
2,725	3,705	1,125	470	3,585	1,250	Personnes n'ayant pas déménagé	186
4,210	3,470	870	225	3,725	975	Personnes ayant déménagé	187
1,840	1,680	420	175	1,445	625	Non-migrants	188
2,370	1,785	445	50	2,280	345	Migrants	189
945	595	170	30	1,000	140	Migrants internes	190
665	410	160	35	700	80	Migrants infraprovinciaux	191
280	180	15	-	305	60	Migrants interprovinciaux	192
1,425	1,195	270	15	1,275	205	Migrants externes	193
1,015	**1,090**	**410**	**75**	**1,105**	**320**	**Population totale de 15 à 24 ans**	194
						selon la fréquentation scolaire	
220	270	85	15	335	100	Ne fréquentant pas l'école	195
690	740	310	55	640	200	Fréquentant l'école à plein temps	196
110	80	15	10	135	20	Fréquentant l'école à temps partiel	197
5,950	**6,225**	**1,825**	**580**	**6,415**	**1,870**	**Population totale de 15 ans et plus**	198
						selon le plus haut niveau de scolarité atteint	
305	260	105	15	585	220	Niveau inférieur à la 9e année (31)	199
870	1,085	320	120	1,185	320	De la 9e à la 13e année sans certificat d'études secondaires	200
880	765	200	40	900	270	De la 9e à la 13e année avec certificat d'études secondaires	201
725	730	255	55	1,000	270	Études postsecondaires partielles sans grade, certificat ou diplôme (32)	202
420	465	120	85	450	205	Certificat ou diplôme d'une école de métiers (33)	203
870	900	205	150	825	225	Certificat ou diplôme collégial (34)	204
350	315	140	15	195	90	Certificat universitaire inférieur au baccalauréat	205
1,540	1,705	475	100	1,275	275	Études universitaires avec baccalauréat ou diplôme supérieur	206
						selon les combinaisons de travail non rémunéré	
2,830	2,935	855	280	3,190	920	Hommes de 15 ans et plus	207
2,400	2,630	690	275	2,705	765	Travail non rémunéré déclaré (35)	208
170	255	40	-	275	110	Travaux ménagers et soins aux enfants et soins ou aide aux personnes âgées	209
815	740	170	90	590	185	Travaux ménagers et soins aux enfants seulement	210
220	185	80	20	135	45	Travaux ménagers et soins ou aide aux personnes âgées seulement	211
-	10	-	-	10	10	Soins aux enfants et soins ou aide aux personnes âgées seulement	212
1,125	1,375	385	155	1,650	380	Travaux ménagers seulement	213
40	45	-	-	30	35	Soins aux enfants seulement	214
20	20	-	-	20	-	Soins ou aide aux personnes âgées seulement	215
3,120	3,295	970	305	3,230	950	Femmes de 15 ans et plus	216
2,865	3,040	880	280	2,845	850	Travail non rémunéré déclaré (35)	217
290	380	70	40	385	155	Travaux ménagers et soins aux enfants et soins ou aide aux personnes âgées	218
1,030	955	215	90	865	230	Travaux ménagers et soins aux enfants seulement	219
260	300	115	25	210	25	Travaux ménagers et soins ou aide aux personnes âgées seulement	220
-	10	-	-	-	-	Soins aux enfants et soins ou aide aux personnes âgées seulement	221
1,275	1,355	470	130	1,355	425	Travaux ménagers seulement	222
-	25	-	-	25	-	Soins aux enfants seulement	223
-	-	-	-	10	-	Soins ou aide aux personnes âgées seulement	224
						selon l'activité	
2,835	2,930	855	280	3,185	920	Hommes de 15 ans et plus	225
1,985	1,950	500	230	2,065	595	Population active	226
1,865	1,815	460	230	1,925	530	Personnes occupées	227
115	130	40	-	135	65	Chômeurs	228
850	985	360	45	1,125	325	Inactifs	229
70.0	66.6	58.5	82.1	64.8	64.7	Taux d'activité	230
65.8	61.9	53.8	82.1	60.4	57.6	Taux d'emploi	231
5.8	6.7	8.0	-	6.5	10.9	Taux de chômage	232
3,120	3,290	970	300	3,225	950	Femmes de 15 ans et plus	233
1,815	1,960	505	225	1,760	535	Population active	234
1,700	1,795	465	220	1,600	500	Personnes occupées	235
120	170	45	10	155	30	Chômeuses	236
1,300	1,330	460	75	1,470	415	Inactives	237
58.2	59.6	52.1	75.0	54.6	56.3	Taux d'activité	238
54.5	54.6	47.9	73.3	49.6	52.6	Taux d'emploi	239
6.6	8.7	8.9	4.4	8.8	5.6	Taux de chômage	240

Table 1. Selected Characteristics for Census Tracts, 2001 Census – 100% Data and 20% Sample Data

No.	Characteristics	Vancouver 0147.02	Vancouver 0147.04 A	Vancouver 0147.05 A	Vancouver 0147.06 A	Vancouver 0148	Vancouver 0149.02
	POPULATION CHARACTERISTICS						
	by labour force activity – concluded						
241	Both sexes - Participation rate	60.6	59.6	60.9	62.5	53.1	63.3
242	15-24 years	55.7	50.5	49.0	54.1	59.8	50.0
243	25 years and over	61.4	61.0	63.2	63.7	52.0	66.6
244	Both sexes - Employment rate	56.2	55.6	55.2	57.8	48.5	59.0
245	15-24 years	49.1	42.0	44.4	44.3	52.6	43.8
246	25 years and over	57.5	57.8	57.4	59.6	47.8	62.9
247	Both sexes - Unemployment rate	7.0	6.9	8.9	7.6	8.5	6.7
248	15-24 years	11.8	16.1	10.2	17.6	11.4	11.4
249	25 years and over	6.3	5.5	9.1	6.5	8.2	5.9
250	**Total labour force 15 years and over**	**5,005**	**2,460**	**1,895**	**4,025**	**2,580**	**2,530**
	by industry based on the 1997 NAICS						
251	Industry - Not applicable (36)	150	60	60	75	55	55
252	All industries (37)	4,855	2,405	1,830	3,945	2,530	2,475
253	11 Agriculture, forestry, fishing and hunting	30	-	-	10	-	10
254	21 Mining and oil and gas extraction	10	20	-	25	-	15
255	22 Utilities	-	-	-	45	10	10
256	23 Construction	115	65	15	105	65	110
257	31-33 Manufacturing	475	235	180	295	315	170
258	41 Wholesale trade	295	165	110	210	195	135
259	44-45 Retail trade	665	375	350	505	395	385
260	48-49 Transportation and warehousing	400	235	170	460	180	195
261	51 Information and cultural industries	165	55	70	100	70	85
262	52 Finance and insurance	385	205	100	315	110	180
263	53 Real estate and rental and leasing	150	70	50	135	55	85
264	54 Professional, scientific and technical services	445	165	145	425	210	280
265	55 Management of companies and enterprises	-	-	-	25	-	-
266	56 Administrative and support, waste management and remediation services	190	100	140	130	145	125
267	61 Educational services	195	100	55	180	200	140
268	62 Health care and social assistance	330	170	140	245	125	185
269	71 Arts, entertainment and recreation	80	25	25	15	20	35
270	72 Accommodation and food services	560	280	140	325	275	135
271	81 Other services (except public administration)	250	75	90	150	70	100
272	91 Public administration	110	65	40	250	95	95
	by class of worker						
273	Class of worker - Not applicable (36)	150	55	65	80	55	55
274	All classes of worker (37)	4,855	2,405	1,835	3,950	2,525	2,475
275	Paid workers	4,485	2,200	1,670	3,660	2,395	2,170
276	Employees	4,370	2,115	1,600	3,570	2,260	2,055
277	Self-employed (incorporated)	120	80	65	85	135	115
278	Self-employed (unincorporated)	360	205	160	265	130	295
279	Unpaid family workers	10	-	-	20	10	10
	by occupation based on the 2001 NOC-S						
280	Male labour force 15 years and over	2,495	1,255	955	1,965	1,305	1,335
281	Occupation - Not applicable (36)	100	40	25	25	10	20
282	All occupations (37)	2,400	1,215	925	1,940	1,295	1,310
283	A Management occupations	265	285	120	345	165	150
284	B Business, finance and administration occupations	310	170	130	280	215	200
285	C Natural and applied sciences and related occupations	330	140	95	350	165	155
286	D Health occupations	25	45	15	20	60	20
287	E Occupations in social science, education, government service and religion	80	50	15	55	25	115
288	F Occupations in art, culture, recreation and sport	60	25	45	35	35	40
289	G Sales and service occupations	745	300	295	455	340	320
290	H Trades, transport and equipment operators and related occupations	420	170	170	280	205	240
291	I Occupations unique to primary industry	35	-	10	10	-	30
292	J Occupations unique to processing, manufacturing and utilities	130	35	35	120	80	45
293	Female labour force 15 years and over	2,510	1,205	945	2,055	1,280	1,195
294	Occupation - Not applicable (36)	50	15	35	50	50	35
295	All occupations (37)	2,460	1,190	905	2,005	1,230	1,160
296	A Management occupations	170	80	115	220	70	105
297	B Business, finance and administration occupations	840	405	240	700	435	390
298	C Natural and applied sciences and related occupations	95	25	50	85	50	45
299	D Health occupations	170	90	25	125	40	70

Tableau 1. Certaines caractéristiques des secteurs de recensement, recensement de 2001 – Données intégrales et données-échantillon (20 %)

Vancouver 0149.03	Vancouver 0149.04 A	Vancouver 0149.05 A	Vancouver 0150	Vancouver 0151.01	Vancouver 0151.03 A	Caractéristiques	N°
						CARACTÉRISTIQUES DE LA POPULATION	
						selon l'activité – fin	
63.7	62.8	55.3	78.6	59.5	60.9	Les deux sexes - Taux d'activité	241
53.7	50.5	49.4	60.0	51.6	45.3	15-24 ans	242
65.9	65.5	56.5	82.2	61.2	63.5	25 ans et plus	243
59.9	58.0	50.8	76.7	55.0	55.2	Les deux sexes - Taux d'emploi	244
45.3	39.9	42.2	53.3	43.0	39.1	15-24 ans	245
62.8	61.8	53.0	81.2	57.6	58.4	25 ans et plus	246
6.1	7.7	8.4	3.3	7.6	8.8	Les deux sexes - Taux de chômage	247
14.7	20.0	12.2	22.2	17.4	13.8	15-24 ans	248
4.8	5.6	6.2	-	6.0	8.6	25 ans et plus	249
3,800	**3,910**	**1,005**	**460**	**3,820**	**1,135**	**Population active totale de 15 ans et plus**	250
						selon l'industrie basée sur le SCIAN de 1997	
95	120	40	10	125	15	Industrie - Sans objet (36)	251
3,705	3,790	970	450	3,700	1,120	Toutes les industries (37)	252
20	-	10	-	25	30	11 Agriculture, foresterie, pêche et chasse	253
-	-	10	-	-	-	21 Extraction minière et extraction de pétrole et de gaz	254
10	25	-	-	-	-	22 Services publics	255
115	100	40	25	120	15	23 Construction	256
275	300	55	35	325	225	31-33 Fabrication	257
250	275	50	45	260	55	41 Commerce de gros	258
515	450	115	30	555	120	44-45 Commerce de détail	259
280	310	60	65	335	115	48-49 Transport et entreposage	260
120	120	35	10	130	40	51 Industrie de l'information et industrie culturelle	261
290	325	65	20	260	75	52 Finance et assurances	262
120	100	70	10	140	20	53 Services immobiliers et services de location et de location à bail	263
300	325	145	45	280	80	54 Services professionnels, scientifiques et techniques	264
-	-	-	-	-	-	55 Gestion de sociétés et d'entreprises	265
145	130	45	20	135	40	56 Services administratifs, services de soutien, services de gestion des déchets et services d'assainissement	266
235	250	40	40	115	60	61 Services d'enseignement	267
345	420	60	30	205	80	62 Soins de santé et assistance sociale	268
85	65	10	10	125	15	71 Arts, spectacles et loisirs	269
255	310	80	10	385	65	72 Hébergement et services de restauration	270
220	160	35	25	215	65	81 Autres services, sauf les administrations publiques	271
110	115	50	25	75	25	91 Administrations publiques	272
						selon la catégorie de travailleurs	
95	120	40	10	125	15	Catégorie de travailleurs - Sans objet (36)	273
3,705	3,790	970	450	3,695	1,120	Toutes les catégories de travailleurs (37)	274
3,310	3,450	895	400	3,290	980	Travailleurs rémunérés	275
2,950	3,215	770	370	2,935	905	Employés	276
360	230	125	30	355	70	Travailleurs autonomes (entreprise constituée en société)	277
370	330	70	55	365	130	Travailleurs autonomes (entreprise non constituée en société)	278
25	-	-	-	40	10	Travailleurs familiaux non rémunérés	279
						selon la profession basée sur la CNP-S de 2001	
1,985	1,950	500	235	2,060	600	Hommes actifs de 15 ans et plus	280
45	35	15	-	50	10	Profession - Sans objet (36)	281
1,935	1,910	485	230	2,010	585	Toutes les professions (37)	282
460	355	90	30	300	90	A Gestion	283
295	245	70	-	170	80	B Affaires, finance et administration	284
165	265	100	25	190	45	C Sciences naturelles et appliquées et professions apparentées	285
80	55	10	-	55	10	D Secteur de la santé	286
65	110	20	10	50	35	E Sciences sociales, enseignement, administration publique et religion	287
65	75	20	-	50	40	F Arts, culture, sports et loisirs	288
445	410	70	45	700	115	G Ventes et services	289
245	335	75	70	390	135	H Métiers, transport et machinerie	290
50	10	10	15	20	35	I Professions propres au secteur primaire	291
65	40	10	25	85	15	J Transformation, fabrication et services d'utilité publique	292
1,815	1,965	510	230	1,755	535	Femmes actives de 15 ans et plus	293
50	85	25	-	70	10	Profession - Sans objet (36)	294
1,765	1,880	480	225	1,685	530	Toutes les professions (37)	295
185	200	35	20	135	45	A Gestion	296
490	580	165	95	590	170	B Affaires, finance et administration	297
60	70	20	-	55	-	C Sciences naturelles et appliquées et professions apparentées	298
150	200	30	10	100	40	D Secteur de la santé	299

Table 1. Selected Characteristics for Census Tracts, 2001 Census – 100% Data and 20% Sample Data

No.	Characteristics	Vancouver 0147.02	Vancouver 0147.04 A	Vancouver 0147.05 A	Vancouver 0147.06 A	Vancouver 0148	Vancouver 0149.02
	POPULATION CHARACTERISTICS						
	by occupation based on the 2001 NOC-S – concluded						
300	E Occupations in social science, education, government service and religion	105	115	85	170	90	120
301	F Occupations in art, culture, recreation and sport	50	10	20	55	65	35
302	G Sales and service occupations	885	410	320	560	395	365
303	H Trades, transport and equipment operators and related occupations	20	15	10	25	60	20
304	I Occupations unique to primary industry	10	-	-	-	-	-
305	J Occupations unique to processing, manufacturing and utilities	110	40	50	55	30	10
306	**Total employed labour force 15 years and over**	**4,655**	**2,300**	**1,725**	**3,715**	**2,360**	**2,360**
	by place of work						
307	Males	2,285	1,165	875	1,825	1,250	1,225
308	Usual place of work	1,865	925	715	1,570	1,060	895
309	At home	140	90	40	110	35	135
310	Outside Canada	65	30	25	25	40	25
311	No fixed workplace address	215	125	90	115	110	170
312	Females	2,370	1,130	850	1,885	1,110	1,140
313	Usual place of work	2,050	980	755	1,680	1,010	985
314	At home	145	60	55	75	50	110
315	Outside Canada	60	20	-	15	10	10
316	No fixed workplace address	110	65	35	125	50	45
317	**Total employed labour force 15 years and over with usual place of work or no fixed workplace address**	**4,240**	**2,105**	**1,595**	**3,485**	**2,225**	**2,090**
	by mode of transportation						
318	Males	2,075	1,055	810	1,685	1,170	1,070
319	Car, truck, van, as driver	1,485	925	625	1,340	835	900
320	Car, truck, van, as passenger	60	55	50	105	115	85
321	Public transit	265	20	70	115	95	45
322	Walked	165	15	45	60	110	15
323	Other method	100	35	20	65	15	15
324	Females	2,165	1,055	790	1,805	1,055	1,025
325	Car, truck, van, as driver	1,125	685	435	1,140	480	815
326	Car, truck, van, as passenger	205	185	160	240	185	115
327	Public transit	460	115	85	210	155	70
328	Walked	315	45	80	185	195	-
329	Other method	55	20	25	20	45	20
330	**Total population 15 years and over who worked since January 1, 2000**	**5,390**	**2,620**	**2,015**	**4,235**	**2,795**	**2,765**
	by language used at work						
331	Single responses	4,130	2,120	1,460	3,500	2,300	2,225
332	English	3,625	1,935	1,205	3,290	2,110	2,100
333	French	-	-	20	-	-	-
334	Non-official languages (5)	510	185	230	210	190	125
335	Chinese, n.o.s.	150	60	120	120	95	65
336	Cantonese	250	85	95	35	10	35
337	Other languages (6)	105	35	25	50	75	25
338	Multiple responses	1,265	505	555	735	495	540
339	English and French	70	15	25	25	40	25
340	English and non-official language	1,185	485	510	705	445	505
341	French and non-official language	-	-	15	-	-	-
342	English, French and non-official language	-	10	-	-	10	10
	DWELLING AND HOUSEHOLD CHARACTERISTICS						
343	**Total number of occupied private dwellings**	**4,275**	**2,115**	**1,355**	**3,420**	**2,405**	**1,525**
	by tenure						
344	Owned	2,260	1,430	775	2,330	1,230	1,185
345	Rented	2,015	685	585	1,090	1,180	340
346	Band housing	-	-	-	-	-	-
	by structural type of dwelling						
347	Single-detached house	210	10	40	50	605	1,020
348	Semi-detached house	30	25	-	55	20	150
349	Row house	375	580	305	690	60	125
350	Apartment, detached duplex	10	-	-	-	15	60
351	Apartment, building that has five or more storeys	765	105	105	330	960	-
352	Apartment, building that has fewer than five storeys (38)	2,880	1,395	900	2,290	745	165
353	Other single-attached house	10	-	-	-	-	-
354	Movable dwelling (39)	10	-	-	-	-	-

Tableau 1. Certaines caractéristiques des secteurs de recensement, recensement de 2001 – Données intégrales et données-échantillon (20 %)

Vancouver 0149.03	Vancouver 0149.04 A	Vancouver 0149.05 A	Vancouver 0150	Vancouver 0151.01	Vancouver 0151.03 A	Caractéristiques	N°
						CARACTÉRISTIQUES DE LA POPULATION	
						selon la profession basée sur la CNP-S de 2001 – fin	
175	135	20	35	80	35	E Sciences sociales, enseignement, administration publique et religion	300
75	45	40	15	55	10	F Arts, culture, sports et loisirs	301
570	585	140	45	570	170	G Ventes et services	302
25	10	10	-	40	10	H Métiers, transport et machinerie	303
15	-	-	-	-	-	I Professions propres au secteur primaire	304
20	55	20	-	65	50	J Transformation, fabrication et services d'utilité publique	305
3,565	**3,610**	**925**	**450**	**3,525**	**1,030**	**Population active occupée totale de 15 ans et plus**	306
						selon le lieu de travail	
1,865	1,815	460	230	1,925	525	Hommes	307
1,465	1,420	330	185	1,455	380	Lieu habituel de travail	308
215	150	75	10	170	40	À domicile	309
50	45	10	-	35	20	En dehors du Canada	310
135	210	50	30	265	90	Sans adresse de travail fixe	311
1,700	1,795	465	220	1,605	500	Femmes	312
1,415	1,605	380	175	1,330	435	Lieu habituel de travail	313
195	110	60	35	150	50	À domicile	314
15	20	10	-	30	-	En dehors du Canada	315
75	60	15	10	85	15	Sans adresse de travail fixe	316
3,090	**3,290**	**775**	**395**	**3,135**	**925**	**Population active occupée totale de 15 ans et plus ayant un lieu habituel de travail ou sans adresse de travail fixe**	317
						selon le mode de transport	
1,600	1,625	375	210	1,715	470	Hommes	318
1,305	1,340	310	160	1,410	430	Automobile, camion ou fourgonnette, en tant que conducteur	319
140	105	10	15	120	-	Automobile, camion ou fourgonnette, en tant que passager	320
70	95	25	-	85	10	Transport en commun	321
50	30	-	10	65	-	À pied	322
35	60	25	25	35	25	Autre moyen	323
1,490	1,670	395	185	1,420	455	Femmes	324
1,050	1,240	255	165	945	325	Automobile, camion ou fourgonnette, en tant que conductrice	325
220	210	70	20	275	40	Automobile, camion ou fourgonnette, en tant que passagère	326
150	155	50	-	115	50	Transport en commun	327
50	50	15	-	60	15	À pied	328
25	15	-	-	15	25	Autre moyen	329
4,060	**4,220**	**1,100**	**490**	**4,040**	**1,235**	**Population totale de 15 ans et plus ayant travaillé depuis le 1er janvier 2000**	330
						selon la langue utilisée au travail	
3,135	3,255	830	465	2,935	930	Réponses uniques	331
2,840	3,020	745	465	2,475	810	Anglais	332
15	-	-	-	-	-	Français	333
280	235	85	-	455	115	Langues non officielles (5)	334
100	105	30	-	120	30	Chinois, n.d.a.	335
150	100	10	-	205	65	Cantonais	336
35	30	50	-	140	20	Autres langues (6)	337
925	960	275	25	1,105	305	Réponses multiples	338
40	50	15	-	40	-	Anglais et français	339
860	880	255	10	1,045	295	Anglais et langue non officielle	340
-	-	-	-	10	-	Français et langue non officielle	341
25	35	-	10	15	10	Anglais, français et langue non officielle	342
						CARACTÉRISTIQUES DES LOGEMENTS ET DES MÉNAGES	
2,330	**2,680**	**610**	**290**	**2,445**	**665**	**Nombre total de logements privés occupés**	343
						selon le mode d'occupation	
1,895	1,985	480	255	1,715	490	Possédé	344
435	695	130	40	735	175	Loué	345
-	-	-	-	-	-	Logement de bande	346
						selon le type de construction résidentielle	
1,260	990	535	250	1,265	500	Maison individuelle non attenante	347
75	75	10	-	375	65	Maison jumelée	348
860	565	55	-	375	80	Maison en rangée	349
130	15	15	30	20	10	Appartement, duplex non attenant	350
-	310	-	-	375	-	Appartement, immeuble de cinq étages ou plus	351
10	715	-	-	10	-	Appartement, immeuble de moins de cinq étages (38)	352
-	-	-	10	-	-	Autre maison individuelle attenante	353
-	-	-	-	30	-	Logement mobile (39)	354

Table 1. Selected Characteristics for Census Tracts, 2001 Census – 100% Data and 20% Sample Data

No.	Characteristics	Vancouver 0147.02	Vancouver 0147.04 A	Vancouver 0147.05 A	Vancouver 0147.06 A	Vancouver 0148	Vancouver 0149.02
	DWELLING AND HOUSEHOLD CHARACTERISTICS						
	by condition of dwelling						
355	Regular maintenance only	3,080	1,340	990	2,205	1,745	945
356	Minor repairs	810	295	240	615	480	440
357	Major repairs	385	480	120	600	185	140
	by period of construction						
358	Before 1946	20	-	10	-	40	25
359	1946-1960	100	-	15	30	170	90
360	1961-1970	260	-	30	45	770	145
361	1971-1980	1,120	45	110	300	860	780
362	1981-1990	1,735	810	315	2,265	75	300
363	1991-2001 (20)	1,045	1,250	880	770	495	190
364	Average number of rooms per dwelling	4.1	4.4	4.7	4.5	4.9	6.9
365	Average number of bedrooms per dwelling	1.6	1.9	2.1	1.9	1.9	3.2
366	Average value of dwelling $	139,017	160,167	174,897	155,688	218,165	306,143
367	**Total number of private households**	**4,275**	**2,110**	**1,355**	**3,420**	**2,405**	**1,525**
	by household size						
368	1 person	1,475	710	295	1,285	805	180
369	2 persons	1,295	680	390	1,095	705	405
370	3 persons	775	330	275	490	405	310
371	4-5 persons	645	345	335	505	420	535
372	6 or more persons	90	45	60	40	70	100
	by household type						
373	One-family households	2,415	1,305	940	1,955	1,425	1,235
374	Multiple-family households	120	20	40	60	55	70
375	Non-family households	1,750	780	375	1,405	925	220
376	Number of persons in private households	9,660	4,810	3,710	7,430	5,680	4,865
377	Average number of persons in private households	2.3	2.3	2.7	2.2	2.4	3.2
378	Average number of persons per room	0.5	0.5	0.6	0.5	0.5	0.5
379	Tenant households in non-farm, non-reserve private dwellings (40)	1,990	665	565	1,075	1,160	340
380	Average gross rent $ (40)	836	888	977	917	783	1,046
381	Tenant households spending 30% or more of household income on gross rent (40) (41)	1,020	290	270	385	545	185
382	Tenant households spending from 30% to 99% of household income on gross rent (40) (41)	685	245	205	275	380	130
383	Owner households in non-farm, non-reserve private dwellings (42)	2,260	1,430	770	2,315	1,225	1,185
384	Average owner's major payments $ (42)	705	798	912	841	706	935
385	Owner households spending 30% or more of household income on owner's major payments (41) (42)	690	485	220	630	345	300
386	Owner households spending from 30% to 99% of household income on owner's major payments (41) (42)	520	370	155	510	255	225
	CENSUS FAMILY CHARACTERISTICS						
387	**Total number of census families in private households**	**2,665**	**1,355**	**1,020**	**2,075**	**1,535**	**1,370**
	by census family structure and size						
388	Total couple families	2,240	1,135	900	1,765	1,300	1,190
389	Total families of married couples	2,015	1,030	850	1,580	1,215	1,130
390	Without children at home	840	405	290	705	520	260
391	With children at home	1,180	625	560	870	695	870
392	1 child	580	300	255	420	310	320
393	2 children	480	245	225	360	280	420
394	3 or more children	115	75	80	90	110	130
395	Total families of common-law couples	230	105	50	180	85	65
396	Without children at home	175	90	40	185	55	45
397	With children at home	55	15	10	-	30	15
398	1 child	45	10	-	-	10	10
399	2 children	10	-	10	-	10	10
400	3 or more children	-	10	-	-	10	-
401	Total lone-parent families	420	220	120	315	235	180
402	Female parent	370	205	95	290	195	155
403	1 child	315	140	60	195	125	115
404	2 children	45	50	20	75	65	20
405	3 or more children	10	10	10	20	10	15

Tableau 1. Certaines caractéristiques des secteurs de recensement, recensement de 2001 – Données intégrales et données-échantillon (20 %)

Vancouver 0149.03	Vancouver 0149.04 A	Vancouver 0149.05 A	Vancouver 0150	Vancouver 0151.01	Vancouver 0151.03 A	Caractéristiques	N°
						CARACTÉRISTIQUES DES LOGEMENTS ET DES MÉNAGES	
						selon l'état du logement	
1,935	1,880	405	145	1,665	450	Entretien régulier seulement	355
315	490	170	130	440	175	Réparations mineures	356
85	315	40	20	335	35	Réparations majeures	357
						selon la période de construction	
10	35	-	170	100	10	Avant 1946	358
125	50	100	90	140	80	1946-1960	359
155	195	100	10	170	65	1961-1970	360
385	460	75	10	160	65	1971-1980	361
200	935	85	-	400	160	1981-1990	362
1,460	1,010	245	10	1,480	280	1991-2001 (20)	363
7.1	5.8	7.5	6.3	6.1	7.2	Nombre moyen de pièces par logement	364
3.3	2.6	3.6	2.7	3.0	3.6	Nombre moyen de chambres à coucher par logement	365
352,637	254,557	427,606	225,223	265,002	302,971	Valeur moyenne du logement $	366
2,330	**2,680**	**615**	**290**	**2,445**	**665**	**Nombre total de logements privés**	367
						selon la taille du ménage	
210	600	45	70	400	65	1 personne	368
670	710	180	80	630	150	2 personnes	369
570	510	105	70	500	125	3 personnes	370
755	750	250	70	735	240	4-5 personnes	371
125	115	40	-	190	85	6 personnes ou plus	372
						selon le genre de ménage	
1,975	1,935	520	215	1,810	550	Ménages unifamiliaux	373
100	90	25	-	155	55	Ménages multifamiliaux	374
260	650	70	75	480	65	Ménages non familiaux	375
7,350	7,525	2,075	735	7,665	2,360	Nombre de personnes dans les ménages privés	376
3.2	2.8	3.4	2.5	3.1	3.6	Nombre moyen de personnes dans les ménages privés	377
0.4	0.5	0.5	0.4	0.5	0.5	Nombre moyen de personnes par pièce	378
435	690	135	40	725	160	Ménages locataires dans les logements privés non agricoles hors réserve (40)	379
1,241	843	1,236	751	1,084	1,091	Loyer brut moyen $ (40)	380
195	250	70	10	360	90	Ménages locataires consacrant 30 % ou plus du revenu du ménage au loyer brut (40) (41)	381
165	190	50	10	310	70	Ménages locataires consacrant de 30 % à 99 % du revenu du ménage au loyer brut (40) (41)	382
1,885	1,970	475	250	1,705	480	Ménages propriétaires dans les logements privés non agricoles hors réserve (42)	383
1,261	967	884	1,092	1,038	1,014	Principales dépenses de propriété moyennes $ (42)	384
640	515	120	60	695	145	Ménages propriétaires consacrant 30 % ou plus du revenu du ménage aux principales dépenses de propriété (41) (42)	385
520	435	75	60	525	120	Ménages propriétaires consacrant de 30 % à 99 % du revenu du ménage aux principales dépenses de propriété (41) (42)	386
						CARACTÉRISTIQUES DES FAMILLES DE RECENSEMENT	
2,190	**2,130**	**585**	**215**	**2,165**	**670**	**Total des familles de recensement dans les ménages privés**	387
						selon la structure et la taille de la famille de recensement	
1,915	1,850	495	175	1,875	555	Total des familles avec conjoints	388
1,830	1,720	470	150	1,775	540	Total des familles avec couples mariés	389
560	530	145	55	530	160	Sans enfants à la maison	390
1,275	1,185	325	105	1,240	380	Avec enfants à la maison	391
555	435	90	45	520	130	1 enfant	392
525	535	150	45	515	140	2 enfants	393
190	215	85	15	210	115	3 enfants ou plus	394
85	130	20	20	100	15	Total des familles en union libre	395
65	120	25	20	90	10	Sans enfants à la maison	396
20	15	-	-	15	10	Avec enfants à la maison	397
15	10	-	-	-	-	1 enfant	398
-	-	-	-	-	10	2 enfants	399
-	-	-	-	-	-	3 enfants ou plus	400
270	280	100	40	290	110	Total des familles monoparentales	401
205	240	60	40	250	70	Parent de sexe féminin	402
100	140	30	10	130	25	1 enfant	403
70	90	20	30	85	40	2 enfants	404
30	10	15	-	35	-	3 enfants ou plus	405

Table 1. Selected Characteristics for Census Tracts, 2001 Census – 100% Data and 20% Sample Data

No.	Characteristics	Vancouver 0147.02	Vancouver 0147.04 A	Vancouver 0147.05 A	Vancouver 0147.06 A	Vancouver 0148	Vancouver 0149.02
	CENSUS FAMILY CHARACTERISTICS						
	by census family structure and size – concluded						
406	Male parent	55	20	25	25	40	25
407	1 child	40	20	25	10	30	20
408	2 children	-	-	-	15	10	15
409	3 or more children	10	-	-	-	-	-
410	**Total number of children at home**	**2,455**	**1,370**	**1,140**	**1,895**	**1,640**	**1,820**
	by age groups						
411	Under 6 years	675	245	200	445	275	310
412	6-14 years	705	430	360	550	540	560
413	15-17 years	175	140	100	235	195	210
414	18-24 years	490	300	290	395	335	510
415	25 years and over	395	250	190	270	290	235
416	Average number of children at home per census family (43)	0.9	1.0	1.1	0.9	1.1	1.3
417	**Total number of persons in private households**	**9,655**	**4,815**	**3,705**	**7,425**	**5,680**	**4,865**
	by census family status and living arrangements						
418	Number of non-family persons	2,295	955	645	1,700	1,210	475
419	Living with relatives (44)	360	90	160	225	235	215
420	Living with non-relatives only	455	155	185	190	165	80
421	Living alone	1,475	710	300	1,285	805	175
422	Number of family persons	7,360	3,855	3,060	5,730	4,470	4,390
423	Average number of persons per census family	2.8	2.8	3.0	2.8	2.9	3.2
424	**Total number of persons 65 years and over**	**1,360**	**700**	**355**	**1,290**	**1,175**	**420**
425	Number of non-family persons 65 years and over	445	275	100	535	465	150
426	Living with relatives (44)	45	50	45	60	60	115
427	Living with non-relatives only	10	-	-	10	15	-
428	Living alone	390	225	50	465	390	35
429	Number of family persons 65 years and over	915	425	255	755	710	275
	ECONOMIC FAMILY CHARACTERISTICS						
430	**Total number of economic families in private households**	**2,640**	**1,350**	**1,010**	**2,065**	**1,545**	**1,320**
	by size of family						
431	2 persons	1,245	650	350	1,040	685	395
432	3 persons	680	325	295	490	385	305
433	4 persons	495	245	245	370	280	355
434	5 or more persons	220	130	130	165	195	270
435	Total number of persons in economic families	7,725	3,950	3,220	5,955	4,715	4,600
436	Average number of persons per economic family	2.9	2.9	3.2	2.9	3.1	3.5
437	Total number of unattached individuals	1,935	870	485	1,475	970	260
	2000 INCOME CHARACTERISTICS						
	Population 15 years and over by sex and total income groups in 2000						
438	Total - Both sexes	8,270	4,135	3,110	6,430	4,870	4,000
439	Without income	535	285	260	420	345	230
440	With income	7,730	3,850	2,855	6,010	4,525	3,765
441	Under $1,000 (45)	660	290	275	255	320	365
442	$ 1,000 - $ 2,999	465	195	170	345	215	215
443	$ 3,000 - $ 4,999	350	170	115	265	205	180
444	$ 5,000 - $ 6,999	380	215	140	200	255	200
445	$ 7,000 - $ 9,999	630	310	210	280	440	285
446	$10,000 - $11,999	395	175	170	250	250	140
447	$12,000 - $14,999	640	305	210	355	475	215
448	$15,000 - $19,999	810	395	275	595	465	325
449	$20,000 - $24,999	625	320	300	455	360	275
450	$25,000 - $29,999	455	285	200	400	330	160
451	$30,000 - $34,999	620	190	180	390	310	180
452	$35,000 - $39,999	335	250	125	455	190	245
453	$40,000 - $44,999	365	195	140	455	195	200
454	$45,000 - $49,999	215	165	70	290	105	130
455	$50,000 - $59,999	415	175	125	400	175	220
456	$60,000 and over	375	220	155	635	235	455
457	Average income $ (46)	22,156	23,489	22,222	29,847	22,230	26,899
458	Median income $ (46)	16,985	18,186	17,548	25,036	15,740	19,560
459	Standard error of average income $ (46)	484	697	830	675	694	880

Tableau 1. Certaines caractéristiques des secteurs de recensement, recensement de 2001 – Données intégrales et données-échantillon (20 %)

Vancouver 0149.03	Vancouver 0149.04 A	Vancouver 0149.05 A	Vancouver 0150	Vancouver 0151.01	Vancouver 0151.03 A	Caractéristiques	N°
						CARACTÉRISTIQUES DES FAMILLES DE RECENSEMENT	
						selon la structure et la taille de la famille de recensement – fin	
70	40	35	-	40	45	Parent de sexe masculin	406
35	30	35	-	25	15	1 enfant	407
10	10	-	-	15	10	2 enfants	408
20	-	-	-	-	25	3 enfants ou plus	409
2,725	**2,580**	**815**	**240**	**2,760**	**1,015**	**Nombre total d'enfants à la maison**	410
						selon les groupes d'âge	
525	450	95	55	420	185	Moins de 6 ans	411
875	845	145	100	820	305	6-14 ans	412
270	320	100	35	240	110	15-17 ans	413
625	645	265	35	740	180	18-24 ans	414
430	325	210	15	545	235	25 ans et plus	415
1.2	1.2	1.4	1.1	1.3	1.5	Nombre moyen d'enfants à la maison par famille de recensement (43)	416
7,350	**7,525**	**2,070**	**740**	**7,665**	**2,360**	**Nombre total de personnes dans les ménages privés**	417
						selon la situation des particuliers dans la famille de recensement et des particuliers dans le ménage	
515	960	175	105	870	120	Nombre de personnes hors famille de recensement	418
210	200	75	15	245	35	Vivant avec des personnes apparentées (44)	419
90	160	55	15	230	20	Vivant avec des personnes non apparentées uniquement	420
215	600	45	70	400	65	Vivant seules	421
6,830	6,570	1,900	630	6,795	2,240	Nombre de personnes membres d'une famille	422
3.1	3.1	3.2	3.0	3.1	3.4	Nombre moyen de personnes par famille de recensement	423
665	**740**	**250**	**65**	**775**	**230**	**Nombre total de personnes de 65 ans et plus**	424
135	275	40	35	215	25	Nombre de personnes hors famille de recensement de 65 ans et plus	425
100	100	25	-	100	20	Vivant avec des personnes apparentées (44)	426
-	-	10	-	10	-	Vivant avec des personnes non apparentées uniquement	427
30	175	10	35	110	10	Vivant seules	428
530	470	210	25	565	205	Nombre de personnes membres d'une famille de 65 ans et plus	429
						CARACTÉRISTIQUES DES FAMILLES ÉCONOMIQUES	
2,110	**2,045**	**560**	**220**	**2,005**	**600**	**Nombre total de familles économiques dans les ménages privés**	430
						selon la taille de la famille	
690	710	190	90	620	160	2 personnes	431
560	505	90	65	495	120	3 personnes	432
545	510	130	50	515	180	4 personnes	433
320	330	150	15	375	140	5 personnes ou plus	434
7,040	6,765	1,970	650	7,035	2,275	Nombre total de personnes dans les familles économiques	435
3.3	3.3	3.5	3.0	3.5	3.8	Nombre moyen de personnes par famille économique	436
305	755	100	90	630	85	Nombre total de personnes hors famille économique	437
						CARACTÉRISTIQUES DU REVENU DE 2000	
						Population de 15 ans et plus selon le sexe et les tranches de revenu total en 2000	
5,950	6,225	1,825	585	6,415	1,865	Total - Les deux sexes	438
450	435	150	30	515	160	Sans revenu	439
5,505	5,790	1,670	555	5,900	1,700	Avec un revenu	440
340	400	175	15	585	195	Moins de 1 000 $ (45)	441
295	405	120	30	420	85	1 000 $ - 2 999 $	442
305	255	105	10	350	30	3 000 $ - 4 999 $	443
325	220	85	10	270	75	5 000 $ - 6 999 $	444
290	305	180	20	475	120	7 000 $ - 9 999 $	445
160	285	85	10	285	125	10 000 $ - 11 999 $	446
420	450	75	-	430	195	12 000 $ - 14 999 $	447
375	535	120	65	710	130	15 000 $ - 19 999 $	448
360	365	170	65	485	145	20 000 $ - 24 999 $	449
370	365	75	35	255	130	25 000 $ - 29 999 $	450
370	335	40	30	345	130	30 000 $ - 34 999 $	451
280	325	75	60	310	105	35 000 $ - 39 999 $	452
290	320	75	30	230	40	40 000 $ - 44 999 $	453
240	220	40	45	130	45	45 000 $ - 49 999 $	454
340	395	115	65	275	85	50 000 $ - 59 999 $	455
750	620	140	80	360	65	60 000 $ et plus	456
31,132	28,393	23,627	40,414	22,230	22,797	Revenu moyen $ (46)	457
23,020	20,269	15,357	35,415	15,592	15,665	Revenu médian $ (46)	458
958	806	1,377	3,279	682	1,415	Erreur type de revenu moyen $ (46)	459

Table 1. Selected Characteristics for Census Tracts, 2001 Census – 100% Data and 20% Sample Data

No.	Characteristics	Vancouver 0147.02	Vancouver 0147.04 A	Vancouver 0147.05 A	Vancouver 0147.06 A	Vancouver 0148	Vancouver 0149.02
	2000 INCOME CHARACTERISTICS						
	Population 15 years and over by sex and total income groups in 2000 – concluded						
460	Total - Males	3,800	1,845	1,470	2,870	2,205	1,935
461	Without income	215	125	95	160	130	80
462	With income	3,585	1,720	1,370	2,710	2,070	1,860
463	Under $1,000 (45)	270	125	105	85	120	195
464	$ 1,000 - $ 2,999	235	75	80	110	85	70
465	$ 3,000 - $ 4,999	130	60	45	95	95	75
466	$ 5,000 - $ 6,999	160	95	45	75	90	100
467	$ 7,000 - $ 9,999	280	135	100	90	155	130
468	$10,000 - $11,999	190	65	75	90	130	75
469	$12,000 - $14,999	230	105	105	70	180	85
470	$15,000 - $19,999	390	165	130	260	140	125
471	$20,000 - $24,999	295	95	160	205	150	130
472	$25,000 - $29,999	210	110	85	180	190	45
473	$30,000 - $34,999	325	115	80	145	185	75
474	$35,000 - $39,999	115	125	55	190	95	145
475	$40,000 - $44,999	135	70	85	250	140	85
476	$45,000 - $49,999	120	100	45	175	60	65
477	$50,000 - $59,999	240	115	80	230	110	115
478	$60,000 and over	260	155	95	455	140	335
479	Average income $ (46)	24,198	27,332	24,044	36,150	26,217	30,745
480	Median income $ (46)	18,798	20,202	20,002	31,832	21,011	21,123
481	Standard error of average income $ (46)	771	1,211	1,098	1,139	1,180	1,414
482	Total - Females	4,465	2,290	1,645	3,560	2,665	2,060
483	Without income	320	160	160	260	210	155
484	With income	4,140	2,135	1,485	3,300	2,455	1,905
485	Under $1,000 (45)	390	170	170	165	195	170
486	$ 1,000 - $ 2,999	230	120	85	230	130	140
487	$ 3,000 - $ 4,999	225	105	80	170	105	105
488	$ 5,000 - $ 6,999	220	120	95	120	165	95
489	$ 7,000 - $ 9,999	345	175	105	185	285	150
490	$10,000 - $11,999	205	105	95	165	120	65
491	$12,000 - $14,999	410	195	100	290	300	130
492	$15,000 - $19,999	420	230	145	335	330	190
493	$20,000 - $24,999	330	230	135	250	210	140
494	$25,000 - $29,999	245	175	115	220	145	115
495	$30,000 - $34,999	295	75	95	245	125	100
496	$35,000 - $39,999	215	125	70	265	95	100
497	$40,000 - $44,999	230	125	60	205	55	115
498	$45,000 - $49,999	95	60	25	115	45	65
499	$50,000 - $59,999	170	65	40	170	70	105
500	$60,000 and over	120	60	65	175	95	125
501	Average income $ (46)	20,389	20,392	20,536	24,669	18,865	23,146
502	Median income $ (46)	15,739	16,304	15,433	19,493	13,808	17,330
503	Standard error of average income $ (46)	602	776	1,228	755	765	1,027
	by composition of total income						
504	Total - Composition of income in 2000 % (47)	100.0	100.0	100.0	100.0	100.0	100.0
505	Employment income %	78.2	76.4	80.4	76.8	67.9	78.8
506	Government transfer payments %	12.5	12.5	10.8	10.4	18.0	8.0
507	Other %	9.3	11.1	8.8	12.8	14.0	13.2
	Population 15 years and over with employment income in 2000 by sex and work activity						
508	Both sexes with employment income (48)	5,155	2,505	1,915	4,225	2,660	2,645
509	Average employment income $	25,962	27,616	26,627	32,579	25,715	30,203
510	Standard error of average employment income $	627	903	1,052	833	1,047	1,031
511	Worked full year, full time (49)	2,535	1,270	1,000	2,430	1,265	1,310
512	Average employment income $	35,748	37,338	35,704	42,739	37,817	42,072
513	Standard error of average employment income $	883	1,265	1,566	1,075	1,757	1,373
514	Worked part year or part time (50)	2,445	1,160	850	1,635	1,325	1,265
515	Average employment income $	16,729	17,270	17,205	19,843	15,124	19,157
516	Standard error of average employment income $	701	1,009	1,099	1,024	902	1,269
517	Males with employment income (48)	2,575	1,255	955	2,130	1,340	1,380
518	Average employment income $	27,723	31,280	28,131	37,453	29,458	33,886
519	Standard error of average employment income $	938	1,401	1,345	1,298	1,681	1,617
520	Worked full year, full time (49)	1,350	700	570	1,310	690	710
521	Average employment income $	37,374	40,383	34,516	47,360	40,649	48,264
522	Standard error of average employment income $	1,288	1,846	1,698	1,627	2,662	2,073
523	Worked part year or part time (50)	1,130	530	345	750	625	625
524	Average employment income $	17,702	19,466	19,743	22,504	17,821	19,597
525	Standard error of average employment income $	1,058	1,696	1,881	1,636	1,547	1,900

Tableau 1. Certaines caractéristiques des secteurs de recensement, recensement de 2001 – Données intégrales et données-échantillon (20 %)

Vancouver 0149.03	Vancouver 0149.04 A	Vancouver 0149.05 A	Vancouver 0150	Vancouver 0151.01	Vancouver 0151.03 A	Caractéristiques	N°
						CARACTÉRISTIQUES DU REVENU DE 2000	
						Population de 15 ans et plus selon le sexe et les tranches de revenu total en 2000 – fin	
2,835	2,935	855	280	3,185	920	Total - Hommes	460
140	190	70	-	160	65	Sans revenu	461
2,695	2,740	785	275	3,025	860	Avec un revenu	462
175	160	70	10	290	105	Moins de 1 000 $ (45)	463
125	155	50	20	195	35	1 000 $ - 2 999 $	464
130	80	50	10	145	25	3 000 $ - 4 999 $	465
115	105	30	-	115	35	5 000 $ - 6 999 $	466
100	125	65	-	180	45	7 000 $ - 9 999 $	467
90	145	50	-	180	50	10 000 $ - 11 999 $	468
155	195	10	-	165	125	12 000 $ - 14 999 $	469
155	235	70	25	370	60	15 000 $ - 19 999 $	470
195	170	65	10	235	40	20 000 $ - 24 999 $	471
185	170	40	20	155	65	25 000 $ - 29 999 $	472
145	95	20	20	170	55	30 000 $ - 34 999 $	473
105	185	10	15	175	60	35 000 $ - 39 999 $	474
145	170	55	20	120	20	40 000 $ - 44 999 $	475
120	85	25	25	80	30	45 000 $ - 49 999 $	476
210	235	50	55	180	60	50 000 $ - 59 999 $	477
545	415	130	45	270	55	60 000 $ et plus	478
37,942	33,246	29,295	48,902	26,218	25,108	Revenu moyen $ (46)	479
27,129	24,409	19,507	40,084	17,340	16,263	Revenu médian $ (46)	480
1,705	1,372	2,450	5,752	1,170	2,092	Erreur type de revenu moyen $ (46)	481
3,120	3,295	970	305	3,230	950	Total - Femmes	482
305	245	80	20	355	100	Sans revenu	483
2,815	3,050	885	280	2,875	845	Avec un revenu	484
160	230	105	10	300	90	Moins de 1 000 $ (45)	485
165	245	65	10	225	50	1 000 $ - 2 999 $	486
180	170	60	-	200	10	3 000 $ - 4 999 $	487
210	110	55	10	155	40	5 000 $ - 6 999 $	488
185	175	120	20	295	80	7 000 $ - 9 999 $	489
75	145	40	-	105	70	10 000 $ - 11 999 $	490
270	255	60	-	265	70	12 000 $ - 14 999 $	491
220	300	45	45	335	65	15 000 $ - 19 999 $	492
165	195	100	50	245	100	20 000 $ - 24 999 $	493
185	195	40	15	100	70	25 000 $ - 29 999 $	494
225	235	25	-	175	75	30 000 $ - 34 999 $	495
170	140	65	45	135	45	35 000 $ - 39 999 $	496
145	150	15	10	105	15	40 000 $ - 44 999 $	497
125	135	15	20	50	20	45 000 $ - 49 999 $	498
125	160	70	10	95	25	50 000 $ - 59 999 $	499
205	205	15	30	90	10	60 000 $ et plus	500
24,613	24,026	18,611	32,079	18,035	20,460	Revenu moyen $ (46)	501
17,929	17,967	12,015	27,301	12,926	15,657	Revenu médian $ (46)	502
864	885	1,363	2,701	651	1,890	Erreur type de revenu moyen $ (46)	503
						selon la composition du revenu total	
100.0	100.0	100.0	100.0	100.0	100.0	Total - Composition du revenu en 2000 % (47)	504
77.3	80.7	71.9	92.8	76.8	78.8	Revenu d'emploi %	505
7.0	7.8	9.7	5.3	10.7	12.4	Transferts gouvernementaux %	506
15.7	11.5	18.6	3.2	12.4	8.9	Autre %	507
						Population de 15 ans et plus ayant un revenu d'emploi en 2000 selon le sexe et le travail	
3,860	4,085	1,085	485	3,945	1,185	Les deux sexes ayant un revenu d'emploi (48)	508
34,318	32,477	26,234	42,451	25,542	25,750	Revenu moyen d'emploi $	509
1,175	976	1,814	3,767	781	1,867	Erreur type de revenu moyen d'emploi $	510
1,950	2,150	535	320	1,880	570	Ayant travaillé toute l'année à plein temps (49)	511
47,549	45,142	37,033	53,822	35,288	39,014	Revenu moyen d'emploi $	512
1,818	1,285	2,722	4,907	1,209	3,191	Erreur type de revenu moyen d'emploi $	513
1,805	1,845	485	155	1,870	565	Ayant travaillé une partie de l'année ou à temps partiel (50)	514
21,346	19,043	16,136	19,869	17,481	14,567	Revenu moyen d'emploi $	515
1,235	1,228	2,211	3,320	860	1,244	Erreur type de revenu moyen d'emploi $	516
1,995	2,025	560	250	2,105	600	Hommes ayant un revenu d'emploi (48)	517
40,339	36,634	31,621	50,428	29,284	29,034	Revenu moyen d'emploi $	518
2,040	1,550	3,068	6,487	1,238	2,629	Erreur type de revenu moyen d'emploi $	519
1,120	1,165	285	195	1,070	325	Ayant travaillé toute l'année à plein temps (49)	520
54,075	48,219	45,845	61,592	38,723	40,297	Revenu moyen d'emploi $	521
2,885	1,853	4,398	7,373	1,863	3,930	Erreur type de revenu moyen d'emploi $	522
820	810	240	55	945	250	Ayant travaillé une partie de l'année ou à temps partiel (50)	523
23,720	22,047	17,726	10,209	20,014	16,589	Revenu moyen d'emploi $	524
2,425	2,344	3,908	4,179	1,417	2,011	Erreur type de revenu moyen d'emploi $	525

Table 1. Selected Characteristics for Census Tracts, 2001 Census – 100% Data and 20% Sample Data

No.	Characteristics	Vancouver 0147.02	Vancouver 0147.04 A	Vancouver 0147.05 A	Vancouver 0147.06 A	Vancouver 0148	Vancouver 0149.02
	2000 INCOME CHARACTERISTICS						
	Population 15 years and over with employment income in 2000 by sex and work activity – concluded						
526	Females with employment income (48)	2,580	1,250	960	2,100	1,315	1,265
527	Average employment income $	24,210	23,929	25,133	27,638	21,906	26,190
528	Standard error of average employment income $	825	1,110	1,610	1,000	1,181	1,202
529	Worked full year, full time (49)	1,185	570	425	1,115	570	600
530	Average employment income $	33,893	33,633	37,302	37,336	34,383	34,721
531	Standard error of average employment income $	1,178	1,636	2,871	1,297	2,044	1,462
532	Worked part year or part time (50)	1,315	635	510	885	700	640
533	Average employment income $	15,892	15,448	15,484	17,583	12,704	18,724
534	Standard error of average employment income $	931	1,202	1,305	1,264	956	1,695
	Census families by structure and family income groups in 2000						
535	Total - All census families	2,660	1,350	1,020	2,075	1,535	1,370
536	Under $10,000	290	115	75	220	205	100
537	$ 10,000 - $19,999	445	145	135	150	215	110
538	$ 20,000 - $29,999	470	245	205	195	175	90
539	$ 30,000 - $39,999	265	185	110	210	145	165
540	$ 40,000 - $49,999	320	175	115	290	195	135
541	$ 50,000 - $59,999	250	75	115	195	185	45
542	$ 60,000 - $69,999	180	110	30	155	100	170
543	$ 70,000 - $79,999	125	105	60	150	95	95
544	$ 80,000 - $89,999	110	55	40	145	50	105
545	$ 90,000 - $99,999	65	35	55	75	55	75
546	$100,000 and over	140	105	80	300	115	280
547	Average family income $	41,351	46,067	46,282	56,742	47,287	65,893
548	Median family income $	35,017	38,804	37,025	48,731	40,769	61,391
549	Standard error of average family income $	1,301	1,711	2,154	1,830	2,333	2,432
550	Total - All couple census families (51)	2,240	1,135	900	1,760	1,295	1,190
551	Under $10,000	225	85	65	165	165	80
552	$ 10,000 - $19,999	340	115	100	120	140	105
553	$ 20,000 - $29,999	390	180	170	175	160	75
554	$ 30,000 - $39,999	215	155	115	165	120	135
555	$ 40,000 - $49,999	280	130	100	235	155	110
556	$ 50,000 - $59,999	200	65	105	160	165	20
557	$ 60,000 - $69,999	175	110	30	130	95	145
558	$ 70,000 - $79,999	105	95	55	145	85	95
559	$ 80,000 - $89,999	105	55	30	120	50	100
560	$ 90,000 - $99,999	65	35	55	65	50	65
561	$100,000 and over	135	105	75	280	105	265
562	Average family income $	43,407	49,131	47,446	58,976	49,465	68,066
563	Median family income $	37,251	44,050	39,704	51,069	42,080	65,847
564	Standard error of average family income $	1,461	1,935	2,356	1,997	2,626	2,685
	Incidence of low income in 2000						
565	Total - Economic families	2,640	1,350	1,015	2,070	1,545	1,320
566	Low income	950	420	335	445	535	270
567	Incidence of low income in 2000 % (52)	36.1	31.0	32.7	21.5	34.5	20.6
568	Total - Unattached individuals 15 years and over	1,935	865	450	1,470	970	255
569	Low income	800	325	160	365	440	70
570	Incidence of low income in 2000 % (52)	41.4	37.7	35.7	24.6	45.1	27.0
571	Total - Population in private households	9,660	4,810	3,675	7,425	5,675	4,865
572	Low income	3,630	1,630	1,280	1,760	2,065	1,040
573	Incidence of low income in 2000 % (52)	37.6	33.9	34.9	23.7	36.4	21.4
	Private households by household income groups in 2000						
574	Total - All private households	4,275	2,115	1,355	3,420	2,410	1,520
575	Under $10,000	480	175	100	240	315	105
576	$ 10,000 - $19,999	780	350	180	385	485	135
577	$ 20,000 - $29,999	620	360	255	380	300	130
578	$ 30,000 - $39,999	545	250	140	420	290	145
579	$ 40,000 - $49,999	555	310	160	570	310	155
580	$ 50,000 - $59,999	390	135	160	325	205	95
581	$ 60,000 - $69,999	305	130	75	245	135	160
582	$ 70,000 - $79,999	185	130	85	210	120	70
583	$ 80,000 - $89,999	115	80	45	145	50	115
584	$ 90,000 - $99,999	95	45	35	105	35	80
585	$100,000 and over	205	155	120	400	155	340
586	Average household income $	40,033	42,838	46,772	52,493	41,519	66,490
587	Median household income $	34,580	36,277	40,070	44,494	34,415	59,981
588	Standard error of average household income $	989	1,341	1,935	1,357	1,704	2,421

Tableau 1. Certaines caractéristiques des secteurs de recensement, recensement de 2001 – Données intégrales et données-échantillon (20 %)

Vancouver 0149.03	Vancouver 0149.04 A	Vancouver 0149.05 A	Vancouver 0150	Vancouver 0151.01	Vancouver 0151.03 A	Caractéristiques	N°
						CARACTÉRISTIQUES DU REVENU DE 2000	
						Population de 15 ans et plus ayant un revenu d'emploi en 2000 selon le sexe et le travail – fin	
1,870	2,060	520	235	1,840	595	Femmes ayant un revenu d'emploi (48)	526
27,878	28,384	20,376	33,991	21,263	22,442	Revenu moyen d'emploi $	527
1,011	1,167	1,706	3,091	869	2,620	Erreur type de revenu moyen d'emploi $	528
835	985	255	125	810	240	Ayant travaillé toute l'année à plein temps (49)	529
38,778	41,508	27,204	42,011	30,735	37,296	Revenu moyen d'emploi $	530
1,528	1,719	2,405	3,930	1,332	5,331	Erreur type de revenu moyen d'emploi $	531
990	1,035	250	100	925	315	Ayant travaillé une partie de l'année ou à temps partiel (50)	532
19,381	16,697	14,595	24,885	14,899	12,977	Revenu moyen d'emploi $	533
1,074	1,191	2,219	4,198	946	1,540	Erreur type de revenu moyen d'emploi $	534
						Familles de recensement selon la structure et les tranches de revenu de la famille en 2000	
2,185	2,130	585	215	2,165	670	Total - Toutes les familles de recensement	535
130	140	90	-	180	45	Moins de 10 000 $	536
175	210	45	-	260	80	10 000 $ - 19 999 $	537
200	135	70	10	385	80	20 000 $ - 29 999 $	538
230	240	60	10	250	85	30 000 $ - 39 999 $	539
145	215	45	50	290	80	40 000 $ - 49 999 $	540
175	210	30	25	145	75	50 000 $ - 59 999 $	541
165	200	35	10	140	75	60 000 $ - 69 999 $	542
190	160	20	20	120	40	70 000 $ - 79 999 $	543
185	170	55	10	95	20	80 000 $ - 89 999 $	544
135	115	15	15	40	45	90 000 $ - 99 999 $	545
460	330	120	70	250	45	100 000 $ et plus	546
71,062	64,516	58,906	87,657	50,060	54,287	Revenu moyen des familles $	547
61,153	55,570	46,022	72,241	40,035	44,910	Revenu médian des familles $	548
2,416	2,416	4,141	8,122	1,880	4,407	Erreur type de revenu moyen des familles $	549
1,920	1,850	490	175	1,875	560	Total - Toutes les familles de recensement comptant un couple (51)	550
90	100	80	-	135	25	Moins de 10 000 $	551
145	185	30	-	210	65	10 000 $ - 19 999 $	552
175	100	65	-	345	60	20 000 $ - 29 999 $	553
190	215	50	10	205	70	30 000 $ - 39 999 $	554
120	190	35	25	230	75	40 000 $ - 49 999 $	555
160	170	35	25	140	70	50 000 $ - 59 999 $	556
140	165	30	-	125	60	60 000 $ - 69 999 $	557
165	130	20	20	105	40	70 000 $ - 79 999 $	558
145	170	45	10	100	25	80 000 $ - 89 999 $	559
135	110	15	15	45	25	90 000 $ - 99 999 $	560
445	320	80	65	235	40	100 000 $ et plus	561
74,564	66,917	55,739	96,317	52,322	57,078	Revenu moyen des familles $	562
63,458	58,370	45,751	84,285	41,496	47,810	Revenu médian des familles $	563
2,673	2,639	4,223	9,101	2,073	4,942	Erreur type de revenu moyen des familles $	564
						Fréquence des unités à faible revenu en 2000	
2,110	2,045	560	220	2,010	600	Total - Familles économiques	565
440	425	165	-	670	185	Faible revenu	566
20.8	20.8	29.3	2.1	33.2	31.0	Fréquence des unités à faible revenu en 2000 % (52)	567
305	760	100	90	625	85	Total - Personnes hors famille économique de 15 ans et plus	568
80	245	35	25	240	30	Faible revenu	569
26.0	32.7	35.8	29.9	38.5	39.4	Fréquence des unités à faible revenu en 2000 % (52)	570
7,350	7,525	2,070	740	7,660	2,360	Total - Population dans les ménages privés	571
1,640	1,685	685	40	2,535	710	Faible revenu	572
22.4	22.3	33.0	5.5	33.1	30.0	Fréquence des unités à faible revenu en 2000 % (52)	573
						Ménages privés selon les tranches de revenu du ménage en 2000	
2,335	2,680	610	290	2,445	660	Total - Tous les ménages privés	574
130	160	60	-	205	50	Moins de 10 000 $	575
135	315	55	25	290	65	10 000 $ - 19 999 $	576
210	160	50	25	330	95	20 000 $ - 29 999 $	577
265	315	75	20	280	55	30 000 $ - 39 999 $	578
205	280	40	55	275	90	40 000 $ - 49 999 $	579
155	285	20	30	220	50	50 000 $ - 59 999 $	580
160	285	50	15	185	75	60 000 $ - 69 999 $	581
175	210	30	25	145	60	70 000 $ - 79 999 $	582
185	180	75	10	125	20	80 000 $ - 89 999 $	583
165	135	15	10	70	45	90 000 $ - 99 999 $	584
550	355	140	80	320	70	100 000 $ et plus	585
73,433	61,334	64,476	77,205	53,588	58,667	Revenu moyen des ménages $	586
63,058	52,989	61,242	59,510	42,802	48,785	Revenu médian des ménages $	587
2,318	2,112	3,972	6,654	1,890	4,635	Erreur type de revenu moyen des ménages $	588

Table 1. Selected Characteristics for Census Tracts, 2001 Census – 100% Data and 20% Sample Data

No.	Characteristics	Vancouver 0151.04 A	Vancouver 0160.01 A	Vancouver 0160.02 A	Vancouver 0160.03	Vancouver 0160.04 A	Vancouver 0161.01 A
	POPULATION CHARACTERISTICS						
1	**Population, 1996 (1)**	**7,394**	**4,886**	**6,712**	**5,888**	**3,382**	**3,430**
2	**Population, 2001 (2)**	**8,667**	**4,661**	**6,963**	**5,917**	**3,543**	**3,790**
3	Population percentage change, 1996-2001	17.2	-4.6	3.7	0.5	4.8	10.5
4	Land area in square kilometres, 2001	3.22	2.20	6.59	2.75	2.30	145.51
5	**Total population - 100% Data (3)**	**8,665**	**4,660**	**6,965**	**5,920**	**3,545**	**3,785**
	by sex and age groups						
6	Male	4,230	2,320	3,330	2,850	1,705	1,890
7	0-4 years	265	95	160	150	85	80
8	5-9 years	305	155	190	205	105	105
9	10-14 years	290	160	210	230	105	105
10	15-19 years	330	225	215	245	95	120
11	20-24 years	325	145	160	155	105	100
12	25-29 years	280	75	115	75	90	80
13	30-34 years	305	60	170	105	100	75
14	35-39 years	390	130	205	180	115	115
15	40-44 years	395	185	285	235	125	150
16	45-49 years	335	205	295	220	145	160
17	50-54 years	300	220	280	220	175	175
18	55-59 years	180	190	280	195	100	155
19	60-64 years	175	170	210	165	100	125
20	65-69 years	155	105	140	120	60	95
21	70-74 years	95	95	150	140	60	100
22	75-79 years	45	60	120	90	65	80
23	80-84 years	35	35	90	65	35	40
24	85 years and over	25	20	55	55	35	25
25	Female	4,435	2,340	3,640	3,065	1,835	1,895
26	0-4 years	270	90	165	130	80	80
27	5-9 years	275	150	200	180	90	100
28	10-14 years	295	185	220	230	95	100
29	15-19 years	320	190	215	215	115	115
30	20-24 years	300	100	140	135	85	100
31	25-29 years	320	70	145	70	80	75
32	30-34 years	355	80	190	130	115	100
33	35-39 years	410	165	250	205	125	130
34	40-44 years	400	205	320	260	155	135
35	45-49 years	375	235	320	240	145	155
36	50-54 years	260	255	305	230	140	155
37	55-59 years	205	180	265	215	125	160
38	60-64 years	190	135	200	150	115	110
39	65-69 years	135	95	175	135	80	100
40	70-74 years	105	80	150	140	90	90
41	75-79 years	85	60	185	145	80	80
42	80-84 years	60	40	105	130	55	60
43	85 years and over	60	35	70	140	50	60
44	**Total population 15 years and over**	**6,970**	**3,825**	**5,815**	**4,795**	**2,975**	**3,220**
	by legal marital status						
45	Never married (single)	2,035	895	1,285	1,090	750	810
46	Legally married (and not separated)	4,210	2,555	3,485	2,830	1,685	1,830
47	Separated, but still legally married	140	80	195	115	95	105
48	Divorced	245	155	465	315	245	255
49	Widowed	345	140	390	455	200	225
	by common-law status						
50	Not in a common-law relationship	6,815	3,720	5,475	4,635	2,810	2,970
51	In a common-law relationship	155	110	335	160	160	255
52	**Total population - 20% Sample Data (4)**	**8,590**	**4,660**	**6,960**	**5,790**	**3,535**	**3,640**
	by mother tongue						
53	Single responses	8,370	4,595	6,935	5,775	3,515	3,605
54	English	2,420	3,990	6,080	5,115	3,015	3,040
55	French	50	10	160	70	140	60
56	Non-official languages (5)	5,910	600	700	590	360	510
57	Chinese, n.o.s.	1,170	50	65	-	20	40
58	Cantonese	1,875	-	15	25	15	10
59	Punjabi	1,140	10	-	-	10	95
60	Mandarin	300	-	35	40	55	15
61	Tagalog (Pilipino)	230	-	-	25	20	-
62	Other languages (6)	1,195	535	580	485	245	345
63	Multiple responses	220	65	30	20	25	35
64	English and French	-	35	-	-	-	15
65	English and non-official language	205	30	25	-	20	25
66	French and non-official language	10	-	-	-	-	-
67	English, French and non-official language	-	-	-	-	-	-

See reference material at the end of the publication. – Voir les documents de référence à la fin de la publication.

Tableau 1. Certaines caractéristiques des secteurs de recensement, recensement de 2001 – Données intégrales et données-échantillon (20 %)

Vancouver 0161.02	Vancouver 0161.03 A	Vancouver 0161.05 A	Vancouver 0161.06 A	Vancouver 0162.01	Vancouver 0162.02	Caractéristiques	N°
						CARACTÉRISTIQUES DE LA POPULATION	
5,573	**6,340**	**5,682**	**2,791**	**5,860**	**6,430**	**Population, 1996 (1)**	1
5,451	**6,699**	**5,583**	**2,714**	**5,937**	**6,489**	**Population, 2001 (2)**	2
-2.2	5.7	-1.7	-2.8	1.3	0.9	Variation en pourcentage de la population, 1996-2001	3
1.75	2.33	1.62	0.94	2.13	2.05	Superficie des terres en kilomètres carrés, 2001	4
5,450	**6,695**	**5,585**	**2,710**	**5,935**	**6,490**	**Population totale – Données intégrales (3)**	5
						selon le sexe et les groupes d'âge	
2,650	3,195	2,755	1,305	2,950	3,215	Sexe masculin	6
175	185	170	85	155	170	0-4 ans	7
195	275	255	95	220	205	5-9 ans	8
195	270	265	100	260	280	10-14 ans	9
180	245	200	100	320	300	15-19 ans	10
135	175	140	80	230	250	20-24 ans	11
130	150	125	40	140	185	25-29 ans	12
185	195	160	55	130	175	30-34 ans	13
240	265	250	95	180	240	35-39 ans	14
215	300	255	120	255	270	40-44 ans	15
240	250	250	110	300	250	45-49 ans	16
205	200	185	120	310	335	50-54 ans	17
170	195	145	105	165	215	55-59 ans	18
125	135	115	60	110	135	60-64 ans	19
85	115	85	45	60	95	65-69 ans	20
75	80	65	30	40	60	70-74 ans	21
55	70	50	40	30	40	75-79 ans	22
35	60	35	20	20	15	80-84 ans	23
10	30	10	10	20	10	85 ans et plus	24
2,795	3,500	2,830	1,410	2,990	3,270	Sexe féminin	25
145	220	175	80	145	205	0-4 ans	26
175	265	240	80	205	235	5-9 ans	27
190	245	225	100	220	270	10-14 ans	28
205	230	170	70	280	290	15-19 ans	29
135	160	130	75	225	250	20-24 ans	30
155	160	135	60	145	190	25-29 ans	31
175	195	210	80	145	190	30-34 ans	32
275	310	280	105	240	255	35-39 ans	33
245	340	300	150	295	265	40-44 ans	34
230	280	220	120	310	280	45-49 ans	35
220	255	200	130	295	290	50-54 ans	36
165	200	150	85	140	220	55-59 ans	37
120	135	105	55	110	110	60-64 ans	38
90	145	80	45	65	85	65-69 ans	39
95	100	75	45	40	55	70-74 ans	40
75	110	55	60	45	35	75-79 ans	41
55	75	45	35	30	25	80-84 ans	42
55	75	30	25	50	20	85 ans et plus	43
4,370	**5,235**	**4,255**	**2,175**	**4,730**	**5,120**	**Population totale de 15 ans et plus**	44
						selon l'état matrimonial légal	
1,280	1,310	1,090	540	1,430	1,535	Célibataire (jamais marié(e))	45
2,250	3,130	2,560	1,290	2,790	3,145	Légalement marié(e) (et non séparé(e))	46
165	125	125	55	100	105	Séparé(e), mais toujours légalement marié(e)	47
410	325	280	140	215	195	Divorcé(e)	48
265	340	190	140	190	140	Veuf ou veuve	49
						selon l'union libre	
4,055	4,985	4,035	2,060	4,585	4,915	Ne vivant pas en union libre	50
320	250	220	115	145	205	Vivant en union libre	51
5,440	**6,590**	**5,555**	**2,705**	**5,845**	**6,475**	**Population totale – Données-échantillon (20 %) (4)**	52
						selon la langue maternelle	
5,265	6,560	5,435	2,685	5,780	6,395	Réponses uniques	53
4,395	5,540	4,305	2,380	3,555	4,730	Anglais	54
150	70	75	30	65	50	Français	55
720	950	1,055	280	2,165	1,615	Langues non officielles (5)	56
20	75	65	15	390	90	Chinois, n.d.a.	57
45	115	135	10	70	20	Cantonais	58
150	180	255	10	625	565	Pendjabi	59
10	30	20	-	350	70	Mandarin	60
70	95	20	-	80	40	Tagalog (pilipino)	61
420	455	560	245	650	825	Autres langues (6)	62
180	30	120	15	70	85	Réponses multiples	63
100	-	-	15	10	-	Anglais et français	64
70	30	110	10	40	85	Anglais et langue non officielle	65
-	-	10	-	-	-	Français et langue non officielle	66
10	-	-	-	10	-	Anglais, français et langue non officielle	67

See reference material at the end of the publication. – Voir les documents de référence à la fin de la publication.

Table 1. Selected Characteristics for Census Tracts, 2001 Census – 100% Data and 20% Sample Data

No.	Characteristics	Vancouver 0151.04 A	Vancouver 0160.01 A	Vancouver 0160.02 A	Vancouver 0160.03	Vancouver 0160.04 A	Vancouver 0161.01 A
	POPULATION CHARACTERISTICS						
	by home language						
68	Single responses	5,885	4,240	6,550	5,510	3,340	3,350
69	English	2,755	4,220	6,410	5,410	3,260	3,280
70	French	10	-	45	20	30	10
71	Non-official languages (5)	3,120	25	105	80	55	60
72	Cantonese	1,325	-	10	10	20	10
73	Chinese, n.o.s.	620	-	15	-	10	-
74	Punjabi	595	-	-	-	-	40
75	Mandarin	115	-	15	40	10	10
76	Korean	45	-	20	-	-	-
77	Other languages (6)	420	20	50	30	20	10
78	Multiple responses	2,710	425	410	280	195	295
79	English and French	15	50	70	30	50	65
80	English and non-official language	2,640	375	335	240	130	220
81	French and non-official language	10	-	-	-	-	-
82	English, French and non-official language	45	-	10	-	15	10
	by knowledge of official languages						
83	English only	7,375	4,320	6,310	5,175	3,145	3,300
84	French only	20	-	15	-	-	-
85	English and French	340	335	610	590	390	335
86	Neither English nor French	865	10	30	30	10	-
	by knowledge of non-official languages (5) (7)						
87	Cantonese	2,360	-	25	35	20	35
88	Chinese, n.o.s.	1,040	40	35	10	30	20
89	Punjabi	1,315	20	20	-	-	110
90	Mandarin	920	20	85	45	50	50
91	Hindi	630	-	15	20	35	20
92	German	240	260	230	245	60	155
93	Spanish	175	100	85	80	35	40
	by first official language spoken						
94	English	7,645	4,635	6,740	5,685	3,375	3,580
95	French	55	-	150	75	145	50
96	English and French	60	15	45	-	15	10
97	Neither English nor French	830	-	30	30	-	10
98	Official language minority - (number) (8)	85	15	170	75	150	55
99	Official language minority - (percentage) (8)	1.0	0.3	2.4	1.3	4.2	1.5
	by ethnic origin (9)						
100	English	490	2,180	3,105	2,715	1,395	1,235
101	Canadian	735	1,450	2,000	1,540	925	855
102	Chinese	3,810	135	150	120	130	130
103	Scottish	440	1,330	1,890	1,405	1,015	715
104	Irish	315	960	1,260	1,210	765	600
105	German	485	655	810	955	440	405
106	East Indian	1,635	65	90	60	60	100
107	French	210	260	555	670	300	205
108	Ukrainian	70	220	535	300	165	80
109	Italian	195	190	135	160	125	205
110	Dutch (Netherlands)	95	285	265	300	215	195
111	Filipino	430	15	55	30	80	-
112	Polish	125	85	260	145	100	40
113	Norwegian	35	150	255	210	100	175
114	North American Indian	35	40	65	100	75	325
	by Aboriginal identity						
115	Total Aboriginal identity population (10)	15	25	50	70	50	340
116	Total non-Aboriginal population	8,580	4,635	6,910	5,720	3,490	3,300
	by Aboriginal origin						
117	Total Aboriginal origins population (11)	30	50	75	105	110	350
118	Total non-Aboriginal population	8,560	4,605	6,885	5,685	3,430	3,290
	by Registered Indian status						
119	Registered Indian (12)	10	-	10	25	15	290
120	Not a Registered Indian	8,580	4,660	6,950	5,770	3,530	3,355

Tableau 1. Certaines caractéristiques des secteurs de recensement, recensement de 2001 – Données intégrales et données-échantillon (20 %)

Vancouver 0161.02	Vancouver 0161.03 A	Vancouver 0161.05 A	Vancouver 0161.06 A	Vancouver 0162.01	Vancouver 0162.02	Caractéristiques	N°
						CARACTÉRISTIQUES DE LA POPULATION	
						selon la langue parlée à la maison	
4,875	6,050	4,965	2,535	4,715	5,430	Réponses uniques	68
4,755	5,810	4,640	2,500	3,970	4,925	Anglais	69
-	-	-	-	-	20	Français	70
120	240	320	30	745	485	Langues non officielles (5)	71
20	25	135	-	35	-	Cantonais	72
-	40	25	-	100	30	Chinois, n.d.a.	73
60	60	115	-	280	265	Pendjabi	74
-	-	10	-	155	30	Mandarin	75
-	-	-	-	20	-	Coréen	76
40	110	50	30	155	160	Autres langues (6)	77
570	540	590	170	1,135	1,050	Réponses multiples	78
225	40	40	25	40	85	Anglais et français	79
345	495	495	125	1,090	955	Anglais et langue non officielle	80
-	-	-	-	-	-	Français et langue non officielle	81
-	-	55	25	10	10	Anglais, français et langue non officielle	82
						selon la connaissance des langues officielles	
4,830	6,105	5,130	2,510	5,100	5,720	Anglais seulement	83
-	-	-	-	-	15	Français seulement	84
570	425	350	190	480	560	Anglais et français	85
40	55	75	10	265	185	Ni l'anglais ni le français	86
						selon la connaissance des langues non officielles (5) (7)	
60	150	170	35	125	40	Cantonais	87
30	75	35	10	215	60	Chinois, n.d.a.	88
170	200	390	10	670	590	Pendjabi	89
40	75	40	-	565	135	Mandarin	90
80	75	140	75	230	550	Hindi	91
195	125	185	90	195	185	Allemand	92
60	45	60	30	95	135	Espagnol	93
						selon la première langue officielle parlée	
5,235	6,470	5,415	2,670	5,520	6,240	Anglais	94
145	60	70	35	45	50	Français	95
10	-	-	-	10	20	Anglais et français	96
40	50	75	10	265	175	Ni l'anglais ni le français	97
155	65	70	35	50	60	Minorité de langue officielle - (nombre) (8)	98
2.8	1.0	1.3	1.3	0.9	0.9	Minorité de langue officielle - (pourcentage) (8)	99
						selon l'origine ethnique (9)	
1,945	2,620	1,630	1,010	1,520	2,070	Anglais	100
1,600	1,980	1,470	800	1,320	1,520	Canadien	101
220	430	295	60	950	290	Chinois	102
1,365	1,430	1,280	595	1,175	1,295	Écossais	103
1,005	1,165	1,005	515	855	965	Irlandais	104
870	915	950	440	595	940	Allemand	105
235	285	620	120	780	865	Indien de l'Inde	106
605	520	355	240	325	450	Français	107
230	435	395	110	285	315	Ukrainien	108
155	135	115	70	195	160	Italien	109
300	245	325	260	180	220	Hollandais (Néerlandais)	110
230	150	35	-	110	140	Philippin	111
110	220	255	55	100	250	Polonais	112
145	145	70	75	215	145	Norvégien	113
180	120	135	-	105	145	Indien de l'Amérique du Nord	114
						selon l'identité autochtone	
105	90	100	40	60	185	Total de la population ayant une identité autochtone (10)	115
5,335	6,500	5,455	2,670	5,785	6,300	Total de la population non autochtone	116
						selon l'origine autochtone	
190	130	155	40	115	195	Total de la population ayant une origine autochtone (11)	117
5,250	6,455	5,400	2,665	5,730	6,285	Total de la population non autochtone	118
						selon le statut d'Indien inscrit	
40	50	55	-	25	50	Oui, Indien inscrit (12)	119
5,405	6,535	5,500	2,705	5,820	6,430	Non, pas un Indien inscrit	120

Table 1. Selected Characteristics for Census Tracts, 2001 Census – 100% Data and 20% Sample Data

No.	Characteristics	Vancouver 0151.04 A	Vancouver 0160.01 A	Vancouver 0160.02 A	Vancouver 0160.03	Vancouver 0160.04 A	Vancouver 0161.01 A
	POPULATION CHARACTERISTICS						
	by visible minority groups						
121	Total visible minority population	6,675	360	380	315	255	395
122	Chinese	3,770	145	145	115	110	115
123	South Asian	1,950	65	85	75	60	215
124	Black	60	25	20	-	-	-
125	Filipino	425	15	25	25	35	-
126	Latin American	90	20	-	-	15	-
127	Southeast Asian	60	10	10	-	15	10
128	Arab	95	-	-	-	-	-
129	West Asian	10	20	-	10	-	-
130	Korean	60	15	40	-	-	-
131	Japanese	40	55	15	45	-	50
132	Visible minority, n.i.e. (13)	-	-	-	10	-	-
133	Multiple visible minorities (14)	120	-	45	10	10	-
	by citizenship						
134	Canadian citizenship (15)	7,230	4,490	6,630	5,445	3,400	3,530
135	Citizenship other than Canadian	1,365	170	330	345	140	110
	by place of birth of respondent						
136	Non-immigrant population	3,055	3,690	5,500	4,530	2,780	2,910
137	Born in province of residence	2,415	2,350	3,335	2,815	1,695	2,160
138	Immigrant population (16)	5,435	965	1,425	1,250	745	725
139	United States	60	90	90	120	50	65
140	Central and South America	100	55	10	20	20	-
141	Caribbean and Bermuda	70	10	10	10	10	15
142	United Kingdom	135	250	620	525	240	225
143	Other Europe (17)	290	325	365	325	180	200
144	Africa	90	60	100	60	25	20
145	Asia and the Middle East	4,530	140	215	150	180	195
146	Oceania and other (18)	160	35	15	35	40	-
147	Non-permanent residents (19)	105	10	40	15	20	-
148	**Total immigrant population**	**5,430**	**970**	**1,420**	**1,245**	**745**	**725**
	by period of immigration						
149	Before 1961	215	295	330	360	185	190
150	1961-1970	200	240	400	215	205	185
151	1971-1980	575	160	240	325	135	145
152	1981-1990	1,370	180	165	180	45	50
153	1991-2001 (20)	3,065	100	285	160	170	160
154	1991-1995	1,860	40	130	90	80	135
155	1996-2001 (20)	1,200	55	155	70	90	30
	by age at immigration						
156	0-4 years	300	155	120	190	65	65
157	5-19 years	1,500	290	335	200	185	215
158	20 years and over	3,630	525	970	855	495	440
159	**Total population**	**8,590**	**4,660**	**6,960**	**5,790**	**3,540**	**3,640**
	by religion						
160	Catholic (21)	1,590	665	1,200	895	810	825
161	Protestant	1,070	2,215	3,005	2,625	1,600	1,450
162	Christian Orthodox	10	20	65	40	10	-
163	Christian, n.i.e. (22)	625	220	215	295	110	110
164	Muslim	420	15	45	25	-	60
165	Jewish	35	-	15	40	35	10
166	Buddhist	550	35	35	25	15	-
167	Hindu	240	-	-	20	30	-
168	Sikh	1,285	20	15	-	-	100
169	Eastern religions (23)	10	35	-	10	-	-
170	Other religions (24)	-	-	35	10	10	-
171	No religious affiliation (25)	2,755	1,450	2,330	1,805	915	1,070
172	**Total population 15 years and over**	**6,890**	**3,825**	**5,800**	**4,670**	**2,975**	**3,095**
	by generation status						
173	1st generation (26)	5,155	980	1,400	1,210	720	710
174	2nd generation (27)	1,115	1,065	1,695	1,315	830	855
175	3rd generation and over (28)	630	1,780	2,705	2,145	1,420	1,530
176	**Total population 1 year and over (29)**	**8,475**	**4,630**	**6,925**	**5,760**	**3,515**	**3,620**
	by place of residence 1 year ago (mobility)						
177	Non-movers	7,280	4,210	5,965	5,305	3,070	3,175
178	Movers	1,190	420	960	455	450	445
179	Non-migrants	680	265	650	300	230	265
180	Migrants	510	150	310	150	215	185
181	Internal migrants	320	135	280	135	180	180
182	Intraprovincial migrants	230	125	240	100	140	175
183	Interprovincial migrants	90	-	45	35	40	10
184	External migrants	190	15	30	20	40	10

Tableau 1. Certaines caractéristiques des secteurs de recensement, recensement de 2001 – Données intégrales et données-échantillon (20 %)

Vancouver 0161.02	Vancouver 0161.03 A	Vancouver 0161.05 A	Vancouver 0161.06 A	Vancouver 0162.01	Vancouver 0162.02	Caractéristiques	N°
						CARACTÉRISTIQUES DE LA POPULATION	
						selon les groupes de minorités visibles	
750	1,075	1,190	285	2,175	1,570	Total de la population des minorités visibles	121
160	380	280	60	1,005	285	Chinois	122
210	370	680	140	875	965	Sud-Asiatique	123
50	45	70	15	25	-	Noir	124
200	135	25	-	115	140	Philippin	125
-	40	25	10	15	15	Latino-Américain	126
25	20	55	-	-	15	Asiatique du Sud-Est	127
-	-	-	-	10	-	Arabe	128
15	10	-	-	-	50	Asiatique occidental	129
-	-	10	-	100	10	Coréen	130
55	25	25	35	25	55	Japonais	131
10	15	-	-	-	-	Minorité visible, n.i.a. (13)	132
15	35	10	15	-	10	Minorités visibles multiples (14)	133
						selon la citoyenneté	
5,185	6,360	5,260	2,630	5,060	6,095	Citoyenneté canadienne (15)	134
255	225	295	75	785	380	Citoyenneté autre que canadienne	135
						selon le lieu de naissance du répondant	
4,295	5,295	4,100	2,200	3,715	4,835	Population non immigrante	136
3,025	3,805	2,930	1,645	2,605	3,810	Née dans la province de résidence	137
1,135	1,290	1,420	480	2,115	1,630	Population immigrante (16)	138
75	70	75	40	55	40	États-Unis	139
10	35	35	-	45	35	Amérique centrale et du Sud	140
10	35	40	25	10	-	Caraïbes et Bermudes	141
340	290	280	180	215	225	Royaume-Uni	142
305	250	250	120	315	335	Autre Europe (17)	143
10	115	50	20	80	30	Afrique	144
360	495	640	35	1,350	795	Asie et Moyen-Orient	145
25	10	50	55	50	165	Océanie et autre (18)	146
10	10	30	25	20	15	Résidents non permanents (19)	147
1,140	**1,285**	**1,425**	**485**	**2,115**	**1,625**	**Population immigrante totale**	148
						selon la période d'immigration	
285	230	195	145	155	230	Avant 1961	149
230	255	245	145	245	275	1961-1970	150
265	345	375	80	390	315	1971-1980	151
160	185	195	85	260	410	1981-1990	152
195	265	410	20	1,075	395	1991-2001 (20)	153
135	140	295	25	490	215	1991-1995	154
60	130	120	-	585	180	1996-2001 (20)	155
						selon l'âge à l'immigration	
135	125	165	70	155	145	0-4 ans	156
370	330	440	135	625	475	5-19 ans	157
630	835	815	280	1,335	1,010	20 ans et plus	158
5,440	**6,590**	**5,555**	**2,705**	**5,845**	**6,480**	**Population totale**	159
						selon la religion	
1,055	1,455	1,095	550	1,060	995	Catholique (21)	160
1,870	2,340	1,810	1,295	1,700	1,775	Protestante	161
20	60	40	10	40	65	Orthodoxe chrétienne	162
200	265	270	25	250	165	Chrétiennes, n.i.a. (22)	163
20	105	80	15	150	190	Musulmane	164
15	20	20	10	25	20	Juive	165
55	35	75	-	235	40	Bouddhiste	166
40	30	30	105	120	315	Hindoue	167
180	205	415	10	600	500	Sikh	168
-	-	30	-	10	10	Religions orientales (23)	169
15	-	-	-	10	55	Autres religions (24)	170
1,980	2,070	1,690	690	1,645	2,355	Aucune appartenance religieuse (25)	171
4,370	**5,105**	**4,220**	**2,160**	**4,640**	**5,115**	**Population totale de 15 ans et plus**	172
						selon le statut des générations	
1,145	1,245	1,350	505	1,985	1,585	1re génération (26)	173
1,175	1,565	935	715	980	1,265	2e génération (27)	174
2,050	2,305	1,930	930	1,675	2,265	3e génération et plus (28)	175
5,395	**6,490**	**5,515**	**2,680**	**5,770**	**6,405**	**Population totale de 1 an et plus (29)**	176
						selon le lieu de résidence 1 an auparavant (mobilité)	
4,700	5,995	5,115	2,475	5,095	5,725	Personnes n'ayant pas déménagé	177
700	495	395	205	680	690	Personnes ayant déménagé	178
410	345	275	125	285	315	Non-migrants	179
290	150	120	80	390	375	Migrants	180
255	145	85	75	355	330	Migrants internes	181
180	135	85	80	305	330	Migrants infraprovinciaux	182
80	-	-	-	50	-	Migrants interprovinciaux	183
30	10	40	-	35	40	Migrants externes	184

Table 1. Selected Characteristics for Census Tracts, 2001 Census – 100% Data and 20% Sample Data

No.	Characteristics	Vancouver 0151.04 A	Vancouver 0160.01 A	Vancouver 0160.02 A	Vancouver 0160.03	Vancouver 0160.04 A	Vancouver 0161.01 A
	POPULATION CHARACTERISTICS						
185	**Total population 5 years and over (30)**	**8,050**	**4,475**	**6,625**	**5,515**	**3,380**	**3,515**
	by place of residence 5 years ago (mobility)						
186	Non-movers	4,045	3,125	3,815	3,805	1,875	2,270
187	Movers	4,005	1,345	2,815	1,710	1,510	1,245
188	Non-migrants	2,000	635	1,610	935	695	705
189	Migrants	2,000	715	1,200	775	810	540
190	Internal migrants	955	640	1,050	655	700	530
191	Intraprovincial migrants	680	425	885	550	580	470
192	Interprovincial migrants	275	220	165	105	120	60
193	External migrants	1,050	70	155	120	110	10
194	**Total population 15 to 24 years**	**1,280**	**655**	**725**	**745**	**400**	**470**
	by school attendance						
195	Not attending school	330	215	280	280	105	170
196	Attending school full time	805	370	405	405	255	265
197	Attending school part time	140	70	40	60	50	35
198	**Total population 15 years and over**	**6,895**	**3,825**	**5,805**	**4,670**	**2,970**	**3,095**
	by highest level of schooling						
199	Less than grade 9 (31)	705	60	100	80	85	100
200	Grades 9-13 without high school graduation certificate	1,525	540	1,010	920	545	785
201	Grades 9-13 with high school graduation certificate	820	465	780	535	440	540
202	Some postsecondary without degree, certificate or diploma (32)	875	520	735	650	495	385
203	Trades certificate or diploma (33)	490	345	585	485	215	355
204	College certificate or diploma (34)	930	740	930	945	580	440
205	University certificate below bachelor's degree	230	155	255	240	115	60
206	University with bachelor's degree or higher	1,320	1,005	1,415	820	495	435
	by combinations of unpaid work						
207	Males 15 years and over	3,380	1,905	2,760	2,225	1,410	1,570
208	Reported unpaid work (35)	2,960	1,690	2,475	1,995	1,225	1,410
209	Housework and child care and care or assistance to seniors	400	125	205	180	60	140
210	Housework and child care only	890	565	680	665	350	290
211	Housework and care or assistance to seniors only	220	210	265	165	120	105
212	Child care and care or assistance to seniors only	15	-	-	-	-	-
213	Housework only	1,370	785	1,310	960	665	855
214	Child care only	60	-	10	10	15	10
215	Care or assistance to seniors only	15	10	-	20	10	10
216	Females 15 years and over	3,515	1,915	3,045	2,440	1,560	1,520
217	Reported unpaid work (35)	3,265	1,765	2,800	2,215	1,470	1,410
218	Housework and child care and care or assistance to seniors	515	255	330	295	135	190
219	Housework and child care only	1,025	580	805	640	495	340
220	Housework and care or assistance to seniors only	315	200	370	235	175	150
221	Child care and care or assistance to seniors only	10	-	-	-	-	-
222	Housework only	1,335	710	1,255	1,030	660	715
223	Child care only	15	-	-	10	-	10
224	Care or assistance to seniors only	45	10	20	10	-	10
	by labour force activity						
225	Males 15 years and over	3,375	1,910	2,760	2,225	1,410	1,575
226	In the labour force	2,425	1,470	1,935	1,640	975	1,180
227	Employed	2,250	1,390	1,845	1,550	935	1,135
228	Unemployed	175	80	90	95	40	45
229	Not in the labour force	960	435	825	585	435	395
230	Participation rate	71.9	77.0	70.1	73.7	69.1	74.9
231	Employment rate	66.7	72.8	66.8	69.7	66.3	72.1
232	Unemployment rate	7.2	5.4	4.7	5.8	4.1	3.8
233	Females 15 years and over	3,515	1,915	3,040	2,445	1,565	1,520
234	In the labour force	2,000	1,190	1,755	1,370	950	980
235	Employed	1,840	1,160	1,670	1,325	915	960
236	Unemployed	160	30	85	45	35	15
237	Not in the labour force	1,520	730	1,285	1,075	615	545
238	Participation rate	56.9	62.1	57.7	56.0	60.7	64.5
239	Employment rate	52.3	60.6	54.9	54.2	58.5	63.2
240	Unemployment rate	8.0	2.5	4.8	3.3	3.7	1.5

Tableau 1. Certaines caractéristiques des secteurs de recensement, recensement de 2001 – Données intégrales et données-échantillon (20 %)

Vancouver 0161.02	Vancouver 0161.03 A	Vancouver 0161.05 A	Vancouver 0161.06 A	Vancouver 0162.01	Vancouver 0162.02	Caractéristiques	N°
						CARACTÉRISTIQUES DE LA POPULATION	
5,120	**6,180**	**5,200**	**2,510**	**5,540**	**6,105**	**Population totale de 5 ans et plus (30)**	185
						selon le lieu de résidence 5 ans auparavant (mobilité)	
3,195	4,025	3,035	1,840	3,540	4,405	Personnes n'ayant pas déménagé	186
1,920	2,155	2,170	670	2,005	1,700	Personnes ayant déménagé	187
950	1,140	1,165	335	645	760	Non-migrants	188
970	1,020	1,000	335	1,360	940	Migrants	189
905	900	830	310	880	785	Migrants internes	190
670	765	795	265	765	665	Migrants infraprovinciaux	191
235	130	35	50	115	115	Migrants interprovinciaux	192
65	120	175	25	475	155	Migrants externes	193
645	**810**	**640**	**300**	**1,055**	**1,090**	**Population totale de 15 à 24 ans**	194
						selon la fréquentation scolaire	
265	365	240	125	325	425	Ne fréquentant pas l'école	195
325	375	350	145	605	575	Fréquentant l'école à plein temps	196
60	65	55	30	120	90	Fréquentant l'école à temps partiel	197
4,370	**5,105**	**4,220**	**2,160**	**4,635**	**5,110**	**Population totale de 15 ans et plus**	198
						selon le plus haut niveau de scolarité atteint	
205	185	160	65	210	245	Niveau inférieur à la 9e année (31)	199
1,065	975	785	330	785	960	De la 9e à la 13e année sans certificat d'études secondaires	200
585	740	655	320	810	765	De la 9e à la 13e année avec certificat d'études secondaires	201
585	765	600	340	670	650	Études postsecondaires partielles sans grade, certificat ou diplôme (32)	202
510	585	630	250	450	680	Certificat ou diplôme d'une école de métiers (33)	203
720	910	680	490	745	945	Certificat ou diplôme collégial (34)	204
100	95	115	65	160	200	Certificat universitaire inférieur au baccalauréat	205
600	850	595	290	815	665	Études universitaires avec baccalauréat ou diplôme supérieur	206
						selon les combinaisons de travail non rémunéré	
2,075	2,425	2,055	995	2,295	2,555	Hommes de 15 ans et plus	207
1,905	2,175	1,900	870	2,050	2,345	Travail non rémunéré déclaré (35)	208
165	210	215	100	245	170	Travaux ménagers et soins aux enfants et soins ou aide aux personnes âgées	209
530	665	730	265	600	715	Travaux ménagers et soins aux enfants seulement	210
130	280	85	85	165	210	Travaux ménagers et soins ou aide aux personnes âgées seulement	211
-	-	-	-	-	10	Soins aux enfants et soins ou aide aux personnes âgées seulement	212
1,060	960	840	415	1,000	1,205	Travaux ménagers seulement	213
-	25	20	10	40	35	Soins aux enfants seulement	214
15	25	10	-	-	-	Soins ou aide aux personnes âgées seulement	215
2,290	2,680	2,160	1,165	2,345	2,560	Femmes de 15 ans et plus	216
2,100	2,525	2,045	1,065	2,140	2,405	Travail non rémunéré déclaré (35)	217
275	320	385	155	325	255	Travaux ménagers et soins aux enfants et soins ou aide aux personnes âgées	218
645	860	785	260	730	900	Travaux ménagers et soins aux enfants seulement	219
145	290	150	135	170	215	Travaux ménagers et soins ou aide aux personnes âgées seulement	220
-	-	-	-	-	-	Soins aux enfants et soins ou aide aux personnes âgées seulement	221
995	1,030	690	510	880	1,000	Travaux ménagers seulement	222
20	15	35	-	20	30	Soins aux enfants seulement	223
15	10	-	-	-	-	Soins ou aide aux personnes âgées seulement	224
						selon l'activité	
2,075	2,430	2,055	995	2,295	2,550	Hommes de 15 ans et plus	225
1,555	1,840	1,570	785	1,725	1,945	Population active	226
1,455	1,705	1,495	765	1,610	1,850	Personnes occupées	227
105	140	70	20	115	95	Chômeurs	228
515	590	490	215	565	605	Inactifs	229
74.9	75.7	76.4	78.9	75.2	76.3	Taux d'activité	230
70.1	70.2	72.7	76.9	70.2	72.5	Taux d'emploi	231
6.8	7.6	4.5	2.5	6.7	4.9	Taux de chômage	232
2,290	2,680	2,160	1,160	2,340	2,560	Femmes de 15 ans et plus	233
1,515	1,755	1,440	830	1,505	1,595	Population active	234
1,455	1,685	1,360	815	1,415	1,535	Personnes occupées	235
65	75	80	10	90	60	Chômeuses	236
775	925	715	335	840	960	Inactives	237
66.2	65.5	66.7	71.6	64.3	62.3	Taux d'activité	238
63.5	62.9	63.0	70.3	60.5	60.0	Taux d'emploi	239
4.3	4.3	5.6	1.2	6.0	3.8	Taux de chômage	240

Table 1. Selected Characteristics for Census Tracts, 2001 Census – 100% Data and 20% Sample Data

No.	Characteristics	Vancouver 0151.04 A	Vancouver 0160.01 A	Vancouver 0160.02 A	Vancouver 0160.03	Vancouver 0160.04 A	Vancouver 0161.01 A
	POPULATION CHARACTERISTICS						
	by labour force activity – concluded						
241	Both sexes - Participation rate	64.1	69.5	63.7	64.5	64.6	69.6
242	15-24 years	51.2	70.5	70.8	70.5	55.0	72.3
243	25 years and over	67.1	69.4	62.9	63.3	66.3	69.3
244	Both sexes - Employment rate	59.2	66.8	60.6	61.6	62.3	67.5
245	15-24 years	46.5	64.4	59.3	63.1	43.2	66.0
246	25 years and over	62.2	67.2	60.8	61.1	65.1	67.8
247	Both sexes - Unemployment rate	7.6	4.1	4.7	4.7	3.9	3.0
248	15-24 years	9.2	8.6	13.9	9.6	18.2	5.9
249	25 years and over	7.2	3.2	3.3	3.6	1.5	2.2
250	**Total labour force 15 years and over**	**4,415**	**2,660**	**3,690**	**3,010**	**1,925**	**2,160**
	by industry based on the 1997 NAICS						
251	Industry - Not applicable (36)	105	30	35	30	15	15
252	All industries (37)	4,315	2,635	3,660	2,980	1,905	2,140
253	11 Agriculture, forestry, fishing and hunting	55	30	45	10	10	340
254	21 Mining and oil and gas extraction	-	15	10	10	10	10
255	22 Utilities	10	15	40	-	10	-
256	23 Construction	85	95	145	125	65	125
257	31-33 Manufacturing	425	230	195	285	185	140
258	41 Wholesale trade	325	240	240	175	120	145
259	44-45 Retail trade	585	230	395	315	165	205
260	48-49 Transportation and warehousing	375	225	335	300	225	240
261	51 Information and cultural industries	130	65	135	135	65	50
262	52 Finance and insurance	280	125	265	85	125	60
263	53 Real estate and rental and leasing	95	70	60	85	45	25
264	54 Professional, scientific and technical services	335	330	330	315	140	155
265	55 Management of companies and enterprises	-	-	10	-	-	-
266	56 Administrative and support, waste management and remediation services	205	90	165	80	95	115
267	61 Educational services	140	285	370	240	110	80
268	62 Health care and social assistance	335	225	245	275	195	150
269	71 Arts, entertainment and recreation	85	30	50	90	45	50
270	72 Accommodation and food services	505	150	260	180	125	60
271	81 Other services (except public administration)	245	75	160	85	65	80
272	91 Public administration	110	120	210	175	120	100
	by class of worker						
273	Class of worker - Not applicable (36)	100	30	35	35	15	15
274	All classes of worker (37)	4,310	2,635	3,660	2,980	1,905	2,140
275	Paid workers	3,930	2,425	3,350	2,700	1,775	1,875
276	Employees	3,705	2,220	3,030	2,505	1,665	1,690
277	Self-employed (incorporated)	230	200	325	195	100	185
278	Self-employed (unincorporated)	350	195	305	265	135	245
279	Unpaid family workers	35	15	-	-	-	25
	by occupation based on the 2001 NOC-S						
280	Male labour force 15 years and over	2,425	1,470	1,940	1,640	975	1,175
281	Occupation - Not applicable (36)	75	20	25	15	10	10
282	All occupations (37)	2,345	1,445	1,910	1,630	970	1,170
283	A Management occupations	460	305	410	345	210	210
284	B Business, finance and administration occupations	315	145	220	190	115	65
285	C Natural and applied sciences and related occupations	170	195	255	180	90	135
286	D Health occupations	50	30	40	50	20	20
287	E Occupations in social science, education, government service and religion	75	95	160	65	50	50
288	F Occupations in art, culture, recreation and sport	80	75	35	75	45	40
289	G Sales and service occupations	650	295	415	390	240	150
290	H Trades, transport and equipment operators and related occupations	350	220	290	285	140	240
291	I Occupations unique to primary industry	80	45	55	25	10	240
292	J Occupations unique to processing, manufacturing and utilities	120	40	45	20	50	15
293	Female labour force 15 years and over	1,995	1,195	1,755	1,370	950	980
294	Occupation - Not applicable (36)	30	10	10	20	10	10
295	All occupations (37)	1,965	1,185	1,745	1,350	940	975
296	A Management occupations	170	95	240	165	55	105
297	B Business, finance and administration occupations	630	335	515	385	330	315
298	C Natural and applied sciences and related occupations	30	20	20	15	10	50
299	D Health occupations	125	130	75	130	95	45

Tableau 1. Certaines caractéristiques des secteurs de recensement, recensement de 2001 – Données intégrales et données-échantillon (20 %)

Vancouver 0161.02	Vancouver 0161.03 A	Vancouver 0161.05 A	Vancouver 0161.06 A	Vancouver 0162.01	Vancouver 0162.02	Caractéristiques	N°
						CARACTÉRISTIQUES DE LA POPULATION	
						selon l'activité – fin	
70.4	70.4	71.3	74.3	69.5	69.2	Les deux sexes - Taux d'activité	241
63.1	62.6	53.9	80.0	51.9	65.6	15-24 ans	242
71.8	71.9	74.5	73.7	75.0	70.4	25 ans et plus	243
66.6	66.3	67.8	73.4	65.3	66.2	Les deux sexes - Taux d'emploi	244
59.7	53.1	49.2	76.7	46.2	59.6	15-24 ans	245
67.9	68.8	71.2	72.8	71.0	68.0	25 ans et plus	246
5.4	5.8	5.0	1.6	6.2	4.4	Les deux sexes - Taux de chômage	247
7.3	16.7	8.6	4.3	11.9	9.1	15-24 ans	248
5.2	4.2	4.5	1.1	4.9	3.0	25 ans et plus	249
3,080	**3,595**	**3,010**	**1,605**	**3,230**	**3,540**	**Population active totale de 15 ans et plus**	250
						selon l'industrie basée sur le SCIAN de 1997	
25	35	10	-	50	45	Industrie - Sans objet (36)	251
3,055	3,560	2,995	1,610	3,175	3,500	Toutes les industries (37)	252
90	50	60	-	10	30	11 Agriculture, foresterie, pêche et chasse	253
20	10	-	10	-	15	21 Extraction minière et extraction de pétrole et de gaz	254
10	20	35	-	15	30	22 Services publics	255
155	130	195	55	130	220	23 Construction	256
300	290	325	90	250	465	31-33 Fabrication	257
225	240	180	105	215	295	41 Commerce de gros	258
305	510	340	165	425	395	44-45 Commerce de détail	259
355	340	265	175	230	315	48-49 Transport et entreposage	260
80	105	75	60	80	150	51 Industrie de l'information et industrie culturelle	261
100	260	165	55	180	165	52 Finance et assurances	262
75	65	45	30	60	55	53 Services immobiliers et services de location et de location à bail	263
210	260	175	125	235	205	54 Services professionnels, scientifiques et techniques	264
-	-	10	-	-	10	55 Gestion de sociétés et d'entreprises	265
110	100	105	85	145	180	56 Services administratifs, services de soutien, services de gestion des déchets et services d'assainissement	266
210	275	215	135	275	215	61 Services d'enseignement	267
355	315	275	140	325	295	62 Soins de santé et assistance sociale	268
30	30	20	10	90	40	71 Arts, spectacles et loisirs	269
195	210	185	110	190	170	72 Hébergement et services de restauration	270
135	130	150	80	120	95	81 Autres services, sauf les administrations publiques	271
95	230	195	175	195	160	91 Administrations publiques	272
						selon la catégorie de travailleurs	
20	35	15	-	50	40	Catégorie de travailleurs - Sans objet (36)	273
3,055	3,560	2,995	1,610	3,175	3,500	Toutes les catégories de travailleurs (37)	274
2,800	3,310	2,765	1,510	2,905	3,290	Travailleurs rémunérés	275
2,660	3,140	2,635	1,425	2,785	3,105	Employés	276
140	170	135	85	120	185	Travailleurs autonomes (entreprise constituée en société)	277
250	250	220	100	275	195	Travailleurs autonomes (entreprise non constituée en société)	278
10	-	-	-	-	15	Travailleurs familiaux non rémunérés	279
						selon la profession basée sur la CNP-S de 2001	
1,560	1,840	1,570	785	1,725	1,945	Hommes actifs de 15 ans et plus	280
15	20	-	-	35	30	Profession - Sans objet (36)	281
1,545	1,825	1,565	785	1,690	1,920	Toutes les professions (37)	282
165	420	230	105	315	310	A Gestion	283
125	160	90	100	170	185	B Affaires, finance et administration	284
190	160	100	80	175	265	C Sciences naturelles et appliquées et professions apparentées	285
35	40	45	20	30	10	D Secteur de la santé	286
75	70	50	50	95	85	E Sciences sociales, enseignement, administration publique et religion	287
30	30	55	30	40	20	F Arts, culture, sports et loisirs	288
320	460	335	170	450	370	G Ventes et services	289
435	375	510	185	320	565	H Métiers, transport et machinerie	290
60	50	60	30	10	20	I Professions propres au secteur primaire	291
95	55	80	20	80	100	J Transformation, fabrication et services d'utilité publique	292
1,515	1,755	1,445	825	1,505	1,595	Femmes actives de 15 ans et plus	293
-	15	10	-	15	15	Profession - Sans objet (36)	294
1,510	1,740	1,435	825	1,490	1,580	Toutes les professions (37)	295
145	155	135	80	120	125	A Gestion	296
415	555	470	295	490	495	B Affaires, finance et administration	297
35	40	60	15	50	35	C Sciences naturelles et appliquées et professions apparentées	298
135	155	70	65	165	200	D Secteur de la santé	299

Table 1. Selected Characteristics for Census Tracts, 2001 Census – 100% Data and 20% Sample Data

No.	Characteristics	Vancouver 0151.04 A	Vancouver 0160.01 A	Vancouver 0160.02 A	Vancouver 0160.03	Vancouver 0160.04 A	Vancouver 0161.01 A
	POPULATION CHARACTERISTICS						
	by occupation based on the 2001 NOC-S – concluded						
300	E Occupations in social science, education, government service and religion	75	190	280	170	120	70
301	F Occupations in art, culture, recreation and sport	70	55	90	85	20	20
302	G Sales and service occupations	700	345	520	355	285	275
303	H Trades, transport and equipment operators and related occupations	50	10	-	30	10	20
304	I Occupations unique to primary industry	-	-	-	-	-	70
305	J Occupations unique to processing, manufacturing and utilities	110	15	-	10	-	10
306	**Total employed labour force 15 years and over**	**4,090**	**2,555**	**3,515**	**2,870**	**1,850**	**2,095**
	by place of work						
307	Males	2,245	1,390	1,850	1,550	940	1,135
308	Usual place of work	1,805	1,065	1,490	1,135	690	695
309	At home	180	130	165	185	85	235
310	Outside Canada	50	-	10	10	10	10
311	No fixed workplace address	210	190	175	215	150	195
312	Females	1,840	1,165	1,670	1,320	915	960
313	Usual place of work	1,615	950	1,395	1,055	775	715
314	At home	115	115	200	185	100	185
315	Outside Canada	-	15	10	20	10	-
316	No fixed workplace address	110	75	70	60	35	60
317	**Total employed labour force 15 years and over with usual place of work or no fixed workplace address**	**3,740**	**2,285**	**3,130**	**2,470**	**1,645**	**1,665**
	by mode of transportation						
318	Males	2,015	1,255	1,670	1,350	840	895
319	Car, truck, van, as driver	1,680	1,105	1,435	1,205	750	805
320	Car, truck, van, as passenger	145	50	75	45	10	15
321	Public transit	85	65	80	55	35	10
322	Walked	40	20	35	20	30	45
323	Other method	65	10	45	25	15	20
324	Females	1,725	1,025	1,465	1,120	805	770
325	Car, truck, van, as driver	1,140	820	1,140	885	650	670
326	Car, truck, van, as passenger	295	80	75	90	35	30
327	Public transit	180	70	110	80	70	25
328	Walked	100	35	120	55	40	35
329	Other method	15	20	20	10	10	20
330	**Total population 15 years and over who worked since January 1, 2000**	**4,700**	**2,835**	**3,970**	**3,280**	**2,155**	**2,285**
	by language used at work						
331	Single responses	3,545	2,780	3,800	3,210	2,070	2,180
332	English	3,125	2,770	3,785	3,195	2,055	2,170
333	French	-	-	-	10	15	-
334	Non-official languages (5)	415	10	10	10	-	10
335	Chinese, n.o.s.	145	-	-	-	-	-
336	Cantonese	210	-	-	-	-	10
337	Other languages (6)	60	15	15	10	-	-
338	Multiple responses	1,150	55	165	70	85	100
339	English and French	55	-	45	25	45	25
340	English and non-official language	1,070	25	105	40	35	75
341	French and non-official language	-	-	-	-	-	-
342	English, French and non-official language	20	25	15	-	-	-
	DWELLING AND HOUSEHOLD CHARACTERISTICS						
343	**Total number of occupied private dwellings**	**2,495**	**1,600**	**2,945**	**2,145**	**1,530**	**1,435**
	by tenure						
344	Owned	1,840	1,530	2,220	1,705	1,155	1,100
345	Rented	655	75	725	435	375	325
346	Band housing	-	-	-	-	-	10
	by structural type of dwelling						
347	Single-detached house	1,205	1,530	1,930	1,580	810	1,100
348	Semi-detached house	125	30	70	10	-	80
349	Row house	720	10	75	65	-	-
350	Apartment, detached duplex	255	30	40	75	55	10
351	Apartment, building that has five or more storeys	-	-	85	-	-	-
352	Apartment, building that has fewer than five storeys (38)	190	-	730	410	660	80
353	Other single-attached house	-	-	-	-	-	-
354	Movable dwelling (39)	-	-	-	-	-	155

Tableau 1. Certaines caractéristiques des secteurs de recensement, recensement de 2001 – Données intégrales et données-échantillon (20 %)

Vancouver 0161.02	Vancouver 0161.03 A	Vancouver 0161.05 A	Vancouver 0161.06 A	Vancouver 0162.01	Vancouver 0162.02	Caractéristiques	N°
						CARACTÉRISTIQUES DE LA POPULATION	
						selon la profession basée sur la CNP-S de 2001 – fin	
140	185	150	115	155	170	E Sciences sociales, enseignement, administration publique et religion	300
30	50	20	25	40	45	F Arts, culture, sports et loisirs	301
530	530	490	210	430	430	G Ventes et services	302
20	60	20	15	15	30	H Métiers, transport et machinerie	303
25	-	-	-	10	15	I Professions propres au secteur primaire	304
40	10	15	-	20	35	J Transformation, fabrication et services d'utilité publique	305
2,910	**3,385**	**2,860**	**1,585**	**3,030**	**3,385**	**Population active occupée totale de 15 ans et plus**	306
						selon le lieu de travail	
1,455	1,700	1,500	765	1,615	1,850	Hommes	307
1,185	1,445	1,185	600	1,285	1,490	Lieu habituel de travail	308
80	75	100	45	105	85	À domicile	309
15	10	10	-	40	25	En dehors du Canada	310
175	165	210	120	185	250	Sans adresse de travail fixe	311
1,455	1,685	1,360	820	1,415	1,535	Femmes	312
1,205	1,460	1,215	715	1,200	1,370	Lieu habituel de travail	313
140	145	80	90	150	120	À domicile	314
-	15	10	-	10	-	En dehors du Canada	315
100	70	60	10	65	45	Sans adresse de travail fixe	316
2,665	**3,145**	**2,665**	**1,450**	**2,740**	**3,155**	**Population active occupée totale de 15 ans et plus ayant un lieu habituel de travail ou sans adresse de travail fixe**	317
						selon le mode de transport	
1,360	1,615	1,390	720	1,475	1,735	Hommes	318
1,140	1,425	1,240	645	1,285	1,545	Automobile, camion ou fourgonnette, en tant que conducteur	319
50	65	60	20	70	45	Automobile, camion ou fourgonnette, en tant que passager	320
70	50	35	25	75	95	Transport en commun	321
70	35	20	20	20	25	À pied	322
30	45	35	20	25	30	Autre moyen	323
1,305	1,525	1,275	730	1,265	1,415	Femmes	324
1,005	1,195	990	595	985	1,135	Automobile, camion ou fourgonnette, en tant que conductrice	325
115	105	95	25	105	130	Automobile, camion ou fourgonnette, en tant que passagère	326
40	155	85	70	115	110	Transport en commun	327
120	75	95	30	50	30	À pied	328
25	-	15	10	10	10	Autre moyen	329
3,315	**3,905**	**3,225**	**1,665**	**3,555**	**3,895**	**Population totale de 15 ans et plus ayant travaillé depuis le 1er janvier 2000**	330
						selon la langue utilisée au travail	
3,175	3,725	3,130	1,660	3,260	3,690	Réponses uniques	331
3,150	3,725	3,100	1,660	3,135	3,635	Anglais	332
-	-	-	-	10	-	Français	333
25	-	35	-	120	55	Langues non officielles (5)	334
-	-	30	-	40	10	Chinois, n.d.a.	335
20	-	-	-	10	-	Cantonais	336
-	10	-	-	75	45	Autres langues (6)	337
145	180	105	10	295	205	Réponses multiples	338
75	35	25	-	25	15	Anglais et français	339
55	135	75	10	260	185	Anglais et langue non officielle	340
-	-	-	-	-	-	Français et langue non officielle	341
10	10	-	-	10	-	Anglais, français et langue non officielle	342
						CARACTÉRISTIQUES DES LOGEMENTS ET DES MÉNAGES	
2,160	**2,305**	**1,850**	**1,015**	**1,755**	**1,905**	**Nombre total de logements privés occupés**	343
						selon le mode d'occupation	
1,385	1,865	1,450	900	1,525	1,680	Possédé	344
765	435	405	110	235	225	Loué	345
-	-	-	-	-	-	Logement de bande	346
						selon le type de construction résidentielle	
1,085	1,450	1,260	690	1,475	1,700	Maison individuelle non attenante	347
75	175	100	10	20	55	Maison jumelée	348
90	200	325	100	215	-	Maison en rangée	349
160	75	60	10	35	125	Appartement, duplex non attenant	350
-	-	10	25	-	-	Appartement, immeuble de cinq étages ou plus	351
710	405	95	180	10	15	Appartement, immeuble de moins de cinq étages (38)	352
15	-	-	-	-	-	Autre maison individuelle attenante	353
25	-	-	-	-	-	Logement mobile (39)	354

Table 1. Selected Characteristics for Census Tracts, 2001 Census – 100% Data and 20% Sample Data

No.	Characteristics	Vancouver 0151.04 A	Vancouver 0160.01 A	Vancouver 0160.02 A	Vancouver 0160.03	Vancouver 0160.04 A	Vancouver 0161.01 A
	DWELLING AND HOUSEHOLD CHARACTERISTICS						
	by condition of dwelling						
355	Regular maintenance only	1,810	1,125	2,215	1,605	1,210	1,015
356	Minor repairs	465	415	580	435	255	320
357	Major repairs	220	60	150	95	65	95
	by period of construction						
358	Before 1946	30	20	130	15	15	215
359	1946-1960	110	25	220	75	90	105
360	1961-1970	175	465	550	1,040	315	90
361	1971-1980	485	745	640	470	370	120
362	1981-1990	315	260	800	335	200	405
363	1991-2001 (20)	1,390	80	605	200	530	495
364	Average number of rooms per dwelling	6.3	8.7	6.6	7.7	6.4	6.8
365	Average number of bedrooms per dwelling	3.0	3.5	2.6	3.0	2.5	2.7
366	Average value of dwelling $	262,429	364,750	323,613	313,128	276,349	305,468
367	**Total number of private households**	**2,495**	**1,600**	**2,945**	**2,140**	**1,530**	**1,435**
	by household size						
368	1 person	275	145	775	505	450	315
369	2 persons	535	600	1,135	640	565	590
370	3 persons	520	290	420	330	205	195
371	4-5 persons	900	550	585	590	275	290
372	6 or more persons	265	10	30	75	25	45
	by household type						
373	One-family households	1,895	1,425	2,095	1,580	1,020	1,080
374	Multiple-family households	255	25	10	40	-	10
375	Non-family households	350	150	845	520	510	345
376	Number of persons in private households	8,585	4,660	6,955	5,790	3,535	3,635
377	Average number of persons in private households	3.4	2.9	2.4	2.7	2.3	2.5
378	Average number of persons per room	0.5	0.3	0.4	0.4	0.4	0.4
379	Tenant households in non-farm, non-reserve private dwellings (40)	630	70	720	435	375	305
380	Average gross rent $ (40)	959	1,247	876	810	836	868
381	Tenant households spending 30% or more of household income on gross rent (40) (41)	230	35	305	175	120	100
382	Tenant households spending from 30% to 99% of household income on gross rent (40) (41)	175	35	250	150	110	95
383	Owner households in non-farm, non-reserve private dwellings (42)	1,840	1,520	2,210	1,710	1,155	820
384	Average owner's major payments $ (42)	1,144	1,146	1,067	1,112	1,006	952
385	Owner households spending 30% or more of household income on owner's major payments (41) (42)	725	240	450	260	215	100
386	Owner households spending from 30% to 99% of household income on owner's major payments (41) (42)	585	220	405	240	190	95
	CENSUS FAMILY CHARACTERISTICS						
387	**Total number of census families in private households**	**2,450**	**1,470**	**2,100**	**1,665**	**1,020**	**1,100**
	by census family structure and size						
388	Total couple families	2,120	1,325	1,870	1,475	915	980
389	Total families of married couples	2,040	1,275	1,705	1,390	830	875
390	Without children at home	615	550	885	580	435	465
391	With children at home	1,425	720	815	810	395	410
392	1 child	505	250	300	265	145	140
393	2 children	620	350	390	380	165	160
394	3 or more children	300	120	135	165	80	105
395	Total families of common-law couples	80	55	170	80	85	105
396	Without children at home	45	20	110	45	40	75
397	With children at home	35	35	60	35	40	35
398	1 child	25	10	20	15	20	15
399	2 children	10	20	35	10	25	15
400	3 or more children	10	10	-	10	-	10
401	Total lone-parent families	325	140	230	190	105	115
402	Female parent	250	110	165	150	85	80
403	1 child	135	60	105	75	55	30
404	2 children	70	30	50	50	25	35
405	3 or more children	45	25	10	25	10	15

Tableau 1. Certaines caractéristiques des secteurs de recensement, recensement de 2001 – Données intégrales et données-échantillon (20 %)

Vancouver 0161.02	Vancouver 0161.03 A	Vancouver 0161.05 A	Vancouver 0161.06 A	Vancouver 0162.01	Vancouver 0162.02	Caractéristiques	N°
						CARACTÉRISTIQUES DES LOGEMENTS ET DES MÉNAGES	
						selon l'état du logement	
1,545	1,735	1,285	650	1,280	1,295	Entretien régulier seulement	355
465	470	440	225	365	480	Réparations mineures	356
150	95	125	135	110	130	Réparations majeures	357
						selon la période de construction	
120	75	30	30	-	10	Avant 1946	358
165	75	45	20	10	45	1946-1960	359
630	295	485	110	190	400	1961-1970	360
625	370	535	235	815	1,050	1971-1980	361
470	825	480	330	625	345	1981-1990	362
145	670	285	295	115	55	1991-2001 (20)	363
6.3	7.1	7.3	6.9	8.0	8.4	Nombre moyen de pièces par logement	364
2.5	3.0	3.2	2.8	3.4	3.6	Nombre moyen de chambres à coucher par logement	365
239,152	260,055	264,616	268,545	263,315	245,493	Valeur moyenne du logement $	366
2,160	**2,300**	**1,850**	**1,015**	**1,760**	**1,905**	**Nombre total de logements privés**	367
						selon la taille du ménage	
645	425	265	220	150	125	1 personne	368
605	705	545	350	445	485	2 personnes	369
345	390	340	155	370	385	3 personnes	370
490	685	610	250	700	755	4-5 personnes	371
70	95	95	35	95	145	6 personnes ou plus	372
						selon le genre de ménage	
1,395	1,785	1,495	760	1,465	1,655	Ménages unifamiliaux	373
55	35	45	10	70	95	Ménages multifamiliaux	374
710	480	310	240	220	150	Ménages non familiaux	375
5,440	6,585	5,550	2,705	5,825	6,480	Nombre de personnes dans les ménages privés	376
2.5	2.9	3.0	2.7	3.3	3.4	Nombre moyen de personnes dans les ménages privés	377
0.4	0.4	0.4	0.4	0.4	0.4	Nombre moyen de personnes par pièce	378
765	440	405	110	230	220	Ménages locataires dans les logements privés non agricoles hors réserve (40)	379
699	899	881	962	1,127	970	Loyer brut moyen $ (40)	380
275	125	145	10	110	85	Ménages locataires consacrant 30 % ou plus du revenu du ménage au loyer brut (40) (41)	381
235	95	130	10	100	75	Ménages locataires consacrant de 30 % à 99 % du revenu du ménage au loyer brut (40) (41)	382
1,390	1,860	1,450	900	1,520	1,680	Ménages propriétaires dans les logements privés non agricoles hors réserve (42)	383
1,094	1,113	1,115	932	1,320	1,075	Principales dépenses de propriété moyennes $ (42)	384
340	290	275	140	425	290	Ménages propriétaires consacrant 30 % ou plus du revenu du ménage aux principales dépenses de propriété (41) (42)	385
320	290	260	115	375	260	Ménages propriétaires consacrant de 30 % à 99 % du revenu du ménage aux principales dépenses de propriété (41) (42)	386
						CARACTÉRISTIQUES DES FAMILLES DE RECENSEMENT	
1,500	**1,860**	**1,585**	**795**	**1,610**	**1,850**	**Total des familles de recensement dans les ménages privés**	387
						selon la structure et la taille de la famille de recensement	
1,265	1,680	1,380	730	1,425	1,660	Total des familles avec conjoints	388
1,120	1,545	1,265	650	1,360	1,550	Total des familles avec couples mariés	389
410	585	420	290	365	410	Sans enfants à la maison	390
705	960	840	360	1,000	1,140	Avec enfants à la maison	391
270	300	240	120	320	380	1 enfant	392
320	415	440	175	460	525	2 enfants	393
115	245	160	70	220	240	3 enfants ou plus	394
150	130	115	80	60	115	Total des familles en union libre	395
100	80	70	50	40	85	Sans enfants à la maison	396
55	50	45	30	20	30	Avec enfants à la maison	397
30	10	25	-	15	-	1 enfant	398
10	40	15	15	-	25	2 enfants	399
10	-	-	10	-	-	3 enfants ou plus	400
230	180	210	65	190	190	Total des familles monoparentales	401
180	175	190	50	180	140	Parent de sexe féminin	402
95	75	120	25	90	100	1 enfant	403
75	80	40	30	75	15	2 enfants	404
10	20	30	-	20	35	3 enfants ou plus	405

Table 1. Selected Characteristics for Census Tracts, 2001 Census – 100% Data and 20% Sample Data

No.	Characteristics	Vancouver 0151.04 A	Vancouver 0160.01 A	Vancouver 0160.02 A	Vancouver 0160.03	Vancouver 0160.04 A	Vancouver 0161.01 A
	CENSUS FAMILY CHARACTERISTICS						
	by census family structure and size – concluded						
406	Male parent	75	30	65	40	20	35
407	1 child	65	25	15	20	10	20
408	2 children	10	-	25	10	10	10
409	3 or more children	-	-	25	15	-	-
410	**Total number of children at home**	**3,270**	**1,620**	**1,985**	**1,985**	**970**	**1,085**
	by age groups						
411	Under 6 years	645	240	405	330	215	145
412	6-14 years	1,045	575	755	765	355	400
413	15-17 years	405	220	300	285	110	150
414	18-24 years	685	415	330	430	225	265
415	25 years and over	490	170	195	170	65	125
416	Average number of children at home per census family (43)	1.3	1.1	0.9	1.2	1.0	1.0
417	**Total number of persons in private households**	**8,585**	**4,660**	**6,960**	**5,785**	**3,535**	**3,635**
	by census family status and living arrangements						
418	Number of non-family persons	740	240	1,000	665	635	465
419	Living with relatives (44)	275	55	75	70	55	65
420	Living with non-relatives only	195	45	150	90	120	90
421	Living alone	275	145	775	505	455	320
422	Number of family persons	7,845	4,420	5,960	5,125	2,905	3,170
423	Average number of persons per census family	3.2	3.0	2.8	3.1	2.8	2.9
424	**Total number of persons 65 years and over**	**735**	**615**	**1,250**	**1,045**	**605**	**615**
425	Number of non-family persons 65 years and over	195	110	410	400	220	180
426	Living with relatives (44)	130	25	30	45	10	15
427	Living with non-relatives only	10	10	10	10	15	-
428	Living alone	55	75	370	360	200	155
429	Number of family persons 65 years and over	535	505	840	645	380	435
	ECONOMIC FAMILY CHARACTERISTICS						
430	**Total number of economic families in private households**	**2,190**	**1,450**	**2,115**	**1,635**	**1,040**	**1,100**
	by size of family						
431	2 persons	570	600	1,105	655	565	585
432	3 persons	490	290	405	325	190	200
433	4 persons	550	395	450	455	205	185
434	5 or more persons	580	165	155	205	85	135
435	Total number of persons in economic families	8,120	4,475	6,035	5,195	2,960	3,235
436	Average number of persons per economic family	3.7	3.1	2.9	3.2	2.8	2.9
437	Total number of unattached individuals	465	185	925	595	575	405
	2000 INCOME CHARACTERISTICS						
	Population 15 years and over by sex and total income groups in 2000						
438	Total - Both sexes	6,895	3,825	5,805	4,670	2,975	3,095
439	Without income	595	135	225	180	135	140
440	With income	6,300	3,695	5,575	4,490	2,835	2,960
441	Under $1,000 (45)	580	150	270	170	85	95
442	$ 1,000 - $ 2,999	350	180	185	165	65	85
443	$ 3,000 - $ 4,999	385	145	190	95	40	85
444	$ 5,000 - $ 6,999	370	120	195	160	100	135
445	$ 7,000 - $ 9,999	420	190	275	115	145	170
446	$10,000 - $11,999	270	160	135	185	160	120
447	$12,000 - $14,999	450	175	310	340	230	240
448	$15,000 - $19,999	585	245	285	450	165	255
449	$20,000 - $24,999	540	210	365	250	210	215
450	$25,000 - $29,999	430	215	415	300	160	135
451	$30,000 - $34,999	455	230	385	305	205	215
452	$35,000 - $39,999	375	180	415	185	215	140
453	$40,000 - $44,999	310	245	335	290	225	240
454	$45,000 - $49,999	175	155	285	205	130	135
455	$50,000 - $59,999	295	230	365	310	235	155
456	$60,000 and over	315	875	1,175	965	485	535
457	Average income $ (46)	22,410	40,591	39,512	38,591	38,939	38,496
458	Median income $ (46)	17,641	30,367	31,332	30,013	30,941	27,393
459	Standard error of average income $ (46)	531	1,416	1,099	1,092	1,583	1,543

Tableau 1. Certaines caractéristiques des secteurs de recensement, recensement de 2001 – Données intégrales et données-échantillon (20 %)

Vancouver 0161.02	Vancouver 0161.03 A	Vancouver 0161.05 A	Vancouver 0161.06 A	Vancouver 0162.01	Vancouver 0162.02	Caractéristiques	Nº
						CARACTÉRISTIQUES DES FAMILLES DE RECENSEMENT	
						selon la structure et la taille de la famille de recensement – fin	
50	10	20	15	10	50	Parent de sexe masculin	406
30	10	10	-	-	30	1 enfant	407
10	-	15	-	10	15	2 enfants	408
10	-	-	15	-	-	3 enfants ou plus	409
1,750	**2,350**	**2,030**	**885**	**2,260**	**2,535**	**Nombre total d'enfants à la maison**	410
						selon les groupes d'âge	
385	515	450	220	370	400	Moins de 6 ans	411
690	935	875	320	810	920	6-14 ans	412
230	335	230	100	380	330	15-17 ans	413
290	400	320	195	525	615	18-24 ans	414
155	160	150	50	175	270	25 ans et plus	415
1.2	1.3	1.3	1.1	1.4	1.4	Nombre moyen d'enfants à la maison par famille de recensement (43)	416
5,440	**6,580**	**5,555**	**2,705**	**5,825**	**6,480**	**Nombre total de personnes dans les ménages privés**	417
						selon la situation des particuliers dans la famille de recensement et des particuliers dans le ménage	
925	695	565	295	525	430	Nombre de personnes hors famille de recensement	418
140	140	110	-	195	190	Vivant avec des personnes apparentées (44)	419
135	130	190	70	190	115	Vivant avec des personnes non apparentées uniquement	420
645	425	265	220	145	125	Vivant seules	421
4,515	5,885	4,990	2,410	5,300	6,050	Nombre de personnes membres d'une famille	422
3.0	3.2	3.1	3.0	3.3	3.3	Nombre moyen de personnes par famille de recensement	423
625	**755**	**495**	**350**	**315**	**440**	**Nombre total de personnes de 65 ans et plus**	424
300	290	195	135	90	145	Nombre de personnes hors famille de recensement de 65 ans et plus	425
40	75	60	-	55	105	Vivant avec des personnes apparentées (44)	426
-	-	10	10	-	-	Vivant avec des personnes non apparentées uniquement	427
260	210	130	125	30	45	Vivant seules	428
325	455	305	220	230	295	Nombre de personnes membres d'une famille de 65 ans et plus	429
						CARACTÉRISTIQUES DES FAMILLES ÉCONOMIQUES	
1,470	**1,840**	**1,550**	**775**	**1,570**	**1,780**	**Nombre total de familles économiques dans les ménages privés**	430
						selon la taille de la famille	
590	680	560	340	435	510	2 personnes	431
340	390	315	155	365	375	3 personnes	432
350	490	460	175	475	545	4 personnes	433
190	285	225	105	295	345	5 personnes ou plus	434
4,655	6,025	5,100	2,415	5,490	6,240	Nombre total de personnes dans les familles économiques	435
3.2	3.3	3.3	3.1	3.5	3.5	Nombre moyen de personnes par famille économique	436
785	555	455	290	335	240	Nombre total de personnes hors famille économique	437
						CARACTÉRISTIQUES DU REVENU DE 2000	
						Population de 15 ans et plus selon le sexe et les tranches de revenu total en 2000	
4,365	5,110	4,220	2,160	4,640	5,115	Total - Les deux sexes	438
180	275	225	55	355	375	Sans revenu	439
4,185	4,835	3,990	2,105	4,280	4,735	Avec un revenu	440
190	135	160	55	235	305	Moins de 1 000 $ (45)	441
125	175	85	55	280	140	1 000 $ - 2 999 $	442
130	155	110	25	145	225	3 000 $ - 4 999 $	443
160	150	135	55	205	185	5 000 $ - 6 999 $	444
145	210	165	100	225	270	7 000 $ - 9 999 $	445
90	190	110	60	120	170	10 000 $ - 11 999 $	446
260	275	285	150	255	225	12 000 $ - 14 999 $	447
370	325	305	85	260	370	15 000 $ - 19 999 $	448
365	385	360	205	300	265	20 000 $ - 24 999 $	449
315	235	260	125	275	300	25 000 $ - 29 999 $	450
345	365	335	270	340	285	30 000 $ - 34 999 $	451
350	365	345	150	200	305	35 000 $ - 39 999 $	452
310	340	315	160	275	345	40 000 $ - 44 999 $	453
215	255	250	95	175	240	45 000 $ - 49 999 $	454
265	405	300	185	280	405	50 000 $ - 59 999 $	455
540	865	460	345	715	715	60 000 $ et plus	456
31,738	38,009	35,295	37,000	34,226	32,727	Revenu moyen $ (46)	457
28,864	32,047	29,986	32,085	27,174	28,284	Revenu médian $ (46)	458
748	1,117	1,374	1,352	1,229	868	Erreur type de revenu moyen $ (46)	459

Table 1. Selected Characteristics for Census Tracts, 2001 Census – 100% Data and 20% Sample Data

No.	Characteristics	Vancouver 0151.04 A	Vancouver 0160.01 A	Vancouver 0160.02 A	Vancouver 0160.03	Vancouver 0160.04 A	Vancouver 0161.01 A
	2000 INCOME CHARACTERISTICS						
	Population 15 years and over by sex and total income groups in 2000 – concluded						
460	Total - Males	3,380	1,905	2,760	2,225	1,405	1,570
461	Without income	240	45	85	80	80	25
462	With income	3,140	1,865	2,680	2,150	1,325	1,545
463	Under $1,000 (45)	255	65	75	85	30	30
464	$ 1,000 - $ 2,999	145	70	65	55	25	45
465	$ 3,000 - $ 4,999	180	85	80	45	15	30
466	$ 5,000 - $ 6,999	125	25	70	65	30	50
467	$ 7,000 - $ 9,999	150	70	80	40	60	70
468	$10,000 - $11,999	120	80	60	65	40	60
469	$12,000 - $14,999	165	25	110	60	50	65
470	$15,000 - $19,999	260	90	85	140	50	125
471	$20,000 - $24,999	225	80	130	115	105	90
472	$25,000 - $29,999	215	60	175	125	45	70
473	$30,000 - $34,999	240	90	145	90	60	105
474	$35,000 - $39,999	235	65	195	95	95	90
475	$40,000 - $44,999	190	95	170	155	90	135
476	$45,000 - $49,999	145	105	170	70	75	65
477	$50,000 - $59,999	225	140	235	205	155	125
478	$60,000 and over	260	715	845	735	395	385
479	Average income $ (46)	27,217	53,653	50,556	49,257	52,282	47,356
480	Median income $ (46)	23,415	46,356	42,089	42,658	42,166	35,270
481	Standard error of average income $ (46)	870	2,364	1,958	1,851	2,891	2,484
482	Total - Females	3,515	1,915	3,040	2,445	1,560	1,525
483	Without income	360	85	145	100	55	110
484	With income	3,155	1,830	2,900	2,340	1,510	1,415
485	Under $1,000 (45)	320	85	195	90	50	65
486	$ 1,000 - $ 2,999	200	110	115	110	40	45
487	$ 3,000 - $ 4,999	200	60	105	45	25	55
488	$ 5,000 - $ 6,999	240	95	130	100	65	85
489	$ 7,000 - $ 9,999	265	120	190	80	85	100
490	$10,000 - $11,999	150	80	80	120	120	60
491	$12,000 - $14,999	285	150	200	275	175	175
492	$15,000 - $19,999	325	155	200	305	110	130
493	$20,000 - $24,999	315	125	235	135	105	125
494	$25,000 - $29,999	220	155	245	175	115	65
495	$30,000 - $34,999	210	145	240	210	140	105
496	$35,000 - $39,999	135	110	220	90	120	55
497	$40,000 - $44,999	125	145	170	135	135	100
498	$45,000 - $49,999	30	55	115	140	60	70
499	$50,000 - $59,999	70	85	130	105	75	35
500	$60,000 and over	60	165	325	235	90	150
501	Average income $ (46)	17,634	27,281	29,307	28,799	27,205	28,804
502	Median income $ (46)	13,977	22,022	24,903	21,132	24,132	19,646
503	Standard error of average income $ (46)	562	1,200	988	1,075	1,203	1,590
	by composition of total income						
504	Total - Composition of income in 2000 % (47)	100.0	100.0	100.0	100.0	100.0	100.0
505	Employment income %	81.0	77.2	73.3	71.5	80.2	76.9
506	Government transfer payments %	11.0	6.2	8.5	8.6	8.5	9.4
507	Other %	8.0	16.7	18.2	19.9	11.3	13.7
	Population 15 years and over with employment income in 2000 by sex and work activity						
508	Both sexes with employment income (48)	4,525	2,810	3,875	3,275	2,105	2,155
509	Average employment income $	25,234	41,150	41,640	37,825	42,105	40,698
510	Standard error of average employment income $	646	1,654	1,370	1,286	1,992	1,941
511	Worked full year, full time (49)	2,225	1,290	2,100	1,630	1,095	1,030
512	Average employment income $	34,689	60,476	59,061	55,130	56,544	53,182
513	Standard error of average employment income $	969	2,538	1,950	1,946	2,549	3,130
514	Worked part year or part time (50)	2,140	1,410	1,675	1,535	975	1,070
515	Average employment income $	16,416	26,330	22,171	21,351	27,101	30,170
516	Standard error of average employment income $	687	1,839	1,386	1,254	2,841	2,286
517	Males with employment income (48)	2,420	1,505	2,010	1,755	1,060	1,170
518	Average employment income $	29,964	53,116	51,267	46,538	54,560	49,780
519	Standard error of average employment income $	1,004	2,669	2,259	2,077	3,419	2,993
520	Worked full year, full time (49)	1,325	850	1,275	990	645	620
521	Average employment income $	39,609	71,450	65,991	63,653	66,571	60,769
522	Standard error of average employment income $	1,358	3,326	2,864	2,851	3,756	4,797
523	Worked part year or part time (50)	1,005	600	675	715	390	520
524	Average employment income $	18,727	31,285	27,828	25,193	37,224	38,832
525	Standard error of average employment income $	1,164	3,727	2,875	2,262	6,274	3,491

Tableau 1. Certaines caractéristiques des secteurs de recensement, recensement de 2001 – Données intégrales et données-échantillon (20 %)

Vancouver 0161.02	Vancouver 0161.03 A	Vancouver 0161.05 A	Vancouver 0161.06 A	Vancouver 0162.01	Vancouver 0162.02	Caractéristiques	N°
						CARACTÉRISTIQUES DU REVENU DE 2000	
						Population de 15 ans et plus selon le sexe et les tranches de revenu total en 2000 – fin	
2,075	2,430	2,060	1,000	2,295	2,555	Total - Hommes	460
75	130	100	30	165	115	Sans revenu	461
2,005	2,300	1,955	965	2,130	2,440	Avec un revenu	462
80	65	95	30	85	150	Moins de 1 000 $ (45)	463
35	65	25	25	95	20	1 000 $ - 2 999 $	464
45	70	30	20	65	45	3 000 $ - 4 999 $	465
20	45	40	20	85	85	5 000 $ - 6 999 $	466
50	70	30	25	110	110	7 000 $ - 9 999 $	467
50	35	20	-	70	55	10 000 $ - 11 999 $	468
75	100	110	55	80	70	12 000 $ - 14 999 $	469
155	100	130	15	90	150	15 000 $ - 19 999 $	470
175	120	160	45	115	155	20 000 $ - 24 999 $	471
135	120	125	60	95	125	25 000 $ - 29 999 $	472
140	115	110	120	175	105	30 000 $ - 34 999 $	473
165	130	150	40	105	135	35 000 $ - 39 999 $	474
170	195	195	70	140	200	40 000 $ - 44 999 $	475
130	150	135	60	105	150	45 000 $ - 49 999 $	476
175	255	220	130	140	285	50 000 $ - 59 999 $	477
405	665	370	250	565	605	60 000 $ et plus	478
38,214	46,885	44,442	46,435	44,099	41,743	Revenu moyen $ (46)	479
36,342	41,711	36,400	42,078	34,530	40,045	Revenu médian $ (46)	480
1,199	1,618	2,545	2,360	2,191	1,402	Erreur type de revenu moyen $ (46)	481
2,295	2,685	2,160	1,160	2,345	2,555	Total - Femmes	482
105	150	125	20	195	260	Sans revenu	483
2,180	2,530	2,035	1,145	2,150	2,300	Avec un revenu	484
110	65	65	30	150	155	Moins de 1 000 $ (45)	485
90	110	65	30	185	120	1 000 $ - 2 999 $	486
85	85	75	10	85	180	3 000 $ - 4 999 $	487
145	110	90	35	125	95	5 000 $ - 6 999 $	488
95	145	135	75	115	160	7 000 $ - 9 999 $	489
45	155	95	55	45	115	10 000 $ - 11 999 $	490
190	175	175	90	175	155	12 000 $ - 14 999 $	491
215	225	180	70	175	220	15 000 $ - 19 999 $	492
190	265	195	155	180	110	20 000 $ - 24 999 $	493
175	110	125	65	175	175	25 000 $ - 29 999 $	494
215	245	230	145	165	175	30 000 $ - 34 999 $	495
190	235	195	110	95	165	35 000 $ - 39 999 $	496
140	150	125	85	135	145	40 000 $ - 44 999 $	497
80	100	115	35	70	85	45 000 $ - 49 999 $	498
85	155	85	60	135	115	50 000 $ - 59 999 $	499
130	200	90	90	145	115	60 000 $ et plus	500
25,794	29,946	26,505	29,037	24,452	23,147	Revenu moyen $ (46)	501
22,842	24,329	22,833	26,270	20,212	18,039	Revenu médian $ (46)	502
858	1,469	994	1,237	910	836	Erreur type de revenu moyen $ (46)	503
						selon la composition du revenu total	
100.0	100.0	100.0	100.0	100.0	100.0	Total - Composition du revenu en 2000 % (47)	504
81.9	83.4	84.6	81.3	86.2	85.1	Revenu d'emploi %	505
9.2	7.6	7.6	8.1	5.2	7.4	Transferts gouvernementaux %	506
8.7	8.9	7.8	10.8	8.6	7.6	Autre %	507
						Population de 15 ans et plus ayant un revenu d'emploi en 2000 selon le sexe et le travail	
3,230	3,765	3,210	1,660	3,470	3,770	Les deux sexes ayant un revenu d'emploi (48)	508
33,743	40,739	37,134	38,084	36,362	34,997	Revenu moyen d'emploi $	509
858	1,319	1,622	1,672	1,417	986	Erreur type de revenu moyen d'emploi $	510
1,845	2,110	1,560	985	1,825	2,125	Ayant travaillé toute l'année à plein temps (49)	511
44,029	51,262	50,086	47,585	52,260	47,215	Revenu moyen d'emploi $	512
1,041	1,816	2,535	2,284	2,188	1,311	Erreur type de revenu moyen d'emploi $	513
1,325	1,585	1,555	650	1,595	1,575	Ayant travaillé une partie de l'année ou à temps partiel (50)	514
20,394	27,940	24,713	24,957	18,741	19,025	Revenu moyen d'emploi $	515
1,062	1,756	1,871	1,958	1,135	1,076	Erreur type de revenu moyen d'emploi $	516
1,620	1,920	1,675	800	1,815	2,075	Hommes ayant un revenu d'emploi (48)	517
39,725	48,003	45,530	47,289	45,941	43,109	Revenu moyen d'emploi $	518
1,310	1,814	2,878	2,879	2,461	1,541	Erreur type de revenu moyen d'emploi $	519
1,040	1,215	940	525	1,105	1,315	Ayant travaillé toute l'année à plein temps (49)	520
47,445	56,018	58,436	57,364	61,953	54,417	Revenu moyen d'emploi $	521
1,462	1,845	3,940	3,608	3,408	1,918	Erreur type de revenu moyen d'emploi $	522
565	685	710	270	700	720	Ayant travaillé une partie de l'année ou à temps partiel (50)	523
26,301	34,838	29,132	28,134	21,062	23,066	Revenu moyen d'emploi $	524
2,095	3,611	3,840	3,696	2,151	1,846	Erreur type de revenu moyen d'emploi $	525

Table 1. Selected Characteristics for Census Tracts, 2001 Census – 100% Data and 20% Sample Data

No.	Characteristics	Vancouver 0151.04 A	Vancouver 0160.01 A	Vancouver 0160.02 A	Vancouver 0160.03	Vancouver 0160.04 A	Vancouver 0161.01 A
	2000 INCOME CHARACTERISTICS						
	Population 15 years and over with employment income in 2000 by sex and work activity – concluded						
526	Females with employment income (48)	2,110	1,305	1,870	1,520	1,045	980
527	Average employment income $	19,817	27,357	31,298	27,756	29,505	29,838
528	Standard error of average employment income $	700	1,362	1,355	1,179	1,600	2,057
529	Worked full year, full time (49)	895	440	825	640	450	405
530	Average employment income $	27,379	39,138	48,373	42,019	42,142	41,659
531	Standard error of average employment income $	1,140	2,480	2,086	1,709	2,393	3,047
532	Worked part year or part time (50)	1,135	810	995	820	585	545
533	Average employment income $	14,372	22,630	18,351	18,013	20,335	22,003
534	Standard error of average employment income $	758	1,511	1,264	1,252	1,775	2,686
	Census families by structure and family income groups in 2000						
535	Total - All census families	2,450	1,470	2,100	1,660	1,020	1,095
536	Under $10,000	195	15	60	-	10	35
537	$ 10,000 - $19,999	230	40	45	40	20	45
538	$ 20,000 - $29,999	325	45	115	60	70	110
539	$ 30,000 - $39,999	315	95	170	90	80	70
540	$ 40,000 - $49,999	290	140	150	170	105	135
541	$ 50,000 - $59,999	250	95	175	105	65	80
542	$ 60,000 - $69,999	205	140	185	170	115	80
543	$ 70,000 - $79,999	190	90	225	130	85	85
544	$ 80,000 - $89,999	165	90	175	185	70	100
545	$ 90,000 - $99,999	90	75	115	90	85	70
546	$100,000 and over	190	635	685	620	310	280
547	Average family income $	50,717	97,407	86,936	93,640	90,325	85,911
548	Median family income $	44,159	87,974	76,260	82,021	72,031	68,842
549	Standard error of average family income $	1,412	3,322	2,719	2,867	4,266	4,512
550	Total - All couple census families (51)	2,120	1,325	1,870	1,475	915	985
551	Under $10,000	145	10	40	-	10	20
552	$ 10,000 - $19,999	165	25	40	25	-	40
553	$ 20,000 - $29,999	280	45	80	40	60	100
554	$ 30,000 - $39,999	245	80	150	45	65	40
555	$ 40,000 - $49,999	250	105	130	140	80	125
556	$ 50,000 - $59,999	220	80	155	85	50	70
557	$ 60,000 - $69,999	185	130	160	160	110	70
558	$ 70,000 - $79,999	190	70	210	125	80	75
559	$ 80,000 - $89,999	165	85	160	165	70	100
560	$ 90,000 - $99,999	95	75	95	85	80	70
561	$100,000 and over	175	620	650	605	300	275
562	Average family income $	53,448	101,849	90,235	98,680	95,012	90,577
563	Median family income $	48,456	93,707	78,787	85,416	78,371	72,528
564	Standard error of average family income $	1,560	3,536	2,968	3,094	4,574	5,095
	Incidence of low income in 2000						
565	Total - Economic families	2,185	1,450	2,120	1,630	1,040	970
566	Low income	545	85	205	70	75	65
567	Incidence of low income in 2000 % (52)	24.9	5.8	9.8	4.2	7.2	6.6
568	Total - Unattached individuals 15 years and over	465	165	920	575	575	365
569	Low income	180	45	230	285	190	70
570	Incidence of low income in 2000 % (52)	38.8	28.3	25.1	50.2	33.0	20.2
571	Total - Population in private households	8,590	4,635	6,960	5,765	3,540	3,150
572	Low income	2,200	325	800	515	385	225
573	Incidence of low income in 2000 % (52)	25.6	7.0	11.5	8.9	11.0	7.1
	Private households by household income groups in 2000						
574	Total - All private households	2,500	1,600	2,945	2,145	1,525	1,435
575	Under $10,000	170	30	120	25	25	40
576	$ 10,000 - $19,999	195	55	190	290	155	95
577	$ 20,000 - $29,999	320	50	245	90	150	170
578	$ 30,000 - $39,999	240	115	350	105	195	145
579	$ 40,000 - $49,999	300	180	255	245	185	160
580	$ 50,000 - $59,999	225	100	210	140	95	100
581	$ 60,000 - $69,999	210	175	245	200	145	110
582	$ 70,000 - $79,999	245	80	240	135	95	100
583	$ 80,000 - $89,999	185	90	195	175	75	115
584	$ 90,000 - $99,999	135	70	125	80	85	70
585	$100,000 and over	270	645	765	655	315	335
586	Average household income $	56,511	93,787	74,774	80,813	72,285	79,271
587	Median household income $	50,362	81,339	64,638	68,930	55,773	60,003
588	Standard error of average household income $	1,594	3,219	2,198	2,679	3,271	3,828

Tableau 1. Certaines caractéristiques des secteurs de recensement, recensement de 2001 – Données intégrales et données-échantillon (20 %)

Vancouver 0161.02	Vancouver 0161.03 A	Vancouver 0161.05 A	Vancouver 0161.06 A	Vancouver 0162.01	Vancouver 0162.02	Caractéristiques	N°
						CARACTÉRISTIQUES DU REVENU DE 2000	
						Population de 15 ans et plus ayant un revenu d'emploi en 2000 selon le sexe et le travail – fin	
1,610	1,845	1,530	865	1,660	1,700	Femmes ayant un revenu d'emploi (48)	526
27,730	33,162	27,972	29,542	25,876	25,088	Revenu moyen d'emploi $	527
1,034	1,851	1,145	1,453	1,016	967	Erreur type de revenu moyen d'emploi $	528
805	895	625	460	725	805	Ayant travaillé toute l'année à plein temps (49)	529
39,637	44,801	37,545	36,373	37,586	35,461	Revenu moyen d'emploi $	530
1,410	3,435	1,789	1,827	1,414	1,218	Erreur type de revenu moyen d'emploi $	531
765	900	845	385	890	855	Ayant travaillé une partie de l'année ou à temps partiel (50)	532
16,051	22,698	20,985	22,718	16,915	15,636	Revenu moyen d'emploi $	533
944	1,369	1,321	2,029	1,106	1,175	Erreur type de revenu moyen d'emploi $	534
						Familles de recensement selon la structure et les tranches de revenu de la famille en 2000	
1,500	1,855	1,585	795	1,610	1,850	Total - Toutes les familles de recensement	535
45	15	40	-	35	45	Moins de 10 000 $	536
25	35	55	-	50	55	10 000 $ - 19 999 $	537
80	75	85	40	95	85	20 000 $ - 29 999 $	538
135	145	165	45	135	140	30 000 $ - 39 999 $	539
180	155	145	55	165	150	40 000 $ - 49 999 $	540
130	120	145	95	145	225	50 000 $ - 59 999 $	541
205	205	180	80	95	140	60 000 $ - 69 999 $	542
140	160	185	50	155	185	70 000 $ - 79 999 $	543
140	220	105	60	155	185	80 000 $ - 89 999 $	544
140	145	110	80	135	130	90 000 $ - 99 999 $	545
275	575	375	275	450	510	100 000 $ et plus	546
71,211	83,666	78,711	85,575	82,947	78,435	Revenu moyen des familles $	547
66,817	80,127	67,850	82,500	75,850	75,185	Revenu médian des familles $	548
1,971	2,091	3,288	3,169	3,080	2,133	Erreur type de revenu moyen des familles $	549
1,265	1,680	1,375	730	1,425	1,665	Total - Toutes les familles de recensement comptant un couple (51)	550
20	-	30	-	20	25	Moins de 10 000 $	551
10	20	15	-	45	35	10 000 $ - 19 999 $	552
40	75	45	35	80	70	20 000 $ - 29 999 $	553
90	120	120	45	105	115	30 000 $ - 39 999 $	554
140	125	125	55	130	125	40 000 $ - 49 999 $	555
105	90	130	90	85	190	50 000 $ - 59 999 $	556
190	175	165	75	90	140	60 000 $ - 69 999 $	557
130	150	175	45	155	165	70 000 $ - 79 999 $	558
135	215	95	55	145	175	80 000 $ - 89 999 $	559
140	135	110	80	130	120	90 000 $ - 99 999 $	560
265	560	355	250	445	500	100 000 $ et plus	561
77,594	87,006	83,670	83,459	87,705	82,355	Revenu moyen des familles $	562
72,955	83,904	72,090	83,001	80,041	77,785	Revenu médian des familles $	563
2,049	2,194	3,611	2,933	3,382	2,263	Erreur type de revenu moyen des familles $	564
						Fréquence des unités à faible revenu en 2000	
1,470	1,840	1,555	775	1,570	1,780	Total - Familles économiques	565
110	85	120	20	115	105	Faible revenu	566
7.5	4.8	7.7	2.6	7.5	5.8	Fréquence des unités à faible revenu en 2000 % (52)	567
785	530	440	280	320	190	Total - Personnes hors famille économique de 15 ans et plus	568
335	175	125	55	115	75	Faible revenu	569
42.9	32.9	28.4	20.6	36.5	37.6	Fréquence des unités à faible revenu en 2000 % (52)	570
5,445	6,560	5,540	2,695	5,810	6,430	Total - Population dans les ménages privés	571
665	420	540	120	575	435	Faible revenu	572
12.2	6.5	9.8	4.5	9.9	6.8	Fréquence des unités à faible revenu en 2000 % (52)	573
						Ménages privés selon les tranches de revenu du ménage en 2000	
2,155	2,305	1,855	1,015	1,755	1,900	Total - Tous les ménages privés	574
100	40	45	10	45	45	Moins de 10 000 $	575
265	155	115	65	45	40	10 000 $ - 19 999 $	576
185	115	115	75	95	115	20 000 $ - 29 999 $	577
185	230	235	90	140	100	30 000 $ - 39 999 $	578
250	170	165	65	155	130	40 000 $ - 49 999 $	579
140	155	160	100	175	220	50 000 $ - 59 999 $	580
215	215	170	100	130	155	60 000 $ - 69 999 $	581
175	185	185	65	170	180	70 000 $ - 79 999 $	582
140	230	135	70	155	205	80 000 $ - 89 999 $	583
145	145	100	80	175	165	90 000 $ - 99 999 $	584
350	665	430	295	475	540	100 000 $ et plus	585
61,570	79,703	76,007	76,889	83,206	81,541	Revenu moyen des ménages $	586
57,676	73,452	65,287	70,074	75,908	78,046	Revenu médian des ménages $	587
1,822	2,327	3,142	3,033	3,110	2,102	Erreur type de revenu moyen des ménages $	588

Table 1. Selected Characteristics for Census Tracts, 2001 Census – 100% Data and 20% Sample Data

No.	Characteristics	Vancouver 0162.03	Vancouver 0162.04	Vancouver 0163.01	Vancouver 0163.04	Vancouver 0163.05 ◇ A	Vancouver 0163.06 A
	POPULATION CHARACTERISTICS						
1	**Population, 1996 (1)**	**6,405**	**6,284**	**3,729**	**5,440**	**5,111**	**3,714**
2	**Population, 2001 (2)**	**6,787**	**6,168**	**3,833**	**5,410**	**5,059**	**4,040**
3	Population percentage change, 1996-2001	6.0	-1.8	2.8	-0.6	-1.0	8.8
4	Land area in square kilometres, 2001	1.64	4.92	1.67	2.72	1.64	0.99
5	**Total population - 100% Data (3)**	**6,790**	**6,170**	**3,835**	**5,410**	**5,060**	**4,040**
	by sex and age groups						
6	Male	3,315	3,055	1,915	2,740	2,555	1,995
7	0-4 years	245	105	135	175	170	155
8	5-9 years	270	185	125	215	205	160
9	10-14 years	250	315	140	195	205	160
10	15-19 years	250	340	185	230	200	150
11	20-24 years	210	255	160	175	185	170
12	25-29 years	240	120	110	160	175	115
13	30-34 years	265	75	115	175	165	150
14	35-39 years	295	155	145	235	225	165
15	40-44 years	265	260	175	250	230	180
16	45-49 years	230	350	160	200	185	130
17	50-54 years	210	340	165	225	160	150
18	55-59 years	175	220	120	185	130	105
19	60-64 years	135	140	75	120	110	60
20	65-69 years	105	80	45	75	80	60
21	70-74 years	70	60	35	45	50	30
22	75-79 years	60	40	15	40	45	25
23	80-84 years	35	20	15	20	15	15
24	85 years and over	10	5	5	15	20	5
25	Female	3,475	3,105	1,920	2,675	2,500	2,045
26	0-4 years	270	115	130	165	165	145
27	5-9 years	275	185	155	225	175	170
28	10-14 years	245	285	125	205	195	155
29	15-19 years	255	330	145	185	185	155
30	20-24 years	265	235	130	140	165	125
31	25-29 years	250	105	115	130	170	165
32	30-34 years	255	100	135	200	195	165
33	35-39 years	280	190	170	215	225	170
34	40-44 years	265	350	180	275	200	165
35	45-49 years	235	370	180	230	180	150
36	50-54 years	215	330	165	225	165	155
37	55-59 years	180	185	110	155	120	80
38	60-64 years	130	110	60	90	100	75
39	65-69 years	100	75	45	80	80	50
40	70-74 years	95	65	30	65	65	50
41	75-79 years	70	45	20	40	40	40
42	80-84 years	50	20	10	25	45	15
43	85 years and over	35	15	5	25	25	15
44	**Total population 15 years and over**	**5,230**	**4,985**	**3,020**	**4,225**	**3,945**	**3,100**
	by legal marital status						
45	Never married (single)	1,470	1,505	890	1,205	1,180	905
46	Legally married (and not separated)	2,970	3,095	1,755	2,465	2,185	1,720
47	Separated, but still legally married	160	70	95	120	130	130
48	Divorced	355	180	160	260	250	200
49	Widowed	275	130	115	175	205	145
	by common-law status						
50	Not in a common-law relationship	4,980	4,830	2,865	3,970	3,780	2,945
51	In a common-law relationship	245	150	155	255	165	150
52	**Total population - 20% Sample Data (4)**	**6,785**	**6,165**	**3,835**	**5,410**	**5,060**	**4,035**
	by mother tongue						
53	Single responses	6,530	6,100	3,775	5,365	4,955	3,990
54	English	3,660	3,870	2,815	4,105	2,795	2,365
55	French	70	50	10	150	45	40
56	Non-official languages (5)	2,795	2,180	955	1,110	2,105	1,590
57	Chinese, n.o.s.	25	665	10	70	125	35
58	Cantonese	10	230	55	30	40	30
59	Punjabi	1,560	150	430	310	1,110	880
60	Mandarin	10	635	15	20	-	25
61	Tagalog (Pilipino)	80	-	-	40	95	45
62	Other languages (6)	1,105	495	445	640	740	575
63	Multiple responses	250	60	65	45	110	45
64	English and French	-	-	-	-	15	-
65	English and non-official language	250	65	60	45	90	45
66	French and non-official language	-	-	-	-	-	-
67	English, French and non-official language	-	-	-	-	-	-

See reference material at the end of the publication. – Voir les documents de référence à la fin de la publication.

Tableau 1. Certaines caractéristiques des secteurs de recensement, recensement de 2001 – Données intégrales et données-échantillon (20 %)

Vancouver 0163.07 ◇ A	Vancouver 0163.08 A	Vancouver 0170.03 ◆ A	Vancouver 0170.04 ◇◇ A	Vancouver 0170.05 A	Vancouver 0170.06 A	Caractéristiques	N°
						CARACTÉRISTIQUES DE LA POPULATION	
4,270	**4,003**	**3,194**	**4,858**	**2,381**	**6,777**	**Population, 1996 (1)**	1
4,541	**3,844**	**3,240**	**5,245**	**2,269**	**7,496**	**Population, 2001 (2)**	2
6.3	-4.0	1.4	8.0	-4.7	10.6	Variation en pourcentage de la population, 1996-2001	3
1.32	1.26	0.48	2.25	0.32	2.23	Superficie des terres en kilomètres carrés, 2001	4
4,540	**3,845**	**3,245**	**5,245**	**2,270**	**7,500**	**Population totale - Données intégrales (3)**	5
						selon le sexe et les groupes d'âge	
2,260	1,935	1,305	2,425	900	3,500	Sexe masculin	6
145	140	25	95	15	180	0-4 ans	7
180	170	20	95	10	180	5-9 ans	8
165	155	10	100	-	160	10-14 ans	9
205	150	15	135	10	165	15-19 ans	10
155	125	45	115	30	195	20-24 ans	11
135	105	60	145	55	185	25-29 ans	12
175	155	80	150	65	245	30-34 ans	13
180	205	80	160	55	255	35-39 ans	14
180	180	70	165	40	270	40-44 ans	15
160	145	85	230	60	275	45-49 ans	16
155	105	85	210	60	300	50-54 ans	17
140	80	85	205	80	220	55-59 ans	18
95	65	75	165	65	190	60-64 ans	19
80	50	70	115	60	155	65-69 ans	20
40	55	120	120	95	125	70-74 ans	21
35	35	165	85	85	160	75-79 ans	22
30	10	140	65	70	120	80-84 ans	23
10	5	85	70	50	115	85 ans et plus	24
2,280	1,905	1,940	2,820	1,370	3,995	Sexe féminin	25
135	130	25	105	15	135	0-4 ans	26
180	170	15	120	10	170	5-9 ans	27
180	150	15	120	10	160	10-14 ans	28
165	120	20	130	20	180	15-19 ans	29
140	110	45	120	35	170	20-24 ans	30
125	125	60	150	45	215	25-29 ans	31
170	170	75	135	55	240	30-34 ans	32
190	170	55	185	60	275	35-39 ans	33
205	180	85	215	60	285	40-44 ans	34
170	135	95	220	65	330	45-49 ans	35
160	115	115	250	115	340	50-54 ans	36
120	70	130	200	95	240	55-59 ans	37
90	75	115	170	105	185	60-64 ans	38
80	75	160	125	95	180	65-69 ans	39
40	50	195	135	145	170	70-74 ans	40
60	40	255	100	170	205	75-79 ans	41
30	15	255	140	130	190	80-84 ans	42
30	15	205	215	135	310	85 ans et plus	43
3,550	**2,920**	**3,135**	**4,615**	**2,200**	**6,505**	**Population totale de 15 ans et plus**	44
						selon l'état matrimonial légal	
1,030	820	575	1,175	490	1,660	Célibataire (jamais marié(e))	45
1,980	1,690	1,210	2,330	820	3,155	Légalement marié(e) (et non séparé(e))	46
125	110	145	155	95	235	Séparé(e), mais toujours légalement marié(e)	47
240	150	510	495	350	715	Divorcé(e)	48
180	150	690	460	445	745	Veuf ou veuve	49
						selon l'union libre	
3,400	2,740	2,960	4,245	2,070	5,980	Ne vivant pas en union libre	50
150	180	175	370	130	530	Vivant en union libre	51
4,510	**3,845**	**3,230**	**4,885**	**2,270**	**6,940**	**Population totale - Données-échantillon (20 %) (4)**	52
						selon la langue maternelle	
4,415	3,815	3,215	4,775	2,255	6,910	Réponses uniques	53
3,075	2,720	2,670	3,985	1,865	5,910	Anglais	54
35	45	45	55	70	140	Français	55
1,310	1,050	500	735	315	855	Langues non officielles (5)	56
100	-	-	30	20	15	Chinois, n.d.a.	57
30	10	10	15	-	20	Cantonais	58
480	455	-	15	-	-	Pendjabi	59
-	-	-	15	30	-	Mandarin	60
150	20	-	15	-	70	Tagalog (pilipino)	61
550	570	495	650	270	750	Autres langues (6)	62
95	30	15	110	10	30	Réponses multiples	63
-	15	10	-	-	10	Anglais et français	64
95	15	10	95	10	15	Anglais et langue non officielle	65
-	-	-	10	-	-	Français et langue non officielle	66
-	-	-	-	-	-	Anglais, français et langue non officielle	67

See reference material at the end of the publication. – Voir les documents de référence à la fin de la publication.

Table 1. Selected Characteristics for Census Tracts, 2001 Census – 100% Data and 20% Sample Data

No.	Characteristics	Vancouver 0162.03	Vancouver 0162.04	Vancouver 0163.01	Vancouver 0163.04	Vancouver 0163.05 ◇ A	Vancouver 0163.06 A
	POPULATION CHARACTERISTICS						
	by home language						
68	Single responses	5,145	4,950	3,315	4,640	4,030	3,120
69	English	3,975	4,140	2,975	4,325	3,145	2,480
70	French	15	-	-	60	-	-
71	Non-official languages (5)	1,155	810	345	250	885	635
72	Cantonese	-	50	15	-	25	25
73	Chinese, n.o.s.	-	225	-	35	30	30
74	Punjabi	870	70	285	70	675	435
75	Mandarin	-	335	-	-	-	-
76	Korean	15	10	-	-	-	-
77	Other languages (6)	270	115	35	150	150	130
78	Multiple responses	1,640	1,215	520	770	1,030	920
79	English and French	25	65	15	85	50	45
80	English and non-official language	1,605	1,135	480	685	905	875
81	French and non-official language	-	-	-	-	20	-
82	English, French and non-official language	15	10	25	-	60	-
	by knowledge of official languages						
83	English only	5,945	5,575	3,580	4,980	4,325	3,625
84	French only	-	-	-	-	20	-
85	English and French	415	465	155	325	375	200
86	Neither English nor French	420	125	100	100	335	210
	by knowledge of non-official languages (5) (7)						
87	Cantonese	35	220	65	30	35	30
88	Chinese, n.o.s.	-	680	-	70	105	35
89	Punjabi	1,855	170	530	420	1,225	955
90	Mandarin	40	745	30	40	15	35
91	Hindi	845	40	225	175	565	385
92	German	155	140	165	140	90	95
93	Spanish	150	40	35	100	75	85
	by first official language spoken						
94	English	6,280	5,960	3,725	5,180	4,590	3,790
95	French	55	50	10	130	50	40
96	English and French	35	35	-	10	80	-
97	Neither English nor French	405	120	100	95	335	205
98	Official language minority - (number) (8)	80	65	10	130	90	35
99	Official language minority - (percentage) (8)	1.2	1.1	0.3	2.4	1.8	0.9
	by ethnic origin (9)						
100	English	1,220	1,570	1,200	1,425	1,335	775
101	Canadian	1,240	1,430	915	1,715	910	845
102	Chinese	125	1,685	155	175	200	135
103	Scottish	935	1,155	930	1,100	810	580
104	Irish	515	670	595	660	560	490
105	German	620	590	570	580	470	435
106	East Indian	2,160	285	640	630	1,120	1,105
107	French	400	320	230	395	370	265
108	Ukrainian	200	290	190	295	140	245
109	Italian	140	65	135	200	135	90
110	Dutch (Netherlands)	270	190	130	125	275	165
111	Filipino	135	40	20	85	180	120
112	Polish	165	135	140	105	95	165
113	Norwegian	60	190	125	270	80	110
114	North American Indian	195	40	25	55	135	100
	by Aboriginal identity						
115	Total Aboriginal identity population (10)	130	70	85	35	45	45
116	Total non-Aboriginal population	6,655	6,095	3,745	5,375	5,015	3,990
	by Aboriginal origin						
117	Total Aboriginal origins population (11)	205	110	60	60	140	105
118	Total non-Aboriginal population	6,575	6,050	3,775	5,350	4,920	3,930
	by Registered Indian status						
119	Registered Indian (12)	50	35	10	10	10	10
120	Not a Registered Indian	6,735	6,130	3,825	5,400	5,050	4,025

Tableau 1. Certaines caractéristiques des secteurs de recensement, recensement de 2001 – Données intégrales et données-échantillon (20 %)

Vancouver 0163.07 ◇ A	Vancouver 0163.08 A	Vancouver 0170.03 ◆ A	Vancouver 0170.04 ◇◇ A	Vancouver 0170.05 A	Vancouver 0170.06 A	Caractéristiques	N°
						CARACTÉRISTIQUES DE LA POPULATION	
						selon la langue parlée à la maison	
3,645	3,225	3,035	4,475	2,120	6,495	Réponses uniques	68
3,300	2,890	2,975	4,405	2,050	6,315	Anglais	69
-	-	-	-	-	30	Français	70
340	335	60	70	65	150	Langues non officielles (5)	71
25	-	-	-	-	-	Cantonais	72
20	-	-	-	-	-	Chinois, n.d.a.	73
130	280	-	-	-	-	Pendjabi	74
-	-	-	-	30	-	Mandarin	75
-	-	-	-	-	25	Coréen	76
165	50	60	70	35	120	Autres langues (6)	77
865	620	195	410	150	445	Réponses multiples	78
20	30	25	20	45	75	Anglais et français	79
840	565	170	365	100	360	Anglais et langue non officielle	80
-	-	-	-	-	-	Français et langue non officielle	81
-	25	-	20	10	10	Anglais, français et langue non officielle	82
						selon la connaissance des langues officielles	
4,245	3,500	2,980	4,330	2,060	6,035	Anglais seulement	83
-	-	-	-	-	-	Français seulement	84
165	275	235	545	200	855	Anglais et français	85
100	70	10	10	-	50	Ni l'anglais ni le français	86
						selon la connaissance des langues non officielles (5) (7)	
45	10	-	25	-	20	Cantonais	87
95	-	-	20	15	40	Chinois, n.d.a.	88
610	570	-	45	-	-	Pendjabi	89
20	-	-	30	25	-	Mandarin	90
185	175	15	25	-	40	Hindi	91
125	105	180	395	120	225	Allemand	92
60	140	20	120	70	230	Espagnol	93
						selon la première langue officielle parlée	
4,370	3,705	3,180	4,765	2,205	6,745	Anglais	94
35	35	40	65	65	135	Français	95
10	35	-	45	-	15	Anglais et français	96
100	70	15	10	-	50	Ni l'anglais ni le français	97
40	50	40	85	60	140	Minorité de langue officielle - (nombre) (8)	98
0.9	1.3	1.2	1.7	2.6	2.0	Minorité de langue officielle - (pourcentage) (8)	99
						selon l'origine ethnique (9)	
1,295	1,000	1,275	1,720	745	2,550	Anglais	100
985	1,090	600	1,040	455	2,090	Canadien	101
215	60	25	130	55	90	Chinois	102
895	760	800	1,160	475	1,545	Écossais	103
500	545	645	1,000	390	1,325	Irlandais	104
700	665	475	820	310	890	Allemand	105
665	540	25	75	-	50	Indien de l'Inde	106
365	440	220	370	170	650	Français	107
345	240	115	420	145	495	Ukrainien	108
130	145	75	120	20	170	Italien	109
200	155	90	265	145	195	Hollandais (Néerlandais)	110
225	45	50	25	15	105	Philippin	111
145	190	95	200	85	300	Polonais	112
140	100	125	170	120	230	Norvégien	113
150	65	40	25	25	75	Indien de l'Amérique du Nord	114
						selon l'identité autochtone	
95	100	20	25	25	95	Total de la population ayant une identité autochtone (10)	115
4,415	3,745	3,215	4,860	2,240	6,850	Total de la population non autochtone	116
						selon l'origine autochtone	
165	90	50	30	35	130	Total de la population ayant une origine autochtone (11)	117
4,345	3,755	3,180	4,855	2,240	6,815	Total de la population non autochtone	118
						selon le statut d'Indien inscrit	
30	25	-	20	20	40	Oui, Indien inscrit (12)	119
4,480	3,820	3,230	4,870	2,245	6,900	Non, pas un Indien inscrit	120

Table 1. Selected Characteristics for Census Tracts, 2001 Census – 100% Data and 20% Sample Data

No.	Characteristics	Vancouver 0162.03	Vancouver 0162.04	Vancouver 0163.01	Vancouver 0163.04	Vancouver 0163.05 ◇ A	Vancouver 0163.06 A
	POPULATION CHARACTERISTICS						
	by visible minority groups						
121	Total visible minority population	3,065	2,320	880	1,210	2,165	1,635
122	Chinese	105	1,725	140	205	185	110
123	South Asian	2,465	300	675	580	1,530	1,250
124	Black	80	15	20	70	30	25
125	Filipino	125	30	20	85	185	115
126	Latin American	55	10	-	75	50	55
127	Southeast Asian	55	45	10	50	120	20
128	Arab	25	10	-	-	-	25
129	West Asian	20	-	-	-	-	-
130	Korean	25	40	-	-	35	15
131	Japanese	55	55	15	140	25	20
132	Visible minority, n.i.e. (13)	35	60	-	-	-	-
133	Multiple visible minorities (14)	20	30	-	-	-	-
	by citizenship						
134	Canadian citizenship (15)	5,895	5,505	3,525	5,170	4,410	3,400
135	Citizenship other than Canadian	885	665	305	240	650	635
	by place of birth of respondent						
136	Non-immigrant population	4,040	3,830	2,780	4,255	3,170	2,560
137	Born in province of residence	2,980	2,575	2,165	3,095	2,330	1,945
138	Immigrant population (16)	2,725	2,290	1,050	1,150	1,870	1,420
139	United States	65	55	40	35	40	25
140	Central and South America	50	10	-	70	45	60
141	Caribbean and Bermuda	15	10	-	30	10	15
142	United Kingdom	255	260	185	175	140	115
143	Other Europe (17)	305	260	285	295	215	180
144	Africa	155	55	10	-	15	15
145	Asia and the Middle East	1,590	1,615	460	520	1,235	880
146	Oceania and other (18)	285	35	65	25	175	135
147	Non-permanent residents (19)	20	45	10	-	20	55
148	**Total immigrant population**	**2,725**	**2,295**	**1,050**	**1,150**	**1,870**	**1,420**
	by period of immigration						
149	Before 1961	225	180	230	200	150	80
150	1961-1970	260	275	125	225	150	75
151	1971-1980	500	285	180	290	300	275
152	1981-1990	740	330	190	275	400	270
153	1991-2001 (20)	995	1,210	325	165	865	715
154	1991-1995	525	510	185	90	455	355
155	1996-2001 (20)	475	705	145	70	415	360
	by age at immigration						
156	0-4 years	185	210	120	100	190	90
157	5-19 years	775	740	350	340	440	375
158	20 years and over	1,755	1,340	580	710	1,235	955
159	**Total population**	**6,780**	**6,165**	**3,835**	**5,410**	**5,060**	**4,035**
	by religion						
160	Catholic (21)	1,090	930	465	1,015	930	710
161	Protestant	1,660	2,105	1,335	1,645	1,110	910
162	Christian Orthodox	30	85	60	140	25	10
163	Christian, n.i.e. (22)	195	250	185	290	300	200
164	Muslim	195	80	25	40	120	60
165	Jewish	10	30	15	-	15	10
166	Buddhist	85	425	10	165	110	40
167	Hindu	390	45	65	75	215	160
168	Sikh	1,875	235	510	435	1,105	970
169	Eastern religions (23)	25	-	10	-	-	10
170	Other religions (24)	10	10	-	-	20	-
171	No religious affiliation (25)	1,210	1,965	1,175	1,615	1,115	950
172	**Total population 15 years and over**	**5,220**	**4,980**	**3,010**	**4,210**	**3,925**	**3,095**
	by generation status						
173	1st generation (26)	2,645	2,060	1,015	1,130	1,715	1,345
174	2nd generation (27)	950	1,095	725	1,185	920	640
175	3rd generation and over (28)	1,625	1,825	1,270	1,895	1,295	1,110
176	**Total population 1 year and over (29)**	**6,700**	**6,140**	**3,775**	**5,370**	**5,000**	**3,985**
	by place of residence 1 year ago (mobility)						
177	Non-movers	5,740	5,665	3,430	4,800	4,155	3,365
178	Movers	955	475	345	570	845	625
179	Non-migrants	450	95	200	225	395	275
180	Migrants	505	375	145	345	450	345
181	Internal migrants	415	340	125	330	320	280
182	Intraprovincial migrants	310	295	125	295	275	260
183	Interprovincial migrants	105	45	-	35	45	25
184	External migrants	90	35	20	20	125	65

Tableau 1. Certaines caractéristiques des secteurs de recensement, recensement de 2001 – Données intégrales et données-échantillon (20 %)

Vancouver 0163.07 ◇ A	Vancouver 0163.08 A	Vancouver 0170.03 ◆ A	Vancouver 0170.04 ◇◇ A	Vancouver 0170.05 A	Vancouver 0170.06 A	Caractéristiques	N°
						CARACTÉRISTIQUES DE LA POPULATION	
						selon les groupes de minorités visibles	
1,475	1,015	165	315	170	475	Total de la population des minorités visibles	121
200	20	15	80	50	105	Chinois	122
785	700	25	70	15	60	Sud-Asiatique	123
40	70	30	10	-	25	Noir	124
210	50	45	30	15	80	Philippin	125
10	80	-	-	-	30	Latino-Américain	126
45	20	20	10	-	10	Asiatique du Sud-Est	127
20	-	-	10	30	10	Arabe	128
-	-	-	20	-	-	Asiatique occidental	129
20	-	-	40	10	30	Coréen	130
95	50	10	-	45	95	Japonais	131
40	-	20	10	-	15	Minorité visible, n.i.a. (13)	132
15	30	-	40	-	10	Minorités visibles multiples (14)	133
						selon la citoyenneté	
4,205	3,525	3,065	4,485	2,130	6,635	Citoyenneté canadienne (15)	134
305	320	165	395	140	305	Citoyenneté autre que canadienne	135
						selon le lieu de naissance du répondant	
3,235	2,860	2,205	3,705	1,690	5,625	Population non immigrante	136
2,580	2,155	920	2,055	730	3,040	Née dans la province de résidence	137
1,240	935	1,020	1,130	565	1,260	Population immigrante (16)	138
45	35	70	105	40	95	États-Unis	139
40	55	10	10	15	20	Amérique centrale et du Sud	140
-	25	15	-	-	25	Caraïbes et Bermudes	141
155	125	390	330	225	480	Royaume-Uni	142
210	210	365	395	170	365	Autre Europe (17)	143
50	30	10	45	15	45	Afrique	144
665	385	130	180	80	200	Asie et Moyen-Orient	145
65	75	25	70	15	40	Océanie et autre (18)	146
35	50	10	50	10	55	Résidents non permanents (19)	147
1,240	**935**	**1,020**	**1,130**	**565**	**1,260**	**Population immigrante totale**	148
						selon la période d'immigration	
175	170	475	265	210	310	Avant 1961	149
155	85	165	190	115	330	1961-1970	150
250	170	125	245	60	270	1971-1980	151
290	235	75	220	75	190	1981-1990	152
375	265	175	205	105	165	1991-2001 (20)	153
210	140	70	70	30	30	1991-1995	154
165	130	110	140	75	135	1996-2001 (20)	155
						selon l'âge à l'immigration	
115	70	135	120	50	110	0-4 ans	156
310	305	150	330	105	370	5-19 ans	157
815	555	740	680	405	785	20 ans et plus	158
4,510	**3,845**	**3,235**	**4,880**	**2,270**	**6,940**	**Population totale**	159
						selon la religion	
615	845	550	765	290	1,190	Catholique (21)	160
1,265	1,115	1,565	1,920	1,215	2,715	Protestante	161
30	25	115	40	35	75	Orthodoxe chrétienne	162
190	160	185	315	25	370	Chrétiennes, n.i.a. (22)	163
85	25	-	40	25	20	Musulmane	164
15	-	-	30	20	20	Juive	165
90	15	15	50	-	40	Bouddhiste	166
120	75	-	35	-	20	Hindoue	167
555	525	-	40	-	-	Sikh	168
-	-	10	10	-	-	Religions orientales (23)	169
10	-	-	15	-	15	Autres religions (24)	170
1,530	1,045	790	1,640	650	2,475	Aucune appartenance religieuse (25)	171
3,520	**2,920**	**3,125**	**4,260**	**2,200**	**5,950**	**Population totale de 15 ans et plus**	172
						selon le statut des générations	
1,195	965	1,015	1,105	565	1,280	1re génération (26)	173
970	730	1,035	1,275	825	1,755	2e génération (27)	174
1,350	1,220	1,075	1,880	805	2,920	3e génération et plus (28)	175
4,475	**3,805**	**3,200**	**4,850**	**2,265**	**6,850**	**Population totale de 1 an et plus (29)**	176
						selon le lieu de résidence 1 an auparavant (mobilité)	
4,020	3,370	2,680	4,125	1,895	5,720	Personnes n'ayant pas déménagé	177
450	435	525	730	370	1,130	Personnes ayant déménagé	178
210	85	235	245	175	440	Non-migrants	179
240	350	290	480	195	695	Migrants	180
220	300	260	420	180	625	Migrants internes	181
185	275	215	390	145	545	Migrants infraprovinciaux	182
35	20	45	25	35	80	Migrants interprovinciaux	183
15	55	25	65	15	70	Migrants externes	184

Table 1. Selected Characteristics for Census Tracts, 2001 Census – 100% Data and 20% Sample Data

No.	Characteristics	Vancouver 0162.03	Vancouver 0162.04	Vancouver 0163.01	Vancouver 0163.04	Vancouver 0163.05 ◇ A	Vancouver 0163.06 A
	POPULATION CHARACTERISTICS						
185	**Total population 5 years and over (30)**	**6,270**	**5,935**	**3,560**	**5,065**	**4,730**	**3,750**
	by place of residence 5 years ago (mobility)						
186	Non-movers	3,485	3,835	2,395	3,355	2,900	1,980
187	Movers	2,785	2,105	1,165	1,720	1,825	1,775
188	Non-migrants	1,210	520	695	705	640	815
189	Migrants	1,580	1,580	475	1,010	1,190	955
190	Internal migrants	1,200	890	420	920	960	660
191	Intraprovincial migrants	985	705	410	745	825	590
192	Interprovincial migrants	215	185	10	175	130	75
193	External migrants	380	690	60	85	230	305
194	**Total population 15 to 24 years**	**965**	**1,155**	**630**	**720**	**710**	**595**
	by school attendance						
195	Not attending school	375	270	240	300	245	250
196	Attending school full time	500	830	320	385	370	300
197	Attending school part time	80	55	75	35	95	45
198	**Total population 15 years and over**	**5,220**	**4,980**	**3,010**	**4,210**	**3,925**	**3,100**
	by highest level of schooling						
199	Less than grade 9 (31)	490	50	115	225	460	235
200	Grades 9-13 without high school graduation certificate	1,235	960	750	835	860	760
201	Grades 9-13 with high school graduation certificate	855	645	395	720	615	425
202	Some postsecondary without degree, certificate or diploma (32)	545	730	435	510	425	500
203	Trades certificate or diploma (33)	665	465	450	585	445	345
204	College certificate or diploma (34)	720	735	430	775	520	445
205	University certificate below bachelor's degree	180	185	80	130	135	85
206	University with bachelor's degree or higher	525	1,210	345	425	465	300
	by combinations of unpaid work						
207	Males 15 years and over	2,540	2,460	1,505	2,145	1,970	1,535
208	Reported unpaid work (35)	2,355	2,215	1,355	1,890	1,675	1,330
209	Housework and child care and care or assistance to seniors	285	300	160	215	185	245
210	Housework and child care only	725	630	435	640	575	425
211	Housework and care or assistance to seniors only	105	205	120	125	130	65
212	Child care and care or assistance to seniors only	10	10	-	-	-	-
213	Housework only	1,170	1,045	640	895	730	570
214	Child care only	50	20	-	15	35	15
215	Care or assistance to seniors only	15	10	-	-	20	10
216	Females 15 years and over	2,680	2,525	1,505	2,065	1,955	1,565
217	Reported unpaid work (35)	2,480	2,380	1,445	1,895	1,755	1,475
218	Housework and child care and care or assistance to seniors	380	395	210	280	320	295
219	Housework and child care only	960	720	515	710	575	510
220	Housework and care or assistance to seniors only	195	200	135	160	160	95
221	Child care and care or assistance to seniors only	-	-	-	-	-	-
222	Housework only	925	1,030	580	740	685	560
223	Child care only	20	25	10	-	10	15
224	Care or assistance to seniors only	10	15	-	-	-	-
	by labour force activity						
225	Males 15 years and over	2,540	2,455	1,505	2,145	1,970	1,540
226	In the labour force	1,930	1,765	1,170	1,710	1,390	1,230
227	Employed	1,805	1,675	1,100	1,615	1,320	1,145
228	Unemployed	125	90	65	95	70	85
229	Not in the labour force	610	695	340	435	585	310
230	Participation rate	76.0	71.9	77.7	79.7	70.6	79.9
231	Employment rate	71.1	68.2	73.1	75.3	67.0	74.4
232	Unemployment rate	6.5	5.1	5.6	5.6	5.0	6.9
233	Females 15 years and over	2,680	2,520	1,500	2,065	1,955	1,565
234	In the labour force	1,700	1,485	1,070	1,440	1,270	1,000
235	Employed	1,545	1,380	995	1,360	1,115	935
236	Unemployed	155	115	75	80	150	70
237	Not in the labour force	980	1,030	430	620	685	565
238	Participation rate	63.4	58.9	71.3	69.7	65.0	63.9
239	Employment rate	57.6	54.8	66.3	65.9	57.0	59.7
240	Unemployment rate	9.1	7.7	7.0	5.6	11.8	7.0

Tableau 1. Certaines caractéristiques des secteurs de recensement, recensement de 2001 – Données intégrales et données-échantillon (20 %)

Vancouver 0163.07 ◇ A	Vancouver 0163.08 A	Vancouver 0170.03 ◆ A	Vancouver 0170.04 ◇◇ A	Vancouver 0170.05 A	Vancouver 0170.06 A	Caractéristiques	N°
						CARACTÉRISTIQUES DE LA POPULATION	
4,230	**3,570**	**3,180**	**4,685**	**2,240**	**6,625**	**Population totale de 5 ans et plus (30)**	185
						selon le lieu de résidence 5 ans auparavant (mobilité)	
2,780	2,315	1,580	2,205	1,295	3,160	Personnes n'ayant pas déménagé	186
1,450	1,260	1,605	2,480	945	3,460	Personnes ayant déménagé	187
650	455	670	810	355	1,280	Non-migrants	188
795	805	935	1,665	595	2,180	Migrants	189
670	655	850	1,535	535	2,005	Migrants internes	190
620	635	700	1,265	455	1,640	Migrants infraprovinciaux	191
50	20	150	265	80	370	Migrants interprovinciaux	192
125	150	85	130	60	175	Migrants externes	193
660	**500**	**130**	**510**	**105**	**705**	**Population totale de 15 à 24 ans**	194
						selon la fréquentation scolaire	
280	210	45	205	65	285	Ne fréquentant pas l'école	195
320	230	60	270	25	330	Fréquentant l'école à plein temps	196
60	65	25	40	10	90	Fréquentant l'école à temps partiel	197
3,515	**2,920**	**3,125**	**4,255**	**2,200**	**5,955**	**Population totale de 15 ans et plus**	198
						selon le plus haut niveau de scolarité atteint	
205	215	185	75	130	175	Niveau inférieur à la 9e année (31)	199
745	590	675	665	585	1,040	De la 9e à la 13e année sans certificat d'études secondaires	200
500	555	375	430	190	585	De la 9e à la 13e année avec certificat d'études secondaires	201
605	360	385	470	240	820	Études postsecondaires partielles sans grade, certificat ou diplôme (32)	202
530	320	360	470	240	790	Certificat ou diplôme d'une école de métiers (33)	203
465	545	515	885	425	1,065	Certificat ou diplôme collégial (34)	204
115	70	190	190	80	300	Certificat universitaire inférieur au baccalauréat	205
355	265	445	1,075	305	1,170	Études universitaires avec baccalauréat ou diplôme supérieur	206
						selon les combinaisons de travail non rémunéré	
1,760	1,465	1,245	2,030	880	2,835	Hommes de 15 ans et plus	207
1,505	1,320	1,045	1,775	755	2,585	Travail non rémunéré déclaré (35)	208
145	240	15	90	20	140	Travaux ménagers et soins aux enfants et soins ou aide aux personnes âgées	209
500	355	115	395	55	635	Travaux ménagers et soins aux enfants seulement	210
70	95	175	265	140	280	Travaux ménagers et soins ou aide aux personnes âgées seulement	211
10	-	-	10	-	-	Soins aux enfants et soins ou aide aux personnes âgées seulement	212
735	610	725	975	535	1,490	Travaux ménagers seulement	213
30	10	-	35	-	25	Soins aux enfants seulement	214
20	10	10	10	10	10	Soins ou aide aux personnes âgées seulement	215
1,760	1,455	1,880	2,230	1,315	3,120	Femmes de 15 ans et plus	216
1,625	1,335	1,680	2,110	1,180	2,910	Travail non rémunéré déclaré (35)	217
195	250	40	215	45	275	Travaux ménagers et soins aux enfants et soins ou aide aux personnes âgées	218
600	500	200	560	145	730	Travaux ménagers et soins aux enfants seulement	219
115	105	345	290	210	465	Travaux ménagers et soins ou aide aux personnes âgées seulement	220
15	-	10	-	-	-	Soins aux enfants et soins ou aide aux personnes âgées seulement	221
660	470	1,060	1,030	770	1,405	Travaux ménagers seulement	222
15	10	15	-	-	15	Soins aux enfants seulement	223
25	10	20	10	10	20	Soins ou aide aux personnes âgées seulement	224
						selon l'activité	
1,760	1,465	1,245	2,030	885	2,835	Hommes de 15 ans et plus	225
1,320	1,065	620	1,450	470	2,100	Population active	226
1,250	1,060	590	1,370	445	1,995	Personnes occupées	227
70	10	35	85	20	105	Chômeurs	228
440	400	620	580	415	735	Inactifs	229
75.0	72.7	49.8	71.4	53.1	74.1	Taux d'activité	230
71.0	72.4	47.4	67.5	50.3	70.4	Taux d'emploi	231
5.3	0.9	5.6	5.9	4.3	5.0	Taux de chômage	232
1,760	1,455	1,880	2,225	1,320	3,120	Femmes de 15 ans et plus	233
1,135	915	705	1,435	460	1,910	Population active	234
1,035	885	690	1,365	425	1,810	Personnes occupées	235
100	30	15	75	35	95	Chômeuses	236
620	535	1,170	795	855	1,215	Inactives	237
64.5	62.9	37.5	64.5	34.8	61.2	Taux d'activité	238
58.8	60.8	36.7	61.3	32.2	58.0	Taux d'emploi	239
8.8	3.3	2.1	5.2	7.6	5.0	Taux de chômage	240

Table 1. Selected Characteristics for Census Tracts, 2001 Census – 100% Data and 20% Sample Data

No.	Characteristics	Vancouver 0162.03	Vancouver 0162.04	Vancouver 0163.01	Vancouver 0163.04	Vancouver 0163.05 ◇ A	Vancouver 0163.06 A
	POPULATION CHARACTERISTICS						
	by labour force activity – concluded						
241	Both sexes - Participation rate	69.5	65.4	74.4	74.9	67.6	71.9
242	15-24 years	66.1	49.8	68.8	63.2	63.6	68.1
243	25 years and over	70.3	70.1	75.8	77.1	68.6	72.5
244	Both sexes - Employment rate	64.3	61.2	69.8	70.7	62.2	66.9
245	15-24 years	57.8	42.0	59.2	52.1	54.9	57.6
246	25 years and over	65.7	66.9	72.3	74.6	63.9	69.1
247	Both sexes - Unemployment rate	7.6	6.2	6.3	5.6	8.3	7.0
248	15-24 years	13.3	14.0	12.9	18.7	13.2	16.0
249	25 years and over	6.5	4.3	4.7	3.3	7.0	4.9
250	**Total labour force 15 years and over**	**3,630**	**3,255**	**2,235**	**3,150**	**2,655**	**2,225**
	by industry based on the 1997 NAICS						
251	Industry - Not applicable (36)	65	45	20	60	100	40
252	All industries (37)	3,570	3,210	2,215	3,090	2,555	2,185
253	11 Agriculture, forestry, fishing and hunting	90	45	65	35	50	-
254	21 Mining and oil and gas extraction	-	-	-	-	10	-
255	22 Utilities	10	45	15	30	-	20
256	23 Construction	235	110	95	185	135	105
257	31-33 Manufacturing	435	255	300	445	355	305
258	41 Wholesale trade	125	280	155	170	150	145
259	44-45 Retail trade	525	415	285	365	215	215
260	48-49 Transportation and warehousing	395	215	170	355	255	255
261	51 Information and cultural industries	65	70	70	75	75	75
262	52 Finance and insurance	190	210	100	145	100	80
263	53 Real estate and rental and leasing	55	75	50	45	20	20
264	54 Professional, scientific and technical services	145	300	155	205	95	115
265	55 Management of companies and enterprises	-	-	-	10	-	-
266	56 Administrative and support, waste management and remediation services	180	85	60	165	125	170
267	61 Educational services	195	350	150	165	190	80
268	62 Health care and social assistance	320	295	165	265	170	170
269	71 Arts, entertainment and recreation	65	40	25	30	65	30
270	72 Accommodation and food services	210	110	145	170	270	155
271	81 Other services (except public administration)	175	105	110	95	135	150
272	91 Public administration	150	210	100	135	145	90
	by class of worker						
273	Class of worker - Not applicable (36)	60	45	20	55	95	45
274	All classes of worker (37)	3,570	3,210	2,215	3,095	2,555	2,185
275	Paid workers	3,360	2,900	2,055	2,865	2,395	2,065
276	Employees	3,260	2,720	1,985	2,660	2,340	1,995
277	Self-employed (incorporated)	105	180	70	205	55	75
278	Self-employed (unincorporated)	200	305	160	225	165	115
279	Unpaid family workers	10	10	-	10	-	-
	by occupation based on the 2001 NOC-S						
280	Male labour force 15 years and over	1,930	1,765	1,170	1,710	1,390	1,225
281	Occupation - Not applicable (36)	40	25	-	25	35	20
282	All occupations (37)	1,895	1,740	1,155	1,685	1,355	1,210
283	A Management occupations	165	370	125	205	185	115
284	B Business, finance and administration occupations	165	220	135	190	120	90
285	C Natural and applied sciences and related occupations	105	250	105	145	95	80
286	D Health occupations	25	50	10	20	15	10
287	E Occupations in social science, education, government service and religion	35	90	35	30	60	55
288	F Occupations in art, culture, recreation and sport	30	15	-	30	10	20
289	G Sales and service occupations	425	320	230	365	330	265
290	H Trades, transport and equipment operators and related occupations	745	325	330	495	415	460
291	I Occupations unique to primary industry	40	30	55	40	20	10
292	J Occupations unique to processing, manufacturing and utilities	155	65	135	145	115	110
293	Female labour force 15 years and over	1,700	1,490	1,070	1,440	1,265	1,000
294	Occupation - Not applicable (36)	25	20	15	35	65	25
295	All occupations (37)	1,680	1,470	1,060	1,405	1,205	975
296	A Management occupations	70	130	95	125	75	25
297	B Business, finance and administration occupations	470	565	345	550	400	345
298	C Natural and applied sciences and related occupations	35	45	25	10	10	20
299	D Health occupations	115	100	80	55	90	75

Tableau 1. Certaines caractéristiques des secteurs de recensement, recensement de 2001 – Données intégrales et données-échantillon (20 %)

Vancouver 0163.07 ◇ A	Vancouver 0163.08 A	Vancouver 0170.03 ◆ A	Vancouver 0170.04 ◇◇ A	Vancouver 0170.05 A	Vancouver 0170.06 A	Caractéristiques	N°
						CARACTÉRISTIQUES DE LA POPULATION	
						selon l'activité – fin	
69.9	68.2	42.4	67.8	42.3	67.3	Les deux sexes - Taux d'activité	241
63.2	58.4	80.8	70.3	47.6	74.6	15-24 ans	242
71.3	70.0	40.9	67.5	41.9	66.1	25 ans et plus	243
64.9	66.6	41.0	64.2	39.8	63.9	Les deux sexes - Taux d'emploi	244
54.5	57.4	80.0	57.8	50.0	58.9	15-24 ans	245
67.4	68.4	39.6	65.1	39.3	64.7	25 ans et plus	246
7.1	2.3	3.8	5.4	5.9	4.9	Les deux sexes - Taux de chômage	247
15.5	3.3	9.5	18.3	-	21.7	15-24 ans	248
5.2	2.1	3.3	3.8	6.2	2.4	25 ans et plus	249
2,460	**1,985**	**1,330**	**2,885**	**930**	**4,000**	**Population active totale de 15 ans et plus**	250
						selon l'industrie basée sur le SCIAN de 1997	
65	10	10	30	-	50	Industrie - Sans objet (36)	251
2,395	1,980	1,315	2,855	930	3,950	Toutes les industries (37)	252
30	25	35	20	-	50	11 Agriculture, foresterie, pêche et chasse	253
-	10	-	10	-	15	21 Extraction minière et extraction de pétrole et de gaz	254
20	10	-	10	-	10	22 Services publics	255
155	70	55	130	50	275	23 Construction	256
280	305	115	230	60	260	31-33 Fabrication	257
85	130	90	130	45	205	41 Commerce de gros	258
205	210	165	330	105	405	44-45 Commerce de détail	259
175	165	130	215	40	290	48-49 Transport et entreposage	260
115	35	40	90	30	130	51 Industrie de l'information et industrie culturelle	261
125	120	45	105	35	155	52 Finance et assurances	262
25	40	15	120	40	115	53 Services immobiliers et services de location et de location à bail	263
130	120	60	200	55	280	54 Services professionnels, scientifiques et techniques	264
-	-	-	15	-	-	55 Gestion de sociétés et d'entreprises	265
135	85	80	145	50	190	56 Services administratifs, services de soutien, services de gestion des déchets et services d'assainissement	266
200	105	120	290	85	335	61 Services d'enseignement	267
210	185	145	340	95	500	62 Soins de santé et assistance sociale	268
30	60	30	35	55	145	71 Arts, spectacles et loisirs	269
160	90	65	225	50	220	72 Hébergement et services de restauration	270
135	80	55	75	105	155	81 Autres services, sauf les administrations publiques	271
175	135	65	135	30	215	91 Administrations publiques	272
						selon la catégorie de travailleurs	
65	10	10	30	-	50	Catégorie de travailleurs - Sans objet (36)	273
2,395	1,980	1,315	2,855	930	3,950	Toutes les catégories de travailleurs (37)	274
2,250	1,855	1,195	2,530	815	3,515	Travailleurs rémunérés	275
2,180	1,800	1,170	2,265	785	3,320	Employés	276
75	55	30	265	35	195	Travailleurs autonomes (entreprise constituée en société)	277
140	115	125	300	110	415	Travailleurs autonomes (entreprise non constituée en société)	278
-	-	-	25	-	15	Travailleurs familiaux non rémunérés	279
						selon la profession basée sur la CNP-S de 2001	
1,320	1,070	620	1,450	470	2,095	Hommes actifs de 15 ans et plus	280
40	-	-	15	-	20	Profession - Sans objet (36)	281
1,280	1,065	615	1,440	465	2,080	Toutes les professions (37)	282
120	115	75	335	75	400	A Gestion	283
145	110	90	110	45	110	B Affaires, finance et administration	284
95	125	45	110	35	175	C Sciences naturelles et appliquées et professions apparentées	285
30	10	35	25	20	60	D Secteur de la santé	286
35	20	35	95	55	105	E Sciences sociales, enseignement, administration publique et religion	287
40	35	10	20	35	75	F Arts, culture, sports et loisirs	288
225	115	140	290	115	505	G Ventes et services	289
435	405	135	275	70	540	H Métiers, transport et machinerie	290
55	15	-	70	10	50	I Professions propres au secteur primaire	291
100	120	50	105	10	65	J Transformation, fabrication et services d'utilité publique	292
1,135	920	705	1,435	465	1,905	Femmes actives de 15 ans et plus	293
25	10	10	15	-	35	Profession - Sans objet (36)	294
1,110	910	705	1,415	465	1,870	Toutes les professions (37)	295
60	100	95	170	55	150	A Gestion	296
410	310	180	350	125	560	B Affaires, finance et administration	297
10	15	-	10	10	15	C Sciences naturelles et appliquées et professions apparentées	298
70	55	75	185	25	185	D Secteur de la santé	299

Table 1. Selected Characteristics for Census Tracts, 2001 Census – 100% Data and 20% Sample Data

No.	Characteristics	Vancouver 0162.03	Vancouver 0162.04	Vancouver 0163.01	Vancouver 0163.04	Vancouver 0163.05 ◇ A	Vancouver 0163.06 A
	POPULATION CHARACTERISTICS						
	by occupation based on the 2001 NOC-S – concluded						
300	E Occupations in social science, education, government service and religion	150	250	70	125	55	70
301	F Occupations in art, culture, recreation and sport	50	45	15	35	25	25
302	G Sales and service occupations	620	290	390	460	395	345
303	H Trades, transport and equipment operators and related occupations	45	10	15	10	60	20
304	I Occupations unique to primary industry	55	-	25	10	50	-
305	J Occupations unique to processing, manufacturing and utilities	65	30	-	30	50	45
306	**Total employed labour force 15 years and over**	**3,355**	**3,050**	**2,100**	**2,980**	**2,435**	**2,075**
	by place of work						
307	Males	1,805	1,675	1,100	1,615	1,320	1,145
308	Usual place of work	1,355	1,295	875	1,300	1,035	910
309	At home	85	155	45	90	60	40
310	Outside Canada	10	60	25	-	30	-
311	No fixed workplace address	360	160	160	215	190	185
312	Females	1,545	1,375	1,000	1,360	1,120	930
313	Usual place of work	1,390	1,140	855	1,160	1,025	820
314	At home	85	185	80	85	30	40
315	Outside Canada	-	-	-	-	10	10
316	No fixed workplace address	75	50	55	110	55	55
317	**Total employed labour force 15 years and over with usual place of work or no fixed workplace address**	**3,170**	**2,645**	**1,945**	**2,790**	**2,310**	**1,980**
	by mode of transportation						
318	Males	1,710	1,455	1,030	1,520	1,230	1,100
319	Car, truck, van, as driver	1,475	1,305	910	1,365	1,025	910
320	Car, truck, van, as passenger	120	60	45	55	80	90
321	Public transit	80	65	50	70	80	60
322	Walked	-	15	10	10	15	10
323	Other method	30	10	15	25	35	30
324	Females	1,460	1,190	915	1,275	1,080	880
325	Car, truck, van, as driver	1,000	975	695	990	795	635
326	Car, truck, van, as passenger	165	140	80	90	110	85
327	Public transit	185	55	115	175	130	115
328	Walked	90	10	10	15	35	30
329	Other method	20	10	15	-	10	15
330	**Total population 15 years and over who worked since January 1, 2000**	**3,920**	**3,520**	**2,460**	**3,355**	**2,845**	**2,300**
	by language used at work						
331	Single responses	3,440	3,175	2,275	3,100	2,545	2,130
332	English	3,375	3,075	2,225	3,095	2,405	2,050
333	French	-	-	-	-	-	-
334	Non-official languages (5)	60	95	45	10	140	75
335	Chinese, n.o.s.	-	25	-	-	-	-
336	Cantonese	-	-	-	-	-	-
337	Other languages (6)	60	60	45	10	130	80
338	Multiple responses	475	350	180	250	295	175
339	English and French	10	30	15	60	25	20
340	English and non-official language	470	315	170	145	270	155
341	French and non-official language	-	-	-	-	-	-
342	English, French and non-official language	-	10	-	45	10	-
	DWELLING AND HOUSEHOLD CHARACTERISTICS						
343	**Total number of occupied private dwellings**	**2,055**	**1,840**	**1,160**	**1,725**	**1,645**	**1,240**
	by tenure						
344	Owned	1,470	1,685	970	1,530	1,125	750
345	Rented	585	150	195	195	520	485
346	Band housing	-	-	-	-	-	-
	by structural type of dwelling						
347	Single-detached house	1,230	1,785	990	1,545	990	680
348	Semi-detached house	40	10	-	20	25	20
349	Row house	40	20	-	-	20	95
350	Apartment, detached duplex	420	25	160	140	205	245
351	Apartment, building that has five or more storeys	-	-	-	-	-	-
352	Apartment, building that has fewer than five storeys (38)	325	-	10	15	410	205
353	Other single-attached house	-	-	-	-	-	-
354	Movable dwelling (39)	-	-	-	10	-	-

Tableau 1. Certaines caractéristiques des secteurs de recensement, recensement de 2001 – Données intégrales et données-échantillon (20 %)

Vancouver 0163.07 ◇ A	Vancouver 0163.08 A	Vancouver 0170.03 ◆ A	Vancouver 0170.04 ◇◇ A	Vancouver 0170.05 A	Vancouver 0170.06 A	Caractéristiques	N°
						CARACTÉRISTIQUES DE LA POPULATION	
						selon la profession basée sur la CNP-S de 2001 – fin	
135	75	110	215	65	280	E Sciences sociales, enseignement, administration publique et religion	300
40	20	20	65	15	85	F Arts, culture, sports et loisirs	301
330	290	190	370	150	530	G Ventes et services	302
20	20	30	20	10	30	H Métiers, transport et machinerie	303
10	-	-	10	10	25	I Professions propres au secteur primaire	304
30	15	-	30	-	20	J Transformation, fabrication et services d'utilité publique	305
2,285	**1,945**	**1,280**	**2,730**	**875**	**3,805**	**Population active occupée totale de 15 ans et plus**	306
						selon le lieu de travail	
1,250	1,055	585	1,365	450	1,995	Hommes	307
1,050	885	420	985	335	1,510	Lieu habituel de travail	308
25	35	35	175	35	185	À domicile	309
15	-	20	10	-	15	En dehors du Canada	310
160	135	115	195	80	285	Sans adresse de travail fixe	311
1,035	885	695	1,360	430	1,810	Femmes	312
905	790	565	1,070	375	1,490	Lieu habituel de travail	313
80	60	55	190	30	200	À domicile	314
-	-	-	20	-	-	En dehors du Canada	315
45	35	75	80	25	115	Sans adresse de travail fixe	316
2,160	**1,845**	**1,175**	**2,330**	**810**	**3,405**	**Population active occupée totale de 15 ans et plus ayant un lieu habituel de travail ou sans adresse de travail fixe**	317
						selon le mode de transport	
1,210	1,020	535	1,180	415	1,795	Hommes	318
955	900	395	1,035	350	1,570	Automobile, camion ou fourgonnette, en tant que conducteur	319
75	40	50	25	-	65	Automobile, camion ou fourgonnette, en tant que passager	320
80	55	40	40	15	55	Transport en commun	321
20	10	40	45	35	70	À pied	322
75	20	-	30	10	35	Autre moyen	323
955	825	645	1,155	395	1,610	Femmes	324
720	600	450	890	255	1,225	Automobile, camion ou fourgonnette, en tant que conductrice	325
50	70	45	70	35	145	Automobile, camion ou fourgonnette, en tant que passagère	326
155	150	45	70	15	100	Transport en commun	327
25	10	100	110	95	100	À pied	328
-	-	-	15	-	40	Autre moyen	329
2,615	**2,160**	**1,390**	**3,060**	**995**	**4,210**	**Population totale de 15 ans et plus ayant travaillé depuis le 1er janvier 2000**	330
						selon la langue utilisée au travail	
2,450	2,065	1,320	2,975	980	4,000	Réponses uniques	331
2,425	2,055	1,310	2,950	975	4,000	Anglais	332
-	-	10	15	10	-	Français	333
15	10	-	10	-	-	Langues non officielles (5)	334
-	-	-	-	-	-	Chinois, n.d.a.	335
-	-	-	-	-	-	Cantonais	336
15	10	-	10	-	-	Autres langues (6)	337
170	95	70	80	15	205	Réponses multiples	338
25	10	25	30	15	115	Anglais et français	339
135	85	40	55	-	95	Anglais et langue non officielle	340
-	-	-	-	-	-	Français et langue non officielle	341
10	-	-	-	-	10	Anglais, français et langue non officielle	342
						CARACTÉRISTIQUES DES LOGEMENTS ET DES MÉNAGES	
1,440	**1,220**	**2,235**	**2,165**	**1,595**	**3,080**	**Nombre total de logements privés occupés**	343
						selon le mode d'occupation	
1,145	980	1,325	1,465	905	2,135	Possédé	344
295	240	905	700	690	945	Loué	345
-	-	-	-	-	-	Logement de bande	346
						selon le type de construction résidentielle	
805	915	85	1,160	-	1,980	Maison individuelle non attenante	347
40	25	20	10	-	65	Maison jumelée	348
155	40	20	70	50	50	Maison en rangée	349
240	170	60	460	-	320	Appartement, duplex non attenant	350
120	-	125	55	220	40	Appartement, immeuble de cinq étages ou plus	351
80	65	1,920	410	1,315	615	Appartement, immeuble de moins de cinq étages (38)	352
-	-	10	-	-	15	Autre maison individuelle attenante	353
-	-	-	-	-	-	Logement mobile (39)	354

Table 1. Selected Characteristics for Census Tracts, 2001 Census – 100% Data and 20% Sample Data

No.	Characteristics	Vancouver 0162.03	Vancouver 0162.04	Vancouver 0163.01	Vancouver 0163.04	Vancouver 0163.05 ◇ A	Vancouver 0163.06 A
	DWELLING AND HOUSEHOLD CHARACTERISTICS						
	by condition of dwelling						
355	Regular maintenance only	1,385	1,270	810	1,110	1,205	770
356	Minor repairs	540	465	285	515	365	370
357	Major repairs	125	105	60	100	75	95
	by period of construction						
358	Before 1946	30	10	-	60	35	15
359	1946-1960	100	105	50	255	155	85
360	1961-1970	520	245	315	315	430	235
361	1971-1980	890	835	605	760	710	465
362	1981-1990	365	590	105	290	210	395
363	1991-2001 (20)	140	60	85	45	105	40
364	Average number of rooms per dwelling	6.7	8.4	7.9	8.0	6.6	6.6
365	Average number of bedrooms per dwelling	3.0	3.6	3.4	3.3	2.8	3.0
366	Average value of dwelling $	212,041	306,334	234,281	246,833	202,358	220,902
367	**Total number of private households**	**2,050**	**1,840**	**1,160**	**1,725**	**1,650**	**1,235**
	by household size						
368	1 person	375	110	120	210	360	180
369	2 persons	440	500	275	480	410	310
370	3 persons	355	325	245	315	235	205
371	4-5 persons	645	810	440	610	465	425
372	6 or more persons	240	90	80	110	175	115
	by household type						
373	One-family households	1,450	1,680	965	1,415	1,085	895
374	Multiple-family households	180	45	65	80	150	110
375	Non-family households	420	110	135	230	415	240
376	Number of persons in private households	6,780	6,165	3,830	5,410	5,060	4,035
377	Average number of persons in private households	3.3	3.4	3.3	3.1	3.1	3.3
378	Average number of persons per room	0.5	0.4	0.4	0.4	0.5	0.5
379	Tenant households in non-farm, non-reserve private dwellings (40)	585	150	195	190	520	485
380	Average gross rent $ (40)	812	1,374	865	860	701	768
381	Tenant households spending 30% or more of household income on gross rent (40) (41)	205	80	55	55	190	215
382	Tenant households spending from 30% to 99% of household income on gross rent (40) (41)	170	65	50	45	165	145
383	Owner households in non-farm, non-reserve private dwellings (42)	1,465	1,685	970	1,535	1,130	755
384	Average owner's major payments $ (42)	1,025	1,037	1,171	1,074	911	1,158
385	Owner households spending 30% or more of household income on owner's major payments (41) (42)	405	275	240	275	195	180
386	Owner households spending from 30% to 99% of household income on owner's major payments (41) (42)	380	215	220	245	190	175
	CENSUS FAMILY CHARACTERISTICS						
387	**Total number of census families in private households**	**1,835**	**1,785**	**1,090**	**1,575**	**1,385**	**1,115**
	by census family structure and size						
388	Total couple families	1,585	1,605	935	1,365	1,160	935
389	Total families of married couples	1,445	1,525	855	1,225	1,065	860
390	Without children at home	450	465	240	360	390	230
391	With children at home	990	1,060	620	865	675	630
392	1 child	295	265	195	275	175	200
393	2 children	435	555	325	455	285	300
394	3 or more children	255	240	95	140	215	135
395	Total families of common-law couples	145	85	80	140	95	75
396	Without children at home	80	55	35	100	45	55
397	With children at home	65	35	40	35	50	25
398	1 child	25	15	20	20	20	10
399	2 children	30	10	10	15	25	10
400	3 or more children	15	10	10	-	10	10
401	Total lone-parent families	250	175	155	215	220	185
402	Female parent	175	135	110	160	180	130
403	1 child	100	60	55	80	130	95
404	2 children	60	65	45	55	40	30
405	3 or more children	20	10	10	25	10	-

Tableau 1. Certaines caractéristiques des secteurs de recensement, recensement de 2001 – Données intégrales et données-échantillon (20 %)

Vancouver 0163.07 ◇ A	Vancouver 0163.08 A	Vancouver 0170.03 ◆ A	Vancouver 0170.04 ◇◇ A	Vancouver 0170.05 A	Vancouver 0170.06 A	Caractéristiques	N°
						CARACTÉRISTIQUES DES LOGEMENTS ET DES MÉNAGES	
						selon l'état du logement	
945	720	1,845	1,410	1,345	1,950	Entretien régulier seulement	355
390	435	315	605	170	890	Réparations mineures	356
105	65	85	150	80	245	Réparations majeures	357
						selon la période de construction	
20	60	60	220	10	385	Avant 1946	358
135	295	85	405	80	505	1946-1960	359
405	510	425	420	200	540	1961-1970	360
530	260	755	465	500	445	1971-1980	361
275	45	805	425	495	585	1981-1990	362
90	45	105	235	305	610	1991-2001 (20)	363
7.1	7.4	4.4	6.4	4.1	6.2	Nombre moyen de pièces par logement	364
3.2	3.4	1.6	2.5	1.5	2.5	Nombre moyen de chambres à coucher par logement	365
200,310	213,017	174,393	333,872	141,883	287,844	Valeur moyenne du logement $	366
1,440	**1,220**	**2,235**	**2,170**	**1,595**	**3,080**	**Nombre total de logements privés**	367
						selon la taille du ménage	
240	165	1,400	620	1,005	895	1 personne	368
365	345	720	900	520	1,235	2 personnes	369
265	235	80	305	60	430	3 personnes	370
440	390	25	310	10	465	4-5 personnes	371
135	85	10	30	-	55	6 personnes ou plus	372
						selon le genre de ménage	
1,090	980	775	1,430	555	2,015	Ménages unifamiliaux	373
95	50	10	10	-	25	Ménages multifamiliaux	374
265	190	1,455	725	1,035	1,040	Ménages non familiaux	375
4,510	3,845	3,230	4,845	2,270	6,945	Nombre de personnes dans les ménages privés	376
3.1	3.2	1.4	2.2	1.4	2.3	Nombre moyen de personnes dans les ménages privés	377
0.4	0.4	0.3	0.3	0.3	0.4	Nombre moyen de personnes par pièce	378
295	240	900	700	685	945	Ménages locataires dans les logements privés non agricoles hors réserve (40)	379
805	833	731	906	748	976	Loyer brut moyen $ (40)	380
95	90	445	280	400	450	Ménages locataires consacrant 30 % ou plus du revenu du ménage au loyer brut (40) (41)	381
75	80	385	215	345	375	Ménages locataires consacrant de 30 % à 99 % du revenu du ménage au loyer brut (40) (41)	382
1,145	980	1,325	1,465	910	2,135	Ménages propriétaires dans les logements privés non agricoles hors réserve (42)	383
1,051	1,048	607	1,138	534	1,093	Principales dépenses de propriété moyennes $ (42)	384
240	175	255	300	175	520	Ménages propriétaires consacrant 30 % ou plus du revenu du ménage aux principales dépenses de propriété (41) (42)	385
230	160	220	255	155	460	Ménages propriétaires consacrant de 30 % à 99 % du revenu du ménage aux principales dépenses de propriété (41) (42)	386
						CARACTÉRISTIQUES DES FAMILLES DE RECENSEMENT	
1,275	**1,095**	**790**	**1,455**	**555**	**2,065**	**Total des familles de recensement dans les ménages privés**	387
						selon la structure et la taille de la famille de recensement	
1,070	920	690	1,285	495	1,750	Total des familles avec conjoints	388
965	830	600	1,100	405	1,485	Total des familles avec couples mariés	389
285	260	535	600	355	790	Sans enfants à la maison	390
680	565	65	495	50	695	Avec enfants à la maison	391
210	170	40	230	45	295	1 enfant	392
310	300	25	185	10	315	2 enfants	393
160	95	-	85	-	90	3 enfants ou plus	394
100	95	90	185	90	270	Total des familles en union libre	395
70	60	70	120	85	200	Sans enfants à la maison	396
35	35	20	70	-	70	Avec enfants à la maison	397
20	15	15	45	-	30	1 enfant	398
10	15	-	20	-	10	2 enfants	399
10	10	-	10	-	30	3 enfants ou plus	400
210	170	100	165	60	315	Total des familles monoparentales	401
170	145	95	140	60	270	Parent de sexe féminin	402
110	50	70	120	50	185	1 enfant	403
45	80	30	20	10	75	2 enfants	404
15	15	-	-	-	10	3 enfants ou plus	405

Table 1. Selected Characteristics for Census Tracts, 2001 Census – 100% Data and 20% Sample Data

No.	Characteristics	Vancouver 0162.03	Vancouver 0162.04	Vancouver 0163.01	Vancouver 0163.04	Vancouver 0163.05 ◇ A	Vancouver 0163.06 A
	CENSUS FAMILY CHARACTERISTICS						
	by census family structure and size – concluded						
406	Male parent	80	35	45	50	40	50
407	1 child	50	15	20	40	30	20
408	2 children	20	15	10	10	10	25
409	3 or more children	-	15	15	-	-	-
410	**Total number of children at home**	**2,505**	**2,520**	**1,515**	**2,045**	**1,815**	**1,535**
	by age groups						
411	Under 6 years	595	290	330	385	420	350
412	6-14 years	935	890	495	800	700	585
413	15-17 years	275	435	200	260	235	145
414	18-24 years	510	685	365	405	370	320
415	25 years and over	195	220	120	195	105	140
416	Average number of children at home per census family (43)	1.4	1.4	1.4	1.3	1.3	1.4
417	**Total number of persons in private households**	**6,785**	**6,165**	**3,825**	**5,410**	**5,060**	**4,035**
	by census family status and living arrangements						
418	Number of non-family persons	860	250	285	425	700	450
419	Living with relatives (44)	245	100	90	100	180	120
420	Living with non-relatives only	235	40	75	125	160	150
421	Living alone	375	110	120	210	365	180
422	Number of family persons	5,930	5,910	3,540	4,980	4,355	3,590
423	Average number of persons per census family	3.2	3.3	3.2	3.2	3.2	3.2
424	**Total number of persons 65 years and over**	**640**	**430**	**230**	**425**	**485**	**340**
425	Number of non-family persons 65 years and over	260	90	70	125	180	105
426	Living with relatives (44)	110	60	45	45	55	75
427	Living with non-relatives only	10	10	-	-	-	-
428	Living alone	140	30	25	80	120	30
429	Number of family persons 65 years and over	385	345	160	300	305	235
	ECONOMIC FAMILY CHARACTERISTICS						
430	**Total number of economic families in private households**	**1,640**	**1,730**	**1,030**	**1,495**	**1,275**	**1,010**
	by size of family						
431	2 persons	435	515	265	485	450	275
432	3 persons	375	330	265	320	210	225
433	4 persons	385	575	310	435	270	255
434	5 or more persons	440	305	190	255	345	260
435	Total number of persons in economic families	6,170	6,015	3,635	5,080	4,535	3,705
436	Average number of persons per economic family	3.8	3.5	3.5	3.4	3.6	3.7
437	Total number of unattached individuals	610	150	195	330	520	330
	2000 INCOME CHARACTERISTICS						
	Population 15 years and over by sex and total income groups in 2000						
438	Total - Both sexes	5,215	4,980	3,005	4,210	3,925	3,100
439	Without income	405	500	130	290	290	165
440	With income	4,815	4,480	2,880	3,920	3,635	2,935
441	Under $1,000 (45)	220	215	210	125	170	250
442	$ 1,000 - $ 2,999	190	315	155	175	165	85
443	$ 3,000 - $ 4,999	190	200	100	85	110	140
444	$ 5,000 - $ 6,999	240	245	140	180	275	110
445	$ 7,000 - $ 9,999	260	215	150	145	255	150
446	$10,000 - $11,999	205	105	105	135	115	110
447	$12,000 - $14,999	485	250	140	220	260	200
448	$15,000 - $19,999	525	350	205	320	345	320
449	$20,000 - $24,999	455	300	130	270	285	235
450	$25,000 - $29,999	210	205	175	330	230	225
451	$30,000 - $34,999	465	185	255	255	255	210
452	$35,000 - $39,999	250	265	125	170	205	180
453	$40,000 - $44,999	280	155	155	235	210	190
454	$45,000 - $49,999	230	195	175	285	235	125
455	$50,000 - $59,999	265	310	265	380	215	185
456	$60,000 and over	360	965	380	615	300	225
457	Average income $ (46)	26,380	36,812	31,375	34,910	27,141	26,208
458	Median income $ (46)	20,719	25,445	27,823	29,964	21,309	22,393
459	Standard error of average income $ (46)	661	1,288	1,044	950	837	801

Tableau 1. Certaines caractéristiques des secteurs de recensement, recensement de 2001 – Données intégrales et données-échantillon (20 %)

Vancouver 0163.07 ◇ A	Vancouver 0163.08 A	Vancouver 0170.03 ◆ A	Vancouver 0170.04 ◇◇ A	Vancouver 0170.05 A	Vancouver 0170.06 A	Caractéristiques	N°
						CARACTÉRISTIQUES DES FAMILLES DE RECENSEMENT	
						selon la structure et la taille de la famille de recensement - fin	
40	25	-	25	-	50	Parent de sexe masculin	406
30	15	-	30	-	40	1 enfant	407
10	10	-	-	-	10	2 enfants	408
-	-	-	-	-	-	3 enfants ou plus	409
1,725	**1,470**	**235**	**1,155**	**135**	**1,755**	**Nombre total d'enfants à la maison**	410
						selon les groupes d'âge	
300	325	60	225	25	380	Moins de 6 ans	411
690	595	45	395	40	600	6-14 ans	412
250	180	-	210	20	205	15-17 ans	413
320	220	70	210	25	355	18-24 ans	414
165	145	55	110	20	220	25 ans et plus	415
1.4	1.3	0.3	0.8	0.2	0.8	Nombre moyen d'enfants à la maison par famille de recensement (43)	416
4,510	**3,845**	**3,230**	**4,845**	**2,270**	**6,940**	**Nombre total de personnes dans les ménages privés**	417
						selon la situation des particuliers dans la famille de recensement et des particuliers dans le ménage	
435	360	1,520	950	1,080	1,370	Nombre de personnes hors famille de recensement	418
105	130	20	95	40	90	Vivant avec des personnes apparentées (44)	419
90	70	90	225	35	385	Vivant avec des personnes non apparentées uniquement	420
240	170	1,400	620	1,005	890	Vivant seules	421
4,070	3,485	1,715	3,895	1,190	5,575	Nombre de personnes membres d'une famille	422
3.2	3.2	2.2	2.7	2.1	2.7	Nombre moyen de personnes par famille de recensement	423
385	**340**	**1,650**	**825**	**1,030**	**1,200**	**Nombre total de personnes de 65 ans et plus**	424
140	85	830	285	570	425	Nombre de personnes hors famille de recensement de 65 ans et plus	425
35	45	25	35	10	40	Vivant avec des personnes apparentées (44)	426
-	10	30	40	10	30	Vivant avec des personnes non apparentées uniquement	427
105	35	775	210	550	350	Vivant seules	428
240	260	820	545	460	770	Nombre de personnes membres d'une famille de 65 ans et plus	429
						CARACTÉRISTIQUES DES FAMILLES ÉCONOMIQUES	
1,190	**1,045**	**790**	**1,465**	**570**	**2,045**	**Nombre total de familles économiques dans les ménages privés**	430
						selon la taille de la famille	
365	345	675	870	500	1,155	2 personnes	431
270	235	85	270	60	410	3 personnes	432
315	250	20	230	10	340	4 personnes	433
245	205	10	105	-	145	5 personnes ou plus	434
4,180	3,610	1,735	3,995	1,225	5,665	Nombre total de personnes dans les familles économiques	435
3.5	3.5	2.2	2.7	2.1	2.8	Nombre moyen de personnes par famille économique	436
330	230	1,495	850	1,040	1,280	Nombre total de personnes hors famille économique	437
						CARACTÉRISTIQUES DU REVENU DE 2000	
						Population de 15 ans et plus selon le sexe et les tranches de revenu total en 2000	
3,515	2,920	3,125	4,255	2,200	5,955	Total - Les deux sexes	438
280	215	30	175	25	175	Sans revenu	439
3,235	2,705	3,090	4,080	2,175	5,780	Avec un revenu	440
175	90	45	100	45	195	Moins de 1 000 $ (45)	441
130	100	25	120	-	195	1 000 $ - 2 999 $	442
100	65	25	170	40	165	3 000 $ - 4 999 $	443
115	140	40	175	75	120	5 000 $ - 6 999 $	444
220	125	165	170	160	300	7 000 $ - 9 999 $	445
95	175	145	105	90	230	10 000 $ - 11 999 $	446
190	100	320	210	270	375	12 000 $ - 14 999 $	447
245	225	455	305	335	495	15 000 $ - 19 999 $	448
305	245	315	250	230	450	20 000 $ - 24 999 $	449
265	220	310	290	195	460	25 000 $ - 29 999 $	450
315	195	305	285	125	420	30 000 $ - 34 999 $	451
205	180	255	160	165	330	35 000 $ - 39 999 $	452
215	235	120	330	75	340	40 000 $ - 44 999 $	453
165	105	125	200	85	275	45 000 $ - 49 999 $	454
275	250	150	370	95	520	50 000 $ - 59 999 $	455
235	255	290	840	185	905	60 000 $ et plus	456
28,398	30,193	39,988	41,742	27,301	36,817	Revenu moyen $ (46)	457
25,684	26,380	25,018	32,155	21,545	28,565	Revenu médian $ (46)	458
817	902	5,423	1,768	946	1,131	Erreur type de revenu moyen $ (46)	459

Table 1. Selected Characteristics for Census Tracts, 2001 Census – 100% Data and 20% Sample Data

No.	Characteristics	Vancouver 0162.03	Vancouver 0162.04	Vancouver 0163.01	Vancouver 0163.04	Vancouver 0163.05 ◇ A	Vancouver 0163.06 A
	2000 INCOME CHARACTERISTICS						
	Population 15 years and over by sex and total income groups in 2000 – concluded						
460	Total - Males	2,540	2,460	1,510	2,140	1,970	1,535
461	Without income	145	210	70	135	100	45
462	With income	2,395	2,245	1,440	2,010	1,870	1,490
463	Under $1,000 (45)	120	70	90	40	60	85
464	$ 1,000 - $ 2,999	45	155	80	90	110	40
465	$ 3,000 - $ 4,999	75	95	30	25	35	50
466	$ 5,000 - $ 6,999	90	80	50	70	140	75
467	$ 7,000 - $ 9,999	85	75	30	60	125	75
468	$10,000 - $11,999	95	35	50	65	20	55
469	$12,000 - $14,999	170	75	65	60	80	60
470	$15,000 - $19,999	180	175	120	125	135	90
471	$20,000 - $24,999	235	120	50	105	180	115
472	$25,000 - $29,999	80	85	60	175	100	120
473	$30,000 - $34,999	250	50	75	95	140	115
474	$35,000 - $39,999	145	125	55	55	55	85
475	$40,000 - $44,999	180	65	90	135	105	120
476	$45,000 - $49,999	150	85	110	210	180	90
477	$50,000 - $59,999	185	205	195	235	155	120
478	$60,000 and over	320	750	285	460	260	190
479	Average income $ (46)	32,522	47,573	37,924	41,389	32,456	31,717
480	Median income $ (46)	30,059	39,074	35,273	41,237	27,657	29,494
481	Standard error of average income $ (46)	1,101	2,239	1,624	1,455	1,350	1,259
482	Total - Females	2,680	2,520	1,500	2,065	1,950	1,560
483	Without income	255	290	60	155	190	120
484	With income	2,425	2,235	1,440	1,910	1,760	1,445
485	Under $1,000 (45)	100	145	115	85	115	165
486	$ 1,000 - $ 2,999	140	160	70	85	60	50
487	$ 3,000 - $ 4,999	115	110	70	55	75	95
488	$ 5,000 - $ 6,999	145	170	90	105	135	35
489	$ 7,000 - $ 9,999	175	145	125	85	125	80
490	$10,000 - $11,999	110	65	55	65	95	55
491	$12,000 - $14,999	315	170	75	160	175	135
492	$15,000 - $19,999	345	175	90	195	210	235
493	$20,000 - $24,999	215	180	80	170	100	115
494	$25,000 - $29,999	130	125	115	150	135	100
495	$30,000 - $34,999	215	135	180	165	115	90
496	$35,000 - $39,999	105	140	70	115	150	90
497	$40,000 - $44,999	100	85	65	105	110	65
498	$45,000 - $49,999	85	115	70	75	50	30
499	$50,000 - $59,999	80	100	75	145	65	70
500	$60,000 and over	45	210	90	155	40	30
501	Average income $ (46)	20,318	26,005	24,818	28,094	21,487	20,527
502	Median income $ (46)	15,744	18,658	20,530	23,763	17,161	16,911
503	Standard error of average income $ (46)	652	1,102	1,204	1,109	875	882
	by composition of total income						
504	Total - Composition of income in 2000 % (47)	100.0	100.0	100.0	100.0	100.0	100.0
505	Employment income %	82.1	83.7	86.7	87.6	80.5	84.1
506	Government transfer payments %	12.2	5.4	6.6	6.6	12.1	9.9
507	Other %	5.6	10.9	6.7	5.8	7.4	6.0
	Population 15 years and over with employment income in 2000 by sex and work activity						
508	Both sexes with employment income (48)	3,680	3,415	2,385	3,245	2,720	2,235
509	Average employment income $	28,336	40,388	32,816	36,908	29,224	28,956
510	Standard error of average employment income $	786	1,554	1,116	1,033	985	931
511	Worked full year, full time (49)	1,845	1,655	1,345	1,800	1,315	1,050
512	Average employment income $	37,507	59,709	45,391	45,835	40,188	41,974
513	Standard error of average employment income $	1,120	2,463	1,380	1,170	1,279	1,259
514	Worked part year or part time (50)	1,775	1,700	1,015	1,375	1,305	1,100
515	Average employment income $	19,204	22,908	16,409	26,572	19,313	18,258
516	Standard error of average employment income $	925	1,503	1,219	1,685	1,267	964
517	Males with employment income (48)	1,935	1,840	1,250	1,730	1,470	1,200
518	Average employment income $	34,897	50,202	38,630	43,338	34,883	34,217
519	Standard error of average employment income $	1,235	2,579	1,672	1,501	1,474	1,403
520	Worked full year, full time (49)	1,150	1,030	775	1,115	830	625
521	Average employment income $	41,870	67,898	50,619	49,170	44,117	46,778
522	Standard error of average employment income $	1,612	3,642	1,850	1,510	1,730	1,735
523	Worked part year or part time (50)	770	780	465	555	580	545
524	Average employment income $	24,923	28,343	18,700	34,745	23,650	21,264
525	Standard error of average employment income $	1,677	2,889	2,249	3,269	2,246	1,584

Tableau 1. Certaines caractéristiques des secteurs de recensement, recensement de 2001 – Données intégrales et données-échantillon (20 %)

Vancouver 0163.07 ◇ A	Vancouver 0163.08 A	Vancouver 0170.03 ◆ A	Vancouver 0170.04 ◇◇ A	Vancouver 0170.05 A	Vancouver 0170.06 A	Caractéristiques	N°
						CARACTÉRISTIQUES DU REVENU DE 2000	
						Population de 15 ans et plus selon le sexe et les tranches de revenu total en 2000 – fin	
1,760	1,465	1,245	2,030	880	2,835	Total - Hommes	460
145	85	-	80	-	50	Sans revenu	461
1,615	1,385	1,240	1,950	880	2,785	Avec un revenu	462
70	70	10	30	10	95	Moins de 1 000 $ (45)	463
40	40	10	35	-	75	1 000 $ - 2 999 $	464
70	30	10	55	-	55	3 000 $ - 4 999 $	465
40	30	10	85	-	55	5 000 $ - 6 999 $	466
70	30	55	45	70	90	7 000 $ - 9 999 $	467
25	60	40	35	15	80	10 000 $ - 11 999 $	468
55	45	65	75	60	110	12 000 $ - 14 999 $	469
85	75	175	105	70	230	15 000 $ - 19 999 $	470
130	105	105	75	110	205	20 000 $ - 24 999 $	471
105	110	125	175	70	175	25 000 $ - 29 999 $	472
135	90	120	130	85	170	30 000 $ - 34 999 $	473
115	115	120	65	105	140	35 000 $ - 39 999 $	474
140	140	65	180	50	165	40 000 $ - 44 999 $	475
80	65	90	75	55	155	45 000 $ - 49 999 $	476
240	215	100	185	70	350	50 000 $ - 59 999 $	477
205	175	140	605	110	635	60 000 $ et plus	478
35,035	35,941	52,388	54,083	34,381	45,781	Revenu moyen $ (46)	479
32,992	34,926	31,638	40,220	31,941	36,236	Revenu médian $ (46)	480
1,359	1,378	12,864	3,354	1,596	2,096	Erreur type de revenu moyen $ (46)	481
1,755	1,450	1,880	2,230	1,320	3,120	Total - Femmes	482
135	125	25	95	30	125	Sans revenu	483
1,620	1,320	1,855	2,130	1,290	3,000	Avec un revenu	484
100	20	30	75	35	100	Moins de 1 000 $ (45)	485
85	60	20	80	-	115	1 000 $ - 2 999 $	486
25	35	15	115	40	110	3 000 $ - 4 999 $	487
75	110	35	100	70	60	5 000 $ - 6 999 $	488
150	95	110	130	95	215	7 000 $ - 9 999 $	489
75	115	100	70	75	150	10 000 $ - 11 999 $	490
130	60	255	135	215	265	12 000 $ - 14 999 $	491
165	150	280	200	260	260	15 000 $ - 19 999 $	492
170	145	210	175	120	245	20 000 $ - 24 999 $	493
155	115	185	115	130	285	25 000 $ - 29 999 $	494
175	105	190	155	40	255	30 000 $ - 34 999 $	495
85	65	140	95	60	190	35 000 $ - 39 999 $	496
75	95	50	150	25	180	40 000 $ - 44 999 $	497
85	40	35	130	25	120	45 000 $ - 49 999 $	498
30	40	50	185	30	175	50 000 $ - 59 999 $	499
35	85	145	240	75	270	60 000 $ et plus	500
21,786	24,190	31,689	30,444	22,457	28,484	Revenu moyen $ (46)	501
20,129	20,339	20,953	24,747	17,325	24,503	Revenu médian $ (46)	502
782	1,050	3,497	1,133	1,071	887	Erreur type de revenu moyen $ (46)	503
						selon la composition du revenu total	
100.0	100.0	100.0	100.0	100.0	100.0	Total - Composition du revenu en 2000 % (47)	504
83.7	83.6	53.1	72.2	50.5	76.4	Revenu d'emploi %	505
10.5	10.1	18.2	8.0	26.3	10.1	Transferts gouvernementaux %	506
6.0	6.3	28.6	19.9	23.1	13.5	Autre %	507
						Population de 15 ans et plus ayant un revenu d'emploi en 2000 selon le sexe et le travail	
2,490	2,125	1,335	2,975	975	4,075	Les deux sexes ayant un revenu d'emploi (48)	508
30,871	32,082	49,277	41,302	30,856	39,872	Revenu moyen d'emploi $	509
991	1,021	11,688	1,843	1,602	1,467	Erreur type de revenu moyen d'emploi $	510
1,265	1,230	745	1,520	545	2,330	Ayant travaillé toute l'année à plein temps (49)	511
40,321	41,433	72,155	56,128	43,536	50,705	Revenu moyen d'emploi $	512
1,247	1,147	20,488	2,486	1,936	1,835	Erreur type de revenu moyen d'emploi $	513
1,180	850	570	1,360	405	1,655	Ayant travaillé une partie de l'année ou à temps partiel (50)	514
21,137	19,313	20,672	26,768	14,668	26,364	Revenu moyen d'emploi $	515
1,356	1,463	2,769	2,606	1,334	2,298	Erreur type de revenu moyen d'emploi $	516
1,325	1,145	625	1,490	485	2,110	Hommes ayant un revenu d'emploi (48)	517
37,179	37,937	66,588	52,057	35,718	47,597	Revenu moyen d'emploi $	518
1,591	1,469	25,608	3,338	2,359	2,590	Erreur type de revenu moyen d'emploi $	519
760	730	335	895	305	1,295	Ayant travaillé toute l'année à plein temps (49)	520
45,498	44,330	106,325	63,923	46,074	58,911	Revenu moyen d'emploi $	521
1,803	1,567	46,375	3,995	2,767	2,989	Erreur type de revenu moyen d'emploi $	522
545	375	280	565	160	765	Ayant travaillé une partie de l'année ou à temps partiel (50)	523
26,496	26,555	21,077	35,014	17,095	30,684	Revenu moyen d'emploi $	524
2,586	2,803	5,440	5,767	1,985	4,634	Erreur type de revenu moyen d'emploi $	525

Table 1. Selected Characteristics for Census Tracts, 2001 Census – 100% Data and 20% Sample Data

No.	Characteristics	Vancouver 0162.03	Vancouver 0162.04	Vancouver 0163.01	Vancouver 0163.04	Vancouver 0163.05 ◇ A	Vancouver 0163.06 A
	2000 INCOME CHARACTERISTICS						
	Population 15 years and over with employment income in 2000 by sex and work activity – concluded						
526	Females with employment income (48)	1,740	1,575	1,135	1,515	1,250	1,035
527	Average employment income $	21,044	28,971	26,417	29,573	22,606	22,850
528	Standard error of average employment income $	800	1,348	1,337	1,277	1,135	1,063
529	Worked full year, full time (49)	695	625	570	680	485	425
530	Average employment income $	30,292	46,162	38,296	40,392	33,483	34,876
531	Standard error of average employment income $	1,106	2,212	1,897	1,757	1,625	1,526
532	Worked part year or part time (50)	1,005	915	550	820	725	555
533	Average employment income $	14,823	18,268	14,499	21,008	15,856	15,311
534	Standard error of average employment income $	934	1,286	1,192	1,560	1,339	1,057
	Census families by structure and family income groups in 2000						
535	Total - All census families	1,835	1,785	1,095	1,580	1,385	1,120
536	Under $10,000	110	70	45	25	80	90
537	$ 10,000 - $19,999	90	85	35	50	125	95
538	$ 20,000 - $29,999	215	120	35	105	160	90
539	$ 30,000 - $39,999	215	130	125	120	155	85
540	$ 40,000 - $49,999	195	85	110	145	100	135
541	$ 50,000 - $59,999	250	100	90	130	120	85
542	$ 60,000 - $69,999	180	140	95	175	130	155
543	$ 70,000 - $79,999	160	145	100	100	140	60
544	$ 80,000 - $89,999	110	160	85	145	90	60
545	$ 90,000 - $99,999	75	135	145	130	80	95
546	$100,000 and over	230	615	230	445	195	160
547	Average family income $	57,640	88,455	74,466	78,941	58,657	59,355
548	Median family income $	53,881	81,172	71,727	72,546	53,492	56,219
549	Standard error of average family income $	1,612	3,432	2,583	2,294	2,115	2,339
550	Total - All couple census families (51)	1,585	1,605	935	1,365	1,160	930
551	Under $10,000	100	40	25	15	35	60
552	$ 10,000 - $19,999	45	55	20	20	75	60
553	$ 20,000 - $29,999	175	95	25	80	120	70
554	$ 30,000 - $39,999	155	130	100	90	105	75
555	$ 40,000 - $49,999	165	80	95	120	90	100
556	$ 50,000 - $59,999	200	85	90	90	115	80
557	$ 60,000 - $69,999	170	120	60	170	125	130
558	$ 70,000 - $79,999	160	135	85	90	135	65
559	$ 80,000 - $89,999	110	160	75	135	80	55
560	$ 90,000 - $99,999	80	110	135	130	80	95
561	$100,000 and over	230	600	210	425	200	155
562	Average family income $	60,769	92,095	77,039	82,987	64,640	64,212
563	Median family income $	56,727	83,740	74,991	80,371	62,248	62,583
564	Standard error of average family income $	1,784	3,625	2,720	2,428	2,253	2,537
	Incidence of low income in 2000						
565	Total - Economic families	1,635	1,730	1,030	1,500	1,275	1,010
566	Low income	240	255	80	85	185	175
567	Incidence of low income in 2000 % (52)	14.5	14.6	7.9	5.7	14.3	17.4
568	Total - Unattached individuals 15 years and over	590	140	195	310	505	325
569	Low income	255	55	50	65	225	115
570	Incidence of low income in 2000 % (52)	43.6	35.3	25.6	21.0	44.1	34.2
571	Total - Population in private households	6,760	6,160	3,825	5,395	5,040	4,030
572	Low income	1,095	950	350	365	775	715
573	Incidence of low income in 2000 % (52)	16.2	15.4	9.1	6.8	15.4	17.7
	Private households by household income groups in 2000						
574	Total - All private households	2,055	1,840	1,160	1,725	1,645	1,240
575	Under $10,000	95	80	30	15	95	70
576	$ 10,000 - $19,999	170	75	40	85	150	100
577	$ 20,000 - $29,999	170	105	45	105	205	105
578	$ 30,000 - $39,999	200	140	110	140	145	90
579	$ 40,000 - $49,999	220	110	115	145	165	135
580	$ 50,000 - $59,999	285	100	90	170	135	125
581	$ 60,000 - $69,999	170	125	110	195	135	160
582	$ 70,000 - $79,999	175	145	115	95	140	85
583	$ 80,000 - $89,999	155	155	120	150	130	45
584	$ 90,000 - $99,999	95	150	125	140	100	100
585	$100,000 and over	310	660	270	490	240	210
586	Average household income $	61,923	89,602	77,687	79,309	59,859	62,119
587	Median household income $	55,572	82,298	72,593	71,441	53,804	58,279
588	Standard error of average household income $	1,787	3,372	2,633	2,301	2,058	2,189

Tableau 1. Certaines caractéristiques des secteurs de recensement, recensement de 2001 – Données intégrales et données-échantillon (20 %)

Vancouver 0163.07 ◇ A	Vancouver 0163.08 A	Vancouver 0170.03 ◆ A	Vancouver 0170.04 ◇◇ A	Vancouver 0170.05 A	Vancouver 0170.06 A	Caractéristiques	N°
						CARACTÉRISTIQUES DU REVENU DE 2000	
						Population de 15 ans et plus ayant un revenu d'emploi en 2000 selon le sexe et le travail – fin	
1,160	985	710	1,485	490	1,965	Femmes ayant un revenu d'emploi (48)	526
23,687	25,287	33,981	30,548	26,050	31,597	Revenu moyen d'emploi $	527
943	1,257	2,940	1,301	2,069	1,189	Erreur type de revenu moyen d'emploi $	528
505	500	410	630	240	1,035	Ayant travaillé toute l'année à plein temps (49)	529
32,462	37,150	44,094	45,043	40,260	40,452	Revenu moyen d'emploi $	530
1,225	1,561	4,576	1,526	2,604	1,624	Erreur type de revenu moyen d'emploi $	531
630	470	290	795	240	885	Ayant travaillé une partie de l'année ou à temps partiel (50)	532
16,517	13,529	20,284	20,914	13,027	22,610	Revenu moyen d'emploi $	533
1,102	1,173	2,115	1,646	1,752	1,536	Erreur type de revenu moyen d'emploi $	534
						Familles de recensement selon la structure et les tranches de revenu de la famille en 2000	
1,275	1,095	785	1,455	555	2,065	Total - Toutes les familles de recensement	535
60	50	25	50	30	15	Moins de 10 000 $	536
50	35	30	65	45	100	10 000 $ - 19 999 $	537
95	90	105	45	90	120	20 000 $ - 29 999 $	538
130	60	110	100	85	180	30 000 $ - 39 999 $	539
105	145	135	140	90	185	40 000 $ - 49 999 $	540
145	130	75	140	50	265	50 000 $ - 59 999 $	541
200	100	85	130	40	185	60 000 $ - 69 999 $	542
140	130	65	80	35	195	70 000 $ - 79 999 $	543
120	80	30	105	20	205	80 000 $ - 89 999 $	544
40	90	40	125	25	125	90 000 $ - 99 999 $	545
185	185	85	475	50	490	100 000 $ et plus	546
63,473	65,400	97,701	92,710	50,559	81,473	Revenu moyen des familles $	547
61,354	62,518	49,070	76,936	43,220	68,635	Revenu médian des familles $	548
2,074	2,077	26,271	4,652	2,962	2,980	Erreur type de revenu moyen des familles $	549
1,070	925	690	1,285	495	1,750	Total - Toutes les familles de recensement comptant un couple (51)	550
30	40	10	30	10	10	Moins de 10 000 $	551
25	15	10	10	20	55	10 000 $ - 19 999 $	552
70	55	90	40	85	95	20 000 $ - 29 999 $	553
75	55	100	90	90	115	30 000 $ - 39 999 $	554
90	110	140	105	85	140	40 000 $ - 49 999 $	555
115	115	60	125	50	215	50 000 $ - 59 999 $	556
190	90	75	125	40	160	60 000 $ - 69 999 $	557
140	125	70	75	30	175	70 000 $ - 79 999 $	558
115	80	25	95	20	175	80 000 $ - 89 999 $	559
40	75	35	125	25	120	90 000 $ - 99 999 $	560
175	180	85	465	50	485	100 000 $ et plus	561
68,387	68,899	106,809	99,568	53,704	87,994	Revenu moyen des familles $	562
65,266	68,104	51,842	85,076	45,644	75,364	Revenu médian des familles $	563
2,089	2,174	29,367	5,017	3,062	3,378	Erreur type de revenu moyen des familles $	564
						Fréquence des unités à faible revenu en 2000	
1,195	1,040	790	1,465	575	2,050	Total - Familles économiques	565
110	120	40	100	60	115	Faible revenu	566
9.2	11.5	5.4	6.6	10.8	5.7	Fréquence des unités à faible revenu en 2000 % (52)	567
325	230	1,495	850	1,040	1,270	Total - Personnes hors famille économique de 15 ans et plus	568
110	60	360	210	290	315	Faible revenu	569
35.1	25.7	24.1	25.1	28.2	24.6	Fréquence des unités à faible revenu en 2000 % (52)	570
4,505	3,845	3,230	4,845	2,270	6,935	Total - Population dans les ménages privés	571
550	500	460	415	440	600	Faible revenu	572
12.1	13.1	14.2	8.6	19.3	8.6	Fréquence des unités à faible revenu en 2000 % (52)	573
						Ménages privés selon les tranches de revenu du ménage en 2000	
1,440	1,220	2,235	2,170	1,595	3,080	Total - Tous les ménages privés	574
50	20	130	95	90	125	Moins de 10 000 $	575
100	40	460	175	415	320	10 000 $ - 19 999 $	576
95	100	395	175	315	250	20 000 $ - 29 999 $	577
125	100	390	190	230	300	30 000 $ - 39 999 $	578
150	140	245	245	170	295	40 000 $ - 49 999 $	579
175	155	160	200	110	335	50 000 $ - 59 999 $	580
175	120	115	175	85	260	60 000 $ - 69 999 $	581
145	150	115	130	65	225	70 000 $ - 79 999 $	582
160	95	50	110	25	240	80 000 $ - 89 999 $	583
65	75	40	150	25	130	90 000 $ - 99 999 $	584
200	225	135	525	60	590	100 000 $ et plus	585
63,717	67,007	55,309	77,929	37,228	69,101	Revenu moyen des ménages $	586
61,068	63,213	33,225	60,091	28,851	56,931	Revenu médian des ménages $	587
2,020	2,002	9,343	3,576	1,496	2,338	Erreur type de revenu moyen des ménages $	588

Footnotes

(1) Based on 2001 area. These figures have not been subjected to random rounding.

(2) These figures have not been subjected to random rounding.

(3) Includes institutional residents.

(4) Excludes institutional residents. These data are based on weighted sample data (20%). In some instances, due to weighting factors, it is possible for small areas to have an "estimated population excluding institutional residents" higher than the "population including institutional residents".

(5) Non-official language categories are based on the most frequently reported responses in the census metropolitan area or census agglomeration. When zero values are obtained for most of the non-official languages in some geographic areas, the number of non-official languages shown is less.

(6) This is a subtotal of all non-official languages collected by the census that are not displayed separately here.

(7) Indicates the number of respondents reporting knowledge of each of these non-official languages.

(8) The official language minority is English in Quebec and French in all other provinces and territories.

(9) This table shows total response counts for the 15 most frequently reported ethnic origins in the census metropolitan area or census agglomeration. Total responses indicate the number of respondents who reported each ethnic origin, either as their only response or in addition to one or more other ethnic origins. Total responses represent the sum of single ethnic origin responses and multiple ethnic origin responses received in the census.

(10) Refers to those persons identifying with at least one Aboriginal group, i.e. North American Indian, Métis or Inuit (Eskimo), and/or those who reported being a Treaty Indian or a Registered Indian as defined by the *Indian Act* of Canada and/or who were members of an Indian Band or First Nation.

Renvois

(1) Selon la superficie de 2001. Ces chiffres n'ont pas fait l'objet d'un arrondissement aléatoire.

(2) Ces chiffres n'ont pas fait l'objet d'un arrondissement aléatoire.

(3) Comprend les pensionnaires d'un établissement institutionnel.

(4) Ne comprend pas les pensionnaires d'un établissement institutionnel. Ces données sont basées sur les données-échantillon pondérées (20 %). Dans certains cas, en raison des coefficients de pondération, il est possible que, dans les petites régions, « l'estimation de la population ne comprenant pas les pensionnaires d'un établissement institutionnel » soit plus élevée que « la population comprenant les pensionnaires d'un établissement institutionnel ».

(5) Les catégories de langues non officielles sont basées sur les réponses le plus souvent déclarées dans la région métropolitaine de recensement ou l'agglomération de recensement. Le nombre de langues non officielles présentées est moindre lorsque des valeurs égales à zéro sont obtenues pour la plupart des langues non officielles dans certaines régions géographiques.

(6) Ceci est un sous-total de toutes les langues non officielles recueillies par le recensement qui ne sont pas affichées séparément ici.

(7) Indique le nombre de répondants qui ont indiqué avoir une connaissance de chacune de ces langues non officielles.

(8) Au Québec, la langue officielle minoritaire est l'anglais, et dans les autres provinces et territoires, la langue officielle minoritaire est le français.

(9) Ce tableau présente les chiffres des réponses totales des 15 origines ethniques le plus souvent déclarées dans la région métropolitaine de recensement ou l'agglomération de recensement. Le total des réponses correspond au nombre de recensés ayant indiqué chaque origine ethnique, soit comme étant leur seule réponse ou comme étant associée à une autre origine ethnique ou plus. Le total des réponses représente la somme des réponses uniques portant sur l'origine ethnique et des réponses multiples portant sur l'origine ethnique déclarées dans le cadre du recensement.

(10) S'entend des personnes ayant déclaré appartenir à au moins un groupe autochtone, c'est-à-dire Indien de l'Amérique du Nord, Métis, ou Inuit (Esquimau) et/ou ayant déclaré être un Indien des traités ou un Indien inscrit aux termes de la *Loi sur les Indiens* du Canada et/ou ayant déclaré être membre d'une bande indienne ou d'une première nation.

(11) Refers to those persons who reported at least one Aboriginal origin (North American Indian, Métis or Inuit) to the ethnic origin question. Ethnic origin refers to the ethnic or cultural group(s) to which the respondent's ancestors belong. Additional information on ethnic origin can be obtained from the 2001 Census Dictionary.

(12) Registered or Treaty Indian: The expression "Registered Indian" refers to those persons who reported they were registered under the *Indian Act* of Canada. Treaty Indians are persons who are registered under the *Indian Act* and can prove descent from a Band that signed a treaty.

The Registered Indian counts in this table may differ from the administrative counts maintained by the Department of Indian Affairs and Northern Development, with the most important causes of these differences being the incompletely enumerated Indian reserves and Indian settlements as well as methodological and conceptual differences between the two sources.

(13) Includes respondents who reported a write-in response classified as a visible minority such as "Polynesian", "Guyanese", "Mauritian", etc.

(14) Includes respondents who reported more than one visible minority group by checking two or more mark-in circles, e.g. "Black" and "South Asian".

(15) Includes those who reported dual citizenship including Canadian.

(16) Refers to people who are, or have been, landed immigrants in Canada. A landed immigrant is a person who has been granted the right to live in Canada permanently by immigration authorities. Some immigrants have resided in Canada for a number of years, while others are recent arrivals. Most immigrants are born outside Canada, but a small number were born in Canada.

(17) "Other Europe" includes Southern Europe, Eastern Europe, Northern and Western Europe, excluding the United Kingdom. Data not directly comparable to censuses prior to 1996, where Europe included Cyprus and the U.S.S.R. In 1996 and 2001, Cyprus and the former Soviet republics of Armenia, Azerbaijan, Georgia, Kazakhstan, Kyrgyzstan, Tajikistan, Turkmenistan and Uzbekistan are included in Asia.

(11) Personne ayant indiqué appartenir à au moins un groupe autochtone à la question sur l'origine ethnique, c'est-à-dire Indien de l'Amérique du Nord, Métis ou Inuit. L'origine ethnique se rapporte au(x) groupe(s) ethnique(s) ou culturel(s) auquel (auxquels) appartenaient les ancêtres du recensé. Pour de plus amples renseignements au sujet de l'origine ethnique, veuillez consulter le Dictionnaire du recensement de 2001.

(12) Indien inscrit ou Indien des traités : Les Indiens inscrits sont des personnes ayant déclaré être inscrites en vertu de la *Loi sur les Indiens* du Canada. Les Indiens des traités sont des personnes qui sont inscrites en vertu de la *Loi sur les Indiens* et qui peuvent démontrer qu'elles descendent d'une bande qui a signé un traité.

Il est possible que les nombres d'Indiens inscrits qui figurent dans le présent tableau ne concordent pas avec les chiffres du ministère des Affaires indiennes et du Nord canadien, les divergences étant surtout attribuables au dénombrement partiel des réserves indiennes et des établissements indiens et à la diversité des méthodes et concepts adoptés.

(13) Comprend les répondants ayant fourni une réponse écrite classifiée comme faisant partie des minorités visibles, p. ex. « Polynésien », « Guyanais », « Mauricien », etc.

(14) Comprend les répondants ayant déclaré plus d'un groupe de minorités visibles en cochant au moins deux cercles, p. ex. « Noir » et « Sud-Asiatique ».

(15) Comprend les personnes qui ont indiqué une double citoyenneté, y compris « Canadien ».

(16) Personnes ayant le statut d'immigrant reçu au Canada, ou l'ayant déjà eu. Un immigrant reçu est une personne à qui les autorités de l'immigration ont accordé le droit de résider au Canada en permanence. Certains immigrants résident au Canada depuis un certain nombre d'années, alors que d'autres sont arrivés récemment. La plupart des immigrants sont nés à l'extérieur du Canada, mais un petit nombre d'entre eux sont nés ici.

(17) « Autre Europe » comprend l'Europe méridionale, l'Europe orientale, l'Europe septentrionale et l'Europe occidentale excluant le Royaume-Uni. Les données ne sont pas directement comparables avec celles des recensements antérieurs à celui de 1996, alors que l'Europe comprenait Chypre et l'URSS. En 1996 et en 2001, Chypre et les anciennes républiques soviétiques d'Arménie, d'Azerbaïdjan, de Géorgie, du Kazakhstan, du Kirghizistan, d'Ouzbékistan, du Tadjikistan et du Turkménistan sont comprises dans l'Asie.

(18) "Other" includes Greenland, Saint Pierre and Miquelon, the category "Other country", as well as immigrants born in Canada.

(19) Refers to persons who, at the time of the census, held a student or employment authorization, Minister's permit or who were refugee claimants, as well as family members living with them.

(20) Includes data up to May 15, 2001.

(21) Includes Roman Catholic, Eastern Catholic, Polish National Catholic Church, Old Catholic.

(22) Includes mostly answers of "Christian", not otherwise stated.

(23) Includes Baha'i, Eckankar, Jains, Shinto, Taoist, Zoroastrian and Eastern religions, not identified elsewhere.

(24) Includes Aboriginal spirituality, Pagan, Wicca, Unity - New Thought - Pantheist, Scientology, Rastafarian, New Age, Gnostic, Satanist, etc.

(25) Includes Agnostic, Atheist, Humanist, and No religion, and other responses, such as Darwinism, etc.

(26) Refers to persons born outside Canada.

(27) Refers to persons born inside Canada with at least one parent born outside Canada.

(28) Refers to persons born inside Canada with both parents born inside Canada.

(29) Population 1 year of age and over residing in Canada, excluding institutional residents and Canadians (military and government personnel) in households outside Canada.

The concept of "migrants" is defined at the Census Subdivision (CSD) level. For geographic levels below the CSD, such as census tracts (CTs), the distinction between the migrant and non-migrant population refers to the corresponding CSD of the CT. For example, migrants within a CT are those persons who moved from a different CSD, while non-migrants are those who moved within the same CSD, although they moved in from a different CT in the same CSD or moved within the same CT.

(18) « Autre » comprend le Groenland, Saint-Pierre-et-Miquelon, la catégorie « Autre pays » ainsi que les immigrants nés au Canada.

(19) Personnes qui, au moment du recensement, étaient titulaires d'un permis de séjour pour étudiants, d'un permis de travail ou d'un permis ministériel, ou qui revendiquaient le statut de réfugié, ainsi que les membres de leur famille vivant avec elles.

(20) Comprend les données jusqu'au 15 mai 2001.

(21) Comprend Catholique romaine, Catholique orientale, Église catholique nationale polonaise, Vieille-catholique.

(22) Comprend la plupart des réponses « Chrétienne » non déterminées autrement.

(23) Comprend Baha'i, Eckankar, Djaïn, Shintoïste, Taoïste, Zoroastrienne et les religions orientales, non incluses ailleurs.

(24) Comprend Spiritualité autochtone, Païenne, Wicca, Unité - Nouvelle Pensée - Panthéiste, Scientologie, Rasta, Nouvel Âge, Gnostique, Satanique, etc.

(25) Comprend Agnostique, Athée, Humaniste et Aucune religion, et autres réponses, telles que darwiniste, etc.

(26) Comprend les personnes nées à l'extérieur du Canada.

(27) Comprend les personnes nées au Canada avec au moins un parent né à l'extérieur du Canada.

(28) Comprend les personnes nées au Canada de parents qui sont nés au Canada.

(29) Population de 1 an et plus résidant au Canada, à l'exclusion des pensionnaires d'un établissement institutionnel et des Canadiens (militaires et fonctionnaires) appartenant à un ménage à l'extérieur du Canada.

Le concept de « migrants » est défini au niveau des subdivisions de recensement (SDR). Pour les niveaux géographiques inférieurs aux SDR, comme les secteurs de recensement (SR), la distinction entre la population des migrants et des non-migrants est faite au niveau de la SDR correspondant au SR. Par exemple, les migrants au sein d'un SR sont les personnes qui sont originaires d'une SDR différente, alors que les non-migrants sont celles qui ont déménagé à l'intérieur de la même SDR, même s'ils sont passés d'un SR à un autre à l'intérieur de la même SDR ou ont déménagé à l'intérieur du même SR.

(30) Population 5 years of age and over residing in Canada, excluding institutional residents and Canadians (military and government personnel) in households outside Canada.

The concept of "migrants" is defined at the Census Subdivision (CSD) level. For geographic levels below the CSD, such as census tracts (CTs), the distinction between the migrant and non-migrant population refers to the corresponding CSD of the CT. For example, migrants within a CT are those persons who moved from a different CSD, while non-migrants are those who moved within the same CSD, although they moved in from a different CT in the same CSD or moved within the same CT.

(31) Includes "Never attended school or attended kindergarten only".

(32) Excludes persons with a postsecondary certificate, diploma or degree. Refers to courses completed at postsecondary institutions (university or college) which normally require a high school graduation certificate or equivalent for entrance, as well as to other courses in related or similar institutions which may not require a high school graduation certificate for entrance.

(33) Includes persons who may or may not have, in addition to a Trades certificate or diploma, some postsecondary courses without any degree, certificate or diploma.

(34) Referred to as "Other **non-university** certificate or diploma" in previous censuses, this sector includes non-degree-granting institutions such as community colleges, CEGEPs, private business colleges and technical institutes.

(35) Refers to persons who reported time spent doing one or more of the following unpaid work activities: (a) unpaid housework; (b) unpaid child care; (c) unpaid care or assistance to seniors. For example, a respondent who reported 5 to 14 hours of housework, 30 to 59 hours of child care and no hours of care or assistance to seniors would fall into the category "Housework and child care only".

(36) Unemployed persons 15 years and over who have never worked for pay or in self-employment or who had last worked prior to January 1, 2000.

(30) Population de 5 ans et plus résidant au Canada, à l'exclusion des pensionnaires d'un établissement institutionnel et des Canadiens (militaires et fonctionnaires) appartenant à un ménage à l'extérieur du Canada.

Le concept de « migrants » est défini au niveau des subdivisions de recensement (SDR). Pour les niveaux géographiques inférieurs aux SDR, comme les secteurs de recensement (SR), la distinction entre la population des migrants et des non-migrants est faite au niveau de la SDR correspondant au SR. Par exemple, les migrants au sein d'un SR sont les personnes qui sont originaires d'une SDR différente, alors que les non-migrants sont celles qui ont déménagé à l'intérieur de la même SDR, même s'ils sont passés d'un SR à un autre à l'intérieur de la même SDR ou ont déménagé à l'intérieur du même SR.

(31) Comprend la catégorie « Aucune scolarité ou uniquement l'école maternelle ».

(32) Ne comprend pas les personnes ayant un certificat, un diplôme ou un grade postsecondaire. Désigne les cours terminés dans un établissement postsecondaire (université ou collège) qui exige habituellement comme condition d'admission un certificat d'études secondaires ou l'équivalent; il peut aussi s'agir d'autres cours dans des établissements similaires ou connexes qui ne demandent pas nécessairement comme condition d'admission un certificat d'études secondaires.

(33) Comprend les personnes pouvant avoir ou ne pas avoir des études postsecondaires partielles sans aucun grade, certificat ou diplôme, en plus d'un certificat ou un diplôme d'une école de métiers.

(34) Désigné par l'expression « Certificat ou diplôme d'autres études **non universitaires** » dans les recensements précédents, ce secteur comprend tous les autres établissements ne décernant pas de grade, tels que les collèges communautaires, les cégeps, les collèges commerciaux privés et les instituts techniques.

(35) Personnes qui ont déclaré du temps consacré à une ou plusieurs des activités de travail non rémunéré suivantes : a) travaux ménagers, sans paye ou sans salaire; b) soins aux enfants, sans paye ou sans salaire; c) soins ou aide aux personnes âgées, sans paye ou sans salaire. Par exemple, un répondant qui a déclaré 5 à 14 heures de travaux ménagers, 30 à 59 heures de soins aux enfants et aucune heure de soins ou d'aide aux personnes âgées serait classé dans la catégorie « Travaux ménagers et soins aux enfants seulement ».

(36) Chômeurs de 15 ans et plus qui n'ont jamais travaillé à un emploi salarié ou à leur compte ou qui ont travaillé la dernière fois avant le 1er janvier 2000.

(37) Refers to the experienced labour force: persons who, during the week prior to Census Day, were employed or unemployed who worked for pay or in self-employment since January 1, 2000.

(38) Includes apartments without direct ground access in buildings that have fewer than five storeys and apartments with direct ground access in buildings that have fewer than five storeys.

(39) Includes mobile homes and other movable dwellings such as houseboats and railroad cars.

(40) Includes households in tenant-occupied, non-farm, non-reserve dwellings with household income greater than $0 in 2000 (i.e. excludes negative or zero household income).

(41) It should be noted that not all households spending 30% or more of incomes on shelter costs are necessarily experiencing housing affordability problems. This is particularly true of households with high incomes. There are also other households who choose to spend more on shelter than on other goods. Nevertheless, the allocation of 30% or more of a household's income to housing expenses provides a useful benchmark for assessing trends in housing affordability.

The relatively high shelter cost to household income ratios for some households may have resulted from the difference in the reference period for shelter cost and household income data. The reference period for shelter cost data (gross rent for tenants, and owner's major payments for owners) is 2001, while household income is reported for the year 2000. As well, for some households the 2000 household income may represent income for only part of a year.

(42) Includes households in owner-occupied, non-farm, non-reserve dwellings with household income greater than $0 in 2000 (i.e. excludes negative or zero household income).

(43) The average number of children at home per family is calculated using the total number of children at home and the total number of families.

(44) Non-relatives may be present.

(45) Including loss.

(37) S'entend de la population active expérimentée : les personnes qui, pendant la semaine ayant précédé le jour du recensement, étaient occupées ou en chômage et qui avaient travaillé à un emploi salarié ou à leur compte depuis le 1er janvier 2000.

(38) Comprend les appartements sans accès direct au niveau du sol dans les immeubles de moins de cinq étages et les appartements avec accès direct au niveau du sol dans les immeubles de moins de cinq étages.

(39) Comprend les maisons mobiles et les autres logements mobiles tels que les bateaux-maisons et les wagons de chemin de fer.

(40) Comprend les ménages ayant un revenu supérieur à 0 $ en 2000 dans les logements non agricoles hors réserve occupés par un locataire (sont exclus les ménages ayant un revenu négatif ou nul).

(41) Il convient de souligner que les ménages qui consacrent 30 % ou plus de leur revenu aux coûts d'habitation n'éprouvent pas nécessairement des problèmes d'abordabilité du logement. C'est notamment le cas des ménages ayant un revenu élevé. D'autres ménages choisissent de consacrer une plus grande part de leur revenu aux coûts d'habitation qu'à d'autres biens. Néanmoins, ce seuil (30 % ou plus du revenu du ménage consacré aux coûts d'habitation) constitue un repère utile pour l'évaluation des tendances en matière d'abordabilité du logement.

Les rapports entre les coûts d'habitation et le revenu du ménage relativement élevés pour certains ménages s'expliquent du fait que les périodes de référence utilisées pour les données sur les coûts d'habitation et pour les données sur le revenu du ménage ne sont pas les mêmes. En effet, la période de référence est l'année 2001 dans le cas des données sur les coûts d'habitation (loyer brut pour les locataires et principales dépenses de propriété pour les propriétaires), et l'année 2000 dans le cas des données sur le revenu du ménage. En outre, pour certains ménages, le revenu du ménage déclaré ne correspond qu'à une partie de l'année 2000.

(42) Comprend les ménages ayant un revenu supérieur à 0 $ en 2000 dans les logements non agricoles hors réserve occupés par le propriétaire (sont exclus les ménages ayant un revenu négatif ou nul).

(43) Le nombre moyen d'enfants à la maison par famille est calculé à partir du nombre total d'enfants à la maison et du nombre total de familles.

(44) Il peut y avoir des personnes non apparentées.

(45) Comprend les pertes.

(46) For persons with income.

(47) Percentages may not add to 100% due to rounding of the data.

(48) Includes persons who did not work in 2000 but reported employment income.

(49) Worked 49-52 weeks in 2000, mostly full time.

(50) Worked less than 49 weeks or worked mostly part time in 2000.

(51) Refers to married, opposite-sex and same-sex common-law couple families.

(52) Incidence of low income rates are calculated from rounded counts of low-income persons or families and the total number of persons or families. These counts have been rounded independently of the rounded counts shown in the table; thus, there may be a small difference between the rate shown and the one derived from the counts shown. Users are advised to interpret incidence of low income rates based upon small counts with caution.

(46) S'applique aux personnes ayant un revenu.

(47) Il est possible que la somme des pourcentages ne soit pas de 100 % en raison de l'arrondissement des données.

(48) Comprend les personnes qui n'ont pas travaillé en 2000 mais qui ont déclaré un revenu d'emploi.

(49) A travaillé 49-52 semaines en 2000, surtout à plein temps.

(50) A travaillé moins de 49 semaines ou a travaillé surtout à temps partiel en 2000.

(51) Comprend les familles comptant un couple marié et les familles comptant un couple en union libre formé de partenaires de sexe opposé ou de même sexe.

(52) Les taux de fréquence des unités à faible revenu sont calculés à partir des chiffres arrondis des personnes ou des familles à faible revenu et du nombre total de personnes ou de familles. Ces chiffres ont été arrondis séparément des chiffres arrondis figurant dans le tableau; par conséquent, il peut y avoir une légère différence entre la fréquence indiquée et une fréquence calculée à partir des chiffres figurant dans le tableau. Les utilisateurs doivent faire preuve de circonspection lorsqu'ils interprètent les fréquences des unités à faible revenu fondées sur des chiffres peu élevés.

Definitions

For further information on definitions and special notes, refer to the 2001 Census Dictionary, Catalogue No. 92-378-XIE or 92-378-XPE.

Aboriginal Identity

Refers to those persons who reported identifying with at least one Aboriginal group, i.e. North American Indian, Métis or Inuit (Eskimo), and/or those who reported being a Treaty Indian or a Registered Indian as defined by the *Indian Act* of Canada and/or who were members of an Indian Band or First Nation. In 1991 and previous censuses, Aboriginal persons were determined using the ethnic origin question (ancestry). The 1996 Census included a question on the individual's own perception of his/her Aboriginal identity. The 2001 Census question is the same as the one used in 1996.

Aboriginal Origin

Refers to those persons who reported at least one Aboriginal origin to the ethnic origin question (North American Indian, Métis or Inuit). Ethnic origin refers to the ethnic or cultural group(s) to which the respondent's ancestors belong. See Ethnic Origin.

Age

Refers to the age at last birthday (as of the census reference date, May 15, 2001). This variable is derived from date of birth.

Age at Immigration

Refers to the age at which the respondent first obtained landed immigrant status. A landed immigrant is a person who has been granted the right to live in Canada permanently by immigration authorities.

Bedrooms

Refers to all rooms designed and furnished as bedrooms and used mainly for sleeping purposes, even though the use may be occasional (e.g. spare bedroom).

Census Agglomeration (CA)

See the definition of Census Metropolitan Area (CMA) and Census Agglomeration (CA).

Census Division (CD)

Census division (CD) is the general term for provincially legislated areas (such as county, municipalité régionale de comté and regional district) or their equivalents. Census divisions are intermediate geographic areas between the province level and the municipality (census subdivision).

Census Family

Refers to a married couple (with or without children of either or both spouses), a couple living common-law (with or without children of either or both partners) or a lone parent of any marital status, with at least one child living in the same dwelling. A couple living common-law may be of opposite or same sex. "Children" in a census family include grandchildren living with their grandparent(s) but with no parents present.

Census Family Status

Refers to the classification of the population according to whether or not the persons are members of a census family.

Family persons refer to household members who belong to a census family. They, in turn, are further classified as follows:

Spouses refer to persons of opposite sex who are legally married to each other and living in the same dwelling.

Common-law partners are two persons of opposite sex or of the same sex who are not legally married to each other, but live together as a couple in the same dwelling.

Lone parent refers to a mother or a father, with no spouse or common-law partner present, living in a dwelling with one or more children.

Children refer to blood, step- or adopted sons and daughters (regardless of age or marital status) who are living in the same dwelling as their parent(s), as well as grandchildren in households where there are no parents present. Sons and daughters who are living with their spouse or common-law partner, or with one or more of their own children, are not considered to be members of the census family of their parent(s), even if they are living in the same dwelling. In addition, those sons and daughters who do not live in the same dwelling as their parent(s) are not considered members of the census family of their parent(s). The category of children can be further distinguished as follows:

Never-married sons and/or daughters in a census family, as used in censuses prior to 2001.

Other sons and/or daughters in a census family who would not have been included in the census family of their parents according to the previous concept.

Grandchildren living in the same household as their grandparent(s), with no parents present.

Non-family persons refer to household members who do not belong to a census family. They may be related to Person 1 (e.g. Person 1's sister, brother-in-law, cousin, grandparent), or unrelated to Person 1 (e.g. lodger, room-mate, employee). A person living alone is always a non-family person.

Census Family Structure

Refers to the classification of census families into married couples (with or without children of either or both spouses), common-law couples (with or without children of either or both partners), and lone-parent families by sex of parent. A couple living common-law may be of opposite or same sex. "Children" in a census family include grandchildren living with their grandparent(s) but with no parents present.

Census Metropolitan Area (CMA) and Census Agglomeration (CA)

A census metropolitan area (CMA) or a census agglomeration (CA) is formed by one or more adjacent municipalities centred on a large urban area (known as the urban core). The census population count of the urban core is at least 10,000 to form a census agglomeration and at least 100,000 to form a census metropolitan area. To be included in the CMA or CA, other adjacent municipalities must have a high degree of integration with the central urban area, as measured by commuting flows derived from census place of work data.

If the population of the urban core of a CA declines below 10,000, the CA is retired. However, once an area becomes a CMA, it is retained as a CMA even if the population of its urban core declines below 100,000. The urban areas in the CMA or CA that are not contiguous to the urban core are called the urban fringe. Rural areas in the CMA or CA are called the rural fringe.

When a CA has an urban core of at least 50,000 based on census counts, it is subdivided into census tracts. Census tracts are maintained for the CA even if the population of the urban core subsequently falls below 50,000. All CMAs are subdivided into census tracts.

Census Subdivision (CSD)

Census subdivision (CSD) is the general term for municipalities (as determined by provincial legislation) or areas treated as municipal equivalents for statistical purposes (for example, Indian reserves, Indian settlements and unorganized territories).

Census Subdivision Type

Census subdivisions (CSDs) are classified into 46 types according to official designations adopted by provincial or federal authorities. Two exceptions are "Subdivision of Unorganized" in Newfoundland and Labrador, and "Subdivision of County Municipality" in Nova Scotia, which are geographic areas created as equivalents for municipalities by Statistics Canada, in cooperation with those provinces, for the purpose of disseminating statistical data.

The **census subdivision type** accompanies the census subdivision name in order to distinguish CSDs from each other, for example, Granby, V (for the *ville* of Granby) and Granby, CT (for the *municipalité de canton* of Granby).

Census Tract (CT)

Census tracts (CTs) are small, relatively stable geographic areas that usually have a population of 2,500 to 8,000. They are located in census metropolitan areas and in census agglomerations with an urban core population of 50,000 or more in the previous census.

A committee of local specialists (for example, planners, health and social workers and educators) initially delineates CTs in conjunction with Statistics Canada. Once a census metropolitan area (CMA) or census agglomeration (CA) has been subdivided into census tracts, the census tracts are maintained even if the urban core population subsequently declines below 50,000.

Citizenship

Refers to the legal citizenship status of the respondent. Persons who are citizens of more than one country were instructed to provide the name of the other country(ies).

Class of Worker

This variable classifies persons who reported a job into the following categories:

(a) persons who worked mainly for wages, salaries, commissions, tips, piece-rates, or payments "in kind" (payments in goods or services rather than money);

(b) persons who worked mainly for themselves, with or without paid help, operating a business, farm or professional practice, alone or in partnership;

(c) persons who worked without pay in a family business, farm or professional practice owned or operated by a related household member; unpaid family work does not include unpaid housework, unpaid childcare, unpaid care to seniors and volunteer work.

The job reported was the one held in the week (Sunday to Saturday) prior to enumeration (May 15, 2001) if the person was employed, or the job of longest duration since January 1, 2000, if the person was not employed during the reference week. Persons with two or more jobs in the reference week were asked to provide information for the job at which they worked the most hours.

Incorporation Status

Refers to the legal status of a business, farm or professional practice. It is directed at persons who were mainly self-employed, either with or without paid help in the job reported (i.e. their job in the week [Sunday to Saturday] prior to enumeration [May 15, 2001] or the one of longest duration since January 1, 2000). An **incorporated business** is a business, farm or professional practice that has been formed into a legal corporation, thus constituting a legal entity under either federal or provincial laws. An **unincorporated business**, farm or professional practice is not a separate legal entity, but may be a partnership, family business or owner-operated business.

Common-law Status

Refers to two people of the opposite sex or of the same sex who live together as a couple, but who are not legally married to each other.

Condition of Dwelling

Refers to whether, in the judgement of the respondent, the dwelling requires any repairs (excluding desirable remodelling or additions).

Dwelling, Occupied Private

Refers to a private dwelling in which a person or a group of persons is permanently residing. Also included are private dwellings whose usual residents are temporarily absent on Census Day. Unless otherwise specified, all data in housing products are for occupied private dwellings, rather than for unoccupied private dwellings or dwellings occupied solely by foreign and/or temporary residents.

Dwelling, Private

Refers to a separate set of living quarters with a private entrance either from outside or from a common hall, lobby, vestibule or stairway inside the building. The entrance to the dwelling must be one that can be used without passing through the living quarters of someone else. The dwelling must meet the two conditions necessary for year-round occupancy:

(a) a source of heat or power (as evidenced by chimneys, power lines, oil or gas pipes or meters, generators, woodpiles, electric lights, heating pumps, solar heating panels, etc.);

(b) an enclosed space that provides shelter from the elements (as evidenced by complete and enclosed walls and roof, and by doors and windows that provide protection from wind, rain and snow).

The census classifies private dwellings into **regular private dwellings** and **occupied marginal dwellings**. Regular private dwellings are further classified into three major groups: **occupied dwellings** (occupied by usual residents), **dwellings occupied by foreign and/or temporary residents** and **unoccupied dwellings**. Marginal dwellings are classified as occupied by usual residents or by foreign and/or temporary residents. Marginal dwellings that were unoccupied on Census Day are not counted in the housing stock.

Earner or Employment Income Recipient

Refers to a person 15 years of age and over who received wages and salaries, net income from a non-farm unincorporated business and/or professional practice, and/or net farm self-employment income during calendar year 2000.

Economic Family

Refers to a group of two or more persons who live in the same dwelling and are related to each other by blood, marriage, common-law or adoption.

Ethnic Origin

Refers to the ethnic or cultural group(s) to which the respondent's ancestors belong.

First Official Language Spoken

Refers to a variable specified within the framework of the *Official Languages Act*.

Generation Status

Generation status of the respondent, i.e. "1st", "2nd" or "3rd +" generation, refers to whether the respondent or the respondent's parents were born in or outside Canada.

Highest Level of Schooling

Refers to the highest grade or year of elementary or secondary (high) school attended, or to the highest year of university or college education completed. University education is considered to be a higher level of schooling than college education. Also, the attainment of a degree, certificate or diploma is considered to be at a higher level than years completed or attended without an educational qualification.

Home Language

Refers to the language spoken most often or on a regular basis at home by the individual at the time of the census.

Hours Spent Doing Unpaid Housework

Refers to the number of hours persons spent doing unpaid housework, yard work or home maintenance in the week (Sunday to Saturday) prior to Census Day (May 15, 2001). It includes hours spent doing unpaid housework for members of one's own household, for other family members outside the household, and for friends or neighbours.

Unpaid housework does not include volunteer work for a non-profit organization, a religious organization, a charity or community group, or work without pay in the operation of a family farm, business or professional practice.

Hours Spent Looking After Children, Without Pay

Refers to the number of hours persons spent looking after children without pay. It includes hours spent providing unpaid child care for members of one's own household, for other family members outside the household, for friends or neighbours or for other family members outside the household in the week (Sunday to Saturday) prior to Census Day (May 15, 2001).

Unpaid child care does not include volunteer work for a non-profit organization, a religious organization, a charity or community group, or work without pay in the operation of a family farm, business or professional practice.

Hours Spent Providing Unpaid Care or Assistance to Seniors

Refers to the number of hours persons spent providing unpaid care or assistance to seniors of one's own household, to other senior family members outside the household, and to friends or neighbours in the week (Sunday to Saturday) prior to Census Day (May 15, 2001).

Unpaid care or assistance to seniors does not include volunteer work for a non-profit organization, religious organization, charity or community group, or work without pay in the operation of a family farm, business or professional practice.

Household Living Arrangements

Refers to the classification of persons in terms of whether they are members of a family household or of a non-family household, and whether they are family or non-family persons.

Household, Private

Refers to a person or a group of persons (other than foreign residents) who occupy a private dwelling and do not have a usual place of residence elsewhere in Canada.

Household Size

Refers to the number of persons in a private household.

Household Type

Refers to the basic division of private households into family and non-family households. Family household refers to a household that contains at least one census family, that is, a married couple with or without children, or a couple living common-law with or without children, or a lone parent living with one or more children (lone-parent family). One-family household refers to a single census family (with or without other non-family persons) that occupies a private dwelling. Multiple-family household refers to a household in which two or more census families (with or without additional non-family persons) occupy the same private dwelling.

Non-family household refers to either one person living alone in a private dwelling or to a group of two or more people who share a private dwelling, but who do not constitute a census family.

Immigrant Population

Refers to people who are, or have been, landed immigrants in Canada. A landed immigrant is a person who has been granted the right to live in Canada permanently by immigration authorities. Some immigrants have resided in Canada for a number of years, while others have arrived recently. Most immigrants are born outside Canada, but a small number were born in Canada.

Incidence of Low Income

The incidence of low income is the proportion or percentage of economic families or unattached individuals in a given classification below the low income cut-offs. These incidence rates are calculated from unrounded estimates of economic families and unattached individuals 15 years of age and over.

Income Status

Refers to the position of an economic family or an unattached individual 15 years of age and over in relation to Statistics Canada's low income cut-offs (LICOs).

Industry (Based on the 1997 North American Industry Classification System [NAICS])

Refers to the general nature of the business carried out in the establishment where the person worked. If the person did not have a job during the week (Sunday to Saturday) prior to enumeration (May 15, 2001), the data relate to the job of longest duration since January 1, 2000. Persons with two or more jobs were required to report the information for the job at which they worked the most hours.

The 2001 industry data are produced according to the 1997 NAICS. The NAICS provides enhanced industry comparability among the three North American Free Trade Agreement (NAFTA) trading partners (Canada, United States and Mexico). This classification consists of a systematic and comprehensive arrangement of industries structured into 20 sectors, 99 subsectors and 300 industry groups. The criteria used to create these categories are similarity of input structures, labour skills or production processes used by the establishment. For further information on the classification, see *North American Industry Classification System, Canada, 1997*, Catalogue No. 12-501-XPE.

The variable "Industry (based on the 1997 NAICS)" does not permit direct comparison to any previous census industry data. The 1980 Standard Industrial Classification should be used for comparisons between the 1986, 1991, 1996 and 2001 Censuses.

Knowledge of Non-official Languages

Refers to languages, other than English or French, in which the respondent can conduct a conversation.

Knowledge of Official Languages

Refers to the ability to conduct a conversation in English only, in French only, in both English and French, or in neither of the official languages of Canada.

Labour Force Activity (in Reference Week)

Refers to the labour market activity of the population 15 years of age and over in the week (Sunday to Saturday) prior to Census Day (May 15, 2001). Respondents were classified as either employed, or unemployed, or as not in the labour force. The labour force includes the employed and the unemployed.

Employed (in Reference Week)
Refers to persons 15 years of age and over, excluding institutional residents, who, during the week (Sunday to Saturday) prior to Census Day (May 15, 2001):

(a) did any work at all for pay or in self-employment or without pay in a family farm, business or professional practice;

(b) were absent from their job or business, with or without pay, for the entire week because of a vacation, an illness, a labour dispute at their place of work, or any other reasons.

Unemployed (in Reference Week)
Refers to persons 15 years of age and over, excluding institutional residents, who, during the week (Sunday to Saturday) prior to Census Day (May 15, 2001), were without paid work or without self-employment work and were available for work and either:

(a) had actively looked for paid work in the past four weeks; or

(b) were on temporary lay-off and expected to return to their job; or

(c) had definite arrangements to start a new job in four weeks or less.

Not in the Labour Force (in Reference Week)
Refers to persons 15 years of age and over, excluding institutional residents, who, in the week (Sunday to Saturday) prior to Census Day (May 15, 2001), were neither employed nor unemployed. It includes students, homemakers, retired workers, seasonal workers in an "off" season who were not looking for work, and persons who could not work because of a long-term illness or disability.

Labour Force (in Reference Week)
Refers to persons who were either employed or unemployed during the week (Sunday to Saturday) prior to Census Day (May 15, 2001).

In past censuses, this was called "Total Labour Force".

Participation Rate (in Reference Week)
Refers to the labour force in the week (Sunday to Saturday) prior to Census Day (May 15, 2001), expressed as a percentage of the population 15 years of age and over excluding institutional residents.

The participation rate for a particular group (age, sex, marital status, geographic area, etc.) is the total labour force in that group, expressed as a percentage of the population 15 years of age and over, in that group.

Employment Rate (in Reference Week)
Refers to the number of persons employed in the week (Sunday to Saturday) prior to Census Day (May 15, 2001), expressed as a percentage of the total population 15 years of age and over excluding institutional residents.

The employment rate for a particular group (age, sex, marital status, geographic area, etc.) is the number of employed in that group, expressed as a percentage of the population 15 years of age and over in that group.

In past censuses, this was called the Employment-population Ratio.

Unemployment Rate (in Reference Week)
Refers to the unemployed expressed as a percentage of the labour force in the week (Sunday to Saturday) prior to Census Day (May 15, 2001).

The unemployment rate for a particular group (age, sex, marital status, geographic area, etc.) is the unemployed in that group, expressed as a percentage of the labour force in that group, in the week prior to enumeration.

Land Area

Land area is the area in square kilometres of the land-based portions of standard geographic areas.

The land area measurements are unofficial, and are provided for the sole purpose of calculating population density.

Landed Immigrant Status

Refers to people who have been granted the right to live in Canada permanently by immigration authorities.

Language Used at Work

Refers to the language used most often at work by the individual at the time of the census. Other languages used at work on a regular basis are also collected.

Legal Marital Status

Refers to the legal conjugal status of a person.

The various responses are defined as follows:

Never legally married (single) – Persons who have never married (including all persons less than 15 years of age) and persons whose marriage has been annulled and who have not remarried.

Legally married (and not separated) – Persons whose husband or wife is living, unless the couple is separated or a divorce has been obtained.

Separated, but still legally married – Persons currently married, but who are no longer living with their spouse (for any reason other than illness or work) and have not obtained a divorce.

Divorced – Persons who have obtained a legal divorce and who have not remarried.

Widowed – Persons who have lost their spouse through death and who have not remarried.

Low Income Cut-offs (LICOs)

Measures of low income known as low income cut-offs (LICOs) were first introduced in Canada in 1968 based on 1961 Census income data and 1959 family expenditure patterns. At that time, expenditure patterns indicated that Canadian families spent about 50% of their total income on food, shelter and clothing. It was arbitrarily estimated that families spending 70% or more of their income (20 percentage points more than the average) on these basic necessities would be in "straitened" circumstances. With this assumption, low income cut-off points were set for five different sizes of families.

Subsequent to these initial cut-offs, revised low income cut-offs were established based on national family expenditure data from 1969, 1978, 1986 and 1992. These data indicated that Canadian families spent, on average, 42% in 1969, 38.5% in 1978, 36.2% in 1986 and 34.7% in 1992 of their total income on basic necessities. Since 1992, data from the expenditure survey have indicated that this proportion has remained fairly stable. By adding the original difference of 20 percentage points to the basic level of expenditure on necessities, new low income cut-offs were set at income levels differentiated by family size and degree of urbanization. Since 1992, these cut-offs have been updated yearly by changes in the consumer price index.

Mode of Transportation

Refers to the mode of transportation to work of non-institutional residents 15 years of age and over who worked at some time since January 1, 2000. Persons who indicate in the place of work question that they either had no fixed workplace address, or specified a usual workplace address, are asked to identify the mode of transportation they most frequently use to commute from home to work. The variable usually relates to the individual's job in the week prior to enumeration. However, if the person did not work during that week but had worked at some time since January 1, 2000, the information relates to the job held longest during that period.

Persons who use more than one mode of transportation are asked to identify the single mode they use for most of the travel distance. As a result, the question provides data on the primary mode of transportation to work. The question does not measure multiple modes of transportation, nor does it measure the seasonal variation in mode of transportation or trips made for purposes other than the commute from home to work.

Mother Tongue

Refers to the first language learned at home in childhood and still understood by the individual at the time of the census.

Non-immigrant Population

Refers to people who are Canadian citizens by birth. Although most were born in Canada, a small number of them were born outside Canada to Canadian parents.

Occupation (Based on the 2001 National Occupational Classification for Statistics [2001 NOC–S])

Refers to the kind of work persons were doing during the reference week, as determined by their kind of work and the description of the main activities in their job. If the person did not have a job during the week (Sunday to Saturday) prior to enumeration (May 15, 2001), the data relate to the job of longest duration since January 1, 2000. Persons with two or more jobs were to report the information for the job at which they worked the most hours.

The 2001 occupation data are classified according to the 2001 National Occupational Classification for Statistics (2001 NOC–S). This classification is composed of four levels of aggregation. There are 10 broad occupational categories containing 47 major groups that are further subdivided into 140 minor groups. At the most detailed level, there are 520 occupation unit groups. Occupation unit groups are formed on the basis of the education, training, or skill level required to enter the job, as well as the kind of work performed, as determined by the tasks, duties and responsibilities of the occupation.

For information on the 2001 NOC–S, see the *National Occupational Classification for Statistics, 2001*, Catalogue No. 12-583-XPE.

Owner's Major Payments or Gross Rent as a Percentage of Household Income

Refers to the proportion of average monthly 2000 total household income which is spent on owner's major payments (in the case of owner-occupied dwellings) or on gross rent (in the case of tenant-occupied dwellings). This concept is illustrated below:

(a) **Owner-occupied non-farm dwellings:**

$$\frac{\text{Owner's major payments}}{\text{(2000 total annual household income) /12}} \quad \text{X} \quad 100 = \_\_\_\%$$

(b) **Tenant-occupied non-farm dwellings:**

$$\frac{\text{Gross rent}}{\text{(2000 total annual household income) /12}} \quad \text{X} \quad 100 = \_\_\_\%$$

Period of Construction

Refers to the period in time during which the building or dwelling was originally constructed.

Period of Immigration

Refers to ranges of years based on the year of immigration question. Year of immigration refers to the year in which landed immigrant status was first obtained.

Place of Birth of Respondent

Refers to specific provinces or territories for respondents who were born in Canada, or to specific countries if born outside Canada.

Place of Residence 1 Year Ago (Mobility)

Refers to the relationship between a person's usual place of residence on Census Day and his or her usual place of residence one year earlier. A person is classified as a non-mover if no difference exists. Otherwise, a person is classified as a mover and this categorization is called Mobility Status (1 Year Ago). Within the category of movers, a further distinction is made between non-migrants and migrants; this difference is called migration status.

Non-movers are persons who, on Census Day, were living at the same address as the one at which they resided one year earlier.

Movers are persons who, on Census Day, were living at a different address than the one at which they resided one year earlier.

Non-migrants are movers who, on Census Day, were living at a different address, but in the same census subdivision (CSD) as the one they lived in one year earlier.

Migrants are movers who, on Census Day, were residing in a different CSD one year earlier (internal migrants) or who were living outside Canada one year earlier (external migrants).

Intraprovincial migrants are movers who, on Census Day, were living in a different census subdivision than the one at which they resided one year earlier, in the same province.

Interprovincial migrants are movers who, on Census Day, were living in a different census subdivision than the one at which they resided one year earlier, in a different province.

Place of Residence 5 Years Ago (Mobility)

Refers to the relationship between a person's usual place of residence on Census Day and his or her usual place of residence five years earlier. A person is classified as a non-mover if no difference exists. Otherwise, a person is classified as a mover and this categorization is called Mobility Status (5 Years Ago). Within the movers category, a further distinction is made between non-migrants and migrants; this difference is called migration status.

Non-movers are persons who, on Census Day, were living at the same address as the one at which they resided five years earlier.

Movers are persons who, on Census Day, were living at a different address than the one at which they resided five years earlier.

Non-migrants are movers who, on Census Day, were living at a different address, but in the same census subdivision (CSD) as the one they lived in five years earlier.

Migrants are movers who, on Census Day, were residing in a different CSD five years earlier (internal migrants) or who were living outside Canada five years earlier (external migrants).

Intraprovincial migrants are movers who, on Census Day, were living in a different census subdivision than the one in which they resided five years earlier, in the same province.

Interprovincial migrants are movers who, on Census Day, were living in a different census subdivision than the one in which they resided five years earlier, in a different province.

Place of Work Status

Refers to the place of work of non-institutional residents 15 years of age and over who worked at some time since January 1, 2000. The variable usually relates to the individual's job held in the week prior to enumeration. However, if the person did not work during that week but had worked at some time since January 1, 2000, the information relates to the job held longest during that period.

Worked at home – Persons whose job is located in the same building as their place of residence, persons who live and work on the same farm, building superintendents and teleworkers who spend most of their work week working at home.

Worked outside Canada – Persons who work at a location outside Canada. This can include diplomats, Armed Forces personnel and other persons enumerated abroad. This category also includes recent immigrants who may not currently be employed, but whose job of longest duration since January 1, 2000 was held outside Canada.

No fixed workplace address – Persons who do not go from home to the same workplace location at the beginning of each shift. Such persons include building and landscape contractors, travelling salespersons, independent truck drivers, etc.

Worked at the address specified below – Persons who are not included in the categories described above and who report to the same (usual) workplace location at the beginning of each shift are included here. Respondents are asked to provide the street address, city, town, village, township, municipality or Indian reserve, province/territory and postal code of their workplace. If the full street address was not known, the name of the building or nearest street intersection could be substituted.

Teleworkers who spend less than one-half of their workweek working at their home office are asked to report the full address of their employer. Persons whose workplace location varied, but who reported regularly to an employer's address at the beginning of each shift, are asked to report the full address of the employer.

Population Universe

The Population Universe of the 2001 Census includes the following groups:

- Canadian citizens (by birth or by naturalization) and landed immigrants with a usual place of residence in Canada;
- Canadian citizens (by birth or by naturalization) and landed immigrants who are abroad, either on a military base or attached to a diplomatic mission;
- Canadian citizens (by birth or by naturalization) and landed immigrants at sea or in port aboard merchant vessels under Canadian registry;
- persons with a usual place of residence in Canada who are claiming refugee status and members of their families living with them;
- persons with a usual place of residence in Canada who hold student authorizations (student visas or student permits) and members of their families living with them;
- persons with a usual place of residence in Canada who hold employment authorizations (or work permits) and members of their families living with them;
- persons with a usual place of residence in Canada who hold Minister's permits (including extensions) and members of their families living with them.

For census purposes, the last four groups in this list are referred to as "non-permanent residents".

Presence of Children

Refers to the number of children in private households by age groups.

Province or Territory

Province and territory refer to the major political units of Canada. From a statistical point of view, province and territory are basic areas for which data are tabulated. Canada is divided into ten provinces and three territories.

Registered or Treaty Indian

Refers to those persons who reported they were registered under the *Indian Act* of Canada. Treaty Indians are persons who are registered under the *Indian Act* and can prove descent from a Band that signed a treaty. Although there was a question in the 1991 Census on registration status, the layout of the 1996 question was somewhat different. In 1991, registration status was a subcomponent of Question 16 on Registered Indians. In the first part of the question, respondents were asked about their registration status, while the second part of the question dealt with Band membership. In 1996, one direct question was developed to collect data on registration or treaty status.

The wording of the 1996 question differed slightly from the one in previous years. Prior to 1996, the term "treaty" was excluded from the question. It was added in 1996 at the request of individuals from the Western provinces, where the term is more widely used.

Religion

Refers to specific religious denominations, groups or bodies, as well as to sects, cults, or other religiously defined communities or systems of belief.

Rent, Gross

Refers to the total average monthly payments paid by tenant households to secure shelter.

Rooms

Refers to the number of rooms in a dwelling. A room is an enclosed area within a dwelling which is finished and suitable for year-round living.

School Attendance

Refers to either full-time or part-time (day or evening) attendance at school, college or university during the nine-month period between September 2000 and May 15, 2001. Attendance is counted only for courses which could be used as credits towards a certificate, diploma or degree.

Sex

Refers to the gender of the respondent.

Structural Type of Dwelling

Refers to the structural characteristics and/or dwelling configuration, that is, whether the dwelling is a single-detached house, an apartment in a high-rise building, a row house, a mobile home, etc.

Tenure

Refers to whether some member of the household owns or rents the dwelling, or whether the dwelling is Band housing (on an Indian reserve or settlement).

Total Income

Refers to the total money income received from the following sources during calendar year 2000 by persons 15 years of age and over:

- wages and salaries (total);
- net farm income;
- net non-farm income from unincorporated business and/or professional practice;
- Canada Child Tax Benefits;
- Old Age Security pension and Guaranteed Income Supplement;
- benefits from Canada or Quebec Pension Plan;
- benefits from Employment Insurance;
- other income from government sources;
- dividends, interest on bonds, deposits and savings certificates, and other investment income;
- retirement pensions, superannuation and annuities, including those from RRSPs and RRIFs;
- other money income.

Receipts Not Counted as Income – The income concept excluded gambling gains and losses, lottery prizes, money inherited during the year in a lump sum, capital gains or losses, receipts from the sale of property, income tax refunds, loan payments received, lump-sum settlements of insurance policies, rebates received on property taxes, refunds of pension contributions, as well as all income "in kind", such as free meals, living accommodations, or agricultural products produced and consumed on the farm.

Average Income of Individuals – Average income of individuals refers to the weighted mean total income of individuals 15 years of age and over who reported income for 2000. Average income is calculated from unrounded data by dividing the aggregate income of a specified group of individuals (e.g. males 45 to 54 years of age) by the number of individuals with income in that group.

Average and median incomes and standard errors for average income of individuals will be calculated for those individuals who are at least 15 years of age and who have an income (positive or negative). For all other universes (e.g. census families or private households), these statistics will be calculated over all units, whether or not they reported any income.

Median Income of Individuals – The median income of a specified group of income recipients is that amount which divides their income size distribution into two halves, i.e. the incomes of the first half of individuals are below the median, while those of the second half are above the median. Median income is calculated from the unrounded number of individuals (e.g. males 45 to 54 years of age) with income in that group.

Average and median incomes and standard errors for average income of individuals will be calculated for those individuals who are at least 15 years of age and who have an income (positive or negative). For all other universes (e.g. census families or private households), these statistics will be calculated over all units, whether or not they reported any income.

Standard Error of Average Income – Refers to the estimated standard error of average income for an income size distribution. If interpreted as shown below, it serves as a rough indicator of the precision of the corresponding estimate of average income. For about 68% of the samples which could be selected from the sample frame, the difference between the sample estimate of average income and the corresponding figure based on complete enumeration would be less than one standard error. For about 95% of the possible samples, the difference would be less than two standard errors and, in about 99% of the samples, the difference would be approximately two and one half standard errors.

Unattached Individuals

Refers to household members who are not members of an economic family. Persons living alone are included in this category.

Value of Dwelling

Refers to the dollar amount expected by the owner if the dwelling were to be sold.

Visible Minorities

Refers to the visible minority group to which the respondent belongs. The *Employment Equity Act* defines visible minorities as "persons, other than Aboriginal peoples, who are non-Caucasian in race or non-white in colour".

The visible minority population includes the following groups: Chinese, South Asian, Black, Filipino, Latin American, Southeast Asian, Arab, West Asian, Korean, Japanese, Visible Minority, n.i.e. and Multiple Visible Minorities.

Data Quality

General

The 2001 Census was a large and complex undertaking and, while considerable effort was taken to ensure high standards throughout all collection and processing operations, the resulting estimates are inevitably subject to a certain degree of error. Users of census data should be aware that such error exists, and should have some appreciation of its main components, so that they can assess the usefulness of census data for their purposes and the risks involved in basing conclusions or decisions on these data.

Errors can arise at virtually every stage of the census process, from the preparation of materials through data processing, including the listing of dwellings and the collection of data. Some errors occur at random, and when the individual responses are aggregated for a sufficiently large group, such errors tend to cancel out. For errors of this nature, the larger the group, the more accurate the corresponding estimate. It is for this reason that users are advised to be cautious when using small estimates. There are some errors, however, which might occur more systematically, and which result in "biased" estimates. Because the bias from such errors is persistent no matter how large the group for which responses are aggregated, and because bias is particularly difficult to measure, systematic errors are a more serious problem for most data users than the random errors referred to previously.

For census data in general, the principal types of error are as follows:

- **coverage errors**, which occur when dwellings or individuals are missed, incorrectly enumerated or counted more than once;
- **non-response errors**, which result when responses cannot be obtained from a certain number of households and/or individuals, because of extended absence or some other reason;
- **response errors**, which occur when the respondent, or sometimes the Census Representative, misunderstands a census question, and records an incorrect response or simply uses the wrong response box;
- **processing errors**, which can occur at various steps including **coding**, when "write-in" responses are transformed into numerical codes; **data capture**, when responses are transferred from the census questionnaire in an electronic format, by key-entry operators; and **imputation**, when a "valid", but not necessarily correct, response is inserted into a record by the computer to replace missing or "invalid" data ("valid" and "invalid" referring to whether or not the response is consistent with other information on the record);
- **sampling errors**, which apply only to the supplementary questions on the "long form" asked of a one-fifth sample of households, and which arise from the fact that the responses to these questions, when weighted up to represent the whole population, inevitably differ somewhat from the responses which would have been obtained if these questions had been asked of all households.

The above types of error each have both random and systematic components. Usually, however, the systematic component of sampling error is very small in relation to its random component. For the other non sampling errors, both random and systematic components may be significant.

Coverage Errors

Coverage errors affect the accuracy of the census counts, that is, the sizes of the various census universes: population, families, households and dwellings. While steps have been taken to correct certain identifiable errors, the final counts are still subject to some degree of error because persons or dwellings have been missed, incorrectly enumerated in the census or counted more than once.

Missed dwellings or persons result in **undercoverage**. Dwellings can be missed because of the misunderstanding of enumeration area (EA) boundaries, or because either they do not look like dwellings or they appear uninhabitable. Persons can be missed when their dwelling is missed or is classified as vacant, or because the respondent misinterprets the instructions on whom to include on the questionnaire. Some individuals may be missed because they have no usual residence and did not spend census night in a dwelling.

Dwellings or persons incorrectly enumerated or double counted result in **overcoverage**. Overcoverage of dwellings can occur when structures unfit for habitation are listed as dwellings (incorrectly enumerated), when there is a certain ambiguity regarding the EA boundaries or when units (for example, rooms) are listed separately instead of being treated as part of one dwelling (double counted). Persons can be counted more than once because their dwelling is double counted or because the guidelines on whom to include on the questionnaire have been misunderstood. Occasionally, someone who is not in the census population universe, such as a foreign resident or a fictitious person, may, incorrectly, be enumerated in the census. On average, overcoverage is less likely to occur than undercoverage and, as a result, counts of dwellings and persons are likely to be slightly underestimated.

For the 2001 Census, three studies are used to measure coverage error. In the Dwelling Classification Study, dwellings listed as vacant were revisited to verify that they were vacant on Census Day, and dwellings whose households were listed as non-respondent were revisited to determine the number of usual residents and their characteristics. Adjustments have been made to the final census counts for households and persons missed because their dwelling was incorrectly classified as vacant. The census counts may also have been adjusted for dwellings whose households were classified as non-respondent. Despite these adjustments, the final counts are still subject to some undercoverage. Undercoverage tends to be higher for certain segments of the population, such as young adults (especially young adult males) and recent immigrants. The Reverse Record Check Study is used to measure the residual undercoverage for Canada, and each province and territory. The Overcoverage Study is designed to investigate overcoverage errors. The results of the Reverse Record Check and the Overcoverage Study, when taken together, furnish an estimate of net undercoverage.

Other Non-sampling Errors

While coverage errors affect the number of units in the various census universes, other errors affect the characteristics of those units.

Sometimes it is not possible to obtain a complete response from a household, even though the dwelling was identified as occupied and a questionnaire was dropped off. The household members may have been away throughout the census period or, in rare instances, the householder may have refused to complete the form. More frequently, the questionnaire is returned but no response is provided to certain questions. Effort is devoted to ensure as complete a questionnaire as possible. Census representatives edit the questionnaires and follow up on missing information. Their work is then checked by a supervisor and a quality control technician. Despite this, at the end of the collection stage, a small number of responses are still missing, i.e. **non-response errors**. Although missing responses are eliminated during processing by replacing each one of them by the corresponding response for a "similar" record, there remain some potential imputation errors. This is particularly serious if the non-respondents differ in some respects from the respondents; this procedure will then introduce a **non-response bias**.

Even when a response is obtained, it may not be entirely accurate. The respondent may have misinterpreted the question or may have guessed the answer, especially when answering on behalf of another, possibly absent, household member. The respondent may also have entered the answer in the wrong place on the questionnaire. Such errors are referred to as **response errors**. While response errors usually arise from inaccurate information provided by respondents, they can also result from mistakes by the Census Representative who completed certain parts of the questionnaire, such as the structural type of dwelling, or who followed up to obtain a missing response.

Some of the census questions require a written response. During processing, these "write-in" entries are given a numeric code. **Coding errors** can occur when the written response is ambiguous, incomplete, difficult to read or when the code list is extensive (e.g. major field of study, place of work). A formal Quality Control (QC) operation is used to detect, rectify and reduce coding errors. Within each work unit, a sample of responses is independently coded a second time. The resolution of discrepancies between the first and second codings determines whether recoding of the work unit is necessary. Except for the Industry and Occupation variables, much of the census coding is now automated, resulting in a reduction of coding errors.

The information on the questionnaires is typed into a computer file. Two procedures are used to control the number of **data capture errors**. First, certain edits (such as range checks) are performed as the data are keyed in. Second, a sample from each batch of documents is retyped and compared with the original entries. Unsatisfactory work is identified and corrected, and the remainder of the batch is captured as needed.

Once captured, the data are edited where they undergo a series of computer checks to identify missing or inconsistent responses. These are replaced during the imputation stage of processing where either a response consistent with the other respondents' data is inferred or a response from a similar donor is substituted. Imputation ensures a complete database where the data correspond to the census counts and facilitate multivariate analyses. Although errors may have been introduced during **imputation**, the methods used have been rigorously tested to minimize systematic errors.

Various studies are being carried out to evaluate the quality of the responses obtained in the 2001 Census. For each question, non-response rates and edit failure rates have been calculated. These can be useful in identifying the potential for non-response errors and other types of errors. Also, tabulations from the 2001 Census have been or will be compared with corresponding estimates from previous censuses, from sample surveys (such as the Labour Force Survey) and from various administrative records (such as birth registrations and municipal assessment records). Such comparisons can indicate potential quality problems or at least discrepancies between the sources.

In addition to these aggregate-level comparisons, there are some micro-match studies in progress, in which census responses are compared with another source of information at the individual record level. For certain "stable" characteristics (such as age, sex, mother tongue and place of birth), the responses obtained in the 2001 Census, for a sample of individuals, are being compared with those for the same individuals in the 1996 Census.

Sampling Errors

Estimates obtained by weighting up responses collected on a sample basis are subject to error due to the fact that the distribution of characteristics within the sample will not usually be identical to the distribution of characteristics within the population from which the sample has been selected.

The potential error introduced by sampling will vary according to the relative scarcity of the characteristics in the population. For large cell values, the potential error due to sampling, as a proportion of the cell value, will be relatively small. For small cell values, this potential error, as a proportion of the cell value, will be relatively large.

The potential error due to sampling is usually expressed in terms of the so-called "standard error". This is the square root of the average, taken over all possible samples of the same size and design, of the squared deviation of the sample estimate from the value for the total population.

The following table provides approximate measures of the standard error due to sampling. These measures are intended as a general guide only.

Approximate Standard Error Due to Sampling for 2001 Census Sample Data

Cell Value	Approximate Standard Error
50 or less	15
100	20
200	30
500	45
1,000	65
2,000	90
5,000	140
10,000	200
20,000	280
50,000	450
100,000	630
500,000	1,400

Users wishing to determine the approximate error due to sampling for any given cell of data, based upon the 20% sample, should choose the standard error value corresponding to the cell value that is closest to the value of the given cell in the census tabulation. When using the obtained standard error value, the user, in general, can be reasonably certain that, for the enumerated population, the true value (discounting all forms of error other than sampling) lies within plus or minus three times the standard error (e.g. for a cell value of 1,000, the range would be 1,000 ± [3 x 65] or 1,000 ± 195).

The standard errors given in the table above will not apply to population, household, dwelling or family counts for the geographic area under consideration (see Sampling and Weighting below). The effect of sampling for these cells can be determined by a comparison with a corresponding 100% data product.

The effect of the particular sample design and weighting procedure used in the 2001 Census will vary, however, from one characteristic to another and from one geographic area to another. The standard error values in the table may, therefore, understate or overstate the error due to sampling.

Sampling and Weighting

The 2001 Census data were collected either from 100% of the households or on a sample basis (i.e. from a random sample of one in five households) with the data weighted up to provide estimates for the entire population. The information was collected on a 20% sample basis and weighted up to compensate for sampling. All table headings are noted accordingly. Note that, on Indian reserves and in remote areas, all data were collected on a 100% basis.

For any given geographic area, the weighted population, household, dwelling or family total or subtotal may differ from that shown in reports containing data collected on a 100% basis. Such variations are due to sampling and to the fact that, unlike sample data, 100% data do not exclude institutional residents.

Confidentiality and Random Rounding

The figures shown in the tables have been subjected to a confidentiality procedure known as **random rounding** to prevent the possibility of associating statistical data with any identifiable individual. Under this method, all figures, including totals and margins, are randomly rounded either up or down to a multiple of "5", and in some cases "10". While providing strong protection against disclosure, this technique does not add significant error to the census data. The user should be aware that totals and margins are rounded independently of the cell data so that some differences between these and the sum of rounded cell data may exist. Also, minor differences can be expected in corresponding totals and cell values among various census tabulations. Similarly, percentages, which are calculated on rounded figures, do not necessarily add up to 100%. Order statistics (median, quartiles, percentiles, etc.) and measures of dispersion such as the standard error are computed in the usual manner. When a statistic is defined as the quotient of two numbers (which is the case for averages, percentages, and proportions), the two numbers are rounded before the division is performed. For income, owner's payments, value of dwelling, hours worked, weeks worked and age, the sum is defined as the product of the average and the rounded weighted frequency. Otherwise, it is the weighted sum that is rounded. It should also be noted that small cell counts may suffer a significant distortion as a result of random rounding. Individual data cells containing small numbers may lose their precision as a result. Also, a statistic is suppressed if the number of actual records used in the calculation is less than 4 or if the sum of the weight of these records is less than 10. In addition, for values expressed in dollar units, other rules are applied. For standard products, if all the values are the same, the statistic is suppressed. For all other products, the statistic is suppressed if the range of the values is too narrow or if all values are less than, in absolute value, to a specified threshold.

Users should be aware of possible data distortions when they are aggregating these rounded data. Imprecisions as a result of rounding tend to cancel each other out when data cells are re-aggregated. However, users can minimize these distortions by using, whenever possible, the appropriate subtotals when aggregating.

For those requiring maximum precision, the option exists to use custom tabulations. With custom products, aggregation is done using individual census database records. Random rounding occurs only after the data cells have been aggregated, thus minimizing any distortion.

In addition to random rounding, **area suppression** has been adopted to further protect the confidentiality of individual responses.

Area suppression is the deletion of all characteristic data for geographic areas with populations below a specified size. The extent to which data are suppressed depends upon the following factors:

- If the data are tabulated from the 100% database, they are suppressed if the total population in the area is less than 40.
- If the data are tabulated from the 20% sample database, they are suppressed if the total non-institutional population in the area from either the 100% or 20% database is less than 40.

There are some exceptions to these rules:

- Income distributions and related statistics are suppressed if the population in the area, excluding institutional residents, is less than 250 from either the 100% or the 20% database, or if the number of private households is less than 40 from the 20% database.
- Place-of-work distributions and related statistics are suppressed if the total number of employed persons in the area is less than 40, according to the sample database. If the data also include an income distribution, the threshold is raised to 250, again according to the sample database.
- Tabulations covering both place of work and place of residence along with related statistics are suppressed, if the total number of employed persons in the area is less than 40 according to the sample database, or if the area's total population, excluding institutional residents, according to either the 100% or the sample database, is less than 40. If the tabulations also include an income distribution, the threshold is raised to 250 in all cases and the tabulations are suppressed if the number of private dwellings in the place of residence area is less than 40.
- Same-sex couples distributions and related statistics are suppressed if the population in private households in the area is less than 5,000, according to the 20% sample database.
- If the data are tabulated from the 100% database and refer to six-character postal codes or to groups of either blocks or block-faces, they are suppressed if the total population in the area is less than 100.
- If the data are tabulated from the 20% sample database and refer to six-character postal codes or to groups of either blocks or block-faces, they are suppressed if the total non-institutional population in the area from either the 100% or 20% database is less than 100.
- If the data refer to groups of either blocks or block-faces, and cover place of work, they are suppressed if the total number of employed persons in the area is less than 100, according to the sample database.
- If the data refer to groups of either blocks or block-faces, and cover both place of work and place of residence, they are suppressed if the total number of employed persons in the area is less than 100, according to the sample database, or if the area's total population, excluding institutional residents, according to either 100% or the sample database, is less than 100.

In all cases, suppressed data are included in the appropriate higher aggregate subtotals and totals.

The suppression technique is being implemented for all products involving subprovincial data (i.e. Profile series, basic cross-tabulations, semi-custom and custom data products) collected on a 100% or 20% sample basis.

For further information on the quality of census data, contact the Social Survey Methods Division at Statistics Canada, Ottawa, Ontario, Canada K1A 0T6, or by calling (613) 951-4783.

Special Notes

Aboriginal Identity

Users should be aware that the population counts associated with this variable are more affected than most by the incomplete enumeration of certain Indian reserves and Indian settlements. The extent of the impact will depend on the geographical area under study. In 2001, a total of 30 Indian reserves and Indian settlements were incompletely enumerated by the census. The population of these 30 communities are not included in the census counts.

Changes to Family Concepts for the 2001 Census

For the 1996 Census, the definition of census family was as follows:

Refers to a now-married couple (with or without never-married sons and/or daughters of either or both spouses), a couple living common-law (with or without never-married sons and/or daughters of either or both partners) or a lone-parent of any marital status, with at least one never-married son or daughter living in the same dwelling.

This reflected a concept that had not changed since 1976. However, during the planning for the 2001 Census, it was decided that some changes were required, due to the following factors: (1) changes to federal and provincial legislation putting same-sex couples on an equal footing with opposite-sex common-law couples (most notably Bill C-23, the *Modernization of Benefits and Obligations Act*, which was passed by the Government of Canada in 2000); (2) recommendations by the United Nations as part of a process of standardization of concepts for the 2000-2001 round of censuses in member countries; and (3) a significant number of persons less than 15 years of age classified as "non-family persons" in previous censuses.

As a result, the census family concept for the 2001 Census reflects the following changes:

- Two persons living in a same-sex common-law relationship, along with any of their children residing in the household, are considered a census family.
- Children in a census family can have been previously married (as long as they are not currently living with a spouse or common-law partner). Previously, they had to be "never-married".
- A grandchild living in a three-generation household where the parent (middle generation) is never-married is, contrary to previous censuses, now considered as a child in the census family of his or her parent, provided the grandchild is not living with his or her own spouse, common-law partner, or child. Traditionally, the census family usually consisted of the two older generations.
- A grandchild of another household member, where a middle-generation parent is not present, is now considered as a child in the census family of his or her grandparent, provided the grandchild is not living with his or her own spouse, common-law partner, or child. Traditionally, such a grandchild would not be considered as a member of a census family.

The last three changes listed (definition of "child"), together, result in a 1.5% increase in the total number of census families, and in a 10.1% increase in the number of lone-parent families. The inclusion of same-sex couples results in a 0.4% increase in the number of census families at the national level.

The term economic family refers to a group of two or more persons who live in the same dwelling and are related to each other by blood, marriage, common-law or adoption. This definition has not changed for 2001. The only effect of conceptual changes on economic families is that same-sex partners are now considered to be common-law partners. Thus they are considered related and members of the same economic family.

Outside of the "family universe", there are two related concepts that are affected by the change in the census family definition: common-law status and household type. Prior to 2001, two people living together as husband and wife without being legally married to each other were considered to be living common-law. For 2001, this has been expanded to include persons living in a same-sex partnership. The concept of household type refers to the basic division of private households into family and non-family households. Since it is based on the census family concept, the household type (whether a household is "family" or "non-family") is affected by the change. Also, the detailed classification of this variable is affected, since married couples and common-law couples were broken down into those "without never-married sons or daughters" and "with never-married sons or daughters". For 2001 this reads "without children" and "with children", with the attendant change in meaning.

Comparability of 2001 Place of Work Data

Working at home can be measured in different ways. In the census, the "Worked at home" category includes persons who live and work at the same physical location, such as farmers, teleworkers and work camp workers. In addition, the 2001 Census Guide instructed persons who worked part of the time at home and part of the time at an employer's address to indicate that they "Worked at home" if most of their time was spent working at home (e.g. three days out of five).

Other Statistics Canada surveys such as the General Social Survey, the Survey of Labour and Income Dynamics, and the Workplace and Employee Survey also collect information on working at home. However, the survey data are not directly comparable to the census data since the surveys ask respondents whether they did some or all of their paid work at home, whereas the census asks them where they usually worked most of the time. Consequently, census estimates on work at home are lower than survey estimates.

The place-of-work question has remained in virtually the same format in each census since 1971. However, in 1996, the category "No fixed workplace address" replaced "No usual place of work". In 1996, the census questionnaire was modified by adding a check box for the "No fixed workplace" response category. In previous censuses, respondents were asked to write "No usual place of work" in the address fields. It is believed that previous censuses have undercounted the number of persons with "No fixed workplace address".

Annexations, incorporations and amalgamations of municipalities could create some difficulties when comparing spatial units and structures which change over time.

Data Quality for School Attendance

The overall quality of the education variables from the 2001 Census is acceptable. However, users of the 2001 Census data on school attendance are cautioned that the counts for the 15 to 19 year olds not attending school category may be too high. The proportion of persons aged 15 to 19 who indicated they had not attended school in the school year prior to the census increased from 18% in 1996 to 23% in 2001. This variable requires further research.

Data Quality – Relationship of Census Income Estimates to the National Accounts and Survey of Labour and Income Dynamics

Census income estimates of aggregate income in 2000 were compared to similar personal income estimates from the national accounts. After adjustments to the personal income estimates for differences in concepts and coverage, the census estimate of aggregate income in 2000 from comparable sources was 4.1% lower than the national accounts estimate. As in the past, census estimates for some income components and for some provinces compared more favourably than for others.

Census estimates of aggregate wages and salaries, the largest component of income, were almost identical to the national accounts estimates. Although there was a large difference between the two estimates of net income from farm self-employment (the smallest component of individual earnings), census estimates of aggregate income from both farm and non-farm self-employment were lower by 1%. Overall, estimates of total income from employment were nearly identical.

Census estimates of Old Age Security pensions and the Guaranteed Income Supplement were about 5% higher, while those for Canada/Quebec Pension Plan benefits were about 9% lower, than adjusted national accounts estimates. Employment Insurance benefits reported in the census were smaller by about 6%. Estimates of aggregate Canada Child Tax benefits were nearly identical in both estimates. Census estimates of other government transfer payments, which include such items as social welfare benefits, provincial income supplements to seniors, veterans' pensions and GST/HST/QST refunds, were significantly below the estimates from the national accounts. Overall, census estimates of aggregate income from all government transfer payments were lower by about 13%. As in previous census-year comparisons, the census estimate of investment income was significantly lower, by 32% in 2000, than the national accounts estimate.

Census income statistics were also compared with similar statistics from the annual Survey of Labour and Income Dynamics (SLID). SLID estimates reflect adjustments made for population undercoverage, while census estimates do not include such an adjustment. This adjustment contributes to census estimates showing fewer income recipients (by 3.4%) and earners (by 7.2%) than SLID estimates. Consequently, census estimates of aggregate earnings are 4% lower than the SLID estimate, while the census estimate of aggregate total income of individuals is lower by 3%. Most of the observed provincial differences were considered acceptable in the light of sampling errors in the Survey.

Immigration and Citizenship Data

Persons living on Indian reserves and Indian settlements, who were enumerated with the 2001 Census Form 2D questionnaire, were not asked the citizenship and immigration questions. Consequently, data are not shown for Indian reserves and Indian settlements at the lower geographic levels. These data, however, are included in the totals for larger geographic areas, such as census divisions and provinces.

Impact of Municipal Restructuring

The boundaries and names of municipalities (census subdivisions) can change from one census to the next because of annexations, dissolutions and incorporations. However, since the 1996 Census, the changes are more numerous and more dramatic, especially in the provinces of Quebec, Ontario and British Columbia. In general, data from the 2001 Census are available for fewer and larger census subdivisions, and historical analyses are more complex. To bridge the impact of these municipal changes on data dissemination, the 2001 Census is producing a profile for dissolved census subdivisions.

Income Reference Period

Canadian censuses were conducted in 1996 and 2001. Income data from these censuses relate to the calendar year prior to the census year, i.e. 1995 and 2000 respectively.

Income Suppression

Area suppression is the deletion of all characteristic data for geographic areas with populations below a specified size. Income distributions and related statistics are suppressed if the population in the area, excluding institutional residents, is less than 250 from either the 100% or the 20% database, or if the number of private households is less than 40 from the 20% database.

Migration Data for Small Geographic Areas

Estimates of internal migration may be less accurate for small geographic areas, areas with a place name which is duplicated elsewhere, and for some Census Subdivisions (CSD) where previous residents may have provided the name of the Census Metropolitan Area or Census Agglomeration instead of the specific name of the component CSD from which they migrated.

Non-permanent Residents

In 1991, 1996 and 2001, the Census of Population enumerated both permanent and non-permanent residents of Canada. Non-permanent residents are persons who held a student or employment authorization, Minister's permit, or who were refugee claimants, at the time of the census. Family members living with these persons are also classified as non-permanent residents.

Prior to 1991, only permanent residents of Canada were included in the census. (The only exception to this occurred in 1941.) Non-permanent residents were considered foreign residents and were not enumerated.

Today in Canada, non-permanent residents make up a significant segment of the population, especially in several census metropolitan areas. Their presence can affect the demand for such government services as health care, schooling, employment programs and language training. The inclusion of non-permanent residents in the census facilitates comparisons with provincial and territorial statistics (marriages, divorces, births and deaths) which include this population. In addition, this inclusion of non-permanent residents brings Canadian practice closer to the UN recommendation that long-term residents (persons living in a country for one year or longer) be enumerated in the census.

According to the 1996 Census, there were 166,715 non-permanent residents in Canada, representing 0.6% of the total population. There were slightly more non-permanent residents in Canada at the time of the 2001 Census: 198,645 non-permanent residents, or 0.7% of the total population.

Total population counts, as well as counts for all variables, are affected by this change in the census universe. Users should be especially careful when comparing data from 1991, 1996 or 2001 with data from previous censuses in geographic areas where there is a concentration of non-permanent residents. Such areas include the major metropolitan areas in Ontario, Quebec and British Columbia.

Although every attempt has been made to enumerate non-permanent residents, factors such as language difficulties, the reluctance to complete a government form or to understand the need to participate may have affected the enumeration of this population.

Nunavut

Data from the 2001 Census are available for Nunavut, the new territory that came into effect on April 1, 1999.

Standard data products released only at the Canada/Province/Territory geographic levels will not contain data for Nunavut for the census years prior to 2001.

Standard data products released at the Census Metropolitan Area (CMA) and Census Agglomeration (CA) geographic levels will contain data for Nunavut for the 2001, 1996 and/or 1991 Censuses.

The 1996 and 1991 CMA/CA data have been adjusted to reflect as closely as possible the 2001 CMA/CA geographic boundaries. This has been done to facilitate data comparisons using the 2001 geographic boundaries.

Ontario Census Tracts

A database error affected the presentation of the 1996 population counts for two census tracts (CTs), namely CTs 0520.05 and 0520.06, in the Census Metropolitan Area (CMA) of Toronto. The data for these CTs are correct but inverted: 0520.05 contains the data for 0520.06, and 0520.06 contains the data for 0520.05. Because of operational constraints, it was not possible to make adjustments to the 1996 database (adjusted counts) for these two CTs. Care should therefore be exercised when using these data.

Population 15 Years and Over Who Worked Since 2000

Refers to those who have worked since January 1, 2000, regardless of whether or not they were in the labour force in the reference week.

Population and Dwelling Count Amendments

After the release of the population and dwelling counts, errors are occasionally uncovered in the data. It is not possible to make changes to the 2001 Census data presented in these tables. Users can, however, obtain the population and dwelling count amendments listed by census subdivisions and other levels of geography by visiting the 2001 Census portion of the Statistics Canada Web site at www.statcan.ca. In addition, users can contact the nearest Statistics Canada regional reference centre by telephone at 1 800 263-1136 or by e-mail at infostats@statcan.ca.

Population Counts

The 2001 Census population counts for a particular area represent the number of Canadians whose usual place of residence is in that area, regardless of where they happened to be on Census Day. Also included are any Canadians who were staying in that area on Census Day and who had no usual place of residence elsewhere in Canada, as well as those considered to be "non-permanent residents" (see the Special Notes). For most areas, there is little difference between the number of usual residents and the number of people staying in the area on Census Day. For certain places, however, such as tourist or vacation areas, or those including large work camps, the number of people staying in that area at any particular time could significantly exceed the number of usual residents shown here. The population counts include Canadians living in other countries, but do not include foreign residents living in Canada (the "foreign residents" category does not include "non-permanent residents" - see the Special Notes). Given these differences, users are advised not to interpret population counts as being the number of people living in the reported dwellings.

Structural Type of Dwelling

The 2001 Census collected data for two new categories for structural type of dwelling:

Apartment with direct ground access in a building that has fewer than five storeys; and Apartment without direct ground access in a building that has fewer than five storeys.

Postcensal data evaluation has revealed a serious misclassification problem with these dwellings. As a result, the data will not be released.

Data for "Apartment in a building that has fewer than five storeys" have been released in 2001 products. This category is an aggregate of the two new previously mentioned categories, and is directly comparable with the same category from previous censuses. It presents no data problems.

Appendix 1. Incompletely Enumerated Indian Reserves and Indian Settlements, 1996 and 1991 Population Counts

Province	Incompletely enumerated Indian reserves and Indian settlements, 2001	Population	
		1996	1991
Quebec	Akwesasne (Partie)	¶	¶
	Doncaster 17	0	4
	Kahnawake 14	¶	¶
	Kanesatake	¶	¶
	Lac-Rapide	228	¶
Ontario	Akwesasne (Part) 59 (formerly Akwesasne [Part])	¶	¶
	Bear Island 1	153	¶
	Chippewas of the Thames First Nation 42 (formerly Chippewa of the Thames First Nation)	¶	¶
	Goulais Bay 15A	¶	¶
	Marten Falls 65	204	187
	Moose Factory 68	0	0
	Munsee-Delaware Nation 1	¶	¶
	Ojibway Nation of Saugeen (Savant Lake) (formerly Savant Lake)	¶	171
	Oneida 41	¶	¶
	Pikangikum 14	1,170	1,303
	Rankin Location 15D	¶	¶
	Six Nations (Part) 40 (Brant County)	¶	¶
	Six Nations (Part) 40 (Haldimand-Norfolk Regional Municipality)	¶	¶
	Tyendinaga Mohawk Territory (formerly Tyendinaga 38)	¶	¶
	Wahta Mohawk Territory (formerly Gibson 31)	¶	130
	Whitefish Bay 32A	¶	¶
	Whitesand	115	0
Manitoba	Dakota Tipi 1	¶	72
Saskatchewan	Big Head 124	¶	¶
Alberta	Ermineskin 138	¶	¶
	Little Buffalo	¶	186
	Saddle Lake 125	¶	1,893
British Columbia	Esquimalt	¶	¶
	Marble Canyon 3	67	¶
	Pavilion 1	76	73

Appendix 2. Suppressed Census Tracts Showing Population Counts by Census Metropolitan Area and Census Agglomeration, 2001 Census

Suppressed Census Tracts	Population Counts (100% Data)	Population Counts (20% Sample Data)
Belleville CA		
0010	35	34
0013 **A**	10	4
0014 **A**	33	33
0405	-	-
0407	-	-
Edmonton CMA		
0015.01	5	4
0016.01	-	-
0019.01	-	-
0052.01	-	-
0064.02	-	-
0065.03	-	-
0090.07	-	-
Granby CA		
0003 **A**	38	38
Greater Sudbury CMA		
0013	-	-
Halifax CMA		
0155 ◆◆◆◇◇◇ **A**	15	14
Kitchener CMA		
0106.03 ◆◆◆◇◇◇	5	2
Lethbridge CA		
0010	25	15
London CMA		
0035	-	-
Montréal CMA		
0014.02	23	23
0040	-	-
0071	-	-
0091	-	-
0094.02	-	-
0127.02	17	17
0145	-	-
0189	-	-
0229	-	-
0268.03	-	-
0440	-	-
0832 ¶		-
Ottawa - Hull CMA		
0140.01	20	16
Saint John CMA		
0005	15	6
Saint-Jean-sur-Richelieu CA		
0006	5	-
0010	-	-
0303	-	-
Toronto CMA		
0003	-	-
0376.06 ◇	35	20
0401.05	5	5
Trois-Rivières CMA		
0301	39	38
Vancouver CMA		
0270	-	-
Winnipeg CMA		
0052	-	-

Note:

For more information on the 2001 suppression rules, please see the Data Quality section in the Reference Material of this publication.

Regional Reference Centres

The Advisory Services Division of Statistics Canada provides an information dissemination network across the country through eight regional reference centres. Each reference centre has a collection of current publications and reference documents that can be consulted or purchased, along with diskettes, CD-ROMs, maps, and other products. Copying facilities for printed materials are available on site.

Each reference centre provides a wide range of additional services. Advisory Services can provide assistance in helping you identify your informational needs, establish sources of available data, consolidate and integrate data from different sources, develop profiles, provide analysis of highlights or tendencies and, finally, provide training on products, services, Statistics Canada concepts and the use of statistical data.

For more information, call the National Toll-free Enquiries Line listed below or send an e-mail to infostats@statcan.ca.

Contact Us

National Toll-free **Enquiries** Line (Canada and United States):
1 800 263-1136

TTY: 1 800 363-7629

Toll-free **Order Only** Line (Canada and United States): 1 800 267-6677

National Toll-free **Fax Order** Line (Canada and United States):
1 877 287-4369

E-mail: infostats@statcan.ca

Atlantic Region

Serving the provinces of Newfoundland and Labrador, Nova Scotia, Prince Edward Island and New Brunswick.

Advisory Services
Statistics Canada
2nd Floor, Box 11
1741 Brunswick Street
Halifax, Nova Scotia
B3J 3X8

Toll-free number: 1 800 263-1136
Local calls: (902) 426-5331
Fax number: (902) 426-9538
E-mail: infostats@statcan.ca

Quebec Region

Serving the province of Quebec and the territory of Nunavut except the National Capital Region.

Advisory Services
Statistics Canada
4th Floor, East Tower
Guy Favreau Complex
200 René Lévesque Blvd. W
Montréal, Quebec
H2Z 1X4

Toll-free number: 1 800 263-1136
Local calls: (514) 283-5725
Fax number: (514) 283-9350
E-mail: infostats@statcan.ca

National Capital Region

Serving the National Capital Region.

Statistical Reference Centre
(National Capital Region)
Statistics Canada
Main Building, Room 1500
120 Parkdale Avenue
Ottawa, Ontario
K1A 0T6

Toll-free number: 1 800 263-1136
Local calls: (613) 951-8116
Fax number: (613) 951-0581
E-mail: infostats@statcan.ca

Ontario Region

Serving the province of Ontario except the National Capital Region.

Advisory Services
Statistics Canada
Arthur Meighen Building, 10th Floor
25 St. Clair Avenue E
Toronto, Ontario
M4T 1M4

Toll-free number: 1 800 263-1136
Local calls: (416) 973-6586
Fax number: (416) 973-7475
E-mail: infostats@statcan.ca

Prairie Region

This region has three reference centres serving the provinces of Manitoba, Saskatchewan, Alberta and the Northwest Territories.

Serving the province of Manitoba:

Advisory Services
Statistics Canada
Via Rail Building, Suite 200
123 Main Street
Winnipeg, Manitoba
R3C 4V9

Toll-free number: 1 800 263-1136
Local calls: (204) 983-4020
Fax number: (204) 983-7543
E-mail: infostats@statcan.ca

Prairie Region – concluded

Serving the province of Saskatchewan:

Advisory Services
Statistics Canada
Park Plaza, Suite 440
2365 Albert Street
Regina, Saskatchewan
S4P 4K1

Toll-free number: 1 800 263-1136
Local calls: (306) 780-5405
Fax number: (306) 780-5403
E-mail: infostats@statcan.ca

Serving Alberta and the Northwest Territories:

Advisory Services
Statistics Canada
Pacific Plaza, Suite 900
10909 Jasper Avenue NW
Edmonton, Alberta
T5J 4J3

Toll-free number: 1 800 263-1136
Local calls: (780) 495-3027
Fax number: (780) 495-5318
E-mail: infostats@statcan.ca

Pacific Region

Serving the province of British Columbia and the Yukon Territory.

Advisory Services
Statistics Canada
Library Square Tower
600-300 West Georgia Street
Vancouver, British Columbia
V6B 6C7

Toll-free number: 1 800 263-1136
Local calls: (604) 666-3691
Fax number: (604) 666-4863
E-mail: infostats@statcan.ca

Définitions

Pour de plus amples renseignements sur les définitions et les notes spéciales, veuillez consultez le Dictionnaire du recensement de 2001, n° 92-378-XIF ou 92-378-XPF au catalogue.

Activité (pendant la semaine de référence)

Activité sur le marché du travail des personnes âgées de 15 ans et plus au cours de la semaine (du dimanche au samedi) ayant précédé le jour du recensement (le 15 mai 2001). Les recensés sont classés dans les catégories « Personnes occupées », « Chômeurs » ou « Inactifs ». La population active comprend les personnes occupées et les chômeurs.

Personnes occupées (pendant la semaine de référence)
Personnes âgées de 15 ans et plus, à l'exclusion des pensionnaires d'un établissement institutionnel, qui, au cours de la semaine (du dimanche au samedi) ayant précédé le jour du recensement (le 15 mai 2001) :

a) avaient fait un travail quelconque à un emploi salarié ou à leur compte ou sans rémunération dans une ferme ou une entreprise familiale ou dans l'exercice d'une profession;

b) étaient temporairement absentes de leur travail ou de l'entreprise, avec ou sans rémunération, toute la semaine à cause de vacances, d'une maladie, d'un conflit de travail à leur lieu de travail, ou encore pour d'autres raisons.

Chômeurs (pendant la semaine de référence)
Personnes âgées de 15 ans et plus, à l'exclusion des pensionnaires d'un établissement institutionnel, qui, pendant la semaine (du dimanche au samedi) ayant précédé le jour du recensement (le 15 mai 2001), étaient sans emploi salarié et sans travail à leur compte, étaient prêtes à travailler et :

a) avaient activement cherché un emploi salarié au cours des quatre semaines précédentes; ou

b) avaient été mises à pied mais prévoyaient reprendre leur emploi; ou

c) avaient pris des arrangements définis en vue de se présenter à un nouvel emploi dans les quatre semaines suivantes.

Inactifs (pendant la semaine de référence)
Personnes âgées de 15 ans et plus, à l'exclusion des pensionnaires d'un établissement institutionnel, qui, pendant la semaine (du dimanche au samedi) ayant précédé le jour du recensement (le 15 mai 2001), n'étaient ni occupées ni en chômage. Les inactifs comprennent les étudiants, les personnes au foyer, les retraités, les travailleurs saisonniers en période de relâche qui ne cherchaient pas un travail et les personnes qui ne pouvaient travailler en raison d'une maladie chronique ou d'une incapacité à long terme.

Population active (pendant la semaine de référence)
Personnes qui étaient soit occupées, soit en chômage pendant la semaine (du dimanche au samedi) ayant précédé le jour du recensement (le 15 mai 2001).

Au cours des recensements précédents, cette variable était appelée « Population active totale ».

Taux d'activité (pendant la semaine de référence)
Pourcentage de la population active pendant la semaine (du dimanche au samedi) ayant précédé le jour du recensement (le 15 mai 2001) par rapport aux personnes âgées de 15 ans et plus à l'exclusion des pensionnaires d'un établissement institutionnel.

Le taux d'activité d'un groupe donné (âge, sexe, état matrimonial, région géographique, etc.) correspond au nombre total d'actifs dans ce groupe, exprimé en pourcentage des personnes âgées de 15 ans et plus, de ce groupe.

Taux d'emploi (pendant la semaine de référence)
Pourcentage de la population occupée au cours de la semaine (du dimanche au samedi) ayant précédé le jour du recensement (le 15 mai 2001), par rapport au pourcentage de la population de 15 ans et plus à l'exclusion des pensionnaires d'un établissement institutionnel.

Le taux d'emploi pour un groupe donné (âge, sexe, état matrimonial, région géographique, etc.) correspond au nombre de personnes occupées dans ce groupe, exprimé en pourcentage des personnes âgées de 15 ans et plus, de ce groupe.

Au cours des recensements antérieurs, cette variable était appelée « Rapport emploi-population ».

Taux de chômage (pendant la semaine de référence)
Pourcentage de la population en chômage par rapport à la population active pendant la semaine (du dimanche au samedi) ayant précédé le jour du recensement (le 15 mai 2001).

Le taux de chômage d'un groupe donné (âge, sexe, état matrimonial, région géographique, etc.) correspond au nombre de chômeurs dans ce groupe exprimé en pourcentage de la population active dans ce groupe pendant la semaine ayant précédé le recensement.

Âge

Âge au dernier anniversaire de naissance (à la date de référence du recensement, soit le 15 mai 2001). Cette variable est établie d'après la réponse à la question sur la date de naissance.

Âge à l'immigration

Âge du recensé lorsqu'il a obtenu pour la première fois le statut d'immigrant reçu. Un immigrant reçu est une personne à qui les autorités de l'immigration ont accordé le droit de résider au Canada en permanence.

Agglomération de recensement (AR)

Se reporter à la définition de Région métropolitaine de recensement (RMR) et agglomération de recensement (AR).

Catégorie de lieu de travail

Lieu de travail des personnes âgées de 15 ans et plus, à l'exclusion des pensionnaires d'un établissement institutionnel, qui ont travaillé depuis le 1er janvier 2000. La variable se rapporte habituellement à l'emploi occupé par les recensés au cours de la semaine ayant précédé le recensement. Toutefois, dans le cas des personnes qui n'ont pas travaillé cette semaine-là, mais qui avaient travaillé à un moment quelconque depuis le 1er janvier 2000, les données portent sur l'emploi occupé le plus longtemps au cours de cette période.

À domicile – Les personnes dont le lieu de travail et la résidence se trouvaient dans le même immeuble, celles qui habitaient la ferme où elles travaillaient, les concierges d'immeuble et les télétravailleurs qui travaillaient à domicile pendant la plus grande partie de leur semaine de travail.

En dehors du Canada – Personnes dont le lieu de travail est à l'extérieur du Canada. Les diplomates, les membres des Forces armées et les autres personnes dénombrées à l'étranger, de même que les nouveaux immigrants ne travaillant pas en ce moment, mais dont l'emploi de plus longue durée depuis le 1er janvier 2000 avait été exercé à l'extérieur du Canada.

Sans adresse de travail fixe – Les personnes qui ne se rendaient pas au même lieu de travail au début de chaque quart, notamment les entrepreneurs en bâtiments, les entrepreneurs paysagistes, les représentants de commerce, les chauffeurs de camion indépendants, etc.

À l'adresse précisée ci-dessous – Les personnes qui ne sont pas incluses dans les catégories ci-dessus et qui se rendent au même lieu de travail (habituel) au début de chaque quart sont incluses ici. Les recensés devaient inscrire le numéro de voirie, la ville, le village, le canton, la municipalité ou la réserve indienne, la province ou le territoire et le code postal de leur lieu de travail. Ceux qui ne connaissaient pas l'adresse complète pouvaient donner uniquement le nom de l'immeuble ou de l'intersection la plus proche.

Les télétravailleurs qui passaient moins que la moitié de la semaine de travail à leur bureau à domicile devaient donner l'adresse complète de leur employeur. Les personnes qui travaillaient à des endroits différents, mais se présentaient à un siège social au début de chaque quart devaient donner l'adresse complète du siège social.

Catégorie de revenu

Situation de la famille économique ou de la personne hors famille économique de 15 ans et plus par rapport aux seuils de faible revenu (SFR) de Statistique Canada.

Catégorie de travailleurs

Variable permettant de classer les personnes qui ont déclaré un emploi selon les catégories suivantes :

a) personnes qui ont travaillé principalement pour un salaire, pour un traitement, à commission, pour des pourboires, à la pièce ou contre rémunération « en nature » (paiements sous forme de biens ou de services, plutôt qu'en espèces);

b) personnes qui ont travaillé surtout à leur compte, avec ou sans aide rémunérée dans une entreprise, une ferme ou à exercer une profession, seules ou avec des associés;

c) personnes qui ont travaillé sans rémunération à exercer une profession ou dans une entreprise ou une ferme familiale appartenant à un parent du même ménage ou exploitée par celui-ci; le travail familial non rémunéré ne comprend pas les travaux ménagers non rémunérés, les soins aux enfants non rémunérés, les soins ou l'aide aux personnes âgées non rémunérés, ni le travail bénévole.

L'emploi déclaré désigne l'emploi que la personne occupait au cours de la semaine (du dimanche au samedi) ayant précédé le recensement (le 15 mai 2001) si elle avait travaillé, l'emploi qu'elle a occupé le plus longtemps depuis le 1er janvier 2000, si la personne n'avait pas travaillé au cours de la semaine de référence. Les personnes ayant occupé deux emplois ou plus cette semaine-là devaient donner des renseignements sur celui auquel elles avaient consacré le plus grand nombre d'heures.

Forme juridique

Forme juridique des entreprises commerciales ou agricoles ou dans l'exercice d'une profession. Cette variable s'applique aux personnes qui travaillaient surtout à leur compte, avec ou sans aide rémunérée, dans l'emploi déclaré, c'est-à-dire l'emploi qu'elles avaient pendant la semaine (du dimanche au samedi) ayant précédé le recensement (le 15 mai 2001) ou l'emploi qu'elles ont occupé le plus longtemps depuis le 1er janvier 2000. Une **entreprise constituée en société** est une entreprise ou une ferme ou l'exercice d'une profession ayant une entité juridique constituée sous le régime de lois provinciales ou fédérales. Une **entreprise** ou une ferme ou l'exercice d'une profession **non constituée en société** ne représente pas une entité juridique distincte; il peut toutefois s'agir d'une société en nom collectif, d'une entreprise familiale ou d'une entreprise exploitée par le propriétaire.

Chambres à coucher

Pièces conçues et meublées pour servir de chambres à coucher et utilisées principalement pour y dormir, même si ce n'est qu'à l'occasion (une chambre d'ami par exemple).

Citoyenneté

Statut légal de citoyenneté du recensé. Les personnes ayant plus d'une citoyenneté devaient indiquer le nom du ou des autres pays dont ils étaient citoyens.

Connaissance des langues non officielles

Indique les langues autres que le français ou l'anglais dans lesquelles le recensé peut soutenir une conversation.

Connaissance des langues officielles

Indique si le recensé peut soutenir une conversation en français seulement, en anglais seulement, en français et en anglais, ou dans aucune des deux langues officielles du Canada.

Division de recensement (DR)

Division de recensement (DR) est le terme général de régions créées en vertu des lois provinciales (comme les comtés, les municipalités régionales de comté et les regional districts) ou d'autres genres de régions. Les divisions de recensement sont des régions géographiques intermédiaires entre la municipalité (subdivision de recensement) et la province.

État du logement

Variable indiquant si, selon le répondant, le logement nécessite des réparations (à l'exception des rénovations ou ajouts souhaités).

État matrimonial légal

Situation conjugale légale d'une personne.

Voici la définition des diverses catégories de réponse :

Jamais légalement marié (célibataire) – Personne qui n'a jamais été mariée (y compris toute personne de moins de 15 ans) ou personne dont le mariage a été annulé et qui ne s'est pas remariée.

Légalement marié (et non séparé) – Personne mariée dont le conjoint est vivant, à moins que le couple ne soit séparé ou divorcé.

Séparé, mais toujours légalement marié – Personne actuellement mariée, mais qui ne vit plus avec son conjoint (pour quelque raison que ce soit autre que la maladie ou le travail) et qui n'a pas obtenu de divorce.

Divorcé – Personne qui a obtenu un divorce et qui ne s'est pas remariée.

Veuf ou veuve – Personne dont le conjoint est décédé et qui ne s'est pas remariée.

Famille de recensement

Couple marié (avec ou sans enfants des deux conjoints ou de l'un d'eux), couple vivant en union libre (avec ou sans enfants des deux partenaires ou de l'un d'eux) ou parent seul (peu importe son état matrimonial) demeurant avec au moins un enfant dans le même logement. Un couple vivant en union libre peut être de sexe opposé ou de même sexe. Les « enfants » dans une famille de recensement incluent les petits-enfants vivant dans le même ménage que leurs grands-parents, en l'absence des parents.

Famille économique

Groupe de deux personnes ou plus qui vivent dans le même logement et qui sont apparentées par le sang, par alliance, par union libre ou par adoption.

Fréquence des unités à faible revenu

Proportion ou pourcentage de familles économiques ou de personnes hors famille économique dans une catégorie donnée dont le revenu est inférieur aux seuils de faible revenu. Ces taux de fréquence sont calculés d'après des estimations non arrondies des familles économiques et des personnes hors famille économique âgées de 15 ans et plus.

Fréquentation scolaire

Fréquentation à plein temps ou à temps partiel (le jour ou le soir) d'une école, d'un collège ou d'une université au cours de la période de neuf mois allant de septembre 2000 au 15 mai 2001. La fréquentation est comptée seulement pour les cours permettant d'accumuler des crédits en vue de l'obtention d'un certificat, d'un diplôme ou d'un grade.

Genre de ménage

Répartition fondamentale des ménages privés en ménages familiaux et en ménages non familiaux. Un ménage familial est un ménage qui comprend au moins une famille de recensement, c'est-à-dire un couple marié avec ou sans enfants, ou un couple vivant en union libre avec ou sans enfants, ou un parent seul avec un ou plusieurs enfants (famille monoparentale). Un ménage unifamilial se compose d'une seule famille de recensement (avec ou sans autres personnes hors famille) qui occupe un logement privé. Un ménage multifamilial se compose de deux familles de recensement ou plus (avec ou sans autres personnes hors famille de recensement) qui occupent le même logement privé.

Un ménage non familial est constitué soit d'une personne vivant seule dans un logement privé, soit d'un groupe de deux personnes ou plus qui partagent un logement privé, mais qui ne forment pas une famille de recensement.

Genre de subdivision de recensement

Les subdivisions de recensement (SDR) sont classées en 46 genres, selon les appellations officielles adoptées par les autorités provinciales ou fédérales. Il y a toutefois deux exceptions, soit la *Subdivision of Unorganized* à Terre-Neuve-et-Labrador et la *Subdivision of County Municipality* en Nouvelle-Écosse, qui constituent des régions géographiques équivalant aux municipalités et qui ont été créées par Statistique Canada et ces provinces pour la diffusion de données statistiques.

Afin de mieux distinguer les SDR les unes des autres, le nom de chaque subdivision de recensement est généralement accompagné d'une indication du **genre de subdivision de recensement**, par exemple, Granby, V (pour la « ville » de Granby) et Granby, CT (pour la « municipalité de canton » de Granby).

Heures consacrées à offrir des soins ou de l'aide aux personnes âgées, sans paye ou sans salaire

Nombre d'heures que la personne a consacrées à offrir des soins ou de l'aide aux personnes âgées, sans salaire, pour des membres du ménage du recensé, pour d'autres membres âgés de la famille ne faisant pas partie du ménage, pour des amis ou des voisins pendant la semaine (du dimanche au samedi) ayant précédé le jour du recensement (le 15 mai 2001).

Les soins ou l'aide aux personnes âgées sans paye ou sans salaire ne comprennent pas le travail bénévole pour un organisme à but non lucratif, un organisme religieux, une oeuvre de charité ou un groupe communautaire ni le travail sans paye dans une ferme ou une entreprise familiale ou dans l'exercice d'une profession.

Heures consacrées aux soins des enfants, sans paye ou sans salaire

Nombre d'heures que la personne a consacrées à donner des soins aux enfants, sans paye ou sans salaire. Sont incluses les heures consacrées à donner des soins aux enfants, sans paye ou sans salaire, pour des membres du ménage du recensé, pour d'autres membres de la famille ne faisant pas partie du ménage, pour des amis ou des voisins ou d'autres membres de la famille à l'extérieur du ménage pendant la semaine (du dimanche au samedi) ayant précédé le jour du recensement (le 15 mai 2001).

Les soins aux enfants sans paye ou sans salaire ne comprennent pas le travail bénévole pour un organisme à but non lucratif, un organisme religieux, une oeuvre de charité ou un groupe communautaire ni le travail sans paye dans une ferme ou une entreprise familiale ou dans l'exercice d'une profession.

Heures consacrées aux travaux ménagers, sans paye ou sans salaire

Nombre d'heures que la personne a consacrées aux travaux ménagers, à l'entretien de la maison ou du jardin, sans paye ou sans salaire, pendant la semaine (du dimanche au samedi) ayant précédé le jour du recensement (le 15 mai 2001). Sont incluses les heures consacrées aux travaux ménagers, sans paye ou sans salaire, pour des membres du ménage du recensé, pour d'autres membres de la famille ne faisant pas partie du ménage, pour des amis ou des voisins.

Les travaux ménagers sans paye ou sans salaire ne comprennent pas le travail bénévole pour un organisme à but non lucratif, un organisme religieux, une oeuvre de charité ou un groupe communautaire ni le travail sans paye dans une ferme ou une entreprise familiale ou dans l'exercice d'une profession.

Identité autochtone

Personne ayant déclaré appartenir à au moins un groupe autochtone, c'est-à-dire Indien de l'Amérique du Nord, Métis ou Inuit (Esquimau) et/ou personne ayant déclaré être un Indien des traités ou un Indien inscrit tel que défini par la *Loi sur les Indiens* du Canada et/ou personne ayant déclaré appartenir à une bande indienne ou à une première nation. Lors du recensement de 1991 et des recensements antérieurs, la population autochtone était déterminée au moyen de la question sur l'origine ethnique (ancêtres). Au recensement de 1996, on a ajouté une question sur la propre perception du recensé face à son identité autochtone. La question du recensement de 2001 est la même que celle de 1996.

Indien inscrit ou Indien des traités

Personnes ayant déclaré être inscrites en vertu de la *Loi sur les Indiens* du Canada. Les Indiens des traités sont des personnes qui sont inscrites en vertu de la *Loi sur les Indiens* et qui peuvent démontrer qu'elles descendent d'une bande qui a signé un traité. La question sur le statut d'Indien inscrit a été posée en 1991; toutefois, la présentation de la question posée au recensement de 1996 était quelque peu différente. En 1991, l'appartenance à une bande indienne était un sous élément de la question 16 portant sur les Indiens inscrits. Le recensé devait indiquer s'il était un Indien inscrit dans la première partie de la question, puis préciser la bande indienne ou la première nation à laquelle il appartenait dans la deuxième partie de la question. En 1996, une question directe a été élaborée en vue de recueillir des données sur le statut d'Indien inscrit ou d'Indien des traités.

Le libellé de la question de 1996 différait légèrement de celui des questions posées aux recensements précédents. Avant 1996, le terme « Indien des traités » n'était pas utilisé dans la question. Il a été ajouté en 1996 à la demande des personnes des provinces de l'Ouest où ce terme est davantage utilisé.

Industrie (basée sur le Système de classification des industries de l'Amérique du Nord de 1997 [SCIAN])

Nature générale de l'activité de l'établissement où travaille la personne. Si la personne n'avait pas d'emploi au cours de la semaine (du dimanche au samedi) ayant précédé le recensement (le 15 mai 2001), elle devait donner des renseignements sur l'emploi qu'elle avait occupé le plus longtemps depuis le 1er janvier 2000. Les personnes qui avaient deux emplois ou plus devaient fournir des renseignements sur celui auquel elles avaient consacré le plus grand nombre d'heures de travail.

Les données sur l'industrie du recensement de 2001 sont produites en fonction du Système de classification des industries de l'Amérique du Nord (SCIAN) de 1997. Ce dernier, qui assure une meilleure comparabilité entre les données sur l'industrie des trois partenaires de l'Accord de libre-échange nord-américain (ALENA) (Canada, États-Unis et Mexique), consiste en un répertoire systématique et détaillé des industries regroupées en 20 secteurs, 99 sous-secteurs et 300 groupes. Les critères utilisés pour créer ces catégories sont la similitude des structures d'intrants, des qualifications de la main-d'oeuvre ou des processus de production utilisés par l'établissement. Pour obtenir plus de renseignements au sujet de cette classification, reportez-vous au *Système de classification des industries de l'Amérique du Nord, Canada, 1997*, n° 12-501-XPF au catalogue.

La variable Industrie (selon le SCIAN de 1997) ne permet pas d'établir de comparaisons directes avec les données sur l'industrie des recensements antérieurs. Il faut utiliser la Classification type des industries de 1980 pour effectuer des comparaisons entre les données des recensements de 1986, 1991, 1996 et 2001.

Langue maternelle

Première langue apprise à la maison dans l'enfance et encore comprise par le recensé au moment du recensement.

Langue parlée à la maison

Langue que le recensé parlait le plus souvent à la maison ou de façon régulière au moment du recensement.

Langue utilisée au travail

Cette question portait sur la langue le plus souvent utilisée au travail par le recensé au moment du recensement. Des données sur les autres langues utilisées au travail de façon régulière ont aussi été recueillies.

Lieu de naissance du répondant

Provinces ou territoires de naissance pour les répondants nés au Canada ou pays de naissance pour les répondants nés à l'extérieur du Canada.

Lieu de résidence 1 an auparavant (mobilité)

La mobilité est déterminée d'après le lien entre le domicile habituel d'une personne le jour du recensement et son domicile habituel un an plus tôt. Il s'agit d'une personne n'ayant pas déménagé si son domicile n'a pas changé dans l'intervalle; sinon, il s'agit d'une personne ayant déménagé. Cette catégorisation correspond à la mobilité (1 an auparavant). Dans la catégorie des personnes ayant déménagé, on peut également distinguer les non-migrants et les migrants; cette distinction correspond au statut migratoire.

Les **personnes n'ayant pas déménagé** sont celles qui, le jour du recensement, demeuraient à la même adresse que celle où elles résidaient un an plus tôt.

Les **personnes ayant déménagé** sont celles qui, le jour du recensement, demeuraient à une autre adresse que celle où elles résidaient un an plus tôt.

Les **non-migrants** sont des personnes ayant déménagé qui, le jour du recensement, demeuraient à une autre adresse mais dans la même subdivision de recensement (SDR) que celle où elles résidaient un an plus tôt.

Les **migrants** sont des personnes ayant déménagé qui, le jour du recensement, demeuraient dans une SDR autre que celle où elles résidaient un an plus tôt (migrants internes) ou qui résidaient à l'extérieur du Canada un an plus tôt (migrants externes).

Les **migrants infraprovinciaux** sont des personnes ayant déménagé qui, le jour du recensement, demeuraient dans une subdivision de recensement autre que celle où elles résidaient un an plus tôt, dans la même province.

Les **migrants interprovinciaux** sont des personnes ayant déménagé qui, le jour du recensement, demeuraient dans une subdivision de recensement autre que celle où elles résidaient un an plus tôt, dans une province différente.

Lieu de résidence 5 ans auparavant (mobilité)

La mobilité est déterminée d'après le lien entre le domicile habituel d'une personne le jour du recensement et son domicile habituel cinq ans plus tôt. Il s'agit d'une personne n'ayant pas déménagé si son domicile n'a pas changé dans l'intervalle; sinon, il s'agit d'une personne ayant déménagé. Cette catégorisation correspond à la mobilité (5 ans auparavant). Dans la catégorie des personnes ayant déménagé, on peut également distinguer les non-migrants et les migrants; cette distinction correspond au statut migratoire.

Les **personnes n'ayant pas déménagé** sont celles qui, le jour du recensement, demeuraient à la même adresse que celle où elles résidaient cinq ans plus tôt.

Les **personnes ayant déménagé** sont celles qui, le jour du recensement, demeuraient à une autre adresse que celle où elles résidaient cinq ans plus tôt.

Les **non-migrants** sont des personnes ayant déménagé qui, le jour du recensement, demeuraient à une autre adresse mais dans la même subdivision de recensement (SDR) que celle où elles résidaient cinq ans plus tôt.

Les **migrants** sont des personnes ayant déménagé qui, le jour du recensement, demeuraient dans une SDR autre que celle où elles résidaient cinq ans plus tôt (migrants internes) ou qui résidaient à l'extérieur du Canada cinq ans plus tôt (migrants externes).

Les **migrants infraprovinciaux** sont des personnes ayant déménagé qui, le jour du recensement, demeuraient dans une subdivision de recensement autre que celle où elles résidaient cinq ans plus tôt, dans la même province.

Les **migrants interprovinciaux** sont des personnes ayant déménagé qui, le jour du recensement, demeuraient dans une subdivision de recensement autre que celle où elles résidaient cinq ans plus tôt, dans une province différente.

Logement privé

Ensemble distinct de pièces d'habitation ayant une entrée privée donnant sur l'extérieur ou sur un corridor, un hall, un vestibule ou un escalier commun à l'intérieur. L'entrée doit donner accès au logement sans que l'on ait à passer par les pièces d'habitation de quelqu'un d'autre. Le logement doit répondre aux deux conditions qui le rendent propre à l'habitation durant toute l'année :

a) avoir une source de chauffage ou d'énergie (comme en atteste la présence d'une cheminée, de fils électriques, de tuyaux ou compteurs pour l'huile [mazout] ou le gaz, d'une génératrice, de bois de chauffage, d'ampoules électriques, d'une thermopompe, de panneaux solaires, etc.);

b) fournir un espace clos permettant de s'abriter des intempéries (comme en atteste la présence de murs d'enceinte et d'un toit ainsi que de portes et fenêtres offrant une protection contre le vent, la pluie et la neige).

Pour les besoins du recensement, on classe les logements privés comme **logements privés ordinaires** et **logements marginaux occupés**. Les logements privés ordinaires se subdivisent en trois grandes catégories : les **logements occupés** (par des résidents habituels), les **logements occupés par des résidents étrangers et/ou temporaires** et les **logements inoccupés**. Les logements marginaux sont classés comme logements occupés par des résidents habituels ou comme logements occupés par des résidents étrangers et/ou temporaires. Les logements marginaux inoccupés le jour du recensement ne font pas partie du parc immobilier.

Logement privé occupé

Logement privé occupé de façon permanente par une personne ou un groupe de personnes. Sont également inclus dans cette catégorie les logements privés dont les résidents habituels sont temporairement absents le jour du recensement. Sauf indication contraire, toutes les données présentées dans les produits sur le logement ont trait aux logements privés occupés et non aux logements privés inoccupés ou aux logements occupés par des résidents étrangers et/ou temporaires uniquement.

Loyer brut

Total des montants mensuels moyens versés par les ménages locataires au titre de l'habitation.

Ménage privé

Personne ou groupe de personnes (autres que des résidents étrangers) occupant un logement privé et n'ayant pas de domicile habituel ailleurs au Canada.

Minorités visibles

Groupe de minorités visibles auquel le recensé appartient. Selon la *Loi sur l'équité en matière d'emploi*, font partie des minorités visibles « les personnes, autres que les Autochtones, qui ne sont pas de race blanche ou qui n'ont pas la peau blanche ».

La population des minorités visibles comprend les groupes suivants : Chinois, Sud-Asiatique, Noir, Philippin, Latino-Américain, Asiatique du Sud-Est, Arabe, Asiatique occidental, Coréen, Japonais, Minorité visible, n.i.a. et Minorités visibles multiples.

Mode d'occupation

Indique si le logement est possédé ou loué par un membre du ménage, ou s'il s'agit d'un logement de bande (dans une réserve ou un établissement indien).

Mode de transport

Mode de transport utilisé pour se rendre au travail par les personnes âgées de 15 ans et plus, à l'exclusion des pensionnaires d'un établissement institutionnel, qui ont travaillé depuis le 1er janvier 2000. Les personnes qui ont indiqué qu'elles n'avaient pas d'adresse de travail fixe, ou ont précisé l'adresse d'un lieu habituel de travail, devaient inscrire le moyen de transport utilisé le plus souvent pour faire la navette entre le domicile et le travail. La variable se rapporte habituellement à l'emploi occupé par les recensés au cours de la semaine ayant précédé le recensement. Toutefois, dans le cas des personnes qui n'ont pas travaillé cette semaine-là, mais qui avaient travaillé à un moment quelconque depuis le 1er janvier 2000, les données portent sur l'emploi occupé le plus longtemps au cours de cette période.

Les personnes qui utilisaient plus d'un moyen de transport devaient indiquer seulement celui qu'elles utilisaient pour faire la plus grande partie du trajet. En conséquence, la question a permis de recueillir des données sur le principal mode de transport utilisé pour se rendre au travail. Elle ne permet toutefois pas d'obtenir des données sur l'utilisation de plusieurs modes de transport, la variation saisonnière dans le choix du mode de transport, ni sur les déplacements faits à d'autres fins que pour faire la navette entre le domicile et le travail.

Origine autochtone

Personne ayant indiqué appartenir à au moins un groupe autochtone à la question sur l'origine ethnique, c'est-à-dire Indien de l'Amérique du Nord, Métis ou Inuit (Esquimau). L'origine ethnique se rapporte au(x) groupe(s) ethnique(s) ou culturel(s) auquel (auxquels) appartenaient les ancêtres du recensé. (Voir Origine ethnique.)

Origine ethnique

Groupe(s) ethnique(s) ou culturel(s) auquel (auxquels) appartenaient les ancêtres du recensé.

Période d'immigration

Tranches d'années établies d'après les réponses à la question sur l'année d'immigration. Par année d'immigration, on entend l'année au cours de laquelle la personne a obtenu le statut d'immigrant reçu pour la première fois.

Période de construction

Période au cours de laquelle l'immeuble ou le logement a été construit.

Personnes hors famille économique

Membres d'un ménage qui ne sont pas membres d'une famille économique. Les personnes qui vivent seules sont toujours comprises dans cette catégorie.

Pièces

Nombre de pièces dans un logement. Une pièce est un espace fermé à l'intérieur d'un logement, fini et habitable toute l'année.

Plus haut niveau de scolarité atteint

Dernière année d'études primaires ou secondaires, terminée ou non, ou dernière année universitaire ou collégiale terminée. Dans la hiérarchie de la scolarité, les études universitaires sont classées au-dessus des études collégiales. En outre, la personne qui a obtenu un grade, certificat ou diplôme se trouve classée à un échelon au-dessus de celle qui a un nombre d'années de scolarité plus élevé, terminées ou non, mais qui n'a pas de titre scolaire.

Population des immigrants

Personnes ayant le statut d'immigrant reçu au Canada, ou l'ayant déjà eu. Un immigrant reçu est une personne à qui les autorités de l'immigration ont accordé le droit de résider au Canada en permanence. Certains immigrants résident au Canada depuis un certain nombre d'années, alors que d'autres sont arrivés récemment. La plupart des immigrants sont nés à l'extérieur du Canada, mais un petit nombre d'entre eux sont nés au Canada.

Population des non-immigrants

Personnes qui sont des citoyens canadiens de naissance. Bien que la plupart de ces personnes soient nées au Canada, un petit nombre d'entre elles sont nées à l'étranger de parents canadiens.

Première langue officielle parlée

Variable élaborée pour l'application de la *Loi sur les langues officielles*.

Présence d'enfants

Nombre d'enfants dans les ménages privés selon le groupe d'âge.

Principales dépenses de propriété ou loyer brut, sous forme de pourcentage du revenu du ménage

Proportion du revenu mensuel total moyen du ménage en 2000 consacrée aux principales dépenses de propriété (dans le cas des logements occupés par leur propriétaire) ou au loyer brut (dans le cas des logements occupés par un locataire). Voici comment ces résultats sont obtenus :

a) **Logements non agricoles occupés par leur propriétaire :**

$$\frac{\text{Principales dépenses de propriété}}{\text{(Revenu annuel total du ménage en 2000) /12}} \times 100 = \_\_\_\_ \%$$

b) **Logements non agricoles occupés par un locataire :**

$$\frac{\text{Loyer brut}}{\text{(Revenu annuel total du ménage en 2000) /12}} \times 100 = \_\_\_\_ \%$$

Profession (basée sur la Classification nationale des professions pour statistiques de 2001 [CNP–S de 2001])

Genre de travail que faisaient les personnes pendant la semaine de référence, défini d'après le type d'emploi occupé par le recensé et la description des tâches les plus importantes qui s'y rattachent. Si le recensé n'avait pas d'emploi au cours de la semaine (du dimanche au samedi) ayant précédé le recensement (le 15 mai 2001), les données portent sur l'emploi qu'il avait occupé le plus longtemps depuis le 1er janvier 2000. Les personnes qui avaient deux emplois ou plus devaient donner des renseignements sur l'emploi auquel elles avaient consacré le plus d'heures de travail.

Les données sur la profession du recensement de 2001 sont produites selon la Classification nationale des professions pour statistiques de 2001 (CNP–S de 2001). Cette classification comprend quatre niveaux d'agrégation. Elle comprend 10 grandes catégories professionnelles englobant 47 grands groupes, lesquels comprennent à leur tour 140 sous-groupes. Ces sous-groupes renferment 520 groupes de base. Les titres de profession sont classés selon le niveau de scolarité, de formation ou de compétence nécessaire pour exercer cette profession, ainsi que le genre de travail exécuté, déterminé d'après les tâches, les fonctions et les responsabilités reliées au poste.

Pour plus de renseignements sur la CNP–S de 2001, se reporter à la *Classification nationale des professions pour statistiques 2001*, n° 12-583-XPF au catalogue.

Province ou territoire

Les termes « province » et « territoire » désignent les principales unités politiques du Canada. Du point de vue statistique, les provinces et les territoires sont des régions de base selon lesquelles les données du recensement sont totalisées et recoupées. Le Canada est divisé en dix provinces et trois territoires.

Région métropolitaine de recensement (RMR) et agglomération de recensement (AR)

Une région métropolitaine de recensement (RMR) ou une agglomération de recensement (AR) est formée d'une ou de plusieurs municipalités adjacentes situées autour d'une grande région urbaine (appelée noyau urbain). Un noyau urbain doit compter au moins 10 000 habitants pour former une agglomération de recensement et au moins 100 000 habitants pour former une région métropolitaine de recensement. Pour être incluses dans une RMR ou une AR, les autres municipalités adjacentes doivent avoir un degré d'intégration élevé avec la région urbaine centrale, lequel est déterminé par le pourcentage de navetteurs établi d'après les données du recensement sur le lieu de travail.

Si la population du noyau urbain d'une AR devient inférieure à 10 000 habitants, l'AR est retirée du programme. Cependant, une RMR restera une RMR même si la population de son noyau urbain devient inférieure à 100 000 habitants. Les régions urbaines comprises dans une RMR ou une AR qui ne sont pas contiguës à un noyau urbain sont appelées banlieues urbaines, tandis que les régions rurales sont appelées banlieues rurales.

Lorsque le noyau urbain d'une AR compte au moins 50 000 habitants d'après les chiffres du recensement, il est subdivisé en secteurs de recensement. Les secteurs de recensement de l'AR sont maintenus même si, ultérieurement, la population de son noyau urbain devient inférieure à 50 000 habitants. Toutes les RMR sont subdivisées en secteurs de recensement.

Religion

Confession religieuse précise ou appartenance à un groupe ou à un organisme religieux, à une secte, à un culte ou à toute autre collectivité ayant adopté une religion ou un système de croyances quelconque.

Revenu total

Revenu total en espèces, reçu par les personnes âgées de 15 ans et plus durant l'année civile 2000, provenant des sources suivantes :

- salaires et traitements (total);
- revenu agricole net;
- revenu non agricole net de l'exploitation d'une entreprise non constituée en société et/ou de l'exercice d'une profession;
- prestations fiscales canadiennes pour enfants;
- pension de sécurité de la vieillesse et supplément de revenu garanti;
- prestations du Régime de rentes du Québec ou du Régime de pensions du Canada;
- prestations d'assurance-emploi;
- autre revenu provenant de sources publiques;
- dividendes, intérêts d'obligations, de dépôts et de certificats d'épargne, et autre revenu de placements;
- pensions de retraite et rentes, y compris les rentes de REÉR et de FERR;
- autre revenu en espèces.

Recettes non comptées comme revenu – Le concept du revenu excluait les gains et les pertes au jeu, les prix gagnés à la loterie, les sommes forfaitaires reçues en héritage au cours de l'année, les gains et les pertes en capital, le produit de la vente d'une propriété, les remboursements d'impôt sur le revenu, les remboursements de prêts reçus, les règlements monétaires forfaitaires d'assurance, les remboursements d'impôt foncier, les remboursements de cotisations à un régime de pensions ainsi que les revenus en nature tels que les repas et l'hébergement gratuits ou les produits agricoles cultivés et consommés à la ferme.

Revenu moyen des particuliers – Revenu total moyen pondéré des personnes âgées de 15 ans et plus qui ont déclaré un revenu en 2000. Pour établir le revenu moyen à partir des données non arrondies, il faut diviser le revenu agrégé d'un groupe de particuliers (par exemple, les hommes de 45 à 54 ans) par le nombre de personnes qui ont déclaré un revenu dans ce groupe.

Les revenus moyen et médian des particuliers, ainsi que les erreurs types de revenu moyen correspondantes, sont calculés pour les personnes qui sont âgées d'au moins 15 ans et qui ont un revenu (positif ou négatif). En ce qui concerne tous les autres univers (p. ex. les familles de recensement ou les ménages privés), ces statistiques sont calculées pour toutes les unités, qu'un revenu ait été déclaré ou non.

Revenu médian des particuliers – Valeur centrale séparant en deux parties égales la répartition par tranches de revenu d'un groupe donné de personnes ayant un revenu; la première partie regroupe les personnes ayant un revenu inférieur à la médiane, et la seconde, les personnes ayant un revenu supérieur à la médiane. Le revenu médian pour un groupe de personnes est calculé à partir des données non arrondies pour les membres de ce groupe (par exemple, les hommes de 45 à 54 ans) qui ont déclaré un revenu.

Les revenus moyen et médian des particuliers, ainsi que les erreurs types de revenu moyen correspondantes, sont calculés pour les personnes qui sont âgées d'au moins 15 ans et qui ont un revenu (positif ou négatif). En ce qui concerne tous les autres univers (p. ex. familles de recensement ou ménages privés), ces statistiques sont calculées pour toutes les unités, qu'un revenu ait été déclaré ou non.

Erreur type de revenu moyen – Estimation de l'erreur type de revenu moyen pour une répartition par tranches de revenu. Si elle est interprétée de la façon décrite ci-après, elle sert d'indicateur brut de la précision avec laquelle le revenu moyen a été estimé. Pour environ 68 % des échantillons qui peuvent être tirés de la base de sondage, la différence entre l'estimation du revenu moyen calculée pour un échantillon et le chiffre correspondant obtenu par un dénombrement exhaustif est inférieure à une erreur type. Pour près de 95 % des échantillons possibles, la différence est de moins de deux erreurs types et, dans environ 99 % des échantillons, elle est inférieure à environ deux erreurs types et demie.

Salarié ou bénéficiaire d'un revenu d'emploi

Revenu total des personnes âgées de 15 ans et plus ayant reçu un revenu au cours de l'année civile 2000 sous forme de salaires et traitements, de revenu net de l'exploitation d'une entreprise non agricole non constituée en société et/ou dans l'exercice d'une profession et de revenu net provenant d'un travail autonome agricole.

Secteur de recensement (SR)

Les secteurs de recensement (SR) sont de petites régions géographiques relativement stables qui comptent habituellement entre 2 500 et 8 000 habitants. Ils sont créés au sein de régions métropolitaines de recensement et d'agglomérations de recensement dont le noyau urbain compte 50 000 habitants ou plus d'après le recensement précédent.

Un comité de spécialistes locaux (par exemple, des planificateurs, des travailleurs sociaux, des travailleurs du secteur de la santé et des éducateurs) délimitent initialement les SR de concert avec Statistique Canada. Une fois qu'une région métropolitaine de recensement (RMR) ou qu'une agglomération de recensement (AR) a été divisée en secteurs de recensement, les secteurs de recensement sont maintenus même si, ultérieurement, la population du noyau urbain de la RMR ou de l'AR devient inférieure à 50 000 habitants.

Seuils de faible revenu (SFR)

Les mesures du faible revenu appelées seuils de faible revenu (SFR) ont été établies pour la première fois au Canada en 1968, d'après les données sur le revenu du recensement de 1961 et les régimes de dépenses des familles en 1959. À cette époque, les régimes de dépenses indiquaient que les familles canadiennes consacraient environ 50 % de leur revenu total à la nourriture, au logement et à l'habillement. On a arbitrairement estimé que les familles consacrant 70 % ou plus de leur revenu (soit 20 points de pourcentage de plus que la moyenne) à ces biens de première nécessité sont « dans le besoin ». À partir de cette hypothèse, des seuils de faible revenu ont été établis pour cinq différentes tailles de famille.

Par la suite, les seuils de faible revenu ont été révisés d'après les données nationales sur les dépenses des familles pour 1969, 1978, 1986 et 1992. Selon ces données, les familles canadiennes consacraient en moyenne 42 % de leur revenu total aux biens de première nécessité en 1969, contre 38,5 % en 1978, 36,2 % en 1986 et 34,7 % en 1992. Depuis 1992, les données de l'enquête sur les dépenses des familles indiquent que cette proportion est demeurée relativement stable. En ajoutant la différence initiale de 20 points au niveau de base des dépenses au titre des biens de première nécessité, de nouveaux seuils de faible revenu ont été fixés selon la taille de la famille et le degré d'urbanisation. Depuis 1992, ces seuils de faible revenu ont été mis à jour chaque année d'après les changements subis par l'indice des prix à la consommation.

Sexe

Qualité d'homme ou de femme.

Situation des particuliers dans la famille de recensement

Classement des personnes selon qu'elles appartiennent ou non à une famille de recensement.

Membres d'une famille de recensement – Membres d'un ménage qui appartiennent à une famille de recensement. Ces personnes se répartissent dans les catégories suivantes :

Époux et épouses – Personnes de sexe opposé qui sont légalement mariées l'une à l'autre et qui habitent le même logement.

Partenaires en union libre – Personnes de sexe opposé ou de même sexe qui ne sont pas légalement mariées l'une à l'autre, mais qui vivent comme couple dans le même logement.

Parent seul – Mère ou père, sans époux(se) ni partenaire en union libre, qui habite un logement avec au moins un de ses enfants.

Enfants – Fils ou filles apparentés par le sang, par alliance ou par adoption, peu importe leur âge ou leur état matrimonial, qui vivent dans le même logement que leur(s) parent(s), ainsi que les petits-enfants des ménages où les parents sont absents. Les fils et les filles qui vivent avec leur conjoint(e), ou avec un(e) partenaire en union libre ou avec un ou plusieurs de leurs propres enfants, ne sont pas considérés comme des membres de la famille de recensement de leur(s) parent(s), même s'ils vivent dans le même logement. En outre, les fils et les filles qui n'habitent pas dans le même logement que leur(s) parent(s) ne sont pas considérés comme des membres de la famille de ce(s) dernier(s). Les personnes suivantes font donc partie de la catégorie « enfants » :

Fils et/ou filles jamais mariés faisant partie d'une famille de recensement, comme dans le cas des recensements précédant celui de 2001.

Autres fils et/ou filles faisant partie d'une famille de recensement qui n'auraient pas été inclus dans la famille de recensement de leurs parents selon le concept précédent.

Petits-enfants vivant dans le même ménage que leurs grands-parents, en l'absence des parents.

Personnes hors famille de recensement – Membres d'un ménage qui ne font pas partie d'une famille de recensement. Ils peuvent être apparentés à la Personne 1 (p. ex. soeur, beau-frère, cousine ou grand-père de la Personne 1), ou non apparentés (p. ex. chambreur, colocataire ou employé). Les personnes qui vivent seules sont toujours considérées comme des personnes hors famille de recensement.

Situation des particuliers dans le ménage

Classement des personnes selon qu'elles sont des membres d'un ménage familial ou non familial et selon qu'elles sont des membres d'une famille de recensement ou des personnes hors famille de recensement.

Statut d'immigrant reçu

Personne à qui les autorités de l'immigration ont accordé le droit de résider au Canada en permanence.

Statut des générations

Le « statut des générations » du répondant (c.-à-d. « 1re », « 2e » ou « 3e ou plus » des générations) indique si le répondant ou ses parents sont nés au Canada ou à l'extérieur du Canada.

Structure de la famille de recensement

Classement des familles de recensement en couples mariés (avec ou sans enfants des deux conjoints ou de l'un d'eux), en couples en union libre (avec ou sans enfants des deux partenaires ou de l'un deux) et en familles monoparentales selon le sexe du parent. Un couple vivant en union libre peut être de sexe opposé ou de même sexe. Les « enfants » dans une famille de recensement incluent les petits-enfants vivant dans le même ménage que leurs grands-parents, en l'absence des parents.

Subdivision de recensement (SDR)

Subdivision de recensement (SDR) est un terme générique qui désigne les municipalités (telles que définies par les lois provinciales) ou les territoires considérés comme étant des équivalents municipaux à des fins statistiques (par exemple, les réserves indiennes, les établissements indiens et les territoires non organisés).

Superficie des terres

La superficie des terres correspond à la surface en kilomètres carrés des parties des terres des régions géographiques normalisées.

Les données sur les superficies des terres ne sont pas officielles et servent uniquement à calculer la densité de la population.

Taille du ménage

Nombre de personnes dans un ménage privé.

Type de construction résidentielle

Type de construction et/ou caractéristiques du logement (maison individuelle non attenante, appartement dans une tour d'habitation, maison en rangée, habitation mobile, etc.).

Union libre

Par union libre, on entend deux personnes de sexe opposé ou de même sexe qui vivent ensemble en tant que couple sans être légalement mariées l'une à l'autre.

Univers de la population

L'univers de la population du recensement de 2001 comprend les groupes suivants :

- les citoyens canadiens (par naissance ou par naturalisation) et les immigrants reçus ayant un lieu habituel de résidence au Canada;
- les citoyens canadiens (par naissance ou par naturalisation) et les immigrants reçus qui sont à l'étranger, dans une base militaire ou en mission diplomatique;
- les citoyens canadiens (par naissance ou par naturalisation) et les immigrants reçus qui sont en mer ou dans des ports à bord de navires marchands battant pavillon canadien;
- les personnes ayant un lieu habituel de résidence au Canada qui demandent le statut de réfugié et les membres de leur famille vivant avec elles;
- les personnes ayant un lieu habituel de résidence au Canada, qui sont titulaires d'un permis de séjour pour étudiants (visas pour étudiants, permis pour étudiants) et les membres de leur famille vivant avec elles;

- les personnes ayant un lieu habituel de résidence au Canada, qui sont titulaires d'un permis de travail et les membres de leur famille vivant avec elles;
- les personnes ayant un lieu habituel de résidence au Canada, qui sont titulaires d'un permis ministériel (y compris les prolongements) et les membres de leur famille vivant avec elles.

Aux fins du recensement, les personnes des quatre derniers groupes de la liste sont des « résidents non permanents ».

Valeur du logement

Montant en dollars que s'attendrait à recevoir le propriétaire s'il vendait son logement.

Qualité des données

Généralités

Le recensement de 2001 a été une entreprise complexe et de grande envergure. Bien que l'on ait déployé des efforts considérables pour assurer le respect de normes élevées au cours des opérations de la collecte et du traitement, il est inévitable que les estimations résultantes soient entachées d'erreurs. Les utilisateurs des données du recensement doivent savoir que ces erreurs existent et doivent avoir une idée générale de leurs principales composantes afin d'être en mesure de déterminer l'utilité des données produites et d'évaluer les risques qu'ils courent en tirant des conclusions ou en prenant des décisions à partir de ces données.

Des erreurs peuvent se produire pratiquement à toutes les étapes du recensement, depuis la préparation des documents jusqu'au traitement des données, en passant par l'établissement des listes de logements et la collecte des données. Certaines erreurs, qui surviennent par hasard, ont tendance à s'annuler lorsque les réponses fournies par les divers répondants sont agrégées pour un groupe assez important. Dans le cas d'erreurs de cette nature, l'estimation correspondante sera d'autant plus précise que le groupe visé sera grand. C'est pourquoi on conseille aux utilisateurs de faire preuve de prudence lorsqu'ils utilisent des estimations relatives à de petits groupes. Toutefois, certaines erreurs peuvent survenir de façon plus systématique et introduire un « biais » dans les estimations. Comme ce biais persiste quelle que soit la taille du groupe pour lequel les réponses sont agrégées et comme il est particulièrement difficile d'en mesurer l'importance, les erreurs systématiques posent pour la plupart des utilisateurs de données des problèmes plus graves que les erreurs aléatoires mentionnées plus haut.

En ce qui concerne les données du recensement en général, les principaux types d'erreurs sont les suivants :

- les **erreurs de couverture** qui se produisent lorsqu'on oublie des logements ou des personnes, qu'on les dénombre à tort ou qu'on les compte plus d'une fois;
- les **erreurs dues à la non-réponse** qui surviennent lorsqu'on n'a pu obtenir de réponses d'un certain nombre de ménages ou de personnes en raison d'une absence prolongée ou pour toute autre raison;
- les **erreurs de réponse** qui surviennent lorsque le répondant, ou parfois le recenseur, a mal interprété une question du recensement et a inscrit une mauvaise réponse ou s'est tout simplement trompé de case de réponse;
- les **erreurs de traitement** qui peuvent se produire à diverses étapes, notamment lors du **codage**, lorsque les réponses en lettres sont converties en codes numériques; lors de la **saisie des données**, lorsque les préposés à l'entrée des données transfèrent dans un format électronique les réponses figurant au questionnaire du recensement; lors de l'**imputation**, lorsqu'une réponse « valide », mais pas nécessairement exacte, est insérée dans un enregistrement par l'ordinateur pour remplacer une réponse manquante ou « invalide » (« valide » et « invalide » renvoient à la cohérence de la réponse, compte tenu des autres renseignements compris dans l'enregistrement);
- les **erreurs d'échantillonnage** qui s'appliquent uniquement aux questions supplémentaires figurant dans le questionnaire complet distribué à un échantillon de un cinquième des ménages. Ces erreurs résultent du fait que les réponses à ces questions supplémentaires, une fois pondérées pour représenter l'ensemble de la population, diffèrent inévitablement des réponses qu'on aurait obtenues si l'on avait posé ces questions à tous les ménages.

Les types d'erreur mentionnés plus haut ont tous une composante aléatoire et une composante systématique. Toutefois, la composante systématique de l'erreur d'échantillonnage est d'ordinaire très petite comparativement à sa composante aléatoire. Dans le cas des autres erreurs non dues à l'échantillonnage, tant la composante aléatoire que la composante systématique peuvent être importantes.

Erreurs de couverture

Les erreurs de couverture ont une incidence directe sur la précision des chiffres du recensement, c'est-à-dire sur la taille des divers univers du recensement : la population, les familles, les ménages et les logements. Bien que des mesures aient été prises pour corriger certaines erreurs identifiables, les chiffres définitifs sont toujours entachés d'une certaine erreur parce que des personnes ou des logements ont été oubliés, dénombrés à tort ou comptés plus d'une fois.

L'oubli de logements ou de personnes se traduit par un **sous-dénombrement**. Des logements peuvent être oubliés en raison soit d'une mauvaise interprétation des limites du secteur de dénombrement (SD), soit qu'ils n'ont pas l'apparence de logements ou soit qu'ils semblent inhabitables. Des personnes peuvent être oubliées parce que leur logement est oublié ou classé comme inoccupé, ou parce que le répondant a mal interprété les instructions concernant les personnes à inclure sur le questionnaire. Enfin, certaines personnes peuvent être oubliées parce qu'elles n'ont pas de domicile habituel et qu'elles n'ont pas passé la nuit du recensement dans un logement.

Le dénombrement à tort ou le double compte de logements ou de personnes se traduit par un **surdénombrement**. Il peut y avoir surdénombrement de logements lorsque des constructions impropres à l'habitation sont classées comme logements (dénombrement à tort), lorsqu'il existe une certaine ambiguïté au sujet des limites des SD ou lorsque des unités d'habitation (par exemple, des chambres) sont comptées séparément plutôt que d'être considérées comme faisant partie d'un seul logement (double compte). Les personnes peuvent être comptées plus d'une fois parce que leur logement a été compté deux fois ou parce que les lignes directrices concernant les personnes à inscrire dans le questionnaire ont été mal interprétées. À l'occasion, il arrive qu'une personne ne faisant pas partie de l'univers de la population du recensement, comme un résident étranger ou une personne fictive, soit dénombrée à tort. En moyenne, le surdénombrement est moins susceptible de se produire que le sous-dénombrement; les chiffres des logements et des personnes sont donc probablement légèrement sous-estimés.

Pour le recensement de 2001, trois études permettent de mesurer l'erreur de couverture. Dans le contexte de l'Étude sur la classification des logements, on a de nouveau visité des logements classés comme inoccupés afin de vérifier s'ils étaient réellement inoccupés le jour du recensement, et des logements dont le ménage a été classé comme non répondant afin de déterminer le nombre de résidents habituels et leurs caractéristiques. Les chiffres définitifs du recensement ont ensuite été corrigés pour tenir compte des personnes ou des ménages oubliés parce que leur logement avait été classé par erreur comme inoccupé. Il est aussi possible que les chiffres du recensement aient été corrigés pour tenir compte des logements dont le ménage a été classé comme non répondant. En dépit de ces ajustements, les chiffres définitifs peuvent tout de même être entachés d'un certain sous-dénombrement. Le sous-dénombrement tend à être plus élevé pour certains segments de la population comme les jeunes adultes (plus particulièrement ceux de sexe masculin) et les personnes récemment immigrées. L'Étude de la contre-vérification des dossiers permet de mesurer le sous-dénombrement résiduel pour le Canada, de même que pour chaque province et chaque territoire. L'Étude sur le surdénombrement a pour objet d'étudier les erreurs de surdénombrement. Ensemble, les résultats de l'Étude de la contre-vérification des dossiers et de l'Étude sur le surdénombrement fournissent une estimation du sous-dénombrement net.

Autres erreurs non dues à l'échantillonnage

Alors que les erreurs de couverture ont une incidence sur le nombre d'unités comprises dans les divers univers du recensement, d'autres erreurs influent sur les caractéristiques de ces unités.

Il est parfois impossible d'obtenir une réponse complète d'un ménage, même si le logement a été classé comme étant occupé et un questionnaire y a été livré. Il se peut que les membres du ménage aient été absents pendant toute la période du recensement ou, en de rares occasions, que le membre responsable du ménage ait refusé de remplir le questionnaire. Il arrive plus souvent que le questionnaire soit retourné, mais qu'il y ait des questions laissées sans réponse. Des efforts sont déployés afin d'obtenir un questionnaire le plus complet possible. Les recenseurs contrôlent les questionnaires et assurent un suivi à l'égard de l'information manquante. Le travail du recenseur est ensuite vérifié par un surveillant et par un technicien du contrôle qualitatif. Malgré tout, il existe toujours un petit nombre de réponses manquantes à la fin de l'étape de la collecte, c'est-à-dire d'**erreurs dues à la non-réponse**. Bien que les réponses manquantes soient éliminées en cours de traitement en remplaçant chacune d'elles par la réponse correspondante figurant dans un enregistrement « similaire », il est possible que certaines erreurs d'imputation s'y glissent. Cela est particulièrement grave lorsque les personnes non répondantes diffèrent des répondants sous certains aspects; en effet, cette procédure introduit un **biais dû à la non-réponse**.

Même lorsqu'une réponse est obtenue, il se peut qu'elle ne soit pas tout à fait exacte. Il est possible que le répondant ait mal interprété la question ou ait donné une réponse au jugé, surtout lorsqu'il répondait pour le compte d'un autre membre du ménage, qui était peut-être absent. Il est aussi possible que le répondant ait inscrit sa réponse au mauvais endroit sur le questionnaire. Ces erreurs sont désignées sous le nom d'**erreurs de réponse**. Bien que ces erreurs surviennent d'ordinaire parce que les répondants ont fourni des renseignements inexacts, elles peuvent aussi résulter d'erreurs commises par les recenseurs qui ont rempli certaines parties du questionnaire, comme le type de construction résidentielle, ou qui ont effectué le suivi pour obtenir une réponse manquante.

Certaines questions du recensement nécessitent une réponse en lettres. Pendant le traitement, on attribue un code numérique à ces réponses. Il est possible que des **erreurs de codage** se produisent lorsque la réponse écrite est ambiguë, incomplète ou difficile à lire, ou lorsque la liste des codes est longue (p. ex. principal domaine d'études, lieu de travail). L'étape formelle du contrôle qualitatif (CQ) permet de cerner et de rectifier les erreurs de codage et d'en réduire le nombre. À l'intérieur de chaque unité de travail, un échantillon des réponses est codé indépendamment une deuxième fois. La résolution des incohérences entre les premier et deuxième codages détermine la nécessité, s'il y a lieu, de coder à nouveau l'unité de travail. Exception faite pour le codage des variables de l'industrie et de la profession, la plupart des tâches de codage du recensement sont maintenant automatisées, ce qui a pour conséquence de réduire le nombre d'erreurs de codage.

Les renseignements figurant dans les questionnaires sont tapés dans un fichier informatique. Deux méthodes de résolution ordonnée sont utilisées pour limiter le nombre d'**erreurs à la saisie des données**. Dans un premier temps, certains contrôles (comme des vérifications d'étendue) sont effectués à mesure que les données sont entrées. Dans un second temps, on tape de nouveau à l'ordinateur un échantillon tiré de chaque lot de documents, puis on compare les entrées résultantes aux entrées initiales. Le travail non satisfaisant est ainsi circonscrit et corrigé et, si cela est nécessaire, le reste du lot est de nouveau saisi.

Une fois saisies, les données font l'objet de vérifications qui consistent à les soumettre à une série de contrôles informatiques visant à relever les réponses manquantes ou incohérentes. À l'étape de l'imputation, on substitue à ces dernières des réponses déduites à partir des autres données de l'enregistrement ou des réponses tirées d'un enregistrement donneur similaire. L'imputation permet d'obtenir une base de données complète dont les données correspondent aux chiffres du recensement et facilitent les analyses multidimensionnelles. Même si des erreurs peuvent être introduites à l'**étape de l'imputation**, les méthodes utilisées ont fait l'objet de tests rigoureux visant à réduire au minimum les erreurs systématiques.

Diverses études sont réalisées afin d'évaluer la qualité des réponses obtenues dans le cadre du recensement de 2001. Ainsi, on a calculé les taux de non-réponse et les taux de rejet au contrôle pour chaque question. Ces taux peuvent permettre de déterminer le potentiel d'erreurs dues à la non-réponse et d'autres types d'erreurs. De même, les totalisations établies à partir des données du recensement de 2001 ont été ou seront comparées avec les estimations correspondantes obtenues à partir des données des recensements précédents, des enquêtes-échantillon (comme l'Enquête sur la population active) et de divers dossiers administratifs (comme les registres des naissances et le cadastre municipal). Ces comparaisons peuvent permettre de cerner les problèmes de qualité éventuels ou, à tout le moins, de relever les divergences entre les sources.

Outre ces comparaisons entre données agrégées, certaines études de couplage de microdonnées sont actuellement menées afin de comparer les réponses de certains particuliers obtenues au recensement à celles d'une autre source de renseignements. Pour un certain nombre de caractéristiques « stables » (comme l'âge, le sexe, la langue maternelle et le lieu de naissance), on compare les réponses obtenues auprès d'un échantillon de personnes à l'occasion du recensement de 2001 aux réponses obtenues des mêmes personnes à l'occasion du recensement de 1996.

Erreurs d'échantillonnage

Les estimations obtenues en pondérant les réponses recueillies auprès d'un échantillon sont susceptibles d'être entachées d'erreurs en raison de la répartition des caractéristiques au sein de l'échantillon, qui n'est généralement pas identique à la répartition correspondante au sein de la population dans laquelle l'échantillon a été prélevé.

L'erreur susceptible d'être introduite par l'échantillonnage variera en fonction de la rareté relative de la caractéristique étudiée au sein de la population. Lorsque la valeur contenue dans la case est élevée, cette erreur sera relativement faible proportionnellement à cette valeur. Lorsque la valeur contenue dans la case est faible, cette erreur sera relativement importante proportionnellement à cette valeur.

L'erreur susceptible d'être introduite par l'échantillonnage est d'ordinaire exprimée sous forme d'« erreur type ». Il s'agit de la racine carrée de la moyenne, calculée pour l'ensemble des échantillons de même taille prélevés selon le même plan d'échantillonnage, des carrés de l'écart de l'estimation obtenue à partir de l'échantillon par rapport à la valeur pour l'ensemble de la population.

Le tableau ci-dessous fournit des mesures approximatives de l'erreur type due à l'échantillonnage. Ces mesures sont données uniquement à titre indicatif.

Erreur type approximative due à l'échantillonnage pour les données-échantillon du recensement de 2001

Valeur contenue dans la case	Erreur type approximative
50 ou moins	15
100	20
200	30
500	45
1 000	65
2 000	90
5 000	140
10 000	200
20 000	280
50 000	450
100 000	630
500 000	1 400

Les utilisateurs souhaitant déterminer l'erreur d'échantillonnage approximative pour une case de données dont la valeur a été obtenue à partir de l'échantillon de 20 % doivent choisir l'erreur type correspondant à l'entrée dans la colonne « Valeur contenue dans la case » ci dessus qui se rapproche le plus de celle qui figure dans la case de données de la totalisation en cause. En utilisant la valeur ainsi obtenue pour l'erreur type, l'utilisateur peut, en général et à juste titre, être certain que la valeur réelle pour la population dénombrée (ne tenant pas compte des formes d'erreurs autres que l'erreur d'échantillonnage) ne s'écarte pas de la valeur contenue dans la case dans une proportion supérieure ou inférieure à trois fois l'erreur type (p. ex. si la valeur contenue dans la case est 1 000, la fourchette à l'intérieur de laquelle se situe la valeur réelle serait de 1 000 ± [3 x 65] ou de 1 000 ± 195).

Les erreurs types données dans le tableau ci-dessus ne s'appliquent pas aux chiffres de population, de logements, de ménages ou de familles pour la région géographique étudiée (voir Échantillonnage et pondération ci-dessous). On peut déterminer l'effet de l'échantillonnage pour ces valeurs en les comparant à celles des produits correspondants contenant des données intégrales.

Il est à noter que l'effet du plan d'échantillonnage et de la méthode de pondération utilisés dans le cadre du recensement de 2001 variera d'une caractéristique à l'autre et d'une région géographique à l'autre. Il est donc possible que les valeurs de l'erreur type données dans le tableau ci-dessus sous-estiment ou surestiment l'erreur attribuable à l'échantillonnage.

Échantillonnage et pondération

Les données du recensement de 2001 sont soit des données intégrales (c'est-à-dire recueillies auprès de l'ensemble des ménages), soit des données-échantillon (c'est-à-dire recueillies auprès d'un échantillon aléatoire comprenant un ménage sur cinq) que l'on a pondérées pour obtenir des estimations pour l'ensemble de la population. Les données ont été recueillies auprès d'un échantillon de 20 % et pondérées pour compenser pour l'échantillonnage. Tous les en-têtes de tableaux sont annotés en conséquence. On notera que, dans les réserves indiennes et les régions éloignées, toutes les données ont été recueillies auprès de l'ensemble de la population.

Il est possible que, pour une région géographique donnée, le total ou le total partiel pondéré de la population, des ménages, des logements ou des familles diffère du chiffre correspondant figurant dans les publications contenant des données intégrales. Ces variations sont attribuables à l'échantillonnage et au fait que les données intégrales n'excluent pas les pensionnaires d'établissements institutionnels, contrairement aux données-échantillon.

Confidentialité et arrondissement aléatoire

Afin de protéger le caractère confidentiel des renseignements fournis, les chiffres indiqués aux tableaux ont fait l'objet d'un **arrondissement aléatoire** qui supprime toute possibilité d'associer des données statistiques à une personne facilement reconnaissable. Selon cette méthode, tous les chiffres, y compris les totaux et les marges, sont arrondis de façon aléatoire (vers le haut ou vers le bas) jusqu'à un multiple de « 5 » et, dans certains cas, de « 10 ». Cette technique assure une protection efficace contre la divulgation sans ajouter d'erreur significative dans les données du recensement. Les utilisateurs doivent savoir que les totaux et les marges sont arrondis séparément et qu'ils ne correspondent pas nécessairement à la somme des chiffres arrondis séparément dans les répartitions. De plus, il faut s'attendre à ce que les totaux et les autres chiffres correspondants dans diverses totalisations du recensement présentent quelques légères différences. De même, la somme des pourcentages, qui sont calculés à partir de chiffres arrondis, ne correspond pas forcément à 100 %. Les statistiques d'ordre (médiane, quartiles, percentiles, etc.) ainsi que les mesures de dispersion comme l'erreur type sont calculées de la façon habituelle. Lorsqu'une statistique est définie comme le quotient de deux nombres (c'est le cas pour des moyennes, des pourcentages et des proportions), les deux nombres sont arrondis avant d'effectuer la division. S'il s'agit de revenu, de dépenses de propriété, de valeur du logement, d'heures travaillées, de semaines travaillées ou d'âge, la somme est définie comme le produit de la moyenne par la fréquence pondérée arrondie. Sinon, c'est la somme pondérée qui est arrondie. La distorsion importante pouvant résulter de l'arrondissement aléatoire dans le cas des cases de faible valeur mérite aussi d'être signalée. Cette distorsion peut entraîner une perte de précision pour les cases de données renfermant des chiffres peu élevés. De plus, une statistique est supprimée si le nombre actuel d'enregistrements ayant servi au calcul est inférieur à 4 ou si la somme du poids de ces enregistrements est inférieure à 10. En outre, dans le cas de valeurs exprimées en dollars, d'autres règles s'ajoutent. Ainsi, pour les produits normalisés, si toutes les valeurs sont égales, la statistique est supprimée. Pour tous les autres produits, la statistique est supprimée si l'étendue des valeurs est trop petite ou si toutes les valeurs sont inférieures, en valeur absolue, à un certain seuil.

Les utilisateurs devraient, lors de l'agrégation des données arrondies, être conscients de cette distorsion. Les erreurs dues à l'arrondissement ont tendance à s'annuler lorsque les chiffres contenus dans les cases sont agrégés de nouveau. Cependant, il est possible de réduire les distorsions en intégrant dans la mesure du possible les totaux partiels appropriés dans les totalisations.

Les utilisateurs désirant obtenir un maximum de précision peuvent aussi choisir de demander des totalisations personnalisées. Dans le cas de produits personnalisés, l'agrégation se fait à partir des enregistrements dans la base de données du recensement se rapportant aux particuliers. L'arrondissement aléatoire a lieu uniquement après que les cases de données ont été agrégées, ce qui réduit la distorsion au minimum.

Outre l'arrondissement aléatoire, on a adopté la technique de la **suppression des régions**, afin d'assurer encore mieux la confidentialité des réponses des particuliers.

Dans le cadre de la **suppression des régions**, toutes les données caractéristiques se rapportant aux régions géographiques dont la population est inférieure à une taille donnée sont supprimées. L'importance de la suppression est fonction des facteurs suivants :

- Si les données sont totalisées à partir de la base de données intégrales, elles sont supprimées si la population totale de la région est inférieure à 40 personnes.

- Si les données sont totalisées à partir de la base de données-échantillon, elles sont supprimées si la population totale de la région, à l'exclusion des pensionnaires d'un établissement institutionnel, est inférieure à 40 personnes, selon la base de données intégrales ou la base de données-échantillon.

Il y a quelques exceptions à ces règles :

- Les données renfermant une répartition du revenu et les statistiques connexes sont supprimées si la population de la région, à l'exclusion des pensionnaires d'un établissement institutionnel, est inférieure à 250 personnes selon la base de données intégrales ou la base de données-échantillon, ou encore si le nombre de ménages privés est inférieur à 40, selon la base de données-échantillon.

- Les données renfermant une répartition du lieu du travail et les statistiques connexes sont supprimées si le nombre de personnes occupées dans la région est inférieur à 40, selon la base de données-échantillon. Si ces données incluent, en plus, une répartition du revenu, le seuil est changé à 250 personnes, toujours selon la base de données-échantillon.

- Les totalisations traitant à la fois du lieu de travail et du lieu de résidence ainsi que les statistiques connexes sont supprimées si le nombre de personnes occupées dans la région est inférieur à 40 selon la base de données-échantillon ou si la population totale de la région, à l'exclusion des pensionnaires d'un établissement institutionnel, selon la base de données intégrales ou la base de données-échantillon est inférieure à 40 personnes. Si ces totalisations incluent, en plus, une répartition du revenu, le seuil est changé à 250 personnes dans tous les cas et les totalisations sont supprimées si le nombre de ménages privés dans la région du lieu de résidence est inférieur à 40.

- Les données renfermant une répartition sur les couples de même sexe et les statistiques connexes sont supprimées si la population de la région dans les ménages privés est inférieure à 5 000 personnes, selon la base de données-échantillon.

- Si les données sont totalisées à partir de la base de données intégrales et se réfèrent aux codes postaux de six caractères ou encore à des regroupements d'îlots ou de côtés d'îlots, elles sont supprimées si la population totale de la région est inférieure à 100 personnes.

- Si les données sont totalisées à partir de la base de données-échantillon et se réfèrent aux codes postaux de six caractères ou encore à des regroupements d'îlots ou de côtés d'îlots, elles sont supprimées si la population totale de la région, à l'exclusion des pensionnaires d'un établissement institutionnel, et selon la base de données intégrales ou la base de données-échantillon, est inférieure à 100 personnes.

- Si les données se réfèrent à des regroupements d'îlots ou de côtés d'îlots, et renferment une répartition du lieu de travail, elles sont supprimées si le nombre de personnes occupées dans la région est inférieur à 100 selon la base de données-échantillon.

- Si les données se réfèrent à des regroupements d'îlots ou de côtés d'îlots, et renferment, à la fois, une répartition du lieu de travail et du lieu de résidence, elles sont supprimées si le nombre total de personnes occupées dans la région est inférieur à 100 selon la base de données-échantillon ou si la population totale de la région, à l'exclusion des pensionnaires d'un établissement institutionnel, selon la base de données intégrales ou la base de données-échantillon, est inférieure à 100 personnes.

Dans tous les cas, les données supprimées sont incluses dans les totaux ou totaux partiels du niveau d'agrégation supérieur approprié.

La technique de suppression est appliquée à tous les produits renfermant des données infraprovinciales (c'est-à-dire la série des Profils, les tableaux croisés de base, les produits personnalisés et semi personnalisés), qu'il s'agisse de données intégrales ou de données-échantillon.

Pour obtenir de plus amples renseignements sur la qualité des données du recensement, veuillez communiquer avec la Division des méthodes d'enquêtes sociales, Statistique Canada, Ottawa (Ontario), Canada K1A 0T6, ou en composant le (613) 951-4783.

Notes spéciales

Chiffres de population

Les chiffres de population du recensement de 2001 pour une région particulière représentent le nombre de Canadiens dont le domicile habituel est dans cette région, quel que soit l'endroit où ils se trouvent le jour du recensement. Sont également compris dans ces chiffres tous les Canadiens qui demeurent dans un logement de cette région le jour du recensement qui n'ont pas de domicile habituel ailleurs au Canada, de même que ceux qui sont considérés comme des « résidents non permanents » (voir les Notes spéciales). Dans la plupart des régions, la différence entre le nombre de résidents habituels et le nombre de résidents qui demeurent dans cette région le jour du recensement est minime. Toutefois, à certains endroits, notamment dans des régions touristiques ou de villégiature, ou dans celles où l'on trouve d'importants camps de travail, le nombre de personnes qui demeurent dans la région à n'importe quel moment pourrait être bien supérieur au nombre de résidents habituels dont il est ici fait mention. Les chiffres de population tiennent compte des Canadiens qui habitent dans d'autres pays, mais non pas des résidents étrangers qui habitent au Canada (la catégorie des « résidents étrangers » ne comprend pas les « résidents non permanents » [voir les Notes spéciales]). Compte tenu de ces divergences, les utilisateurs ne doivent pas déduire que les chiffres de population correspondent au nombre de personnes qui habitent dans les logements déclarés.

Comparabilité des données de 2001 sur le lieu de travail

Le travail à domicile peut être mesuré de différentes façons. Dans le cadre du recensement, la catégorie des personnes travaillant à domicile comprend les personnes qui résident et travaillent au même endroit, comme les agriculteurs, les télétravailleurs et les travailleurs d'un camp de chantier. Par ailleurs, selon les instructions données dans le Guide du recensement de 2001, les personnes ayant travaillé à domicile une partie du temps et à l'adresse d'un employeur le reste du temps devaient indiquer qu'elles avaient travaillé à domicile si elles avaient travaillé la majeure partie du temps chez elles (par exemple trois jours sur cinq).

D'autres enquêtes de Statistique Canada, telles que l'Enquête sociale générale, l'Enquête sur la dynamique du travail et du revenu et l'Enquête sur le milieu de travail et les employés, recueillent également des données sur les personnes travaillant à domicile. Toutefois, les données de ces enquêtes ne sont pas directement comparables à celles du recensement, étant donné que dans le cadre des enquêtes, les répondants doivent indiquer s'ils font une partie ou la totalité de leur travail rémunéré à domicile, alors qu'au recensement, ils doivent indiquer où ils travaillent habituellement la plupart du temps. Par conséquent, les estimations du travail à domicile tirées du recensement sont inférieures à celles tirées des enquêtes.

La présentation de la question sur le lieu de travail est demeurée à peu près la même pour chaque recensement depuis 1971. Cependant, en 1996, la catégorie « Sans adresse de travail fixe » a remplacé la catégorie « Sans lieu habituel de travail ». Sur le questionnaire du recensement de 1996, une case à cocher a été ajoutée pour la catégorie de réponse « Sans adresse de travail fixe ». Lors des recensements antérieurs, les répondants devaient inscrire « Sans lieu habituel de travail » dans les zones réservées à l'adresse. Il semble y avoir eu un sous-dénombrement des personnes sans lieu de travail fixe lors des recensements antérieurs.

Les annexions, les incorporations et les fusions de municipalités pourraient rendre difficile l'établissement de comparaisons entre des unités et des structures spatiales qui changent dans le temps.

Données sur l'immigration et la citoyenneté

Les questions sur la citoyenneté et l'immigration n'ont pas été posées aux personnes qui vivent sur des réserves indiennes et dans des établissements indiens et qui ont été dénombrées à l'aide du questionnaire 2D du recensement de 2001. Par conséquent, les données ne sont pas affichées pour les réserves indiennes et les établissements indiens aux niveaux géographiques inférieurs. Toutefois, ces données sont comprises dans les totaux pour les plus grandes régions géographiques, telles que les divisions de recensement et les provinces.

Données sur la migration pour les petites régions géographiques

Les chiffres estimatifs sur la migration interne peuvent manquer d'exactitude pour les petites régions géographiques, pour les localités ayant le même nom que d'autres localités situées ailleurs et pour certaines subdivisions de recensement (SDR) dans les cas où des résidents, au lieu d'indiquer le nom de la composante SDR dans laquelle ils résidaient auparavant, ont fourni le nom de la région métropolitaine de recensement ou de l'agglomération de recensement.

Identité autochtone

Les utilisateurs doivent prendre note du fait que le dénombrement partiel de certaines réserves indiennes ou de certains établissements indiens a une plus grande incidence sur les chiffres de population associés à la présente variable que sur la plupart des autres chiffres. L'ampleur de cette incidence sera fonction de la région géographique à l'étude. En 2001, un total de 30 réserves indiennes et établissements indiens ont été partiellement dénombrés dans le contexte du recensement. Les chiffres du recensement ne tiennent pas compte des populations de ces 30 collectivités.

Incidence de la restructuration municipale

Il est possible que les limites et les noms des municipalités (subdivisions de recensement) soient modifiés d'un recensement à un autre par suite d'annexions, de dissolutions et d'incorporations. Le nombre et l'importance de ces modifications ont toutefois augmenté depuis le recensement de 1996, surtout au Québec, en Ontario et en Colombie-Britannique. En général, les données du recensement de 2001 sont diffusées pour un plus petit nombre de subdivisions de recensement de plus grande taille, ce qui a pour effet de compliquer les analyses historiques. Afin d'atténuer l'impact de ces modifications sur la diffusion des données, l'équipe du recensement de 2001 entend produire un profil pour les subdivisions de recensement dissoutes.

Modifications apportées aux concepts relatifs à la famille pour le recensement de 2001

Au recensement de 1996, la définition du concept de famille de recensement était la suivante :

Couple actuellement marié (avec ou sans fils et/ou filles jamais mariés des deux conjoints ou de l'un d'eux), couple vivant en union libre (avec ou sans fils et/ou filles jamais mariés des deux partenaires ou de l'un d'eux) ou parent seul (peu importe son état matrimonial) demeurant avec au moins un fils ou une fille jamais marié(e).

La définition de ce concept n'avait pas été modifiée depuis 1976. Toutefois, au cours de la planification du recensement de 2001, il a été décidé qu'il était nécessaire de le modifier compte tenu des facteurs suivants : 1) les changements apportés aux lois fédérales et provinciales afin que les couples formés de partenaires de même sexe soient considérés sur un pied d'égalité avec les couples formés de partenaires de sexe opposé vivant en union libre, plus particulièrement le Projet de loi C-23, *Loi sur la modernisation de certains régimes d'avantages et d'obligations*, qui a été adopté par le gouvernement du Canada en 2000; 2) les recommandations des Nations Unies dans le cadre d'un processus de normalisation des concepts pour les recensements qui devaient être réalisés en 2000 et en 2001 dans les pays membres; 3) le fait qu'aux recensements précédents un nombre important de personnes âgées de moins de 15 ans aient été classées comme personnes hors famille.

Par conséquent, les changements suivants ont été apportés au concept de famille de recensement pour le recensement de 2001 :

- Deux personnes constituant un couple en union libre formé de partenaires de même sexe et tous les enfants faisant partie de leur ménage sont considérés comme une famille de recensement.

- Les enfants compris dans une famille de recensement peuvent avoir déjà été mariés (pourvu qu'ils n'habitent actuellement pas avec leur époux(se) ou partenaire en union libre). Auparavant, il fallait qu'ils n'aient jamais été mariés.

- Un petit-fils ou une petite-fille vivant dans un ménage à trois générations où le parent (deuxième génération) n'a jamais été marié est, contrairement aux recensements précédents, maintenant considéré(e) comme faisant partie de la famille de recensement du parent, à condition de ne pas habiter avec son époux(se), son/sa partenaire en union libre ou son enfant. Auparavant, la famille de recensement était ordinairement constituée des deux générations les plus anciennes.

- Un petit-fils ou une petite-fille d'un autre membre du ménage où le parent (deuxième génération) n'est pas présent est maintenant considéré(e) comme faisant partie de la famille de recensement du grand-père ou de la grand-mère, à condition que le petit-fils ou la petite-fille n'habite pas avec son époux(se), son/sa partenaire en union libre ou son enfant. Auparavant, un tel petit-fils ou une telle petite-fille n'aurait pas été considéré(e) comme faisant partie de la famille de recensement.

Les trois dernières modifications apportées (définition du terme « enfant ») se traduisent par une augmentation de 1,5 % du nombre total de familles de recensement, et une augmentation de 10,1 % du nombre de familles monoparentales. L'inclusion de couples formés de partenaires de même sexe se traduit par une augmentation de 0,4 % du nombre de familles de recensement à l'échelle nationale.

Le terme famille économique désigne un groupe de deux personnes ou plus qui vivent dans le même logement et qui sont apparentées par le sang, par alliance, par union libre ou par adoption. Cette définition n'a pas été modifiée pour le recensement de 2001. La seule incidence des changements sur le concept de famille économique est que les couples formés de partenaires de même sexe sont maintenant considérés comme étant des partenaires en union libre et donc considérés comme étant apparentés et membres de la même famille économique.

Deux concepts connexes ne faisant pas partie de l'univers des familles sont touchés par la modification apportée à la définition du concept de famille de recensement : union libre et genre de ménage. Avant 2001, deux personnes vivant ensemble comme mari et femme sans être mariées étaient considérées comme formant un couple en union libre. Pour 2001, l'expression « comme mari et femme » a été remplacée par « comme couple » de sorte que les partenaires de même sexe sont maintenant inclus. Le concept de genre de ménage renvoie à la répartition fondamentale des ménages privés en ménages familiaux et en ménages non familiaux. Comme il est fondé sur le concept de famille de recensement, la modification apportée à ce dernier concept a une incidence sur le classement des ménages en ménages familiaux ou non familiaux. La classification détaillée de cette variable est également touchée puisque les couples mariés et les couples en union libre étaient répartis auparavant entre les catégories « sans fils ou filles jamais mariés » et « avec fils ou filles jamais mariés ». En 2001, ces expressions sont remplacées par les termes « sans enfant » et « avec enfants » conformément à la nouvelle définition.

Modifications aux chiffres de population et des logements

Suite à la diffusion des chiffres de population et des logements, des erreurs sont occasionnellement relevées dans les données. Il est impossible d'apporter des changements aux données du recensement de 2001 qui sont présentées dans ces tableaux. Toutefois, les utilisateurs peuvent obtenir les modifications aux chiffres de population et des logements touchant les subdivisions de recensement et d'autres niveaux géographiques en visitant la section consacrée au recensement de 2001 dans le site Web de Statistique Canada à l'adresse suivante : www.statcan.ca. Ils peuvent également communiquer avec le centre régional de consultation de Statistique Canada le plus près au numéro 1 800 263-1136 ou par courriel à infostats@statcan.ca.

Nunavut

Des données du recensement de 2001 sont disponibles pour le Nunavut, nouveau territoire reconnu officiellement le 1er avril 1999.

Les produits de données normalisés diffusés seulement pour le Canada, les provinces et les territoires n'afficheront pas de données pour le Nunavut pour les années de recensement antérieures à 2001.

Les produits de données normalisés diffusés pour les régions métropolitaines de recensement (RMR) et les agglomérations de recensement (AR) afficheront des données pour le Nunavut pour les recensements de 2001, 1996 ou 1991.

Les données de 1996 et de 1991 pour les RMR/AR ont été ajustées le plus possible selon les limites des RMR et des AR de 2001 afin de faciliter les comparaisons de données selon les limites géographiques de 2001.

Période de référence du revenu

Des recensements canadiens ont eu lieu en 1996 et en 2001. Les données de ces recensements portant sur le revenu correspondent à l'année civile précédant l'année du recensement, c.-à-d. 1995 et 2000 respectivement.

Population de 15 ans et plus ayant travaillé depuis 2000

Ce sont les personnes ayant travaillé depuis le 1er janvier 2000, qu'elles aient fait partie ou non de la population active pendant la semaine de référence.

Qualité des données – Comparaison des estimations du revenu tirées du recensement avec des estimations établies à partir des comptes nationaux et de l'Enquête sur la dynamique du travail et du revenu

Les estimations du revenu agrégé en 2000 qui ont été tirées du recensement ont été comparées à des estimations semblables du revenu des particuliers établies à partir des comptes nationaux. Une fois que les estimations du revenu des particuliers ont été ajustées pour tenir compte des différences touchant les concepts et la couverture, on a observé que les estimations du revenu agrégé en 2000 qui sont tirées du recensement sont inférieures de 4,1 % à celles qui sont établies à partir des comptes nationaux. Comme par le passé, les estimations tirées du recensement soutiennent davantage la comparaison pour certaines composantes du revenu et pour certaines provinces que pour d'autres.

Dans le cas des salaires et traitements agrégés, qui constituent la plus grande composante du revenu, les estimations tirées du recensement et celles établies à partir des comptes nationaux sont presque identiques. Bien qu'il y ait une grande différence entre les deux estimations du revenu net provenant d'un travail autonome agricole (la plus petite composante du revenu des particuliers), dans le cas du revenu agrégé provenant d'un travail autonome agricole et d'un travail non agricole, les estimations du recensement ne sont inférieures que de 1 %. Dans l'ensemble, les estimations du revenu d'emploi total tirées du recensement et celles établies à partir des comptes nationaux sont quasi identiques.

Les estimations des prestations de la sécurité de la vieillesse et du supplément de revenu garanti qui sont tirées du recensement sont supérieures d'environ 5 % aux estimations ajustées établies à partir des comptes nationaux. En revanche, les estimations tirées du recensement leur sont inférieures d'environ 9 % dans le cas des prestations du Régime de rentes du Québec ou du Régime de pensions du Canada, et d'environ 6 % dans le cas des prestations d'assurance-emploi. Pour ce qui est des prestations fiscales canadiennes pour enfants, les deux estimations sont quasi identiques. Les estimations des autres transferts gouvernementaux tirées du recensement, qui incluent notamment les allocations sociales, les prestations provinciales de supplément du revenu aux personnes âgées, les pensions d'ancien combattant et les remboursements de la TPS/TVH/TVQ, sont plus faibles que les estimations tirées des comptes nationaux. Dans l'ensemble, les estimations du revenu agrégé tirées du recensement, qui proviennent de tous les transferts gouvernementaux, sont inférieures d'environ 13 %. Comme aux recensements antérieurs, l'estimation du revenu de placement tirée du recensement est de beaucoup inférieure, soit de 32 % en 2000, à l'estimation tirée des comptes nationaux.

Les statistiques du recensement sur le revenu ont également été comparées à des statistiques similaires tirées de l'Enquête sur la dynamique du travail et du revenu (EDTR), qui est tenue chaque année. Les estimations tirées de l'EDTR ont été ajustées pour tenir compte du sous-dénombrement de la population, alors que ce n'est pas le cas pour les estimations du recensement. Cette correction contribue à faire en sorte que les estimations tirées du recensement affichent, par rapport à celles de l'EDTR, un nombre moins élevé de bénéficiaires d'un revenu et de soutiens économiques, qui présente un écart de 3,4 % et de 7,2 % respectivement. Par conséquent, les estimations tirées du recensement sont inférieures à celles de l'EDTR, de 4 % dans le cas des gains agrégés et de 3 % dans le cas du revenu total agrégé des particuliers. À la lumière des erreurs d'échantillonnage dans l'EDTR, la plupart des différences observées entre les provinces ont été jugées acceptables.

Qualité des données concernant la fréquentation scolaire

La qualité générale des variables de l'éducation du recensement de 2001 est acceptable. Toutefois, il importe aux usagers des données du recensement de 2001 sur la fréquentation scolaire de savoir que les chiffres pour la catégorie des 15 à 19 ans qui ne fréquentent pas l'école sont peut-être trop élevés. La proportion de personnes âgées entre 15 et 19 ans qui ont répondu qu'elles n'avaient pas fréquenté l'école au cours de l'année scolaire avant le recensement est passée de 18 % en 1996 à 23 % en 2001. Il est nécessaire d'effectuer de plus amples recherches à cet effet.

Résidents non permanents

En 1991, 1996 et 2001, le Recensement de la population a dénombré à la fois les résidents permanents et non permanents au Canada. Les résidents non permanents sont les personnes qui, au moment du recensement, étaient titulaires d'un permis de séjour pour étudiants, d'un permis de travail ou d'un permis ministériel, ou qui revendiquaient le statut de réfugié. Les membres de leur famille vivant avec elles sont aussi considérés comme des résidents non permanents.

Avant 1991, seuls les résidents permanents du Canada étaient inclus dans le recensement (exception faite pour 1941). Les résidents non permanents étaient considérés comme des résidents étrangers et n'étaient pas dénombrés.

Présentement au Canada, les résidents non permanents forment un segment important de la population, en particulier dans plusieurs régions métropolitaines de recensement. Leur présence peut influer sur la demande de services gouvernementaux tels que les soins de santé, l'éducation, les programmes d'emploi et la formation linguistique. L'inclusion des résidents non permanents au recensement facilite la comparaison avec les statistiques provinciales et territoriales (mariages, divorces, naissances et décès) qui incluent cette population. En outre, l'inclusion des résidents non permanents permet au Canada de mieux refléter la recommandation de l'ONU, à savoir que les résidents à long terme (personnes demeurant dans un pays pour un an ou plus) soient dénombrés au recensement.

Le recensement de 1996 a dénombré 166 715 résidents non permanents au Canada, soit 0,6 % de la population totale. Le nombre avait augmenté quelque peu au recensement de 2001 : 198 645 résidents non permanents, soit 0,7 % de la population totale.

Le total des chiffres de population, de même que ceux de toutes les variables, sont touchés par ce changement apporté à l'univers du recensement. Les utilisateurs doivent faire preuve d'une très grande prudence lorsqu'ils comparent des données de 1991, de 1996 ou de 2001 avec celles de recensements antérieurs pour des régions géographiques où la concentration de résidents non permanents est importante. Celles-ci comprennent les principales régions métropolitaines de recensement de l'Ontario, du Québec et de la Colombie-Britannique.

Même si tous les efforts possibles ont été déployés pour dénombrer les résidents non permanents, des facteurs tels que les problèmes linguistiques, la réticence à remplir un formulaire du gouvernement ou à comprendre l'importance de participer peuvent avoir influé sur le dénombrement de cette population.

Secteurs de recensement en Ontario

On a décelé, dans la base de données, une erreur qui touche la présentation des chiffres de population de 1996 pour deux secteurs de recensement (SR), c'est-à-dire les SR 0520.05 et 0520.06, dans la région métropolitaine de recensement (RMR) de Toronto. Les données pour ces SR sont correctes, mais elles ont été inversées : 0520.05 contient les données de 0520.06 et 0520.06 contient les données de 0520.05. En raison de contraintes opérationnelles, il n'a pas été possible d'effectuer des ajustements à la base de données de 1996 (chiffres ajustés) pour ces deux SR. Il importe de faire preuve de prudence dans l'utilisation de ces données.

Suppression des données sur le revenu

Dans le cadre de la suppression des régions, toutes les données caractéristiques se rapportant aux régions géographiques dont la population est inférieure à une taille donnée sont supprimées. Les données renfermant une répartition du revenu et les statistiques connexes sont supprimées si la population de la région, à l'exclusion des pensionnaires d'un établissement institutionnel, est inférieure à 250 personnes selon la base de données intégrales ou la base de données-échantillon, ou encore si le nombre de ménages privés est inférieur à 40, selon la base de données-échantillon.

Type de construction résidentielle

Au recensement de 2001, on a recueilli des données sur deux nouvelles catégories de la variable Type de construction résidentielle :

Appartement avec accès direct au niveau du sol dans un immeuble de moins de cinq étages et appartement sans accès direct au niveau du sol dans un immeuble de moins de cinq étages.

L'évaluation postcensitaire des données a révélé un problème grave d'erreur de classement pour ces types de logements. Par conséquent, les données ne seront pas diffusées.

Les données sur le type « Appartement dans un immeuble de moins de cinq étages » sont diffusées dans les produits du recensement de 2001. Cette catégorie constitue un regroupement des deux nouvelles catégories susmentionnées, et les données correspondantes sont directement comparables avec celles de la même catégorie utilisée aux recensements précédents et ne posent en outre aucun problème.

Annexe 1. Réserves indiennes et établissements indiens partiellement dénombrés, chiffres de population de 1996 et de 1991

Province	Réserves indiennes et établissements indiens partiellement dénombrés, 2001	Population	
		1996	1991
Québec	Akwesasne (Partie)	¶	¶
	Doncaster 17	0	4
	Kahnawake 14	¶	¶
	Kanesatake	¶	¶
	Lac-Rapide	228	¶
Ontario	Akwesasne (Part) 59 (formerly Akwesasne [Part])	¶	¶
	Bear Island 1	153	¶
	Chippewas of the Thames First Nation 42 (formerly Chippewa of the Thames First Nation)	¶	¶
	Goulais Bay 15A	¶	¶
	Marten Falls 65	204	187
	Moose Factory 68	0	0
	Munsee-Delaware Nation 1	¶	¶
	Ojibway Nation of Saugeen (Savant Lake) (formerly Savant Lake)	¶	171
	Oneida 41	¶	¶
	Pikangikum 14	1 170	1 303
	Rankin Location 15D	¶	¶
	Six Nations (Part) 40 (Brant County)	¶	¶
	Six Nations (Part) 40 (Haldimand-Norfolk Regional Municipality)	¶	¶
	Tyendinaga Mohawk Territory (formerly Tyendinaga 38)	¶	¶
	Wahta Mohawk Territory (formerly Gibson 31)	¶	130
	Whitefish Bay 32A	¶	¶
	Whitesand	115	0
Manitoba	Dakota Tipi 1	¶	72
Saskatchewan	Big Head 124	¶	¶
Alberta	Ermineskin 138	¶	¶
	Little Buffalo	¶	186
	Saddle Lake 125	¶	1 893
Colombie-Britannique	Esquimalt	¶	¶
	Marble Canyon 3	67	¶
	Pavilion 1	76	73

Annexe 2. Secteurs de recensement supprimés par chiffres de population selon la région métropolitaine de recensement et l'agglomération de recensement, recensement de 2001

Secteurs de recensement supprimés	Chiffres de population (données intégrales)	Chiffres de population (données-échantillon (20 %))
Belleville AR		
0010	35	34
0013 A	10	4
0014 A	33	33
0405	-	-
0407	-	-
Edmonton RMR		
0015.01	5	4
0016.01	-	-
0019.01	-	-
0052.01	-	-
0064.02	-	-
0065.03	-	-
0090.07	-	-
Granby AR		
0003 A	38	38
Greater Sudbury RMR		
0013	-	-
Halifax RMR		
0155 ◆◆◆◇◇◇ A	15	14
Kitchener RMR		
0106.03 ◆◆◆◇◇◇	5	2
Lethbridge AR		
0010	25	15
London RMR		
0035	-	-
Montréal RMR		
0014.02	23	23
0040	-	-
0071	-	-
0091	-	-
0094.02	-	-
0127.02	17	17
0145	-	-
0189	-	-
0229	-	-
0268.03	-	-
0440	-	-
0832 ¶		-
Ottawa - Hull RMR		
0140.01	20	16
Saint John RMR		
0005	15	6
Saint-Jean-sur-Richelieu AR		
0006	5	-
0010	-	-
0303	-	-
Toronto RMR		
0003	-	-
0376.06 ◇	35	20
0401.05	5	5
Trois-Rivières RMR		
0301	39	38
Vancouver RMR		
0270	-	-
Winnipeg RMR		
0052	-	-

Nota :

Pour obtenir de plus amples renseignements sur les règles de suppression du recensement de 2001, se reporter à « Qualité des données » de la section « Documents de référence » de cette publication.

Centres régionaux de consultation

La Division des services consultatifs de Statistique Canada vous offre un réseau de diffusion de l'information qui couvre tout le Canada au moyen de huit centres régionaux de consultation. Chaque centre de consultation possède une série de publications courantes et des documents de référence qui peuvent être consultés ou achetés, de même que des disquettes, des CD-ROM, des cartes et d'autres produits. On peut photocopier sur place les documents imprimés.

Chaque centre de consultation vous offre un vaste éventail de services additionnels. Les services consultatifs peuvent vous aider à identifier vos besoins en information, établir des sources de données disponibles, consolider et intégrer des données de différentes sources, élaborer des profils, analyser les faits saillants et les tendances, et finalement, offrir de la formation sur les produits, les services, les concepts de Statistique Canada et l'utilisation de données statistiques.

Pour de plus amples renseignements, veuillez composer le numéro sans frais ci-dessous ou envoyer un courriel à infostats@statcan.ca.

Contactez-nous

Numéro sans frais pour les **demandes de renseignements** (Canada et les États-Unis) :
1 800 263-1136

ATS : 1 800 363-7629

Numéro sans frais **pour commander seulement** (Canada et les États-Unis) : 1 800 267-6677

Numéro sans frais **pour commander par télécopieur** (Canada et les États-Unis) : 1 877 287-4369

Courriel : infostats@statcan.ca

Région de l'atlantique

Couvre les provinces suivantes : Terre-Neuve-et-Labrador, la Nouvelle-Écosse, l'Île-du-Prince-Édouard et le Nouveau-Brunswick.

Services consultatifs
Statistique Canada
2e étage, boîte 11
1741, rue Brunswick
Halifax (Nouvelle-Écosse)
B3J 3X8

Téléphone : (902) 426-5331 ou,
sans frais, 1 800 263-1136
Télécopieur : (902) 426-9538
Courriel : infostats@statcan.ca

Région du Québec

Couvre tout le Québec et le Nunavut sauf la région de la Capitale nationale.

Services consultatifs
Statistique Canada
Complexe Guy-Favreau, tour Est,
4e étage
200, boulevard René-Lévesque Ouest
Montréal (Québec)
H2Z 1X4

Téléphone : (514) 283-5725 ou,
sans frais, 1 800 263-1136
Télécopieur : (514) 283-9350
Courriel : infostats@statcan.ca

Région de la Capitale nationale

Couvre la région de la Capitale nationale.

Centre de consultation statistique
(région de la Capitale nationale)
Statistique Canada
Immeuble Principal, pièce 1500
120, avenue Parkdale
Ottawa (Ontario)
K1A 0T6

Téléphone : (613) 951-8116 ou,
sans frais, 1 800 263-1136
Télécopieur : (613) 951-0581
Courriel : infostats@statcan.ca

Région de l'Ontario

Couvre tout l'Ontario sauf la région de la Capitale nationale.

Services consultatifs
Statistique Canada
Immeuble Arthur-Meighen, 10e étage
25, avenue St. Clair Est
Toronto (Ontario)
M4T 1M4

Téléphone : (416) 973-6586 ou,
sans frais, 1 800 263-1136
Télécopieur : (416) 973-7475
Courriel : infostats@statcan.ca

Région des prairies

Il y a trois centres de consultation dans cette région qui couvre le Manitoba, la Saskatchewan, l'Alberta et les Territoires du Nord-Ouest.

Pour le Manitoba :

Services consultatifs
Statistique Canada
Immeuble Via Rail, bureau 200
123, rue Main
Winnipeg (Manitoba)
R3C 4V9

Téléphone : (204) 983-4020 ou,
sans frais, 1 800 263-1136
Télécopieur : (204) 983-7543
Courriel : infostats@statcan.ca

Région des prairies – fin

Pour la Saskatchewan :

Services consultatifs
Statistique Canada
Immeuble Park Plaza, bureau 440
2365, rue Albert
Regina (Saskatchewan)
S4P 4K1

Téléphone : (306) 780-5405 ou,
sans frais, 1 800 263-1136
Télécopieur : (306) 780-5403
Courriel : infostats@statcan.ca

Pour l'Alberta et les Territoires du Nord-Ouest :

Services consultatifs
Statistique Canada
Immeuble Pacific Plaza, bureau 900
10909, avenue Jasper Nord-Ouest
Edmonton (Alberta)
T5J 4J3

Téléphone : (780) 495-3027 ou,
sans frais, 1 800 263-1136
Télécopieur : (780) 495-5318
Courriel : infostats@statcan.ca

Région du pacifique

Couvre la Colombie-Britannique et le territoire du Yukon.

Services consultatifs
Statistique Canada
Library Square Tower, bureau 600
300, rue West Georgia
Vancouver (Colombie-Britannique)
V6B 6C7

Téléphone : (604) 666-3691 ou,
sans frais, 1 800 263-1136
Télécopieur : (604) 666-4863
Courriel : infostats@statcan.ca